Hinter dem Sachregister befindet sich ein ausführliches Verzeichnis der

Guttentagschen Sammlung

Deutscher Reichs- und Preußischer Gesetze

— Textausgaben mit Anmerkungen; Taschenformat —

die alle wichtigeren Gesetze in unbedingt zuverlässigem Abdruck und mit mustergültiger Erläuterung wiedergibt.

Guttentagsche Sammlung
Nr. 96 Deutscher Reichsgesetze Nr. 96
Textausgaben mit Anmerkungen.

Branntweinsteuergesetz

Vom 15. Juli 1909.

Unter Berücksichtigung der für das Reich erlassenen Ausführungsbestimmungen.

Mit Einleitung, Kommentar und Anhang, enthaltend Kriegsverordnungen.

Erste Auflage bearbeitet von

Geheimem Regierungsrat **Johannes Nay,**
Vortragender Rat im Reichsschatzamt.

In zweiter Auflage durchgesehen und erweitert
von

Regierungsassessor Dr. **Kniebe,**
Hilfsarbeiter im Reichsamt des Innern.

Berlin 1916
J. Guttentag, Verlagsbuchhandlung,
G. m. b. H.

Roßberg'sche Buchdruckerei, Leipzig.

Vorwort.

Der Bearbeiter der ersten Auflage, Geheimer Oberregierungsrat Nay, hat seine Treue zum Vaterlande mit dem Tode besiegelt.

Eine Fortführung des bisher einzigen Sonderkommentars zum Branntweinsteuergesetz erschien sowohl im Hinblick auf die weitreichenden Änderungen, die das Gesetz vom 14. Juni 1912 mit sich gebracht hat, als auch mit Rücksicht auf die veränderten Lebensbedingungen des Brennereigewerbes zur Kriegszeit wünschenswert. Wenn die erste Auflage besonders die Bedürfnisse der Übergangszeit im Auge hatte, so wurde bei der Durchsicht Wert darauf gelegt, die wirtschaftlichen Momente mehr hervortreten zu lassen. Der Bundesrat hat in den verschiedenen Betriebsjahren die einzelnen Regulierschrauben verschieden stark angezogen. Aber auch der Umfang der Erzeugung, die Höhe der finanziellen Einnahme, der Außenhandel, die Preise schienen mir neben der Erläuterung der Gesetzesvorschriften unentbehrlich, und von der Reichsstatistik ist ein entsprechend weitgehender Gebrauch gemacht worden. Wer sich für die wirtschaftliche Seite näher interessiert, sei auf die guten Abhandlungen in der „Zeitschrift für Spiritusindustrie" und der „Brennereizeitung" hingewiesen.

Die im Anhang mitgeteilten Kriegsverordnungen bilden ein Gebiet für sich. Von einer Kommentierung ist abgesehen, das Verständnis wird durch die Vorbemerkung im Anhang erleichtert.

Berlin, im Januar 1916.

Dr. Kniebe.

Inhaltsverzeichnis.

V. Abschnitt. Überwachung der Branntweinerzeugung.

Abkürzungen.

a. a. O. = am angegebenen Orte.
Änderungsgesetz = Gesetz, betreffend Beseitigung des Branntweinsteuerkontingents vom 14. Juni 1912 (RGBl. S. 378 ff.).
BBrStG. = Bisher in Geltung gewesenes Branntweinsteuergesetz, Gesetz, betreffend die Besteuerung des Branntweins vom 24. Juni 1887 mit sämtlichen Änderungen und Ergänzungen.
Ges. v. 8. 7. 68 = Gesetz, betreffend die Besteuerung des Branntweins in verschiedenen zum Norddeutschen Bunde gehörenden Staaten und Gebietsteilen vom 8. Juli 1868 (BGBl. S. 384).
Ges. v. 19. 7. 79 = Gesetz, betreffend die Steuerfreiheit des Branntweins zu gewerblichen Zwecken vom 19. Juli 1879.
GB. = Branntweinsteuer-Grundbestimmungen (RZBl. 1909 S. 945 und 1912 S. 600 ff.).
BO. = Brennereiordnung (RZBl. 1909 S. 945, 969, 1912 S. 603 und 1914 S. 381 ff.).
MO. = Meßuhrordnung (RZBl. 1909 S. 1411).
BglO. = Branntweinbegleitscheinordnung (RZBl. 1909 S. 945, 1283; 1912 S. 629 ff. und 1913 S. 1254).
LO. = Branntweinlagerordnung (RZBl. 1909 S. 945, 1284; 1912 S. 631 ff.).
RO. = Branntweinreinigungsordnung (RZBl. 1909 S. 945, 1286 und 1912 S. 633 ff.).
AO. = Alkoholermittlungsordnung (RZBl. 1909 S. 945, 1288 und 1912 S. 635 ff.).

BfrO. = Branntweinsteuer-Befreiungsordnung (RZBl. 1909 S. 945, 1091 und 1912 S. 636 ff.).

BKO. = Bisher in Geltung gewesene Kontingentierungsordnung (RZBl. 1902 S. 315, 334).

EO. = Essigsäureordnung (RZBl. 1909 S. 945, 1173 und 1912 S. 596 ff.).

DA. = Ausführungsanweisung für die Festsetzung des Durchschnittsbrands (RZBl. 1909 S. 929).

BrNO. = Branntweinnachsteuerordnung (RZBl. 1909 S. 945, 1255).

ENO. = Essigsäurenachsteuerordnung (RZBl. 1909 S. 945, 1269).

BGB. = Bürgerliches Gesetzbuch vom 18. August 1896.

RGBl. = Reichsgesetzblatt.

BGBl. = Bundesgesetzblatt des Norddeutschen Bundes.

GS. = Gesetzsammlung für die Königlich Preußischen Staaten.

RZBl. = Zentralblatt für das Deutsche Reich.

PrZBl. = Zentralblatt der Abgabengesetzgebung und Verwaltung in den Königlich Preußischen Staaten.

BayGVBl. = Gesetz- und Verordnungsblatt für das Königreich Bayern.

BadGVBl. = Gesetzes- und Verordnungsblatt für das Großherzogtum Baden.

BadZVBl. = Verordnungsblatt der Großherzoglich Badischen Zolldirektion.

Süddeutschland = Bayern mit Rheinpfalz, Württemberg und Baden, nicht Hohenzollern, Elsaß-Lothringen und Großherzogtum Hessen.

BRB. = Beschluß des Bundesrats.

Prot. = Protokolle.

RV. = Stenographische Berichte über die Verhandlungen des Reichstags (die römischen Ziffern bezeichnen die Session).

KV. = Kriegsverordnung.

AnlBd. = Anlagen zu den Verhandlungen des Reichstags, Band.
VZG. = Vereinszollgesetz vom 1. Juli 1869.
StGB. = Strafgesetzbuch für das Deutsche Reich vom 15. Mai 1871.
StPO. = Strafprozeßordnung vom 1. Februar 1877.
PStG. = Preußisches Verwaltungsstrafgesetz vom 26. Juli 1897.
WV. = Warenverzeichnis zum Zolltarif vom 25. Dezember 1902.
Entsch. d. RG. i. Str. = Entscheidungen des Reichsgerichts in Strafsachen.
Ztschr. f. Spir. = Zeitschrift für Spiritusindustrie (Berlin, Paul Parey).
Br. Ztg. = Brennerei-Zeitung (Berlin, Potsdamer Str. 10).
Entw. = Entwurf eines Gesetzes, betreffend Beseitigung des Branntweinkontingents, Reichstag, 13. Legislaturperiode, I. Session, Nr. 355 (1912).
Brennerei-Lexikon (hsg. von Delbrück, Berlin, Parey, 1915).
Doenecke = Otto Doenecke, Die Branntweinsteuerausführungsbestimmungen. 2 Bde. Berlin, Eisenschmidt 1901, Nachtrag 1902.
Stat. Jahrbuch = Statistisches Jahrbuch für das Deutsche Reich, hsg. vom Kaiserlichen Statistischen Amte (Berlin, Puttkammer & Mühlbrecht).
Stat. Vierteljahrshefte = Vierteljahrshefte zur Statistik des Deutschen Reiches, hsg. vom Kaiserlichen Statistischen Amte (Berlin, Puttkammer & Mühlbrecht).

Einleitung.

A. Süddeutschland.

Der Branntwein[1]) wurde in Deutschland schon im 16. Jahrhundert besteuert. Die Einnahmen flossen zunächst meist den Städten zu.

In Bayern wurde durch Landesordnung von 1553 eine allgemeine Branntweinsteuer in den alten Provinzen eingeführt. Die Steuer wurde zunächst auf einen Schilling für den Eimer (64,142 l) Branntwein festgesetzt und später wiederholt erhöht. Daneben bestand ein Getränkeaufschlag. Im Anfange des 19. Jahrhunderts wurde die Fabrikatsteuer beseitigt und eine Schankabgabe, das Branntweinumgeld, erhoben. Die Aufschlagordnung vom 24. September 1806 brachte den Malzaufschlag, der von dem zur Bier- und Branntweinbereitung verwendeten Malz zu entrichten war und damit nur den Branntwein aus Getreide und Bierrückständen belastete. Branntwein aus Obst, Wein, Kartoffeln usw. unterlag zunächst dem Umgelde, nach der Verordnung vom 26. Januar 1808 einem Blasenzinse von 15 Kronen für den Eimer Brennraum und jeden Brand. Der Blasenzins wurde bald wieder beseitigt. Der Aufschlag bestand fort und wurde 1868 und 1879 erhöht. Durch Gesetz vom 25. Februar 1880 (Bay. GVBl. S. 37) wurde die Besteuerung grundsätzlich geändert und die Maischraumsteuer, der Maischraumaufschlag,

[1]) Julius Wolf, Die Branntweinsteuer, Tübingen 1884, S. 44 ff.

mit 1,31 ℳ vom Hektoliter des Raumgehalts der Maischbottiche als Hauptsteuer, daneben eine Materialsteuer, der Branntweinmaterialaufschlag, und für die mit der Siemensschen Meßuhr ausgestatteten Brennereien eine Fabrikatsteuer, der Branntweinfabrikataufschlag, eingeführt. Für kleinere Brennereien war eine Aufschlagabfindung zugelassen.

In Württemberg bestand gegen Ende des 17. Jahrhunderts ein Umgeld, das durch Königliche Verordnung vom 31. Juli 1807 zur allgemeinen Steuer erhoben und durch eine dem Hersteller auferlegte Fabrikatsteuer von 3 Kronen für die Maß (1,837 l) Branntwein ergänzt wurde. Im Jahre 1821 folgte eine Kontingentierung des Umgeldes. Der Gesamtertrag wurde im voraus für drei Jahre auf je 736150 fl., 1824 für weitere drei Jahre auf je 579060 fl. festgesetzt und auf die steuerpflichtigen Wirtschaften verteilt. Diese Kontingentierung bewährte sich nicht, sie wurde durch Gesetz vom 9. Juli 1827 beseitigt und neben einem inzwischen bereits als Biersteuer erhobenen Malzaufschlage eine Fabrikatsteuer und Schankabgabe eingeführt. Das Gesetz hatte große Mängel, die schließlich abgestellt wurden, indem man mit dem Gesetze vom 19. September 1852 zur Maischraumsteuer für die Verarbeitung mehliger Stoffe, zur Materialsteuer für die Verarbeitung nichtmehliger Stoffe überging. Daneben wurde der Branntweinkleinverkauf mit einer nach Art und Umfang der Gewerbebetriebe gestaffelten Abgabe belegt. Auch dieses Gesetz befriedigte nicht auf längere Zeit. Durch Gesetz vom 21. August 1865 wurde die Maischraum- und Materialsteuer wieder aufgehoben und nur das zur Branntweinbereitung verwendete Malz mit dem damals auch in Bayern üblichen Aufschlage belastet. Die Abgabe vom Branntweinkleinverkaufe wurde unter Änderung der Staffelsätze beibehalten.

In Baden wurde der Branntwein im 18. Jahrhundert in den verschiedenen Gebietsteilen verschieden besteuert, eine einheitliche Branntweinsteuer aber erst durch die Akziseordnung von 1812 eingeführt. Die Steuer wurde nach der Leistungsfähigkeit der Brennblase festgesetzt; sie betrug eine halbe Krone von der Maß ($1^1/_2$ l) des Blaseninhalts und 24 Stunden. 1814 erlaubte man den Brennereien, die Steuer als Kesselgeld in einem Betrage für das ganze Jahr zu entrichten; 1828 wurde das Kesselgeld mit 2—4 Kronen von der Maß für landwirtschaftliche Brennereien, mit 4—8 Kronen von der Maß für gewerbliche Brennereien eingeführt, die Steuersätze wurden je nach den verarbeiteten Stoffen verschieden bemessen. 1837 wurde die verschiedene Behandlung der landwirtschaftlichen und gewerblichen Brennereien beseitigt und ein einheitlicher Satz von $^2/_3$ Krone für die Maß des Blaseninhalts und den Monat festgesetzt. Die Steuer durfte auf 1, 3, 6, 9 oder 12 Monate gezahlt werden. Durch Gesetz vom 26. März 1852 (Regierungsblatt S. 80) wurde die Steuer erhöht; sie betrug für jeden Monat und jede Maß des Kesselraumgehalts 3 Kronen bei einfachen Kesseln ohne Vor- oder Maischwärmer, $4^1/_2$ Kronen bei Kesseln mit Vor- oder Maischwärmer und 6 Kronen bei Dampfbrennereien. Die Gesetze vom 29. Juni 1874, 18. Dezember 1879 und 24. April 1882 (Bad. GVBl. 1874 S. 380, 1879 S. 853, 1882 S. 73) brachten weitere Erhöhungen der Steuersätze.

B. Norddeutschland.

I. Vor dem Zollverein.

In Norddeutschland wurde im 16. und 17. Jahrhundert eine Steuer vom Branntwein in den Städten erhoben. Die Verwaltung war durch Akziseordnungen geregelt. Friedrich der Große führte durch Patent vom 14. April 1766 die französische Regie in Preußen ein; die Steuer wurde erhoben, bevor der Branntwein in den Verbrauch überging. Unter Friedrich Wilhelm II. wurde die Regie 1787 wieder abgeschafft und ein neues Akzisereglement erlassen. Die neuere Entwicklung der Branntweinsteuer beginnt in Preußen mit den Edikten vom 28. Oktober 1810. Das Edikt wegen der Mühlengerechtigkeit und Aufhebung des Mühlenzwangs usw. vom genannten Tage (GS. S. 95) beseitigte den Branntweinzwang, d. h. das Recht, den Verbraucher zu zwingen, seinen Branntwein ausschließlich von dem berechtigten Brenner oder Schankwirt zu beziehen. Das Edikt über die neuen Konsumtions- und Luxussteuern vom 28. Oktober 1810 in Verbindung mit dem Reglement vom gleichen Tage wegen Zahlung, Erhebung und Kontrollierung der Konsumtionssteuer (GS. S. 33 u. 40) führte eine neue Branntweinsteuer ein. Vom Getreide zum Branntweinbrennen sollten im ganzen entrichtet werden:

vom Berliner Scheffel	Weizen	18	g.	Gr.
„ „ „	Roggen	14	„	„
„ „ „	Gerste	12	„	„

und zwar bei der Anmeldung des Schrotes zur Mühle

für den Scheffel	Weizenschrot	3	g.	Gr.	
„ „ „	Roggenschrot	2	„	„	4 Pf.
„ „ „	Gerstenschrot	2	„	„	

und durch den Blasenzins für das Quart gewöhnlichen Branntweins 10 Pf., mithin von einem Scheffel

Weizen	zu 18 Quart	= 180 Pf.	= 15	g.	Gr.	
Roggen	„ 14 „	= 140 „	= 11	„	„	8 Pf.
Gerste	„ 12 „	= 120 „	= 10	„	„	

Der Brenner sollte in 24 Stunden ein Viertel des Raumgehalts der zum Gebrauche freigegebenen Blase als erzeugten Branntwein versteuern. Wurde die Blase nicht gebraucht, so sollte sie amtlich verschlossen werden. Leistete die Blase mehr, als nach dem Gesetz angenommen war, „so ergab die Schrotsteuer, wieviel verhältnismäßig mehr gebrannt war, und der Brenner mußte nachsteuern.“ [1])

Wurde Branntwein aus anderen Stoffen als den genannten drei Getreidearten hergestellt, so sollte eine Steuer von 1 g. Gr. für das Berliner Quart von 3° Stärke gezahlt und durch den Blasenzins nach einem besonderen Tarif erhoben werden.

Auf Beschwerden der Brenner wurde der Blasenzins noch vor seiner Einführung für das platte Land außer Geltung gesetzt. Das Edikt vom 7. September 1811 (GS. S. 253) führte dann zu einer verschiedenen Behandlung von Stadt und Land. Für die größeren Städte wurden die Branntweinsteuern des Edikts vom 28. Oktober 1810 aufrechterhalten; für die kleinen Städte und das Land wurde die ergänzende Schrotsteuer aufgehoben, im übrigen aber die Abgabe vom Branntwein auf 3 Pf. für das Berliner Quart herabgesetzt; sie sollte durch den Blasenzins erhoben werden. Dies kam aber nicht zur Ausführung, weil die Ermittlung der Leistungsfähigkeit der Blasen Schwierigkeiten begegnete. Anstatt des Blasenzinses wurde daher eine Schrotsteuer erhoben, von Weizen $4^1/_2$, von Roggen $3^1/_2$, von Gerste 3 g. Gr. für den Berliner Scheffel; für Kartoffeln wurde ein Steuersatz von $1^1/_4$ g. Gr. für den Scheffel vorgesehen.

Das Gesetz vom 8. Februar 1819 (GS. S. 97 ff.) ordnete wieder allgemein die Erhebung der Branntweinsteuer durch den Blasenzins an. Der Steuersatz wurde bei einem als Regel angenommenen Betriebe auf 1 g. Gr. 3 Pf. für 4 Quart

---

[1]) Schimmelpfennig, Die preußischen indirekten Steuern, 2. Auflage, Berlin 1855, S. 16.

Blaseninhalt und 24 Stunden Abtriebszeit festgesetzt; für Brennereien mit langsamem Betriebe wurden Ermäßigungen, für Brennereien mit schnellerem Betriebe Erhöhungen vorgesehen. Infolge technischer Fortschritte im Betriebe wirkte indessen der Blasenzins je länger je mehr ungleich. Durch Regulativ vom 1. Dezember 1820 ging man daher für die Verarbeitung von Getreide und anderen mehligen Stoffen zur Maischraumsteuer über, die auf 1 Gr. für jede 20 Quart des Raumgehalts der Maischgefäße und jede Einmaischung bemessen wurde. Für Brennereien, die nichtmehlige Stoffe verarbeiteten, blieb es beim Blasenzinse. Durch Kabinettsorder vom 20. Juni 1822 (GS. S. 176) erhielt das Regulativ Gesetzeskraft. Den Brennereien gelang es, durch bessere Ausnutzung des Maischraums an Steuer zu sparen. Durch Kabinettsorder vom 10. Januar 1824 wurde daher der Steuersatz auf 1 Sgr. 6 Pf., für landwirtschaftliche Brennereien, die an einem Tage nicht mehr als 900 Quart Bottichraum zum Einmaischen ansagen, auf 1 Sgr. 4 Pf. erhöht. Für die Branntweinerzeugung aus nichtmehligen Stoffen wurde anstatt des Blasenzinses eine Materialsteuer eingeführt.

II. Nach dem Zollverein und im Norddeutschen Bund.

Nach dem Zustandekommen des Zollvereins wurde unter dem 30. März 1833 (GS. S. 230) zwischen Preußen und dem Königreich Sachsen, unter dem 11. Mai 1833 (GS. S. 265) zwischen diesen Staaten und dem Thüringischen Zoll- und Handelsvereine die gleiche Besteuerung des Branntweins nach dem preußischen Gesetz und eine Gemeinschaftlichkeit des Ertrages dieser Steuer vereinbart. Die damit begründete Steuergemeinschaft wurde durch die Verträge vom 8. Mai 1841 (GS. S. 154) und 4. April 1853 (GS. S. 434) erneuert und durch den Beitritt des Herzogtums Braunschweig (Übereinkunft vom 19. Oktober 1841; GS. S. 378), des Fürstentums Lippe (Vertrag vom 18. Oktober 1841; GS. S. 345), des Königreichs Hannover (Vertrag vom 7. September 1851; GS. 1853 S. 349) und des Großherzogtums Oldenburg (Vertrag vom 1. März 1852; GS. 1853 S. 355) erweitert.

Die Brennereien machten in der Ausnutzung des Maischraums Fortschritte, so daß die Einnahmen aus der Steuer trotz höherer Branntweinerzeugung zurückgingen. Diesem Rückgange versuchte man entgegenzuarbeiten, indem man durch Kabinettsorder vom 16. Juni 1838 (GS. S. 358) die Maischbottichsteuer auf 2 Sgr., für landwirtschaftliche Brennereien auf 1 Sgr. 8 Pf., durch Gesetz vom 19. April 1854 (GS. S. 265) und Verordnung vom 1. Juni 1854 (GS. S. 266) vom 1. August 1854 ab auf 2 Sgr. 6 Pf. und für landwirtschaftliche Brennereien auf 2 Sgr. 3 Pf., und vom 1. August 1855 ab auf 3 Sgr. und für landwirtschaftliche Brennereien auf 2 Sgr. 6 Pf. heraufsetzte. Brennereien, die Rüben oder Melasse verarbeiteten, wurden von 1854 ab in gleicher Weise der Maischbottichsteuer unterworfen.

Durch Verordnung vom 11. Mai 1867 (GS. S. 633), wurde das preußische Gesetz über die Erhebung der Maischbottichsteuer auf die neuen Provinzen Hessen-Nassau, Schleswig-Holstein und Hannover ausgedehnt, durch Art. 35, 38 der Verfassung des Norddeutschen Bundes vom 24. Juni 1867 (GS. S. 817) die Gemeinschaftlichkeit des Branntweinsteuerertrages für das Norddeutsche Verwaltungsgebiet ausgesprochen und darauf durch Bundesgesetz vom 8. Juli 1868 (BGBl. S. 384) die Maischbottichsteuer auch in den übrigen Teilen des Bundesgebiets, in Mecklenburg-Schwerin und -Strelitz, Lauenburg, Lübeck und in dem zum Norddeutschen Bunde gehörigen Teile des Großherzogtums Hessen eingeführt. Vorher war in Kurhessen auf Grund der Gesetze vom 6. März 1831, 2. April 1835, 25. Juni 1840 und 31. Oktober 1848 ein Blasenzins, im Großherzogtume Hessen auf Grund der Gesetze von 1827 und 1836 eine Branntweintranksteuer, seit 1842 die Maischbottichsteuer, in den mecklenburgischen Städten eine Branntweinschrot-Mahlsteuer, in Lübeck eine Branntweinsteuer von dem zur Mühle gesandten Korn erhoben worden.

Das Maischbottichsteuergesetz des Norddeutschen Bundes wurde durch Reichsgesetz vom 16. Mai 1873 (RGBl. S. 111) vom 1. Juli 1873 ab in Elsaß-Lothringen eingeführt; die bis dahin erhobenen Abgaben, nämlich die Verbrauchsabgabe — droit de consommation — und die Eingangsabgabe — droit d'entrée — wurden gleichzeitig außer Geltung gesetzt. Für Bayern, Württemberg und Baden wurde im Art. 35 Abs. 2 der Reichsverfassung vom 16. April 1871 (BGBl. S. 63) die Besteuerung des inländischen Branntweins der Landesgesetzgebung vorbehalten. Durch Reichsgesetz vom 19. Juli 1879 (RGBl. S. 259) in Verbindung mit dem Beschlusse des Bundesrats vom 23. Dezember 1879 § 655 d. Prot. wurde die Rückvergütung der Branntweinsteuer für den zu gewerblichen Zwecken einschließlich der Essigbereitung verwendeten Branntwein nach demselben Satze wie bei der Ausfuhr gewährt. Damit war die Branntweinsteuergesetzgebung zu einem gewissen Abschlusse gebracht. Der Branntweinsteuergemeinschaft des Norddeutschen Bundes standen die Steuergebiete der drei süddeutschen Staaten gegenüber. Der Wille, eine Übereinstimmung der Branntweinsteuergesetzgebung für Deutschland herbeizuführen, war vorhanden und hatte im Art. 35 Abs. 2 der Reichsverfassung einen Ausdruck gefunden. Über den einzuschlagenden Weg aber gingen die Meinungen auseinander. Da eine gründliche Neuordnung der Branntweinsteuergesetzgebung ebenso notwendig war wie die Beschaffung von Mehreinnahmen, legten die verbündeten Regierungen im Februar 1886 dem Reichstage den Entwurf eines Branntweinmonopols vor (RV. II, 1885/86 Anl. 165). Es war als Vollmonopol geplant; der Vertrieb des Branntweins sollte im großen und im kleinen durch staatlich entlohnte Verkäufer besorgt werden. Der Monopolentwurf fand nicht die Zustimmung des Reichstags. Zwei weitere Entwürfe der verbündeten Regierungen, von denen der eine für den Fall der Zurückweisung des andern aufgestellt war, wurden ebenfalls abgelehnt (RV. II, 1885/86 Anl. 294, 311). Nach diesen Entwürfen sollte die bestehende Maischbottichsteuer und Materialsteuer um zehn Hundertteile ermäßigt, daneben aber von dem zu Genußzwecken zur Verwendung kommenden Branntwein eine Verbrauchsabgabe erhoben werden.

C. Unter der Reichsverfassung.

Dem neugewählten Reichstage ging im Frühjahr 1887 ein weiterer Entwurf eines Branntweinsteuergesetzes zu, der als Gesetz vom 24. Juni 1887 (RGBl. S. 253) am 1. Oktober desselben Jahres in Kraft trat, und zwar nicht allein in Norddeutschland und Elsaß-Lothringen, sondern mit Zustimmung der süddeutschen Staaten auch in Bayern, Württemberg, Baden sowie in den Hohenzollernschen Landen (Kaiserliche Verordnungen vom 27., 23., 9. u. 25. September 1887, RGBl. S. 491, 487, 485 u. 489). Damit wurden die Vorschriften des Gesetzes vom 8. Juli 1868 und 19. Juli 1879 für das gesamte Gebiet der Branntweinsteuergemeinschaft in Geltung gesetzt und neben der Maischbottichsteuer und Materialsteuer eine Verbrauchsabgabe innerhalb des Kontingents mit 0,50 ℳ, außerhalb des Kontingents mit 0,70 ℳ, sowie Zuschläge zur Verbrauchsabgabe eingeführt. Das Gesetz vom 24. Juli 1887 wurde in den folgenden Jahren durch eine Reihe von Novellen weiter ausgebaut. Durch Gesetz vom 7. April 1889 (RGBl. S. 49) wurden die Vorschriften über den Reinigungszwang, die sich als undurchführbar erwiesen, wieder aufgehoben, durch Gesetz vom 8. Juni 1891 (RGBl. S. 338) die Kontingente kleinerer landwirtschaftlicher Brennereien erhöht, die Materialsteuersätze für kleinere Materialbrennereien ermäßigt, auch die Betriebsfrist landwirtschaftlicher Brennereien erweitert. Durchgreifende Neuerungen brachte das Gesetz vom 16. Juni 1895 (RGBl. S. 265); die Kontingentierungsvorschriften wurden neu geordnet, die Kontingentsabschnitte von drei Jahren auf fünf Jahre ausgedehnt, die Neufestsetzung der Kontingente in das letzte Jahr des vorhergehenden Abschnitts verlegt, die Veranlagung zum Kontingente bestimmter geregelt, insbesondere die Veranlagung wegen Unregelmäßigkeit des Betriebes beseitigt, eine Höchstgrenze für den Fall einer Neubeteiligung am Kontingent oder einer Kontingentserhöhung eingeführt, eine allmähliche Herabsetzung hoher Kontingente vorgesehen. Landwirtschaftliche Brennereien und Materialbrennereien sollten auf Antrag von der Erhebung der Maischbottich- oder Materialsteuer freigelassen werden und nach ihrem Betriebsumfange gestaffelte Zuschläge zur Verbrauchsabgabe entrichten. Endlich wurde die Brennsteuer für die Zeit bis zum 30. September 1901 versuchsweise eingeführt.

Das Gesetz vom 4. April 1898 (RGBl. S. 159) änderte die Grundlagen für das Gesamtkontingent, das bis dahin 4,5 l Alkohol auf den Kopf der bei der jedesmaligen letzten Volkszählung ermittelten Bevölkerung des Gebiets der Branntweinsteuergemeinschaft betrug; es sollte nunmehr in jedem fünften Jahre für die folgenden fünf Betriebsjahre nach dem Durchschnitte derjenigen Branntweinmengen festgesetzt werden, welche innerhalb der vorangegangenen fünf Jahre in den verbrauchsabgabenpflichtigen Inlandsverbrauch übergegangen waren. Im Einklange damit wurde auch der Anteil der süddeutschen Staaten an dem Gesamtkontingent anderweit geregelt.

Die Vorschriften über die Brennsteuer traten mit dem 30. September 1901 außer Wirksamkeit, da ihre Beibehaltung über diesen Tag hinaus im Reichstage abgelehnt worden war. Durch Gesetz vom 7. Juli 1902 (RGBl. S. 243 ff.) wurde indessen die Brennsteuer zum 1. Oktober 1902 mit Frist bis zum 30. September 1912 wieder eingeführt; dabei wurden die Brennereien zur Erzielung höherer Einnahmen stärker als früher herangezogen. Weiter wurde durch das angegebene Gesetz die Abgabenfreiheit für den zu wissenschaftlichen oder Heilzwecken verwendeten Branntwein auf den Branntwein eingeschränkt, der in öffentlichen wissenschaftlichen Anstalten oder in öffentlichen Kranken-, Entbindungs- und ähnlichen Anstalten gebraucht wird. Die Brenner erhielten mehr Freiheit beim Abbrennen ihres Kontingents; in Abfindungsbrennereien sollten die Kontingente auch dann als hergestellt angenommen werden, wenn sie in dem Kontingentsabschnitt überhaupt nicht oder nicht vollständig hergestellt worden waren; Brennereien, die nach dem 1. September 1902 betriebsfähig werden, sollten nur dann als landwirtschaftliche Brennereien angesehen werden, wenn bei Einhaltung der sonst vorgesehenen Bedingungen die erforderlichen Rohstoffe an Kartoffeln und Getreide, mit Ausnahme von Roggen, Weizen, Hafer und Gerste, in der Hauptsache von den Besitzern der Brennereien selbst gewonnen werden.

Endlich wurde durch Gesetz vom 8. April 1907 (RGBl. S. 91) bei landwirtschaftlichen Brennereien für den Fall einer Neubeteiligung am Kontingent oder einer Kontingentserhöhung die Höchstgrenze des Kontingentsfußes von 80000 auf 50000 l Alkohol herabgesetzt.

Durch die vielen Änderungen war das Branntweinsteuergesetz im Laufe der Jahre immer verwickelter und unübersichtlicher geworden. Die Maischbottichsteuer hatte sich so gestaltet, daß für das Hektoliter Alkohol 16 ℳ vergütet wurden, während die Einnahmen nur ungefähr 12 ℳ betrugen. Um dieses Mißverhältnis zu beseitigen, legten die verbündeten Regierungen dem Reichstage einen Gesetzentwurf über Maßnahmen gegen den Rückgang des Ertrages der Maischbottichsteuer vor, der einer Kommission überwiesen, aber schließlich nicht weiter beraten wurde, weil die Finanzlage des Reichs dazu nötigte, die Branntweinsteuergesetzgebung grundsätzlich umzugestalten. Bei der Entwicklung, die das Brennereigewerbe unter dem Gesetze vom 24. Juni 1887 genommen hatte, war eine solche Umgestaltung verhältnismäßig leicht zu erreichen durch den Übergang zu einem Handelsmonopol. Die vielseitigen Wünsche und Bestrebungen, die auf dem Gebiete der Branntweinsteuergesetzgebung im Laufe der Jahre hervorgetreten waren, ließen sich auf diesem Wege in weitem Umfange berücksichtigen.

Die verbündeten Regierungen brachten daher unter dem 3. November 1908 den Entwurf eines Gesetzes über den Zwischenhandel des Reichs an den Reichstag (RV. Anl. Bd. 248 Nr. 993). Nach diesem Entwurfe sollte das Reich den Branntwein vom Brenner ankaufen, ihn reinigen und mit einem entsprechenden Aufschlag an den Destillateur, Händler oder Schankwirt weiterveräußern. Die höheren Einnahmen des Reichs sollten nicht allein aus erhöhten Preisen, sondern auch aus Ersparnissen gewonnen werden, die durch eine einheitliche Zusammenfassung des Betriebes erzielt werden konnten.

Im Reichstag überwogen Bedenken gegen das Handelsmonopol. Die 32. Kommission, der der Entwurf überwiesen wurde, lehnte bei der ersten Lesung in der Sitzung am 21. Januar 1909 den § 1 der Regierungsvorlage ab, setzte die Weiterberatung der Vorlage aus und beauftragte eine Unterkommission mit der Ausarbeitung eines Gesetzentwurfs, durch den die Maischbottichsteuer, Materialsteuer und Brennsteuer aufgehoben, ein höheres finanzielles Erträgnis aus der Verbrauchsabgabe sichergestellt, die nach Lage, Art und Größe der Brennereien verschiedenen Produktionskosten berücksichtigt und die Sonderrechte der süddeutschen Staaten gewahrt werden sollten.

Die Unterkommission trat am 22. Januar zusammen und einigte sich in einer Reihe von Sitzungen über bestimmte Grundzüge; den danach aufgestellten Entwurf überreichte sie der 32. Kommission unter dem 3. März 1909 als Grundlage für die weiteren Beratungen. Darauf folgten zwei Lesungen der Kommission in den Monaten März, April und Mai 1909; der nach den Kommissionsbeschlüssen geänderte und ergänzte Entwurf wurde von einer Redaktionskommission überarbeitet und mit Bericht vom 12. Juni 1909 der Vollversammlung des Reichstags unterbreitet (RV. Anl. Bd. 256 Nr. 1449). Hier wurde der Gesetzentwurf am 3. Juli 1909 in der zweiten Beratung (RV. Bd. 237, 274. Sitzung) und am 9. Juli 1909 in der dritten Beratung angenommen, bei der Gesamtabstimmung mit 229 gegen 137 Stimmen (RV. Bd. 237, 279. Sitzung). Der Bundesrat erklärte seine Zustimmung durch Beschluß vom 12. Juli 1909 § 609 d. Prot.

Das Branntweinsteuergesetz vom 15. Juli 1909 (RGBl. S. 661) beseitigt die Maischbottichsteuer, die Materialsteuer und die Zuschläge zur Verbrauchsabgabe. Als Einnahmequellen sind außer den Nachsteuern nur die Verbrauchsabgabe vom Branntwein und von der Essigsäure vorgesehen. Die Verbrauchsabgabe vom Branntwein beträgt 1,25 ℳ, von der innerhalb des Kontingents hergestellten Alkoholmenge 1,05 ℳ; für Branntwein, den Obstbrennereien und Stoffbesitzer aus selbsterzeugtem Obst, Wein, Most oder aus Rückständen davon oder aus Beeren und Wurzeln herstellen, bei einer Jahreserzeugung von nicht mehr als 30 l Alkohol 0,84 ℳ vom Liter Alkohol. Die Verbrauchsabgabe von der im Inlande aus Holzessig oder essigsauren Salzen gewonnenen Essigsäure beträgt 0,30 ℳ für das Kilogramm wasserfreier Säure. Daneben wird als Zwangsbeitrag der Brennereibesitzer zur Förderung der beteiligten Gewerbe eine Betriebsauflage erhoben. Aus den Einnahmen an Betriebsauflage werden Vergütungen für Branntwein gewährt, der zu gewerblichen Zwecken verwendet oder in das Ausland ausgeführt wird. Wer Essig für Genußzwecke aus Branntwein herstellt, erhält keine Vergütung der Betriebsauflage; er wird aber dadurch geschützt, daß die Essigsäure aus Holzessig und essigsauren Salzen mit der Essigsäure-Verbrauchsabgabe belastet ist.

Während bei der unvollständigen Vergällung und bei der Ausfuhr im allgemeinen nur der Betrag vergütet wird, der im Durchschnitte für das Hektoliter Alkohol zur Erhebung gelangt, sind für den vollständig vergällten Branntwein Vergütungen in doppelter Höhe vorgesehen. Denn es soll der Branntwein, der zu Putz-, Heizungs-, Koch- und Beleuchtungszwecken gebraucht wird, im Interesse der Allgemeinheit tunlichst verbilligt werden.

Das Gesetz ist in neun Abschnitte eingeteilt. Der erste regelt mehr allgemeine Gegenstände, außerdem aber die Branntweinverbrauchsabgabe. Die Branntweinverbrauchsabgabe ist Zweck und Ziel des ganzen Gesetzes, was auch äußerlich dadurch zum Ausdruck gelangt, daß sie mit ihren

Vorschriften das Gesetz einleitet und als wesentlichster Gegenstand des ersten Abschnitts die Überschrift für diesen hergibt. Der zweite Abschnitt behandelt das Kontingent; er ist die Ausführung des § 2 Abs. 1 des Gesetzes. Im dritten Abschnitte folgt die Betriebsauflage und ihre Verwaltung und Verwendung. Wie der § 2 Abs. 1 den zweiten Abschnitt einleitet und erläutert, so bildet der § 48 die Grundlage für den vierten Abschnitt, der die Festsetzung des Durchschnittsbrandes regelt. Wesen und Zweck des Durchschnittsbrandes ist mit der im Gesetz üblichen Kürze im § 48 dargelegt; nach dieser vorbereitenden Begründung konnte im vierten Abschnitt entwickelt werden, wie der Durchschnittsbrand für die einzelne Brennerei festzusetzen ist. Die Überschrift des Abschnitts bezeichnet, wie beim ersten Abschnitte, nur den Hauptgegenstand; daneben ist in den vierten Abschnitt die Vergällungspflicht aufgenommen, die den Durchschnittsbrand zur Unterlage hat und sich an ihn anlehnt.

Der fünfte Abschnitt regelt die Überwachung der Branntweinerzeugung, d. h. die steuerliche Kontrolle. Der sechste Abschnitt bringt besondere Vorschriften, insonderheit die Branntweinzölle und die Essigsäureverbrauchsabgabe, der siebente die Strafvorschriften für die Branntweinverbrauchsabgabe und die Essigsäureverbrauchsabgabe. Den Schluß bilden die Übergangs- und Schlußvorschriften im achten und neunten Abschnitte.

Das Gesetz erfreute sich des Fortbestandes nur bis 1912. Mit der Wehrvorlage waren neue Steuern erforderlich und die Regierung beabsichtigte, durch Beseitigung des Kontingents, der sog. Liebesgabe, in Nord- und Mitteldeutschland mit Elsaß-Lothringen eine Einnahmevermehrung von 36 Millionen Mark herbeizuführen.

Der Gesetzentwurf ging dem Reichstag am 15. April zu

(RB. 1912 Nr. 355). Über die Ziele des Entwurfs sprach sich der Staatssekretär des Reichsschatzamts am 22. April[1]) folgendermaßen aus:

„Bei der Beschränktheit neuer Steuermöglichkeiten darf es nicht wundernehmen, wenn die Bundesregierungen auf der Suche nach einer Einnahmequelle auf die Beseitigung des Kontingents der Brennereien, der über Gebühr verrufenen sogenannten Liebesgabe verfielen. Es handelt sich dabei eben weniger um eine Neubelastung, als um die Beseitigung einer Leistung des Staates, die früher notwendig erscheinen konnte, die aber gegenwärtig nicht mehr die alte Bedeutung hat. Das Kontingent hat in der Entwicklung des Brennereigewerbes eine ungemein große Rolle gespielt. Es spielt diese Rolle heute nicht mehr. Ursprünglich dem Gewerbe im hohen Maße förderlich, hat es das Schicksal aller irdischen Einrichtungen geteilt. Es ist insbesondere für den Zweck des Schutzes der Kleinen gegenüber den Großen, für den es ursprünglich bestimmt war, mehr und mehr unzulänglich geworden. Schon im Jahre 1895 hat man versucht, mit einer gestaffelten Betriebssteuer nachzuhelfen, und im Jahre 1909 hat man dann aus der Monopolvorlage das Brennrecht, den jetzt so genannten Durchschnittsbrand übernommen, der, insofern gerechter als das Kontingent, nicht bloß den Trinkbranntwein, sondern die ganze Produktion umfaßt, und der in Verbindung mit der Betriebsauflage wohl geeignet erscheint, auf einen gedeihlichen Fortbestand der einzelnen Betriebe hinzuwirken.

Wenn nun einerseits auf der linken Seite des Hauses das Kontingent als eine Vergünstigung bezeichnet wird, deren Beseitigung man schon seit langen Jahren fordert, so

---

[1]) RB. 1912 S. 1307.

wird man andererseits auch auf der Rechten einsehen lernen, daß diese Einrichtung nach der Gesetzgebung von 1909 nicht mehr von der gleichen Tragweite ist wie früher, und man wird sich zu einem Opfer um so lieber entschließen, als man dadurch ein Moment des Anstoßes und Ärgernisses aus der Welt schaffen, den politischen Frieden fördern kann. Den verschiedenen wirtschaftlichen Verhältnissen in Nord und Süd und den Reservatrechten der süddeutschen Staaten läßt sich dabei Rechnung tragen, ohne daß der Kern der Maßnahme gefährdet wird. Im übrigen wird die Branntweinsteuergesetzgebung, wie sie seit einem Vierteljahrhundert inauguriert ist, aufrechtzuerhalten sein. Sie sollte einen notwendigen Schutz für die Landwirtschaft bilden, und sie hat ihn noch heute zu bilden. Wir dürfen der Landwirtschaft wohl den Verzicht auf Leistungen des Staates zumuten, wir dürfen sie aber nicht dauernd schädigen. Das wäre am wenigsten am Platze in einem Moment, wo wir nicht zum mindesten auch von der ländlichen Bevölkerung die Gestellung neuen Ersatzes für Heer und Flotte erwarten.

Der Entwurf, der Ihnen vorliegt, beschränkt sich daher darauf, das Kontingent außerhalb der Reservatstaaten zu beseitigen, innerhalb der Reservatstaaten zu reduzieren. Dabei sind die landwirtschaftlichen Betriebe vor den des geringeren Schutzes bedürftigen gewerblichen Brennereien bevorzugt. Die beibehaltene Spanne von 5 Mark und 7,50 Mark entspricht ungefähr der Differenz des durchschnittlichen Kontingentswerts in Nord- und Süddeutschland. Um Härten zu vermeiden, hat man auch die kleinen und mittleren Brennereien außerhalb der Reservatstaaten in entsprechendem Umfang schadlos zu halten gesucht.

Da das Kontingent nicht bloß die Erstattung der Steuerdifferenz von 20 Pfennig für das Liter Alkohol zur Folge hatte, sondern auch noch in anderen Beziehungen von Einfluß war, mußten natürlich auch noch verschiedene andere Bestimmungen des Branntweinsteuergesetzes geändert werden. Eine sachliche Änderung des bestehenden Zustandes wird hierdurch nicht bedingt. Sie finden die betreffenden Vorschriften in den §§ 6 bis 13 des Entwurfs. Der § 15 sucht gewissen Übelständen abzuhelfen, wie sie im Trinkbranntweingewerbe in neuerer Zeit in ganz besonders trauriger Weise in die Erscheinung getreten sind.[1]) Soweit die Vorschrift nur bezweckt, zu verhüten, daß mit Methylalkohol versetzter Branntwein dem menschlichen Genusse zugeführt werde, wird sie Ihrer aller Beifall finden. Im sonstigen handelt es sich dabei um Beiwerk, das mit dem eigentlichen Zwecke des Entwurfs in keinem engen Zusammenhang steht.

Es wäre dann nur das dankenswerte Verhalten der Bundesregierungen zu erwähnen, die, um dem Reiche die Einnahme unverkürzt zukommen zu lassen, auf ihren Anteil an den Verwaltungskosten verzichtet haben."

In der ersten Lesung erklärte sich keine Partei mit dem Entwurfe vorbehaltlos einverstanden, formell wurde die Frage dahin gestellt, ob der Entwurf einer Sonderkommission überwiesen werden solle oder zusammen mit den umfangreichen anderen Steuervorlagen in der Budgetkommission beraten werden sollte. Am 25. April wurde in namentlicher Abstimmung mit 160 gegen 158 Stimmen die Überweisung an eine Sonderkommission beschlossen, die bereits am 17. Mai ihren Bericht erstattete.

Die wesentlichste Änderung der Kommission betraf die

---

[1]) Gemeint ist der Tod einer größeren Anzahl von Personen in einem Berliner Asyl, der auf den Genuß von mit Methylalkohol durchsetztem Branntwein zurückzuführen ist.

finanzielle Seite. Sie nahm den Entwurf zwar an, bestimmte aber 16 Millionen des Mehrertrages zur Zuweisung an den Fonds der Betriebsauflage. Am 21. Mai 1912 wurde das Änderungsgesetz angenommen.

Zu dem Monopolgedanken, der auch damals wieder in der Öffentlichkeit erörtert worden war, hatte der Staatssekretär des Reichsschatzamts in der gleichen Rede bemerkt:

„In der letzten Zeit ist mehrfach auf die Monopole hingewiesen worden, und rein theoretisch betrachtet, spricht ja manches dafür. Wie vor ungefähr einem Menschenalter einzelne Bundesstaaten sich aus volkswirtschaftlichen Gründen in den Besitz der Eisenbahnen gesetzt und hierin allmählich die wesentliche Quelle ihrer Finanzen gefunden haben, so könnte man daran denken, daß das Reich auf andere Zweige von Produktion, Handel und Verkehr seine Hand legt und sich die Einnahmen aus der künftigen Entwicklung sichert. Unter anderem könnte sich dies da empfehlen, wo durch die Zusammenfassung zersplitterter Einzelkräfte oder durch die Ausschaltung von Privatmonopolen für das heimische Gewerbe Vorteile erreicht oder Nachteile beseitigt werden können. Aber gegenüber der theoretischen Berechtigung der Monopole wird man die Schwierigkeit der Durchführung nicht außer acht lassen dürfen. Das Schifflein des Monopols zwischen den verschiedenen Klippen der zu hohen oder zu niedrigen Entschädigung der Interessenten, der Verteuerung des Betriebes und der durchaus unerwünschten, unverhältnismäßig starken Vermehrung des Beamtenkörpers hindurchzuführen, ist eine schwierige und jedenfalls nicht in kurzer Frist zu lösende Aufgabe. Es kann daher zurzeit ein Vorschlag dieser Art nicht unterbreitet werden."

Branntweinsteuergesetz.

Vom 15. Juli 1909 (RGBl. S. 661), mit den durch das Gesetz, betreffend Beseitigung des Branntweinkontingents, vom 14. Juni 1912 (RGBl. S. 378) herbeigeführten Änderungen.

Wir Wilhelm, von Gottes Gnaden Deutscher Kaiser, König von Preußen usw., verordnen im Namen des Reichs, nach erfolgter Zustimmung des Bundesrats und des Reichstags, was folgt:

Erster Abschnitt (§§ 1—23).

Branntweinverbrauchsabgabe.

Der erste Abschnitt enthält die grundlegenden Bestimmungen über Gegenstand und Höhe der Verbrauchsabgabe (§§ 1—4). Es folgen Anordnungen über die Fälligkeit der Schuld, Person des Steuerschuldners, Stundung der Zahlung, Haftung der Ware und Verjährung (§§ 5—9). Sodann werden Begriffsbestimmungen für landwirtschaftliche und Obstbrennereien einerseits, sowie für gewerbliche Brennereien anderseits gegeben (§§ 10—13). In den §§ 14—20 werden Anordnungen über die Art der Überwachung des Branntweins gegeben, in § 21 erfolgt ein Hinweis auf die beiden Arten der Vergällung. § 22 beschäftigt sich mit aus Luxemburg eingehendem Branntwein, § 23 regelt die staatsrechtliche Frage, wie die Bundesstaaten für ihre Verwaltungskosten entschädigt werden.

Das Änderungsgesetz hat an Stelle des einheitlichen Abgabensatzes von 1,05 ℳ für den innerhalb des Kontingents hergestellten Branntwein in seinen §§ 1—5 eine ganze Reihe von Abgabenstufen aufgestellt. Ferner hat es in diesem Abschnitt den Absatz 3 des § 15 eingefügt.

In wirtschaftlicher Hinsicht ist zum Verständnis der Lage des Brennereigewerbes noch zu bemerken, daß über 95 % der Erzeugung der landwirtschaftlichen Brennereien und über 70 % der gewerblichen in der seit 1899 bestehenden Spirituszentrale zusammengefaßt sind. Diese ist der Form nach eine Gesellschaft mit beschränkter Haftung. Ihre sachliche Funktion besteht darin, daß sie den Spiritus der Brennereigemeinschaft, eines aus elf Provinzialverbänden bestehenden Verbandes, als deren Kommissionär an die Spritfabriken (Reinigungsanstalten), die ihre Gesellschafter sind, zum Weiterabsatz verteilt.*)

Von den nach Paritätsplätzen bestehenden Verschiedenheiten abgesehen, erhalten die Brenner für ihr Erzeugnis während eines Betriebsjahres denselben Preis. Dieser betrug:

1899/1900 . . .	41,5	ℳ	pro	Hektoliter	Alkohol
1905/06 . . .	42,5	„	„	„	„
1906/07 . . .	43,3	„	„	„	„
1907/08 . . .	51,25	„	„	„	„
1908/09 . . .	41,51	„	„	„	„
1909/10 . . .	43,03	„	„	„	„
1910/11 . . .	44,91	„	„	„	„
1911/12 . . .	52,12	„	„	„	„
1912/13 . . .	54,00	„	„	„	„
1913/14 . . .	51,50	„	„	„	„

Gegenstand.

§ 1. Der im Inlande[1] hergestellte[2] Branntwein[3] unterliegt einer in die Reichskasse fließenden[4] Verbrauchsabgabe.[5]

1. Im Gebiete der Branntweinsteuergemeinschaft, d. h. in dem Geltungsbereiche des Branntweinsteuergesetzes, dem deutschen Zoll-

*) Vgl. auch Delbrück: Ist die Spirituszentrale ein Syndikat? (Antwort: eine Genossenschaft) in Ztschr. f. Spir. 1912 S. 237.

gebiete mit Ausnahme des Großherzogtums Luxemburg (GB. § 1). Zu dem deutschen Zollgebiete gehören die Zollanschlüsse Jungholz und Mittelberg; nicht dazu gehören die Zollausschlüsse Helgoland und die badischen Zollausschlüsse im Kreise Konstanz.

Wegen Luxemburg vgl. Anmerkung zu § 155.

2. Der Umfang der Branntweinerzeugung im Deutschen Reiche betrug in Tausend Hektolitern reinen Alkohols angegeben im Betriebsjahr

1900/01 . . .	4050	Tausend Hektoliter Alkohol
1901/02 . . .	4239	" " "
1902/03 . . .	3383	" " "
1903/04 . . .	3854	" " "
1904/05 . . .	3787	" " "
1905/06 . . .	4377	" " "
1906/07 . . .	3841	" " "
1907/08 . . .	4018	" " "
1908/09 . . .	4255	" " "
1909/10 . . .	3642	" " "
1910/11 . . .	3474	" " "
1911/12 . . .	3452	" " "
1912/13 . . .	3749	" " "
1913/14 . . .	3844	" " "

(Stat. Vierteljahrshefte 1914, I S. 356).

3. Branntwein in dem allgemeinen Sinne des § 1 als Gegenstand der Besteuerung ist Äthylalkohol in verschiedenen Erscheinungsformen, reiner Äthylalkohol, Äthylalkohol gemischt mit Wasser und anderen Bestandteilen, insonderheit für Genußzwecke zubereitet usw. Da Äthylalkohol auch im Wein, Bier usw. als wesentlicher Bestandteil in den Verkehr kommt, so ist es schwer, den Begriff des Branntweins sachgemäß und erschöpfend abzugrenzen. Das Gesetz vermeidet daher zweckmäßig eine Begriffsbestimmung. In Zweifelsfällen wird der Bundesrat zu entscheiden haben, ob ein Erzeugnis als Branntwein im Sinne des Gesetzes anzusehen ist (Reichsverfassung Art. 7 Abs. 1 Nr. 2).

Im engeren Sinne braucht das Gesetz den Begriff des Branntweins im Gegensatze zu Alkohol. Alkohol, nach dem bisher in Geltung gewesenen Branntweinsteuergesetze „reiner Alkohol", ist Branntwein, frei von Wasser und anderen Bestandteilen. Branntwein aber ist Alkohol gemischt mit Wasser und anderen Bestandteilen, wie er aus der Brennerei, der Reinigungsanstalt hervorgeht oder im Verkehre vorkommt. Die Verbrauchsabgabe wird nach der Alkoholmenge festgesetzt, die im Branntwein enthalten ist.

Branntwein wird durch Gärung und Destillation aus zuckerhaltigen Stoffen gewonnen. Die Gärung erfolgt in der Erzeugungsstätte, der Brennerei, wenn der Zucker in den zu verarbeitenden Stoffen unmittelbar vorhanden ist oder durch besondere Vorgänge, Mälzen, Maischen, erst gebildet werden muß. Die Gärung kann aber auch der Verarbeitung in der Brennerei vorausgehen, wenn nämlich vergorene und darum alkoholhaltige Stoffe, wie Wein, Bier, Bierrückstände verarbeitet werden.

Bei Gewinnung des Äthylalkohols entstehen Nebenerzeugnisse der Gärung und des Abbrennens, die Fuselöle.

Sollte Branntwein auf anderem Wege als durch Gärung und Destillation hergestellt werden, so würde er ebenfalls unter dieses Gesetz fallen; die Erzeugungsstätte aber würde in gleicher Weise wie die Brennerei der amtlichen Überwachung zu unterwerfen sein.

Der Verbrauchsabgabe unterliegt nicht bloß der zu Genußzwecken dienende Branntwein, sondern aller im Inlande hergestellter Branntwein, soweit er nicht durch ausdrückliche Vorschrift dieses Gesetzes von der Verbrauchsabgabe befreit ist.

4. Der im Bundesgebiete bereitete Branntwein gehört zu den Gegenständen, deren Besteuerung nach Artikel 35 der Reichsverfassung ausschließlich der Gesetzgebung des Reichs zusteht. In Bayern, Württemberg und Baden blieb die Besteuerung des inländischen Branntweins zunächst der Landesgesetzgebung vorbehalten. Im Jahre 1887 wurde Übereinstimmung der Gesetzgebung herbeigeführt; jedoch sollten einige Vorschriften nur mit Zustimmung der süddeutschen Staaten geändert werden können (vgl. §§ 26 und 154).

Nach Art. 38 der Reichsverfassung fließt in die Reichskasse der Ertrag der im Art. 35 bezeichneten Abgaben, unter ihnen auch der der Branntweinsteuer, nach Abzug der auf Gesetzen oder allgemeinen Verwaltungsvorschriften beruhenden Steuervergütungen und Ermäßigungen, der Rückerstattungen für unrichtige Erhebungen und der Erhebungs- und Verwaltungskosten. Zu der Einnahme aus der Branntweinsteuer gehört nicht die Einnahme aus der Betriebsauflage (§§ 42 ff.); diese ist keine Steuer, sondern ein Zwangsbeitrag zur Förderung des Brennereigewerbes (vgl. die Vorbemerkung zum dritten Abschnitt).

Nach § 5 Abs. 3 des Gesetzes, betreffend Änderungen im Finanzwesen, vom 15. Juli 1909 (RGBl. S. 743 ff.) wird die Reineinnahme aus der Branntweinsteuer den einzelnen Bundesstaaten nach dem Maßstabe der Bevölkerung, mit der sie zu den Matrikularbeiträgen herangezogen werden, überwiesen. Diese Vorschrift kann nur mit Zustimmung der drei süddeutschen Staaten geändert werden. Bei Berechnung der Überweisungen bleibt die Betriebsauflage (§§ 42 ff.) außer Betracht. Von der Mehreinnahme, die sich aus der Beseitigung des Branntweinkontingents ergibt, erhalten die Bundesstaaten keine Vergütung (vgl. unten vor § 106).

5. Der Ertrag der Verbrauchsabgabe betrug (einschließlich Nachsteuer)

1910/11	206103	Tausend Mark
1911/12	202968	" "
1912/13	226278	" "

(Stat. Handb. f. d. Deutsche Reich 1915 S. 363). Wegen der Essigsäureverbrauchsabgabe vgl. Anm. 1 zu § 110.

Höhe.

§ 2. Die Verbrauchsabgabe beträgt [von der innerhalb des Kontingents (§§ 24 bis 41) hergestellten Alkoholmenge 1,05 Mark, von der außerhalb des Kontingents hergestellten Menge] 1,25 Mark für das Liter Alkohol.[1 2]

1. Die eingeklammerten Worte sind durch den nachfolgenden Abs. 1 Schlußsatz des § 1 des Änderungsgesetzes gegenstandslos geworden. Vgl. auch Anm. 4 zu § 3 des Änderungsgesetzes (unten S. 44) über den früheren Abs. 2 dieses Paragraphen.

2. Eine während des Krieges etwa noch erfolgende Erhöhung der Verbrauchsabgabe würde das System des BStG. nicht verändern.

§ 1 Änderungsgesetz. Das Kontingent der Branntweinbrennereien (§ 2 des Branntweinsteuergesetzes) wird für das Königreich Bayern, das Königreich Württemberg und das Großherzogtum Baden aufrecht gehalten, im übrigen aber beseitigt.[1] Der niedrigere Abgabensatz von 1,05 Mark für das Liter Alkohol[2] wird aufgehoben.

[3] Aus dem Ertrage der Verbrauchsabgabe sind der Einnahme an Betriebsauflage (§§ 42 ff. des Branntweinsteuergesetzes) jährlich sechzehn Millionen Mark zuzuführen und nach näherer Bestimmung des Bundesrats[4] zur Erhöhung der Vergütung für vergällten Branntwein zu verwenden.

1. Die Begründung zu dem Entwurfe des Änderungsgesetzes bemerkt dazu, die wirtschaftlichen Aufgaben, die das Kontingent nach der Absicht des Branntweinsteuergesetzes von 1887 zu erfüllen gehabt habe, nämlich die Einschränkung der Ubererzeugung und ebenso der Schutz der kleinen und mittleren Brennereien gegen Erdrückung durch einzelne Großbetriebe, seien mit dem Branntweinsteuergesetz von 1909 zum großen Teil auf den Durchschnittsbrand übergegangen. Das Kontingent habe daher an innerer Bedeutung verloren, durch seine Aufhebung könne eine steuerliche Mehreinnahme zugunsten des Reiches erzielt werden, die damals wegen der Wehrvorlagen erforderlich war.

2. Dieser hatte zur Folge, weil der Spirituspreis sich nach dem allgemeinen Abgabensatze richtet, daß Brennereien mit Kontingent einen Geldvorteil vor den sonstigen Erzeugern hatten.

Die Größe dieses Vorteils hing von dem Grade ab, bis zu dem das Kontingent ausgenutzt werden konnte. Auf das Hektoliter Erzeugung entfielen an Kontingentswert in der früheren norddeutschen Branntweinsteuergemeinschaft:

1907/08	11,28 ℳ
1908/09	10,37 „
1909/10	12,13 „
1910/11	9,36 „

In Bayern dagegen für die gleichen Jahre:

1907/08	16,09 ℳ
1908/09	16,27 „
1909/10	18,14 „
1910/11	15,46 „

3. Dieser Absatz ist erst in der Kommission zur Beratung des Änderungsgesetzes eingefügt worden. Die Regierungsvorlage beabsichtigte, dem Reiche eine Mehreinnahme von 36 Millionen Mark zuzuführen. Die Kommission ging davon aus, daß diese Mehrbelastung von dem Konsumenten im Enderfolg getragen werden müsse und daß deshalb für eine Verbilligung des Spiritus zu gewerblichen Zwecken gesorgt werden müsse.

4. GB. § 4 Abs. 4: vom Monat November 1912 ab sind monatlich $1^1/_2$ Millionen Mark der Einnahme an Betriebsauflage zuzuführen.

Nur für Süddeutschland.

§ 2 **Änderungsgesetz.** [1] Die Verbrauchsabgabe ermäßigt sich für die in dem Königreiche Bayern, dem Königreiche Württemberg und dem Großherzogtume Baden innerhalb des Kontingents hergestellten Alkoholmengen für die gewerblichen Brennereien um 0,05 Mark, für die anderen Brennereien um 0,075 Mark für das Liter Alkohol.[2 3]

Die Vorschrift, daß in den genannten Staaten die Verbrauchsabgabe für gewerbliche Brennereien um 0,05 Mark, für andere Brennereien um 0,075 Mark unter der allgemeinen

Verbrauchsabgabe bleibt, kann nicht ohne Zustimmung dieser Staaten geändert werden.

1. Die Begründung bemerkt dazu, daß zwar das Vorhandensein eines niedrigeren Abgabensatzes, dagegen nicht die Höhe der Spannung als Sonderrecht der süddeutschen Staaten anzusehen sei. Die Spanne von 5 ℳ für das Hektoliter Alkohol bei gewerblichen Brennereien und von 7,50 ℳ bei den landwirtschaftlichen Brennereien sei erforderlich, um die Gesamtlage der süddeutschen Brennerei zu derjenigen der norddeutschen nach Beseitigung des Kontingents unverändert zu lassen.

2. Die Verbrauchsabgabe beträgt also für 1 hl

120 ℳ für gewerbliche Brennereien

117,50 ℳ für die übrigen Brennereien.

Statistik der Erzeugung vgl. Anm. 6 zu § 5 des Änderungsgesetzes (S. 47).

3. Das Verfahren zur Inanspruchnahme der Steuerermäßigungen ist in den §§ 152a bis 160a BO. geregelt.

§ 3 Änderungsgesetz.[1] Obstbrennereien und Brenner der im § 41 des Branntweinsteuergesetzes bezeichneten Art[2] entrichten für Branntwein, den sie aus selbsterzeugtem Obst, Wein, Most oder aus Rückständen davon[3] (Trester, Hefe) oder aus Beeren und Wurzeln herstellen, bei einer Jahreserzeugung von nicht mehr als 50 Liter[4] Alkohol eine Verbrauchsabgabe von 0,84 Mark für das Liter Alkohol.[5] Die Vorschriften im § 40 Abs. 1 und § 41 des Branntweinsteuergesetzes sind entsprechend[6] anzuwenden.[7]

1. Die §§ 3—5 des Änderungsgesetzes, gültig für den ganzen Geltungsbereich des Branntweinsteuergesetzes, wollen insbesondere verhüten, daß die Zwergbetriebe und mittleren Betriebe in den Hohenzollernschen Landen, Elsaß-Lothringen, Großherzogtum Hessen, Rheinpreußen ungünstiger gestellt werden als dieselben Betriebe in den süddeutschen Staaten, die das Sonderrecht haben (Bayern, Württemberg und Baden).

2. Das sind Stoffbesitzer, die die genannten Stoffe auf einer fremden Brennvorrichtung bearbeiten, weil sie keine eigene haben.

3. Aber nur aus selbstgewonnenen Rückständen.

4. Dies die Fassung der ersten Lesung der Kommission. Die Regierungsvorlage sah ebenso wie der frühere Abs. 2 des § 2 des Branntweinsteuergesetzes 30 Liter als Grenze vor. In der Kommission waren sehr viel weitergehende Anträge gestellt, um eine Verwendung des Obstes bei Mißernten zu sichern. Das Maß wurde nach dem schätzungsweisen Hausbedarf festgesetzt; ein Handel sollte vermieden werden.

5. Verwendung anderer Stoffe oder Überschreitung der Grenze hat den Verlust der Steuerbevorzugung für die gesamte Menge zur Folge (BO. § 310). Vgl. auch Anm. 4 zu § 41.

6. Die entsprechende Anwendung besagt, daß die Brennereibesitzer und Stoffbesitzer innerhalb des zehnjährigen Kontingentsabschnittes (bis 30. 9. 1918) in beliebigen Betriebsjahren insgesamt 5 hl Alkohol zu dem ermäßigten Verbrauchsabgabensatz herstellen dürfen.

7. Statistik der Erzeugung vgl. Anm. 6 zu § 5 des Änderungsgesetzes (S. 47).

§ 4 Änderungsgesetz. Vor dem 1. April 1912 betriebsfähig hergerichtete[1] landwirtschaftliche Brennereien und Obstbrennereien, die in einem Betriebsjahr nicht mehr als 10 Hektoliter Alkohol erzeugen, entrichten für ihr ganzes Erzeugnis eine Verbrauchsabgabe von 1,14 Mark für das Liter Alkohol.[2]

1. Der Anfangstermin wurde vorgesehen, um „eine der Absicht des Gesetzes widersprechende Ausnutzung zu verhindern" (Begründung), d. h. um nicht die Neuentstehung derartiger Brennereien zu begünstigen.

2. Statistik der Erzeugung vgl. Anm. 6 zu § 5 des Änderungsgesetzes (S. 47).

§ 5 Änderungsgesetz.[1] Die Verbrauchsabgabe ermäßigt sich

1. in den im § 2 genannten Bundesstaaten und den Hohenzollernschen Landen[2] für Brennereien mit einer Jahreserzeugung
   von nicht mehr als 10 Hektoliter Alkohol um 0,11 Mark,
   von mehr als 10, aber nicht mehr als 100 Hektoliter Alkohol um 0,10 Mark,
   von mehr als 100, aber nicht mehr als 200 Hektoliter Alkohol um 0,09 Mark,
   von mehr als 200, aber nicht mehr als 300 Hektoliter Alkohol um 0,08 Mark,
2. in den nicht unter 1 fallenden Bundesstaaten und Landesteilen für landwirtschaftliche Brennereien, Obstbrennereien und ausschließlich Roggen, Weizen, Buchweizen, Hafer oder Gerste verarbeitende gewerbliche Brennereien ohne Hefencrzeugung mit einer Jahreserzeugung
   von nicht mehr als 100 Hektoliter Alkohol um 0,09 Mark,
   von mehr als 100, aber nicht mehr als 200 Hektoliter Alkohol um 0,08 Mark,
   von mehr als 200, aber nicht mehr als 300 Hektoliter Alkohol um 0,075 Mark

   für das Liter Alkohol.

Die Regelung unter 1 erstreckt sich, soweit sie die im § 2 genannten Staaten angeht,[3] nur auf den innerhalb des Kontingents hergestellten[4] Branntwein und schließt die im § 2 Abs. 1 vorgesehenen Ermäßigungen mit ein.

Die Vorschrift unter 1, soweit sie die Hohenzollernschen Lande angeht, und die Vorschrift unter 2 tritt nur für den

Branntwein ein, der innerhalb des den Brennereien für das Betriebsjahr 1911/12 zugewiesenen Kontingents erzeugt worden ist.[5 6]

1. Nach der Begründung wird den mittleren Brennereien von 10—300 hl Alkohol in diesem Paragraphen der niedrigere Abgabensatz unter der Bedingung zugebilligt, daß sie das ihnen für das Betriebsjahr 1911/12 zugewiesene, auf Grund des § 25 des Branntweinsteuergesetzes gekürzte Kontingent nicht überschreiten (Abs. 2 und 3). Es sollen dadurch Unbilligkeiten für die Klein- und Mittelbetriebe vermieden werden, die bisher ihr Kontingent in der Regel nicht überschritten haben. Die Vergünstigung tritt ein, sofern nur in Zukunft diese Erzeugungsgrenzen innegehalten werden.

2. Die Hohenzollernschen Lande sollen die gleichen Sätze genießen wie die süddeutschen Staaten mit Sonderrecht. Im übrigen unterfällt es nach Abs. 3 des Paragraphen der Regelung für die sonstige Branntweinsteuergemeinschaft.

3. Die Einschränkung erfolgt, weil unter Ziff. 1 auch die Hohenzollernschen Lande genannt sind.

4. Die Vorschrift gilt daher nicht für Brennereien, die in den Sonderrechtsstaaten etwa später zum Kontingent zugelassen werden.

5. Die Verbrauchsabgabe beträgt demnach für 1 hl:

a) in Süddeutschland einschließlich Hohenzollern für Brennereien mit Erzeugung

	bis 10 hl	114 ℳ
von	10—100 „	115 „
„	100—200 „	116 „
„	200—300 „	117 „

b) in Nord- und Mitteldeutschland, Elsaß-Lothringen und Hessen für die näher bestimmten Brennereien mit Erzeugung

	bis 100 hl	116 ℳ
von	100—200 „	117 „
„	200—300 „	117,50 „

6. Statistik. Im Betriebsjahr 1912/13 betrug die jeweils zum ermäßigten Satze hergestellte Alkoholmenge im Branntweinsteuergebiet:

Zum Satze von

0,84 ℳ	.....	9443	hl Alkohol
1,14 „	.....	13700	„ „
1,15 „	.....	19844	„ „
1,16 „	.....	54428	„ „
1,17 „	.....	98189	„ „
1,175 „	.....	212524	„ „
1,20 „	.....	42412	„ „
	zusammen	448531	hl Alkohol

bei einer Gesamterzeugung von 3,75 Millionen Hektoliter Alkohol (Stat. Vierteljahrshefte 1914, I S. 334).

Befreiung.[1]

§ 3. Von der Verbrauchsabgabe befreit bleibt:[2]

1. Branntwein,[3] der ausgeführt wird;[4]
2. Branntwein, der zu gewerblichen Zwecken einschließlich der Essigbereitung, zu Putz-, Heizungs-, Koch- oder Beleuchtungszwecken verwendet wird, nach näherer Bestimmung des Bundesrats;[5 6]
3. der Schwund bei der unter amtlicher Überwachung erfolgten Reinigung, Lagerung und Versendung von Branntwein.[7]

Die Befreiung von der Verbrauchsabgabe tritt nach näherer Bestimmung des Bundesrats auch dann ein, wenn durch elementare Ereignisse oder unverschuldete Vorgänge Branntwein vernichtet worden oder unbrauchbar geworden ist,[8] sowie in allen Fällen, in denen überwiegende Gründe der Billigkeit für eine Befreiung sprechen.

Der Bundesrat wird ermächtigt, auch solchen Branntwein[9] von der Verbrauchsabgabe freizulassen, der in öffentlichen Kranken-, Entbindungs- und ähnlichen Anstalten oder in öffentlichen wissenschaftlichen Lehranstalten[10] verwendet wird.

1. Die Befreiung erstreckt sich auf Branntwein, der unter amtlicher Überwachung, d. h. unter steuerlicher Kontrolle steht, und noch nicht in den freien Verkehr übergegangen ist; sie wird gewährt durch Erlaß der Branntweinverbrauchsabgabe. Wegen Vergütung der Betriebsauflage vgl. §§ 54 ff.

Für Branntwein, der sich im freien Verkehr befunden hat, kann auf Grund der Vorschriften im § 3 eine Befreiung von der Verbrauchsabgabe nur aus Gründen der Billigkeit gewährt werden, und zwar, auch wenn der Branntwein durch elementare Ereignisse oder unverschuldete Vorgänge vernichtet worden ist, nur dann, wenn der Branntwein unmittelbar nach der amtlichen Abfertigung in dem Abfertigungsraum oder in dessen Nähe vor den Augen der Steuerbeamten zugrunde gegangen ist (GB. § 58). Zuständig ist die oberste Landesfinanzbehörde.

2. Branntwein, der einen größeren Gehalt an Nebenerzeugnissen der Gärung und des Abbrennens als ein Hundertstel des Gewichts der in ihm enthaltenen Alkoholmenge besitzt, ist von der Steuerfreiheit auf Grund des Abs. 1 Nr. 2 und des Abs. 3 ausgeschlossen; roher oder gereinigter Branntwein, der einen größeren Gehalt an solchen Nebenerzeugnissen aufweist, wird zur steuerfreien Ausfuhr (Abs. 1 Nr. 1) nicht zugelassen. Die Direktivbehörde kann in Ansehung des Gehalts an Nebenerzeugnissen im Einzelfalle Ausnahmen zulassen (BfrO. § 1 Abs. 5 und § 59 Abs. 1).

3. Liköre, Trinkbranntwein, versetzter Branntwein, Fruchtsäfte, Punschessenzen und sonstige zur Verwendung bei der Herstellung von Genußmitteln bestimmte Essenzen, ferner Fluidextrakte, Tinkturen und andere flüssige alkoholhaltige Heilmittel können auf Grund der Nr. 1 unter Erlaß der Verbrauchsabgabe ausgeführt werden, wenn der in den Fabrikaten enthaltene Branntwein sich nicht im freien Verkehre befunden hat (BfrO. § 48 Abs. 1, c und d, § 49 Abs. 2); ist der in den Fabrikaten enthaltene Branntwein im freien Verkehr gewesen, so wird die Verbrauchsabgabe auf Grund des § 4 erstattet (vgl. Anm. 5 zu § 4).

4. Für Branntwein und Branntweinfabrikate, die in zollsicher abgeschlossenen Räumen zum Zwecke der Ausfuhr bearbeitet oder verarbeitet werden sollen, kann die oberste Landesfinanzbehörde genehmigen, daß die Steuerfreiheit schon bei der Aufnahme in die zollsicher abgeschlossenen Räume (das Ausfuhrlager) gewährt wird (BfrO. § 58).

5. Die Befreiung von der Verbrauchsabgabe auf Grund der Vorschrift unter Nr. 2 wird in der Regel gewährt nach Vergällung des Branntweins (BfrO. §§ 2—28), in besonderen Fällen, nämlich an militärtechnische Anstalten und an Anstalten für die Herstellung von Pulver und Knallquecksilber, ohne Vergällung auf Grund eines Nachweises über die Verwendung (BfrO. §§ 29—46, vgl. auch Anm. 8). Die Betriebsauflage wird in diesen besonderen Fällen nicht vergütet (vgl. Anm. 3 zu § 54).

6. Statistik. Vgl. Übersicht VII der Branntweinsteuerstatistik (Stat. Vierteljahrshefte 1914, I S. 350). Im Branntweinsteuergebiet waren 1912/13 steuerfrei:

1,724 Millionen Hektoliter Alkohol,

gegenüber einer Gesamterzeugung von 3,753 Millionen Hektoliter Alkohol. Auf den Kopf der Bevölkerung entfielen in Deutschland:

	annähernder Trinkverbrauch	zu gewerblichen Zwecken
1909/10	2,8 l	2,9 l
1910/11	3,0 „	2,2 „
1911/12	2,9 „	2,4 „
1912/13	2,8 „	2,6 „

Die Mengen sind in letzter Zeit annähernd gleich, 1900 waren sie noch wie 4:2 (Stat. Jahrbuch 1915 S. 307).

7. Unter dem „Schwund" ist ein Alkoholverlust zu verstehen, der lediglich auf natürliche Einflüsse, Verdunstung oder das gewöhnliche Lecken der Behältnisse zurückzuführen ist. Der Schwund wird in Reinigungsanstalten und Branntweinlagern unter amtlichem Mitverschlusse durch amtliche Bestandsaufnahmen ermittelt. Die bei den Bestandsaufnahmen festgestellten Fehlmengen sind abgabenfrei zu lassen. Eine Versteuerung findet nur statt, wenn

als erwiesen anzunehmen ist, daß in der Reinigungsanstalt oder im Lager Hinterziehungen der Verbrauchsabgabe begangen sind, oder wenn in einer Reinigungsanstalt oder in einem Lager zur Erleichterung der Eingangsabfertigung auf den einen bestimmten Prozentsatz überschreitenden Schwundnachlaß verzichtet ist und eine größere Fehlmenge ermittelt wird (LO. § 32, RO. § 27). Eine unter amtlicher Überwachung erfolgte Versendung liegt insonderheit dann vor, wenn der Branntwein mit unverletztem Verschlusse oder unter ununterbrochener Begleitung angekommen ist (BglO. § 32). Wegen Vergütung der Betriebsauflage vgl. § 58 und Anmerkungen dazu.

8. BglO. § 36.

9. Der Branntwein wird an die in Abs. 3 angegebenen Anstalten ohne Vergällung auf Grund eines Nachweises über die Verwendung frei von der Verbrauchsabgabe abgelassen (BfrO. §§ 29 bis 46, vgl. auch Anm. 5). Die Betriebsauflage wird nicht vergütet vgl. Anm. 3 zu § 54.

10. Deren Hauptzweck in der Lehrtätigkeit besteht.

Vergütung.

§ 4. Bei der Ausfuhr[1] von Trinkbranntweinen[2] aus dem freien Verkehre[3] sowie von Erzeugnissen, zu deren Herstellung Branntwein aus dem freien Verkehre verwendet worden ist, wird nach näherer Bestimmung des Bundesrats[4] eine Vergütung[5] der Verbrauchsabgabe gewährt.

1. Was die Ausfuhr und Einfuhr von Branntwein angeht, so weist die Außenhandelsstatistik nach Kalenderjahr und -monat in Doppelzentner folgende Gegenstände nach: Branntwein in Fässern: Likör (Ziff. 178a), Arrak, Rum, Kognak, Kirsch- und Zwetschgenwasser (178b), Weingeist (178c), anderer Branntwein, Weingeistmischungen (178d).

Ferner Branntwein in Flaschen: Likör (179a), Weingeist (179b), Arrak, Rum usw. und Weingeistmischungen (179d).

Die Branntweinsteuerstatistik weist für das Betriebsjahr (ab

1. Oktober) nach die Ausfuhr mit und ohne Anspruch auf Steuervergütung und errechnete Einfuhrzahlen.

Die Ausfuhr mit Anspruch auf Steuervergütung betrug bei rohem und gereinigtem Branntwein im Durchschnitt der Jahre 1897/98 bis 1906/07: 170000 hl Alkohol.

Seitdem wurden ausgeführt

	roher und gereinigter Branntwein	Branntweinerzeugnisse
1907/08	17361 hl Alkohol	11108 hl Alkohol
1908/09	10640 „ „	9184 „ „
1909/10	10410 „ „	13288 „ „
1910/11	15542 „ „	10857 „ „
1911/12	11926 „ „	11284 „ „
1912/13	5036 „ „	10805 „ „

Es hat also eine beträchtliche Abnahme der Ausfuhr stattgefunden.

Die Einfuhr ist durchaus nicht unbedeutend. Vor Zollerhöhungen (1899/1900 und 1908/09) war eine starke Vorversorgung zu beobachten.

Der Verbrauch an ausländischem Trinkbranntwein betrug 1893/94 bis 1902/03 im Jahresdurchschnitt 33,5 Tausend Hektoliter Alkohol. Seitdem

1903/04	25498 hl Alkohol
1904/05	26247 „ „
1905/06	27128 „ „
1906/07	29478 „ „
1907/08	29208 „ „
1908/09	58234 „ „
1909/10	13805 „ „
1910/11	19260 „ „
1911/12	11123 „ „
1912/13	13901 „ „

2. Werden Branntweine oder Branntweinfabrikate des freien Verkehrs zur Ausfuhr gegen Steuervergütung abgefertigt, so wird der Branntweinbegleitschein I gebraucht, um die Ausfuhr nachzuweisen (BglO. § 1).

Zur Ermittlung des Alkoholgehalts von Likören, Essenzen usw. dienen zwei kleine Thermo-Alkoholometer für scheinbare Stärken von 0 bis 30 und von 29 bis 57 Gewichtsprozent (AO. § 2 Abs. 4 und § 16 Abs. 2).

Die Ermittlung der Alkoholstärke erfolgt nach Gewichtsprozenten. Wird indessen bei Parfümerien die Alkoholstärke nach Raumprozenten angemeldet, so können nach näherer Bestimmung des Hauptamts Alkoholometer angewendet werden, die Raumprozente angeben (BfrO. § 65 Abs. 1).

Als Trinkbranntweine, welche in dieser Gestalt schon aus der Brennerei hervorgegangen und deshalb unter den Begriff der „Erzeugnisse" nicht zu bringen sind, kommen unter anderen die Branntweine aus nichtmehligen Stoffen in Betracht, insoweit sie in den nach § 15 abgefundenen Brennereien erzeugt werden und daher schon mit ihrer Herstellung in den freien Verkehr gelangen. Die Vorschrift in § 16, nach der die Landesregierungen die abgabenfreie Lagerung des in solchen Brennereien hergestellten Branntweins behufs späterer Ausfuhr gestatten dürfen, genügt für den Zweck der Ausfuhr aus dem Grunde nicht, weil die Mehrzahl dieser Betriebe zu klein ist, um von der Vorschrift Gebrauch zu machen. (Aus der Begründung zu der Novelle vom 15. Juni 1895, RB. III 1894/95, Anl. Bd. 2 Nr. 235 S. 978.)

Für den aus Zwetschen oder Kirschen hergestellten Branntwein in Flaschen bis zu einem Liter oder in Fässern bis zu 100 l Raumgehalt (§ 56 Nr. 2) ist die Vergütung der Verbrauchsabgabe hiernach auch in den Fällen zu gewähren, in denen der Branntwein sich im freien Verkehre befunden hat. Wegen Vergütung der Betriebsauflage vgl. Anm. 4 zu § 56.

3. Die Vergütung wird auch dann bewilligt, wenn der Branntwein aus dem Auslande eingebracht und nach Verzollung in den freien Verkehr gelangt ist (BfrO. § 57).

4. Die Vergütung wird durch Erstattung der Verbrauchsabgabe gewährt für Trinkbranntweine und die sonst in Anm. 3 zu § 3 bezeichneten Fabrikate, ferner für alkoholhaltige Parfümerien, Kopf-, Zahn- und Mundwässer sowie für gewisse Äther (BfrO.

§§ 48—76). Waren die in Anm. 3 zu § 3 bezeichneten Branntweine oder Branntweinfabrikate nicht im freien Verkehre, so wird die Verbrauchsabgabe auf Grund der Vorschrift im § 3 Abs. 1 Nr. 1 erlassen (vgl. Anm. 3 zu § 3). Wegen Vergütung der Betriebsauflage vgl. Anm. 2 zu § 57.

5. Über die zu gewährenden Steuervergütungen (Erstattung der Verbrauchsabgabe sowohl als auch Vergütung der Betriebsauflage vgl. hierzu § 57 BStG.) werden Branntweinsteuervergütungsscheine erteilt (BfrO. §§ 77—83). Der Betrag, über den der Vergütungsschein lautet, kann ebenso wie der Betrag der Kontingentsscheine auf Branntweinverbrauchsabgabe und auf Betriebsauflage statt barer Zahlung angerechnet werden; er kann aber auch vom 25. Tage des sechsten Monats nach dem Monate der Abfertigung von jedem Inhaber bei jeder Hebestelle bar erhoben werden (BfrO. § 79). Wegen Erlöschens der Gültigkeit der Vergütungsscheine und nachträglicher Anrechnung ungültig gewordener Vergütungsscheine gelten dieselben Bestimmungen wie in Ansehung der Kontingentsscheine (BfrO. § 81).

Fälligkeit.

§ 5. Die Verbrauchsabgabe ist zu entrichten,[1] sobald der Branntwein aus der amtlichen Überwachung in den freien Verkehr tritt.[2]

1. Die Entrichtung der Verbrauchsabgabe wird dem Zeitpunkte, in dem der Branntwein tatsächlich in den Verbrauch übergeht, tunlichst nahe gerückt. Dadurch werden die amtlich überwachten Branntweinreinigungsanstalten und Branntweinverschlußlager von der Notwendigkeit befreit, von dem während der Reinigung und Lagerung eintretenden Schwund die Verbrauchsabgabe zu bezahlen und so größere Summen für längere Zeit zu verauslagen (vgl. § 3 Abs. 1 unter 3).

2. Für inländischen Branntwein, der nach der Abfertigung im freien Verkehre versandt wird, kann die Erhebung des fest-

gestellten Abgabenbetrages auch mit Branntweinbegleitschein II dem Begleitscheinempfangsamte überwiesen werden (BglO. § 5 Abs. 1 unter c). Vorausgesetzt ist, daß die auf dem Branntweine ruhende Abgabe mindestens 50 ℳ beträgt (BglO. § 16).

Person des Zahlungspflichtigen.

§ 6. Zur Entrichtung der Abgabe ist verpflichtet, wer den Branntwein zur freien Verfügung erhält.[1]

1. Die Vorschrift erleichtert im Zusammenhange mit § 5 die Abwälzung der Verbrauchsabgabe auf den Verbraucher. Besteuert werden soll die durch den Verbrauch und namentlich durch den Trinkverbrauch bekundete Leistungsfähigkeit.

Stundung.[1]

§ 7. Die Abgabe kann gegen Sicherheitsbestellung[2] auf sechs Monate, ohne Sicherheitsbestellung auf drei Monate gestundet werden.

Als Sicherheit ist auch die Verpfändung von Branntwein anzusehen, der sich in einem Branntweinlager unter amtlichem Mitverschlusse befindet.

1. Die Stundung der Verbrauchssteuern gehört mit zu ihrer Erhebung und ist daher nach Art. 36 der Reichsverfassung Landessache.

2. Der Bundesrat hat in den §§ 52—54 der Grundbestimmungen einige allgemeine Vorschriften gegeben, unter anderen, daß die oberste Landesfinanzbehörde die Grundsätze bestimmt, nach denen die Sicherheit zu leisten ist, und die Voraussetzungen, unter denen gestundete Beträge vor Ablauf der Stundungsfrist eingezogen werden können. Danach haben die obersten Landesfinanzbehörden der einzelnen Bundesstaaten die Stundung eingehender geordnet. So ist in Preußen die Reichsabgabenstundungsordnung vom 11. August 1914 erlassen (PrZBl. Beilage zu Nr. 38), im Königreich Sachsen die Stundungsordnung für Reichsabgaben

vom 24. Dezember 1906 (Verordnungsblatt der Königlich Sächsischen Zoll- und Steuerdirektion S. 1711 ff.); in Württemberg sind die Vorschriften für die Stundung der Zölle und Reichssteuern vom 15. Januar 1900 gegeben (Amtsblatt des Königlich Württembergischen Steuerkollegiums S. 73 ff.), in Baden die Vorschriften über die Stundung von Zöllen und Reichssteuern vom 26. Februar 1894 und die Verordnung über die Annahme von Sicherheiten für gewährte Kredite usw. vom 21. Dezember 1899 mit vielfachen Änderungen.

Haftung des Branntweins.[1]

§ 8. Der Branntwein haftet ohne Rücksicht auf die Rechte Dritter[2] für die darauf ruhende Verbrauchsabgabe und kann, solange diese nicht entrichtet ist, von der Verwaltungsbehörde mit Beschlag belegt[3] oder zurückbehalten[4] werden.[5 6]

1. Die Vorschrift ist zur Sicherung der Verbrauchsabgabe aufgenommen; sie ermöglicht der Landesfinanzverwaltung unter Umständen, mehr Entgegenkommen bei Stundung der Verbrauchsabgabe zu beweisen.

2. Der redliche Erwerb eines Dritten beseitigt das Recht des Steuerfiskus (BGB. § 932). Branntwein, der sich im redlichen Besitz eines Dritten nach Besitzwechsel befindet, darf daher nicht mit Beschlag belegt werden.

3. Für die Beschlagnahme ist eine bestimmte Form nicht vorgeschrieben. Einen Anhalt für die Ausführung kann die Ausführungsbestimmung zu § 13 des Preußischen Verwaltungsstrafgesetzes vom 26. Juli 1897 (GS. S. 237) bieten:

> „Die Beschlagnahme erfolgt dadurch, daß die Beamten — nötigenfalls nach zwangsweiser Besitzergreifung — einen Gegenstand in Verwahrung nehmen oder in anderer Weise sicherstellen."

4. Auch für die Ausübung des Zurückbehaltungsrechts wird es einer besonderen Form nicht bedürfen. Eine schriftliche, viel-

leicht in einer Verhandlung abgegebene Erklärung in Verbindung mit der Nichtausantwortung des noch unter amtlicher Überwachung befindlichen Branntweins wird ausreichen.

5. Die „Beschlagnahme“ und das „Zurückbehalten“ begründen für den Steuerfiskus ein Absonderungsrecht an dem Branntwein, das dem Faustpfandrecht gleich steht, allen anderen Absonderungsrechten, auch im Konkursverfahren, vorgeht und durch § 137 StGB. strafrechtlich geschützt ist.

6. Die dingliche Haftung des Branntweins ist nicht nur für die Verbrauchsabgabe, sondern auch für die Nachsteuer (§ 148) ausgesprochen. In gleicher Weise haftet die Essigsäure für die Essigsäureverbrauchsabgabe und die Essigsäurenachsteuer (§ 110 Abs. 4). Für die Betriebsauflage ist eine dingliche Haftung des Branntweins nicht vorgesehen.

Verjährung.

§ 9. Ansprüche auf Zahlung und Erstattung von Verbrauchsabgabe verjähren in einem Jahre von dem Tage des Eintritts der Zahlungspflicht[1] oder der Zahlung ab. Der Anspruch auf Nachzahlung hinterzogener Gefälle verjährt in drei Jahren.

Die Verjährung wird durch jede von der zuständigen Behörde[2] zur Geltendmachung des Anspruchs gegen den Zahlungspflichtigen[3] gerichtete Handlung unterbrochen.

1. §§ 5, 15 Abs. 1.

2. Hebestelle, Hauptamt, Direktivbehörde, oberste Landesfinanzbehörde.

3. §§ 6, 15 Abs. 1.

Landwirtschaftliche Brennereien.[1]

§ 10. Als landwirtschaftliche Brennereien gelten Brennereien, die ausschließlich Kartoffeln oder Getreide[2] verarbeiten und bei deren Betriebe die sämtlichen Rückstände in einer oder mehreren den Eigentümern oder Besitzern der Brennerei gehörenden oder von ihnen betriebenen Wirtschaften verfüttert werden und der erzeugte Dünger vollständig auf dem den Eigentümern oder Besitzern der Brennerei gehörenden oder von ihnen bewirtschafteten Grund und Boden verwendet wird.

In den nach dem 1. September 1902 betriebsfähig hergerichteten Brennereien müssen außerdem die zur Verarbeitung kommenden Rohstoffe an Kartoffeln und Getreide, mit Ausnahme von Roggen, Weizen, Buchweizen, Hafer und Gerste, in der Hauptsache von den Eigentümern oder Besitzern der Brennerei selbst gewonnen sein. Bei Genossenschaftsbrennereien, die als solche nach dem 1. September 1902 entstanden sind, müssen ferner die so gewonnenen Rohstoffe in der Hauptsache von den einzelnen Teilnehmern nach Verhältnis ihrer Beteiligung an der Brennerei geliefert und außerdem die sämtlichen Betriebsrückstände von den Teilnehmern in diesem Verhältnisse verfüttert werden. Der Bundesrat wird ermächtigt, im Falle von Mißernten und für Genossenschaftsbrennereien, die vor dem 1. September 1907 als solche bestanden haben, Ausnahmen zu gestatten.[34]

1. Die landwirtschaftliche Brennerei dient als landwirtschaftliches Nebengewerbe zur Hebung der Landeskultur; sie ermöglicht eine nutzbringende Verwertung von geernteten Bodenfrüchten, durch die gewonnenen Rückstände, die Schlempe, eine vermehrte Viehhaltung und durch diese eine reichlichere Düngung des Ackers. Der Umfang des Brennereibetriebes sollte zweckmäßig zu dem Viehbestand und der bewirtschafteten Ackerfläche im richtigen Verhältnisse stehen. In der Schlempe liegt häufig der einzige Gewinn des landwirtschaftlichen Brenners, wenn man Spirituspreis und Kosten der Erzeugung gegenüberstellt.

2. Zum Getreide sind auch Hülsenfrüchte, Mais und Dari zu rechnen, nicht aber Reis. Kartoffelstärke und Kartoffelmehl sind den Kartoffeln, Getreidemehl, Malz, Malzkeime und Abfälle von Malz sind dem Getreide gleichzuachten (BO. § 3 Abs. 3).

3. Was den Anteil der einzelnen Brennereiarten an der Gesamterzeugung angeht, so wurden im Betriebsjahr 1912/13 hergestellt:

86,5 v. H. in landwirtschaftlichen Brennereien,
12,6 v. H. in gewerblichen Brennereien,
0,2 v. H. in Obstbrennereien,
0,6 v. H. in den Obstbrennereien gleichgestellten Brennereien.

4. Eine vorübergehende Ausnahme vom 1. Oktober 1911 bis 1. Oktober 1912 vgl. RZBl. 1911 S. 526 und 1912 S. 262. Ferner Ausnahmen in den Kriegsverordnungen.

§ 11. Nach näherer Bestimmung des Bundesrats[1] kann der Brennereibetrieb als landwirtschaftlicher auch dann behandelt werden, wenn Schlempe[2] oder Dünger vorübergehend[3] veräußert oder wenn neben Kartoffeln und Getreide im Zwischenbetriebe[4] nichtmehlige[5] Stoffe allein verarbeitet werden.

1. BO. §§ 5, 6.

2. Es empfiehlt sich, die Möglichkeit zu eröffnen, daß landwirtschaftliche Brennereien bei allgemeiner Futternot Schlempe an umwohnende Landwirte abgeben dürfen (Begründung zu der Novelle vom 16. Juni 1895, RB. III 1894/95 Anl. Bd. 2 Nr. 235 S. 979).

3. „Vorübergehend", damit der Brennereibetrieb nicht aus dem Rahmen der landwirtschaftlichen Interessen herauswächst.

4. Im Zwischenbetriebe, d. h. innerhalb derjenigen Zeitabschnitte, für welche die Brennerei zum Betriebe mit mehligen Stoffen nicht angemeldet ist. Ein zu berücksichtigender Zwischenbetrieb wird etwa in den Fällen anzunehmen sein, in denen er im

Verhältnis zu dem Umfange des Betriebes mit Kartoffeln oder Getreide eine untergeordnete Bedeutung besitzt (Begründung zu der Novelle vom 16. Juni 1895, RV. III 1894/95, Anl. Bd. 2 Nr. 235 S. 979).

Abtrieb von Material im Zwischenbetriebe ist nur während der Brennfrist zulässig (BO. §§ 128, 243). Abfindung für den Zwischenbetrieb (BO. § 219, vgl. Anm. 7 zu § 15).

5. Mehlige Stoffe sind Stoffe, die Stärkemehl enthalten, insonderheit Kartoffeln und Getreide; nichtmehlige Stoffe sind Stoffe, die kein Stärkemehl enthalten, insonderheit Wein, Obst, Beeren, Melasse (BO. § 3 Abs. 1).

Obstbrennereien.

§ 12. Als Obstbrennereien gelten Brennereien, die ausschließlich[1] Obst, Beeren oder Rückstände davon verarbeiten.

Die für Obstbrennereien gegebenen Vorschriften sind in gleicher Weise auf Brennereien[2] anzuwenden, die Wein,[3] Weinhefe, Most, Wurzeln oder Rückstände davon oder von der Bierbereitung[4] ausschließlich oder neben Obst, Beeren oder Rückständen davon verarbeiten.[5]

1. Ohne Beimischungen aus anderen Stoffen (BO. § 7 Abs. 1).

2. Die den Obstbrennereien gleichgestellten Brennereien (BO. § 7 Abs. 2).

3. Auch Obst- und Beerenwein (BO. § 7 Abs. 2).

4. Auch umgeschlagenes Bier, Tropfbier und sonstige Bierrückstände. Gesetzesänderung in Aussicht gestellt, falls Großbetriebe (Vereinigung Berliner Brauereien) sich die Bestimmung zunutze machen sollten (Ztschr. f. Spir. 1914 S. 239).

5. Brennereien, die neben den angegebenen Stoffen oder gemischt mit ihnen andere Stoffe verarbeiten oder die dem Obst usw. Zucker, Zuckerwasser und ähnliche Stoffe zum Zwecke der

Erzielung einer höheren Alkoholausbeute zusetzen, sind als Obstbrennereien oder diesen gleichgestellte Brennereien nicht mehr anzusehen, sondern als gewerbliche Brennereien zu behandeln.

Gewerbliche Brennereien.[1]

§ 13. Als gewerbliche Brennereien sind alle Brennereien, welche Hefe erzeugen,[2] sowie diejenigen anzusehen, welche weder zu den landwirtschaftlichen Brennereien noch zu den Obstbrennereien und den diesen gleichgestellten Brennereien gehören.[3] Jedoch gelten solche Brennereien, die bereits vor dem 1. April 1909 als landwirtschaftliche Brennereien mit Hefenerzeugung betrieben sind, auch fernerhin als landwirtschaftliche Brennereien, solange sie die Bedingungen der §§ 10, 11 erfüllen.[4]

1. Die gewerblichen Brennereien sind in der Regel im Interesse einer möglichst günstigen Verwertung des Kapitals errichtet. Die landwirtschaftlichen Hefebrennereien sind aus dem Rahmen der landwirtschaftlichen Brennereien herausgewachsen und deshalb unter Schonung der bestehenden landwirtschaftlichen Hefebrennereien grundsätzlich in die Klasse der gewerblichen Brennereien verwiesen (BO. § 8).

2. Gleichviel, ob sie im alten (Wiener) oder im Würzeverfahren (Lüftungsverfahren) Hefe erzeugen, ob sie von allen Bottichbemaischungen oder nur von einem Teile der Bemaischungen Hefe gewinnen.

3. Landwirtschaftliche Brennereien und Obstbrennereien einschließlich der diesen gleichgestellten Brennereien, welche die Bedingungen ihrer Klasse in irgendeinem Zeitpunkte des Betriebsjahres nicht erfüllen, sind vom Beginne dieses Betriebsjahres ab als gewerbliche Brennereien zu behandeln (BO. § 9 Abs. 3).

4. Landwirtschaftliche Brennereien, die nach dem Inkrafttreten des Gesetzes zur Hefebereitung übergehen, erleiden eine

Kürzung des Kontingents nach §§ 33, 39, verlieren ihren Durchschnittsbrand zur Hälfte (§ 71), entrichten die Betriebsauflage aus § 43 Nr. 1 und 3 und unterliegen, wenn sie im Würzeverfahren arbeiten, der Vergällungspflicht nach § 72 Abs. 1 Nr. 1. Landwirtschaftliche Brennereien, die nach dem 31. März, aber vor dem 1. Oktober 1909 zur Hefeerzeugung übergegangen sind, erleiden keine Kürzung im Durchschnittsbrande.

Verschlußbrennereien.[1]

§ 14. Die Brennereien sind gemäß den §§ 82 bis 88 einzurichten (Verschlußbrennereien), soweit nicht in den §§ 15, 17 Ausnahmen vorgesehen sind.[2]

1. Verschlußbrennereien sind Brennereien, in denen unter Anlegung von Steuerverschlüssen die Menge des Branntweins mit Hilfe von Sammelgefäßen oder Meßuhren amtlich ermittelt wird (BO. § 1).

2. Nach den Vorschriften in den §§ 14, 15, 17 sind als Verschlußbrennereien einzurichten

a) alle nach dem 30. September 1909 betriebsfähig hergerichteten Brennereien, außer den in § 15 Abs. 3 genannten Obstbrennereien,

b) alle vor dem 1. Oktober 1909 betriebsfähig hergerichteten Brennereien, die in einem Betriebsjahre mehr als 30 hl Alkohol herstellen.

Erleichterungen siehe § 88.

Abfindung der Brennereien.[1] (§§ 15 bis 17.)

§ 15. Brennereien, die in einem Betriebsjahre[2] nicht mehr als 10 Hektoliter Alkohol herstellen (Kleinbrennereien)[3] können abgefunden werden, sofern sie vor dem Inkrafttreten dieses Gesetzes betriebsfähig hergerichtet sind; auf sie finden alsdann die Vorschriften der §§ 5, 6, 82 bis 93 keine Anwendung. Die Verbrauchsabgabe ist nach näherer Bestimmung des Bundesrats[4] von derjenigen Alkoholmenge, welche aus dem angemeldeten Maischbottichraum oder der zur Verarbeitung auf Branntwein angemeldeten Stoffmenge hergestellt oder welche während der erklärten Abtriebszeit mit der zum Gebrauche bestimmten Brennvorrichtung nach ihrer Leistungsfähigkeit gewonnen werden kann, im voraus durch die Verwaltungsbehörde bindend festzusetzen und, soweit nicht Stundung eintritt, drei Monate nach Herstellung des Branntweins vom Brennereibesitzer zu entrichten.[5] Die sofortige Einziehung ist zulässig, wenn der Zahlungspflichtige in Vermögensverfall gerät.

In gleicher Weise[6] können nach näherer Bestimmung des Bundesrats auf Antrag vor dem Inkrafttreten dieses Gesetzes betriebsfähig hergerichtete Brennereien abgefunden werden, die in einem Betriebsjahre mehr als 10 Hektoliter, aber nicht mehr als 30 Hektoliter Alkohol erzeugen.[7]

[8] Ebenso können nach näherer Bestimmung des Bundesrats Brennereien, die nach dem 30. September 1909 betriebsfähig hergerichtet worden sind, abgefunden werden, wenn sie ausschließlich selbsterzeugtes Obst, selbstgewonnenen Wein, Most oder Rückstände davon (Trester, Hefe) oder Beeren und Wurzeln verarbeiten und in einem Betriebsjahre nicht mehr als 50 Liter Alkohol erzeugen.

1. Abfindungsbrennereien sind Brennereien, in denen unter Abstandnahme von einer Verschlußanlegung die Menge des Branntweins ohne oder mit Vorbehalt der Vorführung zur Abfertigung amtlich abgeschätzt wird (BO. § 1). Im Branntweinsteuergebiet waren 1912/13 von 89743 Brennereien 83334 Abfindungsbrennereien. — Vgl. den Aufsatz: „Die Abfindung der Brennereien" in Ztschr. f. Spir. 1912 S. 497 ff.

2. 1. Oktober bis einschließlich 30. September (GB. § 3).

3. Der von den Stoffbesitzern (§ 41), die ihren Betrieb selbst anmelden, hergestellte Branntwein ist auf die 10 hl Alkohol nicht anzurechnen (BO. § 8a).

4. Nach den Ausführungsbestimmungen (BO. §§ 215—341) ist zu unterscheiden

A. die Abfindung auf einen bestimmten Abgabenbetrag,

B. die Abfindung auf die Mindestmenge (vgl. § 17).

Nach der Neuregelung der Brennereiordnung findet vom 1. Oktober 1914 ab die Abfindung unter A nur mehr statt, indem die Alkoholmenge, die sich nach dem zutreffenden Ausbeutesatz (§§ 293 bis 296 BO.) ergibt, aus der Menge der zur Verwendung gelangenden Rohstoffe berechnet wird (§ 215 Abs. 1 BO., Abfindung nach der Stoffmenge).

5. Die Verpflichtung zur Entrichtung der Abgabe wird bei den Abfindungsbrennereien den Brennereibesitzern selbst auferlegt, weil diese den Branntwein sogleich nach der Herstellung zur freien Verfügung erhalten und zumeist unmittelbar an die Verbraucher ablassen. Da die Abgabe erst drei Monate nach Herstellung des Branntweins zu entrichten ist, ohne daß dafür in der Regel während der Zwischenzeit Sicherheit zu leisten ist, und da weiter die Zulässigkeit der Stundung ausdrücklich erwähnt ist, so werden die Besitzer der Abfindungsbrennereien auch von der Verauslagung der Abgabenbeträge befreit bleiben (Begründung zu § 13 des Gesetzes vom 24. Juni 1887, RB. I 1887, Anl. Bd. 2 Nr. 90 S. 791).

6. Gleichfalls nach den Vorschriften des ersten Absatzes. Wenn die Brennereien mit einer Jahreserzeugung von nicht mehr als 10 hl und die Brennereien mit einer Jahreserzeugung von mehr als 10, aber nicht mehr als 30 hl Alkohol im § 15 getrennt behandelt worden sind, so hat das seinen Grund in dem technischen Aufbau des Gesetzes, der eine Sonderstellung der Kleinbrennereien notwendig machte (vgl. § 216 Nr. 1a BO.).

7. Das Hauptamt kann Verschlußbrennereien für den Zwischenbetrieb mit Material auf Antrag von der Verschlußkontrolle befreien und der Abfindung unterwerfen (BO. § 219).

8. Dieser Absatz ist in der zweiten Lesung der Kommission eingefügt. Er trägt dem Umstande Rechnung, daß in § 3 des Änderungsgesetzes eine Erhöhung der Menge, für die ein Steuervorzug eintritt, auf 50 l eingeführt ist (vgl. § 216 Nr. 1b BO.).

§ 16. Die Landesregierung[1] kann gestatten, daß der in einer abgefundenen[2] Brennerei erzeugte Branntwein unter Abstandnahme von der Erhebung der Verbrauchsabgabe unter amtliche Überwachung gestellt wird.[3]

1. Die Direktivbehörde (BO. § 321).

2. Im Falle der Abfindung auf einem bestimmten Abgabenbetrag.

3. Zum Zwecke späterer Ausfuhr (§ 4) oder auch zum Zwecke späterer Überführung in den freien Verkehr.

§ 17. In besonderen Fällen[1] ist Abfindung mit der Maßgabe zuläs,ig, daß die Mindestmenge des zur Abfertigung vorzuführenden Alkohols (§§ 97, 98) festgesetzt wird.[2] [3] [4]

1. In Fällen, in denen Abfindung nach § 15 zugelassen ist.

2. Die Abfindung auf die Mindestmenge (vgl. Anm. 4 unter B zu § 15) ist anzuwenden

a) auf alle Brennereien, die bei einer Jahreserzeugung von mehr als 10 hl Alkohol nichtmehlige Rückstände von der Bierbereitung, umgeschlagenes Bier, Tropfbier und sonstige Bierrückstände, Hefenbrühe, oder die mit Genehmigung des Hauptamts (§ 216 Abs. 2 unter b BO.) Weine mit einem nach § 3 des Weingesetzes unzulässigen Zuckerzusatz, allein oder gemischt mit anderen Stoffen, verarbeiten, für die Dauer dieser Verarbeitung (BO. § 322 Abs. 1).

Als Hefenbrühe gilt nur die dünnflüssige und treberfreie Würze der ausschließlich flüssige Hefe herstellenden Gewerbeanstalten (BO. § 294 Abs. 2);

b) auf Anordnung der Direktivbehörde in anderen als den unter a angegebenen Fällen, dauernd oder vorübergehend statt der Abfindung auf einen bestimmten Abgabenbetrag,
 α. wenn im Betriebsjahre mehr als 10 hl Alkohol erzeugt werden;
 β. wenn durch die Abfindung auf einen bestimmten Abgabenbetrag das Steueraufkommen gefährdet erscheint;
 γ. wenn die Abfertigung von Branntwein beantragt wird, der unter amtliche Überwachung gestellt werden soll (BO. § 322 Abs. 2).

3. Der Bundesrat hat im § 67 Abs. 2 der Brennereiordnung die obersten Landesfinanzbehörden ermächtigt, bei Obstbrennereien und ihnen gleichgestellten Brennereien, die bisher der Abfindung unterlegen haben, von der Verschlußanlage abzusehen und eine besonders geregelte Abfindung auf die Mindestmenge eintreten zu lassen, wenn anzunehmen ist, daß bei der Betriebsweise der Brennerei die Verschlußeinrichtung nicht ohne empfindliche Schädigung des Betriebes erfolgen könnte.

4. Von der Abfindung auf die Mindestmenge ist zu unterscheiden die Festsetzung der Mindestmenge des zur Abfertigung vorzuführenden Alkohols (§ 86 und Anm. 3 dazu, § 98).

Amtliche Überwachung.

§ 18. Der Branntwein[1] und seine Herstellung[2] unterliegen zum Zwecke der Erhebung der Verbrauchsabgabe der amtlichen Überwachung.

1. Der Branntwein bleibt unter amtlicher Überwachung „bis er zur Ausfuhr oder behufs Verwendung zu gewerblichen usw. Zwecken abgefertigt oder bis die Verbrauchsabgabe gezahlt oder gestundet wird“ (BBrStG. § 11 Abs. 1).

2. Zur „Herstellung" des Branntweins im Sinne dieser allgemeinen grundlegenden Vorschrift gehört auch der Feinbrand und die Reinigung in besonderen Anstalten. Der beim ersten Abtriebe, dem Rauhbrande, gewonnene Branntwein (Lutter, Rohbranntwein) darf während der Brennfrist einem ein- oder mehrmal wiederholten Abtriebe (Wienen, Feinbrand) unterworfen werden (BO. §§ 192—201). Wegen der Reinigung des Branntweins in amtlich überwachten Anstalten vgl. § 19 und Anmerkungen dazu.

§ 19. Unter amtlicher Überwachung[1] stehender Branntwein darf[2] mit Begleitschein versendet,[3] in amtlich zu verschließende[4] Lager[5] aufgenommen und in amtlich überwachten Anstalten gereinigt[6] werden.[7] Der Bundesrat ordnet die Ausführung und bestimmt auch die Bedingungen und Überwachungsmaßnahmen, unter denen der Branntwein zum Zwecke der Ausfuhr weiter bearbeitet werden darf.[8]

1. Unter steuerlicher Kontrolle.

2. Die Branntweinbegleitscheinordnung, die Branntweinlagerordnung und Branntweinreinigungsordnung sind mit einigen Änderungen und Ergänzungen in Geltung geblieben (Angaben über RZBl. in den Abkürzungen S. 14).

3. Mit Branntweinbegleitschein I, der hier den Zweck hat, die Gestellung des unter amtlicher Überwachung zu versendenden inländischen Branntweins bei dem Begleitscheinempfangsamte zur weiteren Abfertigung oder die Ausfuhr von solchem Branntwein zu sichern (BglO. § 1 Abs. 1 unter a).

4. Durch Kunstschlösser; daneben ist der Lagerraum vom Lagerbesitzer unter Privatverschluß zu halten (LO. § 1).

5. Die Vergünstigung, unter amtlicher Überwachung stehenden Branntwein zu lagern, wird von der Direktivbehörde und mit deren Ermächtigung von den Hauptämtern, auf Antrag widerruflich bewilligt (LO. §§ 2, 4, GB. § 30).

Brennereibesitzern können Branntweinlager bewilligt werden, in die, soweit nicht die Direktivbehörde Ausnahmen gestattet, nur

Branntwein aufgenommen werden darf, der in der Brennerei erzeugt ist (Brennereilager). Dem Brennereibesitzer darf auch der Sammelgefäßraum als Lager bewilligt und für die Zeit des Ruhens der Brennerei die Verwendung der amtlichen Sammelgefäße als Lagergefäße gestattet werden (LO. § 3).

Die Lagerung des Branntweins erfolgt in Lagergefäßen, die der Besichtigung überall zugänglich sind und auf Füßen, Schienen u. dgl. ruhen (LO. § 6), aber auch in Versandgefäßen (LO. §§ 17, 18).

Alljährlich findet die ordentliche amtliche Aufnahme des im Lager befindlichen Branntweins statt — Bestandsaufnahme — (LO. §§ 27 ff.).

Der inländische Branntwein nimmt durch die Aufnahme in ein Branntweinlager unter amtlichem Mitverschlusse nicht die Eigenschaft einer unverzollten ausländischen Ware an, auch dann nicht, wenn zu dem Branntweinlager Räume benutzt werden, die sich in einer öffentlichen Zollniederlage befinden (LO. § 37, vgl. Begründung zu dem Gesetze vom 24. Juni 1887, RB. I 1887, Anl. Bd. 2 Nr. 90 S. 790). Wird aber Branntwein in die Räume einer Zollniederlage aufgenommen, die nicht als Branntweinlager bewilligt sind, so finden die Vorschriften der §§ 97—106 des Vereinszollgesetzes und der dazu erlassenen Niederlageregulative mit der Maßgabe Anwendung, daß der niedergelegte Branntwein die Eigenschaft einer ausländischen Ware annimmt (LO. § 38).

Wegen der Ausfuhrlager vgl. Anm. 4 zu § 3.

6. Die Befugnis, in einer besonderen Anstalt unter amtlicher Überwachung — steuerlicher Kontrolle — stehenden Branntwein zu reinigen, wird von der Direktivbehörde als Vergünstigung widerruflich bewilligt (RO. §§ 1—3, GB. § 30). Voraussetzung ist unter anderem, daß die Anstalt mindestens 10000 hl Alkohol im Betriebsjahre verarbeiten muß.

Die Branntweinreinigungsordnung unterscheidet:

a) Reinigungsanstalten, in denen der Branntwein unter dauerndem Steuerverschlusse steht (Abschnitt 2, §§ 32—35);

b) Reinigungsanstalten, die unter ständiger amtlicher Bewachung stehen (Abschnitt 3, §§ 36—44);

c) Reinigungsanstalten, in denen weder der Branntwein unter Steuerverschluß steht, noch eine amtliche Bewachung stattfindet (Abschnitt 4, §§ 45—51).

Die Erleichterungen des Abschnitts 4 dürfen nur Anstalten zuteil werden, die vor dem 1. Oktober 1900 unter steuerlicher Kontrolle stehenden Branntwein gereinigt haben und weder unter Verschluß, noch unter Bewachung gehalten worden sind. Im übrigen entscheidet die Direktivbehörde, nach welchem Abschnitte die Anstalt zu behandeln ist (RO. § 3).

Als Überwachungsmaßnahmen kommen außer dem Steuerverschlusse und der amtlichen Bewachung in Betracht: Anmeldung der Räume, Anmeldung und Vermessung der Geräte (RO. §§ 4—6), Führung des Reinigungsbuchs über den in die Anstalt eingehenden und den wieder ausgehenden Branntwein (RO. § 11), amtliche Abfertigung des Branntweins zur Aufnahme in die Anstalt und zum Ausgang aus der Anstalt (RO. §§ 12, 19), Revisionen, Einsicht der Einkaufs-, Lager-, Fabrikations- und Verkaufsbücher der Anstalt durch die Oberbeamten der Steuerverwaltung (RO. § 18), die ordentliche, alljährlich einmal stattfindende amtliche Aufnahme des in der Reinigungsanstalt befindlichen Branntweins — Bestandsaufnahme — (RO. §§ 22—28), Vertragsstrafen (RO. § 2 unter c und § 31 Abs. 2).

7. Bei Ausfertigung des Branntweinbegleitscheins I sowie vor der Aufnahme des Branntweins in ein Branntweinverschlußlager oder in eine Reinigungsanstalt im Sinne der Reinigungsordnung kann auf Antrag die Feststellung der in dem Branntwein enthaltenen Alkoholmenge unterbleiben, wenn die Alkoholmenge bereits bei einer Vorabfertigung festgestellt war und der Branntwein seitdem ununterbrochen unter amtlichem Raumverschlusse (BglO. § 8) oder unter amtlicher Begleitung oder Verwahrung gestanden hat (BglO. § 7, LO. § 12 Abs. 2, RO. § 12 Abs. 2).

8. Zweiter Abschnitt, §§ 48—76 der Branntweinsteuerbefreiungsordnung.

§ 20. Die amtliche Überwachung der Brennereien, Lager, der Reinigungsanstalten und sonstigen Gewerbsanstalten, in denen unter amtlicher Überwachung stehender Branntwein verarbeitet wird,[1] erfolgt, unbeschadet der Vorschriften in den §§ 103 bis 105,[2] gebührenfrei.[3]

Für die Überwachung der Arbeiten in einem Branntweinlager unter amtlichem Mitverschlusse werden Gebühren nicht erhoben.[4]

1. Die Vorschrift erstreckt sich nur auf die amtliche Überwachung der Brennereien, Lager, Reinigungsanstalten und besonders bezeichneten Anstalten. Unter den in den §§ 70—73 der Grundbestimmungen angegebenen Voraussetzungen sind daher für Branntweinabfertigungen, Überwachung von Branntweinsendungen und in anderen Fällen Gebühren zu erheben.

2. Für die Überwachung einer Brennerei, eines Lagers oder einer Reinigungsanstalt sind Gebühren zu erheben, wenn die Gewerbeanstalt auf Grund der §§ 103—105 besonderen Aufsichtsmaßnahmen unterworfen ist (GB. § 69 Abs. 2).

3. Die aufkommenden Gebühren werden für Rechnung der Bundesstaaten erhoben (GB. § 79).

4. Die Vorschrift im Abs. 2 ist im Reichstage auf besonderen Wunsch hinzugefügt worden; sie wiederholt nur für einen besonderen Fall die Überwachung der Arbeiten in einem Lager, was im Abs. 1 bereits allgemein ausgesprochen ist.

Vergällung des Branntweins.

§ 21. Die Vergällung[1] (Denaturierung) des Branntweins erfolgt unter amtlicher Überwachung: sie ist entweder vollständig, das heißt eine solche, die an sich als genügend erachtet wird, den Branntwein zum Trinkgebrauch unverwendbar zu machen,[2] oder unvollständig, das heißt eine solche, neben der weitere Maßnahmen zur Verhütung der mißbräuchlichen Verwendung des Branntweins zu treffen sind.[3 4 5]

1. Vergällungspflicht für einen Teil der Erzeugung vgl. § 72 BStG.

2. „Zur vollständigen Vergällung dient, vorbehaltlich einer anderen Bestimmung des Bundesrats, ein Gemisch von vier Raumteilen Holzgeist und einem Raumteile Pyridinbasen (allgemeines Vergällungsmittel), welchem bei seiner Zusammensetzung Lavendelöl oder Rosmarinöl bis zu 50 g auf jedes volle Liter hinzugefügt werden darf. Von dem Gemische sind dem zu vergällenden Branntweine 2,5 l auf je 100 l Alkohol zuzusetzen.

Die vollständige Vergällung kann auch in der Weise erfolgen, daß dem Branntwein 1,25 l des allgemeinen Vergällungsmittels und 2—20 l Benzol auf je 100 l Alkohol zugesetzt werden" (BfrO. § 3).

Zur Zusammensetzung des allgemeinen Vergällungsmittels sind von den obersten Landesfinanzbehörden bestimmte Gewerbeanstalten (Mischstellen) ermächtigt worden (BfrO. § 6).

Vollständig vergällter Branntwein darf nicht verwendet werden zur Herstellung von Essig für Genußzwecke, zur Herstellung von Erzeugnissen, die als Ersatz von Branntwein genossen werden können, und von alkoholhaltigen Fabrikaten, die zum menschlichen Genusse dienen können. In Ansehung der Erzeugnisse, die als Ersatz von Branntwein genossen werden können, darf die Direktivbehörde Ausnahmen zulassen. Im Falle des Bedürfnisses kann die oberste Landesfinanzbehörde für den Verbleib und die Verwendung des vollständig vergällten Branntweins amtliche Überwachungsmaßnahmen anordnen (BfrO. § 14). Vollständig vergällter Branntwein, in dem das Alkoholometer eine Stärke von weniger als 80 Gewichtsprozent anzeigt, darf weder verkauft noch feilgehalten werden.

3. Zur unvollständigen Vergällung werden besondere Vergällungsmittel angewendet, und zwar

a) zu gewerblichen Zwecken aller Art, einschließlich der Herstellung bestimmter Heilmittel:

5 l Holzgeist oder 0,5 l Pyridinbasen auf 100 l Alkohol (BfrO. § 4 unter a);

b) zu besonders bezeichneten gewerblichen Zwecken: Schellacklösung, Kampfer, Terpentinöl, Essig, Benzol, Äther, Tieröl, Chloroform, Jodoform, Bromäthyl, Chloräthyl, Petroleumbenzin, Rizinusöl oder Baumöl, Natronlauge, Kalilauge (BfrO. §§ 4, 5; Bek. vom 14. Okt. 1915).

4. Die Vergällungsmittel sind auf Kosten des Antragstellers durch einen Chemiker zu prüfen und bis zu ihrer Verwendung unter amtlichem Verschlusse aufzubewahren (BfrO. § 5). Es liegt daher im Interesse der Gewerbetreibenden, daß sie die Vergällungsmittel aus den Gewerbeanstalten, die die Vergällungsmittel herstellen, in bereits geprüftem Zustande beziehen (Allgemeine Verfügung des preuß. Finanzministers vom 17. September 1909 III 1; PrZBl. S. 341).

Wegen Regelung der Vergällung vgl. BfrO. §§ 8—11, der unvollständigen Vergällung insonderheit BfrO. §§ 16—28.

5. Die Vergällung von Branntwein mit 5 l Holzgeist oder 0,5 l Terpentinöl kann auch gestattet werden, wenn der Branntwein nicht in den Gewerberäumen des Antragstellers verwendet, sondern an andere Gewerbetreibende abgegeben werden soll. Der Handel mit Holzgeistbranntwein und Terpentinölbranntwein ist in den §§ 23—26 der Befreiungsordnung geordnet. Das Hauptamt erteilt Ankaufserlaubnisschein und Verkaufserlaubnisschein; der Händler führt ein Kontrollbuch; der Verbraucher hat die Verwendung auf Verlangen durch seine Bücher oder durch besondere Buchführung nachzuweisen. Für vollständig oder unvollständig vergällten Branntwein, der zur Herstellung von Äther oder Essigäther verwendet werden soll, wird die Steuerfreiheit nur unter der Bedingung gewährt, daß der Äther oder Essigäther unter amtlicher Überwachung entweder ausgeführt oder im Inlande zu gewerblichen Zwecken usw. verwendet wird. Soweit der Äther und Essig-

äther nicht vom Hersteller verbraucht, sondern an andere Gewerbetreibende usw. abgegeben werden soll, finden die Bestimmungen über den Handel mit Holzgeistbranntwein mit einigen Änderungen Anwendung (BfrO. § 27).

Übergangsabgabe.[1]

§ 22. Von dem aus dem freien Verkehre derjenigen Teile des deutschen Zollgebiets, welche nicht zur Branntweinsteuergemeinschaft gehören, eingehenden Branntweine werden, soweit er nicht nachweislich verzollt worden ist, an Übergangsabgabe 1,50 Mark für das Liter Alkohol erhoben.[2] Die Abgabe wird nicht gestundet.

1. Die Übergangsabgabe wird von dem aus dem freien Verkehre des Großherzogtums Luxemburg in das Gebiet der Branntweinsteuergemeinschaft eingeführten Branntwein erhoben, soweit dieser Branntwein nicht nachweislich verzollt oder von einem Übergangsscheine begleitet ist. Vgl. auch Anm. 1 zu § 155.

2. Zuwiderhandlungen gegen die Vorschriften über die Erhebung der Übergangsabgaben werden nach den auf den Zollvereinsverträgen beruhenden landesrechtlichen Zollstrafgesetzen bestraft, in Preußen nach §§ 2—27 des Gesetzes wegen Untersuchung und Bestrafung der Zollvergehen vom 23. Januar 1838 (GS. S. 78), in Bayern und Baden auf Grund besonderer Regelung durch die Landesgesetzgebung nach den Strafvorschriften des Vereinszollgesetzes vom 1. Juli 1869.

Verwaltungskosten.

§ 23. Für die Erhebung und Verwaltung der Verbrauchsabgabe wird den Bundesstaaten nach näherer Bestimmung des Bundesrats eine Vergütung von acht Hundertteilen[1] der Gesamteinnahme[2] gewährt.

1. Nach Art. 38 Abs. 2 Nr. 3 unter d der Reichsverfassung betragen die Erhebungs- und Verwaltungskosten bei der Branntweinsteuer fünfzehn Hundertteile der Gesamteinnahme. Diese Vorschrift der Verfassung wird für den Geltungsbereich des Branntweinsteuergesetzes durch Herabsetzung der fünfzehn Hundertteile auf acht Hundertteile geändert.

2. Die letztveröffentlichten Bestimmungen über die Vergütungen der Branntweinsteuerverwaltungskosten für die Jahre 1912 bis 1914 in RZBl. 1913 S. 186. Die Vergütung für die Erhebung und Verwaltung der Verbrauchsabgabe beträgt 8 vom Hundert der Gesamtrohsolleinnahme abzüglich des Gesamtbetrags der angerechneten Gutscheine und der aufgerechneten Steuerermäßigungswerte sowie abzüglich des Mehrertrags aus dem Änderungsgesetz.

Zweiter Abschnitt (§§ 24—41).

Kontingent.

Vorbemerkung. Der Schwerpunkt des zweiten Abschnitts lag schon bisher darin, daß Regeln für die Festsetzung des nächsten Kontingentsabschnittes, der vom Betriebsjahr 1917/18 ab in Kraft treten sollte, gegeben wurden. Durch das Änderungsgesetz ist der Geltungsbereich des Abschnittes auf die Sonderrechtsstaaten beschränkt worden. Die durch Beseitigung des Kontingents in den Vordergrund getretene Bedeutung des Durchschnittsbrandes zeigt sich darin, daß bei einer Erhöhung des Kontingents gelegentlich einer Neuveranlagung das Kontingent der Einzelbrennerei nicht höher gesetzt werden darf, als ihr Durchschnittsbrand. In gleicher Richtung ist die Anordnung getroffen, daß der Verlust des Durchschnittsbrandes auch den des Kontingents nach sich zieht.

Das Änderungsgesetz hat in § 25 eine veränderte Formulierung mit sich gebracht; nach jetziger Lage des Rechtszustandes kann der § 25 wohl kaum praktisch werden, da die Menge des innerhalb der süddeutschen Kontingente hergestellten Branntweins die des zum allgemeinen Verbrauchsabgabensatze im Inlande hergestellten wohl niemals erreichen wird.

1912/13 wurden zu einem ermäßigten Satze in den Sonderrechtsstaaten erzeugt 269852 hl Alkohol, gegen eine Erzeugung von 3304734 hl, die zum allgemeinen Verbrauchsabgabensatze in den Inlandsverbrauch übergegangen ist.

Das Kontingent der in Betrieb gewesenen Brennereien, das mit dem Gesamtkontingent nicht übereinstimmt (stillstehende Betriebe) hatte betragen in Tausend Hektoliter Alkohol:

1905/06 . . .	2137	1909/10 . . .	2259
1906/07 . . .	2305	1910/11 . . .	1709
1907/08 . . .	2291	1911/12 . . .	1894
1908/09 . . .	2265		

(Stat. Vierteljahrhefte 1914, I S. 356.)

§ 7 Abs. 1 Änderungsgesetz.[1] Die Vorschriften im zweiten Abschnitte des Branntweinsteuergesetzes bleiben für das Gebiet des Königreichs Bayern, des Königreichs Württemberg und des Großherzogtums Baden mit der Maßgabe in Geltung, daß die Kontingentsanteile dieser Bundesstaaten so ermittelt werden, wie dies in den §§ 24 bis 26 des Branntweinsteuergesetzes vorgeschrieben ist,[2] und daß das Kontingent einer Brennerei im Falle seiner Erhöhung auf Grund einer Neuveranlagung (§ 34 Nr. 2 bis 5 des Branntweinsteuergesetzes) den Durchschnittsbrand der Brennerei nicht übersteigen darf.[3]

1. Die Begründung führt hierzu aus, die Beibehaltung der bisherigen Kontingentsvorschriften sei für die süddeutschen Staaten die einfachste Lösung der Frage. Diese nur für einen Teil des Reiches bestehen bleibenden Vorschriften unterfielen trotzdem nicht dem Art. 7 Abs. 4 der Reichsverfassung, weil das bleibende Kontingent die Einnahmen des Reiches aus der Branntweinsteuer kürze.

2. Nach § 24 des Branntweinsteuergesetzes ergibt sich das Gesamtkontingent aus dem Durchschnitt der innerhalb der letzten drei Jahre in den verbrauchsabgabepflichtigen Inlandsverbrauch überge-

gangenen Branntweinmengen. Nach § 26 des Branntweinsteuergesetzes wird mit Hilfe der Bevölkerungsziffer nach der jeweilig letzten Volkszählung daraus die Alkoholmenge auf den Kopf der Bevölkerung berechnet. Zwei Drittel dieser Ziffer, vervielfacht um die Bevölkerungsziffer jedes der beteiligten süddeutschen Staaten, ergeben den Gesamtkontingentsanteil der einzelnen Staaten.

Nach § 149 des Branntweinsteuergesetzes trat unter bestimmten Voraussetzungen vom 1. Oktober 1913 ab eine Kürzung der Kontingente der einzelnen Brennereien ein.

3. Vgl. unten Anm. 3 auf Seite 86.

Nur für Süddeutschland.

Gesamtkontingent.

§ 24. Das im Brennereibetriebsjahr 1907/08 nach den Vorschriften des bisherigen Branntweinsteuergesetzes festgesetzte Gesamtkontingent bleibt bis zum 30. September 1918 in Geltung.[1] Anderweit festgesetzt wird das Gesamtkontingent[2] zuerst im Betriebsjahr 1917/18 und demnächst in jedem zehnten Jahre für die folgenden zehn Betriebsjahre (Kontingentsabschnitt)[3] nach dem Durchschnitte der Branntweinmengen, die innerhalb der letzten drei Jahre in den verbrauchsabgabenpflichtigen Inlandsverbrauch übergegangen sind.

1. Damit ist ausgesprochen, daß die Betriebsjahre vom 1. Oktober 1908 bis zum 30. September 1918 einen einheitlichen Kontingentsabschnitt von zehn Jahren bilden (vgl. Anm. 2 zu § 40 und Anm. 6 zu § 41).

2. Das Gesamtkontingent war eine dem verbrauchsabgabenpflichtigen Inlandsverbrauch angepaßte Branntweinmenge, über die jetzige Regelung vgl. die Anm. 2 zu dem vorhergehenden § 7 Abs. 1 des Änderungsgesetzes. Die anderweite Festsetzung des Gesamtkontingents erfolgt zum Zwecke der Neufestsetzung der Einzelkontingente, der Neukontingentierung. Die Neufestsetzung der Einzel-

kontingente besteht in einer planmäßigen Verteilung des Gesamtkontingents auf die Brennereien nach dem Maßstabe, nach dem das Kontingent für die einzelne Brennerei zu bemessen ist, dem Kontingentsfuße.

3. Der Kontingentsabschnitt, nach dem bisher in Geltung gewesenen Gesetze die Kontingentsperiode, umfaßte ursprünglich nach dem Gesetze vom 24. Juni 1887 drei Jahre, wurde durch die Novelle vom 16. Juni 1895 auf fünf Jahre ausgedehnt und schließlich durch das Gesetz vom 15. Juli 1909 auf zehn Jahre festgesetzt. Das Kontingent der in Betrieb gewesenen Brennereien betrug im Betriebsjahre 1911/12 1893880 hl Alkohol.

Nur für Süddeutschland.

§ 25. Übersteigt in einem Betriebsjahre das Gesamtkontingent, vermindert um die nicht ausgenutzten Kontingentsmengen,[1] die Menge des gegen Entrichtung der Verbrauchsabgabe in den Inlandsverbrauch gelangten Branntweins,[2] so kann der Bundesrat das Gesamtkontingent für das folgende Betriebsjahr, erforderlichenfalls auch je für ein weiteres Betriebsjahr desselben Kontingentsabschnitts,[3] auf die zuletzt bezeichnete Branntweinmenge herabsetzen.[4]

Die näheren Bestimmungen trifft der Bundesrat.[5]

1. Wortlaut gemäß § 7 Abs. 2 des Änderungsgesetzes an Stelle der früheren Fassung: die Menge des unter Anrechnung auf das Kontingent hergestellten Branntweins.

2. Der Kontingentswert von 20 ℳ würde nach dem Zustande vor dem Änderungsgesetz alsdann für Branntwein gezahlt sein, der vergällt oder ausgeführt wird, für den mithin keine Verbrauchsabgabe vereinnahmt wird. Das bedeutet einen Verlust für die Reichskasse und widerspricht der Absicht des Gesetzes. Jetzt ist (abgesehen von dem weitergehenden Vorrecht für Obstbrennereien und gewisse Klein- und Mittelbetriebe) die Kontingentsspannung auf 7,50 ℳ bzw. 5 ℳ beschränkt (vgl. oben § 2 Abs. 1 des Änderungsgesetzes, S. 42).

Verluste dieser Art konnten in der Zeit vor Geltung des Änderungsgesetzes unerheblich sein und sich im folgenden Betriebsjahre wieder ausgleichen; sie konnten aber auch so nachhaltig auftreten, daß sie durch Herabsetzung des Gesamtkontingents auf die im Vorjahre in den verbrauchsabgabepflichtigen Inlandsverbrauch gelangte Branntweinmenge ausgeglichen werden mußten. Daher war dem Bundesrate die Prüfung des Einzelfalles und die Entscheidung überlassen.

3. Auf Grund dieser Vorschrift hat der Bundesrat das Gesamtkontingent für 1910/11 von 2 309 212,20 hl Alkohol auf 1 757 783,39 hl herabgesetzt (RZBl. 1910 S. 649). Für 1911/12 wurde dieser Betrag auf 1 955 979,84 hl festgesetzt (RZBl. 1911 S. 615). Die Zahl in Anm. 3 zu § 24 betrifft die in Betrieb gewesenen Brennereien.

4. Die Herabsetzung des Gesamtkontingents hat zur Folge, daß die Einzelkontingente im gleichen Verhältnis herabgesetzt werden. Dies geschieht in der Weise, daß vom Reichsschatzamte berechnet und mitgeteilt wird, wieviel Liter infolge der Herabsetzung des Gesamtkontingents als ermäßigtes Kontingent auf ein Liter des Kontingentsfußes fallen. Hiernach werden dann die Einzelkontingente von den Landesfinanzbehörden umgerechnet und anderweit festgesetzt.

5. Zugefügt durch § 7 Abs. 3 des Änderungsgesetzes. Es sind bisher keine ergangen.

Nur für Süddeutschland.

§ 26. [1] Von der nach §§ 24, 25 zum niedrigeren Abgabensatze zugelassenen Jahresmenge Branntwein (Gesamtkontingent) wird der Anteil, der im Königreiche Bayern, im Königreiche Württemberg, im Großherzogtume Baden und in den Hohenzollernschen Landen hergestellt werden darf, in der Weise ermittelt, daß jedem der bezeichneten Staaten und Landesteile auf den Kopf seiner Bevölkerung zwei Drittel derjenigen Litermenge Alkohol zugeteilt werden, welche sich auf den Kopf der Gesamtbevölkerung der Branntweinsteuergemeinschaft ergibt, wenn das Gesamtkontingent nach der Kopfzahl der letzteren verteilt wird. Bei den hiernach erforderlichen Berechnungen sind die bei der letzten Volkszählung ermittelten Bevölkerungsziffern zugrunde zu legen.

Die Festsetzung der Jahresmenge, die von der einzelnen Brennerei zu dem niedrigeren Abgabensatze hergestellt werden darf (Einzelkontingent), erfolgt durch die Landesbehörden.

1. Die Vorschrift ist nahezu wörtlich aus dem § 47 des bisher in Geltung gewesenen Branntweinsteuergesetzes in der Fassung der Novelle vom 4. April 1898 übernommen und im § 154 unter das Sonderrecht der drei süddeutschen Staaten gestellt.

Nur für Süddeutschland.

Einzelkontingente.[1]

1. Allgemeine Vorschriften.

§ 27. Landwirtschaftliche Brennereien und Obstbrennereien, die zum gewerblichen Betriebe (§ 13) übergehen,[2] [3] dürfen Branntwein zu dem niedrigeren Abgabensatze nicht herstellen.[4] [5] Bei landwirtschaftlichen Brennereien, die zur Hefenerzeugung übergehen,[6] tritt jedoch nur eine Kürzung des Kontingents (§§ 33, 39) ein.

1. Grundlage und Maßstab für die Bemessung der Kontingente war zunächst die tatsächliche Steuerleistung der einzelnen Brennerei. Für die einzelnen am 1. April 1887 bereits vorhanden gewesenen Brennereien wurde die Jahresmenge Branntwein, die sie zu dem Abgabensatze von 0,50 ℳ für das Liter Alkohol herstellen durften, nach dem Durchschnitte der von ihnen in den Rechnungsjahren 1879/80 bis 1885/86 einschließlich gezahlten Steuerbeträge, unter Weglassung der geringsten und der höchsten Jahresziffer bemessen (§ 2 Abs. 1 des bisher in Geltung gewesenen Branntweinsteuergesetzes).

2. Nach § 13 alle landwirtschaftlichen Brennereien, welche die Bedingungen der §§ 10, 11 nicht mehr erfüllen, und alle Obstbrennereien und ihnen gleichgestellte Brennereien, die andere als die im § 12 bezeichneten Stoffe verarbeiten (vgl. Anm. 5 zu § 12).

3. Ein „Übergehen" im Sinne des § 27 liegt nicht vor, wenn Materialbrennereien im Sinne des bisherigen Branntweinsteuergesetzes vom 1. Oktober 1909 ab als gewerbliche Brennereien in Betracht kommen, weil sie andere Stoffe verarbeiten, als im § 12 für Obstbrennereien und ihnen gleichgestellte Brennereien zugelassen sind. Brennereien, die Hefenbrühe verarbeiten, verlieren daher nicht aus dem Grunde, weil sie vom 1. Oktober 1909 ab als gewerbliche Brennereien anzusehen sind, ihr Kontingent (Anm. 3 zu § 13). Wohl aber haben sie von dem genannten Tage ab die im § 43 unter Nr. 3 vorgesehene besondere Betriebsauflage zu entrichten.

4. Die Nachteile des Übergangs treten rückwirkend vom Beginne des Betriebsjahres ein, in dem der Übergang erfolgt ist. Die Nachteile bestehen

a) in dem Verluste des Rechts, Branntwein zum niedrigeren Abgabensatze herzustellen,
b) in der Zahlung der besonderen Betriebsauflage für gewerbliche Brennereien (§ 43 Nr. 3),
c) in der Kürzung des Durchschnittsbrandes um die Hälfte (§ 71, BO. § 177).

5. Die für eine bestimmte Brennerei zu dem niedrigeren Verbrauchsabgabensatze bemessene Jahresmenge Branntwein darf weder dauernd noch zeitweilig auf eine andere Brennerei übertragen werden (BRB. vom 13. Dezember 1888, RZBl. 1889 S. 188). Anders nach den Kriegsverordnungen.

6. Eine Ausnahme bilden landwirtschaftliche Brennereien, die zur Hefenerzeugung übergehen. Hier geht das Kontingent nicht verloren, sondern es wird nur gemäß § 33 gekürzt. Die Kürzung ist aber erst am Schlusse des Betriebsjahres mit Wirkung vom Beginne des folgenden Betriebsjahres ab vorzunehmen (§ 39).

Nur für Süddeutschland.

§ 28. Landwirtschaftliche Brennereien und Obstbrennereien, die in einem Betriebsjahre nicht mehr als 10 Hektoliter Alkohol herstellen, werden zum Kontingente nicht veranlagt und dürfen ihr gesamtes Erzeugnis zum niedrigeren Abgabensatze herstellen.[1]

1. Bei der Neufestsetzung der Kontingente wird für diese Kleinbrennereien (vgl. oben § 15 Abs. 1) jedesmal eine ihrer tatsächlichen Branntweinerzeugung entsprechende Menge Branntwein vom Gesamtkontingente zurückbehalten, also von der Alkoholmenge abgesetzt, die auf die einzelnen Brennereien nach Maßgabe des Kontingentsfußes verteilt wird.

2. Die Vorschrift im § 28 dürfte ohne Rücksicht auf die Jahreserzeugung auf landwirtschaftliche Brennereien und Obstbrennereien anzuwenden sein, die erst innerhalb des Kontingentsabschnitts errichtet werden oder bereits vorher bestanden, aber ein Kontingent nicht erhalten haben. In den durch den niedrigeren Abgabensatz gegebenen Grenzen würden sie dann den Schutz des Durchschnittsbrandes genießen (vgl. Anm. 1 zu § 49). Die Betriebsauflage für den Überbrand würden sie nach § 70 für allen zum höheren Abgabensatze hergestellten Branntwein zu entrichten haben, sofern ihnen nicht etwa auf Grund der §§ 65, 67 ein Durchschnittsbrand von mehr als 10 hl Alkohol zugewiesen sein sollte (vgl. Anm. 2 zu § 70).

Nur für Süddeutschland.

2. Festsetzung der Einzelkontingente.

§ 29. Die im Betriebsjahr 1907/08 nach den Vorschriften des bisherigen Branntweinsteuergesetzes festgesetzten Kontingente bleiben, unbeschadet der Vorschriften in den §§ 25, 39, bis zum 30. September 1918 in Geltung. Für den folgenden Kontingentsabschnitt erfolgt die Neufestsetzung im Betriebsjahr 1917/18.[1] Demnächst werden von zehn zu zehn

Jahren für die einzelnen am Kontingente bereits beteiligten Brennereien[2] und für die inzwischen entstandenen landwirtschaftlichen Brennereien (§ 10) und Obstbrennereien (§ 12),[3] mit Ausnahme der Kleinbrennereien, die Jahresmengen Branntwein, die sie zu dem niedrigeren Abgabensatze herstellen dürfen, neu bemessen. Die Neufestsetzung[4] erfolgt im Laufe des letzten Jahres des jeweiligen Kontingentsabschnitts für die folgenden zehn Betriebsjahre.[5]

1. Vgl. § 24.

2. Also auch für die bisher am Kontingente beteiligten gewerblichen Brennereien.

3. Neu entstehende gewerbliche Brennereien erhalten kein Kontingent und damit auch keinen Durchschnittsbrand (§ 70).

4. Die Neufestsetzung wird in der Weise ausgeführt, daß aus dem Verhältnisse des Gesamtkontingents (der Branntweinmenge, die im Durchschnitte der letzten drei Jahre in den verbrauchsabgabenpflichtigen Inlandsverbrauch übergegangen ist) zu dem Gesamtbetrage der für die einzelnen Brennereien in Rechnung gestellten Branntweinmengen (der Kontingentsfußziffern) berechnet wird, wieviel Liter künftiges Kontingent auf ein Liter der für die einzelne Brennerei in Rechnung gestellten Branntweinmenge (des Kontingentsfußes) entfallen.

5. Bei der Neufestsetzung des Kontingents sind landwirtschaftliche Brennereien auch in Ansehung des Zwischenbetriebes (Anm. 4 zu § 11) als landwirtschaftliche Brennereien zu behandeln.

Nur für Süddeutschland.

Regelmäßiges Verfahren.[1]

§ 30. Für die am Kontingente bereits beteiligten Brennereien[2] werden die von ihnen in den letzten zehn Betriebsjahren[3] durchschnittlich zum niedrigeren Abgabensatze hergestellten Alkoholmengen in Rechnung gestellt.

1. Die §§ 30—38 behandeln die Festsetzung der für die einzelne Brennerei bei der Neufestsetzung des Kontingents in Rechnung zu stellenden Alkoholmenge. Die in Rechnung zu stellende Menge bildet den Maßstab, nach dem das Kontingent für die einzelne Brennerei zu bemessen ist, den Kontingentsfuß. Der Kontingentsfuß wird

a) im regelmäßigen Verfahren auf der Grundlage des bisherigen Kontingents (§§ 30—33),

b) im Veranlagungsverfahren durch Schätzung (§§ 34—37)

ermittelt und durch die Direktivbehörde festgesetzt.

2. Nur für solche landwirtschaftliche und gewerbliche Brennereien, die ihr Kontingent in keinem oder nur in einem der letzten zehn Betriebsjahre vollständig hergestellt haben (§§ 31, 32), auch nur für diejenigen landwirtschaftlichen Brennereien, welche nicht nach § 34 unter 2—5, §§ 35 ff. zu veranlagen sind.

3. Die Neufestsetzung erfolgt im letzten Betriebsjahre des zehnjährigen Kontingentsabschnittes, der vom 1. Oktober 1908 bis 30. September 1918 läuft. Die letzten zehn Betriebsjahre umfassen daher die Zeit vom 1. Oktober 1907 bis 30. September 1917. Für das letzte Betriebsjahr des vorigen Kontingentsabschnitts, das Betriebsjahr 1907/08, ist die für den laufenden Kontingentsabschnitt zugewiesene Kontingentsmenge in Rechnung zu stellen (§ 38).

Nur für Süddeutschland.

§ 31. Bei Brennereien,[1] die in einem oder mehreren der zehn Jahre ihre Kontingente überhaupt nicht oder nicht vollständig hergestellt haben, werden für diese Jahre gleichwohl die vollen den Kontingenten entsprechenden Alkoholmengen als hergestellt angenommen, wenn wenigstens in zwei von den zehn Jahren die Kontingente vollständig hergestellt worden sind.[2]

1. Bei landwirtschaftlichen oder gewerblichen, am Kontingente bereits beteiligten Brennereien. Die Obstbrennereien werden durch die Vorschrift im § 32 ausgenommen.

2. Dann bildet also das bei der letzten Neufestsetzung zugewiesene Kontingent den Kontingentsfuß.

Nur für Süddeutschland.

§ 32. Bei Obstbrennereien[1] werden die ihren Kontingenten entsprechenden Alkoholmengen auch dann als hergestellt angenommen, wenn diese in den letzten zehn Betriebsjahren überhaupt nicht oder nicht vollständig hergestellt worden sind.[2 3]

1. Und den diesen gleichgestellten Brennereien.

2. Bei diesen Brennereien gilt mithin ohne weiteres das bei der letzten Neufestsetzung zugewiesene Kontingent als Kontingentsfuß.

3. Eine Abänderung dieses § 32 tritt gegebenenfalls durch § 8 des Änderungsgesetzes (unten nach § 41) Satz 1 ein.

Nur für Süddeutschland.

§ 33. Die für die einzelne Brennerei in Rechnung zu stellende Alkoholmenge wird,

1. wenn eine dickmaischende Getreidebrennerei[1] während der letzten zehn Betriebsjahre[2] zur Hefenerzeugung nach dem Wiener Verfahren[3] übergegangen ist, um drei Siebentel, wenn sie zur Hefenerzeugung nach dem Würzeverfahren (Lüftungsverfahren)[4] übergegangen ist, um zwei Drittel,
2. wenn eine Brennerei, die zuvor andere Stoffe als Getreide verarbeitet hat,[5] in dieser Zeit zur Hefenerzeugung nach dem Wiener Verfahren übergegangen ist, um die Hälfte, wenn sie zur Hefenerzeugung nach dem Würzeverfahren übergegangen ist, um zwei Drittel, und wenn sie zur Getreideverarbeitung ohne Hefenerzeugung übergegangen ist, um ein Achtel,
3. wenn eine Brennerei in dieser Zeit von der Hefenerzeugung nach dem Wiener Verfahren zur Hefen-

erzeugung nach dem Würzeverfahren übergegangen ist, um die Hälfte gekürzt.[6] [7] Hat der Übergang nur teilweise stattgefunden, so erfolgt Kürzung zu einem entsprechenden Teile.[8] Bei Wiederholung eines Betriebswechsels derselben Art findet eine nochmalige Kürzung nur insoweit statt, als die Änderung der Betriebsart bei der früheren Kürzung noch nicht berücksichtigt ist.

1. Eine Brennerei, die vor dem Betriebswechsel ausschließlich als dickmaischende Getreidebrennerei betrieben worden ist.

2. Was den laufenden Kontingentsabschnitt anlangt, so hat ein Betriebswechsel der angegebenen Art nur dann eine Kürzung auf Grund des § 33 zur Folge, wenn er während der Betriebsjahre stattgefunden hat, die in den Geltungsbereich des Gesetzes fallen, also beginnend mit dem 1. Oktober 1909. Eine vorübergehende Ausnahme war gemacht durch BRB. vom 5. Oktober 1911 (RZBl. S. 525), verlängert bis Ende September 1912 (RZBl. 1912 S. 262).

3. Das alte Hefebereitungsverfahren, wie es allgemein geübt wurde, bevor man zu dem neueren Verfahren, dem Würzeverfahren, überging.

4. Das Würzeverfahren (Lüftungsverfahren) besteht darin, daß aus Getreide, insbesondere aus Roggen, Weizen, Gerste, Malz, Buchweizen, Mais usw., oder aus Kartoffeln oder Melasse eine Maische bereitet, aus der Maische eine Würze gezogen und diese in Gärung versetzt wird. In die gärende Würze wird Luft eingeblasen. Die Zuführung der Luft hat zur Folge, daß sich reichlich Hefe bildet, die dann abgesondert wird. Aus der übrigbleibenden Würze wird darauf der bei der Gärung entstandene Alkohol durch Abbrennen gewonnen.

5. Eine Brennerei, die vor dem Betriebswechsel ausschließlich andere Stoffe als Getreide verarbeitet hat.

6. Bei der Neufestsetzung der Einzelkontingente im Jahre 1917/18 wird die in Rechnung zu stellende Jahresmenge herabgesetzt

a) nach den Vorschriften des bisher in Geltung gewesenen Branntweinsteuergesetzes, wenn in den Betriebsjahren 1907/08 oder 1908/09 ein Betriebswechsel im Sinne des § 2 Abs. 3 b dieses Gesetzes stattgefunden hat,

b) nach den Vorschriften des Branntweinsteuergesetzes vom 15. Juli 1909, wenn in den Betriebsjahren 1909/10 bis einschließlich 1916/17 ein Betriebswechsel im Sinne des § 33 dieses Gesetzes erfolgt ist.

7. Für Hefebrennereien, die in der Zeit vom 1. Oktober 1907 bis 30. September 1909 von der Hefebereitung nach dem Wiener Verfahren zur Hefebereitung nach dem Würzeverfahren übergegangen sind, tritt bei der Neufestsetzung der Einzelkontingente im Betriebsjahre 1917/18 eine Kürzung der in Rechnung zu stellenden Alkoholmenge auf Grund des § 33 Nr. 3 nicht ein. Denn ein Betriebswechsel im Sinne dieser Vorschrift, d. h. ein Betriebswechsel nach dem Inkrafttreten des Branntweinsteuergesetzes, hat nicht stattgefunden.

8. Hat der Betriebswechsel während der letzten zehn Jahre nur für einen Teil des Betriebes stattgefunden, so erfolgt die Kürzung nur bei einem entsprechenden Bruchteile des Kontingentsfußes (vgl. bisherige KO. § 3 Abs. 2 und die dort angegebenen Weisungen für die Ausführung).

Nur für Süddeutschland.

Veranlagung zum Kontingente.

§ 34. Die Veranlagung zum Kontingente[1] findet statt:

1. für die bis zum Beginne des letzten Jahres des jeweiligen Kontingentsabschnitts[2] neu entstandenen und betriebsfähig hergerichteten landwirtschaftlichen Brennereien und Obstbrennereien;
2. für diejenigen[3] am Kontingente bereits beteiligten landwirtschaftlichen Brennereien, deren wirtschaftliche Lage durch Verringerung oder Vergrößerung der regelmäßig beackerten oder sonst landwirtschaftlich genutzten

Fläche während der letzten zehn Betriebsjahre eine wesentliche Veränderung erfahren hat;

3. für diejenigen[3] landwirtschaftlichen Brennereien, welche als dickmaischende Getreidebrennereien am Kontingente beteiligt waren und im Laufe der letzten zehn Jahre dauernd zur Verarbeitung von Kartoffeln übergegangen sind;
4. für diejenigen[3] landwirtschaftlichen Brennereien, bei deren früherer Veranlagung wesentliche Veränderungen[3] der landwirtschaftlich genutzten Fläche unberücksichtigt geblieben sind;
5. auf Antrag[3] des Brennereibesitzers[4] für diejenigen landwirtschaftlichen Brennereien, deren Kontingent in einem besonders starken Mißverhältnisse[5] zu ihrer landwirtschaftlich genutzten Fläche, zu dem wirtschaftlichen Bedürfnis und zu dem Kontingente wirtschaftlich gleichgestellter Brennereien, welche in demselben Verwaltungsbezirke gelegen sind, steht.

1. Die Veranlagung kann auch in den Fällen, in denen sie vom Brennereibesitzer beantragt wird, zu einer Herabsetzung des Kontingents führen. Wenn das Kontingent bereits 40000 l oder mehr, bei Obstbrennereien aber 6000 l oder mehr beträgt, so kann eine Erhöhung des Kontingents überhaupt nicht eintreten, sondern nur eine Wiederbewilligung oder Herabsetzung (§ 37).

2. Das Wartejahr für neu entstandene landwirtschaftliche Brennereien, Obstbrennereien und diesen gleichgestellte Brennereien.

3. Nach § 7 Abs. 1 Schlußworten des Änderungsgesetzes (oben vor § 24 S. 74) darf bei einer Erhöhung auf Grund einer Neuveranlagung der Durchschnittsbrand der Brennerei nicht überschritten werden und zwar in den Fällen der Ziffern 2—5 dieses Paragraphen.

4. Von Amts wegen zu veranlagen sind landwirtschaftliche Brennereien, deren wirtschaftliche Lage durch Verringerung der

Fläche eine wesentliche Veränderung erfahren hat in den Fällen Nr. 2 und 4. Abgesehen davon ist nicht allein in den Fällen unter 5, sondern auch in den Fällen unter 1—4 zur Herbeiführung der Veranlagung ein Antrag des Brennereibesitzers erforderlich.

5. Ein solches Mißverhältnis zu dem Kontingente wirtschaftlich gleichgestellter Brennereien wird unter Umständen eintreten können, wenn eine landwirtschaftliche Hefebrennerei im Laufe der letzten zehn Jahre die Hefegewinnung aufgegeben hat.

Nur für Süddeutschland.

§ 35. Für die im § 34 bezeichneten Brennereien ist nach dem Umfang ihrer Betriebseinrichtungen, bei landwirtschaftlichen Brennereien unter Berücksichtigung der beackerten oder sonst landwirtschaftlich genutzten Fläche und der gesamten wirtschaftlichen Verhältnisse[1] sowie des Betriebsumfanges anderer am Kontingente beteiligter Brennereien,[2] nach Anhörung von zwei Sachverständigen aus den Kreisen der Besitzer landwirtschaftlicher Brennereien diejenige Alkoholmenge zu ermitteln, deren jährliche Herstellung als angemessen zu erachten ist. Von dieser Menge ist[3] derjenige Teil in Rechnung zu stellen, welcher dem Verhältnis entspricht, das in den ohne Veranlagung am Kontingente zu beteiligenden Brennereien derselben Art zwischen ihrer Gesamterzeugung und der von ihnen zum niedrigeren Abgabensatze hergestellten Alkoholmenge während der letzten zehn Jahre durchschnittlich bestanden hat.

1. Bei mittleren und größeren landwirtschaftlichen Kartoffelbrennereien ist vornehmlich die Fläche zu ermitteln, die voraussichtlich jährlich mit Kartoffeln bebaut werden wird, die regelmäßig zu erwartende jährliche Kartoffelernte zu berechnen und die für den Brennereibetrieb jährlich verfügbare Kartoffelmenge festzustellen (bisherige KO. § 17).

2. Von Brennereien, die gleichartige landwirtschaftliche Verhältnisse haben wie die zu veranlagende Brennerei, den Vergleichsbrennereien.

3. Als Kontingentsfuß. Überschreitet der Kontingentsfuß 100000 oder 150000 l Alkohol, so wird er gemäß § 36 gekürzt.

Nur für Süddeutschland.

§ 36. Falls die auf Grund der §§ 30 bis 35[1] in Rechnung zu stellende Alkoholmenge 150000 Liter übersteigt, wird sie um ein Zehntel, falls sie 100000 Liter übersteigt, wird sie um ein Zwanzigstel, jedoch nicht unter den Betrag von 100000 Liter herabgesetzt. Bei landwirtschaftlichen Genossenschaftsbrennereien, die als solche bereits am 1. April 1895 bestanden haben, wird die in Rechnung zu stellende Alkoholmenge, auch wenn sie 150000 Liter übersteigt, nur um ein Zwanzigstel, jedoch nicht unter den Betrag von 100000 Liter herabgesetzt.[2]

1. Die Vorschrift bezweckt eine allmähliche Herabsetzung der größeren Kontingente. Die Kürzung des Kontingentsfußes tritt ein, gleichviel ob dieser im regelmäßigen Verfahren bestimmt oder durch Veranlagung festgesetzt wird.

2. Die Herabsetzung des Kontingentsfußes auf Grund des § 36 findet zum erstenmal bei der Neufestsetzung der Kontingente im Betriebsjahre 1917/18 statt; sie führt in diesem Falle eine Kürzung der davon betroffenen Kontingente erst vom 1. Oktober 1918 ab herbei.

Vorher aber werden die 100000 l Alkohol überschreitenden Kontingente auf Grund des § 149 ermäßigt.

Nur für Süddeutschland.

§ 37. Die auf Grund der §§ 34, 35[1] in Rechnung zu stellende Alkoholmenge darf im Falle einer Neubeteiligung am Kontingent oder einer Kontingentserhöhung für eine landwirtschaftliche Brennerei 40000 Liter, für eine Obstbrennerei 6000 Liter nicht überschreiten.

1. D. h.

a) für neu entstandene landwirtschaftliche Brennereien, Obstbrennereien und diesen gleichgestellte Brennereien,

b) für bestehende landwirtschaftliche Brennereien, die auf Grund der Vorschriften in § 34 Nr. 2—5 einen auf Erhöhung ihres Kontingents abzielenden Antrag gestellt haben.

Zu a. Für neu entstandene landwirtschaftliche Brennereien werden höchstens 40000 l, für neu entstandene Obstbrennereien höchstens 6000 l Alkohol als Kontingentsfuß in Rechnung gestellt.

Zu b ist zu unterscheiden zwischen solchen landwirtschaftlichen Brennereien, die bisher ein Kontingent von mehr als 40000 l Alkohol gehabt haben, und solchen landwirtschaftlichen Brennereien, die bisher ein Kontingent von 40000 hl Alkohol oder weniger gehabt haben. Den ersteren darf höchstens die bisherige Kontingentsmenge als Kontingentsfuß in Rechnung gestellt werden, gegebenenfalls sind die Vorschriften im § 36 auf sie anzuwenden. Wird für die letzteren ein Kontingentsfuß ermittelt, der 40000 l überschreitet, so ist er auf 40000 l Alkohol herabzusetzen. (Bisherige KO. § 20.)

Nur für Süddeutschland.

§ 38. Die auf Grund der §§ 33 bis 37 neu zugeteilten Kontingente sind bei der nächsten Neubemessung auch für das letzte Jahr des vorangegangenen Kontingentsabschnitts in Rechnung zu stellen.[1]

1. Beispielsweise sind die im Betriebsjahre 1917/18 für den Kontingentsabschnitt vom 1. Oktober 1918 bis 30. September 1928 neu zugeteilten Kontingente bei der Neubemessung im Betriebsjahre 1927/28 auch für das Betriebsjahr 1917/18 in Rechnung zu stellen. Denn die Neubemessung erfolgt auf Grund der letzten zehn Betriebsjahre, d. h. auf Grund des Zeitabschnitts vom 1. Oktober 1917 bis 30. September 1927. Dieser Zeitabschnitt aber

beginnt mit dem Betriebsjahre 1917/18, dem letzten Jahre des vorangegangenen Kontingentsabschnitts. Die Vorschrift ist erforderlich, weil die Neubemessung der Kontingente für jeden Kontingentsabschnitt in dem letzten Betriebsjahre des vorangehenden Kontingentsabschnitts auf Grund der letzten zehn Betriebsjahre, also auf Grund eines Zeitabschnitts erfolgt, der mit dem letzten Jahre des früheren Kontingentsabschnitts beginnt.

Nur für Süddeutschland.

§ 39. Die im § 33 für den Fall der Neufestsetzung der Einzelkontingente vorgesehenen Kontingentsminderungen sind, unbeschadet der endgültigen Festsetzung der Kontingente am Schlusse jedes Abschnitts,[1] nach den dort bezeichneten Grundsätzen schon am Schlusse jedes Betriebsjahrs vorzunehmen.[2]

1. Die endgültige Festsetzung der Kontingente erfolgt in der Weise, daß im letzten Betriebsjahre des Kontingentsabschnitts der Kontingentsfuß der Brennerei ermittelt, gemäß § 33 gekürzt und der gekürzte Kontingentsfuß mit der vom Reichsschatzamte mitgeteilten Ziffer vervielfacht wird, die angibt, wieviel Liter Alkohol als künftiges Kontingent auf ein Liter des Kontingentsfußes fallen. Diese Festsetzung des Kontingents auf Grund des Kontingentsfußes soll nicht berührt werden durch die Kürzung des Kontingents, die nach den Grundsätzen des § 33 am Schlusse jedes Betriebsjahres vorgenommen wird.

2. Die Kontingentsminderung auf Grund des § 39 erfolgt am Schlusse des Betriebsjahres mit Wirkung für das folgende Betriebsjahr und den übrigen Teil des Kontingentsabschnitts. Die Nachteile eines Übergangs zum gewerblichen Betriebe dagegen treten rückwirkend mit dem Beginne des Betriebsjahres ein (Anm. 4 zu § 27).

Nur für Süddeutschland.

§ 40. Obstbrennereien,[1] denen ein Kontingent überhaupt nicht oder nur in Höhe von 10 Hektoliter Alkohol zugewiesen ist, dürfen für jedes Jahr des Kontingentsabschnitts bis zu 10 Hektoliter Alkohol zum niedrigeren Abgabensatz in beliebigen Jahren dieses Abschnitts herstellen.[2]

Obstbrennereien der im § 12 Abs. 1 angegebenen Art, die ein Kontingent von mehr als 10, aber nicht mehr als 50 Hektoliter Alkohol haben, dürfen diejenige Kontingentsmenge, welche sie in einem Betriebsjahre nicht abgebrannt haben, im nächsten oder nächstfolgenden Betriebsjahr innerhalb des Kontingentsabschnitts mitabbrennen. Ebenso dürfen Obstbrennereien dieser Art das Kontingent eines Jahres mit dem der folgenden zwei Jahre innerhalb desselben Kontingentsabschnitts, unbeschadet der Vorschrift im § 25,[3] im voraus abbrennen.

1. Und diesen gleichgestellte Brennereien.

2. Sie dürfen innerhalb des zehnjährigen Kontingentsabschnitts, aber in beliebigen Betriebsjahren, insgesamt 10 × 10 = 100 hl Alkohol zum niedrigeren Verbrauchsabgabensatze herstellen. Dabei ist das Betriebsjahr 1908/09 als erstes Jahr des laufenden Kontingentsabschnitts anzusehen. Denn dieser Abschnitt erstreckt sich auf die Zeit vom 1. Oktober 1908 bis 30. September 1918.

Obstbrennereien und ihnen gleichgestellte Brennereien, die im Laufe des Kontingentsabschnitts errichtet werden, dürfen nur soviemal 10 hl Alkohol zum niedrigeren Abgabensatz erzeugen, als, das Jahr ihrer Errichtung mitgerechnet, Betriebsjahre in den Kontingentsabschnitt fallen (vgl. bisherige KO. § 29 Abs. 2).

3. Wird das Gesamtkontingent auf Grund des § 25 gekürzt und infolgedessen auch das Kontingent der einzelnen Brennerei herabgesetzt, so werden die Kontingente der im Abs. 2 bezeichneten Obstbrennereien in gleichem Verhältnis ermäßigt.

Nur für Süddeutschland.

Branntweinerzeugung auf einer fremden Brennvorrichtung.

§ 41. Wollen Besitzer von selbsterzeugtem[1] Obste,[2] Weine oder von selbstgewonnenen[1] Trestern[3] sowie von Beeren und Wurzeln[4] diese Stoffe[5] auf einer fremden Brennvorrichtung verarbeiten, weil sie eine eigene Brennvorrichtung nicht haben, so darf ihnen dazu nach näherer Bestimmung des Bundesrats gestattet werden, für jedes Jahr des Kontingentsabschnitts bis zu 50 Liter Alkohol zum niedrigeren Verbrauchsabgabensatz in beliebigen Jahren dieses Abschnitts[6] herzustellen.

1. Obst, vom Stoffbesitzer geerntet oder von ihm oder seinen Beauftragten gesammelt; Wein, Trester, in einem Betriebe gewonnen, der für Rechnung des Stoffbesitzers geführt wird (BO. § 8b Abs. 2).

2. Obst aller Art, Obst- oder Traubenmost oder Rückstände der eigenen Obstverarbeitung (BO. § 8b Abs. 1).

3. Rückstände der eigenen Most- oder Weinbereitung (Treber, Hefe) (BO. § 8b Abs. 1).

4. Wurzeln, soweit es bisher üblich war, z. B. Enzian, dagegen nicht Manioka.

5. Ohne Beimischungen aus anderen Stoffen (BO. § 8b Abs. 1).

6. Sie dürfen innerhalb des Kontingentsabschnitts von zehn Jahren in beliebigen Betriebsjahren insgesamt 10 × 50 l = 5 hl Alkohol zu dem niedrigeren Verbrauchsabgabensatze herstellen. Als erstes Jahr des laufenden Kontingentsabschnitts kommt das Betriebsjahr 1908/09 in Betracht (vgl. Anm. 2 zu § 40).

Stoffbesitzer, die erst innerhalb des Kontingentsabschnitts dazu übergehen, ihre Stoffe abzubrennen, dürfen nur sovielmal 50 l Alkohol zum niedrigeren Verbrauchsabgabensatze herstellen, als, das Jahr der Aufnahme des Abbrennens mitgerechnet, Betriebsjahre in den Kontingentsabschnitt fallen.

§ 8 **Änderungsgesetz.** Der Verlust des Durchschnittsbrandes (§ 10)[1] hat den Verlust des Kontingents zur Folge. In den Fällen des § 11[2] gelten die entsprechenden Vorschriften im zweiten Abschnitt des Branntweinsteuergesetzes; indessen wird das Kontingent mindestens insoweit gekürzt, als es über den herabgesetzten Durchschnittsbrand hinausgeht. In gleicher Weise wird die einem ermäßigten Abgabensatz unterliegende Branntweinmenge (§§ 4, 5) bei Brennereien außerhalb der im § 2 genannten Staaten[3] gekürzt.[4]

1. Vgl. unten nach § 62. Voraussetzung ist, daß eine Brennerei mit besonders zugewiesenem Durchschnittsbrand in den letzten acht Jahren vor 1917/18 überhaupt nicht im Betrieb gewesen ist. Hierdurch wird § 32 des Branntweinsteuergesetzes geändert.

2. Vgl. unten nach § 62. Der § 11 des Änderungsgesetzes behandelt verschiedene Fälle des Betriebswechsels. Das Kontingent soll in keinem Falle größer sein, als der Durchschnittsbrand.

3. D. h. in Norddeutschland, Großherzogtum Hessen, Hohenzollern und Elsaß-Lothringen.

4. Dieser Schlußsatz ist erst in der Kommission eingefügt. Es sollte damit nur ausdrücklich die Gleichstellung der norddeutschen (kontingentlosen) Brennereien mit den Kontingentsbrennereien für den Fall einer Kürzung der Branntweinmenge, die zu einem ermäßigten Abgabensatze hergestellt werden darf, ausgesprochen werden.

Dritter Abschnitt (§§ 42—60).

Betriebsauflage.

Vorbemerkung. Die Betriebsauflage ist keine Steuer, sondern ein Zwangsbeitrag zur Förderung des Brennereigewerbes.

Der Stoff ist wie folgt eingeteilt:

A. Betriebsauflage innerhalb des Durchschnittsbrandes:

Allgemeine Betriebsauflage (§ 42).

Besondere Betriebsauflage (§ 43).

Befreiungen und Ermäßigungen (§§ 44, 45).

Nachdem so die Grundzüge vorangestellt sind, folgen einige Erläuterungen zu § 43 in den §§ 46, 47.

B. Betriebsauflage außerhalb des Durchschnittsbrandes (§§ 48, 49).

C. Fälligkeit und Zahlung (§§ 50, 51).

D. Verwaltung (§§ 52, 53).

E. Vergütungen (§§ 54—58).

F. Schlußvorschriften — Geldbestand, Verjährung, Strafvorschriften (§§ 59, 60).

Das Änderungsgesetz hat den Fonds der Betriebsauflage um 16 Millionen Mark jährlich aus der Einnahme an Verbrauchsabgabe verstärkt. (Oben S. 35 und S. 41.)

Es betrugen an Betriebsauflage

	die Einnahme	die Ausgabe
1909/10	28 260 443 ℳ	17 899 932 ℳ
1910/11	25 825 699 „	24 137 608 „
1911/12	24 636 847 „	22 228 934 „
1912/13	24 048 258 „	39 127 140 „

Es waren also 1912/13 aus den neu eröffneten Mitteln 11 078 882 ℳ zu decken sofern nicht Überschüsse aus früheren Jahren vorhanden waren. Für 1913/14 sind die Zahlen nicht veröffentlicht worden.

Das Gesetz vom 14. Juni 1912 hat — neben kleinen Änderungen in den §§ 44 und 48 — die §§ 54—57 neu formuliert und den § 58 Abs. 2 eingeführt, wodurch die aus der Betriebsauflage zu gewährenden Vergütungen für vergällten und für ausgeführten Branntwein eine neue Regelung gefunden haben.

Höhe.

§ 42. [1] Außer der Verbrauchsabgabe wird von der erzeugten Alkoholmenge eine Betriebsauflage erhoben, und zwar für die Erzeugung:

	bis zu 50	Hektoliter	4,00 Mark
über	50 bis 100	„	4,50 „
„	100 „ 150	„	5,00 „

über	150	bis	200	Hektoliter	5,50	Mark
„	200	„	300	„	6,00	„
„	300	„	400	„	6,50	„
„	400	„	600	„	7,00	„
„	600	„	800	„	7,50	„
„	800	„	1000	„	8,00	„
„	1000	„	1200	„	8,50	„
„	1200	„	1400	„	9,00	„
„	1400	„	1600	„	9,50	„
„	1600	„	1800	„	10,00	„
„	1800	„	2000	„	10,50	„
„	2000	„	2200	„	11,00	„
„	2200	„	2400	„	11,50	„
„	2400	„	2600	„	12,00	„
„	2600	„	2800	„	12,50	„
„	2800	„	3000	„	13,00	„
„	3000 Hektoliter				14,00	„

vom Hektoliter Alkohol.[2]

1. Die Betriebsauflage ist in jeder Brennerei steigend von Staffel zu Staffel zu erheben, also für die ersten 50 hl mit je 4 ℳ, für die darüber hinaus hergestellten 50 hl mit je 4,50 ℳ usw. vom Hektoliter Alkohol.

2. Über die Belastung der Erzeugung mit der Betriebsauflage vgl. Übersicht VI der Reichsstatistik (z. B. Stat. Vierteljahrshefte 1914, I S. 346—349). Von den Brennereien, die überhaupt Betriebsauflage zahlten, entfiel im Betriebsjahre 1912/13 bei Berechnung der durchschnittlichen Belastung auf 1 hl Alkohol die größte Produktionszahl in die Stufe 6 ℳ bis unter 7 ℳ, demnächst 7—8 ℳ, dann 8—9 ℳ, dann 4 ℳ bis 4,50 ℳ.

Der höchste Satz der Betriebsauflage ist 26 bis unter 27 ℳ. Durch das System der staffelmäßigen Steigerung der Betriebsauflage wird von einer gewissen Höchstgrenze ab die weitere Erzeugung von Spiritus mit Rücksicht auf den Marktpreis für Spiritus unwirtschaftlich. — Zur Statistik vgl. auch Anm. 1 zu § 49.

§ 43. Die Betriebsauflage (§ 42) erhöht sich:

1. während der Monate, in denen eine Brennerei[1] mit Hefenerzeugung betrieben wird,[2] um 3 Mark,
2. bei landwirtschaftlichen Brennereien, die im Laufe des Betriebsjahrs Kartoffeln oder Mais verarbeiten, für den in der Zeit vom 16. Juni bis einschließlich 15. September hergestellten Branntwein, unbeschadet der Vorschrift in Nr. 1,[3] um 3 Mark,
3. bei gewerblichen Brennereien, unbeschadet der Vorschrift in Nr. 1,[4] um 4 Mark

für das Hektoliter Alkohol;

4. bei solchen am Kontingente beteiligten Brennereien, die Rübenstoffe (Melasse, Rüben oder Rübensaft) oder Zellstoffe[5] verarbeiten,[6] sofern sie in einem Betriebsjahr eine Alkoholmenge herstellen, die das im Betriebsjahr 1894/95 innegehabte Kontingent um mehr als ein Fünftel übersteigt, unbeschadet der Vorschriften in Nr. 1 und 3,[7] um 3 Mark für jedes weitere Hektoliter Alkohol;[8]
5. bei den nach dem 30. Juni 1895 betriebsfähig hergerichteten und den neu entstehenden Brennereien, die Rüben- oder Zellstoffe verarbeiten, unbeschadet der Vorschriften in Nr. 1 und 3,[9] um 5 Mark für das Hektoliter Alkohol.

1. Gleichviel, welcher Brennereiklasse sie angehört, also namentlich auch eine landwirtschaftliche Brennerei während der Monate, in denen sie mit Hefenerzeugung betrieben wird.

2. Die besondere Betriebsauflage aus Nr. 1 wird erhoben von der Branntweinerzeugung der Brennerei aus sämtlichen Einmaischungen eines Monats, wenn auch nur aus einer von diesen Einmaischungen Hefe bereitet worden ist (BO. § 173 Abs. 1 unter b, § 174 Abs. 2, § 175a unter b).

3. D. h. wenn außerdem die Voraussetzungen der Nr. 1 vorliegen, sind 3 ℳ Betriebsauflage aus Nr. 2 und daneben 3 ℳ aus Nr. 1 zu entrichten, also zusammen 6 ℳ (BO. § 173 Abs. 2a, 2).

4. Für allen Branntwein aus den Einmaischungen eines Monats zahlen sie, wenn auch nur aus einer von diesen Einmaischungen Hefe gewonnen ist, an Betriebsauflage neben den 4 ℳ aus Nr. 3 noch 3 ℳ aus Nr. 1 (BO. § 175a unter b).

5. Zellstoffe, d. h. Holz, Torf, Abfälle von der Zellstoffgewinnung u. dgl. (BO. § 3 Abs. 2).

6. Rübenstoffe oder Zellstoffe, ausschließlich oder neben anderen Stoffen (BO. § 174 Abs. 1).

7. Sie entrichten

a) von der Erzeugung bis zu 120 vom Hundert des bezeichneten Kontingents 4 ℳ aus Nr. 3,

b) von der darüber hinaus hergestellten Alkoholmenge 3 ℳ aus Nr. 4 und daneben 4 ℳ aus Nr. 3, zusammen 7 ℳ,

c) für Branntwein aus den Einmaischungen eines Monats, aus denen, wenn auch nur zeitweise, Hefe gewonnen ist, neben den 4 ℳ unter a oder den 7 ℳ unter b noch 3 ℳ aus Nr. 1, zusammen 7 ℳ oder 10 ℳ (BO. § 174 Abs. 1, 2).

8. Vgl. auch § 47.

9. Rübenstoff- und Zellstoffbrennereien dieser Art entrichten aus Nr. 3 und 5 = 4 + 5 = 9 ℳ, während jedes Monats, in dem sie, wenn auch nur zeitweise, mit Hefenerzeugung betrieben werden, außerdem 3 ℳ aus Nr. 1, zusammen 12 ℳ.

§ 44. Vor dem 1. Oktober 1908 betriebsfähig hergerichtete Kleinbrennereien sind für eine Jahreserzeugung von nicht mehr als 10 Hektoliter, die im § 41 bezeichneten Brenner sind für eine Jahreserzeugung von nicht mehr als 50 Liter Alkohol, nach dem 30. September 1908 betriebsfähig hergerichtete Kleinbrennereien, die in einem Betriebsjahre nicht mehr als 50 Liter Alkohol erzeugen,[1] sind für diese Jahreserzeugung von der Betriebsauflage befreit.[2]

1. Das Änderungsgesetz (§ 9) hat die frühere Zahl: 30 l durch: 50 l ersetzt, entsprechend dem § 3 des Änderungsgesetzes (oben S. 43).

2. Nach dem 30. September 1908 betriebsfähig hergerichtete Kleinbrennereien, die in einem Betriebsjahre mehr als 50 l Alkohol erzeugen, entrichten die allgemeine Betriebsauflage (§ 42) unverkürzt für ihr ganzes Erzeugnis, da eine Ermäßigung für sie im § 45 nicht vorgesehen ist.

§ 45. Die in den §§ 42, 43 vorgesehene Betriebsauflage wird ermäßigt:[1] [2]

1. für die vor dem 1. Oktober 1908 betriebsfähig hergerichteten[3] Brennereien[4] mit einer Jahreserzeugung
   von mehr als 10, aber nicht mehr als 50 Hektoliter Alkohol auf ein Zehntel,
   von mehr als 50, aber nicht mehr als 100 Hektoliter Alkohol auf zwei Zehntel,
   von mehr als 100, aber nicht mehr als 200 Hektoliter Alkohol auf drei Zehntel,
   von mehr als 200, aber nicht mehr als 300 Hektoliter Alkohol auf acht Zehntel;
2. [5] für die vor dem 1. Oktober 1908 betriebsfähig hergerichteten Brennereien,[6] die ausschließlich Roggen, Weizen, Buchweizen, Hafer oder Gerste verarbeiten, bei einer Jahreserzeugung von mehr als 300,[7] aber nicht mehr als 600 Hektoliter auf acht Zehntel;
3. für landwirtschaftliche Genossenschaftsbrennereien, die als solche bereits vor dem 1. April 1895 bestanden haben,[8] für den Umfang des damaligen Betriebs[9] auf acht Zehntel.

1. Die Betriebsauflage wird zunächst auf Grund der §§ 42, 43 und, da die §§ 46, 47 lediglich eine Ergänzung dieser Vorschriften enthalten, auch auf Grund der §§ 46, 47 für die einzelne Brennerei

berechnet. Die hiernach berechnete Betriebsauflage wird so ermäßigt, wie dies im § 45 vorgesehen ist. Die Ermäßigung erstreckt sich dann in gleicher Weise auf die allgemeine und auf die besondere Betriebsauflage.

2. Der Brennereibesitzer hat alljährlich zu erklären, daß er in einem Betriebsjahre nicht mehr als 50, 100, 200 usw. Hektoliter Alkohol herstellen wolle. Wird diese Jahresmenge überschritten, so ist der nächsthöhere ermäßigte oder der volle Abgabesatz auch auf die bereits abgefertigten Alkoholmengen anzuwenden. Bleibt die tatsächliche Jahreserzeugung hinter der erklärten Jahresmenge soweit zurück, daß dadurch die Anwendung eines niedrigeren Auflagesatzes bedingt wird, so ist der zuviel erhobene Betrag zu erstatten (BO. § 175b Abs. 2, 3).

3. Nach dem 30. September 1908 betriebsfähig hergerichtete Brennereien (§ 45 Nr. 1 und 2) haben auf die Ermäßigungen keinen Anspruch; ebensowenig nach dem 31. März 1895 betriebsfähig hergerichtete Genossenschaftsbrennereien auf die Ermäßigung im § 45 unter Nr. 3. Dagegen können solche Genossenschaftsbrennereien an den Ermäßigungen unter Nr. 1 und 2 teilnehmen, sofern sie den in diesen Vorschriften vorgesehenen Bedingungen entsprechen.

4. Die Ermäßigungen zu 1 gelten allgemein für Brennereien aller Art, für landwirtschaftliche, gewerbliche, Obstbrennereien und diesen gleichgestellte Brennereien, auch Genossenschaftsbrennereien.

5. Vgl. BBrStG. § 43a Abs. 2.

6. Landwirtschaftliche sowohl als auch gewerbliche Brennereien der angegebenen Art, auch Genossenschaftsbrennereien.

7. Bei einer Jahreserzeugung von nicht mehr als 300 hl Alkohol fallen Brennereien der unter Nr. 2 angegebenen Art unter Nr. 1.

8. Vgl. BBrStG. § 43a Abs. 3.

9. Als Umfang des vor dem 1. April 1895 geübten Betriebs gilt die höchste Alkoholmenge, welche die Genossenschaftsbrennerei innerhalb der Zeit vom 1. Oktober 1887 bis zum 30. September 1894 in einem Betriebsjahre erzeugt hat (BO. § 175d Abs. 2).

§ 46. [1] Die im § 43 unter Nr. 2 vorgesehene Erhöhung findet auch statt, soweit der Betrieb vom 16. September bis einschließlich 15. Juni $8^1/_2$ Monate überschreitet.[2]

1. Die Vorschrift ergänzt den § 43 Nr. 2.

Die Betriebsfrist der landwirtschaftlichen Brennereien war im § 41 II Abs. 2 des Gesetzes vom 24. Juni 1887 ursprünglich auf die Zeit vom 1. Oktober bis 15. Juni festgesetzt; sie wurde durch Art. II Nr. 3 der Novelle vom 8. Juni 1891 für die zu ermäßigten Maischbottichsteuersätzen zugelassenen landwirtschaftlichen Brennereien insofern erweitert, als ihnen gestattet wurde, bei Einhaltung eines $8^1/_2$ monatigen Gesamtbetriebes mit den Einmaischungen bereits am 1. September zu beginnen. Auch den größeren landwirtschaftlichen Brennereien wurde eine Erleichterung gewährt. Um die damit hervorgerufene Ausdehnung der Branntweinerzeugung wieder einzuschränken, wurde der Anfang der Betriebsfrist durch Art. I Nr. 6 der Novelle vom 16. Juni 1895 (BBrStG. § 41 II Abs. 2) auf den 16. September verlegt. Das ist in die Vorschriften des § 43 Nr. 2 und § 46 übernommen (vgl. Begründung zu der Novelle, RV. III 1894/95, AnlBd. 2 Nr. 235 S. 980).

2. Wenn die Brennereien Bottichbemaischungen in der Zeit vom 16. September bis einschließlich 15. Juni an mehr als 259 Tagen vornehmen, so ist von der Branntweinerzeugung aus diesen Einmaischungen ebenfalls die besondere Betriebsauflage aus § 43 Nr. 2 zu entrichten (BO. § 173 Abs. 1 unter a).

§ 47. Die im § 43 unter Nr. 4 vorgeschriebene Erhöhung tritt auch bei solchen vor dem 1. Juli 1895 betriebsfähig hergerichteten Rübenstoff- und Zellstoffbrennereien ein, die ein Kontingent nicht erhalten haben, soweit ihre Erzeugung der besonderen Brennsteuer nach § 43a Abs. 5 des bisher geltenden Branntweinsteuergesetzes unterlegen hat.[1]

Geht eine dieser Brennereien zur Erzeugung von Hefe über, so wird von dem betreffenden Betriebsjahr ab die

Alkoholmenge, welche der um 3 Mark erhöhten Betriebsauflage nicht unterliegt, um die Hälfte gekürzt.[2]

1. Nach § 43a Abs. 5 des bisher in Geltung gewesenen Branntweinsteuergesetzes tritt eine Erhöhung der Brennsteuer um 6 ℳ für das Hektoliter Alkohol bei den Brennereien dieser Art, die ein Kontingent nicht erhalten haben, insoweit ein, als ihr Gesamterzeugung 20000 hl Alkohol übersteigt. Die Erhöhung der Brennsteuer um 6 ℳ wird in den § 43 unter Nr. 4, § 47 Abs. 1 durch eine Erhöhung der Betriebsauflage um 3 ℳ ersetzt. Auf der gegebenen Grundlage wird nunmehr für jede der beteiligten Brennereien die Alkoholmenge festzusetzen sein, die von der um 3 ℳ erhöhten Betriebsauflage befreit ist. Mit dieser Festsetzung verliert die Gesamtziffer von 20000 hl jede Bedeutung (vgl. § 174 Abs. 1 Ziff. c BO.).

2. Wird die von der erhöhten Betriebsauflage befreite Alkoholmenge bei einer der beteiligten Brennereien gekürzt, so hat das nicht zur Folge, daß die dieser Brennerei verloren gehende Freimenge den übrigen beteiligten Brennereien zuwächst. Geht eine der beteiligten Brennereien ein, so wird dadurch die von der erhöhten Betriebsauflage befreite Alkoholmenge der übrigen Brennereien nicht berührt.

Überbrand.[1]

§ 48. Für den außerhalb des Durchschnittsbrandes (§§ 61 ff.)[2] [3] [4] hergestellten Branntwein (Überbrand) erhöht sich die auf Grund der §§ 42, 43 und 45 bis 47 für die einzelne Brennerei berechnete[5] Betriebsauflage um fünf Zehntel, jedoch

1. bei den gewerblichen Brennereien mindestens auf 22 Mark,
2. bei den übrigen Brennereien, mit Ausnahme[6] derjenigen, welche ausschließlich Wein, Weinhefe, Weintrester, Steinobst, Kernobst, Beeren oder Wurzeln verarbeiten, mindestens auf 18 Mark,

3. während der Monate, in denen eine Brennerei mit Hefenerzeugung betrieben wird, mindestens auf 25 Mark

für das Hektoliter Alkohol.

Wird der Durchschnittsbrand auf Grund des § 69 gekürzt, so erhöht sich die Betriebsauflage für den Überbrand für jedes Hundertteil, um das gekürzt wird, auf die Dauer der Kürzung um 1 Mark, jedoch im ganzen um nicht mehr als 6 Mark für das Hektoliter Alkohol.[7]

1. § 48 ist grundlegend für den Begriff des Durchschnittsbrandes und liefert so die Unterlagen für das Verständnis des folgenden Abschnitts, die Festsetzung des Durchschnittsbrandes. Hat der Brenner soviel Branntwein hergestellt, als seiner Brennerei nach dem Durchschnitte der Branntweinerzeugung in früheren Jahren zukommt, so hat er für die Mehrmenge an Branntwein, die er auf den Markt bringt, einen erhöhten Beitrag an Betriebsauflage zu leisten.

2. Der Begriff des Durchschnittsbrandes wird im Gesetz in einem allgemeinen und in einem besonderen Sinne gebraucht. Der allgemeine Durchschnittsbrand ist die auf Grund der §§ 61—68 des Gesetzes für die einzelne Brennerei ohne zeitliche Begrenzung festgesetzte Jahresmenge Alkohol. Diese Jahresmenge ist durch die Übergangsvorschrift im § 151 für das Betriebsjahr 1909/10 um vierzehn Hundertteile gekürzt worden; sie kann durch Entschließung des Bundesrats für spätere Betriebsjahre um Hundertteile erhöht oder herabgesetzt werden (§ 69); z. B. in dem einen Betriebsjahre 120 Hundertteile des allgemeinen Durchschnittsbrandes, im anderen nur 84 Hundertteile betragen (vgl. die Zahlen in Anm. 3 zu § 69). Der besondere Durchschnittsbrand ist danach die Jahresmenge Alkohol, die in einer Brennerei in einem bestimmten Betriebsjahre frei von der Betriebsauflage für den Überbrand hergestellt werden darf. Der besondere Durchschnittsbrand kann niedriger, aber auch höher sein als der allgemeine Durchschnittsbrand (vgl. z. B. § 62). Die 13 möglichen Klassen

von Brennereien sind in § 1 der Ausführungsanweisung für die Festsetzung des Durchschnittsbrandes (RZBl. 1909 S. 929 ff.) genannt.

In dem ersten Absatze des § 48 ist der besondere Durchschnittsbrand, in dem zweiten Absatze der allgemeine Durchschnittsbrand gemeint.

3. „Außerhalb des Durchschnittsbrandes" hergestellt ist zunächst der Branntwein, der in einer Brennerei über ihren Durchschnittsbrand hinaus gewonnen ist, dann aber auch der Branntwein, der in Brennereien erzeugt ist, welche keinen Durchschnittsbrand haben, auch nicht den Schutz des Durchschnittsbrandes genießen (Anm. 2 zu § 28, Anm. 1 zu § 49).

4. Bei Obstbrennereien der im § 40 Abs. 2 angegebenen Art, für die ein Durchschnittsbrand in Höhe ihres Kontingents festgesetzt ist, gilt der innerhalb des Kontingents hergestellte Branntwein als Erzeugung innerhalb des Durchschnittsbrandes. (BO. § 175e Abs. 2.)

5. Für jede Brennerei ist zunächst die Betriebsauflage nach den §§ 42, 43, 45—47 so zu berechnen, als ob die Branntweinerzeugung innerhalb des Durchschnittsbrandes erfolgte. Der so errechnete Betrag an Betriebsauflage ist um fünf Zehntel zu erhöhen. Bleibt der damit erzielte Betrag hinter den Mindestsätzen zurück, so sind die Mindestsätze maßgebend, soweit nicht im § 48 Abs. 1 unter 2 für besondere Arten von Brennereien Ausnahmen vorgesehen sind. Beispielsweise hat eine gewerbliche Hefebrennerei 1600 hl Alkohol Durchschnittsbrand, sie stellt aber 1700 hl Alkohol her. Dann hätte sie für das 1601. hl zu entrichten:

	10,00 ℳ	allgemeine Betriebsauflage aus § 42,
	3,00 „	besondere Betriebsauflage aus § 43,
	4,00 „	Nr. 1 und 3
zusammen	17,00 ℳ	dazu fünf Zehntel
mit	8,50 „	
zusammen	25,50 ℳ,	ein Betrag, der über den Mindestsatz von

25 ℳ hinausgeht und daher maßgebend bleibt. Für das Betriebsjahr 1909/10 treten gemäß §§ 151, 48 Abs. 2 weitere 6 ℳ hinzu, so daß also im ganzen 31,50 ℳ zu entrichten sind.

6. Brennereien, die Wein, Weinhefe, Weintrester, Steinobst, Kernobst, Beeren oder Wurzeln (diese Worte eingefügt durch § 9 Ziff. 2 des Änderungsgesetzes) verarbeiten, entrichten für den Überbrand 150 Hundertteile der Betriebsauflage, die sie zu zahlen haben würden, wenn sie innerhalb des Durchschnittsbrandes arbeiteten. Die Ausnahme besteht mithin darin, daß sie von der Anwendung des Mindestsatzes von 18 ℳ befreit sind; sie hat ihren Grund in den Bestrebungen zur Förderung des inländischen Weinbaues, wie sie in dem Weingesetz vom 7. April 1909 (RGBl. S. 393) ihren Ausdruck gefunden haben. Zwetschen, Kirschen, Beeren und Wurzeln sind einbegriffen, weil diejenigen Brennereien, welche Wein, Weinhefe, Weintrester verarbeiten, nicht selten auch Branntwein aus derartigem Material herstellen. Die Ausnahmevorschrift ist als solche streng auszulegen, zumal jede Erweiterung andere Brennereien benachteiligen würde. Brennereien, die neben Wein, Weinhefe, Weintrestern, Zwetschen, Kirschen andere Stoffe verarbeiten, haben daher für den in dem Betriebsjahre hergestellten Überbrand mindestens den Auflagesatz von 18 ℳ zu entrichten, vorausgesetzt, daß sie als Obstbrennereien oder diesen gleichgestellte Brennereien in Betracht kommen.

7. Die Erhöhung tritt in gleicher Weise für den Überbrand solcher Brennereien ein, deren Durchschnittsbrand auf Grund des § 64 Abs. 1 in Höhe des Kontingents festgesetzt ist und daher nach §§ 69, 151 eine Kürzung nicht erfährt (vgl. Allgemeine Verfügung des kgl. preuß. Finanzministers vom 30. September 1909, PrZBl. S. 353).

§ 49. [1] Kleinbrennereien und die im § 41 bezeichneten Brenner haben eine Betriebsauflage von 0,20 Mark für das Liter Alkohol zu entrichten, soweit sie Branntwein herstellen, der dem höheren Verbrauchsabgabensatz unterliegt.[2]

1. Kleinbrennereien (§§ 15, 28) und Stoffbesitzer (§ 41), die Branntwein zum niedrigeren Verbrauchsabgabensatze herstellen dürfen, haben den Schutz des Durchschnittsbrandes für eine Brannt-

weinerzeugung in den durch den niedrigeren Abgabensatz gegebenen Grenzen. Daher die Vorschrift, daß sie eine besondere Betriebsauflage von 0,20 ℳ für das Liter Alkohol von allem Branntweine zu entrichten haben, den sie zu dem höheren Verbrauchsabgabensatze herstellen. Diese Regelung bringt es mit sich, daß die weitaus überwiegende Anzahl der Brennereien überhaupt keine Betriebsauflage zahlt. 1912/13 waren es 53699 von 61426 in Betrieb gewesenen Brennereien (Stat. Vierteljahrshefte 1914 Heft I S. 347). Von der Erzeugung waren frei 18056 hl Alkohol, belastet 3 747 875 hl Alkohol.

Die Betriebsauflage von 0,20 ℳ kennzeichnet sich als eine Betriebsauflage für den Überbrand.

2. Die den Obstkleinbrennereien und den diesen gleichgestellten Kleinbrennereien im § 40 Abs. 1 in Ansehung des Kontingents gewährte Vergünstigung soll nicht durch die Betriebsauflage für den Überbrand vereitelt werden. Überschreitet die Jahreserzeugung der angegebenen Brennereien 10 hl Alkohol, so ist daher die Betriebsauflage von 0,20 ℳ für die überschießende Alkoholmenge nur so weit zu entrichten, als diese Alkoholmenge dem höheren Verbrauchsabgabensatze von 1,25 ℳ unterliegt.

Dasselbe gilt für die Stoffbesitzer in Ansehung der im § 41 gewährten Vergünstigung. Auch hier kommt die Betriebsauflage von 0,20 ℳ nur für den dem Verbrauchsabgabensatze von 1,25 ℳ unterliegenden Branntwein in Frage.

Geht die dem Verbrauchsabgabensatze von 1,05 ℳ unterliegende Branntweinmenge bei Kleinbrennereien über 10 hl Alkohol oder geht die dem Verbrauchsabgabensatze von 1,05 oder 0,84 ℳ unterliegende Branntweinmenge bei Stoffbesitzern über 50 l Alkohol für das Betriebsjahr hinaus, so ist für die überschießende Alkoholmenge die Betriebsauflage aus §§ 42, 43, 45—47 zu entrichten (BO. §§ 175 f., § 175a bis § 175g).

Fälligkeit.

§ 50. Die Betriebsauflage ist zu entrichten, sobald die erzeugte Alkoholmenge in der Brennerei amtlich festgestellt

(§§ 97, 98)[1] oder die abgabenpflichtige Alkoholmenge berechnet ist (§ 15).[2]

1. Bei den Verschlußbrennereien und den auf die Mindestmenge abgefundenen Brennereien.

2. Bei den übrigen Abfindungsbrennereien.

§ 51. Zur Entrichtung der Betriebsauflage ist der Brennereibesitzer verpflichtet.[1] Eine Stundung findet nicht statt.[2]

1. Vgl. §§ 6, 15.

2. Der Ausschluß der Stundung soll der Verwaltung sogleich die Mittel für die Vergütungen an die Hand geben und mit dazu beitragen, die Branntweinerzeugung der Brennereien auf das wirtschaftlich richtige Maß zurückzuführen.

Verwaltung und Verwendung der Betriebsauflage.[1]

§ 52. Die Einnahmen aus der Betriebsauflage sind für sich zu verwalten[2] und nach Maßgabe der §§ 54 ff. zu verwenden.[3]

1. Die §§ 52, 53 handeln von der Betätigung der Landesverwaltungen, welche die Erhebung der Betriebsauflage und die Zahlung der Vergütungen selbständig auszuführen haben.

2. D. h. getrennt von den in die Staats- oder Reichskasse fließenden Einnahmen als grundsätzlich anders geartete Einnahmen zu erheben und zu buchen.

3. Die Zahlung der Vergütungen erfolgt ohne Rücksicht auf die Einnahmen, die in dem einzelnen Bundesstaat aus der Betriebsauflage aufkommen.

§ 53. Für die Erhebung und Verwaltung der Betriebsauflage wird eine besondere Vergütung[1] nicht gewährt.[2]

1. Den Bundesstaaten.

2. Wie bisher bei der Brennsteuer. Vgl. § 23 oben S. 72.

Vergütung[1] der Betriebsauflage.

§ 54. Aus den Einnahmen an Betriebsauflage und dem daraus angesammelten Geldbestande (§ 59) werden für vergällten und für ausgeführten Branntwein Vergütungen gezahlt.[2 3 4]

1. Die Vergütungen sollen die Verwendung des Branntweins zu gewerblichen Zwecken, in gewissen Grenzen auch die Ausfuhr des Branntweins fördern und so einen Ausgleich schaffen für die Einschränkung des Trinkverbrauchs, die mit der stärkeren Belastung des Branntweins voraussichtlich eintritt.

Der Geldbestand des § 59 ist nicht praktisch geworden. Die Vergütungen wurden so hoch bemessen, daß die Einnahmen dadurch erschöpft wurden.

2. Eine Vergütung der Betriebsauflage wird hiernach nicht gewährt für Branntwein, der ohne Vergällung an Kranken-, Entbindungs- und ähnliche Anstalten, an öffentliche wissenschaftliche Lehranstalten oder an militärtechnische Anstalten für die Herstellung von Pulver und Knallquecksilber abgelassen wird (BfrO. §§ 29 ff.). Hier bewendet es bei der Steuerfreiheit.

3. Das Änderungsgesetz § 9 Ziff. 3 hat die Beteiligung des mit anderen Mitteln als Essig unvollständig vergällten Branntweins an den Vergütungen gestrichen.

4. Über die Höhe der Vergütung bestimmt § 1 Abs. 3 BfrO. Diese Vergütung beträgt

1. für vollständig vergällten Branntwein
   α. des Überbrandes 0,075 ℳ,
   β. anderer Art 0,28 ℳ;
2. für unvollständig vergällten Branntwein, der verwendet wird
   α. zur Herstellung von Essig, essigsauren Salzen, Zellhorn, Kunstseide und Kunstleder, sowie von Teerfarbstoffen und ihren organischen Vorerzeugnissen 0,20 ℳ,
   β. zu anderen Zwecken 0,14 ℳ

für das Liter Alkohol.

Vom 19. Juni 1914 ab wurden die Sätze unter 1β und 2β auf 0,26 bzw. 0,13 ℳ herabgesetzt (RGBl. 1914 S. 341).

Seit dem 16. Oktober 1914 vgl. Verordnung Nr. 1 Ziff. 4 unter a und b (S. 208), ferner vom 9. Oktober 1915 ab Verordnung Nr. 5 Abschnitt V unter a und b (unten S. 229).

§ 55. Die[1] Vergütung für vollständig vergällten Branntwein ist doppelt so hoch[2] zu bemessen wie für unvollständig vergällten. Im Falle der Ausfuhr[3] soll die Vergütung die durchschnittliche Belastung der Branntweinerzeugung durch die Betriebsauflage nicht übersteigen; sofern indessen im Ausland eine höhere Vergütung gewährt wird, kann sie nach näherer Bestimmung des Bundesrats für die Dauer dieser Begünstigung entsprechend erhöht werden.[4]

Die Vergütungssätze sind vom Bundesrate mindestens einmal im Jahre nachzuprüfen und gegebenenfalls dergestalt zu erhöhen oder zu ermäßigen, daß die Ausgaben nicht über die verfügbaren Geldmittel hinausgehen.[5]

Für das Betriebsjahr 1909/10 werden die Vergütungssätze für vollständig vergällten Branntwein auf 18 Mark und für unvollständig vergällten Branntwein auf 9 Mark festgesetzt.[6]

1. Fassung des Abs. 1 nach § 9 Ziff. 3 des Änderungsgesetzes.

2. Die in doppelter Höhe vorgesehene Vergütung soll den vollständig vergällten Branntwein im Interesse der Allgemeinheit soweit verbilligen, daß dieser Branntwein zu gewerblichen Zwecken, zu Koch-, Heizungs- und Beleuchtungszwecken mindestens in dem bisherigen Umfange weiter verwendet werden kann.

3. Für den Fall der Ausfuhr von rohem oder gereinigtem Branntwein ist der Vergütungssatz vom Bundesrat auf ursprünglich 9 ℳ, vom 1. Oktober 1912 ab auf 7,50 ℳ (RGBl. 1912 S. 599ff.) festgesetzt worden (BfrO. § 49); hier wird also grundsätzlich nur vergütet, was nach der durchschnittlichen Belastung aller beteiligten

Brennereien an Betriebsauflage erhoben worden ist. Die Vergütungssätze für vollständig vergällten Branntwein wurden vorübergehend für April bis September 1912 auf 20 ℳ, für unvollständig vergällten auf 10 ℳ erhöht, während für die Ausfuhr 18 ℳ und 9 ℳ blieben (RZBl. S. 262). Ebenso übrigens für die Vergütung aus § 58.

Die Sätze nach dem 16. Oktober 1914 vgl. unten Verordnung Nr. 1 Ziff. 4 unter c und nach dem 1. Oktober 1915 Verordnung Nr. 5 Abschnitt V unter c.

4. Der Reichstag hat zu dieser Vorschrift folgende Resolution angenommen:

„Den Herrn Reichskanzler zu ersuchen, mit den an der Ausfuhr von Branntwein beteiligten Staaten (Rußland, Österreich) alsbald behufs Verständigung über Aufhebung aller Ausfuhrprämien für Branntwein in Verhandlung zu treten."

5. Die Reichskasse darf durch die Vergütungen nicht belastet werden, außer den nunmehr hinzuzurechnenden 16 Millionen Mark (§ 1 Abs. 2 des Änderungsgesetzes). Sollten die Aufwendungen für Vergütungen vorübergehend die verfügbaren Mittel übersteigen, so müßten die Vergütungssätze herabgesetzt werden. Die Vorarbeiten für die Nachprüfung der Vergütungssätze sind im Reichsschatzamt auszuführen.

6. Die Vorschrift im dritten Absatze bestimmt die Vergütungssätze für das Betriebsjahr 1909/10; sie gehörte daher eigentlich zu den Übergangsvorschriften.

Vom 19. Juni 1914 ab wurden die Vergütungssätze für vollständig vergällten Branntwein von 0,28 ℳ auf 0,26 ℳ, für unvollständig vergällten von 0,14 auf 0,13 ℳ herabgesetzt. Im übrigen vgl. unten Verordnung Nr. 1 Ziff. 4 und Verordnung Nr. 5 Abschnitt V (S. 229).

§ 56. Der Bundesrat wird ermächtigt,[1]

1. für Branntwein, der zur Herstellung von Essig, essigsauren Salzen, Zellhorn (Zelluloid), Kunstseide und

Kunstleder sowie von Teerfarbstoffen und ihren organischen Vorerzeugnissen unvollständig vergällt[2] wird, die Vergütung für vollständig vergällten Branntwein, indessen nicht mehr als 20 Mark für das Hektoliter Alkohol, zu gewähren;

2. bei der Ausfuhr von Likören[3] und aus Steinobst oder Beeren hergestelltem Branntwein[4] in Flaschen bis zu einem Liter oder in Fässern oder Korbflaschen bis zu 100 Liter Raumgehalt die Vergütung für die Ausfuhr (§ 55 Abs. 1) bis auf das Doppelte zu erhöhen.[5]

1. Fassung der Ziff. 4 des § 9 des Änderungsgesetzes.

2. Die Mittel zu den verschiedenen Verwendungszwecken sind in § 4 BfrO. genannt. Die Vergütung beträgt nach § 1 Abs. 3 Ziff. 2d BfrO. 20 ℳ.

3. Begriffsbestimmung der Liköre ist in § 60a Abs. 2 BfrO. enthalten.

4. Für Branntwein aus Steinobst oder Beeren kann die Doppelvergütung der Betriebsauflage nach § 56 Nr. 2 nur dann gezahlt werden, wenn der Branntwein von der Erzeugung bis zur Ausfuhr unter amtlicher Überwachung gestanden hat und somit nachweislich von Beimischungen anderen Branntweins und sonstigen Beimengungen frei ist. Trifft dies nicht zu, so kommt nur die Vergütung der Betriebsauflage aus § 57 in Frage.

5. Die Vergütung beträgt nach § 49 Ziff. b1 BfrO. 15 ℳ.

§ 57. [1] Bei der Ausfuhr von Trinkbranntwein aus dem freien Verkehre sowie von Erzeugnissen, zu deren Herstellung versteuerter oder verzollter[2] Branntwein verwendet worden ist, kann nach näherer Bestimmung des Bundesrats[3] eine Vergütung aus der Betriebsauflage in gleicher Höhe wie bei der Ausfuhr von Branntwein (§ 55 Abs. 1) gewährt werden.

1. Vgl. § 4 und die Anmerkungen dazu.

2. Fassung gemäß § 9 Ziff. 6 des Änderungsgesetzes.

3. Eine Vergütung der Betriebsauflage auf Grund dieser Vorschrift erhalten neben der Vergütung der Verbrauchsabgabe (§ 4) nach Bestimmung des Bundesrats unter besonderen Bedingungen und Überwachungsmaßnahmen:

a) Trinkbranntwein, versetzter Branntwein, ferner Liköre, die nicht in den in § 56 Ziff. 2 vorgesehenen Behältnissen sind (BfrO. § 48d);

b) andere Erzeugnisse als Trinkbranntwein, und zwar

α. alkoholhaltige, nämlich Fruchtsäfte, Punschessenzen und sonstige zur Verwendung bei der Herstellung von Genußmitteln bestimmte Essenzen, Fluidextrakte, Tinkturen und andere flüssige, alkoholhaltige Heilmittel (BfrO. § 48d), alkoholartige Parfümerien, Kopf-, Zahn- und Mundwässer (BfrO. § 48e),

β. solche, die Alkohol nicht mehr enthalten, nämlich Ameisenäther, Baldrianäther, Butteräther, Oxaläther, Sebazinäther, Gemische der genannten Ätherarten (BfrO. §§ 48 ff., § 71).

Vergütungssätze und Verfahren BfrO. §§ 49—76.

§ 58. [1] Für Branntwein, der unter amtlicher Überwachung durch Verdunstung oder sonst durch natürliche Einflüsse verloren geht, kann nach näherer Bestimmung des Bundesrats[2] [3] eine Vergütung in derselben Höhe wie für vollständig vergällten Branntwein gewährt werden.

Für vergällten Branntwein des Überbrandes ist nach näherer Bestimmung des Bundesrats eine Vergütung nur in Höhe der durchschnittlichen Belastung der Branntweinerzeugung durch die Betriebsauflage zu gewähren.[4]

1. Vgl. § 3 Anm. 1, 6, 7.

2. Wenn mit Begleitschein I abgefertigter Branntwein erweislich durch zufällige Ereignisse ganz oder teilweise zugrunde gegangen ist, so wird neben dem Erlasse der Verbrauchsabgabe

(§ 3 Abs. 1 Nr. 3) die Betriebsauflage in derselben Höhe wie für vollständig vergällten Branntwein vergütet (BglO. § 36).

3. Bleibt die bei der Bestandsaufnahme im Branntweinverschlußlager oder in der Branntweinreinigungsanstalt festgestellte Fehlmenge abgabenfrei, so tritt neben dem Erlasse der Verbrauchsabgabe die Vergütung der Betriebsauflage in derselben Höhe wie für vollständig vergällten Branntwein ein (LO. § 32 Abs. 3, RO. § 27).

4. Dieser Absatz ist durch das Änderungsgesetz zugefügt. Die fraglichen Vergütungen sind hinsichtlich ihrer Höhe bei den sonstigen Regelungen mit festgesetzt worden (vgl. Anm. 4 zu § 55). Die Friedensregelung enthielt § 1 Abs. 3 Ziff. 1d BfrO. (7,50 ℳ für das Hektoliter).

Diese Sätze sind aber nicht auf den Überbrand von Obstbrennereien anzuwenden, selbst wenn der Branntwein aus nichtmehligen Rückständen von der Bierbereitung stammt (Ztschr. f. Spir. 1914 S. 337).

§ 59. Aus den Einnahmen an Betriebsauflage kann ein Geldbestand angesammelt werden, der 40 Millionen Mark nicht überschreiten soll. Die näheren Bestimmungen trifft der Bundesrat.[1]

1. Die Bestimmung ist bisher in nennenswertem Umfang nicht praktisch geworden.

§ 60. Die in den §§ 9,[1] 18[2] und im siebenten Abschnitte[3] hinsichtlich der Branntweinverbrauchsabgabe gegebenen Vorschriften sind auf die Betriebsauflage entsprechend anzuwenden.

1. Verjährung.
2. Amtliche Überwachung.
3. Strafvorschriften.

Vierter Abschnitt (§§ 61—72).
Durchschnittsbrand.

Vorbemerkung. Die Vorschriften über den Durchschnittsbrand sind im wesentlichen aus dem Entwurf eines Gesetzes über den Zwischenhandel mit Branntwein (Einleitung S. 28) übernommen. Es war darin ein Brennrecht von Brennereien vorgesehen, d. h. das Recht, eine bestimmte Branntweinmenge zu dem regelmäßigen Branntweinankaufpreise herzustellen. Ob die einzelne Brennerei über das Brennrecht hinaus Branntwein erzeugen konnte, hing von den Preisen ab, die für den Überbrand festgesetzt wurden. Die Herstellung von Überbrand konnte mithin so stark eingeschränkt werden, daß sie vereitelt wurde.

Infolge der Bestimmung des § 48 BrStG. wird gleichfalls der Erzeugung über den Durchschnittsbrand hinaus eine wirtschaftliche Grenze gesetzt. Im Betriebsjahr 1912/13, in dem der Durchschnittsbrand 100 Hundertteile des allgemeinen Durchschnittsbrandes betrug, wurden erzeugt

innerhalb des Durchschnittsbrandes: 3 715 952 hl Alkohol,
außerhalb des Durchschnittsbrandes: 37 313 hl Alkohol

(Stat. Vierteljahrshefte 1914, I S. 337).

Das Änderungsgesetz hat innerhalb dieses Abschnittes mit § 10 einen neuen Verlustgrund für den Durchschnittsbrand aufgestellt. § 11 stellt die Anwendung von Grundsätzen, die bereits früher für das Kontingent bestanden, dar. Neu ist ferner Abs. 2 des § 69. Durch die §§ 12—14 wird dem Umstande Rechnung getragen, daß das Kontingent außerhalb der Sonderrechtsstaaten beseitigt ist. Für Obstbrennereien werden dabei 60 vom Hundert des Kontingents als Durchschnittsbrand festgesetzt.

Die wirtschaftlich überaus weitreichende Bestimmung über die Vergällungspflicht (§ 72) hat durch das Änderungsgesetz eine Neufassung erhalten.

Eine neue Funktion von erheblicher wirtschaftlicher Tragweite hat der Durchschnittsbrand ferner durch die Zulassung der Übertragbarkeit in den Kriegsverordnungen erhalten (vgl. S. 200).

1. Bestehende Brennereien. Regelmäßiges Verfahren.[1]

§ 61. Für die vor dem 1. Oktober 1907[2] betriebsfähig hergerichteten gewerblichen Hefebrennereien[3] wird die ihren Betriebsumfang darstellende Jahresmenge nach dem Durchschnitte der von ihnen in den Betriebsjahren 1902/03 bis 1906/07[4] erzeugten Alkoholmengen ermittelt und nach Minderung um zehn Hundertteile als Durchschnittsbrand festgesetzt.

Bei solchen am Kontingente beteiligten Brennereien, welche Rübenstoffe[5] verarbeiten, und bei den vor dem 1. Juli 1895 betriebsfähig hergerichteten Brennereien dieser Art, die am Kontingente nicht beteilt sind, wird der Durchschnittsbrand in Höhe derjenigen Menge abzüglich 10 Hundertteile festgesetzt, welche diese Brennereien bisher auf Grund der Vorschriften des § 43a Abs. 5 des bisher geltenden Branntweinsteuergesetzes als der besonderen Brennsteuer[6] nicht unterliegend herstellen durften.

Für alle übrigen vor dem 1. Oktober 1907 betriebsfähig hergerichteten Brennereien, mit Ausnahme der Kleinbrennereien,[7] wird die ihren Betriebsumfang darstellende Jahresmenge nach dem Durchschnitte der von ihnen in den Betriebsjahren 1897/98 bis 1906/07 erzeugten Alkoholmengen unter Weglassung der höchsten und der geringsten Jahresziffer, auf Antrag unter Weglassung der beiden höchsten und der beiden geringsten Jahresziffern, ermittelt und, soweit nicht in den §§ 62 ff. Ausnahmen vorgesehen sind, als Durchschnittsbrand festgesetzt.

Jahre, in denen ein Betrieb nicht stattgefunden hat, bleiben in den Fällen des Abs. 1 und 3 außer Ansatz.[8]

1. Der Bundesrat hat zu den §§ 61—71 die Ausführungsanweisung für die Festsetzung des Durchschnittsbrandes erlassen

(BRB. vom 14. Oktober 1909, § 721 d. Prot. RZBl. S. 929). Zuständig für die Festsetzung des Durchschnittsbrandes ist danach regelmäßig die Direktivbehörde, in der Beschwerdeinstanz die oberste Landesfinanzbehörde. Über die Festsetzung des Durchschnittsbrandes für neuere Brennereien aus Gründen der Billigkeit (§ 67) sowie über die nachträgliche Erhöhung des Durchschnittsbrandes zur Beseitigung von Härten (§ 66) entscheidet der Bundesrat. In besonderen Ausnahmefällen kann der Bundesrat den Durchschnittsbrand soweit heraufsetzen, daß eine Einstellung des Brennereibetriebes vermieden wird (DA. § 20).

Soweit der Durchschnittsbrand nicht vor dem 1. Oktober 1909 festgesetzt werden konnte, ist den Brennereien ein vorläufiger Durchschnittsbrand zugewiesen worden (DA. §§ 7, 8).

2. Der 1. Oktober 1907 ist in den Entwurf eines Zwischenhandelsgesetzes als entscheidender Tag für die Festsetzung des Brennrechts zu einer Zeit aufgenommen worden, als dieser Entwurf für eine mit dem 1. Oktober 1908 in Kraft tretende Neuordnung der Branntweinsteuergesetzgebung in Aussicht genommen wurde. Der 1. Oktober 1907 ging dann in den Entwurf eines Zwischenhandelsgesetzes über, der unter dem 3. November 1908 dem Reichstage vorgelegt wurde, und wurde aus diesem in den Entwurf der Unterkommission des Reichstags und damit in das Gesetz übernommen. Das Brennereigewerbe hatte sich im wesentlichen mit diesem Stichtage abgefunden. Nur die gewerblichen Brennereien wünschten abweichend davon für ihre jüngeren Betriebe den 1. Oktober 1908 als maßgebenden Tag. Ihrem Wunsche wurde im Reichstage stattgegeben (§ 65).

3. Für diejenigen gewerblichen Hefebrennereien, welche vor dem 1. Oktober 1907 betriebsfähig hergerichtet worden sind. Die Brennereien müssen daher beim Inkrafttreten des Gesetzes noch als gewerbliche Hefebrennereien bestanden haben. Haben sie nach dem 1. Oktober 1907, aber vor dem 1. Oktober 1909 die Hefenerzeugung aufgegeben, so sind für die Festsetzung des Durchschnittsbrandes die Vorschriften im Abs. 2 maßgebend, wenn es sich um

Rübenstoffbrennereien handelt, und die Vorschriften im Abs. 3, wenn andere Brennereien in Betracht kommen.

Zu den gewerblichen Hefebrennereien gehören auch solche gewerbliche Brennereien, in denen nur während eines Teiles des Betriebsjahres Hefe gewonnen worden ist (DA. § 1 Abs. 3).

4. Die Entwicklung der gewerblichen Hefebrennereien in diesen fünf Jahren wurde als maßgebende Unterlage für die Festsetzung des Durchschnittsbrandes anerkannt. Durch die Minderung um zehn Hundertteile wurde die Gesamtbranntweinmenge so weit herabgesetzt, daß eine Bevorzugung der gewerblichen Hefebrennereien vor den übrigen Brennereien vermieden wurde.

5. Vgl. § 43 Nr. 4.

6. Der um 6 ℳ für das Hektoliter Alkohol erhöhten Brennsteuer (BBrStG. § 43a Abs. 5).

7. Für Kleinbrennereien (§ 15) wird ein Durchschnittsbrand nicht festgesetzt (DA. § 1 Abs. 2).

8. Ebenso bleiben außer Ansatz:

a) der Septemberbrand landwirtschaftlicher Brennereien, sofern diese in den übrigen Monaten des Betriebsjahres Branntwein nicht hergestellt haben (DA. § 3 Abs. 1 Ziff. 3);

b) nach Entschließung der Direktivbehörde bei Brennereien aller Art Branntweinmengen, die im ersten Jahre des Bestehens der Brennerei oder sonst unter besonderen Umständen hergestellt worden sind, sofern die Herstellung des Branntweins noch nicht als regelrechter Brennereibetrieb anzusehen war (DA. § 3 Abs. 1 Ziff. 4).

§ 62. [1] Für landwirtschaftliche Brennereien, die an den Betriebseinschränkungen der Mehrzahl der Brennereien in den Betriebsjahren 1902/03 und 1906/07 teilgenommen haben,[2] werden bei Berechnung des Durchschnittsbrandes (§ 61) die erzeugten Alkoholmengen dieser beiden Jahre mit einer Erhöhung um je 10 Hundertteile in Ansatz gebracht.[3]

1. Vgl. den 15. Bericht der 32. Kommission zu §§ 61, 62, RB. I, 1908/09, AnlBd. 256 Nr. 1449 S. 9130.

2. Daß eine Brennerei an den Einschränkungen teilgenommen hat, muß innerhalb einer vom Hauptamte zu setzenden Frist glaubhaft gemacht werden (DA. § 4).

3. Die Vorschrift findet nicht allein auf Brennereien Anwendung, die sich der Zentrale für Spiritusverwertung angeschlossen hatten, sondern auf alle Brennereien, die ihren Betrieb in den angegebenen Betriebsjahren zur Förderung des Brennereigewerbes in gleicher Weise eingeschränkt haben.

§ 10 Änderungsgesetz. Hat eine Brennerei mit besonders zugewiesenem Durchschnittsbrand in einem Abschnitt von zehn aufeinander folgenden Jahren, zuerst in den Betriebsjahren 1910/11 bis einschließlich 1917/18, den Durchschnittsbrand überhaupt nicht benutzt, so verliert sie ihn.[1]

1. Hat die Brennerei auch nur in einem Betriebsjahr gearbeitet, so ist die Vorschrift unanwendbar. Auf Kleinbetriebe, denen ein Durchschnittsbrand nicht zugewiesen ist (vgl. Anm. 10 zu § 61), findet sie keine Anwendung.

§ 11 Änderungsgesetz.[1] Geht[2] nach dem 30. April 1912

1. eine Brennerei, die zuvor andere Stoffe als Getreide verarbeitet hat, zur Getreideverarbeitung ohne Hefenerzeugung über, so wird ihr Durchschnittsbrand um ein Viertel,
2. eine Brennerei, die zuvor ausschließlich Mais verarbeitet hat, dazu über, ausschließlich Roggen, Weizen, Buchweizen, Hafer oder Gerste zu verarbeiten, so wird ihr Durchschnittsbrand um ein Achtel,
3. eine Brennerei ohne Hefenerzeugung zur Hefenerzeugung nach dem Wiener Verfahren oder eine Brennerei von der Hefenerzeugung nach dem Wiener

Verfahren zur Hefenerzeugung nach dem Würzeverfahren über, so wird ihr Durchschnittsbrand um die Hälfte,

4. eine Brennerei ohne Hefenerzeugung zur Hefenerzeugung nach dem Würzeverfahren über, so wird ihr Durchschnittsbrand um drei Viertel,[3]
5. eine Brennerei von der Hefenerzeugung nach dem Würzeverfahren zur Hefenerzeugung nach dem Wiener Verfahren oder zum Dickmaischverfahren über, so wird ihr Durchschnittsbrand um die Hälfte

gekürzt.

Hat der Übergang nur teilweise stattgefunden, so erfolgt Kürzung zu einem entsprechenden Teile.

Bei Wiederholung eines Betriebswechsels derselben Art findet eine nochmalige Kürzung nur insoweit statt, als die Änderung der Betriebsart bei der früheren Kürzung noch nicht berücksichtigt ist.

Die Kürzung tritt mit dem Beginn des folgenden Betriebsjahres ein.

Der Bundesrat wird ermächtigt, in Notjahren Ausnahmen von der Vorschrift unter Abs. 1 Nr. 1 zuzulassen. Diese Ausnahmen können auch zugelassen werden für einen Betriebswechsel, der in der Zeit vom 1. Mai bis 30. September 1912 erfolgt ist.

1. Die Vorschrift in § 11 entspricht im wesentlichen den §§ 33 und 39 BrStG., die für Nord- und Mitteldeutschland sowie Elsaß-Lothringen und das Großherzogtum Hessen als Kontingentsvorschriften außer Kraft getreten sind.

In Abweichung von den Kürzungssätzen des § 33 ist für Getreidebrennereien ohne Hefenerzeugung, die zur Hefenerzeugung nach dem Wiener Verfahren übergehen (Ziff. 3), eine Kürzung auf die Hälfte vorgesehen. Ferner ist bei Brennereien ohne Hefenerzeugung, die zur Hefenerzeugung übergehen (Ziff. 4) eine Kürzung um drei Viertel vorgesehen.

Der wegen des Betriebswechsels gekürzte Durchschnittsbrand bleibt auch dann gekürzt, wenn der Betriebswechsel rückgängig gemacht wird oder die Brennerei zu einer bei der Bemessung des Durchschnittsbrandes günstiger behandelten Betriebsweise übergeht.

2. Zum Einfluß von Betriebsabweichungen in den verschiedenen Arten von Brennereien vgl. Ztschr. f. Spir. 1914 S. 262.

3. Die Kürzung ist nicht zu wiederholen, wenn nach eingetretenem Betriebswechsel eine abermalige Änderung der Betriebsweise eintritt, für die die gesetzliche Kürzung bereits einmal stattgefunden hat (FinMin. vom 16. Oktober 1912, PrZBl. 1912 S. 345).

Veranlagung.

§ 63. Für landwirtschaftliche, vor dem 1. Oktober 1907 betriebsfähig hergerichtete Brennereien,

1. deren wirtschaftliche Lage durch Verringerung oder Vergrößerung der regelmäßig beackerten oder sonst landwirtschaftlich genutzten Fläche während der Betriebsjahre 1897/98 bis 1906/07 eine wesentliche Veränderung erfahren hat, oder
2. die erst nach dem 30. September 1897 betriebsfähig hergerichtet worden sind,[1]

ist die den Durchschnittsbrand darstellende Jahresmenge nach dem Umfang ihrer Betriebseinrichtungen unter Berücksichtigung der beackerten oder sonst landwirtschaftlich genutzten Fläche und der gesamten wirtschaftlichen Verhältnisse sowie des Betriebsumfanges anderer auf Grund der Vorschriften in den §§ 61, 62 am Durchschnittsbrande zu beteiligender Brennereien nach Anhörung von zwei Sachverständigen aus den Kreisen der Besitzer landwirtschaftlicher Brennereien zu ermitteln.[2] Im Falle der Vergrößerung der Ackerfläche erfolgt die Veranlagung nur auf Antrag. Der Durchschnittsbrand soll die Jahresmenge nicht überschreiten, die durchschnittlich[3] in den Jahren, in denen ein Betrieb stattgefunden hat, erzeugt worden ist.[4]

Eine wesentliche Veränderung der wirtschaftlichen Lage der Brennerei ist nur in den Fällen anzunehmen, in denen eine solche bei der Veranlagung zum Kontingent in den Jahren 1902/03 oder 1907/08 berücksichtigt worden ist.[5]

Die Grundsätze für die Veranlagung bestimmt der Bundesrat.[6]

1. Bei den unter Nr. 1 und 2 bezeichneten Brennereien können die in den Betriebsjahren 1897/98 bis 1906/07 hergestellten Jahresmengen für die Beurteilung des Betriebsumfangs nicht in gleicher Weise maßgebend sein wie bei den Brennereien, die eine Änderung der wirtschaftlichen Lage durch Verringerung oder Vergrößerung der landwirtschaftlich genutzten Ackerfläche in den angegebenen Betriebsjahren nicht erfahren haben, oder die schon früher entstanden sind. Darum ist hier die Veranlagung vorgesehen.

2. Die Veranlagung erfolgt in Anlehnung an die Grundsätze über die Veranlagung der Brennereien zum Kontingent nach dem landwirtschaftlichen Bedürfnisse des Brennereiguts: Ermittelung des Gesamtbottichraums und der jährlich herstellbaren Alkoholmenge, unter Umständen Verwertung der entsprechenden Ermittelungen aus dem Kontingentierungsverfahren, Vergleichung mit Vergleichsbrennereien, Gutachten der Unterkommission und Veranlagungskommission, Entscheidung der Direktivbehörde (DA. §§ 9 ff.).

3. Der Durchschnitt ist nach den im § 61 Abs. 3 des Gesetzes vorgesehenen Grundsätzen zu berechnen (DA. § 18 Abs. 1 Nr. 1, § 15 Abs. 1, § 3).

4. Der Schlußsatz im ersten Absatz enthält eine im Reichstage bei der zweiten Beratung hinzugefügte Einschränkung, die

indessen keine Anwendung findet, wenn die Veranlagung aus Anlaß einer Arealvergrößerung erfolgt (BRB. vom 16. Dezember 1909 § 999 d. Prot., RZBl. 1910 S. 24), zudem auch durch die Fassung „soll nicht überschreiten" gemildert wird. Denn der durch die Einschränkung getroffene Durchschnittsbrand kann im Falle eines zwingenden wirtschaftlichen Bedürfnisses auf Antrag vom Bundesrate so weit erhöht werden, daß eine Einstellung des Brennereibetriebes vermieden wird (DA. § 20).

5. Eine Einschränkung, die zur Verminderung der Verwaltungsarbeit dienen und eine Gewähr dafür bieten sollte, daß die Veranlagung zum Durchschnittsbrande nur unter denselben Voraussetzungen zugelassen werde, die für die Veranlagung zum Kontingente maßgebend gewesen waren. Nach Sinn und Zweck der Vorschrift im § 63 Abs. 2 erscheint es daher unbedenklich, auch solche landwirtschaftliche Brennereien wegen Vergrößerung der regelmäßig beackerten oder sonst landwirtschaftlich genutzten Fläche zum Durchschnittsbrande zu veranlagen, welche in den Betriebsjahren 1902/03 oder 1907/08 eine Neuveranlagung zum Kontingent überhaupt nicht oder nicht rechtzeitig beantragt haben, bei denen aber die materiellen Voraussetzungen für eine Neuveranlagung zum Kontingent in den bezeichneten Betriebsjahren vorgelegen haben.

6. §§ 9—20 der Ausführungsanweisung für die Festsetzung des Durchschnittsbrandes.

§ 64. Für Brennereien, denen auf Grund des bisher geltenden Branntweinsteuergesetzes ein Kontingent zugeteilt ist, wird der Durchschnittsbrand mindestens in Höhe dieses Kontingents[1] festgesetzt.

Bei den nach dem 30. September 1902 betriebsfähig hergerichteten landwirtschaftlichen Brennereien soll[2] der Durchschnittsbrand über 1400 Hektoliter Alkohol nicht hinausgehen.

1. In Höhe des im Betriebsjahre 1907/08 festgesetzten Kontingents unter Berücksichtigung der vor dem 1. Oktober 1909 etwa eingetretenen oder vorgenommenen Minderungen.

2. Die Einschränkung wird durch die Fassung „soll nicht hinausgehen" gemildert. Im Falle eines zwingenden wirtschaftlichen Bedürfnisses kann der Durchschnittsbrand auf Antrag vom Bundesrat auch über 1400 hl Alkohol hinaus so weit erhöht werden, daß eine Einstellung des Branntweinbetriebes vermieden wird (DA. § 20).

§ 65.[1] Für gewerbliche Brennereien, die ihren Betrieb erst nach dem 30. September 1905, aber vor dem 1. Oktober 1908[2] aufgenommen haben, wird der Durchschnittsbrand unter Berücksichtigung ihrer gewerblichen Anlagen und ihres Gewerbebetriebs sowie des für andere gewerbliche Brennereien festgesetzten Durchschnittsbrandes[3] nach Anhörung von Sachverständigen[4] aus den Kreisen der Besitzer gewerblicher Brennereien festgesetzt.[5] [6]

1. Die hier in Betracht kommenden Brennereien haben ihren Betrieb erst nach dem 30. September 1905 aufgenommen und weisen daher nur die Erzeugungsziffern weniger Jahre auf. Diese Ziffern bieten keine ausreichende Grundlage für die Festsetzung des Durchschnittsbrandes. Darum wurde die Veranlagung für notwendig erachtet.

2. In den Entwurf der Unterkommission war der 1. Oktober 1907 aus dem Entwurf eines Gesetzes über den Zwischenhandel des Reichs mit Branntwein übernommen; in der 32. Kommission wurde dafür der 1. Oktober 1908 eingestellt.

3. Nach § 61 Abs. 1 ist bei gewerblichen Hefebrennereien die ihren Betriebsumfang darstellende Jahresmenge nach dem Durchschnitte der von ihnen in den Betriebsjahren 1902/03 bis 1906/07 erzeugten Alkoholmengen zu ermitteln und nach Minderung um zehn Hundertteile als Durchschnittsbrand festzusetzen. Diese Minderung muß mithin berücksichtigt werden, wenn gewerbliche Hefebrennereien auf Grund des § 65 des Gesetzes veranlagt werden, da diese Brennereien grundsätzlich nicht besser gestellt

werden dürfen als die älteren Hefebrennereien, für die der Durchschnittsbrand im regelmäßigen Verfahren festgesetzt wird.

4. Die Sachverständigen müssen mit dem Betriebe und der Eigenart der gewerblichen Hefebrennerei vertraut sein.

5. Im § 18 der Ausführungsanweisung für die Festsetzung des Durchschnittsbrandes ist unter Ziff. 3 die Einschränkung vorgesehen, daß der Durchschnittsbrand der beteiligten Brennereien in der Regel die höchste bisher erzeugte Jahresmenge nicht übersteigen soll. Damit ist nur eine dem Grundgedanken des Durchschnittsbrandes Rechnung tragende Abgrenzung gegeben; eine engere Grenze konnte nicht vorgesehen werden, weil die Betriebsziffern der wenigen Jahre nicht in gleicher Weise maßgebend sein können wie bei älteren Brennereien. Diese Grenze braucht bei der Veranlagung nicht notwendig erreicht zu werden. Wichtiger ist, daß bei der Veranlagung zum Durchschnittsbrande eine Jahresmenge gefunden wird, die die nämliche Einschränkung erfährt wie sie die älteren Hefebrennereien gemäß § 61 Abs. 1 erleiden.

6. Sollte die Veranlagung zu der Festsetzung eines Durchschnittsbrandes führen, bei dem die Brennerei ihren Betrieb nicht fortsetzen kann, so ist der Bundesrat ebenfalls ermächtigt, den Durchschnittsbrand so weit zu erhöhen, daß eine Einstellung des Brennereibetriebes vermieden wird (DA. § 20).

§ 66. Ergeben sich für einzelne Brennereien aus der Bemessung des Durchschnittsbrandes nach den Vorschriften in den §§ 61 bis 65[1] besondere Härten, so kann der Bundesrat zu ihrer Beseitigung eine Erhöhung des Durchschnittsbrandes vom 1. Oktober 1911 ab eintreten lassen. Der Gesamtbetrag der Erhöhungen darf 50000 Hektoliter Alkohol nicht übersteigen; auch dürfen nur Anträge berücksichtigt werden, die vor dem 1. Oktober 1910 bei der zuständigen Verwaltungsbehörde eingegangen sind.

1. § 66 hatte nur für die Überleitungszeit Bedeutung.

§ 67. Der Bundesrat wird ermächtigt, für die nach dem 30. September 1907, aber vor dem Inkrafttreten dieses Gesetzes betriebsfähig hergerichteten Brennereien[1] aus Gründen der Billigkeit einen Durchschnittsbrand festzusetzen. Gründe der Billigkeit sind in der Regel[2] nicht als vorliegend zu erachten, wenn die Verträge über den Bau des Brennereigebäudes sowie über die Lieferung der erforderlichen Maschinen und Brenngeräte erst nach dem 31. März 1908 rechtsverbindlich abgeschlossen oder wenn das Brennereigebäude erst nach dem 30. September 1908 fertiggestellt oder die Maschinen und Brenngeräte erst nach diesem Tage geliefert worden sind.

1. Gewerbliche Brennereien, die ihren Betrieb nach dem 30. September 1907, aber vor dem 1. Oktober 1908 aufgenommen haben, sind auf Grund des § 65 zum Durchschnittsbrande zu veranlagen und daher auf Grund des § 67 nicht mehr zu berücksichtigen.

2. Die Vorschrift im Schlußsatze will einer gewinnsüchtigen Ausnutzung der mit dem neuen Gesetz eintretenden Lage wirksam begegnen.

§ 68. Der Durchschnittsbrand wird in den Fällen der §§ 61 bis 67 ohne zeitliche Begrenzung festgesetzt.[1]

1. Nicht wie das Kontingent auf zehn Jahre, sondern dauernd, bis eine Änderung durch die Gesetzgebung eintritt.

§ 69. Der Bundesrat kann unter Berücksichtigung der angesammelten Branntweinbestände und des Verbrauchs an Branntwein im Vorjahre festsetzen,[1] um wieviel Hundertteile der Durchschnittsbrand der einzelnen Brennereien für die Dauer des Betriebsjahrs zu erhöhen oder unbeschadet des Kontingents[2] zu kürzen ist.[3]

Die Kürzung darf bei denjenigen landwirtschaftlichen Brennereien und ausschließlich Roggen, Weizen, Buchweizen,

Hafer oder Gerste verarbeitenden gewerblichen Brennereien, die als solche vor dem 1. April 1912 betriebsfähig bestanden haben und nicht mehr als 300 Hektoliter Durchschnittsbrand besitzen, höchstens 10 Hundertteile betragen.[4]

1. Die vorbereitenden Arbeiten werden im Reichsschatzamt ausgeführt.

2. Die Kürzung soll so ausgeführt werden, daß das Kontingent der Brennereien keinen Schaden nimmt. Unter dem Kontingent ist diejenige Alkoholmenge zu verstehen, welche die Brennerei in dem in Betracht kommenden Betriebsjahre zum niedrigeren Verbrauchsabgabensatze herstellen darf. Wenn die Brennerei für einen Teil des innerhalb ihres Kontingents hergestellten Branntweins die Betriebsauflage für den Überbrand entrichten müßte, so würde für diesen Teil ihrer Erzeugung der Vorteil aus dem Kontingente stark geschmälert werden oder ganz wegfallen. Das aber wäre gegen die Absicht, die das Gesetz mit dem Kontingente verfolgt.

Ist der Durchschnittsbrand auf Grund des § 71 herabgesetzt worden, so ist das Kontingent entweder nach § 27 Satz 1 verloren gegangen, oder, wenn eine landwirtschaftliche Brennerei zur Hefenerzeugung übergegangen ist, nach § 27 Satz 2, §§ 33, 39 gekürzt worden. Der herabgesetzte Durchschnittsbrand würde nach § 69 im ersteren Falle weiter gekürzt werden, im letzteren Falle aber nicht unter den Betrag des ermäßigten Kontingents gekürzt werden dürfen.

3. Der Durchschnittsbrand betrug für das Betriebsjahr
1910/11: 86 Hundertteile (RZBl. 1910 S. 663),
1911/12: 94 Hundertteile (RZBl. 1911 S. 526),
1912/13: 100 Hundertteile (RZBl. 1912 S. 262),
1913/14: 96 Hundertteile (RZBl. 1913 S. 1160),
1914/15: je nach Brennereiart und Erzeugung verschieden (unten KV. Nr. 1 und 2),
1915/16: 90 Hundertteile des allgemeinen Durchschnittsbrandes (unten KV. Nr. 5).

4. Zugefügt durch § 15 des Änderungsgesetzes. Die Bestimmung enthält einen besonderen Schutz dieser Mittelbetriebe.

§ 12 Änderungsgesetz. Die Vorschrift im § 70 des Branntweinsteuergesetzes bleibt für die Brennereien im Königreiche Bayern, im Königreiche Württemberg und im Großherzogtume Baden in Geltung; sie wird für die Brennereien in den übrigen Bundesstaaten durch die Vorschriften in den §§ 13 und 14 ersetzt.

Nur für Süddeutschland.

2. Neu entstehende[1] Brennereien.

§ 70. Nach dem 30. September 1907 betriebsfähig hergerichtete Brennereien haben, unbeschadet eines auf Grund der §§ 65, 67 für sie festgesetzten Durchschnittsbrandes,[2] für allen außerhalb des Kontingents[3] (§§ 24 ff.) hergestellten Branntwein die Betriebsauflage für den Überbrand (§ 48) zu entrichten. Sofern indessen der gemäß §§ 61 bis 67 festgesetzte Durchschnittsbrand auf Grund des § 69 in den einzelnen Jahren über 100 Hundertteile hinaus erhöht wird, nehmen sie an der Erhöhung in demselben Verhältnisse teil wie die älteren Brennereien.

1. Zur Frage, ob neue Brennereien oder nur ein Betrieb mit mehreren Anlagen vorhanden ist, wenn auf demselben Grundstück mit teilweise gemeinsamen Einrichtungen mehrere Brennereien betrieben werden vgl. FinMin. vom 12. Januar 1914, PrZBl. 1914 S. 37. (Es sind nicht mehrere Betriebe, da auf diese Weise Vorzüge bei Verteilung von Kontingent oder Durchschnittsbrand vor älteren Betrieben erreicht werden könnten.)

2. Der entscheidende Tag für die Festsetzung des Durchschnittsbrandes ist der 1. Oktober 1907. Die nach dem 30. September 1907, aber vor dem Inkrafttreten des Gesetzes betriebsfähig hergerichteten Brennereien erforderten eine besondere Berücksichtigung.

Von ihnen werden die gewerblichen Brennereien, die ihren Betrieb vor dem 1. Oktober 1908 aufgenommen haben, besonders zum Durchschnittsbrande veranlagt (§ 65). Für die übrigen Brennereien, die in der angegebenen Zeit entstanden sind, wird ein Durchschnittsbrand bewilligt, wenn Gründe der Billigkeit anzuerkennen sind (§ 67). Soweit daher auf Grund der §§ 65, 67 ein Durchschnittsbrand festgesetzt worden ist, bleibt dieser, ohne zeitliche Begrenzung gewährte Durchschnittsbrand den Brennereien auch dann dauernd erhalten, wenn ihnen später ein Kontingent zugewiesen werden sollte, das hinter dem Durchschnittsbrande zurücksteht.

3. D. h. des jeweilig festgesetzten Kontingents (DA. § 25). Für die neu entstehenden landwirtschaftlichen Brennereien und Obstbrennereien gilt mithin diejenige Branntweinmenge, die sie in den einzelnen Betriebsjahren zum niedrigeren Verbrauchsabgabensatze herstellen dürfen, zugleich als Durchschnittsbrand.

§ 13 Änderungsgesetz.[1] Von zehn zu zehn Jahren, erstmalig im Betriebsjahr 1917/18, wird für die in den vorhergehenden zehn Jahren neu entstandenen und betriebsfähig hergerichteten landwirtschaftlichen Brennereien und Obstbrennereien ein Durchschnittsbrand ohne zeitliche Begrenzung festgesetzt. Auf Brennereien, die einen Durchschnittsbrand bereits erhalten haben, findet diese Vorschrift keine Anwendung.

1. Die Bestimmung ist eine Folge des Umstandes, daß für die Brennereien außerhalb der Sonderrechtsstaaten der Durchschnittsbrand an Stelle des Kontingents getreten ist.

§ 14 Änderungsgesetz. Für die bis zum Beginn des Betriebsjahrs 1917/18 und demnächst jedes folgenden zehnten Jahres neu entstandenen und betriebsfähig hergerichteten landwirtschaftlichen Brennereien und Obstbrennereien ist die für sie maßgebende Jahresmenge nach dem Umfang ihrer

Betriebseinrichtungen und dem wirtschaftlichen Bedürfnisse, bei landwirtschaftlichen Brennereien unter Berücksichtigung der beackerten oder sonst landwirtschaftlich genutzten Fläche und der gesamten wirtschaftlichen Verhältnisse sowie des Betriebsumfangs anderer, am Durchschnittsbrande beteiligter Brennereien zu ermitteln. Dabei sind zwei Sachverständige aus den Kreisen der Besitzer von landwirtschaftlichen Brennereien oder, wenn eine Obstbrennerei veranlagt wird, aus den Kreisen der Besitzer von gleichartigen Obstbrennereien zu hören.

Von der nach Abs. 1 ermittelten Jahresmenge werden 60 Hundertteile als Durchschnittsbrand festgesetzt. Dieser darf jedoch für eine landwirtschaftliche Brennerei 40000, für eine Obstbrennerei 6000 Liter Alkohol nicht überschreiten.[1]

Die näheren Bestimmungen trifft der Bundesrat.

1. Die Bestimmung, geltend nur außerhalb der Sonderrechtsstaaten, trägt dem Umstande Rechnung, daß in landwirtschaftlichen Brennereien und Obstbrennereien Kontingent und Durchschnittsbrand ungefähr in dem Verhältnis von 60 zu 100 standen.

Die Höchstziffern sind dem § 37 BrStG. entnommen.

Wechsel im Betriebe.

§ 71. Landwirtschaftliche Brennereien und Obstbrennereien, die zum gewerblichen Betrieb übergehen, verlieren ihren Durchschnittsbrand[1] zur Hälfte.[2]

1. Den allgemeinen Durchschnittsbrand (vgl. Anm. 2 zu § 48).
2. Vgl. wegen des Kontingents § 27.

Vorbemerkung zu § 72. Der Vorschrift über den Vergällungszwang, die bereits in einem dem Reichstag am 16. April 1901 vorgelegten Entwurf enthalten war (RV. 1900/02, AnlBd. 3 Nr. 247), liegt die allgemeine Absicht zugrunde, einen vermehrten Anteil der

Branntweinerzeugung dem steuerfreien gewerblichen Verbrauch zuzuführen und dem Trinkverbrauch zu entziehen.

§ 72 enthält in Abs. 1 die Verleihung der Befugnis an den Bundesrat, für den maßgeblichen Teil der Erzeugung das Verhältnis zwischen vergällungspflichtigem und anderem Branntwein „alljährlich" festzusetzen.

In Abs. 2 ist die grundsätzliche und überaus wichtige Regel gegeben, daß der Überbrand stets zu vergällen sei.

Abs. 4 regelt die formale Erfüllung der Vergällungspflicht.

Abs. 5 enthält einige Fälle allgemeiner Befreiung für gewisse Brennereiklassen, Abs. 3 eine nur in Spezialfällen eintretende Freiheit auf Grund amtlicher Festsetzung.

Absätze 6 und 7 enthalten eine wohl selbstverständliche Folge aus dem Recht, Branntwein zu ermäßigtem Abgabensatze herzustellen.

Was die wirtschaftliche Bedeutung der ganzen Bestimmung an Hand der statistischen Zahlen angeht, so wurden im Betriebsjahr 1912/13 abgefertigt:

a) als befreit von der Vergällungspflicht 2 632 857 hl Alkohol
b) als der Vergällungspflicht unterliegend 1 124 008 „ „

Es betrug dabei die Erzeugung der Brennereien, die in Abs. 5 genannt sind . . . . 390 405 hl Alkohol

Von den in Abs. 3 genannten wurden abgefertigt:

a) als befreit . . . . 42 655 hl Alkohol
b) als vergällungspflichtig . . . . 4462 „ „

Gemäß Abs. 1 wurden abgefertigt, wobei in diesem Jahre zwei Drittel des Durchschnittsbrandes vergällungsfrei waren:

a) als befreit . . . . 2 099 797 hl Alkohol
b) als vergällungspflichtig . . . . . . 1 110 708 hl „

Bemerkungen über die wirtschaftliche Wirkung siehe unten S. 198, eine abweichende Regelung während des Krieges vgl. ebenda.

Die Kleinhandelspreise der Händler, die von der Spirituszentrale geliefert erhalten (praktisch der allgemeine Preis), betrugen für vergällten Branntwein von 95 Volumenprozenten:

im Jahresdurchschnitt:

1900/01	35 ₰	1907/08	32 ₰
1901/02	30 „	1908/09	32 „
1902/03	30 „	1909/10	32 „
1903/04	35 „	1910/11	32 „
1904/05	43 „	1911/12	35 „
1905/06	33 „	1912/13	35 „
1906/07	30 „	1913/14	38 „

Vergällungspflicht.[1]

§ 72. Der Bundesrat setzt alljährlich fest, welchen Teil der innerhalb des Durchschnittsbrandes hergestellten Erzeugung die Brennereien vollständig zu vergällen haben.[2]

Der Überbrand unterliegt in allen Fällen der vollständigen Vergällung.[3]

Bei den Brennereien, die ihr Erzeugnis ganz oder zum überwiegenden Teil zu gebrauchsfertigem Trinkbranntwein von nicht mehr als 50 Hundertteilen Alkoholgehalt verarbeiten und selbst vertreiben, ist auf Antrag an Stelle der nach Abs. 1 freibleibenden Alkoholmengen der Branntwein[4] von der Vergällungspflicht freizulassen, der einer Alkoholmenge gleichkommt, die von diesen Brennereien selbst im Durchschnitt der Betriebsjahre 1909/10 bis 1911/12 nachweislich zu Trinkbranntwein weiter verarbeitet und vertrieben worden ist. Anträge dieser Art dürfen nur berücksichtigt werden, wenn sie vor dem 1. Juli 1913 gestellt worden sind. Bei Brennereien, deren bisher von der Vergällungspflicht befreiter Teil ihrer Erzeugung auf Grund des § 72 Abs. 3 des Branntweinsteuergesetzes festgesetzt worden war, bleibt es bei dieser Festsetzung.[5]

Die Vergällungspflicht gilt, abgesehen von den Fällen des Abs. 2, als erfüllt,[6] wenn der vergällungspflichtige Branntwein ausgeführt oder wenn nachgewiesen wird, daß eine gleiche

Menge Branntwein, die der Vergällungspflicht nicht unterlag, vollständig vergällt oder ausgeführt worden ist.[7] Als Ausfuhr von Branntwein gilt nach näherer Bestimmung des Bundesrats auch die Ausfuhr von Erzeugnissen, zu deren Herstellung Branntwein verwendet worden ist.

Von der Vergällungspflicht befreit ist Branntwein[8]

1. aus Brennereien mit einer Jahreserzeugung von nicht mehr als 150 Hektoliter Alkohol,
2. aus Obstbrennereien,
3. aus Brennereien, die ausschließlich Roggen, Weizen, Buchweizen, Hafer oder Gerste verarbeiten und nicht Hefe nach dem Würzeverfahren herstellen.[9]

Wird Branntwein, der innerhalb der einem ermäßigten Verbrauchsabgabensatze (§§ 2 bis 5 des Gesetzes, betreffend Beseitigung des Branntweinkontingents) unterliegenden Alkoholmenge hergestellt ist, unter Anschreibung auf diese Menge vergällt oder ausgeführt, so wird der Wert der Steuerermäßigung vergütet.

Die näheren Bestimmungen trifft der Bundesrat.[10]

1. Die Fassung beruht auf § 16 des Änderungsgesetzes. Die alte Fassung bestimmte in Abs. 1, daß die gewerblichen Brennereien 65 vom Hundert zu vergällen hatten, die landwirtschaftlichen 30 vom Hundert. — Dabei waren für Lufthefebrennereien besondere Verschärfungen vorgesehen, die nunmehr beseitigt sind.

2. Im Betriebsjahr 1910/11 und ebenso 1911/12 waren von den gewerblichen Brennereien 70 vom Hundert, von den landwirtschaftlichen 40 vom Hundert zu vergällen (RGBl. 1911 S. 20 und S. 526).

Im Betriebsjahr 1912/13 waren vergällungspflichtig 33⅓ vom Hundert des Durchschnittsbrandes von allen Brennereien gleichmäßig (RGBl. 1912 S. 586). Die Vergällungspflicht wurde für 1913/14 auf 40 vom Hundert des Durchschnittsbrandes bemessen

(BRB. v. 6. 11. 1913 S. 1160). Für das Betriebsjahr 1914/15 sind 65 vom Hundert vergällungspflichtig gewesen (Bek. vom 15. Oktober 1914 Ziff. 3 unten Nr. 1); im Betriebsjahr 1915/16 ist die Vergällungspflicht auf 70 vom Hundert des Durchschnittsbrandes heraufgesetzt worden (KB. Nr. 5).

3. Diese Bestimmung enthält den Grundsatz, die Ausnahme in Abs. 2 dieses Paragraphen ist streng auszulegen (FinMin. v. 14. 5. 1913, PrZBl. S. 189).

4. Der selbsterzeugte Branntwein (BfrO. § 86).

5. Dieser Fall betrifft Brennereien, die vor dem 1. Juli 1910 eine Festsetzung nach dem im Durchschnitt der Betriebsjahre 1903/04 bis 1907/08 nachweislich zu Trinkbranntwein verarbeiteten und vertriebenen Mengen beantragt hatten.

6. Die Vergällungspflicht wird erfüllt

a) in erster Linie durch vollständige Vergällung (vgl. oben § 21 und Anm.),

b) sonst

1. durch Ausfuhr des vergällungspflichtigen Branntweins,
2. durch den Nachweis, daß eine gleiche Menge Branntwein, die der Vergällungspflicht nicht unterlag, vollständig vergällt oder ausgeführt worden ist (BfrO. § 93).

Durch die Worte: abgesehen von den Fällen des Abs. 2, ist der Ausgleich für den vergällungspflichtigen Überbrand ausgeschlossen (§ 93 BfrO.). Der vergällungspflichtige Überbrand ist binnen drei Monaten nach der Branntweinabnahme vollständig zu vergällen. Vor der Vergällung darf er einmal unter Steueraufsicht versandt werden (§ 92 BfrO.).

Vergällungspflichtiger Branntwein darf mit anderem Branntwein in demselben Lager nicht aufbewahrt werden; er kann in ein besonderes Lager (Vergällungslager) aufgenommen werden (BO. § 1 Abs. 2). Die Direktivbehörde kann genehmigen, daß solche Lager in den Räumen eines anderen Branntweinlagers desselben Lagerbesitzers eingerichtet werden, sofern der vergällungspflichtige Branntwein getrennt von anderem Branntwein in den Versandgefäßen oder in besonderen Lagergefäßen lagert (LO. § 2 Abs. 2).

Vergällungspflichtiger Branntwein muß auch in der Reinigungsanstalt getrennt gelagert und während der Reinigung derart getrennt gehalten werden, daß eine Vertauschung oder Vermischung mit anderem Branntwein ausgeschlossen ist (RO. § 1).

7. Durch den Nachweis ist ein Ausgleich zugelassen zwischen:

I. Branntwein, der der Vergällungspflicht unterliegt auf der einen Seite und

II. Branntwein, der der Vergällungspflicht nicht unterliegt, aber vollständig vergällt oder ausgeführt worden ist, auf der anderen Seite.

Der Ausgleich erfolgt

A. durch Vergällungsschein.

Den Vergällungsschein erhält auf Antrag, wer eine zum Ausgleich geeignete, nachweislich der Vergällungspflicht nicht unterliegende Branntweinmenge vollständig vergällt oder in das Ausland ausführt (§ 96 BfrO.).

Der Inhaber des Vergällungsscheins ist berechtigt, eine gleiche Menge vergällungspflichtigen Branntweins als der Vergällungspflicht nicht unterliegend abfertigen zu lassen (BfrO. §§ 95 und 93). Der Vergällungsschein wird vom Hauptamt erteilt; seine Gültigkeit läuft mit dem 25. Tage des dritten Monats ab, der auf den Monat der Ausfertigung folgt;

B. durch Ausgleichsbuch.

Angeschrieben wird der Branntwein, der der Vergällungspflicht nicht unterliegt, aber vollständig vergällt oder ausgeführt worden ist, also der Branntwein unter II, auch auf Grund eines Vergällungsscheines (BfrO. § 98).

Abgeschrieben wird der Branntwein, der der Vergällungspflicht unterliegt, also der Branntwein unter I, der im Hinblick auf den Ausgleich durch Abschreibung als der Vergällungspflicht nicht unterliegend abgefertigt wird.

Das Ausgleichsbuch wird beim Hauptamte geführt. Brennereibesitzern oder anderen Gewerbetreibenden wird auf Antrag gegen Verzicht auf Erteilung eines Vergällungsscheins ein Blatt im Ausgleichsbuch eröffnet oder gestattet, die vollständig vergällten oder ausgeführten Branntweinmengen in dem Ausgleichsbuch eines anderen Brennereibesitzers oder Gewerbetreibenden anschreiben zu lassen (BfrO. § 97). Die in einem Ausgleichsbuch angeschriebenen Branntweinmengen, die noch nicht durch Abschreibung erledigt sind, können auf Antrag ganz oder teilweise in ein anderes Ausgleichsbuch übertragen werden.

Brennereibesitzern oder Gewerbetreibenden, die ein Blatt im Ausgleichsbuche haben, kann auf Antrag ein Ausgleichsgegenbuch auf ihre Kosten eröffnet werden (BfrO. §§ 97—104). Über den Ausgleich oder Versehen bei Behandlung von Branntwein hinsichtlich der Vergällungspflicht vgl. FinMin. v. 22. 1. 1915, PrZBl. S. 29.

8. Der Abs. 5 will die Vergünstigungen nur an bestimmt abgegrenzte Arten von Brennereien gewähren, er gilt daher nicht für Kornbrennereien, selbst wenn sie Wein verarbeiten (FinMin. v. 16. 9. 1913, PrZBl. S. 402).

9. Die Brennereien unter 1 und 3 bleiben für die Berechnung und Festsetzung der der Vergällungspflicht nicht unterliegenden Alkoholmenge außer Betracht, sofern der Brennereibesitzer vor Beginn des Betriebsjahres oder ein für allemal erklärt, daß er nicht mehr als 100 hl Alkohol im Jahre erzeugen oder während des ganzen Betriebsjahres ausschließlich Roggen, Weizen, Hafer oder Gerste verarbeiten und nicht Hefe im Würzeverfahren herstellen werde.

10. BO. § 153a.

Fünfter Abschnitt (§§ 73—105).

Überwachung der Branntweinerzeugung.

Vorbemerkung. Neu ist in diesem Abschnitt § 17 des Änderungsgesetzes (nach § 75 BStG.).

Anzeige über die Brenn- und Wiengeräte.

§ 73. Die Anfertigung, der Erwerb und der Besitz von Brenn- oder Wiengeräten[1] ist der Verwaltungsbehörde[2] anzuzeigen,[3] soweit dies nicht schon auf Grund der bisherigen Vorschriften[4] geschehen ist.

1. Brenn- und Wiengeräte sind Geräte, in denen die Alkoholdämpfe entwickelt und gereinigt werden (BO. §§ 13, 225). Wiengeräte insonderheit sind Geräte, die zum Wienen oder Feinbrande dienen, d. h. zu einem ein- oder mehrmal wiederholten Abtriebe des beim ersten Abtriebe gewonnenen Branntweins (Rohbranntweins) (vgl. BO. § 192).

2. Der Hebestelle (GB. §§ 62, 63).

3. Von der Anmeldung befreit sind Brennvorrichtungen, die in öffentlichen Lehranstalten ausschließlich zu wissenschaftlichen Zwecken und die in Apotheken ausschließlich zum Apothekenbetriebe dienen (GB. § 66).

4. §§ 6, 7, 19, 21 des Ges. v. 8. 7. 68.

Anmeldung der Brennerei.

§ 74. Wer eine Branntweinbrennerei errichten will, hat die Baupläne, bevor mit ihrer Ausführung begonnen wird, der Verwaltungsbehörde[1] vorzulegen. Die Verwaltungsbehörde[2] bestimmt bei Verschlußbrennereien insbesondere, welche baulichen Einrichtungen zur Sicherung der Verbrauchsabgabe nach Maßgabe der §§ 82 bis 88 getroffen werden sollen. Diese Vorschriften sind entsprechend anzuwenden, wenn der Umbau einer Brennerei beabsichtigt wird. Für Abfindungsbrennereien können Ausnahmen zugelassen werden.[3]

1. Dem Hauptamte (BO. § 11).

2. Der Bezirksoberkontrolleur (BO. § 11).

3. BO. § 223.

§ 75. Spätestens vierzehn Tage vor der erstmaligen Eröffnung des Betriebs[1] einer Brennerei hat der Brennereibesitzer, soweit dies nicht schon auf Grund der bisherigen

Vorschriften[2] geschehen ist, der Verwaltungsbehörde[3] die Brennereiräume und die mit der Brennerei in Verbindung stehenden oder unmittelbar an sie angrenzenden Räume unter Einreichung eines Grundrisses sowie die Brennvorrichtungen,[4] die Gefäße, in denen der Branntwein bis zu seiner Abnahme (§ 97) aufbewahrt wird, die Meßuhren sowie die Maischbottiche unter Angabe ihrer Stellung und auf Verlangen der Verwaltungsbehörde auch den Einzelraumgehalt der Gefäße nach Litern schriftlich anzumelden.[5]

Der Bundesrat wird ermächtigt, Erleichterungen[6] zuzulassen und für Abfindungsbrennereien noch andere Geräte der Anmeldepflicht zu unterwerfen.[7]

1. Als Eröffnung des Betriebes gilt bei der Verarbeitung von mehligen Stoffen, Rübenstoffen oder Zellstoffen der Beginn der ersten Einmaischung zum Zwecke der Befüllung eines Maischbottichs, bei der Verarbeitung anderer nichtmehliger Stoffe (Material) der Beginn des ersten Abtriebs (BO. § 88 Abs. 2, §§ 105, 243, 249 Abs. 3, § 277 Abs. 3).

2. BBrStG. § 43, Ges. v. 8. 7. 68 § 6.

3. Der Hebestelle (BO. §§ 11, 88, 243, 249, 277).

4. Brennvorrichtungen sind diejenigen Geräte, in denen die Alkoholdämpfe entwickelt oder gereinigt (Brenn- und Wiengeräte) und niedergeschlagen werden (Kühler nebst Vorlagen) (BO. § 13 unter a).

5. Anmeldung der Räume (BO. §§ 12, 224),
Anmeldung der Geräte (BO. §§ 13, 225),
Grundriß (BO. §§ 14, 224 Abs. 2),
Zeichnung und Beschreibung der Brennvorrichtung (BO. § 15).

6. Brennereien, die an einem Betriebstage durchschnittlich nicht mehr als 150 l Alkohol erzeugen, kann die oberste Landesfinanzbehörde die Einreichung eines Grundrisses erlassen (BO. § 11 Abs. 3).

7. BO. § 225.

§ 17 Änderungsgesetz. Betriebe, die im alkoholischen Gärungsverfahren Hefe herstellen und für die ein Durchschnittsbrand nicht festgesetzt ist, sind der Verwaltungsbehörde (§§ 73, 74 und 75 des Branntweinsteuergesetzes) anzumelden und unterliegen einer vom Bundesrate festzusetzenden Überwachungsgebühr.[1]

1. Die Bestimmung wurde von der Reichstagskommission aus der Erwägung eingefügt, daß man diese Betriebe einer Kontrolle unterstellen müsse, da man nicht wisse, ob der bei der Gärung entstehende Branntwein nicht mißbräuchlich verwendet werde.

Vermessung und Bezeichnung der Brennereigeräte.

§ 76. Die angemeldeten Gefäße können amtlich vermessen[1] und gestempelt werden; sie sind vom Brennereibesitzer nach näherer Anordnung der Verwaltungsbehörde[2] mit einer Nummer und der Angabe des Raumgehalts zu versehen. Diese Bezeichnung ist gehörig zu erhalten und nötigenfalls zu erneuern.[3]

1. BO. §§ 16—22, 226—231. In Verschlußbrennereien sind die amtlichen Branntweinsammelgefäße und die Branntweinaufbewahrungsgefäße trocken und naß zu vermessen, sofern nicht das Hauptamt für letztere von der nassen Vermessung absieht (BO. § 17 Abs. 1), die Maischbottiche trocken oder naß zu vermessen (BO. § 18). Die trockene Vermessung erfolgt in Preußen nach der Conradischen Anleitung zur Bestimmung des Literinhalts der Brennerei- und Brauereigeräte durch Vermessung auf trockenem Wege nebst Tabellen zur Feststellung des Literinhalts zylindrischer Räume (Allg. Verf. des Kgl. Preuß. Finanzministers vom 17. September 1909, II, 1, PrZBl. S. 341).
2. Des Oberkontrolleurs.
3. BO. §§ 23, 232.

Aufbewahrung der Brennereigeräte.[1]

§ 77. Die angemeldeten Brennereigeräte sind in den Brennereiräumen an den im Grundrisse dafür angegebenen Plätzen aufzubewahren. Die Verwaltungsbehörde[2] kann Ausnahmen zulassen.

1. BO. §§ 24, 233.

2. Der Oberkontrolleur. Bei Abfindungsbrennereien kann die Direktivbehörde für ihren Verwaltungsbereich Ausnahmen zulassen.

Veränderungen im Gerätestande.[1]

§ 78. Besitzer von Brennereien dürfen anmeldepflichtige Brennereigeräte, andere Personen dürfen Brenn- und Wiengeräte weder ganz noch teilweise aus den Händen geben, bevor sie der Verwaltungsbehörde[2] den Empfänger angezeigt und eine Bescheinigung hierüber erhalten haben.

1. BO. §§ 27, 235.

2. Der Hebestelle.

§ 79. Sollen angemeldete Brennereigeräte an einem anderen Platze aufgestellt oder geändert werden oder kommen anmeldepflichtige Brennereigeräte in Zugang, so hat der Brennereibesitzer dies der Verwaltungsbehörde[1] anzuzeigen. Gleiche Anzeige ist erforderlich über jede Änderung in Ansehung der angemeldeten Räume.

1. Der Hebestelle.

Wechsel im Besitze der Brennerei.

§ 80. Jeder Wechsel im Besitz einer Brennerei[1] ist der Verwaltungsbehörde[2] binnen einer Woche vom neuen und in den Fällen freiwilliger Besitzübertragung auch vom bisherigen Besitzer anzuzeigen.

1. Z. B. durch Erbgang, Verkauf oder Verpachtung (BO. §§ 26, 234).
2. Der Hebestelle.

Außergebrauchsetzung von Geräten.[1]

§ 81. Maischgeräte und Brennvorrichtungen dürfen für die Zeit, für die sie nicht zum Brennereibetrieb angemeldet sind, amtlich gegen Benutzung gesichert oder durch Anordnung der Verwaltungsbehörde[2] außer Gebrauch gesetzt werden.[3]

1. BO. §§ 72—74, 331—336.
2. Des Oberkontrolleurs.
3. Durch Anlegung amtlicher Verschlüsse oder durch andere Maßnahmen. Die getrennte Aufbewahrung des Blasenhelms oder des Schlußstücks in Abfindungsbrennereien hat auf Anordnung der Direktivbehörde bei der Hebestelle oder bei einer vom Hauptamte zu bestimmenden Person oder in einem vom Brennereiraume möglichst entfernten Raume im Anwesen des Brennereibesitzers zu erfolgen (BO. § 334 Abs. 1).

Sicherung gegen heimliche Entnahme von Branntwein.[1]

§ 82. In den Brennereien sind nach näherer Anordnung der Verwaltungsbehörde[2] mit den Brennvorrichtungen in fester Verbindung stehende Sammelgefäße aufzustellen, in die der gesamte gewonnene Branntwein geleitet wird, sowie alle sonstigen Einrichtungen zu treffen, welche die Verwaltungsbehörde zur Sicherung gegen heimliche Ableitung oder Entnahme von alkoholhaltigen Dämpfen oder Branntwein für erforderlich erachtet.

1. Erstes Buch zweiter Abschnitt der Brennereiordnung.

2. Zuständig als Verwaltungsbehörde ist nach den Ausführungsbestimmungen des Bundesrats

der Oberkontrolleur in den Fällen der BO. § 56 Abs. 4, § 59 Abs. 2, § 60 Abs. 3, § 63 Abs. 1, § 64 Abs. 1, § 65,

das Hauptamt in den Fällen der BO. § 36 Abs. 2, 3, § 37 Abs. 2, §§ 38, 39 Abs. 5, § 40 Abs. 2, §§ 41, 42 Abs. 2, 5, §§ 43, 46—48, § 51 Abs. 1, §§ 53, 55 Abs. 4, § 57 Abs. 2, § 60 Abs. 1, 2, § 61 Abs. 2,

die Direktivbehörde in den Fällen der BO. § 42 Abs. 4, § 51 Abs. 2, § 67 Abs. 1,

die oberste Landesfinanzbehörde in den Fällen des § 67 Abs. 2 a. a. O.

§ 83. Die Räume zur Aufstellung der Sammelgefäße müssen den Anforderungen der Verwaltungsbehörde entsprechen. Der Zugang muß mit Vorrichtungen zur Anlegung von amtlichen Kunstschlössern[1] versehen sein.

1. Außerdem mit Vorrichtungen zur Anlegung eines Privatverschlusses (BO. § 50 Abs. 1).

§ 84. In Fällen, in denen geeignete Räume zur Aufstellung von Sammelgefäßen nicht oder nur mit unverhältnismäßig hohen Kosten eingerichtet werden können,[1] sind auf Anordnung der Verwaltungsbehörde[2] zuverlässige mit der Brennvorrichtung in fester Verbindung stehende Meßuhren statt der Sammelgefäße aufzustellen.[3] [4]

1. Auch in Fällen, in denen die Aufstellung von Sammelgefäßen unzweckmäßig sein würde (BO. § 178 Abs. 1).

2. Der Direktivbehörde (BO. § 178).

3. Bestimmungen über die Anwendung von amtlichen Meßuhren, Führung des Meßuhrbuchs, Eintragungen des Aufsichts-

beamten, Aufbewahrung und Abnahme des Branntweins, Behandlung der Fehlmengen, Störungen der Meßuhr BO. §§ 178 bis 191.

4. Die Bestimmungen über die Beschaffenheit, Aufstellung und Behandlung der Meßuhren enthält die Meßuhrordnung. Sie ist genehmigt durch BRB. vom 18. November 1909, § 883 der Prot. (RZBl. S. 1411).

§ 85. Die Meßuhren sollen die Menge des aus der Brennvorrichtung fließenden Branntweins und des darin enthaltenen Alkohols fortlaufend anzeigen[1] oder die Menge des Branntweins anzeigen und die spätere amtliche Ermittelung der Stärke durch Zurückbehaltung von Proben ermöglichen.[2]

Als amtliche Meßuhren sind zugelassen: Der Siemenssche Alkoholmesser und die Siemensschen Probenehmer.

1. Der Alkoholmesser hat die Aufgabe, die Menge des aus der Brennvorrichtung fließenden Branntweins und zugleich die Menge des darin enthaltenen Alkohols selbsttätig und fortlaufend anzuzeigen; er ist für die Feststellung von alkoholreichem Branntweine bestimmt und wird in Brennereien verwendet, in denen die Stärke des in die Meßtrommel eintretenden Branntweins in der Regel nicht unter 40 Raumprozent herabgeht (MO. § 2 Abs. 1, §§ 18—46).

2. Die Probenehmer haben die Aufgabe, die Menge des aus der Brennvorrichtung fließenden Branntweins anzuzeigen und die spätere amtliche Ermittlung der Stärke durch Zurückbehaltung von Proben zu ermöglichen; sie sind zur Feststellung von alkoholarmem Branntweine bestimmt und werden auch in solchen Brennereien angewendet, in denen ein Alkoholmesser nicht aufgestellt werden kann, weil stets ein Teil des gewonnenen Branntweins eine Alkoholstärke von weniger als 40 Raumprozent hat (MO. § 2 Abs. 2 und § 47). Der Probenehmer wird in verschiedenen

Ausführungen hergestellt, damit er den mannigfachen Betriebsverhältnissen angepaßt werden kann,

a) als Probenehmer mit Zwanziglitertrommel (MO. §§ 48 bis 60),
b) als Probenehmer mit Zehnlitertrommel (MO. § 71),
c) als Probenehmer mit Sechslitertrommel (MO. §§ 61—70),
d) als Probenehmer mit beweglicher Schöpfeinrichtung (MO. §§ 72—76 und 77—80).

Welche Art der Meßuhren angewendet werden soll, ist im Einzelfalle nach den Einrichtungen und Abtriebsverhältnissen der Brennerei zu entscheiden.

Die oberste technische Behörde für die Prüfung und Behandlung der Meßuhren ist die Kaiserliche Technische Prüfungsstelle in Berlin (MO. § 16). Jede Meßuhr ist von der Technischen Prüfungsstelle zu prüfen, bevor sie an die Brennerei versandt wird (MO. § 3 Abs. 1). Aufgestellt und amtlich verschlossen wird die Meßuhr durch zwei Beamte, von denen einer ein Oberbeamter sein muß (MO. § 5). Die Technische Prüfungsstelle nimmt Besichtigungen und Nachprüfungen nach einem mit der obersten Landesfinanzbehörde zu vereinbarenden Plane vor (MO. § 13). Der Reichskanzler ist ermächtigt, auch andere als die oben bezeichneten Meßuhren zuzulassen und ihre Verwendung und Behandlung zu ordnen (MO. § 17).

§ 86. Die Verwaltungsbehörde[1] kann die Aufstellung von Sammelgefäßen und zugleich von Meßuhren verlangen;[2] sie kann die Mindestmenge des zur Abfertigung vorzuführenden Alkohols (§§ 97, 98) im voraus bindend festsetzen.

1. Die Direktivbehörde (BO. § 67 Abs. 1 unter b).

2. Es kann verlangt werden, daß in Brennereien, die Sammelgefäße haben, neben diesen noch Meßuhren aufgestellt werden und daß in Brennereien, die mit Meßuhren ausgestattet sind, neben diesen noch Sammelgefäße aufgestellt werden. Die Verwaltung soll durch die Vorschrift in die Lage gebracht werden, die Sicherheit

der Verschlußeinrichtung zu verstärken, wenn dies zweckmäßig oder erwünscht erscheint. In Fällen dieser Art finden gegebenenfalls die §§ 91, 92 Anwendung.

3. Die Festsetzung der Mindestmenge des zur Abfertigung vorzuführenden Alkohols ist hier eine Maßregel zur Verstärkung der Sicherheit der Verschlußeinrichtung in Verschlußbrennereien; sie ist zu unterscheiden von der Abfindung auf die Mindestmenge (§ 17).

§ 87. Die Brennvorrichtungen, Sammelgefäße und Meßuhren sowie die sie verbindenden Rohrleitungen und die Sammelgefäßräume sind amtlich so zu sichern, daß alkoholhaltige Dämpfe oder Branntwein nicht heimlich abgeleitet oder entnommen werden können.[1]

1. Durch amtlichen Verschluß sind zu verbinden
a) alle Teile und Rohre des Brenngeräts, die Lutter oder Branntwein enthalten oder fortführen;
b) alle Teile der zwischen dem Brenngerät und den amtlichen Sammelgefäßen oder der amtlichen Meßuhr liegenden Geräte und Rohre, die Alkoholdämpfe, Lutter oder Branntwein enthalten oder fortführen;
c) alle Teile der amtlichen Sammelgefäße und der amtlichen Meßuhr.

(BO. § 55 Abs. 1.)

Sämtliche zu verschließende Flanschen und sonstige Rohrverbindungen der Branntweinrohrleitung außerhalb des Sammelgefäßraumes sind außerdem mit Metallkappen zu umgeben; ebenso diejenigen Rohre, welche Lutter von einem Teile des Brenngeräts zu einem anderen fortleiten; bei diesen Lutterrohren kann der Oberkontrolleur von der Anlegung der Metallkappen absehen, wenn besondere Schwierigkeiten entgegenstehen (BO. § 59).

Die Einrichtungen zur Sicherung bestehen hiernach im wesentlichen in dem einfachen Verschluß und dem Doppelverschluß.

§ 88. Der Bundesrat wird ermächtigt, für Brennereien, die bis zum Inkrafttreten dieses Gesetzes der Abfindung unterlegen haben, sowie für neu entstehende Obstbrennereien Anordnungen zu treffen, die von den Vorschriften der §§ 82 bis 87 abweichen.

§ 89. Die Verwaltungsbehörde kann den Betrieb einer Brennerei untersagen, solange die nach §§ 82 bis 88 erforderlichen amtlichen Sicherungen nicht getroffen und die amtlichen Anordnungen in dieser Hinsicht nicht befolgt sind.

§ 90. Der Brennereibesitzer ist verpflichtet, die Brennerei auf seine Kosten den §§ 82 bis 88 entsprechend herzurichten und in einem diesen Vorschriften entsprechenden Zustande zu erhalten.

Kosten der Anschaffung von Sammelgefäßen.

§ 91. Für die vor dem 1. Oktober 1908 entstandenen Brennereien,[1] die bis zum Inkrafttreten dieses Gesetzes der Abfindung unterlegen haben, sowie in den Fällen des § 86[2] werden die Kosten der erstmaligen Anschaffung[3] von Sammelgefäßen, Meßuhren, Überrohren und Kunstschlössern aus der Reichskasse erstattet.

1. Gleichviel, ob die Brennereien von Amts wegen oder auf Antrag in Verschlußbrennereien umgewandelt werden (BO. § 71 Abs. 2 unter a).

2. D. h., wenn für eine mit einer amtlichen Meßuhr ausgestattete Verschlußbrennerei daneben die Aufstellung von Sammelgefäßen oder wenn für eine mit Sammelgefäßen versehene Verschlußbrennerei außerdem die Aufstellung einer amtlichen Meßuhr verlangt wird.

3. Vgl. BO. § 71 Abs. 4. Zu den Kosten der erstmaligen Anschaffung von Sammelgefäßen und Meßuhren gehören auch die

Kosten der Vorlagen und solcher (Drei-, Vier- usw.) Wegehähne, welche zur Befüllung der amtlich verschlossenen Sammelgefäße in die Branntweinrohrleitung eingeschaltet sind. Die Vorlagen und Wegehähne sind bei Sammelgefäß-Brennereien eine für die Betriebsführung notwendige Ergänzung der amtlichen Sammelgefäße, die Vorlagen bei Meßuhrbrennereien ein Zubehörstück der amtlichen Meßuhr. Die Kosten einer in die Branntweinrohrleitung zwischen Kühler und Vorlage zur Entnahme kleiner Proben eingeschalteten Meßvorrichtung (BO. § 42 Abs. 4) werden nur dann auf die Reichskasse zu übernehmen sein, wenn die Meßvorrichtung unter den im Einzelfall obwaltenden Umständen als unentbehrliches Zubehörstück des Sammelgefäßes oder der Meßuhr anzusehen ist. Dies wird dann der Fall sein, wenn in der Brennerei ein brauchbares Erzeugnis ohne fortgesetzte Entnahme von Proben nicht zu erzielen ist, insbesondere wenn der in den verschiedenen Abschnitten der Entgeistung gewonnene Rauhbrand nicht in einem Gefäße gesammelt werden kann, sondern getrennt und in verschiedene Sammelgefäße geleitet werden muß.

§ 92. Der Bundesrat wird ermächtigt, in den Fällen des § 91 [1] aus Gründen der Billigkeit [2] auch die Kosten der auf Verlangen der Verwaltungsbehörde ausgeführten baulichen Änderungen bis zur Hälfte auf die Reichskasse zu übernehmen, sofern die Änderungen innerhalb zweier Jahre nach dem Inkrafttreten dieses Gesetzes ausgeführt werden.

1. In Fällen, in denen zur Ausführung des neuen Branntweinsteuergesetzes

a) in einer der im § 91 bezeichneten Brennereien Sammelgefäße oder eine Meßuhr oder Sammelgefäße und eine Meßuhr,

b) in einer Verschlußbrennerei mit Meßuhr außerdem Sammelgefäße oder in einer Verschlußbrennerei mit Sammelgefäßen außerdem eine Meßuhr

aufgestellt werden (BO. § 71a Abs. 1).

2. Gründe der Billigkeit sind in den Fällen unter 1b nicht anzunehmen, wenn die Aufstellung der Sammelgefäße oder Meßuhren durch Abnutzung der Verschlußeinrichtungen oder durch Maßnahmen des Brennereibesitzers notwendig geworden ist (BO. § 71a Abs. 1).

Maischbottiche und Nebengeräte.

§ 93. In den Verschlußbrennereien unterliegt die Einrichtung der Maischbottiche keinen Beschränkungen, auch dürfen außer den Maischbottichen andere Geräte zur Bereitung und Aufbewahrung von Maische ohne Beschränkung auf eine bestimmte Zahl, Größe oder Beschaffenheit und ohne besondere Erlaubnis benutzt werden.[1]

1. Die Erleichterungen ergeben sich aus der Beseitigung der Maischbottichsteuer.

Betriebsanmeldung.

§ 94. Die Eröffnung des Betriebs[1] einer Brennerei ist der Hebestelle im voraus anzumelden.[2] Die Anmeldung ist von der Hebestelle zu prüfen und, wenn dabei sich nichts zu erinnern findet, zu genehmigen.

Soll der Betrieb geändert,[3] nach Ablauf des angemeldeten Zeitraums fortgesetzt oder nach einer Pause wieder aufgenommen werden, so ist eine neue Betriebsanmeldung in gleicher Weise einzureichen.

Die näheren Bestimmungen über Form, Inhalt, Aufbewahrung und Befolgung der Betriebsanmeldung[4] sowie über die Einmaischungs-,[5] Gär-[6] und Brennfristen (Abtriebszeiten)[7] trifft der Bundesrat, indessen sollen in Verschlußbrennereien die Behandlung der Maische in den Bottichen und Maischbehältern sowie die Gärfristen keinen Beschränkungen unterliegen.

1. Vgl. Anm. 1 zu § 75.

2. Anzeige der Betriebseröffnung BO. § 88 Abs. 1, § 243, § 277 Abs. 1, 2.

3. BO. §§ 91, 243, 258, 259, 288, 289.

4. Betriebsanmeldung
a) in Verschlußbrennereien: Betriebserklärung (BO. §§ 89 bis 91), Betriebsbuch (BO. §§ 80 ff.);
b) in Abfindungsbrennereien: als Betriebsanmeldung dient die Abfindungsanmeldung, in bestimmten Fällen ist eine allgemeine Betriebserklärung einzureichen (BO. §§ 243 a u. 243 d, §§ 277 ff.).

5. BO. §§ 104, 105, 243.

6. BO. §§ 117, 243.

7. BO. §§ 118, 243. Der Bundesrat ist hiernach befugt, auch die Festsetzung der steuerpflichtigen Abtriebszeiten für Abfindungsbrennereien anderweit zu ordnen. Jetzt BO. §§ 243 ff.

Betriebsunterbrechung; Verschluß- und Geräteverletzung.

§ 95. Wird der Brennereibetrieb unterbrochen oder ein amtlicher Verschluß oder einer derjenigen Teile der Brennereigeräte einschließlich der Sammelgefäße und der Meßuhr verletzt, aus denen alkoholhaltige Dämpfe oder Branntwein heimlich abgeleitet oder entnommen werden können, oder tritt eine Störung im Gange der Meßuhr ein, so hat der Brennereibesitzer dies alsbald der Verwaltungsbehörde[1] anzuzeigen.

1. Der Hebestelle und dem Oberkontrolleur (BO. § 139).

§ 96. Ist durch die Verletzung ein Zugang zu dem Alkohol ermöglicht oder die regelmäßige Tätigkeit der Meßuhr beeinflußt worden, so hat die Verwaltungsbehörde[1] die erforderlichen Maßnahmen[2] zu treffen; äußerstenfalls kann sie anordnen, daß der Brennereibetrieb vorübergehend eingestellt wird.[3] Das gleiche gilt bei jeder anderen in der regelmäßigen Tätigkeit der Meßuhr eintretenden Störung.

1. In der Regel der Oberkontrolleur (BO. §§ 140, 142).

2. Eine dieser Maßnahmen ist die vorübergehende Abfindung der Brennerei. Diese geschieht in der Weise, daß die Mindestmenge des zur Abfertigung vorzuführenden Alkohols festgesetzt wird (BO. § 140 Abs. 2).

3. In Hefebrennereien nur der Betrieb der Brennerei, nicht auch die Hefebereitung.

Branntweinabnahme.

§ 97. Soweit nicht im § 15 Ausnahmen vorgesehen sind, ist die Alkoholmenge des erzeugten Branntweins in der Brennerei amtlich festzustellen und der Branntwein abzufertigen (Branntweinabnahme).[1 2 3 4] Der Branntwein bleibt unter amtlicher Überwachung, bis er abgabenfrei gelassen (§ 3) oder bis die Verbrauchsabgabe gezahlt oder gestundet ist.

1. Branntweinabnahme in Verschlußbrennereien mit Sammelgefäßen (BO. §§ 144—151), in Verschlußbrennereien mit amtlichen Meßuhren (BO. §§ 184—189).

2. Sofern nicht Ausnahmen zugelassen, sind die Branntweinabfertigungen durch zwei Beamte vorzunehmen (Abfertigungsbeamte) (GB. § 9). Der erste Abfertigungsbeamte ist in der Regel ein Assistent, ein Einnehmer oder ein im Range höherstehender Beamter. Der Kgl. Preußische Finanzminister hat die Direktivbehörden ermächtigt, im Falle des Bedürfnisses auch einzelnen Zollaufsehern die Befugnis, als erste Abfertigungsbeamte an Branntweinabfertigungen teilzunehmen, allgemein oder für be-

stimmte Fälle zu erteilen (Allg. Verfügung des Preuß. Finanzministers vom 17. September 1909, III 15522 I, 1, PrZBl. S. 341).

3. In den mit Meßuhr ausgestatteten Verschlußbrennereien kann der erzeugte Branntwein, soweit er als der Vergällungspflicht nicht unterliegend abgefertigt werden darf, mit Genehmigung der Direktivbehörde ohne Vorführung nach der Anzeige der Meßuhr versteuert oder von der Meßuhr durch eine steuersichere Rohrleitung unmittelbar in ein Lager oder in eine Reinigungsanstalt übergeführt werden (Branntweinabnahme durch Abrechnung). In einer Brennerei mit Alkoholmesser kann alsdann der erste Abfertigungsbeamte die Abnahme allein ausführen (BO. §§ 188, 189).

4. Abfertigungsräume (GB. § 34).

§ 98. Bleibt in den Fällen, in denen eine Meßuhr benutzt wird[1] oder die Mindestmenge des zur Abfertigung vorzuführenden Alkohols festgesetzt worden ist,[2] die bei der Branntweinabnahme vorgefundene Alkoholmenge hinter der Anzeige der Meßuhr[3] oder hinter der auf Grund dieser Anzeige festgestellten Alkoholmenge[4] oder hinter der festgesetzten Mindestmenge zurück und ist eine Entnahme von Branntwein ausgeschlossen, so bleibt die Fehlmenge abgabenfrei.

1. §§ 84—87.
2. a) Bei der Abfindung auf die Mindestmenge (§§ 17 und Anm. 1—3 dazu); bei der vorübergehenden Abfindung auf die Mindestmenge im Falle einer Verschlußverletzung (§ 96 und Anm. 2 dazu);
b) in anderen Fällen, insonderheit in Verschlußbrennereien zur Verstärkung der Sicherheit der Verschlußeinrichtung (§ 86 und Anm. 3 dazu).
3. Beim Alkoholmesser.
4. Beim Probenehmer.

Amtliche Aufsicht.

§ 99. Die Beamten sind befugt, eine Brennerei, sobald sie zum Betrieb angemeldet ist, zu jeder Zeit, sonst von morgens 6 bis abends 9 Uhr zu besuchen. Die Brennerei muß ihnen zu diesem Zwecke sogleich geöffnet werden. Die Zeitbeschränkung fällt weg, wenn Gefahr besteht.[1] Die Befugnis erstreckt sich auf alle angemeldeten[2] sowie auf diejenigen Räume, in welchen Brennereigeräte oder Teile von außer Gebrauch gesetzten Brennereigeräten oder zum Brennereibetriebe bestimmte nichtmehlige Stoffe aufbewahrt werden.[3]

1. D. h. wenn durch das Aufschieben des Besuchens der Brennerei die Einnahmen an Verbrauchsabgabe oder Betriebsauflage gefährdet werden könnten.

2. Vgl. § 75 Abs. 1 und Anm. 5 dazu.

3. Für Preußen ist durch allgemeine Verfügung des Finanzministers vom 17. September 1909, eine „Anweisung für die Handhabung der Steueraufsicht in den Brennereien" erlassen (PrZBl. 1909 S. 349 ff.).

§ 100. Solange in der Brennerei gearbeitet wird oder jemand sich darin befindet, müssen die Zugänge zu ihr sowie zum Brennereigrundstück unverschlossen und unbehindert sein. Die Verwaltungsbehörde[1] kann Ausnahmen zulassen.

1. Der Oberkontrolleur (BO. § 202 Abs. 2).

§ 101. Innerhalb der der amtlichen Aufsicht unterliegenden Räume dürfen keine Maßnahmen getroffen werden, welche die Ausübung der Aufsicht hindern oder erschweren.[1]

1. Z. B. dürfen in den Betriebsräumen Geräte nur insoweit aufbewahrt werden, als dadurch die Revision nicht erschwert wird (BO. § 24 Abs. 4, § 233 Abs. 4).

§ 102. Der Brennereibesitzer hat den Beamten jede für die amtliche Aufsicht oder zu statistischen Zwecken erforderliche Auskunft über den Betrieb zu erteilen und für die zum Zwecke der Aufsicht und Abfertigung stattfindenden Amtshandlungen die nötigen Vorkehrungen zu treffen, die Gerätschaften zu stellen[1] und die erforderlichen Hilfsdienste[2] zu leisten.

Den Oberbeamten[3] sind die Bücher und Schriftstücke über die Herstellung des Branntweins und bei landwirtschaftlichen Brennereien über den Wirtschaftsbetrieb[4] auf Erfordern zur Einsicht vorzulegen.

1. GB. § 41.

2. GB. § 42.

3. Oberkontrolleure und die ihnen gleichgestellten und übergeordneten Beamten (GB. § 7).

4. Damit geprüft werden kann, ob die landwirtschaftlichen Brennereien die allgemeinen und die für sie etwa in Betracht kommenden besonderen Bedingungen für den landwirtschaftlichen Betrieb (§§ 10, 11) erfüllen.

§ 103. Ist der Brennereibesitzer wegen Hinterziehung[1] bestraft worden, so kann die Brennerei besonderen Aufsichtsmaßnahmen[2] unterworfen werden.

Die Kosten fallen dem Brennereibesitzer zur Last; die Einziehung erfolgt gegebenenfalls nach den Vorschriften über das Verfahren für die Beitreibung der Zölle[3] und mit dem Vorzugsrechte der letzteren.[4]

1. §§ 111 ff.

2. Die Brennerei kann z. B. unter Bewachung durch dauernd anwesende Beamte gestellt werden, oder es kann neben dem Sammelgefäß eine Meßuhr aufgestellt werden.

3. Vgl. § 138 und Anm. 2 dazu.

4. §§ 14, 100 BZG., § 49 Abs. 1 Nr. 1 der Reichskonkursordnung, § 805 der Reichszivilprozeßordnung.

Betriebsleiter.

§ 104. Brennereibesitzer, die den Betrieb nicht selbst leiten, haben der Verwaltungsbehörde diejenigen Personen zu bezeichnen,[1] die als Betriebsleiter[2] in ihrem Namen zu handeln befugt sind.

Die im § 102 und § 103 Abs. 1 für den Brennereibesitzer gegebenen Vorschriften gelten auch für den Betriebsleiter.

1. Auf Grund dieser Mitteilung ist der Betriebsleiter der Verwaltungsbehörde gegenüber zur Vertretung des Brennereibesitzers befugt. Die Vertretungsmacht bleibt bestehen, bis die Mitteilung der Verwaltungsbehörde gegenüber widerrufen wird (BGB. § 171). Eines solchen Widerrufs bedarf es nicht, wenn die Verwaltungsbehörde das Erlöschen der Vertretungsmacht kannte oder kennen mußte (BGB. § 173).

2. Vgl. §§ 125, 126.

Reinigungsanstalten und Lager.

§ 105. Die Vorschriften in den §§ 99 bis 104 sind auf die amtliche Überwachung der Branntweinreinigungsanstalten und Branntweinlager unter amtlichem Mitverschlusse sinngemäß anzuwenden.

Sechster Abschnitt (§§ 106—110).

Besondere Vorschriften.

Neu sind in diesem Abschnitt der nachfolgende § 18 des Änderungsgesetzes, der seinen Platz wohl richtiger im ersten Abschnitt gefunden hätte, ferner Abs. 2 des § 107, Abs. 2 des § 109 und die §§ 21 und 22 des Änderungsgesetzes (nach § 109 BStG.).

§ 18 Änderungsgesetz. Von der Mehreinnahme, die sich aus diesem Gesetz ergibt, erhalten die Bundesstaaten keine Vergütung (§ 23 des Branntweinsteuergesetzes).[1]

1. Vgl. Anm. 2 zu § 23.

Einfuhr aus dem Auslande.

§ 106. Der Eingangszoll für den Doppelzentner beträgt vom 10. Juli 1909 ab:

für Branntwein aller Art einschließlich des Weingeistes,[1] für Arrak, Rum, Kognak und versetzte[2] Branntweine sowie für Mischungen von Weingeist mit Äther und Lösungen von Äther in Weingeist

1. in Fässern
   a) Likör[3] . . . . 350 Mark,
   b) anderen Branntwein . . . . 275 „
2. in anderen Behältnissen . . . . 350 „ ;

für Äther[4] aller Art, einfache und zusammengesetzte, auch Kognaköl (Weinbeeröl)

1. in Fässern . . . . 275 Mark,
2. in anderen Behältnissen . . . . 350 „ ;

für äther- oder weingeisthaltige Riechmittel[5] (Parfümerien) und Schönheitsmittel (kosmetische Mittel, zum Beispiel Haarfärbemittel sowie Haut- und andere Verschönerungsmittel); für äther- oder weingeisthaltige Kopf-, Mund- und Zahnwässer; für wohlriechende oder zur Verbreitung von Wohlgeruch dienende äther- oder weingeisthaltige Auszüge (Essenzen, Extrakte, Tinkturen) und Wässer; für wohlriechenden Essig . . . . 400 Mark;

für Essigsäure, auch kristallisiert (Eisessig), und Essigsäureanhydrid bei einem Gewichte der unmittelbaren Umschließung nebst Inhalt

von mindestens 20 Kilogramm . . . . 42 Mark,
von weniger als 20 Kilogramm . . . . 78 „

Der Bundesrat wird ermächtigt, die im Abs. 1 vorgesehenen Zollsätze

für Branntwein usw.

1. in Fässern

a) Likör von 350 bis auf 300 Mark,

b) anderen Branntwein von 275 bis auf 225 Mark,

2. in anderen Behältnissen von 350 bis auf 300 Mark,

für Äther usw. auch Kognaköl

1. in Fässern von 275 bis auf 225 Mark,

2. in anderen Behältnissen von 350 bis auf 300 Mark,

für äther- oder weingeisthaltige Riech- und Schönheitsmittel, Kopf-, Mund- und Zahnwässer, wohlriechende usw. Auszüge und Wässer, wohlriechenden Essig von 400 bis auf 350 Mark

vom 10. Juli 1909 ab herabzusetzen.[6]

1. Auch für Branntwein in fester Form (WB. S. 78 unter „Branntwein").

2. Auch für die mit Heilmittelstoffen versetzten Branntweine (WB. a. a. O.).

3. Als Liköre sind alle Branntweine zu verzollen, die drei oder mehr Hundertteile Extrakt enthalten (WB. S. 78, Anmerkung zu „Branntwein"). Vgl. Anm. 3 zu § 56.

4. Auch Ester (Säureäther). Als Äther und Ester im Sinne dieser Vorschrift sind nur die Äther und Ester der Alkohole des Gärungsgewerbes (des Äthyl-, des Amyl-, des Butyl- und des Propylalkohols) sowie diejenigen des Methylalkohols, einschließlich der verdichtet (verflüssigt) eingehenden gasförmigen Äther und Ester dieser Art, anzusehen (WB. S. 28, Anmerkung unter „Äther").

5. Zu den ätherhaltigen Riechmitteln gehören auch Verbindungen von Äthern oder Estern der in Anm. 4 bezeichneten

Art mit künstlichen Riechstoffen oder flüchtigen (ätherischen) Ölen (WV. S. 28, Anmerkung unter „Äther").

6. Der Bundesrat hat die Zollsätze durch Beschluß vom 12. Juli 1909, § 609 der Prot., auf die im zweiten Absatz angegebenen Mindestsätze herabgesetzt und durch Beschluß vom 24. Juli 1909 das Warenverzeichnis zum Zolltarif danach ergänzt (RZBl. S. 407).

Branntweinhandel.

§ 107. Die Verwendung von Branntweinschärfen[1] ist untersagt. Die Bestimmungen, die hierüber vom Bundesrate getroffen werden, sind dem Reichstage mitzuteilen.

Unter der Bezeichnung Kornbranntwein darf nur Branntwein in den Verkehr gebracht werden, der ausschließlich aus Roggen, Weizen, Buchweizen, Hafer oder Gerste hergestellt und nicht im Würzeverfahren erzeugt ist.[2] Als Kornbranntweinverschnitt darf nur Branntwein in den Verkehr gebracht werden, der aus mindestens 25 Hundertteilen Kornbranntwein neben Branntwein anderer Art besteht. Unter der Bezeichnung Kirschwasser oder Zwetschenwasser oder ähnlichen Bezeichnungen, die auf die Herstellung aus Kirschen oder Zwetschen hinweisen (Kirschbranntwein, Kirsch, Zwetschenbranntwein und dergleichen), darf nur Branntwein in den Verkehr gebracht werden, der ausschließlich aus Kirschen oder Zwetschen hergestellt ist. Die näheren Bestimmungen trifft der Bundesrat.

1. Unter „Branntweinschärfen" sind Stoffe oder Zubereitungen zu verstehen, die dem damit versetzten Branntweine den Anschein geben, als ob er einen höheren Alkoholgehalt hätte, als er tatsächlich besitzt (z. B. Pfeffer, Paradieskörner, Säuren, Fuselöl).

Wer zum Zwecke der Täuschung im Handel und Verkehre Trinkbranntwein durch Zusetzen solcher Stoffe oder Zubereitungen verfälscht, wird nach § 10 des Gesetzes, betr. den Verkehr mit Nahrungsmitteln, Genußmitteln und Gebrauchsgegenständen, vom 14. Mai 1879 (RGBl. S. 145) mit Gefängnis bis zu sechs Monaten und mit Geldstrafe bis zu 1500 ℳ oder mit einer dieser Strafen bestraft. Dieselbe Handlung verletzt auch die §§ 107, 129 des Branntweinsteuergesetzes. Da indessen das Nahrungsmittelgesetz die schwerste Strafart (Gefängnis) androht, kommt nach § 73 StGB. in Fällen dieser Art nur der § 10 des Nahrungsmittelgesetzes zur Anwendung.

Ist die Absicht einer Täuschung nicht erwiesen, beispielsweise, wenn der Zusatz von Branntweinschärfen auf eine Fahrlässigkeit zurückzuführen sein sollte, oder ist nicht erwiesen, daß die Täuschung im Handel und Verkehr erfolgen sollte, so bietet § 107 eine Handhabe, die Verwendung der Schärfe mit der im § 129 vorgesehenen Geldstrafe zu ahnden.

Wer vorsätzlich Trinkbranntwein durch Verwendung von Branntweinschärfen derart herstellt, daß der Genuß die menschliche Gesundheit zu schädigen geeignet ist, oder wer wissentlich solchen gesundheitsschädlichen Trinkbranntwein als Genußmittel verkauft, feilhält oder sonst in Verkehr bringt, wird nach § 12 des Nahrungsmittelgesetzes mit Gefängnis bis zu fünf Jahren bestraft. Daneben kann auf Verlust der bürgerlichen Ehrenrechte erkannt werden. Wer diese Zuwiderhandlungen aus Fahrlässigkeit begeht, unterliegt der Bestrafung aus § 14 des Nahrungsmittelgesetzes.

Härtere Strafen würden eintreten, wenn der Genuß derart hergestellten Branntweins eine schwere Körperverletzung oder den Tod eines Menschen verursacht (§ 12 Abs. 3 u. §§ 13, 14 a. a. O.).

2. Die Worte: „und nicht im Würzeverfahren erzeugt" sind erst durch § 19 des Änderungsgesetzes eingefügt. Ebenso sind die folgenden Sätze neu.

Ob der Branntwein als „Kornbranntwein" bezeichnet wird, oder ob eine andere Bezeichnung gewählt wird, die denselben Sinn hat, beispielsweise „Korn", „Goldkorn", „Edelkorn" usw. ist nach der Absicht des Gesetzes gleichbedeutend.

§ 108. Der Bundesrat wird ermächtigt:

1. den Kleinhandel mit vergälltem Branntwein ab-

weichend von den Vorschriften des § 33 der Gewerbeordnung[1] zu regeln;

2. zu bestimmen, daß beim Kleinhandel mit vergälltem Branntweine die Alkoholstärke durch Aushang in der Verkaufsstelle ersichtlich gemacht wird.[2 3 4 5]

1. Wer Kleinhandel mit Branntwein, d. h. mit Trinkbranntwein oder Spiritus, betreiben will, bedarf dazu nach § 33 Abs. 1 der Gewerbeordnung für das Deutsche Reich der Erlaubnis, die in Preußen nach § 114 des Gesetzes über die Zuständigkeit der Verwaltungs- und Verwaltungsgerichtsbehörden vom 1. August 1883 (GS. S. 237) vom Kreis- oder Stadtausschuß, in den zu einem Landkreise gehörigen Städten mit mehr als 10000 Einwohnern vom Magistrat zu erteilen ist. Diese Vorschrift der Gewerbeordnung findet nach der Bestimmung des Bundesrats im § 15 Abs. 1 der Branntweinsteuer-Befreiungsordnung auf den Handel mit vollständig vergälltem Branntwein keine Anwendung. Wer mit vollständig vergälltem Branntwein handeln will, hat dies vor Eröffnung des Handels der Hebestelle und der Ortspolizeibehörde anzumelden. Die Hebestelle erteilt über die Anmeldung eine Bescheinigung, ohne die mit dem Handel nicht begonnen werden darf. Die Bescheinigung ist in der Verkaufsstelle aufzubewahren und den Steuer- oder Polizeibeamten auf Verlangen vorzuzeigen (BfrO. § 15 Abs. 1, 2, 7).

2. In den Verkaufsräumen ist an einer in die Augen fallenden Stelle eine Bekanntmachung in deutlicher Druckschrift auszuhängen, nach der es verboten ist, vergällten Branntwein zu verkaufen oder feilzuhalten, in dem das Alkoholometer eine Stärke von weniger als 80 Gewichtsprozent anzeigt, aus vergälltem Branntweine das Vergällungsmittel auszuscheiden usw. (BfrO. § 15 Abs. 5).

3. Zur Prüfung des vollständig vergällten Branntweins auf die vorgeschriebene Mindeststärke dient ein kleines Thermo-Alkoholometer, das die Gewichtsprozente von 75 bis 85 mit Teilung nach Fünftelprozenten angibt (AO. § 2 Abs. 5).

4. Die Steuerbeamten und ebenso die Polizeibeamten sind befugt, die Gewerberäume, in denen vollständig vergällter Branntwein gelagert, verwendet oder verkauft wird, während des Betriebes oder der Offenhaltung des Geschäfts zu jeder Zeit, sonst von morgens 6 bis abends 9 Uhr zu betreten, die Vorräte zu prüfen und Proben zu entnehmen. Die Oberbeamten sind berechtigt, die Einkaufs-, Lager-, Betriebs- und Verkaufsbücher während der Geschäftsstunden einzusehen (BfrO. § 28).

5. Wenn Tatsachen vorliegen, welche die Unzuverlässigkeit des Gewerbetreibenden wahrscheinlich machen, kann das Hauptamt die Erteilung der Bescheinigung (Anm. 1) versagen oder die Fortsetzung des Handels mit vollständig vergälltem Branntwein untersagen (BfrO. § 15 Abs. 7).

§ 109. [1] Vollständig vergällter Branntwein darf im Kleinhandel nur in Behältnissen von 50, 20, 10, 5 und einem Liter Raumgehalte feilgehalten werden, die verschlossen und mit einer Angabe des Alkoholgehalts versehen sind.[2] Der Bundesrat wird ermächtigt, im Falle des Bedürfnisses Erleichterungen in bezug auf die Größe der Behältnisse und den Verschluß zuzulassen.[3]

1. Die Vorschrift ist zunächst im Interesse der Allgemeinheit getroffen. Sie will den Verbraucher von vollständig vergälltem Branntwein dagegen sichern, daß dieser Branntwein verdünnt und so in seiner Verwendbarkeit beeinträchtigt wird. Sodann soll die Vorschrift einen Schutz gegen mißbräuchliche Verwendung vollständig vergällten Branntweins bieten.

2. Die näheren Bestimmungen über Art und Anbringung des Verschlusses an Behältnissen des zum Kleinhandel bestimmten vollständig vergällten Branntweins hat der Reichskanzler auf Grund des § 15 Abs. 3 der Branntweinsteuerbefreiungsordnung unter dem 18. März 1910 erlassen (RZBl. S. 91).

3. Der Satz ist durch das Änderungsgesetz neu angefügt.

§ 21 Änderungsgesetz. Nahrungs- und Genußmittel — insbesondere Trinkbranntwein und sonstige alkoholische Getränke —, Heil-, Vorbeugungs- und Kräftigungsmittel, Riechmittel und Mittel zur Reinigung, Pflege oder Färbung der Haut, des Haares, der Nägel oder der Mundhöhle dürfen nicht so hergestellt werden, daß sie Methylalkohol enthalten. Zubereitungen dieser Art, die Methylalkohol enthalten, dürfen nicht in den Verkehr gebracht oder aus dem Ausland eingeführt werden.[1]

Die Vorschriften des Abs. 1 finden keine Anwendung:

1. auf Formaldehydlösungen und auf Formaldehydzubereitungen, deren Gehalt an Methylalkohol auf die Verwendung von Formaldehydlösungen zurückzuführen ist,
2. auf Zubereitungen, in denen technisch nicht vermeidbare geringe Mengen von Methylalkohol sich aus darin enthaltenen Methylverbindungen gebildet haben oder durch andere mit der Herstellung verbundene natürliche Vorgänge entstanden sind.

1. Die Bestimmung ist mit Rücksicht auf die Giftwirkung des Methylalkohols erlassen, die sich sowohl beim Trinken als auch beim Einatmen und Aufbringen auf die Haut zeigt.

Strafbestimmungen und Verfahren vgl. unten §§ 24, 27—29 (nach § 140 BrStG.).

§ 22 Änderungsgesetz. Gemische von Branntweinhefe mit Bierhefe dürfen nicht in den Verkehr gebracht, auch nicht im gewerbsmäßigen Verkehr angekündigt oder vorrätig gehalten werden.[1]

Unter Branntweinhefe (Lufthefe, Preßhefe, Pfundhefe, Stückhefe, Bärme) im Sinne dieses Gesetzes werden die bei der Branntweinbereitung unter Verwendung von stärkemehl-

oder zuckerhaltigen Rohstoffen, insbesondere von Getreide (Roggen, Weizen, Gerste, Mais), Kartoffeln, Buchweizen, Melasse oder Gemischen der bezeichneten Rohstoffe erzeugten obergärigen[2] frischen[3] Hefen oder Gemische dieser Hefen verstanden.

Branntweinhefe darf nicht unter einer Bezeichnung in den Verkehr gebracht werden, die auf die Herstellung aus einem bestimmten Rohstoffe hinweist (z. B. als Getreidehefe, Roggenhefe, Maishefe, Kartoffelhefe, Melassehefe), wenn die Hefe nicht ausschließlich aus diesem Rohstoffe hergestellt worden ist.

Unter Bierhefe im Sinne dieses Gesetzes wird diejenige frische Hefe verstanden, die bei der Bereitung von Bier oder bierähnlichen Getränken unter Verwendung der durch die Brausteuergesetzgebung[4] zugelassenen Rohstoffe erzeugt ist.

Bierhefe darf nur unter dieser Bezeichnung, Preßhefe, die aus Bierhefe hergestellt ist, jedoch auch als Bierpreßhefe in den Verkehr gebracht werden.[5]

Branntwein- oder Bierhefe, die einen Zusatz von anderen Stoffen erhalten hat, darf nicht in den Verkehr gebracht werden; jedoch darf bis zum 1. Oktober 1914 Branntwein- oder Bierhefe, der Stärkemehl (Kartoffelmehl, Reismehl, Maismehl) bis zu einer Höchstmenge von 20 Gewichtsteilen in 100 Gewichtsteilen des fertigen Erzeugnisses zugesetzt worden ist, in den Verkehr gebracht werden, wenn Art und Menge des Zusatzes deutlich gekennzeichnet werden.

Der Bundesrat wird ermächtigt, Vorschriften für die Untersuchung der Hefe zu erlassen.

1. Der Paragraph regelt den Verkehr mit Branntweinhefe und mit Bierhefe, während die für die Bäckerei nicht in Betracht kommende Weinhefe keine Erwähnung findet. In bezug auf Brauchbarkeit zu Backzwecken ist die Branntweinhefe der Bierhefe

überlegen und deshalb auch entsprechend teurer. Deshalb wird in Abs. 1 das Verbot des Vermischens der beiden Hefen ausgesprochen. Chemisch-technische Fragen vgl. Brennerei-Lexikon: Art. Bierhefe und Hefe.

2. Obergärig: die bei der Gärung in Form eines hefehaltigen Schaumes nach oben ausgeschieden werden.

3. Frisch, d. h. lebenskräftig und die für Backzwecke normalerweise erforderliche Keimkraft entwickelnd.

4. Vgl. Brausteuergesetz vom 15. Juli 1909 (RGBl. S. 773).

5. Strafbestimmungen und Verfahren vgl. §§ 24 ff. Änderungsgesetz (unten nach § 143 BStG.).

Essigsäureverbrauchsabgabe.

§ 110. Essigsäure, die im Inland aus Holzessig oder essigsauren Salzen[1] gewonnen ist, unterliegt einer in die Reichskasse fließenden Verbrauchsabgabe, die 0,30 Mark für das Kilogramm wasserfreier Säure beträgt. Die Verbrauchsabgabe ist durch Abfertigung[2] festzustellen[3] und vom Hersteller zu entrichten, sobald die Essigsäure die Erzeugungsstätte verläßt.[4]

Der Hersteller darf Essigsäure nur an den dazu angemeldeten Stätten lagern, behandeln und verpacken.[5]

Von der Verbrauchsabgabe befreit bleibt nach näherer Bestimmung des Bundesrats Essigsäure, die ausgeführt oder zu gewerblichen Zwecken verwendet wird.[6] Gewerbtreibende, die Essigsäure ausschließlich zu gewerblichen Zwecken oder für die Ausfuhr herstellen, sind nur insoweit einer amtlichen Überwachung zu unterwerfen, als diese notwendig ist, um sicherzustellen, daß Essigsäure nicht zu Genußzwecken verwendet wird.

Die §§ 7 Abs. 1, 8, 9,[7] 18,[8] 20, 22, 23, 94, 99 bis 104, 145, 148,[9] 155 sind nach näherer Bestimmung des Bundesrats sinngemäß anzuwenden, und zwar die §§ 22, 145 mit der Maßgabe, daß die Übergangsabgabe und die Nachsteuer je 0,30 Mark für das Kilogramm wasserfreier Essigsäure betragen und daß Essigsäure in Mengen von nicht mehr als 10 Kilogramm wasserfreier Säure im Besitze von Gewerbtreibenden und Haushaltungsvorständen sowie Essigsäure zu gewerblichen Zwecken von der Nachsteuer befreit bleibt.

1. Der Ertrag der Verbrauchsabgabe betrug

1911	904	Tausend Mark
1912	916	" "
1913	805	" "

(Stat. Jahrbuch 1915 S. 363).

Die Verbrauchsabgabe wird auch zu entrichten sein, wenn die essigsauren Salze (hauptsächlich essigsaurer Kalk) nicht aus Holzdestillaten, sondern aus Gärungsessig, insbesondere aus Branntweinessig gewonnen sein sollten; die Erhebung der Verbrauchsabgabe wird namentlich dann nicht zu umgehen sein, wenn essigsaurer Kalk verarbeitet wird, der im Auslande aus Branntweinessig hergestellt ist.

2. Die Inhaber der Essigsäurefabriken haben einen geeigneten Abfertigungsraum zu stellen und für dessen Beleuchtung, Erwärmung und Reinigung zu sorgen (EO. § 19).

3. Die steuerpflichtige Menge wasserfreier Essigsäure ist aus dem Reingewicht und der Stärke der Essigsäure zu berechnen. Die Stärke der Essigsäure, d. h. ihr Gehalt an wasserfreier Säure ist von den Abfertigungsbeamten nach einer besonderen Anleitung mit Hilfe von weingeistiger Phenolphthaleinlösung und Doppelt-Normal-Natronlauge zu ermitteln (EO. §§ 3, 4 und Anleitung 2).

4. Die Essigsäure wird durch die Abfertigung von den Vorräten der Erzeugungsstätte abgesondert; sie verläßt die Erzeugungsstätte mit der Abfertigung. Daher wird die Verbrauchsabgabe fällig, sobald die Essigsäure in der Erzeugungsstätte zur Versteuerung abgefertigt worden ist. Sie ist binnen drei Tagen nach Mitteilung

des Abgabenbetrages zu entrichten, soweit sie nicht gestundet wird (EO. § 7).

5. Vgl. EO. § 59.

6. Steuerpflichtig ist alle Essigsäure, soweit sie nicht ausgeführt oder zu gewerblichen Zwecken verwendet wird. Steuerpflichtig ist mithin auch die Essigsäure, die zu wissenschaftlichen Zwecken, beispielsweise in wissenschaftlichen Lehranstalten gebraucht wird. Steuerfrei ist Essigsäure, die ausschließlich zu gewerblichen Zwecken geeignet ist. Ob dies zutrifft, wird nach der Anleitung in Anlage 1 zur Essigsäureordnung durch die Steuerbeamten, in Zweifelsfällen durch den Chemiker und gegebenenfalls durch die Kaiserliche Technische Prüfungsstelle festgestellt. Hat Essigsäure einen Gehalt an wasserfreier Essigsäure von mehr als 60 Gewichtsteilen vom Hundert, so ist sie stets als zu Genußzwecken geeignet anzusehen. Auch die zu Genußzwecken geeignete Essigsäure ist steuerfrei, wenn sie ausgeführt oder zu gewerblichen Zwecken verwendet wird. Ihre Ausfuhr unterliegt den im § 97 EO. vorgesehenen Überwachungsmaßnahmen. Ihre Verwendung zu gewerblichen Zwecken wird nach den §§ 82—96 EO. überwacht.

Wer zu Genußzwecken geeignete Essigsäure zu gewerblichen Zwecken steuerfrei verwenden will, hat dies beim Hauptamte zu beantragen und gegebenenfalls ein Vergällungsmittel vorzuschlagen. Das Vergällungsmittel ist von einem auf das Steuerinteresse vereideten Chemiker zu untersuchen. Das Hauptamt prüft und bestimmt, ob eine Vergällung der Essigsäure stattzufinden hat oder ob die Verwendung unvergällter Essigsäure zu gestatten ist. In Zweifelsfällen entscheidet die Direktivbehörde.

Ist die Vergällung möglich und ohne Beeinträchtigung des Gewerbebetriebes ausführbar, so erteilt das Hauptamt dazu die Genehmigung. Das genehmigte Vergällungsmittel ist der Technischen Prüfungsstelle mitzuteilen. Die Vergällung erfolgt in den Gewerberäumen des Antragstellers. Ist die Vergällung nicht möglich oder ohne Beeinträchtigung des Gewerbebetriebes nicht ausführbar, so erteilt das Hauptamt einen Ankaufserlaubnisschein, der bei jedem Ankauf dem Fabrikanten oder Händler zur Eintragung der gekauften Menge vorzulegen ist. Die unvergällte Essigsäure ist dann an dem angemeldeten Orte zu lagern. Über ihre Verwendung ist ein Kontrollbuch zu führen. Alljährlich mindestens einmal findet eine amtliche Bestandsaufnahme statt. Händler brauchen zum Ankaufe von Fabrikaten einen Ankaufserlaubnisschein, zum Verkauf an ankaufsberechtigte Gewerbetreibende einen Verkaufserlaubnisschein.

7. § 7 Abs. 1: Stundung (EO. §§ 9, 10).

§ 8: Haftung der Essigsäure für die Verbrauchsabgabe (EO. § 12).

§ 9: Verjährung (EO. § 13).

8. Die amtliche Überwachung (steuerliche Kontrolle) der Essigsäurefabriken gestaltet sich bei der Eigenart des Betriebes im wesentlichen wie folgt: Über den Zu- und Abgang an essigsauren Salzen (essigsaurem Kalk) wird ein Lagerbuch geführt, in dem die zur Verarbeitung entnommenen Mengen tunlichst am Schlusse jedes Betriebstages abgeschrieben werden (§ 62). Die Mengen Essigsäure, welche die Fabrik verlassen, insbesondere auch die zur Versteuerung abgefertigten Mengen, werden in einem Ausgabebuch abgeschrieben (§ 63). Zu dieser Buchführung tritt die Bestandsaufnahme hinzu. In den Essigsäurefabriken, die zu Genußzwecken geeignete Essigsäure herstellen, ist beim Inkrafttreten des Gesetzes der Bestand an essigsaurem Kalk und Essigsäure festgestellt worden (EO. § 106). Sodann ist jährlich einmal an einem vom Hauptamte nach Anhörung des Fabrikinhabers zu bestimmenden Tage der in der Fabrik vorhandene Bestand an essigsaurem Kalk und an Essigsäure festzustellen (§§ 64 ff.). Dieser Istbestand an Essigsäure zuzüglich der nach dem Essigsäureausgabebuch aus der Fabrik entnommenen Essigsäure, vermindet um den bei der letzten Bestandsaufnahme ermittelten Bestand an Essigsäure ergibt die seit der letzten Bestandsaufnahme in der Fabrik gewonnene Menge Essigsäure. Diese Menge Essigsäure wird verglichen mit der Menge Essigsäure, die sich aus den Abschreibungen an essigsaurem Kalk berechnet. Über Abweichungen entscheidet das Hauptamt.

9. § 20: Gebühren (EO. §§ 20—30).
§ 22: Übergangsabgabe (EO. § 14).
§ 23: Verwaltungskostenvergütung (EO. § 15).
§ 94: Betriebsanmeldung (EO. §§ 53—56).
§§ 99—104: Amtliche Aufsicht (EO. §§ 57—61).
§§ 145, 148: Essigsäure-Nachsteuerordnung (BRB. v. 14. 10. 09, § 727 d. Prot., RZBl. S. 945, 1269).

Essigsäure, die ausgeführt oder zu gewerblichen Zwecken verwendet wird, ebenso Essigsäure, die nachweislich nach den im § 106 des Gesetzes angegebenen Sätzen verzollt worden ist, bleibt frei von der Nachsteuer (§ 145, ENO. § 1 Abs. 3).

Auch die Essigsäure-Nachsteuer kann ohne Sicherheitsbestellung auf sechs Monate gestundet werden.

Siebenter Abschnitt (§§ 111—143).

Strafvorschriften.

Nach § 2 Abs. 2 des Einführungsgesetzes zum Reichsstrafgesetzbuch vom 31. März 1870 bleiben in Kraft die besonderen Vorschriften des Reichs- und Landesstrafrechts über strafbare Verletzungen der Steuergesetze. In diesem Abschnitt ist durch das Änderungsgesetz aufgehoben der § 124. Strafvorschriften und Verfahrensvorschriften im Hinblick auf die Neuregelung des Verkehrs mit Kornbranntwein usw., die Vorschriften gegen den Methylalkohol und die Regelung des Verkehrs mit Hefe enthalten die §§ 26—29 des Änderungsgesetzes, unten nach § 143.

A. **Branntweinverbrauchsabgabe** (§§ 111—140).

Hinterziehung.

§ 111. Wer es unternimmt,[1] dem Reiche die Branntweinverbrauchsabgabe[2] vorzuenthalten, macht sich der Hinterziehung schuldig.[3]

1. Als Unternehmen im Sinne der Vorschrift gilt jede Handlung, welche den Entschluß betätigt, dem Reiche die Verbrauchsabgabe vorzuenthalten. Der Erfolg der Vorenthaltung, der Verlust für die Reichskasse, braucht nicht eingetreten zu sein. Das Unternehmen setzt begrifflich auch nicht voraus, daß zur Zeit der Tat ein abgabenpflichtiger Gegenstand vorhanden oder eine Verpflichtung zur Zahlung der Abgabe begründet war (Entsch. d. RG. i. Str. vom 30. Dezember 1895 Bd. 28 S. 91).

2. Auf die Betriebsauflage (§§ 42 ff.) sind die Vorschriften in den §§ 111—140 entsprechend anzuwenden (§ 60); ebenso auf die Branntwein-Nachsteuer (§ 148) und die Essigsäure-Nachsteuer (§ 110 Abs. 4, § 148). Wer es unternimmt, die Betriebsauflage oder Nachsteuer vorzuenthalten, macht sich daher ebenfalls der Hinterziehung schuldig.

3. Über die Voraussetzungen der §§ 111—114 und 117, sowie deren Verhältnis zueinander vgl. Entsch. d. RG. i. Str. vom 2. Mai 1911 (Bd. 45 S. 25). Keine Strafbarkeit aus § 113 Ziff. 4 neben § 111 a. a. O.

§ 112. Der Tatbestand des § 111 wird insbesondere[1] dann als vorliegend angenommen:

1. wenn ohne die vorgeschriebene, von der Hebestelle genehmigte Betriebsanmeldung[2] oder an anderen Tagen, in anderen Räumen oder unter Benutzung von anderen Brennvorrichtungen als den in der genehmigten Betriebsanmeldung angegebenen, Branntwein hergestellt wird;
2. wenn für Abfindungsbrennereien (§§ 15 bis 17) vorgeschriebene Brennbücher[3] nicht oder unrichtig geführt werden;
3. wenn alkoholhaltige Dämpfe oder Branntwein unbefugt abgeleitet oder entnommen werden;

4. wenn über den unter amtlicher Überwachung stehenden Branntwein unbefugt verfügt wird.

1. Die Handlungen unter 1—4 kommen häufiger vor als Betätigung des Entschlusses, die Verbrauchsabgaben vorzuenthalten; darum werden sie hier besonders hervorgehoben.

2. Betriebsanmeldung vgl. Anm. 4 zu § 94.

3. BO. §§ 256, 286.

§ 113. Der Hinterziehung wird es gleichgeachtet:[1]

1. wenn in einer abgefundenen Brennerei ohne die vorgeschriebene, von der Hebestelle genehmigte Betriebsanmeldung oder an anderen Tagen, in anderen Räumen oder unter Benutzung von anderen Geräten als den in der genehmigten Betriebsanmeldung angegebenen, oder unter Verwendung nicht angemeldeter Stoffe eine Einmaischung vorgenommen oder Maische zubereitet oder aufbewahrt wird;
2. wenn Brennvorrichtungen, die durch amtliche Sicherungen oder durch Anordnungen der Verwaltungsbehörde außer Gebrauch gesetzt worden sind, unbefugt in Betrieb genommen werden;
3. wenn ein auf Grund der §§ 82 bis 88 oder der dazu erlassenen Verwaltungsbestimmungen angelegter amtlicher Verschluß oder einer derjenigen Teile der Brennereigeräte einschließlich der Branntweinsammelgefäße und der Meßuhr, aus denen alkoholhaltige Dämpfe oder Branntwein abgeleitet oder entnommen werden können, unbefugt verletzt wird;
4. wenn in einer Brennerei, in der eine Meßuhr aufgestellt ist, Handlungen vorgenommen werden, die ihre regelmäßige Tätigkeit zu stören geeignet sind, oder eine Meßuhr, die unrichtig zeigt, fortbenutzt wird;

5. wenn jemand Branntwein, von dem er weiß oder den Umständen nach annehmen muß, daß in Beziehung auf ihn eine Hinterziehung verübt worden ist, erwirbt oder in Verkehr bringt.

1. Die unbefugte Maischbereitung, die unbefugte Inbetriebsetzung von Brennvorrichtungen, die Verletzung von Verschlüssen oder Geräteteilen, aus denen Branntwein entnommen werden kann, die Störung einer amtlichen Meßuhr, der Erwerb von Branntwein, an dem eine Hinterziehung verübt ist (Nr. 1—5), sind Handlungen, wie sie erfahrungsmäßig vorgenommen werden, um die Absicht einer Vorenthaltung der Verbrauchsabgabe zu betätigen. Diese Handlungen begründen daher in ähnlicher Weise wie die im § 112 unter 1—4 bezeichneten Handlungen eine Vermutung für das Vorliegen einer Hinterziehung. Die Hinterziehung wird als erwiesen angenommen, es sei denn, daß die Beweiswürdigung zu der Feststellung führt, daß eine Vorenthaltung der Abgabe tatsächlich nicht stattgefunden hat oder nicht beabsichtigt worden ist (§ 114).

§ 114. Wird in den Fällen der §§ 112, 113 festgestellt,[1] daß eine Vorenthaltung der Abgabe nicht stattgefunden hat oder nicht beabsichtigt worden ist, so tritt nur eine Ordnungsstrafe nach § 130 ein.

1. Die Feststellung erfolgt auch im Verwaltungsstrafverfahren ohne Anträge des Beschuldigten von Amts wegen. Die Verwaltungsbehörde berücksichtigt in gleicher Weise die belastenden wie die entlastenden Umstände; sie entscheidet in freier Beweiswürdigung.

Strafmaß.

§ 115. Wer eine Hinterziehung begeht, wird mit einer Geldstrafe in Höhe des vierfachen Betrags der[1] Abgabe, mindestens aber in Höhe von zehn Mark für jeden einzelnen Fall bestraft.[2] Außerdem ist die Abgabe nachzuzahlen.[3]

1. „Vorenthaltenen“, deren Höhe das Gericht selbst zu bestimmen hat, ohne an den Beschluß des Zollamts gebunden zu sein (Entsch. d. RG. i. Str. Bd. 45 S. 25, auch PrZBl. 1911 S. 207).

2. Wenn eine und dieselbe Zuwiderhandlung sich als Hinterziehung kennzeichnet und zugleich ein anderes Strafgesetz verletzt, so ist nach § 73 StGB. dasjenige Gesetz anzuwenden, welches die schwerste Strafe, und bei ungleichen Strafarten dasjenige Gesetz, welches die schwerste Strafart androht. Beispielsweise ist beim Zusammentreffen von Hinterziehung und Diebstahl nur die Strafe aus § 242 StGB. festzusetzen (Entsch. d. RG. i. Str. vom 9./23. März 1891, Bd. 21 S. 407).

3. Unabhängig von dem Strafverfahren, mit dem die Nachzahlung der Abgabe nichts zu schaffen hat. Die Nachzahlung der Abgabe unterliegt daher auch nicht der Beurteilung des Strafrichters, wenn gerichtliche Entscheidung beantragt ist. Die Verwaltungsbehörde entscheidet darüber auch dann nach freiem Ermessen, wenn das gerichtliche Strafverfahren zur Freisprechung führt.

§ 116. Die Strafe wird, wenn eine Brennvorrichtung unbefugt in Betrieb genommen worden ist, nach der Alkoholmenge berechnet, die bei unausgesetztem Betriebe während der dem Zeitpunkte der Entdeckung vorhergegangenen drei Monate damit gewonnen werden konnte, sofern nicht nachgewiesen wird, daß die Brennvorrichtung in einem größeren oder einem geringeren Umfange benutzt worden ist.[1]

1. Nach § 115 ist jede Hinterziehung als solche mit dem Vierfachen der vorenthaltenen Verbrauchsabgabe zu strafen. Das Ergebnis der Berechnung soll daher auch in den §§ 116, 117 nur die Grundlage für die festzusetzende Strafe bilden. Die Strafe beträgt auch hier das Vierfache der auf dem vorgeschriebenen Wege ermittelten Verbrauchsabgabe (Entsch. d. RG. i. Str. vom 2. Februar 1892 und 21. März 1901, Bd. 22 S. 318, Bd. 34 S. 226).

§ 117. Sind alkoholhaltige Dämpfe oder Branntwein unbefugt abgeleitet oder entnommen[1] oder ist die Meßuhr absichtlich gestört worden, so werden die Verbrauchsabgabe und die Strafe in der Art berechnet, daß für die dem Zeitpunkte der Entdeckung[2] vorhergehenden drei Monate der ununterbrochene Bestand der Ableitung, Entnahme oder Störung angenommen wird, sofern nicht eine andere Dauer oder eine größere Hinterziehung nachgewiesen wird.

Neben der Geldstrafe ist gegen den Täter und den Teilnehmer zusätzlich auf eine Gefängnisstrafe bis zu einem Jahre zu erkennen.[3]

1. Die Fassung schließt sich dem § 87 an. Für die Auslegung ergibt sich daraus, daß die Ableitung oder Entnahme bei Herstellung des Branntweins innerhalb der Brennerei oder doch in einem der Herstellung unmittelbar folgenden Zeitraume stattgefunden haben muß (Entsch. d. RG. i. Str. vom 26. Februar 1892 Bd. 22 S. 388).

2. Für die dem Tage der Entdeckung vorhergehenden drei Monate.

3. Diese Gefängnisstrafe tritt neben der Geldstrafe aus § 118 ein (Entsch. d. RG. i. Str. Bd. 45 S. 337 — vom 9. Januar 1912 —, auch in PrZBl. 1912 S. 61 ff.).

§ 118. Soweit der Betrag der vorenthaltenen Abgabe nicht festgestellt werden kann, tritt eine Geldstrafe bis zu zwanzigtausend Mark ein.[1 2]

1. Die Geldstrafe wird im Einklange mit § 115 so zu bemessen sein, daß sie dem Fünffachen desjenigen Betrages gleichkommt, welcher nach Lage der Sache als Betrag der vorenthaltenen Abgabe anzunehmen ist.

2. Vgl. § 139.

§ 119. Liegt eine Übertretung vor, so werden die Beihilfe[1] und die Begünstigung[2] mit Geldstrafe bis zu hundertfünfzig Mark bestraft.

1. Nach § 49 Abs. 1 StGB. wird als Gehilfe bestraft, wer dem Täter zur Begehung des Verbrechens und Vergehens durch Rat oder Tat wissentlich Hilfe geleistet hat. Nach der Vorschrift im § 119 ist auch Beihilfe zur Übertretung, d. h. zu einer mit Haft oder Geldstrafe bis zu 150 ℳ bedrohten Handlung, strafbar.

2. Der Begünstigung im Sinne des § 257 StGB. macht sich schuldig, wer nach Begehung eines Verbrechens oder Vergehens dem Täter oder Teilnehmer wissentlich Beistand leistet, um ihn der Bestrafung zu entziehen oder um ihm die Vorteile des Verbrechens oder Vergehens zu sichern. In der vorliegenden Vorschrift wird auch die Begünstigung in Ansehung einer Übertretung unter Strafe gestellt. Die Begünstigung ist als Beihilfe zu bestrafen, wenn sie vor Begehung der Tat zugesagt worden ist (StGB. § 257 Abs. 3).

Strafverschärfung beim Rückfalle.

§ 120. Im Falle der Wiederholung der Hinterziehung nach vorausgegangener Bestrafung[1] werden die in den §§ 115 bis 118 angedrohten Strafen verdoppelt.

Jeder fernere Rückfall[2] zieht Gefängnis bis zu zwei Jahren nach sich, doch kann, unbeschadet der Vorschrift des § 117, nach richterlichem Ermessen mit Berücksichtigung aller Umstände und der vorangegangenen Fälle auf Haft oder auf Geldstrafe nicht unter dem Doppelten der für den ersten Rückfall vorgesehenen Geldstrafe erkannt werden.[3]

Die Rückfallstrafe tritt ein, auch wenn die frühere Strafe nur teilweise verbüßt oder ganz oder teilweise erlassen ist, sie bleibt dagegen ausgeschlossen, wenn seit der Verbüßung oder dem Erlasse der früheren Strafe[4] bis zur Begehung der neuen Straftat drei Jahre verflossen sind.

1. D. h. nach rechtskräftiger Festsetzung der Strafe im Verwaltungswege, gleichviel, ob die Festsetzung durch Strafbescheid

oder Genehmigung der freiwilligen Unterwerfung erfolgt ist, oder nach dem Eintreten der Rechtskraft einer gerichtlichen Verurteilung.

2. Mindestens ein Rückfall muß vorausgegangen sein, der durch rechtskräftige Festsetzung der Strafe im Verwaltungswege oder rechtskräftige gerichtliche Verurteilung erledigt worden ist.

3. Auch eine unter früherer Gesetzgebung begangene Hinterziehung der Maischbottichsteuer ist geeignet, die Rückfallstrafe eintreten zu lassen (Entsch. d. RG. i. Str. vom 26. April 1910 Bd. 43 S. 385, auch PrZBl. 1911 S. 28 ff.).

4. Oder seit Verjährung der Strafvollstreckung.

Strafe der Erwirkung einer Vergünstigung.

§ 121. Die Vorschriften über die Hinterziehung sind auf die Erwirkung einer Steuerbefreiung, Steuervergütung oder Steuervergünstigung sinngemäß anzuwenden, sofern die Befreiung, Vergütung oder Vergünstigung überhaupt nicht oder nur in geringerem Betrage zu beanspruchen war. Der zu Ungebühr empfangene Betrag ist zurückzuzahlen.

Strafen für Brennereibesitzer und Brennereileiter.[1]

§ 122. Der Besitzer einer Brennerei, in der alkoholhaltige Dämpfe oder Branntwein unbefugt abgeleitet oder entnommen werden[2] oder die Meßuhr absichtlich gestört ist, wird als solcher[3] mit Geldstrafe von fünfzig bis zu fünfhundert Mark bestraft.

Zu §§ 122—124.

1. Die in den §§ 122—124 bezeichneten Zuwiderhandlungen sind für die Reichseinnahmen besonders gefährlich und oft schwer zu entdecken. Bei den gegen den Brennereibesitzer selbst angedrohten Strafen ist angenommen, daß die Ableitung oder Entnahme von Branntwein, die wissentliche Störung der Meßuhr (§ 122), die Anbringung von Vorrichtungen (§ 123) ohne Vorwissen des Brennereibesitzers kaum ausgeführt werden kann. Ein Schutz ist

dem Brennereibesitzer dadurch geboten, daß ihm mit Genehmigung der Verwaltungsbehörde gestattet ist, seine strafrechtliche Verantwortlichkeit auf einen von ihm bestellten Betriebsleiter zu übertragen (§ 125) (vgl. Begründung zu dem Gesetze vom 24. Juni 1887, RB. I 1887, zweiter AnlBd. Nr. 90 S. 791 zu §§ 15—33 des Entwurfs).

2. § 82.

3. Die Geldstrafe soll gegen den Brennereibesitzer oder Betriebsleiter als solchen verhängt werden, d. h. sie soll stets unabhängig von der den eigentlichen Täter treffenden Strafe festgesetzt werden. Hat der Brennereibesitzer oder Betriebsleiter selbst die Ableitung usw. begangen, kommt er also als Täter in Betracht, so hat er daher außer der Hinterziehungsstrafe noch die Geldstrafe aus den §§ 122—124 verwirkt (Entsch. d. RG. i. Str. vom 23. Februar/2. März 1891 Bd. 21 S. 391).

§ 123. Werden in einer Brennerei aus besonderen Anlagen bestehende heimliche Vorrichtungen getroffen, um alkoholhaltige Dämpfe oder Branntwein abzuleiten oder zu entnehmen oder die Meßuhr zu stören, so verfällt der Brennereibesitzer als solcher[1] in eine Geldstrafe von fünfhundert bis zu fünftausend Mark.

1. Vgl. Anm. 3 zu § 122.

§ 124. Wird in einer Brennerei ein amtlicher Verschluß oder einer derjenigen Teile der Brennereigeräte (§ 113 Nr. 3), aus denen alkoholhaltige Dämpfe oder Branntwein abgeleitet oder entnommen werden können, unbefugt verletzt, so trifft den Brennereibesitzer als solchen[1] eine Geldstrafe von fünfundzwanzig bis zu zweihundertfünfzig Mark.

1. Vgl. Anm. 3 zu § 122.

§ 125. Brennereibesitzer, die den Betrieb nicht selbst leiten, können die Übertragung der ihnen gemäß §§ 122 bis

124 obliegenden strafrechtlichen Verantwortlichkeit auf den Betriebsleiter (§ 104) bei der Verwaltungsbehörde beantragen. Falls der Antrag genehmigt[1] wird, geht die strafrechtliche Verantwortlichkeit, unbeschadet der im § 131 vorgesehenen Vertretungsverbindlichkeit des Brennereibesitzers[2], auf den Betriebsleiter über. Die Genehmigung ist jederzeit widerruflich.

1. Die Genehmigung ist vom Hauptamt auszusprechen und dem Brennereibesitzer und Betriebsleiter gegen Zustellungsurkunde mitzuteilen (GB. § 33). Sie wird nicht zu versagen sein, wenn gegen die Person des Betriebsleiters keine begründeten Bedenken vorliegen (Begründung zu dem Gesetze vom 24. Juni 1887, RB. I 1887, zweiter AnlBd. Nr. 90 S. 791, zu §§ 15—33 des Entwurfs).

2. Der Brennereibesitzer haftet aus § 131 auch für den Betriebsleiter. Die im § 131 vorgesehene Vertretungsverbindlichkeit für andere Personen kann er nicht auf den Betriebsleiter übertragen.

§ 126. Die Strafe in den Fällen der §§ 122 bis 124 tritt nur dann ein, wenn festgestellt ist, daß die Zuwiderhandlung mit Willen oder Wissen[1] des Brennereibesitzers, in den Fällen des § 125 nur dann, wenn festgestellt ist, daß die Zuwiderhandlung mit Willen oder Wissen des Betriebsleiters verübt worden ist.

1. Die Strafe ist festzusetzen, wenn der Brennereibesitzer oder der verantwortliche Betriebsleiter nach dem Ergebnis der Beweisaufnahme auch nur darum gewußt hat, daß die Zuwiderhandlung begangen werden sollte.

§ 127. Werden Brennereibesitzer wegen einer Hinterziehung verurteilt, die durch unangemeldete Branntweinbereitung,[1] durch unbefugte Ableitung oder Entnahme von alkoholhaltigen Dämpfen oder Branntwein (§ 112 Nr. 1, 3) oder durch absichtliche Störung der Meßuhr begangen ist, so kann ihnen nach Rechtskraft der Entscheidung von der obersten Landesfinanzbehörde untersagt werden, das Brennereigewerbe jemals selbst wieder auszuüben oder durch andere zu ihrem Vorteil ausüben zu lassen.

1. Durch unangemeldete Branntweinbereitung nicht allein in Verschlußbrennereien, sondern auch in Abfindungsbrennereien (§ 112 Nr. 1 und Anm. 4 zu § 94).

Strafe der unterlassenen Anmeldung der Brenn- oder Wiengeräte.

§ 128. Wer Brenn- oder Wiengeräte anfertigt, erwirbt[1] oder an andere Personen überläßt,[2] ohne der Verwaltungsbehörde[3] die vorgeschriebene Anzeige gemacht zu haben, wird mit einer Geldstrafe von zehn bis zu dreitausend Mark bestraft.

1. § 73.
2. § 78.
3. Der Hebestelle (GB. §§ 62, 63).

§ 129. Aufgehoben durch § 26 Schlußsatz des Änderungsgesetzes, unten nach § 143.

Ordnungsstrafen.

§ 130. Zuwiderhandlungen[1] gegen die Vorschriften dieses Gesetzes sowie die dazu erlassenen und öffentlich oder den Beteiligten bekanntgemachten Verwaltungsbestimmungen[2] werden, sofern sie nicht nach §§ 115 ff. mit einer besonderen Strafe bedroht sind, mit einer Ordnungsstrafe von einer bis zu dreihundert Mark geahndet.

1. Die Zuwiderhandlungen setzen weder Vorsatz noch Fahrlässigkeit voraus (Entsch. d. RG. i. Str. vom 26. Januar 1911, PrZBl. S. 140).

2. Die Vorschrift reicht bei ihrer allgemeinen Fassung über die Grenzen der „Branntweinverbrauchsabgabe" hinaus; nach ihr sind auch Zuwiderhandlungen zu bestrafen, die mit der Branntweinverbrauchsabgabe als solcher in keinem unmittelbaren Zusammenhange stehen (Anm. 3 zu § 143).

Haftung für andere Personen.

§ 131. Inhaber der nach Maßgabe dieses Gesetzes unter amtlicher Überwachung stehenden Betriebe und Lagereinrichtungen (§§ 18 bis 20) haften[1] für die von ihren Verwaltern, Geschäftsführern, Gehilfen und sonstigen in ihrem Dienste oder Lohne stehenden Personen sowie von ihren Familien- oder Haushaltungsmitgliedern verwirkten Geldstrafen und Kosten des Strafverfahrens, sowie für die nachzuzahlende Verbrauchsabgabe im Falle des Unvermögens der eigentlich Schuldigen, wenn nachgewiesen wird:

1. daß die Zuwiderhandlung mit ihrem Willen oder Wissen verübt ist, oder
2. daß sie bei Auswahl und Anstellung der Verwalter, Geschäftsführer, Gehilfen und sonstigen in ihrem Dienste oder Lohne stehenden Personen oder bei Beaufsichtigung dieser sowie der bezeichneten Hausgenossen nicht mit der Sorgfalt eines ordentlichen Geschäftsmanns zu Werke gegangen sind.[2] [3]

Wird weder das eine noch das andere nachgewiesen, so haften sie für die Verbrauchsabgabe,[4] auch soweit sie nicht ohnehin zu deren Entrichtung verpflichtet sind.

1. Grund der Haftung ist nach § 131 Nr. 1 und 2, § 132 eine Mitschuld, ein Mitwollen, Mitwissen, eine Fahrlässigkeit des Vertretungspflichtigen; Zweck der Haftung ist Schärfung der Verantwortlichkeit bei dem Vertretungspflichtigen und Sicherung der

öffentlichen Einnahmen. Keine Haftung juristischer Personen oder sonstiger Personenverbände (offene Handelsgesellschaft) (Entsch. d. RG. i. Str. in PrZBl. 1913 S. 173).

2. Durch Mittäterschaft des Vertretungspflichtigen wird seine Haftbarkeit nicht beseitigt. Der Vertretungspflichtige haftet für seinen Gewerbegehilfen beispielsweise auch dann, wenn er als Anstifter dieses Gewerbegehilfen bestraft worden ist (Entsch. d. RG. i. Str. vom 6. November 1880 und 23. Februar/2. März 1891, Bd. 3 S. 105, Bd. 21 S. 391).

3. Der Vertretungspflichtige ist als Beteiligter zum Strafverfahren hinzuzuziehen, soweit er für die Geldstrafe und Kosten haftet; er ist mit seinen Einwendungen zu hören, gleichviel, ob sie aus der objektiven Beschaffenheit der Straftat oder aus der Person des Täters hergeleitet werden (Entsch. d. RG. i. Str. vom 23. Februar 1894, Bd. 25 S. 137). Ist seine Zuziehung unterblieben, so ist sie in einem Nachtragsverfahren nachzuholen.

4. Die Haftung des Vertretungspflichtigen für die Verbrauchsabgabe wird außerhalb des Strafverfahrens verfolgt.

§ 132. Als Verletzung der Sorgfalt eines ordentlichen Geschäftsmanns (§ 131 Nr. 2) gilt insbesondere die Anstellung oder Beibehaltung eines wegen Branntweinsteuerdefraudation im Sinne des bisher geltenden Branntweinsteuergesetzes oder wegen Hinterziehung bereits bestraften Verwalters, Geschäftsführers oder Gewerbegehilfen, falls nicht die oberste Landesfinanzbehörde die Anstellung oder Beibehaltung genehmigt hat.

§ 133. Läßt sich die Geldstrafe von dem Schuldigen nicht beitreiben, so kann die Verwaltungsbehörde davon absehen, den für die Geldstrafe Haftenden in Anspruch zu nehmen, und die an die Stelle der Geldstrafe tretende Freiheitsstrafe an dem Schuldigen vollstrecken lassen.

Zwangsmaßregeln.[1]

§ 134. Neben der Festsetzung von Ordnungsstrafen kann die Verwaltungsbehörde[2] die Beobachtung der auf Grund dieses Gesetzes getroffenen Anordnungen durch Androhung und Einziehung von Geldstrafen bis zu fünfhundert Mark erzwingen,[3] auch, wenn eine vorgeschriebene Einrichtung nicht getroffen wird, diese auf Kosten der Pflichtigen herstellen lassen. Die Einziehung der hierdurch erwachsenen Auslagen und der Geldstrafen erfolgt nach den Vorschriften über das Verfahren für die Beitreibung der Zölle und mit dem Vorzugsrechte der letzteren.

1. Der § 134 kennzeichnet sich als eine Vorschrift, die eigentlich nicht zum Strafrecht gehört.

2. Das Hauptamt (GB. § 68).

3. Gegen die Festsetzung der Erzwingungsstrafe findet Beschwerde an die Direktivbehörde statt. Antrag auf gerichtliche Entscheidung ist nicht zulässig.

Umwandelung der Geldstrafe in Freiheitsstrafe.

§ 135. Bei der Umwandelung der nicht beizutreibenden Geldstrafen in Freiheitsstrafen[1 2 3] darf die Freiheitsstrafe bei einer Hinterziehung im ersten Falle sechs Monate, im ersten Rückfall ein Jahr und im ferneren Rückfalle zwei Jahre, bei einer mit Ordnungsstrafe bedrohten Zuwiderhandlung sowie in den Fällen des § 134[4] drei Monate nicht überschreiten. Im Falle des § 118 bleibt ein Fünftel der Geldstrafe bei der Umwandelung außer Betracht.[5]

1. Die Verwaltungsbehörde kann auch den Vertretungspflichtigen in Anspruch nehmen (§ 131). Verzichtet sie darauf (§ 133), so führt sie die Umwandelung der Geldstrafe in eine Freiheitsstrafe durch das zuständige Gericht herbei (StPO. § 463).

2. Voraussetzung ist ein vollstreckbarer Strafbescheid.

3. Die Umwandelung erfolgt gemäß §§ 28, 29 des Reichsstrafgesetzbuchs unter Berücksichtigung der vorgeschriebenen Höchstgrenzen.

4. Ein besonderes Verfahren für die Fälle des § 134 ist nicht vorgeschrieben.

5. Vgl. § 139.

Strafverjährung.

§ 136. Die Strafverfolgung[1] von Hinterziehungen verjährt[2] in drei Jahren,[3] von den mit Ordnungsstrafe belegten Zuwiderhandlungen in einem Jahre.[4]

Die Strafverfolgung auf Grund der Vorschriften der §§ 122 bis 126[5] verjährt zugleich mit dem Eintritte der Verjährung gegen den eigentlichen Täter.[6]

1. Die Verjährung der Strafvollstreckung wird durch die Vorschrift im § 136 nicht berührt; für sie sind die §§ 66, 70, 71 StGB. maßgebend.

2. Die Frist für die Verjährung der Strafverfolgung beginnt mit dem Tage der Begehung der strafbaren Handlung (§ 67 Abs. 4 StGB.), bei fortgesetzten Zuwiderhandlungen mit dem Tage, an dem die letzte Handlung begangen ist.

3. Vgl. § 7 des Einführungsgesetzes zum Reichsstrafgesetzbuche.

4. Die Verjährung der Strafverfolgung wird unterbrochen:

a) durch jede Handlung des Richters, die, gegebenenfalls auf Ersuchen der Verwaltungsbehörde, wegen der begangenen Tat gegen den Täter gerichtet ist (§ 68 Abs. 1 StGB.). Nach der Unterbrechung, d. h. mit dem Tage, an dem die unterbrechende Handlung zum Abschlusse kommt, beginnt eine neue Verjährung (§ 68 Abs. 3 StGB. und Entsch. d. RG. i. Str. vom 25. Mai 1883 und 19. Oktober 1885, Bd. 8 S. 310 und Bd. 13 S. 57),

b) durch Strafbescheid der Verwaltungsbehörde, der in Ansehung der Unterbrechung der Verjährung wie eine richterliche Handlung wirkt (§ 459 Abs. 3 StPO.). Die neue

Verjährung beginnt mit dem Tage, an dem der Strafbescheid erlassen ist, also mit dem Datum des Strafbescheides. Zeit und Art der Zustellung des Strafbescheides sind für die Unterbrechung der Verjährung bedeutungslos (Entsch. des Strafsenats des Kammergerichts vom 29. März 1894, PrZBl. 1894 S. 375).

5. Die Strafverfolgung in Ansehung des Brennereibesitzers oder des Betriebsleiters, der die strafrechtliche Verantwortlichkeit übernommen hat.

6. Ist die Strafverfolgung und Strafvollstreckung gegen die Täter und Teilnehmer verjährt, so können auch die Vertretungsbeteiligten (§§ 131—133) nicht mehr in Anspruch genommen werden.

§ 137. Die Geldstrafen fallen dem Staate zu, von dessen Behörden die Strafentscheidung erlassen worden ist.[1] [2]

1. Vgl. Art. 10 des Zollkartells zwischen Preußen, Kurhessen usw. vom 11. Mai 1833 (GS. S. 258), Art. 10 Nr. 4 des Zollvereinigungsvertrages vom 8. Juli 1867 (BGBl. S. 81) und Art. 40 der Reichsverfassung.

2. Vgl. § 139.

Strafverfahren.

§ 138. In Ansehung des Verwaltungsstrafverfahrens, der Strafmilderung und des Erlasses der Strafe im Gnadenwege sowie in Ansehung der Strafvollstreckung kommen, abgesehen von den Fällen des § 129,[1] die Vorschriften zur Anwendung, nach denen sich das Verfahren wegen Zuwiderhandlungen gegen die Zollgesetze bestimmt.[2]

1. Hier gelten die Vorschriften, die das Strafverfahren der Polizeibehörde regeln.

2. Die reichsrechtliche Grundlage des Verwaltungsstrafverfahrens bildet der Zollvereinigungsvertrag vom 8. Juli 1867 (BGBl. S. 81), dessen Bestimmungen nach Art. 40 der Reichs-

verfassung in Kraft geblieben sind, soweit sie nicht inzwischen auf dem durch die Verfassung geordneten Wege geändert wurden. Im Art. 3 § 7 des Zollvereinigungsvertrages haben sich die vertragschließenden Teile verpflichtet, die Grundsätze, „das Zollstrafgesetz betreffend", wie solche zwischen ihnen vereinbart, zur Anwendung zu bringen. Unter diesen, in dem Protokoll vom 24. August 1836 niedergelegten Grundsätzen (Verhandlungen der ersten Generalkonferenz in Zollvereinsangelegenheiten, München 1836, besonderes Protokoll) befinden sich auch solche „in Beziehung auf das Strafverfahren in Zollstrafsachen". Die vorläufige Feststellung des Tatbestandes sowie die Verfügung der Maßregeln, die erforderlich sind, damit demnächst die Strafe vollzogen werden könne, sind danach Sache der Zollbehörde. Die Protokolle der Zollbehörde haben öffentlichen Glauben. Das Verfahren wird überall von Amts wegen, summarisch und im Untersuchungswege geleitet. Die Beschuldigten erhalten die Befugnis, sich ohne gerichtliches Verfahren dem Ausspruch der Zollbehörden zu unterwerfen usw.

Abgesehen von diesen Grundsätzen und einigen reichsgesetzlichen Vorschriften — Vereinszollkartell vom 11. Mai 1833 (GS. S. 258), Reichsstrafprozeßordnung § 459, Reichsgesetz über den Beistand bei Einziehung von Abgaben usw. vom 9. Juni 1895 (RGBl. S. 256) — ist es hinsichtlich des Strafverfahrens bei den Vorschriften der Landesgesetzgebung geblieben (VZG. § 165, Einführungsgesetz zur Strafprozeßordnung § 6 Abs. 2 Nr. 3).[1]

In den einzelnen Bundesstaaten ist das Verwaltungsstrafverfahren durch besondere Gesetze geregelt,

in Preußen durch das Gesetz, betreffend das Verwaltungsstrafverfahren bei Zuwiderhandlungen gegen die Zollgesetze und die sonstigen Vorschriften über indirekte Reichs- und Landesabgaben sowie die Bestimmungen über die Schlacht- und Wildbretsteuer vom 26. Juli 1897 (GS. S. 237),

[1]) Vonnenberg, Das Strafverfahren in Zoll- und Steuersachen, 2. Auflage, Berlin 1899, Einleitung S. 1 ff. und S. 414 ff.

in Bayern durch Art. 85—97 des Gesetzes zur Ausführung der Reichsstrafprozeßordnung vom 18. August 1879 (BayGVBl. S. 781), die Königliche Verordnung, das Verfahren in Zollstrafsachen betreffend, vom 1. Oktober 1879 (BayGVBl. S. 1379) und die mit Bekanntmachung des Staatsministeriums der Justiz und Finanzen vom 2. Oktober 1879 zur allgemeinen Kenntnis gebrachte Anweisung zur Behandlung der Zoll- und Aufschlagstrafsachen im Verwaltungswege (BayGVBl. S. 1381),

in Württemberg durch Gesetz, betreffend das Verfahren der Verwaltungsbehörden bei Zuwiderhandlungen gegen die Zoll- und Steuergesetze, vom 25. August 1879 (Regierungsblatt für das Königreich Württemberg S. 259) und die Anweisung des Steuerkollegiums zur Vollziehung dieses Gesetzes vom 23. Januar 1895 mit der Abänderung vom 22. März 1901 (Amtsblatt des Königlich Württembergischen Steuerkollegiums 1895 S. 199, 1901 S. 25),

in Sachsen durch das Gesetz, das Verfahren in Verwaltungsstrafsachen betreffend, vom 8. März 1879 (Sächs. GVBl. S. 87) und die Generalverordnung der Zoll- und Steuerdirektion, das Verfahren in Verwaltungsstrafsachen betreffend, vom 3. März 1880 (Verordnungsblatt der Zoll- und Steuerdirektion S. 95),

in Baden durch die §§ 136—140 des Gesetzes, die Einführung der Reichsjustizgesetze betreffend, vom 3. März 1879 (BadGVBl. S. 91), die Verordnung des Ministeriums der Finanzen, das Finanz- und Polizeistrafverfahren der Finanzbehörden betreffend, vom 25. Oktober 1879 (Bad. GVBl. S. 789) und die Vollzugsanweisung der Zolldirektion und der Steuerdirektion vom 8. Dezember 1879 und die Ergänzung dazu vom 21. Mai 1886 (Verordnungsblatt der Zolldirektion von 1879 S. 323, 335, von 1896 S. 50) usw.[1])

---

[1]) Vgl. Lobe, Das deutsche Zollstrafrecht, 3. Aufl., Leipzig 1901, S. 206.

§ 139. Im Falle des § 118 ist von dem Betrage der Geldstrafe der fünfte Teil an Stelle des nicht festgestellten Abgabenbetrags an die Reichskasse abzuführen.[1]

1. Vgl. §§ 1, 115, 135, 137 und Anm. 1 zu § 118. Bei gnadenweisem Erlaß fällt auch das dem Reiche zustehende Fünftel fort (Reichsschatzamt, Ztschr. f. Spir. S. 477).

Bei Berücksichtigung von § 140 wird diesem Fünftel auch der Vorrang vor dem Anspruch des Bundesstaats zustehen. Bei nicht zureichender Zahlung erhält zunächst das Reich ein Fünftel, die Landeskasse hat den Ausfall zu tragen.

§ 140. Ein im Strafverfahren eingegangener Geldbetrag ist zunächst auf die Verbrauchsabgabe und sodann auf die Betriebsauflage zu verrechnen.[1]

1. Die Vorschrift entspricht der Absicht des Gesetzes, zunächst der Reichskasse Einnahmen zuzuführen. Ist von dem Verurteilten ein Geldbetrag eingebracht, der zwar zur Deckung der Geldstrafe, nicht aber der Abgabe ausreicht und ist er nach dem Willen des Verurteilten zur Abwendung der Freiheitsstrafe als auf den Strafbetrag eingezahlt anzusehen, so gilt dem Verurteilten gegenüber der Strafanspruch als getilgt und der Abgabenanspruch als fortbestehend. Der Betrag ist auf die Abgabe zu verrechnen und an die Reichskasse abzuführen.

B. Essigsäureverbrauchsabgabe. (§§ 141—143.)

§ 141. Wer es unternimmt, dem Reiche die Essigsäureverbrauchsabgabe (§ 110 Abs. 1) vorzuenthalten, macht sich der Hinterziehung schuldig.[1]

1. Vgl. § 111.

§ 142. Der Hinterziehung wird es gleichgeachtet, wenn jemand Essigsäure, von der er weiß oder den Umständen nach annehmen muß, daß in Beziehung auf sie eine Hinterziehung verübt worden ist, erwirbt oder in Verkehr bringt.[1]

1. Vgl. § 113 Nr. 5.

§ 143. Wird in den Fällen des § 142 festgestellt, daß eine Vorenthaltung der Abgabe nicht stattgefunden hat oder nicht beabsichtigt worden ist, so tritt nur eine Ordnungsstrafe nach § 130 ein.[1]

Im übrigen finden die Vorschriften in den §§ 115, 118 bis 121, 130, 131, 133 bis 140 Anwendung.[2]

1. Vgl. § 114.

2. §§ 115, 118, 119 Strafmaß; § 120 Strafverschärfung im Rückfalle; § 121 Strafe der Erwirkung einer Vergünstigung; §§ 131, 133 Haftung für andere Personen; § 134 Zwangsmaßregeln; § 135 Umwandlung der Geldstrafe in Freiheitsstrafe; § 136 Verjährung der Strafverfolgung; § 138 Strafverfahren; §§ 137, 139, 140 Berechnung der Strafgelder. Durch das Änderungsgesetz ist auch die Möglichkeit von Ordnungsstrafen (§ 130) ausdrücklich erwähnt worden.

§ 24 Änderungsgesetz. Wer der Vorschrift des § 21 Abs. 1[1] vorsätzlich zuwiderhandelt, wird mit Gefängnis bis zu sechs Monaten und mit Geldstrafe bis zu zehntausend Mark oder mit einer dieser Strafen bestraft. Ist die Zuwiderhandlung aus Fahrlässigkeit begangen, so ist auf Geldstrafe bis zu eintausend Mark oder auf Gefängnis bis zu zwei Monaten zu erkennen.

1. Betreffend Zubereitungen, die Methylalkohol enthalten (vgl. oben nach § 109).

§ 25 Änderungsgesetz. Wer den Vorschriften des § 22 oder den vom Bundesrate dazu erlassenen Bestimmungen[1] vorsätzlich oder fahrlässig zuwiderhandelt, wird mit Geldstrafe bis zu sechshundert Mark oder mit Haft bestraft.

1. Betreffend den Verkehr mit Branntweinhefe und Bierhefe.

§ 26 Änderungsgesetz. Wer den Vorschriften des § 107 des Branntweinsteuergesetzes oder den vom Bundesrate dazu erlassenen Bestimmungen vorsätzlich oder fahrlässig zuwiderhandelt, wird im Falle des § 107 Abs. 1[1] mit Geldstrafe bis zu sechshundert Mark oder mit Haft, in den Fällen des § 107 Abs. 2[2] mit Geldstrafe bis zu zweitausend Mark bestraft.[3] Der § 129 des Branntweinsteuergesetzes wird aufgehoben.

1. Betreffend Branntweinschärfen.

2. Betreffend Verkehr mit Kornbranntwein, Kornbranntweinverschnitt, Kirschwasser und Zwetschwasser.

3. Daneben Einziehung der vorschriftswidrigen Erzeugnisse (§ 27).

§ 27 **Änderungsgesetz.** Neben der Strafe kann auf Einziehung der Gegenstände erkannt werden, die den in den §§ 24 bis 26 bezeichneten Vorschriften zuwider hergestellt, in den Verkehr gebracht oder eingeführt worden sind, ohne Unterschied, ob sie dem Verurteilten gehören oder nicht; auch kann die Vernichtung ausgesprochen werden. Ist die Verfolgung oder Verurteilung einer bestimmten Person nicht ausführbar, so kann auf die Einziehung selbständig erkannt werden.[1]

Die Vorschriften der §§ 16, 17 des Gesetzes, betreffend den Verkehr mit Nahrungsmitteln, Genußmitteln und Gebrauchsgegenständen, vom 14. Mai 1879 (RGBl. S. 145) finden auch bei Strafverfolgungen auf Grund dieses Gesetzes Anwendung.[2]

1. Anwendung der in §§ 40 und 42 StGB. für Verbrechen und Vergehen erfolgten Regeln auch auf diese Sonderdelikte.

2. § 16 bestimmt: die öffentliche Bekanntmachung der Verurteilung auf Kosten des Schuldigen kann, die der Freisprechung auf Kosten der Staatskasse bzw. des Anzeigers muß auf Antrag des Freigesprochenen angeordnet werden. Die Geldstrafen fallen an die Anstalten zur technischen Untersuchung von Nahrungs- und Genußmitteln, soweit solche am Tatort bestehen, sonst an die Staatskasse (§ 17).

§ 28 **Änderungsgesetz.** Die Vorschriften anderer Gesetze, nach denen in den Fällen der §§ 21, 22 dieses Gesetzes oder des § 107 des Branntweinsteuergesetzes eine schwerere Strafe[1] verwirkt ist, bleiben unberührt.

Die Einziehung oder Vernichtung sowie die öffentliche Bekanntmachung der Verurteilung sind auch dann zulässig, wenn die Strafe gemäß § 73 des Strafgesetzbuchs auf Grund eines anderen Gesetzes zu bestimmen ist.[2]

1. Insbesondere Körperverletzung oder Körperverletzung mit Todeserfolg, auch die Bestimmungen des Nahrungsmittelgesetzes.

2. D. h. diese Nebenstrafen treten ohne Rücksicht darauf ein, aus welcher Strafbestimmung die Verurteilung erfolgt.

§ 29 **Änderungsgesetz.** Für das Strafverfahren in den Fällen der §§ 24 bis 27 sind die ordentlichen Gerichte zuständig; die Vorschriften, nach denen sich das Verfahren wegen Zuwiderhandlungen gegen die Zollgesetze bestimmt, bleiben außer Anwendung.[1]

1. Hierin gelangt zum Ausdruck, daß die materiellen Normen nur wegen des technischen Zusammenhanges in ein Steuergesetz hineingekommen sind, während sie wegen ihres Inhaltes eher in das Nahrungsmittelgesetz gehört hätten. Deshalb auch der Ausschluß des nur für Steuerdelikte geeigneten Zollverfahrens.

Achter Abschnitt (§§ 144—153).

Übergangsvorschriften.

Nachsteuer.[1]

§ 144. Branntwein, der sich am 1. Oktober 1909 unter Steuerkontrolle[2] befindet, unterliegt, soweit er nicht auf Grund des § 3 abgabenfrei gelassen wird, außer den nach dem bisher geltenden Branntweinsteuergesetz auf ihm ruhenden

Abgaben einer Nachsteuer von 0,35 Mark für das Liter Alkohol. Die Nachsteuer ist zu entrichten, sobald der Branntwein in den freien Verkehr tritt.[3]

Hat abgabenfrei abgelassener Branntwein der Maischbottichsteuer unterlegen,[4] so wird diese mit 0,16 Mark für das Liter Alkohol vergütet.[5]

1. Branntweinnachsteuerordnung (BRB. v. 14. 10. 09, § 726 d. Prot., RZBl. S. 945, 1255).

2. Der „Begriff der Steuerkontrolle" ist aus dem bisher in Geltung gewesenen Branntweinsteuergesetz übernommen, weil es sich um Branntwein handelt, der mit den Abgaben aus dem alten Gesetze belastet und daher noch nach den Vorschriften dieses Gesetzes zu beurteilen ist.

3. Vgl. § 5.

4. Nach Ausweis der amtlichen Abfertigungspapiere und Bücher. Die Nämlichkeit des der Nachsteuer unterliegenden Branntweins wird in Reinigungsanstalten oder auf Branntweinlagern unter amtlichem Mitverschlusse nicht festgehalten. Fehlmengen werden zu dem vom Besitzer der Reinigungsanstalt oder des Branntweinlagers beantragten Abgabensatze im Reinigungsbuch oder Lagerbuch abgeschrieben.

5. Daneben wird in den Fällen, in denen es nach diesem Gesetze zugelassen ist, die Vergütung der Betriebsauflage gewährt. Dies konnte zugestanden werden, weil der mit dem Nachsteuersatze von 35 ℳ gegenüber der Erhöhung der Verbrauchsabgabe um 55 ℳ zugebilligte Vorteil von 20 ℳ wesentlich über den Vorteil der Maischbottichsteuervergütung von 16 ℳ hinausgeht, mithin für den Gewerbetreibenden die Versteuerung des nachsteuerpflichtigen Branntweins vorteilhafter ist als die Vergällung.

§ 145. Branntweine aller Art[1] und Branntweinfabrikate[2] [3] unterliegen, sofern sie sich beim Inkrafttreten dieses Gesetzes im freien Verkehre befinden und nicht nachweislich[4] zu den im § 106 angegebenen Sätzen verzollt worden sind, nach näherer Bestimmung des Bundesrats[5] einer Nachsteuer von 0,35 Mark für das Liter Alkohol.

1. Branntwein in Fruchtsäften oder ähnlichen Zubereitungen, wenn der Alkoholzusatz über das zur Haltbarmachung notwendige Maß hinausgeht, was bei Fruchtsäften mit einem Alkoholgehalt von mehr als 14 Gewichtshundertteilen anzunehmen ist (BrNO. § 1 Abs. 4).

2. Der Begriff der „Branntweinfabrikate" mußte hier aus dem bisher in Geltung gewesenen Branntweinsteuergesetz übernommen werden, weil diese Übergangsvorschrift sich eng an die Rechtslage unter diesem Gesetz anlehnt.

3. Trinkbranntwein und Branntweinfabrikate aus dem freien Verkehr, die vor dem 1. Oktober 1909 zur Ausfuhr abgefertigt, aber erst nach dem 30. September 1909 tatsächlich in das Ausland ausgeführt worden sind, unterliegen der Nachsteuer, soweit sie nicht nach § 2 unter b und e der Branntweinnachsteuerordnung davon befreit sind. Auch für die Gewährung der Vergütungen ist der Tag der Ausfuhr maßgebend. Vergütet werden daher die Betriebsauflage und die Verbrauchsabgabe nach dem Satze von 1,25 ℳ.

4. Der Nachweis ist durch Vorlegung der Zollquittungen, erforderlichenfalls auch der Handelsbücher, des Briefwechsels oder durch Beibringung anderer Beweismittel zu führen (BrNO. § 3).

5. BrNO. §§ 5—8, 10—12.

§ 146. Von der Nachsteuer befreit ist Branntwein des freien Verkehrs im Besitze von Gewerbtreibenden, die die Erlaubnis zum Ausschänken von Branntwein oder zum Kleinhandel mit Trinkbranntwein haben, in Mengen von nicht mehr als 20 Liter, im Besitze von anderen Haushaltungsvorständen in Mengen von nicht mehr als 10 Liter Alkohol.

§ 147. Von der Nachsteuer befreit ist aller Branntwein, der auf Grund der bisher geltenden Vorschriften von der Verbrauchsabgabe befreit war.

§ 148. Die Nachsteuer kann ohne Sicherheitsbestellung auf sechs Monate gestundet werden. Die Vorschriften in den §§ 8, 9, 23 und im siebenten Abschnitt unter A sind auf die Nachsteuer sinngemäß anzuwenden.

Kürzung der Einzelkontingente.

§ 149. Die im Betriebsjahre 1907/08 festgesetzten Kontingente[1] werden, wenn sie über 100000 Liter hinausgehen, unbeschadet der Vorschriften im § 25,[2] vom 1. Oktober 1913 ab um ein Zwanzigstel, jedoch nicht unter den Betrag von 100000 Liter herabgesetzt.[3] Bei landwirtschaftlichen Genossenschaftsbrennereien, die als solche bereits am 1. April 1895 bestanden haben, beträgt die Kürzung nur ein Vierzigstel.

1. Nicht die in Rechnung zu stellende Alkoholmenge, der Kontingentsfuß, wird herabgesetzt, wie dies nach § 36 geschieht, sondern das Kontingent selbst.

2. Die Herabsetzung des Kontingents auf Grund des § 25 und die infolgedessen eintretende Ermäßigung der Einzelkontingente ist eine allgemeine Maßregel, die alle an dem Kontingente beteiligten Brennereien in gleicher Weise trifft; sie ist aber eine auf Zeit getroffene Maßregel, nämlich für das folgende Betriebsjahr und erforderlichenfalls je für ein weiteres Betriebsjahr. Ist das Betriebsjahr, für das der Bundesrat die Maßregel getroffen hat, abgelaufen, so erhält die Brennerei also wieder das unverkürzte Kontingent, es sei denn, daß der Bundesrat die Kürzung auf ein weiteres Betriebsjahr ausdehnt.

Die im § 149 vorgesehene Kürzung erstreckt sich allein auf die Brennereien mit einem Kontingente von mehr als 100000 l; sie ist eine endgültige Maßregel.

Nach § 149 wird nun nicht das auf Grund des § 25 herabgesetzte Kontingent weiter gekürzt; vielmehr wird das im Betriebsjahre 1907/08 festgesetzte Kontingent ohne Rücksicht auf die Ermäßigung des Kontingents aus § 25 so gekürzt, wie § 149 dies vorschreibt.

Auf das so gekürzte Kontingent aber findet die allgemeine Herabsetzung aus § 25 in gleicher Weise Anwendung wie auf die übrigen Brennereien.

3. Nach § 2 Abs. 3 unter d, Abs. 1 des bisher in Geltung gewesenen Branntweinsteuergesetzes hätten Brennereien mit einem Kontingentsfuße von mehr als 150000 l Alkohol ohnehin bei der Neukontingentierung im Betriebsjahre 1912/13 eine Herabsetzung des Kontingentsfußes um 1/20, jedoch nicht unter den Betrag von 150000 l, mithin vom 1. Oktober 1913 ab eine Kürzung des Kontingents erfahren. Diese Brennereien wären durch die Ausdehnung des Kontingentsabschnitts auf zehn Jahre mithin in Ansehung des Kontingents besser gestellt gewesen, als sie es nach dem bisherigen Gesetze waren, wenn nicht die Übergangsvorschrift im § 149 einen Ausgleich herbeigeführt hätte. Dieser Ausgleich geht allerdings etwas weiter, indem er alle über 100000 l Alkohol hinausgehenden Kontingente erfaßt.

Vollständig vergällter Branntwein.

§ 150. Der Bundesrat wird ermächtigt, für die Durchführung der Vorschrift im § 109 eine Frist bis zum 1. Oktober 1910 zu bewilligen.

Die zum Feilhalten vollständig vergällten Branntweins vor dem Inkrafttreten dieses Gesetzes im Gebrauche befindlichen Gefäße dürfen bis zum 30. September 1912 weiter benutzt werden, sofern sie verschlossen werden können (§ 109).

Kürzung des Durchschnittsbrandes.

§ 151. Der Durchschnittsbrand (§§ 61 ff.) wird für das Betriebsjahr 1909/10 um 14 Hundertteile gekürzt, jedoch nicht unter das Kontingent der Brennerei herabgesetzt. Die Betriebsauflage für den Überbrand erhöht sich gemäß § 48 Abs. 2.

Besondere Betriebsauflage.

§ 152. Von dem in der Zeit vom 15. bis einschließlich 30. September 1909 erzeugten Branntweine wird neben den bestehenden Branntweinsteuern eine besondere Betriebsauflage von 6 Mark für das Hektoliter Alkohol erhoben. Auf diese Betriebsauflage finden die §§ 43b und 43d des bisher geltenden Branntweinsteuergesetzes Anwendung. Die Einnahmen sind dem im § 59 bezeichneten Geldbestande zuzuführen.

Der in Kleinbrennereien und von den im § 41 bezeichneten Brennern zum niedrigeren Verbrauchsabgabensatze des bisher geltenden Branntweinsteuergesetzes erzeugte Branntwein unterliegt dieser besonderen Betriebsauflage nicht.

§ 153. Soweit beim Inkrafttreten dieses Gesetzes vertragsmäßige Bestimmungen über Lieferung von Essigsäure (§ 110 Abs. 1) bestehen, ist der Abnehmer verpflichtet, dem Lieferer einen Zuschlag zum Preise in Höhe der auf die gelieferte Menge fallenden Verbrauchsabgabe zu zahlen, wenn dem nicht ausdrückliche Vertragsbestimmungen entgegenstehen.

Neunter Abschnitt (§§ 154—156).

Schlußvorschriften.

§ 154. Die Vorschriften im § 26[1] können nur mit Zustimmung der Königreiche Bayern und Württemberg und des Großherzogtums Baden geändert werden.

1. Ermittelung des Kontingents für Süddeutschland.

Vereinbarungen mit anderen Staaten.

§ 155. Der Reichskanzler kann unter Zustimmung des Bundesrats wegen Herbeiführung einer den Vorschriften dieses Gesetzes entsprechenden Behandlung des Branntweins in den dem Zollgebiet angeschlossenen Staaten und Gebietsteilen, wegen Überweisung der Einnahmen für den im gegenseitigen Verkehr übergehenden Branntwein oder wegen Begründung einer Gemeinschaft mit den fremden Regierungen Vereinbarungen treffen.

Das Großherzogtum Luxemburg hat durch Gesetz vom 14. April 1911 (Memorial des Großherzogtums Luxemburg S. 417) eine mit dem deutschen Branntweinsteuergesetze im wesentlichen übereinstimmende Besteuerung des Branntweins eingeführt. Auf dieser Grundlage sind die gegenseitigen Beziehungen durch das Abkommen vom 31. Oktober 1911 (RGBl. 1912 S. 161) geregelt worden; das Abkommen hat für den Branntweinverkehr zwischen Deutschland und Luxemburg die Steuervergütungen und die Übergangsabgabe beseitigt, eine vereinfachte Übergangskontrolle und gegenseitige Abrechnung eingerichtet und so dafür gesorgt, daß einerseits der Branntweinverkehr zwischen beiden Ländern tunlichst erleichtert, anderseits jedem Teile diejenige Einnahme aus dem Branntweine gesichert wurde, welche ihm ohne das Abkommen zugeflossen wäre.

Rein formeller Art, die Zollanmeldung betreffend, ist das mit Frankreich getroffene Abkommen über die Regelung des Verkehrs mit Branntwein (RGBl. 1914 S. 201ff.).

Inkrafttreten des Gesetzes.

§ 156. Dieses Gesetz tritt, unbeschadet der Vorschriften in den §§ 106, 152,[1] mit dem 1. Oktober 1909 in Kraft. Gleichzeitig treten die bisher geltenden Gesetze über die Besteuerung des Branntweins und über die Steuerfreiheit des Branntweins zu gewerblichen Zwecken außer Geltung.[2]

1. Die Erhöhung der Einfuhrzölle (§ 106) ist mit dem 10. Juli 1909, die besondere Betriebsauflage (§ 152) mit dem 15. September 1909 in Kraft getreten.

2. Durch diese Vorschrift ist unter anderem auch die Aufhebung der Maischbottichsteuer ausgesprochen.

Urkundlich unter Unserer Höchsteigenhändigen Unterschrift und beigedrucktem Kaiserlichen Insiegel.

Gegeben Berlin im Schloß, den 15. Juli 1909.

(L. S.) Wilhelm.

von Bethmann Hollweg.

§ 30 Änderungsgesetz. Die Vorschrift des § 11 Abs. 5[1] tritt sofort, im übrigen tritt das Gesetz am 1. Oktober 1912 in Kraft.

Urkundlich usw.

Gegeben Neues Palais, den 14. Juni 1912.

(L. S.) Wilhelm.

von Bethmann Hollweg.

[1]) Betrifft Ermächtigung des Bundesrats, in Notjahren Ausnahmen von den Folgen eines Betriebswechsels für den Durchschnittsbrand zuzulassen. Oben S. 118.

Anhang.

Vorbemerkung.

Durch das Ermächtigungsgesetz vom 3. August 1914 ist dem Bundesrat die Befugnis verliehen, auf wirtschaftlichem Gebiete Verordnungen mit Gesetzeskraft zu erlassen, auch soweit sie im Gegensatz zu früheren Gesetzen stehen. Die Geltungsdauer dieser Verordnungen ist an sich nicht auf den Kriegszustand beschränkt. Auf dem Gebiet der Regelung der Branntweinerzeugung besteht allerdings die Eigentümlichkeit, daß ein großer Teil der Verordnungen nur für ein bestimmtes Betriebsjahr ergeht.

Nachdem das Betriebsjahr 1914/15 abgeschlossen ist, soll auf die Verordnungen für dieses Jahr nur kurz hingewiesen werden.

Die Verordnung vom 15. Oktober [1]) brachte eine Herabsetzung des Durchschnittsbrandes, wie sie noch nicht dagewesen war, nämlich für den überwiegenden Teil der Brennereien auf 60 Hundertteile des allgemeinen Durchschnittsbrandes, — freilich ließ die Verordnung vom 4. Februar 1915 [2]) unter gewissen Bedingungen wieder Erhöhungen auf 70, für manche auch auf 100 Hundertteile zu. Das Kontingent wurde für Süddeutschland auf sieben Zehntel des Kontingents im Betriebsjahr 1911/12, mithin auf rund 15,7 Millionen Liter festgesetzt. Ebenso stand den norddeutschen und den in Hohenzollern belegenen Brennereien unter 300 hl Erzeugung der niedrigere Abgabensatz nur bis zu sieben Zehntel ihres 1911/12 gehabten Kontingents zu. Insbesondere wurde für sie das Privileg des § 69 Abs. 2 beseitigt, wonach die Kürzung ihres Durchschnittsbrandes auf ein Zehntel beschränkt war.

[1]) Unten Nr. 1. — [2]) Unten Nr. 2.

Entsprechend den zu erwartenden geringeren Einnahmen wurden die Vergütungssätze aus der Betriebsauflage im allgemeinen mit Wirkung vom 16. Oktober beträchtlich herabgesetzt. Für vergällten Branntwein, für den er bis 19. Juni 28 Pf., seitdem 26 Pf. betragen hatte, wurde er auf 21 Pf. festgesetzt, hier mit Wirkung vom 1. Oktober ab.

Der Satz für unvollständig vergällten Branntwein zur Essigbereitung blieb auf 20 Pf., der für andere Zwecke bestimmter Art wurde auf 16 Pf., der Satz unter 2β des § 1 Abs. 3 der Befreiungsordnung von 14 auf 11½ Pf. herabgesetzt.

Der vergällungspflichtige Überbrand erhielt 7 statt 7,5 Pf. Dieselbe Herabsetzung erfolgte für rohen und gereinigten Branntwein bei der Ausfuhr, während bei Likören und Edelbranntwein die Ausfuhrvergütung um 1 Pf. auf 14 Pf. herabgesetzt wurde.

Eine wesentliche Förderung der Erzeugung bildete anderseits die in den beiden Verordnungen zugelassene Übertragung von Durchschnittsbrand, womit eine völlig neue Bahn beschritten wurde. Kleinere Verordnungen ließen Freiheit in der Wahl der zu verarbeitenden Rohstoffe, indem die steuerlichen Folgen eines Betriebswechsels in diesem Falle nicht eintreten.

Was die Regelung für das Betriebsjahr 1915/16 angeht, so ist sie in der dem Reichstage vorgelegten Denkschrift über die wirtschaftlichen Kriegsmaßnahmen von amtlicher Stelle erschöpfend dargelegt. Im folgenden gelangt daher dieser Teil der Denkschrift ungekürzt zur Aufnahme.

Die wirtschaftlichen Betriebsverhältnisse der Branntweinbrennereien bedurften auch für das Betriebsjahr 1915/16 besonderer Regelung. Dabei konnten im wesentlichen die gleichen Maßnahmen getroffen werden, wie sie durch die Verordnungen vom 15. Oktober 1914, betreffend die Regelung der wirtschaftlichen Betriebsverhältnisse der Branntweinbrennereien und der Betriebsauflagevergütungen (RGBl. S. 434), und vom 4. Februar 1915 über weitere Regelung des Brennereibetriebs und des Branntweinverkehrs (RGBl. S. 57) für das Betriebsjahr 1914/15 erfolgt waren. Gleichzeitig war die im § 55 Abs. 2 des Branntweinsteuergesetzes vom 15. Juli 1909 vorgeschriebene Nachprüfung der Sätze für die Betriebsauflagevergütung vorzunehmen.

Infolge der in der Bekanntmachung vom 4. Februar 1915 (RGBl. S. 57) getroffenen Maßnahmen zur Verstärkung der Branntweinvorräte und der in der Bekanntmachung vom 8. März 1915 (RGBl. S. 135) zugestandenen allgemeinen Befreiung des in Fässern oder Kesselwagen eingeführten rohen und gereinigten Branntweins (Spiritus, Sprit) vom Zolle für den Fall der amtlichen vollständigen Vergällung und der in der Bekanntmachung vom 17. Juni 1915 (RGBl. S. 343)[1]) unter erleichterten Bedingungen zugelassenen Verarbeitung von Kartoffeln ist die Branntweinknappheit behoben, so daß namhafte Mengen unter Steueraufsicht befindlichen Branntweins in das Betriebsjahr 1915/16 übergegangen sind. Unter Berücksichtigung dieser Bestände und des voraussichtlichen Bedarfs konnte für das Betriebsjahr 1915/16 der **Durchschnittsbrand** gekürzt werden, wenn auch nicht so stark wie im Betriebsjahre 1914/15. Eine Kürzung war auch deshalb geboten, weil bei der gehinderten Einfuhr mit dem Verbrauch der vorhandenen Rohstoffe sparsam umgegangen werden muß. Der Stand der Felder verspricht zwar eine gute Ernte an Kartoffeln, doch werden bei der Knappheit der sonstigen Futtermittel erhebliche Mengen davon für die Viehfütterung gebraucht werden. Da aus Anlaß des Krieges ebenso wie im Vorjahr eine Anzahl von Brennereien nicht wird in Betrieb genommen werden können, war wiederum in weitgehendem Maße eine Übertragung des Durchschnittsbrandes zuzulassen. Dennoch werden, wie die Erfahrungen des Betriebsjahres 1914/15 zeigen, voraussichtlich erhebliche Mengen Durchschnittsbrand nicht ausgenutzt werden; hierauf war bei der Bemessung des Durchschnittsbrandes Rücksicht zu nehmen. Ferner war zu berücksichtigen, daß die Zivilverwaltung für die besetzten russischen Gebiete voraussichtlich dort die Branntweinbrennerei nicht zulassen, sondern den erforderlichen Branntwein aus dem Reichsgebiete beziehen wird. Der dadurch bedingte Mehrbedarf

[1]) Unten Nr. 4.

an Rohstoffen, insonderheit an Kartoffeln, wird durch Einfuhr aus dem erwähnten Gebiete voraussichtlich gedeckt werden können.

Neben Obst und den anderen im § 12 des Branntweinsteuergesetzes genannten Stoffen, die aber für die Gesamterzeugung nur von untergeordneter Bedeutung sind, werden nur Kartoffeln in hinreichenden Mengen für die Branntweinerzeugung zur Verfügung stehen. Das Getreide wird in der Hauptsache für die Ernährung von Mensch und Vieh bereitgehalten und die Melasse zur Herstellung von Futtermitteln verwendet werden müssen, doch war den Hefebrennereien die Aufarbeitung des für das Betriebsjahr 1914/15 ihnen überlassenen und bereits gelieferten Rohzuckers unter den früheren erleichterten Bedingungen während des Monats Oktober zu gestatten. Zur Verringerung der aus der Beschränkung der Rohstoffe zu erwartenden Schwierigkeiten ist bereits durch die Bekanntmachungen vom 23. April und 16. September 1915 (RGBl. S. 263 und 594) in den dort näher angegebenen Grenzen für das Betriebsjahr 1915/16 die Verarbeitung von Topinamburs, Rüben und Rübensäften mit Ausnahme von Abläufen von der Zuckergewinnung (Melasse) und die Verarbeitung von Kartoffeln ohne steuerliche Nachteile zugelassen worden. Zu gleichem Zwecke mußten einige weitere Erleichterungen vorgesehen werden.

In Anbetracht der für das Betriebsjahr 1914/15 notwendig gewesenen erheblichen Herabsetzung des Durchschnittsbrandes und des aus Anlaß des Krieges erwarteten außergewöhnlichen Rückganges des Verbrauchs an versteuertem Branntwein mußte auch das **Kontingent** für dieses Jahr wesentlich gekürzt werden. Seine Bemessung erfolgte nach der Bekanntmachung vom 15. Oktober 1914 (RGBl. S. 434)[1]) abweichend von den Bestimmungen des Branntweinsteuergesetzes in der Weise, daß die einzelne Brennerei in den Sonderrechtsstaaten sieben Zehntel des ihr für das Betriebsjahr 1911/12 zugewiesenen Kontingents erhielt. In dem gleichen Verhältnis war in den übrigen Staaten die in gewissen Brennereien

[1]) Unten Nr. 1.

mit geringerem Betriebsumfange zu einem ermäßigten Verbrauchsabgabensatze herstellbare Alkoholmenge gekürzt worden. Wegen der Einschränkung der Trinkbranntweinerzeugung war das Kontingent wiederum abweichend von den Vorschriften des Branntweinsteuergesetzes festzusetzen, da die den Gastwirtschaftsbetrieb einschränkenden Anordnungen der Behörden, die allgemeine Teuerung aller Lebensbedürfnisse und die Abwesenheit der großen Zahl Kriegsteilnehmer einen bedeutenden Minderbedarf an versteuertem Branntwein gegenüber dem Bedarf in gewöhnlichen Zeiten zur Folge haben.

Der Bedarf an vollständig **vergälltem Branntwein** wird voraussichtlich höher sein als an anderem Branntwein. Namentlich mit Rücksicht auf die Volksschichten, denen andere Beleuchtungsstoffe nur in geringem Maße zur Verfügung stehen, muß für den kommenden Winter auf die Bereitstellung hinreichender Mengen Brennspiritus der größte Wert gelegt werden. Dabei empfahl sich, die Brennereien, welche sich bisher an der Bereitstellung des vollständig vergällten Branntweins nicht beteiligt haben, zur Befriedigung dieses wichtigen Bedürfnisses heranzuziehen. Bisher waren es fast ausschließlich die der Spirituszentrale angeschlossenen Brennereien, welche die Lasten der Versorgung des Marktes mit Brennspiritus und Leuchtspiritus trugen; die nicht angeschlossenen Brennereien machten sich die durch die Syndikatsbindung bedingten Preise für Trinkbranntwein nicht nur für den vergällungsfreien Teil ihrer Erzeugung zunutze, sondern erreichten durch Verwertung von Vergällungsscheinen einen annähernd gleichen Vorteil auch für den vergällungspflichtigen Anteil ihrer Erzeugung.

Wenn nun auch in regelmäßigen Verhältnissen gegen die Ausbeutung der Geschäftslage durch die Außenseiter eines Syndikats Einwendungen nicht zu erheben sein möchten, so erschien es doch bei der durch den Krieg geschaffenen Wirtschaftslage nicht länger angängig, daß nur der zusammengeschlossene Teil der Brennereien die verlustbringende Bereitstellung des vollständig vergällten Branntweins übernimmt und der übrige Teil, ohne dem Volkswohl irgendein Opfer zu bringen, nur die günstigsten Geschäftsgelegenheiten wahrnimmt. Die Spirituszentrale ist bereit, die Preise für vollständig vergällten Branntwein erheblich herabzusetzen, ohne Erhöhung der Preise für versteuerten und für unvollständig vergällten Branntwein. Es ist dann aber nur billig, daß auch die außenstehenden Brennereien diese Lasten mittragen.

Dieses Ziel ließ sich erreichen durch **zeitweilige Außerkraftsetzung der bisher erteilten Vergällungsscheine** und aufgelaufenen Guthaben in den Ausgleichsbüchern. Als Folge wird eintreten, daß die erwähnten Brennereien nicht mehr in dem bisherigen Umfang in der Lage sind, den vergällungspflichtigen Anteil ihrer Erzeugung der Vergällung zu entziehen. Nur durch die nach dem Inkrafttreten der Verordnung ausgeführte vollständige Vergällung vergällungsfreien Branntweins soll es möglich sein, zum Umtausch berechtigende Vergällungsscheine oder Anschreibungen im Ausgleichsbuch zu erlangen. Über die Ausfuhr vergällungsfreien Branntweins oder von Erzeugnissen, zu deren Herstellung Branntwein verwendet ist, werden Vergällungsscheine zwar weiter erteilt und Anschreibungen im Ausgleichsbuch werden vorgenommen werden können, doch sind diese Scheine und Anschreibungen in gleicher Weise wie diejenigen des Betriebsjahres 1914/15 bis zum 30. September 1916 von der Verwendung ausgeschlossen. Andernfalls würde die mit der Vorschrift beabsichtigte Wirkung nicht erreicht werden. Nach dem Ablauf des Betriebsjahres 1915/16 soll der bis zum Inkrafttreten der Verordnung noch nicht abgelaufene Teil der Gültigkeitsfrist seinen Lauf fortsetzen. Da jedoch für einen nicht unerheblichen Teil der Vergällungsscheine die Restfrist nur kurz sein wird, können sich für diese Scheine Verwertungsschwierigkeiten ergeben. Es ist daher vorgesehen, daß die Gültigkeitsfrist frühestens am 25. Dezember 1916 abläuft; für die Scheine, deren Gültigkeitsfrist beim Inkrafttreten der Verordnung länger war, verbleibt es hierbei. Für die im Betriebsjahre 1915/16 aus Anlaß der Ausfuhr erteilten Vergällungsscheine beginnt der Lauf der Gültigkeitsfrist erst am 1. Oktober 1916.

Durch die vollständige Sperrung der alten und teilweise Ausschließung der neuen Vergällungsscheine (im Falle der Ausfuhr) können allerdings einzelne Brennereibesitzer unter anderem dann in Verlegenheit kommen, wenn sie keinen Abnehmer für den vergällungspflichtigen Anteil ihrer Erzeugung oder für den vergällten Branntwein finden, oder wenn es ihnen, z. B. mit Rücksicht auf die geringe Alkoholstärke ihres Branntweins, nicht möglich ist, ihn an Ort und Stelle vollständig vergällen zu lassen. Für solche Fälle soll die Ablösung der Vergällung durch Entrichtung eines Zuschlags zur Betriebsauflage nach dem Satze von 40 ℳ für das Hektoliter Alkohol einen Ausweg bieten. Der Zuschlag entspricht etwa dem Unterschied der geltenden Preise für Primasprit und vollständig vergälltem Branntwein und ist einerseits hoch genug, um eine zu weitgehende Inanspruchnahme der Ablösungsmöglichkeit hintanzuhalten, während er andererseits doch nicht die Grenze überschreitet, bis zu der ein durch die verschärfte Vergällungspflicht in Zwangslage gekommener Brennereibesitzer gehen kann. Durch die Vorschrift kann auch nicht eine übermäßige Verteuerung des Branntweins eintreten, da auf dem Markte die Preise der Spirituszentrale maßgebend sind und diese zugesagt hat, die geltenden Preise für Trinkbranntwein und unvollständig vergällten Branntwein nicht zu erhöhen.

Die für das Betriebsjahr 1914/15 zugelassene **Übertragung des Durchschnittsbrandes,** bei der für den auf erworbenen Durchschnittsbrand angerechneten Branntwein nicht nur die Verbrauchsabgabe, sondern auch die Betriebsauflage so zu berechnen und die Vergällungspflicht so zu regeln war, als ob er in der den Durchschnittsbrand **abgebenden** Brennerei hergestellt worden wäre, hat zu Unzuträglichkeiten geführt. Es hat vielfach eine Ablenkung der landwirtschaftlichen Erzeugung auf gewerbliche Betriebe stattgefunden. Dies war im Betriebsjahre 1915/16 zum Zwecke bestmöglichster Verwertung der Schlempe zu verhindern oder wenigstens einzuschränken. Dem erwähnten Übelstand ist durch die Vorschrift, daß die Betriebsauflage nach den Sätzen der den Durchschnittsbrand erwerbenden Brennerei zu entrichten ist, hinreichend abgeholfen worden. Erwirbt dann eine landwirtschaftliche Brennerei den Durchschnittsbrand einer anderen Brennerei (landwirtschaftlich oder gewerblich mit Hefe und Melasse betrieben oder ohne dem), so kommt sie, soweit sie landwirtschaftlich weiter arbeitet, nur in die höheren Staffeln der allgemeinen Betriebsauflage, entsprechend dem Zuwachs. Erwirbt dagegen eine gewerbliche Brennerei irgendeinen Durchschnittsbrand, so nimmt die Erzeugung innerhalb des erworbenen Durchschnittsbrandes teil an den besonderen Auflagesätzen, die die erwerbende Brennerei nach ihrer Betriebsart zahlen muß. Es ist also für die erwerbende Brennerei in jedem Falle gleichgültig, aus welcher Brennereiklasse der erworbene Durchschnittsbrand stammt. Dadurch wird jedenfalls eine größere Beweglichkeit geschaffen. Falls landwirtschaftliche Brennereien Durchschnittsbrand erwerben wollen, steht ihnen genügend zur Verfügung, ohne beeinträchtigenden Wettbewerb der gewerblichen Brennereien, denn deren Aufkaufsbedürfnisse werden durch die für sie geltenden besonderen Betriebsauflagesätze immerhin etwas in Schranken gehalten, ohne bei den hohen Verwertungspreisen darin ausschließende Hemmungsumstände zu finden. Das Verfahren hat außerdem den Vorteil, daß damit die Geldansammlung für die Betriebsauflagevergütungen anwächst und eine Verbilligung des steuerfreien Branntweins, insonderheit des Brennspiritus, ermöglicht.

Die **Vergällungspflicht** regelt sich nach den Bestimmungen, die für die den Durchschnittsbrand **erwerbende** Brennerei Anwendung finden.

Billig erschien es aber, die mit dem zu übertragenden Durchschnittsbrand verbundene **Ermäßigung der Verbrauchsabgabe** auch nach der Übertragung bei dem Durchschnittsbrande zu lassen. Dadurch werden die Brennereien, die ein Kontingent besitzen oder Branntwein zu einem ermäßigten Verbrauchsabgabensatze herstellen dürfen, in die Lage versetzt, die Vorteile des Kontingents usw. zu Gelde zu machen.

Es war an dem bisherigen Grundsatz festzuhalten, eine Übertragung des Durchschnittsbrandes aus den Sonderrechtsstaaten und den Hohenzollernschen Landen nach dem übrigen Branntweinsteuergebiete nicht zuzulassen, weil den auf den Verkauf des Durchschnittsbrandes angewiesenen Brennereien in dem letzteren Gebiet ein ungerechtfertigter Wettbewerb durch die Brennereien der anderen Staaten und Gebietsteile erwachsen würde, deren Durchschnittsbrand wegen des damit fast durchweg verbundenen Kontingents begehrenswerter ist.[1])

Wenn landwirtschaftliche Brennereien Durchschnittsbrand erwerben, so könnte der Fall eintreten, daß sie für die dann in größerem Umfang gewonnenen Rückstände der Branntweinerzeugung oder bei verstärktem Viehstand für die vermehrte Düngererzeugung nicht selbst Verwendung haben. Deshalb war die Beschränkung in der Verwertung der Rückstände zu beseitigen, insbesondere auch um anderen Viehhaltern als Brennereibesitzern die Möglichkeit zu bieten, ihrem etwaigen Futtermangel durch Ankauf von Schlempe abzuhelfen.

Den Preßhefefabriken ist gestattet worden, den ihnen freigegebenen oder überwiesenen Rohzucker bis Ende Oktober 1915 zur Herstellung von Preßhefe zu verwenden. Diese Erlaubnis machte eine Verlängerung der für das Betriebsjahr 1914/15 den Brennereien bei Verwendung von Rohzucker zugestandenen Erleichterungen für den Monat Oktober 1915 erforderlich.

Den Hefebrennereien, die sich wegen der Beschränkung der Rohstoffe in einer besonders schwierigen Lage befinden, mußte die Möglichkeit gegeben werden, Melasse zu verarbeiten, falls ihnen diese nach Lage der sonstigen Verhältnisse zur Verfügung gestellt werden kann. Zu diesem Zwecke mußten die Nachteile abgewendet werden, die einer landwirtschaftlichen Hefebrennerei erwachsen würden, falls sie andere Stoffe wie Kartoffeln oder Getreide verarbeitet.

Es wäre eine Härte, wenn die Brennereien, die infolge der besonderen, durch den Krieg veranlaßten Verhältnisse gezwungen sind, im Laufe des Jahres, nachdem sie bereits andere Stoffe verarbeitet haben, zur Melasse zu greifen oder umgekehrt die

---

[1]) Jetzt geändert durch Bekanntmachung vom 20. Januar 1916 (unten S. 225).

Melasseverwendung aufzugeben, für die ganze Jahreserzeugung die hier in Betracht kommende Betriebsauflage zahlen müßten. Deshalb ist angeordnet, daß die Betriebsauflage nur für die Monate zu erheben ist, in denen Melasse verarbeitet worden ist.

Die Billigkeit erfordert, den Brennereien, die sonst Roggen usw. verarbeiten, die Ermäßigungen der Verbrauchsabgabe und der Betriebsauflage auch für den Fall zu gewähren, daß sie zur Verarbeitung von anderen mehligen Stoffen, insonderheit Kartoffeln, greifen müssen. Da sie die vorgeschriebene Erklärung über die Betriebsweise, an die die Ermäßigungen geknüpft sind, nicht abgeben können, so erschien es angängig, die Ermäßigungen auch dann zu gewähren, wenn die Bedingungen im letzten Jahre des Betriebs vor dem 1. Oktober 1914 erfüllt wurden. Wird von einer solchen Brennerei der Durchschnittsbrand an eine andere Brennerei abgegeben, so erwirbt diese damit auch das etwa mit dem Durchschnittsbrande verbundene Recht, Branntwein zu dem in Betracht kommenden ermäßigten Verbrauchsabgabensatze herzustellen. Der ermäßigte Betriebsauflagesatz kommt der den Durchschnittsbrand erwerbenden Brennerei allerdings nicht zugute.

Den Hefebrennereien muß hinsichtlich des Überganges zu einem anderen Verfahren der Hefebereitung möglichste Bewegungsfreiheit gegeben werden, damit sie die gerade zur Verfügung stehenden Rohstoffe vorteilhaft ausnutzen können. Behalten die Brennereien den geänderten Betrieb auch nach dem 30. September 1916 bei, so sind die vorgeschriebenen Kürzungen vorzunehmen.

Dem vorstehend Dargelegten entspricht die, zum Teil auf Grund des § 3 des sogenannten Ermächtigungsgesetzes ergangene

Bekanntmachung über die Regelung der wirtschaftlichen Betriebsverhältnisse der Branntweinbrennereien und der Betriebsauflagevergütungen für das Betriebsjahr 1915/16 vom 7. Oktober 1915 (RGBl. S. 637).[1]

Die zur Sicherstellung der Volksernährung während des Krieges notwendige Beschränkung der Brennereien in der Auswahl der

---

[1]) Unten Nr. 5.

Rohstoffe wird die Getreidebrennereien auch im Betriebsjahr 1915/16 in eine schwierige Lage bringen. Denn die für diese Betriebe in Betracht kommenden Rohstoffe inländischer Herkunft, insonderheit auch die aus der Ernte 1915 zu erwartenden Vorräte an Roggen, sind beschlagnahmt. Es mußte bezweifelt werden, ob beschlagnahmtes Brotgetreide und Hafer in hinreichenden Mengen zur Branntweinbereitung im Betriebsjahr 1915/16 freigegeben werden könne (vgl. auch § 14 Abs. 1 unter d der Bekanntmachung vom 23. Juni 1915, RGBl. S. 363). Ausländisches Brotgetreide steht wegen der gehinderten Einfuhr weder in hinreichenden Mengen noch zu angemessenen Preisen zur Verfügung. Neben Rücksichten auf die wirtschaftliche Lage der Getreidebrennereien sprachen aber Erwägungen allgemeiner Natur dafür, diesen Brennereien die Aufnahme des Betriebs unter Verwendung von Ersatzstoffen zu ermöglichen. Als solche Ersatzstoffe kommen hauptsächlich Kartoffeln in Betracht. Getreidebrennereien können einen solchen Betriebswechsel aber nur dann vornehmen, wenn er keine Nachteile in der Steuerbehandlung zur Folge hat. Ein solcher Nachteil kann aus der Vorschrift des § 10 Abs. 2 des Branntweinsteuergesetzes vom 25. Juli 1909 (RGBl. S. 661) erwachsen, nach der bei den dort näher bezeichneten jüngeren landwirtschaftlichen Brennereien unter anderem die zur Verarbeitung kommenden Kartoffeln in der Hauptsache von den Eigentümern oder Besitzern der Brennerei selbst gewonnen werden müssen. Nun werden aber Getreidebrennereien im allgemeinen auf den Anbau von Kartoffeln für die Branntweinbereitung nicht eingerichtet, vielmehr auf den Ankauf der Kartoffeln angewiesen sein. Deshalb ist allen Getreidebrennereien die Verarbeitung von Kartoffeln im Betriebsjahr 1915/16 ohne Nachteil gestattet worden.

Dem entspricht die auf Grund des § 3 des sogenannten Ermächtigungsgesetzes ergangene

> Bekanntmachung, betreffend Verarbeitung von Kartoffeln in Getreidebrennereien im Betriebsjahr 1915/16, vom 16. September 1915 (RGBl. S. 594).[1]

---

[1]) Unten Nr. 6.

Durch die bestehenden Ausschankverbote[1]) wird in dem größten Teil Deutschlands der Mißbrauch des Branntweins stark eingedämmt und der Trinkverbrauch einigermaßen in Schranken gehalten. Die Verordnung über die Einschränkung der Trinkbranntweinerzeugung vom 31. März 1915 hat daher etwas an praktischer Bedeutung verloren. Immerhin ist sie nicht ganz zu entbehren, weil die Ausschankverbote nicht überall gleichmäßig durchgeführt werden und weil zu befürchten ist, daß bei Aufhebung der Beschränkung kapitalkräftige Großdestillateure trotz der zurzeit höheren Branntweinpreise Branntwein auf Vorrat versteuern und trinkfertigen Branntwein daraus herstellen, um auf alle Fälle gerüstet zu sein, falls im Februar oder März die Verhältnisse auf dem Branntweinmarkte wiederum eine Einschränkung der Versteuerung von Branntwein erforderlich machen sollten. Wenn aber die zurzeit stark geräumten Branntweinlager aufgefüllt werden und Branntwein auf Vorrat versteuert wird, so ist mit Sicherheit anzunehmen, daß der verfügbare Branntweinvorrat gegen Ende des Winters wiederum knapp wird und darum von neuem ein Versteuerungsverbot erlassen werden muß. Ein solcher erneuter Eingriff würde aber überaus ungerecht wirken und namentlich die große Anzahl Kleindestillateure, die sich nicht mit Vorräten versehen können, außerordentlich schädigen. Hiernach erscheint es richtiger, die Einschränkung der Trinkbranntweinerzeugung beizubehalten.

Es erschien indessen eine gewisse Erleichterung zulässig. Die im Betriebsjahre 1915/16 zu steuerpflichtigen Zwecken verfügbare Menge Branntwein kann 66 vom Hundert der im Betriebsjahre 1913/14 versteuerten Menge geschätzt werden. Der Bedarf an Trinkbranntwein ist nun in den Wintermonaten ganz erheblich größer als in den Sommermonaten; namentlich werden im Winter große Mengen, die schätzungsweise auf monatlich mehr als eine Million Liter angenommen werden, in Gestalt von Rum- und

---

[1]) Auf Grund der Bekanntmachung, betreffend den Ausschank und Verkauf von Branntwein oder Spiritus, vom 26. März 1915 (RGBl. S. 183 ff.).

Kognakverschnitten als Liebesgaben an das Feldheer geschickt. Diesen Verhältnissen mußte nach Möglichkeit Rechnung getragen werden. Es ist daher der Reichskanzler zur Freigabe von 15 vom Hundert für das Vierteljahr ermächtigt worden und es ist in Aussicht genommen, in dem laufenden Vierteljahr noch 3 vom Hundert freizugeben. In den späteren Monaten kann dann je nach der Höhe der vorhandenen Vorräte wieder eine stärkere Einschränkung eintreten.

Die Erhöhung rechtfertigt sich auch aus einem anderen Gesichtspunkt. Wie bereits anläßlich der Erörterung über die landwirtschaftlichen Betriebsverhältnisse der Brennereien (S. 70) ausgeführt ist, ist in Aussicht genommen, daß sehr große Mengen vergällten Spiritus zu Treib- und Beleuchtungszwecken verbraucht werden sollen. Wenn der Spiritus wirklich ein brauchbarer Ersatz für Petroleum sein soll, mußte der bisherige Preis von 60 ₰ für den Liter 95gradigen Spiritus erheblich herabgesetzt werden, es ist daher eine Herabsetzung dieses Preises auf 45 ₰ veranlaßt worden. Da der Mindererlös bzw. der Verlust, der bei dem Absatz des Brennspiritus entsteht, durch erhöhten Absatz von Trinkbranntwein ausgeglichen werden muß, entsprach es der Billigkeit, die Versteuerung von Branntwein nicht mehr als notwendig zu beschränken.

Die bisherige Regelung der Trinkbranntweineinschränkung gewährte denjenigen Personen ein Versteuerungsrecht, die im Betriebsjahre 1913/14 Branntwein versteuert oder auf Begleitschein II hatten abfertigen lassen. Die Spirituszentrale und die großen Spritfabriken haben zwar ihre Abnehmer in durchaus angemessener Weise bedacht, dagegen haben in einigen Gegenden einzelne Branntweinhändler und Großdestillateure das Versteuerungsrecht in der Weise gemißbraucht, daß sie denjenigen, die von ihnen unverarbeiteten Branntwein entweder versteuert oder auf Begleitschein II bezogen hatten, nicht eine den früheren Bezügen entsprechende Quote geliefert oder von ihnen Wucherpreise verlangt haben. Dies hat zu überaus lebhaften Klagen aus den Kreisen der Kleindestillateure geführt. Der Mißbrauch konnte darum einen großen Umfang annehmen, weil die Kleindestillateure durchweg nicht selbst den Branntwein versteuern lassen, sondern ihn von Sprithändlern oder Großdestillateuren versteuert beziehen.

Den Mißbräuchen soll dadurch vorgebeugt werden, daß einer besonderen Kommission die Befugnis gegeben wird, im Falle des Mißbrauchs das Versteuerungsrecht zu entziehen.

Dem entspricht die auf Grund des § 3 des sogenannten Ermächtigungsgesetzes ergangene

Bekanntmachung wegen Änderung der Bekanntmachung, betreffend Einschränkung der Trinkbranntweinerzeugung, vom 31. März 1915 (RGBl. S. 208) — vom 28. Oktober 1915 (RGBl. S. 718).[1])

I. Das Brennereigewerbe betreffende Regelung.

A. Betriebsjahr 1914/15.

1. Bekanntmachung, betr. die Regelung der wirtschaftlichen Betriebsverhältnisse der Branntweinbrennereien und der Betriebsauflagevergütungen für das Betriebsjahr 1914/15. Vom 15. Oktober 1914 (RGBl. S. 434 ff.).[2])

Der Bundesrat hat beschlossen:

1. Für das Betriebsjahr 1914/15 wird der Durchschnittsbrand der Brennereien mit einer Jahreserzeugung von 50 hl Alkohol oder weniger auf 90 Hundertteile, der Durchschnittsbrand der übrigen Brennereien auf 60 Hundertteile des allgemeinen Durchschnittsbrandes festgesetzt.

---

[1]) Unten Nr. 7.

[2]) Dazu preußische Ausführungsanweisung in PrZBl. 1915 S. 85 ff., ferner S. 111 ff.

2. Auf Grund des § 3 des Gesetzes über die Ermächtigung des Bundesrats zu wirtschaftlichen Maßnahmen usw. vom 4. August 1914 (RGBl. S. 327) wird

a) das Kontingent der Brennereien im Königreiche Bayern (einschließlich Jungholz und Mittelberg), im Königreiche Württemberg und im Großherzogtume Baden für das Betriebsjahr 1914/15 auf sieben Zehntel des auf Grund des Beschlusses vom 2. November 1911 — § 914 der Protokolle — den einzelnen Brennereien für das Betriebsjahr 1911/12 zugewiesenen Kontingents festgesetzt;

b) bestimmt, daß abweichend von der Vorschrift im § 5 Abs. 3 des Gesetzes, betreffend die Beseitigung des Branntweinkontingents, vom 14. Juni 1912 (RGBl. S. 378) im Betriebsjahr 1914/15 die Vorschrift im Abs. 1 unter 1 a. a. O., soweit sie die Hohenzollernschen Lande angeht, und die Vorschrift im Abs. 1 unter 2 a. a. O. nur für den Branntwein eintritt, der innerhalb der ersten sieben Zehntel des den einzelnen Brennereien für das Betriebsjahr 1911/12 zugewiesenen Kontingents erzeugt worden ist;

c) die durch § 15 des Gesetzes vom 14. Juni 1912 dem § 69 des Branntweinsteuergesetzes vom 15. Juni 1909 (RGBl. S. 661) als Abs. 2 angefügte Vorschrift bei Festsetzung des Durchschnittsbrandes der einzelnen Brennerei für das Betriebsjahr 1914/15 für Brennereien mit einer Jahreserzeugung von mehr als 50 hl Alkohol außer Wirksamkeit gesetzt.

3. Die Vergällungspflicht der Brennereien wird für das Betriebsjahr 1914/15 dahin geregelt, daß 65 Hundert-

teile der innerhalb des Durchschnittsbrandes hergestellten Erzeugung der Vergällungspflicht unterliegen und die übrigen 35 Hundertteile davon befreit bleiben.

4. Die aus den Einnahmen an Betriebsauflage zu gewährenden Vergütungen werden mit Wirkung vom 16. Oktober 1914 ab wie folgt festgesetzt:

a) für vollständig vergällten Branntwein

α. des vergällungspflichtigen Überbrandes auf 0,07 Mark,

β. anderer Art auf . . . . 0,21 „ ;

b) für unvollständig vergällten Branntwein, der verwendet wird

α. zur Herstellung von Essig auf . . 0,20 Mark,

β. zur Herstellung von essigsauren Salzen (Bleizucker usw.), Zellhorn (Zelluloid), Kunstseide und Kunstleder (ein mit Zellhorn oder ähnlichen Stoffen überstrichenes Gewebe) sowie von Teerfarbstoffen und ihren organischen Vorerzeugnissen auf . . . . 0,16 Mark,

γ. zu anderen Zwecken auf . . . . 0,105 Mark;

c) bei der Ausfuhr

α. für Branntwein aus Steinobst oder Beeren und Liköre, wenn die Ausfuhr in Flaschen bis zu einem Liter oder in Fässern oder Korbflaschen bis zu 100 Liter Raumgehalt erfolgt (§ 48 unter b und c der BfrO) . . . . . . 0,14 Mark,

β. für rohen und gereinigten Branntwein sowie für Branntwein und Branntweinerzeugnisse anderer Art als unter α angegeben (§ 48 unter a, d, e und f der BfrO.) auf . . . . 0,07 Mark;

d) für Branntwein, der unter amtlicher Überwachung durch Verdunstung oder sonst durch natürliche Einflüsse verloren geht (§ 36 VglO., § 32 Abs. 3 LO., § 27 Abs. 3 RO.), und zwar

α. des vergällungspflichtigen Überbrandes auf 0,07 Mark,

β. anderer Art auf . . . . 0,105 Mark

für das Liter Alkohol.

Übersteigt die in der Zeit vom 1. bis einschließlich 15. Oktober 1914 von dem einzelnen Antragsteller vollständig vergällte Alkoholmenge 15 Einunddreißigstel der im Oktober der Jahre 1911, 1912 und 1913 durchschnittlich für denselben Antragsteller oder seinen Rechtsvorgänger in gleicher Weise steuerfrei abgelassenen Menge um mehr als 5 Hundertteile, mindestens aber um mehr als 600 Liter Alkohol, so ist für die darüber hinausgehende Menge die Betriebsauflage nur in der oben festgesetzten geringeren Höhe zu vergüten.

5. Auf Grund des § 3 des Gesetzes über die Ermächtigung des Bundesrats zu wirtschaftlichen Maßnahmen usw. vom 4. August 1914 wird den nachstehenden Bestimmungen über die Übertragung des Durchschnittsbrandes der Brennereien im Betriebsjahr 1914/15 die Genehmigung erteilt.

Anlage zu Nr. 1.

Bestimmungen über die Übertragung des Durchschnittsbrandes der Brennereien im Betriebsjahr 1914/15.

§ 1. Die Direktivbehörde kann in den im § 2 näher bezeichneten Fällen gestatten, daß im Betriebsjahr 1914/15 der Durchschnittsbrand einer Brennerei, gegebenenfalls mit diesem auch die zu einem ermäßigten Verbrauchsabgabensatze herstellbare Alkoholmenge ganz oder teilweise auf eine andere Brennerei der gleichen Art innerhalb des Direktivbezirkes übertragen wird. Soll Durchschnittsbrand usw. auf eine Brennerei eines anderen Direktivbezirkes übertragen werden, so ist die Genehmigung der obersten Landesfinanzbehörde erforderlich. Die Übertragung von Durchschnittsbrand usw. auf eine Brennerei eines anderen Bundesstaats ist ausgeschlossen.

Im Falle des Bedürfnisses können landwirtschaftliche Brennereien, Obstbrennereien und den Obstbrennereien gleichgestellte Brennereien als Brennereien der gleichen Art behandelt werden.

§ 2. Die Übertragung darf gestattet werden:[1])

a) für Brennereien jeder Art,
wenn infolge der kriegerischen Ereignisse der Brennereibesitzer durch Zerstörung der Brennereianlage, Vernichtung von Rohstoffen der Branntweinerzeugung usw. außerstand gesetzt ist, den Brennereibetrieb überhaupt oder in einem dem Durchschnittsbrand entsprechenden Umfang auszuüben;

b) für landwirtschaftliche Brennereien, die ausschließlich Kartoffeln verarbeiten,
1. wenn der Brennereibesitzer eine eigene Anlage zur Herstellung von Trockenkartoffeln besitzt oder zur alsbaldigen Einrichtung verbindlich in Auftrag gegeben hat,
2. wenn der Brennereibesitzer einer Kartoffeltrocknungs-Genossenschaft als Mitglied angehört,

[1]) Geändert durch II der folgenden Verordnung.

3. wenn der Brennereibesitzer sich verpflichtet, die geernteten Kartoffeln, soweit er sie nicht in der eigenen Wirtschaft verbraucht, an eine Anstalt zur Herstellung von Trockenkartoffeln zu liefern, und nachweist, daß diese ihm die Kartoffeln zur Trocknung abzunehmen hat;

c) für landwirtschaftliche Brennereien, die Kartoffeln neben Getreide verarbeiten, unter den bei b angegebenen Bedingungen in dem der Kartoffelverarbeitung entsprechenden Verhältnis.

§ 3. Für den Branntwein, der auf den erworbenen Durchschnittsbrand angerechnet wird, ist die Betriebsauflage so zu berechnen und die Vergällungspflicht so zu erfüllen, als ob er in der Brennerei hergestellt worden wäre, die den Durchschnittsbrand abgegeben hat. Soweit die abgebende Brennerei Branntwein zu einem ermäßigten Verbrauchsabgabensatze herstellen durfte, unterliegt der innerhalb der übertragenen Menge hergestellte Branntwein in den bestimmten Grenzen dem für die abgebende Brennerei zutreffenden ermäßigten Verbrauchsabgabensatze. Verwertet eine Brennerei, die nur einen Teil des Durchschnittsbrandes einer anderen Brennerei erworben hat, diesen Anteil überhaupt nicht oder nicht vollständig, so wird hierdurch die Behandlung der übrigen an demselben Durchschnittsbrande beteiligten Brennereien nicht geändert (zu vergleichen § 8).

§ 4. Eine Brennerei, die fremden Durchschnittsbrand erworben hat, darf auf diesen ihre Branntweinerzeugung erst anrechnen lassen, nachdem sie den eigenen Durchschnittsbrand erschöpft hat.

§ 5. Wer von dem ihm für das Betriebsjahr 1914/15 zugewiesenen Durchschnittsbrand usw. an eine andere Brennerei etwas abgeben will, hat die Genehmigung bei dem für seine Brennerei zuständigen Hauptamt zu beantragen. Der Antrag hat die Tatsachen (§ 2) zu enthalten, auf die er gestützt wird, sowie Namen, Ort, Hauptamtsbezirk und Hebebezirk der Brennerei, auf die Durchschnittsbrand übertragen werden soll. Soll der zu übertragende Durchschnittsbrand auf mehrere Brennereien verteilt werden, so haben sich die Angaben auf sämtliche in Betracht kommenden Brennereien zu erstrecken unter näherer Bezeichnung der betreffenden Alkoholmengen. Das Hauptamt prüft im Einvernehmen mit dem für die erwerbende Brennerei zuständigen Hauptamt den Antrag, vermerkt darauf die Brennereiklasse und die Betriebsweise aller beteiligten Brennereien, soweit diese für die Beurteilung in Betracht kommt, und legt ihn der Direktivbehörde vor.

§ 6. Die Direktivbehörde prüft den Antrag und genehmigt ihn, wenn Bedenken nicht bestehen, nötigenfalls nach Weisung der obersten Landesfinanzbehörde (§ 1 Satz 2).

§ 7. In dem Branntwein-Abnahmebuche, dem Branntwein-Abnahme-Hauptbuche, dem Betriebsauflagebuch und dem Betriebsauflage-Hauptbuche sowohl der Brennerei, die Durchschnittsbrand abgegeben hat, als auch der, die solchen erworben hat, sind entsprechende Vermerke zu machen.

§ 8. Die Hebestelle, in deren Bezirke die abgebende Brennerei liegt, hat der anderen Hebestelle alle die Steuerberechnung und die Vergällungspflicht berührenden Angaben mitzuteilen. Ist die Übertragung von Teilmengen des Durchschnittsbrandes genehmigt, so ist insbesondere für jede Brennerei der allgemeine Betriebsauflagesatz mitzuteilen, der für die übertragene Teilmenge zunächst in Betracht kommt und wieviel zu diesem Satze hergestellt werden darf. Gegebenenfalls ist auch der ermäßigte Verbrauchsabgabensatz sowie der Teil des Durchschnittsbrandes, der diesem unterliegt, mitzuteilen.

§ 9. Der Branntwein, der auf den Durchschnittsbrand einer anderen Brennerei angerechnet wird, ist auf besonderen Papieren abzufertigen und in besonderen Abnahmebüchern und Betriebsauflagebüchern nachzuweisen. In diesen Büchern ist die Brennerei ersichtlich zu machen, die den Branntwein herstellt, und die den Durchschnittsbrand abgebende Brennerei.

Kommen Brennereien verschiedener Hebebezirke in Betracht, so ist für jede Hebestelle ein besonderes Abnahme-Hauptbuch und ein besonderes Betriebsauflage-Hauptbuch zu führen.

§ 10. Für die Beurteilung der Brennerei auch in der Folgezeit und für die Statistik ist der Branntwein, der auf den Durchschnittsbrand einer anderen Brennerei angerechnet worden ist, so zu behandeln, als ob er in der abgebenden Brennerei erzeugt worden wäre. In der Statistik sind diese Branntweinmengen außerdem zusammengefaßt nachrichtlich am Fuße der einzelnen Nachweisungen zu vermerken.

2. Bekanntmachung über weitere Regelung des Brennereibetriebs und des Branntweinverkehrs. Vom 4. Februar 1915 (RGBl. S. 57 ff.):[1])

I. Für das Brennereibetriebsjahr 1914/15 wird der Durchschnittsbrand der Brennereien mit einer Jahreserzeugung von mehr als 50 hl Alkohol erhöht, und zwar

[1]) Dazu preußische Ausführungsanweisung in PrZBl. 1914 S. 53 ff.

a) für Melassebrennereien, die keine Hefe erzeugen, auf 100 Hundertteile,

b) für Brennereien, die Rüben verarbeiten, ebenfalls auf 100 Hundertteile,

c) für alle übrigen Brennereien auf 70 Hundertteile

des allgemeinen Durchschnittsbrandes.

Diese Erhöhung ist an die folgenden Bedingungen geknüpft:

Über 60 Hundertteile des allgemeinen Durchschnittsbrandes hinaus ist der Branntwein herzustellen

a) in Melassebrennereien, die keine Hefe erzeugen, nur aus Rohzucker;

b) in landwirtschaftlichen Brennereien

1. innerhalb der Erzeugungsgrenzen von 60 bis 70 Hundertteilen des allgemeinen Durchschnittsbrandes nur aus Rohzucker oder Rüben,

2. über die Grenze von 70 Hundertteilen des allgemeinen Durchschnittsbrandes nur aus Rüben;

c) in anderen gewerblichen Brennereien als den unter a erwähnten Melassebrennereien

1. innerhalb der Erzeugungsgrenzen von 60 bis 70 Hundertteilen des allgemeinen Durchschnittsbrandes nur aus andern Stoffen als Kartoffeln und Getreide,

2. über die Grenze von 70 Hundertteilen des allgemeinen Durchschnittsbrandes nur aus Rüben.

Es darf jedoch der für die Erzeugung über 60 Hundertteile des allgemeinen Durchschnittsbrandes erforderliche Zucker

in Melassebrennereien durch Melasse

in landwirtschaftlichen Brennereien und in Kartoffeln oder Getreide verarbeitenden gewerblichen Brennereien durch Kartoffeln oder Getreide insoweit ersetzt werden, als bei Erzeugung der ersten 60 Hundertteile des allgemeinen Durchschnittsbrandes eine diesem Ersatz entsprechende Menge Rohzucker verwendet worden ist. In landwirtschaftlichen Brennereien und in Kartoffeln oder Getreide verarbeitenden gewerblichen Brennereien, die nach dem 5. Februar 1915 Rüben verarbeitet haben, darf der für die Erzeugung des Durchschnittsbrandes von 60 bis 70 Hundertteilen erforderliche Zucker auch insoweit durch Kartoffeln oder Getreide ersetzt werden, als nach dem genannten Tage bei Erzeugung der ersten 60 Hundertteile eine entsprechende Menge Rüben verarbeitet worden ist. Bei diesem Ersatz ist ein Kilogramm Rohzucker gleichzustellen 2 Kilogramm Melasse oder 5 Kilogramm Kartoffeln oder $1^2/_3$ Kilogramm Getreide und ein Kilogramm Rüben gleichzustellen $^2/_3$ Kilogramm Kartoffeln oder $^2/_9$ Kilogramm Getreide. Hat eine Melassebrennerei im laufenden Betriebsjahr vor dem 6. Februar 1915 bereits soviel Melasse verarbeitet, daß der ihr noch zur Verfügung stehende Rest nicht ausreicht, die weitere Erzeugung bis zu 100 Hundertteilen des allgemeinen Durchschnittsbrandes aus einem Gemisch von einem Gewichtsteil Melasse und 4 Gewichtsteilen Rohzucker herzustellen, so kann von der Direktivbehörde die Melassemenge diesem Verhältnis entsprechend erhöht werden.

Für Hefebrennereien kann der Reichskanzler in Fällen eines besonderen Bedürfnisses Ausnahmen von der Bestimmung im Abs. 3 unter c, 1 zulassen; bei der Verarbeitung von Melasse wird hierbei von der Erhebung der besonderen Betriebsauflage gemäß § 43 Ziff. 5 des Branntweinsteuergesetzes abgesehen.

II. Die in der Anlage zu der Bekanntmachung vom 15. Oktober 1914 enthaltenen Bestimmungen über die Übertragung des Durchschnittsbrandes der Brennereien im Betriebsjahr 1914/15 werden dahin erweitert, daß der Durchschnittsbrand auch dann übertragen werden kann, wenn die Voraussetzungen des § 2 a. a. O. nicht vorliegen. Ein hiernach übertragener Durchschnittsbrand darf jedoch nur zur Herstellung von Branntwein aus nichtmehligen Stoffen verwendet werden. Der Durchschnittsbrand kann auch auf eine Brennerei einer anderen Brennereigattung übertragen werden. Für die Vergällung ist der hiernach übertragene Durchschnittsbrand nach § 85 unter c der Branntweinsteuer-Befreiungsordnung zu behandeln.

III. Im Brennereibetriebsjahr 1914/15 dürfen landwirtschaftliche Brennereien Rohzucker und Obstbrennereien sowie diesen gleichgestellte Brennereien Rohzucker und Rüben verarbeiten, ohne daß dadurch ihre Brennereiklasse geändert und ihre Abgabenbelastung erhöht wird, und ohne daß ihnen andere Nachteile für das laufende Betriebsjahr und für die Folge entstehen.

IV. In Brennereien, für die gemäß § 86 der Branntweinsteuer-Befreiungsordnung die Erklärung abgegeben ist, daß in ihnen während des ganzen Betriebsjahrs ausschließlich Roggen, Weizen, Buchweizen, Hafer oder Gerste verarbeitet und nicht Hefe nach dem Würzeverfahren hergestellt werden soll, in denen aber nach dem 5. Februar 1915 auch andere Stoffe verarbeitet werden, ist im Brennereibetriebsjahr 1914/15 der Branntwein nur insoweit nach Maßgabe der Bestimmung des § 85 unter c a. a. O. zu behandeln, als er aus anderen als den bezeichneten Stoffen allein oder gemischt mit diesen hergestellt worden ist.

V. Im Brennereibetriebsjahr 1914/15 wird für Rohzucker, der in landwirtschaftlichen Brennereien, in Melassebrennereien und in mehlige Stoffe verarbeitenden gewerblichen Brennereien zur Branntweinerzeugung verwendet wird, die Zuckersteuer auf 2 Mark für 100 Kilogramm ermäßigt. Der Reinertrag der ermäßigten Steuer ist der Einnahme an Betriebsauflage (§§ 42 ff. des Branntweinsteuergesetzes) zuzuführen.

Für die Ablassung des begünstigten Rohzuckers zur Branntweinbereitung gelten die anliegenden Bestimmungen.

VI. Bis auf weiteres bleibt für rohen und gereinigten Branntwein in Fässern oder Kesselwagen der in Nr. 178 des Zolltarifs festgesetzte Eingangszoll unerhoben, wenn der Branntwein von der deutschen Heeresverwaltung für ihre Rechnung aus dem Ausland eingeführt und entweder für eigene Zwecke der Heeres- oder Marineverwaltungsbehörden unter den für die steuerfreie Verwendung inländischen Branntweins vorgesehenen Bedingungen verbraucht oder an militärtechnische Anstalten und andere im § 29 der Branntweinsteuer-Befreiungsordnung bezeichneten Anstalten zum Verbrauche nach Maßgabe der Bestimmungen in §§ 30 bis 46 dieser Ordnung abgegeben wird.

Unter den gleichen Bedingungen wird bis auf weiteres für Äthyläther (Schwefeläther) und für Essigäther in Fässern oder Kesselwagen von der Erhebung des in Nr. 347 des Zolltarifs festgesetzten Eingangszolls mit der Maßgabe abgesehen, daß die Verwendung des Äthers und Essigäthers nach den Bestimmungen im § 27 der Befreiungsordnung zu überwachen ist.

Der Reichskanzler ist ermächtigt, die vorstehenden Zollbefreiungen auch dann zuzulassen, wenn der Branntwein oder Äther von gemeinnützigen Gesellschaften, die der Versorgung des Inlandes dienen und unter staatlicher Aufsicht stehen, für ihre Rechnung aus dem Ausland eingeführt wird.

VII. Diese Verordnung tritt am 6. Februar 1915 in Kraft.

Der Reichskanzler bestimmt den Zeitpunkt des Außerkrafttretens der Vorschrift in Ziff. VI.

Anlage.

Bestimmungen über die Ablassung von Rohzucker zur Branntweinerzeugung unter Ermäßigung der Zuckersteuer.

§ 1. In einer Zuckerfabrik, in einer öffentlichen Niederlage oder in einem Privatlager unter amtlichem Mitverschlusse lagernder inländischer Rohzucker darf nach Vergällung mit Kohlenstaub, mit Ausnahme von Knochenkohlenstaub, in einer Menge von 2 vom Hundert des Reingewichts des Rohzuckers gegen Entrichtung von 2 Mark Zuckersteuer für 100 kg abgefertigt und an Brennereibesitzer verabfolgt werden, die sich durch eine mit Prüfungsvermerk versehene Anmeldung (§ 6) ausweisen.

Der Reichskanzler ist ermächtigt, an Stelle von Kohlenstaub andere Vergällungsmittel zuzulassen.[1])

§ 2. Der Zucker ist nach der Vergällung bis zu seiner Verabfolgung an den Empfangsberechtigten auf dem Grundstück, auf dem er vergällt ist, an einem angemeldeten, vom Oberkontrolleur genehmigten Ort zu lagern. Im Falle des Bedürfnisses kann auch ein anderer geeigneter Ort zur Lagerung zugelassen werden.

Der Oberkontrolleur kann verlangen, daß der Raum für

[1]) Geschehen durch den Erlaß in RZBl. 1915 S. 55.

die Aufbewahrung des vergällten Zuckers in der Fabrik usw. unter Verschluß gehalten wird.

§ 3. Über Zu- und Abgang des Zuckers hat der Gewerbtreibende ein Buch zu führen, aus dem die Menge des an- und abgeschriebenen Zuckers, die nähere Bezeichnung der Brennerei nach Namen und Ort und der Anmeldung nach Steuerstelle und Nummer hervorgeht.

§ 4. Die auf die einzelne Bestellung verabfolgte Zuckermenge ist auf der Anmeldung unter Namensbeischrift zu vermerken, der Bestellschein (§ 7) als Beleg zu dem Buche zu nehmen.

§ 5. Der zur Verwendung begünstigten Zuckers berechtigte Brennereibesitzer hat, wenn er solchen Zucker beziehen will, dies der für die Brennerei zuständigen Steuerstelle ein für allemal anzumelden. Er hat in der doppelt aufzustellenden Anmeldung die Brennerei nach Klasse, Namen und Ort näher zu bezeichnen, den für die Lagerung des Zuckers in Aussicht genommenen Raum anzugeben und sich zu verpflichten, für jeden Fall der mißbräuchlichen Verwendung des Zuckers eine Vertragsstrafe bis zu eintausend Mark zu zahlen.

§ 6. Die Anmeldung ist von der Steuerstelle in ein Verzeichnis einzutragen, in beiden Stücken mit Abgabevermerk und der Nummer des Verzeichnisses unter Beidrückung des Amtsstempels zu versehen und dem Oberkontrolleur zu übergeben. Dieser prüft die Anmeldung und genehmigt den Aufbewahrungsort des Zuckers. Ein Stück der mit Prüfungsvermerk versehenen Anmeldung erhält der Brennereibesitzer zurück, das zweite Stück ist bei dem Verzeichnis aufzubewahren.

§ 7. Der Zucker ist unter Beifügung der mit Prüfungsvermerk versehenen Anmeldung (§ 6) schriftlich zu bestellen und nach Eingang an dem genehmigten Orte zu lagern. An diesem Orte und in der Nähe des Geräts, in dem die Maische bereitet wird (des Vormaischbottichs), ist an in die Augen fallender Stelle nach näherer Weisung des Oberkontrolleurs je ein Aushang anzubringen, der ersehen läßt, daß der Zucker nur in der Brennerei, insonderheit nicht zum menschlichen Genuß oder zur Viehfütterung verwendet werden darf.

§ 8. Über Zu- und Abgang des Zuckers hat der Brennereibesitzer ein Buch zu führen, bei dem die Anmeldung und die Frachtbriefe als Belege aufzubewahren sind. Die Anschreibung hat alsbald nach dem Eingang des Zuckers, die Abschreibung nach jeder Entnahme oder am Monatsschlusse zu erfolgen.

§ 9. Spätestens am Schlusse des Betriebsjahrs 1914/15 sind die Bestände des begünstigten Zuckers in den Zuckerfabriken usw. und in den Brennereien amtlich festzustellen. Für etwaige Fehlmengen ist der Unterschied zwischen der vollen und der ermäßigten Zuckersteuer nachzuerheben, wenn nicht glaubhaft nachgewiesen wird, daß der Zucker nicht in unzulässiger Weise verwendet worden ist. Über die steuerliche Behandlung etwaiger Restbestände an vergälltem, zum ermäßigten Steuersatz abgelassenen Zucker entscheidet die Direktivbehörde.

3. Bekanntmachung, betr. Betriebsauflage für den Sommerbrand in landwirtschaftlichen Brennereien im Betriebsjahr 1914/15. Vom 4. Juni 1915 (RG-Bl. S. 326).

Der Bundesrat hat beschlossen:

Auf Grund des § 3 des Gesetzes über die Ermächtigung des Bundesrats zu wirtschaftlichen Maßnahmen usw. vom

4. August 1914 (RGBl. S. 327) wird für das Betriebsjahr 1914/15 gestattet, daß bei landwirtschaftlichen Brennereien, die im Laufe dieses Betriebsjahrs Kartoffeln oder Mais verarbeiten, von der in § 43 Ziff. 2 und im § 46 des Branntweinsteuergesetzes vom 15. Juli 1909 (RGBl. S. 661) vorgesehenen Erhöhung der Betriebsauflage[1]) um 3 Mark vom Hektoliter Alkohol abgesehen wird.

4. Bekanntmachung über die Verarbeitung von Kartoffeln in den Brennereien. Vom 17. Juni 1915 (RGBl. S. 343).

Der Bundesrat hat auf Grund des § 3 des Gesetzes über die Ermächtigung des Bundesrats zu wirtschaftlichen Maßnahmen usw. vom 4. August 1914 (RGBl. S. 327) folgende Verordnung erlassen:

I. Brennereien jeder Art dürfen bis einschließlich 15. August 1915 Kartoffeln verarbeiten, ohne daß ihnen hieraus für die künftige steuerliche Behandlung ein Nachteil entsteht. Diese Kartoffelverarbeitung gilt insbesondere für Brennereien, die bisher andere Stoffe verarbeitet haben, nicht als Betriebswechsel im Sinne der Branntweinsteuergesetze.

II. Der in der angegebenen Zeit aus Kartoffeln gewonnene Branntwein ist ohne Einhaltung einer bestimmten Erzeugungsgrenze als innerhalb des Durchschnittsbrandes hergestellt zu behandeln. Der von der einzelnen Brennerei über den ihr auf Grund der Verordnungen vom 15. Oktober 1914[2]) und 4. Februar 1915[3]) (RGBl. für 1914 S. 434, für 1915 S. 57) zugewiesenen Durchschnittsbrand hinaus her-

[1]) Vgl. oben S. 96 und 100.

[2]) Oben S. 207. — [3]) Oben S. 214.

gestellte Branntwein ist aber als Überbrand anzusehen, wenn zu seiner Erzeugung neben Kartoffeln noch andere Rohstoffe verwendet worden sind.[1])

B. Betriebsjahr 1915/16.

5. Bekanntmachung über die Regelung der wirtschaftlichen Betriebsverhältnisse der Branntweinbrennereien und der Betriebsauflagevergütungen für das Betriebsjahr 1915/16. Vom 7. Oktober 1915 (RGBl. S. 637 ff.).

I. Durchschnittsbrand.

Für das Betriebsjahr 1915/16 wird der Durchschnittsbrand der Brennereien auf 90 Hundertteile des allgemeinen Durchschnittsbrandes gekürzt.

II. Kontingent.

Auf Grund des § 3 des Gesetzes über die Ermächtigung des Bundesrats zu wirtschaftlichen Maßnahmen usw. vom 4. August 1914 (RGBl. S. 327) wird das Kontingent der Brennereien im Königreiche Bayern (einschließlich Jungholz und Mittelberg), im Königreiche Württemberg und im Großherzogtume Baden und die sonst zu einem ermäßigten Verbrauchsabgabensatze herstellbare Alkoholmenge für die einzelne Brennerei im Betriebsjahr 1915/16 auf 80 Hundertteile derjenigen Alkoholmenge festgesetzt, die der Brennerei für das Betriebsjahr 1914/15 auf Grund der Vorschrift in Nr. 2 unter a oder b der Bekanntmachung vom 15. Oktober 1914[2])

---

[1]) Eine entsprechende Verordnung für Tapioka war unter dem 7. April ergangen (RGBl. S. 273).

[2]) Vgl. oben S. 207.

(RGBl. S. 434) zugewiesen worden war, wenn diese Menge mehr als 300 hl Alkohol betragen hatte. Betrug die der Brennerei für das Betriebsjahr 1914/15 zugewiesene Alkoholmenge 300 hl oder weniger, so behält es hierbei auch für das Betriebsjahr 1915/16 sein Bewenden; betrug diese Menge mehr als 300 hl Alkohol, so findet eine Herabsetzung unter diese Grenze nicht statt.

III. Vergällungspflicht.

Die Vergällungspflicht der Brennereien wird für das Betriebsjahr 1915/16 dahin geregelt, daß 70 Hundertteile der innerhalb des Durchschnittsbrandes hergestellten Erzeugung der Vergällungspflicht unterliegen und die übrigen 30 Hundertteile davon befreit bleiben.

Hierzu wird auf Grund des § 3 des Gesetzes über die Ermächtigung des Bundesrats zu wirtschaftlichen Maßnahmen usw. vom 4. August 1914 bestimmt:

a) Während des Betriebsjahrs 1915/16 gilt abweichend von der Vorschrift im § 72 Abs. 4 des Branntweinsteuergesetzes vom 15. Juli 1909 in der Fassung des Gesetzes vom 14. Juni 1912 der Nachweis, daß an Stelle des vergällungspflichtigen Branntweins eine gleiche Menge Branntwein, die der Vergällungspflicht nicht unterlag, vollständig vergällt oder ausgeführt worden ist, als Erfüllung der Vergällungspflicht nicht, wenn der vergällungsfreie Branntwein vor dem 9. Oktober 1915 vollständig vergällt oder ausgeführt worden ist, oder wenn er erst nach dem 8. Oktober 1915 ausgeführt wird. Die Frist für die Gültigkeit der Vergällungsscheine, die für eine vor dem 9. Oktober 1915 geschehene Vergällung oder Ausfuhr erteilt sind, wird bis zum Ablauf des Betriebsjahrs unterbrochen und läuft frühestens am 25. Dezember 1916 ab.

b) Gegen Entrichtung eines Zuschlags zur Betriebsauflage nach dem Satze von 40 Mark für das Hektoliter Alkohol darf der vergällungspflichtige Branntwein ganz oder zum Teil als vergällungsfrei abgefertigt werden.

IV. Besondere Erleichterungen.

Auf Grund des § 3 des Gesetzes über die Ermächtigung des Bundesrats zu wirtschaftlichen Maßnahmen usw. vom 4. August 1914 wird bestimmt:

a) Mit Ausnahme der im § 40 des Branntweinsteuergesetzes vom 15. Juli 1909 (RGBl. S. 661) bezeichneten Brennereien, die nach Maßgabe der §§ 152e und 312b der Brennereiordnung (Zentralblatt für das Deutsche Reich für 1912 S. 603) das für das einzelne Betriebsjahr zugewiesene Kontingent oder die zu einem ermäßigten Verbrauchsabgabensatze herstellbare Alkoholmenge in einem anderen Betriebsjahr abbrennen dürfen, ist jeder Brennerei gestattet, den ihr für das Betriebsjahr 1915/16 zugewiesenen Durchschnittsbrand einschließlich des damit verbundenen Kontingents oder des damit verbundenen Rechtes, Branntwein zu einem ermäßigten Verbrauchsabgabensatze herzustellen, auf eine andere Brennerei zu übertragen.

Bei Übertragung des Durchschnittsbrandes einer in dem Königreiche Bayern, dem Königreiche Württemberg, dem Großherzogtume Baden oder den Hohenzollernschen Landen liegenden Brennerei auf eine

Brennerei in dem übrigen Gebiete findet eine Übertragung des mit dem Durchschnittsbrand etwa verbundenen Kontingents oder des damit etwa verbundenen Rechtes, Branntwein zu einem ermäßigten Verbrauchsabgabensatze herzustellen, nur statt bei landwirtschaftlichen Brennereien, Obstbrennereien und ausschließlich Roggen, Weizen, Buchweizen, Hafer oder Gerste verarbeitenden gewerblichen Brennereien ohne Hefeerzeugung, und zwar auch nur dann, wenn die den Durchschnittsbrand abgebende Brennerei sich verpflichtet, im Betriebsjahr 1915/16 weder mehr als 100 oder 200 oder 300 Hektoliter Alkohol unter Einrechnung des etwa übertragenen Durchschnittsbrandes selbst herzustellen noch den über diese Grenzen etwa hinausgehenden Teil des Durchschnittsbrandes an eine andere Brennerei abzugeben; der Branntwein, der auf den von einer solchen Brennerei abgegebenen Durchschnittsbrand angerechnet wird, unterliegt innerhalb des mit diesem verbundenen Kontingents usw. der Verbrauchsabgabe nach dem der Verpflichtungserklärung entsprechenden Satze des § 5 Abs. 1 Ziff. 2 des Gesetzes, betreffend Beseitigung des Branntweinkontingents, vom 14. Juni 1912 (RGBl. S. 378).[1]

Eine außerhalb des Königreichs Bayern, des Königreichs Württemberg und des Großherzogtums Baden liegende Brennerei darf das Recht, Branntwein zu einem ermäßigten Verbrauchsabgabensatze herzustellen, nur dann auf eine andere Brennerei übertragen, wenn der Besitzer der abgebenden Brennerei sich verpflichtet, weder mehr als die dem ermäßigten

[1] Fassung der Bek. vom 20. Januar 1916 (RGBl. S. 51).

Satze entsprechende Jahresmenge Alkohol unter Einrechnung der dem übertragenen Rechte entsprechenden Alkoholmenge selbst herzustellen noch den über diese Grenze etwa hinausgehenden Teil des Durchschnittsbrandes an eine andere Brennerei abzugeben.

Für das mit dem zu übertragenden Durchschnittsbrande verbundene Kontingent oder für die zu einem ermäßigten Verbrauchsabgabensatze herstellbare Alkoholmenge kann ein Verbrauchsabgabensatz, der hinter dem für die abgebende Brennerei zutreffenden höchsten ermäßigten Satze zurückbleibt, nur dann beansprucht werden, wenn der den Durchschnittsbrand abgebende Brennereibesitzer sich verpflichtet, Branntwein über die dem beanspruchten Satze entsprechende, im § 5 des Gesetzes vom 14. Juni 1912, betreffend Beseitigung des Branntweinkontingents (RGBl. S. 378), als Jahreserzeugung bezeichnete Alkoholmenge unter Einrechnung der dem übertragenen Rechte entsprechenden Alkoholmenge hinaus weder selbst herzustellen noch den über diese Grenze etwa hinausgehenden Teil des Durchschnittsbrandes auf eine andere Brennerei zu übertragen.

Der auf eine andere Brennerei übertragene Durchschnittsbrand wächst dem eigenen Durchschnittsbrande der erwerbenden Brennerei mit der Wirkung zu, als wenn die Summe des eigenen und des erworbenen Durchschnittsbrandes der Brennerei für das Betriebsjahr 1915/16 als Durchschnittsbrand zugewiesen wäre.

Die Verbrauchsabgabe für den innerhalb des erworbenen Durchschnittsbrandes hergestellten Branntwein ist so zu berechnen, als ob er in der den Durchschnittsbrand abgebenden Brennerei hergestellt worden wäre.

Auf erworbenen Durchschnittsbrand darf die Branntweinerzeugung erst angerechnet werden, wenn die Brennerei ihren eigenen Durchschnittsbrand erschöpft hat. Wird Durchschnittsbrand von mehreren Brennereien erworben, so ist stets zunächst der erworbene Durchschnittsbrand der einen Brennerei vollständig zu erledigen, bevor Branntwein auf den erworbenen Durchschnittsbrand einer weiteren Brennerei angerechnet werden darf.

Die näheren Anordnungen über das Verfahren bei der Übertragung des Durchschnittsbrandes, über die Buchführung und den statistischen Nachweis trifft der Reichskanzler.

b) Im Betriebsjahr 1915/16 dürfen landwirtschaftliche Brennereien die Rückstände der Branntweinerzeugung und den gewonnenen Dünger unbeschränkt veräußern oder abweichend von den Bestimmungen des § 4 der Brennereiordnung verwenden, ohne daß sie dadurch ihre landwirtschaftliche Eigenschaft verlieren.

c) Im Monat Oktober 1915 dürfen die Brennereien, sofern sie Hefe erzeugen, Rohzucker nach Maßgabe der Vorschriften unter Ziff. III und V der Bekanntmachung vom 4. Februar 1915[1]) (RGBl. S. 57) verarbeiten.

d) Soweit im Betriebsjahr 1915/16 Melasse verarbeitet werden darf, verlieren Brennereien, die vor dem 1. April 1909 als landwirtschaftliche Brennereien mit

---

[1]) Vgl. oben S. 214.

Hefeerzeugung betrieben sind (§ 13 letzter Satz BStG.)[1]) und die Hefeerzeugung beibehalten, infolge der Melasseverarbeitung nicht ihre Eigenschaft als landwirtschaftliche Brennerei.

e) Im Betriebsjahr 1915/16 ist die im § 43 Nr. 4 und 5 und im § 47 des BStG.[2]) vorgesehene besondere Betriebsauflage nur in den Monaten zu erheben, in denen die Brennerei Melasse allein oder gemischt mit anderen Stoffen verarbeitet.

f) Brennereien, die im letzten Jahre ihres Betriebs vor dem 1. Oktober 1914 ausschließlich Roggen, Weizen, Buchweizen, Hafer oder Gerste verarbeitet haben und damals Anspruch auf die im § 5 Abs. 1 Ziff. 2 des Gesetzes vom 14. Juni 1912[3]) und im § 45 Ziff. 2 BStG. vorgesehenen Ermäßigungen der Verbrauchsabgabe und der Betriebsauflage hatten oder bei Einhaltung der dort vorgesehenen Erzeugungsgrenzen diesen Anspruch gehabt hätten, behalten ihn im Betriebsjahr 1915/16 auch dann, wenn sie anstatt Roggen, Weizen, Buchweizen, Hafer oder Gerste andere mehlige Stoffe verarbeiten, sich aber innerhalb der vorgeschriebenen Erzeugungsgrenzen halten; gewerbliche Brennereien der im § 5 Abs. 1 Ziff. 2 des Gesetzes vom 14. Juni 1912[4]) bezeichneten Art behalten die dort vorgesehene Vergünstigung nur dann, wenn sie nicht Hefe erzeugen.

g) Brennereien, die im letzten Jahre ihres Betriebs vor dem 1. Oktober 1914 mit Hefegewinnung betrieben

---

[1]) Oben S. 60. — [2]) Oben S. 100. — [3]) Oben S. 45. — [4]) Oben S. 45.

wurden, im Betriebsjahr 1915/16 aber keine Hefe herstellen oder Hefe nach dem Würzeverfahren gewinnen, während sie vorher nach dem Wiener Verfahren gearbeitet haben, oder umgekehrt statt des Würzeverfahrens das Wiener Verfahren anwenden, erleiden aus Anlaß dieser Betriebsänderung weder die im § 11 des Gesetzes vom 14. Juni 1912 vorgesehene[1]) Kürzung des Durchschnittsbrandes noch eine Kürzung des Kontingents nach §§ 33 und 39 des Gesetzes vom 15. Juli 1909.[2]) Ebenso unterbleibt eine solche Kürzung bei Brennereien, die im Betriebsjahr 1914/15 einen in der angegebenen Weise geänderten Betrieb gehabt haben.

h) Die Vorschrift im § 72 Abs. 5 des Branntweinsteuergesetzes in der Fassung des Gesetzes vom 14. Juni 1912 wird für das Betriebsjahr 1915/16 dahin erweitert, daß in Brennereien, die in einzelnen Monaten ausschließlich Roggen, Weizen, Buchweizen, Hafer oder Gerste verarbeiten und nicht Hefe nach dem Würzeverfahren herstellen, der in diesen Monaten gewonnene Branntwein von der Vergällungspflicht befreit bleibt. Die Befreiung tritt nur für die Monate ein, für die der Brennereibesitzer vorher erklärt, den Betrieb in der oben angegebenen Weise auszuführen.

V. Betriebsauflagevergütungen.

Die aus den Einnahmen an Betriebsauflage zu gewährenden Vergütungen werden mit Wirkung vom 9. Oktober 1915 ab wie folgt festgesetzt:

---

[1]) Oben S. 117. — [2]) Oben S. 117, 83 und 90.

a) für vollständig vergällten Branntwein
   α. des vergällungspflichtigen Überbrandes auf 0,07 Mark,
   β. anderer Art auf . . . . 0,23 Mark;

b) für unvollständig vergällten Branntwein, der verwendet wird
   α. zur Herstellung von Essig auf . . . 0,20 Mark,
   β. zur Herstellung von essigsauren Salzen (Bleizucker usw.), Zellhorn (Zelluloid), Kunstseide und Kunstleder (ein mit Zellhorn oder ähnlichen Stoffen überstrichenes Gewebe) sowie von Teerfarbstoffen und ihren organischen Vorerzeugnissen auf 0,18 Mark,
   γ. zu anderen Zwecken auf . . . . . 0,115 Mark;

c) bei der Ausfuhr
   α. für Branntwein aus Steinobst oder Beeren und Liköre, wenn die Ausfuhr in Flaschen bis zu einem Liter oder in Fässern oder Korbflaschen bis zu 100 Liter Raumgehalt erfolgt (§ 48 unter b und c der Branntweinsteuer-Befreiungsordnung) auf 0,14 Mark,
   β. für rohen und gereinigten Branntwein sowie für Branntwein und Branntweinerzeugnisse anderer Art als unter α angegeben (§ 48 unter a, d, e und f der Branntweinsteuer-Befreiungsordnung) auf 0,07 Mark;

d) für Branntwein, der unter amtlicher Überwachung durch Verdunstung oder sonst durch natürliche Einflüsse verloren geht (§ 36 der Branntwein-Begleitscheinordnung, § 32 Abs. 3 der Branntwein-Lagerordnung, § 27 Abs. 3 der Branntwein-Reinigungsordnung), und zwar

α. des vergällungspflichtigen Überbrandes auf 0,07 Mark,
β. anderer Art auf . . . . 0,13 Mark
für das Liter Alkohol.

VI.

Diese Verordnung tritt mit Wirkung vom 1. Oktober 1915 in Kraft, soweit nicht vorstehend etwas anderes bestimmt ist.

6. Bekanntmachung, betr. Verarbeitung von Kartoffeln in Getreidebrennereien im Betriebsjahr 1915/16. Vom 16. September 1915 (RGBl. S. 594).

Brennereien, die bisher Getreide verarbeitet haben, wird gestattet, im Betriebsjahr 1915/16 Kartoffeln, auch wenn sie diese nicht selbst gewonnen haben, zur Branntweinbereitung zu verwenden, ohne daß hierdurch ihre Brennereiklasse geändert wird oder ihnen für die künftige steuerliche Behandlung ein Nachteil entsteht.[1])

II. Nur den Trinkbranntwein betreffend.

7. Bekanntmachung, betr. Einschränkung der Trinkbranntweinerzeugung, vom 31. März 1915 (RGBl. S. 208/209), **in der Fassung der Bekanntmachung vom 28. Oktober 1915** (RGBl. S. 718).

§ 1. Vom 2. April 1915 ab darf bis auf weiteres kein unverarbeiteter Branntwein gegen Entrichtung der Verbrauchsabgabe in den freien Verkehr übergeführt werden.

---

[1]) Eine entsprechende Anordnung für Topinamburs, sowie Rüben und Rübensäfte außer Melasse ist am 23. April 1915 (RGBl. S. 263) ergangen.

§ 2. Der Reichskanzler wird ermächtigt, vom 1. Mai 1915 ab die Überführung von unverarbeitetem Branntwein in den freien Verkehr gegen Entrichtung der Verbrauchsabgabe wieder zuzulassen.[1])

In diesem Falle dürfen unverarbeiteten Branntwein in den freien Verkehr nur Personen überführen, die es im Betriebsjahr 1913/14 getan haben, und zwar nach Bestimmung des Reichskanzlers monatlich bis zu 5 oder vierteljährlich bis zu 15 vom Hundert der von ihnen im Betriebsjahr 1913/14 versteuerten Menge (Versteuerungsrecht).

§ 3. Dem unverarbeiteten Branntwein (§§ 1, 2) wird der Branntwein gleichgestellt, der unverarbeitet in ein Branntweinlager aufgenommen ist und daselbst nach dem 1. April 1915 mit Wasser verdünnt oder durch Filtration mit Kohle gereinigt wird (§ 19 der Branntwein-Lagerordnung).

Der Überführung in den freien Verkehr gegen Entrichtung der Verbrauchsabgabe (§§ 1, 2) wird die Aufnahme in ein Lager nach § 36 der Branntwein-Lagerordnung gleichgestellt.

§ 4. Der Reichskanzler erläßt die Ausführungsbestimmungen.[2]) Er kann Ausnahmen zulassen.

§ 4a. Wird das Versteuerungsrecht (§ 2 Abs. 2) mißbraucht, so kann es den Inhabern ganz oder teilweise entzogen werden. Als Mißbrauch gilt es insbesondere, wenn die In-

---

[1]) Durch Bek. vom 25. September 1915 (RGBl. S. 623) wurde für das letzte Vierteljahr 1914 die Menge auf 12 vom Hundert der im Vorjahr versteuerten Menge bemessen. Durch Bek. vom 1. Dezember 1915 (RGBl. S. 799) wurde sie auf 15 vom Hundert erhöht. Die gleiche Menge wurde durch Bek. vom 23. Dezember 1915 (RGBl. S. 843) für das erste Vierteljahr 1916 freigegeben.

[2]) Ergangen in RZBl. 1915 S. 123/124 und S. 160.

haber sich in unbilliger Weise weigern, denjenigen Personen, denen sie im Betriebsjahr 1913/14 unverarbeiteten Branntwein entweder versteuert oder auf Begleitschein II geliefert haben, zu angemessenem Preise unverarbeiteten Branntwein in einer Menge zu liefern, die den zur Versteuerung freigegebenen Hundertteilen der im Betriebsjahr 1913/14 gelieferten Menge entspricht.

Über die Entziehung entscheidet eine Kommission von 3 Mitgliedern, die vom Reichskanzler ernannt werden.

Der Reichskanzler erläßt die näheren Bestimmungen.

§ 5. Wer vorsätzlich den Vorschriften der §§ 1, 2 Abs. 2 und des § 3 zuwiderhandelt, wird mit Gefängnis bis zu sechs Monaten oder mit Geldstrafe bis zu 15000 Mark bestraft. Wer die Tat fahrlässig begeht, wird mit Geldstrafe bis zu 3000 Mark bestraft.

Wer den von dem Reichskanzler erlassenen Ausführungsbestimmungen zuwiderhandelt, wird mit Geldstrafe bis zu 150 Mark oder mit Haft bestraft.

§ 6. Diese Verordnung findet auf Branntwein, der in Abfindungsbrennereien, und auf Branntwein, der in anderen Brennereien aus den in § 12 BrStG. genannten Stoffen erzeugt ist, keine Anwendung.

§ 7. § 5 der Verordnung tritt am 6. April 1915, im übrigen tritt die Verordnung mit dem Tage der Verkündung in Kraft. Der Reichskanzler bestimmt den Zeitpunkt des Außerkrafttretens.

---

8. Nicht zum Abdruck gebracht sind:

außer den beiden schon in den Anmerkungen zu KV. Nr. 4 und 6 genannten Bekanntmachungen folgende

Verordnungen, die die deutsche Versorgung in Spiritus mit beeinflussen:

1. Bekanntmachung über vorübergehende Zollerleichterungen vom 8. März 1915 (RGBl. S. 135).

   (Zollfrei ist roher und gereinigter Branntwein [Spiritus, Sprit] in Fässern oder Kesselwagen, amtlich vollständig vergällt.)

   Dazu Ausführungsbest. im RZBl. S. 166, PrZBl. S. 131 ff.

2. Bekanntmachung über weitere Regelung des Branntweinverkehrs vom 4. März 1915.

   Es werden die in der Ztschr. f. Spir. 1915 S. 89 mitgeteilten Beschlüsse der Spirituszentrale für wirksam erklärt, auch soweit sie dem Hauptvertrag zuwiderlaufende Bestimmungen enthalten (Übertragung von Durchschnittsbrand).

3. Bekanntmachung über weitere Regelung des Branntweinverkehrs vom 16. Dezember 1915 (RGBl. S. 829).

   Es werden im wesentlichen gleichartige Beschlüsse, wie unter 2. genannt, für das Betriebsjahr 1915/16 für verbindlich erklärt.

4. Das für Spiritus und Spirituosen erlassene Ausfuhrverbot.

Sachregister.

A

J

K

L

M

N

W

Z

Guttentagsche Sammlung

Deutscher Reichsgesetze.

Text-Ausgaben mit Anmerkungen Taschenformat.

---

1. **Verfassung des Deutschen Reichs.** Von Dr. **L. von Rönne. 10. Aufl.** von Landrat **P. von Rönne** und Regierungsassessor **von Dobbeler.** 1912. 2 M. 60 Pf.

2. **Strafgesetzbuch** für das Deutsche Reich nebst 20 d. wichtigsten strafrechtlichen Nebengesetze. Von Prof. Dr. **Franz v. Liszt** und Dr. **Ernst Delaquis. 24. Aufl.** 1914. 3 M.

3. **Militärstrafgerichtsordnung** nebst Einführungsgesetz. Von Wirkl. Geheimen Kriegsrat Dr. jur. **A. Romen** und Kriegsgerichtsrat Dr. jur. **Carl Rissom.** 1910. 6 M.

4. **Handelsgesetzbuch vom 10. Mai 1897** unter Ausschluß des Seerechts. **15. Aufl.** Herausgegeben von Geh. Justizrat Prof. Dr. **A. Mosse.** 8°. 1915. 6 M.

5. **Wechselordnung vom 3. Juni 1908. Kommentar** von Justizrat Dr. **J. Stranz** und Rechtsanwalt Dr. **M. Stranz,** und das **Wechselstempelgesetz vom 15. Juli 1909** von Geh. Regierungsrat **P. Loeck. 11. Aufl.** 1913. 4 M.

5 a. **Wechselstempelgesetz** apart. **11. Aufl.** 1913. 1 M. 50 Pf.

6. **Reichsgewerbeordnung** nebst Ausführungsbestimmungen. **19. Auflage** von Stadtrat Dr. **Karl Flesch** in Verbindung mit Dr. **Friedr. Hiller** und Dr. **Herm. Luppe.** 1915. 5 M.

7. **Post- und Telegraphen-Gesetzgebung.** Nebst Weltpostvertrag und internationalem Telegraphenvertrag. **6. Aufl** von Geh. Ober-Postrat Dr. **M. König.** 1908. 4 M

8. **Die Reichsgesetze über den Unterstützungswohnsitz, die Freizügigkeit, den Erwerb und Verlust der Bundes- und Staatsangehörigkeit.** Von Geheimrat Dr. **J. Krech,** Mitglied des Bundesamtes für das Heimatwesen. 8. **Aufl.** 1913. 3 M. 60 Pf.

9. Sammlung **kleinerer strafrechtlicher Reichsgesetze.** Von Dr. **R. H. Kriegsmann,** Privatdozent in **Kiel. 8. Aufl.** 1910. 4 M.

10. **Das Reichsbeamtengesetz** von **J. Pieper. 2. Aufl.** 1901. 4 M. 50 Pf.

Reichsbeamtengesetz von 1907 siehe Nr. 82.

11. **Zivilprozeßordnung mit Gerichtsverfassungsgesetz.** Von **R. Sydow.** Fortgeführt von **L. Busch,** Reichsgerichtsrat, jetzt zugleich mit **A. Busch,** Gerichtsassessor. **14. Aufl.** mit Nachtrag, enth. die Novelle vom 9. Sept. 1915 über die Entlastung der Gerichte. 8⁰. 1913. 8 M. (Nachtrag einzeln 60 Pf).

12. **Strafprozeßordnung und Gerichtsverfassungsgesetz nebst den Gesetzen, betr.** die Entschädigung **der im Wiederaufnahmeverfahren** freigesprochenen Personen und die Entschädigung **für unschuldig erlittene** Untersuchungshaft. Von Dr. **A. Hellweg,** Reichsgerichtsrat. **16. Aufl.** mit Nachtrag, enth. die Bekanntmachung über die Entlastung der Strafgerichte von Professor Dr. **Kohlrausch.** 1912. 3 M.

13. **Konkursordnung und Anfechtungsgesetz.** Von **R. Sydow.** Fortgeführt von **L. Busch. 11. Aufl.** mit Nachtrag, enth. die Verfügung vom 8. Juni 1915. 1911. 2 M. 80 Pf

14. **Gerichtsverfassungsgesetz** mit Einführungsgesetz. Herausgegeben von **R. Sydow.** Fortgeführt von **L. Busch. 9. Aufl.** 1905. **Mit Nachtrag, enthaltend die Novelle vom 1. Juni 1909.** 1 M. 50 Pf.

15. **Das Deutsche Gerichtskostengesetz** nebst den Gebührenordnungen für Gerichtsvollzieher, Zeugen und Sachverständige. Mit Nachtrag, enthaltend die Bestimmungen vom 10. Juni 1914. Von **R. Sydow.** Weiter bearbeitet von Reichsgerichtsrat **L. Busch** und Gerichtsassessor **Arno Busch. 9. Aufl.** mit Nachtrag, enth. die Novelle vom 10. Juni 1914. 1912. 2 M. 60 Pf.

16. **Rechtsanwaltsordnung.** Von **R. Sydow. 5. Aufl.** von Justizrat **M. Jacobsohn.** 1907. Mit Nachtrag, enthaltend die Bestimmungen vom 22. Mai 1910. 1 M. 20 Pf.

17. Die **Deutsche Gebührenordnung für Rechtsanwälte und das Preußische Gebührengesetz** vom 27. September/6. Oktober 1899. Von **R. Sydow.** Fortgeführt von **L. Busch** und Amtsrichter **A. Busch. 11. Aufl.** 1914. 3 M.

18. **Reichsstempelgesetz** vom 3. Juli 1913. (Börsen-, Lotterie- [Spiel und Wette], Frachturkunden-, Fahrkarten-, Kraftfahrzeug-, Tantieme-, Scheck- und Grundstücksübertragungssteuer.) Mit den gesamten Ausführungsbestimmungen. **12. Aufl.** von Geh. Regierungsrat **P. Loeck.** 1914. 8°. 8 M.

19. Die **Seegesetzgebung.** Von Dr. **W. E. Knitschky. 5. Aufl.** bearbeitet von Oberlandesgerichtsrat **Otto Rudorff** in Hamburg. 1913. 8 M.

20. **Krankenversicherungsgesetz.** Von weil. Dr. **E. von Woedtke.** Siehe Bd. 107.

21. Die **Konsulargesetzgebung.** Von Professor Dr. **Ph. Zorn. 3. Aufl.** bearbeitet von Reg.-Assessor Dr. **A. Zorn.** 1911. 4 M. 50 Pf.

22. **Patentgesetz.** Nebst **Ausführungsbestimmungen, völkerrechtlichen** Verträgen und der Patentanwalts-Ordnung. 7. **Aufl.** bearbeitet von **R. Lutter,** Geh. Reg.-Rat im Kaiserl. Patentamt. 1908. 2 M. 80 Pf.

23. **Gewerbe-Unfallversicherungsgesetz.** Von weil. Dr. **E. von Woedtke.** Siehe Bd. 108.

24. **Aktiengesellschaft und Kommanditgesellschaften auf Aktien.** Von Kammergerichtsrat Dr. **H. Keyßner** und Justizrat Dr. **H. Veit Simon. 6. Aufl.** von Amtsrichter **L. Keyßner.** 1911. 3 M.

25. **Brausteuergesetz.** vom 15. Juli 1909. Von **A. Düffe,** Oberzollrevisor. **2. Aufl.** 1910. 3 M.

26. Die Reichsgesetzgebung über **Münz- und Notenbankwesen,** Papiergeld, Prämienpapiere und Reichsschulden. Von Dr. jur. **R. Koch,** Präsident des Reichsbankdirektoriums. **6. Aufl.** 1910. 4 M.

27. Die Gesetzgebung, betr. das **Gesundheitswesen** im Deutschen Reich. Von Dr. jur. **C. Goesch** und Dr. med. **J. Karsten.** 1888. 1 M. 60 Pf.

28. **Bau-Unfallversicherungsgesetz.** Vom 30. Juni 1900. Von **R. Chrzescinski.** Siehe Bd. 108.

29. **Erwerbs- und Wirtschaftsgenossenschaften.** Von **L. Parisius** und Dr. **H. Crüger. 14. neu bearb. Aufl.** von Dr. **H. Crüger.** 1912. 1 M. 80 Pf.

30. **Invalidenversicherungsgesetz** vom 13. Juli 1899. Von weil. Dr. **E. von Woedtke.** Siehe Bd. 109.

31. **Gewerbegerichtsgesetz.** Von Stadtrat **L. Mugdan. 7. Aufl.** bearbeitet von **W. Cuno**, Oberbürgermeister zu Hagen i. W. 1911. 2 M. 50 Pf.

32. Reichsgesetz, betr. die **Gesellschaften mit beschränkter Haftung.** Von **L. Parisius** und Dr. **H. Crüger. 18. Aufl** von Dr. **H. Crüger.** 1914. 2 M.

33. **Vereins- und Versammlungsrecht.** Von Dr. **E. Ball. 2. Aufl.** von Dr. **F. Friedenthal.** 1907. 2 M. 50 Pf.

Reichs-Vereinsgesetz vom 19. April 1908 siehe Nr. 88.

34. Die **Abzahlungsgeschäfte.** Gesetz vom 16. Mai 1894. **3. vermehrte Aufl.** besorgt von Dr. **E. Wilke,** Landgerichtsrat. 1910. 1 M. 25 Pf.

35. Die **Reichs-Eisenbahngesetzgebung.** Von **W. Coermann,** Kaiserl. Amtsrichter. 1895. 2 M. 25 Pf. S. auch Bd. 66

36. Gesetze, betr. die **privatrechtlichen Verhältnisse der Binnenschiffahrt und der Flößerei.** Von **E. Löwe,** Landgerichtsrat. **5. Aufl.** 1915. 3 M. 60 Pf.

37. Gesetz gegen den **unlauteren Wettbewerb.** Von Justizrat **A. Pinner. 6. Aufl.** 1912. 1 M. 50 Pf.

38/39. **Bürgerliches Gesetzbuch nebst Einführungsgesetz** von Dr. **A. Achilles.** In Verbindung mit Professor Dr. **André.** **Kammergerichtsrat Ritgen,** Reichsgerichtsrat Dr. **Strecker,** Staatsrat Dr. **v. Unzner** herausgegeben von Wirkl. Geh. Ober-Justizrat u. Oberlandesgerichtspräsident **Greiff. 7. Aufl.** mit Nachtrag, enth. die Novelle vom 8. Juni 1915. 8°. 1912. 7 M.

40. Gesetz, betr. die **Pflichten der Kaufleute bei Aufbewahrung fremder Wertpapiere (Depotgesetz).** Mit Erläuterungen. Von **F. Lusensky**, Geh. Ober-Regierungsrat. **2. Aufl.** 1905. 1 M.

41. **Börsengesetz.** Von Wirkl. Geh. Ober-Regierungsrat **Th. Hemptenmacher. 3. Aufl.** von Syndikus **O. Meyer.** 1915. 3 M. 60 Pf.

42. **Grundbuchordnung** nebst den preußischen Ausführungsbestimmungen. Mit Einleitung. Von Prof. Dr. **O. Fischer. 6. Aufl.** mit Nachtrag, die Ergänzungen enthaltend. 1912. 2 M.

43. **Zwangsvollstreckung in das unbewegliche Vermögen** im Reiche und in Preußen. Mit Einleitung, Kosten- und Gebührentabellen. Von Dr. **J. Krech** u. Dr. **O. Fischer. 7. Aufl.** bearbeitet von Professor Dr. **O. Fischer** u. Landrichter Dr. **F. Krech**. 1914. 3 M. Mit Nachtrag, enth. die Novelle vom 8. Juni 1915.

44. Das **Reichsgesetz über das Auswanderungswesen** vom 9. Juni 1897. **Von Professor Dr. Felix Stoerk.** 1899. **2 M. 25 Pf.**

45. Das **Entmündigungsrecht** unter Berücksichtigung der für Preußen geltenden Vorschriften nebst der preußischen Justiz-Ministerial-Verfügung vom 28. November 1899. **Von Landgerichtsrat Dr. P. Doll in Cöln, 1900. 1 M. 50 Pf.**

46. **Die Gesetze des Reiches und Preußens über die freiwillige Gerichtsbarkeit.** Von **Herm. Jastrow**, Amtsgerichtsrat. **5. Aufl.** 1911. **3 M. 60 Pf.**

47. **Das deutsche Vormundschaftsrecht und das preuß. Gesetz über die Fürsorgeerziehung Minderjähriger nebst den dazu gehörigen preußischen Nebengesetzen.** Von Oberverwaltungsgerichtsrat **Max Schultzenstein** und Amtsgerichtsrat Dr. **Paul Köhne. 2. Aufl.** 1901, **8 M.**

48. Gesetze und Verordnungen, betr. den **Drogen-, Gift- und Farbenhandel** außerhalb der Apotheken. Von Dr. **J. Broh**, Rechtsanwalt. 1899. 1 M. 25 Pf.

49. Deutsche **Kolonialgesetzgebung.** Von Geh. Justizrat Professor Dr. **Philipp Zorn.** 2. Aufl. von Gerichtsassessor Dr. **Sassen.** 1913. 7 M. 50 Pf.

50. Der **Viehkauf** (Viehgewährschaft) nach dem Bürgerlichen Gesetzbuche unter Berücksichtigung des ausländischem Rechts. Verordnung betr. die Hauptmängel und Gewährsfristen beim Viehhandel. Von Rechtsanwalt Dr. **H. Stölzle** und Königlichem Regierungs- und Veterinärrat **H. Weiskopf. 5. Aufl.** 1913. 6 M.

51. **Hypothekenbankgesetz** vom 13. Juli 1899. Von Dr. **H. Göppert. 2. Aufl.** Bearbeitet von Geh. Reg.-Rat Dr. **Seidel.** 1911. **2 M. 40 Pf.**

52. Gesetz, betreffend die gemeinsamen **Rechte der Besitzer von Schuldverschreibungen.** Von Dr. **Heinrich Göppert. 2. Aufl.** bearbeitet von Amtsrichter Dr. **E. Trendelenburg.** 1915. 1 M. 80 Pf.

53. **Reichspreßgesetz** vom 7. Mai 1874. Mit **Kommentar** von Erstem Bürgermeister **A. Born.** 1911. **2. Aufl. 2 M.**

54. Die Reichsgesetzgebung **über** den **Verkehr** mit **Nahrungsmitteln, Genußmitteln** und **Gebrauchsgegenständen.** Von Dr. **Georg Lebbin,** Nahrungsmittelchemiker in Berlin. 1900. 2 M. 25 Pf.

55. **Das** Recht der **Beschlagnahme von Lohn- und Gehaltsforderungen.** Von Justizrat **Georg Meyer. 5. Aufl.** 1914. 2 M. 70 Pf.

56. Gesetz, betr. die **Bekämpfung gemeingefährlicher Krankheiten.** Nebst Ausführungsbestimmungen. Von Dr. **Bruno Burkhardt**, Regierungsrat, Mitglied des Kaiserl. Gesundheitsamts. 1900. 1 M. 40 Pf.

57. **See-Unfallversicherungsgesetz.** Von Dr. **Max Mittelstein**, Oberlandesgerichtsrat in Hamburg. Siehe Bd. 108.

58. **Das Recht der unehelichen Kinder** nach dem BGB. Von **Hermann Jastrow**, Amtsgerichtsrat. 1901. 1 M. 80 Pf.

59. Reichsgesetz über die **Beurkundung des Personenstandes und die Eheschließung.** Von Dr. **F. Fidler**, Amtsgerichtsrat. 1912. **2. Aufl.** 2 M. 50 Pf.

60. Gesetz, betreffend das **Urheberrecht an Werken der Literatur und der Tonkunst.** Von Geh. Justizrat **Otto Lindemann. 3. Aufl.** 1910. 1 M. 60 Pf.

61. Gesetz über das **Verlagsrecht.** Von Justizrat **E. Heinitz. 2. Aufl.** Bearbeitet von Rechtsanwalt Dr. **Br. Marwitz.** 1911. 1 M. 80 Pf.

62. Gesetz über **private Versicherungsunternehmungen.** Von **H. Könige**, Reichsgerichtsrat. **2. Aufl.** 1910. 4 M. 20 Pf.

63. **Gesetzestafel des Deutschen Reichsrechts.** Systematisch geordnete Nachweisung des z. Z. geltenden Reichsrechts. Von **Hugo Bruhns**, Bürgermeister. 1913. **2. Aufl.** 3 M. 50 Pf.

64. Gesetzsammlung betr. den **Handel mit Drogen und Giften.** Reichsgesetzliche Bestimmungen und Anhang mit den landesgesetzlichen Verordnungen sämtlicher Bundesstaaten. Von Rechtsanwalt **H. Sonnenfeld**, Syndikus der Berliner Drogisten-Innung. **2. Aufl.** 1912. 4 M.

65. Das **Weingesetz** in der Fassung von 1909. Mit Ausführungsbestimmungen von Dr. **Georg Lebbin**, Nahrungsmittelchemiker. **2. Aufl.** 1909. 2 M. 50 Pf.

66. Die **Eisenbahn-Gesetzgebung.** Von **W. Pietsch**, Rechnungsrat im Reichs-Eisenbahn-Amt. **2. Aufl.** 1913. 3 M. 60 Pf.

67. **Militär-Strafgesetzbuch für das Deutsche Reich** mit der Novelle vom 8. 8. 1913. Von Wirklichem Geheimen Kriegsrat Dr. **A. Romen** und Kriegsgerichtsrat Dr. **C. Rissom.** 1912. 6 M.

68. Das **Fleischbeschaugesetz.** Vom 3. Juni 1900. Von Dr. **Georg Lebbin**, Nahrungsmittelchemiker und Rechtsanwalt Dr. **Georg Baum.** 1903. 4 M.

69. Reichsgesetz über die **Naturalleistungen der bewaffneten Macht im Frieden** nebst den in Preußen geltenden Bestimmungen. Von Landrat Dr. **Walter v. Hippel.** 1903. 1 M. 25 Pf.

70. Das **Reichs-Haftpflichtgesetz**, vom 7. Juni 1871. Von Regierungsrat Dr. **G. Eger.** 1903. 3 M.

71. **Kinderarbeit in gewerblichen Betrieben**, vom 30. März 1903. Von **H. Spangenberg**, Oberverwaltungsgerichtsrat. **2. Aufl.** 1904. 1 M. 60 Pf.

72. **Unfallversicherungsgesetz für Land- und Forstwirtschaft** von weil. Dr. **E. von Woedtke.** Siehe Band 108.

73. **Entschädigung für unschuldig erlittene Verhaftung und Bestrafung.** Nebst Anhang, enthaltend die dazu gehörigen Nebengesetze über Schadensersatz. Von Dr. jur. **A. Romen**, Wirklichem Geheimen **Kriegsrat.** 1904. 2 M.

74. Die **Kaufmannsgerichte** nebst den preuß. Ausführungsbestimmungen. Von Professor Dr. **Max Apt.** **3. Aufl.** 1905. 2 M.

75. Reichsgesetz über die **Konsulargerichtsbarkeit.** Von Dr. jur. **A. F. Vorwerk,** Rechtsanwalt in Schanghai. 2. Ausgabe, mit dem Schutzgebietsgesetz und der Ausführungsverordnung, betr. die Rechtsverhältnisse in den Schutzgebieten. 1908. 2 M.

76. **Die Rechtshilfe im Verkehr mit den ordentlichen Gerichten nach deutschem Reichsrecht.** Von Landrichter Dr. **A. Friedländer.** 1906. 1 M. 80 Pf.

77. **Das Reichserbschaftssteuergesetz.** Vom 3. Juni 1906. Von **Ulrich Hoffmann,** Rechnungsrat im Königl. Preuß. Finanzministerium. **2. Aufl.** mit Nachtrag, enth. die Bestimmungen v. 3. Juli 1913. 1911. 5 M.

78. **Zigarettensteuergesetz.** Vom 15. Juli 1909. Von Dr. **Cuno,** Regierungsassessor. **2. Aufl.** in Vorbereitung.

79. **Die Militärpensionsgesetze** vom 31. Mai 1906 nebst Ausführungsbestimmungen. Zum Gebrauch für Heer, Marine und Schutztruppe von Dr. jur. **A. Romen,** Wirklicher Geheimer Kriegsrat.

   a) I. Teil: Offizierpensionsgesetz. 1907. 3 M. 50 Pf.

   b) II. Teil: Mannschaftsversorgungsgesetz. 1908. 3 M. 50 Pf.

80. Reichsgesetzgebung über **gerichtliche Registerführung.** Von **Otto Lindemann,** Geh. Justizrat. 1906. 3 M.

81. Gesetz, betr. **Urheberrecht an Werken der bildenden Künste und der Photographie.** Von Dr. **Ludwig Fuld,** Rechtsanwalt. 1907. 1 M.

82. **Reichsbeamtengesetz** in der Fassung vom 18. Mai 1907 und seine Ergänzungen von Geheimrat Professor Dr. **Adolf Arndt.** 1908. 3 M.

83. Reichsgesetz über **den Versicherungsvertrag** nebst Einführungsgesetz. Von Dr. **Paul Hager** und Dr. **E. Bruck. 3. vermehrte und verbesserte Auflage.** 1913. 6 M.

84. **Sammlung kleinerer privatrechtlicher Reichsgesetze** von Oberlandesgerichtsrat **Georg Müller.** 1908. 6 M. 50 Pf.

85. **Scheckgesetz** mit Einleitung usw. Von Prof. Dr. **Max Apt. 5. Aufl.** Mit Postscheckordnung vom 6. Nov. 1908 und im Anhang „Besteuerung des Schecks". 1909. 2 M.

86. **Die Auslieferungsverträge des Deutschen Reiches** von Landrichter **A. Cohn.** 1908. 4 M.

87. Gesetz zum **Schutz der Warenbezeichnungen.** Von Geh. Reg.-Rat, Mitglied des Patentamts Dr. **Freund** und Rechtsanwalt **Magnus. 5. Aufl.** 1909. 3 M. 50 Pf.

88. **Vereinsgesetz** vom 19. April 1908. Von Dr. jur. **A. Romen,** Wirkl. Geh. **Kriegsrat. 3. Aufl.** 1912. 2 M. 50 Pf.

89. **Vogelschutzgesetz** vom 30. Mai 1908 nebst den das Flugwild betr. Bestimmungen der Preußischen Jagdordnung von Dr. jur. **Leo von Boxberger.** 1908. 1 M.

90. Die Haager Abkommen über das **Internationale Privatrecht.** Von Dr. **G. A. E. Bogeng.** 1908. 2 M. 20 Pf.

91. **Eisenbahn-Verkehrsordnung** vom 23. Dez. 1908. Mit Ausführungsbestimmungen. Von Regierungsrat Dr. **Ernst Blume.** 1909. 2 M. 50 Pf.

92. Gesetz, betr. den **Verkehr mit Kraftfahrzeugen.** Von Amtsgerichtsrat **R. Kirchner. 3. Aufl.** 1915. 4 M.

93. Gesetz über die **Sicherung der Bauforderungen** von Justizrat Dr. **E. Harnier. 2. Aufl.** 1912. 1 M. 60 Pf.

94. **Haftpflicht der Reichs- und Staats-Beamten** von Dr. **H. Delius. 2. Aufl.** 1909. Mit Nachtrag, enth. das Gesetz über die Haftung des Reichs für seine Beamten vom 22. Mai 1910. 3 M. 50 Pf.

95. Die Berner Uebereinkunft über **internationales Urheberrecht** von Geh. Ob.-Reg.-Rat Dr. **Herm. Dungs.** 1910. 1 M.

96. **Branntweinsteuergesetz** vom 15. Juli 1909. Unter Berücksichtigung der für das Reich erlassenen Ausführungsbestimmungen. Von Geh. Reg.-Rat **Johs. Ray,** vortrag. Rat im Reichsschatzamt. 1910. 3 M. 50 Pf. **Neue Aufl.** bearbeitet von Reg.-Ass. Dr. **K. Kniebe** im Druck.

97. **Schutzgebietsgesetz** nebst Verord. betr. die Rechtsverhältnisse in den Schutzgebieten, dem Gesetz über die Konsulargerichtsbarkeit sowie den Ausführungsbest. Von **Johs. Gerstmeyer,** Wirkl. Legationsrat und vortrag. Rat im Reichskolonialamt. 1910. 3 M.

98. **Sechs Haager Abkommen** über **Internationales Privatrecht.** Von Geh. Ob.-Reg.-Rat Dr. **Herm. Dungs.** 1910 1 M. 50 Pf.

99. **Die Abkommen der Haager Friedenskonferenz.** Von Dr. jur. **Hans Wehberg.** 1910. 3 M.

100. Gesetz über den **Absatz von Kalisalzen.** Von Geh. Bergrat **Carl Voelkel.** 1910. 2 M. 40 Pf.

101. **Zuwachssteuergesetz** vom 14. Februar 1911. Von Dr. **W. Cuno,** Geheimer Regierungsrat im Reichsschatzamt. 1911. 3 M. 60 Pf.

102. **Urheberrecht an Mustern und Modellen** u. Ges. betr. Schutz v. Gebrauchsmustern von Reg.-Rat **Johs. Neuberg,** Mitgl. d. **K.** Patentamts. 1911. 2 M. 40 Pf.

103. **Reichs-Viehseuchengesetz** vom 26. Juni 1909 nebst Ausführungsvorschriften u. dem preuß. Ausführungsgesetz. Von Landrat Dr. **Walter v. Hippel. 2. Aufl.** 1912. 4 M. 50 Pf.

104. **Versicherungsgesetz** für Angestellte vom 20. Dez. 1911. Von Rechtsanwalt **O. Bernstein** und Dr. **J. Kupferberg. 2. Aufl.** 1912. 3 M. 50 Pf.

105. **Das Geldwesen in den deutschen Schutzgebieten.** Von **W. Hintze,** Geheimer exped. Sekretär im Reichskolonialamt. 1912. 2 M.

106—109. **Reichs-Versicherungsordnung nebst Einführungsgesetz:** Herausgegeben unter Mitwirkung von Dr. **F. Caspar,** Wirkl. Geh. Rat, Direktor im Reichsamt d. Innern und **A. Spielhagen,** Geh. Ob.-Reg.-Rat, vortr. Rat im Reichsamt d. Innern. 4 Bände.

106. Erstes, fünftes und sechstes Buch. **Gemeinsame Vorschriften. — Beziehungen der Versicherungsträger zu einander und zu anderen Verpflichteten. — Verfahren.** Bearbeitet von Dr. **K. Lippmann,** Reg.-Rat im Reichsversicherungsamt, Professor, Geh. Reg.-Rat Dr. **L. Laß** und Geh. Reg.-Rat **H. Siefart,** vortrag. Räte im Reichsamt des Innern. 1913. 6 M.

107. Zweites Buch. **Krankenversicherung.** Von Geh. Reg.-Rat **H. Siefart,** vortrag. Rat im Reichsamt des Innern. Im Druck.

108. Drittes Buch. **Unfallversicherung.** Von Geh. Reg.-Rat **A. Radtke,** Senatsvorsitzender im Reichsversicherungsamt. 1913. 8 M.

109. Viertes Buch. **Invaliden- und Hinterbliebenenversicherung.** Bearbeitet von Geh. Ober-Regierungs-Rat **B. Jaup,** vortragender Rat im Reichsamt des Innern und **H. Follmann,** Geh. Reg.-Rat im Reichsversicherungsamt. 1912. 4 M.

110. **Wehrbeitragsgesetz** mit Ausführungsbestimmungen. Von Geheimem Ober-Finanzrat **A. Fernow. 2. Aufl.** 1913. 2 M.

111. **Reichs- und Staatsangehörigkeitsgesetz.** Vom 22. Juli 1913. Von Dr. **R. Romen,** Wirklichem Geheimen Kriegsrat. 1913. 2 M. 20 Pf.

112. **Kaufmannsgerichtsgesetz** und die anzuwendenden Bestimmungen des Gewerbegerichtsgesetzes unter besonderer Berücksichtigung der Literatur und Rechtsprechung. Von Magistratsrat Dr. **H. Depène,** Vorsitzender des Kaufmannsgerichts Berlin. 1914. 2 M. 60 Pf.

113. **Postscheckgesetz.** Von Oberpostinspektor **J. Weiland.** 1914. 1 M. 50 Pf.

113 a. **Postscheckordnung** mit Ausführungsbestimmungen. Von Oberpostinspektor **J. Weiland.** 1914. 1 M. 50 Pf.

114. **Waffengebrauch und Festnahmerecht des Militärs.** Von Dr. **A. Romen,** Wirkl. Geh. Kriegsrat und Dr. **C. Rissom,** Kriegsgerichtsrat. 1914. 2 M.

115. **Das vertragliche Wettbewerbsverbot (Konkurrenzklausel).** Nebst Kommentar zum Gesetz vom 10. Juni 1914. Von Rechtsanwalt Dr. **G. Baum.** 1914. 3 M.

116. **Kriegs-Zivil- und Finanzgesetze** vom 4. August 1914 und den dazu erlassenen Verordnungen und Bekanntmachungen. **3. Aufl.** 1915. 2 M. 40 Pf.

117. **Darlehnskassengesetz** von **Salomon** und **Bud.** 1915. 2 M.

118. **Militärhinterbliebenengesetz** von **Reh.** 1915. 2 M. 50 Pf.

119. **Kriegsleistungsgesetz** von **Heilberg** und **Schäffer.** 1915. 3 M.

In Vorbereitung:

Besitzsteuergesetz (Vermögenszuwachssteuergesetz). Von Geheimem Ober-Finanzrat **A. Fernow.**

Guttentagsche Sammlung

Preußischer Gesetze.

Textausgaben mit Anmerkungen. Taschenformat.

---

1. Die **Verfassungs-Urkunde** für den Preußischen Staat. Mit Einleitung, vollständigem Kommentar. Von Prof. Dr. **Adolf Arndt. 7. Aufl.** 1911. **4 M.**

2. Preußische **Beamten-Gesetzgebung.** Enthaltend die wichtigsten Beamtengesetze in Preußen. Von **C. Pfafferoth. 4., neubearb. Aufl.** 1905. Mit Anhang: Abänderung vom 27. Mai 1907. 2 M.

3. **Die Aufnahme des Nottestaments** durch die bestellten Urkundspersonen. Anweisung mit Musterbeispielen und Abriß des Erbrechts von Amtsgerichtsrat **C. Kurtz.** 1904. 1 M. 50 Pf.

4. **Gebührenordnung** für **Notare** vom 25. Juli 1910. **4. Aufl.** bearbeitet von Justizrat **Rausnitz.** 1910. 2 M. 20 Pf.

5. Gesetz vom **24. April 1854 (betr. die außerehel. Schwängerung).** Von Dr. **Schulze.** 1873. 75 Pf.
   Gültiges Recht siehe: Reichsgesetze Nr. 58.

6. Die Preuß. **Ausführungsgesetze und Verordnungen zu den Reichs-Justizgesetzen.** Von **R. Sydow.** Siehe Seite 24, B u s ch - E y l a u, Ausführungsgesetze.

7. Allg. **Gerichtsordnung** und Preuß. **Konkursordnung.** Von **F. Vierhaus.** Vergriffen.

8. **Vormundschaftsordnung.** Von **F. Schultzenstein.**
   Gültiges Recht siehe: Reichsgesetze Nr. 47.

9. Die Preußische **Grundbuchgesetzgebung.** Von Prof. Dr. **Fischer.** Vergriffen. Siehe: Reichsgesetze Nr. 42.

10. **Einkommensteuergesetz.** Von **A. Fernow,** Geh. Ober-Finanzrat. 8. **Aufl.** 1913. 5 M.

11. **Gewerbesteuergesetz.** Von **A. Fernow,** Geh. Ober-Finanzrat. **6., vermehrte Aufl.** 1915. 4 M. 50 Pf.

12. **Allgemeines Berggesetz.** Mit seinen Novellen und Nebengesetzen. 3. **Aufl.,** bearbeitet von den Oberbergräten **Schlüter** und **Hense.** 1913. 7 M. 50 Pf.

13. **Ergänzungssteuergesetz** (V e r m ö g e n s s t e u e r g e s e t z). Von **A. Fernow,** Geh. Ober-Finanzrat. **5. Aufl.** 1914. 4 M.

14. **Kommunalabgabengesetz.** Vom 14. Juli 1893 und Gesetz wegen Aufhebung direkter Staatssteuern. Von Dr. **F. Adickes,** Oberbürgermeister. **5. Aufl.** Bearbeitet von Stadtrat Dr. **Woell.** 1911. 2 M. 40 Pf.

15. Die **Kreisordnungen** für den Preußischen Staat. Von O. **Kolisch,** Landgerichtsrat. 1894. 4 M.

16. **Konzessionierung gewerblicher Anlagen.** Preuß. Ausführungs-Anweisung zu §§ 16 u. ff. der Gewerbe-Ordnung. Von Dr. **W. v. Rüdiger,** Geh. Regierungs- u. Gewerberat **2. Aufl.** 1901. 2 M.

17. Preußisches **Gerichtskostengesetz.** Vom 25. Juli 1910. Mit **Kostentabellen.** Von Dr. **P. Siméon, Kammergerichtsrat. 7. Aufl.** 1913. **4 M.**

18. Preußisches **Stempelsteuergesetz** vom 30. Juni 1909. Mit sämtlichen Ausführungsbestimmungen. Von **P. Loeck**, Geh. Regierungsrat. 8. **Aufl.** von Regierungsrat **W. Seyffarth.** 8 M.

19. Das **Jagdscheingesetz.** Von **F. Kunze**, Wirklichem Geh. Ober-Regierungsrat. **2. Aufl.** 1899. 2 M.

20. Die **preußischen Erbschaftssteuergesetze.** Von **U. Hoffmann**, Rechnungsrat im Königl. preuß. Finanzministerium. 1905. 4 M.

(**Reichs**-Erbschaftssteuergesetz s. Reichsgesetze Nr. 77).

21. Gesetz **über die Handelskammern.** Von **F. Lusensky**, Geh. Regierungsrat. **2. Aufl.** 1909. 3 M.

22. Gesetz, betr. **Anstellung und Versorgung der Kommunalbeamten.** Von Dr. **W. Ledermann. 2. Auflage.** Bearbeitet von Dr. **Ludwig Brühl.** 1914. 2 M. 20 Pf.

23. **Ausführungsgesetz zum Bürgerlichen Gesetzbuche.** Von Kammergerichtsrat Dr. **P. Simèon. 3. Aufl.** 1914. 2,20 M.

24. Die **Hinterlegungsordnung** nebst Ausführungsbestimmungen. Von Regierungsrat Dr. **Georg Bartels. 2. Aufl.** 1908. 2 M.

—, Gesetz vom 21. April 1913 s. Nr. 53.

25. **Preußische Kommunalbeamtengesetzgebung.** Von Magistrats-Assessor Dr. **Fr. Kremski**, Berlin. 1901. 3 M.

26. Gesetze **über das Diensteinkommen der Lehrer und Lehrerinnen, Ruhegehalt und Fürsorge für Hinterbliebene.** Tabelle zur Berechnung der Ruhegehalts-, Witwen- und Waisenbezüge. Von Dr. **Ed. Cremer**, Beigeordneter. 1900. 2 M. 40 Pf.

27. Gesetz, betreffend die **Warenhaussteuer.** Von Geh. Ober-Finanzrat Dr. **G. Strutz.** 1900. 1 M. 20 Pf.

28. Gesetz über die **Fürsorgeerziehung Minderjähriger.** Von Landgerichtsdirektor Dr. **P. F. Aschrott. 2. umgearbeitete Aufl.** 1907. 2 M. 80 Pf.

29. Gesetz, betr. **die ärztlichen Ehrengerichte, das Umlagerecht und die Kassen der Aerztekammern.** Von Amtsgerichtsrat Dr. **F. Fidler.** 1901. 1 M. 50 Pf.

30. **Das Preußische Staatsschuldbuch** und **Reichsschuldbuch.** Von Wirkl. Geh. Ober-Finanzrat **F. Mücke.** 1902. 2 M.

31a. **Die geltenden Preußischen Gesindeordnungen.** Herausgegeben in zwei Bänden von **Stephan Gerhard,** Rechtsanwalt in Berlin.

Band I: Gesindeordnung für die altpreußischen Provinzen vom 8. Nov. 1810, bearbeitet mit ausführlichen Erläuterungen unter Berücksichtigung der Ergänzungsgesetze, der Rechtsverhältnisse der Stellenvermittler und der Reichsversicherungsordnung, sowie die Gesindeordnungen für Neuvorpommern und Rügen und für die Rheinprovinz. 2. **Aufl.** 1914. 3 M.

31b. **Band II:** Gesindeordnungen für Hannover, Schleswig-Holstein, Hessen-Nassau und den Regierungsbezirk Hohenzollern. 2 M. 50 Pf.

Siehe **auch** Seite 25: **Ratgeber** von **Grieben.**

32. **Die Städteordnung für die sechs östlichen Provinzen** Preußens vom 30. Mai 1853. Von Stadtrat Dr. **Walter Ledermann** u. Magistratsrat Dr. **Ludwig Brühl. 2. Aufl.** 1913. 7 M. 50 Pf.

33. **Rentenguts- und Anerbenrechts-Gesetzgebung in Preußen.** Von Landgerichtsrat **M. Peltasohn** und Rechtsanwalt **Bruno Peltasohn.** 1903. 3 M.

34. Sammlung der wichtigsten **preußischen Strafgesetze** nebst Anhang: Gesetz betr. polizeiliche Strafverfügungen vom 23. April 1883. Von **Otto Lindemann**, Geheimen Justizrat. 1912. **2. Aufl.** 3 M. 50 Pf.

35. **Geschäftsordnung für Gerichtsvollzieher.** Von **Emil Exner.** 1904. 3 M. 50 Pf.

36. **Polizeiverordnungen in Preußen.** Von **Otto Lindemann**, Geheimen Justizrat. 1912. **2. Aufl.** 2 M. 50 Pf.

37. Gesetz über die **Enteignung von Grundeigentum** vom 11. Juni 1874. Von Oberlandesgerichtsrat **O. Meyer. 2. Aufl.** 1911. 2 M. 25 Pf.

38. **Kreis- und Provinzial-Abgabengesetz.** Vom 23. April 1906, Von **Fr. Schmidt**, Gemeindevorsteher. 1906. 1 M. 25 Pf.

39. **Gesetz**, betr. die **Unterhaltung der öffentl. Volksschulen.** Von Dr. **A. Marcks**, Regierungsrat. 1906. 2 M.

40. **Verwaltungsstrafverfahren** bei Zuwiderhandlungen gegen die Zollgesetze und indirekte Reichs- und Landesabgaben. Von Dr. **Richard Katzenstein.** 1907. 3 M. 60 Pf.

41. Die **preußischen Jagdpolizeigesetze.** Von **Fr. Kunze**, Wirkl. Geh. Oberregierungsrat und **R. Kühnemann**, Rechtsanwalt. **2. Aufl.** 1907. 3 M. 60 Pf.

42. Die Gesetzgebung über die **Allgemeine Landesverwaltung** und über die **Zuständigkeit der Verwaltungs- und Verwaltungsgerichtsbehörden.** Von Rechtsanwalt Dr. **Karl Friedrichs.** 1908. 3 M.

43. Gesetz betr. die **Zulassung einer Verschuldungsgrenze** für land- und forstwirtschaftlich benutzte Grundstücke. Von Dr. jur. **R. Leweck, Syndikus.** 1908. 2 M. 40 Pf.

44. **Quellenschutzgesetz** nebst den Ausführungsbestimmungen von **Carl Voelkel**, Geheimer Bergrat. 1909. 1 M.

45. **Rechtsverhältnisse der Juden in Preußen** von Dr. jur. **Max Kollenscher**, Rechtsanwalt. 1910. 2 M. 40 Pf.

46. **Austritt aus der Landeskirche** vom 14. Mai 1873. Von Gerichtsassessor **Hrch. Chr. Caro.** 1911. 2 M. 40 Pf.

47. Gesetz, betr. die **Feuerbestattung** von Amtsgerichtsrat Dr. **W. Lohmann.** 1911. 1 M. 50 Pf.

48. **Zweckverbandsgesetz für Groß Berlin** vom 19. Juli 1911 nebst Abdruck des allgemeinen Zweckverbandsgesetzes. Von Magistratsräten Dr. **Ludw. Brühl**, Dr. **Kurt Gordan** und Stadtrat Dr. **Walter Ledermann** in Berlin. 1912. 4 M.

49. **Gesetze gegen die Verunstaltung landschaftlich hervorragender Gegenden** mit Ausführungsanweisungen. Von Regierungsrat **Otto Goldschmidt.** 1912. 2 M. 50 Pf.

50. **Gesetz, betr. die Anlegung und Veränderung von Straßen und Plätzen in Städten und ländlichen Ortschaften** von Oberlandesgerichtsrat **O. Meyer.** 1912. 3 M.

51. **Das preußische Disziplinargesetz für die nichtrichterlichen Beamten** nebst dem Disziplinargesetze für die Privatdozenten. Von Regierungsrat Dr. **Eugen v. Dultzig.** 4 M. 50 Pf.

52. **Preußisches Wassergesetz** v. 7. April 1913 von Rechtsanwalt **Georg Wulff** und Rechtsanwalt **Ferd. Herold.** 1913. 5 M.

53. **Hinterlegungsordnung** v. 21. April 1913. Von **Hagemann**, Landrichter. 2 M. 25 Pf.

54. Gesetz, betr. die **Anlegung von Sparkassenbeständen in Inhaberpapieren** nebst Ausführungsverordnung vom 8. Mai 1913. Kommentar von Rechtsanwalt **Herbert Döhring.** 2 M.

Guttentagsche Sammlung von Textausgaben mit Sachregister ohne Anmerkungen.

Taschenformat, elegant in Leinen gebunden.

Zivilprozeßordnung mit **Gerichtsverfassungsgesetz** und **Einführungsgesetzen.** Neueste Fassung. 2 M.

Konkursordnung mit **Einführungsgesetz. 2. Aufl.** 1915. 1 M.

Bürgerliches Gesetzbuch nebst **Einführungsgesetz.** 10. Abdruck. 2 M. 50 Pf.

Handelsgesetzbuch nebst **Einführungsgesetz** und **Seerecht.** 8. Abdruck. 1910. 1 M. 80 Pf.

Reichsversicherungsordnung von 1911 (**Kranken-**, Unfall-, Invaliden- u. Hinterbliebenenversicher.). 20—30 Tausend. 2 M.

Militärstrafgerichtsordnung nebst **Einführungsgesetz.** 1 M. 50 Pf.

Militär-Strafgesetzbuch. 2. Aufl. 1916. 1 M. 20 Pf.

Wechselordnung mit Anhang: **Wechselprozeß und Ausführungsanweisung.** 1908. 1 M.

Die Preußischen Ausführungsgesetze zum Bürgerlichen Gesetzbuche und Nebengesetze. 5. Aufl. 1 M. 80 Pf.

Reichsfinanzgesetze von 1909 einschließlich der **Reichsstempelgesetze** und des **Erbschaftssteuergesetzes.** 1909. 2 M.

Zuwachssteuergesetz vom 14. Februar 1911. 80 Pf. **Ausführungsbestimmungen** dazu 60 Pf.

Versicherungsgesetz für Angestellte vom 20. Dez. 1911. 1 M. 25 Pf.

Strafgesetzbuch. Mit ausführl. Sachregister. 1912. 1 M. 20 Pf.

Strafprozeßordnung. 2. Aufl. 1915. 1 M. 50 Pf.

Wehrbeitrag und Besitzsteuer. Mit ausführl. Sachregister. 1913. 1 M.

Kriegsgewinnsteuer. 60 Pf.

In **siebenter, völlig neubearbeiteter Auflage** liegt vollständig **vor**:

Enzyklopädie der Rechtswissenschaft

in systematischer Bearbeitung

von

Dr. Franz von Holtzendorff,

herausgegeben von

Geh. Justizrat **Dr. Josef Kohler,**

ordentl. Professor der Rechte an der Universität Berlin.

Unter Mitwirkung zahlreicher namhafter Juristen.

1915. Lex. 8°. 5 Bände. Gesamtpreis 65 M., geb. 77,50 M.

Jeder Band wird einzeln abgegeben!

Band I 16,— M., geb. 18,50 M.
Band II 13,— M., geb. 15,50 M.
Band III 12,75 M., geb. 15,25 M.
Band IV 16,50 M., geb. 19,— M.
Band V 16,50 M., geb 19,— M.

Wer sich auf dem weitverzweigten Gebiete der Rechtswissenschaft und über die zahlreichen angrenzenden Disziplinen als Praktiker oder als Theoretiker schnell und eingehend Aufklärung verschaffen will, dem kann hierzu kein besseres Mittel an die Hand gegeben werden als diese neueste Auflage der Holtzendorffschen Enzyklopädie. Zahlreiche teure systematische Einzelwerke sowie Gesetzes-Kommentare werden dadurch unnötig gemacht. Das Holtzendorffsche Sammelwerk bietet einen zuverlässigen Führer auf dem leider ja fast bis zur Unübersehbarkeit angewachsenen Gebiete der Rechtswissenschaft. Der Tag.

Ausführliche Prospekte mit Inhaltsangabe der einzelnen Bände kostenlos.

Die Preußischen Ausführungsgesetze, Verordnungen und ministeriellen Verfügungen zu dem Bürgerlichen Gesetzbuche und den **Reichs-Justizgesetzen** nebst anderen zugehörigen Gesetzen. Von **L. Busch. 2. Aufl.** von Landrichter **O. Eylau.** 8°. Preis geb. 4 M. 50 Pf.

Preußische Bürgerliche Gesetzsammlung. Sammlung der noch geltenden Landesgesetze privatrechtlichen Inhalts. Herausgegeben von den Gerichtsassessoren **D. Fischer** und Dr. **F. Schroeder.** 8°. 2 Bände Preis geb. in ganz Leinen 20 M.

Erster Band: **Das Allgemeine Landrecht mit den Einführungs-Patenten.** Preis 6 M.

Zweiter Band: **Gesetze von 1778—1902.** Preis 14 M.

Kommentar zum Stellenvermittlergesetz vom 2. Juni 1910 unter besonderer Berücksichtigung des zivilrechtlichen Gesetzesinhaltes mit den Ausführungsbestimmungen für **Preußen, Bayern, Sachsen** von **M. K. Samter,** Amtsgerichtsrat. 1912. Gr.-8°. Preis 4 M., geb. 5 M.

Die Gerichtspraxis. Herausgegeben von Kammergerichtsrat Dr. **Ernst Pape** in Verbindung mit Amtsrichter **E. Armstroff,** Berlin-Lichterfelde, Staatsanwalt Dr. **C. Falk,** Berlin, Kammergerichtsrat **M. Gfrörer,** Berlin, Amtsrichter **Wilh. Häuseler,** Berlin-Weißensee, Amtsgerichtsrat **Georg Krause,** Berlin-Tempelhof, Amtsgerichtsrat **L. Levy,** Charlottenburg, Landrichter Dr. **Max Nadler,** Berlin, Amtsgerichtsrat **H. Riefenstahl,** Berlin. 1914. Gr. 8°. Geb. 18 M. 50 Pf.

Prozeßrechtlicher Schutz der Kriegszeit. Ein Kommentar zum Gesetz vom 4. August 1914, betr. den Schutz der infolge des Krieges an der Wahrnehmung ihrer Rechte behinderten Personen von Landrichter a. D. Dr. **Sieskind. 2. Aufl.** 1915. Preis geb. 3 M.

Die Invaliden- und Hinterbliebenenversicherung nach der Reichsversicherungsordnung. Eine systemat. Zusammenstellung der gesetzl. Bestimmungen von Dr. **Richard Freund**, Vorsitzendem der Landes-Versicherungsanstalt Berlin. 1911. 2 M., geb. 3 M.

Wie leitet man eine Versammlung? Geschäftlicher Handweiser für Vorsitzende. Von einem Mitgliede des deutschen Reichstages und des preußischen Abgeordnetenhauses. **2. Aufl.** 1908. kart. 1 M.

Praktischer Ratgeber für Dienstherrschaften nach dem Preuß. Gesinderecht unter Berücksichtigung der neueren Entscheidungen bearbeitet von **H. Grieben**, Verwaltungsdirektor a. D. und Bürgermeister. 1908. 1 M.

Das Recht der Handlungsgehilfen und Handlungslehrlinge. Von Rechtsanwalt **Hugo Horrwitz. 2. Aufl.** Geb. 3 M.

Die Registratur. Von **Hermann Kollrack. 2. Aufl.** 1906. 8°. **Kart.** 1 M. 40 Pf.

Die Pflichten des Waisenrates. Ein praktischer Leitfaden für Waisenräte und Verwaltungsbeamte. Von **F. Baum**, Geh. Justizrat und Vormundschaftsrichter. **8. vermehrte und verbesserte Auflage.** 1906. 8°. 60 Pf.

Der Vormund, Gegenvormund, Pfleger und Familienrat. Nach dem Bürgerlichen Gesetzbuch, dem Reichsgesetz über die Angelegenheiten der freiwilligen Gerichtsbarkeit und dem Ausführungsgesetz zum BGB. Ein praktischer Leitfaden. Von **F. Baum**, Geh. Justizrat und Vormundschaftsrichter. 1899. 8°. 50 Pf.

Schlagwort-Register.

R. = Nummer der Sammlung Deutscher **Reichs**gesetze.
P. = Nummer der Sammlung **Preußischer** Gesetze.
S. = Seite.

Schlagwort-Register. (R. = Reichsgesetz, P. = preuß. Gesetz.)

Schlagwort-Register. (R. = Reichsgesetz, P. = preuß. Gesetz.)

Schlagwort-Register. (R. = Reichsgesetz, P. = preuß. Gesetz.)

Schlagwort-Register. (R. = Reichsgesetz, P. = preuß. Gesetz.)

Schlagwort-Register. (R. = Reichsgesetz, P. = preuß. Gesetz.)

 Nr. 1. I. 1916. 5 000.

FSC
www.fsc.org
MIX
Papier | Fördert gute Waldnutzung
FSC® C083411

Kolibri 360 GmbH
Ferdinand-Jühlke-Straße 7
99095 Erfurt, Deutschland
produktsicherheit@kolibri360.de

Die Rechtsprechung

des

Königlichen Ober-Tribunals

in

Straf-Sachen

herausgegeben vom

Ober-Staatsanwalt Dr. F. C. Oppenhoff,

fortgesetzt von den Mitgliedern

der

General-Staatsanwaltschaft.

Neunzehnter Band.

Berlin, 1878.

Druck und Verlag von G. Reimer.

Die mit lateinischen Schriftzeichen gesetzten Ueberschriften und Rechtssätze beziehen sich auf das durch die Straf-Prozeß-Ordnung vom 25. Juni 1867 geregelte Verfahren.

1878.

Nothwehr. – Exceß. – Fragestellung.

Exceß der Nothwehr wird durch die Annahme einer rechten Nothwehr ausgeschlossen. Die Frage nach Exceß der Nothwehr darf daher nicht die Merkmale enthalten, welche den Thatbestand der rechten Nothwehr erfüllen. Insbesondere darf in der Frage nicht gesagt werden, daß die Handlung des Angeklagten zur Abwendung des rechtswidrigen Angriffs erforderlich gewesen sei.

StGB. § 53 [n. 14]; Vgl. GA. 2. S. 824; 5. S. 89 u. 11. S. 24; RbOTr. 1. S. 215 und 763; 2. S. 362; 5. S. 492; 10. S. 119; 12. S. 550; 14. S. 232 und 17. S. 294; Stengl. 2. S. 75.

Erk. (V. II.) v. 3. Jan. 1878 c. Dambruch (10 II. Cr.).

Der Vertheidiger des wegen vorsätzlicher Körperverletzung mit tödtlichem Erfolge Angeklagten beantragte Stellung der Frage nach Exceß der Nothwehr. Das SG. stellte dieselbe in folgender Fassung:

„Hat sich der Angeklagte zwar bei Verübung der in Frage 1 erwähnten That in derjenigen Vertheidigung befunden welche erforderlich war, um einen gegenwärtigen rechtswidrigen Angriff von sich abzuwenden, ist er jedoch in Bestürzung, Furcht oder Schrecken über die Grenzen der Vertheidigung hinausgegangen?“

Die Geschworenen haben die Frage verneint und das SG. daraufhin verurteilt.

Auf NB. des Angeklagten vernichtete das Ob.-Tr. und verwies zur Verhandlung und Entscheidung an das SG. zurück. Gründe:

Der straflose Exceß der Nothwehr setzt voraus, daß die rechte Nothwehr nicht vorliegt, weil die fragliche Handlung **nicht erforderlich** war zur Abwendung des gegenwärtigen, rechtswidrigen Angriffs; er wird also durch die Annahme einer rechten Nothwehr geradezu ausgeschlossen. Dieses verkennend hat der Schw.-GH. in den ersten Theil seiner Frage gerade diejenigen Merkmale aufgenommen, welche den Thatbestand der rechten Nothwehr erfüllen, und durch die Beziehung, in welche er durch die Worte „zwar" und „jedoch" diesen ersten Theil zu dem zweiten Theile bringt, deutlich zu erkennen gegeben, daß er, um zu einer Bejahung des zweiten Theils (und damit des eigentlichen Kerns der Frage) gelangen zu können, die Bejahung auch des ersten Theils für nothwendig erachtete, während gerade umgekehrt durch die Fragestellung — sei es in Einer einzigen oder in mehreren Fragen — hätte ausgedrückt werden müssen, daß ein Hinausgehen über die Grenzen der Vertheidigung bei der Frage nach dem straflosen Exceß der Nothwehr als nothwendige Voraussetzung unterstellt werde. Durch diese, **Widersprüche** in sich schließende Fragestellung hat aber der Gerichtshof es herbeigeführt, daß auch die verneinende Antwort der Geschworenen keinen sicheren Aufschluß darüber giebt, was eigentlich hat verneint werden sollen, und ob aus dieser Verneinung mit Grund geschlossen werden kann, daß die Geschworenen gerade diejenigen Thatumstände nicht als vorhanden angenommen haben, welche die wesentlichen Merkmale eines straflosen Excesses der Nothwehr bilden. Insbesondere herrscht völlige Unklarheit darüber, ob die Geschworenen die ganze Frage nicht etwa deshalb verneint haben, weil sie den ersten Theil, in welchen, wie vorhin ausgeführt worden, theilweise völlig unrichtige und unerhebliche Merkmale Aufnahme gefunden haben, nicht glaubten bejahen zu können. Auf einen derartigen in der Sache undeutlichen Ausspruch der Geschworenen konnte aber nach § 339 der StPO. eine Verurteilung des Angeklagten nicht gestützt werden.

Antr. d. OStA.: gleichl. [14.—4.]

Entwendung von Genußmitteln. - Brennmaterial.

Brennmaterial ist, da es nicht genossen wird, kein Genußmittel im Sinne des

§ 370 Nr. 5 des StGB.'s [n. 18].

Erk. (Z. II.) v. 3. Jan. 1878 c. Ehefrau Harp (1111 II. Cr.). Antr. d. GStA.: gleichl. [7.—4.]

Commissarische Zeugenvernehmung in 2. Instanz. - Angeklagter nicht zugezogen. - Vor dem AG. nicht gerügt.

Die Zuziehung des Angeklagten bei einer commissarischen Zeugenvernehmung ist nicht im öffentlichen Interesse, sondern lediglich im Interesse der Vertheidigung des Angeklagten vorgeschrieben, auf welche er verzichten kann. Ist sie bei einer commissarischen Zeugenvernehmung in 2. Instanz unterblieben, so muß diese Versäumniß in der Schlußaudienz des App.-Ger. von dem Angeklagten, wenn erschienen, gerügt werden, widrigenfalls sie nicht zum Gegenstand einer Beschwerde in der Richtigkeitsinstanz gemacht werden kann.

Vdn. v. 3. Jan. 1849 § 21 [n. 14]; Vgl. GA. 3. S. 752; JMBl. 62. S. 58 in fine; RdOTr. 8. S. 521; 9. S. 259; 10. S. 28 und 13. S. 632 und 653.

Erk. (Z. II.) v. 3. Jan. 1878 c. Kleff & Gen. (8 II. Cr.). Antrag d. GStA.: gleichl. [5.—4.]

Urteilsverkündung. - Dieselben Richter.

Wird die Verkündung des Urteils vertagt, so muss nicht nur die Berathung und demnächste Unterzeichnung des Urteils, sondern auch dessen Verkündung durch dieselben Richter geschehen, wie die Hauptverhandlung.

S.tPO. § 226; Vgl. RdOTr. 11. S. 318; 13. S. 522 und 18. S. 7.

Erk. (V. II.) v. 3. Jan. 1878 c. Schäfer (1053/77 II. Cr.).

Von den 5 Richtern, welche an der Hauptverhandlung in der Berufungsinstanz Theil genommen hatten, war einer, der App.-Ger.-

Rath C., an dem zur Verkündung des Urteils anberaumtem Termine verhindert und durch einen anderen Richter vertreten. Das bei den Akten befindliche besonders niedergeschriebene Urteil war indeß von dem C. und nicht von dem denselben bei der Verkündung vertretenden Richter mit unterschrieben und damit konstatirt, daß C. auch der Berathung und Abstimmung über das Urteil in geheimer Sitzung beigewohnt hatte.

Auf NB. des Angeklagten vernichtete das Ob.-Tr. und verwies zur Verhandlung und Entscheidung an ein anderes App.-Gericht. Gründe:

Wie aus der Natur der Sache folgt, auch von dem Ob.-Tr. in constanter Rechtsprechung anerkannt ist, hat die Berathung und Abfassung eines Urteils, auch selbst mit hinzutretender Unterzeichnung desselben durch die Gerichtsmitglieder, insofern stets nur eine provisorische Bedeutung, als es bis zur Zeit seiner Verkündung einer jeden von dem Gerichte beschlossenen Abänderung noch unterliegt. Erst mit und durch die Verkündung gelangt das Urteil zu rechtlicher Existenz. Demzufolge kann vorliegend der in geheimer Sitzung erfolgten Urteils-Abfassung mehr nicht als die Bedeutung eines Entwurfs zugestanden werden, welcher den Rechtscharakter eines wirklichen Urteils erst mit der im Termin vom 7. Septbr. geschehenen Verkündung erlangte; und in Uebereinstimmung hiermit lautet denn auch das angefochtene Erkenntniß selbst dahin, „daß am 7. Septbr. für Recht erkannt sei". — Sodann ist davon auszugehen, daß auch in dem durch die StPO. geregelten Strafverfahren die Verkündung des Urteils einen Theil der Hauptverhandlung bildet. In Berücksichtigung des Verhältnisses, in welchem anerkanntermaßen die StPO. zu dem Prozeßsystem der Vdn. v. 3. Jan. 1849 und des Ges.'s v. 3. Mai 1852 steht, rechtfertigt sich, so lange nicht ein Gegentheiliges aus der StPO. mit Bestimmtheit nachweisbar, die Annahme, daß der Gesetzgeber den hier in Bezug genommenen, für das altländische Rechtsgebiet feststehenden, prozessualischen Grundsatz auch auf die StPO. habe übertragen wollen. Eine hiervon abweichende Ansicht findet keine ausreichende

Unterstützung in dem Umstande, daß an mehreren Stellen der StPO. der Hauptverhandlung in einem Sinne gedacht ist, in welchem sie die Urteils-Fällung bezw. Verkündung nicht in sich begreift, vielmehr derselben gegenüber gestellt wird (vgl. z. B. § 6. 395 Abs. 2). Die aus diesen Stellen für die gegentheilige Annahme gezogene Folgerung kann um so weniger für zutreffend erachtet werden, als andererseits die Bestimmung des § 20, welcher besagt, „Die Entscheidungen, durch welche die Hauptverhandlung beendigt wird" ꝛc. und der Abschnitt 2 des Tit. 12, welcher unter der Ueberschrift „Von der Hauptverhandlung" zugleich auch die Urteils-Verkündung behandelt, darauf hinweisen, daß auch der Gesetzgeber der StPO. die Urteils-Verkündung als einen Theil der Hauptverhandlung betrachtet hat. — Unter Zugrundelegung dieses wesentlichen Prozeßsatzes, daß die Urteils-Verkündung einen Theil der Hauptverhandlung bildet, kommt sodann entscheidend für die Beurteilung der aufgestellten Beschwerde die Bestimmung des § 226 der StPO. in Anwendung. Derselbe lautet: „Die zur Entscheidung berufenen Richter ꝛc. müssen der ganzen Hauptverhandlung beiwohnen, bei Vermeidung der Nichtigkeit". Gegen diese prozessualische Vorschrift verstößt das Verfahren des App.-Gerichts.

Antr. d. GStA.: gleichl. [7.—4.]

Augenschein. - Protokoll. - Verlesung.

Die Verlesung eines in der Voruntersuchung aufgenommenen Protokolles über den örtlichen Befund in der Hauptverhandlung ist dem Ermessen des Instanzrichters überlassen.

Vdn. v. 3. Jan. 1849 § 19 [n. 3. 4]; Vgl. RdOTr. 10. S. 178.

Erk. (3. II.) v. 8. Jan. 1878 c. **Krause** (56 II. Cr.).

Die von dem Imploranten bezogene Vorschrift des § 19 der Vdn. v. 3. Jan. 1849 ist nicht dahin zu verstehen, daß ausnahmslos eine jede während der Voruntersuchung Statt gefundene gerichtliche Augenscheinseinnahme zum

Gegenstand der Beweisaufnahme bei der mündlichen Verhandlung durch Verlesung des darüber aufgenommenen Protokolls gemacht werden müsse. Vielmehr ist in dieser Beziehung die Erheblichkeit des betreffenden Aktes entscheidend, und der Regel nach hat deshalb der erkennende Instanz-Richter nach seinem Ermessen darüber zu befinden, ob sich die Verlesung eines gerichtlichen Augenscheinprotokolls bei der Hauptverhandlung als geboten darstellt oder nicht. Ein Angeklagter ist daher nicht in der Lage, Verletzung des § 19 cit. lediglich um deswillen rügen zu können, weil ein Protokoll über einen in der Voruntersuchung eingenommenen gerichtlichen Augenschein bei der Hauptverhandlung nicht verlesen worden ist; und vorliegend kann, auch nicht einmal unter dem Gesichtspunkte einer Verkürzung in der Vertheidigung, in der unterbliebenen Verlesung eine Beeinträchtigung der Rechtszuständigkeit des Angeklagten gefunden werden, da derselbe es unterlassen hat, in der Audienz einen Antrag auf Verlesung des bezüglichen Protokolls zu stellen.

Antr. d. GStA.: gleichl. [7.—3.]

Störung eines Begräbnisses. – Ort der störenden Handlung.

Die eine gottesdienstliche Verrichtung störende Handlung ist strafbar auch wenn sie außerhalb des zu der religiösen Verrichtung bestimmten Ortes vorgenommen ist.

StGB. § 167 [n. 6]; Vgl. RbOTr. 17. S. 489.

Erk. (Z. II.) v. 8. Jan. 1878 c. Kohn (41 II. Cr.).

Der Angeklagte hatte außerhalb des Kirchhofes ruhestörenden Lärm verursacht und dadurch eine auf dem Kirchhofe stattfindende kirchliche Begräbnißfeier gestört. Die Instanzrichter hatten festgestellt, daß Angeklagter den Lärm an einem Kirchhofe verursacht habe und die darauf gegründete Bestrafung hält die NB. für ungerechtfertigt, weil § 167 des StGB.'s nur die Störung in einem zu religiösen Versammlungen bestimmten Orte unter Strafe stellt.

Zurückweisung. Gründe:

Die Feststellung entspricht zwar ihrem Wortlaute nach insofern nicht dem im § 167 des StGB.'s vorausgesetzten Thatbestarde als sie die Störung als eine an dem Kirchhofe, d. i. in der Nähe, jedoch außerhalb desselben stattgefundene bezeichnet. Indessen ergiebt die weitere Begründung, daß nach der thatsächlichen Annahme der Instanzrichter zwar der Angeklagte als er den Lärm erregte, sich außerhalb des Friedhofes befunden hat, durch den Lärm jedoch der Gottesdienst der innerhalb des Friedhofes befindlichen Versammlung gestört worden ist. Wird aber von dieser Sachlage ausgegangen, so erscheint die Anwendung des § 167 des StGB.'s nicht als rechtsirrthümlich, weil für die Anwendbarkeit dieses Gesetzes nicht der Ort, wo die störende Handlung stattgefunden, sondern derjenige, wo sie ihre Wirkung geäußert hat, entscheidend ist.

Antr. d. OStA.: gleichl. [19.—3.]

Privatklage. - Vorladung des Klägers. - Frist.

1. Die Bestimmung des § 219 der StPO., dass bei der Vorladung zur Verhandlung eine achttägige Frist gelassen werden muss, gilt auch für Privatklagesachen und bei diesen auch für die Vorladung des Klägers. (indirekt)

StPO. §§ 219. 445 u. 504 Abs. 1; Vgl. RdOTr. 16. S. 132.

2. Nur zur ersten Verhandlung erster oder zweiter Instanz muss mit achttägiger Frist geladen werden, insbesondere in Privatklagesachen, nicht auch zu der für das Beweisverfahren anberaumten zweiten Sitzung.

StPO. §§ 219 u. 500; Vgl. RdOTr. 18. S. 12.

Beschl. (Z. II.) v. 8. Jan. 1878 Schäfer c. Söhngen (214/77 B. II. Cr.).

In der Privatklagesache Sch. u. S. stand bei dem Rügegericht zu Fr. am 16. Oktbr. Termin zur Hauptverhandlung an. In diesem wurde Anberaumung eines anderen Termins zur Vernehmung der

Zeugen und weiteren Verhandlung gemäß § 500 Abs. 3 der StPO. beschlossen. Der 2. Termin wurde demnächst auf den 30. Oktbr. anberaumt. Da Kläger in diesem Termin, ungeachtet der ihm am 25. Oktbr. zugestellten Vorladung, nicht erschien, wies das RG. die Klage gemäß § 506 Abs. 2 der StPO. durch Beschluß zurück.

Kläger ergriff Beschwerde zur Strafkammer des StG., weil er zu dem Termin v. 30. Oktbr. nicht mit der im § 219 vorgeschriebenen 8 tägigen Frist geladen sei, und als die Strafkammer die Beschwerde zurückwies, weiter zum Ob.-Tr.

Die GStA.-schaft beantragte Zurückweisung aus folgenden Gründen:

Die Vorschrift des § 219 der StPO., daß der Angeklagte zur mündlichen Verhandlung mit einer Frist von mindestens 8 Tagen vorzuladen ist, bezweckt demselben die erforderliche Zeit zur Beibringung des Entlastungsbeweises zu belassen und steht im Zusammenhang mit den Bestimmungen der §§ 222 und 223, wonach der Angeklagte einen etwaigen Antrag auf Herbeischaffung von Beweismitteln zeitig vor der Sitzung bei der StA.-schaft zu stellen, auch die Zeugen und Sachverständigen, welche auf seinen Antrag vernommen werden sollen, spätestens 4 Werktage vor dem Beginn der Verhandlung der StA.-schaft namhaft zu machen hat.

Hieraus folgt ein Mal: daß diese Vorschrift, wie auch bereits durch das von der Strafkammer angezogene Urteil des Kgl. Ob.-Tr. (RdOTr. 18. S. 12) erkannt ist, nur bei der ersten Ladung des Angeklagten zu der Hauptverhandlung erster oder zweiter Instanz, nicht aber bei der in Folge Vertagung der Verhandlung nöthig werdenden weiteren Ladungen derselben Instanz gilt, sodann aber auch: daß sie auf Privatklagesachen überhaupt nicht anwendbar ist. In diesen wird gemäß § 500 Abs. 2 und 3 in dem ersten Verhandlungstermin zunächst versucht, ohne alle Beweisaufnahme auf Grund des Zugeständnisses der Parteien zu erkennen und, wenn das nicht angängig ist, zur Beweisaufnahme und weiteren mündlichen Verhandlung erst eine neue Sitzung anberaumt. Der Beschuldigte hat also zum ersten Termin noch gar keine Beweismittel beizubringen. Auch liegt kein Anlaß vor, die in Rede stehende Vorschrift etwa in Privatklagesachen anstatt auf den ersten auf den zweiten Termin anzuwenden. Denn die in diesem aufzunehmenden Beweise haben die Parteien nicht erst in der Zwischenzeit zwischen beiden Terminen, sondern gleich im ersten Termine anzugeben und ist dadurch das Gericht in die Lage versetzt, die zur Herbeischaffung dieser Beweise erforderliche Zeit im einzelnen Falle selbst zu bemessen. Dementsprechend ist denn auch in dem Abs. 1 des § 500, welcher die

Vorladung der Parteien in Privatklagesachen regelt, von einer dabei zu belassenden Frist nichts gesagt.

Eventuell ist in dem § 219 nur von der Vorladuug des Angeklagten die Rede und eine Ausdehnung der Bestimmung auf die Vorladung des Klägers in Privatklagesachen nicht durch den § 504 gegeben, da dieser blos die dem Beschuldigten eingeräumten Rechte in gleichem Maße auch dem Privatkläger zuspricht, unter „Rechten des Beschuldigten" aber nicht eine bei Vorladung desselben einzuhaltende Frist verstanden werden kann.

Das Ob.-Tr. wies zurück. Gründe:

In Erw., daß die Zurückweisung der Privatklage nach dem unterliegenden Sachverhalt in Gemäßheit des in § 506 Abs. 2 der StPO. aufgestellten Präjudizes mit Recht ausgesprochen ist:

daß dem gegenüber insbesondere auch nicht geltend zu machen steht, daß zwischen dem Termine vom 30. Oktbr. und der erst am 25. d. Mts. erfolgten Ladung zu diesem Termin eine Frist von mindestens 8 Tagen nicht in der Mitte liege, und demgemäß nach § 219 der StPO. diese Ladung nicht als eine ordnungsmäßige anzusehen sei;

daß die im § 219 cit. betreffs zeitiger Ladung vor dem Termine getroffene Bestimmung, wie von der Strafkammer im Anschluß an die von ihr bezogene Entscheidung des Ober-Tribunals aus zutreffenden Gründen ausgeführt ist, nur auf die erste Ladung zur Hauptverhandlung bezogen werden kann;

daß diese Voraussetzung im untergebenen Fall nicht vorliegt, da der Termin vom 30. Oktbr., nachdem bereits Termin zur Hauptverhandlung angestanden hat, als zweiter Termin Zwecks Beweisaufnahme anberaumt war.

[7.—4.]

Verlesung. - Beweismittel. - Unmittelbare.

Anonyme Zuschriften an das Gericht bezüglich der Thäterschaft der den Gegenstand der Verhandlung bildenden That können als unmittelbare Beweismittel zur Verlesung gebracht werden.

StPO. § 245.

Erk. (Z. 1.) **v. 9. Jan. 1878 c. Busse** (52 I. Cr.)

Im Laufe einer schwurgerichtlichen Verhandlung wegen Mordes war bei dem Gericht ein anonymes Schreiben eingelaufen in welchem sich dessen unbekannter Verfasser für den Thäter und den Angeklagten für gänzlich unbetheiligt erklärt. Der Schwurgerichtshof beschloß und bewirkte die Verlesung dieses Schreibens; die StA.-schaft hält dieselbe für unzulässig und stützt darauf NB., die jedoch vom Ob.-Tr. zurückgewiesen ist.

Die NB. rügt Verletzung des § 245 Abs. 1 der StPO. v. 25. Juni 1867 insofern, als der Schw.-GH. auf Grund desselben nicht in der Lage gewesen sei, den zu den Akten der Voruntersuchung gelangten, an das Kgl. Obergericht gerichteten anonymen Brief in der Hauptverhandlung, wie geschehen, zur Verlesung zu bringen, weil derselbe weder Gegenstand der Anschuldigung gewesen, noch über die That oder die Beziehung des Angeklagten zu derselben unmittelbaren Aufschluß gewähre, sondern sich als eine schriftliche nicht beeidigte Aussage eines unbekannten Dritten darstellte. Der Angriff ist unbegründet. Der § 245 der StPO., indem er schriftliche Aussagen oder Zeugnisse mit den in den §§ 246 und 247 vorgesehenen Ausnahmen als zur Verlesung vor dem erkennenden Gerichte ungeeignet erklärt, dagegen die Verlesung von Schrifstücken gestattet, welche den Gegenstand der Anschuldigung bilden oder über die That oder die Beziehungen des Angeklagten zu derselben unmittelbaren Aufschluß gewähren, unterscheidet damit zwischen den mittelbaren und unmittelbaren Beweismitteln. Unter Ersteren versteht das Gesetz die Aussagen und Zeugnisse von Personen, welche durch das Medium der Schrift zur Prüfung des Gerichts gelangen und als dem Wesen des mündlichen Verfahrens widersprechend ausgeschlossen sein sollen, weil die Bedeutung dieser Beweismittel von der Person des Aussagenden sich nicht trennen und nur durch unmittelbare Vorführung des Letzteren in Beziehung auf ihre Glaubwürdigkeit sich in vollem Maße würdigen läßt. Tritt dagegen gegenüber dem Inhalt eines Schriftstückes die Person des Aussagenden, des Verfassers, zurück, handelt es sich nicht um die Bestätigung seiner Wissenschaft von der Sache, sondern um die Existenz oder den Inhalt des Schriftstückes an sich, sei es, weil dasselbe Gegenstand oder Produkt der That ist oder weil in sonstiger Beziehung daraus über die objektive Beschaffenheit der Letzteren oder die subjektiven Beziehungen des Thäters zu derselben ein direkter Schluß gezogen werden soll, so folgt eben aus dem Prinzip der Unmittelbarkeit der Beweiserhebung, daß ein solches Beweismittel dem Gericht nur durch Vorlegung und, soweit es auf den Inhalt ankommt, durch Verlesung unterbreitet werden kann. Ferner ergiebt sich aus der thatsächlichen Natur der Beweisgründe, daß die Frage, ob ein derartiges Schriftstück wirklich den von ihm erwarteten Aufschluß zu gewähren geeignet sei, sich nur nach der konkreten Auffassung des erkennenden Richters beurteilen läßt und einer Nachprüfung mit dem Rechtsmittel der RB. entzieht. Bei dem vorliegenden anonymen Schriftstück aber handelt es sich nicht um eine Bestätigung der darin ausgedrückten Behauptungen des unbekannten Verfassers, sondern um die Existenz des Briefes an sich und, wie die sich daran anschließenden Verhandlungen ergeben, um die Ermittelung des Verfassers; hieraus allein hat Material für die Beweisführung entnommen werden sollen, da der Gerichtshof diese Umstände als unmittelbaren Aufschluß über die That gewährend erachtete, und läßt sich demselben daher in keiner Weise Verletzung des Gesetzes zum Vorwurf machen.

Antr. d. OStA.: gleichl. [11.—2.]

Kirchengesetze. - Geistliches Amt.

Die Strafbestimmungen der Kirchengesetze haben jedes Amt im Auge in welchem geistliche Amtshandlungen vorgenommen werden.

Ges. v. 11. Mai 1873 § 23; Ges. v. 21. Mai 1874 Art. 2.

Erk. (Z. I.) v. 9. Jan. 1878 c. Krimmel (1219/77 I. Cr.).

Die materiellen Angriffe betreffend, so ist zunächst der allgemeinen Hinweisung darauf die Anerkennung zu versagen, daß die Strafandrohung der sogenannten Maigesetze sich nur auf Geistliche beziehe, welche geistliche Amtshandlungen in dem Pfarramte vorgenommen, während der Angeklagte nur Kaplansfunktionen verrichtet. Der § 23 des Ges.'s v. 11. Mai 1873 (GS. S. 196) und Art. 2 des Ges.'s v. 21. Mai 1874 (GS. S. 140) sprechen sich deutlich darüber aus, daß sie jedes Amt im Auge haben, in welchem geistliche Amtshandlungen vorgenommen werden.

Antr. des GStA.: gleichl. [11.—2.]

Gebäudesteuer. – Abgebranntes Gebäude. – Vorenthaltung.

Bei versäumter Anmeldung eines nach einem Brande wiederaufgebauten Gebäudes greift eine nach Maßgabe der vorenthaltenen Steuer zu bestimmende Strafe nicht Platz, wenn für das abgebrannte Gebäude die bisherige Steuer in einem den Betrag der Steuer des neuen Gebäudes erreichenden Betrage fortgezahlt ist.

Ges. v. 21. Mai 1861 §§ 15. 17. 19.

Erk. (Z. I.) v. 9. Jan. 1878 c. **Wigger** (1199/77 I. Cr.).

Anfang 1869 war ein Wohnhaus abgebrannt; in Folge einer irrigen Abmeldung jedoch die Gebäudesteuer für dasselbe nicht abgesetzt. An der Stelle des abgebrannten Hauses wurde ein neues errichtet, aber zur gesetzlichen Zeit nicht angemeldet. So kam es, daß die alte Steuer mit Mk. 1,80 alljährlich fortentrichtet wurde, bis nach fast 6 Jahren der Eigenthümer W. die Anmeldungen bewirkte und das alte Gebäude in Absatz, das neue aber mit Mk. 1,20 in Ansatz gebracht wurde. W. wurde, weil er zwar die Anmeldung versäumt, aber dem Staat keine Steuern entzogen habe, aus § 17 Abs. 3 i. f. zu einer Ordnungsstrafe von 1 Mk. verurteilt. Die StA.-schaft erhob NB. und führte aus: es sei verkannt, daß die Steuer für das abgebrannte Gebäude nach § 17 Abs. 2 l. c. fortdauernd bis zur Anzeige zu entrichten gewesen sei und die Fortentrichtung dieser Steuer außer aller Beziehung zu der hier in Frage kommenden dem Staat entzogenen Steuer des neuen Gebäudes stehe, die von beinahe 4 Jahren Mk. 4,70 betrage, so daß das duplum dieser Summe als Strafe zu erkennen gewesen wäre. Das OTr. wies die NB. zurück.

Richtig ist, daß wenn ein Gebäude abbrennt, um die Gebäudesteuer-Rollen bei der Gegenwart zu erhalten, nach § 15 Ziffer 4 des Ges.'s v. 21. Mai 1861 eine doppelte Anmeldung erfolgen muß, diejenige des durch den Brand eingegangenen Gebäudes, und demnächst diejenige des an dessen Stelle neu erbauten. Die unterlassene Anmeldung der ersten Art ist im § 17 des Gesetzes nicht unter eine direkte Strafe gestellt, sondern nur ein mittelbarer Zwang dadurch geschaffen, daß die seitherige Steuer bis für den Monat einschließlich forterhoben wird, in welchem die Anzeige erfolgt. Dieser Vorschrift liegt der Gedanke zu Grunde, daß wer es unterläßt, von einer Veränderung Anzeige zu erstatten, welche nach § 19 Ziff. 3 des Gesetzes die vollständige Absetzung der Steuer zu seinen Gunsten im Gefolge hat, damit thatsächlich auf diesen Vortheil Verzicht leistet und einwilligt, daß bis er dem Gesetze Genüge gethan, das eingegangene Gebäude als fortbestehend fingirt und in steuerlicher Beziehung behandelt werde. Die Wirkungen dieser Fiktion aber müssen erlöschen, sobald der wirkliche Sachverhalt an deren Stelle tritt, sei es durch die förmliche nachträgliche Anmeldung des eingetretenen Absetzungsfalles oder durch die Anmeldung desjenigen Gebäudes, welches an dessen Stelle neu errichtet worden ist. Letztere absorbirt von da an die frühere Versäumniß; denn es widerspricht dem Wesen der Gebäudesteuer, daß dieselbe bis zur förmlichen Anmeldung des untergegangenen Gebäudes forterhoben wird, daneben aber auch noch diejenige für das neu errichtete auf Grund der dieses betreffenden Anmeldung zur Ansetzung und Einziehung kommt. Die Gebäudesteuer ist nämlich nach § 1 des Gesetzes betreffend die anderweite Regulirung der Grundsteuer vom 21. Mai 1861 (GS. S. 253) in Wirklichkeit nur eine Grundsteuer, deren Ermittelung vermöge der abweichenden Benutzungs- und Ertragsweise des Objekts nach Prinzipien erfolgt, welche von den für gewöhnliche Liegenschaften geltenden abweichen. Sie wird entrichtet für den Grund und Boden nebst seinen Pertinenzien und die errichteten Baulichkeiten sind nicht das ausschließliche Besteuerungsobjekt, sondern nur Bestandtheile desselben und als solche der wesentlichste Faktor für die Höhe des Steuersatzes. Dasselbe Grundstück aber unterliegt für den Staat nur einer einmaligen Steuerpflicht nach Maßgabe des hier in Betracht kommenden Gesetzes. Hat derselbe wegen unterbliebener Anmeldung die seitherige Steuer fortbezogen, so kann er denselben Betrag nicht nochmals auf Grund der Anmeldung des neuen Gebäudes beanspruchen und es läßt sich von einer Vorenthaltung der Steuer nicht reden, wenn und soweit sie gezahlt worden ist; nur alsdann und in dem Maße würde eine Vorenthaltung anzunehmen sein, als die wirklich gezahlte Steuer nicht dem Betrage gleichkommt, welchen bei zeitiger Anmeldung beziehungsweise Veranlagung der Staat hätte beziehen können, was vorliegend nicht der Fall. Hiernach trifft es nicht zu, daß, wie die NB. behauptet, die Fortentrichtung der früheren Steuer außer aller Beziehung zu derjenigen Steuer steht, welche für das erneuerte Gebäude entrichtet werden muß. Beide Steuern sind vielmehr ihrem gesetzlichen Entstehungsgrunde und ihrem rechtlichen Charakter noch identisch; sie sind beide Gebäudesteuern, welche für dasselbe Objekt zu entrichten sind und der Unterschied liegt nur in der möglichen Verschiedenheit der Höhe, welche sich nach der Verschiedenheit des früheren und jetzigen Nutzungsertrages bestimmt. Aus diesen Gründen, hat das Rechtsmittel, wie geschehen zurückgewiesen werden müssen.

Antr. d. OStA.: gleichl. [11.—2.]

Widerstandsleistung. – Gensd'arm. – Anwendung der Waffe.

1. Ein Gensd'arm ist ein Mitglied der bewaffneten Macht, ein Widerstand gegen denselben sonach nicht aus Abs. 1, sondern aus Abs. 3 des

§ 113 zu bestrafen, dabei aber ebenso, wie in Abs. 1, Rechtmäßigkeit der Dienstausübung erforderlich.

2. Wie der Widerstand gegen eine rechtmäßige Diensthandlung eines Gensd'arm, ist auch der Widerstand gegen eine Anwendung der Waffe, zu welcher der Gensd'arm bei Vornahme einer solchen befugter Weise schreitet, aus § 113 zu bestrafen. Das gilt auch rücksichtlich dessen, gegen den sich die Anwendung der Waffe richtet, wenigstens dann, wenn derselbe die Widerstandshandlung mit der bestimmten Absicht, der Dienstthätigkeit des Gensd'arm Widerstand zu leisten, und nicht blos mit der Absicht vorgenommen hat, den ihm drohenden Hieb abzuwenden.

StGB. § 113; Vgl. zu 1 RdOTr. 13. S. 386 und 18. S. 600.

Erk. (Z. II.) v. 10. Jan. 1878 c. Krüger (1140/77 II. Cr.).

[1.] Die Instanzrichter stellen fest, daß Implorant dem Königl. Gensd'arm B. in der rechtmäßigen Ausübung seines Amtes durch Gewalt Widerstand geleistet habe. Diese Feststellung würde Bedenken erregen können, wenn das nach § 113 Abs. 1 des StGB.'s strafbare Vergehen des gewaltsamen Widerstandes gegen einem öffentlichen Beamten im Sinne des § 359 a. a. O. in Frage stände. Denn in diesem Falle würde es, als zum Thatbestande des § 113 a. a. O. erforderlich, der besonderen Feststellung bedurft haben, daß der Widerstand einem zur Vollstreckung von Gesetzen, oder von Befehlen und Anordnungen der Behörden berufenen Beamten geleistet sei. Ein solcher Fall liegt aber nicht vor, weil die Gensd'armen, wenn auch Diener des Staats im weiteren Sinne, vgl. Th. II Tit. 10 des ALR.'s, nicht dem Kreise der öffentlichen Beamten, sondern den Mitgliedern der bewaffneten Macht, welche in § 113 a. a. O. sowohl, als in anderen Vorschriften des StGB.'s §§ 196, 333 a. a. O. den Beamten gegenüber gestellt und von ihnen unterschieden werden, zuzuzählen sind. Es ergiebt sich dies aus den geltenden gesetzlichen Bestimmungen, nach welchen die Preußische Gensd'armerie als militärisch organisirtes Corps einen Bestandtheil des Heeres bildet und die Gensd'armen dem Kriegs-Ministerium untergeordnet, einen bestimmten militärischen Rang und den Gerichtsstand des stehenden Heeres haben, unter militärischer Jurisdiktion und Strafgewalt stehen und nach Vorschrift des § 14 der Verordnung über die Organisation der Gensd'armerie vom 30. Dezbr. 1820 (GS. de 1821 S. 1) — vgl. auch § 18 der Vdn. vom 23. Mai 1867 GS. S. 777 — „im Dienste in Beziehung auf Unverletzbarkeit und auf Bestrafung der ihnen widerfahrenen Widersetzlichkeit und Beleidigungen zu Jedermann in dem Verhältnisse des Militärs und der kommandirten Schildwachen stehen". Vgl. §§ 1, 2, 9, 10, 11, 13, 14 der Vdn. v. 30. Dezbr. 1820; Vdn. betr. Organisation der Land-Gendarmerie in den neu erworbenen Landestheilen vom 23. Mai 1867 S. 777; AKO. vom 22. April 1829; Klassifikation der zum Preußischen Heere gehörigen Militärpersonen, RGBl. pro 1867 S. 283. Daß den Gensd'armen nach § 26 der Dienstinstruktion für die Gensd'armerie v. 30. Dezbr. 1820 (GS. S. 10) eine „eigene Amtsgewalt" zugeschrieben ist und daß ihre Anzeigen in § 14 der Vdn. v. 30. Dezbr. 1820 als amtliche bezeichnet, ihnen auch die Rechte öffentlicher Beamten beigelegt sind, ändert nichts in der gesetzlich fixirten militärischen Dienststellung derselben, so wenig als der Umstand, daß sie zur Ausübung polizeilicher Funktionen bestimmt sind und daß ihre Dienstthätigkeit auch der Aufsicht der Civilbehörde unterliegt, da ihnen diese Dienstthätigkeit, wie auch § 13b. der Vdn. v. 30. Dezbr. 1820 ergiebt, nur als Mitgliedern der bewaffneten Macht und in solcher Eigenschaft übertragen ist. Es kommt also im gegebenen Falle § 113 a. a. O. im dritten Absatze zur Anwendung, wonach nur erforderlich ist, daß gewaltsamer Widerstand Mannschaften der bewaffneten Macht in Ausübung und zwar, — wie nach der Natur der Sache und nach Anleitung des § 113 a. a. O. Abs. 1 vorausgesetzt werden muß, — in rechtmäßiger Ausübung des Dienstes entgegengesetzt wird. Bei Berücksichtigung des den Gensd'armen angewiesenen dienstlichen Wirkungskreises, wonach sie bestimmt sind, die Polizeibehörden in Erhaltung der öffentlichen Ruhe, Sicherheit und Ordnung und in Handhabung der bestehenden Gesetze und Anordnungen, sei es in Ausführung bestimmter Requisitionen, sei es selbstständig ohne solche zu unterstützen, liegt damit ein dem Widerstande gegen Civil-Exekutivbeamte analoger Thatbestand vor. Die danach erforderliche Feststellung ist von den Instanzrichtern ohne erkennbarem Rechtsirrthum getroffen, die Rechtmäßigkeit der Dieſtübung des Gensd'armen B., welchem nach Feststellung der Vorderrichter Implorant entgegentrat, weil er ein die Chaussee sperrendes Fuhrwerk des Imploranten hatte entfernen lassen, auch im Laufe der Instanz an sich nicht bestritten worden; daß aber die Instanzrichter sich bei ihrer Feststellung in Betreff der Dienstthätigkeit des Gensd'armen des der Vorschrift des § 113 a. a. O. nicht entsprechenden Ausdrucks „Amt" bedient haben, muß als unwesentlich außer Betracht bleiben.

[2.] Zwar rügt die NB., daß Implorant dem Gensd'armen nur Widerstand geleistet, als derselbe von seiner Dienstwaffe Gebrauch gemacht, eine Handlungsweise, welche, wenn sie selbst als berechtigt angesehen werden könnte, doch immer nicht zur Ausführung der Zwecke des Dienstes erfolgt sei und daher den Voraussetzungen des § 113 a. a. O. nicht entspreche. Dieser Einwand ist völlig unbegründet. Die Instanzrichter stellen fest, daß Implorant sich dem Gensd'armen drohend genähert und, als dieser, um dem Angriffe des Imploranten zuvorzukommen, ihn zurückgestoßen, den Gensd'armen mit der Faust in's Gesicht geschlagen und daß nunmehr der Gensd'arm seinen Säbel gezogen und zu einem Hiebe ausgeholt, Angeklagter aber sich ihm widersetzt habe. Haben die Instanzrichter nach diesem Sachhergange angenommen, daß der Gensd'arm sich in rechtmäßiger Ausübung seines Dienstes befunden, auch, als er zur Anwendung der Waffe gegen den Imploranten schritt, so läßt sich —

da nach § 28 der Dienstinstruktion v. 30. Dezbr. 1820 die Gensd'armen befugt sind, sich der ihnen anvertrauten Waffe zu bedienen, wenn Gewalt oder Thätlichkeit gegen sie, indem sie sich in Dienstfunktion befinden, ausgeübt wird, — eine rechtsirrthümliche Auffassung auch hierin nicht erkennen. Dem steht auch die Ausdrucksweise des App.-Richter, daß der Gens'darm B. die ihm durch den Angeklagten zugefügte Mißhandlung durch einen Hieb mit der Dienstwaffe zu erwiedern berechtigt gewesen sei, nicht entgegen, weil die Ausführungen des Erkenntnisses keinen Zweifel darüber lassen, daß dabei nicht an eine zur Vergeltung oder zur Rache — wie die NB. vermeint, geübte, sondern an eine berechtigte und für die Zwecke des Dienstes erforderliche Abwehr des Imploranten gedacht worden ist. Zwar könnte in Frage kommen, ob Implorant, als er die Waffe des Gensd'armen ergriff und festhielt, hiebei mit der bewußten Absicht, der Dienstthätigkeit desselben Widerstand zu leisten oder nur mit derjenigen gehandelt habe, den ihm drohenden Hieb abzuwenden. Der App.-Richter hat aber diesem Einwande mit der weiteren Erwägung begegnet, daß Implorant, wenn er nicht allein die Waffe des Gensd'armen festgehalten, sondern sich demnächst durch Reißen derselben nach seiner Seite in den Besitz derselben zu setzen versucht habe, nicht mehr zum Zwecke der Selbstvertheidigung gehandelt habe.

Antr. d. GStA.: gleichl. [10.—4.]

Beleidigung. - Zeugenaussage. - Absicht zu beleidigen.

Ein Zeuge, der auf Verlangen des Richters eine Aussage macht, befindet sich nicht in der Wahrnehmung berechtigter Interessen, so daß § 193 auf ihn paßte; aber er erfüllt eine ihm obliegende Pflicht. Hieraus folgt mit noch größerem Rechte, als in den Fällen des § 193, daß er sich durch die bloße Offenbarung von Thatsachen, die objektiv geeignet sind, die Ehre eines Anderen zu kränken, einer strafrechtlich verfolgbaren Ehrverletzung nicht schuldig machen kann. Er muß, um wegen Beleidigung strafbar zu sein, sich bei Ablegung seines Zeugnisses ohne in der Mittheilung von Thatsachen wissentlich die Wahrheit zu verletzen (was, wenn es geschähe, ihn der Strafe des Meineides bezw. der verläumderischen Beleidigung aus § 187 des StGB.'s aussetzen würde) in objektiv beleidigenden Ausdrücken ergangen haben, die zur Mittheilung der zu bekundenden Thatsachen nicht gehören und auf die Absicht zu beleidigen schließen lassen, was ebenso wie in den Fällen des § 193 aus der Form derselben oder aus den Umständen, unter denen sie geschehen, entnommen werden kann.

StGB. §§ 185, 186 und 193.

Erk. (B. II.) v. 10. Jan. 1878 c. Loeb (27 II. Cr.).
Antr. d. GStA.: gleichl. [5.—4.]

Polizei-Verordnung. - Richter. - Prüfung der Nothwendigkeit oder Zweckmäßigkeit.

Eine Polizei-Verordnung, welche vorschreibt, daß die Hecken an den Kommunalwegen nicht über eine bestimmte Höhe hinaus gehen dürfen, betrifft an sich einen der im § 6 lit. b. des Ges.'s v. 11. März 1850 bezeichneten Gegenstände polizeilicher Vorschriften. Erachtet der Richter dieselbe um deswillen für ungültig, weil nicht ersichtlich sei, wie die Höhe der angrenzenden Hecken für den Verkehr auf den Wegen oder den Zustand derselben von Bedeutung sein könne, so überschreitet er seine Befugnisse, wonach es ihm nur gestattet ist, die gesetzliche Gültigkeit der Polizei-Verordnungen nach den Bestimmungen der §§ 5, 11 und 15 des citirten Gesetzes, nicht

aber die Nothwendigkeit und Zweckmäßigkeit derselben in Erwägung zu ziehen.

Gesetz vom 11. März 1850 §§ 6 lit. b und 17 (Abschn. 29 Nr. 78); Pol.-Vdn. der Regier. zu Düsseldorf v. 26. Aug. 1873 (AB. S. 411).

Erk. (B. II.) **v. 10. Jan.** 1878 c. **Rohland** (34 II. Cr.).
Antr. d. GStA.: gleichl. [19.—4.]

Nichtigkeit. - Antrag. - Staatsanwalt.

Die Unterlassung einer Entscheidung des Gerichts über die Erheblichkeit von Beweisanträgen des Staatsanwalts begründet Nichtigkeit.

StPO. §§ 251, 36.

Erk. (B. I.) **v. 16. Jan.** 1878 c. **Abel** (1267/77 I. Cr.).

Gegen die Freisprechung des A. von einer auf § 304 des StGB.'s gestützten Anklage wegen Fällens eines Alleebaumes hatte die StA.-schaft Berufung eingelegt und im Termin die Einnahme eines gerichtlichen Augenscheins beantragt. Ohne auf diesen Antrag Beschluß zu fassen, nimmt das BG. einige andere Beweishandlungen vor und erkennt dann, indem objektiv nur Feldpolizeivergehen vorliege, auf vorläufige Einstellung des Verfahrens nach § 486 der StPO. Auf NB. der StA.-schaft vernichtete das Ob.-Tr.

Zwar trifft es nicht zu, daß der Berufungs-Richter, indem er, wie das Sitzungs-Protokoll und das Erkenntniß ergeben, den vom StA. in der Hauptverhandlung gestellten Antrag auf Vornahme eines gerichtlichen Augenscheins ungeprüft gelassen, dadurch den § 387 der StPO. v. 25. Juni 1867 verletzte, weil dort unterstellt wird, daß eine Erneuernng der Beweisaufnahme nicht stattgefunden, während das Gegentheil der Fall ist; wohl aber ist gegen den § 251 daselbst verstoßen, indem nach Abs. 2 daselbst über die Erheblichkeit jenes Antrages für die Beweisführung eine Entscheidung ertheilt werden mußte und die thatsächliche Verweigerung einer solchen nach § 36 daselbst unter dem Gesichtspunkte einer Behinderung der StA.-schaft in Ausübung der ihr bei dem Verfahren zustehenden Funktionen die Verletzung eines wesentlichen Prozeßgrundsatzes darstellt.

Antr. d. GStA.: gleichl. [11.—2.]

Kirchengesetze. – Amtshandlung. – Berechtigung. – Nebengeistlicher.

Eine von dem Nebengeistlichen einer Kirche in anderer als der von dem dazu berechtigten Pfarrer angeordneten Weise bewirkte Amtshandlung, kann deshalb nicht als unbefugte Vornahme einer solchen bestraft werden.

Ges. v. 21. Mai 1874 Art. 2; ALR. II. 11 § 539.

Erk. (Z. I.) v. 16. Jan. 1878 c. Baczkowski (902/77 I. Cr.).

B. war als Vikar und Mansionar an der Kirche zu K. bestellt und hatte abwechselnd mit dem Probste und einem dritten Geistlichen wochenweise die vorkommenden pfarramtlichen Geschäfte zu verrichten. Der leitende Probst hatte bestimmt daß die Schulkinder am 25. Mai die erste Kommunion erhalten würden und das Protokollbuch dem B. zugeschickt, um diese Anordnung während seiner Dienstwoche von der Kanzel zu verkündigen. B. verkündete aber statt dessen, daß nur die Stadtkinder an dem bezeichneten Tage, die Landkinder dagegen schon am 21. Mai zur Kommunion kommen sollten. Deshalb aus Art. 2 des Ges.'s v. 21. Mai 1874 angeklagt ist er freigesprochen und die NB. der StA.-schaft vom Ob.-Tr. zurückgewiesen.

Die NB. kann für begründet nicht erachtet werden. Dieselbe beruht auf der Annahme, daß die Angeklagten bei der Kirche zu K. nicht ein selbständiges geistliches Amt bekleidet, sondern die Stellung eines Vikars eingenommen haben und daher nicht berechtigt gewesen seien, den Weisungen des Probstes zuwider geistliche Amtshandlungen vorzunehmen. Diese Auffassung der amtlichen Stellung des Angeklagten ist aber in Widerspruch mit den Feststellungen des Appell.-Richters. Dieser hat auf Grund des Statuts der katholischen Kirche zu K. festgestellt, daß an dieser Kirche ein aus drei Geistlichen, nämlich dem Probst und den Mansionaren, bestehendes geistliches Kollegium fungire. Wenn er nun aus dem Umstande, daß die Mansionare dem Probst Gehorsam zu leisten haben, daß die Geschäfte der Seelsorge von dem Probst zu leiten, aber zwischen ihm und den Mansionaren nach einem festgesetzten Turnus zu theilen sind, nicht mit der Anklage folgert, daß die Mansionare lediglich die

Stellung von Vikarien eingenommen haben, vielmehr annimmt, daß ihnen ungeachtet jener Beschränkungen die Ausübung der Seelsorge ebenso wie dem Propst selbständig zustehe, daß hiernach die mit Verletzung des Gehorsams oder unter Nichtbeachtung des festgesetzten Turnus erfolgte Vornahme geistlicher Amtshandlungen nicht als eine unbefugte anzusehen, sondern nur disziplinarisch zu ahnden sei, so kann hierin ein Rechtsirrthum nicht gefunden werden. Der in Bezug genommene § 539 Tit. 11 Th. II des ALR.'s spricht, indem er verordnet: „Die bei größeren Pfarrkirchen bestellten Nebengeistlichen machen mit dem Pfarrer ein Kollegium aus, worin dem Letzteren der Vorsitz und die Direktion gebührt" keineswegs für die Auffassung der NB., da die Bezeichnung „Nebengeistliche" und die Uebertragung des Vorsitzes und der Direktion auf den Pfarrer nicht die Folgerung zuläßt, daß die Befugnisse der „Nebengeistlichen" in jedem einzelnen Falle von dem Pfarrer abhängig seien. Auch der § 541 a. a. O., nach welchem die Nebengeistlichen in der Regel der Aufsicht und der Anweisung des Pfarrers in allen ihren Amtsgeschäften unterworfen sind, ergiebt nur, daß sie sich durch Nichtbeachtung der gegebenen Weisungen der Verletzung einer amtlichen Pflicht schuldig machen, nicht aber, daß sie aufhören, in dem ihnen übertragenen Amte zu handeln, wenn sie die vorgeschriebenen Formen verletzen. Das Verhältniß der einzelnen Glieder eines solchen Kollegiums, wie es es hier in Frage steht, ist eine innere Angelegenheit und wirkt nicht auf die Befugnisse der Glieder des Kollegiums nach Außen hin. Das Verhältniß der Ueberordnung eines Mitgliedes über die anderen kann insbesondere nicht bewirken, daß die Amtshandlungen ihren Charakter verlieren, wenn dabei jenes Verhältniß mißachtet worden ist. Die Grenzbestimmung zwischen den Befugnissen der einzelnen Mitglieder ist reglementarischer Natur; die Grenzverletzung hat aber nicht zur Folge, daß die Amtshandlung als eine solche angesehen werden könnte, welche nicht in einem zu derselben ermächtigenden Amte vorgenommen wäre (Art. 2 des Ges.'s v. 21. Mai 1874).

Antr. d. GStA.: gleichl. [12.—2.]

Verjährung. - Omissivdelikte. - Steuervergehen.

Eine unter Strafe gestellte Unterlassung wird nicht nur an dem Tage der begonnenen Verpflichtung, sondern fortbegangen bis die Vornahme der betreffenden Handlung erfolgt, oder die Verpflichtung dazu erloschen ist. Erst dann beginnt die Verjährung. Dieser Grundsatz ist auch bei Steuervergehen anzuwenden.

StGB. § 67 [n. 8]; Ges. v. 21. Mai 1861 §§ 15, 17; Vgl. RbOTr. 18. S. 506.

Erk. (Z. I.) v. 16. Jan. 1878 c. Rahn (1262/77 I. Cr.).

Die R. hatte die Anmeldung eines neu erbauten Gebäudes länger als 5 Jahre versäumt und stellte deshalb der aus § 17 des Gebäude-Steuergesetzes v. 21. Mai 1861 erhobenen Anklage den Einwand der Verjährung entgegen. Ihre NB. wurde vom Ob.-Tr. zurückgewiesen.

Die gesetzliche Verjährungsfrist für Omissivdelikte unterliegt hinsichtlich des Anfangspunktes ihres Laufes keinem anderen Prinzipe als demjenigen des § 67 Abs. 4 des R.-StGB.'s, wonach der Tag entscheiden soll, an welchem die Handlung begangen ist. Eine unter Strafe gestellte Unterlassung aber wird nicht nur an dem Tage begangen, wo die Verpflichtung zur Vornahme begonnen, sondern sie wird fort und fort begangen, bis entweder die Vornahme wirklich erfolgt oder die Verpflichtnng zur Vornahme erloschen ist. Nur von diesem Gesichtspunkte aus läßt sich daher die fünfjährige Verjährungsfrist bei omissiven Steuerdelikten beurteilen. Irrig ist es, wenn Implorantin aus dem Bestehen einer Frist für die Anmeldung einen Rückschluß zu Gunsten ihrer Auffassung glaubt ziehen zu dürfen, daß schon mit dem Ablauf dieser Frist die Verjährung beginne. Dieser Fristablauf bezeichnet im vorliegenden Falle des § 15 zu 4 und § 17 Abs. 3 des Ges.'s v. 21. Mai 1861 nur den Beginn des Interesses der Steuerbehörde an der Evidenterhaltung der Gebäudesteuer-Rollen, soweit dasselbe unter strafgesetzlichen Schutz gestellt ist, nicht aber dessen gleichzeitige Erlöschung, vielmehr dauert solches bis zu dem Zeitpunkte fort, bis es nach den Eingangs erörterten Grundsätzen in Wegfall kommt.

Antr. d. GStA.: gleichl. [11.—2.]

Stempel. - Frist zur Nachkassirung. - Datum.

Für die Berechnung der Frist zur Nachkassirung eines Vertragsstempels ist das Datum der Urkunde nicht entscheidend, wenn dargethan wird, daß sie an einem anderen Tage ausgefertigt war.

Vdn. v. 19. Juli 1867 § 5; Vgl. RbOTr. 16. S. 66.

Erk. (Z. I.) v. 16. Jan. 1878 c. Wintjen (1268/77 I. Cr.).

W. und S. hatten einen schriftlichen Kaufvertrag über ein Grundstück abgeschlossen, welches das Datum des 10. November trug. Die Verwendung des gesetzlichen Stempels erfolgte aber erst am 5. Januar und wurden deshalb beide wegen Versäumung der gesetzlichen Frist zur Nachkassirung des Stempels angeklagt. Sie wurden jedoch freigesprochen, weil das Ber.-Gericht annahm, daß die von einer dritten Person abgefaßte Urkunde von dieser erst am 25. Dezbr. ohne mit der Unterschrift der Kontrahenten versehen zu sein, dem Käufer eingehändigt und also die Unterzeichnung erst nach diesem Zeitpunkt stattgefunden haben könne; dann aber sei die Stempelverwendung rechtzeitig erfolgt, da der Vertrag erst durch die Vollziehung der Unterschriften den Charakter einer ausgefertigten Urkunde angenommen habe und das frühere Datum an dieser rechtlichen Auffassung nichts ändern könne. Die NB. des Hauptzollamts wurde vom Ob.-Tr. zurückgewiesen.

So unbestritten und unbestreitbar es ist, daß über die Stempelpflicht einer Vertragsurkunde zunächst nur deren Inhalt entscheiden, und anderweitigen außerhalb liegenden Ermittlungen über den Vertragsinhalt kein Einfluß gestattet werden kann, so handelt es sich für die vorliegende Frage nicht um den Vertragsinhalt und die daraus resultirende Stempelpflicht, sondern um die Wahrung der nach § 5 der Kgl. Vdn. v. 19. Juli 1867, betr. die Verwaltung des Stempelwesens in vormaligen Königreich Hannover ꝛc. — GS.

S. 1191 — in Uebereinstimmung mit § 12 des Stempelsteuergesetzes für die älteren Landestheile v. 7. März 1822 (GS. S. 57), zur Stempelverwendung freigegebenen vierzehntägigen Frist. Diese Frist soll mit dem Tage der Ausfertigung, und wenn Inländer außerhalb Landes über einen im Lande befindlichen Gegenstand stempelpflichtige Verhandlungen gepflogen haben, nach ihrer Rückkehr beginnen, zur Kontrolirung der richtigen Wahrung aber von der Behörde oder dem Stempelvertheiler, wo das Stempelpapier gelöst worden, der Tag der Kassation bescheinigt werden. Ausfertigung einer Urkunde ist, soweit es sich um Privaturkunden handelt, deren Vollziehung das Zeichen dafür, daß der Inhalt von dem Vollziehenden als dessen Willensmeinung anerkannt werde. Sie geschieht regelmäßig durch Namensunterschrift und erfordert, wo bei demselben Rechtsgeschäfte und derselben Urkunde verschiedene Personen betheiligt sind, die Unterschrift aller Betheiligten. Der Zeitpunkt, wann diese geschieht, ist seiner Natur nach ein objektiver, nicht ein subjektiver, von den Interessenten nach willkürlichem Ermessen im Widerspruche mit dem wirklichen Sachverhalte feststellbarer. Die von diesen oder Dritten beigefügte Datirung kann deshalb, abgesehen von den hier außer Betracht bleibenden Fällen, wo das Datum einen wesentlichen Bestandtheil des zu beurkundenden Rechtsgeschäfts bildet, als ausschließlich entscheidend für die Zeit der Ausfertigung nicht ohne Weiteres gelten. Die im anderen Falle hervortretende Konsequenz, daß jede Urkunde, welche nicht von vorn herein auf das gesetzliche Stempelpapier geschrieben ist, datirt sein müsse, wenn ihr die vierzehntägige Frist zur nachträglichen Stempelverwendung zu Gute kommen soll, findet im Gesetze keinerlei Anhalt, sondern ergiebt die getroffene Anordnung für die im Auslande abgeschlossenen Geschäfte das Gegentheil. Wenn bei diesen die Frist mit der Rückkehr beginnen soll, so ist dabei nicht unterstellt und nicht verlangt, daß auch der Tag der Rückkehr von den Kontrahenten in der Urkunde angegeben werde und diese

Angabe ausschließlich entscheide. Wenn das Gesetz in dem einen wie in dem anderen Falle sich damit begnügt als Kontrolmaßregel für die Wahrung der Frist die Angabe des Tages zu verlangen, wann die nachträgliche Kassirung erfolgte, so ist damit anerkannt, daß ein Weiteres in dieser Richtung Seitens des Unterschreibenden nicht verlangt werde. Kann hiernach eine Urkunde des Datums vollständig ermangeln, ohne daß damit der Zeitpunkt der Ausfertigung und der Lauf der Frist irgendwie beeinflußt wird, so muß auch von Vor- oder Nachdatirungen, seien dieselben bewußt oder nur aus Irrthum herbeigeführt, dasselbe gelten; weder läßt sich durch jene der Fristenlauf aufheben, noch durch diese zum Nachtheil des Fiskus erstrecken; es bleibt eine Frage des Beweises, wann die Ausfertigung erfolgt, welcher, wie der Beweis überhaupt, auch durch außerhalb der Urkunde liegende Umstände erbracht werden kann. Von diesem Gesichtspunkte aus aber erlangt auch die Datirung der Kontrahenten ihre richtige Bedeutung; sie enthält äußerlich ein Eingeständniß der Letzteren über die Zeit der Ausfertigung, das sie nach dem konkreten Werthe, welchen die zur Beurteilung der Thatfrage berufenen Gerichte demselben beilegen, gegen sich müssen gelten lassen, dessen Unrichtigkeit nachzuweisen aber im Wege des Gegenbeweises, wie bei jedem anderen Eingeständnisse, dem Angeklagten und dem Staatsanwalte freistehen muß, je nachdem die Wahrung der vierzehntägigen Frist, oder deren Versäumniß behauptet werden soll.

Antr. d. GStA.: gleichl. [11.—2.]

Betrug. - Thatsache. - Rechtssatz.

Die wider besseres Wissen abgegebene Erklärung, daß der Wortlaut und Inhalt eines Reverses die Existenz eines Rechtes darthue und keinen Verzicht auf ein bestandenes Recht enthalte, kann als die

Vorspiegelung einer falschen Thatsache angesehen werden.

StGB. § 263.

Erk. (V. I.) v. 18. Jan. 1878 c. Gansel (963 I. Cr.).

Der Angeklagte gab dem F. für ein Darlehn von 60,000 Mk. einen Wechsel und ließ zugleich die Schuld auf seinem Grundstücke eintragen, später verhandelte er mit F über Rückcession und bestimmte schließlich den F. folgenden Revers zu unterschreiben: G. hat mir eine Hypothek von 20,000 Thlr. auf sein Grundstück ausgestellt. Da mir dieselbe zur Deckung einer Wechselforderung von 20,000 Thlr. dienen soll, so verpflichte ich mich dieselbe nebst Zinsen bei Zahlung des Wechsels an denselben zurück zu cediren, bei Nichtzahlung dagegen als mein Eigenthum zu behalten. Zur Unterzeichnuug dieses Reverses wurde F. namentlich dadurch bestimmt, daß G. erklärte, daß der Schlußpassus des Reverses nur eine Form sei und der Wechselanspruch des F. dadurch nicht berührt werde. Im Wechselprozesse ist dementgegen F. später in zwei Instanzen abgewiesen worden, weil angenommen wurde, daß durch jenen Revers die Wechselklage ausgeschlossen werde. Die Anklage ging davon aus, daß diese Folge des Reverses dem Angeklagten schon zur Zeit der Unterzeichnung des Reverses bekannt war und fand darin einen Betrug. Die Instanzrichter sprachen frei und führte der App.-Richter namentlich aus, daß keine Vorspiegelung einer falschen Thatsache vorliege, denn entweder habe die Erklärung des Angeklagten vor Unterzeichnung des Reverses den Sinn, daß er selbst den Revers so auslege — dann sei hierin nur eine juristische Interpretation zu finden — oder daß er von dem formell durch den Revers gewährten Rechte keinen Gebrauch machen wolle — dann sei diese Zusage keine Vorspiegelung einer falschen Thatsache. Die NB. des OStA.'s führte aus, daß die wider besseres Wissen behauptete Existenz eines Rechtes bezw. die Nichtexistenz eines Verzichtes als Vorspiegelung einer falschen Thatsache anzusehen sei.

Vernichtung. Gründe:

Dieser Angriff muß für begründet erachtet werden. Allerdings ist die Vornahme einer juristischen Interpretation als einer geistigen Thätigkeit nicht eine Thatsache im Sinne des § 263 des StGB.'s. Das Ergebniß jener Thätigkeit aber, das Bestehen eines Rechtssatzes, kann als eine Thatsache sehr wohl aufgefaßt werden. Aus diesem Grunde ist die Erklärung einer Partei, daß sie die mit einer anderen Partei zu vereinbarende Willenserklärung in diesem oder jenem Sinne auffasse, als die Erklärung über eine innere Thatsache — über das Vorhandensein einer bestimmten Rechtsüberzeugung bei dem Erklärenden, über die Abgabe oder Acceptation der Willenserklärung in einem bestimmten Sinne — anzusehen. Wenn daher F. durch die Versicherung des Angeklagten, in welchem Sinne er den Schlußpassus des Reverses aufgefaßt wissen wolle, zur Ausstellung desselben bewogen worden ist, so kann hierin, unter der Voraussetzung, daß der Angeklagte jene Versicherung wider besseres Wissen abgegeben hat, sehr wohl die Vorspiegelung einer falschen Thatsache gefunden werden. In diesem Sinne aber hat eine Prüfung nicht stattgefunden und ist hierdurch der § 263 des StGB.'s verletzt.

Antr. d. GStA.: gleichl. [12.—3.]

Hausfriedensbruch. - Holzauktion. - Forstbeamter.

Ein Forstbeamter ist zeitweiser Inhaber des ihm zur Abhaltung einer öffentlichen Holzauktion von dem Wirth überlassenen Lokals eines Gasthauses und während der Dauer des Geschäfts daselbst zur Ausübung des Hausrechts befugt.

StGB. § 123 [n. 11].

Erk. (S. I.) v. 23. Jan. 1878 c. **Krüger** (1263/77 I. Cr).

Der Oberförster L. hielt in dem ihm zu diesem Zweck überlassenen Lokal des Gastwirths K. eine öffentliche Holzauktion ab. K. machte während der Auktion Unruhe und wurde deshalb von L. zum Verlassen des Lokals aufgefordert, folgte dieser Aufforderung aber erst, als die Hülfe eines Gensd'armen in Anspruch genommen war. Er wurde wegen Hausfriedensbruchs verurteilt und bestritt in der NB. daß dem L. Hausrechte in dem Wirthshause zugestanden und daß derselbe befugt gewesen sei, ihn von einer öffentlichen Auktion wegzuweisen. Die NB. wurde zurückgewiesen.

Der Oberförster L. welchem nach der Feststellung der Instanzrichter der Gasthofsbesitzer K. das in Rede stehende Zimmer seines Hauses zur Abhaltung einer Holzauktion überlassen hatte, war berechtigter Inhaber desselben. Der App.-Richter nimmt also ohne Rechtsirrthum an, daß jener in dieser Räumlichkeit zur Ausübung des Hausrechts befugt gewesen ist. Diese Gerechtsame des Oberförsters L. wurde auch dadurch nicht ausgeschlossen, daß in dem Zimmer eine öffentliche Auktion abgehalten wurde, zu welcher Kauflustige durch öffentliche Bekanntmachung eingeladen worden. Dadurch waren diese zum Eintritt in das Auktions-Zimmer berechtigt; ihr Recht zum Verweilen hörte indeß in demselben Augenblicke auf, wo der Oberförster L., welcher während der Auktion über das Zimmer zu verfügen hatte, sie aufforderte sich zu entfernen.

Antr. d. GStA.: gleichl. [17.—2.]

Bankerott. - Handelsbücher. - Bilanzen. - Verjährung.

1. Die unterlassene Führung eines Kopirbuches begründet ungeachtet der Vorschrift im Art. 28 des Handelsgesetzbuchs die Strafbarkeit eines falliten Kaufmanns aus § 283 n. 2 des StGB.'s nicht, wenn dessen sonstige Handelsbücher geeignet sind, eine vollständige Uebersicht seines Vermögens zu gewähren.

StGB. § 283 [n. 10], § 281 [n. 56]; HGB. Art. 28.

2. Nicht unterzeichnete Zusammenstellungen des Vermögens eines Kaufmanns sind nicht als Bilanzen im Sinne des § 283 cit. anzusehen.

StGB. § 283 [n. 16], § 281 [n. 57]; HGB. Art. 30.

3. Die Verjährung des Bankerotts beginnt, wenn die inkriminirte Einzelhandlung der Zahlungseinstellung vorausging, erst mit dem Eintritt der letzteren.

StGB. § 283 [n. 1], § 281 [n. 38], § 67 [n. 16].

Erk. (B. I.) v. 23. Jan. 1878 c. **Schlesinger** (1250/77 I. Cr.).

Der erste Richter hat in Beziehung auf die von der Anklage erhobene Anschuldigung, daß der Angeklagte seine Handelsbücher so unordentlich geführt habe, daß sie keine Uebersicht seines Vermögenszustandes gewährten, eine Negativfeststellung getroffen, indem er als erwiesen annahm, daß sie in der Art geführt seien, daß daraus unter Zurhandnahme der Inventuren eine vollständige Uebersicht des Vermögenszustandes sich ergebe. Diese Feststellung hat der App.-Richter beibehalten, dessenungeachtet aber den Angeklagten aus der cit. Nr. 2 gestraft, weil derselbe, wie er feststellt, es unterlassen hat, ein Handelsbuch, nämlich ein Briefkopierbuch zu führen, dessen Führung ihm gesetzlich oblag. Dieser Bestrafung liegt eine unrichtige Auslegung der cit. Gesetzesbestimmung zum Grunde. Der vom Appell.-Richter in Bezug genommene Art. 28 des Allg. D. HGB.'s bestimmt allerdings, nachdem im ersten Absatze die Verpflichtung eines jeden Kaufmanns, Handelsbücher zu führen, aus denen seine Handelsgeschäfte und die Lage seines Vermögens vollständig zu ersehen sind, ausgesprochen worden, im zweiten Absatze, daß der Kaufmann verpflichtet sein soll, die empfangenen Handelsbriefe aufzubewahren und eine Abschrift (Kopie oder Abdruck) der abgesandten Handelsbriefe zurückzubehalten und nach der Zeitfolge in ein Kopierbuch einzutragen. Hierdurch wird aber der Schluß, daß ein fallirter Kaufmann blos wegen Nichtführung des Kopierbuchs aus § 283 Nr. 2 des StGB.'s selbst dann zu bestrafen sei, wenn die von ihm geführten Handelsbücher eine vollständige Uebersicht seines Vermögens gewähren, nicht gerechtfertigt. Dort werden abgesehen von der Verheimlichung oder Vernichtung der Handelsbücher zwei Fälle mit Strafe bedroht, erstens die Unterlassung der Führung von Handelsbüchern, deren Führung dem Falliten gesetzlich oblag, zweitens die dermaßen unordentliche Führung der Handelsbücher, daß sie keine Uebersicht seines Vermögensstandes gewähren. Aus der Gegenüberstellnng dieser beiden Fälle ergiebt sich, daß die erste Alternative nur dann Anwendung findet, wenn der Fallit überhaupt keine Handelsbücher geführt hat, wogegen wenn er überhaupt Handelsbücher, gleichviel welche geführt hat, jedoch so mangelhaft, daß sie keine Uebersicht seines Vermögenszustandes gewähren, die zweite Alternative Platz greift. Ueberall, sowohl in § 283, als in § 281 spricht das StGB. nur von Unterlassung der Führung oder unordentlicher oder betrügerischer Führung von Handelsbüchern in genere, nicht von der unterlassenen oder unordentlichen Führung irgend eines einzelnen Handelsbuchs. Als der entscheidende Gesichtspunkt tritt überall der Umstand hervor, ob die geführten Handelsbücher eine Uebersicht des Vermögenszustandes gewähren oder nicht. Hiermit schließt das StGB. sich der hinsichtlich der Buchführung grundlegenden Bestimmung des ersten Absatzes des Artikels 28 des D. HGB.'s an, daß der Kaufmann verpflichtet sein soll, Bücher zu führen, aus welchen seine Handelsgeschäfte und die Lage seines Vermögens vollständig zu ersehen sind, während es, wie sich aus den Motiven und Vorverhandlungen zum HGB. ergiebt, absichtlich vermieden worden ist, dem Kaufmann die Führung bestimmt bezeichneter Handelsbücher aufzuerlegen, ihm vielmehr hinsichtlich der Art der Buchführung, soweit sie nur dem gedachten Zwecke entspricht, freie Hand hat gelassen werden soll. Wenn nun auch im zweiten Absatze des cit. Artikels dem Kaufmann ferner die Aufbewahrung der empfangenen Handelsbriefe und die Eintragung der abgesandten in ein Kopierbuch zur Pflicht gemacht wird, so kann doch nicht angenommen werden, daß eine Zuwiderhandlung gegen eine dieser Verpflichtungen von der in Rede stehenden Strafbestimmung habe getroffen werden sollen, wie dies sich hinsichtlich der ersteren schon daraus ergiebt, daß dabei von Führung eines Handelsbuchs überhaupt nicht die Rede ist. Die Worte in Nr. 2 § 283 und in Nr. 3 § 281 des StGB.'s „Handelsbücher —, deren Führung ihnen gesesetzlich oblag" bezwecken, auszudrücken, daß die darin enthaltenen Strafandrohungen nur auf Vollkaufleute, nicht aber auf Kaufleute der im Art. 10 des D. HGB.'s bezeichneten Art, die zur Führung von Handelsbüchern überhaupt nicht verpflichtet sind, Anwendung finden. Dagegen hat damit nicht ausgesprochen werden sollen, daß schon die Unterlassung der Führung eines einzelnen Handelsbuchs, sofern dessen Führung etwa durch das HGB. vorgeschrieben ist, von demselben getroffen werde. Hiernach ergiebt sich, daß die Nr. 2 des § 283 zu Unrecht gegen den Angeklagten zur Anwendung gebracht worden ist.

[Zu 2 u. 3.] Was sodann den Angriff wegen unrichtiger Anwendung der Nr. 3 des genannten § ergiebt, so wird dem App.-Richter in dieser Beziehung ein doppelter Rechtsirrthum vorgeworfen, indem er zunächst zu Unrecht angenommen habe, daß die sämmtlichen vom Angeklagten gezogenen Bilanzen, weil er sie nicht unterschrieben habe, als Bilanzen im Sinne der gedachten Bestimmung nicht anzusehen seien, demnächst aber hinsichtlich der in dem Zeitraume vom 1. Januar 1867 bis 1. Januar 1870 einmal unterlassenen Bilanzziehung zu Unrecht die Verjährungseinrede verworfen habe. Keine dieser Rügen erscheint begründet. Der vom App.-Richter angezogene Art. 30 des D. HGB.'s schreibt ausdrücklich vor, daß der Kaufmann die von ihm angefertigten Bilanzen unterzeichnen soll und für wie wesentlich das Gesetz diese Unterzeichnung gehalten hat, ergiebt sich aus der ferneren Vorschrift, daß wenn mehrere persönlich haftende Gesellschafter vorhanden sind, alle die Bilanz zu unterzeichnen haben. So lange die Bilanz nicht unterzeichnet ist, ist sie demnach als abgeschlossen nicht zu betrachten und es kann für rechtsirrthümlich nicht erachtet werden, wenn der Appell.-Richter die vom Angeklagten angefertigten, aber nicht unterzeichneten Zusammenstellungen als vorschriftsmäßig gezogen und der cit. Nr. 3 entsprechende Bilanzen überhaupt nicht angesehen hat. Ebenso muß die Ausführung des Appell.-Richters, daß die Verjährung des Bankerutts erst mit der Vollendung der Uebelthat, mithin, wenn die inkriminirte Einzelhandlung der Zahlungseinstellung vorherging, erst mit dem Eintritt der letzteren beginne, nach der konstanten Rechtsprechung des Ob.-Tr.'s für rechtlich zutreffend erachtet werden, und konnte demnach, da nach der Feststellung des App.-Richters die Zahlungseinstellung des Angeklagten erst im Jahre 1877 erfolgt ist, von ein-

eingetretener Verjährung nach keiner Richtung hin die Rede sein. [9.—2.]

---

1. Beleidigung einer Behörde. - Strafantrag. - Einzelne Mitglieder.
2. Kreissynodalvorstand. - Behörde.

1. Der wegen Beleidigung einer Behörde von dieser gestellte Strafantrag kann nicht zugleich als Strafantrag der einzelnen Mitglieder dieser Behörde angesehen werden.

StGB. § 194 [n. 4]; Vgl. RbOTr. 17. S. 228.

2. Der Vorstand einer Kreissynode ist eine Behörde. Demgemäß ist eine Beleidigung eines Kreissynodalvorstandes als solchen möglich.

StGB. § 196.

Erk. (V. II.) v. 24. Jan. 1878 c. Schrader (1131/77 II. Cr.).

Wegen verschiedener beleidigender Aeußerungen in einer auf kirchliche Wahlen bezüglichen Eingabe des S. stellte der Kreissynodalvorstand Strafantrag und wurde S. dann auch in 1. Instanz wegen Beleidigung des Kreissynodalvorstandes verurteilt. Das App.-Gericht erklärte das für nicht angängig, weil eine Personeneinheit als solche nur beleidigt werden könne, wenn sie, was bei dem Kreissynodalvorstand nicht der Fall, eine Behörde sei, verurteilte aber wegen Beleidigung der einzelnen Mitglieder des Kreissynodalvorstandes, indem es den Strafantrag, welcher die Unterschrift: „der Vorstand der Kreissynode" und darunter die Unterschriften des Vorsitzenden und eines zweiten Mitgliedes trug, für nicht nur von dem Vorstand als solchem, sondern zugleich auch von den einzelnen Mitgliedern, wenigstens den beiden, gestellt erachtete.

Letzteres griff der Angeklagte in der NB. als irrig an.

Das Ob.-Tr. trat dem Angeklagten darin bei, erklärte aber zugleich die Annahme des App.-Ger., daß der Kreissynodalvorstand keine Behörde sei, für rechtsirrthümlich. Demgemäß wurde vernichtet und in die Instanz zurückgewiesen. Gründe zu 2:

Der Kreissynodalvorstand — § 54 des Allerh. Erlasses v. 10. Septbr. 1873 — ist unter Zugrundelegung des Begriffs, daß als Behörde jedes Organ der Staatsgewalt zu gelten hat, welches dazu berufen ist, unter öffentlicher

Autorität für die Herbeiführung der Zwecke des Staates thätig zu sein, zwar keine Staatsbehörde im engern Sinne des Worts; dagegen kommt ihm unter Festhaltung der begrifflichen Bestimmung von Behörde, wie sie das in dieser Beziehung maßgebende Preußische Landesrecht aufstellt, die Eigenschaft einer kirchlichen Behörde zu. Der Vorstand der Kreissynode ist von dem König „als dem Träger des kirchenrechtlichen Regiments" eingesetzt — Eingang des Allerh. Erlasses v. 10. Septbr. 1873 und Ges. v. 25. Mai 1874 Art. 7 —, es bildet derselbe ein aus fünf Mitgliedern bestehendes Kollegium und die Geschäftsbehandlung ist die kollegialische — § 54 und 55 pos. 10 Abs. 2 l. c. —, vor Allem aber ergeben die dem Vorstande nach § 55 cit. übertragenen Funktionen den behördlichen Charakter desselben. Es bringt derselbe die von der Kreissynode gefaßten Beschlüsse zur Vollziehung — § 55 pos. 3 —, ihm steht in den in pos. 6 vorgesehenen Fällen, an Stelle der Kreissynode, die Mitaufsicht über die inneren und vermögensrechtlichen Angelegenheiten der Kirchen-Gemeinden zu, er entscheidet über die Einwendungen bei Pfarrbesetzungen — pos. 10 —, weiterhin übt er die Disziplinargewalt in erster Instanz über die Mitglieder des Gemeindekirchen-Raths und und der Gemeindevertretung — pos. 9 — und die Kirchendisziplin in zweiter Instanz nach Vorschrift der pos. 7, und endlich entscheidet derselbe als Rekursinstanz in allen nach Maßgabe der pos. 8 an ihn gebrachten Streitigkeiten. Alle diese dem Kreissynodalvorstand zugewiesenen Funktionen ergeben auf dem Gebiet der kirchlichen Ordnung einen Wirkungs- und Geschäftskreis, der in seiner amtlichen Bedeutung an dem behördlichen Charakter dieses kirchlichen Organs einen Zweifel nicht aufkommen läßt. Von gleicher Rechtsanschauung ist auch seither das Ob.-Trib. in seiner Rechtsprechung ausgegangen, wenn dasselbe in wiederholten Entscheidungen — Oppenhoff's Rechtspr. Bd. 8 S. 324, Bd. 10. S. 134 — dem Gemeindekirchenrath der früheren Ordnung im Sinne des § 102 des Preuß. StGB.'s den

Charakter einer öffentlichen Behörde zuerkannt hat. — Wenn hiernach dem Synodal-Vorstand die Eigenschaft einer Behörde zukommt, so muß es weiterhin als unerheblich bezeichnet werden, daß ihm der Charakter einer kirchlichen Behörde und nicht der einer Staatsbehörde in der engeren Bedeutung des Wortes beizulegen ist, da im Sinne der Strafbestimmung des § 196 des StGB.'s, aus welcher überhaupt die Beleidigung einer Behörde als solcher allein abgeleitet werden kann, beide Arten von Behörden sich gleichstehen. Für eine Scheidung zwischen kirchlichen und staatlichen Behörden fehlt es, insoweit es sich um die Strafbestimmung des § 196 cit. handelt, an jedem inneren Grunde, und schon der Wortlaut dieses Gesetzesparagraphen steht ihr entgegen, der, wenn er zunächst die „Behörden" und sodann den „Beamten" und den „Religionsdiener" der von ihm getroffenen Bestimmung unterstellt, aus dieser Zusammenfassung deutlich ersehen läßt, daß der von ihm gewährte Schutz gleichmäßig den kirchlichen wie den staatlichen Behörden zu Theil werden solle.

Antr. d. GStA.: gleichl. [7.—4.]

Dampfkessel. - Betrieb. - Concessionsbedingungen. - Besitznachfolger. - Bekanntmachung des Reichskanzlers vom 29. Mai 1871. - Einfluß auf frühere Concessionen.

1. Der Besitznachfolger einer Dampfkesselanlage ist für die Befolgung der in den vor seiner Besitzzeit behördlich festgesetzten Bedingungen des Dampfkesselbetriebes unbedingt verantwortlich.

2. Die durch die Bekanntmachung des Reichskanzlers vom 29. Mai 1871 nachgelassenen Betriebserleichterungen haben auf frühere Concessionen und die damit vorgeschriebenen Bedingungen nicht ohne Weiteres Einfluß.

Ges. v. 3. Mai 1852 §§ 1, 2; Gew.-Ordn. v. 21. Juni 1869 §§ 25, 147²; Bekanntmachung v. 29. Mai 1871 §§ 11. 16.

Erk. (Z. I.) v. 25. Jan. 1878 c. Exner & Gen. (12 I. Cr.).

Die Angeklagten hatten einen Dampfkessel um einige Atmosphären über die in der Concession des Vorbesitzers gestattete Höhe überspannt, wurden deshalb bestraft und rügten in der NB. Gesetzesverletzung, weil der gegenwärtige Besitzer von den dem Vorbesitzer gemachten Concessionsbeschränkungen keine Kenntniß gehabt habe, nach der inzwischen ergangenen Bekanntmachung des Bundeskanzlers v. 29. Mai 1871 eine derartige Ueberspannung auch gegenwärtig zugelassen werden dürfe. — Zurückweisung. Gründe:

Wenn der App.-Richter die vom Angekl. W. vorgeschützte Unkenntniß von den seinen Vorbesitzern bei Anlegung des fraglichen Dampfkessels auferlegten Concessionsbedingungen und von den bei Genehmigung der Kesselanlage vorgeschriebenen Sicherheits-Vorrichtungen für gleichgültig erklärt und vielmehr jeden Besitzer einer Kesselanlage für unbedingt verpflichtet erachtet, dieselbe concessionsmäßig zu betreiben und die vorgeschriebenen Sicherheitsvorrichtungen während des Betriebes bestimmungsmäßig zu benutzen, so befindet er sich in völliger Uebereinstimmung mit den Vorschriften der R.-Gew.-Ordn. vom 21. Juni 1869 (cfr. §§ 25 und 147 Nr. 2 das.) und des Ges.'s v. 3. Mai 1872, welche zwischen ersten und nachfolgenden Besitzern von Dampfkessel-Anlagen nicht unterscheiden, sondern jeden Besitzer als solchen für den concessionsmäßigen Betrieb derselben verantwortlich machen. Die Ausführung der NB., daß beiden Imploranten selbst bei vorausgesetzter oder gesetzlich zu supponirender Kenntniß von den bei Genehmigung der Kesselanlage vorgeschriebenen Sicherheits-Vorrichtungen eine bestimmungswidrige Benutzung dieser Vorrichtungen nicht zur Last gelegt werden könne, weil der von ihnen festgestellter Maßen mit nur sechs Atmosphären Ueberdruck betriebene auf zwölf Atmosphärendruck geprüfte Dampfkessel nach § 11 der Bekanntmachung des Reichskanzlers v. 29. Mai 1861 sogar mit sieben Atmosphären Ueberdruck betrieben werden dürfe, erscheint verfehlt. Denn abgesehen davon, daß die für die Einrichtung neuer Dampfkesselanlagen gegebenen allgemeinen polizeilichen Vorschriften der gedachten Bekanntmachung nach

§ 16 derselben auf bereits früher bestandene Kesselanlagen nicht ohne Weiteres im vollen Umfange Anwendung finden, sind dieselben jedenfalls den beschränkenden Vorschriften der dem Besitzer einer bestimmten Kessel-Anlage ertheilten Concession gegenüber für maßgebend nicht zu erachten, weil die §§ 1 und 2 des Ges.'s v. 3. Mai 1872 auch die bestimmungswidrige Benutzung der bei der Genehmigung der Kessel-Anlage vorgeschriebenen Sicherheitsvorrichtungen mit Strafe bedrohen. Daß aber für den von den Imploranten betriebenen Dampfkessel nur eine Dampfspannung von höchstens vier Atmosphären Ueberdruck polizeilich concessionirt, und daß die Ueberspannung des Kessels bis auf sechs Atmosphären Ueberdruck durch bestimmungswidrige Belastung des als Sicherheits-Vorrichtung vorgeschriebenen Dampf-Ventils mit einem ½ Centner schweren Gewichtsstücke bewirkt worden ist, hat der App.-Richter ohne Rechtsirrthum thatsächlich festgestellt.

Antr. d. OStA.: gleichl. [15.—3.]

Diebstahl. - Dienstherr. - Angehörige. - Häusliche Gemeinschaft. - Antrag.

Der Diebstahl eines Dienstboten an den Sachen eines zur häuslichen Gemeinschaft gehörigen Dritten bedarf zu seiner Verfolgung keines Strafantrages.

StGB. § 247.

Erk. (Z. I.) v. 25. Jan. 1878 c. Naubereit (1282 I. Cr.).

Der Angeklagte hatte als Dienstbote außer anderen Sachen seines Dienstherrn auch Gegenstände gestohlen, welche der in derselben häuslichen Gemeinschaft lebenden Tochter des Dienstherrn gehörten. Der App.-Richter hatte, weil diese Tochter des Dienstherrn einen Strafantrag nicht gestellt hatte, das Strafverfahren für unstatthaft erklärt. Auf die NB. des OStA.'s erfolgte Vernichtung und Zurückverweisung. Gründe:

Die Bestimmung des § 247 des R.-StGB.'s: „Wer einer Person, zu der er im Lehrlingsverhältnisse steht oder in deren häuslicher Gemeinschaft er als Gesinde sich befindet, Sachen von unbedeutendem Werthe stiehlt," kann schon ihrem Wortlaute nach nur dahin verstanden werden, daß sie auf den Dienstboten nur dann Anwendung findet, wenn der Dienstherr der Bestohlene ist, nicht aber dann, wenn dieser ein Familienmitglied des Dienstherrn ist, mag er sich auch in dessen häuslicher Gemeinschaft befinden. Was den Lehrling betrifft, so ist ein Zweifel nicht möglich, daß die Bestimmung sich nur auf den Lehrherrn bezieht, da sie direkt ausspricht, daß der Bestohlene die Person sein muß, zu der der Dieb im Lehrlingsverhältnisse steht. In Uebereinstimmung hiermit muß auch die folgende Bestimmung: „in deren (der Person des Bestohlenen) häuslicher Gemeinschaft er als Gesinde sich befindet" dahin verstanden werden, daß das Gesindedienstverhältniß zwischen dem Bestohlenen, der zugleich der Dienstherr ist, und dem Diebe bestehen muß. Wenn an dieser Stelle daneben der häuslichen Gemeinschaft gedacht wird, so hat damit das hier gemeinte Gesindedienstverhältniß nur näher definirt und auf einen engeren Kreis von dienstleistenden Personen beschränkt, nicht aber ausgedrückt werden sollen, daß alle Diebstähle, welche das Gesinde innerhalb der häuslichen Gemeinschaft gegen irgend welche andere derselben gleichfalls angehörige Personen verübe, als Antragsdelikte zu behandeln seien. Für die vorgedachte Auslegung spricht auch der Entwicklungsgang der Gesetzgebung über die Materie der Antragsdelikte. Zur Zeit der Entstehung der oben genannten Strafgesetznovelle war man zu der Ueberzeugung gelangt, daß mehrfache Bestimmungen des R.-StGB.'s in Beziehung auf die gedachte Materie mit einer wirksamen Strafrechtspflege, wie sie durch die bestehenden Verhältnisse geboten werde, nicht vereinbar seien und daß daher das Bedürfniß vorliege, nach dieser Richtung die Grenzen enger zu ziehen, namentlich auch die Anzahl der Antragsdelikte zu beschränken. Von diesem Gesichtspunkte ausgehend, hatte der Regierungsentwurf die sogenannten Hausdiebstähle aus der Zahl der Antragsdelikte ganz ausscheiden lassen. Der Reichstag trat dieser

Ansicht zwar nicht bei, hielt es aber ebensowenig für angemessen, die frühere Bestimmung des R.-StGB.'s, wonach die Diebstähle gegen solche Personen, in deren Lohn oder Kost der Thäter sich befunden, zu den Antragsdelikten gerechnet wurden, beizubehalten, sondern beschloß, die oben angeführte Bestimmung an deren Stelle zu setzen. Wenn nun die frühere Bestimmung nur von Diebstählen, die gegen die Person des Lohn- oder Kostgebers selbst verübt wurden, verstanden und nur diese zu den Antragsdelikten gezählt werden konnten, so muß nach der oben bezeichneten Tendenz der Novelle angenommen werden, daß durch die neue Fassung der Rahmen auch dieses Antragsdelikts so wenig überhaupt, als nach der vorgedachten Richtung hin hat erweitert, vielmehr hat verengt werden sollen.

Antr. d. GStA.: gleichl. [9.—3.]

Strafantrag. - Vater. - Mutter.

1. Den Strafantrag wegen Mißhandlung eines Kindes kann in Abwesenheit des Vaters, die Mutter in vermutheter Vollmacht ihres Ehemannes stellen.

StGB. § 232 [n. 3], § 65 [n. 8]; ALR. I. 13 § 119.

2. Es ist nicht erforderlich daß die Mutter bei Stellung des Antrags in diesem Fall ausdrücklich bemerke, daß sie in vermutheter Vollmacht des Mannes handle und ebensowenig bedarf es einer späteren ausdrücklichen Genehmigung des Letzteren.

StGB. § 65 [n. 8, 9]; ALR. ib. §§ 126, 127.

Erk. (V. l.) v. 30. Jan. 1878 c. Janek (914/77 I. Cr.).

J. hatte die 15jährige K. mißhandelt. Deren Vater war abwesend, die Mutter aber stellte den Antrag auf Bestrafung rechtzeitig. Der Vater schloß sich demselben erst nach Fristablauf an. Das App.-Gericht erklärte den Antrag der Mutter für unwirksam, den des Vaters für verspätet und stellte das Verfahren ein. Das Ob.-Tr. vernichtete auf NB. der StA.-schaft. Gründe:

Der App.-Richter geht mit Recht davon aus, daß der Vater der 15jährigen E. K. deren gesetzlicher Vertreter, und als solcher gemäß § 65 Abs. 2 des StGB.'s befugt ist, den Strafantrag für sie zu stellen. Er hat dies innerhalb der gesetzlichen Frist nicht gethan. Daß er seine Frau zur Stellung des Strafantrags bevollmächtigt habe, läßt sich, wie der App.-Richter ebenfalls richtig ausführt, nicht annehmen. Es liegt ferner auch nicht der im § 203 II. 1 des ALR.'s gedachte Fall vor, in welchem die Frau für den abwesenden Mann selbständig handeln kann. Denn die Voraussetzungen dieses Gesetzes, daß Gefahr im Verzuge obwaltete, und daß die Willensmeinung des Mannes nicht eingeholt werden konnte, treffen hier nicht zu. Dagegen irrt der App.-Richter, insofern er die Anwendung der Vorschriften über die vermuthete Vollmacht für ausgeschlossen erachtet. Nach § 119 I 13 des ALR.'s, auf welchen § 25 I. 3 der AGO. verweist, müssen Eheleute in Fällen, welche keinen Aufschub leiden, für einander zur Besorgung ihrer Angelegenheiten auch ohne Vollmacht zugelassen werden. Die Bedingungen zur Anwendung dieses Gesetzes sind vorhanden. Daß unter dem allgemeinen Ausdruck: „Angelegenheiten" auch die Stellung des Strafantrages, also die Anrufung der Staatsgewalt behufs Herbeiführung der Strafverfolgung wegen der dem K.'schen Kinde zugefügten Mißhandlung begriffen ist, kann nicht füglich bezweifelt werden. Ueber das vom Gesetze verlangte persönliche Verhältniß waltet kein Bedenken ob. Die Frau K. hat den Antrag für ihren abwesenden Ehemann gestellt. Ob sie in ihrem Gesuche ausdrücklich bemerkt hat, daß sie kraft vermutheter Vollmacht handle, ist, wie das Kgl. Ob.-Tr. bereits früher erkannt hat, ohne entscheidende Bedeutung; cfr. Rechtspr. des Ob.-Tr.'s XVII S. 217, XVI S. 651. Endlich muß auch davon ausgegangen werden, daß die Stellung eines Strafantrages stets zu den keinen Aufschub leidenden Angelegenheiten gehört, da die Feststellung der Strafthat und ihrer Folgen, so wie die Ermittelung des Thäters ein sofortiges Einschreiten der Staatsbehörde erheischen. Hiernach ist anzunehmen, daß die Frau K. als vermuthete Bevollmächtigte des Antragsberechtigten, ihres Ehemannes, am 7. Juni 1876, 5 Tage nach der That, also rechtzeitig die Bestrafung des Angeklagten bei der StA.-schaft beantragt hat. Einer Genehmigung des Antrages seitens des Vertretenen bedarf es nicht. Das Gesetz — §§ 126, 127 I. 13 ALR.'s — giebt dem Letzteren vielmehr nur die Befugniß, das zu seiner Kenntniß gelangte Geschäft zu mißbilligen. Versäumt er die hiefür gesetzte Frist, so wird er für einwilligend angenommen. Eine solche Mißbilligung des Strafantrages seitens des K. hat aber in vorliegendem Falle nicht Statt gefunden, nachdem er die Handlung seiner Ehefrau, sei es schon durch schriftliche Mittheilung derselben oder jedenfalls bei seiner polizeilichen Vernehmung erfahren hat. Im Gegentheil würde in der am 9. Januar 1877 von ihm selbst erbetenen Strafverfolgung eine Genehmigung des von seiner Frau gestellten Antrages zu finden sein. Liegt aber sonach ein von einem vermutheten Bevollmächtigten rechtzeitig gestellter, und von dem Ehemann K. nicht gemißbilligter Strafantrag hier vor, so ist der Vorschrift des § 232 des StGB.'s genügt, und der App.-Richter verletzt sowohl dieses Gesetz, als den § 65 des StGB.'s und § 119 I. 13 des ALR.'s, wenn er die Strafverfolgung mangels Antrages zur Zeit für unstatthaft erachtet.

Antr. d. GStA.: gleichl. [18.—2.]

Appellationsrichter. - Befassung. - Erschöpfung.

Der Appell.-Richter kann die Berücksichtigung einer in dem Eröffnungsbeschluß unterstellten Zuwiderhandlung gegen die Steuergesetze bei Zumessung der Strafe wegen Gewerbepolizeivergehens nicht wegen mangelnder Feststellung der ersteren ausscheiden lassen. Er hat vielmehr die Pflicht in diesem Fall die processualische Erledigung dieses Gesichtspunktts durch eine specielle Feststellung herbeizuführen.

Vdn. v. 3. Jan. 1849 § 1 [n. 16]; Ges. v. 3. Mai 1852 Art. 30 [n. 18] Art. 102 [n. 1]; R.-Gew.-Ordn. v. 21. Juni 1869 § 147 Abs. 2; Vgl. RbOTr. 15. S. 847.

Erk. (B. I.) v. 30. Jan. 1878 c. Kleist (1272/77 I. Cr.).

K. ist beschuldigt Branntwein und Bier ohne Concession ausgeschenkt zu haben. Die Anklage erwähnt, daß die hinterzogene Steuer 12 Mk. betrage und bezieht sich auf § 33 und 147 der Gew.-Ordn. Die Eröffnung der Untersuchung erfolgt nun wegen Gewerbepolizeikontravention und Gewerbesteuerdefraude unter Bezug auf die citirten Gesetze und § 14 des Ges.'s v. 19. Juli 1861. Das Gericht 1. Instanz stellt zwar nur fest: daß K. den selbstständigen Betrieb der Schankwirthschaft ohne Genehmigung unternommen und fortgesetzt habe, verurteilt ihn aber wegen Gewerbepolizeikontravention und Gewerbesteuervergehens zu einer Strafe von 30 Mk. Das App.-Gericht behält die Feststellung bei, läßt jedoch die Strafe des Steuervergehens ausfallen, weil die Anklage nur ein Gewerbepolizeivergehen behaupte und ebensowenig wie die Verhandlung etwas darüber ergebe, daß K. den Anfang eines steuerpflichtigen Gewerbes nicht angezeigt habe, darüber vielmehr gar nicht verhandelt und vom Vorderrichter nichts festgestellt sei. Mit Rücksicht darauf wird die Strafe auf 6 Mk. herabgesetzt. Auf NB. der StA.-schaft erfolgte Vernichtung.

Selbst wenn in der Bemerkung der Anklageschrift, daß die hinterzogene Steuer 12 Mk. betrage, nicht eine Hinweisung darauf zu finden wäre, daß die Handlung des Angeklagten von der StA.-schaft unter den Gesichtspunkt des § 147 Abs. 2 der Gew.-Ordn. v. 21. Juni 1869 gebracht worden sei, so ist doch durch den Gerichtsbeschluß vom 21. Febr. 1877 ausdrücklich nicht allein wegen Gewerbepolizei-Kontravention, sondern auch wegen Gewerbesteuer-Defraudation die Untersuchung eröffnet und diese Richtung des Eröffnungsbeschlusses noch durch die spezielle Bezugnahme auf § 14 des Ges.'s v. 19. Juli 1861 hervorgehoben worden. Aufgabe der Instanzrichter ist die vollständige Erledigung der Anklage, und zwar nach Maßgabe des Eröffnungsbeschlusses, welcher nach § 39 Nr. 2 der Vdn. v. 3. Jan. 1849 auf Grund der Anklageschrift gefaßt wird. Der erste Richter hat eine Abweichung der Anklage von dem Eröffnungsbeschlusse augenscheinlich nicht gefunden und die ihm obliegende Aufgabe insoweit erfüllt, als er im Tenor seines Erkenntnisses den Angeklagten nach den beiden Richtungen hin, welche der Eröffnungsbeschluß angab, verurteilt hat. Wenn der zweite Richter der Ansicht war, daß die Verurteilung wegen Gewerbesteuer-Defraudation, oder — da die konkurrirende Zuwiderhandlung gegen die Steuergesetze im Falle des § 147 der Gewerbe-Ordnung nicht als selbständiges Vergehen zu strafen ist — richtiger: die Berücksichtigung dieser Zuwiderhandlung bei Zumessung der Strafe, auf Grund der getroffenen Feststellung nicht gerechtfertigt sei, so durfte er diesen Gesichtspunkt der Anklage nicht wegen der mangelnden Feststellung einfach ausscheiden lassen. Er hatte vielmehr die Pflicht, die prozessualische Erledigung dieses Gesichtspunktes durch eine specielle (positive oder negative) Feststellung herbeizuführen und zu diesem Zwecke, da das erste Erkenntniß wegen nicht genügender Erledigung der Anklage an einer Nichtigkeit litt, gemäß Art. 102 des Ges.'s v. 3. Mai 1852 zu verfahren. Da dies nicht geschehen ist, unterliegt das angefochtene Urteil und das vorangegangene Verfahren der Vernichtung.

Antr. d. GStA.: gleichl. [12.—2.]

Bigamie-Versuch. – Anfang der Ausführung.

Das Erscheinen der Brautleute vor dem Standesbeamten zur alsbaldigen Vollziehung der Ehe kann als ein Anfang der Ausführung beabsichtigter Bigamie angesehen werden.

StGB. § 171 [n. 7], § 43 [n. 6].

Beschl. (I.) v. 30. Jan. 1878 c. Worm (119B. I. Cr.).

Der in gültiger und rechtsbeständiger Ehe lebende W. hat bei dem Standesbeamten in S. durch die ausdrückliche Erklärung nicht verheirathet zu sein, das Aufgebot mit der ledigen N. erwirkt. Er ist sodann wiederholt mit seiner Braut vor dem Standesamt erschienen und hat die Trauung verlangt, die jedoch bei seiner ersten Anwesenheit wegen mangelnden Nachweises eines auswärtigen Aufgebots nicht stattfand; und beim zweiten Erscheinen nicht, weil er jetzt auf eindringliches Zureden trotz anfänglichen hartnäckigen Leugnens schließlich zugeben mußte, in stehender Ehe zu leben. Den deshalb gegen ihn ergangenen Anklagebeschluß wegen versuchter Doppelehe, focht die StA.-schaft an, weil in dem was vorliege noch kein Anfang der Ausführung zu befinden sei. Die Beschwerde wurde zurückgewiesen indem das Ober-Tribunal erwog:

daß in dem so festgestellten Thatbestande nicht nur ein die Eingehung der neuen Ehe vorbereitendes Handeln des Angeklagten zu finden ist, vielmehr auch ein Anfang der Ausführung des ihm zur Last gelegten Verbrechens, der Beginn des Aktes der Eheschließung selbst, vorliegt.

Antr. d. GStA.: gleichl. [16.—2.]

Arrestbruch. - Subhastation. - Mühle. - Geräthschaften. - Abnutzung. - Ersatz durch andere. - Verlust der Pertinenzqualität.

Die zum Betriebe einer Mühle oder Fabrik bestimmten Geräthschaften verlieren die Eigenschaft eines Pertinenzstückes, sobald ihnen diese Bestimmung entzogen wird, unter Umständen also schon dadurch, daß sie als abgenutzt durch andere ersetzt werden; es ist nicht nöthig, daß sie dann auch räumlich von der Mühle getrennt werden.

StGB. § 137 [n. 14]; ALR. I. 2 §§ 92 und 93; Contra: RdOTr. 17. S. 623.

Erk. (B. II.) v. 31. Jan. 1878 c. Hoffmann (150 II. Cr.).

Der erste Richter stellt fest, daß die in Frage stehenden, vom Angeklagten bei Seite geschafften Gegenstände als zum Betriebe der zur Subhastation gestellten Dampfschneidemühle anzusehen seien. Aber er erwähnt gleichzeitig, daß der Zeuge E. Betreffs einzelner dieser Gegenstände angegeben habe, dieselben seien zwar zum Betriebe der Fabrik angeschafft, demnächst aber überflüssig geworden, weil an ihre Stelle andere neue Stücke derselben Art angeschafft worden seien, und er erachtet diesen letzteren Umstand nur deshalb für unerheblich, weil den alten Stücken dadurch die Pertinenzqualität, welche nach den §§ 92 und 93 Tit. 2 Th. I des ALR.'s zu beurteilen sei, nicht benommen worden sei. Diese Ansicht billigt der App.-Richter, indem er noch hinzufügt, daß die Pertinenzqualität nicht verloren gegangen sei, so lange die durch den Eigenthümer erfolgte Zuschlagung der Sachen zu dem Grundstücke nicht wieder aufgehoben worden sei. Die Ausführung des App.-Richters beruht jedoch auf einer unrichtigen Rechtsanschauung, indem sie den Begriff der Aufhebung der Pertinenzqualität zu eng umgrenzt. Diese Qualität beruht wesentlich auf der Zweckbestimmung, welche der Sache gegeben ist, auf der dauernden Verbindung, in welche sie mit der Hauptsache, für die sie und mit der sie gebraucht werden soll, gebracht worden ist. Der Akt, durch welchen diese Verbindung herbeigeführt wird, ist an keine Form gebunden, die sogenannte Zuschlagung unterscheidet sich von anderen Akten dieser Art nur insofern als dadurch die Verbindung mit einem Ganzen, einem Inbegriff von Sachen hergestellt wird — §§ 42, 44 Tit. 2 Th. I des ALR.'s —. In derselben Weise nun, wie die Verbindung bewirkt worden, kann sie auch gelöst werden, es geschieht dies sobald die Sache zu einem anderen Zwecke bestimmt oder ihr doch die bisherige Bestimmung entzogen wird, und da der Akt der Trennung gleichfalls an keine Form gebunden ist, so kommt es im einzelnen Falle auf die Umstände an, aus denen zu folgern ist, ob die bisherige Neben- oder Hülfssache noch bestimmt ist der Hauptsache — also im vorliegenden Falle die Geräthschaften der Mühle zum Betriebe derselben — zu dienen oder ob ihr diese Bestimmung entzogen worden ist. Daß das Letztere auch dann angenommen werden kann, wenn alte und abgenutzte Gegenstände durch neue ersetzt worden sind, unterliegt keinem rechtlichen Bedenken. Der Appell.-Richter geht daher fehl, wenn er unter allen Umständen noch einen anderen Akt des Eigenthümers für erforderlich erachtet, um einem Zubehörstücke diese Eigenschaft zu entziehen.

Antr. des GStA.: entgegen. Dieselbe nahm, wie das RdOTr. 17. S. 623 mitgetheilte Urteil, auf § 30 des Ges.'s vom 5. Mai 1872 über den Eigenthumserwerb und ferner auf ALR. I. 20 § 445 Bezug. [19.—4.]

Viehseuche. – Revision der Viehbestände. – Weigerung den Zutritt zu gestatten. – Verletzung einer Aufsichtsmaßregel.

Ist zur Verhütung des Einführens oder Verbreitens einer Viehseuche von der zuständigen Behörde eine Revision der Viehbestände angeordnet worden, so bildet die ernstliche Weigerung, dem mit Vornahme der Revision Beauftragten den Zutritt zu den Ställen zu gestatten, eine Verletzung dieser Aufsichtsmaßregel im Sinne des

§ 328 des StGB.'s.

Erk. (B. II.) v. 31. Jan. 1878 c. Keiner (3 II. Cr.).

Der App.-Richter hat das erste Erkenntniß abgeändert, weil der erste Richter den § 328 des StGB.'s auf einen Fall angewendet habe, für den er nicht gegeben sei. Die Auslegung, die er seinerseits diesem Gesetze giebt, ist jedoch eine rechtsirrthümliche und führt zur Vernichtung seines Erkenntnisses. Der erste Richter hat als erwiesen angenommen, daß der Gensd'arm H. im Auftrage des Landraths im Gehöfte des Angeklagten erschienen sei um eine Revision des Rindviehbestandes des Angeklagten vorzunehmen und daß der Angeklagte, ungeachtet er von den durch den Landrath gegen die Verbreitung der Rinderpest getroffenen Vorkehrungsmaßregeln Kenntniß gehabt, dem Gensd'armen den Zutritt in seine Ställe verweigert habe. In dieser Weigerung sieht er die Verletzung einer Aufsichtsmaßregel, welche von der zuständigen Behörde zur Verhütung des Einführens oder Verbreitens von Viehseuchen angeordnet worden. Der Appell.-Richter verneint dagegen das Vorhandensein einer Verletzung, weil der Angeklagte durch die bloße Weigerung weder eine Pflicht verletzt, welche ihm durch eine Verordnung der zuständigen Behörde auferlegt worden, noch ein durch dieselbe erlassenes Verbot übertreten habe. Diese Gründe sind nicht zutreffend. Es handelt sich im vorliegenden Falle weder um die Verletzung einer dem Angeklagten auferlegten besonderen Verpflichtung, noch um die Uebertretung eines an ihn gerichteten Verbots, sondern um sein Verhalten gegenüber einer von der Behörde kraft der ihr von dem Gesetze beigelegten Autorität getroffenen allgemeinen Maßregel, durch welche eine Aufsicht über die Viehbestände angeordnet war und deren Ausführung sich alle davon Betroffenen zu fügen hatten. Das Gesetz bedroht die wissentliche Verletzung einer solchen Maßregel mit Gefängniß bis zu einem Jahre, und es kann keinem Bedenken unterliegen, daß als Verletzung jede Handlung anzusehen ist, welche die Durchführung der angeordneten Aufsicht hindert oder erschwert. Es kommt also darauf an, ob die Weigerung des Angeklagten dem mit der Durchführung beauftragten Gensd'armen den Zutritt zu den Ställen zu gestatten als eine solche Verhinderung oder Erschwerung aufzufassen ist. Dem steht aber an sich Nichts entgegen. Daß zur Ausführung der Revision im vorliegenden Falle der Eintritt in den Stall Seitens des ausführenden Beamten erforderlich war, ist von keiner Seite bezweifelt worden, und eben so unbedenklich ist es, daß eine thätliche Verhinderung des Eintritts als eine Verletzung der Maßregel im Sinne des Gesetzes zu erachten sein würde. Aber auch einer blos mündlichen Weigerung des Eintritts kann sehr wohl dieselbe Bedeutung beigelegt werden, wenn sie geeignet war, dieselbe Wirkung hervorzubringen, nämlich die Aufsicht zu verhindern oder zu erschweren, und wenn der Weigernde sich dessen bewußt war. Die Rechtsanschauung, von welcher der erste Richter ausgegangen, durfte daher von dem Appell.-Richter nicht ohne Weiteres verworfen, es mußte vielmehr von demselben im Hinblick auf die thatsächlichen Verhältnisse geprüft werden, welche Bedeutung den Aeußerungen des Angeklagten zukomme. Da dieses nicht geschehen ist, so mußte die Sache nach Vernichtung des App.-Erkenntnisses zur anderweiten Verhandlung und Entscheidung in die zweite Instanz zurückgewiesen werden.

Antr. d. GStA.: gleichl. [19.—4.]

Appellationsrichter. – Abweichende Modalität des Thatbestandes.

Der Appellationsrichter begeht eine Nichtigkeit, wenn er freispricht, weil die vom ersten Richter unterstellte Modalität des Thatbestaudes nicht erwiesen sei, ohne zu prüfen, ob nicht eine andere von der Anklage behauptete Modalität desselben Thatbestands vorliege.

Ges. v. 3. Mai 1852 Art. 30 [n. 18].

Erk. (S. I.) v. 1. Febr. 1878 c. Lobedanz (43 I. Cr.).

L. ist aus § 10 des Ges.'s v. 7. Mai 1853 angeklagt, weil er ohne Konzession Verträge der hier bezeichneten Art mit Auswanderern abgeschlossen und Vermittelung und Auskunftsertheilung angeboten habe. In erster Instanz wird die Anklage in diesem Sinne für nicht erwiesen erklärt, aber festgestellt, daß L. ohne Konzession entsprechende Verträge vermittelt habe und erfolgt deshalb Bestrafung. Das App.-Gericht dagegen beseitigt diese Feststellung, da L. selbst derjenige sei, welcher die betreffenden Verträge abschließe und somit nur als Kontrahent, nicht aber als Vermittler angesehen werden könne und spricht lediglich aus diesem Grunde frei. Die NB. der StA.-schaft wurde vom Ob.-Tr. für begründet erkannt.

Das App.-Gericht hat die Anklage nicht erschöpft und hierdurch gegen Art. 30 des Ges.'s v. 3. Mai 1852 verstoßen. Dieselbe lautete auf Vergehen gegen den oben cit. § 10 und hob speciell zwei dort bezeichnete Arten des Thatbestandes desselben als vorliegend hervor. Der App.-Richter war daher verpflichtet, nachdem er zu der Ansicht gelangt war, der auf eine andere Modalität des Thatbestandes des Vergehens gerichteten thatsächlichen Feststellung des ersten Richters nicht beitreten zu können, zu untersuchen, ob der Angeklagte sich desselben nicht nach einer der in der Anklage behaupteten Modalitäten des Thatbestandes schuldig gemacht habe. Er nimmt selbst als erwiesen an, daß der Angeklagte ein Geschäft daraus macht, Verträge mit Auswanderern zum Zwecke ihrer Beförderung nach außerdeutschen Ländern abzuschließen und war daher umsomehr darauf hingewiesen zu prüfen, ob derselbe nicht auch in den hier in Rede stehenden Fällen solche Verträge abgeschlossen habe. Da er der oben erwähnten wesentlichen Verpflichtung nicht nachgekommen ist, unterliegt sein Erkenntniß der Vernichtung und erübrigt sich ein Eingehen auf den ferneren Angriff der Nichtigkeitsbeschwerde.

Antr. d. GStA.: gleichl. [9.—2.]

Mildernde Umstände. - Thäter. - Theilnehmer.

Nur dem Thäter gegenüber angenommene mildernde Umstände üben keine Wirkung auf das gegen den Theilnehmer zu erkennende Strafmaß.

StGB. § 50 [n. 5].

Erk. (B. I.) v. 1. Febr. 1878 c. Boye (1311/77 I. Cr.).

B. war des betrüglichen Bankerotts und R. der Beihülfe zu diesem Verbrechen schuldig erkannt. Zu Gunsten des B. nicht aber auch zu Gunsten des R. waren mildernde Umstände angenommen. Gegen jenen war deshalb eine Strafe von 8 Monat, gegen diesen eine solche von 3 Monat Gefängniß erkanut. Die NB. der StA.-schaft machte geltend, daß die gesetzliche Minimalstrafe des R. nach §§ 281, 50, 49, 44 und 21 des StGB.'s $4^1/_2$ Monat Gefängniß betragen habe, also nicht erreicht sei. Sie wurde vom Ob.-Tr. für begründet erachtet.

Die Wahrsprüche der Geschworenen boten dem Schw.-GH. keine Berechtigung, die dem Angekl. B. zugestandenen mildernden Umstände auch zu Gunsten des Angekl. R. in Berechnung zu ziehen und bei Ausmessung der Strafe gegen den letzteren von der im § 281 für den Fall des Vorhandenseins mildernder Umstände angedrohten mindestens dreimonatigen Gefängnißstrafe Ausgang zu nehmen. Wenn der Schw.-GH. aber von der Ansicht geleitet worden, daß die dem Thäter bewilligten mildernden Umstände mit rechtlicher Nothwendigkeit auch dem Gehülfen zu Statten kommen, so beruht dies auf einer unrichtigen Auslegung des — mit Ausnahme der Schlußworte dem § 48 Abs. 2 conformen — § 49 Abs. 2, welcher (gleich den §§ 47 und 48) durch den § 50 nähere Bestimmung und Einschränkung erhält. Nach diesem § 50 sollen, wenn das Gesetz die Strafbarkeit einer

Handlung nach den persönlichen Eigenschaften oder Verhältnissen desjenigen, welcher dieselbe begangen hat, erhöht oder vermindert, diese besonderen Thatumstände nur demjenigen Betheiligten zugerechnet werden, bei welchem sie vorliegen. Zu diesen aus persönlichen Verhältnissen hervorgehenden besonderen Thatumständen gehören auch die in den einzelnen Gesetzesvorschriften zugelassenen die Strafe mildernden Umstände, welche nicht nothwendig in der That selbst liegen, sondern auch in einem persönlichen Verhalten vor und nach der That begründet sein können. Das Erkenntniß des Schwurgerichtshofes verletzt hiernach dadurch, daß die für den B. festgestellten mildernden Umstände zu Gunsten des Angekl. R. bei Ausmessung der Strafe gegen diesen berücksichtigt worden sind, den § 50 des StGB.'s durch unterlassene und in Folge dessen die §§ 281, 49, 44 daselbst durch unrichtige Anwendung.

Antr. d. GStA.: gleichl. [20.—2.]

Untersuchungshaft. - Anrechnung. - Beweismittel.

Dem verhafteten Angeklagten, welcher ein Rechtsmittel gegen das verurteilende Erkenntniss eingelegt, innerhalb der Frist aber wieder zurückgenommen hat, ist gleichwohl die seit Verkündung des Urteils erlittene Untersuchungshaft unverkürzt auf die Strafe in Anrechnung zu bringen.

StPO. § 429; Vgl. RdOTr. 9. S 667.

Beschl. (I.) v. 1. Febr. 1878 c. Schneider (46 B. I. Cr.).

Das Ob.-Tr. erwog:

daß die Vorschrift des § 429 der StPO. v. 25. Juni 1867, wonach dem zu einer Freiheitsstrafe Verurteilten, welcher kein Rechtsmittel eingelegt hat, die seit Verkündung des Urteils erlittene Untersuchungshaft unverkürzt auf die Strafe in Anrechnung gebracht werden soll, seiner Entstehungsgeschichte zufolge, vergl. Entwurf einer StPO. für den Preuß. Staat 1865 § 440 Anmerkung S. 220, auf dem

Gedanken beruht, daß der verhaftete Angeklagte, welcher innerhalb der gesetzlichen Frist von seinem Rechte der Anfechtung des Urteils keinen Gebrauch gemacht und dadurch die Möglichkeit der Rechtskraft und der daran nach § 428 der StPO. geknüpften Vollziehnng soweit sie von seinem eigenen Verhalten abhängt mit Ablauf der Anfechtungsfrist begründet hat, durch außerhalb seiner Person und seines Willens liegende Umstände in Beziehung auf die Dauer der durch die Strafe selbst bestimmten Freiheitsberaubung nicht benachtheiligt, sondern ebenso behandelt werden soll, als ob zu dem Zeitpunkte, wo von seiner Seite ein Rechtsmittel nicht mehr eingelegt werden konnte, jene Hindernisse nicht vorhanden gewesen wären, die Strafvollstreckung mit rückwirkender Kraft auf die Zeit der Verurteilung also hätte beginnen können;

daß hiernach für die Frage, ob dem Angeklagten die Wohlthat des § 429 zu Statten komme, nicht die Thatsache der Unzufriedenheitsäußerung von dessen Seite mit dem ergangenen Urteile für sich allein und ohne Rücksicht darauf, ob dieselbe zu den praktischen Ergebnisse einer Suspendirung der Rechtskraft und der Strafvollstreckung geführt hat, sondern ausschließlich der Umstand entscheidend in das Gewicht fällt, daß bei Ablauf der Rechtsmittelfrist in der Person des Angeklagten durch Einlegung eines Rechtsmittels kein Hinderniß gegen die Rechtskraft und die Vollziehbarkeit des Urteils besteht und es völlig gleichgültig ist, ob bei anderer Sachlage ein solches bestanden haben würde, das indessen mit Ablauf der Frist durch das Zuthun des Angeklagten selbst bereits wiedernm seine Beseitigung gefunden hat;

daß unter diesen Umständen die Einlegung eines Rechtsmittels in Verbindung mit der Zurücknahme desselben innerhalb der Frist Seitens des Angeklagten der Anwendung des § 429 der StPO. nicht entgegensteht, indem dadurch der Angeklagte nach § 369 Abs. 2 daselbst nicht gehindert wird innerhalb des Restes der Frist durch Widerruf der Zurücknahme die Rechtskraft des Urteils zur Zeit des Fristablaufs von Neuem zu suspendiren und der Angeklagte dadurch, daß er sich dieses Rechtes nicht bedient, gerade dieselbe Sachlage herstellt, von welcher das Gesetz die aufgestellte Billigkeitsrücksicht abhängig macht. [11.—2.]

Beweisantrag. – Ablehnung. – Verschleif der Sache. – Begründung.

Der Instanzrichter, welcher einen Beweisantrag als „zum Verschleif der Sache" angebracht zurückweist, muß durch seine Begründung außer Zweifel stellen, daß nach seiner Ueberzeugung der Angeklagte den Antrag gestellt hat, obwohl er selbst einen Erfolg von der Beweisaufnahme nicht erwartet hat und kann insbesondere diese Annahme nicht lediglich durch den Umstand rechtfertigen, daß der Antrag nicht schon in der früheren Instanz gestellt war.

Ges. v 3. Mai 1852 Art. 108 Nr. 5.

Erk. (B. II.) v. 5. Febr. 1878 c. Krans (181 II. Cr.).

Implorant hat in der Appellations-Rechtfertigung die Behauptung aufgestellt, daß der Verletzte N. die ihm angeblich von dem Imploranten zugefügte Wunde am Arme schon vor dem in Rede stehenden Vorgange am 31. März 1877 gehabt habe und sich dabei auf das Zeugniß der bereits in erster Instanz vernommenen Zeugen B. und E. Sch. berufen. Der gedachte Beweisantrag des Imploranten ist von dem App.-Richter abgelehnt, weil derselbe nur zum Verschleife der Sache gemacht sei. Die Rüge der NB., daß dem Imploranten hierdurch seine Vertheidigung in unzulässiger Weise beschränkt sei, erscheint begründet. Dem Instanzrichter muß allerdings die Befugniß zugesprochen werden, bestimmte Beweisanträge als unerheblich zu verwerfen, weil er die Ueberzeugung gewonnen hat, daß dieselben von dem Angeklagten nur zum Verschleife der Sache gestellt sind. In solchem Falle muß aber die Begründung der Entscheidung keinem Zweifel über die von dem Instanzrichter in der gedachten Richtung gewonnene Ueberzeugung Raum geben, und eine derartige ausreichende Begründung kann in den Erwägungen des angefochtenen Erkenntnisses nicht gefunden werden. Denn die von dem App.-Richter für die Feststellung, daß der Beweisantrag qu. zum Verschleife der Sache gestellt sei, lediglich angeführte Thatsache, daß der Implorant den in der Appellations-Rechtfertigung behaupteten Umstand nicht bereits bei der Vernehmung der vorgeschlagenen Zeugen in erster Instanz geltend gemacht habe, läßt einen Schluß dafür, daß Implorant den Beweisantrag, obwohl von der Erfolglosigkeit desselben selbst überzeugt und mithin zum Verschleife der Sache gestellt habe, schon deshalb nicht zu, weil er von der Wissenschaft der Zeugen erst nach deren Vernehmung in erster Instanz Kenntniß erhalten haben konnte, wie dies auch in der NB. behauptet wird.

Antr. d. GStA.: gleichl. [10.—3.]

Gewerbebetrieb. - Anfang. - Anmeldung.

Der Anfang eines betriebenen steuerpflichtigen Gewerbes ist nicht angezeigt, wenn die Anzeige erst nach dem Anfange des Betriebs erfolgte.

Ges. v. 3. Juli 1876 § 17.

Erk. (Z. I.) v. 6. Febr. 1878 c. Glomb (5 I. Cr.).

G. hatte mehrere heizbare, möblirte Zimmer seit Oktober vermiethet, aber erst im November Anzeige hiervon gemacht. Ein darüber angetretener Beweis war abgelehnt und die deshalb erhobene NB. des G. wurde zurückgewiesen.

Der von dem Imploranten erwähnte Beweisantrag ist aus dem Grunde abgelehnt, weil nicht anzunehmen sei, daß der Anfang des betriebenen steuerpflichtigen Gewerbes angezeigt worden sei, wenn die Anzeige erst nach dem Anfange des Betriebs erfolge. Dieser Ablehnungsgrund ist nach § 17 des Ges.'s v. 3. Juli 1876 rechtlich durchaus zutreffend.

Antr. d. GStA.: gleichl. [12.—2.]

Beleidigung. – Interessenwahrung. – Absicht. – Bewußtsein.

Nur die Absicht zu beleidigen, nicht schon das Bewußtsein der ehrenkränkenden Eigenschaft der Aeußerung schließt den Schutz für berechtigte Interessen aus

StGB. § 193 [n. 6].

Erk. (Z. I.) v. 6. Febr. 1878 c. Heinrichs (1190/77 I. Cr.).

Die an und für sich nach § 185 des R.-StGB.'s vorliegende Beleidigung verliert nach der subjektiven Seite hin, gemäß § 193 des StGB.'s den Charakter einer solchen, wenn die vom Beleidigenden im Bewußtsein ihres ehrverletzenden Charakters vorgenommene Handlung die Wahrung eines berechtigten Interesses bezweckte, es sei denn, daß er hierbei über diesen Zweck hinausgegangen und die weiter gehende Absicht zugleich zu beleidigen aus der Form der Aeußerung oder den sonstigen Umständen der That erhellt. Die Ansicht der NB., daß der Schutz für berechtigte Interessen aus § 193 hinwegfalle, wenn aus Form und Umständen zu entnehmen, daß der Thäter sich des beleidigenden und verletzenden Charakters seiner Aeußerungen bewußt gewesen ermangelt jeden Anhalts und ließe den § 193 als völlig überflüssig erscheinen, da wenn dieses Bewußtsein vorliegt, es des § 193 nicht bedürfen würde, um bereits aus § 185 des R.-StGB.'s die Beleidigungsstrafe zu erkennen.

Antr. d. OStA.: gleichl. [11.—2.]

Beleidigung. – Berechtigtes Interesse. – Motiv.

Für die Frage der Existenz eines Rechts oder berechtigten Interesses bei Vornahme beleidigender Handlungen ist nur der Zweck, nicht das Motiv dieser Handlungen entscheidend.

StGB. § 193 [n. 18].

Erk. (B. I.) v. 6. Febr. 1878 Höhn c. Nefferdorf & Gen. (16 I. Cr.).

Der Berufungsrichter nimmt als erwiesen an, daß die Beschuldigten durch ihre in der Eingabe an das Königliche Landrathsamt aufgestellte Behauptung, Privatkläger stehe wegen Diebstahls in Untersuchung, indem er der Gemeinde im Jahre 1876 Grund gestohlen, die Absicht verfolgt haben die Wahl des Privatklägers als Bürgermeister der Gemeinde L. zu hintertreiben bezw. deren Bestätigung zu verhindern, glaubt aber die Wahrnehmung eines berechtigten Interesses in diesem Vergehen nur dann erblicken zu können, wenn dabei der Zweck obgewaltet die Gemeinde vor einem schlechten und untauglichen Bürgermeister zu bewahren, was nicht erwiesen sei; wenn die Eingabe dagegen lediglich dem Interesse der Person eines anderen Bürgermeisterkandidaten oder einer Partei habe dienen sollen, so käme den Angeklagten der § 193 des R.-StGB.'s nicht zu Statten. Die hiernach getroffene Unterscheidung, je nachdem die Absicht der Beschuldigten die Wahl des Privatklägers zu hintertreiben auf löblichen oder verwerflichen, auf sachlichen oder persönlichen Beweggründen beruhte, ist für die Frage der Existenz eines Rechtes oder berechtigten Interesses bei Vornahme der beleidigenden Handlung, ohne Belang; warum Jemand ein Recht oder rechtliches Interesse zur Geltung bringt ist nicht Gegenstand des § 193, sondern nur die Thatsache dieser Geltendmachung, und der Berufungsrichter verwechselt das Motiv mit dem Zwecke der Handlung wenn er dem Letzteren keine, dem Ersteren aber die ausschließliche Bedeutung beilegt. Er mußte vielmehr nach Lage des Falles umgekehrt sich darüber entscheiden, ob die von Seiten der Beschuldigten mit der erhobenen Beschuldigung bezweckte Hintertreibung der Wahl, wenn erwiesen, für sich allein die Wahrung eines aus der dafür angeführten Gemeindeangehörigkeit zu L. ertspringenden Rechts oder rechtlichen Interesses zum Gegenstande hatte, ob also ihre Qualität als Gemeindebürger die Beschuldigten berechtigen oder wenigstens zu dem Glauben an ihre Berechtigung veranlassen konnte, vermeintliche Thatsachen, welche geeignet waren den Privatkläger, wie der Berufungsrichter annimmt, verächtlich zu machen oder in der öffentlichen Meinung herabzuwürdigen, behufs Hintertreibung der Wahlbestätigung, zur Kenntniß des Landrathsamtes zu bringen, ob ferner subjektiv die Beschuldigten die Absicht hatten durch jene Beschuldigung dieses ihr Interesse wahrzunehmen und im Falle der Bejahung, ob die Beschuldigten nach der Form ihrer Aeußerung oder nach sonstigen Umständen über den Zweck der Wahlhintertreibung hinausgehend zugleich die Absicht den Privatkläger zu beleidigen zu erkennen gegeben, oder ob sie auf das für ihren Zweck Nothwendige sich beschränkt haben. Hieraus ergiebt sich zugleich, daß auch das weitere Argument des Berufungsrichters, wonach die beleidigende Handlung lediglich die Wahrnehmung berechtigter Interessen zum Gegenstand gehabt haben müsse, in dieser Allgemeinheit keinen Beifall verdient. Welche anderweite Zwecke der Thäter mit der beleidigenden Handlung noch verbunden haben mag, ist für die Straflosigkeit der Handlung aus § 193 unerheblich, so lange aus diesen Nebenzwecken sich nicht die Absicht zu beleidigen entnehmen läßt.

Antr. d. GStA.: gleichl. [11.—2.]

Rechtmäßige Amtsausübung. – Zuständigkeit der beauftragenden Behörde. – Mahnung.

1. Der Exekutor befindet sich bei Vollziehung einer aufgetragenen Exekution auch dann in rechtmäßiger Ausübung seines Amtes, wenn dem Exekutionsauftrag die gesetzlich vorgeschriebene Mahnung nicht vorausgegangen war.

StGB. § 113 [n. 15].

2. Er befindet sich nicht in rechtmäßiger Ausübung seines Amtes, wenn der von dem Vorgesetzten ertheilte Auftrag von diesem wegen mangelnder Zu-

ständigkeit nicht ertheilt werden durfte und der Vollziehungsbeamte diesen Mangel dienstlich zu erkennen in der Lage war.

StGB. § 113 [n. 13].

3. Den Gemeinden steht für kontraktliche Leistungen die Befugniß zu exekutivischen Beitreibungen nicht zu und auch eine abändernde Vertragsbestimmung kommt dem Gesetz gegenüber nicht in Betracht.

StGB. § 113 [n. 9]; Vdn. v. 22. Septbr. 1867 § 1 [n. 3].

Erk. (Z. I.) v. 6. Febr. 1878 c. Mille (21 I. Cr.).

M. hatte vom Magistrat in L. ein Stück Land gepachtet und sich in dem Pachtvertrage bezüglich rückständigen Pachtgeldes unbedingt dem behufs Einziehung von Rückständen bisher beobachteten summarischen Exekutionsverfahren im Wege der Administration, unter Verzicht auf gerichtliches Verfahren unterworfen. Er blieb mit Pachtgeld zurück. Im Auftrag des Magistrats begab sich der Exekutor G. zum Zweck der Mahnung zu ihm, behändigte ihm aber den Mahnzettel nicht, als er sich weigerte ihn anzunehmen. Darauf erhielt G. den Auftrag zur Pfändung, bei deren Vornahme ihm M. Widerstand leistete. Er wurde deshalb aus § 113 cit. bestraft, weil der Magistrat in bestimmten Fällen befugt sei, Exekutionen vollziehen zu lassen, dem Exekutor aber die Berechtigung nicht zustehe, die Legalität ertheilter Exekutionsbefehle seiner vorgesetzten Behörde zu prüfen. Das Ob.-Tr. erkannte den Grundsatz in diesem Umfange nicht an, wies aber die NB. aus prozessualischem Grunde zurück.

Dem Berufungsrichter ist darin beizutreten, daß eine Ordnungswidrigkeit bei Vollziehung der Mahnung, welche nach § 9 der Kgl. Vdn. die exekutivische Beitreibung 2c. betr. v. 22. Septbr. 1867 (GS. S. 1553) der Exekutionsvollstreckung bei dem Schuldner vorausgehen muß, den Vollstreckungsbeamten bei der Vollstreckung selbst nicht als in unberechtigter Ausübung seines Amtes begriffen erscheinen lassen würde, weil derselbe rechtlich sich nicht in der Lage befindet, die materiellen und prozessualischen Voraussetzungen zu prüfen, auf welchen die Anordnung der Hülfsvollstreckung beruhen soll, indem nach § 4 jener Verordnung die Ordnungsmäßigkeit des eingehaltenen Verfahrens nur im Wege der Beschwerde vor der vorgesetzten Dienstbehörde angefochten werden kann. Was den zweiten Angriffspunkt betrifft so ist wie das Kgl. Ob.-Tr. bereits in einer Reihe von Entscheidungen angenommen hat, vgl. Oppenh. Rechtspr. XII S. 469; XIII S. 53, 205, 216; XIV S. 197, 358; XVII S. 814 der mit Vollstreckung eines Befehls des Vorgesetzten beauftragte Beamte nicht zur Ausübung seines Amtes berechtigt, wenn der zu vollziehende Auftrag von dem Vorgesetzten nicht ertheilt werden durfte, weil dem Letzteren die sachliche Zuständigkeit zur Ertheilung abging und der Vollziehungsbeamte diesen Mangel der Zuständigkeit dienstlich zu erkennen in der Lage war. Der Berufungsrichter hat nun mit Recht ausgeführt, daß den Gemeinden nach § 1 Ziff. 3 der citirten Kgl. Vdn. v. 22. Septbr. 1867 in der Provinz Hannover nur für öffentliche Abgaben und nicht für kontraktliche Leistungen die Befugniß zur exekutivischen Beitreibung zusteht und auch eine abändernde Vertragsbestimmung dem Gesetze gegenüber nicht in Betracht kommt. Dagegen hat derselbe Umstände, woraus sich entnehmen ließe, daß der Exekutor im vorliegenden Falle die sachliche Unzuständigkeit des Magistrats zur Ertheilung des Exekutionsbefehls kannte oder seiner Dienstpflicht gemäß kennen mußte, nicht festgestellt und ebensowenig liegen Seitens des Angeklagten Anträge und Schutzbehauptungen vor, welche zu einer Prüfung in dieser Richtung hätten Veranlassung geben müssen.

[11.—2.]

Appellationsrichter. - Vernichtung. - Neue Feststellung.

Nach Vernichtung des erstinstanzlichen Urteils wegen einer absoluten Nichtigkeit des Verfahrens kann der Appellationsrichter die von ihm zu treffende neue Thatfeststellung nur aus einer vor ihm selbst erfolgten neuen Beweisaufnahme schöpfen.

Ges. v. 3. Mai 1852 Art. 102 [v. 4 u. 11].

Erk. (V. I.) 6. Febr. 1878 c. Moser (39 I. Cr.)

Das erstinstanzliche Urteil war wegen mangelnder Begründung einer kommissarischen Zeugenvernehmung aufgehoben; das App.-Ger. bewirkte die nochmalige Vernehmung des Zeugen und erneuerte dann die Feststellung des vorigen Richters auf Grund seiner Angaben und der Ermittlungen erster Instanz. Das Ob.-Tr. vernichtete.

Nachdem der App.-Richter das Urteil erster Instanz wegen einer absoluten Nichtigkeit des demselben vorhergegangenen Verfahrens in Gemäßheit des Art. 102 des Ges.'s v. 3. Mai 1852 aufgehoben hatte, durfte er, wenn er anderweit in der Sache selbst erkennen wollte, die von ihm selbständig zu treffende neue Thatfeststellung nur aus einem ganz neuen Verfahren und aus einer vor ihm selbst erfolgten Beweisaufnahme schöpfen, welches ihn für sich allein und ohne Zuhülfenahme der in erster Instanz stattgehabten Feststellungen und Beweiserhebungen in den Stand setzte, über Schuld oder Nichtschuld des Angeklagten ein Urteil zu fällen. Er hat aber seine neue Thatfeststellung nicht allein auf die Aussage des in zweiter Instanz reexaminirten Informationszeugen E. und die vor ihm selbst erfolgten Erklärungen des Angeklagten, sondern zugleich auf die sonstigen Ermittelungen erster Instanz gestützt, welche, soviel die Sitzungsprotokolle ergeben, gar nicht Gegenstand der Verhandlung und Beweisaufnahme zweiter Instanz gewesen sind. Dadurch hat er im Widerspruche mit Art. 102 l. c. nicht nur das Prinzip der Mündlichkeit und Unmittelbarkeit verletzt, sondern auch die Vertheidigung in unzulässiger Weise beschränkt. Seine Entscheidung unterliegt daher nach Art. 107 Nr. 2 und 115 des Ges.'s v. 3. Mai 1852 der Vernichtung.

Antr. d. GStA.: gleichl. [15.—2.]

Diebstahl. - Wasserleitung. - Unberechtigte Entnahme von Wasser.

Die unberechtigte Entnahme von Wasser aus den Privatröhren einer Wasserleitung hört nicht

deshalb auf, Diebstahl zu sein, weil der Betreffende das gleiche Wasser aus den von derselben Leitung gespeisten öffentlichen Brunnen unentgeltich hätte entnehmen können.

StGB. § 242 [n. 3]; Vgl. RbOTr. 3. S. 201 und 7. S. 213.

Erk. (B. II.) v. 7. Febr. 1878 c. Calvelli-Adorno (86 II. Cr.).

Die Aktiengesellschaft „Frankfurter Quellwasserleitung" liefert ihren Abnehmern das Wasser durch die an die Hauptleitung anzuschließenden Privatröhren ungemessen in die Wohnung. Der Preis ist auf einen bestimmten Prozentsatz der Wohnungsmiethe fixirt und darf jeder Abnehmer aus seinem Rohr nur das Wasser für den eigenen Haushalt entnehmen.

Daneben speist dieselbe Wasserleitung zufolge Vertrages mit der Stadt verschiedene öffentliche Brunnen, aus welchen Jeder unentgeltlich Wasser entnehmen kann.

Der Angeklagte hat längere Zeit hindurch das Wasser für seinen Haushalt heimlicher Weise aus dem Privatrohr seines Nachbars entnommen.

Dieserhalb wegen Diebstahls verfolgt, wurde er in 1. Instanz verurteilt, von dem App.-Gericht aber freigesprochen, weil es einmal an der Absicht des Angeklagten, das Vermögen der Wasserleitung zu verringern und sodann auch objektiv an der direkten Entziehung einer zu dem Vermögen derselben gehörenden Sache fehle.

Auf NB. des OStA. vernichtete das Ob.-Tr. und wies in die Instanz zurück. Gründe:

Mit Recht rügt der Oberstaatsanwalt Verletzung des § 242 des StGB.'s durch unrichtige Auslegung und Nichtanwendung. Es kann hierbei ganz dahin gestellt bleiben, ob der App.-Richter schon dadurch den § 242 verletzt hat, daß von ihm nicht allein die Absicht des Thäters, die fremde Sache in sein Vermögen zu bringen, sondern auch die Absicht, das des Anderen zu verringern für ein wesentliches Erforderniß des Thatbestandes des § 242 erklärt worden ist, denn jedenfalls ist der Grund, aus welchem er angenommen hat, daß es im vorliegenden Falle an dem objektiven Erfordernisse der direkten Entziehung einer zu dem Vermögen eines Anderen gehörigen Sache fehle, ein rechtsirrthümlicher. Dieser Grund ist der, daß ganz das nämliche Wasser, von welchem der Angeklagte einen integrirenden Theil in dem Hause Nr. 9 entnahm, an jedem der öffentlichen Brunnen ihm unbeschränkt und unentgeltlich zur Verfügung gestanden habe. Derselbe kann offenbar nur dahin verstanden werden, daß Wasser von gleicher Beschaffenheit dem Angeklagten an jedem öffentlichen Brunnen unbeschränkt und unentgeltlich zur Verfügung gestanden habe, da dieselben Theile des in der Gesammtleitung enthaltenen Wassers sich unmöglich zugleich in den die öffentlichen Brunnen speisenden Zweigröhren und in den Privatleitungen befinden können. Daraus aber, daß der Angeklagte Wasser von gleicher Beschaffenheit sich aus anderen Theilen der Wasserleitung unentgeltlich verschaffen durfte, folgt nicht, daß, wenn er statt dessen das Wasser aus einem anderen ihm nicht zur Verfügung stehenden Theile der Leitung entnahm, die Wegnahme des Wassers die Entziehung einer Sache aus dem Vermögen eines Anderen nicht in sich schloß. Jener Umstand ist vielmehr auf die Frage, ob die — wie auch der Appell.-Richter annimmt — unberechtigte Wegnahme des Wassers als eine direkte Entziehung einer zu dem Vermögen eines Anderen gehörigen Sache oder, was damit gleichbedeutend, als die Wegnahme einer fremden beweglichen Sache aus dem Gewahrsam eines Anderen anzusehen sei, rechtlich völlig einflußlos, und der Appell.-Richter hat, indem er dieses verkannt hat, den § 242 durch unrichtige Auslegung verletzt. Das Erkenntniß zweiter Instanz hat daher vernichtet, die Sache selbst aber zur anderweiten Verhandlung und Entscheidung in die zweite Instanz zurückgewiesen werden müssen, weil es gegenwärtig noch in mehrfacher Beziehung an der zur Abgabe einer endlichen Entscheidung erforderlichen thatsächlichen Feststellung fehlt. Insbesondere wird noch festzustellen sein, ob der Angeklagte das Bewußtsein gehabt habe, daß die Wegnahme des Wassers aus der Privatleitung des Nachbarhauses eine unberechtigte gewesen sei.

Antr. d. GStA.: gleichl. [14.—4.]

Aktiengesellschaft. – Bilanz. – Verschleierung. – Fingirter Erwerbspreis.

Haben die Gründer einer Aktiengesellschaft den Gründergewinn dadurch maskirt, daß der Kaufvertrag über das Etablissement, welches sie gemeinschaftlich zu einem bestimmten Preise von dem früheren Besitzer angekauft hatten, zum Schein durch einen von ihnen als alleinigen Ankäufer abgeschlossen und dann von diesem das Etablissement an die gebildete Aktiengesellschaft zu einem um den Gründergewinn erhöhten Preise weiter verkauft worden ist, und wird nun in der Bilanz als Erwerbspreis des Etablissements der zweite fingirte Kaufpreis aufgeführt, so enthält diese Bilanzaufstellung eine gegen die Mitglieder des Aufsichtsraths und des Vorstandes strafbare Verschleierung des Standes der Verhältnisse.

D. HGB. Art. 249 Nr. 3.

Erk. (3. II.) v. 7. Febr. 1878 c. Levy (74 II. Cr.).
Antr. d. GStA.: gleichl. [19.—4.]

Hausfriedensbruch. – Befriedetes Besitzthum. – Vermiethete Wohnung.

Eine vermiethete Wohnung ist nach Exmission des Miethers als befriedetes Besitzthum des Vermiethers anzusehen, auch wenn dieser das Haus selbst nicht mit bewohnt.

StGB. § 123 [n. 4].

Erk. (3. II.) v. 7. Febr. 1878 c. Neuenfeldt (97 II. Cr.).

Nach den Feststellungen der Instanzrichter ist, in Uebereinstimmung mit der NB., in thatsächlicher Beziehung davon auszugehen, das das hier in Rede stehende Haus zu dem von dem Zeugen B. gepachteten Gut gehört, dieser dasselbe nicht selbst bewohnte, sondern an den Angeklagten und dessen Mutter vermiethet hatte, und daß Angeklagter am Abend des Tags, an welchem er mit seiner Mutter Nachmittags durch den Gerichts-Exekutor aus der von ihm gemietheten Wohnung exmittirt worden war, gewaltsam unter Abreißung des vorgelegten Schloßes von seiner früheren Wohnung wieder Besitz ergriff. Aus diesem Sachverhalt ergiebt sich offensichtlich, daß der Instanzrichter, wenn er in seiner präzisirten Formel feststellt, „daß Angeklagter in die Wohnung des Gutspächters B., aus welcher er exmittirt worden, widerrechtlich eingedrungen sei", hierunter nicht eine von rc. B. selbst zum Bewohnen inne gehabte Gebäulichkeit verstanden, und folgeweise weiterhin, daß der Instanzrichter den Ausdruck „Wohnung" nicht im Sinne dieses Wortes in dem § 123 des StGB.'s, sondern synonym mit dem daselbst weiter aufgestellten Begriffsmerkmal eines „befriedeten Besitzthums" gebraucht hat. Nach Maßgabe der aufgestellten Beschwerde kann hiernach nur in Frage kommen, ob in Anbetracht des Umstandes, daß B. das fragliche Haus nicht selbst zum Bewohnen inne hatte, die in demselben an den Angeklagten vermiethet gewesene Wohnung nach dessen Exmission im Sinne des § 123 cit. als ein befriedetes Besitzthum des B. anzusehen ist. Ungegründeter Weise verabredet dies Implorant. Nicht die Sicherstellung der Person als solcher ist es, welche die Strafbestimmung des § 123 bezweckt, sondern die Sicherstellung bestimmter in dem Gesetze aufgeführter Räumlichkeiten. Unter der Voraussetzung, daß diese Räumlichkeiten sich in der Innehabung eines hierzu Berechtigten befinden, erklärt sie das Gesetz des Hausfriedens für theilhaftig. Und daß rc. B. zur Zeit der inkriminirten That die Disposition über die an den Angeklagten vermiethet gewesene Wohnung hatte, ist von den Instanzrichtern thatsächlich festgestellt. Angeklagter war aus der von ihm gemietheten Wohnung exmittirt und diese von dem Gerichts-Exekutor unter Schloß und Riegel gelegt worden. Hiermit hatte Angeklagter jede Verfügungsgewalt über seine bisherige Wohnung verloren, und die Disposition über dieselbe übertrug sich ohne Weiteres auf den an der Wohnung nunmehr allein Berechtigten, den

Gutspächter B. Denn die Exmission war auf gerichtliche Instanz des ꝛc. B. angeordnet worden, und demgemäß sind alle Handlungen des Exekutors, da sie namens und für B. ausgeführt wurden, so anzusehen, als ob sie von diesem selbst ausgegangen wären. — Der von der NB. wesentlich betonte Umstand, daß B. zur Zeit der inkriminirten That das in Frage stehende Haus nicht selbst bewohnte, stellt sich hiernach als rechtlich irrelevant und demgemäß die NB. selbst als unbegründet dar.

Antr. d. GStA.: gleichl. [7.—4.]

Versicherung auf den Amtseid. - Unrechtmäßige Amtsausübung.

Eine Amtshandlung, bei deren Vornahme die gesetzlich vorgeschriebenen Formen verletzt und die dadurch zu einer unrechtmäßigen geworden ist, hört nicht auf, überhaupt eine Amtshandlung zu sein und kann daher die Richtigkeit des in deren Ausführung Wahrgenommenen von dem Beamten auf seinen Amtseid versichert werden.

Crim.-Ordn. § 335 Nr. 2.

Erk. Z. II.) v. 7. Febr. 1878 c. Schikowa (96 II. Cr.).

Der Angeklagte hatte einen Exekutor, der bei ihm eine Pfändung gegen einen abwesenden Hausgenossen vornahm, thätlich angegriffen und mißhandelt. Die Instanzgerichte stellten fest, daß der Exekutor sich nicht in rechtmäßiger Amtsausübung befunden habe, weil er es unterlassen habe, dem § 68 Th. I Tit. 24 der AGO. gemäß Zeugen zuzuziehen, und sprachen den Angeklagten pcto Widerstandes frei, verurteilten ihn dagegen wegen vorsätzlicher Körperverletzung des Exekutors. Der Angeklagte rügte, daß der in dieser Sache als Zeuge vernommene Exekutor die Richtigkeit seiner Aussage auf den Amtseid versichert hatte.

Antrag d. GStA.: gleichl. [5.—4.]

Strafantrag. - Frist. - Ideale Konkurrenz.

Um die Zulässigkeit der Strafverfolgung einer nur auf Antrag verfolgbaren That zu wahren, muß der Strafantrag von dem Berechtigten in der

gesetzlichen Frist auch dann gestellt werden, wenn die That unter dem Gesichtspunkt eines Officialdeliktes bereits unter Verfolgung gestellt ist.

StGB. § 61.

Erk. (Z. I) v. 8. Febr. 1878 c. **Speck** (1288 I. Cr.).

Die Strafverfolgung wegen des im § 182 StGB.'s gedachten Vergehens hängt von dem Antrage der Eltern oder des Vormundes der Verführten ab. Die durch den Angeklagten zum Beischlaf verführte R. ist ein uneheliches Kind ihrer Mutter. Letztere hat den Arbeitsmann S., welcher nicht der Vater der R. ist, geheirathet. Die Vormundschaft über die am 17. Septbr. 1861 geborene R. führt der Eigenthümer G. Es liegen zwei Anträge auf Verfolgung der am 28. Septbr. 1876 verübten That vor; der erstere von dem Arbeiter S. gestellte ist am 10. Oktober 1876 bei der StA.-schaft zu M. eingegangen, der zweite von dem Vormund G. am 7. März 1877 zu Protokoll erklärt. Da S. nicht zu denjenigen Personen gehört, welche nach § 182 des StGB.'s zur Stellung des Strafantrages berechtigt sind, so nimmt der App.-Richter mit Recht an, daß auf sein Anrufen die StA.-schaft zur Verfolgung der Strafthat nicht befugt ist. Der Ausführung in der NB., wonach S. als Bevollmächtigter des G. gehandelt haben soll, kann nicht zugestimmt werden. Daß S. sich der Staatsbehörde gegenüber ausdrücklich als Bevollmächtigter bezeichnete, ist zwar nicht erforderlich. Dagegen müssen, um die Handlung des S. als im Auftrage des Vormundes G. geschehen anzunehmen, materiell die Voraussetzungen eines Vollmachtsvertrages zutreffen. Das ist hier nicht der Fall. Die Aeußerung des G.: Das mußt Du anzeigen, kann nicht als ein Auftrag, wonach S. Namens oder für G. handeln, sondern nur als ein Rath, was S. thun solle, aufgefaßt werden. Es kommt deshalb nur in Frage, ob der Vormund G. den Strafantrag rechtzeitig gestellt hat. Die stattgehabte Beweisaufnahme ergiebt, daß dem G. am 1. Oktober 1876 durch S. mitgetheilt ist, der Angeklagte habe seine — — des G. — Mündel genothzüchtigt. Mit Recht nimmt der App.-Richter an, G. habe hierdurch von der Strafthat und der Person des Thäters glaubhafte Kenntniß erhalten. Er wußte daß seine noch nicht 16 Jahre alte Kurandin von dem Angeklagten zum Beischlaf verführt war.

Antr. d. GStA.: entgegen. [18.—3.]

Bankerutt, einfacher. - Bilanzziehung. - Einmalige Unterlassung.

Zur Bestrafung wegen einfachen Bankerutts genügt die einmalige Unterlassung der Bilanzziehung, wenn dann auch in den folgenden der Zahlungseinstellung unmittelbar vorangehenden Jahren wieder regelmäßig Bilanzen gezogen worden sind.

StGB. § 283 Nr. 3; Vgl. Stengl 7. S. 182.

Erk. (Z. II.) v. 12. Febr. 1878 c. Hänsel (171 II. Cr.).

Implorant erachtet die Strafbestimmung des § 283 pos. 3 des StGB.'s im untergebenen Falle um deswillen nicht für anwendbar, weil festgestelltermaßen er nur im Jahre 1874 es unterlassen habe, die Bilanz zu ziehen, während dieses in den der Zahlungseinstellung unmittelbar vorangehenden beiden Jahren 1875 und 1876 von ihm geschehen sei. Die aufgestellte Beschwerde kann nicht für begründet angesehen werden. Mit Recht konnte das App.-Gericht für seine gegentheilige Annahme zunächst auf den Wortlaut der bezogenen Gesetzesbestimmung verweisen, die in ihrer allgemeinen Fassung für die von dem Imploranten statuirte Unterscheidung keinen Anhaltspunkt bietet. Nicht minder berechtigt durfte die Vorinstanz sich auf die Zweckbestimmung der von ihr angewendeten Strafvorschrift berufen. Implorant verkennt die formale Natur des in Rede stehenden Delikts, das, lediglich im Interesse der Sicherung des Verkehrs mit Strafe bedroht, einen Kausalzusammenhange zwischen der Zahlungseinstellung und den im § 283 cit. hervorgehobenen Handlungen nicht bedingt, vielmehr, ohne das Requisit eines besonderen Dolus oder einer Fahrlässigkeit zu seiner thatbestandlichen Voraussetzung zu haben, allein schon mit Unterlassung der in pos. 3 vorgeschriebenen Handlung in irgend einem, der Zahlungseinstellung vorangehenden, Jahre existent wird.

Antr. d. GStA.: gleichl. [7.—4.]

Beweisantrag. - Nicht-Erhebung. - Mitangeklagter.

Ein Angeklagter kann sich über die Nicht-Erhebung eines nur von einem Mitangeklagten und nur über diesen betreffende Thatsachen vorgeschlagenen Entlastungsbeweises nicht beschweren.

Ges. v. 3. Mai 1852 Art. 101 [n. 41]; Vgl. RdOTr. 3. S. 414; 8 S. 389 und 13. S. 490; GA. 14. S. 340 und 17. S. 804.

Erk. (Z. II.) v. 12. Febr. 1878 c. Schönfeld (197 II. Cr.).
Antr. d. GStA.: gleichl. [5.—4.]

Polizeiverordnung. - Wald-Servituten. - Beschränkung im öffentlichen Interesse. - Gültigkeit.

Durch eine Polizeiverordnung kann die Ausübung dinglicher Rechte im öffentlichen Interesse Beschränkungen unterworfen werden. Insbesondere kann eine Polizeiverordnung vorschreiben, daß Servituten an Wäldern nur in den von dem Waldeigenthümer anzuweisenden Distrikten ausgeübt werden dürfen.

Ges. über die Polizeiverwaltung v. 11. März 1850 § 15; Forst.-Pol.-Vdn. d. Regier. zu Coblenz v. 11. April 1857 § 26 (AB. S. 185); Vgl. RdOTr. 2. S. 477; 3. S. 264 und 7. S. 166.

Erk. (B. II.) v. 14. Febr. 1878 c. Frick (158 II. Cr.).

In Erw., daß der § 26 der von der Königl. Regier. zu Coblenz unterm 11. April 1857 erlassenen Forstpolizei-Verordnung bestimmt, daß Servitut- und Gemeinde-Nutzungs-Berechtigte die Gegenstände, zu welchen sie berechtigt sind, nicht an sich nehmen oder zu Gute machen dürfen, bevor ihnen die Gegenstände der Nutzung oder die Distrikte, in welchen letztere ausgeübt werden dürfen, von der Forstbehörde über- oder angewiesen sind;

daß dieser §, wie sowohl seine allgemeine Wortfassung als seine Stellung im Abschnitt III mit der Ueberschrift: „Forstpolizeiliche Bestimmung in Beziehung auf den Schutz der Waldungen bei Ausübung der Servitut- und Gemeinde-Nutzungen“ deutlich ergiebt, sich nicht nur, wie der Polizeirichter annimmt, auf diejenigen Berechtigungen an Gemeindewaldungen bezieht, bei welchen entweder eine desfallsige Beschränkung dem Titel des Berechtigten auferlegt ist oder aber kein specieller Titel auf Gemeindenutzungen den Berechtigten zur Seite steht, sondern auf sämmtliche Servitut- und Gemeindenutzungen an den Waldungen ohne Rücksicht auf die Beschaffenheit oder den Inhalt des ihnen zu Grunde liegenden Titels;

daß auch nicht anzunehmen ist, der § 26 sei bei dieser Auffassung den Gesetzen zuwider und verletze insbesondere im vorliegenden Falle in unzulässiger Weise das Recht des Beschuldigten, dem durch das von ihm erwirkte Urteil des Landgerichts zu Coblenz v. 21. Juni 1852 keine weitere Beschränkung bei Ausübung seiner Streuwerk-Gerechtsame auferlegt worden sei, als sich des Gebrauchs von Sichel und Schneideinstrumenten zu enthalten;

daß allerdings nach § 15 des Ges.'s v. 11. März 1850 in die polizeilichen Vorschriften keine Bestimmungen aufgenommen werden dürfen, welche mit den Gesetzen oder den Verordnungen einer höheren Instanz in Widerspruch stehen;

daß aber, wie in der Rechtspr. des Ob.-Tr.'s feststeht, eine Polizeiverordnung nicht schon um deswillen, weil sie die Benutzung des Eigenthums oder dinglicher Rechte im öffentlichen Interesse gewissen Beschränkungen unterwirft, als den Gesetzen zuwiderlaufend angesehen werden kann, da die Gesetze das Recht, das Eigenthum oder sonstige dingliche

Rechte im jeder Hinsicht unbeschränkt auszuüben, nicht gewährleisten (vgl. Art. 544 Bürgerl. GB.) und insbesondere das für die ganze Monarchie erlassene Gesetz über die Zulässigkeit des Rechtsweges v. 11. Mai 1842 davon ausgeht, daß eine Beschränkung von Privatrechten aus polizeilichen Rücksichten durch Verfügungen der Polizeibehörden in rechtsgültiger Weise erfolgen könne;

daß ebensowenig der Umstand, daß ein Servitutberechtigter dem Eigenthümer gegenüber die Anerkennung seiner Gerechtsame im Wege Rechtens erstritten hat, im Sinne des § 15 a. a. O. ein rechtliches Hinderniß bildet, Ersterem bezüglich der Ausübung seiner Gerechtsame durch eine Polizeiverordnung Beschränkungen aufzuerlegen, welche in dem betreffenden Urteil nicht vorbehalten sind, weil ein derartiger Rechtsstreit nur die privatrechtlichen Grenzen zwischen dem Berechtigten und dem Verpflichteten feststellt, nicht aber darüber entscheidet, ob und in wie weit im öffentlichen Interesse Beschränkungen rücksichtlich der Ausübung auferlegt werden müssen;

daß daher der Polizeirichter den mehrgedachten § 26 durch Nichtanwendung verletzt hat, wenn er denselben auf den vorliegenden Fall deshalb für unanwendbar erklärt hat, weil die Gemeinden Ober- und Nieder-Ingelheim den Servitutberechtigten von D., zu denen der Beschuldigte gehört, keine größere Beschränkung in der Ausübung der ihren Wald belastenden Servitut aufzuerlegen befugt erscheinen, als in dem Urteile des Landgerichts zu Coblenz v. 21. Juni 1852 vorbehalten seien.

Antr. d. GStA.: gleichl. [14.—4.]

Brieferöffnung. - Strafantrag.

Ueber einen zur Post gegebenen Brief steht bis zu dessen Aushändigung an den Adressaten dem Absender das Verfügungsrecht zu. Demgemäß ist derselbe, wenn während dieser Zeit der Brief

unbefugt eröffnet wird, berechtigt, den Strafantrag zu stellen.

StGB. § 299 [n. 5]; R.-Postgesetz v. 28. Oktbr. 1871 § 50 ad 3; Postordnung v. 18. Dezbr. 1874 § 29 (BMBl. 1875 S. 9).

Erk. (Z. II.) v. 14. Febr. 1878 c. Quetscher (129 II. Cr.).
Antr. d. GStA.: gleichl. [10.—4.]

Beleidigung. – Ausführung von Rechten. – Beruf der Presse.

Der Redakteur einer Zeitschrift hat nicht die besondere Pflicht, die Rechte aller Staatsbürger vor der Oeffentlichkeit zu vertheidigen, und folgeweise auch nicht ein entsprechendes besonderes Recht. Vielmehr muß bei den durch die Presse veröffentlichten Aeußerungen, wie bei allen anderen, wenn sie an sich beleidigender Natur sind, zu ihrer Straflosigkeit ein sich aus dem konkreten Fall ergebendes Recht festgestellt werden, in dessen Ausführung sie gethan sind.

StGB. § 193 [n. 11].

Erk. (Z. II.) v. 14. Febr. 1878 c. Stötzel (163 II. Cr.).
Antr. d. GStA.: gleichl. [19.—4.]

Falsche Urkunde. – Gebrauch. – Rechtswidrige Absicht. – Vermögensvortheil.

1. Die Rechtswidrigkeit der Absicht, in welcher der Gebrauch einer falschen Urkunde geschieht, erfordert nicht, daß dadurch die Rechte Dritter verletzt werden, sondern liegt auch dann vor, wenn durch falsche Beweismittel eine wirklich bestehende Forderung realisirt werden soll.

StGB. § 270 [n. 5].

2. Der Vermögensvortheil, dessen Erlangung § 268 des StGB.'s erfordert, braucht kein subjektiv rechtswidriger zu sein.

StGB. § 268 [n. 2].

2. Der Begriff eines Vermögensvortheils fällt nicht mit dem einer Vermögensvermehrung zusammen, sondern umfaßt jede Vermögensveränderung, welche der Thäter von seinem subjektiven Standpunkt aus als vortheilhaft erachtet.

StGB. § 268 [n. 2], § 263 [n. 2].

Beschl. (I.) v. 15. Febr. 1878 c. Griese (174 I. Cr.).

Die Anklagekammer hatte den Antrag auf schwurgerichtliche Anklage gegen G. zurückgewiesen, wonach derselbe beschuldigt war: in rechtswidriger Absicht von einer zum Beweise von Rechten oder Rechtsverhältnissen erheblichen schriftlichen Privaturkunde, wissend, daß sie falsch war, zum Zweck einer Täuschung Gebrauch gemacht zu haben. Der Grund der Zurückweisung bestand darin: daß G. nur durch ein falsches Beweismittel eine wirklich bestehende Forderung habe zur Realisirung bringen, also keinen Vermögensvortheil habe erlangen wollen. Das Ob.-Trib. vernichtete und erkannte die Anklage aus §§ 270. 267. 268 des StGB.'s indem es erwog:

daß die Rechtswidrigkeit der Absicht, in welcher der Gebrauch einer falschen oder verfälschten Urkunde geschieht, wie solche als Voraussetzung für das in § 270 des Reichs-StGB.'s vorgesehene Vergehen nach § 267 des R.-StGB.'s verlangt werden muß, nicht erfordert, daß dadurch die Rechte Dritter verletzt werden, wie die Anklagekammer unterstellt, sondern schon dann vorliegt, wenn ohne ein darauf bezügliches Recht der durch die Handlung beabsichtigte Zweck erreicht werden soll, ein Recht aber durch falsche oder gefälschte Beweismittel wenn auch wirklich bestehende Forderungen zur Realisirung zu bringen, sich nicht anerkennen läßt; vgl. Oppenh. Rechtspr. 16. S. 657; 18. S. 592.

daß der Vermögensvortheil, dessen Erlangung der Erschwerungsgrund aus § 268 voraussetzt, wenn überhaupt die rechtswidrige Absicht aus § 267 vorliegt, kein subjektiv widerrechtlicher zu sein braucht und deshalb auch dann als vorhanden angenommen werden kann, wenn die Urkundenfälschung beziehungsweise die That aus § 270 des StGB.'s die Erlangung eines Vermögensvortheils, worauf eine Berechtigung wirklich bestand, bezweckt hat;

daß der Begriff des Vermögensvortheils nicht mit demjenigen der Vermögensbereicherung zusammenfällt, sondern jede Vermögensveränderung umfaßt, welche der Thäter von seinem subjektiven Standpunkte aus als für sich oder einen Anderen (§ 268 des R.-StGB.'s) vortheilhaft erachtet, wie ein solcher Vortheil insbesondere auch darin sich finden läßt, daß eine bestehende und unberichtigte Forderung zur Einziehung gelangt. [—2.]

Unzüchtige Abbildungen. - Erkennbarkeit. - Latente Bilder.

Abbildungen und Darstellungen sind auch dann als unzüchtige Abbildungen anzusehen, wenn der obscöne Inhalt erst durch Anwendung weiterer Mittel, z. B. Erwärmung, erkennbar wird.

StGB. § 184.

Erk. (Z. I.) v. 15. Febr. 1878 c. **Wedeke** (83 I. Cr.).

Der § 184 des StGB.'s bedroht denjenigen mit Strafe, welcher unzüchtige Schriften, Abbildungen oder Darstellungen verkauft, vertheilt, oder sonst verbreitet, oder an Orten, welche dem Publikum zugänglich sind, ausstellt oder anschlägt. Die bezogene Strafbestimmung setzt nun, was den in Frage stehenden Fall des Verkaufs unzüchtiger Abbildungen oder Darstellungen betrifft, nur voraus, daß die verkauften Objekte Abbildungen oder Darstellungen dieser Art enthalten, erfordert aber keineswegs, wie es die NB. will, daß der obscöne Inhalt derselben ausschließlich schon aus der Betrachtung des strafbaren Produkts sich ergebe, findet vielmehr nach Wortlaut und Absicht des Gesetzes auch auf sog. latente Bilder d. h. solche, wo erst, z. B. bei einer entsprechenden Beleuchtung, oder wie hier, nach vorheriger Erwärmung seines Substrats, das unzüchtige Bild hervortritt, Anwendung. Der App.-Richter hat nun die Existenz von Darstellungen der letzteren Art auf den inkriminirten Blättern thatsächlich festgestellt; dem gegenüber aber erscheint die Behauptung der NB., daß der Angeklagte keine sichtbaren Bilder oder Darstellungen, sondern nur die Mittel zu deren Hervorbringung verkauft habe, als ein in der gegenwärtigen Instanz unzulässiger Angriff gegen diese Feststellung, und damit zerfällt die an jene Behauptung geknüpfte Deduktion der Straflosigkeit des Angeklagten.

Antr. d. GStA.: gleichl. [16.—3.]

Soldat. - Aufforderung zum Ungehorsam. - Möglichkeit des Erfolges.

Zum Thatbestande eines Vergehens nach § 112 des StGB.'s gehört die Möglichkeit des Erfolges.

StGB. § 112.

Erk. (B. II.) v. 19. **Febr.** 1878 c. **Dudek** (176 II. Cr.).

Die Vorderrichter haben den Angeklagten übereinstimmend für schuldig erklärt, im April 1877 zu S. eine Person des Soldatenstandes aufgefordert zu haben, dem Befehle seines Oberen nicht Gehorsam zu leisten. Wider das zweite Erkenntniß hat der Angeklagte die NB. eingelegt und darin unzulässige Beschränkung seiner Vertheidigung, sowie Verletzung des § 112 des StGB.'s durch unrichtige Anwendung behauptet. Diese Beschwerde mußte für begründet erachtet werden. Die Vorderrichter nehmen übereinstimmend für erwiesen an, daß, als eines Tages im April 1877 bei Gelegenheit einer mit Rekruten in S. vorgenommenen Turnübung der Sergeant G. dem Ulanen Sk. den Laufschritt zu machen befohlen und dieser in Folge dessen zwei bis drei Mal den Turnplatz zu umlaufen gehabt, der unter den Zuschauern befindliche Angeklagte dem rc. Sk. zugerufen habe: „Geh Schritt!" Beide Vorderrichter gründen auf diesen Hergang die dem Wortlaute des § 112 a. a. O. entsprechende thatsächliche Schluß-Feststellung. Zur Widerlegung derselben hatte der Angeklagte in zweiter Instanz behauptet, daß der Ulan Sk. seine (des Angeklagten) Worte überhaupt nicht habe hören können, weil er vollständig taub und deshalb auch später vom Militär entlassen worden sei, eventuell, daß er sie nicht verstanden haben würde, weil er ein Pole und der deutschen Sprache, in welcher er (der Angeklagte) gesprochen, mit keinem Worte mächtig sei. Diesen Beweisantrag weist der App.-Richter zurück, weil, wenn die behaupteten Thatsachen auch erwiesen werden sollten, „damit der Dolus des Angeklagten noch nicht ausgeschlossen sein würde, zumal der Angeklagte selbst nicht behaupte, vorher gewußt zu haben, daß auch Sk. nur der polnischen Sprache mächtig sei, er es sich jedenfalls nicht hätte verhehlen können, daß seine Worte völlig geeignet gewesen seien, von Sk. gehört zu werden, und ihren Zweck herbeizuführen, nämlich den 2c. Sk. von weiterem Laufen abzuhalten, dem Befehle des 2c. G. den Gehorsam zu versagen". Diese Ausführung beruht auf einer rechtsirrthümlichen Auslegung des § 112 des StGB.'s. Denn letzterer bestimmt: „Wer eine Person des Soldatenstandes ..... auffordert oder anreizt dem Befehle des Oberen nicht Gehorsam zu leisten ..... wird mit Gefängniß bis zu zwei Jahren bestraft" und es ist vollkommen richtig, wenn der App.-Richter sagt, daß es, um den Thatbestand dieses Vergehens zu erfüllen, des Beweises nicht bedürfe, daß die Aufforderung einen Erfolg gehabt habe. Allein daraus folgt nicht, daß das vorliegende Vergehen schon mit der bloßen Willensäußerung, einen Soldaten zum Ungehorsam gegen seinen Oberen aufzufordern oder anzureizen, abgeschlossen sei, und daß es demnach jeder objektiven Seite entbehre. — Was der § 112 unter Strafe stellt, ist an und für sich nur eine Versuchshandlung, die hier, wie in anderen Fällen (man vergleiche die §§ 81. 82. 85. 110. 111. 114. 130. 130a. 159) vom Gesetzgeber zu einem selbstständigen Verbrechen, beziehungsweise Vergehen erhoben worden ist, weshalb ihre Strafbarkeit, wie die jeder anderen Versuchshandlung davon abhängt, daß durch dieselbe die Herbeiführung eines rechtswidrigen Erfolges objektiv möglich gewesen sei. Es war daher auch hier zu prüfen, ob durch den Zuruf des Angeklagten: „Geh Schritt!"

möglicher Weise der Ulan Sk. hätte vermocht werden können, dem Befehle seines Oberen den Gehorsam zu versagen und es genügte nicht, festzustellen, daß der Angeklagte an diese Möglichkeit selbst geglaubt, beziehungsweise daß er seine Worte als dazu geeignet habe halten können, weil, wenn dieser Glaube auf einem thatsächlichen Irrthume beruht haben sollte, der Angeklagte nur ein sogenanntes putatives Vergehen begangen haben würde, welches nach allgemeinen Rechtsgrundsätzen nicht strafbar ist. Da nun der Angeklagte behauptet hat, daß die Möglichkeit mit dem Rufe: „Geh Schritt!" auf den Willen des Sk. bestimmend einzuwirken, nach dessen Persönlichkeit objektiv ausgeschlossen gewesen sei, so durfte sich der App.-Richter der Verpflichtung nicht überheben, die thatsächlichen und unter Beweis gestellten Behauptungen des Angeklagten zunächst nach der Richtung hin, ob sie einen solchen Beweis zu liefern im Stande sein würden, einer Prüfung zu unterziehen und sich je nach dem Ausfalle dieser Prüfung für die Erhebung oder Ablehnung dieses Beweises zu entscheiden.

Antr. d. GStA.: Zurückweisung. [5.—3.]

Unfähigkeit. - Gerichtsschreiber. - Zeuge.

Die Mitwirkung eines Gerichtsschreibers in der Hauptverhandlung, welcher als Zeuge in der Voruntersuchung vernommen war, begründet auch dann Nichtigkeit des Verfahrens, wenn der specielle Gegenstand, auf den sich seine Vernehmung bezog, in der Hauptverhandlung nicht zur Aburteilung gelangt ist.

StPO. §§ 24. 30.

Erk. (B. I.) v. 20. Febr. 1878 c. Baumhöfer (56 I. Cr.).

Der in der Voruntersuchung als Zeuge vernommene Sekretär R. hatte bei der schwurgerichtlichen Verhandlung als Gerichtsschreiber fungirt. Der specielle Anschuldigungspunkt, worüber er vernommen war, ist aber nicht Gegenstand der Anklage gewesen. Das Ob.-Trib. erklärte den Angriff der NB. gleichwohl für begründet.

Wenn nach § 24 Ziff. 4 der StPO. v. 25. Juni 1867 in einer Strafsache als Richter oder Gerichtsschreiber mitzuwirken für unfähig erklärt wird, wer in der Sache als Zeuge oder Sachverständiger vernommen worden ist, so bezieht sich jene Vorschrift auf das gesammte anhängige Verfahren, sowohl das Vorverfahren als das Hauptverfahren und begründet deshalb die Unfähigkeit zur Mitwirkung jener Personen überall, wo in derselben Untersuchung die Vernehmung derselben als Zeuge oder Sachverständiger vorausgegangen ist. Vorliegend erfolgte die Vernehmung des Ober-Gerichts-Sekretärs R. in dem Stadium der Voruntersuchung und, daß solche sich nicht speciell auf denjenigen Gegenstand der Voruntersuchung bezog, welcher demnächst in der Hauptverhandlung zur Aburteilung gelangte, sondern das Verfahren wegen der That, worauf die Vernehmung sich erstreckte, schon auf Grund der Voruntersuchung eingestellt worden ist, vermag die Identität der Sache nicht zu beseitigen, da, abgesehen von einem gewissen materiellen Zusammenhang sämmtlicher Untersuchungen, diese zur Zeit der Vernehmung noch schwebten und wegen Konnexität zur gemeinschaftlichen Behandlung vereinigt gewesen waren. Nach § 30 der StPO. v. 25. Juni 1867 sind Handlungen eines unfähigen Gerichtsschreibers nichtig und gestaltet sich deshalb vorliegend die Sache ebenso, wie wenn es überhaupt an der Zuziehung eines Gerichtsschreibers zur Hauptverhandlung gefehlt hätte. Die Zuziehung ist jedoch im § 23 ausdrücklich vorgeschrieben und die Nichtanwesenheit während der ganzen Verhandlung im § 226 der StPO. ausdrücklich mit Nichtigkeit bedroht.

Antr. d. GStA.: gleichl. [11.—2.]

Impfgesetz. – Amtliche Aufforderung.

Die in § 14 des Reichsimpfgesetzes erwähnte amtliche Aufforderung braucht keine direkte persönliche zu sein. Sie kann in jeder Form erfolgen,

welche den Erfolg hat, zur Kenntniß der Betheiligten zu gelangen.

Ges. v. 8. April 1874 §§ 14. 12.

Erk. (Z. l.) v. 20. Febr. 1878 c. Jakobsen (20 I. Cr.)

Durch eine im Kreisblatt veröffentlichte Bekanntmachung des Landraths sind die Eltern der im vorigen Jahre impfpflichtigen, aber im Impftermin nicht erschienenen Kinder amtlich aufgefordert, die Impfung innerhalb 14 Tagen bei Meidung der Strafverfolgung aus § 14 Abs. 2 l. c. nachzuholen. Diese Bekanntmachung ist in der Gemeinde A. in ortsüblicher Weise publicirt. Dessenungeachtet hat J. sein im Vorjahre impfpflichtiges, aber nicht geimpftes Kind auch jetzt nicht impfen lassen. Von der erhobenen Anklage ist er freigesprochen, weil es einer direkten Aufforderung bedurft habe. Das Ob.-Tr. mißbilligte diesen Grund, wies aber gleichwohl die NB. der StA.-schaft zurück, weil festgestellt war, daß J. keine Kenntniß von der landräthlichen Bekanntmachung erlangt habe.

Der Berufungsrichter faßt den § 14 Abs. 2 des Reichs-Impfgesetzes vom 8. April 1874 (RGBl. S. 31), wonach die Eltern, Pflegeeltern und Vormünder unter Strafe gestellt sind, deren Kinder und Pflegebefohlene ohne gesetzlichen Grund und trotz erfolgter amtlicher Aufforderung der Impfung oder der ihr nach § 5 daselbst folgenden Gestellung entzogen worden sind, dahin auf, daß die vorgeschriebene amtliche Aufforderung eine direkte persönliche sein müsse. Er setzt sich damit zu dem ersten Richter, welcher auf die Form der Aufforderung keinen Werth legt und nur verlangt, daß diese zur Kenntniß desjenigen gelangt sei, welcher die Impfung innerhalb der vorgeschriebenen Frist versäumt hat, in Gegensatz und will, wie sich seine Ausdrucksweise kaum anders verstehen läßt, nur einer solchen Aufforderung Bedeutung beilegen, welche ohne Vermittelung eines Zwischenorgans sich an die Person des Aufgeforderten richtet und dieser zur Kenntniß gebracht wird. In dieser Beschränkung läßt sich der Begründung des Berufungsurteils zwar nicht beitreten; ebensowenig aber verdienen die weitergehenden Ausführungen der NB. Billigung, welchen zufolge eine Aufforderung schon deshalb als solche genüge, weil sie in einem zur allgemeinen Kenntnißnahme bestimmten öffentlichen Organe oder wenigstens in der für den Aufenthalt des Betreffenden gebräuchlichen Form geschieht. Die Verpflichtung, die Impfung der Impflinge herbeizuführen, ist keine allgemeine das gesammte Publikum treffende, sondern eine individuelle an bestimmte Einzelpersonen gebundene; daher liegt es auch im Begriffe jener Aufforderung als einer Mahnung zum Gehorsam gegen das Gesetz, daß sich dieselbe an die Person des Säumigen richtet und dieser zur Kenntniß gebracht wird. Eine lediglich öffentliche Aufforderung gewährt zwar die Möglichkeit, aber nicht stets die Wirklichkeit der Kenntniß; sie beruht auf der Fiktion, daß der Pflichtige Kenntniß erlangt, weil und soweit es seine Schuldigkeit war, sich um den Inhalt amtlicher Kundgebungen zu bekümmern, damit er in der Lage sei, solchen nachzukommen. Derartige Fiktionen aber lassen sich nicht präsumiren; sie erfordern einen zweifelsfreien Ausdruck des Gesetzes, welches ohne einen solchen nicht ohne Weiteres dahin gedeutet werden kann, daß es die Verwirklichung von Rechtsnachtheilen erstrebe, welche zu vermeiden der davon Betroffene thatsächlich sich außer Stand befand. Daß eine Aufforderung dieser Art vorliegend nicht beabsichtigt gewesen, ergiebt zunächst eine Vergleichung mit § 6 des Gesetzes. Hiernach sollen die für die einzelnen Bezirke bestellten Impfärzte für die Bewohner des Impfbezirks an bestimmten Tagen und Orten Impfungen unentgeltlich vornehmen und Ort und Tag bekannt gemacht werden. Schon in einer solchen für die Bewohner des Bezirks bestimmten, also öffentlichen Bekanntmachung liegt eine wenn auch allgemeine Aufforderung zur Gestellung. Wenn dessen ungeachtet § 14 Abs. 2 des Gesetzes eine nochmalige Aufforderung der Säumigen verlangt, bevor das Strafgesetz auf sie Anwendung findet, so kann hierunter nicht eine abermalige öffentliche, sondern die intensivere Form der Spezialaufforderung verstanden sein, welche auf der Unterstellung beruht, daß die erste Aufforderung nicht zur Kenntniß der Betheiligten gelangt sein möge, gleichzeitig aber eine größere Garantie dafür bietet, daß den Rücksichten der Sanitätspolizei, welche das Gesetz verfolgt, auch wirklich Genüge geschieht. Hiermit im Einklang befindet sich auch die Terminologie des § 12 des Gesetzes. Denn wenn daselbst die Vertreter der Impflinge für gehalten erklärt werden, auf „amtliches Erfordern" den Nachweis zu führen, daß die Impfung der Letzteren erfolgt oder aus einem gesetzlichen Grunde unterblieben sei, so tritt das Requisit des „amtlichen Erforderns", welches identisch ist mit der „amtlichen Aufforderung" als eines individuellen hier noch schärfer hervor. Hierfür fällt auch die Verhandlung des Reichstages, worauf der Berufungsrichter bereits hingewiesen mehr oder weniger in das Gewicht, indem hiernach die Einschiebung der Worte „und trotz erfolgter amtlicher Aufforderung" in § 14 Abs. 2 dem Bestreben ihre Entstehung verdankt den Einzelnen vor Strafe zu bewahren, welcher nur aus Unwissenheit sich gegen die Vorschriften des Gesetzes verfehlte, vergl. Stenographische Berichte des Deutschen Reichstages 1874 Bd. 1 S. 264. Auch lassen sich praktische Schwierigkeiten gegen eine derartige Vollziehung des Gesetzes nicht anerkennen. Denn aus den Verzeichnissen der nach § 1 Ziffer 1. 2. das. der Impfung unterliegenden Kinder, welche nach § 7 das. von den Behörden und Vorstehern der Lehranstalten aufzustellen und von den Impfärzten mit ihren Bemerkungen über den Erfolg der Impfung oder den Grund weshalb diese ganz oder vorläufig unterblieben, nach Schluß des Kalenderjahres der zuständigen Behörde einzureichen sind, sowie aus den gleichen Listen, deren Führung und Einreichung nach § 8 den sonstigen Aerzten obliegt und den nach § 13 das. von den Schulvorstehern einzureichenden Verzeichnissen, befindet sich die Verwaltungsbehörde in voller Kenntniß der Säumigen, wird also aus dieser Rücksicht nicht gehindert, sich mit ihrer Aufforderung an deren Person zu wenden. Aus der hiernach gebotenen Spezialität der Aufforderung läßt sich jedoch nicht, wie von Seiten des Berufungsrichters geschieht, folgern, daß einer öffentlichen Aufforderung der Behörde in ihrem amtlichen Publikationsorgane oder in der nach Ortsgebrauch üblichen oder selbst in anderer von ihr angemessen erachteter Weise jede Bedeutung abzusprechen sei. Denn für die Form, worin die Aufforderung zu erfolgen habe, liegen besondere gesetzliche Vorschriften nicht vor. Es ist deshalb jede Form zulässig, welche den Erfolg hat zur Kenntniß der Betheiligten zu gelangen und kann es deshalb namentlich nicht ausgeschlossen sein die Aufforderung für alle Verpflichtete in demselben Erlasse zusammen zu fassen. Solche weicht von demjenigen was der Berufungsrichter eine direkte persönliche Aufforderung nennt nur darin ab, daß während der Willensausdruck der Behörde sich in einem Gesammtakte vollzieht, noch der Einzelakt der Kenntnißnahme von diesem Willensausdrucke Seitens der einzelnen Betheiligten hinzutreten muß, um den Charakter der Spezialaufforderung zu begründen. Von diesem Gesichtspunkte aus hat der erste Richter die Sache geprüft und festgestellt, daß Angeklagter von der Bekanntmachung des Landraths des Kreises Sonderburg v. 22. Februar 1877 keine Wissenschaft erlangt habe.

[11.—2.]

Rinderpest. – Viehtransport.

Das Verbot des Transports von Vieh in einem bestimmten Bezirk wird auch von demjenigen übertreten, welcher solches gekauft und die Ablieferung an seinen innerhalb jenes Bezirks liegenden Wohnort bedungen und dadurch veranlaßt hat.

StGB. § 328 [n. 1]; Ges. v. 7. April 1869 § 2.

Erk. (Z. I.) v. 20. Febr. 1878 c. Nürnberg (1317/77 I. Cr.).

Die Regierung in P. hatte in Veranlassung des Ausbruchs der Rinderpest eine Bekanntmachung erlassen, durch welche der Transport von Vieh verboten war. N. hat nun außer und innerhalb des betreffenden Bezirks Kühe gekauft, deren Ablieferung in den Kaufbedingungen auf dessen innerhalb dieses Bezirks belegenem Gute erfolgen sollte und auch erfolgt ist. Er ist deshalb aus § 328 des StGB.'s bestraft. Seine NB. macht geltend, daß nicht er, sondern die Verkäufer den Transport der Kühe dahin bewirkt und veranlaßt hätten. Sie ist zurückgewiesen.

Wenn der App.-Richter davon ausgeht, daß in Bezug auf den durch die Regierungsverordn. v. 21. Jan. 1877 verbotenen Transport von Vieh der Käufer des Viehs als derjenige anzusehen, der, bei der vertragsmäßigen Verabredung der Ablieferung des Viehs an seinem Wohnorte, den Transport nach diesem Wohnorte hin veranlaßt, so ist dies nicht rechtsirrthümlich, da die Veranlassung eines Transports im Sinne jener Regierungsverordnung nicht zusammenfällt mit der civilrechtlichen und vertragsmäßigen Ablieferungspflicht und daher der Käufer, welcher die Ablieferung des Viehs an ihn vertragsmäßig verabredet hatte, ohne Rechtsirrthum als Veranlasser des Transports angesehen werden konnte, wobei es unerheblich ist, ob etwa auch die Verkäufer, welche den Transport bewirkt haben, eine gleiche Verschuldung trifft.

Antr. d. GStA.: gleichl. [12.—2.]

Diebstahl. - Feldfrüchte. - Gewinnsüchtige Absicht.

Die Entwendung von Feldfrüchten von unbedeutendem Werth vom Felde kann nur dann mit der Strafe des Diebstahls belegt werden, wenn ausdrücklich festgestellt ist, daß die Wegnahme in gewinnsüchtiger Absicht stattgefunden hat.

StGB. § 242 [n. 61]; Einf.-Vdn. v. 25. Juni 1867 Art. 3 § 4.

Erk. (V. I.) v. 20. Febr. 1878 c. Paulsen (54 I. Cr.).

Das Urteil stellt fest, daß die Ehefrau P. ihren 11jährigen Sohn durch Versprechungen vorsätzlich bestimmt habe, dem L. Erbsen von dessen Felde in der Absicht rechtswidriger Zueignung wegzunehmen und erwähnt, daß sie ihm für einen Doppelliter 15 Pf. versprochen hatte. Obwohl der Werth des Entwendeten als ein geringer bezeichnet ist, erfolgte Bestrafung wegen Anstiftung zum Diebstahl. Gewinnsüchtige Absicht ist nicht ausdrücklich festgestellt. Das Ob.-Tr. vernichtete.

Der erste Richter hat festgestellt: daß die Angeklagte am 16. Juli 1877 ihren eilfjährigen Sohn Heinrich durch

Versprechungen vorsätzlich bestimmt hat, dem Landmann L. Erbsen von dessen Felde in der Absicht rechtswidriger Zueignung wegzunehmen. Er hat als die zur Anwendung kommenden Strafbestimmungen die §§ 242. 48 des StGB.'s und den Art. III § 2 Nr. 2, sowie § 2 Abs. 4 (richtig § 4 Abs. 2) der Vdn. v. 25. Juni 1867 in Bezug genommen und bei der Strafabmessung den höchst geringen Werth des entwendeten Objekts hervorgehoben. Dabei ist übersehen, daß der § 242 des StGB.'s neben dem Art. III § 2 Nr. 2 der Verordnung v. 25. Juni 1867 nicht zur Anwendung kommen kann, beide Bestimmungen einander vielmehr ausschließen. Allerdings ist die Strafe augenscheinlich nicht aus § 2 Nr. 2 a. a. O., sondern nur aus §§ 242. 48 des StGB.'s entnommen und dies sollte wahrscheinlich durch die Bezugnahme auf § 4 Abs. 2 der Verordn. v. 25 Juni 1867 gerechtfertigt werden, und würde durch diese Bezugnahme auch in der That gerechtfertigt sein, wenn die thatsächliche Voraussetzung des § 4 Abs. 2 a. a. O. — daß nämlich eine Wegnahme in gewinnsüchtiger Absicht stattgefunden habe — festgestellt wäre. Eine solche Feststellung fehlt indessen und die Verurteilung wegen Anstiftung zum Diebstahl entbehrt daher der nothwendigen Grundlage. Der zweite Richter aber hat diese Verurteilung gebilligt und das angefochtene Urteil unterliegt daher der Vernichtung wegen Gesetzesverletzung.

Antr. d. GStA.: gleichl. [12.—2.]

Betrug. – Cession. – Rechtswidriger Vermögensvortheil. – Beschlagnahme.

Durch Cession (Wechselgiro) geht die abgetretene Forderung auf den neuen Inhaber über. Deren Realisirung ist daher kein rechtswidriger Vermögensvortheil. Eine erst nach der Abtretung dem früheren Inhaber gegenüber erfolgte Beschlagnahme berührt das Recht des Erwerbers nicht.

StGB. § 263 [v. 6].

Erk. (V. I.) v. 20. Febr. 1878 c. Steffen (19 I. Cr.).

St. hatte eine Wechselforderung gegen Z. und übertrug dieselbe unter Aushändigung des Wechsels dem F. In Folge einer von S., dem Gläubiger des St. wider diesen ausgebrachten Beschlagnahme und Ueberweisung zahlte Z. den Wechselbetrag an S., obwohl dieser sich nicht im Besitze des Wechsels befand. Demnächst klagte F. den Wechsel gegen Z. ein, der zu abermaliger Zahlung an F. verurteilt, dieselbe geleistet hat. Die Annahme des App.-Richters, daß in den Handlungen des St. und F., die sie im Einverständniß mit einander vorgenommen, ein Betrug enthalten sei, wurde zunächst darauf gestützt: daß der Uebergang der Wechselforderung auf F. wegen Mangels der causa nicht statt gefunden habe, dieses Vorgeben daher eine falsche Vorspiegelung enthalte und daß die Realisirung des Wechsels durch F. im Austrag des St., nachdem er letzterem durch die Beschlagnahme entzogen war, die Verschaffung eines rechtswidrigen Vermögensvortheils durch St. und F. enthalte. Das Ob.-Tr. vernichtete.

In Betreff des Aktes der Uebertragung behaupten die Angeklagten, daß der Wechsel von St. am 28. August an F. cedirt, und demselben später girirt ist. Beide Rechtsgeschäfte erscheinen an sich geeignet, den Eigenthumsübergang der Wechselforderung auf F. zu vermitteln. Ob der App.-Richter die behauptete Cession für bewiesen erachtet, geht aus seinen Erwägungen nicht mit Sicherheit hervor. Der von ihm angeführte Entscheidungsgrund, daß die zwischen den Angeklagten bei der Uebergabe des cedirten, resp. girirten Wechsels getroffenen Abreden nicht geeignet waren, das Eigenthum der Wechselforderung auf F. zu übertragen, trifft beide Fälle, muß aber in beiden Fällen für rechtsirrthümlich erachtet werden. Nach § 393 Th. I Tit. 11 des ALR.'s geht durch die Erklärung des Cedenten, daß der Andere das abgetretene Recht von nun an als das seinige auszuüben befugt sein soll, und durch die Annahme dieser Erklärung das Eigenthum des Rechtes selbst auf den neuen Inhaber über. Der Schuldner des Cedenten wird durch die Cession Schuldner des Cessionars, die Schuld scheidet aus dem Vermögen des Cedenten aus. Es ist zwar möglich, daß der Uebergang der Forderung durch die der Cession voraufgehende Abrede gehindert wird, aber diese

Wirkung hat nicht jede Abrede, welche dem Cessionar ein Recht zur Anfechtung gewährt. Daß ein solches Recht durch F. ausgeübt sei, ist nicht festgestellt. Welcher andre Grund aber im vorliegenden Falle den Appell.-Richter zu der Annahme führt, daß die zwischen St. und F. getroffene Abrede den Uebergang der Forderung hinderte, ist nicht ersichtlich. Der App.-Richter sagt, die Abrede sei kein Kauf oder Cessionsvertrag. Ob unter letzterem Ausdruck der Akt der Cession (§ 393 cit.), oder das voraufgehende pactum de cedendo (§ 376 ibid.) verstanden wird, bleibt unklar. Daß die Abrede keinen Kaufvertrag enthält, unterliegt keinem Zweifel. Ebenso unzweifelhaft ist aber, daß der Kaufvertrag nicht die alleinige causa cessionis bildet, und daß deshalb, wie die NB. mit Recht rügt, der App.-Richter untersuchen mußte, ob der Cession ein anderer Vertrag zu Grunde liegt, welcher zur Eigenthumsübertragung geeignet ist. Der Grund, welchen der App.-Richter für die mangelnde Wirksamkeit der Abrede weiter anführt, daß weder ein Kaufpreis noch eine Valuta verabredet, noch eine Kompensation oder Hingabe an Zahlungsstatt bedungen sei, weil Zahlung resp. Darlehn nur insoweit eintreten sollten, als F. auf den Wechsel Geld erhalten würde, erscheint nicht minder rechtsirrthümlich. Die Abrede, daß die von F. beigetriebene Wechselsumme in dessen Eigenthum theils solvendi causa zur Bezahlung einer Schuld, theils credendi causa zur Konstituirung eines Darlehns übergehen sollte, ist eine genügende causa cessionis. Der Rechtsbestand dieser Abrede hing nicht davon ab, ob F. den Betrag der Wechsels realisirte. Sofern man die weiter beabsichtigten Rechtsgeschäfte als durch die Realisirung des Wechsels bedingt auffassen kann, würde auch dieser bedingte Vertrag nicht, wie der App.-Richter thut, als gänzlich wirkungslos behandelt werden dürfen. Noch schärfer tritt die unrichtige Beurteilung des den Uebergang vermittelnden Rechtsgeschäfts hervor, wenn man der oben gedachten Abrede bei dem später erfolgten Giro eine den Erwerb der Wechselforderung hindernde

Wirkung beilegt. Nach Art. 9 der Deutschen Wechselordnung überträgt jedes reine Giro das Eigenthum am Wechsel. Eine von den Interessenten beabsichtigte Einschränkung dieser Wirkung muß nach Art. 17 in der durch die Wechselordnung bestimmten Form ausgedrückt werden. Die Erwägung des App.-Richters, daß F. nur die Stelle eines Incassomandatars einnahm, weil das dem Giro zu Grunde liegende Rechtsgeschäft Mandat ist, verstößt gegen die gedachten Vorschriften der Wechselordnung. —

Nach § 263 des StGB.'s erfordert der Thatbestand des Betruges ferner die Absicht, sich einen rechtswidrigen Vermögensvortheil zu verschaffen. Behufs Anwendung des Gesetzes mußte der Appell.-Richter diese Absicht der beiden Angeklagten feststellen. Auch dies ist nicht geschehen. Der Appell.-Richter sagt, daß die Angeklagten sich der Rechtswidrigkeit ihrer Handlungsweise bewußt gewesen sind; St. habe aus einer frühern Beschlagnahme gewußt, daß S. ihn als Gläubiger des Z. kannte; es könne daher keinem Zweifel unterliegen, daß St. bereits die Cession vom 28. August 1876 in der Absicht ausstellte, dem S. deren Beschlagnahme unmöglich zu machen. Das ist, wie der App.-Richter selbst bemerkt, der zum Thatbestand des § 288 des StGB.'s erforderliche, nicht aber der behufs Anwendung des § 263 des StGB.'s festzustellende Dolus. Der Thatbestand des Betruges setzt ferner voraus, daß eine Vermögensbeschädigung durch Irrthumserregung eingetreten ist. Die Begründung der in dieser Beziehung mit den Worten des Gesetzes getroffenen Feststellung läßt die Rechtsansicht des App.-Richters nicht klar erkennen. Es wird gesagt, daß die Angeklagten, indem sie des angelegten Arrestes ungeachtet den Wechsel einzogen, dadurch das Vermögen der Schuldner, welche an S. Zahlung geleistet, beschädigt, resp. zu beschädigen versucht haben, ferner: der Umstand, daß Z. ohne Rückempfang des Wechsels an S. gezahlt habe, könne den Angeklagten, denen gegenüber diese Zahlung gültig war, nicht zu Statten kommen. Hätte er übrigens nicht gezahlt, so würde S. der

Beschädigte sein, da ihm durch das Erkenntniß zu Gunsten des F. die Möglichkeit aus dem Wechsel Befriedigung zu erhalten, entzogen wurde. Darnach scheint der App.-Richter anzunehmen, daß die Wechselforderung durch die Ueberweisung in das Vermögen des S. übergegangen ist, und daß die durch F. herbeigeführte resp. erstrebte Realisirung derselben den Schuldner, indem er doppelt zahlen mußte, dann den S., indem ihm die Möglichkeit der Einklagung entzogen wurde, an ihrem Vermögen beschädigte. Es kann dahin gestellt bleiben, ob der Ueberweisung der Forderung an S., obwohl derselbe nicht in den Besitz des Wechsels gelangte, die gedachte Wirkung beiwohnte. Jedenfalls könnte eine Uebertragung aus dem Vermögen des St. in das des S. nur eingetreten sein, wenn sich der Wechsel zur Zeit der gerichtlichen Ueberweisung noch in dem Vermögen des ersteren befunden hätte. War F. in diesem Momente bereits Eigenthümer der Forderung geworden, so konnte der Schuldner ihm gegenüber nicht, wie der App.-Richter sagt, gültig an S. zahlen, und F. konnte durch Ausübung des ihm zustehenden Rechts das Vermögen des Schuldners oder des S. nicht beschädigen. Im vorliegenden Falle stellt der Appell.-Richter fest, daß der Kaufmann S. am 29. August 1876 die Beschlagnahme der Wechselforderung beim Gericht beantragt hat. Wenn die Cession derselben, wie Angeklagte behaupten, bereits am 28. August ej. a. erfolgt war, so berührte die spätere Beschlagnahme das Recht des Cessionars F. nicht. Es ist bereits erwähnt, daß eine bestimmte Feststellung des Appell.-Richters, ob er diese Thatsache für bewiesen erachtet, fehlt. Ebenso ist bereits ausgeführt, daß die dem Civilrecht entnommenen Gründe des App.-Richters für die Ungültigkeit der Cession nicht zutreffen. Die Entscheidung des App.-Richters, welche keinen Unterschied macht, ob die Uebertragung des Wechsels auf F. vor oder nach dessen Beschlagnahme Statt gefunden hat, muß deshalb als rechtsirrthümlich bezeichnet werden.

Antr. d. GStA.: gleichl. [18.—2.]

Verfälschte Getränke. – Kenntniß des Käufers. – Wasserzusatz zur Milch.

1. Der Bestrafung aus § 367 Nr. 7 des StGB.'s steht der Umstand nicht entgegen, daß den Käufern die Verfälschung bekannt war.

2. Ob ein bestimmter Wasserzusatz die Milch verfälscht, ist eine thatsächliche Frage.

StGB. § 367 Nr. 7; Vgl. zu 1 RbOTr. 17. S. 487 und Stengl. IV S. 72.

Erk. (Z. II.) v. 21. Febr. 1878 c. v. Bornstädt (214 II. Cr.).

[1.] Daß es für die Anwendung des § 367 Nr. 7 des StGB.'s nicht darauf ankommen könne, ob die demnächstigen Erwerber der mit Wasser verdünnten Milch die Thatsache der Beimischung gekannt haben, ergiebt sich schon daraus, daß das Gesetz nicht blos den Verkauf, sondern schon das Feilhalten verfälschter Eßwaaren und Getränke für strafbar erklärt, daß mithin die strafbare Handlung schon zu einer Zeit vollendet ist, wo es noch gar nicht feststeht, ob überhaupt demnächst ein Verkauf stattfinden wird. Nur soweit der Thatbestand des Betruges in Frage steht, kann vielmehr jene Wissenschaft der Ankäufer um die Verfälschung rechtlich in Betracht kommen. Soweit es überhaupt zulässig ist, zur Interpretation der fraglichen Bestimmung des R.-StGB.'s auf die Materialien der ihr zum Grunde liegenden Vorschrift des § 345 Nr. 5 des Pr. StGB.'s zurückzugehen, könnte auch der nach dem Comm.-Berichte der II. Kammer für die Ablehnung eines dort gestellten, die Beschränkung der Vorschrift auf die zum Schaden der Gesundheit verfälschter Eßwaaren und Getränke bezweckenden Antrages angeführte Grund: „es könne überhaupt nicht geduldet werden, daß verfälschte Eßwaaren und Getränke ohne Angabe der Beimischung verkauft werden, für die Auslegung der Angeklagten nicht herangezogen werden. Denn die zum Gesetze gewordene Fassung des § 345 Nr. 5 cit. hat sogar ohne Erwähnung des Verkaufs die Strafbarkeit ausschließlich an das Feilhalten der verfälschten Nahrungsmittel geknüpft, sich also als ein präventives, zur Verhütung der Möglichkeit einer Täuschung gegebenes Polizeigesetz gekennzeichnet.

[2.] Ob schon der geringste Wasserzusatz zu der zum Verkaufe gebrachten Milch dieselbe zu einem verfälschten Getränke im Sinne des § 367 Nr. 7 macht, oder nicht, ist hier nicht zu untersuchen. Das Gesetz hat besondere Merkmale und Grenzen der Verfälschung im gesetzlichen Sinne nicht vorgezeichnet. Auf die von der NB. bezogene im Allgemeinen Land-Recht (Th. I Tit. 2 § 5) für die „Veränderung der Substanz einer Sache" gegebene Begriffsbestimmung kann selbstverständlich, — abgesehen davon, daß sich der Begriff der „Verfälschung" nicht mit demjenigen einer solchen „Veränderung der Substanz" deckt, — bei der Auslegung eines Reichs-Srafgesetzes nicht zurückgegangen werden. Es unterliegt daher die Frage, ob und inwieweit in einem konkreten Falle eine Milchverfälschung stattgefunden hat, lediglich der thatsächlichen Beurteilung des Instanzrichters. Wäre deshalb auch in der Appellationsrechtfertigung, wie die NB. bemerkt, der Beweis durch die Sachverständigen von B. und L. darüber angetreten worden: daß sich durch einen Zusatz von circa 5 Prozent Wasser und ein wenig darüber, die Milch weder an Farbe, noch an Geschmack, an Milchgehalt oder Nahrungswerth verändere, so würde der Appell.-Richter doch dadurch, daß er ohne Vernehmung dieser Sachverständigen für den vorliegenden Fall dahin entschied, daß unzweifelhaft mit einem namhaften Wasserzusatz von über 5 % versehene Milch als ein verfälschtes Getränk im Sinne des Gesetzes anzusehen sei, sich keiner Verletzung des Gesetzes, insbesondere des § 367 Nr. 7 durch unrichtige Anwendung schuldig gemacht haben.

Antr. d. OStA.: gleichlautend. Nur hob dieselbe zu 1 hervor, daß, wenn auch bei verfälschten ebenso wie bei verdorbenen Getränken oder Eßwaaren die bloße Kenntniß der Käufer von der Verfälschung oder dem verdorbenen Zustande unerheblich sei, doch bei diesen zum Unterschied von den verdorbenen unter Umständen die ausdrückliche Bezeichnung der Waare als verfälscht resp. die Angabe der beigemischten Stoffe den Verkäufer straflos machen könne, sofern dann die Waaren nicht mehr verfälscht, sondern wirklich das seien als was sie verkeuft und feilgehalten wurden. [8.—4.]

Rinderpest. - Absperrungsmaßregeln. - Umkreis des Seuchenorts. - Transport von Vieh.

1. Hat bei Ausbruch der Rinderpest die betreffende Bezirks-Regierung neben generellen Anordnungen für den ganzen Bezirk strengere Absperrungsmaßregeln für die dem Seuchenort zunächst gelegenen Kreise insbesondere dahin getroffen, daß aus gedachten Kreisen Wiederkäuer nicht ausgeführt werden dürfen, so gelten solche nur für gedachte Kreise als Ganzes und für die Ausfuhr in ein außerhalb dieser sämmtlichen Kreise gelegenes Gebiet und nicht auch für die Ausfuhr aus einem in den anderen derselben.

2. Ist in einer derartigen Verordnung neben dem Handel mit Vieh auch dessen Transport untersagt, so ist unter Transport nur diejenige Beförderung von Vieh zu verstehen, bei welcher das Vieh als befördertes Gut erscheint, also namentlich nicht die Verwendung derselben als Zugvieh.

StGB. § 328; R.-Gesetz v. 7. April 1869 und Revid. Instrukt. v. 9. Juni 1873; Vdn. der Regier. zu Merseburg v. 14. Febr. 1877 (A. B. S. 39).

Erk. (V. II) v. 21. Febr. 1878 c. Heise (1 II. Cr.).

[1.] Zugestandener und festgestellter Maßen hat Implorant am 5. März 1877 seinen Tagelöhner S. mit einem mit drei Ochsen bespannten Wagen von seinem im Kreise D. belegenen Wohnorte Pr. nach der im Kreise B. belegenen Stadt D. gesandt, ohne mit einem Erlaubnißscheine der Ortspolizeibehörde versehen zu sein. Die Instanzrichter haben in diesem Reate zuvörderst eine Zuwiderhandlung gegen die Bestimmung der Regierungsverfügung ad B. 1 gefunden, nach welcher „aus den in derselben gedachten Kreisen Wiederkäuer weder auf der Eisenbahn, noch auf sonst eine Weise ausgeführt werden dürfen. Dieser Auffassung kann nicht beigetreten werden. — § 17 der revidirten Instruktion v. 9. Juni 1873 bestimmt: „daß nach Ausbruch der Rinderpest in einem nach Maßgabe der Umstände zu bestimmenden Umkreise, welcher in der Regel nicht unter 29 Kilometer Entfernung vom Seuchenorte bemessen werden soll, gewisse Verkehrsbeschränkungen einzutreten haben." Wenn nun in der mehrgedachten Regierungsverfügung auf Grund des § 17 a. a. O. neben Anordnungen für den ganzen Umfang des Verwaltungsbezirks der Regierung (ad A.) ad B. für bestimmte landräthliche Kreise und die Stadt H. strengere Maßnahmen getroffen sind, insbesondere aber wörtlich bestimmt wird: „daß aus den gedachten Kreisen, beziehungsweise aus dem an dieselben grenzenden Auslande Wiederkäuer nicht ausgeführt oder durchgeführt werden dürfen," so ergiebt dieser Wortlaut, zumal mit Rücksicht auf die Anordnung in Betreff der Durchführung aus dem an die betreffenden Kreise grenzenden Auslande, mit Sicherheit, daß aus dem gedachten Gebiete im Sinne des § 17 der revidirten Instruktion um den Seuchenort — Stadt H. — ein Umkreis hat gebildet werden sollen, aus welchem die Ausführung von Wiederkäuern verboten worden ist. Die einzelnen in der Verfügung gedachten landräthlichen Kreise bilden demnach eine Verkehrsgrenze nicht und die Ausführung von Wiederkäuern aus einem dieser Kreise in den andern ist durch die gedachte Bestimmung ersichtlich nicht getroffen. Damit ist auch die Tendenz der gedachten Anordnung im Einklange, nach welcher es zwar zur Verhütung der Verbreitung der Seuche geboten erschien, die Ausführung von Wiederkäuern aus einem seiner Entfernung vom Seuchenorte nach für verdächtig erachteten Bezirke zu untersagen, nicht aber in gleicher Weise dem Verkehr innerhalb bestimmter Theile des verdächtigen Gebietes entgegen zu treten. Die mehrerwähnte Anordnung gewährt daher für die in den Gründen des Appellationserkenntnisses niedergelegte Auffassung, „daß die mehren Kreise, für welche die Verordnung gegeben sei, nicht ein gemeinsames Ganze bilden, sondern daß jeder Kreis für sich ein abgeschlossenes Gebiet bildet, und daß jedes Ueberschreiten einer Kreisgrenze mit Vieh ohne Erlaubnißschein verboten sei," keinen Anhalt; dies um so weniger, als nach dem zweifellosen Wortlaute der qu. Anordnung die Ausführung und Durchführung von Wiederkäuern unter den Voraussetzungen der Verfügung unbedingt verboten, nicht also bei Ertheilung eines Erlaubnißscheins gestattet, dabei aber ein Motiv dafür, den Viehverkehr von einem landräthlichen Kreise in den anderen gänzlich zu verbieten, aus der Regierungsverfügung in keiner Weise ersichtlich ist. Die Handlungsweise des Imploranten fällt also jedenfalls nicht unter die Bestimmung B. ad 1 der Regierungsverfügung, wie dies der App.-Richter mit Unrecht angenommen hat.

[2.] Ad 2 B. der Regierungsverfügung ist sodann bestimmt: „Ebendaselbst wird der Handel mit Vieh und der Transport des letzteren, — sowie von Dünger, Rauchfutter, Stroh und anderen Streumaterialien ohne besondere, von der Ortspolizeibehörde auszustellende Erlaubnißscheine verboten." Der App.-Richter hat, wie die Erkenntnißgründe ergeben, seine Entscheidung auch auf diese Anordnung, soweit sie sich auf den Transport von Vieh bezieht, als eine gleichfalls vom Imploranten verletzte gestützt. Implorant seinerseits hat behauptet, daß er seinen Tagelöhner mit einem mit drei Ochsen bespannten Fuhrwerk nach D. gesendet, um dort Brot einzukaufen und nach P. zurückzuführen. Es wird ausgeführt, daß danach ein Transport von Vieh im Sinne der Regierungsverfügung nicht vorliege. Der App.-Richter hält die vorgedachte Behauptung für unerheblich, weil bei der Gefährlichkeit und großen Ansteckungsfähigkeit der Rinderpest jedes Ueberschreiten der Kreisgrenze mit Wiederkäuern untersagt sei und nicht blos der Transport, welcher behufs des Viehhandels erfolgt. Dieser Erwägung liegt auch abgesehen davon, daß die Ueberschreitung einer Kreisgrenze innerhalb des nach der

Verfügung gebildeten Umkreises ohne Bedeutung für die Strafbarkeit der Handlungsweise des Imploranten ist, auch in anderer Richtung eine rechtsirrthümliche Auffassung des App.-Richters in Betreff des vorliegenden strafrechtlichen Thatbestandes zu Grunde. Unter Transport von Vieh ist dem Begriffe des Wortes Transport und dessen Anwendung im Sprachgebrauche entsprechend nur diejenige Beförderung von Vieh zu verstehen, bei welcher das letztere als beförderter Gegenstand erscheint. Wenn ferner aus der Zusammenstellung des Handels mit Vieh und des Transportes desselben in der Regierungsverfügung zwar nicht, — worin dem App.-Richter beizutreten ist, — gefolgert werden kann, daß nur der Transport des Viehs als Handelswaare habe untersagt werden sollen, so geht doch aus jener Verbindung des Handels und des Transports hervor, daß in Uebereinstimmung mit § 17 der revidirten Instruktion, § 2 ad 1 des Ges.'s vom 7. April 1869 beabsichtigt worden ist, in erster Linie den Handel mit Vieh, sodann aber auch den Transport von Vieh, welcher in der Regel Handelszwecken dient, zu untersagen. Ein Fall also, in welchem wie vorliegend behauptet wird, das Vieh nicht als Gegenstand des Transports sich darstellt, sondern seiner natürlichen Bestimmung als Zugvieh gemäß benutzt worden ist, fällt mithin an sich nicht unter die Voraussetzungen des mehrgedachten Verbotes. Es kann dies um so weniger angenommen werden, als bei einem derartigen Verständniß der in Rede stehenden Anordnung angenommen werden müßte, daß mittelst derselben auf einem 12 landräthliche Kreise und die Stadt H. umfassenden Gebiete die Beförderung und Fortbewegung von Vieh zu wirthschaftlichen Zwecken aller Art, sowie in den Städten zur Erhaltung des gewöhnlicheu Verkehrs in jedem einzelnen Falle von Nachsuchung und Ertheilung eines Erlaubnißscheins abhängig gemacht wäre, wobei noch besonders ins Gewicht fällt, daß das Verbot der Regierungsverfügung sich nicht lediglich auf Wiederkäuer, sondern auf Vieh überhaupt bezieht. Die Vernichtung des Appellationserkenntnisses erschien hiernach geboten. In der Sache mußte auf Verweisung derselben in die zweite Instanz erkannt werden, weil die aus dem Appellationserkenntnisse ersichtliche Feststellung, daß Implorant einen mit drei Ochsen bespannten Wagen nach D. gesendet habe, die Annahme, daß ein Transport von Vieh im Sinne der Regierungsverfügung vorliege, noch nicht nothwendig ausschließt, und insbesondere dann nicht ausschließen würde, wenn festgestellt würde, daß die gedachte Art der Beförderung der Ochsen zum Zwecke der Umgehung des Gesetzes nur gewählt wäre, um die letzteren an den Ort ihrer Bestimmung zu transportiren.

Antr. d. GStA.: gleichl. [10.—4.]

Rheinisches Verfahren. - Strafunmündiger. - Verurteilung wegen Verbrechens. - Cassationsrekurs. - Sukkumbenzstrafe.

Ein wegen Verbrechens Verurteilter unter 18 Jahren ist, auch wenn er als Complice eines Strafmündigen von den Assisen abgeurteilt worden ist, nicht en matière criminelle verurteilt und hat sonach, wenn er Cassationsrekurs ergreift, Sukkumbenzstrafe zu hinterlegen.

Rh. StPO. Art. 419 u. 420; Vgl. 1. Hinterlegung der Sukkumbenzstrafe ist erforderlich bei Verurteilung durch Assisen wegen Vergehens. Sir. Gilb. Nr. 24 und RhOTr. 2. S. 517. 2. Nicht erforderlich bei Verurteilung durch Assisen wegen Verbrechens mit mildernden Umständen zu korrektioneller Strafe. Sir. Gilb. Nr. 27. 3. Erforderlich bei Verurteilung durch ZPG. wegen Verbrechens mit mildernden Umständen auf Grund des Ges.'s v. 4. Mai 1853. RhOTr. 13. S. 480 und 16. S. 11. Contra: RhOTr. 8. S. 566. 4. Erforderlich bei Verurteilung eines Strafunmündigen wegen Verbrechens durch ZPG. RhOTr. 16. S. 136.

Erk. (Z. II.) v. 21. Febr. 1878 c. Hochhäuser & Gen. (227 II. Cr.).
Antr. d. GStA.: gleichl. [19.—4.]

Beleidigung. - Wahrnehmung berechtigter Interessen. Prüfung von Amtswegen.

Der Richter hat bei einer Beschuldigung wegen

Beleidigung zwar von Amtswegen zu prüfen, ob die Voraussetzungen des § 193 vorliegen; er ist aber nur dann verpflichtet, sich über das Ergebniß dieser Prüfung auszusprechen, wenn der Beschuldigte sich ausdrücklich darauf berufen hat.

StGB. § 193 [n. 24].

Erk. (Z. II.) v. 21. Febr. 1878 c. Oppler (226 II. Cr.).

Der Angriff, daß der Appell.-Richter den § 193 des StGB.'s verletzt habe, weil untergebens offenbar ein Fall der Vertheidigung berechtigter Interessen vorgelegen habe, und der App.-Richter sich über die Anwendbarkeit des § 193 cit. und das Vorhandensein einer Beleidigung im Sinne dieser Gesetzesstelle hätte von Amtswegen aussprechen müssen, ist verfehlt. Die Instanzrichter haben eine Beleidigung im Sinne des § 185 des StGB.'s thatsächlich festgestellt. Im Laufe der Verhandlungen erster und zweiter Instanz hat sich der Angeklagte auf die Vorschrift des § 193 cit. in keiner Weise berufen, vielmehr nur bestritten, die inkriminirte Aeußerung überhaupt gemacht zu haben. Zwar hat der Instanzrichter bei der Aburteilung einer als Beleidigung zur Anklage gestellten Aeußerung alle Momente welche auf deren Straflosigkeit, oder Strafbarkeit gesetzlich von Einfluß sind, von Amtswegen seiner Prüfung zu unterziehen, also namentlich auch zu prüfen, ob dieselbe nicht unter einer der im § 193 des StGB.'s vorgesehenen Voraussetzungen der Straflosigkeit gemacht, und eventuell, selbst wenn dies der Fall, gleichwohl die Strafbarkeit nach dem Schlußsatze des fraglichen Paragraphen begründet erscheine. Eine Verpflichtung, sich über die dieserhalb erfolgte Prüfung ausdrücklich positiv oder negativ auszusprechen liegt dem Richter jedoch nur dann ob, wenn der Angeklagte einen auf den § 193 cit. gestützten Einwand in der Instanz geltend gemacht hat. Im entgegengesetzten Falle muß angenommen werden, daß der Richter, wenn er auf Grund des die Strafbarkeit der Beleidigung im allgemeinen bedingenden Thatbestandes strafte, auch der ihm dieserhalb obliegenden Prüfungspflicht wirklich genügt habe, und eine Verletzung des § 193 cit. wegen unterbliebener Feststellung der darin enthaltenen besonderen Voraussetzungen, ist um so gewisser nicht zu begründen, als der Instanzrichter bei aller Rücksichtnahme auf den § 193 cit. lediglich auf dem Gebiete thatsächlicher Würdigung zu seinem Straferkenntniß gelangen konnte.

Antr. d. OStA.: gleichl. [2.—4.]

Widerstand. - Exekutor. - Rechtmäßige Amtsausübung. - Schriftlicher Exekutionsbefehl.

Zu der durch Verwaltungsbehörden angeordneten Exekutionsvollstreckung bedarf der Exekutor eines schriftlichen Exekutionsbefehles und befindet sich ohne solchen bei Exekutionsvollstreckungen nicht in der rechmäßigen Ausübung seines Amtes.

StGB. § 113; Vdn v. 30. Juli 1853.

Erk. (S. I.) v. 22. Febr. 1878 c. Jachowska (77 I. Cr.).

Der vom Amtsvorsteher zur exekutivischen Einziehung von Schulstrafgeldern veranlaßte Exekutor hatte bei Vollstreckung der Exekution von Seiten der Ehefrau des Exequendus Widerstand erfahren. Dieselbe aus § 113 des StGB.'s angeklagt, behauptete, daß der Exekutor keinen schriftlichen Pfändungsbefehl besessen habe, wurde aber dessenungeachtet zu Strafe verurteilt. Auf die NB. der Angeklagten ist auf Vernichtung und Zurückverweisung erkannt. Gründe:

Es lassen die Vorerkenntnisse, den von der Angeklagten in den Instanzen erhobenen Einwendungen gegenüber die Rechtmäßigkeit der Amtsausübung des Amtsdieners K. nicht erkennen. Der App.-Richter nimmt dieselbe lediglich deshalb an, weil der nach § 4 der Schulordnung v. 11. Dezbr. 1845 dazu befugte Amtsvorsteher D. den Amtsdiener K. beauftragt hatte, die Schulversäumnißstrafen von den Debenten in B. und auch von dem Besitzer J., dem Ehemanne der Angeklagten eventuell exekutivisch einzuziehen. Den Einwand der Angeklagten, daß der Amtsdiener K. zur

Pfändung nicht gehörig ausgerüstet — mit einem schriftlichen Pfändungsbefehle nicht versehen worden, hat der App.-Richter einer Prüfung nicht unterzogen; auch ist aus den Entscheidungsgründen des ersten Richters nur zu entnehmen, daß der Amtsdiener K. von dem Amtsvorsteher D. neben mündlichen Anweisungen die Schulstrafliste ausgehändigt erhalten und diese bei dem in Rede stehenden Vorgange bei sich geführt hat. Nach § 11 der Vdn. v. 30. Juli 1853 (GS. S. 909) darf die Pfändung nur auf Grund eines von der das Zwangsverfahren leitenden Behörde ausgefertigten Pfändungsbefehls vorgenommen werden. Kraft dieses nur ist der Exekutor befugt, die im Besitze des Schuldners befindlichen beweglichen Sachen in Beschlag zu nehmen. Hiernach und nach § 4 jener Verordnung ist nur der kraft eines von der zuständigen Behörde ertheilten schriftlichen Befehls die Pfändung vornehmende Exekutor in rechtmäßiger Ausübung seines Amtes. Der App.-Richter, welcher jeden, auch einen nur mündlich ertheilten Auftrag zur exekutivischen Beitreibung für genügend erachtet, verletzt daher den § 113 des StGB.'s durch unrichtige Anwendung.

Antrag d GStA.: entgegen. [20.—3.]

Gewerbebetrieb. - Realberechtigung. - Erlaubniß.

Vor Erlaß der Gewerbeordnung ertheilte Realberechtigungen zum Betriebe der Gast- oder Schankwirthschaft dauern fort, befreien aber den späteren Erwerber nicht von dem Erforderniß der obrigkeitlichen Genehmigung des Betriebes.

Reichs-Gew.-Ordn. v. 21. Juni 1869 §§ 1. 10. 33. 48. 147[1].

Erk. (Z. I.) v. 27. Febr. 1878 c. Hodes (105 I. Cr.).

H. betrieb Gastwirthschaft in einem von ihm im Jahre 1875 erworbenen Hause, mit welchem vor langen Jahren durch den damaligen Landesherrn eine Realwirthschaftsgerechtigkeit verbunden war. Er hatte Erlaubniß der Obrigkeit nicht eingeholt und wurde deshalb aus § 147 und 33 der Gew.-Ordn. bestraft. Er hielt eine solche nicht für erforderlich. Seine NB. wurde aber vom Ob.-Tr. zurückgewiesen.

Der Berufungsrichter geht nicht, wie die NB. unterstellt, davon aus, daß die R.-Gew.-Ordn. v. 21. Juni 1869 Real-Gewerbe-Berechtigungen, insbesondere die Real-Wirthschafts-Gerechtigkeit, einfach beseitigt und die daraus Berechtigten mit den übrigen Gewerbetreibenden, namentlich den übrigen Konzessions-Wirthen, auf dieselbe Linie gestellt habe; der Berufungsrichter erkennt vielmehr, was die Real-Berechtigung zum Gast- oder Schankwirthschafts-Betriebe anbelangt, die Fortdauer derselben und als Konsequenz hiervon die Uebertragbarkeit auf Dritte, sowie die Unanwendbarkeit des § 33 Ziff. 2 und letzter Absatz auf den neuen Erwerber an, verlangt aber, daß dieser den Anforderungen des § 33 Ziff. 1 genügen und das Vorhandensein derselben vor Beginn des selbständigen Betriebes durch Erwirkung einer obrigkeitlichen Erlaubniß bei Vermeidung der im § 147 daselbst angedrohten Strafe darthun soll. Diese Ansicht ist, soweit der vorliegende Fall darauf einzugehen nöthigt, richtig und verletzt weder den § 1, noch eine sonstige Bestimmung des gedachten Reichs-Gesetzes. Wenn § 1 Abs. 2 bestimmt, daß wer gegenwärtig zum Betriebe eines Gewerbes berechtigt ist, von demselben nicht deshalb ausgeschlossen werden kann, weil er den Erfordernissen dieses Gesetzes nicht genügt, so sind unter den zum Gewerbebetrieb Berechtigten nur Rechtssubjekte, physische oder juristische Personen, verstanden, weil nur bei diesen von Rechten und Berechtigungen die Rede sein kann. Diese subjektive Berechtigung kann an ein Immobile der Art geknüpft sein, daß die Berechtigung an der Sache zugleich die Befugniß zum Gewerbebetrieb in sich schließt; allein bei diesen Realberechtigungen ist das Immobile stets die Sache, wovon das Recht abhängt; dasselbe wird nicht zum Rechtssubjekt, welches im Sinne des Gesetzes das Gewerbe seither betrieben hat und soweit Letzteres nach dem neu geordneten Rechtszustande nur unter Ausnahmen oder Beschränkungen zugelassen wäre ohne die Sonderbestimmung im Absatz 2 nur bei Wahrung jener Ausnahms- und Beschränkungsvorschriften fortbetreiben dürfte. In Ansehung derartiger Berechtigungen trifft der § 1 nur die Person des zur Zeit der Gesetzeseinführung berechtigten Eigenthümers und wie wenig dabei an dessen Rechtsnachfolger in der Sache gedacht worden ist, ergiebt der § 48 daselbst, welcher die Uebertragbarkeit auf dritte Personen mit der Befugniß zum Betriebe auf eigene Rechnung ausspricht, was überflüssig gewesen wäre, ließe sich dieselbe bereits aus Abs. 2 des § 1 herleiten. Diese Uebertragbarkeit aus § 48 ist jedoch keine unbedingte; sie setzt voraus, daß die Person des Rechtsnachfolgers die Befähigung zum Betriebe des Gewerbes besitzt und daher, so lange diese persönliche Befähigung nicht vorliegt, der Betrieb ruht Zu den besonderen Eigenschaften aber, welche zum Betriebe der Gast- oder Schankwirthschaft befähigen, gehört nach § 33 Ziff. 1 daselbst, daß wer das Gewerbe zu betreiben beabsichtigt, nicht durch vorliegende Thatsachen zu der Annahme berechtigt, daß er das Gewerbe zur Förderung der Völlerei, des verbotenen Spieles, der Hehlerei oder der Unsittlichkeit mißbrauchen werde. Das Vorhandensein dieser Voraussetzungen unterliegt der Prüfung der Landes-Polizei-Behörden und diese Prüfung ist vor Beginn des Betriebes durch Erwirkung der Erlaubniß herbeizuführen. Das Berufungsgericht argumentirt daher ganz richtig aus § 48, daß in dieser Beziehung das Erforderniß vorgängiger Erlaubniß auch für Real-Wirthschafts-Berechtigungen besteht.

Antr. d. OStA.: gleichl. [11.—2.]

Inkompetenzerklärung durch Erkenntniß. – Feststellung der Thatsachen.

1. Zur Inkompetenzerklärung genügt es nicht, daß das Gericht ausspricht, es liege entweder eine seine Competenz überschreitende, oder überhaupt gar keine Strafthat vor. Vielmehr muß das Gericht prüfen, ob die vorliegenden Thatsachen die Annahme

der ersten Alternative rechtfertigen und kann nur in diesem Falle seine Inkompetenz aussprechen.

Ges. v. 3. Mai 1852 Art. 7.

2. Die zur Rechtfertigung einer Inkompetenzerklärung erforderliche thatsächliche Aufnahme ist nicht einer vollständigen thatsächlichen Feststellung, auf Grund deren ein Erkenntniß zur Sache erfolgt, gleich zu achten. Insbesondere gilt dabei nicht die Bestimmung, daß der Appellationsrichter, um von der thatsächlichen Feststellung erster Instanz abweichen zu können, eine neue diese Abweichung begründende Beweisaufnahme vorzunehmen hat.

Ges. v. 3. Mai 1852 Art. 101 Abs. 2.

Erk. (Z. II.) v. 28. Febr. 1878 c. Sternitzke (256 II. Cr.).

Nach Art. 7 des Ges.'s v. 3. Mai 1852 muß das Gericht, wenn es findet, daß die That, welche den Gegenstand der Verhandlung bildet, eine seine Kompetenz überschreitende Handlung darstellt, seine Inkompetenz durch Erkenntniß aussprechen und in den Gründen desselben die Thatsachen, welche den Gegenstand der Verhandlung bilden sowie das Ergebniß der vorgebrachten Beweismittel insoweit aufnehmen als sie auf die Kompetenz von Einfluß sind. Gegen diese Vorschrift hat der erste Richter insofern verstoßen als er zwar für erwiesen angenommen, daß der Angeklagte die in dem Protokolle v. 8. Januar 1877 wiedergegebene Zeugenaussage wissentlich und ohne einen Irrthum von seiner Seite so abgegeben habe wie sie niedergeschrieben sei, aber ohne die Ergebnisse seiner weiteren Beweisaufnahme einer Würdigung zu unterziehen, seine Inkompetenz deshalb ausgesprochen hat, weil entweder wissentlicher Meineid oder überhaupt keine strafbare Handlung des Angeklagten vorliege. Daß die letztere Alternative die Inkompetenzerklärung nicht begründen würde und es deshalb der Erörterung bedurft hätte, ob die vorliegenden Thatsachen die Annahme der ersteren Alternative rechtfertigen, hat der App.-Richter zutreffend ausgeführt. Es wird auch nicht diese Ausführung mit der NB. angegriffen, sondern nur gerügt, daß der App.-Richter um zu seiner thatsächlichen Feststellung, der Angeklagte habe wissentlich ein falsches Zeugniß unter Berufung auf seinen Diensteid amtlich als richtig versichert, zu gelangen, lediglich die Aufnahme des Zeugenbeweises wiederholt, dagegen rücksichtlich des Inhalts der beschworenen Aussage auf das Ergebniß der Beweisaufnahme erster Instanz Bezug genommen habe. Hierin kann jedoch ein Verstoß gegen wesentliche Vorschriften des Verfahrens, welcher geeignet wäre eine Nichtigkeit desselben zu begründen, nicht gefunden werden. Denn der Fall des Absatz 3 Art. 102 des Ges.'s vom 3. Mai 1852, in welchem allerdings der App.-Richter einen vollständigen Beweis aufnehmen muß, liegt nicht vor, weil der Appell.-Richter die Inkompetenzerklärung des ersten Richters für materiell gerechtfertigt erachtet; und ebensowenig eine Nichtigkeit des Verfahrens erster Instanz, welche ein neues Verfahren nothwendig gemacht hätte. Den in der NB. angezogenen Art. 101 des Ges.'s v. 3. Mai 1852 aber hat der App.-Richter schon deshalb nicht verletzt, weil es sich im vorliegenden Falle nicht um eine eigentliche thatsächliche Feststellung im Sinne dieses Artikels handelt. Denn die dem Art. 7 a. a. O. entsprechende Aufnahme von Thatsachen in die Erkenntnißgründe ist einer solchen Feststellung nicht gleich zu achten, wie sich schon daraus ergiebt, daß selbst ein rechtskräftiges Inkompetenzurteil nach Art 9 a. a. O. nur die Stelle der vorläufigen Versetzung in den Anklagestand vertritt und einer erneuerten thatsächlichen Prüfung durch den Anklage-Senat des Appellationsgerichts zu unterziehen ist. Der App.-Richter, der bei seiner Prüfung der Sachlage durch die thatsächlichen Ausführungen des ersten Richters nicht gebunden war, durfte dieselben ebendeshalb nach seinem Ermessen verwerthen, vorausgesetzt, daß er nicht zu einer Entscheidung in der Sache selbst gelangte. Es begründet daher keine Nichtigkeit, wenn er um die zur Rechtfertigung der Inkompetenzerklärung erforderlichen thatsächlichen Grundlagen zu gewinnen, die in erster Instanz Statt gehabte Beweisaufnahme nur soweit wiederholt, als dies zu dem angegebenen Zwecke erforderlich erschien, die übrigen Ergebnisse der Beweisaufnahme erster Instanz aber gleichfalls berücksichtigt hat.

Antr. d. GStA.: gleichl. [19.—4.]

Zeuge. - Vereidung. - Konfirmation. - Alter.

Die Zulässigkeit eidlicher Vernehmung jugendlicher Zeugen ist weder durch die Konfirmation noch durch das 14jährige Alter bedingt.

Vdn. v. 3. Jan. 1849 § 22 [n. 41. 42]; Crim.-Ordn. § 357 n. 9, § 358.

Erk. (B. I.) 1. **März** 1878 c. **Kopelke** (141 I. Cr.)

Der App.-Richter hat angenommen, daß die Helene B. weil sie erst 13 Jahre alt und noch nicht konfirmirt ist, nach § 357 der Crim.-Ordnung unfähig sei, ein eidliches Zeugniß abzulegen. Dies ist rechtsirrthümlich. Von der erfolgten Konfirmation ist die Zulässigkeit der Vereidung in der Crim.-Ordn. überhaupt nicht abhängig gemacht. Der Umstand aber, daß die Zeugin das vierzehnte Lebensjahr noch nicht zurückgelegt hat (§ 357 Nr. 9 a. a. O.) macht sie zur eidlichen Vernehmung nicht unfähig, nöthigte vielmehr den Richter nur, nach Anleitung des § 358 a. a. O. speziell zu prüfen, ob sie ungeachtet jenes Mangels des Alters dennoch mit dem Zeugeneide zu belegen und, Falls dies verneint wurde, welches Gewicht auf die nicht beeidete Aussage zu legen sei. Dieser Prüfung hat sich der App.-Richter auf Grund der rechtsirrthümlichen Annahme, daß die Vereidung unzulässig sei, entzogen. [12.—2.]

Kleinhandel mit Spiritus. - Obrigkeitliche Erlaubniß.

Zum Betriebe des Kleinhandels mit Spiritus bedarf es der obrigkeitlichen Erlaubniß auch dann,

wenn derselbe lediglich zu technischen Zwecken verkauft wird.

R.-Gew.-Ordn. v. 21. Juni 1869 § 33. 147.

Erk. (B. I.) v. 1. März 1878 c. Markwart (134 I. Cr.).

Die Kaufleute M. und K. haben in ihren Geschäften Spiritus vini (Weingeist) zum Auflösen von Tischlerpolitur und Schellak geführt und verkauft, ohne Erlaubniß zum Kleinhandel mit Branntwein oder Spiritus zu besitzen. Zum Getränk war er nicht geeignet. Von der auf § 33 und 147 der R.-Gew.-Ordn. gestützten Anklage sprach das App.-Gericht frei, weil diese Gesetze voraussetzten, daß der Branntwein oder Spiritus zum Getränk verkauft oder ausgeschänkt werde. Das Ob.-Tr. vernichtete auf NB. der StA.-schaft.

Die NB. mußte für begründet erachtet werden. Der § 33 Abs. 1 der Gew.-Ordn. v. 21. Juni 1869 bestimmt: Wer Gastwirthschaft, Schankwirthschaft oder Kleinhandel mit Branntwein oder Spiritus betreiben will, bedarf dazu der Erlaubniß. Die Fassung dieser Bestimmung läßt, indem sie den Kleinhandel mit Spiritus ganz allein, und ohne nach der Beschaffenheit des Spiritus zu unterscheiden, von einer Erlaubniß abhängig macht, für die richterliche Beurteilung eine Unterscheidung nach verschiedenen Arten des Spiritus nicht zu. Insbesondere ist die Ausführung des Appell.-Richters verfehlt: daß die Zusammenstellung des Spiritus mit Branntwein einerseits, mit der Gast- und Schankwirthschaft andererseits erkennen lasse, wie nur der zum Getränk bestimmte Spiritus in's Auge gefaßt sei. Diese Zusammenstellung kann eine solche Annahme nicht begründen. Ebensowenig läßt die im § 33 Abs. 3 enthaltene Zusammenstellung des „Ausschänkens von Branntwein“ und des „Kleinhandels mit Branntwein oder Spiritus“ einen der Ansicht des App.-Richters günstigen Schluß zu, wie dies die Imploraten behaupten. Spricht hiernach die Fassung des § 33 gegen die Annahme des zweiten Richters, so könnte diese nur dann für gerechtfertigt erachtet werden, wenn zwingende Gründe zu der unzweifelhaften Ueberzeugung führten, daß der Ausdruck des Gesetzes den gesetzgeberischen Gedanken nicht decke. Dies ist aber nicht der Fall; vielmehr führt eine nähere Prüfung dahin, daß eine derartige Ungenauigkeit in der Fassung des Gesetzes nicht nachzuweisen ist. Der Weg, auf welchem der App.-Richter zu dem entgegengesetzten Ergebnisse gelangt ist, erweist sich als ein verfehlter. Der Appell.-Richter prüft, ob durch die Gewerbe-Ordnung vom 21. Juni 1869 die preußische Gesetzgebung über die Konzessionspflichtigkeit in der hier fraglichen Beziehung habe abgeändert werden sollen, oder nicht. Dieser Standpunkt ist grundsätzlich unhaltbar. Die Gew.-Ordn. v. 21. Juni 1869 ist nicht ein preußisches Gesetz; sie ist für den früheren Norddeutschen Bund erlassen und demnächst auch als Reichsgesetz (vgl. Gesetz v. 12. Juni 1872) bestätigt worden. Ihre Aufgabe war es nicht, in Bezug auf eine einzelne Landesgesetzgebung die Bestätigung oder Abänderung des Bestehenden auszusprechen; vielmehr sind bei Aufstellung und Berathung der Entwürfe die gesammten Landesgesetzgebungen in umfassender Weise berücksichtigt, das neue Gesetzgebungswerk ist aber nicht im Anschluß an eine oder die andere dieser Gesetzgebungen, sondern selbständig konstruirt, und es ist nirgends ausgesprochen worden, daß die preußische Gewerbegesetzgebung den Ausgangspunkt für die neue Gesetzgebung bilde. Wenn sich daher auch in der Gewerbe-Ordn. v. 21. Juni 1869 eine Reihe von Bestimmungen findet, welche mit der preußischen Gewerbe-Ordnung übereinstimmen, so ist doch für die Interpretation der Reichs-Gewerbeordnung ein Zurückgehen auf die bis zur Geltung derselben bestandene preußische Gesetzgebung nicht von Bedeutung. Insbesondere ist die Redaktion der Bestimmungen des § 33 über die Konzessionspflichtigkeit Gegenstand der eingehendsten Erörterungen im Reichstage geworden, ohne daß dabei von irgend einer Seite der Gesichtspunkt einer Abänderung oder Bestätigung der preußischen Gesetzgebung in das Auge gefaßt worden wäre. Es ist hiernach auch unerheblich, wenn die Imploraten im Anschluß an die Ausführungen des zweiten Richters hervorheben, daß die Reichsgesetzgebung das Prinzip der Konzessionslosigkeit verfolge, daher unmöglich die Konzessionspflichtigkeit des preußischen Gewerberechts habe erweitern wollen. Die Ausführung ist aber auch unrichtig, da die Materialien der Gewerbe-Ordnnng ergeben, daß dieses Gesetz, gegenüber den Landesgesetzgebungen, vielfach das Erforderniß der Konzessionspflichtigkeit erweitert hat, daß die Konzessionspflichtigkeit in manchen Ländern in weiterem Umfange, als sie früher bestanden hat, eingeführt worden ist. Grade aus diesem Grunde bedurfte es für Baiern der besonderen Ausnahmebestimmung des § 1 des Ges.'s vom 12. Juni 1872 (RGBl. 1872 S. 170). Ist demnach das Verhältniß des § 33 der Gewerbe-Ordnung zu der früheren preußischen Gesetzgebung für die Interpretation nicht zu verwerthen, so kann weiter in Frage kommen, ob die Redaktionsgeschichte des § 33 eine Ungenauigkeit des Ausdrucks in der vorher angedeuteten Art ergiebt. Dies ist aber nicht der Fall, im Gegentheil ergeben die Verhandlungen, daß die Anträge auf eine Beschränkung der Konzessionspflichtigkeit des Kleinhandels mit Spiritus von dem Reichstage abgelehnt worden sind. Bei der zweiten Berathung der Gewerbe-Ordnung stellte in der Sitzung vom 14. April 1869 der Abgeordnete D. den Antrag statt der Worte: „Kleinhandel mit Branntwein oder Spiritus" zu setzen: „Kleinhandel mit destillirten Getränken" und motivirte diesen Antrag damit, daß bei unveränderter Annahme der Vorlage kein Zweifel sein könne, daß der Handel mit rohem Spiritus in Zukunft konzessionspflichtig sein würde. (S. die Verhandlungen über die Gew.-Ordn. für den Nordd. Bund — Berlin, Kortkampf, 1869. 8 — S. 328). Gleichwohl wurde der Antrag abgelehnt (ibid. S. 338). Bei der dritten Berathung stellte demnächst der Abgeordnete Dr. W. den Antrag vor dem Worte „Spiritus" einzuschalten „nicht denaturirtem" (a. a. O. S. 1018). Der Präsident des Bundeskanzleramts erklärte, daß die verbündeten Regierungen bereit seien, den § 30 — jetzt § 33 — wie er aus der zweiten Lesung hervorgegangen sei, anzunehmen, also zu verzichten auf die weitergehenden, beschränkenden Bestimmungen, welche in dem § 30 ihrer Vorlage enthalten waren, daß sie aber nicht in der Lage seien, auf die für die dritte Lesung gestellten Amendements einzugehen; er widersprach insbesondere dem Amendement W., weil der Begriff, den man mit „denaturirt" verbindet, überall gar nicht zu fixiren sei, und weil, wenn er zu fixiren wäre, die Bestimmung in der Praxis ganz unausführbar sein würde wegen der Schwierigkeit der Kontrole; er empfahl schließlich dringend, an dem Kompromiß der zweiten Lesung, welches die verbündeten Regierungen acceptiren, festzuhalten (a. a. O. S. 1015. 1016). Der Abgeordnete W. erklärte hierauf, daß er zwar überzeugt sei, daß der Vertrieb des Spiritus zu technischen Zwecken auch in der Form des Kleinhandels eine außerordentliche Bedeutung habe, indessen im Augenblicke nicht im Stande sei, die praktischen Bedenken des Präsidenten des Bundeskanzleramts zu widerlegen und daher sein Amendement zurückziehe (a. a. O. S. 1020). Hiernach kann es keinem Bedenken unterliegen, daß die Versuche, den Kleinhandel mit Spiritus zu technischen Zwecken von der Konzessionspflicht zu befreien und den § 33 dementsprechend zu fassen, an dem ausdrücklichen Widerspruch des Vertreters der verbündeten Regierungen gescheitert sind. Wenn die Imploraten ausführen, daß die Intention des Gesetzgebers nicht aus den Aeußerungen der verbündeten Regierungen allein zu entnehmen sei, sondern nur aus den Intentionen aller Faktoren der Gesetzgebung erkannt werden könne, so ergiebt doch die vorstehende Darstellung klar, daß mindestens Einer der Faktoren der beabsichtigten Modifikation nicht zugestimmt hat, dieselbe also nicht als die Intention aller Faktoren aufgefaßt werden kann. Der Appell.-Richter hat daher den § 33 der Gewerbe-Ordnung und folgeweise den § 147 Nr. 1 derselben verletzt und das angefochtene Urteil mußte daher gemäß Art. 116 des Ges.'s v. 3. Mai 1852 vernichtet worden.

Antr. d. GStA.: gleichl. [12.—2.]

Mißhandlung. – Buße. – Verletzter. – Ehemann.

Der Ehemann einer mißhandelten Ehefrau kann zwar nicht aus eigenem Rechte, jedoch als Vertreter seiner Ehefrau die Zuerkennung einer Buße verlangen.

StGB. §§ 231, 188; ALR. II. Tit. 1 188.

Erk. (Z. II.) v. 5. März 1878 c. Jacck (37 II. Cr.).

In der wegen Mißhandlung einer Ehefrau anhängigen Untersuchung wurde auf eine Buße erkannt, die nur vom Ehemanne, nicht aber von der Ehefrau selbst verlangt war. Die deshalb vom OStA. eingelegte NB. wurde zurückgewiesen. Gründe:

Es kann dahin gestellt bleiben, ob die StA.-schaft überhaupt befugt ist, zu Gunsten des Angeklagten deswegen ein Rechtsmittel zu ergreifen, weil gegen denselben auf eine Buße erkannt worden ist. Denn jedenfalls ist die Rüge selbst, daß § 231 des StGB.'s verletzt sei, weil die Vorderrichter neben der Strafe auf eine Buße erkannt haben, obgleich nur der Ehemann der Verletzten, nicht die Verletzte selbst die Zuerkennung einer Buße verlangt habe, unbegründet. Zwar steht dem Ehemanne nicht aus eigenem Rechte die Befugniß zu, für seine Ehefrau eine Buße zu verlangen, da die ihm in den §§ 195, 232 verliehene Befugniß, selbständig wegen Beleidigung oder Körperverletzung seiner Ehefrau auf Bestrafung des Thäters anzutragen, nicht auch das Recht in sich schließt, für seine Ehefrau die Zuerkennung einer Buße, welche nicht den Charakter einer Strafe, sondern einer Entschädigung an sich trägt, zu verlangen. Allein dadurch ist nicht ausgeschlossen, daß der Ehemann als Vertreter seiner Ehefrau ein derartiges Verlangen stellen darf, sofern er nach dem maßgebenden Civilrechte zur Vertretung der Rechte seiner Ehefrau in Prozessen befugt ist. Dieses ist aber, wie der App.-Richter mit Recht angenommen hat, in vorliegender Sache nach dem hier zur Anwendung kommenden Allg. Landrecht der Fall. Denn nach § 188 Tit. 1 Th. II des ALR.'s ist der Ehemann schuldig und befugt, die Ehre und das Vermögen seiner Frau in und außer Gericht zu vertreten, und zu den das

Vermögen derselben betreffenden Angelegenheiten gehört auch das Verlangen einer Buße für eine ihr zugefügte Körperverletzung, da die Buße, wie sich aus dem Wortlaute und der Entstehungsgeschichte der §§ 188, 231, wie aus dem Zusammenhange der darin enthaltenen Bestimmungen klar ergiebt und in Doktrin und Praxis (vgl. Erk. des Ob.-Tr. v. 8. April 1875 bei Oppenh. Rechtspr. Bd. 16 S. 276) ganz vorwiegend anerkannt wird, die im Strafverfahren auszumittelnde Entschädigung des Verletzten ist.

Antr. d. GStA.: gleichl. [14.—3.]

Urkundenfälschung. - Beweiserheblichkeit. - Gebrauch rechtswidriger Absicht. - Wahrspruch. - Ideale Konkurrenz.

1. Die Frage, ob eine Privaturkunde zum Beweise von Rechten oder Rechtsverhältnissen von Erheblichkeit sei, kann den Geschworenen zur Beantwortung vorgelegt werden.

StGB. § 267 [n. 36]; Vgl. RdOTr. 12. S. 303.

2. Der Thatbestand des wissentlichen Gebrauchs einer von einem Andern gefälschten Urkunde ist durch das Vorhandensein einer rechtswidrigen Absicht bedingt.

StGB. § 270 [n. 5]; Vgl. RdOTr. 13. S. 597.

3. Die rechtswidrige Absicht ist genügend festgestellt, wenn der Wahrspruch auf eine weitere, dieselbe Handlung als Betrug auffassende Frage, die Absicht sich einen rechtswidrigen Vermögensvortheil zu verschaffen ergiebt.

Ges. v. 3. Mai 1852 Art. 97 [n. 7. 10].

Erk. (Z. l.) v. 6. März 1878 c. Jerz. (278 I. Cr.).

S. ist wegen Fälschung einer Privaturkunde aus §§ 267. 268, A. wegen wissentlichen Gebrauchs derselben aus § 270 und beide wegen durch dieselben Handlungen begangenen Betrugs (§ 263) bestraft. Die den S. betreffende von den Geschworenen bejahte Frage 3 war auch darauf mit gerichtet, ob die betreffende Privaturkunde zum Beweise von Rechten von Erheblichkeit sei. Die den A. betreffenden und ebenfalls bejahten Fragen lauteten dahin:

Frage 7: ist A. schuldig von der zu 3 gedachten verfälschten Privaturkunde, wissend daß sie verfälscht war, zum Zweck einer Täuschung Gebrauch gemacht zu haben und zwar in der Absicht sich einen Vermögensvortheil zu verschaffen?

Frage 11: ist A. schuldig durch die zu 7 gedachte That, in der Absicht sich einen rechtswidrigen Vermögensvortheil zu verschaffen das Vermögen des M. dadurch beschädigt zu haben, daß er durch Vorspiegelung falscher Thatsachen einen Irrthum erregte?

Die NB. des S. rügte, daß die Beurteilung der Beweiserheblichkeit der Urkunde den Geschworenen überlassen sei; die des A. daß § 270 ohne Feststellung einer rechtswidrigen Absicht zur Anwendung gebracht sei. Beide wurden vom Ob.-Tr. zurückgewiesen.

[Zu 1.] Wenn die NB. des Angekl. Dr. S. J. geltend macht, daß die Frage nach der Beweiserheblichkeit der Urkunde als eine Rechtsfrage nicht von den Geschworenen, sondern von dem Gerichtshofe habe beantwortet werden müssen, so ist darauf hinzuweisen, daß das D. StGB. (§ 267), im Gegensatze zum Preußischen (§ 247), das Moment der Beweiserheblichkeit in die Definition der Urkundenfälschung selbst auf genommen und dasselbe damit als ein thatbestandliches und demnach der Feststellung durch die Geschworenen unterfallendes Merkmal anerkannt hat. Demgemäß ist auch in der von den vereinigten Abtheilungen des Senates des Königl. Ob.-Tr.'s für Strafsachen am 5. Mai 1871 ergangenen Entscheidung (Entscheid. Bd. 66 S. 92, Rechtspr. Bd. 12. S. 303; Goltdammer's Archiv Bd. 19. S. 522) ausgesprochen, daß es keine Nichtigkeit begründet, wenn die Frage, ob eine Privaturkunde zum Beweise von Rechten oder Rechtsverhältnissen von Erheblichkeit sei, den Geschworenen zur Beantwortung vorgelegt wird. In dem vorliegenden Falle war überdies nach Ausweis des Sitzungs-Protokolls v. 11. Januar 1878 die geschehene Fragstellung von keiner Seite beanstandet worden.

[Zu 2.] Dagegen ist, was den Angriff wegen Verletzung des § 270 des StGB.'s anlangt, allerdings richtig, daß der aus dem § 267 zu ergänzende § 270 ein Handeln in rechtswidriger Absicht erfordert und daß die „rechtswidrige Absicht" in der Frage 7 nicht enthalten ist.

[Zu 3.] Es kommt jedoch in Betracht, daß durch den Wahrspruch auf die den ideal konkurrirenden Betrug betreffende Frage 11 die Absicht sich einen rechtswidrigen Vermögensvortheil zu verschaffen, und der Betrug als durch die ad 7 gedachte That begangen, festgestellt ist, so daß auch in Beziehung auf die That in Frage 7 das Handeln in rechtswidriger Absicht in genügender Weise durch die Wahrsprüche zum Ausdruck gebracht ist.

Antr. d. GStA.: gleichl. [20.—2.]

---

1. Umherziehen. - Gewerbebetrieb. - Beginn.
2. Strafumwandlung. - Haft. - Steuerdelikte.

1. Gegenstand der Bestrafung aus § 18 des Ges.'s v. 3. Juli 1876 ist nicht das Wollen, sondern der Beginn des Gewerbebetriebs im Umherziehen ohne vorherige Einlösung eines Gewerbescheins.

Gesetz v. 3. Jul. 1876 § 18, § 1 n. 2.

2. Stellt eine Zuwiderhandlung gegen die Steuergesetze nur eine Uebertretung dar, so ist der verhängten Geldstrafe für den Nichtzahlungsfall Haft zu substituiren.

StGB. § 28 [n. 20]; Vgl. RdOTr. 15. S. 589.

Erk. (B. I.) **v. 6. März 1878 c. Oppenheimer** (151 I. Cr.).

O. ist aus § 18 und 1 des Ges.'s v. 6. März 1876 bestraft, weil er außerhalb seines Wohnorts bei einem Bauern, ohne Begründung einer gewerblichen Niederlassung und ohne Bestellung ein Paar Stiere zum Wiederverkauf habe ankaufen wollen, ohne im Besitz eines Gewerbescheins zu sein. Er ist als Handelsmann bezeichnet und war auf dem Hofe des Bauern mit einem Makler erschienen, wo er sich die Stiere hatte zeigen lassen. Der Bauer lehnte aber den Handel ab. Der Bestrafung war die Annahme zum Grunde gelegt, daß nach § 1 pos. 2 des cit. Gesetzes von 1876 ein steuerpflichtiger Gewerbebetrieb schon dann für vorhanden erklärt werde, wenn jemand Waaren bei anderen Personen, als Kaufleuten oder an anderen Orten als in offenen Verkaufsstellen zum Wiederverkauf ankaufen wolle. Der erkannten Geldstrafe von 96 Mk. hatte das Gericht Gefängniß substituirt. Das Ob.-Tr. vernichtete.

[Zu 1.] Der § 1 des Ges.'s v. 3. Juli 1876 besagt nur, daß wer aus den daselbst bezeichneten Geschäften in der daselbst bezeichneten Weise ein Gewerbe machen will, dadurch der Steuer vom Gewerbebetriebe im Umherziehen unterliege; derselbe bestimmt, wie dieses auch die Marginalglosse ausdrückt, nur den Gegenstand der Besteuerung, soweit er in dem Gewerbebetrieb im Umherziehen besteht, spricht aber nicht aus, daß das bloße Wollen eines so gearteten Betriebs bereits den Gewerbebetrieb selbst enthalte. Er verpflichtet nur mit Rücksicht darauf, daß der beabsichtigte Gewerbebetrieb der Steuer unterliegt, zu den die Besteuerung bezweckenden Schritten, insbesondere zu der Anmeldung des Gewerbebetriebs und Einlösung des Gewerbescheins, wie dieses § 6 daselbst im Nähern bestimmt. Gegenstand der Bestrafung ist nach § 18 daselbst nicht das Wollen, sondern der Beginn des Gewerbebetriebs ohne vorherige Einlösung des Gewerbescheins und der Berufungsrichter hatte deshalb die Frage zum Gegenstaude seiner rechtlichen Prüfung zu machen, ob die That des Angeklagten, wie er solche als erwiesen annahm, den Beginn eines Gewerbebetriebs im Umherziehen bereits enthalte, was der erste Richter verneint hatte, oder ob der Annahme des Letzteren beizutreten sei. Daß er sich der Nothwendigkeit dieser Prüfung bewußt gewesen und solche hat eintreten lassen, ergiebt das angefochtene Erkenntniß mit zureichender Bestimmtheit nicht und muß dasselbe hiernach der Vernichtung verfallen.

[Zu 2.] Bei der gebotenen anderweiten Verhandlung der Sache wird zugleich das Vorhandensein des Ausnahmefalles aus § 2 Ziff. 1 des Ges.'s v. 3. Juli 1876 und bei Verneinung dieser Frage für den Fall der Unbeibringlichkeit einer etwa erkannten Geldstrafe die richtige Wahl in der Art der zu substituirenden Freiheitsstrafe zu erwägen sein, indem vorliegend, da die That nach der Höhe der verwirkten

Geldstrafe gemäß § 1 des Reichs-Strafgesetzes eine Uebertretung bildete, nach § 28 Abs. 1 daselbst nur Haft und nicht Gefängniß hätte ausgesprochen werden dürfen.

Antr. d. GStA.: gleichl. [11.—2.]

Impfgesetz. - Amtliche Aufforderung.

Die nach § 14 des Gesetzes vom 8. April 1874 erforderliche amtliche Aufforderung zur Impfung kann in jeder Form erfolgen, wodurch der amtliche Wille der Behörde zur Kenntniß der Betheiligten gebracht wird.

Gesetz v. 8. April 1874 §§ 14. 12.

Erk. (B. l.) v. 6. März 1878 c. Segeberg (149 I. Cr.).

S. war von einer auf § 14 Abs. 2 des Impfgesetzes v. 8. April 1874 gestützten Anklage freigesprochen, weil die daselbst vorgeschriebene amtliche Aufforderung der Polizeibehörde zur Impfung seines Kindes nicht an ihn selbst gerichtet, sondern nur allgemein in einem öffentlichen Tageblatte erfolgt sei. Das Ober-Trib. vernichtete auf NB. der Staatsanwaltschaft.

Neben den Bestimmungen in §§ 1—3 und § 14 Abs. 2 des Reichsimpfgesetzes v. 8. April 1874 (RGBl. S. 32), welche darauf abzielen die Impfung der einer solchen unterliegenden Personen durch deren Eltern, Pflegeeltern oder Vormünder direkt herbeizuführen, beschäftigt sich das Gesetz auch mit den Maßregeln administrativer Natur, wodurch die Ermittelung der Impflinge gesichert und die Behörde in die Lage gesetzt werden soll, zu prüfen, ob der pflichtige Vertreter dem Gesetze Genüge geleistet hat. Zu diesen Kontrolmaßregeln gehört die Vorschrift des § 12, wonach Eltern ꝛc. gehalten sein sollen, auf amtliches Erfordern mittelst der in § 10 erwähnten Bescheinigungen den Nachweis zu führen, daß die Impfung ihrer Kinder ꝛc. erfolgt oder aus gesetzlichem Grunde unterblieben sei. Hierauf bezieht sich die Strafandrohung in § 14 Abs. 1 und obgleich das erste Erkenntniß Zweifel darüber läßt, welche der beiden Strafandrohungen des § 14 dasselbe im Auge gehabt habe, so ergiebt doch das Berufungsurteil zur Genüge, daß es sich ausschließlich auf den ersten Absatz des § 14 beziehen soll. Wenn nun der Berufungsrichter das Merkmal des amtlichen Erforderns dahin aufgefaßt hat, daß dazu eine öffentliche Bekanntmachung an sich nicht genüge, die Aufforderung sich vielmehr an den Einzelnen richten müsse, so ist dieses zwar insofern richtig, als die Aufforderung in einer Form zu geschehen hat, daß der Aufgeforderte sich der Verpflichtung zur Folgeleistung bewußt wird, was aus einer Bekanntmachung in einem öffentlichen wenn auch amtlichen Blatte für sich allein nicht folgt, indem die hieran sich knüpfende Fiktion, daß deren Inhalt den davon Betroffenen zur Kenntniß gelangt sei, sich auf solche Thatsachen beschränken muß, auf welche das Gesetz sie besonders angewendet wissen will. Wie bereits von dem Königl. Ob.-Tr. in dem Erkenntnisse wider J. v. 20. Febr. d. J. in Beziehung auf den gleichgestellten Fall der amtlichen Aufforderung aus § 14 Abs. 2 desselben Gesetzes des Näheren erörtert worden ist, liegt dagegen ein Rechtsirrthum darin, daß der ergangenen öffentlichen Aufforderung der Behörde in einem amtlichen oder Privatblatte auch dann keine Bedeutung beiliegen soll, wenn solche wirklich zur Kenntniß des Aufgeforderten gekommen ist, indem eine besondere Form für derartige Aufforderungen nicht besteht und deshalb jede Form ausreicht, wodurch der amtliche Wille der Behörde zur Kenntniß der Betheiligten gebracht wird. Diesen Rechtsirrthum hat das Berufungsurteil sich angeeignet indem es die Behauptung des Angeklagten, daß er die Aufforderung der Polizeiverwaltung zu H. in dem Tageblatte „Grenzbote" nicht gekannt, ungeprüft gelassen und dadurch zu erkennen gegeben hat, daß auf diesen Umstand nach seiner positiven oder negativen Seite kein Gewicht zu legen sei.

Antr. d. GStA.: gleichl. [11.—2.]

Beschlagnahme. – Thiere. – Verpflegung. – Kosten.

Ueber die Frage, ob die Auslagen für Bewachung und Verpflegung beschlagnahmter Thiere zu den in Folge der Verurteilung zu tragenden Kosten gehören, hat das Gericht erster Instanz auf Einspruch der Verurteilten zu entscheiden.

StPO. § 430; Vdn. v. 30. August 1867 § 19; Hannov. Gesetz v. 13. April 1859.

Beschl. (I.) v. 6. März 1878 c. B. (278 II. Cr.).

In einer Strafsache gegen B. und Gen. waren bedeutende Beträge für Bewachung und Verpflegung beschlagnahmter Kühe entstanden, die auf Grund der Verurteilung zur solidarischen Kostentragung gegen den Mitangeklagten H. liquidirt waren und von ihm eingezogen werden sollten. Die Berufungsinstanz hob die Entscheidung des Gerichts erster Instanz über den von H. erhobenen Einspruch auf, weil die Vdn. v. 30. August 1867 § 19 die in dieser Beziehung in Hannover bestandenen Einrichtungen aufrecht erhalte und danach die Verfügung lediglich Sache des Gerichtsvorsitzenden gewesen sei. Sie lehnte folgeweise die Entscheidung in der Sache selbst ab. Auf NB. der StA.-schaft vernichtete das Ob.-Tr. den Beschluß der Ber.-Kammer und verwies die Sache zu anderweiter Entscheidung an dieselbe zurück. Es erwog:

daß der Mitangekl. H. vorliegend nicht gegen die Höhe der von ihm zum Rückersatz in Anforderung gebrachten Auslagen für die Bewachung und Verpflegung der in dem Verfahren gegen ihn beschlagnahmten Kühe Einspruch erhoben, sondern seine aus dem Urteil hervorgehende Verpflichtung zum Ersatze derselben insofern bestritten hat, als solche zu den Kosten des Verfahrens, zu deren solidarischer Tragung er verurteilt worden, überhaupt nicht gehörten, es sich also in erster Linie nicht um die Frage, ob die Liquidation dieser Auslagen richtig ist, welche zufolge § 19 der Königl. Beordnung betreffend Ansatz der Gerichtskosten in Strafsachen vom 30. August 1867 (GS. S. 1412) für das Gebiet des vormaligen Königreichs Hannover in den bis dahin bestandenen Formen, also nach den Vorschriften des dasigen Gebührengesetzes v. 13. April 1859 ausgetragen werden soll, sondern darum handelt, ob im Sinne des Gesetzes unter den Kosten des Verfahrens, worauf das Urteil lautet, auch jene Auslagen einbegriffen seien;

daß den Gegenstand des Einspruchs hiernach die Vollstreckbarkeit des ergangenen Straferkenntnisses in Ansehung dieser Auslagen bildet und die Entscheidung hierüber gemäß § 430 Abs. 3 der StPO. v. 25. Juni 1867 den Gerichten im geordneten Instanzenzuge zufällt, daher die Berufungskammer, nachdem die Sache im Wege der Berufung gegen den Beschluß der Strafkammer, welche in 1. Instanz die Entscheidung in der Sache erlassen hatte, an sie gelangt war, sich nicht in der Lage befand, den angefochtenen Beschluß aufzuheben, weil dessen Erlassung nicht in das Zuständigkeitsgebiet der Strafkammer, sondern des Gerichtsvorsitzenden falle.

Antr. d. GStA.: gleichl. [—2.]

Hehlerei. – Wissen oder annehmen müssen. – Nichtkenntniß der konkreten Strafthat.

1. Hat gegen einen wegen Hehlerei Angeklagten die erste Instanz festgestellt, daß er wußte, daß die Sache durch eine strafbare Handlung erlangt war, so kann die zweite Instanz ohne erneute Beweisaufnahme diese Feststellung dahin modifiziren, daß er wußte oder den Umständen nach annehmen mußte.

Ges. v 3. Mai 1852 Art. 101 Abs. 2.

2. Der Hehler braucht nicht die Natur der Strafthat, durch welche die Sache erlangt war, gekannt zu haben, wenn er nur wußte oder den Umständen nach annehmen mußte, daß die Sache durch irgend eine Strafthat erlangt sei.

StGB. § 259 [n. 11]; Vgl. RbOTr. 11. S. 583 und 14. S. 243.

Erk. (Z. II.) v. 7. März 1878 c. Niemczyk (285 II. Cr.).

Gründe zu 1:

Darin, daß der App.-Richter in die Thatfeststellung des ersten Richters die Worte: „oder den Umständen nach annehmen mußte“, eingeschaltet hat, ohne daß er sich durch eine abermalige Beweisaufnahme in den Stand gesetzt hätte, eine von derjenigen des ersten Richters abweichende Feststellung zu treffen, hat er den Art. 101 des Ges.'s vom 3. Mai 1852 nicht verletzt. Es handelte sich bei dieser Einschaltung keineswegs um die Zulassung einer Alternative, welche, wie die NB. behauptet, thatsächlich mit dem vom ersten Richter festgestellten positiven Wissen nicht zusammentreffen könne. Wer den Umständen nach annehmen mußte, daß die Sache die er seines Vortheils wegen ankauft rc. mittelst einer strafbaren Handlung erlangt sei, gegen den nimmt das Gesetz an, daß er die positive Wissenschaft gehabt habe. Es würde dieses gesetzliche Merkmal auch dann nicht zutreffen, wenn der der Hehlerei Angeklagte nur in leichtfertiger Weise gehandelt hätte, ohne daran zu denken, ob die Sache nicht etwa mittelst einer strafbaren Handlung erworben worden. Das Müssen bezieht sich auf eine objektive Nothwendigkeit des Annehmens, bei deren Vorhandensein auch das positive Wissen als feststehend betrachtet wird. Die Worte des Gesetzes: „von denen er weiß, oder den Umständen nach annehmen muß“, geben daher nur einer verschiedenartigen Feststellung derselben Thatsache Raum, je nachdem sie in verschiedener Weise erkennbar wird, indem das Gesetz aus praktischen Gründen die Beweisführung rücksichtlich eines wesentlich inneren Vorgangs bei dem Angeklagten erleichtern wollte. Die in der „Präzisirung“ der erstrichterlichen Feststellung hervortretende äußere Abweichung von derselben enthält also keine sachliche Abweichung rücksichtlich eines der in Gemäßheit des Art. 31 des Ges.'s v. 3. Mai 1852 hervorzuhebenden wesentlichen Merkmale der strafbaren Handlung.

Antr. d. GStA.: gleichl. [8.—4.]

Diebstahl. – Im Freien angetroffene Tauben. – Allgemeines Landrecht.

Die Bestimmung des Allgemeinen Landrecht, daß im Freien angetroffene Tauben, sofern deren Eigenthümer nicht eine verhältnißmäßige Ackerfläche in der Feldflur besitzt, dem freien Thierfang unterliegen, ist noch jetzt in Geltung.

StGB. § 242 [n. 20]; ALR. Th. I Tit. 9 §§ 111–113; Vgl. GA. 5. S. 565.

Erk. (B. II.) v. 7. März 1878 c. Radam (260 II. Cr.).

Die thatsächliche Feststellung des ersten Richters, daß der Angeklagte in der Zeit von Ostern bis Pfingsten 1877 zu Dr. ein Paar Gimpeltauben, dem Vogtssohn R. gehörig, in der Absicht der rechtswidrigen Zueignung weggenommen hat, ist von dem Appell.-Richter deshalb für unvollständig und nicht geeignet erachtet worden, die Bestrafung des Angeklagten wegen Diebstahls herbeizuführen, weil ihr das Erforderniß fehle, daß der Beschädigte R. zum Halten von Tauben gesetzlich berechtigt sei. Die NB. des OStA.'s welche Verletzung des § 242 des StGB.'s durch Nichtanwendung rügt, ist gegen die Annahme des App.-Richters gerichtet, daß die §§ 111—113 Tit. 9 Th. I des ALR.'s, aus welchen der Appell.-Richter das bezeichnete Erforderniß ableitet, noch gegenwärtig in Geltung seien. In dieser Beziehung ist jedoch der Argumentation des OStA.'s nicht beizutreten. Die Ausführung desselben, daß nach der gegenwärtigen Lage der Gesetzgebung sich Jedermann so viel Tauben halten könne als er wolle, ist nicht entscheidend für die vorliegende Frage, die sich vielmehr dahin zusammenfaßt, unter welchen Bedingungen das Eigenthumsrecht des Taubenhaltens auch dann geschützt werde, wenn die Tauben im F r e i e n d. h. außerhalb ihres gewöhnlichen Verwahrungsorts betroffen werden. In dieser Hinsicht ist durch das ALR. im feldpolizeilichen Interesse verordnet, daß die Tauben Gegenstand des nach § 114 a. a. O. Jedermann zustehenden Thierfangs sein sollen, so fern sich nicht der Eigenthümer zugleich im Besitze einer verhältnißmäßigen Ackerfläche in der Feldflur befindet. Diese Bestimmung ist durch die spätere Gesetzgebung keinesweges aufgehoben worden, hat vielmehr im § 40 der Feldpolizei-Ordnung v. 1. November 1847 und noch neuerdings durch § 135, IV Nr. 3 der Kreisordnung v. 13. Dezember 1872, an dessen Stelle jetzt § 84 des Gesetzes betreffend die Zuständigkeit der Verwaltungsbehörden v. 26. Juli 1876 (GS. S. 297) getreten ist, wiederholte Anerkennung gefunden.

Antr. d. GStA.: gleichl. [19.—4.]

---

1. Militär. - Controle. - Ersatz-Reserve I. - Vollendetes 31. Lebensjahr.

2. Omissiv-Delikt. - Beginn der Verjährung. - Aufhören der Verpflichtung zu der Handlung.

1. Wenn auch nach den bestehenden Controlvorschriften der Uebergang aus der Ersatz-Reserve I in die Ersatz-Reserve II nach 5 jähriger Dienstpflicht nicht ohne Weiteres, sondern erst durch desfallsigen Vermerk des Bezirks-Commandeurs auf dem Ersatz-Reserveschein erfolgt, so tritt doch die Erlöschung der Zugehörigkeit zur Ersatz-Reserve bei vollendetem 31. Lebensjahre auch bei einem zu der Zeit noch in der 1. Klasse befindlichen Ersatz-Reservisten ohne Weiteres ein.

R.-Militärges. v. 2. Mai 1874 § 23 und § 69 Nr. 2 u. 6; Deutsche Wehrordnung v. 28. Septbr. 1875 (Reichs-Centr.-Bl. 75 S. 535 ff.) Th. I § 13 Nr. 2 u. 7 und Th. II § 15 Nr. 8.

2. Bei der Unterlassung militärischer Meldungen, wie überhaupt bei jedem Omissiv-Delikt beginnt der Lauf der Verjährung nicht nur dann, wenn die unterlassene Handlung vorgenommen ist, sondern auch, wenn die Verpflichtung zu derselben aufgehört hat.

StGB. § 67 [n. 8].

Erk. (B. II.) v. 7. März 1878 c. S. (268 II. Cr.).

S. ist Herbst 1875 als Ersatz-Reservist I. Klasse von D. nach M. G. verzogen, ohne sich bei dem Bezirks-Feldwebel zu D. ab- und bei dem Bezirks-Feldwebel zu M. G. anzumelden. Dieserhalb im November 1877 auf Grund der oben angegebenen Bestimmungen vor das PG. gestellt, machte er geltend, daß er, als am 26. November 1845 geboren seit dem 26. November 1876 nicht mehr zur Ersatz-Reserve gehöre, mit dem Erlöschen der Zugehörigkeit zur Ersatz-Reserve aber die Uebertretung, welche er durch die während dieser Zugehörigkeit unterlassene Meldung begangen habe, zu verjähren angefangen habe und sonach jetzt verjährt sei. Das PG. erklärte das für unerheblich und verurteilte.

Auf den Cass.-Rekurs des Beschuldigten hat das Ob.-Trib. in Uebereinstimmung mit dem Antrage der GStA.-schaft kassirt und an ein anderes PG. verwiesen. Gründe:

In Erw., daß der Beschuldigte sich vor dem Polizeirichter darauf berufen hat, daß er am 26. Novbr. 1845 geboren sei, das 31. Lebensjahr mithin bereits zurückgelegt habe, deshalb nach § 23 des R.-Militärges.'s v. 21. Mai 1874 nicht mehr zur Ersatz-Reserve gehöre und seit diesem Zeitpunkte die Verjährung der Kontravention eingetreten sei;

daß dieser Einwand mit Unrecht vom Polizeirichter für unbegründet erachtet worden ist;

daß derselbe, ohne sich über den von dem Beschuldigten behaupteten Tag seiner Geburt auszusprechen, anerkannt hat, daß dieser, wie solches auch bereits in der Anzeige des Bezirks-Kommandos hervorgeboben war, das 31. Lebensjahr zwischenzeitlich bereits vollendet habe;

daß nach § 23 des cit. R.-Militärges.'s die Zugehörigkeit zur Ersatzreserve aber mit dem vollendeten 31. Lebensjahre erlischt, auch in der die Strafbestimmung gegen die sich der Kontrole entziehenden Ersatzreservisten enthaltenden Nr. 6 des § 67 desselben Gesetzes im Anschluß an den § 23 nochmals vorgeschrieben ist, daß die wegen derartiger Uebertretungen zulässige Zurückversetzung in eine jüngere Jahresklasse niemals über das vollendete 31. Lebensjahr hinaus stattfinden solle;

daß wenn der vom Polizeirichter bezogene § 15 Nr. 8

der Kontrol-Ordn. II. Theil der Wehrordn. v. 28. Septbr. 1875 den Ersatzreservisten 1. Klasse auferlegt, nach erfüllter 5jähriger Dienstpflicht in der I. Klasse sich unter Vorlegung ihres Ersatzreserve-Scheines, so lange auf demselben der Vermerk des Landwehrbezirks-Kommandeurs über die Versetzung in die II. Klasse fehlt, zur Ersatzreserve I. Klasse gehören soll, diese letztgedachte Vorschrift selbstverständlich nur als eine unbeschadet der gesetzlich gezogenen Grenzen der Dienstpflicht gegebene und anzuwendende zu betrachten ist;

daß sie mithin rücksichtlich eines Ersatzreservisten, welcher bei Vollendung des 31. Lebensjahres der Ersatzreserve I. Klasse nach der im § 23 cit. vorgeschriebenen Berechnungsweise noch nicht 5 Jahre angehört hatte, eine Wirkung überhaupt nicht, und rücksichtlich desjenigeu, der bei und seit Ablauf des 5jährigen Zeitraumes die Vorlegung des Ersatzreserve-Scheines unterlassen hat, nur bis zur Vollendung des 31. Lebensjahres und zu dem mit diesem Zeitpunkte eintretenden Erlöschen der Zugehörigkeit zur Ersatzreserve äußern kann;

daß, wenn mit diesem Zeitpunkte unter allen Umständen auch die dem Ersatzreservisten nur während seiner Zugehörigkeit zur I. Klasse obliegende Verpflichtung zur Anzeige eines Wechsels der Wohnung ihr Ende erreicht, auch die Verjährung der strafrechtlichen Verfolgung wegen Unterlassung dieser Anzeige bei einem vor diesem Zeitpunkte stattgehabten Wohnungswechsel, nicht über diesen Termin hinaus mit dem Polizeirichter aus dem Grunde für ausgeschlossen erachtet werden dürfte, weil die Unterlassung bisher noch fortbestehe, daß vielmehr von einer strafbaren Unterlassung von dem Augenblick an überall nicht mehr die Rede sein kann, wo die Verpflichtung zu der unterlassenen Handlnng aufgehört hat;

daß es daher im vorliegenden Fall rücksichtlich des von dem Beschuldigten geltend gemachten Einwandes der Verjährung auf die Prüfung und Feststellung ankam, ob, wie der Beschuldigte behauptete, seit dem Tage, wo er das

31. Lebensjahr vollendet hatte, die 3monatliche Frist des § 67 des R.-StGB.'s bereits abgelaufen war;

daß der Polizeirichter in diese Prüfung aber aus rechtsirrthümlicher Auffassung des § 15 Nr. 8 cit. nicht eingetreten ist, seine Entscheidung daher wegen unrichtiger Anwendung dieses §, sowie Verletzung des § 67 des Reichs-StGB.'s vernichtet, die Sache selbst aber zur anderweitigen Verhandlung und Entscheidung von dem richtigen Rechtsstandpunkte aus an ein anderes Polizeigericht zurückverwiesen werden muß. [8.—4.]

Begünstigung. - Beisteuer zu Geldstrafen.

In der Gewährung von Mitteln an einen zu Geldstrafe Verurteilten behufs Deckung der Geldstrafe ist keine Begünstigung desselben zu finden.

StGB. § 257 [n. 14].

Erk. (Z. II.) v. 7. März 1878 c. Schumacher (1251/77 II. Cr.).

In einer Arbeiterversammlung sind auf Aufforderung des S. Beiträge gesammelt worden zur Deckung der gegen verschiedene Arbeiter wegen Vergehen gegen § 131 des StGB.'s erkannten Geldstrafen. Die StA.-schaft erhob Anklage gegen S. wegen Aufforderung zur Begünstigung. Das App.-Gericht sprach frei.

Die NB. des OStA.'s hat das Ob.-Trib. in Uebereinstimmung mit dem Antrage der GStA.-schaft verworfen. Gründe:

Das Appellationsgericht hat die Entscheidung des vorliegenden Straffalls zunächst von Beantwortung der Frage abhängig gemacht: „ob darin, daß ein Dritter dem Verurteilten ganz oder theilweise die Mittel gewährt, die demselben auferlegte Geldstrafe zu entrichten, eine Begünstigung im Sinne des § 257 des StGB.'s gefunden werden kann." Das angefochtene Erkenntniß hat diese Frage verneinend beantwortet; die StA.-schaft erachtet durch diese Entscheidung die Strafbestimmung des § 257 cit. verletzt. — Die Entrichtung einer Geldstrafe durch einen Dritten für den Verurteilten kann in verschiedener Weise erfolgen, entweder dergestalt, daß der Dritte, sei es mit oder gegen den Willen des Gestraften, die Geldstrafe unmittelbar an den Staat zahlt, oder in der Weise, daß der Dritte den entsprechenden Betrag dem Verurteilten hingiebt, um damit die erkannte Geldstrafe an den Staat abzuführen, oder endlich dadurch, daß nach geschehener Bezahlung der Geldstrafe durch den Verurteilten, diesem Seitens des Dritten, zur Ausgleichung des erlittenen Vermögensnachtheils, ein gleicher Betrag gewährt wird. Nach den thatsächlichen Feststellungen der Instanzrichter liegt die vorstehend an erster und letzter Stelle gedachte Modalität der Zahlung Seitens des Dritten nicht vor; und es bedarf des Hinweises hierauf, da die rechtliche Beurteilung in den vorbemerkten drei Fällen nicht gleichmäßig dieselbe ist. Insbesondere kann dem mehrfach bezogenen Beschluß des Ober-Tribunals v. 28. Juli 1874 (RdOTr. 15. S. 514) keine präjudizielle Bedeutung beigelegt werden, da dieser Beschluß, wie er selbst hervorhebt, die nach wesentlich andern Gesichtspunkten zu beurteilende Frage betrifft, ob es dem Dritten gestattet sei, gegen den Willen des Verurteilten für diesen die erkannte Geldstrafe unmittelbar an den Staat zu entrichten. Die vorliegend zur Entscheidung zu bringende Frage umgrenzt sich hiernach, nach vorstehender Ausscheidung verwandter, jedoch nicht gleicher Fälle, bestimmt dahin, ob der Dritte dadurch, daß er dem Verurteilten die Mittel hingiebt, um damit die erkannte Geldstrafe zu bezahlen, im Sinne des § 257 des StGB.'s sich einer Begünstigung schuldig macht. — Mit Recht hat das Appellationsgericht diese Frage verneint, und zwar um deswillen, weil durch die hervorgehobene Handlungsweise des Dritten der Verurteilte „der Bestrafung nicht entzogen wird". — Der entscheidende Grund für diese Annahme liegt in der Natur der Geldstrafe als einer Vermögensstrafe. Mit der Hingabe des Geldes Seitens des Dritten an den Verurteilten wird der letztere Eigenthümer des Geldes und dieses selbst ein Bestandtheil seines Vermögens. Diese rechtliche Folge wird nicht durch die gleichzeitige Zweckbestimmung, mit dem Gelde die erkannte Strafe zu bezahlen, alterirt, der dem lucrativen Titel — hier dem der Schenkung — hinzugefügte Modus beeinflußt den Eigenthumserwerb als solchen nach allgemeinen Rechtsgrundsätzen in keiner Weise. Ist hiernach der Verurteilte Eigenthümer des ihm überantworteten Geldes geworden, so verbüßt auch er selbst mit der Entrichtung des ihm durch die schenkungsweise Hingabe eigenthümlich zugehörigen Betrags an den Staat die gegen ihn erkannte Strafe; und es erfüllt sich in diesem Akte, und zwar indem der Verurteilte durch die eigene Zahlung sich unter das Strafurteil stellt, nicht allein der Begriff einer Strafverbüßung durch den Verurteilten selbst, sondern auch, da die Entrichtung der Geldstrafe zugleich aus dem eigenen Vermögen des Verurteilten erfolgt, speziell der Begriff der Geldstrafe als einer Vermögensstrafe. Die solchergestalt durch die Hingabe des Geldes sich vermittelnde wirkliche Verbüßung der Strafe Seitens des Verurteilten schließt aber auf Seiten des Dritten das thatbestandliche Requisit „einer Entziehung der Bestrafung" aus. — Wenn dem gegenüber geltend gemacht ist, daß die wahre Intention des Dritten vielfach nur dahin gehe, den Richterspruch illusorisch zu machen, und daß demgemäß die Hingabe des Geldes nur zu dem Ende erfolge, um dadurch dem Verurteilten die gegen ihn erkannte Geldstrafe abzunehmen und ihn so der Bestrafung zu entziehen, so ist auch dieser Einwand, der statt des allein in Betracht zu ziehenden speziellen Dolus in unzulässiger Weise ein der Handlungsweise des Dritten zu Grunde liegendes Motiv als entscheidend hinstellt, nicht geeignet die vorstehende Auffassung als eine unberechtigte zu beseitigen. Es ist ein anerkanntes strafrechtliches Prinzip, daß der bei einem Delikt unterstellte, allein entscheidende, spezielle kriminelle Dolus sich unmittelbar in derjenigen Handlungsweise manifestiren muß, welche den objektiven Thatbestand dieses Delikts ausmacht. Das in § 257 cit. vorgesehene Vergehen der Begünstigung desiderirt in objektiver Beziehung eine dem Thäter zu Theil werdende

Beistandsleistung, und in subjektiver Richtung, daß dieselbe unternommen werde in der Absicht, den Thäter der Bestrafung zu entziehen. Diese Erfordernisse, übertragen auf die hier in Rede stehende Handlungsweise, bedingen somit, daß der Dritte dem Verurteilten die Geldmittel gewähre, um dadurch den Vollzug der gegen ihn erkannten Geldstrafe zu verhindern. An dieser Voraussetzung indeß fehlt es gerade, wenn, wie im Vorstehenden dargelegt, die schenkungsweise Hingabe des Geldes unter dem beabsichtigten Erfolg sich vollzieht, daß der Verurteilte das ihm nunmehr eigenthümlich zugehörige Geld zur Bezahlung der Geldstrafe verwende und damit das gegen ihn ergangene Strafurteil zum Vollzug bringe. — Lediglich und allein aber die in dem objektiven Thatbestand sich manifestirende Willensrichtung, nicht das die That veranlassende Motiv, kann bei Eruirung des zu dem betreffenden Delikte erforderlichen speziellen Dolus entscheidend in Betracht kommen. Wo das Gesetz als subjektives Thatbestandsmoment eines Vergehens eine bestimmt charakterisirte Willensrichtung des Thäters — hier den auf Entziehung der Bestrafung gerichteten Willen — aufstellt, vermag ein verwerfliches Motiv den, in Ermanglung dieser Willensrichtung, fehlenden speziellen Dolus nicht zu ersetzen. So unbezweifelt daher derjenige, welcher für einen Andern die gegen diesen erkannte Freiheitsstrafe verbüßt, und damit alle thatbestandlichen Voraussetzungen des in § 257 vorgesehenen Vergehens erfüllt, dadurch nicht straflos wird, daß ihm bei seiner Handlungsweise ein sittliches Motiv leitet, ebensowenig unterwirft andererseits die schenkungsweise Hingabe von Geld an den Verurteilten Zwecks Entrichtung der erkannten Geldstrafe, indem sie das thatbestandliche Requisit einer Entziehung der Bestrafung nicht begreift, den also Handelnden der Strafbestimmung des § 257, sollte auch das Motiv dieser Handlungsweise auf eine Mißachtung des Richterspruchs oder des der Verurteilung zu Grunde liegenden Gesetzes zurückzuführen sein. Zu diesen unmittelbar aus den Begriffsmerkmalen des § 257 cit. entnommenen Argumenten tritt unterstützend eine Bestimmung desselben Gesetzgebers hinzu, die in § 16 des Reichsgesetzes über die Presse v. 7. Mai 1874 enthalten ist. Schon an sich ist die Annahme nahe liegend, daß wenn überhaupt das Gewähren von Geldmitteln zur Zahlung erkannter Geldstrafen unter die Strafvorschrift des § 257 fallen sollte, es der Bestimmung in § 16 cit. nicht bedurft hätte; und in gleicher Weise rechtfertigt sich umgekehrt die Folgerung, daß, weil die bezügliche Bestimmung in § 16 getroffen, der Gesetzgeber davon ausgegangen sein müsse, daß ein solches Gewähren der Geldmittel der Strafbestimmung des § 257 nicht subsumirt werden könne. Daß nun in der That diese letztere Unterstellung auf Seiten sämmtlicher gesetzgeberischen Faktoren bei Aufstellung des § 16 Platz gegriffen hat, ergiebt die Entstehungsgeschichte des Reichs-Preßgesetzes in unzweideutiger Weise. Die Motive zu § 16 (§ 17 des Entwurfs) — Drucksachen pro 1874 Nr. 23 — und ebenso sämmtliche im Reichstage selbst gepflogenen Verhandlungen — Stenographische Berichte pro 1874, insbesondere S. 155. 439. 440 — erkennen es mit aller Bestimmtheit an, daß die Hingabe des Geldes an den Verurteilten zur Zahlung der erkannten Geldstrafe an sich keine verbotene Handlung sei, und daß daher, wenn das Aufbringen solchen Geldes durch die Presse als gesetzwidrig hingestellt werden solle, es einer deshalbigen ausdrücklichen gesetzlichen Bestimmung bedürfe. — Eine weitere Bestätigung dafür, daß bei Emanation des Preßgesetzes das Gewähren von Geldmitteln zur Zahlung erkannter Geldstrafen nicht als Begünstigung aufgefaßt ist, liefert die daselbst in § 18 pos. 1 enthaltene Strafbestimmung. Denn während nach § 257 des StGB.'s die Begünstigung mit Gefängnißstrafe bis zu einem Jahre geahndet wird, bedroht § 18 pos. 1 cit. das Zuwiderhandeln gegen das Verbot des § 16 nur mit Haft oder Gefängniß bis zu sechs Monaten. Wäre nun schon jede andere schenkungsweise Hingabe von Geld zur Zahlung von Geldstrafen vom Gesetzgeber als Begünstigung aufgefaßt und als solche nach § 257 einer Freiheitsstrafe bis zu einem Jahr Gefängniß unterstellt worden, so würde die in § 18 pos. 1 normirte geringere Freiheitsstrafe — Haft oder Gefängniß bis zu sechs Monaten — für die öffentliche Aufforderung durch die Presse zur Aufbringung solcher Geldmittel, in welcher Verfahrungsweise unbestreitbar ein erschwerender Umstand zu befinden ist, jedenfalls der inneren Rechtfertigung entbehren. — Die NB. erachtet, entgegen der vorstehenden Annahme, unter einem zweifachen Gesichtspunkt die Strafbestimmung des StGB.'s auf die inkriminirte Handlungsweise für anwendbar. Zunächst aus dem Grunde, weil der formelle Standpunkt, welcher in dem Eigenthumserwerb des hingegebenen Geldes auf Seiten des Verurteilten das entscheidende Moment für die Nichtanwendbarkeit des § 257 findet, auf dem Strafrechtsgebiet als entscheidend überhaupt nicht anzuerkennen sei, gegenüber der, der materiellen Seite der Sache entnommenen Erwägung, daß der Verurteilte, wenn die Zahlung rechtsbegrifflich auch aus seinem Vermögen Statt finde, in Wirklichkeit doch nur mit dem Gelde eines Dritten die Strafe entrichte. Denn — so deduzirt im Weiteren Imploranin — wenn begrifflich die Strafe eine höchst persönliche Leistung des Schuldigen ist, die er als ein Uebel empfinden soll, so kann von der Verbüßung einer erkannten Geldstrafe durch den Verurteilten nicht die Rede sein, wenn der aus der Zahlung der Strafe erwachsene Vermögensnachtheil in seinem materiellen Erfolge nicht ihn, den Verurteilten selbst, sondern einen Dritten trifft. Um dieser Argumentation mit der ihr gegebenen Anwendung, den im Vorstehenden eingenommenen Standpunkt auf dem Strafrechtsgebiet als einen unberechtigten hinzustellen, beipflichten zu können, würde es erforderlich sein, in voller Consequenz prinzipiell den Satz als wahr anzuerkennen, daß überhaupt der aus der Zahlung einer Geldstrafe sich ergebende Vermögensnachtheil den Maßstab für dasjenige Strafübel bilde, welches den Schuldigen in der ihm zuerkannten Strafe treffen soll. Wie wenig dies aber in Wirklichkeit der Fall ist, ergiebt der einfache Hinweis, daß ein und dieselbe Geldstrafe je nach der Verschiedenheit der Vermögenslage, von dem Einen als ein eben so großes, wie von dem Andern als ein ebenso geringfügiges Strafübel empfunden wird. — Gewicht legt fernerhin die implorirende StA.-schaft auf die von ihr für den Fall der Nichtanwendbarkeit des § 257 gezogene Folgerung, daß alsdann das auf Geldstrafe erkennende Urteil in Wahrheit bedeutungslos werde, ein Umstand, der um so mehr die Strafbarkeit der hier fraglichen Beistandsleistung bedinge, als erfahrungsgemäß in vielen Fällen die Beschaffung von Geldmitteln in einer Art und Weise vor sich gehe, aus der sich eine Mißachtung und ein Ankämpfen gegen das der Verurteilung zu Grunde liegende Strafgesetz und das dieses Gesetz in Anwendung bringende Strafurteil und somit überhaupt gegen die Aufrechthaltung der staatlichen Ordnung in ebenso ostensibler als tendenziöser Weise kund gebe. Das hier betonte staatsfeindliche Verhalten vermag indeß die Anwendbarkeit des § 257 nicht zu rechtfertigen, sofern, wie gezeigt, die Handlungsweise des Dritten an und für sich das thatbestandliche Requisit einer „Entziehung der Bestrafung“ nicht erfüllt. Ueberdies entzieht sich ein solches Verhalten, auch wenn es der Strafbestimmung des § 257 nicht unterstellt werden kann, damit noch keineswegs der Strafgewalt des Staates. In dem Maß und Umfang, als das bei dem Zusammenbringen solcher Geldmittel vielfach eingehaltene Verfahren in seiner Richtung gegen die öffentliche Autorität der Gesetze, der Gerichte und der staatlichen Ordnung ein wirklich gesetzwidriges wird, subsumirt sich dasselbe von selbst als selbstständige Strafthat den anderweiten bezüglichen Normen des Strafgesetzbuches; wo es diesen Charakter nicht annimmt, kann die Strafnorm des § 257, in Ermanglung seiner thatbestandlichen Requisite, nicht herangezogen werden, um eine vermeintliche Lücke der Strafgesetzgebung zu ergänzen.

[7.—4.]

Queruliren, muthwilliges. – Beschwerde. – Remonstration.

Die Strafe des muthwilligen Querulirens ist nicht auf die Beschwerdeführung in den höheren Instanzen beschränkt, sondern kann auch bei Remonstrationen gegen die Verfügungen der Gerichte erster Instanz und anderer Behörden verwirkt werden.

Allg. Ger.-Ordn. Tit. 1 Th. III § 30.

Erk. (V. l.) v. 8. März 1878 c. **Gallinat** (169 I. Cr.).

Die NB. des OStA.'s welche Verletzung des § 30 Tit. 1 Th. III der AGO. rügt, muß für begründet erachtet werden. Die beschränkende Auslegung, welche der Appell.-Richter dem citirten § dahin gegeben hat. daß derselbe sich nur auf solche Suppliken beziehe, durch welche über gerichtliche Entscheidungen bei den vorgesetzten Landes-Justiz-Collegien und über staatsanwaltliche Verfügungen bei der vorgesetzten OStA.-schaft „Beschwerde" geführt werde, daß derselbe dagegen auf bloße „Remonstrationen", gegen gerichtliche oder staatsanwaltliche Verfügungen keine Anwendung finde, ist weder im Wortlaute, noch im Zwecke des Gesetzes begründet. Der durch den Art. II des Einf.-Ges.'s zum Pr. StGB. und den § 2 des Einf.-Ges.'s zum R.-StGB. unberührt gebliebene § 30 cit. unterscheidet in den drei mit „oder" verbundenen Sätzen drei verschiedene Kategorien „strafbarer Querulanten". Die erste und dritte Kategorie kommen hier nicht in Betracht. Die zweite dagegen, in welche die thatsächliche Feststellung des ersten Richters den Angeklagten verweist, betrifft diejenigen Querulanten: „welche, nachdem sie ihres Unrechts gehörig bedeutet worden, mit ihren Klagen fortfahren und durch wiederholtes ungestümes Suppliciren etwas, so gegen Recht und Ordnung ist, durchzusetzen und zu erzwingen suchen". Der hier vorgesehene Fall des strafbaren Querulirens beschränkt sich keineswegs auf Beschwerdesuchungen in den höheren Instanzen, sondern umfaßt nach seinem Wortlaute alle Arten einer der Belehrung unzugänglichen Hartnäckigkeit in der

Verfolgung grundloser Klagen und widerrechtlicher Forderungen bei den Gerichten und den denselben gleich gestellten Behörden. Eine derartige Hartnäckigkeit kann sich nun aber ebenso wohl in Remonstrationen, wie in Beschwerden äußern. Den gesetzlichen Thatbestand auf letztere zu beschränken, würde dem Zwecke des Gesetzes nicht entsprechen. Den App.-Richter trifft mithin der Vorwurf einer zu engen Begrenzung des Thatbestandes durch unrichtige Auslegung des § 30 cit.

Antr. d. GStA.: gleichl. [15.—3.]

Untreue. - Bevollmächtigter. - Aktiengesellschaft. - Vorstand.

Der Vorstand einer Aktiengesellschaft ist der letzteren gegenüber ein Bevollmächtigter im Sinne des

§ 266 Nr 2 des StGB.'s; Art. 277 ff. des HGB.'s.

Erk. (Z. I.) v. 8. März 1878 c. Läuffgen (146 I. Cr.).

Es ist dem App.-Richter darin beizustimmen, daß der Angeklagte, wenngleich derselbe derzeit allein den Vorstand der Aktien-Gesellschaft bildete, Bevollmächtigter dieser Gesellschaft im Sinne des § 266 Nr. 2 des StGB.'s war, weil das Verhältniß des Vorstandes der Aktiengesellschaft der letzteren gegenüber auch in Betracht der Art. 277 ff. des HGB.'s nach den Grundsätzen von Vollmachtsaufträgen zu beurteilen ist und deshalb die Person oder die Personen des Vorstandes der Aktien-Gesellschaft in der Bezeichnung „Bevollmächtigte" selbstverständlich mitbegriffen werden.

Antr. des GStA.: gleichl. [20.—3.]

Strafkammer. - Delegation. - Beleidigung.

Die Strafkammer ist nicht befugt die Verhandlung und Entscheidung einer auf § 185 des StGB.'s gestützten Anklage wegen Beleidigung dem Polizeigericht durch Delegation zu übertragen.

StPO. § 448; Vgl. RdOTr. 16. S 552.

Erk. (B. I) v. 13. März 1878 c. Hardege (184 I. Cr.).

Die Strafkammer hatte eine auf Widerstand gegen einen Polizeidiener und Beleidigung desselben gerichtete Anklage dem Polizeigericht zur Verhandlung und Entscheidung nach § 448 der StPO. übertragen; dieses alsdann Verurteilung wegen beider Vergehen erkannt und die Strafkammer als Berufungsgericht das Urteil bestätigt. Auf NB. des H. wurde vom Ob.-Tr. Vernichtung ausgesprochen und erkannt, daß der Auftrag für erledigt zu erklären und die Anklage zu anderweiter Verhandlung und Entscheidung an die Strafkammer als erste Instanz zurückzuverweisen.

Der § 448 der StPO. von 1867 legt zwar unter den daselbst näher angegebenen Voraussetzungen der Strafkammer, in deren Zuständigkeit die Beleidigungen aus § 185 des R.-StGB.'s soweit sie nicht im Wege der Privatklage verfolgt werden, gegenwärtig fallen, die Befugniß bei, die den Charakter der Verläumdung nicht an sich tragende Kränkung der Berufsehre (§ 102 des Pr. StGB.'s) an das Polizeigericht des betreffenden Gerichts zur Verhandlung und Entscheidung zu verweisen. Allein der Thatbestand des § 102 des Pr. StGB.'s hat als selbständige Deliktsform zu bestehen aufgehört; er ist aufgegangen in dem § 185 des R.-StGB.'s, welcher eine Reihe früher selbständiger Delikte in sich vereinigt und da der Letztere aus diesem Grunde nicht ohne Weiteres gemäß § 3 des Einf.-Ges.'s z. Reichs-Strafgesetzbuch an die Stelle des § 102 treten kann, so muß damit die fernere praktische Giltigkeit desselben, und folgeweise des § 448 der StPO. in der hier in Frage stehenden Richtung gemäß § 2 Abs. 1 des Einf.-Ges.'s als beseitigt gelten, wie dieses das Königl. Ob.-Trib. auch in einem früheren Falle anerkannt hat. Der ertheilte Auftrag Seitens der Strafkammer war hiernach nicht im Stande dem Polizeigerichte die sachliche Zuständigkeit in dieser Beziehung zu übertragen und der Berufungsrichter nach § 379 Abs. 2 der StPO. verpflichtet das erste Urteil aufzuheben, obgleich die vorliegende Berufungsbeschwerde aus § 448 der StPO. diesen Mangel nicht getroffen hatte. Das Berufungsurteil unterliegt hiernach der Vernichtung. In der

Sache selbst war nicht blos der von der Strafkammer hinsichtlich der Beleidigung, sondern gemäß § 450 Abs. 1 der StPO. auch der bezüglich der Anklage auf Widerstand gegen die Staatsgewalt ertheilte in derselben Hauptverhandlung zur Vollziehung gelangte Auftrag an das Polizeigericht gemäß § 449 daselbst für erledigt zu erklären.

Antr. d. GStA.: gleichl. [11.—2.]

Polizeigericht. - Sachliche Zuständigkeit. - Schöffen. - Steuersachen. - Berufungsrichter. - Nichtigkeit.

1. Das Polizeigericht überschreitet seine sachliche Zuständigkeit, wenn es mit Zuziehung von Schöffen über eine Stempelhinterziehung aburteilt.

StPO. § 485; Vgl. RdOTr. 16. S. 444.

2. Das Berufungsgericht muss sich in diesem Fall der definitiven Aburteilung enthalten, die Sache vielmehr in die erste Instanz zurückverweisen.

StPO. § 379 Abs. 2; Vgl. RdOTr. 13. S. 361.

Erk. (S. I.) v. 13. März 1878 c. Lütge (171 I. Cr.).

L. war der Stempelhinterziehung angeklagt. Das Polizeigericht verhandelte mit Schöffen und sprach dann frei. In der Berufungsinstanz wurde das Urteil wegen Zuziehung der Schöffen vernichtet und auf erneuerte Beweisverhandlung verurteilend erkannt. Das Ob.-Trib. vernichtete.

[Zu 1.] Die Hauptverhandlung und Entscheidung erster Instanz ist vorliegend unter Mitwirkung zweier Schöffen erfolgt, obschon eine Stempelsteuerhinterziehung Gegenstand der Anklage, die Zuziehung von Schöffen nach § 485 der StPO. daher unzulässig gewesen ist. Das Polizeigericht, indem es in einer derartigen Besetzung sich der Aburteilung unterzog, verletzte damit die Vorschriften über sachliche Zuständigkeit, welche den Amtsrichter allein hierzu berufen erachten.

[Zu 2.] Das Berufungsgericht war deshalb nach § 379 Abs. 2 daselbst genöthigt auch neben Aufhebung des Urteils erster Instanz sich der erfolgten Verurteilung des Angeklagten zu enthalten und da keiner der Fälle vorlag, welche die Beendigung der Hauptverhandlung durch Beschluß gestatteten, die Sache zur anderweiten Verhandlung in die erste Instanz zurückzuverweisen. Die bloße Wiederholung des Beweisverfahrens in der Berufungsinstanz gewährt für die Fälle der vorliegenden Art keine Abhülfe gegen den Mangel des ersten Erkenntnisses, wie dieses unter den Voraussetzungen des Abs. 1 daselbst statthaft sein würde, indem derselbe für die Art wesentlich erachtet wird, daß ein auf dessen Grundlage ergangenes erstinstanzliches Erkenntniß nicht blos als nichtig, sondern als überhaupt nicht vorhanden erachtet werden soll.

Antr. d. GStA.: gleichl. [11.—2.]

Beleidigung. – Bekanntmachung des Urteils.

Die Gerichte sind befugt die Stelle der Zeitung, an welcher die erkannte Veröffentlichung des Urteils und die Art, wie sie geschehen soll, zu bestimmen.

StGB. § 200 [n. 9]; Vgl. RdOTr. 16. S. 477 u. 583.

Erk. (Z. I.) v. 13. März 1878 c. Müller (250 I. Cr.).

M. war wegen Beleidigung durch einen in der von ihm redigirten Zeitung veröffentlichten Artikel bestraft und im Urteil die Bekanntmachung desselben im Hauptblatt und an hervorragender Stelle der Zeitung auf Antrag des Beleidigten verfügt. Er rügte diese besondere Anordnung, da der inkriminirte Artikel nur in einem Beiblatt gestanden habe unter Bezugnahme auf die Analogie des § 11 des Preßges.'s v. 7. Mai 1874. Seine NB. wurde zurückgewiesen.

Der § 11 des Preßges.'s v. 7. Mai 1874 betrifft einen hier nicht vorliegenden Fall und kann für die Beurteilung nicht maßgebend sein. Der allein in Betracht kommende § 200 des StGB.'s bestimmt zwar im zweiten Absatze,

> daß die Bekanntmachung der Verurteilung wegen der in Zeitungen erfolgten Beleidigungen „wenn möglich in demselben Theile der Zeitung und mit derselben Schrift, wie der Abdruck der Beleidigung geschehen", erfolgen solle.

Die Fassung dieser Bestimmung ergiebt aber, daß die Prüfung der Möglichkeit oder Angemessenheit einer bestimmten

Art der Bekanntmachung dem Ermessen der Instanzrichter im einzelnen Falle überlassen ist, welches mit der NB. nicht angefochten werden kann. Wenn daher auch die Behauptung des Angeklagten daß der in der Nummer der Zeitung v. 19. Novbr. 1876 enthaltene inkriminirte Artikel nicht im Hauptblatt abgedruckt gewesen sei, in der Feststellung des Appell.-Richters Bestätigung fände, so würde gleichwohl der Angriff verfehlt sein.

Antr. d. GStA.: gleichl. [12.—2.]

Unterschlagung. - Fremde Sache. - Stellvertreter.

Wenn jemand als Vertreter eines Andern, obwohl in eigenem Namen, eine Sache durch Tradition erwirbt, so ist für die Frage, ob letztere als eine demselben fremde anzusehen, nicht der formelle Uebergang des Eigenthums, sondern das mit dem Geschäftsherrn bestehende Vertragsverhältniß entscheidend.

StGB. § 246 [n. 10].

Erk. (S. I.) v. 13. März 1878 c. Richter (62 I. Cr.)

R. verwaltete eine dem K. gehörige Mühle, zu deren Bewirthschaftung er von diesem bevollmächtigt war. Die Vollmacht lautete namentlich auch dahin: Fabrikate zu verkaufen und Zahlungen dafür in Empfang zu nehmen und zu quittiren. Ueber K. wurde Konkurs erkannt und ergab sich bei Aufstellung des Vermögensverzeichnisses ein Guthaben der Masse an M. für Mehl, welches dieser von R. gekauft hatte. Auf die Forderung hat M. eine Summe an R. bezahlt, die derselbe nicht ablieferte, sondern für sich verwendete. Von der Anklage der Unterschlagung wurde R. freigesprochen, weil er in eigenem Namen mit M. kontrahirt und sich demselben nicht als Bevollmächtigter des K. zu erkennen gegeben habe, des Letzteren Absicht also auch nur gewesen, an R. zu zahlen, folgeweise das an ihn gezahlte Geld Eigenthum des R. und nicht des K. geworden sei und dem Letzteren oder der Konkursmasse nur eine Forderung auf dasselbe zugestanden habe. Das Ob.-Tr. vernichtete auf NB. der StA.-schaft.

Der Appell.-Richter nimmt an, daß der § 246 des R.-StGB.'s als Objekt der Unterschlagung eine in fremdem Eigenthume befindliche Sache voraussetze, und führt dann aus, daß im vorliegenden Falle durch die Zahlung des Zeugen M. das Eigenthum der fraglichen Gelder auf den Angeklagten und nicht auf dessen Mandanten K., resp. die Konkursmasse desselben übergegangen sei, hier daher ein wesentliches Begriffs-Merkmal der Unterschlagung mangele. Diese Argumentation beruht auf einer rechtsirrthümlichen Grundlage. Das Königl. Ober-Trib. hat sich in wiederholten Entscheidungen dahin ausgesprochen, daß die Strafvorschrift des § 246 cit., gleich der des § 225 des Preuß. StGB.'s, wesentlich die Aufrechterhaltung von Treue und Glauben im geschäftlichen Verkehre zu sichern bezwecke, und deshalb in Fällen der vorliegenden Art, wenn Jemand als Vertreter eines Anderen, obwohl in eigenem Namen, eine Sache durch Tradition erwirbt, für die Frage, ob letztere als eine demselben fremde im Sinne der bezogenen Gesetzesbestimmung anzusehen, nicht der Umstand, daß formell das Eigenthum auf den Vertreter übergegangen, sondern lediglich das zwischen diesem und dem Geschäftsherrn bestehende Vertragsverhältniß, welches den Umfang der Befugnisse des Repräsentanten bestimmt, entscheidend sein könne. Es erscheint somit verfehlt, wenn der App.-Richter die Annahme einer Unterschlagung des Angeklagten um deswillen, weil derselbe durch die Zahlung des ꝛc. M. Eigenthümer der fraglichen Gelder geworden, für ausgeschlossen erachtet, während die Prüfung sich dahin hätte richten müssen, ob der Angeklagte nach der ihm ertheilten Vollmacht berechtigt gewesen, die in Rede stehende Summe, vorbehaltlich späterer Erstattung oder Verrechnung, für sich einzuziehen, oder ob derselbe nicht, wie der erste Richter annimmt, die Verpflichtung gehabt habe, die fraglichen Gelder an seinen Mandanten resp. dessen Konkursmasse abzuliefern.

Antr. d. GStA.: gleichl. [16.—2.]

Appellationsrichter. - Beweisanträge. - Ablehnung.

Der Appellationsrichter kann Beweisanträge des

Angeklagten nicht durch Berufung auf die Beweisresultate der ersten Instanz ablehnen.

Ges. v. 3. Mai 1852 Art. 101 [n. 59. 60].

Erk. (**S. I.**) v. 13. März 1878 c. Schulze (139 I. Cr.).

Der NB. ist darin beizustimmen, daß der App.-Richter die Beweisanträge der Angeklagten nicht, wie geschehen, durch Berufung auf die Beweisresultate der ersteu Instanz ablehnen durfte. In den Entscheidungsgründen des zweiten Erkenntnisses wird gesagt, die Behauptung der Angeklagten hinsichtlich der Provokation der Schlägerei dnrch die Verletzten gelte schon durch die in erster Instanz vernommenen Zeugen widerlegt; es sei namentlich durch die Aussage aller Zeugen, soweit sie Positives bekunden, festgestellt, daß sich die Angeklagten nicht in der Nothwehr befanden. Dies ist unter Hinweis auf die einzelnen Zeugenaussagen näher motivirt. Mit Recht führt dagegen die NB. aus, daß der Appell.-Richter durch diese Begründung der Ablehnung seine Stellung verkannt habe. Nach Art. 101 Abs. 3 des Ges.'s v. 3. Mai 1852 muß der App.-Richter die Beweisaufnahme wiederholen, wenn dies mit Rücksicht auf die vorgebrachten neuen Thatsachen oder Beweise nothwendig erscheint. Daraus folgt, daß die Prüfung des App.-Richters sich darauf zu erstrecken hat, ob er, wenn alle angeführten Thatsachen in der behaupteten Weise bekundet werden, dennoch die Feststellung des ersten Richters aufrecht erhalten könne. Im vorliegenden Falle durfte deshalb der Appell.-Richter nicht allein das Resultat der Beweisaufnahme erster Instanz berücksichtigen, sondern mußte erwägen, ob dieses durch den in zweiter Instanz angetretenen neuen Beweis erschüttert werden konnte. Aus demselben Grunde enthält auch die weitere Aeußerung im zweiten Erkenntnisse, der Vorfall sei so vollständig durch die in erster Instanz veranlaßte Beweisaufnahme aufgeklärt, daß es der von den Angeklagten beantragten Vernehmung weiterer Zeugen nicht bedurfte, eine Verletzung des gedachten Art. 101. [18.—2.]

Gewerbliche Anlage. – Veränderung ohne Genehmigung. – Verjährung.

Die Strafverfolgung wegen Veränderung einer gewerblichen Anlage ohne Genehmigung verjährt nicht, so lange diese Veränderung ungenehmigt bestehen bleibt.

Pr. Gew.-Ordn. §§ 177 und 180; R.-Gew.-Ordn. § 147 Nr. 2: Sic: RdOTr. 15. S. 344 und 16. S. 620; Contra: GA. 6. S. 831 oder JMBl. 58. S. 359.

Erk. (B. II.) v. 14. März 1878 c. Fockel (130 II. Cr.).

Der Angeklagte hat im Jahre 1868 bei seiner am sogenannten Furlbache liegenden Wassermühle ein neues Stauwerk angelegt, durch welches der Fachbaum zum Nachtheile der oberhalb liegenden Grundbesitzer um 33 Zoll erhöht sein soll, ohne die dazu erforderliche Genehmigung der Königlichen Regierung eingeholt zu haben. Nachdem er deshalb auf Grund der §§ 27, 36, 180 der Preußischen Gew.-Ordn. v. 17. Jan. 1845 und der §§ 16. 147 Nr. 2 der R.-Gew.-Ordn. v. 21. Juni 1869 (resp. v. 12. Juni 1872) zur Untersuchung gezogen war, ist durch die gleichlautenden Urteile des Königl. Kreisgerichtes und des Königl. App.-Gerichts zu P. v. 14. Febr. und v. 9. Oktbr. 1877 auf Einstellung des gegen ihn eingeleiteten Verfahrens wegen eingetretener Verjährung erkannt worden. Die nunmehr vom Königl. Ober-Staatsanwalte zu P. gegen das App.-Erkenntniß wegen unrichtiger Anwendung der gesetzlichen Vorschriften über die Verjährung eingelegte NB. mußte für begründet erachtet werden. Nach § 27 der Preuß. Gew.-Ordnung v. 17. Januar 1845 gehörten zu den einer polizeilichen Genehmigung bedürfenden Anlagen „durch Wasser oder Wind bewegte Triebwerke (Mühlen rc.) jeder Art", während der § 16 der R.-Gew.-Ordn. v. 21. Juni 1869 nur „Stauanlagen für Wassertriebwerke" einer solchen Genehmigung für bedürftig erklärt. — Der § 36 der Preuß. Gew.-Ordn. bestimmte ferner, daß sobald bei einem solchen Triebwerke „eine Veränderung der Betriebsstätte vorgenommen werden soll, die Genehmigung der Regierung von Neuem nachgesucht werden müsse", und die §§ 177. 180 a. a. O. bedrohten denjenigen, „der ohne neue Genehmigung eine Veränderung der Betriebsstätte vornahm" mit Geldbuße bis zu 200 Thalern oder Gefängniß bis zu drei Monaten, wogegen der § 147 Nr. 2 der R.-Gew.-Ordn. mit Geldstrafe bis zu 100 Thalern eventuell mit Haft denjenigen bestraft wissen will, der „ohne neue Genehmigung eine wesentliche Veränderung der Betriebsstätte vornimmt". Hiernach würde der Angeklagte mit Rücksicht darauf, daß die Strafe der R.-Gew.-Ordnung milder ist, als die der Preußischen in Gemäßheit des § 2 des D. StGB.'s der vorgenommenen Veränderung wegen eine Geldstrafe bis zu 100 Thalern verwirkt haben, wenn diese Veränderung als wesentliche zu erachten sein sollte. Was die Verjährung betrifft, so war die Frist derselben nach der Preußischen Gewerbeordnung eine dreijährige, (vgl. das Erkenntniß des Ob.-Tr.'s v. 5. April 1854 — JMBl. S. 269), während dieselbe jetzt nach § 145 der R.-Gew.-Ordnung nur drei Monate beträgt. Beide Fristen würden längst abgelaufen sein, wenn anders, wie die Vorderrichter annehmen, der Anfangspunkt der Verjährung auf den Tag der bewirkten Veränderung zu bestimmen wäre. Diese Annahme muß jedoch als eine rechtsirrthümliche bezeichnet werden. Denn das Vergehen, welches dem Angeklagten zur Last gelegt wird, besteht erstens in einer Unterlassung, insofern der Angeklagte die zu der vorgenommenen Veränderung erforderliche Genehmigung nicht eingeholt hat, und zweitens in einer positiven Handlung, insofern er diese Veränderung ohne Genehmigung ausgeführt und sich demnächst in dem durch die Veränderung geschaffenen rechtswidrigen Zustande behauptet hat. Bei beiden Arten von strafbaren Handlungen fällt der Tag der Vollendung, welcher die Anwendung der gesetzlichen Strafe zur Folge hat, mit dem Anfangspunkte der Verjährung nicht zusammen. Insbesondere beginnt bei strafbaren Handlungen die in einer Unterlassung bestehen, die Verjährung nicht schon mit dem Tage, wo die unterlassene Handlung zuerst hätte vorgenommen werden können und sollen, sondern erst mit dem Tage, wo die Unterlassung aufgehört hat, sei es, daß die unterlassene Handlung nachträglich vorgenommen, oder durch eingetretene Zwischenfälle nicht mehr nöthig geworden ist. Eben so beginnt bei positiven Handlungen, die ein sogenanntes fortdauerndes Verbrechen oder Vergehen darstellen, deren Strafe also mit der einmal vollendeten Handlung verwirkt ist, bei denen aber der Thäter, wie im vorliegenden Falle, noch nachher in seinem rechtswidrigen Thun oder in dem dadurch geschaffenen rechtswidrigen Zustande verharrt, der Lauf der Verjährung erst mit dem Tage, wo dieses Thun, beziehungsweise der dadurch geschaffene rechtswidrige Zustand aufhört. Es folgt hieraus, daß, wenn, wie angenommen wird, der Angeklagte sich noch gegenwärtig in derjenigen Lage befindet, die er durch die vorgenommene Veränderung geschaffen hat und diese Lage eine verbotswidrige ist, eine Verjährung des solchergestalt noch fortdauernden Vergehens, mag dieses nun in einer Unterlassung oder in einer positiven Handlung gefunden werden, noch nicht begonnen hat, noch weniger also abgelaufen sein kann.

Antr. d. GStA.: gleichl. [5.—4.]

Bankerutt. – Betrügerischer und einfacher. – Reale Konkurrenz.

Betrügerischer Bankerutt durch Bei-Seiteschaffung von Vermögensstücken und einfacher Bankerutt durch unterlassene Buchführung oder unterlassene Bilanzziehung können realiter konkurriren.

StGB. § 281 [n. 34]; Vgl. RdOTr. 2. S. 395; 8. S. 404 und 18. S. 141.

Erk. (Z. II.) v. 14. März 1878 c. Jakobowitz (304 II. Cr.).

Wenngleich die in dem § 281 des StGB.'s erwähnten verschiedenen Fälle des betrüglichen Bankerutts ebensowenig wie die im § 283 hervorgehobenen Fälle des einfachen

Bankerutts unter sich realiter konkurriren, so liegt doch kein innerer oder äußerer Grund vor, welcher die reale Konkurrenz eines Verbrechens im Sinne des § 281 Nr. 1 des StGB.'s mit einem Vergehen wider § 283 Nr. 2 u. 3 des StGB.'s auszuschließen geeignet wäre. Denn während das letztere Vergehen einen formalen Charakter trägt, ist für die Anwendung des § 281 die Absicht des Angeklagten seine Gläubiger zu benachtheiligen bestimmend, und das gemeinsame Moment der Zahlungseinstellung ist zwar bei beiden Arten des Bankerutts Voraussetzung der Strafbarkeit, steht aber in keinem ursächlichen Zusammenhange mit demjenigen Verhalten des Angeklagten, welches die Strafbarkeit desselben zur Folge hat und beeinträchtigt nicht die Selbstständigkeit der unter die verschiedenen §§ fallenden Handlungen und Unterlassungen.

Antr. d. GStA.: gleichl. [19.—4.]

Zeuge. - Ausbleiben. - Strafverfügung. - Beschwerde.

Die gegen einen ausgebliebenen Zeugen ergangenen Strafverfügungen können durch Beschwerde beim Obertribunale nicht angefochten werden.

Vdn. v. 3. Jan. 1849 § 20 [n. 22]; Vgl. RdOTr. 6. S. 401.

Beschl. (Z. II.) v. 14. März 1878 c. Kitscher (64 II. Cr.).

Eine Beschwerde über die wegen Nichterscheinens zur Zeugnißablegung festgesetzte Strafe ist nicht statthaft, weil es sich dabei lediglich um thatsächliche, dem richterlichen Ermessen anheimfallende Erwägungen handelt, über welche das Königl. Ob.-Tr. nicht zu entscheiden hat.

[—3.]

Zeuge. - Nichtvereidung. - Nichtigkeit.

Die unterlassene Vereidigung eines Zeugen bildet eine Nichtigkeit, auch wenn das Urteil nicht auf die Aussage dieses Zeugen gestützt ist.

Crim.-Ordn. § 332; Vdn. v. 3. Jan. 1849 § 55 [n. 28].

Erk. (V II.) v. 14. März 1878 c. Wittwe Liebig (1029/77 II. Cr.).

Der App.-Richter hatte konstatirt, daß in erster Instanz ein Zeuge unvereidigt geblieben und bei einem zweiten Zeugen, der die Richtigkeit seiner Aussage auf den in der Voruntersuchung geleisteten Eid versichert hatte, das betreffende Protokoll der Voruntersuchung von dem Untersuchungsrichter und dem Protokollführer nicht unterschrieben war, das Urteil erster Instanz aber demungeachtet aufrecht gehalten, weil die erstinstanzliche Feststellung nicht auf die Aussagen dieser Zeugen gestützt sei.

Auf NB. der Angeklagten vernichtete das Ob.-Tr. das Urteil des Appell.-Gericht und wies unter Aufhebung des erstinstanzlichen Urteils in die erste Instanz zurück. In den Gründen wird hervorgehoben, daß durch die Vereidigung des Zeugen die Gewähr für die Wahrheit seiner Aussage erlangt werden solle und daß stets die Möglichkeit bestehen bleibe, daß der Zeuge, wenn er vereidet worden wäre, anders ausgesagt haben würde.

Antr. d. GStA.: gleichl. [21.—4.]

Erpressung. – Rechtswidriger Vermögensvortheil. – Entscheidung des Civilrichters.

1. Bei der Erpressung muß der gesuchte Vermögensvortheil an sich ein rechtswidriger sein. Besteht der Vermögensvortheil in der Befriedigung einer rechtmäßigen Forderung, so wird derselbe nicht dadurch zu einem rechtswidrigen, daß zu deren Realisirung unerlaubte oder unlautere Mittel angewandt werden.

2. Die Rechtswidrigkeit der geltend gemachten Forderung hat der Strafrichter unabhängig von einer etwaigen Entscheidung des Civilrichters festzustellen.

StGB. § 253 [n. 5]; Vgl. zu 1 Sic.: RdOTr. 15. S. 84; 16. S. 95; 17. S. 797 und 18. S. 221. Contra: 17. S. 248 und 375.

Erk. (S. II.) v. 14. März 1878 c. Oehlkers (300 II. Cr.).

O. war General-Agent der Lebensversicherungs-Gesellschaft T. und hatte als solcher gegen mehrere Versicherte Prozesse auf Zahlung der Prämien angestellt. Diese Prozesse verliefen erfolglos, da sich die betreffenden Personen als unpfändbar erwiesen und verlangte nun O. von der Gesellschaft Erstattung der von ihm ausgelegten Prozeßkosten.

Die Direktion weigerte die Erstattung, weil sie dem O. keinen Auftrag zur Anstellung der Prozesse gegeben habe. Hierüber wurde zwischen O. und dem inzwischen neu eingetretenen Direktor H. ein Civilprozeß anhängig und schob in diesem O. dem H. einen Ignoranzeid über den angeblich von dessen Vorgänger erhaltenem Auftrag zur Anstellung der Prozesse zu, auf welchen resolvirt wurde. Wenige Tage vor dem Eidesleistungstermin schrieb O. an H., daß er sich im Besitze einer schriftlichen Autorisation des früheren Direktors zur Anstellung der Prozesse befinde und gab dabei dem H. zu verstehen, daß er ihn im Falle der Ausschwörung des Eides auf Grund dieses Schriftstückes wegen Meineids denunciren werde. H. schwor demungeachtet den Eid negativ aus und wurde O. mit seinem Anspruch rechtskräftig abgewiesen.

Wegen Erpressung verfolgt, gab O. zu, daß eine derartige schriftliche Autorisation des früheren Direktors, wie er sie in dem Drohbriefe an H. zu besitzen vorgegeben habe, nicht existire, behauptete aber und erbot zum Beweise, daß ihm wirklich der frühere Direktor Auftrag zur Anstellung der Prozesse gegeben, er sonach einen rechtmäßigen Anspruch auf Erstattung der Prozeßkosten habe. Die Instanzgerichte lehnten die Aufnahme dieses Beweises ab, weil in Betreff der Rechtmäßigkeit dieses Anspruchs die Entscheidung des Civilrichters maßgebend, überdies aber auch der Angeklagte sich selbst dann einen rechtswidrigen Vermögensvortheil habe verschaffen wollen, wenn er eine ihm rechtmäßig zustehende Forderung, über welche prozessualisch gestritten werde, durch unerlaubte und unlautere Mittel der darüber zu erwartenden richterlichen Entscheidung zu entziehen gesucht habe und verurteilten.

Auf NB. des Angeklagten vernichtete das Ob.-Tr. und verwies in die Instanz zurück indem es obige Sätze aussprach.

Antr. d. GStA.: gleichl. [21.—4.]

Schwurgerichtssachen. – Vorgängige Vernehmung des Anzuklagenden. – Inkompetenzerkenntniß der Abtheilung.

In Schwurgerichtssachen ist die vorgängige Vernehmung des Anzuklagenden nur im Zusammenhang damit vorgeschrieben, daß in diesen Sachen stets eine gerichtliche Voruntersuchung stattfinden soll. Ist ein Beschuldigter zunächst, ohne daß eine gerichtliche Voruntersuchung stattgefunden hätte, vor die Abtheilung gestellt worden und hat diese, ohne ihn zu

vernehmen, sich für inkompetent erklärt, weil die That ein Verbrechen darstelle, so vertritt dieses Erkenntniß die Stelle der vorläufigen Versetzung in den Anklagestand und bedarf es nun nicht noch einer der Verhandlung vor dem Schwurgericht vorhergehenden Vernehmung des Angeklagten.

Vdn. v. 3. Jan. 1849 § 75 Abs. 2; Ges. v. 3. Mai 1852 Art. 9 Abs. 2; Contra: Oppenh. Verfahren Nr. 8 zu § 75.

Beschl. (II.) v. 14. März 1878 c. Oriwol (58 B. II. Cr.). Antr. d. GStA.: gleichl. [19.—4.]

---

1. Bestechung. - Pflichtwidrigkeit.
2. Feldpolizei-Uebertretung. - Festnahme.

1. Eine Verletzung der Dienstpflicht im Sinne des § 333 des StGB.'s liegt auch dann vor, wenn ein Beamter sich zu einer an sich nicht unstatthaften Handlung oder Unterlassung in seinem Amte wider seine Ueberzeugung durch eigennützige Motive bestimmen lassen soll.

2. Die Festnahme einer bei Verübung einer Feldpolizei-Uebertretung betreffenen Person ist gesetzlich statthaft.

StGB. § 333; Ges. v. 12. Febr. 1850 § 2.

Erk. (Z. I.) v. 15. März 1878 c. Zernak (181 I. Cr.).

Die bei einer Feldpolizei-Uebertretung Betroffene und Festgenommene hatte dem Polizeibeamten Geld für ihre Freilassung angeboten. Deshalb aus § 333 des StGB.'s bestraft rügte sie in ihrer NB. Gesetzesverletzung, weil sie wegen jener Uebertretung gar nicht habe verhaftet werden dürfen und der Polizeibeamte sie somit habe freilassen dürfen und müssen.

Zurückweisung. Gründe:

Der App.-Richter hat die Berechtigung zur Festnahme der Angeklagten zutreffend aus der Vorschrift des § 2 des Ges.'s v. 12. Febr. 1850 hergeleitet, welche bestimmt, daß auch ohne richterlichen Befehl die vorläufige Ergreifung und Festnahme einer Person erfolgen kann, wenn dieselbe bei

Ausführung einer strafbaren Handlung oder gleich nach derselben betroffen oder verfolgt wird. Das Gesetz spricht hier, ebenso als im § 2 Nr. 2 und § 10 ganz allgemein von „einer strafbaren Handlung" ohne in dieser Beziehung eine Beschränkung zu statuiren, oder einen Unterschied, etwa nach verschiedenen Kategorien von Delikten zu machen. Die mit nichts motivirte Behauptung der NB., daß der § 2 des bezogenen Gesetzes sich auf Uebertretungen gegen die Feld-Polizei-Ordnung nicht beziehe, findet daher in dem Wortlaute desselben ihre Widerlegung. Die thatsächliche Feststellung des angefochtenen Erkenntnisses, welche das Vergehen der Bestechung betrifft, erfüllt die Voraussetznngen des § 333 des StGB.'s und die Begründung läßt einen Rechtsirrthum nicht erkennen. Wie es von dem Ob.-Tr. wiederholt ausgesprochen ist, stellt es sich als eine Verletzung der Dienstpflicht im Sinne der bezogenen Gesetzes-Vorschrift dar, wenn ein Beamter sich durch eigennützige Motive bestimmen läßt, seiner Ueberzeugung zuwider eine Amtshandlung vorzunehmen oder zu unterlassen, und es macht sich derjenige, welcher einem Beamten zu diesem Zwecke Geschenke oder sonstige Vortheile anbietet oder gewährt, einer strafbaren Bestechung schuldig. Die Behauptung der NB., daß die inkriminirte Aeußerung der Angeklagten als Bestechung immerhin doch nur dann angesehen werden könne, wenn festgestelltermaßen anzunehmen daß der Zeuge zur Festnahme derselben nicht nur berechtigt, sondern verpflichtet gewesen, beruht auf einer zu engen Auffassung des Gesetzes, eine Pflichtwidrigkeit des Beamten liegt nämlich grundsätzlich überall dann vor, wenn derselbe bei Ausübung seines Amtes nicht nach seinem gewissenhaften Ermessen, sondern aus anderweiten, zumal unlauteren Beweggründen handelt.

Antr. d. GStA.: gleichl. [16.—3.]

Notar. - Beglaubigung von Unterschriften.

Die Notare sind, insoweit es nicht besondere Gesetze ausdrücklich gestatten, nicht befugt, Unterschriften einfach zu beglaubigen.

Ges. v. 11. Juli 1845 §§ 21, 41—43; Ges. v. 5. Mai 1872 § 2; Grundbuchordn. v. 5. Mai 1872 § 33; D. Wechselordn. v. 24. Juni 1865 § 42 Nr. 1; Gesetz v. 8. Juli 1865 §§ 1. 3; Vdn. v. 30. April 1847 § 12; Vgl. Entsch. Bd. 79. S. 374; RhOTr. 18. S. 54.

Erk. (I. Sen.) v. 18. März 1878 c. v. F. (147 D. I. S.).

Die von dem Ehrenrath der Rechtsanwalte und Notare zur Rechtfertigung seiner Entscheidung angeführten Gründe sind, insoweit sie auf der Ansicht beruhen, die Notare seien, abgesehen von den durch ausdrückliche Gesetze zugelassenen Ausnahmefällen berechtigt, in einer dem § 21 der Notar.-Ordnung v. 11. Juli 1845 nicht entsprechenden Weise Beglaubigungen von Unterschriften vorzunehmen, bereits in dem Erkenntnisse des Ob.-Tr.'s v. 22. Jan. 1877 widerlegt. Wenn in der vorliegenden Sache der Ehrenrath dagegen anführt: der § 33 der Grundbuch-Ordnung habe keine neue Form für die Beglaubigungen treffen wollen, er habe dieselbe vielmehr schon vorgefunden (cfr. Art. 94 der Wechselordnung und Ges. v. 8. Juli 1865) und habe dieselbe auch für Anträge auf Eintragungen und Löschungen und darauf bezügliche Urkunden für zulässig erklärt, so übersieht er, daß nicht in Frage steht, in welcher Form die durch die speciellen Gesetze für zulässig erklärten, von dem § 21 der Not.-Ordn. abweichenden Beglaubigungen vorzunehmen sind, sondern daß die Frage zu entscheiden ist, ob abgesehen von den durch besondere Gesetze zugelassenen Ausnahmefällen den Notaren das Recht zusteht, Unterschriften in einer dem § 21 der Notar.-Ordnung nicht entsprechenden Weise zu beglaubigen. Diese Frage aber ist zu verneinen, weil kein Gesetz den Notaren eine solche Befugniß beilegt. Und wenn der Ehrenrath ferner meint: der § 21 der Notar.-Ordn. enthalte nur eine Vorschrift für den Fall, wenn die Interessenten dem Notar ein bereits von ihnen unterschriebenes Dokument vorlegen und die Aufnahme eines Notar.-Dokumentes verlangen, in welchem die Unterschriften als von ihnen herrührend anerkannt werden, der gedachte § enthalte aber keine Vorschrift über die Beglaubigung der Unterschreibung der Urkunde, so übersieht er, daß der Notar verpflichtet ist, seine amtlichen Handlungen in der Form vorzunehmen, welche das Gesetz ihm vorschreibt. Handelt es sich also um Anerkennung der Unterschrift eines von den Interessenten vollzogenen Instruments, so hat der Notar nach § 21 der Notar.-Ordn. zu verfahren. Soll aber notariell festgestellt werden, daß die Interessenten das Instrument in Gegenwart des Notars unterschrieben haben, so muß er hierüber eine Verhandlung aufnehmen und nach §§ 7 ff. der Notar.-Ordnung verfahren. Wie also auch die Worte in der Bescheinigung: die Eigenhändigkeit der Unterschrift .... beglaubige ich hiermit, zu verstehen sind, in jedem Falle hat der Angeschuldigte sich einer Verletzung seiner Amtspflichten als Notar schuldig gemacht, welche nach § 43 der Notar.-Ordnung im Wege des Disziplinarverfahrens zu ahnden ist. [—3.]

Viehseuche. - Revision der Viehbestände. - Protest. - Aufsichtsmaßregel. - Verletzung.

In der mündlichen Weigerung eines Viehbesitzers, die Ställe durch die mit der obrigkeitlich angeordneten Revision der Viehbestände betrauten Personen zu jenem Zwecke betreten zu lassen, kann eine Verletzung der Aufsichtsmaßregeln im Sinne des § 328 des StGB.'s gefunden werden.

StGB. § 328; Vgl. RdOTr. 19. S. 48.

Erk. (V. II.) v. 19. März 1878 c. Ehrhardt (209 II. Cr.).

Der erste Richter hat für erwiesen angenommen, daß der Angeklagte, ungeachtet er von der durch den Kreislandrath mit Rücksicht auf die große Ausdehnung der Rinderpest angeordneten regelmäßig zu wiederholenden Revision der Viehbestände durch die Ortsvorstände Kenntniß gehabt, dem zum Zwecke der Revision erschienenen Gemeinde-Vorsteher den Eintritt in seine Viehställe verweigert habe. Auf Grund dessen hat er thatsächlich festgestellt, daß der Angeklagte am 8. März 1877 zu D. die Aufsichtsmaßregeln, welche von der zuständigen Behörde zur Verhütung des Einführens von Viehseuchen, der Rinderpest, angeordnet worden, wissentlich verletzt habe. Der Appell.-Richter bezeichnet diese Folgerung als eine auf Rechtsirrthum beruhende. Seine Argumentation ist jedoch keine zutreffende. Denn indem er auf Seiten des Angeklagten die Verletzung einer demselben von der zuständigen Behörde auferlegten Pflicht oder die Uebertretung eines Verbots dieser Behörde vermißt, geht er von der unrichtigen Ansicht aus, daß es einer besonderen Anweisung der Behörde an die einzelnen Viehbesitzer bedurft habe den Revisionsbeamten den Zutritt zu ihren Ställen zu gestatten. Die den Gesetzen gemäß erfolgte Anordnung der Revision legt aber von selbst allen davon Betroffenen die Verpflichtung auf, weil ohne die Gestattung des Zutritts die Maßregel nicht durchgeführt werden kann. Und wenn der App.-Richter weiter annimmt, daß der Angeklagte sich nur durch einen thatsächlichen Widerstand strafbar gemacht haben würde, so giebt der § 328 des StGB.'s keinen Anhalt zu einer solchen Annahme. Indem dieses Gesetz jede wissentliche Verletzung einer von der zuständigen Behörde in der bezeichneten Richtung angeordneten Aufsichtsmaßregel mit Strafe bedroht, hat es die Durchführung der getroffenen Maßregel als den Zweck hingestellt, welcher im allgemeinen Interesse erreicht werden muß. Jede Verhinderung oder Erschwerung der Durchführung ist deshalb eine Verletzung der Maßregel. Es kann aber keinem Bedenken unterliegen, daß einer blos mündlichen Weigerung dem mit der Revision der Viehbestände beauftragten Beamten den erforderlichen Eintritt in die Ställe zu gestatten, sehr wohl die Bedeutung eines der Revision bereiteten Erschwernisses oder Hindernisses und somit einer Verletzung der angeordneten Maßregel beigelegt werden kann, und daß es für diese Bedeutung nicht als entscheidend in Betracht kommt, ob und auf welche Weise der Beamte das Hinderniß zu beseitigen versucht hat. Die in der Verweigerung des Zutritts enthaltene Verletzung der angeordneten Maßregel kann dadurch nicht straflos werden, daß sie den von dem Angeklagten beabsichtigten Erfolg nicht gehabt hat.

Antr. d. GStA.: gleichl. [19.—3.]

---

1. Fragestellung. - Strafminderung. - Richtigkeit.
2. Urteil. - Geschworenenspruch. - Begrenzung.

1. Die unterlassene Stellung einer Frage zur Feststellung von Umständen, welche nach gesetzlicher Vorschrift die Strafe mildern, begründet nur dann die Nichtigkeit des Verfahrens, wenn die Stellung dieser Frage beantragt worden ist.

Ges. v. 3. Mai 1852 Art. 84 Abs. 3.

2. Umstände, welche die Verhängung einer geringeren Strafe nach gesetzlicher Vorschrift bedingen, können vom Schwurgerichtshofe nur in Betracht gezogen werden, wenn sie durch einen Ausspruch der Geschworenen festgestellt worden sind.

Vdn. v. 3. Jan. 1849 § 122 [n. 4—6].

Erk. (Z. II.) v. 19. März 1878 c. Nitzko (314 II. Cr.).

Die Angeklagte hatte in einem Falle, wo sie ihr Zeugniß hätte ablehnen können, einen wissentlichen Meineid geleistet und ist deshalb aus §§ 154, 161 des StGB.'s bestraft. Eine Frage zur Feststellung der im § 157 Nr. 2 des StGB.'s bezeichneten Umstände war weder von Amtswegen gestellt, noch Seitens der Angeklagten in Antrag gebracht. Die NB. rügte prozessualisch die Nichtstellung der Frage, weil das Gericht dieselbe hätte von Amtswegen stellen müssen und event. die Nichtanwendung des § 157 des StGB.'s, weil auch ohne Geschworenenspruch dieses Gesetz hätte zur Anwendung gebracht werden müssen. — Zurückweisung. Gründe:

Die den Geschworenen vorgelegte Frage erschöpft den Anklagebeschluß, in welchem der die Verhängung einer milderen Strafe begründende Umstand nicht hervorgehoben worden ist, daß die Angeklagte die falsche Aussage zu Gunsten einer Person rücksichtlich deren sie die Aussage ablehnen durfte, erstattet habe, ohne über ihr Recht die Aussage ablehnen zu dürfen, belehrt worden zu sein. Wenn daher auch der Schwurgerichtshof einem Antrage auf Vorlegung einer diesen Umstand betreffenden Frage nach Art. 84 Abs. 3 des Ges.'s v. 3. Mai 1852 bei Strafe der Nichtigkeit hätte Statt geben müssen, so war es doch bei dem Mangel eines solchen Antrags nach Abs. 1 lediglich seinem Ermessen anheim gegeben, ob eine derartige Frage der Sachlage entsprechend sei. Der Gerichtshof hat daher dadurch, daß er die Frage nicht gestellt, keine wesentliche Vorschrift des Verfahrens verletzt. Eben so wenig aber hat er dadurch gegen § 157 des StGB.'s verstoßen, daß er diesen § nicht bei der Strafzumessung berücksichtigt hat. Denn die Anwendung desselben setzt die Feststellung des darin hervorgehobenen Thatumstandes voraus, und diese Feststellung konnte nicht durch den Gerichtshof, sondern nur durch die Geschworenen erfolgen.

Antr. d. GStA.: gleichl. [19.—3.]

Hannover. - Jagdrecht.

In der Provinz Hannover ist das Jagdrecht auf fremdem Grund und Boden allgemein und nicht blos da, wo es als dingliches Recht bestanden hat, aufgehoben.

StGB. § 292 [n. 4]; Hann. Ges. v. 29. Juli 1850 §§ 1, 3; Hann. Ges. v. 11. März 1859 § 12.

Erk. (Z. I.) v. 20. März 1878 c. B. (106 I. Cr.).

B. hatte vom Fiskus einen mehr als 300 Morgen enthaltenden Landkomplex, mit Ausschluß der Jagdberechtigung, gepachtet, dessenungeachtet aber die Jagd daselbst ausgeübt und behauptet dazu berechtigt zu sein, weil in dem betreffenden Territorium die Jagd seit unvordenklichen Zeiten frei gewesen sei und daher gar nicht habe verpachtet werden können, hieran auch die spätere Gesetzgebung in Hannover nur bezüglich der dinglichen Jagdrechte Aenderungen getroffen habe. In erster Instanz freigesprochen wurde B. in zweiter Instanz verurteilt und seine NB. vom Ob.-Tr. zurückgewiesen.

Schon das Ges. v. 29. Juli 1850 — welches ohne irgend eine Beschränkung für das ganze Gebiet des vormaligen Königreichs Hannover erlassen ist — hat das Jagdrecht auf fremdem Grund und Boden allgemein aufgehoben, nicht wie Implorant behauptet, nur das als dingliches Recht bestehende. Allerdings handelt der § 1 des Ges.'s nur von dem dinglichen Jagdrecht auf fremdem Grund und Boden; Ueberschrift und Eingang des Gesetzes aber enthalten eine solche Beschränkung nicht und der § 3 spricht jedem Grundeigenthümer das Jagdrecht auf eigenen Grund und Boden zu und § 29 Abs. 2 verordnet, daß in Fällen, da das Grundeigenthum streitig ist, die oberen Verwaltungs-Behörden einstweilen festzustellen haben, welcher der streitigen Theile als Grundeigenthümer jagdberechtigt sei. Wurde somit für alle Theile des Landes das Jagdrecht des Grundeigenthümers anerkannt, so hat diese Anerkennung nur dann eine Bedeutung, wenn das dem Grundeigenthümer zugesprochene Jagdrecht ein ausschließliches, also das Recht jedes Dritten beseitigendes ist gleichviel ob dieses Recht als ein dingliches bestanden hatte oder auf einer allgemeinen Jagdfreiheit beruhte. Der Unterschied in diesen beiden Alternativen bestand nur darin, daß im ersteren Falle unter den Voraussetzungen des § 2 das Jagdrecht des Dritten nur durch Ablösung aufgehoben werden konnte, was gegenüber einer früheren allgemeinen Jagdfreiheit nicht erforderlich war. Bestätigt wird diese Annahme durch die von dem Imploranten selbst in Bezug genommene Bestimmung des § 12 Nr. 2 des Gesetzes vom 11. März 1859. Grade die hier für die freie Feldmarksjagd getroffene Spezialbestimmung ergiebt, daß für andere Fälle das Recht der freien Jagd vom Gesetze nicht anerkannt wird, und zugleich, wie schon der Berufungsrichter mit Recht annimmt, daß die Gesetze von 1850 und 1859 ausnahmslos, ohne lokale Beschränkung, zur Anwendung zu bringen sind. Von der Feldmarksjagd aber handelt es sich im vorliegenden Falle nicht; vielmehr ist in diesem Falle, außer den oben allegirten Bestimmungen des Ges.'s v. 29. Juli 1850, der § 2 der Jagdordnung v. 11. März 1859, maßgebend, und nach diesen Bestimmungen kann von der Ausübung eines freien Jagdrechts auf den in Rede stehenden, dem Fiskus gehörigen Ländereien, welche nach der Feststellung des Berufungsrichters einen mehr als 300 Morgen umfassenden zusammenhängenden Länderkomplex bilden, nicht die Rede sein.

Antr. d. GStA.: gleichl. [12.—2.]

Vereine, politische. - Art der Erörterungen.

Für die Strafbarkeit politischer Vereine aus § 16 der Vdn. v. 11. März 1850 ist es gleichgültig, ob und in welcher Weise die bezweckte Erörterung politischer Gegenstände in den Versammlungen bereits stattgefunden hat.

Vdn. v. 11. März 1850 §§ 16 8; Vgl. RbOTr. 16. S. 759.

Erk. (V. I.) v. 20. März 1878 c. Hurlemann (91 I. Cr.).

Der App.-Richter geht davon aus, daß in Bezug auf den Zweck des „allgemeinen deutschen Maurer- und Steinhauer-Bundes", politische Gegenstände in Versammlungen zu erörtern, ein Beweis nicht geführt werden könne, weil die auf die Tagesordnungen dieses Vereins gesetzten Gegenstände, wie „das projektirte Hülfskassengesetz" und „der Normalarbeitstag" auch in ganz unpolitischer, nur die rein gewerklichen Interessen berührender Weise behandelt sein könnten und es für die Feststellung, in welcher Weise sich die Diskussion über jene Materien verbreitet habe, an Beweismitteln fehle. Diese Begründung verlangt zur Anwendung des § 8 der Verordn. v. 11. März 1850 (GS. S. 277) den Nachweis eines Moments, welches von dem Gesetze nicht verlangt wird. Der § 8 a. a. O. erfordert nur, daß der Verein, um den es sich handelt, bezweckt habe, politische Gegenstände in Versammlungen zu erörtern, nicht aber, wie der App.-Richter meint, daß auch bezweckt sei, die politischen Gegenstände in politischer Weise zu erörtern. Wenn das Gesetz die Aufstellung gewisser Beschränkungen für solche Vereine anordnet, welche die Erörterung politischer Gegenstände bezwecken, so kann das Eintreten oder Nichteintreten dieser Beschränkungen unmöglich davon abhängig gemacht werden, in welcher Art die einzelnen Redner im einzelnen Falle die zur Erörterung gestellten Gegenstände behandeln werden. Die Strafbestimmung des § 16 a. a. O. würde hierdurch völlig illusorisch werden, denn es würde dann niemals festzustellen sein, daß die Vorsteher, Ordner und Leiter die gesetzlichen Beschränkungen überschritten haben, sondern es würde eine solche Ueberschreitung stets nur dem einzelnen Redner zur Last fallen. Das Gesetz legt aber nach seiner klaren Fassung nur darauf Gewicht, welche Gegenstände in den Verhandlungen erörtert werden sollen, nicht darauf: wie sie demnächst erörtert werden. Es ist daher in dem Erkenntnisse des Ob.-Tr.'s vom 26. Novbr. 1875 (Goltdammers Archiv Bd. 23. S. 630) angenommen worden, daß die bereits erfolgte Ausführung der bezweckten Erörterung nicht zum Thatbestande der §§ 8, 16 a. a. O. erforderlich sei, und ebensowenig kann, wenn die bezweckte Erörterung wirklich stattgefunden hat, auf die Art der Behandlung des Materials der Erörterung im Einzelnen eingegangen werden.

Antr. d. GStA.: gleichl. [12.—2.]

Umherziehen. - Rohe Erzeugnisse der Landwirthschaft. Vieh.

Größeres Vieh gehört nicht zu den rohen Erzeugnissen der Landwirthschaft, deren Verkauf außerhalb Wohnorts von dem Erforderniß eines Legitimationsscheins befreit ist und deshalb nach Ges. v. 5. Juni 1874 einer besonderen Steuer nicht unterlag.

R.-Gew.-Ordn. v. 21. Juni 1869 § 55; Ges. v. 5. Juni 1874 § 4.

Erk. (Z. I.) v. 20. März 1878 c. Parnitzki (176 I. Cr).

Der Schwarzviehhändler P. hatte zu verschiedenen Malen außerhalb Wohnorts Ferkel verkauft, ohne einen Gewerbeschein zum Handel im Umherziehen zu besitzen. Er war deshalb aus § 2 und 26 des Reg. v. 28. April 1824 bestraft, behauptete aber auf Grund des § 4 des damals geltenden Gesetzes v. 5. Juni 1874 steuerfrei gewesen zu sein. Seine NB. wurde zurückgewiesen.

Nach § 55 Schlußabsatz der Deutschen Gew.-Ordn. v. 21. Juni 1869 ist zwar zum Verkauf oder Ankauf roher Erzeugnisse der Landwirthschaft im Umherziehen ein Legitimationsschein nicht erforderlich, und nach § 42 ebenda in Verbindung mit dem hier noch zur Anwendung kommenden § 4 des Preuß. Gesetzes, betr. einige Abänderungen der Vorschriften über die Besteuerung der Gewerbe u. s. w. vom 5. Juni 1874 hatten daher zur Zeit der Geltung der letztgedachten Bestimmung Personen, welche zum selbständigen Betrieb eines stehenden Gewerbes befugt waren, für einen Gewerbebetrieb der obengedachten Art im Umherziehen eine besondere Steuer nicht zu entrichten. Nach dem in dieser Materie herrschenden Sprachgebrauch wird jedoch größeres Vieh, wie z. B. Schweine, zu den rohen Erzeugnissen der Landwirthschaft nicht gerechnet. Hierfür spricht auch die Bestimmung des § 66 der Deutschen Gew.-Ordn., wonach größeres Vieh von den rohen Naturerzeugnissen, welche Gegenstand des Wochenmarktverkehrs bilden, ausgeschlossen ist.

Antrag d. GStA.: gleichl. [9.—2.]

Konkursordnung. – Begünstigung eines Gläubigers. – Zweiseitiger Vertrag.

Nur diejenige Zuwendung ist als Begünstigung eines Gläubigers anzusehen, welche der Gemeinschuldner an Jemanden macht, der schon vorher sein Gläubiger war, nicht aber diejenige, welche er auf Grund eines erst jetzt abgeschlossenen zweiseitigen Vertrages an den Mitkontrahenten macht und gegen welche dieser erst sein Gläubiger wird.

Konkurs-Ordn. §§ 308 und 309.

Beschl. (II.) v. 21. März 1878 c. **H.** (60B. II. Cr.).

In Erw., daß nach den Akten und der Darstellung des Sachverhalts in der Anklageschrift v. 7. Jan. cr. E. H. für eine Schuld seiner Eltern, der W. und M. H.'schen Eheleute, dem Kaufmann E. am 24. Jan. und 15. Febr. 1876 Bürgschaft geleistet hat, daß jedoch E. diese Bürgschaft nur unter der Bedingung angenommen, daß E. H. sich zur Sicherung seiner Bürgschaft das gesammte Mobiliar seiner Eltern verschreiben lasse, und daß zur Erfüllung dieser Bedinguug der Vertrag v. 6. Febr. 1876 abgeschlossen worden ist, wegen dessen gegen die Ehefrau H. auf Grund des § 308 der Konkurs-Ordnung und gegen E. H. auf Grund des § 309 der Konk.-Ordn. Anklage erhoben ist, während W. H. und E. der Beihülfe resp. Anstiftung beschuldigt werden;

daß die Einleitung der Untersuchnng von den Instanzgerichten deshalb abgelehnt worden ist, weil E. H. zur Zeit des Vertragsabschlusses für die Firma H. noch keine Zahlung geleistet habe und deshalb noch nicht Gläubiger derselben geworden fei;

daß es indessen auf die Erörterung, inwiefern E. H. bereits zur Zeit des Abschlusses des Vertrages v. 6. Febr. 1876 als — bedingter oder eventueller — Gläubiger seiner Eltern anzusehen war, deshalb nicht ankommt, weil dieser Vertrag in untrennbarer Verbindung steht mit den Erklärungen, durch welche E. H. die Bürgschaft dem E. gegenüber übernommen hat;

daß also, selbst wenn E. H. durch diese Bürgschaftsübernahme Gläubiger der H.'schen Eheleute geworden, dies nur geschehen ist gegen Zusicherung der Ueberlassung des Mobiliars, über welches der Vertrag v. 6. Febr. 1876 errichtet worden;

daß hiernach dieser Vertrag nicht als ein besonderer Vertrag im Sinne des § 309 und der Abschluß desselben nicht als eine Begünstigung im Sinne des § 308 der Konkurs-Ordnung aufzufassen ist, weil beide §§ voraussetzen, daß einem Gläubiger ein Vortheil eingeräumt werde, durch welchen das bereits bestehende Rechtsverhältniß nachträglich zum Nachtheile der übrigen Gläubiger geändert wird, die in demjenigen Vertrage, durch welchen das Recht des Gläubigers erst begründet worden, demselben zugesicherte Gegenleistung aber nicht für einen solchen Vortheil zu erachten ist;

daß nun zwar unter Umständen in einer solchen Gegenleistung die Beiseiteschaffung von Vermögensstücken gefunden werden kann, diese Annahme jedoch im vorliegenden Falle durch die in der früheren Untersuchung erfolgte Freisprechung der H.'schen Eheleute und des E. H. ausgeschlossen ist.

Antr. d. GStA.: gleichl. [19.—4.]

Bankerutt. - Kaufmann. - Bearbeitung beweglicher Sachen.

1. Die Uebernahme der Bearbeitung beweglicher Sachen für Andere, welche in Gemäßheit des Art. 272 Nr. 1 des HGB.'s, wenn sie gewerbsmäßig und in einer über den Umfang des Handwerks hinausgehenden, Ausdehnung betrieben wird, Handelsgeschäft ist, umfaßt nur solche Geschäfte, bei welchen die zu bearbeitenden Rohmaterialien von dem Uebernehmer nicht angeschafft sondern ihm zu dem Zwecke der Bearbeitung von Anderen übergeben werden.

HGB. Art. 272 Nr. 1.

2. Die Anschaffung von beweglichen Sachen zum Zwecke der Veräußerung nach geschehener Bearbeitung ist nur dann gemäß Art. 271 Nr. 1 des HGB.'s Handelsgeschäft, wenn dieselben nach ihrer Bearbeitung bewegliche Sachen bleiben und als solche veräußert werden sollen. Insbesondere ist die Anschaffung von Rohmaterialien zum Zwecke der Verwendung im Wege der Bauunternehmung nicht als ein Handelsgeschäft anzusehen.

HGB. Art. 271 Nr. 1; Vgl. RbOTr. 17. S. 167.

Erk. (**V. II.**) **v. 21. März 1877 c. Lichtenstein** (326 II. Cr.).

Antr. d. GStA.: gleichl. [21.—4.]

Diebstahl. – Benutzung eines früheren Einbruchs. – Nicht mittels Einbruchs verübt.

Benutzt ein Dieb einen von ihm zu einem früheren Diebstahl vorgenommenen Einbruch in Folge eines neuen Entschlusses zu einem abermaligen Diebstahl, so ist dieser zweite Diebstahl nicht mittels Einbruchs verübt.

StGB. § 243 Nr. 2 [n. 30]; Sic.: RbOTr. 10. S. 103.

Erk. (S. II.) v. 21. März 1878 c. Scholze (119 II. Cr.).

Die Instanzrichter nehmen für erwiesen an, daß die beiden Angeklagten, nachdem sie in den Kohlenschuppen eingestiegen, die, diesen Schuppen von dem angrenzeuden Schüttboden trennende Wand durchbrochen, und so auf den letzteren gelangend hier das Getreide gestohlen, sodann daß die Angeklagten, an einem späteren Tage von Neuem den Entschluß fassend, abermals auf dem Schüttboden Getreide zu stehlen, diesen Diebstahl in derselben Weise, unter Benutzung des bereits gebrochenen Loches, ausgeführt haben. Dieser zweite Diebstahl ist von den Vorderrichtern als ein solcher mittels Einbruchs qualificirt worden; die NB. findet in dieser Qualifikation eine Verkennung des Begriffs des „Einbruchs" im Sinne des § 243 pos. 2 des StGB.'s. — Der Diebstahl mittels Einbruchs im Sinne der angezogenen Gesetzesbestimmung setzt voraus, daß von dem Diebe das Einbrechen in der Absicht, um dadurch die Ausführung des Diebstahls möglich zu machen, bewirkt sein müsse. Dies ergiebt sich zunächst aus dem Wortlaut des § 243 pos. 2 cit. Denn wenn es daselbst heißt: „wenn aus einem Gebäude m i t t e l s Einbruchs gestohlen wird", so weist diese Wortfassung darauf hin, daß der Thäter gerade das Einbrechen als dasjenige Mittel angewendet haben müsse, durch welches er den Diebstahl zur Ausführung zu bringen beabsichtigt hat. Ebenso spricht für diese Annahme auch die Bedeutnng, welche der Gesetzgeber dem thatbestandlichen Momente des Einbtuchs beigelegt hat, indem durch das

Hinzutreten dieses Begriffsmerkmals der Diebstahl der Kategorie der Verbrechen zugewiesen wird. Zu dieser Straferhöhung im Verhältniß zur Strafe des einfachen Diebstahls konnte als leitendes Motiv nur die Berücksichtigung der in dem Diebstahl mittels Einbruchs liegenden Gefährlichkeit führen; dieser Gesichtspunkt der größeren Geflissentlichkeit kann aber nur unter der thatsächlichen Voraussetzung als ein berechtigter gelten, wenn der Thäter das Einbrechen Zwecks Ausführung des von ihm beabsichtigten Diebstahls bewirkt hat. Es liegt, wie das Ob.-Trib. in seiner Rechtsprechung anerkannt hat, kein Diebstahl mittels Einbruchs vor, wenn der Dieb den von einem unbetheiligten Dritten oder den von ihm selbst zwar gelegentlich des Diebstahls jedoch nicht in diebischer Absicht verursachten Einbruch bei Verübung der That benutzt hat. Rechtlich aber steht diesen Fällen vollkommen derjenige gleich, wo, wie vorliegend festgestellt, der Dieb in der Absicht zu stehlen den Einbruch bewirkt und sodann zufolge eines neuen Entschlusses, abermals zu stehlen, das von ihm bereits gebrochene Loch zur Ausführung des zweiten Diebstahls benutzt hat. Auch hier ist der zweite Diebstahl im Sinne des Gesetzes nicht mittels Einbruchs ausgeführt. Denn in allen diesen Fällen fehlt es gleichmäßig an der wesentlichen Voraussetzung, daß das Einbrechen in diebischer Absicht erfolgt ist, oder mit anderen Worten, daß das Einbrechen als dasjenige Mittel angewendet wurde, wurch welches nach Absicht des Thäters der Diebstahl zur Ausführung gebracht werden sollte; und nur äußerlich ähneln insoweit diese Fälle dem gesetzlichen Requisite des Einbruchs, als auch bei ihnen ein durch ein Einbrechen herbeigeführter thatsächlicher Zustand, die in die Umfriedigung gebrochene Oeffnung, gelegentlich der Ausführung des Diebstahls benutzt worden ist.

Antr. d. OStA.: gleichl. [7.—4.]

Jagdberechtigter. - Schäferhunde. - Tödtung derselben.

1. Ein bei einer weidenden Heerde befindlicher Schäferhund darf von dem Jagdberechtigten nicht getödtet werden.

§ 65 Th. II Tit. 16 ALR.; StGB. § 303.

2. Das kurfürstlich sächsische Mandat vom 26. Juli 1732 ist aufgehoben.

Vgl. Striethorst Archiv Bd. 80. S. 84; Entsch. d. Ob.-Trib. Bd. 24 S. 1 und 25. S. 308.

Erk. (Z. I.) **v. 23. März 1878 c. v. Ivernoir** (199 I. Cr.).
Antr. d. GStA.: gleichl. [9.—3.]

Nichtigkeit. - Beschränkung der Vertheidigung. - Verspätete Vorführung.

1. Der verhaftete Angeklagte ist in seiner Vertheidigung beschränkt, wenn die von ihm im Laufe der zweiten Instanz zum Zwecke weiterer Angaben von Beweismitteln beantragte Vorführung durch den ersten Richter so verzögert wird, daß die Anträge erst nach Abhaltung des Termines zur Kenntniß des Appellationsrichters gelangen.

2. Die Nichtigkeit des Verfahrens wird dadurch nicht beseitigt, daß die Schuld der Verzögerung nicht dem Appellationsrichter, sondern dem Gerichte erster Instanz zur Last fällt.

Ges. v. 3. Mai 1852 Art. 107 Nr. 2, 108 Nr. 5, 115.

Erk. (V. I.) **v. 20. März 1878 c. Schade** (357 I. Cr.).

Die verhaftete Angeklagte hat am 4. Jan. d. J. in der ausgesprochenen Absicht, zu dem auf den 10 d. Mts. anberaumten Audienztermine zweiter Instanz noch neue Entlastungszeugen in Vorschlag zu bringen, um schleunige Vorführung gebeten. Diesem Antrage ist gerichtsseitig erst am 11. Jan. d. J. stattgegeben, der Angeklagten mithin ohne ihre Schuld die Möglichkeit entzogen worden, die nunmehr erst in der NB. spezialisirten Beweisanträge noch rechtzeitig zur Kenntniß des Appell.-Richters zu bringen. Daß der Antrag vom 4. Januar d. J. erst nach Ablauf der gesetzlichen Appellations-Rechtfertigungsfrist gestellt worden ist, kann in der Sache nichts ändern, weil der App.-Richter nach Art. 104 des Ges.'s vom 3. Mai 1852 befugt war, auch verspätete Beweisanträge aus besonderen Gründen noch zuzulassen. Lediglich ihm steht es zu, die gegenwärtig angebotenen Entlastungsbeweise in dieser Richtung zu prüfen. Unerheblich ist es ferner, daß die gerügte Beschränkung der Vertheidigung nicht dem App.-Richter, sondern dem Gerichte erster Instanz zur Last fällt. Es genügt, daß dieselbe in dem die Hauptverhandlung zweiter Instanz vorbereitenden Verfahren stattgefunden. Die Angeklagte war berechtigt, direkt auf protokollarischem Wege die ihr erheblich scheinenden Beweisanträge der Prüfung des App.-Richters zu unterbreiten. Daß ihr diese Möglichkeit ohne ihre Schuld entzogen ist, begründet nach Art. 307 Nr. 2, 108 Nr. 5 und 115 des Ges.'s v. 3. Mai 1852 die Nichtigkeit des angefochtenen Erkenntnisses und des demselben vorausgegangenen Verfahrens.

Antr. d. GStA.: gleichl. [15.—3.]

Amtshandlung. - Bischof. - Hirtenbriefe. - Veröffentlichung. - Gehülfe. - Thäter.

Der Redakteur, welcher amtliche Erlasse eines abgesetzten Bischofes veröffentlicht, macht sich nur dann einer Beihülfe zu einem nach den §§ 1—4 des Gesetzes vom 20. Mai 1874 zu ahndenden Vergehen schuldig, wenn gegen den Bischof selbst zugleich die Thäterschaft festgestellt ist.

Ges. v. 20. Mai 1874 §§ 1—4; StGB. § 49.

Erk. (B. I.) v. 23. März 1878 c. Thieme (218 I. Cr.).

Der Appell.-Richter hat den gesetzlichen Begriff der „Beihülfe“ rechtsirrthümlich verkannt. Als „Gehülfe“ wird nach § 49 des R.-StGB.'s bestraft, wer dem Thäter zur Begehung des Verbrechens oder Vergehens durch Rath oder That wissentlich Hülfe geleistet hat. Unter „Thäter“ versteht aber das StGB. Denjenigen, welcher die zum Thatbestande erforderliche äußere Handlung mit der im Gesetze vorgeschriebenen Willensrichtung selbst und unmittelbar begeht. Den Thatbestand, also auch die Thäterschaft der unbefugten Ausübung bischöflicher Rechte findet nun der App.-Richter in der Veröffentlichung zweier von dem abgesetzten Bischofe erlassenen, an die Priester und Diözesanen des Bisthums gerichteten Hirtenbriefe durch die vom Angeklagten redigirte Zeitung „Germania“. Bezüglich der Thäterschaft des Bischofs aber ist nichts weiter festgestellt, als daß derselbe den allgemeinen Willen gehabt habe, seine Hirtenbriefe in Preußen „durch die Presse veröffentlicht zu sehen und dadurch dort bischöfliche Rechte auszuüben“. Bezüglich der „Beihülfe“ des Angeklagten dagegen ist festgestellt, daß derselbe „mit dem Bewußtsein und der Absicht, dem Bischofe zur Ausführung seines Willens behülflich zu sein, dessen Hirtenbriefe durch die Germania veröffentlicht habe, und zwar mit Kenntniß von dem Inhalte der Hirtenbriefe und mit Kenntniß von der Erledigung des bischöflichen Stuhles“. Ob der Bischof um diese Publikation gewußt, oder ob der Angeklagte dabei lediglich in der Absicht, den ihm bekannten Intentionen des Bischofs zu entsprechen, aus eigenem Antriebe gehandelt habe, wird für gleichgültig erklärt. Es liegt auf der Hand, daß hier der strafbare Wille des Bischofs, in Preußen unbefugt bischöfliche Rechte auszuüben, mit der wirklichen Ausübung dieser Rechte identifizirt, und daß aus den Motiven und Zwecken der Veröffentlichung der Hirtenbriefe eine Beihülfe des Angeklagten gefolgert worden ist, welche der wesentlichsten Voraussetzung ihres Begriffes, der Feststellung eines Thäters, entbehrt. Denn ist der Thatbestand der unbefugten Ausübung bischöflicher Rechte lediglich in der Veröffentlichung der Hirtenbriefe durch die Germania zu finden, so muß der Bischof, um als Thäter des gedachten Vergehens angesehen werden zu können, zu dieser Veröffentlichung mindestens unmittelbar mitgewirkt haben. Da sonach der thatsächlichen Feststellung des Appell.-Richters eine rechtsirrthümliche Auffassung des Begriffes der „Beihülfe" zum Grunde liegt, so rechtfertigt sich nach Art. 107 Nr. 1, 115 und 116 des Ges.'s v. 3. Mai 1852 die Vernichtung der darauf gestützten Entscheidung.

Antr. d. GStA.: Zurückweisung. [15.—3.]

Strafthat. - Zeit. - Identität der Handlung.

Die Zeit der Begehung einer Strafthat gehört regelmäßig nicht zu den wesentlichen, die Identität der Handlung alterirenden Merkmalen derselben.

Vdn. v. 3. Jan. 1849 § 1 [n. 14]; Ges. v. 3. Mai 1852 Art. 30 [n. 2].

Erk. (S. I.) v. 27. März 1878 c. Bartosik (170 I. Cr.).

Die Anklage lautete dahin, daß B. dem S. im Sommer 1876 Schindeln entwendet habe; das erste Urteil stellte fest, daß dieses nicht zu der angegebenen Zeit, wohl aber im Jahre 1875 geschehen sei und verurteilte. Das Appell.-Gericht dagegen sprach frei, weil sonach der festgestellte Thatbestand ein ganz anderer sei, als der in der Anklage gerügte, indem die Verlegung der That in das Jahr 1875 keine andere Qualificirung und keinen blos begleitenden Umstand bilde. Das Ob.-Tr. vernichtete auf NB. der StA.-schaft und verwies zu weiterer Verhandlung.

Die erstrichterliche Feststellung mußte der App.-Richter, welcher nach seinem Beschlusse vom 17. Juli 1877 eine auf den betreffenden Anklagepunkt bezügliche Beweisaufnahme nicht veranlaßt hat, gemäß Art. 101 des Ges.'s v. 3. Mai 1852 auch seiner Entscheidung zum Grunde legen. War hiernach das Abweichen von der thatsächlichen Feststellung des ersten Richters nicht gerechtfertigt, so hat der Appell.-Richter auch verkannt, daß zu den wesentlichen Merkmalen einer strafbaren Handlung die Zeit der Begehung derselben nicht gehört und daß daher nach Art. 30 des angeführten Gesetzes ohne Rücksicht auf die in der Anklageschrift enthaltene Zeitangabe die Anklage für erhoben gilt, sobald sich ergiebt, daß es sich um dasselbe konkrete Thun handelt,

— was vorliegend der erste Richter angenommen, — der App.-Richter aber einer thatsächlichen Prüfung nicht unterzogen hat. [20.—2.]

Stempeltarif. - Punktationen. - Hannover.

1. Die Nr. 47 des Stempeltarifs v. 19. Juli 1867 ist auch in der Provinz Hannover auf alle Punktationen ohne Rücksicht auf ihren Gegenstand anwendbar.

2. Stempelpflichtige Punktationen sind alle vorbereitenden Verträge, welchen civilrechtlich die Wirkung beiwohnt, daß die daraus sich ergebenden Rechte im Wege der Klage zur gerichtlichen Geltung gebracht werden können. Nur unklagbare Traktaten und Präliminarverträge sind ausgeschlossen.

Stempel-Vdn. v. 19. Juli 1867; Tarif Nr. 47; Hann. Ges. v. 16. Dezbr. 1843 § 6; RdOTr. 9. S. 364.

Erk. (V. I.) 27. März 1878 c. Brummerhoff (227 I. Cr.)

B. und O. haben zu Hannover einen schriftlichen Privatvertrag mit einander abgeschlossen, wonach sie sich gegenseitig ihre Häuser verkaufen (also eigentlich vertauschen) und worin sie bestimmen, daß der Kontrakt mit Abtretungsurkunde spätestens zu einem bestimmten Zeitpunkt notariell abgeschlossen werden solle und für den Fall daß ein oder der andere Theil nicht erscheinen oder seinen Vertrag zurückziehen wolle, dieser eine Konventionalstrafe von 3000 Mk. zu zahlen habe. Dieser Vertrag war nicht gestempelt. Von der auf §§ 12, 13, 14 der Stempel-Vdn. v. 19. Juli 1867 sowie Nr. 47 des Stempeltarifs gestützten Anklage erfolgt in der Berufungsinstanz Freisprechung weil die Nr. 47 in der Provinz Hannover nur auf die landrechtlichen Gebiete Anwendung leide und die vorliegende Punktation nach Hannoverischem Recht keine Klage auf Erfüllung des Tauschvertrages gewähre. Das Ob.-Tr. vernichtete auf NB. der StA.-schaft.

]Zu 1.] Die Vorschrift der pos. 47 des Stempeltarifs v. 19. Juli 1867 besagt, daß Punktationen über einen zu errichtenden Vertrag, welche die Kraft eines Vertrages haben und demnach eine Klage auf Erfüllung begründen, wie Verträge über denselben Gegenstand der Stempelsteuer unterliegen, auch wenn die Ausfertigung einer förmlichen

Vertragsurkunde darin vorbehalten ist. Der Berufungsrichter geht davon aus, daß diese Position, welche auf den gleichen Vorschriften des Tarifs für die älteren preußischen Provinzen vom 7. März 1822 und der erläuternden Kgl. Kab.-Ordre v. 7. März 1834 beruht, aus dem preußischen Landrecht Th. I Tit. 5 § 120ff. zu erklären sei; die dort getroffene Unterscheidung zwischen Punktationen und förmlichen Verträgen habe wesentliche Bedeutung für die Verträge über Immobilien, welche zur Erwerbung des sogenannten Bucheigenthums und zur Verfügung mittelst des Hypothekenbuchs der öffentlichen Form bedürfen, während die dieser Form noch ermangelnden Punktationen eine Klage auf Errichtung solcher öffentlicher Urkunden und auf sonstige materielle Erfüllung des Vertrags gäben und einen Titel für Erwerb des sogenannten natürlichen Eigenthums bildeten. Derartige Punktationen aber seien dem hier in Frage stehenden Bezirke des gemeinen Rechts und des hannöverschen Provinzialrechts fremd und der den Gegenstand der Anklage bildende schriftliche Privatvertrag gewähre nach § 6 des hannöverschen Ges.'s v. 16. Dezbr. 1843 nur eine Klage auf Anerkennung der Urkunde, nicht aber auf Leistung der darin übernommenen Pflichten und auch dieses nur während der kurzen Verjährungsfrist von sechs Wochen. Dabei gelangt der Berufungsrichter weiter zu dem Ergebnisse, daß die pos. 47 in ihrer Anwendbarkeit für Hannover sich auf dessen landrechtliches Geltungsgebiet beschränke. Bei dieser Ausführung läßt es sich zunächst nicht anerkennen, daß die Bedeutung der pos. 47 sich auf Punktationen über Immobilien und zwar solche Punktationen beschränken soll, welche unter der Herrschaft des preußischen Landrechts oder doch wenigstens mit den jenen landrechtlichen Bestimmungen entsprechenden rechtlichen Wirkungen abgeschlossen werden. Das Gesetz umfaßt seinem Wortlaute nach Punktationen jeder Art ohne Rücksicht auf den Gegenstand und hier wie bei dem Tarif zum Stempelgesetz v. 7. März 1822 berechtigt Nichts zu der Annahme, daß der Gesetzgeber ohne jede

Andeutung darüber Punktationen anderer Art habe ausscheiden wollen, auch wenn ihnen nach der einschlagenden Civilgesetzgebung im Uebrigen diejenige im Gesetze bezeichnete Wirksamkeit beiliegt, von welcher die Stempelpflicht daselbst abhängig gemacht ist. Noch weniger trifft jene Einschränkung auf die landrechtlichen Gebiete zu. Dieser Gesichtspunkt läßt sich schon für den Tarif von 1822 in keiner Art verwerthen; dieser umfaßt die gesammte damalige Monarchie und darunter beträchtliche Landestheile, worin das allgemeine Landrecht damals nicht in Geltung war und theilweise heute noch nicht gilt. Wäre bei der Position „Punktationen" nur an das landrechtliche Gebiet gedacht worden, so würde dieser Gedanke ebensowohl haben Ausdruck finden müssen nnd Ausdruck gefunden haben, als dieses bei anderen Positionen, welche nur für ein bestimmtes Rechtsgebiet Anwendung leiden, z. B. denjenigen über „Urkunden der Gerichtsvollzieher" geschehen ist, welche eine Hinweisung auf die französische Gesetzgebung enthält. In noch höherem Maße muß dies von der Königl. Verordn. v. 19. Juli 1867 gelten, welche nicht etwa blos für das vormalige Königreich Hannover, sondern gleichzeitig für eine Reihe anderer Landestheile erlassen ist, worin das allgemeine Landrecht weder gilt noch jemals gegolten hat. Auch hier ist, wo zu Gunsten eines einzelnen Rechtsgebiets Ausnahmen eintreten sollten, z. B. bei pos. 46 Abs. 2 des Tarifs dieses besonders angegeben.

[Zu 2.] Betrafen die seitherigen Ausführungen die inneren Gründe, aus welchen der Berufungsrichter seine Ansicht über den Sinn und die praktische Bedeutungslosigkeit der pos. 47 konstruirte, so läßt sich auch die Art und Weise nicht anerkennen, wie er den Wortlaut des Gesetzes zu Gunsten derselben handhabt. Der Berufungsrichter unterstellt, daß hiernach eine Punktation vorausgesetzt werde über einen zu errichtenden Vertrag, welche eine Klage auf Erfüllung des Vertrags begründet, und hält die Position für unanwendbar, weil das Gesetz vom 16. Dezbr. 1843 keine Klage auf Erfüllung des schriftlich geschlossenen Privatkauf- bezw. Tauschvertrags zulasse. Dieses ist unrichtig. Das Gesetz spricht nicht von der Klage auf Erfüllung des erst zu errichtenden Vertrags, also der daraus zu begründenden Hauptleistung und Gegenleistung, insbesondere auf Ueberlieferung und Zahlung. Das Gesetz setzt nur voraus, daß die Punktation die Kraft eines Vertrags habe und demnach eine Klage auf ihre Erfüllung gewähre. Es begreift also alle an sich blos vorbereitenden Verträge, welchen civilrechtlich nach dem sie beherrschenden Rechtssystem eine rechtserzeugende Wirkung der Art beiliegt, daß die daraus sich ergebenden Rechte und Rechtsverhältnisse im Wege der Klage zur gerichtlichen Geltung gebracht werden können, schließt dagegen Verträge dieser Art aus, welche ihrer Bedeutung nach unter die absolut unklagbaren Traktate und Präliminarverträge fallen. Welchen Inhalts das aus einer solchen Punktation für die Kontrahenten entspringende Erfüllungsrecht sein müsse, darüber spricht der Gesetzgeber sich überhaupt nicht aus; er verlangt ebensowenig, daß daraus bereits auf Erfüllung des künftig erst zu errichtenden Vertrags zu klagen möglich sei, als er die beschränkte Klage auf Herstellung der für letzteren verlangten gesetzlichen Form oder, wie im gegenwärtigen Falle auf Anerkennung der errichteten Privaturkunde behufs Herstellung der öffentlichen Urkunde ausschließt. Er hat also jede dieser Wirkungen im Auge, wie sich solche aus den einschlagenden Civilgesetzen herleiten läßt. Auf gleicher Anschauung beruht die von dem Berufungsrichter angezogene Entscheidung des Königl. Ob.-Tr.'s v. 10. Juni 1868 bei Oppenhoff, Rechtspr. 9. S. 364, vgl. auch daselbst Bd. 1. S. 388.

Antr. d. GStA.: gleichl. [11.—2.]

Seemannsordnung. - Schiffsmann. - Entlaufen.

Der § 298 des StGB.'s versteht unter Schiffsmännern auch die Personen, welche nach § 3 der Seemannsordnung ohne zur Schiffsmannschaft zu

gehören, auf einem Schiff angestellt sind. Dazu gehören die Heizer auf Dampfschiffen. Die Strafbarkeit ihres Entlaufens ist nicht davon abhängig, daß sie den Dienst bereits angetreten hatten.

StGB. § 298 [n. 1], § 297]n. 1]; Seemannsordnung v. 27. Dezbr. 1872 § 3, § 81.

Erk. (B. I.) v. 27. März 1878 c. Einfeldt (189 I. Cr.).

E. war von dem Kapitän eines Dampfschiffs als Heizer auf diesem Schiff mit monatlicher Gage engagirt nnd hatte sich verpflichtet sich an einem bestimmten Tage an Bord zum Dienst zu stellen. Er hat die Gage eines halben Monats im Voraus empfangen, sich aber nicht gestellt und das empfangene Geld für sich verwendet. Von der auf § 298 des StGB.'s gestützen Anklage ist er freigesprochen, weil er als Heizer zu den auf dem Schiff angestellten Personen zu rechnen sei, die nach § 3 der Seemannsordnung zur Schiffsmannschaft nicht gehören und das Gesetz eine völlige Gleichstellung jener Personen mit diesen nur für die Zeit nach geschehenem Dienstantritt ausspreche. Das Ob.-Tr. vernichtete auf NB. der StA.-schaft.

Wäre für die Frage, ob eine Person, welche im Sinne des § 3 der Reichs-Seemannsordnung v. 27. Dezbr. 1872 (RGB. S. 409) ohne zur Schiffsmannschaft zu gehören auf einem Kauffahrteischiffe als Maschinist, Aufwärter oder in anderer Eigenschaft angestellt ist, in strafrechtlicher Beziehung dem Schiffsmann, welcher mit der Heuer entläuft oder sich verborgen hält, um sich dem übernommenen Dienste zu entziehen, gleichgestellt sei, die Vorschrift des § 298 des R.-StGB.'s allein entscheidend, so würde solche schon von diesem Standpunkte aus zu bejahen sein. Was der § 298 unter einem Schiffsmann versteht, ist zwar daselbst nicht angegeben, es erhellt dieses jedoch aus dem vorhergehenden § 297, welcher den Reisenden oder Schiffsmann unter Strafe stellt, der ohne Vorwissen des Schiffers Gegenstände an Bord nimmt, wodurch er in der näher bezeichneten Weise das Schiff oder die Ladung gefährdet, denn es ist nicht anzunehmen, daß in zwei unmittelbar auf einander folgenden Bestimmungen des Gesetzes derselbe Begriff in verschiedener Bedeutung sollte aufgefaßt worden sein. Daß aber § 297 unter dem Schiffsmann auch die genannten jetzt unter § 3 der Seemanns-Ordnung fallenden Personen einbegriffen, ergiebt der Gegensatz, in welchen der Schiffsmann zu dem Reisenden gesetzt ist und die Tendenz der Vorschrift, welche aus den Motiven des Gesetzentwurfs S. 139 dahin erhellt, daß überhaupt das Verbringen von Gegenständen an Bord hat vermieden werden sollen, wodurch eine Gefährdung des Schiffes in der angegebenen Richtung herbeigeführt werde. Da aber die im Wege des § 3 angestellten Personen nicht zu den Reisenden gehören, so muß der Gesetzgeber sich solche nothwendig als Bestandtheil der Schiffsmannschaft gedacht haben. Das R.-StGB. hat sich in dieser Beziehung die Terminologie des D. HGB.'s, welches in den Artt. 445, 528 und 554 zwischen Schiffsmannschaft und Schiffsbesatzung unterschied und zu der Letzteren die außer der Schiffsmannschaft auf dem Schiffe angestellten Personen zählte, allerdings nicht angeeignet, sondern ist der Begriffsauffassung des Preuß. StGB.'s treu geblieben, welches sich an die Bezeichnungsweise des § 1542 Tit. 8 Th. II des ALR.'s anschloß; vgl. Goltd., Materialien Bd. II S. 624. Daß aber das Allg. Preuß. Landrecht zu den Schiffsleuten auch solche Schiffsbedienstete zählte welche nicht mit der seetechnischen Verwaltung und Leitung des Schiffs befaßt waren, sondern diesen Zwecken nur mittelbar dienstbar sein sollten, ergiebt § 1539 daselbst, wo auch der Schiffskoch unter dem „Schiffsvolke", der damaligen Bezeichnung für die gesammte Schiffsbesatzung, einbegriffen war. Es ist indessen anzuerkennen, daß weil es sich um eine strafgesetzliche Vorschrift der Seemannsordnung handelt, für den Sinn des Begriffs „Schiffsmann" nur dieses neuere Gesetz in seinem Zusammenhang entscheiden kann, wenn gleich nichts ersichtlich ist, was einen unmittelbaren Schluß darauf gestattete, daß etwas von dem seitherigen Rechte Abweichendes habe bestimmt werden sollen. In dieser Beziehung aber ist dem Berufungsrichter zwar darin beizutreten, daß die nach § 3 Abs. 2 daselbst angestellten Personen nicht zu der Schiffsmannschaft im Sinne des § 3

Abs. 1 daselbst gehören, solche vielmehr daselbst in ausdrücklichen Gegensatz gebracht sind und daß, wie sich dieses per argumentum a majore ad minus ergiebt, ebenso wenig der angestellte Heizer der Dampfmaschine sich zu der Schiffsmannschaft zählen läßt, nachdem der Maschinist selbst, zu dessen Unterstützung er dienen soll, durch positive Vorschrift, deren innerer Grund dahin gestellt bleiben kann, davon ausgeschlossen ist. Dagegen ist dem Berufungsrichter der Nachweis nicht gelungen, daß jene anderweit angestellte Personen, der Vorschrift des § 81 Abs. 3 nicht verfallen, wenn sie zu der Zeit des Entlaufens mit der Heuer den von ihnen übernommenen Dienst noch gar nicht angetreten haben. Der Berufungsrichter bedient sich dabei einer doppelten Begründungsweise, indem er einmal ausführt, daß der § 3 der Seemanns-Ordnung, indem er die genannten Schiffsangestellten den Pflichten unterwirft, welche das Gesetz in Ansehung der Schiffsmannschaft festsetzt, unter den Angestellten, die bereits wirklich in den Dienst getretenen Angestellten versteht und zum Anderen, daß die Strafbestimmung des § 81 Abs. 3 überhaupt nur gegen solche Schiffsleute sich wende, welche nach geschehener Anmusterung und bewirktem Antritte des Schiffsdienstes entlaufen. Angeklagter aber sei bei seiner Entfernung überhaupt noch nicht in den Dienst getreten gewesen und habe ebensowenig der Anmusterung bereits unterlegen. Beides ist rechtsirrthümlich. In der ersten Beziehung spricht Abs. 2 des § 3 von Personen, welche „auf dem Schiffe angestellt" sind, allerdings in dem Sinne, daß dieselben dort Dienste wirklich verrichten. Allein dieser Sinn ist kein anderer als derjenige, worin Abs. 1 daselbst die Bezeichnung „Schiffsmannschaft" und „Schiffsmann" gebraucht. Auch von diesen ist dabei unterstellt, daß sie zur Bemannung des Schiffes wirklich dienen, also auf dem Schiffe sich bereits befinden. Dennoch hat dieses nicht hindern können und nicht gehindert, daß auch anderweite Bestimmungen in das Gesetz aufgenommen wurden, welche die Stellung und das

Verhalten des als Schiffsmann angenommenen Seemanns vor seinem wirklichen Dienstеintritte betreffen und wenn es richtig ist, daß die sämmtlichen Pflichten, welche das Gesetz dem Schiffsmann in Beziehung auf seine Stellung gegenüber dem Schiffer und dem Schiffe auferlegt, auch von den anderweit angestellten Personen verlangt werden, so liegt in der Natur der vom Gesetze beliebten Bezeichnung der Letzteren mittelst Umschreibung anstatt der direkten Namenbeilegung kein Grund den Kreis derselben enger als bei der Schiffsmannschaft zu ziehen und die Anwendbarkeit einzelner von dieser geltenden Vorschriften auf jene auszuschließen. Es besteht um so weniger Grund hierzu, als nach der gegenwärtigen Fassung des § 3 ein rechtlicher Unterschied zwischen beiden Klassen der Schiffsbesatzung sich in der That nicht konstruiren läßt. Der ursprüngliche Gesetzentwurf kannte einen solchen allerdings. Es war daselbst beabsichtigt für die Klasse der nicht zur Schiffsmannschaft gehörigen Angestellten hinsichtlich des in Abschnitt III geregelten „Vertragsverhältnisses" zwischen Schiffer und Mannschaft abändernde Vertragsbestimmungen zuzulassen, welchen gegenüber das Gesetz keine Anwendung zu leiden hatte; vgl. Drucksachen des Deutschen Reichstages, Legisl.-Periode III. Session Bd. I Nr. 65 S. 3. Es sollte in dieser Beziehung der Art. 554 des HGB.'s, welcher sogar eine vertragsmäßige Beschränkung der Disziplinargewalt des Schiffers (Art. 533 das.) zuließ, insoweit modifizirt werden; vgl. ebendaselbst Motive S. 33. Diese Absicht fand jedoch nicht die Billigung der Reichstags-Kommission und des Reichstages selbst; der einschränkende Zusatz „sofern nicht in Ansehung der Bestimmungen des III. Abschnittes durch Vertrag ein Anderes bestimmt ist" wurde gestrichen und damit weit über die Absicht des Entwurfs hinaus für alle Rechte und Pflichten aus dem Gesetze eine völlige Gleichstellung herbeigeführt; vgl. ebendas. Bd. II Nr. 182 S. 1 und Stenograph. Berichte des Reichstages Bd. II S. 1116, 1122. Warum unter diesen Pflichten nur die aus der

Disziplinargewalt des Schiffers und nicht auch die weit wichtigeren aus der Strafgewalt des Staates sich ergebenden zu verstehen sein sollten, läßt sich nicht absehen, zumal im anderen Falle das Schiff und die Schiffsbewohner gerade des wirksamsten Repressivschutzmittels gegen Gefährdungen vor und während der Fahrt verlustig gegangen sein würden. Wenn als Unterscheidungsmerkmal der Umstand bezeichnet worden ist, daß das Personal aus § 3 des Gesetzes keiner Anmusterung unterliege und auch von dem Rheder angenommen werden dürfe, so ist die Pflicht sich zur Musterung zu stellen eine nach § 10 das. jedem Schiffsmanne obliegende und muß deshalb, wie dieses nach den Anführungen des Berufungsrichters auch thatsächlich beobachtet wird, jenen Nebenbediensteten zufallen, da zu ihren Gunsten eine Ausnahme nicht vorgesehen ist. Die Annahme der Mannschaft aber soll nach Art. 495 des HGB.'s, welcher von der Seemanns-Ordnung nicht berührt wird, zwar dem Schiffer ohne besondere Vollmacht des Rheders zustehn; es hat aber damit nur das Rechtsverhältniß zwischen Schiffer und Rheder bestimmt und, nicht die aus allgemeinen Rechtsgrundsätzen sich ergebende Befugniß des Letzteren zur eigenen Annahme aufgehoben werden sollen. Der auf Konstituirung der ausschließlichen Ermächtigung des Schiffers in dieser Beziehung gerichtete Antrag des Entwurfs wurde deshalb in den Hamburger-Konferenzverhandlungen abgelehnt; vgl. Protokolle der Kommission zur Berathung eines Allgem. D. HGB.'s, Amtliche Ausgabe S. 1882 und 1883. Die Seemannsordnung hat nur insofern eine Aenderung bewirkt, als der § 10 Abs. 1 daselbst dem Schiffer das ausschließliche Recht gewährt die Anmusterung aller mithin auch solcher von dem Rheder angenommener Schiffsmänner zu veranlassen und damit ihm eine indirekte Einwirkung auf die sachgemäße Auswahl der Schiffsbesatzung gewährt. Endlich auch trifft es nicht zu, daß wie der Berufungsrichter annimmt, sich beide Klassen dadurch unterscheiden, daß die eine, die Schiffsmannschaft, schon vor Abgang des Schiffs auf demselben in Arbeit treten müsse, was bei der anderen nicht der Fall sei. Denn nach § 28 der Seemanns-Ordnung entscheidet über den Zeitpunkt des Beginns der Dienstleistung zunächst der Vertrag und nur soweit dieser nichts bestimmt die Anmusterung. So wie es danach sich ereignen kann, daß der Dienstantritt eines einzelnen Schiffsmanns bis auf den Zeitpunkt unmittelbar vor der Abfahrt verschoben wird, kann es anderer Seits im Interesse des Schiffers oder Rheders liegen den Dienstantritt eines Maschinisten, Aufwärters ꝛc. unmittelbar nach der Anmusterung und vor Abgang des Schiffs bewirkt zu sehen und deshalb eine abändernde Vertragsabrede zu versagen. Die Unterscheidung zwischen Schiffsmannschaft und sonstigen Schiffsangestellten beruht vielmehr nur in der historischen Nomenklatur, welche auf die besondere ausschließliche Thätigkeit bei der Schiffsleitung zurückzuführen ist, wie sie zu einer Zeit, wo die Segelschifffahrt die einzige Form des Seeverkehrs bildete, der Schiffsmannschaft zufiel. Die Bedeutung der ebenfalls für eine Unterscheidung hervorgehobenen, in den §§ 42 und 82 der Seemanns-Ordnung vorkommenden doppelten Bezeichnung der Verträge als Dienst- oder Heuerverträge bedarf einer Erörterung nicht, denn nicht auf die Bezeichnung, sondern auf den materiellen Inhalt des Rechtsverhältnisses kommt es für die Begründung des Unterschiedes an. Für den gegenwärtigen Fall wäre nur etwa der Begriff „Heuer" im Sinne des § 81 von Interesse und in dieser Beziehung ergiebt der § 82 deutlich, daß unter Heuer die Gegenleistung des Rheders aus beiderlei Arten von Verträgen, dem Heuer- wie dem Dienstvertrage verstanden wird. Der zweite Grund wodurch der Berufungsrichter die Anwendbarkeit des § 81 auf den Fall verneint, wo der neben dem Schiffsmann Angestellte seinen Dienst überhaupt noch nicht angetreten hat, läßt sich zunächst mit der Terminologie des Gesetzes nicht wohl in Einklang bringen. Der § 81 hat in Abs. 1 den Fall bereits vor Augen, daß der Schiffsmann sich der Erfüllung des Dienstes „vor deren Beginn" entziehen will und bezeichnet das Verhältniß dem Sprachgebrauch gemäß als „Antritt des Dienstes" im Gegensatze zur „Fortsetzung" desselben, wovon Abs. 2 daselbst handelt. Es ist aber nicht abzusehen, warum in dem dritten Absatze für dasselbe Verhältniß eine abweichende und dem Sprachgebrauche weniger entsprechende Bezeichnungsweise nämlich als „Uebernahme des Dienstes" gewählt sein sollte. Daß unter dem „übernommenen Dienste" der vertragsmäßig übernommene Dienst zu verstehen ohne Rücksicht auf dessen Antretung ergiebt sowohl die Stellung des Deliktes aus § 81 Abs. 3 in dem Systeme als der demselben zu Grunde liegende kriminalpolitische Gedanke. Die Strafthat aus § 298 des Reichs-StGB.'s beruht nicht, wenigstens nicht ausschließlich auf der in dem Entlaufen der Schiffsmannschaft erwachsenden Gefahr für den Schiffsbetrieb, welche die beiden ersten Absätze im Auge haben, sondern der dabei entscheidende Gesichtspunkt war der darin unter erschwerenden Umständen hervortretende Eigennutz und dieser bleibt derselbe und ist vielleicht in noch größerem Maße vorhanden, wenn der Schiffsmann schon vor Antritt des Dienstes sich demselben entzieht, als wenn dieses, wozu in der Regel andere nicht auf Eigennutz zurückzuführende Gründe mitbestimmend beitragen, erst nachher geschieht. Entscheidend aber gegen die Ansicht des Berufungsrichters fällt in das Gewicht, daß bei Zugrundelegung derselben der Abs. 3 einer praktischen Bedeutung so ziemlich ermangeln würde. Da die Heuer nach § 36 der Seemanns-Ordnung erst wenn und soweit sie abverdient ist gezahlt werden soll und von einem Entlaufen mit der abverdienten Heuer nicht die Rede sein kann, so trifft das Gesetz gerade recht eigentlich die Vorschußzahlungen auf die Heuer, welche vor Antritt der Reise und daher regelmäßig auch vor Antritt des Dienstes gemäß § 37 daselbst nach Ortsgebrauch auf die künftig erst fällig werdende Heuer geleistet werden. Für die Anwendbarkeit des Abs. 3 kann auch der Umstand nicht in Betracht kommen, ob der Schiffsmann der Anmusterung bereits unterlegen. Wie Abs. 1 des

§ 81 in Verbindung mit § 26 Abs. 2 daselbst deutlich ergiebt, wird die Verpflichtung zum Dienstantritte an sich durch den Abschluß des Heuervertrags begründet und die bösliche Mißachtung dieser Verpflichtung unter Strafe gestellt. Der Heuervertrag selbst wird nach dieser Richtung gemäß der §§ 24, 25, 28, 35 u. 54 daselbst perfekt, sobald Uebereinstimmung der Betheiligten besteht, und diese auch ohne schriftliche Abfassung sich über Art, Beginn und Dauer der Dienstleistung sowie über Höhe und Beginn der Heuer erstreckt. Die Anmusterung ist nach § 11 das. nicht Voraussetzung sondern Folge des Heuervertrags. Nur subsidiär ist ihr in den bezeichneten Gesetzen eine Bedeutung für den Vertragsinhalt zugestanden in so weit es in dem einen oder andern Punkte an einem ausdrücklichen oder stillschweigenden Willensausdruck der Kontrahenten fehlt. Der administrative Zwang zum Dienstantritte, welcher nach § 29 daselbst auf Antrag des Schiffers gegen den säumigen Schiffsmann von Seiten des Seemannsamtes eintreten kann, bildet eine Folge der staatlichen Auktorität unter welche der Vertrag durch die Anmusterung gestellt ist, läßt aber die Frage der civilrechtlichen Gültigkeit und der Wirkungen welche der Vertragsbruch übt, unberührt. Darüber, daß an sich der Heuervertrag die Anmusterung nicht erfordert, daß darin nur das staatliche Interesse an dem Verhältnisse zwischen Schiffer und Mannschaft zum Ausdrucke kommt, jedoch aus der mehr praktischen Rücksicht, daß durch die förmliche Anmusterung der Schiffsmann selbst sich in seinem Gewissen mehr zur Erfüllung des Vertrages gebunden erachte und von dem Entweichen abgehalten werde, die Gelegenheit zur Anmusterung für Schiffer und Schiffsmänner möglichst zu erleichtern und deshalb die Wahl des Anmusterungshafens gegen die Absicht des Entwurfs wie in § 11 des Gesetzes geschieht, den Betheiligten zu überlassen sei, sprechen sich auch die Verhandlungen des Deutschen Reichstages mit völliger Bestimmtheit aus; vergl. Stenographische Berichte Bd. II S. 1114. Von den hier entwickelten rechtlichen Gesichtspunkten aus ist die den Gegenstand der Anklage bildende Handlung nicht überall geprüft und hat demgemäß, wie geschehen, auf Vernichtung erkannt werden müssen.

Antr. d. GStA.: gleichl. [11.—2.]

Körperverletzung. - Gemeinschaftliche.

Gemeinschaftliche Körperverletzung setzt bewußtes Einverständniß der Thäter voraus; nicht aber vorherige Verabredung.

StGB. § 223 a. [n. 5].

Erk. (Z. I.) v. 27. März 1878 c. Warnecke (271/77 I. Cr.).

Zunächst ist die Gemeinschaftlichkeit nicht dadurch bedingt, daß die Begehung der vorsätzlichen körperlichen Mißhandlung von den Angeklagten, wie die NB. behauptet, vorher geplant oder verabredet wurde; sie trat vielmehr ein, sobald die Angeklagten im bewußten Einverständniß zu der Mißhandlung thätig mitwirkten. Die von der NB. vermißte Feststellung, daß die Angeklagten die Gemeinschaftlichkeit beabsichtigt haben, ist daher für erforderlich nicht zu erachten.

Antr. d. GStA.: gleichl. [20.—2.]

Hausfriedensbruch. - Vermiether. - Ausübung des Retentionsrechts.

Mag auch der Vermiether berechtigt sein, in die vermiethete Wohnung beim Auszuge des Miethers zu dringen, um demselben erklären zu können, daß er sein Retentionsrecht ausüben wolle, so muß er sie doch nach Abgabe dieser Erklärung auf die Aufforderung des Miethers sofort wieder verlassen. Denn die Ausübung des Retentionsrechts macht es keineswegs nothwendig, daß der Vermiether während des Auszuges des Miethers in dessen Wohnung verweilt, vielmehr ist er auch ohnedies in der Lage,

die Fortschaffung der Sachen aus dem Hause zu hindern.

StGB. § 123 [n. 8]; Vgl. RbOTr. 11. S. 191; 14. S. 96; 16. S. 18 und 17. S. 234.

Erk. (Z. II.) v. 28. März 1878 c. Bleyer (225 II. Cr.).
Antr. d. GStA.: gleichl. [14.—4.]

Tödtung eines Einwilligenden. – Versuch straflos.

Der Versuch der Tödtung eines Einwilligenden ist straflos.

StGB. § 216 [n. 4].

Erk. (V. II.) v. 28. März 1878 c. Gerstmann (262 II. Cr.).

Der § 216 des StGB.'s bestimmt: „Ist Jemand durch das ausdrückliche und ernstliche Verlangen des Getödteten zur Tödtung bestimmt worden, so ist auf Gefängniß nicht unter drei Monaten zu erkennen." Der Versuch ist im Gesetze nicht ausdrücklich für strafbar erklärt worden. Gleichwohl erachtet ihn der Schwurgerichtshof für strafbar: weil die durch § 216 bedrohte That sich als das durch § 211 resp. 212 definirte Verbrechen charakterisire, welches nur der besonderen Umstände wegen milder gestraft werden solle. Dieser Ausführung kann jedoch nicht beigetreten, im Gegentheil muß die erhobene NB. für begründet erachtet werden. Während das Pr. StGB. diejenigen Fälle, in welchen eine Tödtung auf Verlangen des Getödteten erfolgt ist, von den gewöhnlichen Fällen eines in feindseliger Absicht verübten Mordes oder Todtschlages nicht unterschied, hat das in Theorie und Praxis anerkannte Bedürfniß einer solchen Unterscheidung in dem § 216 des R.-StGB.'s Ausdruck gefunden. Durch diesen Paragraphen ist nunmehr die sogenannte Tödtung des Einwilligenden unter einigen auf die Konstatirung des Willens bezüglichen Kautelen mit einer auch der Art nach milderen Strafe bedroht worden. Dieser Umstand, daß die Tödtung in dem Willen des Getödteten selbst ihren letzten Grund gehabt hat und sich deshalb nur als eine Verletzung des öffentlichen Interesse, nicht aber als ein Eingriff in das Recht des Individuums darstellt, ist das Entscheidende. Daneben kommt nicht in Betracht, ob die That mit oder ohne Ueberlegung ausgeführt worden ist. Die Fassung des § 216 des R.-StGB.'s giebt keinen Anhalt, eines dieser auf den ganz anders gearteten Dolus des Thäters bezüglichen Momente aus den §§ 211 und 212 herüberzuziehen oder das ausgesprochene Verlangen des Getödteten nur als einen mildernden Umstand anzusehen, wie etwa die Anreizung zum Zorne bei dem Todtschlage im Falle des § 213. Der Thatbestand des § 216 ist vielmehr nach dem Wortlaute des Paragraphen, sowie nach der Stellung, die er unter den Vorschriften des sechszehnten Abschnittes im zweiten Theile des R.-StGB.'s einnimmt, eine durchaus selbständige, und auch die Entstehung des Paragraphen ergiebt, daß diese Selbständigkeit eine vollkommen beabsichtigte gewesen ist. Denn es ist dies nicht nur bei den Verhandlungen des Reichstags (Stenographische Berichte S. 656 seq.) von dem Berichterstatter E. besonders hervorgehoben, sondern es ist auch gerade diese Auffassung von verschiedenen Seiten bekämpft und deshalb der Versuch gemacht worden, den Fall des § 216 unter den Begriff des Mordes zu subsumiren, dergestalt, daß in diesem und ähnlichen Fällen bei dem Morde mildernde Umstände als vorhanden angenommen werden sollten und eine Zuchthaus- oder Gefängnißstrafe nicht unter drei Jahren Platz zu greifen hätte. Alle hierauf gerichteten Anträge sind jedoch abgelehnt und der § 216, wie er jetzt vorliegt, ist mit großer Majorität angenommen worden. Da also die im § 216 mit Strafe bedrohte Handlung sich gemäß § 1 Abs. 2 a. a. O. nur als ein Vergehen kennzeichnet, der Versuch eines Vergehens aber nach § 43 Abs. 2 nur in den Fällen bestraft wird, in welchen das Gesetz dies ausdrücklich bestimmt, so hat der Schwurgerichtshof, indem er auf den durch den Spruch der Geschworenen festgestellten Thatbestand eines bloßen Versuchs zu dem Vergehen des § 216 die angeführten Gesetze zur Anwendung gebracht hat, gegen dieselben verstoßen. Sein

Erkenntniß mußte daher vernichtet, in der Sache selbst aber gemäß § 12 der Vdn. v. 3. Jan. 1849 auf Freisprechung des Angeklagten erkannt werden.

Antrag der GStA. entgegengesetzt. Dieselbe erkannte an, daß, wenn die Tödtung eines Einwilligenden durch den § 216 zu einem selbständigen Vergehen in der Art gemacht sei, daß sie einen besonderen Deliktsbegriff neben dem Morde oder dem Todtschlage eines Nicht-Einwilligenden bilde, der Versuch derselben straflos sei. Sie erachtete aber grade diese, wie die fernere Consequenz, daß dann bei den immerhin denkbaren Fällen der Tödtung eines Einwilligenden ohne Ueberlegung die Annahme mildernder Umstände ausgeschlossen sei, für einen Beweis, daß der Gesetzgeber aus der Tödtung eines Einwilligenden ein selbständiges Vergehen in diesem Sinne zu machen nicht beabsichtigt habe. Die wiederholte Bemerkung in den Reichstagsverhandlungen, daß die Tödtung eines Einwilligenden zu einem selbständigen Vergehen gemacht werden solle, sei lediglich gegen ein bestimmtes Amendement gerichtet gewesen, welches allgemein mildernde Umstände beim Morde zulassen und es dann im einzelnen Falle dem Thatrichter überlassen wollte, solche in der Einwilligung des Getödteten zu finden.

Abgesehen davon, komme es aber auch nicht darauf an, was einer oder auch sämmtliche Faktoren der Gesetzgebung durch ein Gesetz zu bestimmen beabsichtigt, sondern was sie nach der Fassung des Gesetzes wirklich durch dasselbe bestimmt hätten. Wollte man die Tödtung eines Einwilligenden als ein selbständiges Vergehen in dem vorerwähnten Sinne hinstellen, so hätte man zugleich in die Begriffsbestimmungen des Mordes und des Todtschlages das negative Erforderniß aufnehmen müssen, daß die Tödtung nicht mit Einwilligung des Getödteten, oder daß sie wider Willen des Getödteten geschehen sei. Mangels einer solchen Einschränkung umfaßten die Begriffsbestimmungen des Mordes und des Todtschlages in den §§ 211 und 212 auch als besonderen und zufolge § 216 milder zu bestrafenden Fall die Tödtung eines Einwilligenden, wie denn die entsprechenden Begriffsbestimmungen des Pr. StGB.'s, das eine Bestimmung über Tödtung eines Einwilligenden nicht gekannt habe, nach konstanter Rechtsprechung (GA. I. 131 und VIII 415) darauf angewandt worden seien.

Allerdings enthalte das StGB. einzelne Paragraphen, in welchen neben dem allgemeinen Begriff eines Delikts dasselbe Delikt unter Hinzutritt besonderer mildernder Umstände als ein selbständiges im gedachten Sinne hingestellt sei. So neben Diebstahl Eßwaarenentwendung, neben Mord und Todtschlag Kindesmord. Allein das sei stets ein Redaktionsfehler, der prozessualisch zu den größten Schwierigkeiten führe und den die Preuß. Praxis (Oppenhoff, n. 23 zu § 370 und n. 61 zu § 242) dadurch korrigire, daß sie den Richter verpflichte, bei Verurteilnng wegen des schwereren Delikts das Nichtvorhandensein der dasselbe zu dem leichteren machenden besonderen Umstände von Amtswegen festzustellen. Ein solcher Redaktionsfehler sei nur da anzunehmen, wo die Fassung des Gesetzes dazu zwinge. Das sei in den angegebenen Beispielen der Fall, indem bei diesen die Strafbestimmung für das leichtere Delikt neben dem besonderen mildernden Moment zugleich eine erschöpfende Definition des generellen Delikts enthalte. In dem vorliegenden § 216 sei aber die Begriffsbestimmung des Mordes resp. Todtschlages nicht mit aufgenommen, insbesondere die Vorsätzlichkeit nicht ausdrücklich als Thatbestandsmoment aufgeführt, vielmehr unter Voraussetzung des generellen Begriffes des Mordes resp. des Todtschlages lediglich das besondere Moment der Einwilligung des Getödteten hervorgehoben. Und zwar in einer Form, wie sie in anderen §§ z. B. § 213 bei Aufstellung eines mildernden Umstandes gebraucht sei.

[19.—4.]

Hausirsteuer. – Vorgängige Bestellung. – Musikgesellschaft.

Die Aufforderung eines Wirths an eine Musikgesellschaft zu künstlerischen Leistungen in seinem Lokal ist eine „Bestellung" im Sinne des Hausirsteuergesetzes, sobald sich der Wirth den Musikern zu einer seinerseits zu leistenden Entschädigung verpflichtet hat, wenn dieselben auch daneben noch Beiträge bei den Gästen einsammeln.

Ges. v. 3. Juli 1876 § 1.

Erk. (Z. II.) v. 28. März 1878 c. Gödecke (142 II. Cr.).

Dem Angeklagten ist nach dem ihm von der Königl. Finanz-Direktion zu Hannover unterm 6. Januar 1876 ertheilten Gewerbeschein gestattet, im Umherziehen Musik und Gesangvorträge unter Mitwirkung von fünf Gehülfen zu geben, er hat aber bei den von ihm in dem Lokale des Gastwirths N. zu M. in der Zeit vom 12. bis zum 18. November 1876 veranstalteten musikalischen Vorträgen neben den ihm nach dem Gewerbeschein gestatteten noch zwei andere Personen als Gehülfen zugezogen. Angeklagter ist in erster Instanz auf Grund des § 19 des Ges.'s v. 3. Juli 1876 wegen Hinterziehung der Steuer vom Gewerbebetrieb im Umherziehen mit einer Geldstrafe von 48 Mk. bestraft, in zweiter Instanz aber freigesprochen. Die gegen das App.-Erkenntniß von dem Königl. OStA. zu P. eingelegte NB. erscheint unbegründet. Das zur übersichtlichen Zusammenfassung und anderweitigen Regelung der bis dahin bestandenen Vorschriften über die Besteuerung des Gewerbebetriebs im Umherziehen im Anschlusse an die Reichsgewerbeordnung v. 21. Juni 1869 bestimmte Ges. v. 3. Juli 1876 stellt in § 1 den Begriff des steuerpflichtigen Gewerbebetriebs im Umherziehen für eine Reihe bestimmter Betriebsformen, insbesondere für die Feilbietung gewerblicher oder künstlerischer Leistungen oder Schaustellungen, — § 1 ad 4 a. a. O. — bei welchen ein höheres wissenschaftliches oder künstlerisches Interesse nicht obwaltet, in Uebereinstimmung mit § 55 der Reichs-Gewerbe-Ordnung dahin fest, daß der Steuerpflichtigkeit von dem gedachten Gewerbebetriebe diejenigen unterliegen, welche außerhalb ihres Wohnorts, ohne Begründung einer gewerblichen Niederlassung und ohne vorgängige Bestellung in eigener Person das betreffende Gewerbe ausüben. Ein Gewerbebetrieb, welcher zwar außerhalb des bisherigen Wohnorts des Gewerbtreibenden, aber, sei es in Folge einer neuen gewerblichen Niederlassung oder auf vorgängige Bestellung stattfindet, fällt sonach nicht unter den Begriff eines steuerpflichtigen, im Umherziehen betriebenen Gewerbes, sowie nicht unter den Thatbestand der Hinterziehung der Steuer von diesem Gewerbebetriebe. §§ 18. 19 des Ges.'s vom 3. Juli 1876. Die Ausführung der NB. daß § 1 a. a. O. die Befreiung von der Steuer nicht von der vorgängigen Bestellung der Gewerbetreibenden allein, sondern von dem Zusammentreffen der beiden in § 1 gedachten Requisite, also auch der Begründung einer gewerblichen Niederlassung abhängig mache, ist nicht begründet, weil § 1 nicht die Steuerbefreiung von dem Vorhandensein gewisser Bedingungen, sondern vielmehr die Steuerpflichtigkeit von dem Nichtvorhandensein zweier Negative, nämlich davon abhängig macht, daß der Gewerbebetrieb außerhalb des Wohnorts ohne Begründung einer Niederlassung und ohne vorgängige Bestellung ausgeübt wird. Es kann sich also nur fragen, ob die Feststellung des App.-Richters, daß Angeklagter das fragliche Gewerbe auf vorgängige Bestellung ausgeübt habe, einer Anfechtung in rechtlicher Beziehung unterliegt. Der Appell.-Richter gründet die gedachte Feststellung darauf, daß, — wie anderweitig festgestellt ist, — Angeklagter von dem Gastwirth N. engagirt sei, während der Messe im November 1876 in seinem Gastlokale zu M. musikalische Vorträge zu geben und daß Angeklagter sodann, nachdem er der erhaltenen Aufforderung gefolgt, von dem N. mit seiner Gesellschaft freies Logis und Kost — außer für den Abend, — erhalten, während er im Uebrigen sich durch Sammlung von Beiträgen bei den Gästen des Lokalinhabers für die Vorträge bezahlt gemacht habe. Die NB. erachtet die von dem Gesetze erforderte vorgängige Bestellung für ausgeschlossen, weil eine solche nur vorliegen würde, wenn Angeklagter sich dem ihn engagirenden Wirthe gegen ein festes Honorar verdungen hätte. Dieser Auffassung ist indessen nicht beizutreten. Die in § 1 des Ges.'s v. 3. Juli 1876 vorausgesetzte vorgängige Bestellung bedingt in ihrer Anwendung auf künstlerische Leistungen zunächst, — wie bei der Bestellung von Waaren die Aufforderung zu deren Uebersendung oder Ueberbringung § 1 ad 1 a. a. O. — so die Aufforderung zur Herstellung individuell genügend bestimmter Kunstleistungen an einem außerhalb des Wohnorts des Gewerbetreibenden belegenen Orte, eine Voraussetzung, welche nach den appellationsrichterlichen Feststellungen vorliegend unzweifelhaft gegeben erscheint. Ferner ist es zwar richtig, daß die Aufforderung zur Herstellung derartiger Kunstleistungen, um sie als vorgängige Bestellung im gesetzlichen Sinne zu charakterisiren und von einer einfachen Aufforderung zu unterscheiden, ein eigenes Interesse des Bestellenden an den beanspruchten Leistungen und die voraussichtliche Gewährung w e s e n t l i c h e r G e g e n l e i s t u n g e n zur

Bedingung hat, wie dies aus dem Wesen einer derartigen, ein Vertragsverhältniß vorbereitenden Willenserklärung und aus der bei den verlangten Leistungen vorauszusetzenden auf gewerblichen Gewinn gerichteten Absicht des Gewerbtreibenden selbstverständlich hervorgeht. Im Uebrigen aber unterliegt die Frage ob die gedachten Voraussetzungen vorliegen und ob danach die in Rede stehende Aufforderung unter den Gesichtspunkt einer Bestellung fällt, der von dem Ermessen der Instanzrichter geleiteten thatsächlichen Feststellung und ihre Beantwortung läßt sich in rechtlicher Beziehung insbesondere nicht davon abhängig machen, daß der Bestellende sich zur vollen und ausschließlichen Entschädigung des Gewerbtreibenden für die in Anspruch genommenen Leistungen, sei es mit der Bestellung oder nachdem dieselbe angenommen worden, verpflichtet habe. Die betreffende Feststellung des Appell.-Richters und deren Begründung läßt sonach einen Rechtsirrthum in Beziehung auf den gesetzlichen Begriff der Bestellung nicht erkennen. Vielmehr legt die NB. diesem Begriffe eine nach dem Gesetze und dem gewöhnlichen Sprachgebrauche nicht begründete Beschränkung unter, wenn sie im gegebenen Falle eine Bestellung für ausgeschlossen erachtet, weil es dem Angeklagten neben der ihm durch Beköstigung und Logis gewährten Gegenleistung überlassen geblieben ist, Beiträge für die fraglichen Kunstleistungen bei den Gästen des N. zu sammeln. In dieser Richtung würde nur ein unaufgefordertes Darbieten der fraglichen Kunstleistungen gegen Belohnung mit dem gesetzlichen Begriffe der Bestellung unvereinbar erscheinen. Da nun aber ferner das von dem Angeklagten betriebene Musikgewerbe von der Gewerbesteuer an sich nicht betroffen wird, so lange seine Ausübung nicht im Umherziehen erfolgt und da der Charakter des im Umherziehen betriebenen Gewerbes durch vorgängige Bestellung in Gemäßheit der Vorschrift des § 1 a. a. O. und nach erfolgter ausdrücklicher Aufhebung der abweichenden Vorschriften des Landrechts unbedingt ausgeschlossen wird, vgl. §§ 1, 33 des Ges.'s v.

3. Juli 1876, AKO. v. 14. Oktober 1833, so ergab sich mit der mehrgedachten von dem Appell.-Richter getroffenen Feststellung die Freisprechung des Angeklagten von der Anschuldigung der Steuerhinterziehung mit rechtlicher Nothwendigkeit. Einer Erörterung über die in dem Appell.-Erkenntniß angeregte Frage, ob die Handlungsweise des Angeklagten, falls sie für strafbar zu erachten wäre, der Ahndung nach § 19 oder nach §§ 8, 25 des Ges.'s vom 3. Juli 1876*) zu unterliegen gehabt hätte, konnte es sonach nicht bedürfen. [10.—4.]

Stempel. - Vertrag. - Anfechtbarkeit wegen Betruges.

Die Stempelpflichtigkeit einer Urkunde ist lediglich nach ihrem Inhalte, nicht aber nach Umständen zu beurteilen, welche nicht aus der Urkunde selbst entnommen werden können. Insbesondere fällt die Stempelpflichtigkeit einer Urkunde nicht deshalb fort, weil der darin beurkundete Vertrag wegen Betruges anfechtbar ist.

Stempelgesetz v. 7. März 1822 § 21.

Erk. (3. II.) v. 28. März 1878 c. Neumann (231 II. Cr.). Antr. d. GStA.: gleichl. [10.—4.]

---

1. Bescheinigung von Behörden. - Beweiskraft.
2. Kirchengesetze. - Geistliche. - Amtsbefugniß. - Oertliche Gewohnheiten.

1. Das Prinzip der freien Beweiswürdigung unterliegt auch bezüglich der Beweiskraft der von Behörden ausgestellten Bescheinigungen keiner Beschränkung.

Vdn. v. 3. Jan. 1849 § 22 [n. 67. 68].

2. Um zu beurteilen ob ein Geistlicher (Kaplan)

---

*) Oder was das Richtige sein dürfte, nach den §§ 18 und 23. Auch bei Gesellschaften im Sinne des § 10 muß jedes einzelne Mitglied einen Gewerbeschein lösen und können nur die verschiedenen Gewerbescheine in einen zusammengefaßt werden.

zur Vornahme gewisser Amtshandlungen berechtigt war, bedarf es einer konkreten Prüfung der ihm zustehenden Rechte. Dabei kommt nur der zur Zeit seiner Anstellung bestandene Rechtszustand in Betracht. Lokale Gewohnheiten, die mit dem Gesetz in Widerspruch stehen, können sich überhaupt nicht bilden.

Ges. v. 11. Mai 1873 § 23; Ges. v. 21. Mai 1874 Art. 2.

Erk. (V. I.) v. 29. März 1878 c. Kißporski (1277/77 I. Cr.).

K. war schon im Jahre 1871 zum Kaplan in G. ernannt und hat auch nach der erst nach Erlaß der Kirchengesetze eingetretenen Erledigung der dortigen Pfarrstelle daselbst vielfältig geistliche Amtshandlungen vorgenommen. Deshalb aus den Gesetzen v. 21. Mai 1874 und v. 11. Mai 1873 angeklagt, ist er freigesprochen, weil nach im Jahre 1876 ausgestellten Bescheinigungen des bischöflichen Generalvikariats in der betreffenden Diözese die Stellung der Kaplane als ein eignes, an die Person des jeweiligen Pfarrers nicht gebundenes Amt bei der fraglichen Kirche und Gemeinde angesehen werde; er also jure proprio gehandelt habe. Dabei sprach das Urteil aus, daß der Inhalt der erwähnten Bescheinigungen bis zum Beweise der Unrichtigkeit als wahr gelten müsse, da sie von einer Behörde über einen Gegenstand ihrer Zuständigkeit ausgestellte öffentliche Atteste darstellten. Auf NB. der StA.-schaft v e r n i c h t e t e das Ob.-Tr.

[Zu 1.] Zunächst hat der App.-Richter den § 22 der Vdn. v. 3. Jan. 1849 verletzt, indem er annimmt, daß die von dem bischöflichen General-Vikariat zu Frauenburg ausgestellten amtlichen Bescheinigungen bis zum Beweise der Unrichtigkeit als wahr anzusehen seien. Der § 22 a. a. O. hat alle positiven Regeln über die Wirkungen der Beweise, also auch die Regeln über die Beweiskraft der von den Staatsbehörden — zu denen überdies das General-Vikariat nicht gehört — amtlich ausgestellten Bescheinigungen außer Anwendung gesetzt; das Prinzip der freien Beweiswürdigung ist auch in dieser Hinsicht keiner Beschränkung unterworfen und der App.-Richter hatte daher diese Prüfung in Berücksichtigung der gegen die Zuverlässigkeit der Bescheinigungen erhobenen Bedenken vorzunehmen.

[Zu 2.] Aber auch in materieller Richtung ist die Entscheidung des zweiten Richters mit Grund angefochten. Um zu beurteilen, ob ein auf Grund des § 23 des Ges.'s vom 11. Mai 1873 und des Art. 2 des Ges.'s v. 21. Mai 1874 angeklagter Geistlicher zur Vornahme gewisser Amtshandlungen berechtigt gewesen sei, ist eine konkrete Prüfung der dem Angeklagten zustehenden Rechte erforderlich. Die allgemeine Feststellung der den Geistlichen eines gewissen Bezirks in der Regel zustehenden Rechte kann nicht ohne Weiteres den Schluß rechtfertigen, daß hiernach jedem Geistlichen derselben Kategorie dieselben Rechte zustehen; vielmehr ist die Prüfung zunächst auf die speziellen Modalitäten der Anstellung des Angeklagten und die ihm dabei übertragenen Rechte zu richten und nur, wenn solche nicht zu ermitteln sind, kann möglicherweise der thatsächliche Schluß von den allgemeinen Verhältnissen auf die besonderen sich rechtfertigen. Die rechtliche Annahme aber, daß jedem Kaplan die den Kaplänen im Allgemeinen nach örtlicher Gewohnheit eingeräumten Befugnisse selbstverständlich zustehen, ist unhaltbar. Ein weiterer Rechtsirrthum des App.-Richters ist darin zu finden, daß er die Befugnisse der Kapläne (und folgeweise des Angeklagten) nur nach dem im Jahre 1876 in der Diözese Ermland bestehenden Rechtszustande feststellt. Wenn es sich darum handelt, welche Befugnisse ein vor Geltung des Ges.'s v. 11. Mai 1873 angestellter Geistlicher habe, so kann bei dieser Prüfung selbstverständlich nur der zur Zeit der Anstellung bestandene Rechtszustand in Betracht kommen. Nach Einführung jenes Gesetzes aber konnten sich lokale Gewohnheiten, welche mit dem Gesetze in Widerspruch stehen, überhaupt nicht bilden.

Antr. d. GStA.: gleichl. [12.—2.]

Eröffnung der Untersuchung. – Beschluß der Gerichtsabtheilung. – Uebertretung.

Erachtet die Gerichtsabtheilung, bei der die Staatsanwaltschaft Eröffnung der Untersuchung wegen eines Vergehens beantragt hat, die That nur für

eine Uebertretung, so hat sie nicht etwa selbst die Untersuchung wegen der Uebertretung zu eröffnen und die Sache vor den Polizeirichter zu verweisen, sondern sich lediglich auf eine Inkompetenzerklärung ihrerseits zu beschränken und es der Staatsanwaltschaft zu überlassen, Eröffnung der Untersuchung bei dem Polizeirichter zu beantragen.

Vdn. v. 3. Jan. 1849 §§ 11 und 40 [u. 4].

Beschl. (II.) v. 29. März 1878 c. Novitrust (31 B. II. Cr.).

In Erw., daß das Gericht, welches bei dem Beschlusse über die Eröffnung der Untersuchung diejenige strafbare Handlung, wegen welcher die Anklage erhoben ist, nicht vorliegend erachtet, nach Vorschrift des Art. 30 des Ges.'s v. 3. Mai 1852 verpflichtet ist, den zum Gegenstande der Anklage gemachten Thatbestand, auch unabhängig von der in der Anklage niedergelegten Auffassung zu prüfen und Falls es die Sache zur Verfolgung aus einem anderen, als dem in der Anklage gemachten rechtlichen Gesichtspunkte angethan findet, die Untersuchung wegen der danach vorliegenden strafbaren Handlung zu eröffnen, daß aber hierbei vorausgesetzt wird, daß das betreffende Gericht auch für die Verfolgung des seiner Auffassung nach vorliegenden Thatbestandes kompetent erscheint;

daß die Königl. Kreisger.-Deputation zu Unna, wenn dieselbe auf die von dem Staatsanwalte wegen Hausir-Gewerbe-Steuervergehens erhobene Anklage die Eröffnung der Untersuchung wegen mangelnder Zuständigkeit um deshalb ablehnte, weil nicht das unter Anklage gestellte Vergehen sondern eine Uebertretung im Sinne des § 361 ad 4 des StGB.'s vorliege, entsprechend den Vorschriften, §§ 11, 40 der Vdn. v. 3. Jan. 1849, Art. XIII des Einf.-Ges.'s zum Pr. StGB. gehandelt hat, wie das auch in der Ausnahmebestimmung des Art. 9 des Ges.'s v. 3. Mai 1852, nach welcher die Eröffnung der Untersuchung aus dem Grunde, weil die That eine Uebertretung enthalte, nicht verweigert werden kann, wenn die Inkompetenz des Polizeirichters rechtskräftig ausgesprochen ist, seine Bestätigung findet;

daß das Königl. App.-Gericht zu Hamm auf die von dem Staatsanwalte gegen die vorgedachte Verfügung eingelegte Beschwerde sich wie geschehen, auf die Prüfung des von der Königl. Kreisger.-Deputation zu Unna beobachteten Verfahrens, also auf die Frage, zu beschränken hatte, ob das gedachte Gericht mit Recht sich für inkompetent erachtet habe, da die Vorschrift des Art. 63 Abs. 4 des Ges.'s v. 3. Mai 1852, wonach das App.-Gericht, wenn es findet, daß die That nicht ein Verbrechen, sondern nur ein Vergehen oder eine Uebertretung enthalte, den Beschluß durch welchen die Untersuchung eröffnet wird, selbst zu erlassen hat, nur für die Fälle des Beschlusses über die definitive Versetzung in den Anklagestand gegeben ist;

daß danach die gegenwärtige Beschwerde, welche nicht mehr gegen die Annahme, daß die unter Anklage gestellte That sich als eine Uebertretung darstelle, gerichtet, sondern nur um deshalb erhoben ist, weil nicht auf die wegen Gewerbesteuer-Kontravention erhobene Anklage die Untersuchung wegen der vorliegenden Uebertretung eröffnet sei, unbegründet erscheint;

und daß insbesondere die Erwägung in den Gründen der zurückweisenden Verfügung des Königl. App.-Gericht zu Hamm v. 3. Jan. 1878, „es bleibe der Königl. StA.-schaft anheimgestellt, die Sache dem Polizeianwalt zur Verfolgung zu überreichen", sich nicht, wie die Beschwerde vermeint, als ein Vorbehalt des betreffenden Anschuldigungspunktes für ein neues Verfahren im Sinne des Art. 30 des Ges.'s v. 3. Mai 1852 darstellt, sondern eben nur eine nothwendige Konsequenz der mit Rücksicht auf die mangelnde Zuständigkeit der Gerichtsabtheilung erfolgten Zurückweisung der Beschwerde des Staatsanwalts ausdrücklich ausspricht.

Antr. d. GStA.: gleichl. [10.--4.]

Zeuge. - Ordnungsstrafe. - Beschwerde.

Die Verfügungen des Appellationsgerichts über Ordnungsstrafen, welche gegen ausgebliebene Zeugen festgesetzt worden sind, sind endgültig und können durch Beschwerde beim Obertribunal nicht weiter angefochten werden.

Vdn. v. 3. Jan. 1849 § 20; Ges. v. 3. Mai 1852 Art. 11, 14.

Beschl. (Z. I.) v. 29. März 1878 c. Werbel (77 B. I. Cr.).
Antr. d. OStA.: gleichl. [11.—3.]

Beleidigung. - Interessenwahrung. - Dolus.

1. Nur wirkliche, nicht vermeintliche Rechte und Interessen genießen den Schutz des § 193 des StGB.'s.

StGB. § 193 [n. 9. 18].

2. Das Bewußtsein von der Unerweislichkeit der behaupteten Thatsache ist für die Bestrafung aus § 186 des StGB.'s nicht erforderlich.

StGB. § 186 [n. 21].

Erk. (Z. I.) v. 3. April 1878 c. D. (269 I. Cr.).

[Zu 1.] Was die materiellen Beschwerden betrifft, so ist eine Verletzung des § 193 des R.-StGB.'s nicht ersichtlich. Denn der App.-Richter hat diesen § nicht, wie die NB. behauptet, blos deshalb, weil die inkriminirten Aeußerungen zur Vertheidigung der vom Angeklagten angeblich wahrgenommenen berechtigten Interessen objektiv nicht geeignet seien, sondern hauptsächlich deshalb, weil dem Angeklagten ein wahrzunehmendes berechtigtes Interesse in Wirklichkeit gar nicht zugestanden habe, für unanwendbar erklärt. Die Frage aber, ob im konkreten Falle ein zu vertheidigendes berechtigtes Interesse wirklich vorliegt, ist nicht vom subjektiven Standpunkte desjenigen, welcher eine objektiv beleidigende Aeußerung gethan hat, sondern vielmehr objektiv zu prüfen, weil der § 193 cit. nur für wirkliche, nicht für vermeintliche Rechte und Interessen Schutz gewährt.

[Zu 2.] In subjektiver Beziehung hat der App.-Richter festgestellt, daß dem Angeklagten in den Fällen des § 185 cit., das Bewußtsein von dem ehrverletzenden Charakter seiner Aeußerungen, — in den Fällen des § 186 cit., — daß ihm das Bewußtsein, in Beziehung auf den Beleidigten unbewiesene Thatsachen, welche denselben verächtlich zu machen und in der öffentlichen Meinung herabzusetzen geeignet sind, zu verbreiten, beigewohnt habe. Dies genügt, zumal der § 186 cit. das Bewußtsein der Unerweislichkeit der betreffenden Thatsachen gar nicht einmal erfordert, mehr als vollständig zur Feststellung des gesetzlich erforderlichen Dolus. Rechtsirrthümliche Auffassungen liegen derselben nicht zum Grunde.

Antr. d. GStA.: gleichl. [15.—2.]

Betrug. - Vermögensbeschädigung. - Hypothek.

Der Verlust eines Hypothekenrechts ist selbst dann eine den Begriff des Betrugs erfüllende Vermögensbeschädigung, wenn die übrig bleibende persönliche Forderung an den Aussteller der Hypothek Befriedigung in Aussicht stellt.

StGB. § 263 [n. 21].

Erk. (Z. I.) v. 3. April 1878 c. Nautm. (397 I. Cr.).

R. kaufte von S. Gegenstände und berichtigte den Kaufpreis durch Abtretung einer Hypothek von 6000 Mk. auf ein Haus, hatte ihn aber durch die Täuschung zur Annahme dieser Hypothek bestimmt, daß sie auf einem anderen als dem wirklich haftenden Hause ruhe. Das letztere wurde subhastirt und die auf S. übertragene Hypothek fiel gänzlich aus. Der Verurteilung wegen Betrugs stellt R. in der NB. entgegen, daß S. nicht beschädigt sei, da der persönlich haftende Aussteller der Hypothek ein vermögender Mann sei, von dem S. Zahlung erlangen könne. Die NB. wurde zurückgewiesen.

Ebensowenig liegt der Ausführung des App.-Richters: daß der Erwerb einer werthlosen Hypothek für den Fuhrherrn S. eine Vermögensbeschädigung enthält, ein Rechtsirrthum zu Grunde. Da S., wie der Appell.-Richter annimmt: die Hypothek mit Rücksicht auf die ihm durch dieselbe gewährte dingliche Sicherheit als Aequivalent für den Kaufpreis der von ihm übergebenen Wagen und Pferde übernahm, so wurde seine Vermögenslage, sobald diese Sicherheit fortfiel, eine ungünstigere, und mithin sein Vermögen geschädigt, auch wenn er durch eine persönliche Klage wider den Aussteller der Hypothek, was Angeklagter behauptet, Befriedigung erlangen könnte.

Antr. des GStA.: gleichl. [18.—2.]

Kirchengesetze. - Ausübung bischöflicher Rechte. - Pfarrer.

Die Strafbestimmung wegen Ausübung bischöflicher Rechte vor der eidlichen Verpflichtung setzt nicht voraus, daß der betreffende Geistliche kanonisch dazu qualifizirt sei.

Gesetz über die Verwaltung erledigter kathol. Bisthümer v. 20. Mai 1874 § 4 Abs. 1.

Erk. (**V. II.**) **v. 4. April 1878 c. Büchtemann** (282 II. Cr.).

B. hat als katholischer Pfarrer der Diözese P. während Erledigung des bischöflichen Stuhls einen von der Regierung in seiner Pfarre angestellten katholischen Schullehrer das tridentinische Glaubensbekenntniß beten lassen und demselben dann erklärt, daß er nun den Religionsunterricht ertheilen könne.

Die StA.-schaft fand hierin eine nur dem Bischof zustehende Ertheilung der missio canonica und erhob Anklage aus dem citirten § 4 des Ges.'s v. 20. Mai 1874.

Das App.-Gericht erkannte, ohne zu erörtern, ob die Handlung des Angeklagten eine Ertheilung der missio canonica enthalte, um deswillen auf Freisprechung, weil gedachte Strafbestimmung nur auf Jemand anwendbar sei, der an sich kanonisch zur Ausübung bischöflicher Rechte qulifizirt sei und nun solche ausübe, ohne den staatlichen Erfordernissen zu genügen.

Auf die NB. des OStA.'s vernichtete das Ob.-Tr. in Uebereinstimmung mit dem Antrage der GStA.-schaft und verwies in die Instanz. Gründe:

Der Ober-Staatsanwalt rügt Verletzung des § 4 des Ges.'s v. 20. Mai 1874 über die Verwaltung katholischer Bisthümer, weil der App.-Richter diesen Paragraphen nur auf solche Personen für anwendbar erklärt habe, welche nach den Vorschriften des kanonischen Rechts zur Ausübung bischöflicher Rechte gegenüber der Diözese an sich qualifizirt seien, zu denen aber der Angeklagte als einfacher Pfarrer nicht gehöre. Diese Rüge ist begründet. Der § 1 des cit. Gesetzes schreibt vor, daß während der Erledigung eines bischöflichen Stuhles die mit dem bischöflichen Amte verbundenen Rechte und geistlichen Verrichtungen nur nach Maßgabe der folgenden Bestimmungen des Gesetzes ausgeübt werden dürfen. Die §§ 2 und 3 stellen sodann die Bedingungen auf, von deren Erfüllung der Staat jene Ausübung abhängig macht. Der § 2 fordert insbesondere die eidliche Verpflichtung, dem Könige treu und gehorsam zu sein und die Gesetze des Staates zu befolgen. Demnächst bedroht der § 4 denjenigen mit Strafe, welcher vor der eidlichen Verpflichtung bischöfliche Rechte der in § 1 bezeichneten Art ausübt. Wenn nun der Angeklagte ohne jene eidliche Verpflichtung bischöfliche Rechte ausgeübt hat, so findet die Bestimmung des § 4 ihrem Wortlaute nach ihre Anwendung. Zwar ist zuzugeben, daß das Gesetz, indem es sich der Worte bedient: „Wer vor der eidlichen Verpflichtung bischöfliche Rechte ausübt", zunächst den gewöhnlichen Fall, nämlich denjenigen vor Augen hat, wo der Betreffende nach den Grundsätzen des kanonischen Rechtes zur Ausübung bischöflicher Rechte befähigt ist und daher zur Eidesleistung zugelassen werden kann. Allein eine Beschränkung auf diesen Fall enthalten die Worte des Gesetzes nicht. Der Sinn und der Zweck des Gesetzes schließen aber eine solche Beschränkung geradezu aus. Denn wenn es eine staatliche Nothwendigkeit ist, daß den Entscheidungen, welche die Entlassung eines Bischofs aus dem Amte aussprechen, ihre Wirksamkeit gesichert werde, so kann ein Gesetz, dessen Zweck die Sicherung dieser Wirksamkeit ist, nicht zulassen, daß während der Erledigung des bischöflichen Stuhles bischöfliche Rechte von irgend einem Geistlichen, welcher die von dem Staate vorgeschriebenen Bedingungen nicht erfüllt hat, ausgeübt werden, mag er dazu nach kanonischen Grundsätzen befähigt sein oder nicht. Ob eine solche Unterscheidung zwischen den Befähigten und den Nichtbefähigten möglich sein würde, wenn die Nichtbefähigung und als Folge derselben die völlige Wirkunslosigkeit der von den Nichtbefähigten vorgenommenen Handlungen auf kirchlichem Gebiete, sowohl in Ansehung der hierbei in Betracht kommenden Thatsachen als des Rechtspunktes, nicht blos für die Geistlichen und die sonstigen Kenner des kanonischen Rechts, sondern für alle Katholiken ohne allen Zweifel klar hervorträte, kann auf sich beruhen. Denn diese Zweifellosigkeit wird schon durch die Möglichkeit ausgeschlossen, daß der an sich befähigte Geistliche, welcher bischöfliche Rechte ausübt, als dazu von der kirchenrechtlich zuständigen Behörde ermächtigt angesehen wird, oder daß er diese Ermächtigung auch wirklich erhalten hat, der Beweis der Ertheilung derselben aber, welcher die Bedingung der Anwendbarkeit des § 5 des Gesetzes ist, nicht geführt werden kann, ja geradezu in der Absicht unmöglich gemacht wird, einem Gesetze die Wirksamkeit zu entziehen, welchem als in die Rechte der Kirche eingreifend der Gehorsam zu versagen sei. Hiernach tritt der App.-Richter, indem er die Anwendbarkeit des § 4 davon abhängig macht, daß der betreffende Geistliche nach den Vorschriften des kanonischen Rechts zur Ausübung bischöflicher Rechte an sich qualifizirt sei, mit den Worten und mit dem Sinne und Zwecke des Gesetzes in Widerspruch; sein Urteil unterliegt daher der Vernichtung.

[14.—4.]

Gewerbliche Anlage. - Errichtung ohne Genehmigung.

Die Errichtung einer gewerblichen Anlage ohne die erforderliche Genehmigung ist strafbar, sobald mit der Errichtung begonnen ist, wenn auch die Anlage noch nicht soweit gediehen ist, um sofort in Betrieb gesetzt werden zu können. Ein Beginn der Errichtung im Gegensatz zu der bloßen Vorbereitung

einer Anlage liegt alsdann vor, wenn der Zweck der Anlage äußerlich erkennbar wird.

R.-Gew.-Ordn. v. 21. Juni 1869 § 147 Nr. 2.

Erk. (Z. II.) v. 4. April 1878 c. Kleemann (351 II. Cr.).

Der Angeklagte ist durch die gleichlautenden Erkenntnisse des Kgl. Kreisgerichts zu Fr. i. Schl. und des Kgl. App.-Gerichts zu Gl. v. 22. Septbr. 1877 und v. 9. Jan. 1878 auf Grund des § 147 Nr. 2 der R.-Gew.-Ordn. zu 10 Mk. Geldstrafe, event. 2 Tagen Haft verurteilt worden, weil thatsächlich feststehe: daß er im November und Ende Oktober 1876 im Fr. Kreise eine gewerbliche Anlage, zu der mit Rücksicht auf die Lage und Beschaffenheit der Betriebsstätte oder des Lokals eine besondere Genehmigung erforderlich sei, nämlich eine Dampfkesselanlage, ohne diese Genehmigung errichtet habe. Derselbe behauptet, daß, weil die fragliche Anlage nicht vollendet, sondern beim Versuche stehen geblieben sei, der angezogene Paragraph der Gewerbe-Ordnung unrichtig auf ihn angewendet worden, und hat deshalb gegen das App.-Erkenntniß rechtzeitig und in gesetzlicher Form die NB. eingelegt. Diese Beschwerde ist unbegründet. Der § 16 der R.-Gew.-Ordn. bezeichnet eine Reihe gewerblicher „Anlagen", zu deren „Errichtung" die Genehmigung der nach den Landesgesetzen zuständigen Behörde erforderlich sein soll. Der § 24 sagt demnächst, daß eine solche Genehmigung auch „zur Anlegung von Dampfkesseln" erforderlich sei, und der § 147 Nr. 2 bedroht schließlich mit Geldstrafe bis zu 100 Thlr., event. mit Haft denjenigen, „der eine gewerbliche Anlage, zu der mit Rücksicht auf die Lage oder Beschaffenheit der Betriebsstätte, oder des Lokals eine besondere Genehmigung erforderlich ist (§§ 16 u. 24) ohne diese Genehmigung errichtet". Indem hiernach das Wort „errichtet" im Präsens gebraucht wird, ist es klar, daß zum Thatbestande des in dem gedachten Paragraphen vorgesehenen Vergehens nicht nothwendig gehört, daß die Errichtung der Anlage schon vollendet worden, mithin soweit gediehen gewesen sei, um sofort in Betrieb gesetzt werden zu können, sondern daß schon die noch in der Errichtung begriffene Thätigkeit, insofern nicht vor deren Beginn die erforderliche Genehmigung nachgesucht und ertheilt ist, der angedrohten Strafe unterliegt, weil andernfalls der Gesetzgeber nicht gesagt hätte: „wer — errichtet", sondern die Worte: „wer errichtet hat" gebraucht haben würde. Allerdings sind, wenn das Wort „errichten" in diesem Sinne verstanden wird, noch immer gewisse Vorbereitungshandlungen von dem Errichten selbst zu unterscheiden, und es ist anzunehmen, daß, so lange sich der Thäter im Stadium solcher Vorbereitungen befindet, er nur einen Versuch zur Errichtung macht, der gesetzlich nicht strafbar ist. Wenn indessen auch zuzugeben ist, daß die Grenzlinie zwischen dem Ende der Vorbereitung und dem Anfange des Errichtens nicht immer genau zu unterscheiden ist, so kann man als Begriffsmerkmal für dieselbe doch füglich aufstellen, daß das Errichten alsdann beginnt, wenn der Zweck der Anlage äußerlich erkennbar wird. Hält man dieses fest, so kann man nicht zweifelhaft sein, daß im vorliegenden Falle die Vorderrichter den Akt des Errichtens der Anlage ohne Rechtsirrthum für begonnen erachten konnten, weil der Angeklagte festgestelltermaßen den fraglichen Dampfkessel am 27. Oktbr. 1876 an den Ort, wo er in Thätigkeit gesetzt werden sollte, hingebracht, demnächst das in einer mehrfachen Schicht Ziegel bestehende Fundament gelegt, den Dampfkessel in seine definitive Lage gebracht, die Einmauerung desselben in Angriff genommen und diese Arbeit bis zum 5. Novbr. 1876 soweit fortgeführt hatte, daß die Seitenwände ziemlich fertig waren und der Kessel auf ihnen ruhte, während nur die Vorwand erst zum Theil aufgeführt war und die Hinterwand so wie die Schornsteine noch gänzlich fehlten.

Antr. d. GStA.: gleichl. [5.—4.

Unterschlagung. – Gefundene Sache. – Angebot zum Kauf.

Die zur Unterschlagung erforderliche „Zueignung" der fremden Sache vollzieht sich durch jede positive Thätigkeit, durch welche erkennbar wird, daß der Besitzende gleich einem Eigenthümer über dieselbe als eine ihm zugehörige verfügen will. Insbesondere kann eine Fundunterschlagung schon vor dem Verkauf und der Uebertragung der gefundenen Sache durch das bloße Angebot zum Kauf vollendet sein und ist dann der Käufer nicht Theilnehmer an einer Unterschlagung, sondern Hehler.

StGB. § 246 [n. 33 u. 61] und § 259 [n. 7].

Erk. (B. II.) v. 4. April 1878 c. Lange & Gen. (273 II. Cr.).

Bei den Angeklagten wurden mehrere Pferdegurten vorgefunden, welche einem Riemermeister aus seinem Verkaufslokal gestohlen waren. Sie gaben an, solche von einem Unbekannten gekauft und dabei von demselben die Versicherung erhalten zu haben, daß er die Gurten auf der Straße gefunden habe. Die Instanzgerichte, welche den Angaben der Angeklagten Glauben schenkten und den unbekannten Verkäufer als den Dieb der Gurten ansahen, sprachen frei und zwar von Hehlerei, weil die Angeklagten geglaubt hätten, daß der Verkäufer die Gurten gefunden habe und weil unter dieser Voraussetzung der Verkäufer die Gurten nicht schon vor dem Verkauf durch eine strabare Handlung erlangt, sondern erst durch den Verkauf eine strafbare Handlung, nämlich Unterschlagung, begangen haben würde und von Theilnahme an einer Unterschlagung, weil objektiv eine Unterschlagung von Seiten des Verkäufers nicht vorgelegen, derselbe vielmehr in Wirklichkeit die Gurten gestohlen habe. Dabei gingen dieselben von der prinzipiellen Anschauung aus, daß eine Fundunterschlagung stets erst durch den Verkauf und die Uebertragung der Sache und nicht schon durch das Angebot zum Kauf begangen werde. Auf NB. des OStA.'s vernichtete das Ob.-Tr. und verwies in die Instanz zurück behufs Feststellung, ob nach der konkreten Sachlage im vorliegenden Falle eine Unterschlagung schon in dem bloßen Angebot der Gurten zum Kauf zu finden und ob bejahenden Falls die Angeklagten nach ihrem individuellen Standpunkt sich dessen bewußt gewesen seien.

Antr. d. GStA.: gleichl. [7.–4.]

1. Rheinisches Verfahren. – Cassations-Richter. – Rechtsgrundsätze. – Instanzrichter gebunden.
2. Gewerbesteuer. – Gesetz v. 3. Juli 1876. – Mildere Strafbestimmung. – Nichtanwendung auf frühere Fälle.

1. Die von dem Cassationsrichter bei Cassirung eines Urteils ausgesprochenen Rechtsgrundsätze binden den Instanzrichter, vor welchen die Sache zurückverwiesen wird, nur soweit, als diese Entscheidung des Cassationsrichters sich auf dieselben gründet.

AKO. v. 8. Juli 1834.

2. Vor dem 1. Oktober 1876 begangene Gewerbesteuer-Defraudationen sind noch mit der bisherigen härteren Strafe des Quadruplum zu bestrafen.

StGB. § 2; Gewerbesteuergesetz v. 30. Mai 1820 § 39 b.; Gesetz v. 3. Juli 1876 §§ 17 und 33; Sic.: RbOTr. 18. S. 117.

Erk. (B. II.) v. 4. April 1878 c. Linde (339 II. Cr.).

In Verfolg des 18 S. 362 auszugsweise mitgetheilten kassirenden Urteils des Ob.-Tr.'s stellte die App.-Kammer zu D., vor welche die Sache zurückverwiesen worden war, den Betrag der umgangenen Gewerbesteuer auf 37 Mk. 50 Pf. fest und verurteilte den L. zu 75 Mk., indem sie den § 17 des Ges.'s v. 3. Juli 1876 als milder auch auf die vor der Geltung dieses Gesetzes begangenen Defraudationen für anwendbar erachtete. Auf den Cass.-Rekurs des Ob.-Pr. kassirte das Ob.-Tr. und verurteilte zu 50 Mk. Gründe:

In Erw., daß das Ob.-Trib. in dem das Urteil der korrektionellen App.-Kammer des Kgl. Landgerichts zu E. v. 1. Febr. 1877 vernichtenden Urteile v. 31. Mai 1877 ausgesprochen hat, daß § 39 lit. b. des Gewerbesteuerges.'s v. 30. Mai 1820 nach § 33 des Ges.'s v. 3. Juli 1876 auf den vorliegenden Fall noch Anwendung finde;

daß dies jedoch nur bei Gelegenheit der Erörterung geschehen ist, ob die von dem Beschuldigten verwirkte Steuerstrafe höher sein würde als die von den Instanzrichtern erkannte Kontraventionsstrafe, bei welcher Erörterung sich das Resultat ergeben hat, daß eine nach § 17 des Ges.'s

v. 3. Juli 1876 berechnete Steuerstrafe die Kontraventionsstrafe übersteigt;

daß durch jene für die damalige Entscheidung des Ob.-Tribunals nicht unbedingt gebotene Ausführung ein die Instanzgerichte bindender Rechtsgrundsatz nicht hat aufgestellt und bei der nochmaligen Verhandlung der Sache vor der Zuchtpolizei-App.-Kammer des Königl. Landgerichts zu D. die Freiheit der Entscheidung des letzteren Gerichts bezüglich der Anwendbarkeit des § 39 lit. b. des Ges.'s v. 30. Mai 1820 nicht hat beschränkt werden sollen;

daß daher die Zuchtpolizei-Appell.-Kammer, indem sie diesen § für unanwendbar erklärt gegen die AKD. v. 8. Juli 1834 nicht verstoßen hat;

in Erw., dagegen zur Sache selbst,

daß die aus der Fassung des § 33 des Ges.'s vom 3. Juli 1876 erhobenen Bedenken nicht für begründet erachtet werden können, weil, wenngleich die Bestimmung in § 39 lit. b. des Gewerbesteuerges.'s unter denjenigen Vorschriften, welche im § 33 des Ges.'s v. 3. Juli 1876 vorbehaltlich der Anwendung auf frühere Fälle außer Kraft gesetzt werden, nicht ausdrücklich erwähnt ist, der Vorbehalt der Anwendung auf frühere Fälle sich auch auf solche bezieht, die dem angeführten § 39 lit. b. unterliegen.

daß nämlich die Aufhebung des letzteren § in dem § 33 des Ges.'s v. 3. Juli 1876 nicht ausgesprochen werden konnte, weil sie bereits im § 17 desselben Ges.'s ausgesprochen war;

daß deshalb aus der an ersterer Stelle unterlassenen Erwähnung nicht der Schluß gezogen werden darf, daß die Zuwiderhandlungen gegen § 39 lit. b. des Ges.'s v. 30. Mai 1820 einer anderen rechtlichen Beurteilung zu unterziehen seien, als die im § 33 des Ges.'s vom 3. Juli 1876 erwähnten;

daß vielmehr, wie die in den Anlagen zu den stenographischen Berichten über die Verhandlungen des Hauses der Abgeordneten pro 1876 S. 668 veröffentlichte Denkschrift, mit welcher der Entwurf des Ges.'s v. 3. Juli 1876 vorgelegt worden, ergiebt, die Aenderung des § 39 des Ges.'s v. 30. Mai 1820 nur deshalb erfolgt ist, weil sich der Fortbestand der für den stehenden Gewerbebetrieb auf das Vierfache der Jahressteuer festgesetzten Strafe nicht rechtfertigen lasse, wenn die Srafe für den Gewerbebetrieb im Umherziehen gemildert werde;

daß also die Gleichmäßigkeit der Bestrafung als ein leitendes Prinzip aufgestellt worden ist und daß es diesem Prinzip widersprechen würde, wenn dem Ges. v. 3. Juli 1876 bezüglich des stehenden Gewerbebetriebs die rückwirkende Kraft beigelegt würde, welche ihm bezüglich des Gewerbebetriebs im Umherziehen versagt worden ist;

daß für die durchgängige Gleichstellung beider Arten des Gewerbebetriebs in Bezug auf die Bestrafung früherer Fälle auch die durch die neue Gesetzgebung herbeigeführte neue Abgrenzung beider Arten, welche eine ausschließliche Rückbeziehung auf frühere Fälle der einen Art völlig unangemessen erscheinen läßt, sowie der Umstand spricht, daß vom 1. Oktbr. 1876 ab, mit welchem Tage das Gesetz v. 3. Juli 1876 in Kraft getreten, nach § 27 seq. desselben auch ein wesentlich verändertes Strafverfahren eingeführt worden ist, und zwar sowohl für die Fälle des stehenden Gewerbebetriebs, als für die des Gewerbebetriebs im Umherziehen;

daß hiernach das angefochtene Urteil, weil es nicht den § 39 lit. b. des Ges.'s v. 30. Mai 1820, sondern § 17 des Ges.'s v. 3. Juli 1876 auf den vorliegenden Fall angewendet, der Vernichtung unterliegt, in der Sache selbst aber auf Grund der von dem Berufungsrichter getroffenen Feststellung auf eine dem vierfachen Jahresbetrage der umgangenen Steuer mindestens gleichkommende Kontraventionsstrafe zu erkennen war;

daß mit Rücksicht auf den Betrag der Jahressteuer von 37 Mk. 20 Pf., eine Strafe von 150 Mk. angemessen erscheint.

Antr. d. OStA.: gleichl. [19.—4.]

Widerstand. – Pfändung. – Nichtzuziehung von Zeugen. – Unrechtmäßige Amtsausübung.

1. Die Nichtzuziehung von Zeugen bei einer Pfändung macht, soweit solche vorgeschrieben, die Amtsausübung des Vollstreckungsbeamten zu einer unrechtmäßigen.

2. Nach der AGO. ist die Zuziehung von Zeugen nöthig, sobald der Exekutor dazu schreitet, von einer dem Schuldner gehörigen Sache Besitz zu nehmen und der Schuldner nicht sein Einverständniß erklärt.

StGB. § 113 [n. 15]; AGO. Th. I Tit. 24 § 68; Vgl. RbOTr. 12. S. 608.

Erk. (**S. II.**) **v. 4. April 1878 c. Lober** (310 II. Cr.)

Der Appellations-Richter verkennt nicht, daß die Rechtmäßigkeit der Ausübung des Amts eines Vollstreckungsbeamten durch die Beobachtung der wesentlichen Formvorschriften bei der Vollstreckung bedingt ist, auch nicht, daß der § 68 Tit. 24 Th. I der Allg. Ger.-Ordn. dergleichen wesentliche Vorschriften enthält und daß insbesondere die kategorisch vorgeschriebene Zuziehung von Zeugen bei der Auspfändung zu diesen Vorschriften gehört. Allein er ist der Ansicht, daß der von ihm als erwiesen angenommene Thatbestand eine Verletzung dieser Vorschriften nicht enthalte, und diese Ansicht ist eine rechtsirrthümliche. Nach der Darstellung des Appellations-Richters hat der Angeklagte weder der Aufforderung des Exekutors Zahlung zu leisten noch dem Ansinnen desselben einen Kleiderschrank zu öffnen Folge geleistet, worauf der Exekutor mit dem Eröffnen, daß er alsdann die vom Angeklagten am Leibe getragene Taschenuhr pfänden müsse, sofort nach dieser Uhr gegriffen und sie in seine Hand bekommen habe. Diese letztere Maßregel erachtet der App.-Richter, obgleich die Zuziehung von Zeugen nicht erfolgt war, für gerechtfertigt und den von dem Angeklagten derselben entgegengesetzten Widerstand für strafbar, weil der Exekutor keinen Grund zu der Annahme gehabt habe, daß der Angeklagte irgend welche Schwierigkeiten bei der Beschlagnahme von Pfandobjekten verursachen würde, die Zuziehung von Zeugen aber gemäß § 68 a. a. O. erst dann zu erfolgen habe, wenn die wirkliche Auspfändung d. h. die Wegschaffung der mit Beschlag belegten Gegenstände vorgenommen werden solle oder der Exequendus irgend welchen Widerstand der Auspfändung entgegensetze. Hierbei hat der Appell.-Richter den Begriff der Auspfändung unrichtig aufgefaßt. Daß darunter nur die Wegschaffung der Sachen zu verstehen sei, entspricht weder dem gewöhnlichen Sprachgebrauch noch der Bedeutung, welche dem Worte in den Gesetzen beigelegt ist. Denn die §§ 72 u. 73 a. a. O. verordnen: „Ueber die abgepfändeten Sachen muß der Exekutor auf der Stelle ein genaues Verzeichniß anfertigen und es von dem Schuldner oder den zugezogenen Gerichtspersonen oder Zeugen mit unterschreiben lassen. Sodann muß er .... dafür Sorge tragen, daß die ausgepfändeten Effekten entweder am Orte selbst oder ... in der nächsten Stadt in einem sicheren Gelasse untergebracht werden". Der Akt der Auspfändung ist also hier offenbar als ein der Wegschaffung vorangehender gedacht. Es kann aber auch keinem Bedenken unterliegen, daß die Auspfändung mit dem Momente beginnt, wo der Exekutor dazu schreitet, Namens des Gerichts von einer dem Schuldner gehörigen Sache Besitz zu ergreifen und daß von diesem Momente ab, wenigstens dann wenn der Schuldner nicht sein Einverständniß erklärt hat, die Zuziehung von Zeugen nothwendig ist. Denn nach den §§ 67, 68 a. a. O., durch welche das Verfahren bei der Zwangsvollstreckung geregelt ist, hat der Exekutor den anwesenden Schuldner zunächst zur Zahlung aufzufordern und wenn diese Aufforderung fruchtlos bleibt, zur Vorzeigung seiner Habseligkeiten und Oeffnung seiner Behältnisse. Will der Schuldner diesem Ansinnen keine Folge leisten, so hat der Exekutor die Auspfändung nöthigenfalls mit Gewalt vorzunehmen, aber nur im Beisein von Gerichtspersonen,

Ortsvorständen oder zwei unbescholtenen Zeugen. Hiernach ist die Zuziehung von Zeugen geboten, sobald durch die eben erwähnte Weigerung der Widerspruch des Schuldners gegen die weiteren Maßnahmen des Exekutors konstatirt worden ist. Es würde aber auch der von dem App.-Richter selbst hervorgehobene Zweck der den Exekutoren ertheilten Instruktion, die Letzteren einer angemessenen Kontrole zu unterwerfen und den Widersetzlichkeiten der Schuldner zu begegnen, augenscheinlich vereitelt werden, wenn für die Zuziehung von Zeugen allein das Dafürhalten des Exekutors maßgebend sein sollte, ob Schwierigkeiten Seitens des Schuldners zu erwarten seien oder nicht. Entscheidend ist vielmehr die von dem Gesetze vorgesehene Thatsache der Weigerung des Schuldners und auch darauf kommt es nicht an, ob der Schuldner bei jedem einzelnen Gegenstande, dessen Auspfändung der Exekutor vornehmen will, seine Weigerung wiederholt, sondern es genügt eine einmalige Weigerung. Am allerwenigsten aber darf der Exekutor selbst die Möglichkeit einer Weigerung der Hergabe eines Exekutionsobjekts dadurch abzuschneiden versuchen, daß er sich, wie im vorliegenden Falle, ohne vorangegangene Aufforderung zur Herausgabe in den Besitz desselben setzt. Der festgestellte Sachverhalt schließt hiernach unter allen Umständen die Annahme aus, daß der Exekutor sich in der rechtmäßigen Ausübung seines Amts befunden habe. Es war daher unter Vernichtung des Appell.-Erkenntnisses das erste — freisprechende — Erkenntniß zu bestätigen. [19.—4.]

---

1. Appellation. - Unrichtige Bezeichnung des Rechtsmittels. - Absicht des Verklagten.

2. Urteilszustellung. - Angehörige eines anderen Bundesstaats. - Postinsinuation.

1. Ob eine Eingabe des Angeklagten als Anmeldung der Appellation anzusehen ist, hängt nicht von der gewählten technischen Bezeichnung des Rechts-

mittels, sondern von der aus dem Inhalt ersichtlichen Absicht des Angeklagten ab.

Crim.-Ordn. § 518; Vgl. RbOTr. 8. S. 641 und 13. S. 433.

2. Auch in einem anderen Bundesstaat und an dessen Angehörige können diesseitige Strafurteile gültig durch Postinsinuation zugestellt worden.

Vdn. v. 5. Mai 1838 § 3d. und § 4d.; Rechtshülfegesetz v. 21. Juni 1869 § 39.

Erk. (V. II.) v. 4. April 1878 c. Kolbe v. Schreeb (109 II. Cr.).

Die NB. des OStA.'s behauptet unrichtige Anwendung des § 518 der Krim.-Ordn., sowie wesentlicher Vorschriften des Verfahrens über die Vorladung des Angeklagten zur Hauptverhandlung und die Zustellung von Erkenntnissen.

[1.] In ersterer Beziehung ist die Beschwerde nicht begründet. Die Anwendung und Rechtfertigung der Appellation kann nach §§ 128. 129 der Vdn. v. 3. Jan. 1849 mündlich zu Protokoll, oder schriftlich erfolgen. Eine Legalisirung der Schrift durch einen Rechtsverständigen ist nicht vorgeschrieben und damit anerkannt, daß die rechtliche Bedeutung derselben nicht von der richtigen Wahl der technischen Bezeichnungen der Rechtsmittel, sondern von der aus dem Inhalte der Schrift ersichtlichen Absicht des Angeklagten abhängig sein solle. Wenn nun der Angeklagte mit Rücksicht auf das ihn verurteilende Erkenntniß erster Instanz unter ausführlicher Darlegung seiner Beschwerden in einer von ihm als Nichtigkeitsbeschwerde event. Protest resp. Beschwerde bezeichneten Schrift vom 3. August pr. den Antrag gestellt hat, das App.-Gericht wolle das ganze der Nichtigkeit an und für sich verfallene Verfahren erster Instanz und damit das angefochtene Erkenntniß vernichten und ihn von Strafe und Kosten freisprechen, so konnte das App.-Gericht nicht umhin, diese Schrift, ihre Rechtzeitigkeit vorausgesetzt, als Appellation zu behandeln. Es konnte aber auch für diese Behandlung nicht von Einfluß sein, daß der Angeklagte in einer späteren Eingabe v. 22. Oktbr.

pr. von der allerdings irrigen Ansicht ausgehend, daß das Verfahren und das Erkenntniß erster Instanz durch eine einfache Verfügung für nichtig erklärt werden könne, sich dagegen verwahrt hat, daß die Schrift vom 3. August v. J. als Appellation angesehen werde. Denn auch die Schrift vom 22. Oktbr. v. J. enthält die stärksten Ausdrücke seiner Unzufriedenheit mit dem ersten Erkenntnisse und wiederholt den Antrag dasselbe für nichtig zu erklären und den Angeklagten frei zu sprechen. Sie steht also sachlich auf demselben Boden wie die Schrift vom 3. August v. J., und der Irrthum, in welchem sich der Angeklagte über die Art befunden hat, wie seine Beschwerde formell zu behandeln sei, kann demselben nicht zum Nachtheil gereichen. Wenn also die Appellation des Angeklagten überhaupt rechtzeitig eingelegt war, so konnte dieselbe nicht, wie die NB. verlangt, auf Grund der Schrift vom 22. Oktbr. pr. zurückgewiesen werden.

[2.] Dagegen kommt allerdings in Frage, ob das Rechtsmittel für rechtzeitig eingelegt zu erachten sei, und die gegen die bejahende Annahme des App.-Richters gerichtete zweite Beschwerde erscheint in der That begründet. Bei Beurteilung derselben ist davon auszugehen, daß der Angeklagte gegenwärtig Großherzoglich Sächsischer Unterthan ist, aber auch davon, daß die Preußischen Gerichte für die vorliegende Sache zuständig sind, und daß ihre Zuständigkeit Seitens der Großherzoglichen Behörden keiner Prüfung unterzogen werden darf. Für das Verfahren vor Gericht kommen ferner die Vorschriften der Landes-Prozeßordnungen zur Anwendung. Dies hat der Appell.-Richter auch nicht verkannt, vielmehr die Vdn. v. 5. Mai 1838, wegen Einführung des gleichmäßigen Verfahrens bei der Insinuation richterlicher Erkenntnisse für maßgebend erklärt. Allein indem er der Bestimmung im § 3d. a. a. O. „Zusendungen in das Ausland werden, wo dies zulässig ist, auf gewöhnliche Weise rekommandirt", die Auslegung gegeben hat, daß die rechtliche Zulässigkeit der Zusendung nach den im Auslande, insbesondere im Großherzogthum Sachsen geltenden Gesetzen beurteilt werden müsse, ist er einem Mißverständnisse dieser Bestimmung verfallen, welches seine Entscheidung unhaltbar macht. Schon der Wortlaut und der sich aus demselben ergebende Sinn schließt jede andere Deutung aus als die, daß der Weg der Rekommandation bei Sendungen nach allen Orten im Auslande eingeschlagen werden solle, wohin rekommandirte Sendungen Statt finden. Es ist dies aber auch im § 4c. a. a. O.: „Die Insinuation an den Stellvertreter einer Partei genügt, wenn die Partei sich an einem Orte befindet, wohin rekommandirte Zusendungen durch die Post nicht Statt finden!" deutlich ausgesprochen und die allgemeine Verfügung v. 16. Septbr. 1844 (JMBl. S. 207) bemerkt hierzu: „Dergleichen Zusendungen sind zur Zeit nach Baden, Baiern, Braunschweig Hannover, Mecklenburg, Sachsen und dem Fürstlich Thurn und Taxis'schen Postgebiete gestattet." Das Gesetz vom 20. September 1862 endlich hat die Insinuation aller Erkenntnisse und Verfügungen an Personen außerhalb des Gerichts auch ferner gestattet ohne speziellere Bestimmungen zu treffen. Hiernach kann es einem begründeten Zweifel nicht unterliegen, daß der Weg der Zustellung durch die Post, welcher beiläufig auch im § 10 Abs. 2 des Bundesges.'s v. 12. Juni 1869, betr. die Errichtung eines obersten Gerichtshofes in Handelssachen als ein durchaus geeigneter angesehen worden ist, überall da hat eingeschlagen werden sollen, wo die Möglichkeit einer Empfangsbescheinigung durch Vermittelung der Post gegeben war. Diese Möglichkeit aber ist seit dem Gesetze über das Postwesen v. 28. Oktbr. 1871 in erweitertem Umfange für das Deutsche Reich gegeben, ja sie besteht sogar für die Bestellung gerichtlicher Schreiben mit förmlichen Behändigungsscheinen, wie sie den Landesgesetzen entsprechen, — vergl. Postordnung v. 18. Dezbr. 1874, §§ 16 und 35 (Centralblatt S. 6 seq.) — und dieser letztere Weg muß hinfort statt der Rekommandation eingeschlagen werden, wo wie in Preußen, durch das Ges. v. 5. Mai 1838, § 4 lit. d. der

Nachweis der Insinuation durch ein Post-Insinuationsdokument als Regel vorgeschrieben ist, weil nach § 39 des Rechtshülfegesetzes v. 21. Juni 1869 die Unterthanen der verschiedenen Bundesstaaten einander gleichgestellt worden sind. Wenn also das Gericht erster Instanz von diesem Wege Gebrauch gemacht hat, so hat es gegen kein Preußisches Gesetz verstoßen, und es existirt kein Preußisches Gesetz, nach welchem die durch die Post erfolgte Zustellung für unwirksam erklärt werden durfte. — Es kann aber auch nicht anerkannt werden, daß das von dem Gerichte eingeschlagene, von der Preußischen Gesetzgebung gebilligte Verfahren, einen Eingriff in die Justizhoheit des Heimathstaats des Angeklagten enthalte. Wenn in früheren Zeiten die Souverainetät der einzelnen Staaten auch innerhalb des Deutschen Bundes der Ausübung fremder Gerichtsbarkeit gewisse Schranken zog und die Rechtshülfe versagt werden konnte bis die Zuständigkeit des requirirenden Gerichts, und namentlich wo es sich um die Vollstreckung von Kontumazialerkenntnissen handelt, die rite erfolgte Vorladung des eigenen Gerichtseingesessenen nachgewiesen war, so ist doch dieser Rechtszustand gegenwärtig ein völlig anderer, seitdem durch Art. 3 der Reichsverfassung ein gemeinsames Indigenat für das ganze Reich hergestellt und durch das Rechtshülfegesetz v. 21. Juni 1869 jede Prüfung der Zuständigkeit der um Rechtshülfe nachsuchenden Gerichte untersagt worden ist. Durch dieses Gesetz, dessen Bestimmungen den §§ 157 seq. des Gerichtsverfassungsgesetzes vom 27. Januar 1877 zur Grundlage gedient haben, ist im Wesentlichen schon damals „die Gerichtsgewalt eines jeden Deutschen Gerichts, auf alle sich im Deutschen Reiche aufhaltenden Personen ausgedehnt worden." (Ausdruck der Motive zum Gerichtsverfassungsgesetz S. 189). Von einer Lizenz oder Paritionsordre des persönlichen Richters, durch welche erst das Subjektionsverhältniß unter das Gericht des anderen Bundesstaats hergestellt wurde, kann seitdem nicht mehr die Rede sein. Zwar wird nach dem Wortlaute des § 2 des Ges.'s

v. 21. Juni 1869 die Rechtshülfe allerdings von Gericht zu Gericht geleistet. Allein damit ist nur ausgesprochen, daß der Verkehr der Gerichte unter einander ein direkter, keiner Vermittelung bedürftiger und das ersuchte Gericht gehalten sein soll, wenn es die Vollziehung des Ersuchens durch andere Organe herstellen will oder muß, diese anderen Organe nun seinerseits in Bewegung zu setzen, keineswegs aber ist damit ausgedrückt, daß die Rechtshülfe auch dann nur von Gericht zu Gericht erfolgen soll, wenn einem Gericht in dem Bezirke des anderen Gerichts diejenigen Organe selbst zur Verfügung stehen, deren es zur Ausführung seiner Zustellungen bedarf, also namentlich nicht, daß statt eines Ersuchens an die Postbehörde überall ein Ersuchen an die Gerichtsbehörde gerichtet werden solle. Daß der § 2 des Rechtshülfegesetzes diesen Sinn nicht haben kann, ergiebt sich schon daraus, daß derselbe nach § 1 ebensowohl auf Gerichte desselben Bundesstaats als verschiedener Bundesstaaten Anwendung findet. Es ergiebt sich dies ferner aus der ausdrücklichen Anerkennung einer anderen Art der Rechtshülfe im § 4 des Gesetzes, und aus den Vorberathungen zu § 40 des Gesetzes, bei welchen davon ausgegangen ist, daß selbst die Zeugenladungen mittelst der Post ohne Vermittlung der Gerichte wirksam geschehen können, — vergl. Endemann: die Rechtshülfe im nordd. Bunde S. 156 —. Hiernach unterliegt es keinem Bedenken, daß den Großherzoglich Sächsischen Gerichten ein Recht darauf, daß die Behändigung von Erkenntnissen durch ihre Vermittlung unter Ausschließung des direkteren Weges erfolge, nicht zusteht. Was aber den Angeklagten selbst anbelangt, so hat derselbe jedenfalls keinen Grund zur Beschwerde und zur Verweigerung der Annahme des Erkenntnisses gehabt, wenn die Art der Zustellung dem Rechte seines Landes entsprochen hat. Dies ist aber hier der Fall gewesen. Denn durch das Großherzoglich Sächsische Gesetz vom 25. April 1826 über das Botenwesen bei öffentlichen Behörden und durch das Gesetz v. 3. März 1876 (Reg.-Blatt des Großherzogthums Sachsen-Weimar-Eisenach, S. 29) ist der Zustellung gerichtlicher Verfügungen und Ausfertigungen durch die Post im Großherzogthum die nämliche Wirkung beigelegt, wie der Zustellung durch einen verpflichteten Diener oder Boten der absendenden Behörde, und der Nachweis der Zustellung gilt als erbracht, wenn der absendenden Behörde ein den deshalb bestehenden Vorschriften entsprechender Behändigungsschein durch die Post zugestellt ist. Ein Gesetz aber, durch welches jede postamtliche Insinuation der Erkenntnisse und Verfügungen bundesstaatlicher Gerichte im Inlande verboten wäre, ist nicht ergangen. Aus dem Vorstehenden ergiebt sich, daß die nach dem Berichte des vereideten Postboten bereits am 7. April v. J. erfolgte Behändigung des Erkenntnisses erster Instanz, als eine rechtlich wirksame zu erachten ist, da der Angeklagte in den Besitz des Erkenntnisses gesetzt worden und es den Vorschriften des Preußischen Rechts entspricht, im Uebrigen aber auch von keiner rechtlichen Erheblichkeit ist, daß dies in Folge seiner Weigerung der Annahme, durch Anheften an die Thür geschehen ist. Da nun die dem Angeklagten zur Einlegung des Rechtsmittels der Appellation nach § 126 der Vdn. v. 3. Jan. 1849 zustehende präklusivische Frist von 10 Tagen nach § 127 a. a. O. mit dem Ablaufe desjenigen Tages ihren Anfang nahm, an welchem ihm die Ausfertigung des Urteils behändigt worden, der Angeklagte das Rechtsmittel aber erst am 25. April v. J. eingelegt hat, so mußte dasselbe als verspätet zurückgewiesen werden. Der Umstand, daß der Richter eine Wiederholung der Insinuation der Urteilsausfertigung angeordnet und dem Angeklagten eine neue Frist zur Einlegung des Rechtsmittels bewilligt, der Angeklagte auch innerhalb dieser neuen Frist am 3. August pr. auf's Neue das Rechtsmittel eingelegt hat, konnte in dieser Beziehung keinen Einfluß üben, weil das Gericht zur Erstreckung einer präklusivischen Frist nicht befugt, jede solche Erstreckung daher wirkungslos war.

Antr. d. GStA.: gleichl. [19.—4.]

Appellationsrichter. - Feststellung. - Realkonkurrenz.

Die Feststellung der Zahl der in Realkonkurrenz begangenen Strafthaten kann der Appell.-Richter, wenn sie in erster Instanz unbestimmt gelassen ist, nicht ohne erneuerte Beweisaufnahme bewirken.

Ges. v 3. Mai 1852 Art. 101 [n. 13].

Erk. (B. I.) v. 5. April 1878 c. Krüger (287 I. Cr.).

Der erste Richter hatte den K. schuldig erkannt zu verschiedenen Malen Kohlen von einem Bahnhof entwendet zu haben und ihn aus §§ 242 und 74 zu einer 4wöchigen Gefängnißstrafe verurteilt. Der App.-Richter nahm ohne Beweiswiederholung an, es lägen mindestens 4 Diebstähle vor und erklärte die Strafe für nicht zu hoch bemessen, da für jeden Diebstahl eine Gefängnißstrafe von 10 Tagen angemessen sei. Das Ob.-Tr. vernichtete.

Der Appell.-Richter hat die erstinstanzliche Feststellung wiederholt, sodann aber, um dem § 74 cit. gemäß verfahren zu können, die Zahl der fraglichen Diebstahlsfälle nach Vergleichung der verschiedenen, im ersten Erkenntnisse referirten Zeugenaussagen auf mindestens vier angenommen, und darnach die Einzelstrafen bestimmt. Eine derartige Ergänzung einer unbestimmten erstinstanzlichen Feststellung konnte aber nach Art. 101 des Ges.'s vom 3. Mai 1852 nicht ohne Wiederholung der Beweisaufnahme stattfinden, und da letztere hier unterblieben ist, so liegt ein Verstoß gegen die bezogene Gesetzesbestimmung vor. [16.—2.]

Holzdiebstahl. - Werthersatz.

Bei dem Holzdiebstahl muß selbst dann die Verpflichtung zum Werthersatz neben der Strafe ausgesprochen werden, wenn das vom Stamme getrennte Holz vom Diebe im Walde zurückgelassen und in Folge dessen dem Bestohlenen verblieben ist.

H.-Diebst.-Ges. v. 2. Juni 1852 § 18; Vgl. GA. 2. S. 417; RdOTr. 1. S. 433; 9. S. 714 und 10. S. 106.

Erk. (B. II.) v. 9. April 1878 c. Hölter (384 II. Cr.).

Antr. d. GStA.: gleichl. [8.—4.]

Hehlerei. - Ansich-Bringen. - Mitwirkung zum Absatz.

1. Im § 259 des StGB.'s ist unter „An sich Bringen" ein abgeleiteter Erwerb mit der Absicht der Verfügung des Erwerbenden für sich zu verstehen.

2. Der Begriff der „Mitwirkung zum Absatz bei Anderen" bedingt zwar nicht nothwendig einen wirklich geschehenen Absatz, wohl aber ein Handeln, durch welches die auf den Absatz gerichtete Absicht demjenigen gegenüber erkennbar wird, an den der Absatz beabsichtigt wird.

StGB. § 259 [n. 18 und 21].

Erk. (B. n.) v. 9. April 1878 c. Kroll & Gen. (366 II. Cr.).

Die Ehefrau K. hatte von ihrem Ehemanne ein Reh, das derselbe, wie sie wußte, durch unbefugte Jagdausübung erlangt hatte, erhalten, um es für ihn an einem benachbarten Orte zu verkaufen und wurde mit dem Reh auf dem Bahnhof betroffen, als sie bereits ein Billet nach diesem Ort gelöst hatte. Die Instanzgerichte fanden hierin ein „An sich Bringen", wie ein „Mitwirken zum Absatz bei Andern" und verurteilten aus § 259. Auf NB. der Angeklagten vernichtete das Ob.-Tr. und verwies, da noch nicht erörtert war, ob sich die Angeklagte nicht einer Begünstigung zur Sicherung der Vortheile im Sinne des § 257 schuldig gemacht habe, in die Instanz zurück.

Antr. d. GStA.: gleichl. [21.—4.]

Betrug. - Vorspiegelung. - Unterdrückung - Absicht. - Rechtswidriger Vermögensvortheil.

1. In der Vorspiegelung der Absicht ein Kaufgeschäft gegen Baarzahlung eingehen zu wollen und in der Unterdrückung des Mangels der Ernstlichkeit dieses Wollens kann Vorspiegelung und Unterdrückung einer Thatsache gefunden werden.

StGB. § 263 [n. 45, 46].

2. Ein dadurch erzielter Vermögensvortheil ist ein rechtswidriger.

StGB. § 263 [n. 6].

Erk. (Z. 1.) v. 10. April 1878 c. Bläsing (148 I. Cr.).

B. kaufte außergerichtlich von L. ein Grundstück. Wenige Tage später bot K. dem L. 375 Thlr. mehr dafür, wenn er den Vertrag mit B. aufhebe und diesem 200 Thlr. Abstand gebe. L. that beides, worauf K. dann von dem bisher nur mündlich verabredeten Kauf zurücktrat. K. hatte gar nicht beabsichtigt das Grundstück wirklich zu kaufen; er wollte für B. nur die 200 Thlr. erlangen. Beide haben gemeinschaftlich gehandelt und sind wegen Betrugs bestraft. B. rügt mit NB. daß es an der Vorspiegelung oder Unterdrückung einer Thatsache fehle, auch kein rechtswidriger Vermögensvortheil von ihm beabsichtigt sei. Die NB. wurde zurückgewiesen.

[Zu 1.] In der Vorspiegelung der nicht wirklich vorhandenen Absicht, ein Kaufgeschäft gegen sofortige Baarzahlung eingehen zu wollen, und in der Unterdrückung des Mangels der Ernstlichkeit des kundgegebenen Willens konnte der App.-Richter ohne Rechtsirrthum die Vorspiegelung und die Unterdrückung einer Thatsache finden.

[Zu 2.] Ebenso ist die Annahme, daß ein Vermögensvortheil, auf welchen der Angeklagte ohne jene Vorspiegelung und Unterdrückung keinen Anspruch gehabt haben würde, als ein rechtswidriger anzusehen sei, rechtlich nicht bedenklich und damit ist zugleich die nöthige Grundlage für die Feststellung der Vermögensbeschädigung gegeben, ohne daß es dabei einer von dem Angeklagten nicht in Antrag gebrachten speziellen Prüfung darüber bedurfte, ob nicht etwa der durch die Vorspiegelung zugefügte Schaden durch anderweitige, dem Beschädigten durch das Geschäft erwachsende Vortheile ausgeglichen werde.

Antr. d. GStA.: gleichl. [12.—2.]

Gewerbebetrieb. - Stellvertreter. - Schankwirthschaft.

Wer als Stellvertreter eines Andern die Schankwirthschaft ohne polizeiliche Genehmigung der Stellvertretung treibt, macht sich der Beihülfe zu dem Vergehen gegen §§ 33 und 147 [1] der Gewerbeordnung schuldig.

Gew.-Ordn. v. 21. Juni 1869 §§ 45, 147 [1].

Erk. (B. I.) v. 10. April 1878 c. Richard (193 I. Cr.).

Der Kaufmann R. besitzt Konzession zum Betriebe einer Schankwirthschaft, hat aber ein anderes Geschäft übernommen und sich mehrere Wochen in der Wirthschaft durch seinen Bruder F. R. vertreten lassen, wozu keine Konzession eingeholt war. Aus § 147 der Gew.-Ordn. angeklagt wird F. R. freigesprochen weil dieser nur den selbständigen Gewerbebetrieb strafe und es an einer Strafvorschrift für einen Stellvertreter fehle. Auf NB. der StA.-schaft erfolgte Vernichtung.

Selbst wenn man annimmt, daß der § 147 Nr. 1 der Gewerbeordnung v. 21. Juni 1869 auf den selbständigen Gewerbebetrieb eines Stellvertreters keine Anwendung finde, so ist doch dieser Gewerbebetrieb darum nicht straflos; vielmehr ist in dem Erk. des Kgl. Ob.-Tr.'s v. 16. Mai 1876 (RdOTr. 17. S. 347) bereits nachgewiesen, daß derjenige, welcher als Stellvertreter eines Anderen die Schankwirthschaft ohne polizeiliche Genehmigung der Stellvertretung betreibt, sich hierdurch der Beihülfe zu dem Vergehen gegen §§ 33 und 147 Nr. 1 der Gewerbeordn. v. 21. Juni 1869 schuldig machen könne. Wenn daher der App.-Richter annimmt, daß die festgestellte Handlung des Angeklagten überhaupt unter einen strafrechtlichen Gesichtspunkt nicht zu bringen sei, so liegt hierin eine Verletzung der §§ 33, 45 und 147 Nr. 1 der Gewerbeordnung. [12.—2.]

Strafantrag. - Kinder. - Mutter. - Auftrag.

Die von dem Vater in seiner Abwesenheit mit Vertretung der Kinder beauftragte Mutter ist zur Stellung des Strafantrags wegen Mißhandlung derselben berechtigt.

StGB. § 232 [n. 3], § 65 [n. 8]

2. Die als eine einheitliche That aufgefaßte körperliche Mißhandlung Mehrerer kann verfolgt und bestraft werden, wenn nur von einem Mißhandelten oder dessen gesetzlichem Vertreter Strafantrag gestellt ist.

StGB. § 232 [n. 3], § 65 [n. 5].

Erk. (Z. I.) v. 10. April 1878 c. Zacharias (420 I. Cr.).

Z. war wegen vorsätzlicher körperlicher Mißhandlung bestraft, die er zwei Kindern, der Tochter und Pflegetochter der W.'schen Eheleute zugefügt hatte. Der Mann war abwesend, hatte aber seine Frau mit der Vertretung der Kinder beauftragt und den von dieser gestellten Antrag (nach Ablauf der 3monatigen Frist) genehmigt. Ob er auch gesetzlicher Vertreter des Pflegekindes war, steht nicht fest. Die NB. rügte den Mangel ausreichenden Strafantrags. Sie wurde zurückgewiesen.

[Zu 1.] Der Strafantrag wegen der vorliegenden That ist innerhalb der gesetzlichen Frist von der Mutter der mißhandelten H. W. gestellt worden und es kann unerörtert bleiben, in wie weit dieselbe bei vorliegender Abwesenheit ihres Ehemannes vermöge eigenen Rechtes zur Vertretung der rechtlichen Interessen ihres Kindes in dieser Beziehung legitimirt gewesen sein mag, indem von dem Berufungsrichter angenommen worden ist, daß ihr Ehemann sie in seiner Abwesenheit mit Vertretung der Kinder beauftragt und nach seiner Rückkehr ihr Vorgehen genehmigt habe, hiernach aber ihre Befugniß als Ausfluß dieser Vertretung den Antrag auf gerichtliche Bestrafung zu stellen, keinem Bedenken unterliegen kann.

[Zu 2.] Bei dieser Sachlage muß es dahin gestellt bleiben, inwiefern diese Berechtigung der Ehefrau W. auch hinsichtlich ihrer Pflegetochter D. S. zugestanden hat, indem der Berufungsrichter rücksichtlich beider Kinder nur Eine Handlung angenommen hat und derselbe nicht gehindert war, diese Handlung nach ihrem gesammten Umfang zu erörtern, das Erkenntniß aber nicht ersehen läßt, daß die Mehrzahl der Verletzten und Antragsberechtigten auf die Strafzumessung von irgend welchem Einflusse gewesen ist.

Antr. d. GStA.: gleichl. [11.—2.]

Stempeldefraudation. - Immobilarverkauf. - Urkunde. Auflassung ohne Vorlegung derselben. - Stempel zur Urkunde nur vom Mehrbetrag.

1. Wird innerhalb 14 Tagen nach Errichtung

eines schriftlichen Kaufvertrages aufgelassen, ohne die Urkunde vorzulegen und demgemäß zu der Auflassung der gesetzliche Werthstempel genommen, so ist letzterer auf den zu der Urkunde nur für den etwaigen Mehrbetrag des in derselben angegebenen Kaufpreises stempelpflichtig.

2. Dabei ist selbst nicht erforderlich, daß die Urkunde noch nachträglich innerhalb der 14tägigen Frist von ihrer Errichtung der Steuerstelle vorgelegt werde (indirekt).

Ges. betr. Stempelabgaben von Anträgen bei Grundbuchamt vom 5. Mai 1872 §§ 2 und 12; J.-Min.-Verfg. v. 12. Mai 1873 (JMBl. S. 155.)

Erk. (Z. II.) v. 11. April 1878 c. Köppe (387 II. Cr.).

Der Angeklagte hat bei der am 7. Februar 1873 erfolgten Auflassung des Guts H. den über den Kauf desselben am 4. Febr. 1873 errichteten Vertrag nicht vorgelegt*). Da zu diesem Vertrage der tarifmäßige Werthstempel nicht verwendet worden, hat der Appell.-Richter den Angeklagten zu einer Stempelstrafe verurteilt, welche dem vierfachen Betrage der Differenz zwischen dem zu der Auflassungserklärung liquidirten und demjenigen Stempel entspricht, welcher von dem Kaufvertrage zu entrichten war. Die NB. des Provinzial-Steuer-Direktors erachtet diese Entscheidung deshalb für nicht gerechtfertigt, weil die auf der Auflassungserklärung ruhende Abgabe eine von dem Urkundenstempel für Kaufverträge vollständig verschiedene und eine Beziehung zwischen beiden Abgaben gesetzlich nur insoweit anerkannt sei, als nach § 2 des Ges.'s v. 5. Mai 1872 betreffend die Stempelabgaben von gewissen bei dem Grundbuchamte anzubringenden Anträgen die Auflassungserklärung dem Werthstempel nicht unterworfen ist, wenn bei derselben die das Veräußerungsgeschäft enthaltende Urkunde vorgelegt wird und umgekehrt der von der Auflassungserklärung bereits

*) Ebensowenig nachträglich binnen 14 Tagen von Errichtung der Steuerbehörde.

entrichtete Werthstempel auf den zu einer erst nachträglich über das zum Grunde liegende Rechtsgeschäft aufgenommenen Urkunde erforderlichen Stempel anzurechnen ist. Allein gerade die beiden angeführten Fälle stellen sich nicht als Ausnahmen dar, sondern als Anwendung der Regel, daß Rechtsgeschäfte zwischen denselben Personen, welche die Veräußerung desselben Gegenstandes bezwecken, wegen der Einheit ihres Zwecks auch selbst als einheitliche aufgefaßt und der von Käufen und ähnlichen Uebertragungen des Eigenthums zu entrichtenden Steuer nur einmal unterworfen werden — vgl. die Ausführung in dem Erkenntnisse v. 7. Dezbr. 1876, Entscheidungen Bd. 79. S. 380 und Oppenh. Rechtspr. Bd. 17. S. 812 —. Von diesem Gesichtspunkte aus sind auch die Grundbuchämter durch die allgemeine Verfügung des Justizministers v. 12. Mai 1873 (JMBl. S. 155) angewiesen worden, bei Gelegenheit der vor ihnen abgegebenen Auflassungserklärungen der Betheiligten — was im vorliegenden Falle nicht geschehen ist — zur Vorlegung der über das Veräußerungsgeschäft errichteten Urkunde aufzufordern, damit dieselben nicht zur Erlegung von Stempelbeträgen genöthigt würden, welche durch das Gesetz nicht beabsichtigt sei. Die Absicht der Gesetze geht eben nicht weiter, als daß die Besitzveränderungsabgabe von dem vollen Werthe entrichtet werde, welcher aus einem Vermögen in das andere übergeht. Wird die Abgabe entrichtet, jedoch nicht von dem vollen Werthe, so ist die Steuer von der Differenz, aber auch nur diese hinterzogen, wie dies auch im § 4 des Ges.'s vom 5. Mai 1872 für den Fall ausdrücklich ausgesprochen ist, daß die Werthsangabe der Parteien bei der Auflassung hinter dem aus ihren Verabredungen sich ergebenden Werthe zurückbleibt. Nun kommt allerdings für den Fall, daß diese Verabredungen in Form eines schriftlichen Vertrages fixirt worden sind, noch in Betracht, daß ein solcher Vertrag schon an sich und abgesehen von der späteren Werthsangabe bei der Auflassung stempelpflichtig ist und daß der zu der Vertragsurkunde erforderliche Stempel nach § 12 des Stempelges.'s v. 7. März 1822 längstens binnen 14 Tagen kassirt werden soll. Auch kann dahin gestellt bleiben, ob mit Ablauf dieser Frist die Stempelstrafe verwirkt ist, soweit nicht innerhalb derselben eine Entrichtung des Stempels Statt gefunden hat oder ein der Entrichtung gleichstehender Antrag bei der Behörde gestellt worden ist. Allein im vorliegenden Falle ist gerade das Letztere durch die Auflassungserklärung und die dabei erfolgte Werthsangabe geschehen, und da, wie oben erwähnt, die Auflassungserklärung und der vorausgegangene Vertrag als zusammengehörig erachtet werden müssen, so darf auch der zu der ersteren berechnete Stempel nicht außer Berücksichtigung bleiben, wenn es sich um die Ermittelung des hinterzogenen Betrages und der davon abhängigen Höhe der Strafe handelt.

Antr. d. GStA.'s zu 2: entgegengesetzt. Dieselbe erachtete den § 12 des cit. Ges.'s auch bei einer vor der Auflassung aufgenommenen Urkunde für anwendbar und sonach die nachträgliche Vorlegung innerhalb 14 Tagen von Errichtung für erforderlich. [19—4.]

Brausteuergesetz. – Einmaischung zu einer anderen Stunde.

1. Die Ordnungsstrafe wegen Einmaischung zu einer anderen, als der angezeigten, Stunde trifft den Vorstand der Brauerei, auch wenn derselbe bei der Einmaischung nicht zugegen war.

2. Die geschärfte Ordnungsstrafe des § 35 Abs. 2 Nr. 3 des Brausteuergesetzes tritt nur dann ein, wenn statt um die angezeigte Vormittagsstunde während der Nachmittagsstunden eingemaischt wird oder umgekehrt.

Reichs-Brausteuerges. v. 31. Mai 1872 §§ 16 u. 35.

Erk. (V. II.) v. 11. April 1878 c. Müller (330 II. Cr.).

Thatsächlich steht fest, daß der Angeklagte, als Vorstand der fürstlichen Brauerei zu T., der Bestimmung im § 16 des Brausteuergesetzes entsprechend, der Steuerbehörde angezeigt hatte, er werde am 19. Oktbr. 1876 zwei Gebräude, das eine um 6 Uhr Morgens, das zweite um 10 Uhr Vormittags vornehmen, daß aber der Beginn des zweiten sich bis um 11½ Uhr Vormittags verzögert hat. Hierfür allein war, wenn keine die Strafe ausschließenden Entschuldigungsgründe vorgebracht werden konnten, nach dem ersten Abschnitte des § 35 a. a. O. eine einfache Ordnungsstrafe bis zu 50 Thlr. (150 Mark) verwirkt. Als ein solcher Entschuldigungsgrund kann es selbstverständlich nicht angesehen werden, daß die mit der Kontrole beauftragten beiden Steuerbeamten W. und A. von 10 Uhr ab bis zur wirklich erfolgten Einmaischung um 11½ Uhr in der Brauerei zugegen gewesen sind. Selbst eine denselben, sei es freiwillig oder auf gehaltene Nachfrage gemachte Angabe über den Grund der Verzögerung würde hierin nichts geändert haben, wenn der angegebene Grund selbst als zureichende Entschuldigung nicht angesehen werden konnte. Denn nach dem § 17 a. a. O. sind Abänderungen der geschehenen Anmeldungen nur innerhalb der für die letzteren selbst festgesetzten Frist zulässig. Muß nun aber die Anmeldung, wenn Vormittags gemaischt werden soll, spätestens am Nachmittage des vorhergehenden Tages, und, wenn Nachmittags, am Vormittage desselben Tages erfolgen, so liegt es auf der Hand, daß die Abänderung der Anmeldung, insofern eine solche darin lag, daß statt um 10 erst um 11½ Uhr eingemaischt wurde, rechtzeitig gar nicht mehr hätte angezeigt werden können. Darnach kann es lediglich darauf ankommen, ob der Grund der Verzögerung ein entschuldbarer war. Dieses hatte der erste Richter angenommen, weil die von ihm abgehörten Zeugen, der Braugeselle We. und der Steueraufseher A., bekundet hatten, daß wegen eines plötzlich entstandenen Fehlers im Pumpwerke die zum Einmaischen erforderliche Wassermenge um 10 Uhr nicht sogleich zu beschaffen gewesen sei. Daß ein solcher Umstand, wenn erwiesen, geeignet gewesen wäre, den Angeklagten von der im Gesetz angedrohten Ordnungsstrafe zu befreien, nimmt auch der App.-Richter an. Allein er erachtet seinerseits durch die Aussage des erst in zweiter Instanz vernommenen Steuerbeamten W. für erwiesen, daß um 10 Uhr die Maische von von dem ersten um 6 Uhr begonnenen Gebräude, noch nicht entfernt gewesen, daß dieses vielmehr erst um 3/4 11 Uhr bewerkstelligt worden sei, und erst da mit dem Einlassen des Wassers habe begonnen werden können. Es liegt zu Tage, daß wenn unter dieser, mit der NB. nicht weiter anfechtbaren thatsächlichen Voraussetzung der Fehler am Pumpwerk das Einlassen des Wassers wirklich noch bis um 11 1/2 Uhr verzögert haben sollte, es hierauf nicht weiter ankommen könnte, weil schon wegen der Verzögerung, welche durch die erst um 3/4 11 Uhr vollendete Wegschaffung der älteren Maische entstanden war, wofür ein Entschuldigungsgrund weder angegeben noch festgestellt ist, die in § 35 a. a. O. angedrohte Ordnungsstrafe verwirkt war. Zwar macht der Angeklagte noch geltend, daß er, was auch der App.-Richter nicht zu bezweifeln scheint, an dem fraglichen Vormittage gar nicht in der Brauerei gewesen sei, und behauptet, daß er deshalb von den erwähnten Vorgängen gar nichts gewußt habe. Auch dieser Umstand aber würde, selbst wenn er vollständig festgestellt wäre, nicht geeignet sein, den Angeklagten von Strafe zu befreien. Denn wenn gleich eine Steuerdefraudationsstrafe nicht immer unbedingt den Vorstand des steuerpflichtigen Gewerbes trifft, sondern nach Umständen auch gegen die Gewerbsgehülfen desselben, wenn diese die eigentlich Schuldigen sind, verhängt werden kann, vorbehaltlich der subsidiarischen Haftbarkeit des Vorstandes für diese Strafen — § 38 des Ges.'s vom 31. Mai 1872 — und, um den Vorstand unmittelbar verantwortlich zu machen, mindestens das Bewußtsein desselben von den den Thatbestand der Defraudation bildenden Thatsachen erforderlich ist, — vgl. Oppenhoffs Rechtspr. 2c. Bd. 11 S. 330 — so handelt es sich hier doch nicht um eine Defraudations-, sondern um eine bloße Ordnungsstrafe wegen Vernachlässigung der im Interesse der Steuererhebung für den äußeren Betrieb des betreffenden Gewerbes gesetzlich getroffenen Anordnungen. Diese Anordnungen zur Ausführung zu bringen, kann selbstverständlich nur von dem Vorstande der Betriebsstätte gefordert werden. Wie daher der § 16 des Brausteuergesetzes den „Brauer“, also den Vorstand der Brauerei, verpflichtet, der Steuerbehörde außer über andere Punkte auch darüber Anzeige zu machen, „an welchem Tage und zu welcher Stunde er einmaischen werde,“ so kann es auch nur Sache des Vorstandes sein, dafür zu sorgen, daß die angezeigte Stunde eingehalten wird. Dieser Sorge kann er sich dadurch nicht entschlagen, daß er seinerseits in der Brauerei nicht erscheint, und den Betrieb derselben einem Gewerbsgehülfen überläßt, woraus dann von selbst folgt, daß wenn er seines Nichterscheinens wegen von dem ordnungswidrigen Verfahren in der Brauerei keine Kenntniß erhalten hat, er dadurch allein von der gesetzlichen angedrohten Ordnungsstrafe nicht befreit werden kann. Um auf eine solche Befreiung Anspruch zu machen, hätte er daher mindestens einen unabwendbaren Zufall nachweisen müssen, durch den er am Erscheinen verhindert worden wäre. Ein solcher Zufall ist aber weder festgestellt, noch einmal vom Imploranten behauptet worden. Hiernach hat der Implorant jedenfalls die im ersten Absatze des § 35 a. a. O. angedrohte einfache Ordnungsstrafe verwirkt. Dagegen beruht es auf einem Rechtsirrthume wenn der App.-Richter gegen denselben eine geschärfte Ordnungsstrafe aus dem zweiten Absatze Nr. 3 verhängt hat. Nach dieser Bestimmung soll nämlich die geschärfte, nicht unter 5 Thaler (15 Mark) zu bemessende Ordnungsstrafe, insbesondere dann eintreten, „wenn zu einer anderen Tageszeit, als der angemeldeten (§ 16) . . . eingemaischt worden ist. Daraus jedoch, daß der § 16 dem Brauer, wie schon erwähnt, zur Pflicht macht außer dem Tage auch die Stunde anzuzeigen, zu welcher er einmaischen will, ist nicht zu folgern, daß das im § 35 gebrauchte Wort „Tageszeit“ gleichbedeutend sei mit dem im § 16 gebrauchten Worte „Stunde“. Denn hätte der Gesetzgeber jede, selbst geringe Abweichung von der angezeigten Stunde schon mit der geschärften Ordnungsstrafe belegen wollen, so wäre es inkorrekt gewesen, im § 35 das Wort „Tageszeit" für „Stunde" zu gebrauchen. Eine solche Inkorrektheit des Gesetzgebers kann von vorn herein nicht vermuthet werden und es liegen auch Gründe zu der Annahme vor, daß das Wort Tageszeit im § 35 mit Absicht gewählt worden sei. Es leuchtet nämlich ein, daß jede selbst geringe Abweichung von der angezeigten Stunde mit einer geschärften Ordnungsstrafe zu belegen, schon deshalb nicht beabsichtigt sein konnte, weil geringe Abweichungen der Art leicht durch bloße Verschiedenheiten im Gange der Uhren erklärlich werden und deshalb nur erhebliche Abweichungen zu einer strengeren Ahndung Veranlassung bieten. Für eine solche erhebliche Abweichung erachtet es nun der Gesetzgeber, wenn nicht blos die Stunde, sondern sogar die Tageszeit versäumt worden ist. Als Tageszeiten werden aber nach § 17 a. a. O. nur die Vormittags- und die Nachmittagszeit unterschieden; es soll also die geschärfte Ordnungsstrafe nach § 35 Abs. 2 Nr. 3 nur eintreten, wenn statt um die angezeigte Vormittagsstunde die Einmaischung während der Nachmittagsstunden vorgenommen worden wäre oder umgekehrt.

[5.—4.]

Diebstahl. – Bodenerzeugnisse vom Felde. – Feldfrevel. – Feststellung von Amtswegen.

Soll eine Entwendung von Bodenerzeugnissen vom Felde als Diebstahl bestraft werden, so muß das Nichtvorhandensein derjenigen Momente, unter welchen nur ein Feldfrevel vorliegen würde, von Amtswegen festgestellt werden.

StGB. § 242 [n. 61]; Feldpolizei-Ordn. v. $\frac{\text{1. Novbr. 1847}}{\text{1. April 1856}}$ §§ 42 Nr. 2 und 45.

Erk. (B. II.) v. **11. April 1878** c. **Suslik** (401 II. Cr.).

Nach der thatsächlichen Feststellung der Instanzrichter handelt es sich um die Entwendung von Weizennachreche, also Bodenerzeugnissen, von dem Felde des Gutsbesitzers F. Die Entwendung von dergleichen Bodenerzeugnissen stellt nun aber nach § 42 Nr. 2, 45 der Feldpolizei-Ordnung vom 1. November 1847 in der Fassung des Gesetzes vom 13. April 1856 eine mit Geld zu bestrafende Uebertretung dar, wenn der Werth des Entwendeten unbedeutend oder die Quantität eine geringe ist und die Wegnahme nicht in gewinnsüchtiger Absicht Statt gefunden hat, dagegen einen nach § 242 des StGB.'s zu ahnenden Diebstahl, wenn diese Voraussetzungen nicht vorliegen. Diese Verschiedenheit der strafrechtlichen Bestimmungen, die im Verhältnisse zu einander von gleicher Selbständigkeit und Bedeutung sind, macht es erforderlich, daß in allen Fällen der Entwendung von Bodenerzeugnissen die thatsächliche Feststellung dergestalt erschöpfend getroffen werden muß, daß dieselbe nicht nur die Anwendung des einen, sondern auch die Nichtanwendung des anderen Gesetzes rechtfertigt. Wenn daher auch eine den Vorschriften der Feldpolizei-Ordnung entsprechende Feststellung mit Rücksicht auf die Natur dieser Vorschriften als der spezielleren genügt, um die Diebstahlsstrafe auszuschließen, so kann doch umgekehrt eine nur dem Wortlaute des § 242 des StGB.'s gemäß getroffene Feststellung nicht für ausreichend erachtet werden, weil sie es unentschieden läßt, ob nicht einer der speziellen Fälle vorliegt in denen die Feldpolizei-Ordnung Anwendung finden müßte. Die letzteren mit dem Appell.-Richter lediglich als Milderungsgründe im Sinne des Art. 31 des Ges.'s vom 3. Mai 1852 zu behandeln, deren Berücksichtigung nur dann mit Nothwendigkeit eintreten müsse, wenn ein Antrag des Staatsanwalts oder des Angeklagten in dieser Richtung gestellt worden, ist nicht statthaft. Denn dergleichen Milderungsgründe kommen nur in Frage, wo die Berücksichtigung einzelner entlastender Momente gegenüber dem regelmäßigen Thatbestande des Delikts und der dafür angedrohten Strafe Statt findet. Hier aber ist der Thatbestand selbst der in Rede stehenden Feldpolizei-Kontravention ein von dem des

Diebstahls verschiedeuer, wenn gleich die Grenze zwischen der Uebertretung und dem Vergehen, soweit sie auf der Quantität und dem Werthe beruht, keine genau bestimmte, sondern eine in jedem einzelnen Falle von der richterlichen Beurteilung abhängige ist. Eben darum aber hat der erkennende Richter diese Beurteilung überall da von Amtswegen eintreten zu lassen, wo die Grenze für die Anwendung des Strafgesetzes von Erheblichkeit ist. Da dies im vorliegenden Falle weder in erster noch auch, ungeachtet des augenscheinscheinlich dahin abzielenden Antrags des OStA.'s, in zweiter Instanz geschehen ist, so war das Appellations-Erkenntniß zu vernichten und die Sache zur anderweiten Verhandlung und Entscheidung in die zweite Instanz zurückzuweisen.

Antr. d. OStA.: gleichl. [19.—4.]

Unterschlagung. – Fremde Sache.

Hat Jemand Geld von einem Anderen unter der Verpflichtung erhalten, dasselbe auf sein, des Geldempfängers, Lombard-Conto bei der Bank einzuzahlen, so ist dieses Geld für ihn keine fremde Sache und begeht er durch dessen anderweite Verwendung keine Unterschlagung.

StGB. § 246.

Erk. (B. II.) v. 11. April 1878 c. Vogelsang (382 II. Cr.).

Die thatsächliche Feststellung des Appell.-Richters, daß der Angeklagte im Jahre 1876 zu W. 16,125 Mk., welche dem Pfarrfonds der katholischen Kirchengemeinde daselbst gehörten und welche ihm anvertraut waren, sich rechtswidrig zugeeignet habe, beruht auf der Annahme, daß der Angeklagte das Geld unter der ganz bestimmten Verpflichtung erhalten habe, dasselbe auf seinen Namen bei der Reichsbankstelle zu E. zu belegen, — was, wie der App.-Richter sich ausdrückt, in der Weise zu bewirken war, daß er dasselbe auf sein Lombard-Conto bei der Bankstelle einzahlte und dem Pfarrfonds in seinen Büchern gutschrieb — und auf der ferneren Annahme, daß der Angeklagte dieser Verpflichtung entgegen das Geld für sich resp. in seinem Geschäfte verwendet und sich dasselbe dadurch rechtswidrig zugeeignet habe. Die NB. führt dagegen aus, daß diese Verwendung keine rechtswidrige Zueignung sei, und hierin ist derselben beizutreten. Der Angeklagte, welcher bei der Reichsbank Werthpapiere lombardirt hatte, hätte nach der Auffassung des App.-Richters das aus dem Pfarrfonds empfangene Geld um die versprochene Belegung zu bewirken, auf sein Lombard-Conto einzahlen d. h. mit dem Gelde einen Theil des ihm von der Bank gewährten Darlehns zurückzahlen sollen. War aber dies der Zweck, zu welchem er das Geld empfing, so war dasselbe offenbar zum Verbrauch, zu einer Verwendung bestimmt, welche nur dem Eigenthümer zusteht. Es sollte durch den Angeklagten der Reichsbank übereignet werden, und darin lag der Verzicht auf eine Restitution derselben species, ohne daß ein gleichzeitiger Ersatz der verwendeten species durch andere gleichwerthige vorgesehen worden wäre. Eine solche Bestimmung schloß die Annahme eines der Kirchengemeinde vorbehaltenen Eigenthums an dem Gelde aus und benahm demselben vom Standpunkte des Angeklagten aus die Eigenschaft einer fremden Sache. Nun sollte allerdings die Zahlung an die Reichsbank zugleich die dereinstige Rückzahlung der gleichen Summe an den Pfarrfonds insofern sichern, als dadurch ein Lombardkredit in dieser Höhe bis zur Rückzahlung offen gehalten werden sollte. Allein dieser Kredit stand doch zunächst nur dem Angeklagten zu, welcher die Werthpapiere deponirt hatte, und wenn man auch den dem Angeklagten eröffneten Kredit als ein Forderungsrecht desselben annehmen wollte und selbst die Ausnutzung des Kredits Seitens des Angeklagten ohne Innehaltung der zur Sicherung des Pfarrfonds gezogenen Grenze als die Zueignung einer der Kirchengemeinde zustehenden Forderung bezeichnen könnte, so würde es sich doch immer um ein Forderungsrecht handeln, das als solches nicht Gegenstand der Unterschlagung sein kann. Der Appell.-Richter hat hiernach den Begriff der fremden Sache im

Sinne des § 246 des StGB.'s verkannt, und seine Entscheidung mußte daher vernichtet werden. In der Sache selbst erscheint jedoch die Anklage noch nicht erschöpft, weil der App.-Richter zwar davon ausgeht, daß der Angeklagte das Geld in der vorerwähnten Weise bei der Bank hätte belegen können, keineswegs aber festgestellt hat, daß diese Art der Belegung, die doch nur uneigentlich so bezeichnet werden kann, die dem Kirchenvorstande versprochene und von diesem beabsichtigte war, während der erste Richter sogar von der entgegengesetzten Annahme ausgegangen ist. Es muß daher noch eine thatsächliche Erörterung in dieser Richtung Statt finden, bei welcher sich auch herausstellen wird, ob der Angeklagte bei den Kirchenvorstehern etwa durch die Vorspiegelung falscher Thatsachen bezüglich der Einrichtungen der Bank einen Irrthum erregt oder ob er das Geld, das er als Kirchenrendant zum Zwecke der Belegung erhalten, als diese sich als unausführbar erwies, nur als Depositum zu verwalten und zu verwahren hatte. Von dem Ausfalle dieser Erörterung wird es abhängen, ob das Verhalten des Angeklagten aus einem anderen Gesichtspunkte als dem von dem App.-Richter eingehaltenen strafbar erscheint. Die Sache war hiernach zur anderweiten Verhandlung und Entscheidung in die zweite Instanz zurückzuweisen.

Antr. d. GStA.: gleichl. [19.—4.]

Zeugenvernehmung. – Zuziehung des Angeklagten. – Prozessualischer Verstoß.

Zu Beweisaufnahmen, welche behauptete prozessualische Verstöße ermitteln sollen, ist die Zuziehung der Parteien und deren Benachrichtigung von dem Termine nicht erforderlich.

Vdn. v. 3. Jan. 1849 § 21 [n. 7].

Erk. (Z. I.) **v. 12. April 1878** c. **Stelter** (179 I. Cr.).

In der mündlichen Schlußverhandlung hat der Vertheidiger des Angeklagten das stattgehabte Beweisverfahren als formwidrig angefochten, weil der Antrag des Angeklagten, ihn bei der Beweisaufnahme zuzuziehen, unberücksichtigt geblieben sei. Dieser Angriff erscheint jedoch verfehlt, weil es nur bei kommissarischen Zeugenvernehmungen in Gemäßheit des § 21 der Vdn. vom 3. Jan. 1849 und anderen thatbestandlichen Beweisaufnahmen, nicht aber bei blos informatorischen Ermittelungen über angeblich vorgekommene prozessualische Verstöße, der Zuziehung der Parteien resp. deren Benachrichtigung von dem Beweisaufnahmetermine bedarf.

Antr. d. GStA.: gleichl. [15.—3.]

Strafantrag. - Form. - Qualificirung. - Nichtigkeitsrichter. - Prüfung.

1. Wer einen Vorfall mit dem Antrage auf Bestrafung bei der zuständigen Behörde zur Anzeige bringt, hat den Strafantrag für alle strafrechtlichen Gesichtspunkte der That gestellt, sollte er auch denselben nur im Hinblick auf einen dieser Gesichtspunkte formulirt haben.

2. Der Nichtigkeitsrichter ist berufen, selbständig zu prüfen, ob ein Strafantrag vorliegt.

StGB. § 61 [n. 35, 16]; Vgl. RdOTr. 12. S. 57; 13. S. 248, 526; 14. S. 114, 202.

Erk. (Z. II.) v. 16. April 1878 c. Nesemann (435 II. Cr.).

Der Angeklagte war wiederholt in die Wohnung einer Schauspielerin gekommen, hatte dort Unsittlichkeiten begangen und sich trotz Aufforderung nicht aus der Wohnung entfernt. Die Inhaberin hatte den Vorfall ausführlich zur Anzeige gebracht, den Antrag auf Bestrafung aber nur wegen der unzüchtigen Handlungen formulirt. Die Instanzgerichte straften nur wegen Hausfriedensbruches und die NB. des Angeklagten rügte, daß wegen dieses Vergehens kein Strafantrag gestellt sei. — Zurückweisung. Gründe:

Die NB. enthält nur die Behauptung, daß es an einem Strafantrage fehle und das Vorhandensein eines solchen der Prüfung des obersten Gerichtshofes unterliege. Diese Beschwerden sind unbegründet. Richtig ist nur, daß wenn auch das Appell.-Gericht, wie hier geschehen, das Vorhandensein eines zur Verfolgung des vorliegenden Vergehens geeigneten Strafantrages festgestellt hat, diese Feststellung auf erhobene NB. doch einer Nachprüfung des Ob.-Trib.'s unterliegt, weil es sich dabei nicht um eine zum Thatbestande des Vergehens gehörige Handlung, sondern lediglich um eine prozessualische Bedingung der strafrechtlichen Verfolgung handelt. In der Sache selbst konnte jedoch der Anschauung des App.-Richters nur beigetreten werden. Denn wenngleich die Verletzte in ihrer beim StA. am 6. Februar 1877 präsentirten Denunciation ausdrücklich nur den Antrag gestellt hat, den Angeklagten wegen der von demselben gegen sie an mehreren Tagen nach dem 14. Januar desselben Jahres verübten Unsittlichkeiten zu bestrafen und bei ihrer gerichtlichen Vernehmung den gestellten Antrag lediglich wiederholt hat, ohne sich bestimmt darüber auszusprechen, daß sie die Bestrafung des Angeklagten wegen Hausfriedensbruches beantrage, so hat sie doch die Thatsachen die zum Thatbestande dieses Vergehens gehören, die wiederholentlich und vergeblich an den Angeklagten erlassenen Aufforderungen ihr Zimmer zu verlassen, ihre Schwelle nie wieder zu betreten ꝛc. in beiden Schriftstücken mehr oder weniger umständlich auseinandergesetzt und dabei unzweideutig zu erkennen gegeben, daß sie die Bestrafung des Angeklagten wegen seines Verhaltens gegen sie überhaupt, also auch wegen seines von ihr verbotenen Betretens ihrer Wohnung beziehungsweise wegen seines Verweilens darin verlange. Dieses aber genügte, um die Verfolgung des Angeklagten wegen Hausfriedensbruches zu rechtfertigen.

Antr. d. GStA.: gleichl. [5.—3.]

Hausfriedensbruch. – Wohnung. – Mißhandlung. – Hausrecht.

Derjenige welcher sich berechtigt in der Wohnung eines Anderen wohnweise aufhält, kann sich gegen Jeden, der kein besseres Recht auf diese Wohnung hat, des Hausrechtes bedienen.

StGB. §§ 123, 223.

Erk. (B. II.) v. 16. April 1877 c. Teege (415 II. Cr.).

Der Angeklagte, welcher sein Grundstück verkauft und übergeben hatte, hielt sich mit Genehmigung des neuen Erwerbers noch ferner wohnweise in seiner früheren Wohnung auf und mißhandelte eine Frau, die ihn dort in Geschäften anging. Deshalb zu Strafe verurteilt, machte er in seiner Appellation geltend, daß er sein Hausrecht gebraucht, weil die Frau auf seine Aufforderung das Haus nicht verlassen habe. Das Appell.-Gericht verwarf diesen Einwand, weil dem Angeklagten ein Hausrecht in der unbestritten einem Anderen gehörigen Wohnung zumal in dessen Anwesenheit nicht zugestanden habe. Auf die NB. des Angeklagten hat das Ober-Trib. das Erkenntniß vernichtet. Gründe:

Der Grund der Zurückweisung des vom Angeklagten erhobenen Einwandes muß jedenfalls in der Allgemeinheit, wie er gestellt worden ist, als ein rechtsirrthümlicher bezeichnet werden. Der § 123 des StGB.'s bedroht denjenigen mit Strafe, der „in die Wohnung .... eines Andern .... widerrechtlich eindringt, oder, wenn er ohne Befugniß darin verweilt, auf die Aufforderung des Berechtigten sich nicht entfernt". Es ist ferner anerkannten Rechtens, daß derjenige, der solchergestalt in seiner Wohnung von einem unbefugten Eindringlinge gestört wird, die Entfernung desselben nach vorhergegangener gütlicher Aufforderung nöthigenfalls mit Gewalt erzwingen kann. Zum Begriffe der „Wohnung" deren Frieden das Gesetz schützen will, gehört nun aber der Nachweis, daß Jemand die Räumlichkeit, in der er dieselbe aufgeschlagen hat, aus einem bestimmten Rechtstitel, also als Eigenthümer, Miether 2c. besitzt nicht, es genügt vielmehr, daß er darin zur Zeit einen an sich berechtigten Aufenthalt hat, um ihn gegen Angriffe eines Jeden zu schützen, der kein besseres Recht auf dieselbe hat, als er. Von diesem Gesichtspunkt aus, kam es in dem Verhältnisse des Angeklagten zur M. nicht darauf an, ob der Angeklagte in dem früher von ihm als Eigenthum besessenen, jetzt an P. verkauften Hause, von dem letzteren nur noch geduldet war; vielmehr berührte dieses nur sein Verhältniß zu P., der möglicher Weise seine Entfernung zu jeder Zeit hätte fordern können, wogegen die M. die Wohnung des Angeklagten im P.'schen Hause respektiren mußte, gleichviel ob P. nach dem zwischen ihm und dem Angeklagten bestehenden Rechtsverhältnisse befugt oder nicht befugt gewesen wäre, ihm dieselbe jeden Augenblick zu entziehen, ob also der Angeklagte dem P. gegenüber sich nur bittweise (precario) oder auf Grund einer gegen denselben erlangten Berechtigung in dessen Hause aufhielt. Eben so wenig konnte es in dem Verhältnisse des Angeklagten zur M. darauf ankommen, ob der Angeklagte im P.'schen Hause ein abgesondertes Zimmer inne hatte, oder mit P., wie es hier den Anschein hat, in einem und demselben Zimmer wohnte, da, wenn mehrere Personen in denselben Räumlichkeiten eine gemeinschaftliche „Wohnung" inne haben, unzweifelhaft jede von ihnen ihren Hausfrieden gegen Dritte Personen, die denselben ihr gegenüber stören, in der gesetzlichen Weise zu wahren befugt ist. Ist hiernach die Ansicht des App.-Richters irrig, daß der Angeklagte, bloß deshalb, weil das Haus, in dem er sich befand, in das Eingenthum des rc. P. übergegangen und P. selbst anwesend war, nicht befugt gewesen wäre, der M. gegenüber ein Hausrecht geltend zu machen und liegen andere thatsächliche Gründe, aus denen ein solches Recht dem Angeklagten streitig gemacht werden könnte, zur Zeit nicht vor, so mußte allerdings die Frage erörtert werden, ob der Angeklagte bevor er es unternahm, die M. aus dem Zimmer gewaltsam zu entfernen, dieselbe zum Verlassen desselben aufgefordert hat, weil, wenn dieses geschehn wäre, es die M. auf Anwendung von Gewalt hätte ankommen lassen, selbst etwaige ihr hierbei vom Angeklagten zugefügte körperliche Beschädigungen den letzteren nicht ohne Weiteres strafbar gemacht haben würden, es vielmehr auf eine weitere Prüfung darüber angekommen wäre, ob der Angeklagte schuldbarer Weise seine Gewaltthätigkeiten weiter ausgedehnt habe, als zur Erreichung des Zweckes nöthig gewesen wäre, eventuell, ob er wegen vorangegangener ihm oder seiner Ehefrau von der rc. M. zugefügten

Beleidigungen aus § 233 des StGB.'s auf gänzliche Straflosigkeit, oder doch auf eine mildere Strafe Anspruch machen könne.

Antrag d. GStA.: entgegen. [5.—3.]

Untersuchungshaft. - Anrechnung. - Maaß.

Eine erlittene Untersuchungshaft kann auf die erkannte Freiheitsstrafe nicht auf eine längere Zeitdauer angerechnet werden, als sie gewährt hat.

StGB. § 60 [n. 12]; Vgl. RdOTr. 13. S. 244; 17. S. 165.

Erk. (B. II.) v. 16. April 1878 c. Wiesner & Gen. (449 II. Cr.).

Die Angeklagte wurde, nachdem sie 12 Tage Untersuchungshaft erlitten hatte, zu 6 Wochen Gefängnißstrafe verurteilt, diese Freiheitsstrafe aber durch die Untersuchungshaft für verbüßt erachtet. Auf die NB. des StA.'s erfolgte Vernichtung des Erkenntnisses, insoweit eine Anrechnung über den Zeitraum von 12 Tagen stattgefunden hatte. Gründe:

Der Bestimmung des § 60 des StGB.'s zufolge, „eine erlittene Untersuchungshaft kann bei Fällung des Urteils auf die erkannte Strafe ganz oder theilweise angerechnet werden", konnte in dem Erkenntnisse höchstens in dem Theilbetrage von 12 Tagen die erkannte 6wöchentliche Gefängnißstrafe für verbüßt erklärt worden. Indem das gedachte Erkenntniß den die Dauer der Untersuchungshaft übersteigenden Theil der erkannten Strafe für verbüßt erklärt, verletzt es den § 60 des StGB.'s.

Antr. d. GStA.: gleichl. [21.—3.]

Zeugen. - Ehegatten. - Ablehnung.

Die Vernehmung von Ehegatten Angeklagter kann nicht deshalb abgelehnt werden, weil Ehegatten für einander nicht als Beweiszeugen auftreten können.

Vdn. v. 3. Jan. 1849 § 22 [n. 28. 35. 42].

Erk. (B. I.) v. 17. April 1878 c. Kleist (470 I. Cr.).

Der App.-Richter hatte den Antrag des Angeklagten seine Ehefrau als Entlastungszeugin zu vernehmen, abgelehnt, weil sie nach § 357 der Crim.-Ordn. für ihren Mann als Beweiszeugin nicht abgehört werden könne. Das Ob.-Tr. vernichtete.

Abgesehen davon, daß nach § 358 a. a. O. dem richterlichen Ermessen anheim gegeben ist, die im § 357 genannten Personen zu vereiden, war die Vernehmung der Ehefrau des Angeklagten jedenfalls pro informatione zulässig und nach dem im § 22 der Vdn. v. 3. Januar 1849 über die Wirkungen der Beweise aufgestellten Grundsatze kann auch eine solche Aussage zur Begründung der thatsächlichen Feststellung dienen. Der App.-Richter welchem nach Art. 101 des Ges.'s vom 3. Mai 1852 die Prüfung der in zweiter Instanz gestellten Beweisanträge obliegt, hatte sich daher der Erwägung zu unterziehen, ob nach Lage der Sache eine Vernehmung der Ehefrau des Angeklagten, auch wenn sie nur pro informatione erfolgte, geeignet sein könnte, die thatsächliche Feststellung des ersten Richters zu erschüttern. Dies hat er nicht gethan und somit unter Verletzung der angeführten Vorschriften die Vertheidigung des Angeklagten im Sinne des Art. 108 Nr. 5 des Ges.'s v. 3. Mai 1852 in unzulässiger Weise beschränkt. [6.—2.]

Vertagungsgesuch. – Ignorirung. – Nichtigkeit.

Ignorirung eines Vertagungsgesuches des Angeklagten begründet Nichtigkeit des Verfahrens.

Vdn. v. 3. Jan. 1849 Art. 33 [n. 4].

Erk. (B. I.) v. 17. April 1878 c. Koitek (288 I. Cr.)

Der Angeklagte überreichte am 8. Dezbr. ein Gesuch um Vertagung des auf den 10. Dezbr. bezielten Audienztermins 2. Instanz. Dieses Gesuch blieb unbeachtet und die Abhaltung des Termins erfolgte. Das Ob.-Tr. vernichtete.

Nach Lage der Akten ist richtig, daß der Angeklagte in seiner bei dem Gerichte zweiter Instanz am 8. Dezbr. 1877 eingegangenen Eingabe vom 3. dess. Mts. (Bl. 19) die Verlegung des auf den 10. dess. Mts. anberaumten Verhandlungs-Termines nachgesucht hat, daß er auf diesen Antrag aber nicht beschieden worden ist; auch ist weder im

Termins-Protokolle vom 10. Dezember 1877, noch in den Gründen des Appellations-Erkenntnisses des Antrages Erwähnung geschehen. Der App.-Richter hat daher den Vertagungsantrag gänzlich unberücksichtigt gelassen, obwohl er nach § 33 der Vdn. v. 3. Jan. 1849 zur Prüfung desselben verpflichtet war und erst nach Ablehnung desselben in die Verhandlung der Sache selbst eintreten konnte.

[20.—2.]

Beleidigung. - Rechtsschutz. - Feststellung.

Der Strafausschließungsgrund des § 193 des StGB.'s wird durch die Feststellung nicht beseitigt, daß die inkriminirten Aeußerungen über das Maaß zulässiger Vertheidigung von Rechten oder der Wahrnehmung berechtigter Interessen hinausgehen.

StGB. § 193 [n. 18—20]; Vgl. RbOTr. 17. S. 697.

Erk. (B. I.) v. 17. April 1878 c. Meding (323 I. Cr.).

Die NB. behauptet, daß § 193 des R.-StGB.'s von dem Berufungsrichter unrichtig angewendet worden sei, und zwar mit Recht, indem der Wortausdruck des angefochtenen Erkenntnisses es unklar läßt, ob in der Annahme, daß die den Gegenstand der Verurteilung bildende Aeußerung über das gesetzliche Maaß zulässiger Vertheidigung von Rechten oder der Wahrnehmung berechtigter Interessen weit hinausgehe, habe ausgesprochen werden sollen, daß die Wahrnehmung berechtigter Interessen bei der als beleidigend erkannten Aeußerung überhaupt nicht vorgelegen habe, oder wenn sie vorgelegen, aus der Form der Aeußerung oder den sonstigen Umständen das Vorhandensein einer Beleidigung sich ergebe. Wenn der Berufungsrichter, wie geschehen, Veranlassung gefunden hat, für die Frage, ob eine Beleidigung vorliege, den § 193 des R.-StGB.'s in die Erörterung zu ziehen, so war er auch verpflichtet, die einzelnen sich hieraus ergebenden Momente, welche er für das Vorhandensein der Beleidigung als festgestellt erachtete, speziell zu bezeichnen und er durfte sich nicht auf einen generellen Ausspruch darüber beschränken, welcher nicht erkennen ließ, ob er bei seiner Beurteilung von der richtigen Rechtsansicht ausgegangen sei.

Antr. d. GStA.: gleichl. [11.—2.]

Betrug. - Exekutionsaufschub. - Postschein.

In dem wissentlichen Gebrauch eines Postscheins über eine in Wirklichkeit nicht erfolgte Geldsendung zur Abwendung einer Zwangsvollstreckung kann ein Betrug gefunden werden.

StGB. § 263 [n. 3]; Vgl. RdOTr. 12. S. 235; 13. S. 568 und 15. S. 478.

Erk. (Z. II.) v. 25. April 1878 c. Fiebach (381 II. Cr.).

Die Thatbestandsfeststellung der Richter der Vorinstanzen, welche dahin geht: daß der Angeklagte im September 1877 zu L. in der Absicht, sich einen rechtswidrigen Vermögensvortheil zu verschaffen, das Vermögen der Handlung Kl. dadurch beschädigt hat, daß er durch Vorspiegelung einer falschen Thatsache in dem Exekutor Sch. einen Irrthum erregte, enthält die wesentlichen Voraussetzungen des gegen den Angeklagten zur Anwendung gebrachten § 263 des StGB.'s. Zu dieser Thatbestandsfeststellung ist der App.-Richter auf Grund der für erwiesen erachteten Thatsachen gelangt: daß der Angeklagte rechtskräftig zur Zahlung einer Schuld von 453 Mk. 75 Pf. an die Handlung Kl. verurteilt worden und dem mit der Zwangsvollstreckung beauftragten Exekutor Sch. am 13. Septbr. 1877 einen Postschein über die Einlieferung eines Briefes an die Gläubigerin im deklarirten Werthe von 498 Mk. 44 Pf. vorlegte, auf dessen ausdrückliche Frage versicherte, daß Geld in dem Briefe gelegen habe, während in Wirklichkeit ein von der Handlung Kl. abgelehntes Wechselaccept sich darin befunden hatte und der Exekutor Sch. in Folge der Versicherung des Angeklagten, daß baares Geld sich in dem Briefe befunden habe, von der Vollstreckung der Exekution Abstand genommen hat. Die RA. vermeint, daß der § 243 Nr. 6 des Preuß. StGB.'s habe beseitigt werden sollen. Sie nimmt hierfür auf die Motive des § 263 des R.-StGB.'s (S. 132) Bezug. Es ist der RA. zuzugeben, daß der § 243 Nr. 6 des Preuß. StGB.'s in der Fassung des Ges.'s vom 14. April 1856, welcher dahin lautete: „mit Gefängniß nicht unter 3 Monaten und zugleich mit Geldbuße von 50 bis 1000 Thlrn., sowie mit zeitiger Untersagung der Ausübung der bürgerlichen Ehrenrechte wird bestraft 6) wer in der Absicht eine verhängte Exekution abzuwenden oder hinauszuschieben von einem Postschein über eine Versendung von Geld oder anderen Werthsgegenständen Gebrauch macht, obgleich er weiß, daß der versendete Brief oder das versendete Paquet dasjenige nicht enthält, was durch den Postschein als abgesendet nachgewiesen werden soll" und in dem Gesetze vom 30. Mai 1859 in der Strafbestimmung eine Modifikation erfahren hatte, in das D. StGB. nicht aufgenommen worden ist. Daraus kann aber noch nicht gefolgert werden, daß die im § 243 Nr. 6 des Pr. StGB.'s vorgesehene Handlung nach dem D. StGB. nicht mehr strafbar sein sollte. Die Motive zu §§ 258, 259 des Entwurfs S. 130 besagen, „der besondere Fall der betrügerischen Hinausschiebung einer Zwangsvollstreckung durch falsche Deklarirung einer Postsendung, welche durch die Novelle vom 14. April 1856 in das Preuß. StGB. aufgenommen war, ist wieder ausgeschieden. Es ist nämlich mit Recht darauf hingewiesen worden, daß die Sicherung der Exekutionsvollstreckung Sache der vollstreckenden Behörde ist, welche dem Exekutor bestimmte Instruktionen zu ertheilen hat. Die Einführung der Postanweisungen gewährt überdies dem gutwilligen Schuldner ein Mittel, durch welches er den Beweis der Befriedigung des Gläubigers leicht und sicher führen kann". Danach ist zwar der Schluß gerechtfertigt, daß die für den qualifizirten Betrugsfall im § 243 Nr. 6 des Pr. StGB.'s enthaltene höhere Strafbestimmung nicht beibehalten werden sollte: keinenfalls berechtigen aber die Motive zu der Annahme, daß die im § 243 Nr. 6 a. a. O. vorgesehene Handlung überhaupt einer strafrechtlichen Ahndung nicht mehr unterliegen sollte. Ob diese Handlung jetzt noch strafbar ist, läßt sich nur danach beurteilen, ob darin die Criterien des § 263 des R.-StGB.'s enthalten sind. Diese Frage ist keineswegs wie die NB. will, unbedingt zu verneinen, insbesondere kann nicht anerkannt werden, daß das Erforderniß der gewinnsüchtigen Absicht als gleichbedeutend mit dem Begriffsmerkmal der Absicht sich einen rechtswidrigen Vermögensvortheil zu verschaffen, bei dem wissentlichen Gebrauche eines Postscheines über eine in Wirklichkeit nicht erfolgte Geldsendung zur Abwendung der Zwangsvollstreckung nicht vorliegen würde. Der App.-Richter hat es für unbedenklich erklärt, daß der Angeklagte in der Absicht gehandelt hat, sich einen rechtswidrigen Vermögensvortheil zu verschaffen. Er nimmt an, daß es die Absicht desselben gewesen, die bevorstehende Exekutionsvollstreckung abzuwenden, sieht diese Abwendung des drohenden Vermögensnachtheils als die Beschaffung eines Vermögensvortheils an und findet die Rechtswidrigkeit darin, daß Angeklagter verpflichtet war, wegen seiner fälligen Schuld die Exekution zu erleiden und nicht befugt gewesen, diesen Nachtheil von sich abzuwenden, diese Abwendung und die Erhaltung seiner Vermögensobjekte vielmehr nur durch das Mittel der Täuschung durchführen konnte und durchgeführt hat. Es kann hier dahin gestellt bleiben, ob die Absicht des Exequenden, die verhängte Exekution von sich abzuwenden, unter allen Umständen das Erforderniß der Absicht sich einen rechtswidrigen Vermögensvortheil zu verschaffen enthält. In der vom App.-Richter festgestellten Absicht des Angeklagten seine Vermögensobjekte sich zu erhalten, kann die Absicht, sich einen rechtswidrigen Vermögensvortheil zu verschaffen, gefunden werden.

Antr. d. GStA.: gleichl. [21.—4.]

Strafantrag. - Geisteskranker. - Nicht für geisteskrank erklärt. - Pfleger.

Für eine geisteskranke Person, die noch nicht für geisteskrank erklärt ist, kann ein Strafantrag durch einen ihr zu dem Zwecke bestellten Pfleger gestellt werden.

StGB. § 65; Vormundschafts-Ordn. v. 5. Juli 1873 §§ 90 und 91.

Erk. (Z. II.) v. 25. **April 1878** c. v. **Richter** (394 II. Cr.).

Der App.-Richter geht von der thatsächlichen Annahme aus, daß die inzwischen verstorbene Ehefrau des Angeklagten geisteskrank und außer Stande war einen Antrag auf Bestrafung wegen der erlittenen Mißhandlungen zu stellen, und er ist der Ansicht, daß deshalb der von ihrem Pfleger gestellte Strafantrag genüge. Die NB. des Angeklagten findet hierin zu Unrecht eine Verletzung des § 65 des StGB.'s durch unzulässige extensive Interpretation. Nach dem als erwiesen angenommenen Sachverhalte lag der Fall des § 90 der Vormundschafts-Ordnung vom 5. Juli 1875 vor, wonach Personen, welche selbst zu handeln außer Stande sind und der väterlichen oder vormundschaftlichen Vertretung entbehren, für einzelne Angelegenheiten oder für einen bestimmten Kreis von Angelegenheiten einen Pfleger erhalten können. Zu diesen Angelegenheiten gehört auch die Ergreifung der zur Bestrafung für zugefügte Mißhandlungen erforderlichen Maßregeln. Da nun nach § 91 a. a. O. auf die Pflegschaft die Vorschriften über die Vormundschaft entsprechende Anwendung finden, so hat der Appell.-Richter dem § 65 des StGB.'s keine unrichtige Auslegung gegeben, wenn er den von der Vormundschaftsbehörde bestellten Pfleger einer nicht bevormundeten Geisteskranken für ebenso berechtigt erachtete den Strafantrag zu stellen wie den Vormund einer Bevormundeten.

Antr. d. GStA.: gleichl. [19.—4.]

Lotterie, auswärtige. - Bundesstaaten.

1. Die Preußische Verordn. v. 5. Juli 1847 betreffend das Spiel in auswärtigen Lotterien ist durch das Deutsche Strafgesetzbuch nicht außer Kraft gesetzt.

Einf.-Gesetz zum StGB. § 2.

2. Diese Verordnung kommt auch in Betreff der in den einzelnen deutschen Staaten zugelassenen Lotterien zur Anwendung.

Verfassung für das deutsche Reich Art. 3.

Erk. (Z. I.) v. 26. April 1878 c. Heintze & Gen. (313 I. Cr.).

Die zur Anwendung gebrachte Vdn. v. 5. Juli 1847 ist, ebensowenig, als dies durch den Art. II des Einf.-Ges.'s zum Pr. StGB. v. 14. April 1851 geschehen war, ebensowenig durch den § 2 des Einf.-Ges.'s zum StGB. für den Norddeutschen Bund, beziehentlich für das Deutsche Reich aufgehoben, insoweit sie das Spielen in auswärtigen, nicht mit der Königl. Genehmigung in Preußen besonders zugelassenen Lotterien oder den Verkauf von Loosen solcher auswärtiger Lotterien betrifft; denn das StGB. für den Nordd. Bund, beziehentlich für das Deutsche Reich hat (in § 286) nur das Veranstalten öffentlicher Lotterien ohne obrigkeitliche Erlaubniß zum Gegenstand. Die Vdn. vom 5. Juli 1847 betrifft daher in ihren Bestimmungen über das Spielen in auswärtigen, nicht mit Kgl. Genehmigung in Preußen besonders zugelassenen Lotterien und über den Vertrieb von Loosen solcher auswärtigen Lotterien eine Materie, welche nicht Gegenstand des StGB.'s ist, und ist deshalb insoweit gemäß Abs. 2 des § 2 des Einf.-Ges.'s als besondere Vorschrift des Landesstrafrechts in Kraft geblieben. Nicht minder unbegründet ist der Einwurf der NB., daß die gedachten Bestimmungen der Vdn. vom 5. Juli 1847, welche durch das Gesetz vom 7. Mai 1875 und durch die Vdn. v. 25. Juni 1867 Art IV in den mit der Preußischen Monarchie vereinigten Gebieten Gesetzeskraft erhalten haben, seit dem Bestehen der neuen Deutschen Reichsverfassung den Deutschen Bundesstaaten gegenüber außer Geltung getreten seien, weil ein Bundes- oder Reichsgesetz, welches solches anordnet, nicht besteht und das durch die Verfassungs-Urkunde für den Norddeutschen Bund, beziehentlich für das Deutsche Reich (Art. 3) für die Angehörigen der Deutschen Bundesstaaten begründete gemeinsame Indigenat in Beziehung auf die Lotterien eine Gemeinschaft der Bundesstaaten und eine darauf beruhende Berechtigung ihrer Angehörigen nicht geschaffen hat und deshalb auch der Gesetzgebung des einzelnen Bundesstaates in Betreff der Zulassung außerhalb seines Gebietes veranstalteter Lotterien nicht entgegen steht.

Antr. d. OStA.: gleichl. [20.—3.]

Hannover. - Jagdrecht. - Miteigenthümer. - Berechtigungseinrede.

1. Die Vorschrift der Hannoverischen Jagdordnung über das besondere Jagdrecht der Miteigenthümer einer zusammenhängenden Grundfläche von 300 Morgen bezieht sich nur auf das Miteigenthum an der gesammten Fläche.

Hann. Jagd-Ordn. v. 11. März 1859 § 2.

2. Die Berechtigungseinrede des § 486 der StPO. kann nur auf unmittelbare dingliche Berechtigungen gestützt werden.

StPO. § 486.

Erk. (Z. I.) v. 1. Mai 1878 c. **Echte** (350 I. Cr.).

E. hat im sogenannten W.'r Felde die Jagd ausgeübt und ist deshalb aus § 292 des StGB.'s bestraft. Das W.'r Feld gehört zur Feldmark H., bildet aber eine zusammenhängende Fläche von mehr als 300 Morgen und steht im Eigenthum verschiedener Einwohner von K. Diese letzteren haben dem E. die Jagd darauf verpachtet. Dieser hält sich deshalb zur Jagd auf demselben für berechtigt, da § 2 der Jagd-Ordnung v. 11. März 1859 auch die mehreren Sondereigenthümern gehörigen Flächen von 300 Morgen begreife. Seine NB. wurde zurückgewiesen.

Dem Berufungsrichter ist darin beizutreten, daß die Vorschrift im § 2 Abs. 2 der Hannoverschen Jagdordnung v. 11. März 1859, wonach mehrere Miteigenthümer einer zusammenhängenden Fläche von mindestens 300 Hannoverschen Morgen die Jagd auf dieser Fläche, wenn sie solche nicht gemeinsam entweder verpachten oder sonst einem Dritten zur Ausübung überlassen oder durch eigene Jäger nutzen, nur durch Einen von ihnen, worüber sie sich zu einigen haben, ausüben können, sich nur auf das Miteigenthum an der gesammten Fläche und nicht auf das Miteigenthum oder das Alleineigenthum an einzelnen Theilen derselben bezieht. Es ergiebt sich dieses zunächst aus dem Gegensatz, in welchem der in Abs. 2 behandelte Fall zu denjenigen des Abs. 1 daselbst steht, wo unterstellt wird, daß der zur Ausübung der Jagd berechtigte Grundeigenthümer eine Einzelperson und ausschließlicher Eigenthümer der Fläche von 300 Morgen und darüber sei, noch mehr aber aus der Betrachtung, daß wenn auch auf solchen Flächen von diesem Umfange, die in ihren Einzelparzellen verschiedenen Personen eigenthümlich zustehen, die Selbstausübung der Jagd durch Einen von ihnen gestattet sein soll, der § 3 des Ges.'s, welcher in den unter § 2 nicht zu subsumirenden Fällen die Verwaltung zu Gunsten sämmtlicher Feldmarksgenossen vorschreibt, seine Bedeutung fast vollständig verlieren würde. In Fällen der vorliegenden Art kann vielmehr nach § 5 daselbst nur die Gesammtheit der betheiligten Grundeigenthümer der Feldmark über die Verwaltung der Jagd mittelst Verpachtung beschließen und da nach der thatsächlichen Feststellung des Berufungsrichters das sog. W.'r Feld zur Feldmark der Stadt H. gehört, so erschien der mit der Gesammtgenossenschaft der Gemeinde K. B. geschlossene Pachtvertrag nicht geeignet das Jagen des Angeklagten in jenem Distrikte zu einem berechtigten zu machen. Die weitere nur eventuelle Ausführung des Berufungsrichters, daß es auch an einer Konstituirung des W.'s Feldes zu einem besonderen Jagdbezirke durch die zuständige Verwaltungsbehörde im Sinne der Hannoverschen Ausführungsverordnung v. 11. März 1859 § 1 fehle, erweist sich ebenfalls als dem Gesetze entsprechend, indem nach § 7 der Jagdordnung die Feldmark nur ungetheilt verpachtet werden darf, die unter Ziffer 2 daselbst zugelassene Ausnahme aber zu Gunsten einzelner Jagdbezirke, welche 1000 Morgen und darüber umfassen, nicht festgestellt ist.

[Zu 2.] Den Einwand, daß er zum Jagen an dem betreffenden Orte berechtigt sei, hat Angeklagter zwar in seinen Erklärungen bei der Hauptverhandlung beider Instanzen berührt, aber nicht in der Weise, wie § 486 der StPO. v. 25. Juni 1867 in Uebereinstimmung mit dem Ges. v. 31. Januar 1845 dieses verlangt, substanziirt. Er beruft sich ausschließlich auf sein Pachtverhältniß zur Gemeinde K. B., während die Widerrechtlichkeit seiner Handlung vorliegend nicht aus dem Jagdrecht der Gemeinde K. B., sondern demjenigen der Stadt H. hergeleitet wird und im Sinne jenes Gesetzes nicht Privatrechte, welche auf die Berechtigung eines Dritten zurückzuführen sind, sondern nur unmittelbare dingliche Berechtigungen, welche eine Klage auf Anerkennung oder auf Schutz im Besitze gewähren, in Betracht kommen.

Antr. d. GStA.: gleichl. [11.—2.]

---

1. 2. Untreue. - Handlungslehrling. - Vermögensvortheil. 3. Realkonkurrenz. - Straffestsetzung.

1. Ein Handlungslehrling ist nicht als solcher, sondern nur unter der Voraussetzung des Art. 58 des HGB.'s Bevollmächtigter seines Prinzipals.

StGB. § 266 Nr. 2 [n. 13].

2. Die Feststellung der Absicht sich oder Andern einen Vortheil zu verschaffen genügt nicht für den Thatbestand der qualifizirten Untreue.

StGB. § 266 [n. 22].

3. Bei mehrmaliger Begehung derselben Delikte durch mehrere selbständige Handlungen muß der

Richter bestimmen für welches einzelne Vergehen er die relativ schwerste Strafe für geboten erachtet und diese Strafe angemessen erhöhen.

StGB. § 74 [n. 23. 24].

Erk. (B. I.) v. 1. Mai 1878 c. Loss. (272 I. Cr.).

L. war Kaufmannslehrling bei K. und hatte lange Zeit hindurch in einer großen Anzahl von Fällen sich Gegenstände aus den Waarenvorräthen seines Prinzipals rechtswidrig angeeignet oder solche an Andere weggegeben, wie die Feststellung sagt, um ihnen einen Vortheil zu verschaffen. Das App.-Gericht fand hierin wiederholte Diebstähle und Fälle der Untreue, berechnete für jene eine Einsatzstrafe von $1^1/_2$ Jahr, für diese von 1 Jahr Gefängniß und bestimmte die Gesammtstrafe auf 2 Jahre. Das Ob.-Tr. vernichtete.

[Zu 1. 2.] Zunächst hebt die Feststellung des Diebstahls nicht genügend hervor, daß der Angeklagte fremde Sachen weggenommen hat. Ferner ist bei der Feststellung der Untreue nicht zum Ausdruck gebracht, daß der Angeklagte, welcher als Handlungslehrling nicht unbedingt, sondern nur unter bestimmten Voraussetzungen (cfr. Artt. 58, 50 des HGB.'s) Bevollmächtigter des Prinzipals ist, als Bevollmächtigter gehandelt hat. Ebenso sagt die Feststellung nur, daß der Angeklagte, um Andern einen Vortheil zu verschaffen, verfügt hat, während die Anwendung des § 266, letzter Absatz, des StGB.'s das Verschaffen eines Vermögensvortheils erfordert.

[Zu 3.] Der App.-Richter legt seiner Entscheidung die Feststellung zu Grunde, daß der Angeklagte in der Zeit vom Frühjahr 1875 bis zum Februar 1877 durch verschiedene selbständige Handlungen a. seinem Prinzipal, dem Kaufmann K. Gelder von bedeutendem Gesammtbetrage, sowie Waaren in der Absicht rechtswidriger Zueignung weggenommen, b. über Vermögensstücke seines gedachten Prinzipals absichtlich zum Nachtheile desselben und um Andern einen Vortheil zu verschaffen, verfügt. Für den Diebstahl arbitrirt der Appell.-Richter eine anderthalbjährige, für die Untreue eine einjährige Gefängnißstrafe als Einsatzstrafe, und erkennt dann auf eine Gesammtstrafe von 2 Jahren Gefängniß. Dies Verfahren würde dem § 74 des StGB.'s entsprechen, wenn nur zwei selbständige Strafhandlungen vorlägen. Eine Feststellung, daß Letzteres der Fall sei, hat der App.-Richter jedoch nicht getroffen. Der Ausdruck: „mehrere selbständige Handlungen" im Eingang der Feststellung kann nicht die Bedeutung haben, daß die sub a u. b aufgeführten einzelnen Arten und Vergehen als je eine selbständige Handlung bezeichnet werden sollten. Im Gegentheil sprechen sowohl der Tenor des Erkenntnisses, welcher den Angeklagten wegen wiederholten Diebstahls und wegen wiederholter Untreue verurteilt, als auch die Begründung der Feststellung dafür, daß der Appell.-Richter mehrere selbständige Strafhandlungen sowohl bei dem Diebstahl, als bei der Untreue angenommen hat. Der I. Richter, welchem der App.-Richter in der Begründung der Thatfrage beitritt, sagt, daß die Anzahl der einzelnen Vergehen nicht festgestellt werden konnte, jedoch habe die Untersuchung ergeben, daß die Diebstähle und Veruntreuungen bald nach dem Eintritt des L. bei K. begonnen haben, und fast täglich — fortgesetzt sind. Ferner wird bei Abmessung der Strafe die außerordentlich erhebliche Anzahl der einzelnen Diebstähle und Veruntreuungen hervorgehoben. Daß der App.-Richter durch die von ihm erwähnte jahrelange Fortsetzung der Strafhandlungen, und die planmäßige Plünderung des K.'schen Geschäfts eine neue von der erstrichterlichen abweichende Feststellung habe treffen wollen, läßt sich nicht annehmen, zumal der Zweck der gedachten Aeußerungen lediglich in der Rechtfertigung des gewählten Strafmaßes besteht. Muß man hiernach davon ausgehen, daß der Appell.-Richter annimmt, der Angeklagte habe durch mehrere selbständige Handlungen mehrere Diebstähle und mehrere Veruntreuungen verübt, so ist bei Abmessung der Strafe der Vorschrift des § 74 des StGB.'s nicht genügt. Nach derselben soll der Richter bestimmen, für welches der von ihm festgestellten Vergehen er die relativ schwerste Strafe geboten erachtet und diese Strafe angemessen erhöhen. Nur so wird für die Nichtigkeits-Instanz eine Nachprüfung ermöglicht, ob bei Abmessung der zu verhängenden Gesammtstrafe dem Gesetze gemäß verfahren ist. Das in gegenwärtiger Sache von dem Appell.-Richter beobachtete Verfahren, für die eine Kategorie von Vergehen eine $1\frac{1}{2}$jährige, für die andere eine einjährige Gefängnißstrafe festzusetzen, schließt jene Nachprüfung aus. [18.—2.]

Auswanderungsverträge. - Vermittlung.

Der Rechtsbegriff der „Vermittlung" eines Auswanderungsvertrages begreift nicht allein die den Kontrahenten gegenüber entwickelte Thätigkeit, welche den Abschluß des Vertrages unmittelbar herbeiführt, sondern auch alle Handlungen, welche in Beziehung zu dem demnächstigen Abschluß des Vertrages stehen oder denselben erst ermöglichen. Insbesondere charakterisirt sich, wenn ein Dritter im Auftrage des Auswanderers den Beförderungsvertrag mit einer Rhederei abschließt, als Akt der Vermittlung nicht nur der auftragsweise erfolgte Abschluß des Vertrages durch den Dritten, sondern auch die Handlungen desselben, welche auf die Erlangung dieses Auftrages abzielten.

Ges. v. 7. Mai 1853 § 10.

Erk. (B. II.) v. 2. Mai 1878 c. Holtermann (473 II. Cr.).

H. ist Sekretär des Hamburger Colonisationsvereins von 1849, der Colonien in Brasilien besitzt. Als solcher hat er dem Tagelöhner B. zu R., Provinz Pommern, auf dessen Anfrage brieflich die Ueberfahrtsbedingungen nach Brasilien, Abfahrtzeit der Schiffe ꝛc. mitgetheilt, auch sich bereit erklärt, wenn B. das am 15. April abgehende Schiff zu benutzen gedenke, deshalbige weitere Mittheilungen entgegenzunehmen. B. hat dann den Fahrpreis an H. eingeschickt und dieser für ihn bei der betreffenden Hamburger Rhederei abgeschlossen.

Aus der oben citirten Bestimmung angeklagt, wurde H. von den Instanzrichtern freigesprochen, weil der Abschluß mit der Rhederei zwar als Vermittlung der Beförderung anzusehen, aber außerhalb Preußens in Hamburg erfolgt sei und die vorhergehenden Briefe des Angeklagten eine bloße Auskunftsertheilung darstellten, welche, weil nicht angeboten, sondern auf Anfrage geschehen, straflos sei.

Auf NB. des OStA.'s vernichtete das Ob.-Tr. und verwies an ein anderes App.-Gericht, indem es obige Sätze aussprach.

Antr. d. GStA.: gleichl. [7.—4.]

Bankerutt, einfacher. - Differenzhandel und gleichzeitige Unordentliche Buchführung. - Nur eine Strafthat.

Die in § 283 Nr. 1—3 des StGB.'s bezeichneten verschiedenen Handlungen sind nur verschiedene Merkmale des einfachen Bankerutts und ist somit, wenn auch mehrere derselben, wie Differenzhandel und unordentliche Buchführung, zugleich vorliegen, nur eine einzige Strafthat vorhanden.

StGB. § 283 [n. 33 zu § 281].

Erk. (B. II.) v. 2. Mai 1878 c. Wehlitz (437 II. Cr.).

Antr. d. GStA.: gleichl. [7.—4.]

Hausfriedensbruch. - Verletzter. - Geschäftsdisponent. - Strafantrag.

Aus der Stellung eines Procuristen folgt nicht ohne Weiteres die Befugniß, den Strafantrag in Betreff eines in den Räumlichkeiten des Prinzipales verübten Hausfriedensbruches zu stellen.

StGB. § 123 [n. 21].

Erk. (B. I.) v. 3. Mai 1878 c. Parpart (245 I. Cr.).

Die gegen die Verurteilung wegen Hausfriedensbruchs gerichtete Beschwerde erscheint begründet. Die Instanzrichter haben thatsächlich festgestellt: daß der Angeklagte zu K. am 10. August 1876 sich aus dem Geschäftslokale der Kaufmannsfrau S., in dem er ohne Befugniß verweilte, auf die Aufforderung des Geschäfts-Disponenten So. als des Berechtigten nicht entfernt hat — und ist der Strafantrag nur von dem rc. So. gestellt. Der erste Richter hatte sich über die Befugniß des rc. So., den Strafantrag zu stellen, über dessen Stellung im Geschäft der Frau S. und über die Bedeutung des dem Handelsgesetzbuche nicht entsprechenden Ausdrucks „Geschäfts-Disponent“ nicht näher ausgesprochen. In zweiter resp. erster Instanz hatte der Angeklagte Beweis darüber angetreten, daß der ꝛc. So. nur gewöhnlicher Ladendiener, auch von der Frau S. nicht beauftragt gewesen sei, den Strafantrag zu stellen, daß übrigens am 10. August 1876 die Frau S. einheimisch gewesen sei und das Geschäft geleitet habe. Wenn nun der App.-Richter diese Einwendungen durch die Erwägung beseitigt, daß der ꝛc. So., möge er nun Procurist oder Handelsgehülfe gewesen sein, schon deshalb, weil Frau S. zur Zeit des Excesses des Angeklagten sich nicht im Laden befand, befugt war, denselben hinauszuweisen, so ist dies zwar begründet; der fernere Ausspruch des App.-Richters aber, daß der ꝛc. So. auch befugt sei, den Strafantrag zu stellen, weil er selbst in seinem Hausfrieden verletzt sei, erscheint rechtsirrthümlich. Daraus, daß der Natur der Sache nach die im § 123 des R.-StGB.'s gedachte Aufforderung, eine Lokalität zu verlassen, in Abwesenheit des Inhabers eines Hauswesens auch von einem Dritten ausgehen kann, folgt noch nicht, daß dieser Dritte als in seinem Hausfrieden verletzt den Strafantrag stellen kann. Im Falle des Hausfriedensbruchs ist der Verletzte, dessen Hausrecht gekränkt ist, der selbständige Inhaber des betreffenden Hauswesens und nur er, oder ein von ihm hierzu Bevollmächtigter zur Stellung des Strafantrages befugt. Eine solche Bevollmächtigung würde auch nicht ohne Weiteres aus der Stellung eines Procuristen folgen, da dieser nach Art. 41 ff. des HGB.'s den Prinzipal nur in Handelsgeschäften zu vertreten hat. Es würde namentlich im vorliegenden Falle in Betracht kommen müssen, daß nach Art. 6 a. a. O. eine Frau selbständig Handelsgeschäfte betreiben kann. Da nun eine Bevollmächtigung des ꝛc. So. zur Stellung des Strafantrages nicht festgestellt, von der Wittwe S. ein solcher aber nicht gestellt ist, so mußte nach § 61 des R.-StGB.'s das Strafverfahren wegen Hausfriedensbruchs zur Zeit für unstatthaft erachtet werden.

Antr. d. GStA.: Zurückweisung. [15.—3.]

Beleidigung. - Verleumdung. - Besseres Wissen. - Vertheidigung.

Eine wider besseres Wissen vorgebrachte beleidigende Beschuldigung wird dadurch nicht straflos, daß die Aeußerung zur Wahrnehmung berechtigter Interessen gemacht ist.

StGB. §§ 187, 193; Vgl. RdOTr. 14. S. 661.

Erk. (Z. I.) v. 3. Mai 1878 c. Stars & Gen. (341 I. Cr.).

Die NB., welche unrichtige Anwendung des § 193 des StGB.'s rügt, erscheint begründet. Das Kgl. Ob.-Tr. hat bereits in dem Erkenntnisse v. 23. Oktbr. 1873 in eingehender, namentlich auch die Motive des Gesetzes berührender Begründung den Satz ausgesprochen, daß der § 193 des StGB.'s auf die Fälle des § 187 cit. — und ein solcher liegt hier vor — keine Anwendung findet. Den erschöpfenden Ausführungen dieses Erkenntnisses, welchen sich auch eine am 13. April v. J. ergangene Entscheidung des höchsten Gerichtshofes anschließt, kann überall nur beigepflichtet werden. Der App.-Richter hat die entgegengesetzte Ansicht welcher er folgt, nicht näher begründet, vielmehr sich für dieselbe lediglich auf die Bemerkung in den Motiven zu § 188 des Entwurfs — jetzt § 193 —: „durch die Stellung dieses § gegenüber dem § 184 — jetzt §§ 186 und 187 — werde übrigens die Frage bejaht, ob der § 188 auch nach Befinden in den Fällen des § 184 Platz greife", — so wie auf die Note 1 zu § 193 in Oppenhoff's Commentar V. Ausgabe bezogen. Letztere betont ihrerseits in erster Linie ebenfalls jene Stelle der Motive, und führt sodann noch an, daß in den Reichstags-Verhandlungen wiederholt die Allgemeingeltung des § 193 cit., namentlich auch in Beziehung auf die Fälle des § 187 des StGB.'s hervorgehoben worden. Was nun zunächst den fraglichen Satz der Motive angeht, so ist dessen Bedeutung in dem vorerwähnten Erkenntnisse vom 23. Oktober 1873 eingehend gewürdigt. Die Bezugnahme auf die Reichstags-Verhandlungen erscheint aber verfehlt, da die Verweisung auf S. 643 a. und 632 a. der stenographischen Berichte nicht zutrifft, und in den bezüglichen, an die §§ 184 und 188 des Entwurfs sich knüpfenden Discussionen eine bestimmte Aeußerung dahin, daß der § 193 auch die Fälle des § 187 beherrsche, überhaupt nicht vorkommt.

Antr. d. GStA.: gleichl. [16.—3.]

Strafantrag – Theilbarkeit. – Persönliches Verhältniß.

Wenn die Strafverfolgung nicht wegen der objektiven Natur der Strafthat, sondern nur wegen des Verhältnisses eines Thäters zum Verletzten, von dem Antrage des Letzteren abhängig gemacht ist, so kann die Strafverfolgung gegen die Theilnehmer, welche nicht in solchem Verhältnisse stehen, von Amtswegen erfolgen.

StGB. § 63; Vgl. RdOTr. 14. S. 803.

Erk. (Z. II.) v. 7. Mai 1878 c. Dachn (459 II. Cr.)

Ein Ehemann hatte in Gemeinschaft eines Dritten gegen seine Ehefrau einen Betrug verübt. Dieser Letztere aus § 263 des StGB.'s bestraft, rügte in NB., daß es an einem Strafantrage gegen den Ehemann fehle und bei der Untheilbarkeit des Strafantrages seine Bestrafung unstatthaft sei.

Zurückweisung. Gründe:

Es kommt in Betracht, daß es sich um ein Vergehen handelt, dessen Verfolgung nicht um seiner selbst (objectiv), sondern nur um des Verhältnisses willen, in welchem der Thäter zum Verletzten steht, von einem Antrage des letzteren abhängig gemacht ist, und daß, wenn bei einem solchen mehrere Personen betheiligt sind, unbedenklich eine Verfolgung von Amtswegen wider diejenigen stattfinden kann, welche sich zum Verletzten in dem vom Gesetze vorausgesetzten Verhältnisse nicht befinden. Der § 63 des StGB.'s, welcher nur eine Theilung des Antrages (nicht auch der Verfolgung von Amtswegen) verbietet, steht dem nicht entgegen, und der § 247 a. a. O. spricht diesen Grundsatz für einen bestimmten Fall sogar ausdrücklich aus.

Antr. d. GStA.: gleichl. [15.—3.]

Gefangener. - Bekleidungsstück. - Veräußerung. - Diebstahl.

Die einem Gefangenen zum Gebrauch übergebenen Kleidungsstücke bleiben so lange sich der Gefangene in der Anstalt oder außerhalb derselben unter besonderer Aufsicht von Gefängnißbeamten befindet, in der Gewahrsam der Gefängniß-Verwaltung und können von dem Gefangenen gestohlen werden.

StGB. § 242 [v. 23]; Vgl. RdOTr. 1. S. 408.

Erk. (Z. II.) v. 7. Mai 1878 c. Hanch (332 II. Cr.).

Der Angeklagte befand sich als Strafgefangener in der Strafanstalt, hat ein Paar ihm darin übergebene Schuhe, bei der auswärtigen Strafarbeit verkauft, ist deshalb wegen Diebstahls der Schuhe angeklagt, vom ersten Richter nur wegen Unterschlagung, auf Appellation der StA.-schaft aber wegen Diebstahls verurteilt. Die NB. des Angeklagten behauptet, daß nur der Thatbestand der Unterschlagung, und nicht der des Diebstahls vorhanden sei. Die behauptete Verletzung des § 242 des StGB.'s ist ungerechtfertigt. Denn zunächst enthält die formell nicht angegriffene Feststellung des App.-Richters die Merkmale des Diebstahls und aus den dafür angeführten Gründen ist ein Rechtsirrthum nicht zu entnehmen. Zunächst ist die Annahme des App.-Richters, daß an den den Strafgefangenen zur Benutzung überlassenen Bekleidungsgegenständen die Gefängnißanstalt weder ganz noch theilweise, ihr Eigenthumsrecht, Besitz oder Gewahrsam aufgebe, rechtlich keinem begründeten Zweifel unterworfen. Nach den weiteren Grundlagen der thatsächlichen Schlußfeststellung hat der Angeklagte die ihm von der Gefängnißanstalt zum Gebrauch überlassenen Schuhe zu verkaufen beschlossen, und in der Art ausgeführt, daß er in seiner eigenen Fußbekleidung sich zu der Außenarbeit begeben, die Anstaltsschuhe in einem Sacke mit sich genommen, und letztere demnächst dem freien Arbeiter, mit welchem er in Verbindung gekommen, käuflich überlassen, der Angeklagte auch immer bei dieser Außenarbeit unter einer besonderen Anstaltswache gestanden habe. Unter solchen Umständen hat der App.-Richter ohne Rechtsirrthum annehmen können, daß auch bei dem Verkauf der Schuhe außerhalb der Anstalt selbst, Angeklagter weder Besitz noch Gewahrsam an denselben gehabt, und somit solche nur durch Entziehung aus diesem Besitz und Gewahrsam habe an sich bringen und veräußern können.

Antr. d. GStA.: gleichl. [5.—3.]

---

1. Reformatio in pejus. - Anderweitige Qualification der Strafthat.

2. Rechtskraft. - Freisprechung von einer Strafthat in bestimmter Richtung. - Verurteilung.

1. Der App.=Richter, welcher auf die Appellation des Angeklagten das in erster Instanz erkannte Strafmaaß nicht überschreitet, verletzt dadurch nicht die relative Rechtskraft, daß er die That anderweitig und selbst als eine Strafthat schwererer Art qualificirt.

Ges. v. 3. Mai 1852 Art. 30.

2. Wenn der erste Richter den Angeklagten von der Qualificirung der That, wie sie die Anklage aufstellt, freispricht, ihn aber wegen derselben Handlung aus einem anderen rechtlichen Gesichtspunkte straft, so verletzt der App.=Richter nicht die Grundsätze von der Rechtskraft der Erkenntnisse, wenn er die That wiederum unter den rechtlichen Gesichtspunkt bringt, von welchem der erste Richter die Freisprechung ausgesprochen hatte.

Vdn. v. 3. Jan. 1849 § 1 [n. 29], § 23 [n. 8].

Erk. (Z. II.) v. 7. Mai 1878 c. Wertheim (358 II. Cr.).

Der wegen Hehlerei Angeklagte wurde in erster Instanz von diesem Vergehen freigesprochen, weil in den Handlungen nur Unterschlagung gefunden wurde und er wurde deshalb zu 3 Wochen Gefängniß verurteilt. Auf seine alleinige Appellation wurde in zweiter Instanz dieselbe Strafe wegen Hehlerei ausgesprochen. Die NB. des Angeklagten findet hierin eine reformatio in pejus und eine Verletzung der Grundsätze von der Rechtskraft der Entscheidungen.

Zurückweisung. Gründe:

Eine Reformatio in pejus wird nur begründet durch Verhängung einer härteren Strafe gegen den allein appellirenden Angeklagten, nicht aber durch eine anderweitige rechtliche Qualificirung der Handlung, wegen deren die Verurteilung in erster Instanz erfolgt war. Denn auch durch die alleinige Berufung des Angeklagten wird der zweite Richter mit der Entscheidung über die demselben zur Last gelegte konkrete Handlung nach allen Richtungen hin befaßt, und er ist befugt, dieselbe nicht nur nach Maaßgabe der erstrichterlich festgestellten Thatsachen anderweitig, als dies vom ersten Richter geschehen zu qualificiren, sondern auch im Falle einer berechtigten Abweichung von der Feststellung, der Handlung den rechtlichen Charakter beizulegen, und selbst im Tenor des Urteils zum Ausdruck zu bringen, welcher dem Strafgesetze, sei es auch unter einem schwereren Gesichtspunkte, entspricht. Diese rechtliche Auffassung ergiebt sich aus dem allgemeinen Prinzip des Art. 30 des Ges.'s vom 3. Mai 1852. Die behauptete Verletzung des Prinzips der Rechtskraft liegt ebenfalls nicht vor. Gegenstand der Anklage ist immer nur eine bestimmte konkrete Handlung, welche dem Angeklagten zur Last gelegt ist, nicht das Delikt, welches die Anklage daraus abstrahirt hat. Die Subsumtion der feststehenden That, ihre Qualificirung, fällt dem erkennenden Richter anheim. Es folgt hieraus, daß wenn der erste Richter, der gesetzlich nur von der angeschuldigten That freisprechen kann, wenn dieselbe entweder nicht erwiesen oder gesetzlich straflos wäre, den Angeklagten von der Qualificirung aus, unter welche die That von der

Anklage gebracht war, freigesprochen, dagegen aber wegen derselben unter einem andern rechtlichen Gesichtspunkte gestraft hat; von einer Freisprechung von der angeschuldigten That selbst nicht die Rede sein kann, und die Freisprechung in Bezug auf ihre ursprüngliche Qualification rechtlich ganz bedeutungslos erscheinen muß. Eine weitere Folge ist dann aber auch die, daß der auf die alleinige Berufung des Angeklagten wegen seiner Verurteilung befaßte Appell.-Richter nicht behindert sein kann, ungeachtet der erstinstanzlich erfolgten Freisprechung, auf die beseitigte Freisprechung von der Qualificirung der That, zurückzukommen und auf Grund derselben die Verurteilung zu bestätigen.

Antr. d. GStA.: gleichl. [2.—3.]

Betrug. - Unterdrückung. - Verschweigen.

In der Unterlassung einer durch Amtspflicht gebotenen Mittheilung ist das „Unterdrücken" der betreffenden Thatsache zu finden.

StGB. § 263 [n. 52].

Erk. (Z. I.) v. 8. Mai 1878 c. Ditm. (338 I. Cr.).

Für die Schulgemeinde W. verhandelten zwei Mitglieder des Schulvorstandes mit D. über den Ankauf eines Grundstücks zum Bau eines neuen Schulhauses. Sie stellten ihm vor, daß sie auch etwas — jeder 100 Mk. — bei der Sache verdienen müßten, und erzielten die Zusage, daß er sich mit 8600 Mk. Kaufgeld begnügen wolle und es ihnen überlasse, sich in den zu erzielenden Ueberschuß zu theilen. Sie verschwiegen dieses Abkommen dem Schulkollegium, welches nun zu 8800 Mk. kaufte, die D. empfing und jedem der beiden gedachten Mitglieder 100 Mk. davon abgab. Deshalb wegen Betrugs bestraft rügte ihre NB. daß in dem Verschweigen des Umstandes, daß D. für die billigere Summe zu verkaufen bereit war, ein Unterdrücken wahrer Thatsachen gefunden sei. Die NB. wurde zurückgewiesen.

Daß in einem derartigen Verschweigen, welches wie die Vorderrichter zutreffend ausführen, der Pflicht der genannten beiden Angeklagten in ihrer Eigenschaft als Mitglieder des Schulkollegiums das Interesse der Schulgemeinde namentlich auch in ökonomischer Beziehung zu vertreten und zu fördern zuwiderlief, ein Unterdrücken einer wahren Thatsache im Sinne des § 263 des StGB.'s gefunden werden konnte, ist vom Ob.-Tr. in zahlreichen Entscheidungen ausgeführt worden.

Antr. d. GStA.: gleichl. [9.—2.]

Grober Unfug. - Verletzung der öffentlichen Ordnung.

Grober Unfug besteht nicht nothwendig in Störung der öffentlichen Ruhe. Es genügt eine Verletzung der öffentlichen Ordnung und eine solche kann auch in anderer Weise insbesondere durch ein gegen Sitte und Anstand verstoßendes Verfahren erfolgen.

StGB. § 360 Nr. 11.

Erk. (B. II.) v. 9. Mai 1878 c. Beck (434 II. Cr.).

B. hatte als Redakteur des S. Anzeigers einen Artikel unter der Ueberschrift: „Die steigende Gespensterfurcht vor den Ultramontanen" aufgenommen, in welchem mit Bezug auf den letzten deutsch-französischen Krieg von den den Franzosen „geraubten" Provinzen und Milliarden gesprochen, die soldatische Treue der Katholiken Deutschlands im Falle eines zweiten Krieges mit Frankreich in Zweifel gezogen und das deutsche Vaterland spöttisch als das „deire" (soll heißen „theuere") bezeichnet wurde. Das Rh. PG. zu O. verurteilte wegen groben Unfugs, indem die angeführten Aeußerungen das Vaterlandsgefühl eines jeden Deutschen auf's Tiefste zu verletzen geeignet seien und ein schweres Aergerniß für jeden patriotischen Deutschen bildeten. B. appellirte und die ZPK. sprach frei, weil nichts dafür vorliege, daß durch den Artikel die Ruhe der Allgemeinheit gestört worden sei. Auf den Cass.-Rekurs des OPr. cassirte das Ob.-Tr. indem es den oben mitgetheilten Satz aussprach und verwies an eine andere ZPK., welche eventuell auch zu prüfen habe, ob in dem Artikel nicht ein Vergehen gegen § 131 des StGB.'s zu finden sei.

Antr. d. GStA.: Cassirung. [19.—4.]

Appellationsrichter. - Abweichend Feststellung. - Zeitangabe.

Der App.-Richter kann, was den Zeitpunkt der That angeht, von der Feststellung des ersten Richters ohne Beweisaufnahme abweichen, sofern diese Ab-

weichung keine rechtlichen Folgen z. B. für die Verjährung nach sich zieht, auch die Identität der That nicht dadurch beseitigt wird.

Ges. v. 3. Mai 1852 Art. 101.

Erk. (Z. II.) v. 9. Mai 1878 c. Nolte (491 II. Cr.).

Durch den Entscheidungsgrund des angefochtenen Erkenntnisses: „Aus vorstehenden Gründen war die thatsächliche Feststellung des ersten Richters ohne jede weitere Beweisaufnahme aufrecht zu erhalten, mit der einzigen jedoch völlig unwesentlichen Modification, daß die Zeit der That nicht auf den 29. Oktbr. v. J. zu beschränken, sondern überhaupt auf diesen Monat auszudehnen ist", erachtet die NB. die Vorschrift des Art. 101 des Ges.'s v. 3. Mai 1852 für verletzt, da das App.-Gericht ohne neue Beweisaufnahme von der thatsächlichen Feststellung des ersten Richters abgewichen sei. Die Beschwerde ist nicht begründet. Der Art. 31 des Ges.'s v. 3. Mai 1852 schreibt vor, daß das Urteil diejenigen Thatsachen festzustellen habe, welche zu den wesentlichen Merkmalen der den Gegenstand der Entscheidung bildenden strafbaren Handlung gehören, und Art. 101 bestimmt, daß das App.-Gericht diese Thatsachen, sofern nicht eine neue Beweisaufnahme stattgefunden, seiner Entscheidung zu Grunde zu legen habe. Anderweite von dem Erstinstanzgericht für erwiesen angenommene Thatumstände aber kann der App.-Richter ohne eigne Beweisaufnahme berichtigen, sofern dieselben für die Begriffsbestimmung von keiner Erheblichkeit sind. Zu der letztern ist der Regel nach die Feststellung des Zeitpunkts in dem die inkriminirte That geschehen, zu rechnen. Allerdings kann in dieser Beziehung eine von der erstrichterlichen Feststellung abweichende Feststellung insofern Bedeutung erlangen, als die Feststellung des Zeitpunktes der That in Ansehung bestimmter rechtlicher Folgen z. B. der Verjährung von Erheblichkeit wird, oder auch insofern, als selbst die Identität der inkriminirten That sich dadurch beseitigt. Daß indeß nach diesen Seiten hin die von dem App.-Gericht vorgenommene Berichtigung irgend welche Bedeutung habe, ist aus den instanzgerichtlichen Urteilen weder an sich ersichtlich, noch von dem Imploranten selbst geltend gemacht.

Antr. d. GStA.: gleichl. [9.—4.]

Stempel. - Gutsüberlassung an einen Descendenten. - Abfindung der übrigen. - Privatvertrag.

Ein Gutsüberlassungsvertrag zwischen Ascendenten und einem Descendenten, mittelst dessen unter Anticipation der künftigen Erbfolge die Theilnahmerechte der sämmtlichen Descendenten der Ueberlasser an deren dereinstigem Nachlasse festgesetzt und letztere aus dem Ueberlassungspreise wegen ihrer Erbtheile befriedigt werden, bedarf nach dem ALR. nicht der gerichtlichen Abschließung und ist ohne solche wie gültig und klagbar, auch stempelpflichtig.

ALR. Th. II Tit. 2 § 484 und Th. I Tit. 12 §§ 621 u. 656.

Erk. (V. II.) v. 9. Mai 1878 c. Schramm & Gen. (218 II. Cr.).

Nach dem zwischen den Mitangeklagten, Mühlenbesitzer Sch.'schen Eheleuten einerseits und dem Mitangeklagten Mühlenmeister Gustav Sch. andererseits abgeschlossenen Vertrage v. 6. Mai 1876 ist dem Mitangeklagten Gustav Sch. von seinen Eltern ihr auf der Feldmark B. belegenes Mühlengrundstück, Schramms-Mühle, für den Preis von 24,000 Mk. überlassen. Der Erwerber hat auf den Ueberlassungspreis die auf dem Grundstücke mit 6000 Mk. eingetragenen Schulden übernommen und sich zu § 3 ad 4 des Vertrages verpflichtet, fernere 6000 Mk. zur Abtragung von Privatschulden an die Ueberlasser zu zahlen. Der Rest des Ueberlassungspreises von 12,000 Mk. ist unter die Kinder der in Gütergemeinschaft lebenden Ueberlasser in der Art vertheilt, daß dem Erwerber 3000 Mk. als sein dereinstiges, in dieser Höhe festgesetztes elterliches Erbtheil als Zahlung angerechnet ist, während er sich verpflichtet hat, seinen drei Geschwistern je 3000 Mk., also 9000 Mk. in Anrechnung deren dereinstiger elterlichen Erbtheile zu zahlen. § 7 des Vertrages lautet sodann wörtlich: „Wie oben erwähnt, ist der Mühlenmeister Gustav Sch. durch diese Grundstücksüberlassung wegen seines zukünftigen elterlichen Erbtheils überhaupt abgefunden und erklärt sich dieserhalb mit Rücksicht auf den festgesetzten billigen Ueberlassungspreis vollständig befriedigt". Die Stempelpflichtigkeit des Vertrages qu. ist um deshalb behauptet und die Angeklagten sind in erster Instanz wegen Stempelsteuer-Defraudation, Jeder von ihnen mit einer Geldstrafe von 240 Mk. belegt, weil nach § 1 des Ges.'s v. 22. Juli 1861 bei lästigen Verträgen, durch welche Immobilien von Ascendenten auf Descendenten übertragen werden, für die Festsetzung des stempelpflichtigen Erwerbspreises zwar u. a. die von dem Erwerber übernommenen Schulden des Uebertragenden nicht in Anrechnung kommen, diese Vorschrift aber auf die in § 3 ad 4 getroffene Vertragsbestimmung keine Anwendung finden könne, da letztere eine Uebernahme bestimmter Schulden des Uebertragenden Seitens des Erwerbers, wie sie das Gesetz voraussetzt, nicht enthalte. Der App.-Richter hat die Stempelpflichtigkeit des Vertrages für ausgeschlossen erachtet und die Angeklagten freigesprochen, weil der Vertrag bei nicht erfolgter Beobachtung der in § 484 Th. II Tit. 2 des ALR.'s vorgeschriebenen Form des Abschlusses vor dem ordentlichen Richter der Kontrahenten der Gültigkeit und Klagbarkeit entbehre. Die gegen diese Entscheidung von dem Königl. Ob.-StA. zu C. wegen unrichtiger Anwendung des Gesetzes erhobene NB. ist begründet, weil die aus den Gründen des angefochtenen Erkenntnisses ersichtliche Auffassung des App.-Richters, daß der Vertrag in Rede nach seinem wie vorgedacht von den Vorderrichtern festgestellten Inhalte unter den Begriff eines Erbverzichtvertrages im Sinne des § 484 a. a. O. falle, mittels dessen „ein Kind von dem Nachlasse der Eltern ganz ausgeschlossen oder im Pflichttheile verkürzt werden soll" rechtsirrthümlich erscheint. Nach dem festgestellten Inhalte des Vertrages liegt ein Gutsüberlassungsvertrag zwischen Ascendenten und einem Descendenten vor, mittelst dessen unter Anticipation der künftigen Erbfolge die Theilnahmerechte der sämmtlichen Descendenten der Ueberlasser an deren dereinstigem Nachlasse festgesetzt und letztere aus dem Ueberlassungspreise wegen ihrer Erbtheile befriedigt werden. Mit dieser Natur des fraglichen Vertrages ist die Auffassung des angefochtenen Erkenntnisses in Betreff der mangelnden Gültigkeit und Klagbarkeit desselben rechtlich nicht vereinbar. Denn einmal ist der Erwerber von dem Nachlasse seiner Eltern überhaupt nicht, am wenigsten aber ganz ausgeschlossen worden, da ihm im Vertrage ein bestimmter Theil des Ueberlassungspreises als Zahlung angerechnet ist, welcher sein Erbtheil aus dem dereinstigen Nachlasse der Eltern repräsentirt und als solches im Vertrage ausdrücklich bezeichnet ist, eine Bestimmung, welche den gesetzlichen Grundsätzen über die Ausstattung und Abfindung der Kinder wegen ihrer Ansprüche auf den künftigen Nachlaß der Eltern bei Lebzeiten der letzteren vollkommen entspricht; vgl. §§ 303, 336, 368, 393 Th. II Tit. 2 des ALR.'s. Ebensowenig gewährt sodann der von dem App.-Richter festgestellte Vertragsinhalt für die Annahme irgend welchen Anhalt, daß der Erwerber, welcher sich mit Rücksicht auf das für ihn festgesetzte Erbtheil und den billigen Ueberlassungspreis wegen seines künftigen elterlichen Erbtheils befriedigt erklärt hat, dabei im Pflichttheile verkürzt sei. Endlich kann in der nach § 7 des Vertrages von dem Erwerber abgegebenen Erklärung eine Verzichtleistung, und sonach die Erklärung, von einem Rechtsanspruche keinen Gebrauch machen zu wollen, nicht gefunden werden, weil der in Rede kommende Rechtsanspruch in dem Vertrage qu. zur Geltung gelangt und berücksichtigt ist und der Erwerber nur erklärt hat, daß seine Befriedigung in Betreff desselben erfolgt sei. Bei dieser Sachlage läßt sich der Annahme des Appell.-Richters, daß der Erwerber nach der von ihm in § 7 des Vertrages abgegebenen Erklärung von dem Nachlasse seiner

Eltern ganz habe ausgeschlossen werden sollen, der Sinn einer lediglich thatsächlichen auf Auslegung des fraglichen Vertrages beruhenden Feststellung keinenfalls unterlegen. Vielmehr liegt derselben ersichtlich der Rechtsirrthum zu Grunde, daß unter dem Nachlasse der Eltern im Sinne des § 484 a. a. O. derjenige Vermögensinbegriff verstanden werden müsse, welcher nach dem Tode eines Erblassers vorhanden ist und daß also ein Kind auch in dem Falle im gesetzlichen Sinne von dem Nachlasse der Eltern ausgeschlossen erscheine, wenn es unter Anerkennung und Berücksichtigung seines Erbanspruchs wegen desselben schon zu Lebzeiten der Eltern aus dem Vermögen derselben befriedigt ist. Dieser Auffassung steht vor Allem entgegen, daß nach dem Wortlaute des § 484 a. a. O. „Verträge, wodurch ein Kind von dem Nachlasse der Eltern ganz ausgeschlossen oder im Pflichttheil verkürzt werden soll" die Absicht der Kontrahenten, insbesondere also der Eltern vorausgesetzt ist, das Kind von dem Nachlasse, d. h. von allen Ansprüchen ganz auszuschließen, welche demselben aus seinem Notherbenrechte zustehen, oder im Pflichttheil zu verkürzen, eine Absicht, welche nur nach dem gegenwärtigen Vermögen der Eltern zur Zeit des Vertragsschlusses, bezw. nach dem voraussichtlichen Umfange des dereinstigen Nachlasses geprüft werden kann und mithin zweifellos nicht vorliegt, wenn die Absicht der Eltern, bei ihren Lebzeiten dem Kinde schon unter Berücksichtigung des Erbrechts desselben ein entsprechendes Erbtheil zu gewähren, aus dem Vertrage hervorgeht und in demselben verwirklicht wird. Es steht jener Auffassung ferner der gewählte Ausdruck „von dem Nachlasse der Eltern ganz ausgeschlossen" und die Erwähnung der beabsichtigten Verkürzung des Pflichttheils entgegen, Ersteres, weil damit ausgedrückt ist, daß das Gesetz Fälle im Auge hat, in welchen die Berücksichtigung der Erbansprüche des Kindes ganz, also überhaupt ausgeschlossen ist, Letzteres, weil eine Verkürzung des Pflichttheils nach den Gesetzen dann nicht vorliegt, wenn dem erbberechtigten

Kinde eine den Pflichttheil erreichende oder übersteigende Abfindung schon bei Lebzeit der Eltern gewährt ist. Da der Ueberlassungsvertrag vom 6. Mai 1876 sonach einen Erbverzicht im Sinne des § 484 Th. II Tit. 2 des ALR.'s nicht enthält und ebensowenig einen Erbvertrag im Sinne der §§ 10, 617 ff., 621 ff. Th. I Tit. 12 des ALR.'s darstellt, so bedurfte es der gerichtlichen Abschließung nicht und ein Mangel der letzteren steht der Gültigkeit und Klagbarkeit, mithin auch der Stempelpflichtigkeit desselben nicht, — wie dies der App.-Richter rechtsirrthümlich angenommen hat, — entgegen. Hiernach erschien die Vernichtung des Appellationserkenntnisses geboten. In der Sache war schon deshalb noch nicht zu erkennen, weil eine thatsächliche Feststellung in Betreff der den Angeklagten von dem ersten Richter zur Last gelegten Stempelsteuer-Defraudation nicht vorliegt. Es konnte daher auch einer Prüfung der von den Angeklagten anderweitig gegen die Stempelpflichtigkeit des Vertrages erhobenen Einwendungen zur Zeit nicht bedürfen.

Antr. d. OStA.: gleichl. [10.—4.]

Versicherung auf den geleisteten Eid. - Protokoll. - Irrthum.

Die in der mündlichen Hauptverhandlung von einem Zeugen abgegebene Erklärung, daß er die Richtigkeit seiner Aussage auf den von ihm in der Voruntersuchung geleisteten Eid nähme, kann nicht mit der Behauptung angefochten werden, daß der Vermerk über die erfolgte Vereidigung in dem gerichtlichen Protokolle auf Irrthum beruhe und der Zeuge in Wirklichkeit in der Voruntersuchung nicht vereidigt worden sei.

Vdn. v. 3. Jan. 1849 § 55.

Erk. (Z. I.) v. 10. Mai 1878 c. Cohn (574 I. Cr.).

Der Angeklagte behauptet in der NB. Verletzung einer wesentlichen Vorschrift des Verfahrens, weil der als Zeuge vernommene Kaufmann M. nicht vereidet worden sei. M.

ist, nachdem bereits die vorläufige Versetzung in den Anklagestand bezüglich des Angekl. C. beschlossen worden war, vor der Beschlußnahme über die definitive Versetzung in den Anklagestand in Folge Beschlusses des Kgl. Kammergerichts als Zeuge vernommen worden. Das vom Richter und Protokollführer unterzeichnete Protokoll enthält vor der Unterschrift des M. den Vermerk daß der Zeuge seine Aussage beschworen habe. In der schwurgerichtlichen Verhandlung ist M. wiederum als Zeuge vernommen worden und es ist in dem Protokolle vermerkt, daß er die Richtigkeit seiner Aussage auf den von ihm in dieser Sache bereits geleisteten Eid versichert habe. Implorant behauptet nun, daß M. bei seiner Vernehmung in der Voruntersuchung nicht vereidet und die von ihm abgegebene Erklärung in der mündlichen Verhandlung nur durch die irrige Annahme, daß er noch vereidet werden würde, veranlaßt worden sei. M. werde bekunden, daß er bei seiner Vernehmung in der Voruntersuchung nicht vereidet worden sei, wie er dies auch in einer, der NB. beigelegten eidesstattlichen Erklärung bereits anerkannt habe. Die NB. ist indessen nicht begründet. Gegen eine unmotivirte Unterlassung der Vereidung eines Zeugen in der Voruntersuchung könnte der Angriff nicht unmittelbar gerichtet werden, da nicht gegen die Voruntersuchung, sondern gegen das Hauptverfahren das Rechtsmittel der NB. gegeben ist. Der Implorant hat dies aber auch nicht verkannt, vielmehr den Angriff darauf gestützt, daß in dem Hauptverfahren die Verweisung des Zeugen M. auf den in der Voruntersuchung geleisteten Eid nicht habe erfolgen dürfen, weil die Voraussetzung, daß der Zeuge in der Voruntersuchung vereidet worden sei, nicht zutreffe. Wird von diesem Gesichtspunkte aus der Angriff geprüft, so kann nicht anerkannt werden, daß dem Schwurgerichtshof die Verletzung einer Vorschrift des Verfahrens zur Last falle; vielmehr ist das Verfahren desselben ein durchaus gesetzmäßiges. Der § 55 der Verordn. vom 3. Januar 1849 bestimmt, daß die schon in der Vorunter-

eidlich vernommenen Zeugen bei ihrer nochmaligen Abhörung nicht auf's Neue vereidet, sondern auf den geleisteten Eid verwiesen werden sollen. Der Voruntersuchung steht ein von dem Anklage-Senat beschlossenes Beweisverfahren gleich, da dasselbe stets die Bedeutung einer Ergänzung der Voruntersuchung hat. Bei Prüfung der Anwendbarkeit des § 55 a. a. O., insbesondere der Voraussetzung desselben: daß der Zeuge schon in der Voruntersuchung eidlich vernommen sei, muß nothwendig das Potokoll über die Vernehmung, als die öffentliche Urkunde, durch welche die eidliche oder nicht eidliche Vernehmung konstatirt wird, maßgebend sein. Ist durch das Protokoll die Vereidung des Zeugen nicht konstatirt, so bleibt die Anwendung des § 55 ausgeschlossen, selbst wenn auf anderem Wege die wirklich erfolgte Vereidung des Zeugen ermittelt werden sollte. (Vgl. Erkenntniß des Ob.-Tr.'s v. 21. April 1864 RdOTr. 4. S. 468.) Umgekehrt ist der in dem Vernehmungsprotokoll enthalteue Vermerk über die erfolgte Vereidung für die mündliche Verhandlung maßgebend, dergestalt, daß, wenn derselbe vorliegt, die Verweisung auf den früher geleisteten Eid nach § 55 a. a. O. Platz greift. Es kann unerörtert bleiben, ob in dem Falle, daß Bedenken gegen die Richtigkeit des protokollarischen Vermerks von dem Zeugen selbst oder von anderer Seite angeregt werden, eine Beweiserhebung über die Richtigkeit des Protokolls zulässig oder geboten sei (vgl. Erkenntniß des Ob.-Tr.'s v. 25. Novbr. 1864 RdOTr. 5. S. 296); denn im vorliegenden Falle ist die Richtigkeit des Vermerks in der mündlichen Verhandlung gar nicht in Frage gestellt worden, der Schwurgerichtshof und dessen Vorsitzender mußten von der Voraussetzung ausgehen, daß der Zeuge M. bereits den Zeugeneid geleistet habe, und die Anwendung des § 55 ist daher nach der Sachlage, wie sie in der mündlichen Verhandlung gegeben war, unzweifelhaft gerechtfertigt. Der Zeuge M. hat die Frage des Vorsitzenden, ob er die Richtigkeit seiner Aussage auf den früher geleisteten Eid versichere, bejaht und damit die erfolgte Vereidung anerkannt. Der Angeklagte selbst behauptet nicht, in dieser Beziehung einen Zweifel angeregt zu haben, und die erst in der NB. aufgestellte Behauptung, daß M. die Frage unrichtig aufgefaßt habe, kann keine Berücksichtigung finden. Selbst wenn daher die Behauptung, daß M. bei seiner ersten Vernehmung nicht vereidet worden sei, richtig wäre, könnte dem Schwurgerichtshofe eine Verletzung des § 55 a. a. O. nicht mit Grund zur Last gelegt werden.

Antr. d. GStA.: gleichl. [12.—3.]

Lotterie. - Prämie. - Garantieschein.

Die beim Verkauf von Waaren mit der Waare an die Käufer bewirkte Zustellung von Garantiescheinen, wonach dem Empfänger als Prämie ein aliquoter Betrag eines anderswo zur Ziehung gelangenden Looses vom Verkäufer versprochen wird, bildet den Thatbestand einer ohne obrigkeitliche Erlaubniß unstatthaften Lotterie.

StGB. § 286 [n. 1].

Erk. (Z. l.) v. 10. Mai 1878 c. Döring (433 I. Cr.).

Der App.-Richter hat thatsächlich festgestellt, daß Angeklagter, um sich den Absatz seiner Verlagsartikel zu erleichtern, jedem Abnehmer eines Lesewerkes gegen Zahlung von 5 Mk. einen sog. Garantieschein, welcher demselben als Prämie den 400. Theil des Gewinnes aller vier Klassen der im Eingange des Scheins namentlich bezeichneten 5 Viertel-Loose der Königl. Preuß. Klassen-Lotterie zusicherte, mit verkauft hat, und daß die Aushändigung des Garantiescheins nicht den Zweck und die Wirkung hatte, auf den Abnehmer des Lesewerkes einen aliquoten Antheil an jenen 5 Viertel-Loosen als Miteigenthum zu übertragen, sondern daß letzterem nur ein Forderungsrecht auf den Betrag eines 400. Theils der auf die gedachten Viertel-Loose etwa fallenden, lediglich von dem Zufalle der Ausloosung abhängigen, Gewinne gewährt werden sollte. Wenn in der, ohne obrigkeitliche Erlaubniß vorgenommenen Ausstellung, Feilbietung und Vertreibung der beschriebenen, für Jedermann käuflichen Garantiescheine, der Thatbestand einer unbefugten Veranstaltung öffentlicher Lotterieen gefunden worden ist, so kann eine rechtsirrthümliche Auslegung und Anwendung des § 286 des StGB.'s, und insbesondere eine rechtsirrthümliche Auffassung des in den Entscheidungsgründen des App.-Urteils richtig definirten Begriffes der „Lotterie" mit Grund nicht behauptet werden.

Antr. d. GStA.: gleichl. [15.—3.]

Diebstahl. - Einheit der Handlung. - Realkonkurrenz. - Erschwerender Umstand.

1. Der Umstand, daß der Thäter bei seinem Verhalten nur eine Absicht (Zweck) zu verwirklichen sucht, schließt das Vorhandensein einer realen Konkurrenz nicht mit Nothwendigkeit aus.

StGB. § 74.

2. Bei Annahme einer einheitlichen Handlung ist es unstatthaft, einzelne Thatsachen, namentlich solche, welche Thatbestandsmerkmale einer strafbaren Handlung in sich schließen, außer Betracht zu lassen und sie als Vorbereitungshandlungen zu einer anderen That zu bezeichnen.

Erk. (B. I.) v. 10. Mai 1878 c. Stumm & Gen. (398 I. Cr.).

Die Angeklagten hatten beabsichtigt eine Geldsumme zu stehlen, die der Bestohlene in einem verschlossenen Schrank aufzubewahren pflegte. Sie erbrachen den Schrank, fanden aber das Geld dort nicht, weil es der Eigenthümer vorher in eine im Zimmer stehende offene Tonne versteckt hatte. Dort haben dann die Angeklagten das Geld gefunden und sich zugeeignet. Der erste Richter bestrafte wegen einfachen Diebstahles, während die StA.-schaft in der Appell.-Instanz geltend machte, daß ein (versuchter) schwerer und ein einfacher Diebstahl in idealer Konkurrenz vorliege. Der App.-Richter bestätigte, weil das Vorhandensein der Idealkonkurrenz nach § 73 des StGB.'s voraussetze, daß ein und dieselbe Handlung gleichzeitig den Thatbestand mehrerer verschiedenartiger strafbarer Handlungen enthalte. So wenig nun aber ein und dieselbe Handlung zugleich ein einfacher und ein schwerer Diebstahl sein könne, da der schwere Diebstahl, welcher durch den Hinzutritt einer der Qualificationen des § 243 des StGB.'s zu der That des

Diebes entsteht, begrifflich den einfachen Diebstahl, wie dieser jenen ausschlösse, so wenig ließe sich ein und dieselbe Handlung gleichzeitig als ein vollendeter einfacher und ein versuchter schwerer Diebstahl denken. Auch wenn in dem Erbrechen des Schrankes ein versuchter schwerer Diebstahl zu finden wäre, würde nur Realkonkurrenz anzunehmen sein. Dieser Annahme widerspräche aber wiederum die Erwägung, daß die gesammte Thätigkeit der Angeklagten nur auf Verwirklichung der Einen Absicht sich in den Besitz der bestimmten Geldsumme zu setzen gerichtet gewesen sei. Wo aber nur eine Absicht der Thäter vorhanden sei, da erscheine das der Verwirklichung dieser Absicht entsprechende Verhalten des Thäters, möge sich seine Thätigkeit auch aus mehreren einzelnen Akten zusammensetzen, immer nur als Eine Handlung. Das Erbrechen des Schrankes sei nur eine vorbereitende Handlung, welche bedeutungslos, weil das gesuchte Objekt sich nicht in dem Schranke befunden habe. Auf die NB. des OStA.'s ist das Erkenntniß vernichtet. Der OStA. ging davon aus, daß bei der festgestellten Einheit der Handlung, das gleichzeitig festgestellte Erbrechen nicht außer Betracht gelassen und als erschwerender Umstand in Erwägung gezogen werden müsse, gleichviel ob aus dem erbrochenen Schrank oder aus der offenen Tonne die Wegnahme des Geldes erfolgt sei, weil nicht die einzelnen Wegnahmen besondere Diebstähle, sondern die ganze Thätigkeit nur Einen Diebstahl darstelle. Gründe:

Der Ausspruch des App.-Richters daß, wo nur Eine Absicht des Thäters vorhanden, das der Verwirklichung dieser Absicht entsprechende Verhalten des Thäters im Sinne der gesetzlichen Bestimmungen über die Konkurrenz strafbarer Handlungen, immer nur als Eine Handlung erscheine, ist in dieser Allgemeinheit als richtig nicht anzuerkennen und daher nicht geeignet, das von der Kgl. StA.-schaft in den Instanzen geltend gemachte Vorhandensein mehrerer selbständiger Handlungen im Sinne des § 74 des StGB.'s auszuschließen. Nahm andererseits der App.-Richter auf den konkreten Fall eingehend, Einheitlichkeit des Handelns der Angekl. St. und H. an, so war derselbe nicht berechtigt, aus dem gesammten Thun der Angeklagten einzelne Thatsachen — wie dies in Ansehung des Erbrechens des Schrankes geschehen — auszuscheiden und außer Betracht zu stellen und dies um so weniger, wenn dieselben für sich schon Thatbestandsmerkmale einer strafbaren Handlung in sich schließen. Die Beurteilung, daß in dem Erbrechen des Schrankes nur eine straflose Vorbereitungshandlung zu finden sei, erweist sich deshalb als eine rechtsirrthümliche.

Antr. d. OStA.: Vernichtung. [20.—3.]

Bankerutt, einfacher. - Unterlassene Bilanzziehung. - Handelsleute von geringem Gewerbebetrieb.

1. Handelsleute von geringem Gewerbebetrieb im Sinne des Art. 10 des HGB.'s sind, wie von der Verpflichtung: Buch zu führen, auch von der: Bilanz zu ziehen, entbunden und können sich sonach nicht aus § 283 Nr. 3 des StGB.'s strafbar machen.

2. Ob ein Angeklagter Handelsmann von geringem Gewerbebetrieb oder Vollkaufmann ist, hat der Strafrichter unabhängig von der Entscheidung des Civilrichters festzustellen.

StGB. § 283 Nr. 3 [n. 10 und § 281 n. 50 u. 55]; HGB. Art. 10.

Erk. (B. II.) v. 16. Mai 1878 c. Engelmann (477 II. Cr.).

Die auf die Behauptung der Verletzung von Gesetzen und unzulässiger Beschränkung der Vertheidigung gestützte NB. erscheint begründet. Der Angeklagte hatte gegenüber der thatsächlichen Feststellung des ersten Richters, wonach er im Inlande seit Juni 1875 als Kaufmann, welcher im Jahre 1877 seine Zahlungen eingestellt hat, die Bilanz seines Vermögens in der gesetzlich vorgeschriebenen Zeit zu ziehen unterlassen hat, sich in zweiter Instanz auf den Art. 10 des Allg. D. HGB.'s berufen und Beweis durch Sachverständige darüber angetreten: daß sein Gewerbebetrieb, abgesehen von der Schankwirthschaft, nur als so gering anzusehen sei, daß er nur als Trödler zu betrachten und daß er bei diesem geringen Umfange stets im Stande gewesen sei, eine genaue Uebersicht seines Geschäfts zu gewinnen, ohne Bilanz zu ziehen. Die Gründe, aus welchen der Appell.-Richter in eine nähere selbständige Prüfung des Umfanges des fraglichen Gewerbebetriebs mit Rücksicht auf den cit.

Art. 10 nicht eingetreten ist, den erwähnten Beweisantrag abgelehnt und unter Beibehaltung der erstrichterlichen Schlußfeststellung das erste Erkenntniß bestätigt hat, sind sämmtlich rechtsirrthümlich. Der Appell.-Richter glaubt 1. der Angeklagte könne sich auf den Art. 10 cit. schon deshalb nicht berufen, weil dieser Artikel bezüglich der dort angeführten Handelstreibenden nur die Vorschriften über die Handelsbücher, nicht auch diejenigen über die Bilanz für nicht anwendbar erkläre, die in dem Art. 10 bezeichnete Kategorie geringer Handelsleute mithin der im Art. 29 des HGB.'s ausgesprochenen Verpflichtung zur Aufstellung einer Vermögensbilanz ebenfalls unterläge. Allein, wie das Ob.-Tr. mehrfach ausgesprochen hat, gehört die nach Art. 29 von jedem Kaufmann alljährlich anzufertigende Bilanz zu den regelmäßigen Bestandtheilen jeder kaufmännischen Buchführung. Deshalb sind diejenigen Handelsleute von geringem Gewerbebetrieb, auf welche nach Art. 10 des HGB.'s die Bestimmungen des HGB.'s über die Firmen, die Handelsbücher und die Procura keine Anwendung finden, auch von der im Art. 29 vorgeschriebenen Errichtung eines Inventars und jährlichen Anfertigung der Bilanz entbunden. Der Art. 10 hat die Bestimmungen über die Handelsbücher im weiteren Sinne im Auge, von welcher der ganze „von den Handelsbüchern" überschriebene 4. Titel im 1. Buche des HGB.'s handelt und hierzn gehören auch das Inventar und die Bilanz, welche in demselben Titel abgehandelt werden. Hiernach erweist sich auch 2. die weitere Ausführung des App.-Richters, daß § 283 des StGB.'s ebenfalls zwischen eigentlichen Kaufleuten und den im Art. 10 des HGB.'s aufgeführten geringen Handelsleuten keinen Unterschied mache, als rechtlich verfehlt. Die Strafbestimmung des § 283 setzt selbstverständlich, wie dies auch in der Nr. 2 desselben ausdrücklich gesagt ist, die gesetzliche Verpflichtung zur Führung von Handelsbüchern voraus; die im Art. 10 des HGB.'s aufgeführten Personen können sich daher Mangels einer solchen Verpflichtung des Vergehens gegen § 283 Nr. 2 und 3 gar nicht schuldig machen. Folgeweise kann endlich 3. die Ausführung des Appell.-Richters für zutreffend nicht erachtet werden: daß die Feststellung des Vorderrichters, daß der Angeklagte als Kaufmann im Sinne des § 283 des StGB.'s zu betrachten sei, überdem durch den von dem Angeklagten angetretenen Beweis nicht erschüttert werden würde, gegenüber der unstreitigen Thatsache, daß Angeklagter gerichtsseitig zur Anmeldung seiner Firma angehalten und der kaufmännische Konkurs über sein Vermögen eingeleitet sei. Zunächst hat der Strafrichter die Merkmale des § 283 selbständig festzustellen, ohne daß für ihn die Auffassung der Verhältnisse eines Angeklagten Seitens des Handels- bezw. Civilrichters von rechtlich ausschlaggebender Bedeutung wäre. Es ist dabei auch nicht zulässig, die betreffende Erwägung des Appell.-Richters mit der StA.-schaft dahin auszulegen, daß derselbe unter stillschweigender Adoptirung des von dem ersten Richter festgestellten Moments, wonach im Geschäft des Angeklagten jährlich ungefähr 30,000 Mk. umgeschlagen werden, welches zur Feststellung der Eigenschaft eines Vollkaufmanns völlig ausreichend sei, auf die Eintragung in das Firmenregister und die Eröffnung nur als auf weitere Beweismomente für das Vorhandensein dieser Eigenschaft hingewiesen habe. Denn einmal hat der erste Richter eine Feststellung in der Richtung: ob der Angeklagte unter den Art. 10 des HGB.'s falle oder nicht, gar nicht getroffen, vielmehr nur in den Gründen referirt, daß in dem Geschäfte ungefähr 30,000 Mk. jährlich umgeschlagen seien, er hatte zu solcher Feststellung auch keine Veranlassung, da sich, soviel aus den Gründen ersichtlich, der Angeklagte in erster Instanz auf den Art. 10 nicht berufen hatte. Dann aber und hauptsächlich ist der Appell.-Richter in dem Satze: die Feststellung des Vorderrichters, daß der Angeklagte als Kaufmann im Sinne des § 283 zu betrachten sei, würde durch den von dem Angeklagten angetretenen Beweis nicht erschüttert werden, augenscheinlich bezüglich der die Eigenschaft eines Kaufmanns im Sinne des § 283 begründenden Voraussetzungen ebenfalls von der zu 2. erörterten rechtsirrthümlichen Annahme ausgegangen bezw. hat dieselbe dem ersten Richter unterlegt, daß der § 283 zwischen Vollkaufleuten und im Art. 10 des HGB.'s aufgeführten geringen Handelsleuten nicht unterscheide. Die von dem App.-Richter angeführten Gründe reichen daher nicht aus, die Ablehnung des Beweisantrags des Angeklagten zu rechtfertigen.

Antr. d. GStA.: gleichl. [8.—4.]

Beamtenbeleidigung. - Rheinischer Friedensrichter. - Strafantrag des Oberprokurators.

Der Oberprokurator ist jedenfalls rücksichtlich der eigentlich richterlichen Thätigkeit des Friedensrichters nicht Vorgesetzter desselben und wegen Beleidigungen, die dem Friedensrichter in Beziehung auf diese zugefügt werden, nicht zum Strafantrag berechtigt.

StGB. § 192.

Erk. (Z. II.) v. 16. Mai 1878 c. Hansen & Gen. (457 II. Cr.).

Der Friedensrichter zu Z. hatte als Polizeirichter den Beschuldigten H. wegen unpassenden Benehmens aus dem Sitzungssaal abführen lassen. H. ließ in den zu Z. erscheinenden „Reichsfreund" einen Artikel einrücken, welcher diesen Vorfall in einer unwahren, den FR. beleidigenden, Weise mittheilte.

Das dieserhalb gegen H. und den Redakteur T. auf Strafantrag des Ob.-Pr. eingeleitete Strafverfahren stellten die Instanzgerichte durch Urteil ein, weil gemäß §§ 1 und 3 des Disziplinarges.'s v. 7. Mai 1851 nur der LGPräsident und nicht auch der OPr. Vorgesetzter des FR. im Sinne des § 196 des StGB.'s sei.

Der OPr. ergriff Cass.-Rekurs und machte zunächst geltend, daß der FR. nach Art. 48 der StPO. zu den Hülfsbeamten der gerichtlichen Polizei gehöre und als solcher laut Artt. 51, 52 und 289 der StPO. und § 20 der Instruktion vom 19. Novbr. 1818 (Lottner 1. S. 523) zweifellos der Aufsicht des OPr. unterworfen sei. Hierauf beschränke sich indessen die Aufsicht des Letzteren nicht, sondern die ihm über die FR. seines Bezirks zustehende Aufsicht sei ebenso wie die des

LGPräsidenten eine allgemeine über den ganzen Geschäftsbetrieb des FR. mit einziger Ausnahme desjenigen, was derselbe als Richter entscheide, über welches Letztere aber auch weder dem LGPräsidenten, noch selbst dem Justiz-Minister — AKO. vom 6. Septbr. 1815 — eine Verfügung zustehe. Diese Auffassung finde ihre Begründung in einer ganzen Reihe von Gesetzen, Verordnungen und Rescripten, namentlich:

1) den Urlaubsbestimmungen: Art. 8—10 Ges. v. 28. Floréal X (Vorm. und Dan. 4. S. 283), JMV. v. 14. Januar 1835 (Lottner 5. S. 47), 10. Jan. 1839 (7. S. 71) und 20. März 1850 (10. S. 217);
2) den beiden bis zum Allerh. Erl. v. 31. Juli 1848 geltenden JMVerfg. v. 14. Mai 1824 (Lottner 2. S. 493 u. 496), wonach über die FR. neben dem LGPräsidenten auch der OPr. Konduitenlisten führen sollte;
3) der JMVerfg. v. 14. Juli 1874 § 14 c, (JMBl. S. 215), wonach der OPr. und zwar ohne Mitwirkung des LGPräsid. die für die FG. nothwendigen Utensilien bis zum Betrage von 50 Thlr. selbständig bewilligt;
4) den Bestimmungen über die verschiedenen seitens der FR. an den OPr. einzusendenden Anzeigen und Register: Beschl. v. 28. Brumaire VI (Vorm. und Dan. 3. S. 575), Vdn. der Imm. Justiz-Comm. v. 15. Juni 1817 (Lottner 1. S. 466), JMVerfg. v. 22. Novbr. 1824 (2. S. 534), 2. Januar und 21. April 1826 (3. S. 5 und 25), sowie bis zur Vormundsch.-Ordnung v. 5. Juli 1875 auch JMVerfg. v. 25. Septbr. und 6. Novbr. 1835, 16. Novbr. 1846 und 10. Juli 1848 (Philippi Vormundsch. S. 265 Nr. 6);
5) über die Revisionen bei den FG.: JMVerfg. v. 14. Mai 1824 (Lottner 2. S. 497) und 18. Febr. 1827 (3. S. 98);
6) über die dem FR. seitens des OPr. aufzutragenden Revisionen: a) bis zu der JMVerfg. v. 14. Mai 1824 (Lottner 2. S. 497) der Civilstandsbeamten Verfg. der Imm. Just.-Comm. vom 17. Mai 1817 (1. S. 460), b) der Notarien JMVerfg. v. 15. Aug. 1825 (2. S. 604), c) gemäß einer JMVerfg. v. 29. Juni 1858 der Gerichtsvollzieher.

Endlich habe aber die Frage grade nach der hier in Rede stehenden Richtung eine ausdrückliche Entscheidung gefunden durch die JMVerfg. v. 16. Mai 1840 und 21. April 1841 (Lottner 7. S. 171 und 284), wonach bei den zu der Zeit im fiskalischen Untersuchungsverfahren zu verfolgenden Dienstvergehen eines FR. und Beleidigungen desselben im Amte der OPr. diejenige Behörde war, welcher als der nächst vorgesetzten des FR. das Rechtsmittel der Aggravation und die Genehmigung des Strafverzichts bei Beleidigungen zustand. Wolle man sich diesen JMVerfügungen gegenüber darauf berufen, daß bei Erlaß derselben die von den Instanzgerichten angezogene Bestimmung des Disziplinargesetzes v. 7. Mai 1851 noch nicht galt, welche die Ertheilung einer Mahnung wegen geringer Dienstvergehen in Ansehung der FR. dem LGPräsidenten zuweist, so übersehe man ein Mal, daß auch nach den damals geltenden Disziplinargesetzen, speciell dem Art. 49 des Organisationsgesetzes v. 20. April 1810 (Vorm. und Dan. Bd. 5 S. 494), die Ertheilung eines avertissement an einen FR. durch den LGPräsidenten geschah und dann, daß auch in Betreff der als sogen. „ministerielle" Beamte unzweifelhaft dem OPr. unterstehenden Notarien gemäß Art. 50 der Not.-Ordn. v. 25. April 1822 die Befugniß, irgendwelche Disziplinarstrafen zu verhängen, nicht dem OPr. sondern nur dem Gericht zusteht.

Die GStA.-schaft schloß sich den Ausführungen des OPr. an. Das Ob.-Tr. verwarf. Gründe:

In Erw., daß es sich im vorliegenden Falle um eine Beleidigung handelt, welche den Friedensrichter in seiner Eigenschaft als Polizeirichter betroffen hat, indem in dem inkrimin. Inserate die nach der Annahme des I. Richters wahrheitswidrige Behauptung aufgestellt wird, der Friedensrichter habe den damaligen Beschuldigten H. deshalb aus dem Sitzungssaal abführen lassen, weil er der gegen ihn erhobenen Beschuldigung den in dem Inserate erwähnten, an sich sachgemäßen Einwand entgegengesetzt habe;

daß die fragliche Beleidigung sich sonach lediglich auf die eigentlich richterliche Thätigkeit des Friedensrichters bezog;

daß mit Rücksicht auf die Stellung, welche dem Friedensrichter in der rheinischen Justizorganisation unter dem Einflusse der Preuß. Gesetzgebung, insbesondere der Verfassungs-Urkunde und des Disziplinargesetzes v. 7. Mai 1851 gegeben ist, jedenfalls darüber kein Zweifel bestehen kann, daß der Ob.-Pr. rücksichtlich der eigentlich richterlichen Thätigkeit des Friedensrichters als dessen Vorgesetzter im Sinne des § 196 des StGB.'s nicht zu betrachten ist;

daß demselben insbesondere rücksichtlich der letztgedachten Thätigkeit keinerlei Befugniß zu direkter Verfügung oder direktem Einschreiten gegen den Friedensrichter zusteht, daß er vielmehr die bezüglich derselben wahrgenommenen, zur disziplinarischen Ahndung und Remedur überhaupt geeigneten Gesetz- und Ordnungswidrigkeiten mit seinen Anträgen zur Kenntniß der vom Gesetze mit disziplinarischen Befugnissen über die Friedensrichter ausgestatteten höheren richterlichen Beamten und Behörden zu bringen verpflichtet ist;

daß es unter solchen Umständen im vorliegenden Falle der Entscheidung nicht bedarf, ob der Ob.-Prok. als Vorgesetzter des Friedensrichters in dessen Eigenschaft als Hülfsbeamter der gerichtlichen Polizei, oder rücksichtlich anderer der speziellen Leitung des Ob.-Prok. übertragener Zweige der Justizverwaltung zum Antrage nach § 196 des StGB.'s berechtigt sein würde, wenn der Friedensrichter in Beziehung auf einen dieser Dienstzweige beleidigt worden wäre, zumal nach dem bereits hervorgehobenen, wegen der prozessualischen Bedeutung des Antragsrechts der selbständigen Prüfung des Kass.-Richters unterliegenden Thatbestande nicht anzunehmen ist, daß durch die dem Friedensrichter hier zugefügte Beleidigung seine Amtsehre überhaupt und in Beziehung auf jeden zu seinem Amte gehörigen Dienstzweig betroffen worden wäre. [8.—4.]

Kuppelei. - Mehrere Fälle der eigennützigen. - Gewohnheitsmäßige. - Ideale Konkurrenz?

Neben der gewohnheitsmäßigen Kuppelei bilden die einzelnen Fälle eigennütziger Kuppelei, aus welcher sich die Gewohnheitsmäßigkeit zusammensetzt, keine für sich bestehende Vergehen; sondern es kommt dann der Eigennutz nur als Strafschärfungsgrund bei der Bestrafung wegen gewohnheitsmäßiger Kuppelei in Betracht.

StGB. §§ 74 [n. 10 und 11]. und 180 [n. 10].

Erk. (B II.) v. 16. Mai 1878 c. Wittwe Heutschel (461 II. Cr.).

Unter der Thatbestandsfeststellung: daß die Angeklagte im Sommer 1877 zu Br. gewohnheitsmäßig und aus

Eigennutz durch Gewährung von Gelegenheit der Unzucht Vorschub geleistet hat, ist dieselbe durch die Erkenntnisse des Königl. Stadtgerichts und des Königl. App.-Gerichts zu Br. vom 4. Dezbr. 1877 bezw. 9. Febr. 1878 wegen Kuppelei mit einer dreimonatigen Gefängnißstrafe belegt worden. Den vom ersten Richter ausgesprochenen Verlust der bürgerlichen Ehrenrechte auf ein Jahr hat der App.-Richter in Wegfall gebracht. Während der erste Richter für die Bestrafung der Angeklagten lediglich den § 180 des StGB.'s zur Anwendung gebracht hat, hat der App.-Richter unter der Annahme wiederholter Kuppelei aus Eigennutz in realer Konkurrenz und idealer Konkurrenz mit gewohnheitsmäßiger Kuppelei aus §§ 73 und 74 a. a. O. für jeden der 5 der Angeklagten zur Last gelegten Fälle eine dreiwöchentliche Gefängnißstrafe für angemessen erachtet, die Gefängnißstrafe von 15 Wochen auf 3 Monate herabgemindert und sonach zwar die Strafbestimmung des ersten Richters von 3 Monaten für gerechtfertigt erklärt, die Aberkennung der bürgerlichen Ehrenrechte aber aus § 32 a. a. O. für unstatthaft erachtet, weil die Einsatzstrafe für die von der Angeklagten begangenen Vergehen nicht drei Monat Gefängniß erreicht. Die NB. des OStA.'s mußte als begründet anerkannt werden. Die Gewohnheitsmäßigkeit besteht in einer aus einem Hange hervorgegangenen Mehrheit gleichartiger Handlungen. Mit dem Begriffe der Gewohnheitsmäßigkeit ist es unvereinbar, die einzelnen Handlungen als für sich bestehende Vergehen zu bestrafen. Tritt, wie im vorliegenden Falle, Eigennutz als Beweggrund zu den Handlungen der Angeklagten hinzu, so kann dies Moment nur für die Abmessung der durch die gewohnheitsmäßige Handlungsweise an sich schon verwirkten Strafe des § 180 a. a. O. als Strafschärfungsgrund in Betracht kommen. Der Appell.-Richter verletzt daher den § 180 a. a. O. und wendet die §§ 73 und 74 a. a. O. unrichtig an, indem er ohnerachtet des Vorhandenseins der Voraussetzungen des § 32 des StGB.'s die Aberkennung der bürgerlichen Ehrenrechte für unzulässig erklärt. Das Appellationserkenntniß war demnach zu vernichten und die Sache zur anderweiten Verhandlung und Entscheidung in die zweite Instanz zu verweisen.

Antr. d. GStA.-schaft entgegen. Dieselbe nahm an, daß, wenn bei einer gewohnheitsmäßigen Kuppelei in den Fällen, aus welchen sich die Gewohnheitsmäßigkeit zusammensetze, die Kuppelei aus Eigennutz verübt sei, neben dem einmaligen Vergehen der gewohnheitsmäßigen Kuppelei in idealer Konkurrenz mehrere unter sich realiter konkurrirende Fälle der eigennützigen Kuppelei vorlägen und dann wegen mehrfacher eigennütziger Kuppelei zu bestrafen sei, weil das Strafgesetz für diese dadurch, daß es jeden einzelnen Fall bestrafe, das schwerere sei. Dabei hob sie hervor, daß wenn das Gesetz jeden einzelnen Fall der eigennützigen Kuppelei bestrafe, doch unmöglich bei mehreren Fällen der eigennützigen Kuppelei sich die gesetzliche Strafe dadurch verringern könne, daß die Fälle sich bis zur Herstellung einer Gewohnheitsmäßigkeit vermehrten. [21.—4.]

Gotteslästerung. - Confession des Thäters.

Für den Thatbestand einer Gotteslästerung ist das Glaubensbekenntniß des Thäters einflußlos.

StGB. § 166.

Erk. (Z. I.) v. 17. Mai 1878 c. Strauß (425 I. Cr.).

Der Angeklagte, ein Jude, war aus § 166 des StGB.'s bestraft, weil er Christus gelästert. Seine NB. rügte Gesetzesverletzung, weil Niemand sich in Beziehung auf den Gott einer ihm fremden Religionsgesellschaft einer Gotteslästerung schuldig machen könne.

Zurückweisung. Gründe:

Der § 166 des StGB.'s bedroht Jeden mit Strafe, der dadurch ein Aergerniß giebt, daß er öffentlich in beschimpfenden Aeußerungen Gott lästert. Nach den Motiven beruht diese Strafbestimmung auf der Erwägung, daß jede Gotteslästerung eine Verletzung des religiösen Gefühls Anderer enthält und dieses Gefühl auf den Schutz des Staats-Gesetzes Anspruch zu machen hat. Strafrechtlich ist also die Gotteslästerung nicht als ein Delikt gegen die Gottheit oder eine Injurie gegen die betreffende Kirchengesellschaft, sondern als ein Vergehen gegen die religiöse Grundlage des Staates aufzufassen. Hieraus folgt aber, daß es für die

Frage der Strafbarkeit auf das Glaubensbekenntniß des Thäters nicht ankommen kann, und es stellt sich somit die Ausführung der NB., daß eine Gotteslästerung nur dann anzunehmen sei, wenn Jemand den Gott seiner Religionsgesellschaft lästere, der Angeklagte daher, — weil Israelit — im vorliegenden Falle nur wegen Beschimpfung der Satzungen und Gebräuche einer ihm fremden Religionsgesellschaft habe verfolgt werden können, als verfehlt dar.

Antr. des GStA.: gleichl. [16.—3.]

Zwangsvollstreckung. - Mehrere Gläubiger. - Angabe an Zahlungsstatt.

Der durch eine Zwangsvollstreckung bedrohte Schuldner kann sich durch die Hingabe eines bedrohten Vermögensobjektes an Zahlungsstatt zum Zwecke der Befriedigung eines anderen Gläubigers strafbar machen aus

§ 288 des StGB.'s.

Erk. (Z. I.) v. 17. Mai 1878 c. Scheibel (415 I. Cr.).

Die Ausführung der NB., daß die Anwendbarkeit des § 288 ausgeschlossen sei, wenn der durch eine Zwangsvollstreckung bedrohte Schuldner Bestandtheile seines Vermögens an einen anderen Gläubiger veräußert und das Rechtsgeschäft sich als Angabe an Zahlungsstatt darstellt, kann als richtig nicht anerkannt werden, weil auch in diesem Falle die Vornahme der Veräußerung in der Absicht geschehen kann, die Befriedigung des Gläubigers, von dessen Seite her die Zwangsvollstreckung droht, zu vereiteln.

Antr. d. GStA.: gleichl. [20.—3.]

---

1. Mündlichkeit. - Verlesung. - Vertheidigungsschrift.
2. Sachverständige. - Beeidigung. - Ein für alle Mal.

1. Es entspricht dem Prinzipe der Mündlichkeit, wenn der Gerichtshof die Verlesung einer vor der

Hauptverhandlung eingegangenen, mit Beweisanträgen untermischten, Vertheidigungsschrift ablehnt.

Vdn. v. 3. Jan. 1849 § 14

2. Der bei einem Gerichte ein für alle Male vereidete Sachverständige kann bei seiner Vernehmung vor einem anderen Gerichte die Richtigkeit seines Gutachtens auf jenen Eid versichern, wenn er dies bereits in derselben Angelegenheit im Vorverfahren vor demjenigen Gerichte gethan hatte, welches ihm den Sachverständigeneid ein für alle Mal abgenommen hatte.

Crim.-Ordn. § 335 Nr. 3.

Erk. (Z. II.) v. 21. Mai 1878 c. Koitsch & Gen. (518 II. Cr.).

[1.] Es ist eine Beschränkung der Vertheidigung darin nicht zu finden, daß der Gerichtshof den von den Vertheidigern gestellten Antrag, die vor dem Audienztermin für den Angekl. K. eingereichte umfangreiche Vertheidigungsschrift und von den darin gestellten Beweisanträgen diejenigen zu verlesen, denen nicht Statt gegeben worden war, von der Hand gewiesen und den Vertheidigern anheimgegeben hat, ihre Anträge mündlich zu entwickeln; da dieser Beschluß des Gerichts dem Prinzipe der Mündlichkeit durchaus entsprechend war.

[2.] Hat der bei dem Stadtgerichte zu B. als Sachverständiger ein für alle Male vereidete Bücherrevisor S. die Richtigkeit seiner in der vorliegenden Sache vor dem Schwurgericht zu T. abgegebenen Aussage auf seinen von ihm geleisteten Eid versichert. Nach § 335 Nr. 3 der Crim.-Ordnung soll dieses nur bei demjenigen Gerichte zulässig sein, wo der Sachverständige vereidigt ist und es könnte sich daher allerdings fragen, ob im Hinblick auf diese Bestimmung gesetzlich verfahren sei. Dieser Zweifel findet indessen darin seine Erledigung, daß S. in der Voruntersuchung auf Requisition des Untersuchungsrichters zuerst beim Stadtgerichte zu B. vernommen ist und hier seine

Aussage auf den bei demselben ein für alle Mal geleisteten Eid als richtig versichert hat. War dieses aber zulässig und vertritt diese Versicherung die Stelle eines körperlichen abgeleisteten Eides, so konnte es auch nach § 55 der Vdn. v. 3. Jan. 1849 kein Bedenken haben, den Sachverständigen bei seiner Vernehmung vor dem Schwurgericht zu T. diese Erklärung an Stelle des körperlichen Eides wiederholen zu lassen.

Antr. d. GStA.: gleichl. [5.—3.]

Vertheidiger. – Vermuthete Vollmacht. Rechtsmittel.

Ein Vertheidiger, welcher nicht Rechtsanwalt ist, ist zur Einlegung von Rechtsmitteln für den Angeklagten nicht berechtigt.

Ges. v. 3. Juli 1852 Abschn. IV [n. 20].

Beschl. (I.) v. 22. Mai 1878 c. Kahlberg (586 B. I. Cr.).

F., der nicht Rechtsanwalt ist, war in erster Instanz als Vertheidiger des K. ohne Vollmacht zugelassen und wendete demnächst gegen das Berufungsurteil in einer von einem Anwalt legalisirten Schrift, die K. nach Fristablauf genehmigte, die NB. für diesen ein. Sie wurde zurückgewiesen und dem F. sind die Kosten zur Last gelegt, indem erwogen wurde:

daß der Angeklagte selbst die NB. nicht eingelegt hat;

daß der Schriftsteller F., welcher dieselbe im Auftrage des Angeklagten eingelegt und rechtzeitig in einer von einem Rechtsanwalt unterzeichneten Schrift begründet hat, zur Einlegung des Rechtsmittels nicht berechtigt ist, da derselbe zwar in erster Instanz als Vertheidiger des Angeklagten — ohne Vollmacht — zugelassen worden war;

das Verhältniß des Vertheidigers, welcher nicht Rechtsanwalt ist, zu dem Angeklagten jedoch nicht eine vermuthete Vollmacht begründet, welche denselben berechtigen könnte, für den Angeklagten Rechtsmittel einzulegen;

daß die Seitens des Angeklagten nach Ablauf der gesetzlichen Frist in einer nicht legalisirten Schrift abgegebene Erklärung der Genehmigung der NB. nicht zu berücksichtigen ist. [—2.]

Polizeibehörde. – Verfolgung strafbarer Handlungen. – Unterlassung.

Der Begriff der „Verfolgung" im Sinne des § 346 des StGB.'s ist nicht auf die Strafverfolgung vor Gericht beschränkt, sondern umfaßt auch die die Strafverfolgung vorbereitenden Amtshandlungen der Polizeibehörden.

StGB. § 346 [n. 2].

Erk. (**B.** I.) v. 22. Mai 1878 c. **Mackow.** (323 I. Cr.).

Ein Geistlicher in der Provinz Posen war vom Gericht wegen unbefugter Vornahme geistlicher Amtshandlungen steckbrieflich verfolgt, und der Schulze seines Wohnorts — M. — durch das Landraths-amt von dieser Verfolgung unterrichtet. Gleichwohl fuhr er fort, da-selbst geistliche Amtshandlungen zu vernichten. M. wußte dieses und war sogar einige Male dabei zugegen. Er hat aber keine Anzeige davon gemacht und jenen nicht festgenommen. Deshalb aus § 346 angeklagt, ist er freigesprochen, weil er nicht zu den zur Verfolgung strafbarer Handlungen amtlich berufenen Personen gehöre. Auf NB. der StA.-schaft erfolgte Vernichtung und Zurückverweisung in die vorige Instanz.

In den Gründen des angefochtenen Urteils ist die Frage, ob der Dorfschulz zu denjenigen Beamten gehöre, welche amtlich bei Ausübung der Strafgewalt mitzuwirken haben, unentschieden gelassen, daher eine rechtsirrthümliche Auffassung in dieser Beziehung wenigstens nicht zum Ausdrucke gelangt. Allerdings aber ist schon der in Betreff dieser Eigenschaft des Schulzen ausgesprochene Zweifel nicht unbedenklich, da der Appell.-Richter anerkennt, daß dem Schulzen die Ausübung der Ortspolizei in der Dorfgemeinde obliege und nicht füglich ein Bedenken darüber aufkommen kann, daß die Mitwirkung bei Ausübung der Strafgewalt eine der wesentlichsten Funktionen der Polizeibehörden ist. Der Grund aus welchem der App.-Richter die Anwendung des § 346 des StGB.'s gegen den Angeklagten ausschließt, ist der, daß der Angeklagte nicht die Verfolgung einer strafbaren Handlung unterlassen haben könne, weil er zu solcher Verfolgung überhaupt nicht amtlich berufen sei, diese vielmehr ausschließlich der StA.-schaft übertragen sei. Diese Annahme beruht auf einer mißverständlichen Auffassung des Begriffes der „Verfolgung“ im § 346 des StGB.'s, indem derselbe auf die Strafverfolgung vor Gericht beschränkt wird. Nur die Strafverfolgung vor Gericht ist der Initiative der StA.-schaft überlassen (§ 2 der Vdn. v. 3. Jan. 1849); der Begriff der Verfolgung einer strafbaren Handlung ist aber ein weiterer, er umfaßt alle die Maßregeln, welche die Feststellung des Thatbestandes und die Ermittelung des Thäters betreffen, ohne Unterschied, welcher Behörde innerhalb der landesrechtlichen Organisation die Vornahme dieser Maßregeln obliegt. Wenn nun nach § 4 der Vdn. vom 3. Jan. 1849 den Polizeibehörden die Verpflichtung verblieben ist, Verbrechen nachzuforschen und alle keinen Aufschub gestattenden vorbereitenden Anordnungen zur Aufklärung und vorläufigen Haftnahme des Thäters zu treffen, so kann es einem begründeten Bedenken nicht unterliegen, daß diese Funktionen die Verfolgung strafbarer Handlungen unmittelbar betreffen und es ist von keiner Bedeutung, daß die zu treffenden Anordnungen als „vorbereitende“ bezeichnet werden, weil hierdurch nur der Gegensatz gegen die weitere Thätigkeit der StA.-schaft gegeben ist, aber nicht abgesehen werden kann, wie durch diese Bezeichnung denjenigen Anordnungen, welche die Polizeibehörden zu treffen verpflichtet sind, der Charakter als solcher, welche die Verfolgung der Strafthat bezwecken, abgesprochen sein sollte. Die Beschwerde wegen Verletzung des § 346 des StGB.'s ist daher begründet.

Antr. d. OStA.: gleichl. [12.—2.]

Kirchliche Straf- und Zuchtmittel.

1. Anordnung der Obrigkeit. – Gesetzliche Zuständigkeit. – Beamter. – Auftrag des Vorgesetzten.

2. Geistlicher. – Kirchliche Qualifikation zur Verhängung des Strafmittels.

1. Im Sinne des Gesetzes über den Gebrauch kirchlicher Straf- und Zuchtmittel ist für einen Beamten jede zu seinem Geschäftskreis gehörige ihm von seiner vorgesetzten Behörde aufgetragene Handlung eine solche, zu welcher ihn eine von der Obrigkeit innerhalb ihrer gesetzlichen Zuständigkeit erlassene Anordnung verpflichtet, ohne daß die Rechtmäßigkeit dieses Auftrages in Betracht kommt.

2. Für die Strafbarkeit eines Geistlichen, der ein kirchliches Straf- oder Zuchtmittel den Vorschriften des vorgedachten Gesetzes zuwider anwendet, kommt es darauf ob er zur Verhängung dieses Straf- oder Zuchtmittels kirchlich qualificirt ist, nicht an.

Ges. v. 13. Mai 1873 §§ 2 Nr. 1, 3 Nr. 1 und 5.

Erk. (Z. II.) v. 23. Mai 1878 c. Potthoff (468 II. Cr.).

In Ausführung des Ges.'s v. 22. April 1873, betreffend die Einstellung der Leistungen aus Staatsmitteln für die römisch-katholischen Bisthümer und Geistlichen sprach die Regierung zu C. die Beschlagnahme der Pfarrdotalgüter der linksrheinischen katholischen Kirchengemeinde zu H. aus und wies den Bürgermeister an, den Graswuchs auf den zu diesen Pfarrdotalgütern gehörenden Wiesen öffentlich zu verkaufen. Auf Anordnung des Bürgermeisters bezeichnete dann der Feldhüter die Loose, in welchen das Gras verkauft werden sollte, mittels eingesteckter Pfähle. In Folge dessen gab P. als katholischer Pfarrer zu H. dem Küster Auftrag, er solle den Feldhüter zu ihm bestellen, damit er denselben veranlasse, die eingesteckten Pfähle wieder wegzunehmen, indem er ihn sonst, wenn er stürbe, nicht christlich beerdigen dürfe. Zu derselben Zeit hielt P. in der Kirche eine Predigt, worin er erklärte, daß diejenigen, welche sich am Kirchengut vergriffen, insbesondere bei der Beschlagnahme kirchlicher Güter mitwirkten, exkommunicirt seien, und daß zu den kirchlichen Gütern auch die Pfarrdotalgüter gehörten. Er bezweckte damit, den in der Kirche anwesenden Gemeindevorsteher zur Unterlassung jeder Mitwirkung bei Beschlagnahme der Pfarrdotalgüter zu bestimmen und hat sich dieser, der damals bereits von dem Bürgermeister Auftrag zur öffentlichen Bekanntmachung des Grasverkaufs erhalten hatte, denn auch durch die Predigt von Ausführung dieses Auftrags abhalten lassen.

Die (Rhein.) AK. erklärte P. für überführt: kirchliche Straf- und Zuchtmittel 1) gegen den Feldhüter verkündet zu haben weil derselbe eine Handlung vorgenommen hatte, zu welcher ihn eine von der Obrigkeit innerhalb ihrer gesetzlichen Zuständigkeit erlassene Anordnuug verpflichtete, 2) gegen den Gemeindevorsteher angedroht zu haben um denselben dadurch zur Unterlassung einer solchen Handlung zu bestimmen und verurteilte auf Grund der oben angegebenen Gesetzesstellen.

Der Beschuldigte ergriff Cass.-Rekurs. Verwerfung. Gründe:

In Erw., daß das mit dem Cass.-Rekurse von dem Beschuldigten angegriffene App.-Urteil zwar die von diesem in den Instanzen verneinte Frage:

> ob die Königl. Regierung zur Beschlagnahme der Pfarrdotalgüter der Pfarrei H. überhaupt gesetzlich berechtigt war oder nicht,

unentschieden gelassen hat;

daß diese Frage aber im vorliegenden Falle auf sich beruhen bleiben konnte, daß es sich nämlich hier um die Verkündung bezw. Androhung von kirchlichen Straf- und Zuchtmitteln gegen den Feldhüter Z., bezw. den Gemeindevorsteher L. handelt, weil jener eine Handlung vorgenommen hatte, bezw. durch welche der Letztere eine solche zu unterlassen veranlaßt werden sollte, deren Ausführung ihnen nach der Feststellung des Vorderrichters von dem Bürgermeister in Vollziehung der Befehle der Kgl. Regierung aufgetragen worden war;

daß es daher nach §§ 2 und 3 des Ges.'s v. 13. Mai 1873 nur darauf ankam, ob die Handlung wegen deren nach der Feststellung des App.-Richters das kirchliche Straf- und Zuchtmittel vom Beschuldigten gegen den Feldhüter Z. verkündigt worden, bezw. diejenige Handlung, zu deren Unterlassung durch die Androhung eines solchen Mittels der Gemeindevorsteher L. bestimmt werden sollte, solche waren, zu welchen die gedachten Personen zufolge der von der Obrigkeit innerhalb ihrer gesetzlichen Zuständigkeit erlassenen Anordnungen verpflichtet waren;

daß der Bürgermeister zunächst als Obrigkeit sowohl dem Feldhüter Z. als dem Gemeindevorsteher L. gegenüber unbedenklich zu betrachten war, derselbe auch bei Erlaß der fraglichen Anordnungen sich innerhalb seiner gesetzlichen Zuständigkeit bewegte, da er nach § 108 der Gemeindeordnung für die Rheinprovinz v. 23. Juli 1845, insbesondere auch alle in Landesangelegenheiten vorkommenden örtlichen Geschäfte zu besorgen hat, für welche nicht besondere Behörden bestimmt sind, und er in solchen Angelegenheiten den Weisungen der Regierung Folge zu leisten verpflichtet ist;

daß hiernach auch der Feldhüter Z. bezw. der Gemeindevorsteher L., ohne die Rechtmäßigkeit des dem Bürgermeister von der Regierung ertheilten Auftrags prüfen zu können oder zu dürfen, verpflichtet waren, den an sie gerichteten, vom Bürgermeister erlassenen Anordnungen Folge zu leisten, und zwar der Gemeindevorsteher, weil er nach § 78 der cit. Gemeindeordnung für alle Angelegenheiten der Bürgermeisterei, soweit sie seine Gemeinde betreffen, ein Organ des Bürgermeisters ist, der Feldhüter, weil nach §§ 78 und 104 der Gemeinde-Ordnung die Feldhüter als Unterbeamte der Gemeinden sich der Erledigung derjenigen Aufträge nicht entziehen können, welche ihnen von dem durch § 84 mit disziplinarischen Befugnissen gegen sie ausgestatteten Bürgermeister in Angelegenheiten der Bürgermeisterei, also namentlich in Landesangelegenheiten (§ 108) ertheilt, und welche innerhalb der Gemeinde, für die sie angestellt sind, — zumal in der Feldflur — zu vollziehen sind;

daß diese Verpflichtung der Feldhüter insbesondere auch dadurch nicht ausgeschlossen wird, daß nach den vom Cass.-Kläger als verletzt bezeichneten Artikeln des Ruralgesetzes, bezw. des Ges.'s v. 3. Brumaire IV die Bewachung der Feldfrüchte und des ländlichen Eigenthums als ihre nächste und wesentlichste Bestimmung anzuerkennen ist;

daß es auch darauf, ob der Beschuldigte, was er bestreitet, zur Verhängung von Strafmitteln überhaupt qualifizirt war oder nicht, und ob deshalb die von ihm erfolgte Androhung und Verhängung von Straf- und Zuchtmitteln nach kanonischen Grundsätzen ohne alle rechtliche Wirkung sein würde, gar nicht ankommen kann;

daß das Gesetz v. 13. Mai 1873 in § 5 mit der dort bestimmten Strafe ohne Beschränkung „Geistliche, Diener, Beamte oder Beauftragte einer Kirche oder einer Religionsgesellschaft" bedroht, welche den Vorschriften des Gesetzes zuwider Straf- oder Zuchtmittel androhen, verhängen oder verkünden, sonach namentlich Unterscheidung in der Richtung auf die kanonische Berechtigung des betreffenden Geistlichen zu der in Frage stehenden Androhung, Verhängung oder Verkündung nicht gemacht hat;

daß das Gesetz eine solche Unterscheidung auch nicht machen konnte, wenn es der Schädigung der Autorität der Staatsgewalt und der Hemmung ihrer Wirksamkeit durch Androhung und Verhängung kirchlicher Straf- und Zuchtmittel mit Erfolg entgegentreten wollte, welche, mochte sie nun von kanonisch qualifizirten oder nicht qualifizirten Geistlichen ausgehen, ihren Einfluß auf die betreffenden, zu einer eigenen Prüfung dieser Qualifikation nicht befähigten Kreise nicht verfehlen würden;

daß hierbei aber auch noch in Betracht kommen mußte, daß es sich bei der Frage nach der Qualifikation um von der Kirche gegebene Satzungen handelt, welche ebenfalls innerhalb der Kirche, und ohne daß der Staat hiervon auch nur Kenntniß erhielt, nach dem durch die Umstände sich gestaltenden Bedürfnisse von den kirchlichen Organen modificirt und durch andere ersetzt werden konnten.

Antr. d. GStA.: gleichl. [8.—4.]

Ehrenrechte, Verlust. - Höchste Dauer. - Realkonkurrenz.

Der Verlust der bürgerlichen Ehrenrechte darf auch im Falle der Realkonkurrenz das gesetzliche Maximum von 10 Jahren nicht übersteigen.

StGB. §§ 32 [n. 12], 74, 75 [n. 4] und 79.

Erk. (B. II.) v. 23. Mai 1878 c. Pütz (543 II. Cr.).

Der Instanzrichter hatte gegen den Angeklagten, welcher bereits durch ein früheres rechtskräftiges Urteil zu einer noch zu verbüßenden Zuchthausstrafe von 3 Jahren und zum Verlust der bürgerlichen Ehrenrechte auf 10 Jahre verurteilt war, wegen einer zweiten vor dieser Verurteilung begangenen Strafthat auf eine zusätzliche Zuchthausstrafe von 3 Jahren und auf nochmaligen 10jährigen Verlust der bürgerlichen Ehrenrechte erkannt. Auf den Cass.-Rekurs des Angeklagten brachte das Ob.-Trib. diese zweite Ehrenstrafe in Wegfall.

[19.—4.]

---

1. Ersatzgeschworene. - Berathung.
2. Geschworene - Aufklärung des Vorsitzenden im Berathungszimmer. - Inhalt.
3. Falsches Zeugniß. - Strafermäßigungsgrund des § 157 Nr. 1. - Feststellung.

1. Ist der Ersatzgeschworene während der Verhandlung Mangels Ausscheidens eines Hauptgeschworenen nicht in Funktion getreten, so hat er sich nicht mit in das Berathungszimmer zu begeben.

Ges. v. 3. Mai 1852 Art. 72 [n. 6], und 94 [n. 6]; Vgl. GA. 2. S. 396 oder JMBl. 54. S. 201.

2. Die Aufklärungen, welche der Vorsitzende den Geschworenen auf deren Antrag im Berathungszimmer ertheilt, können als eine die Berathung derselben betreffende innere Angelegenheit nicht Gegenstand einer Nichtigkeitsbeschwerde sein und beruht der Schutz des Gesetzes gegen etwaige Machtüberschreitungen des Vorsitzenden in solchen Fällen lediglich auf der gebotenen Zuziehung der übrigen Gerichtsmitglieder.

Ges. v. 3. Mai 1852 Art. 94 [n. 12]; Vgl. RdOTr. 6. S. 57 und 8. S. 443.

3. Bei einem wegen falschen Zeugnisses schuldig Erklärten kann der nach § 157 Nr. 1 des StGB.'s die Strafe ermäßigende Umstand, daß die Angabe der Wahrheit gegen ihn eine Verfolgung wegen Verbrechens oder Vergehens nach sich ziehen konnte, ohne desfallsige ausdrückliche Frage an die Geschwo-

renen auf Grund des Gegenstandes seines Zeugnisses festgestellt werden, wie sich solcher aus dem Wahrspruch auf die Schuldfrage ersehen läßt.

StGB. § 157 Nr. 1 [n. 14]; Contra: RdOTr. 15. S. 167 und 19. S. 148.

Erk. (B. II.) v. 23. Mai 1878 c. Teichgräber (546 II. Cr.).

Die T. hatte als Zeugin in einem Ehescheidungsprozeß der verehelichten G. wider ihren Ehemann auf Befragen der Ehefrau G., welche ein ehebrecherisches Verhältniß zwischen ihrem Ehemann und der T. behauptete, eidlich bekundet, daß sie nicht in einem anderen als freundschaftlichen Verhältnisse zu dem G. stehe. Die Frage an die Geschworenen lautete: „Ist die Angeklagte schuldig, am 2c. in der Ehescheidungsprozeßsache der verehelichten G. wider ihren Ehemann wissentlich ein falsches Zeugniß mit einem Eide bekräftigt zu haben, indem sie beschwor, daß sie nicht in einem andern als freundschaftlichen Verhältniß zu dem G. stehe?" Eine zusätzliche Frage aus § 157 Nr. 1 des StGB.'s war nicht gestellt. Die 12 Hauptgeschworenen begaben sich ohne Zuziehung des bei der Bildung des Schwurgerichts ausgeloosten Ersatzgeschworenen in ihr Berathungszimmer und erbaten sich demnächst dort von dem Vorsitzenden, gemäß aufgenommenem Separatprotokoll, eine Aufklärung darüber, welcher Zeitpunkt bei der Angabe in dem von der T. geleisteten Eid: „daß sie nicht in einem anderen als freundschaftlichen Verhältniß stehe" gemeint sei. Der Vorsitzende eröffnete ihnen, daß die Frage zunächst den Zeitpunkt der Eidesleistung im Auge habe, daß aber, wenn angenommen würde, die T. habe in diesem Zeitpunkt in einem anderen als freundschaftlichen Verhältniß zu G. gestanden, dies wieder mit Nothwendigkeit voraussetze, daß dieses Verhältniß in irgend einem früheren Zeitpunkt seinen Anfang genommen habe. Die Geschworenen bejahten sodann die Frage und der Gerichtshof verurteilte, ohne den § 157 anzuwenden, zu 1 Jahr 6 Monate Zuchthaus, Verlust der bürgerlichen Ehrenrechte auf 2 Jahre und dauernder Unfähigkeit, als Zeugin oder Sachverständige eidlich vernommen werden zu können.

Die Angeklagte ergriff NB. und machte geltend: 1) der Ersatzgeschworene habe bei der den Geschworenen im Berathungszimmer durch den Vorsitzenden ertheilten Aufklärung zugezogen werden müssen, 2) gedachte Aufklärung sei unzulässig, weil in die materielle Beantwortung der Schuldfrage eingreifend, und überdies unrichtig, 3) der Gerichtshof habe Strafermäßigung aus § 157 Nr. 1 eintreten lassen müssen, dessen Voraussetzung sich aus der Lage des Falls ergeben habe.

Das Ob.-Tr. erklärte die Angriffe unter 1 und 2 für unbegründet, vernichtete aber aus dem 3. Grunde Zur Sache wurde es bei der Zuchthausstrafe von 1 Jahr 6 Mon. belassen, dagegen der Verlust der bürgerlichen Ehrenrechte und die Unfähigkeitserklärung, als Zeugin oder Sachverständige eidlich vernommen zu werden, in Wegfall gebracht. Gründe zu 3:

Die Beschwerde über Verletzung des § 157 Nr. 1 durch Nichtanwendung mußte für begründet erachtet werden. Denn es war aus dem Spruche der Geschworenen zu ersehen, daß das von der Angeklagten beschworene wissentlich falsche Zeugniß sich auf die Frage bezogen habe, ob sie mit dem Fuhrherrn G. in einem ehebrecherischen Verkehr gestanden, daß sie sich mithin durch Bejahung dieser Frage einer strafgerichtlichen Verfolgung, als Mitschuldige eines Ehebruches, aus § 172 des StGB.'s, hätte aussetzen können. Daraus folgte, daß ihre Strafe wegen des geleisteten wissentlichen Meineides nach § 157 Nr. 1 a. a. O. auf die Hälfte bis ein Viertheil der an sich verwirkten hätte ermäßigt werden müssen. Da der Schw.-GH. dieses in seinem Erkenntnisse unbeachtet gelassen hat, so unterlag dasselbe, soweit es sich dabei um die Anwendung des Gesetzes auf den nicht weiter zu bemängelnden Spruch der Geschworenen handelte, der Vernichtung. Bei der Entscheidung in der Sache selbst mußte, wenn hiernach der § 157 a. a. O. zur Anwendung zu bringen war, nach § 161 a. a. O. zunächst jedenfalls die erkannte dauernde Unfähigkeit der Verurteilten, als Zeugin oder Sachverständige eidlich vernommen zu werden, in Wegfall kommen. Auch scheint es den Umständen nach nicht erforderlich, auf Verlust der bürgerlichen Ehrenrechte zu erkennen, was nach § 31 a. a. O. zwar noch hätte geschehen können, aber nicht mehr geboten war. Was dagegen die Zuchthausstrafe betrifft, die nach den §§ 153, 154 a. a. O. bis zu 10 Jahren gehen kann, so konnte das im vorliegenden Falle an sich verwirkte Maaß derselben füglich so hoch gegriffen werden, daß das erkannte Maaß von einem Jahre und sechs Monaten sich als die gebotene Ermäßigung auf die Hälfte bis ein Viertheil darstellt. Es war daher in dieser Beziehung bei der erkannten Strafe zu belassen.

Antr. d. GStA.'s: zu 1 und 2 gleichl., zu 3 entg. [5.—4.]

Lehrlinge. - Ausländische Juden.

Das Verbot der Annahme fremder jüdischer Lehrlinge ohne Konzession in § 71 des Ges.'s vom 23. Juli 1847 ist durch § 41 der Gew.-Ordnung v. 21. Juni 1869 beseitigt.

R.-Gew.-Ordn. v. 21. Juni 1869 § 41; Ges. v. 23. Juli 1847 § 71.

Erk. (V. I.) v. 24. Mai 1878 c. Goldberg (294 I. Cr.).

G. ist Bäcker in Königsberg und hat einen russischen Juden ohne die in § 71 des Ges.'s v. 23. Juli 1847 vorgeschriebene Genehmigung der diesseitigen Behörde in die Lehre genommen. Deshalb bestraft, führt er in der NB. aus, daß die bezügliche Strafbestimmung dieses Gesetzes durch Art. 12 der Verf.-Urkunde und § 41 der Gew.-Ordn. antiquirt sei. Seine NB. wurde für begründet erachtet und G. freigesprochen.

Der § 71 des Ges.'s v. 23. Juli 1847 (GS. S. 278) welcher der angefochtenen Entscheidung zu Grunde liegt, verordnet in seinem Absatz 2 wörtlich folgendes:

> „Ausländische Juden dürfen ohne eine gleiche Genehmigung — nämlich des Ministers des Innern — weder als Rabbiner noch Synagogenbeamte, noch als Gewerbsgehülfen, Gesellen, Lehrlinge und Dienstboten angenommen werden.
>
> Die Ueberschreitung dieses Verbots zieht gegen die Inländer und die fremden Juden, gegen letztere, sofern sie sich bereits länger als 6 Wochen in den diesseitigen Staaten aufgehalten haben, eine fiskalische Geldstrafe von 20 bis 300 Thlr. oder verhältnißmäßige Gefängnißstrafe nach sich."

Die Aufhebung dieses Gesetzes läßt sich freilich nicht mit der NB. aus Art. 12 der Preuß. Verf.-Urkunde herleiten, welcher den Genuß der bürgerlichen und staatsbürgerlichen Rechte für unabhängig von dem religiösen Bekenntnisse erklärt. Dieser Artikel befindet sich in dem zweiten Titel der Verf.-Urkunde mit der Ueberschrift „Von den Rechten der Preußen" und ist bestimmt, diese Rechte den preußischen Staatsangehörigen zu gewährleisten, nicht aber die preußische

Gesetzgebung in der Regelung der Zulassung der Ausländer irgendwie zu binden. Dies liegt auch nicht in der Absicht des Reichsgesetzes vom 3. Juli 1869 (BGBl. von 1869 S. 292, von 1870 S. 647, 654 und RGBl. von 1871 S. 87), dessen Entstehungsgeschichte unzweideutig ergiebt, daß mit demselben nur der in verschiedenen zum deutschen Reiche gehörenden Bundesstaaten bereits anerkannte Verfassungsgrundsatz des Art. 12 a. a. O. zum Reichsrecht erhoben worden ist. (Stenogr. Berichte des Reichstages von 1867 S. 596, 597, von 1868 S. 497, 498 und von 1869 S. 31, 783, 1246, 1247). Wohl aber steht der NB. der § 41 der R.-Gew.-Ordn. v. 21. Juni 1869 (BGB. von 1869 S. 245, von 1870 S. 647, RGBl. von 1871 S. 392 und von 1872 S. 170) zur Seite. Dieser lautet:

> „Die Befugniß zum selbständigen Betriebe eines stehenden Gewerbes begreift das Recht in sich, in beliebiger Zahl Gesellen, Gehülfen, Arbeiter jeder Art und, soweit die Vorschriften des gegenwärtigen Gesetzes nicht entgegen stehen, Lehrlinge anzunehmen. In der Wahl des Arbeits- und Hülfspersonals finden keine anderen Beschränkungen statt, als die durch das gegenwärtige Gesetz festgestellten".

Wie der erste Satz des § ergiebt, umfaßt dies Arbeits- und Hülfspersonal auch die Lehrlinge. Eine Beschränkung der Gewerbtreibenden in der Berechtigung zur Annahme von Ausländern aus Gründen des religiösen Bekenntnisses ist in der R.-Gew.-Ordn. nicht enthalten. Der § 71 des Ges.'s v. 23. Juli 1847 insoweit er zur Annahme fremder jüdischer Lehrlinge eine besondere Genehmigung der Staatsregierung erfordert und die Zuwiderhandlung gegen diese Anordnung mit Strafe bedroht, ist demnach mit § 41 der R.-Gew.-Ordnung nicht vereinbar und als eine landesgesetzliche Vorschrift gewerbepolizeilicher Natur nach Art. 2 der Reichs-Verfassung für aufgehoben zu erachten. Die allgemeinen Vorschriften über die Fremdenpolizei, namentlich über die Kontrole neu anziehender Personen und der Fremden an ihrem Aufenthaltsorte und über das Recht der Landesregierung zur Ausweisung von Ausländern, also auch von ausländischen jüdischen Lehrlingen, welche von inländischen Gewerbtreibenden angenommen sind, bleiben selbstverständlich von der aus § 41 der R.-Gew.-Ordn. folgenden theilweisen Aufhebung des § 71 des Ges.'s v. 23. Juli 1847 unberührt. Indem der Appell.-Richter die Bedeutung des § 71 nach seiner gewerbepolizeilichen Seite hin verkannt, hat er denselben mit Unrecht auf die Annahme fremder jüdischer Lehrlinge ohne Concession noch für anwendbar erachtet.

Antr. d. GStA.: gleichl. [17.—2.]

Retentionsrecht. - Vermiether. - Vicewirth.

Ein Vicewirth ist nur in Vollmacht des Vermiethers berechtigt das Retentionsrecht Namens desselben auszuüben.

StGB. § 289 [n. 5].

Erk. (B. I.) v. 29. Mai 1878 c. Berg (452 I. Cr.).

B. wohnte als Miether im Hause des L. Als er auszog, war die Miethe noch nicht bezahlt. Er nahm aber sein Mobiliar mit weg, obwohl ihn die Vicewirthin P., welche stets die Miethgelder einzog und an L. ablieferte, an die Zahlung gemahnt und erklärt hatte, daß sie namens des L. an dem Mobiliar des B. das Retentionsrecht geltend mache. Das Ber.-Ger. fand darin Zuwiderhandlung gegen § 289 des StGB.'s, indem es annahm, daß die P. als Vicewirthin auch ohne schriftlichen Auftrag des L. zur Ausübung des Retentionsrechts für denselben befugt gewesen sei, weil es sich nicht um Verpflichtungen, sondern um Rechte des Vermiethers handelte und daher nur darauf ankomme, daß B. die P. als Vicewirthin gekannt habe. Das Ob.-Tr. vernichtete.

Das Verhältniß eines Vicewirths bildet keinen gesetzlich feststehenden Begriff und giebt an sich nicht die Berechtigung, aus eigener Entschließung das Retentionsrecht an den Sachen des Miethers auszuüben, die Frau P. konnte nur als Bevollmächtigte des L. in Betracht treten und es war deshalb nach den Vorschriften des Tit. 13 des ALR.'s Th. I zu prüfen, ob der nach der Annahme des App.-Richters allerdings ertheilte Auftrag zur Geltendmachung des Retentionsrechts der schriftlichen Form bedurfte oder, auch mündlich ertheilt von rechtlicher Wirkung dem Angeklagten gegenüber wurde, insbesondere wenn dieser den der Frau P. ertheilten Auftrag kannte oder nicht in Zweifel stellte. Nach diesen Richtungen hat der App.-Richter eine Prüfung der Sache nicht eintreten lassen; er hat auch nicht festgestellt, daß die Frau P. als in besonderem Auftrage des L. handelnd dem Angeklagten gegenüber aufgetreten ist, vielmehr nur darauf Gewicht gelegt, daß der Angeklagte dieselbe als Vicewirthin kannte, und dabei rechtsirrthümlich die Unterscheidung gemacht, daß es sich um Rechte, nicht um Verpflichtungen des L. handelte, während nur in Frage kommen konnte, ob durch das Auftreten der Frau P. Verpflichtungen für den Angeklagten begründet wurden. [20.--2.]

Privatklage. - Inkompetenzurteil. - Rechtsmittel.

1. In Privatklagesachen steht nur dem Kläger, nicht dem Verklagten ein Rechtsmittel gegen das die Unzulässigkeit der Privatklage aussprechende Erkenntniss zu.

StPO. § 507.

2. Wenn die Unzulässigkeit der Privatklage in zweiter Instanz ausgesprochen wird, so hat der Berufungsrichter die Sache nicht zurückzuverweisen, sondern selbst den zuständigen Richter zu bezeichnen.

StPO. §§ 379, 507.

Erk. (B. I.) v. 29. Mai 1878 c. Kalb (428 I. Cr.)

Die M. klagte gegen die K. und W. wegen Mißhandlung und wurden letztere vom Polizeigericht verurteilt. Das Berufungsgericht dagegen sprach aus, daß es sich um eine gemeinschaftliche Mißhandlung im Sinne des § 223a. des StGB.'s handle und deshalb die Sache nicht auf Privatklage vom Polizeigericht abzuurteilen gewesen wäre. Es hob das erste Urteil auf und wies die Sache in die vorige Instanz zu anderweiter Verhandlung und Entscheidung nach § 507, 47, 48 der StPO. zurück. Beide Theile erhoben NB. Die der Verklagten wurde als unzulässig zurückgewiesen, auf die der Klägerin dagegen das Berufungsurteil vernichtet und die Sache an die Strafkammer zu anderweiter Verhandlung und Entscheidung als erste Instanz verwiesen.

[1.] Das Rechtsmittel der NB. gegen Erkenntnisse, wodurch, wie im vorliegenden Falle, die Unzulässigkeit der Privatklage ausgesprochen wird, weil das Gericht eine strafbare Handlung als erwiesen erachtet, in Ansehung deren ein Verfahren im Wege der Privatklage gesetzlich nicht Statt findet, steht nach § 507 in Verbindung mit § 48 der StPO. v. 25. Juni 1867 nicht dem Beschuldigten, sondern nur dem Privatkläger zu und das Rechtsmittel der Beschuldigten erweist sich deshalb als unannehmbar.

[2.] Die Rüge der Privatklägerin erscheint begründet. Nachdem der Berufungsrichter auf den Grund erneuerter Beweisaufnahme als Gegenstand der Privatklage eine von Mehreren gemeinschaftlich begangene Mißhandlung der Privatklägerin als erwiesen festgestellt hatte, welche nach § 487 der StPO. keinen Gegenstand der Privatklage bildet, war er nicht in der Lage unter Aufhebung des erstinstanzlichen Erkenntnisses die Sache an die erste Instanz zurückzuverweisen, um nach §§ 507, 47 und 48 daselbst zu verfahren, sondern es war seine Pflicht, diejenigen Anordnungen in Beziehung auf den weiteren Fortgang des Verfahrens, welche er für angezeigt erachtete, selbst zu treffen. Denn durch die Berufung war er im Bereich derselben ebenso wie der erste Richter mit der ganzen Sache befaßt; er hatte deshalb dieselbe prozessualische Aufgabe, welche dem ersten Richter zugefallen sein würde, wenn derselbe zu dem Ergebniß gelangt wäre, daß die erwiesene That die Verfolgung mittelst der Privatklage nicht zulasse; es war von ihm der Richter zu bezeichnen, welcher im ordentlichen Verfahren zur Aburteilung der Sache zuständig ist. Die Vorschrift des § 379, welche bei Mängeln des Verfahrens in erster Instanz die Zurückweisung in dieselbe dem Berufungsrichter unter Umständen gestattet, greift in einem Falle der vorliegenden Art nicht Platz, wo es sich nicht um einen Mangel im Verfahren erster Instanz, sondern um die von dem ersten Urteil abweichende Gestaltung der That auf Grund der Beweisergebnisse zweiter Instanz und den Einfluß handelt, welchen dieselbe auf das künftige Verfahren ausübt.

Antr. d. GStA.: gleichl. [11.—2.]

Glücksspiel. – Halten. – Oeffentlicher Ort. – Bank.

1. Die Strafbarkeit des Haltens von Glücksspielen erfordert kein öffentliches Jedem zur Betheiligung freistehendes, sondern nur ein an den im Gesetz bezeichneten Orten gehaltenes Spiel.

StGB. § 360 pos. 14 [n. 94].

2. Das Bankhalten schließt das Halten eines Glücksspiels in sich. Daran ändert es nichts, wenn das Halten der Bank unter den Spielern wechselt. Besonderer im Voraus getroffener äußerer Veranstaltungen zur Ausführung des Spieles bedarf es nicht.

StGB. § 360 pos. 14 [n. 93].

Erk. (Z. 1.) v. 29. Mai 1878 c. Partsch & Gen. (461 I. Cr.).

W. und K. haben bei einem im Lokal des Gastwirths M. getriebenen Glücksspiel mitunter die Bank gehalten, sind aber von der aus § 360 n. 14 des StGB.'s gegen sie erhobenen Anklage freigesprochen weil das „Bankhalten" dem „Halten eines Glücksspiels" gegenüber den weiteren Begriff bilde und den letzteren deshalb nicht erschöpfe, aber nicht schlechthin unter die Strafbestimmung des § 360 n. 14 falle, weil der Bankhalter das Glücksspiel veranstaltet, unternommen und unterhalten, d. h. eine gewisse Thätigkeit entwickelt haben müsse um es Anderen darzubieten oder mittels einer bereit gehaltenen Spieleinrichtung dem Publikum zum Mitspielen offen zu stellen, wofür im gegebenen Fall ein Beweis nicht vorliege. Auf NB. der StA.-schaft wurde das Erkenntniß vernichtet und anderweite Verhandlung angeordnet.

[Zu 1.] Zunächst kann nicht davon die Rede sein, daß das Spiel, um im Sinne jener Strafvorschrift als ein „gehaltenes Glücksspiel" zu gelten, dem Publikum, also dem Inbegriff aller Personen, welche an dem Spielorte überhaupt erscheinen können und wollen, zur Betheiligung freisteht. Das Gesetz fordert nicht ein öffentliches Glücksspiel sondern ein solches an einem der näher bezeichneten Orte, welche unter den Begriff der öffentlichen Orte fallen. Diese allgemeine Zugänglichkeit des Ortes und die dadurch bewirkte Begünstigung der Spielleidenschaft, sei es durch Erleichterung der unmittelbaren Theilnahme, sei es durch Verführung zur Nachahmung des üblen Beispiels für sich allein schon hält es für gemeinschädlich genug um darauf keinen Werth zu legen, ob der Kreis der zur Betheiligung wirklich zuzulassenden Personen von dem Spielhalter enger oder weiter gezogen und insbesondere vielleicht auf einzelne bestimmte Individuen beschränkt wird.

[Zu 2.] Aber auch hiervon abgesehen, so richtig es sein mag, daß die Begriffe „Glücksspiel halten" und „Bank halten" sich nicht decken, sowenig läßt sich anerkennen, daß Ersterer der engere und Letzterer der weitere sei in der Weise, wie der Berufungsrichter es versteht, daß wer eine Bank im gebräuchlichen Sinne des Wortes hält, deshalb noch nicht als der Halter eines Glücksspiels gelten könne. Das Umgekehrte ist das Richtige. Daß das Bankhalten das Halten eines Glücksspiels in sich schließe ergiebt bereits der letzte Absatz des § 360 des R.-StGB.'s wonach in diesem Falle auf Einziehung der in der Bank befindlichen Gelder erkannt werden kann. Ebenso aber existiren Glücksspiele — und das Spiel „Klatt" in der vom ersten Richter gegebenen Beschreibung ist ohne Rechtsirrthum als ein solches anerkannt worden — die ihrer herkömmlichen oder konventionellen Einrichtung nach die an eine bestimmte Person geknüpfte Funktion eines Bankhalters, gegen welchen für die ganze Dauer des Spiels die Gewinn- und Verlust-Interessen der Spieler sich ausschließlich wenden, überhaupt nicht erfordern. Es gehören dahin namentlich auch diejenigen Spieleinrichtungen, wobei die Stellung des Spielgegners zu den Spielern bei bestimmten Spielabschnitten unter allen bei dem Spiele betheiligten wechselt. Hält hier auch der Einzelne ohne Zweifel keine Bank als eine dauernde zum Spielen Anderer bereit gehaltene Spieleinrichtung, so hält er doch mindestens von da an, wo die Reihe ihn getroffen und er in die Rolle des Spielgegners eingetreten ist, ein Glücksspiel. Der Berufungsrichter scheint irrigerweise vorauszusetzen, daß das „Halten des Glücksspiels" begriffsmäßig eine gewisse Kontinuität des Spielens erfordere, aus welcher erhellt, daß es sich nicht um einen vereinzelten vorübergehenden oder zufälligen Spielakt handelt. Dieses Erforderniß kann ebensowenig in Beziehung auf die Ununterbrochenheit des Spielhaltens in derselben Person als bezüglich der Zeit des Spielens verlangt werden. Auch mehrere Personen können ein Glücksspiel halten und verlieren diese Eigenschaft dadurch nicht, daß sie die Stelle des Spielgegners nach der Natur des Spieles oder nach Uebereinkunft zeitweise mit derjenigen des Spielers vertauschen und jeder Akt des Spielens schließt das Halten eines Glücksspieles in sich, wenn dabei einer der Betheiligten sich als der Spielgegner der Anderen darstellt. Endlich läßt das angegriffene Urteil nicht erkennen, wie sich dasselbe die neben dem Bankhalten erforderte anderweite Thätigkeit gedacht hat, wodurch das Spiel dem Publikum zugänglich gemacht werden müsse. Wären darunter Handlungen zu begreifen, welche darauf abzielen, die gebotene Spielgelegenheit dem Publikum zur Kenntniß zu bringen, so würde dieser Gesichtspunkt mit der irrigen Auffassung des Oeffentlichkeitsbegriffs zusammen hängen und mit dieser oben bereits widerlegt worden sein. Sind die Spielunternehmer unter sich darüber einverstanden, daß das Glücksspiel von ihnen, wenn auch mit Wechsel der Spielgegnerrolle, unternommen werden soll, und ist der Einzelne in die Funktion des Spielgegners bei dem begonnenen Spiele bereits eingetreten, so läßt sich nicht absehen, welche weitere Thätigkeit noch von ihm erfordert werden sollte, um außer den anwesenden Mitspielern, seien diese die Mitunternehmer oder Dritte, die Gelegenheit zur Betheiligung auch noch anderen nicht anwesenden Personen darzubieten, und noch weniger läßt sich von einer Spieleinrichtung reden, welche im Voraus bereit gehalten werden müsse, wenn das betreffende Spiel besonderer Einrichtungen zu seiner Ermöglichung gar nicht bedarf, wie dieses bei dem vorliegenden nach der gegebenen Beschreibung zweifellos der Fall ist. Dem Berufungsrichter hat unverkennbar der Fall vorgeschwebt, daß es sich um ein Spiel handelt, welches zu seiner Ausführung besondere äußere Veranstaltungen voraussetzt und schon dadurch als gehalten gilt, daß zu diesen Veranstaltungen ein öffentlicher Ort gewählt wird, und ersichtlich ist, daß dieselben dort dritten Personen als Mitspielern zur Verfügung stehen sollen. Diese Form ist jedoch nicht die ausschließliche, in welcher die fragliche Uebertretung begangen werden kann. Dieselbe liegt in nicht geringerem Maße auch dann vor, wenn ohne besondere Vorbereitungen es zum Glücksspiel durch Effectuirung desselben wirklich gekommen ist, indem das Gesetz rücksichtlich der Gestaltung in welcher das Spiel erscheint, eine Unterscheidung nicht getroffen hat. Der Berufungsrichter hat sich hiernach aus irrthümlichen Gründen als rechtlich verhindert erachtet, in dem wenn auch nur zeitweisen Bankhalten der Imploraten das Halten eines Glücksspiels zu erkennen und unterliegt daher sein Erkenntniß der Vernichtung.

Antr. d. GStA.: gleichl. [11.—2.]

Druckschriften. – Benennung des Verlegers 2c. – Haftbarkeit des Druckers.

Auch der Drucker einer zur Verbreitung bestimmten Druckschrift, welchem diese Bestimmung derselben bekannt ist, unterliegt der Bestrafung, wenn auf derselben die Nennung des Verlegers, Verfassers oder Herausgebers versäumt ist.

R.-Preß-Ges. v. 7. Mai 1874 §§ 6 u. 19; Vgl. RbOTr. 17. S. 462.

Erk. (S. I.) v. 29. Mai 1878 c. Rackow (293 I. Cr.).

An verschiedenen Orten war ein gedruckter Aufruf zur Wahl einer bestimmten Person zum Reichstagsabgeordneten verbreitet. Auf demselben war die Firma der Druckerei bezeichnet, aus welcher er hervorgegangen war. Namen des Verlegers, Verfassers oder Herausgebers waren nicht angegeben. R. wurde als Inhaber der betreffenden Druckerei deshalb aus §§ 6 und 19 des Preßgesetzes angeklagt aber freigesprochen, weil der Drucker unter allen Umständen nur für die Angabe seines eigenen Namens hafte. Auf NB. der StA.-schaft vernichtete das Ob.-Tr.

Der § 6 des Preßgesetzes v. 7. Mai 1874 bestimmt:

Auf jeder im Geltungsbereich dieses Gesetzes erscheinenden Druckschrift muß der Name und Wohnort des Druckers und, wenn sie für den Buchhandel oder sonst zur Verbreitung bestimmt ist, der Name und Wohnort des Verlegers, oder — beim Selbstvertriebe der Druckschrift — des Verfassers oder Herausgebers genannt sein.

und § 19 Nr. 1 a. a. O. bedroht Zuwiderhandlungen gegen § 6 mit Strafe. Die Annahme des zweiten Richters, daß auf Grund dieser Bestimmungen der Drucker unter allen Umständen nur für die Nennung seines Namens und Wohnorts, nicht aber für die Nennung des Verlegers, Verfassers oder Herausgebers einer zur Verbreitung bestimmten Druckschrift verantwortlich gemacht werden könne, ist rechtsirrthümlich. Die Vorschrift des § 6 enthält eine Bestimmung, wie sie von dem App.-Richter aufgestellt ist, nicht, und auch anderweitig ist nicht nachzuweisen, daß eine solche Beschränkung beabsichtigt sei. Die Vorschrift gehört zu den die „Ordnung der Presse" regelnden Bestimmungen und, wenn auch ihr Zweck vorzugsweise dahin gerichtet ist, für die durch die Presse verübten Delikte die Ermittelung der strafbaren Personen zu sichern, so gilt sie doch allgemein und ohne Rücksicht darauf, ob das hergestellte Preßerzeugniß strafbaren Inhalts ist oder nicht. Im vorliegenden Falle geht der zweite Richter davon aus, daß thatsächlich der Angeklagte, Buchdruckereibesitzer R., über die Bestimmung der von ihm gedruckten Schrift zur Verbreitung ein Bedenken nicht haben konnte. Da hiernach festgestellt ist, daß er schon zur Zeit des Druckes über die im konkreten Falle zu erfüllenden Voraussetzungen des § 6 a. a. O. nicht in Zweifel gewesen ist, so muß er seinerseits für die unterlassene Erfüllung strafrechtlich haften. Die anscheinend abweichende Begründung des Erkenntnisses des Kgl. Ob.-Tr.'s vom 27. Juni 1876 (Goltd. Arch. Bd. 24 S. 630) steht dieser Annahme nicht entgegen, da bei jener Entscheidung ein Fall der vorliegenden Art nicht in Frage war. Vielmehr ergiebt der Umstand, daß auch nach jenem Erkenntnisse der Drucker für haftbar erachtet wird, wenn er bei der Bestellung des Druckes von dem Verleger oder Verfasser zur Angabe ihres Namens Auftrag erhalten hat, eine Uebereinstimmung der früheren Entscheidung mit der gegenwärtigen insofern die erwähnte Annahme rechtlich nur auf den Grundsatz zurückgeführt werden kann, daß der Drucker alsdann für die Nennung des Verfassers oder Verlegers verantwortlich sei, wenn er die Bestimmung der Druckschrift zur Verbreitung gekannt hat. [12.—2.]

Gewerbeordnung. – Fortbildungsschulen. – Orts-Statut. – Strafbestimmungen. – Polizeiverordnung.

Hat eine Gemeinde eine gewerbliche Fortbildungsschule errichtet und auf Grund der in der Gewerbeordnung ertheilten Ermächtigung durch Orts-Statut sämmtliche Lehrlinge, Gesellen und Gehülfen zum Besuche derselben, die Arbeits- und Lehrherren aber zur Gewährung der für diesen Besuch erforderlichen Zeit verpflichtet, so sind die Lehrherren, welche dieser Verpflichtung zuwiderhandeln, aus § 148 Nr. 9 der Gew.-Ordn. strafbar. Für die Lehrlinge ist eine gleiche Strafbestimmung in der Gew.-Ordnung nicht enthalten und kann auch nicht durch eine auf Grund des Polizeigesetzes zu erlassende Polizeiverordnung gegeben werden.

Reichs-Gew.-Ordn. v. 21. Juni 1869 §§ 106 Abs. 2, 142 und 148 Nr. 9; Polizeiges. v. 11. März 1850 §§ 5 und 6.

Erk. (Z. II.) v. 1. Juni 1878 c. Schätzler & Gen. (469 II. Cr.).

Nach § 106 Abs. 2 der Reichs-Gew.-Ordnung können durch Orts-Statut Gesellen, Gehülfen und Lehrlinge, sofern sie das 18. Lebensjahr nicht überschritten haben, zum Besuch einer Fortbildungsschule des Orts, die Arbeits- und Lehrherren aber zur Gewährung der für diesen Besuch erforderlichen Zeit verpflichtet werden. Solche Orts-Statuten ordnen gemäß § 142 der R.-Gew.-Ordn., die ihnen durch das Gesetz überwiesenen gewerblichen Gegenstände mit verbindlicher Kraft, werden nach Anhörung betheiligter Gewerbetreibender auf Grund eines Gemeindebeschlusses abgefaßt und bedürfen der Genehmigung der höheren Verwaltungsbehörde.

Die Stadtgemeinde zu S. hat eine solche gewerbliche Fortbildungsschule errichtet und in dem von der Bezirksregierung genehmigten Orts-Statut u. A. bestimmt:

> § 3. Sämmtliche im Bezirke der Stadt S. wohnenden Lehrlinge, Gesellen und Gehülfen des Handwerker- und Gewerbestandes sind bis zur Vollendung ihres 16. Lebensjahres zum regelmäßigen Besuch der Fortbildungsschule verpflichtet.
>
> § 5. Die Arbeits- und Lehrherren haben die Pflicht, ihren im § 3 bezeichneten Lehrlingen, Gesellen und Gehülfen die zum Besuche der Fortbildungsschule nöthige freie Zeit zu gewähren.

Zur Ausführung dieses Statuts, in welchem eine Strafbestimmung für die diesen Verpflichtungen zuwiderhandelnden Lehrlinge und Lehrherren nicht enthalten ist, hat sodann der Bürgermeister des Orts auf Grund der §§ 5 und 6 des Polizeigesetzes vom 11. März 1850 eine Polizeiverordnung erlassen, die in § 1 die Verpflichtung der Lehrlinge, Gesellen und Gehülfen zum Besuch der Schule dem § 3 des Statuts entsprechend ausspricht, dann aber im § 2 die Arbeits- und Lehrherren außer, wie im § 5 des Statuts, zur Gewährung der nöthigen freien Zeit für die Lehrlinge, Gesellen und Gehülfen auch verpflichtet erklärt, dieselben zum regelmäßigen Besuch der Schule anzuhalten und endlich im § 3 Zuwiderhandlungen gegen die Bestimmungen der beiden ersten Paragraphen mit einer Geldstrafe von 1—9 Mark, im Unvermögensfalle mit entsprechender Freiheitsstrafe, bedroht.

Auf Grund der vorgedachten Polizei-Verordnung wurden mehrere Lehrlinge und Lehrherren vor das (Rhein.) PG. zu S. gestellt und zwar die Lehrlinge unter der Beschuldigung: „die Fortbildungsschule nicht besucht zu haben, obgleich ihnen von ihren Lehrherren die erforderliche Zeit gewährt war," die Lehrherren unter der Beschuldigung: „ihren Lehrlingen die erforderliche Zeit zum Besuch der Schule nicht gewährt, jedenfalls dieselben nicht zum Besuch der Schule angehalten zu haben".

Das PG. erachtete es zunächst für nicht angängig, daß die Polizei-Verordnung die Verpflichtung der Lehrherren, welche die Gew.-Ordnung auf die Gewährung der erforderlichen Zeit für die Lehrlinge beschränke, dahin ausdehne, daß sie die Lehrlinge auch zum Besuch der Schule anzuhalten hätten, fand sodann aber auch die Strafbestimmung für die Nichterfüllung der betreffenden Verpflichtungen in dem § 148 der Gew.-Ordnung — wonach mit Geldstrafe bis zu 50 Thlr. und im Unvermögensfalle mit Haft bestraft wird, 9) wer als Lehrherr seine Pflichten gegen die ihm anvertrauten Lehrlinge gröblich vernachlässigt — und führte aus, daß, da die Gew.-Ordnung in dieser Bestimmung selbst die in Rede stehenden Handlungen und Unterlassungen unter Strafe gestellt und dabei nur die Lehrherren strafbar erklärt habe, nun nicht durch eine Polizei-Verordnung auch die Lehrlinge strafbar erklärt werden könnten. Demgemäß verurteilte das PG. diejenigen Lehrherren, bei welchen es als erwiesen annahm, daß sie ihren Lehrlingen nicht die erforderliche Zeit gewährt hätten, aus § 148 Nr. 9 der Gew.-Ordnung, sprach dagegen diejenigen Lehrherren, bei welchen sie das nicht als erwiesen annahm, wie sämmtliche Lehrlinge frei.

Den von dem PA. allen Freigesprochenen gegenüber ergriffenen Cass.-Rekurs erachtete die GStA.-schaft in Uebereinstimmung mit dem OPr. den Lehrherren gegenüber für unbegründet, dagegen den Lehrlingen gegenüber für begründet.

Dieselbe trat dem PG. darin bei, daß die Polizei-Verordnung, soweit sie die Lehrherrn auch für verpflichtet erkläre, die Lehrlinge zur Schule anzuhalten, ungültig sei. Gemäß den §§ 106 Abs. 2 und 142 der Gew.-Ordnung seien die Verpflichtungen der Lehrlinge und Lehrherren bezüglich der Fortbildungsschulen durch ein von der Gemeinde zu beschließendes Orts-Statut und nicht durch Verordnung der Ortspolizeibehörde zu bestimmen und in diesem sei im vorliegenden Falle den Lehrherren nur die Verpflichtung, den Lehrlingen die erforderliche Zeit zu gewähren, auferlegt. Ueberdies würde aber auch selbst das Orts-Statut eine weitere Verpflichtung der Lehrherren nicht haben aussprechen können, da eine solche mit dem § 106 der Gew.-Ordnung in Widerspruch stehen würde, welcher den Rahmen darstelle, innerhalb dessen sich die Orts-Statuten in ihren Bestimmungen zu halten hätten.

Dagegen erachtete sie es für irrig, wenn das PG. die Strafbestimmung für die Zuwiderhandlungen gegen die betreffenden Verpflichtungen in dem § 148 Nr. 9 der Gew.-Ordn. finde. Gedachter § betreffe nur die bereits in der Gew.-Ordn. selbst den Lehrherren auferlegten Verpflichtungen, stelle auch gar nicht die Erfüllung specieller Verpflichtungen unter eine formelle Strafbestimmung, sondern sehe eine Bestrafung solcher Lehrherren vor, denen im Allgemeinen nach dem Ermessen des Richters eine und zwar gröbliche Vernachlässigung ihrer Pflichten gegen ihre Lehrlinge zur Last falle und beziehe sich endlich nur auf das

Verhältniß zwischen Lehrherren und Lehrlingen, während sich der § 106 und ebenso das vorliegende Orts-Statut zugleich auch auf die Arbeitsherren im Verhältniß zu den Gesellen und Gehülfen erstrecke. Es bedürfe sonach einer besonderen formellen Strafbestimmung, welche die Erfüllung derjenigen Verpflichtungen sichere, zu deren Auferlegung im Wege des Orts-Statuts das Gesetz die Gemeinde ermächtigt habe. Daß eine solche durch das Orts-Statut ausgesprochen werden könne, sei in der Gew.-Ordnung nicht vorgesehen und gehe auch schon um deswillen nicht an, weil es dann an einem gesetzlichen Maße fehlen würde, innerhalb dessen sich die Gemeinden bei ihren Strafbestimmungen zu halten hätten. Wo das Gesetz sonst bestimmte Angelegenheiten der Regelung durch die Gemeinden im Wege des Orts-Statuts oder Regulativs überlasse, habe es, wenn die Gemeinden zugleich befugt sein sollten, in diesen Regulativen Strafen für die Zuwiderhandlungen zu bestimmen, dies ausdrücklich ausgesprochen. So bei den über die Erhebung der Kommunalsteuern zu erlassenden Regulativen durch § 49 Schlußsatz der Rhein. Städte-Ordnung und Art. 7 Schlußsatz des Ges.'s betr. die Rhein. Gemeinde-Verfassung v. 15. Mai 1856, wie § 53 Abs. 4 der Städteordnung für die östlichen Provinzen vom 30. Mai 1853. Die Anwendung administrativer Zwangsmittel sei bei der generellen, ganze Berufsklassen umfassenden Verpflichtung nicht thunlich und bleibe daher nur der Weg einer von der Ortspolizeibehörde innerhalb des Strafmaßes des § 5 des Polizeigesetzes zu erlassenden Polizeiverordnung übrig. Daß nach der Gew.-Ordnung nicht die Ortspolizeibehörde, sondern die Gemeinde die Verpflichtungen bezüglich der Fortbildungsschulen zu regeln habe, schließe nicht aus, daß, nachdem die Gemeinde diese Verpflichtungen durch Orts-Statut geregelt habe, nun die Ortspolizeibehörde durch eine Polizei-Verordnung die Strafbestimmungen für die Nichterfüllung derselben hinzufüge. Grade diese Befugniß zur Hinzufügung von Strafbestimmungen für bestehende Gesetze, in welchen es an einer solchen fehle, habe wenigstens den Regierungen schon vor dem Polizeigesetz auf Grund des § 11 Abs. 2 der Geschäfts-Instruktion v. 23. Oktbr. 1817 zugestanden. Das Polizeigesetz habe die Befugniß der Regierungen und Ortspolizeibehörden zum Erlaß von Polizei-Verordnungen erweitern wollen und sei hiernach anzunehmen, daß dasselbe im § 6 i zu dem, was im besonderen Interesse der Gemeinden polizeilich geordnet werden müsse, grade auch diejenigen Fälle rechne, in welchen, wie im vorliegenden, zur Durchführung eines von der Gemeinde, kraft gesetzlicher Ermächtigung erlassenen Orts-Statuts besondere polizeiliche Strafbestimmungen erforderlich seien.

Das Ob.-Tr. hat den Cass.-Rekurs sowohl den Lehrlingen, als den Lehrherren gegenüber verworfen. Gründe:

In Erw., daß nach §§ 106, 142 der Gew.-Ordnung v. 21. Juni 1869 durch ein auf Grund eines Gemeindebeschlusses abgefaßtes, von der höheren Verwaltungsbehörde genehmigtes Orts-Statut Gesellen, Gehülfen und Lehrlinge, sofern sie das 18. Lebensjahr nicht überschritten haben, zum Besuche einer Fortbildungsschule des Orts, Arbeits- und Lehrherren aber zur Gewährung der für diesen Besuch erforderlichen Zeit verpflichtet werden können;

daß durch § 3 des von der Kgl. Regierung zu D. am 31. August 1877 genehmigten Orts-Statuts, betreffend die gewerbliche Fortbildungsschule zu S., sämmtliche im Bezirke der Stadt S. wohnenden Lehrlinge, Gesellen und Gehülfen des Handwerker- und Gewerbestandes bis zur Vollendung ihres 16. Lebensjahres zum regelmäßigen Besuche der Fortbildungsschule, und durch § 5 desselben Statuts die Arbeits- und Lehrherren derselben verpflichtet erklärt worden sind, ihnen die zum Besuche dieser Schule nöthige freie Zeit zu gewähren;

daß jedoch in dem Statut darüber keine Bestimmung getroffen ist, in welcher Weise die Erfüllung dieser Verpflichtungen gesichert werden soll;

daß es dahin gestellt bleiben kann, ob ihre Erfüllung, soweit sich dieselbe auf die Zukunft bezieht, im Wege der administrativen Exekution erzwungen werden kann, daß aber jedenfalls die begangenen Unterlassungen nur bestraft werden können, wenn sich dieselben als Uebertretungen eines Strafgesetzes darstellen;

daß nun zwar der Bürgermeister zu S. unter Bezugnahme auf die §§ 5 und 6 des Ges.'s v. 11. März 1850 über die Polizeiverwaltung am 19. September 1877 eine Polizei-Verordnung erlassen hat, wonach die Lehrlinge u. s. w. welche die Fortbildungsschule nicht regelmäßig besuchen, sowie die Arbeits- und Lehrherren, welche den Lehrlingen u. s. w. die erforderliche Zeit dazu nicht gewähren und sie zum regelmäßigen Besuche der Schule nicht anhalten, mit einer Geldstrafe von 1—9 Mark event. entsprechender Freiheitsstrafe bedroht sind;

daß jedoch dieser Verordnung verbindliche Kraft nicht beigelegt werden kann, weil die Sorge für eine, gewissen Gesellschaftsklassen noch über das Maß und die Dauer der Volksschulpflicht zu beschaffende Bildung nicht zu den im § 6 des angeführten Gesetzes bezeichneten Gegenständen ortspolizeilicher Vorschriften gehört;

daß das Gegentheil insbesondere nicht aus litt. i a. a. O. gefolgert werden kann, weil die dort getroffene allgemeine Bestimmung in der im § 10 Tit. 17 Th. II des ALR.'s definirten Aufgabe der Polizei, die nöthigen Anstalten zur Erhaltung der öffentlichen Ruhe, Sicherheit und Ordnung und zur Abwendung der dem Publiko oder einzelnen Mitgliedern desselben bevorstehenden Gefahr zu treffen, ihre Erläuterung findet, auch schon die Fassung der Bestimmung:

> „alles Andere, was im besonderen polizeilichen Interesse der Gemeinden und ihrer Angehörigen geordnet werden muß"

die lediglich polizeiliche Ordnung des Besuchs der Fortbildungschulen ausschließt, zumal die Errichtung solcher Schulen und die Aufstellung der Normen für den Besuch derselben dem Ermessen der Gemeinden überlassen und von der Bestätigung der höheren Verwaltungsbehörde abhängig ist;

daß auch aus der Entstehungsgeschichte des § 106 der Gew.-Ordn. etwas Anderes nicht hergeleitet werden kann;

daß vielmehr durch den Reichstag in dem Eingange des § 106 die in dem Regierungsentwurf befindlichen Worte: „die Ortspolizeibehörde" durch die Worte „die nach den Landesgesetzen zuständige Behörde" ersetzt worden sind, weil die Sorge für den Schulunterricht nicht in das polizeiliche Ressort gehöre, hier aber es sich um einen fortgesetzten Schulunterricht handle;

daß hiernach bezüglich der beschuldigten Lehrlinge ein Strafgesetz, welches auf dieselben in Anwendung gebracht werden könnte, überhaupt nicht besteht;

daß auch bezüglich der beschuldigten Lehrherren die Polizei-Verordnung v. 19. Septbr. 1877 keine Anwendung findet, weil dieselbe der gesetzlichen Gültigkeit entbehrt, und ebensowenig die AKO. vom 14. Mai 1825 und 20. Juni 1835 betreffend die Schulzucht, weil dieselben nicht ausdehnend interpretirt werden dürfen;

daß dagegen in dem angegriffenen Urteile die Vorschrift im § 148 Nr. 9 der Gew.-Ordnung mit Recht auf Lehrherren, welche der ihnen durch § 106 a. a. O. auferlegten Verpflichtung zuwiderhandeln, für anwendbar erklärt worden ist;

daß es nämlich nicht blos einen Verstoß gegen das Orts-Statut, sondern auch eine offenbare Vernachlässigung der dem Lehrherrn gegen den ihm anvertrauten Lehrling obliegenden Erziehungspflicht enthält, wenn derselbe dem Lehrlinge die erforderliche Zeit zu einem durch die kompetente Behörde für obligatorisch erklärten Besuche der Fortbildungsschule nicht gewährt, und daß es von den Umständen des einzelnen Falls abhängt, ob diese Vernachlässigung als eine gröbliche anzusehen;

daß indeß im vorliegenden Falle der I. Richter nicht für erwiesen angenommen hat, daß die angeschuldigten Lehrherren den Lehrlingen die erforderliche Zeit zum Besuche der Fortbildungsschule nicht gewährt haben;

daß unter diesen Umständen auch die Freisprechung der beschuldigten Lehrherren erfolgen mußte. [19.—4.]

Vereinsgesetz. – Prozessionen in hergebrachter Art. – Erst seit dem Vereinsgesetz stattgefundene.

Die Bestimmung des Vereinsgesetzes, daß kirchliche Prozessionen, wenn sie in hergebrachter Art stattfinden, einer Anzeige und Genehmigung nicht bedürfen, bezieht sich nur auf die bereits bei Erlaß des Vereinsgesetzes hergebrachten.

Vereins-Gesetz v. 11. März 1850 § 10.

Erk. (Z. II.) v. 1. Juni 1878 c. Walther (521 II. Cr.).

Auf den Willen des Gesetzgebers gesehen, können unter der im § 10 des Vereinsgesetzes gebrauchten Bezeichnung „Prozessionen in der hergebrachten Art" nicht auch solche begriffen sein, welche, wenn auch längere Zeit hindurch, erst nach Emanation des Vereinsgesetzes ohne Anzeige und Genehmigung Statt gefunden haben. Indem das Gesetz in § 10 bestimmt, daß Prozessionen dann der Anzeige und Genehmigung nicht bedürfen, wenn sie in der hergebrachten Art Statt finden, setzt es damit zugleich fest, daß die zur Zeit seiner Emanation nicht hergebrachten Prozessionen angezeigt und genehmigt werden müssen. Das Zuwiderhandeln gegen diese Vorschrift wird im § 17 mit Strafe bedroht. Mit sich selbst würde der Gesetzgeber nun in Widerspruch treten, wenn er, auf der einen Seite die nicht angezeigte Prozession als eine strafbare Handlung hinstellend andererseits anerkennen wollte, daß eben diese Handlung, längere Zeit hindurch ohne Bestrafung fortgesetzt, den rechtlichen Erfolg haben solle, daß dieselbe nunmehr der Anzeige und Genehmigung nicht bedürfe. Eine solche Intention kann auf Seiten des Gesetzgebers nicht unterstellt werden. Diesem, die Auffassung und Auslegung des § 10 bestimmenden Gesichtspunkt gegenüber kann auch dem Umstand keine rechtliche Erheblichkeit beigelegt werden, daß die eigenen Organe der Staatsgewalt seither gegen die nicht angezeigten Prozessionen als strafbare Handlungen nicht eingeschritten sind. Denn dieses dem Gesetz nicht entsprechende Verhalten der staatlichen Organe kann den an sich strafbaren Handlungen nicht den Charakter der Gesetzlichkeit verleihen, und vermag insbesondere ebendeshalb auch Dritte, bei denen Kenntniß des Strafgesetzes unterstellt werden muß, nicht in den berechtigten Glauben zu versetzen, daß derartige nicht angezeigte Prozessionen, weil von der Ortspolizeibehörde nicht beanstandet, im Sinne des Gesetzes als Prozessionen in hergebrachter Art anzusehen seien. Es rechtfertigt sich daher die Annahme, daß die Begriffsbestimmung im § 10 „wenn sie in der hergebrachten Art Statt finden" nur und allein auf diejenigen Prozessionen zu beziehen ist, welche zur Zeit des Erlasses des Vereinsgesetzes bereits hergebracht waren. Mit dieser Annahme ist die Anwendbarkeit der Strafbestimmungen der §§ 10 u. 17 des Ges.'s v. 11. März 1850 auf die hier in Rede stehenden Prozessionen, welche festgestelltermaßen erst seit dem Jahre 1850 Statt gefunden haben, von selbst gegeben.

Antr. d. GStA.-schaft.: gleichlautend. Dieselbe machte insbesondere auch noch darauf aufmerksam, daß, wenn man unter den hergebrachten Prozessionen des § 10 des Vereinsgesetzes auch die erst seit Erlaß des Vereinsgesetzes hergebracht gewordenen verstehen wolle, das ebensogut von den mit Genehmigung, als von den ohne Genehmigung stattgefundenen gelten müsse, — ein Resultat, das doch unmöglich von dem Gesetzgeber gewollt sein könne. [19.—4.]

Verjährung. - Unterbrechung. - Voruntersuchung.

Auch im Laufe der Voruntersuchung wird die Verjährung nur durch specielle Handlungen des Richters unterbrochen und die Unterbrechung nicht dadurch perpetuirt, daß das Gericht durch Einleitung der Voruntersuchung zu einer Entscheidung über Erhebung der Anklage berufen ist.

StGB. § 68; Vdn. v. 3. Jan. 1849 § 47.

Erk. (**V. II.**) **v. 4. Juni 1878 c. Oeser** (548 II. Cr.)

Gegen den Angeklagten hatte Voruntersuchung geschwebt und war Anklage auf Grund des § 324 des StGB.'s erhoben worden, weil er vorsätzlich vergiftete Sachen in den Verkehr gebracht haben sollte. Von diesem Verbrechen wurde er freigesprochen, während ihn die Geschworenen für schuldig erklärten, mit arsenikhaltigen Gegenständen gehandelt zu haben, was die Uebertretung einer Regierungsverordnung enthielt. Deshalb zu Strafe verurteilt, rügte er in seiner NB., daß die Uebertretung verjährt sei, weil in der Zeit vom 17. Juli bis 14. Dezbr. keine unterbrechende Handlung des Richters vorgekommen sei. Vernichtung und Freisprechung. Gründe:

Die Ausführung, daß durch die ausgesprochene Einleitung und demnächst erfolgte Führung der Voruntersuchung die dadurch herbeigeführte Unterbrechung der Verjährung der Strafverfolgung bis dahin perpetuirt werde, wo das Gericht dem § 47 der Vdn. v. 3. Jan. 1849 entsprechend in die Lage versetzt worden sei, die ihm vorbehaltene definitive

Entscheidung zu treffen, beruht auf einer irrthümlichen Rechtsanschauung. Nach § 68 des StGB.'s unterbricht nur eine Handlung des Richters die Verjährung, und letztere beginnt wieder von Neuem, sobald die unterbrechende Thätigkeit des Richters aufgehört hat. Das Gesetz hat, abgesehen von dem hier nicht vorliegenden Falle des § 69 a. a. O., der richterlichen Handlung eine über deren Dauer hinaus den Beginn einer neuen Verjährung aufschiebende Wirkung nicht beigelegt. Weder der Wortlaut des Gesetzes spricht dafür, noch der von dem Schwurgerichtshofe angeführte Grund, der in seiner Konsequenz dahin führen würde, die Verjährung einer einmal begonnenen gerichtlichen Strafverfolgung überall auszuschließen, wo nicht von dem Richter selbst die Absicht zu erkennen gegeben worden ist, von weiteren Handlungen gegen den Thäter Abstand zu nehmen. Die zum Schutze des Angeschuldigten gegebene Vorschrift würde durch eine solche augenscheinlich zu weite Interpretation des Begriffs der unterbrechenden Handlung zum großen Theile unwirksam gemacht werden. Das angegriffene Urteil, welches auf unrichtiger Auslegung des Gesetzes beruht, war hiernach, so weit es angegriffen worden, zu vernichten. In der Sache selbst mußte, da zwischen dem 17. Juli v. J. und dem 14. bis 21. Dezember v. J., dem Zeitpunkte der nächsten richterlichen Verfügung, mehr als drei Monate liegen, die Verjährung der Uebertretung, welche nach der Freisprechung des Angeklagten von der auf Grund des § 326 des StGB.'s erhobenen Anklage allein noch den Gegenstand der Strafverfolgung bildete, für vollendet erachtet und diese Strafverfolgung deshalb für ausgeschlossen erklärt werden.

Antr. d. GStA.: gleichl. [19.—3.]

Sachbeschädigung. – Antragsberechtigter.

Bewohner eines fremden Hauses sind als solche nicht ohne Weiteres zur Stellung des Strafantrags wegen daran verübter Beschädigungen legitimirt.

StGB. § 303 [n. 16].

Erk. (B. I.) v. 5. Juni 1878 c. Bohme (424 I. Cr.).

B. und M. bewohnten beide ein der S. zugehöriges Haus. B. mißhandelte die M.'schen Eheleute und schlug dergestalt gegen die Thür ihrer Schlafkammer, daß die Füllung derselben zerbrach. Auf Antrag der M.'schen Eheleute wurde er wegen Körperverletzung und Sachbeschädigung bestraft. Seine NB. machte geltend daß die M. zur Stellung des Strafantrags wegen Sachbeschädigung nicht berechtigt gewesen seien. Sie wurde für begründet erachtet.

Der Strafantrag ist nach Inhalt der Verhandlungen nur von den Eheleuten Eheleuten M. gestellt und muß deshalb angenommen werden, daß der I. Richter und mit ihm zugleich der Berufungsrichter die gedachten Eheleute als antragsberechtigt erachtete. Diese Annahme läßt sich nicht ohne Weiteres als richtig anerkennen. Nach Inhalt der Verhandlnngen, wie solche gegenwärtig liegen, ist die unv. S. Eigenthümerin des beschädigten Hauses, in welchem die Eheleute M. wohnen. Ob und auf welches Recht dieses Bewohnen sich gründet und inwieweit dadurch den Eheleuten M. die Befugniß ertheilt wird, für sich oder in Vertretung der Eigenthümerin den Strafantrag zu stellen, wird durch die Verhandlungen nicht klar gestellt, daher die Strafverfolgung dieser selbständigen Handlung nicht gerechtfertigt. [11.—2.]

Urkunde. - Gebrauch. - Feststellung.

Zur Anwendung des § 270 des StGB.'s bedarf es der Feststellung, daß der Gebrauch einer falschen Urkunde im Sinne des § 267 und in rechtswidriger Absicht stattgefunden habe.

StGB. § 270 [n. 1 und 5].

Erk. (B. I.) v. 5. Juni 1878 c. Pokrz. (473 I. Cr.).

P. hat Behufs Entlassung seines Sohnes aus der Schule bei angeblich erreichtem 14. Lebensjahr ein mit dem Namen eines Pfarrers unterzeichnetes, von R. angefertigtes Schriftstück darüber vorgelegt, daß der Knabe am 26. Febr. 1860 geboren sei, wie dies auf Grund der Tauf- und Kirchenbücher bescheinigt werde. Es war die Abschrift eines von dem betreffenden Pfarrer wirklich ausgestellten, aber nicht untersiegelten Taufscheins, in welcher nur statt des im Original enthaltenen Geburtsjahrs 1861, die Geburtszeit auf 1860 angegeben und das Datum verändert war. Die aus § 270 des StGB.'s erhobene Anklage bezeichnete den falschen Geburtsschein als öffentliche Urkunde; das erste Urteil nannte ihn ohne weitere Erörterung Urkunde; das zweite verneinte die Eigenschaft einer öffentlichen Urkunde wegen mangelnden Siegels (AGO. I. 10 § 128), nahm aber an: die Schrift bilde eine Privaturkunde, weil darin die Geburt des Knaben „auf Grund des Taufregisters und Kirchenbuchs pflichtmäßig" bescheinigt sei. Rechtswidrige Absicht war nicht ausdrücklich festgestellt. Auf NB. des R. wurde vernichtet und zurückverwiesen.

Die von dem App.-Richter aufrechterhaltene Feststellung des ersten Richters geht dahin: daß der Angekl. P. Ausgangs des Jahres 1874 von einer falschen Urkunde, wissend, daß sie falsch war, zum Zwecke einer Täuschung im Kreise B. Gebrauch gemacht hat, und daß der Angekl. R dem Angekl. P. durch Rath und That zur Begehung seines Vergehens Ausgangs 1874 im Kreise B. wissentlich Hülfe geleistet hat. Diese Feststellung bietet keine genügende Grundlage für die von den Instanzrichtern erkannte Anwendung der §§ 49, 267, 270 des StGB.'s. Die §§ 267, 270 des StGB.'s erfordern, daß die Urkunde, um die es sich handelt, entweder eine inländische oder ausländische öffentliche Urkunde oder eine solche Privaturkunde sei, welche zum Beweise von Rechten oder Rechtsverhältnissen von Erheblichkeit ist. Im § 270 ist zwar dieses im § 267 aufgestellte Erforderniß nicht ausdrücklich wiederholt, die Bestimmung des § 270 enthält aber nicht eine in sich abgeschlossene, selbständige Norm, ist vielmehr, wie sich aus ihrer Fassung ergiebt, aus § 267 zu ergänzen und zur Anwendung des § 270 sind daher die Voraussetzungen des § 267 festzustellen. Es ergiebt sich hieraus zugleich, daß die im § 267 erforderte rechtswidrige Absicht auch in den Fällen des § 270 zum Thatbestand gehört. (Vergl. Erkenntniß des Ob.-Tr.'s vom 14. Septbr. 1876, Goltd. Archiv Bd. 24 S. 589). In dem angefochtenen Urteil fehlt es in beiden Richtungen an der erforderlichen Feststellung.

Bezüglich der rechtswidrigen Absicht hat der App.-Richter, ebenso wie der erste Richter, eine Prüfung überhaupt nicht eintreten lassen. Bezüglich der Urkundenqualität ist der App.-Richter davon ausgegangen, daß der erste Richter die in Rede stehende Urkunde als eine Privaturkunde angesehen habe; er hat aber außer Acht gelassen, daß die Beweiserheblichkeit der Privaturkunde nicht festgestellt war und daher die fehlende Feststellung hätte nachgeholt werden müssen.

Antr. d. GStA.: gleichl. [12.—2.]

Wechselstempel. – Erwerber eines ungestempelten Wechsels. – In welchem Augenblicke strafbar?

1. Der Erwerber eines ungestempelten Wechsels ist zwar nach den §§ 4 und 5 des Wechselstempelgesetzes als Theilnehmer an dem Umlaufe desselben ohne Weiteres für den Stempel mit verhaftet, unterliegt aber einer Strafe wegen der unterlassenen Verstempelung nicht eher, als bis er seinerseits eine der im § 11 bezeichneten Verfügungen in Betreff des Wechsels vornimmt.

2. Im Sinne dieses § 11 ist unter einer auf den Wechsel geleisteten Zahlung eine auf die Wechselschuld, also seitens eines Wechselschuldners oder für denselben geleistete Zahlung, nicht aber eine die wechselmäßige Verpflichtung gar nicht berührende Zahlung der Valuta von seiten des Indossatars an den Indossanten zu verstehen.

Wechselstempelgesetz v. 10. Juni 1869 §§ 4, 5, 11 und 15; Anweisg. des Fin.-Min. v. 19. Dezbr. 1869 Nr. 8 (JMBl. 69. S. 283).

Erk. (B. II.) v. 13. Juni 1878 c. Horstmann (497 II. Cr.).

Bei der Revision der H.'r Diskontobank durch den Stempelfiskal hat sich ein von C. Oechelhäuser auf T. Meyer und Schabedissen gezogener, an eigene Ordre gestellter Wechsel de dato Herford, 15. April 1877 über 114,77 Mk. vorgefunden, welcher auf der Rückseite ein Blankogiro des Oechelhäuser trug, mit einer Stempelmarke aber nicht ver-

versehen war. Nach der thatsächlichen Feststellung des Appell.-Richters hat der Angeklagte diesen Wechsel für die von ihm vertretene Diskontobank gegen Aushändigung der Wechselsumme erworben und die Versteuerung des Wechsels unterlassen. Der App.-Richter findet hierin einen Verstoß gegen § 11 des Gesetzes betreffend die Wechselstempelsteuer v. 10. Juni 1869 und hat deshalb das den Angeklagten wegen Wechselstempelhinterziehung verurteilende Erkenntniß erster Instanz bestätigt. Die von dem Angeklagten eingelegte NB. mußte für begründet erachtet werden. Daß die Entrichtung der Stempelabgabe hätte erfolgen sollen, bevor der Wechsel von dem Aussteller aus den Händen gegeben wurde, ist nach § 6 des Gesetzes unzweifelhaft und wird von dem Angeklagten nicht bestritten. Derselbe vermag auch nicht in Abrede zu stellen, daß er durch den Erwerb des Wechsels nach § 5 a. a. O. Theilnehmer an dem Umlaufe desselben geworden und als solcher gemäß § 4 für die Entrichtung des Stempels mit dem Aussteller solidarisch verhaftet ist. Allein er ist der Ansicht, daß er die Strafe der Wechselstempelhinterziehung erst dann verwirkt haben würde, wenn er seinerseits den Wechsel aus den Händen gegeben oder eine der im § 11 des Gesetzes erwähnten Handlungen mit demselben vorgenommen hätte, und er behauptet, daß die von ihm geleistete Zahlung der Diskontirungsvaluta von dem App.-Richter zu Unrecht als eine solche Handlung angesehen worden sei, da er jene Zahlung nicht als Inhaber des Wechsels, auch nicht auf den Wechsel geleistet habe. Diese Ausführung erscheint zutreffend. In den §§ 4 u. 5 des Gesetzes sind die Voraussetzungen im Allgemeinen bezeichnet, unter welchen der Inhaber eines Wechsels die solidarische Haftbarkeit für den Betrag der Stempelabgabe überkommt, in dem § 11 diejenigen, unter welchen er die Strafe der Wechselstempelhinterziehung verwirkt. Die Voraussetzungen sind in beiden Fällen keineswegs identisch. Während die Verhaftung für die Abgabe mit dem Zeitpunkte beginnt, wo der Inhaber des Wechsels denselben angenommen, hat sich bezüglich des Eintritts der Strafbarkeit, wie die Motive zu dem Gesetze besagen (Stenogr. Berichte Bd. 3 S. 513) nichts Anderes bestimmen lassen als daß dieselbe dann eintritt, wenn der unversteuerte Wechsel weiter in Umlauf gebracht ist oder sonst Geschäfte damit gemacht sind. Demgemäß hat der § 11 des Gesetzes darüber Bestimmungen getroffen, bis zu welchem Zeitpunkte und unter welchen Voraussetzungen diejenigen Personen, welche an dem Umlaufe eines mit dem erforderlichen Stempel nicht versehenen Wechsels sich betheiligen, die unterbliebene Versteuerung nunmehr selbst zu bewirken verpflichtet sind. Danach muß dieser Verpflichtung genügt sein, bevor sie den Wechsel unterzeichnen, veräußern, verpfänden, zur Zahlung präsentiren, Zahlung darauf empfangen oder leisten, eine Quittung darauf setzen, Mangels Zahlung Protest erheben lassen oder den Wechsel aus den Händen geben. Der im § 5 erwähnte „Erwerb" des Wechsels findet sich unter diesen Thätigkeiten nicht genannt. Der Erwerber eines Wechsels, obschon derselbe nach §§ 4 und 5 des Gesetzes als Theilnehmer an dem Umlaufe desselben anzusehen und für den Betrag des Stempels mitverhaftet ist, unterliegt hiernach einer Strafe wegen der unterlassenen Versteuerung desselben nicht, so lange er nicht seinerseits eine der im § 11 bezeichneten Verfügungen vornimmt. Es ergiebt sich dies auch noch insofern aus der Fassung des § 11, als daselbst der Verpflichtete als Inhaber des Wechsels bezeichnet wird und der Regel nach der Besitz des Wechsels und damit die Möglichkeit, den fehlenden Stempel zu verwenden, erst durch den Erwerb des Wechsels erlangt wird, übrigens selbst derjenige der vor dem Erwerbe des Wechsels die Verwendung ermöglicht hätte, wegen des zur Zeit obwaltenden Mangels eigener Berechtigung einen wirkungslosen Akt vorgenommen haben würde — Vgl. das Erk. des Ob.-Tr.'s v. 20. Novbr. 1874, Oppenhoff Rechtspr. Bd. 15. S. 805. — War aber hiernach — wie auch in der Anweisung des Finanz-Ministers v. 19. Dezbr. 1869 betreffend das Strafverfahren wegen

Wechselstempelhinterziehung (abgedruckt im Justiz-Min.-Bl. von 1869 S. 283) anerkannt ist — der Angeklagte nicht schon deshalb strafbar, weil er den Wechsel erworben, so kann er auch nicht dadurch die Strafe verwirkt haben, weil er Behufs dieses Erwerbs eine Zahlung an seinen Giranten geleistet hat, gleichviel ob diese Zahlung vor oder nach Empfang des Wechsels erfolgt ist. Bezüglich einer Zahlung vor dem Empfange des Wechsels ist schon entscheidend, daß dieselbe von ihm nicht als Inhaber des Wechsels geleistet worden ist. Aber auch bezüglich einer später geleisteten Zahlung kann der § 11 des Ges.'s v. 10. Juni 1869 keine Anwendung finden, weil unter einer auf den Wechsel empfangenen oder geleisteten Zahlung nur eine auf die Wechselschuld, also eine Seitens des Wechselschuldners oder für denselben geleistete Zahlung verstanden werden kann, nicht aber eine die wechselmäßige Verpflichtung gar nicht berührende Erfüllung eines Abkommens zwischen dem Indossanten und dem Indossatar. Der App.-Richter, welcher Zahlungen, die für den Erwerb des Wechsels an den Indossanten geleistet werden, unter die Zahlungen subsumirt, von welchen der § 11 des Gesetzes handelt, hat somit diesen § durch unrichtige Anwendung verletzt. Sein Erkenntniß mußte daher vernichtet werden. In der Sache selbst war auf Freisprechung des Angeklagten zu erkennen, da der von den Instanzrichtern festgestellte Sachverhalt ergiebt, daß dem Angeklagten überhaupt kein strafbarer Verstoß gegen das Wechselstempelsteuergesetz zur Last fällt.

Antr. d. GStA.: gleichl. [19.—4.]

Nichtigkeitsbeschwerde. - Rechtfertigung. - Zu Protokoll diktirt.

Eine von dem Angeklagten zu Protokoll diktirte Rechtfertigung der Nichtigkeitsbeschwerde ist ungültig.

Ges. v. 3. Mai 1852 Art. 110 Abs. 4 [n. 47 und 48].

Erk. (Z. II.) v. 13. Juni 1878 c. v. Pezel (530 II. Cr.).

In Erw., daß dem Angeklagten das App.-Erkenntniß

mit den Gründen in der öffentlichen Sitzung v. 25. Jan. 1878, der er persönlich beigewohnt, mündlich verkündigt worden ist und er sich darauf am 4. Febr., also noch rechtzeitig, bei der von dem Gericht erster Instanz dem Kreisgericht zu St., ressortirenden Gerichts-Deputation zu P. mit dem Antrage gemeldet hatte, die Anmeldung seiner NB. zum gerichtlichen Protokoll zu nehmen;

daß er an den damals als Wochendeputirten fungirenden Aktuarius gewiesen und von diesem aufgefordert, seine Beschwerden anzugeben, das Verlangen gestellt hat, dieselben diktiren zu dürfen, daß er sie darauf wirklich einem Schreiber in die Feder diktirt und nach Verlesung dieses Diktats durch den Aktuarius, von diesem auf die darin enthaltenen unpassenden Aeußerungen hingewiesen, erklärt hat, dieselben könnten oder sollten so stehen bleiben und daß demnächst die so entstandene, in die Form eines Protokolls gebrachte Schrift von ihm und von dem Aktuarius unterzeichnet worden ist;

daß die Vorschrift im Art. 110 des Ges.'s v. 3. Mai 1852, wonach Anmeldung und Rechtfertigung der NB. des Angeklagten von demselben entweder zum gerichtlichen Protokoll erklärt, oder in einer Schrift eingereicht werden müssen, die von einem zum Richteramte befähigten Rechtsverständigen legalisirt ist, den Zweck hat, auf die formale Richtigkeit der Verhandlung bezw. der Schrift und auf Entfernung alles offenbar Ungehörigen, Ungeeigneten und dem Zweck nicht Entsprechenden hinzuwirken;

daß aus diesem Grunde die bloße Ueberreichung einer nicht legalisirten Rechtfertigungsschrift zum gerichtlichen Protokolle jederzeit für unstatthaft erachtet worden ist, (vgl. die Entsch. d. Ob.-Trib. in Goltdammers Archiv Bd. II S. 810, 811; Bd. V S. 79; Bd. IX. S. 117; JMBl. 1854 S. 301) daß aber ein vom Angeklagten selbst diktirtes Protokoll mit einer solchen Schrift auf völlig gleicher Linie steht. [5.—4.]

1. Jagdvergehen. - Fallwild. - Jagdfolge.
2. Rehkalb. - Feststellung. - Alter.

1. Die Verfolgung eines im eigenen Jagdreviere angeschossenen und auf fremdem Reviere verendeten Wildes und die Aneignung desselben sind strafbar aus

§ 292 [n. 5, 9] des StGB.'s.

2. Die Feststellung, daß das geschossene Reh ein Rehkalb gewesen, genügt, wenn nicht ausdrücklich die Behauptung aufgestellt ist, daß das Thier schon im vorangegangenem Jahre geboren sei, zur Anwendung des

Ges.'s v. 26. Febr. 1870 §§ 1, 5 Nr. 4.

Erk. (Z. I.) v. 14. Juni 1878 c. Schüttke (289 I. Cr.).

Der Angeklagte hatte auf seiner Pachtjagd ein Reh, welches der erste Richter in seiner Feststellung als Rehkalb bezeichnete, angeschossen, auf das fremde Nachbarrevier verfolgt und sich dort, wo es verendet, angeeignet. Deshalb aus § 292 des StGB.'s und § 5 des Ges.'s v. 26. Febr. 1870 bestraft rügte seine NB., daß die Verfolgung und Aneignung des auf eigenem Jagdrevier geschossenen Wildes kein Jagdvergehen sei und das Reh nicht als Kalb angesehen werden dürfe, so lange nicht festgestellt sei, daß es erst in demselben Jahre geboren sei.

Zurückweisung. Gründe:

Die Jagdfolge, welche in der Verfolgung von angeschossenem oder angehetztem Wild auf fremdem Jagdrevier besteht, schließt begrifflich eine Ausübung der Jagd in sich und diese fällt auch beim Vorhandensein der landrechtlichen Voraussetzungen und Modalitäten (§ 130 seq. des ALR.'s Th. I Tit. 9) in Ermangelung der Erlaubniß des Jagdinhabers unter die Strafbestimmung des § 292 a. a. O., nachdem durch § 4 des Ges.'s v. 31. Oktbr. 1848 (GS. S. 343) das Recht der Jagdfolge in Preußen aufgehoben ist. Der Thatbestand des § 292 wird ferner dadurch nicht ausgeschlossen, daß das im fremden Jagdrevier aufgesuchte Wild dort verendet war. Das ausschließliche Besitznahmerecht des Jagdinhabers, welches § 292 zu schützen bestimmt ist, begreift den gesammten Wildstand seines Jagdreviers

(§ 44 des ALR.'s II. 16). Es begründet auch keinen Unterschied, ob das verendete Wild auf einem anderen Jagdrevier angeschossen war. Mit dem Anschießen des Wildes auf dem anderen Jagdrevier durch den dortigen Jagdberechtigten war die Occupation wohl begonnen, aber nicht vollendet (§ 129 des ALR.'s I. 9). Jede weitere auf die Occupation gerichtete Handlung desselben innerhalb des Reviers, wo das Wild gefallen war, enthält einen strafbaren Eingriff in das ausschließliche Occupationsrecht dieses Revierinhabers, sofern sie nicht ausschließlich in dessen Interesse erfolgte.

[2.] Daß das vom Forstaufseher F. in der Forst verendet vorgefundene Stück Rehwild, welches Angeklagter nach der Annahme der Instanzrichter am Tage zuvor, auf seinem Jagdrevier geschossen hat, ein Rehkalb gewesen sei, ist vom Angeklagten nicht besonders verneint worden. Derselbe hat vielmehr bei Gelegenheit der gedachten polizeilichen Vernehmung erklärt, daß er jenes Rehwild bei der Vorzeigung durch F. „nicht darauf angesehen habe, ob es ein Reh oder ein Rehkalb gewesen sei" und in der Appellationsschrift dasselbe ohne nähere Bestimmung nur im Allgemeinen als „Reh" bezeichnet. Selbst wenn aber der Angeklagte im Hinblick auf § 1 des citirten Gesetzes, auch ausdrücklich in Abrede genommen hätte, daß jenes Rehwild ein Rehkalb gewesen, so konnte er die betreffende — vom App.-Richter für unbedenklich erachtete — Feststellung des ersten Richters mit Erfolg nur anfechten, wenn er neue Thatsachen und Beweismittel dafür beibrachte, daß das Stück Rehwild vor dem 1. Jan. 1877 geboren war. Dies hat er nicht gethan und damit zerfällt der von der NB. dem App.-Richter gemachte Vorwurf, daß derselbe nicht besonders festgestellt habe, „daß das fragliche Thier im Laufe des Jahres 1877 geboren sei". Die Feststellung: „daß der Angeklagte ein Rehkalb auf seinem Reviere geschossen habe" erfüllt den Thatbestand des § 5 Nr. 4 des Wildschongesetzes, und ihre Begründung läßt einen Rechtsirrthum nicht erkennen.

Antr. d. GStA.: gleichl. [17.—3.]

Gewerbebetrieb im Umherziehen. – Untergeordnete Hülfeleistungen.

Untergeordnete Hüleleistungen bei dem Gewerbebetrieb eines Andern stellen keinen Betrieb des Gewerbes für dessen Rechnung dar. Das Mitführen von Begleitern zu diesem Zwecke unterliegt daher nur der Bestrafung aus § 30 des Regulativs vom 28. April 1824.

Reg. v. 28. April 1824 §§ 28, 30.

Erk. (Z. I.) v. 19. Juni 1878 c. Adler (426 I. Cr.).

A. hat das Gewerbe als Marionettenspieler umherziehend ausgeübt und den in seinem Gewerbeschein nicht aufgeführten G. zeitweise mit sich umhergeführt. G. hat einige Wochen gegen eine geringe Entschädigung die gewerbliche Thätigkeit des A. durch Trommelschlagen bei dessen Vorstellungen hülfeleistend unterstützt. A. ist deshalb aus §§ 20, 30 des Hausir-Reg. v. 28. April 1824 bestraft. Die NB. der StA.-schaft rügt, daß nicht die höhere Strafe des § 28 erkannt sei, wird aber vom Ob.-Tr. zurückgewiesen.

Auf den festgestellten Thatbestand hat der App.-Richter den § 28 des Hausir-Regulativs mit Recht nicht für anwendbar erachtet. Der § 28 cit. bedroht nämlich den Gewerbeschein-Inhaber mit der im § 26 ebendaselbst bestimmten Steuerdefraudationsstrafe nur dann:

> „wenn er seinen Gewerbeschein an einen Dritten verleiht, überläßt oder abtritt oder anderen Mißbrauch damit treibt, oder wenn das Gewerbe für Rechnung des Inhabers von einer dritten im Gewerbeschein nicht genannten Person getrieben wird“.

Daß A. seinen Gewerbeschein an G. überlassen oder abgetreten oder anderen Mißbrauch damit getrieben habe, hat der App.-Richter nicht festgestellt. Ohne Rechtsirrthum hat er aber auch ferner angenommen, daß in der untergeordneten Hülfeleistung des G. bei den von A. selbst und für eigene Rechnung gegebenen Theater-Vorstellungen ein Betreiben des Gewerbes für A.'s Rechnung nicht gefunden werden könne. Denn diese Hülfeleistung stellt weder einen Allein- noch einen Mitbetrieb des in Rede stehenden Gewerbes für A.'s Rechnung im Sinne des § 28 cit. dar (cfr. Oppenhoff Rechtspr. Bd. IX. S. 510). Es ist zwar richtig, daß der § 13 des Hausir-Regulativs den Gewerbtreibenden, welche ihr Gewerbe im Umherziehen ausüben, — mit Ausnahme bestimmter Klassen, zu welchen der Angekl. A. unzweifelhaft nicht gehört, — nur die Mitführung von im Gewerbescheine benannten und signalisirten Begleitern zum Transport der Waaren oder zur Wartung des Gespanns, nicht aber von eigentlichen Gewerbsgehülfen gestattet. Allein die Zuwiderhandlung gegen diese Vorschrift ist, insoweit der Gewerbsgehülfe das Gewerbe nicht selbstthätig für Rechnung des Gewerbeschein-Inhabers betreibt, unter den im § 28 l. c. mit der Steuerdefraudationsstrafe bedroheten Uebertretungen nicht mit erwähnt und fällt deshalb, wie der App.-Richter mit Recht annimmt, unter den Gesichtspunkt der bloßen „Ordnungswidrigkeiten" im Sinne des § 30 des Hausir-Regulativs. Der von der NB. nebenbei in Bezug genommene § 49 des R.-StGB.'s paßt auf die Zuwiderhandlung des Angekl. A. nicht, sondern hätte eventuell nur bei der gar nicht angefochtenen Bestrafung des Mitangekl. G. in Frage kommen können. Auch die eventuelle Rüge der Nichtanwendung des § 149 Nr. 5 der R.-Gew.-Ordnung in Verbindung mit dem Gesetze v. 12. Juni 1872 kann für zutreffend nicht erachtet werden, weil die §§ 30 und 31 des Hausir-Regulativs durch die nur die polizeiliche Seite des Gewerbebetriebs im Umherziehen regelnde Reichsgewerbe-Ordnung nicht außer Kraft gesetzt sind.

Antr. d. GStA.: gleichl. [15.—2.]

Erpressung. - Rechtswidriger Vermögensvortheil.

Nicht die Erlangung der Zahlung einer fälligen Schuld oder einer Sicherheitsleistung dafür von dem Schuldner, wohl aber die der Uebernahme einer selbstschuldnerischen Mitverpflichtung eines Nichtverpflichteten für diese Schuld, bildet einen rechtswidrigen Ver-

mögensvortheil, wenn dem Gläubiger darauf kein Recht zustand.

StGB. § 253 [n. 5]; Vgl. RdOTr. 16. S. 585; 18. S. 341, 564.

Erk. (Z. I.) v. 19. Juni 1878 c. L. (371 I. Cr.).

Die Pachter K. und S. hatten gemeinschaftlich ein Gut in Pacht. Sie waren dem L. Geld schuldig. Dieser fürchtete seine Forderung an K. zu verlieren, als der Verpachter wegen rückständiger Pacht Sequestration einleiten ließ. Er verlangte deshalb von ihm einen Wechsel seiner vermögenden Ehefrau über 9000 Mk. K. lehnte dies Verlangen ab. Einmal war eine Vereinbarung zwischen L., K. und S. projektirt wonach K. aus der Pacht ausscheiden und S. seine Schuld übernehmen; er aber den Wechsel seiner Frau beschaffen sollte. Die Verhandlungen zerschlugen sich aber durch den Rücktritt des S. Nunmehr wendete L. Drohungen an um den K. zur Beschaffung des Wechsels der Frau zu bestimmen, aber vergeblich. Er wurde wegen versuchter Erpressung bestraft. Seine NB. rügt: die Annahme der Rechtswidrigkeit des beabsichtigten Vermögensvortheils sei rechtsgrundsätzlich irrig. Es komme nur auf des Verhältniß des Thäters zu dem Bedrohten an, durch dessen Handlungen er Vortheil erlangen wollte; vorliegend also nur darauf, ob L. durch das Accept der Frau K., dessen Beschaffung er von dem Manne forderte, diesem gegenüber einen rechtswidrigen Vermögensvortheil erlangt hätte. Das müsse verneint werden, da ihm gegen diesen eine Forderung zugestanden habe, zu deren Berichtigung er außer Stande gewesen sei. Ebensowenig wie die Erlangung der Zahlung selbst, sei die Erlangung größerer Sicherheit durch die Bestellung eines Bürgen mittels Accepts etwas Rechtswidriges. Dazu komme noch, daß K. sich verpflichtet gehabt habe, den Wechsel zu beschaffen und daß L. den S., der zum Rücktritt nicht berechtigt gewesen sei, zur Erfüllung seiner Verbindlichkeiten und folgeweise auch den K. zur Erfüllung der seinigen selbst im Rechtsweg habe anhalten können. Die NB. wurde zurückgewiesen.

Der materielle Angriff ist nicht begründet. Dies gilt zunächst von der Rüge, die Annahme des Appell.-Richters, der von dem Angeklagten erstrebte Vermögensvortheil sei ein rechtswidriger gewesen, sei rechtsgrundsätzlich unrichtig. Nach der thatsächlichen Feststellung des App.-Richters bestand der vom Angeklagten erstrebte Vermögensvortheil darin, daß K. ihm einen Wechsel seiner Ehefrau im Betrage von 9000 Mk. verschaffen, daß er also die letztere dazu anhalten sollte, sich ihm, dem Angeklagten gegenüber für seine Forderung an K. bis zu dem gedachten Betrage als Selbstschuldnerin mit zu verpflichten. Der Appell.-Richter stellt ferner fest, daß dem Angeklagten ein Recht, diesen Wechsel zu fordern, nicht zur Seite stand, und wenn er von dieser Grundlage aus den erstrebten Vermögensvortheil für einen rechtswidrigen erklärt, so liegt hierin kein Rechtsirrthum, wie dies bereits in den von ihm allegirten Erkenntnissen des Ob.-Tr.'s wiederholt ausgeführt ist. Die Forderung der Bezahlung einer fälligen Schuld vom Schuldner fällt allerdings nicht unter § 253 des R.-StGB.'s, denn darauf hat der Gläubiger ein Recht; auch mag er nach Umständen ein Recht haben, von seinem Schuldner Sicherheitsleistung zu fordern. Allein diese Fälle sind keineswegs, wie die NB. meint, mit dem hier in Rede stehenden, in welchem er einen Vermögensvortheil verlangte, auf den ihm absolut kein Recht zustand, gleichzustellen. Auch die Ausführung der NB., daß der Angeklagte berechtigt gewesen sei, von K. den fraglichen Wechsel zu fordern, weil dieser ihm solchen zu verschaffen versprochen habe, ist nicht zutreffend. Der App.-Richter stellt thatsächlich fest, daß K. dieses Versprechen zwar geleistet habe, aber nicht selbständig daß dasselbe vielmehr nur ein Theil eines zwischen dem Angeklagten, dem K. und S. geplanten Vertragsprojektes v. 3. April 1877 gewesen sei, welches abgesehen davon, daß K. nach seiner Angabe 8 Tage Ueberlegungsfrist erhalten. Dadurch für alle hinfällig geworden sein, daß S., dessen Leistungen Voraussetzung der anderen gewesen, von demselben zurückgetreten sei. Auch bald nachher bezeichnet der App.-Richter das gedachte Uebereinkommen nochmals als Projekt und hält also in dieser Beziehung an der desfallsigen Annahme des ersten Richters fest. Mit dieser Auffassung des Ganzen als eines bloßen im Stadium der Unterhandlungen stecken gebliebenen und vor dem Gedeihen zu einem perfekten Vertrage wieder hinfällig gewordenen Projekts steht es nicht wie die NB. meint, in unlösbarem Widerspruch, wenn der App.-

Richter an der erstgedachten Stelle hinzufügt, es könne dahin gestellt bleiben, ob der Rücktritt des S. dem Angeklagten gegenüber berechtigt gewesen sei oder nicht.

Antr. d. OStA.: gleichl. [9.—2.]

---

1. Zeugenaussage. - Verlesung.
2. Untersuchungsrichter. - Vernehmung.

1. Die Verlesung des Protokolls über eine Zeugenvernehmung ist zur Aufklärung auch dann zulässig, wenn bei dieser Vernehmung die gesetzlichen Formen nicht beobachtet worden sind.

Ges. v 3. Mai 1852 Art. 25 [n. 15].

2. Es ist zulässig den Untersuchungsrichter über die Bekundungen eines Zeugen in der Voruntersuchung zu vernehmen.

Vdn. v. 3. Jan. 1849 § 22 [n. 16].

Erk. (Z. I.) v. 19. Juni 1878 c. Thürolf (683 I. Cr.).

T. ist vom Schwurgerichtshof wegen Mordes verurteilt. Die Ehefrau St. hatte in der Voruntersuchung eine gravirende Zeugenaussage gemacht und beschworen. In der Hauptverhandlung konnte sie wegen Krankheit nicht erscheinen und wurde deshalb ihre kommissarische Vernehmung verfügt. Der Physikus erklärte jedoch wegen ihres Gesundheitszustandes auch eine eingehende Vernehmung durch den Richter für unstatthaft und erachtete es nur für zulässig der Zeugin die in der Voruntersuchung abgegebene Aussage langsam und deutlich vorzulesen und sie zu befragen, ob sie dieselbe genehmige. Dies geschah. Der Physikus las der Kranken in Gegenwart des Gerichts ihre frühere Aussage satzweise vor und erklärte die Zeugin: „Sie habe überall die Wahrheit gesagt und halte ihre frühere Aussage in allen Punkten aufrecht, versichere diese Angaben auch als richtig auf den bereits früher geleisteten Eid". Vorlesung und Unterschrift erklärte der Physikus für unzulässig und versicherte s e i n e Erklärung auf Diensteid. Das Protokoll wurde in der Sitzung auf Antrag des StA.'s nebst dem früheren auf Gerichtsbeschluß zur Aufklärung verlesen; dabei aber den Geschworenen bemerklich gemacht, daß die Vorlesung nicht den Charakter eines Akts der Beweisaufnahme habe, weil die gesetzlichen Formalitäten bei der Zeugenvernehmung nicht beobachtet seien. Außerdem wurde auf Antrag der StA.-schaft der Untersuchungsrichter geladen und über die frühere Vernehmung der St. und den Rekognitionsakt amtseidlich vernommen. Auf dieses Verfahren stützte Th. NB. Sie wurde zurückgewiesen.

[Zu 1.] Der im § 14 der Vdn. v. 3. Januar 1849 aufgestellte Grundsatz der Mündlichkeit und Unmittelbarkeit der Beweisaufnahme erleidet eine durch die Zwecke der Strafrechtspflege gebotene Ausnahme dann, wenn die unmittelbare Vorführung eines für die Entscheidung nicht entbehrlichen Beweismittels unmöglich oder schwer ausführbar ist. Insbesondere ist im § 21 a. a. O. bestimmt, daß, wenn bei dem mündlichen Verfahren die Vernehmung eines Zeugen wegen Krankheit nicht erfolgen kann, die Vernehmung anderweit zu bewirken und das Vernehmungsprotokoll bei dem mündlichen Verfahren vorzulesen sei? Vorausgesetzt ist dabei, daß das Verfahren bei der anderweit bewirkten Beweisaufnahme den durch § 22 Abs. 1 der Vdn. v. 3. Jan. 1849 aufrechterhaltenen gesetzlichen Vorschriften über das Verfahren bei Aufnahme der Beweise entspreche. Ist dies nicht der Fall, so ist eine auf § 21 a. a. O. gestützte Verlesung unzulässig. Die NB. scheint nun, insoweit sie die §§ 21, 22 a. a. O. als verletzt bezeichnet, diesen Angriff darauf zu stützen: daß die am 19. Febr. 1878 wegen schwerer Erkrankung der Zeugin St. erfolgte kommissarische Vernehmung derselben nicht unter Beobachtung aller gesetzlichen Formen ausgeführt worden sei, daß insbesondere — wegen der durch den Zustand der Kranken gebotenen Vorsicht — die Zeugin nicht durch den Richter selbständig vernommen, ihr vielmehr durch den zugezogenen Arzt nur ihre frühere Aussage vorgelesen und deren Richtigkeit von ihr dem Arzt und demnächst dem Richter gegenüber bestätigt, das Protokoll auch der Zeugin nicht vorgelesen worden sei. Es ist anzuerkennen, daß dieses Verfahren nicht den für die Aufnahme der Beweise gegebenen Vorschriften entspricht, daß insbesondere die Unterlassung einer vollständigen Vernehmung der Zeugin durch den Richter, sowie die Unterlassung der Verlesung der Aussage eine Abweichung von den Bestimmungen der §§ 320 und 330 der Crim.-Ordnung enthält,

Allerdings war diese Abweichung durch die Lage der Sache unabweislich geboten, da sich ergeben hatte, daß eine den Vorschriften der Crim.-Ordnung völlig entsprechende Vernehmung nicht ausführbar sei. Diese Nothlage des vernehmenden Richters, welcher seinerseits Alles gethan hat, um die Vernehmung so zu bewirken, wie es der Krankheitszustand der Zeugin zuließ, rechtfertigt auch das stattgehabte Verfahren; diese dringende Nothwendigkeit kann aber die thatsächlich vorgekommenen Abweichungen von dem vorgeschriebenen Verfahren nicht mit der Wirkung, daß sie als nicht vorhanden anzusehen wären, beseitigen. Die Unausführbarkeit der gesetzlich vorgeschriebenen Vernehmung hat vielmehr die Folge, daß die mit Abweichung von den Bestimmungen der Crim.-Ordn. bewirkte, demnach dem § 22 der Vdn. v. 3. Jan. 1849 nicht entsprechende, Vernehmung nicht als eine solche angesehen werden kann, wie sie § 21 a. a. O. voraussetzt, daß daher die auf Grund des § 21 a. a. O. bewirkte Verlesung dieser Aussage die Nichtigkeit begründen würde. Der Implorant selbst behauptet aber gar nicht, daß die Verlesung auf Grund des § 21 a. a. O. erfolgt sei; er führt vielmehr an, daß der Schwurgerichtshof die Verlesung auf Art. 25 des Ges.'s v. 3. Mai 1852 gestützt habe und bemängelt die nach dieser Bestimmung erfolgte und von einer Belehrung der Geschworenen über die Unzulänglichkeit der Vernehmung begleitete Verlesung an sich nicht, behauptet vielmehr eine Verletzung des Art. 25 a. a. O. nur in der Richtung, daß der Gerichtshof die im Art. 25 gezogenen Grenzen der Benutzung von Aussagen der in der mündlichen Verhandlung nicht zu hörenden Zeugen verkannt und dieselben durch die an die Verlesung angeschlossene Vernehmung des Untersuchungs-Richters verletzt, hierdurch auch die Vertheidigung beschränkt habe.

Auch in dieser Richtung ist jedoch der Angriff verfehlt. Allerdings bildet in dem auf dem Grundsatze der Mündlichkeit und Unmittelbarkeit beruhenden Verfahren die Verlesung von Zeugen-Aussagen einen unzureichenden Ersatz für die mündliche Abhörung und das Gesetz hat deshalb, wo es dieselbe gestattet — wie im § 21 der Verordn. vom 3. Jan. 1849 und im Art. 25 des Ges.'s v. 3. Mai 1852 — die für viele Fälle unvermeidliche Ausnahme an Bedingungen geknüpft, welche bezwecken, jenen Grundsatz möglichst aufrechtzuerhalten. Es ist auch nicht bedenklich, daß bei dieser ausnahmsweise zulässigen Vernehmung die Vertheidigung insofern erschwert sein kann, als das bei der mündlichen Verhandlung auszuübende Recht, die Stellung von Fragen an die Zeugen zu beantragen, beeinträchtigt wird, wenn eine persönliche Gegenüberstellung des Angeklagten und der Zeugen nicht stattfindet. Dieser Mißstand ist aber durch die Nothwendigkeit begründet, welche jene Ausnahmebestimmungen veranlaßt haben. Der Nachtheil, welchen der Angeklagte möglicherweise erleidet, wird durch unberechenbare Thatsachen — den Tod, die Krankheit eines Zeugen u. s. w. — durch die Unmöglichkeit einer vollen Durchführung des Mündlichkeits-Prinzips herbeigeführt, nicht durch ein Verschulden des Gerichtshofs. Wenn daher der Implorant auf diese Erschwerung der Vertheidigung hinweist, so trifft diese Ausführung nicht den Richter, sondern das Gesetz, welches ungeachtet der hervorgehobenen Erschwerung die Abweichung von der konsequenten Durchführung der Unmittelbarkeit in gewissen Fällen zuläßt. Aus demselben Grunde ist auch die Bezugnahme auf Art. 77 des Ges.'s v. 3. Mai 1852 verfehlt. Die Möglichkeit eines Kreuzverhörs scheitert mit der Möglichkeit der persönlichen Gegenüberstellung des Angeklagten und der Zeugen. Diese Unmöglichkeit kann also nicht geltend gemacht werden, um die Anwendbarkeit des Art. 25 a. a. O. zu beschränken; vielmehr fällt bei einer auf Art. 25 gegründeten Verlesung die Anwendbarkeit des Kreuzverhörs von selbst fort.

[Zu 2.] Auch die Vernehmung des Unters.-Richters ist durch Art. 25 a. a. O. nicht — wie Implorant meint — ausgeschlossen. Daß der Unters.-Richter über Wahrnehmungen, die er in seiner amtlichen Eigenschaft gemacht hat, als Zeuge vernommen werden könne, ist in wiederholten Entscheidungen des Kgl. Ob.-Trib.'s nachgewiesen worden. (Vgl. die Erk. des Ob.-Tr.'s v. 18. Septbr. 1864, 23. Juni 1869 und 17. März 1871 in Goltd. Arch. Bd. 12. S. 701, Oppenh. Rechtspr. Bd. 10. S. 436 und Bd. 12. S. 168.) Die Behauptung des Imploranten aber, daß hiervon eine Ausnahme zu machen sei, wenn es sich um den Inhalt von Zeugenaussagen handle, daß insbesondere die Verlesung einer Zeugenaussage, welche auf Grund des Art. 25 des Ges.'s vom 3. Mai 1852 erfolgt, nicht durch die Vernehmung des Untersuchungs-Richters ergänzt oder erläutert werden dürfe, wird weder durch eine gesetzliche Bestimmung unterstützt, noch findet sie einen Anhalt in der Berücksichtigung der legislatorischen Gründe auf denen die Bestimmung des Art. 25 beruht. Kann die Vernehmung eines Zeugen in in der mündlichen Verhandlung nicht erfolgen und wird aus diesem Grunde die Verlesung der protokollirten Aussage beschlossen, dann ist es eine wesentliche Aufgabe des Gerichtshofs, die Geschworenen wenn möglich nicht auf die Kenntnißnahme des Protokolls zu beschränken, sondern soweit Mittel dazu vorhanden sind, ihnen die näheren Umstände, unter denen die Aussage abgegeben worden ist, die Wahrnehmungen, welche dabei gemacht worden sind, vorzuführen, um ihnen diese für die Beurteilung der Aussage bei der Unausführbarkeit der persönlichen Abhörung des Zeugen besonders wichtigen Umstände nicht vorzuenthalten. Die Verlesung des Zeugnisses findet durch solche weitere Erörterungen eine dem Prinzip der Mündlichkeit durchaus nicht widersprechende Ergänzung. Nicht die Zeugenaussage wird, wie Implorant ausführt, den Geschworenen durch das Organ eines Anderen vorgeführt, sondern das Material für die Würdigung jener Aussage wird ihnen durch eine unmittelbare Beweisaufnahme gegeben, und diese Bedeutung der Vernehmung des Untersuchungsrichters wird auch nicht verändert, wenn bei dieser Vernehmung auf den Inhalt der Aussage des von ihm vernommenen Zeugen eingegangen wird. Es kann daher unerörtert bleiben, ob die gesetzliche Begrenzung des Rechtsmittels der NB. ein Eingehen auf den Inhalt des Zeugnisses des Stadtgerichtsraths H. überhaupt gestattet. Selbst wenn man dies annimmt, ist der Angriff nicht begründet.

Antr. d. GStA.: gleichl. [12.—2.]

Skrutinialverfahren des StA. – Haftbeschluß des Gerichts.

Die Gerichte haben auf Antrag der Staatsanwaltschaft über die Verhaftung eines vorläufig festgenommenen Beschuldigten auch in dem Falle Beschluß zu fassen, daß die Staatsanwaltschaft nicht zugleich die Einleitung einer gerichtlichen Voruntersuchung beantragt, sondern die Voruntersuchung im sogenannten Skrutinialverfahren an sich behält.

Vdn. v. 3. Jan. 1849 § 13; Sic.: GA. 16. S. 333; Stemann S. 107 und Löwe S. 130. Contra: Oppenhoff n. 1 zu § 13.

Beschl. (II.) v. 21. Juni 1878 c. Erley (109 B. II. Cr.).

Der StA. zu D. ließ den eines schweren Diebstahls beschuldigten E. dem dortigen KG. mit dem Antrage auf Erlaß eines Haftbefehls vorführen, ohne zugleich die Einleitung einer gerichtlichen Voruntersuchung zu beantragen. Das KG. lehnte den Erlaß eines Haftbefehls ab, weil das Gericht die Verhaftung eines Beschuldigten nur dann beschließen könne, wenn gegen denselben Anklage erhoben oder die Einleitung einer gerichtlichen Voruntersuchung beantragt sei. Die StA.-schaft erhob Beschwerde zum AG. und gegen den diese zurückweisenden Beschluß des AG. weiter zum Ob.-Tr. Letzteres hob den Beschluß des AG. auf und verwies die Sache zur anderweiten Beschlußfassung über die Beschwerde an das AG. zurück. Gründe:

In Erw., daß das App.-Gericht zu H. die über den Beschluß des Kgl. Kreisger. zu D. v. 13. März cr., den eines schweren Diebstahls Beschuldigten E. der Haft zu entlassen, erhobene Beschwerde der StA.-schaft lediglich aus Rechtsgründen zurückgewiesen hat;

daß diese Gründe jedoch nicht für zutreffend erachtet werden können;

daß insbesondere die in dem angefochtenen Beschlusse angezogenen § 13 der Vdn. v. 3. Jan. 1849 und §§ 4 u. 5

des Ges.'s v. 12. Febr. 1850 die daraus gezogene Folgerung nicht rechtfertigen, daß die Fortdauer der Haft einer vorläufig festgenommenen Person nur dann beschlossen werden dürfe, wenn gegen dieselbe entweder Anklage erhoben worden oder die Einleitung der Voruntersuchung beantragt sei;

daß nämlich kein ausreichender Grund vorhanden ist, unter der Voruntersuchung des § 13 der Vdn. v. 3. Jan. 1849 nur die gerichtliche Voruntersuchung zu verstehen, von welcher in den §§ 42 seq. a. a. O. gehandelt wird;

daß hiergegen schon der Umstaud spricht, daß die gerichtliche Voruntersuchung erst an einer späteren Stelle der Verordn. definirt wird, ihr Begriff daher an der früheren Stelle nicht ohne Weiteres vorausgesetzt werden kann, wie denn auch in dem § 16 der Verordn., wo von der Voruntersuchung in dem Sinne der §§ 42 seq. die Rede ist, diese §§ in parenthesi allegirt worden sind;

daß aber auch bereits in den vorhergehenden §§ 4 u. 7 polizeiliche Voruntersuchungen und Untersuchungsverhandlungen, welche das Gericht auf Antrag des Staatsanw. vorzunehmen hat, so wie Verhaftungen, welche bei Gelegenheit derselben stattfinden können, erwähnt sind;

daß daher für den Gesetzgeber die Nothwendigkeit vorlag, die Befugnisse der Gerichte auch bezüglich dieser Verhaftungen zu regeln;

daß eine solche Regelung durch das damals in Kraft stehende, dem Gesetze v. 12. Februar 1850 zur Grundlage dienende Gesetz v. 24. Septbr. 1848 zum Schutze der persönlichen Freiheit nicht in genügender Weise erfolgt war, da dieses Gesetz nur die bei der Verhaftung einzuhaltenden Formen betraf;

daß hiernach angenommen werden muß, daß durch § 13 der Vdn. v. 3. Jan. 1849 der Umfang der Zuständigkeit der Gerichte bezüglich der Verhaftungen auch für die Fälle hat bestimmt werden sollen, in denen die Gerichte noch nicht selbständig mit der Untersuchung befaßt sind und daß unter der Voruntersuchung des § 13 das ganze der im

§ 11 erwähnten Eröffnung der Untersuchung vorausgehende Verfahren zu begreifen ist;

daß sich hieraus die Verpflichtung der Gerichte ergiebt, über die Fortdauer der Verhaftung oder Freilassung eines vorläufig zur Haft gebrachten Angeschuldigten auf Grund einer materiellen Prüfung der Sachlage zu befinden, einer Prüfung, welche durch § 206 seq. der Crim.-Ordn. geboten ist und welcher der von dem App.-Richter angeführte § 1 der Vdn. vom 3. Jan. 1849 keineswegs entgegensteht, da dieser § nur die Aufhebung des bisher geltend gewesenen Prinzips des Crim.-Prozesses und dessen Ersetzung durch die Anklagemaxime zum Ausdruck bringt;

daß selbst wenn unter der Voruntersuchung des § 13 der Verordn. die gerichtliche Voruntersuchung der §§ 42 seq. zu verstehen wäre, aus dem gedachten § nur durch arg. e contr. zu folgern wäre, daß die Beschlußnahme über eine Verhaftung oder Freilassung außerhalb einer gerichtlich eröffneten Voruntersuchung oder Untersuchung dem Gericht nicht zustehe;

daß ein solches Argument an sich schon bedenklich, im vorliegenden Falle um so weniger durchgreifend erscheint als es dazu führen würde, gegenüber der durch § 7 der Verordn. anerkannten Befugniß des StA.'s, die Verhaftung eines Angeschuldigten auch im Skrutinialverfahren herbeizuführen, dem Gericht die Möglichkeit zu entziehen, auch die Freilassung eines auf Requisition des StA.'s oder eines bei obwaltender Gefahr im Verzuge durch das Gericht selbst Verhafteten zu beschließen,

was die praktische Seite der Frage anlangt, daß das gegen die Fortdauer der Haft eines Beschuldigten während des gegen ihn von dem StA. geführten, der Kontrole des Gerichts entzogenen Skrutinialverfahrens angeregte Bedenken an Gewicht verliert, wenn berücksichtigt wird, daß auf Antrag des Beschuldigten oder sonst gegebene Anregung das Gericht jederzeit in der Lage ist, den StA. zu einer motivirten Aeußerung über die Freilassung gemäß Art. 1 des Ges.'s

v. 3. Mai 1852 ev. selbst zur Vorlegung der bisherigen Ergebnisse des Skrutinialverfahrens zu veranlassen;

daß übrigens dieses Bedenken bereits bei den zu dem Ges. v. 3. Mai 1852 führenden Berathungen in der Kommission der damaligen Zweiten Kammer geltend gemacht worden ist und zu dem Vorschlage geführt hat, in solchen Fällen dem StA. aufzugeben, binnen einer Woche die förmliche Anklage zu erheben oder die gerichtliche Voruntersuchung oder eine weitere Frist unter Angabe der Hinderungsgründe zu beantragen, daß jedoch dieser Vorschlag abgelehnt worden, weil erwogen wurde, daß die Schranken, die dadurch der StA.-schaft gezogen werden sollten, der Strafrechtspflege mehr hinderlich als förderlich sein möchten —, Materialien zur Vdn. v. 3. Jan. 1849 und zum Ges. v. 3. Mai 1852 S. 55 —;

daß ferner im § 112 Abs. 2 der StPO. für die neuen Provinzen v. 25. Juni 1867 und im § 126 der StPO. für das Deutsche Reich die Fortsetzung der Haft während des Ermittelungsverfahrens, allerdings unter Einschränkung der Dauer, ausdrücklich für zulässig erklärt worden;

daß auch dieser Gang der Gesetzgebung gegen die in dem angefochtenen Beschlusse niedergelegte Rechtsanschauung spricht.

Antr. d. GStA.: gleichl. [19.—4.]

Amtsvergehen. - In das Amt einschlagende Handlung.

Unter einer in das Amt einschlagenden Handlung ist jede Handlung zu verstehen, welche nach den bestehenden Gesetzen und Amtsinstruktionen in den Bereich der der betreffenden Klasse von Beamten zugewiesenen Thätigkeit fällt.

StGB. § 331 [n. 5].

Erk. (Z. I.) v. 21. Juni 1878 c. Reicz. (405 I. Cr.).

Bei dem Kreisgericht O. schwebte eine Nachlaßregulirungssache. Sekretär R. war Bureauvorsteher für Nachlaßsachen und erhielt von dem zu den Erbinteressenten gehörigen D. gegen das Versprechen auf die Beschleunigung der Sache hinzuwirken mehrfach Geschenke an Geld und Viktualien. Er ist deshalb aus § 331 des StGB.'s verurteilt und seine NB. zurückgewiesen.

Unter einer in das Amt einschlagenden, an sich nicht pflichtwidrigen Handlung ist jede Handlung zu verstehen, welche nach den bestehenden Gesetzen und Amtsinstruktionen in den Bereich der der betreffenden Klasse von Beamten zugewiesenen Thätigkeit fällt — § 85 des ALR.'s Th. II Tit. 10. — Ob dieselbe im Einzelfalle pflichtmäßig geboten war, ist für jene Eigenschaft rechtlich von keiner Bedeutung. Dafür spricht nicht allein die Wortfassung, welche nur auf die Zuständigkeit hinweist, sondern noch mehr der Grundgedanke des § 331 des StGB.'s, welcher die Integrität und das Ansehen der deutschen Beamten zu wahren und der Käuflichkeit der amtlichen Thätigkeit von vornherein wirksam zu begegnen bestimmt ist. — Stenogr. Ber. des Reichstags von 1871 S. 743. — Die Instanzrichter haben aber auch darin nicht fehl gegriffen, wenn sie in der Beschleunigung der bei dem Kgl. Kreisger. zu O. anhängigen S.'schen Nachlaßsache eine solche in das Amt des Angeklagten einschlagende Handlung erblickten. Die schleunige Erledigung der bei den Gerichten schwebenden Sachen hängt keineswegs ausschließlich von der Leitung und Entscheidung des Richters, sondern zu einem nicht geringen Theil von der reglementsmäßigen Vorbereitung und Ausführung der richterlichen Verfügungen im Bureau ab. Dort werden die Geschäfte der Registraturverwaltung, des Expedirens und des Schreibewesens der Regel nach durch den Bureauvorsteher vertheilt und insoweit sie von ihm nicht persönlich bearbeitet werden, unter seiner Aufsicht und Verantwortlichkeit durch die ihm überwiesenen Beamten und Gehülfen besorgt. §§ 4 und 5 des Geschäftsreglements für die Subalternbureau's der Kgl. Gerichte v. 3. August 1841. — Da auch sonst in der Anwendung des Gesetzes nicht gefehlt ist, so fällt dem App.-Richter ein Verstoß gegen § 331 a. a. O. nicht zur Last.

Antr. d. GStA.: gleichl. [17.—2.]

Vereinsgesetz. - Anzeige von einer beabsichtigten Versammlung. - Verweigerte Bescheinigung und demnächste Auflösung. - Nöthigung durch Amtsmißbrauch.

1. Die Bescheinigung über die Anzeige einer beabsichtigten Versammlung muß von der Ortspolizeibehörde sofort und selbst Sonntags ertheilt werden.

Vereinsgesetz v 11. März 1850 § 1.

2. Hat der betreffende Polizeibeamte die Ertheilung der Bescheinigung widerrechtlich verweigert und läßt nun Mangels derselben die Versammlung auflösen, so enthält dieses Verhalten in seinem Zusammenhang einen Mißbrauch der Amtsgewalt und ist, da der Beamte durch die Auflösung die Anwesenden zur sofortigen Entfernung genöthigt hat, strafbar aus

StGB. § 339.

Erk. (Z. II.) v. 22. Juni 1878 c. Aßmann (589 II. Cr.).
Antr. d. GStA.: gleichl. [7.—4.]

Zulässigkeit von Polizeiaufsicht. - Versuch. - Vollendetes Verbrechen, alternativ lebenslängliche oder zeitige Zuchthausstrafe.

Wo das StGB. für das vollendete Verbrechen die Wahl zwischen lebenslänglichem oder zeitigem Zuchthaus gestattet, ohne für den Fall der zeitigen Zuchthausstrafe die Nebenstrafe der Zulässigkeit von Polizeiaufsicht auszusprechen, wie insbesondere im § 214, kann bei einem Versuche nicht auf Zulässigkeit von Polizeiaufsicht erkannt werden.

StGB. §§ 38, 44 Abs. 2 [n. 7] 45 und 214.

Erk. (V. II.) v. 22. Juni 1878 c. Böhm (590 II. Cr.).

Zur Entscheidung steht die Frage, ob, wenn das Gesetz für das vollendete Verbrechen alternativ zeitige oder lebenslängliche Zuchthausstrafe androht, ohne indeß — wie vorliegend im Fall des § 214 des StGB.'s — die Zulässigkeit der Polizei-Aufsicht auszusprechen, beim Versuch dieses Verbrechens auf Zulässigkeit der Polizei-Aufsicht erkannt werden kann. Die NB. der StA.-schaft verneint diese Frage und erachtet durch die gegentheilige Annahme des Schwurgerichtshofes die §§ 38, 44 Abs. 2, 45 und 214 des StGB.'s verletzt. — Das StGB. kennt in den Fällen, wo es — abgesehen von mildernden Umständen — das vollendete Verbrechen ausschließlich mit lebenslänglichem Zuchthaus (Festungshaft) bedroht — §§ 81, 87, 88, 90 und 94 —, die Zulässigkeit der Polizeiaufsicht nicht. Die Beschaffenheit der hier angedrohten Strafgattung bedingt von selbst den Ausschluß der Polizei-Aufsicht; dieser Ausschließungsgrund fällt hinweg bei der für den Versuch dieser Verbrechen angedrohten zeitigen Zuchthausstrafe. Geleitet von der in den Motiven hervorgehobenen Erwägung, daß die sittliche Verschuldung und die Gefährlichkeit des Thäters auch bei dem Versuche die Zulässigkeit der Polizei-Aufsicht rechtfertige, gelangte der Gesetzgeber zu der in § 44 Abs. 2 enthaltenen Strafbestimmung, daß wenn das Gesetz für das vollendete Verbrechen lebenslängliches Zuchthaus androhe, beim Versuche auf Zulässigkeit der Polizei-Aufsicht erkannt werden könne. Aber diese im § 44 Abs. 2 bezüglich der Polizei-Aufsicht getroffene Bestimmung beschränkt sich auf die Fälle, in denen für das vollendete Verbrechen lebenslängliches Zuchthaus als ausschließliche Strafe festgesetzt ist. Dafür spricht der Wortlaut des § 44 Abs. 2, vor Allem aber der innere Grund, daß, in Anbetracht der vorstehend hervorgehobenen Erwägung der Motive und andererseits der generellen Bestimmungen der §§ 38 und 45 des StGB.'s, für den Gesetzgeber zu der in § 44 Abs. 2 bezüglich der Polizei-Aufsicht getroffenen Specialbestimmung nur rücksichtlich der Reate Veranlassung gegeben war, bei welchen die für das vollendete Verbrechen ausschließlich angedrohte Strafart lebenslänglichen Zuchthauses die Zulässigkeit der Polizei-Aufsicht nicht gestattete. — Anders liegt die Sache bei den Verbrechen, für welche alternativ lebenslängliches oder zeitiges

Zuchthaus angedroht ist; bei ihnen subsumirt sich die Versuchsstrafe, insoweit die Zulässigkeit der Polizei-Aufsicht in Frage kommt, nicht der Strafbestimmung des § 44 Abs. 2. Es bedingt dies zunächst wiederum der Wortlaut des § 44, sodann aber namentlich die Erwägung, daß bei der Strafgattung lebenslänglichen oder zeitigen Zuchthauses mit Rücksicht auf die letztere Strafe der Gesetzgeber nicht behindert war, die Polizei-Aufsicht bei dem vollendeten Verbrechen für zulässig zu erklären. Vielmehr befand er sich bei dieser alternativen Strafandrohung in der Lage, gleichwie bei allen andern mit zeitiger Freiheitsstrafe bedrohten Delikten, nach der Natur des betreffenden Reats von seinem Ermessen es abhängig zu machen, ob er die Zulässigkeit der Polizei-Aufsicht für das vollendete Verbrechen statuiren wolle oder nicht. Dem entsprechend ist auch im Strafgesetzbuch bezüglich der Verbrechen, welche wahlweise mit lebenslänglichem oder zeitigem Zuchthaus bedroht sind, verfahren worden; bei einigen derselben ist die Polizei-Aufsicht für zulässig erklärt worden — §§ 251, (256), 307, 312, 315, 322, 323, 324, (325) —, bei andern nicht — §§ 178, 214, 215, 220 229 —. Rücksichtlich dieser Verbrechen kommt daher das in § 38 aufgestellte Princip zur Anwendung, wonach nur in den durch das Gesetz vorgesehenen Fällen auf Zulässigkeit der Polizei-Aufsicht erkannt werden kann. — Für den untergebenen Fall gestattet nun § 214 des StGB.'s neben der wahlweise angedrohten Strafe lebenslänglichen oder zeitigen Zuchthauses die Polizei-Aufsicht nicht; und da nach der weitern Vorschrift des § 45 bezüglich der Polizei-Aufsicht von dem Versuche ein Gleiches gilt, wie von dem vollendeten Verbrechen, so ist gegen den wegen Versuchs des in § 214 vorgesehenen Verbrechens verurteilten Mitverkl. B. mit Unrecht die Zulässigkeit der Polizei-Aufsicht ausgesprochen worden. —

Antr. d. OStA.-schaft: entgegen. Dieselbe führte Folgendes aus. Wo das StGB. für die vollendete That neben einer principalen Strafe eine mildere für den Fall mildernder Umstände zulasse, sei anerkannter Maßen beim Versuche die nach den Grundsätzen des § 44 zu bewirkende Strafabmessung nicht ohne Weiteres auf die Strafe der vollendeten That im Falle mildernder Umstände zu basiren, sondern vorerst festzustellen, ob bei dem Versuche mildernde Umstände vorlägen oder nicht und dann je nachdem die strengere oder die mildere Strafe der Strafabmessung zu Grunde zu legen. Dasselbe werde man auch unbedenklich für die Fälle annehmen, wo das Gesetz die Wahl zwischen Zuchthaus und Festungshaft gestatte und nun nach § 20 festgestellt werden müsse, ob die Handlung aus einer ehrlosen Gesinnung entsprungen sei. Dann müsse aber so auch da verfahren werden, wo das Gesetz alternativ lebenslängliches und zeitiges Zuchthaus androhe, und nur, wie im § 94, hinzufüge, daß die zeitige Zuchthausstrafe in den minder schweren Fällen auszusprechen sei oder selbst, wie in den §§ 178, 214, 215, 220 Abs. 2, 229 Abs. 2, 251, 307, 312, 313 und 322—324, ein bestimmtes Moment, wonach die Wahl zu treffen sei, überhaupt nicht angebe. Auch hier habe der Richter zunächst zu prüfen, ob der Fall zur Anwendung der schwereren oder der leichteren Strafe angethan sei. Entscheide er sich für die schwerere, also für lebenslängliches Zuchthaus, so sei für den Versuch Abs. 2 des § 44 anzuwenden, also die Strafe zwischen 3 und 15 Jahren Zuchthaus zu bemessen, neben welcher dann auf Zulässigkeit von Polizei-Aufsicht erkannt werden könne. Entscheide er sich dagegen für die mildere, also zeitiges Zuchthaus nicht unter 10 Jahren, so trete Abs. 4 des § 44 in Anwendung. Die mögliche Strafe sei 3 Monate bis 14 Jahre 11 Monate Zuchthaus (resp., soweit unter 1 Jahr, verhältnißmäßiges Gefängniß) und dann gemäß §.45 auf Zulässigkeit von Polizei-Aufsicht nur in denjenigen Fällen zu erkennen, in welchen das Gesetz diese Nebenstrafe bei dem vollendeten Verbrechen vorsehe. [7.—4.]

Nöthigung. - Wegnahme einer Sache.

In der Nöthigung eines Anderen, die Wegnahme einer Sache zu dulden, kann eine Nöthigung im Sinne des § 240 des StGB.'s gefunden werden.

StGB. § 240.

Erk. (Z. II.) v. 22. Juni 1878 c. Rubow & Gen. (604 II. Cr.).

Ein städtischer Förster kam mit dem Gewehr auf der Schulter in die Wohnung der Angeklagten und stellte dieselben wegen eines Zaunes an ihren Wiesen zur Rede, der auf städtischem Grund und Boden stehe. Die Angeklagten versuchten ihm das Gewehr abzureißen. Als das nicht gelang, rief der Eine dem Anderen zu, er solle die Thür zuschließen und sagte dann dem Förster: „Warte nur Bursche, nun kommst Du nicht eher heraus, als bis Du das Gewehr abgegeben hast". Die Thüre blieb indessen offen und gelang es dem Förster, dieselbe zu erreichen und in's Freie zu gelangen.

Die Instanzgerichte fanden hierin einen Versuch der Angeklagten, den Förster zu nöthigen, die Abnahme des Gewehres durch sie zu dulden und verurteilten aus § 240 des StGB.'s.

Die Angeklagten ergriffen NB. und führten aus, daß die gewaltsame Wegnahme einer Sache nur dann ein „dulden" des Inhabers derselben involvire, wenn die Sache besonderes Zubehör der Person ihres Inhabers sei.

Die GStA.-schaft erachtete diese Ausführung für verfehlt, vielmehr im Sinne des § 240 des StGB.'s jedes Geschehen lassen Müssen einer widerrechtlichen Handlung auf Seiten desjenigen gegen den dieselbe gerichtet ist, für ein „dulden", fand es aber bedenklich, ob hier von einem „Nöthigen" die Rede sein könne. Eine „Nöthigung" liege nur dann vor, wenn auf den Willen eines Anderen eingewirkt, wenn ein psychischer Zwang angewandt werde, durch welchen derselbe bestimmt werden solle, etwas zu thun, nicht zu thun oder sich gefallen zu lassen. Werde dagegen Jemand willenlos gemacht und physisch gezwungen, etwas geschehen zu lassen, werde ihm z. B. eine Sache mit physischer Gewalt einfach abgenommen, so falle das nicht unter den Begriff der Nöthigung und im Falle einer auf einen Vermögensvortheil gerichteten Absicht unter den der Erpressung, sondern stelle, falls in der Absicht, sich die Sache zuzueignen, geschehen, das Verbrechen des Raubes, sonst aber eine strafbare Handlung überhaupt nicht dar. Dieses Bedenken erledige sich indeß im vorliegenden Falle dadurch, daß die Angeklagten nicht nur das Gewehr dem Förster abzureißen versucht, sondern auch denselben mit Freiheitsberaubung, also einem Vergehen, bedroht hätten, wenn er das Gewehr nicht seinerseits abgebe.

Zurückweisung. Gründe:

Die NB. beider Angeklagten, welche dem angefochtenen Erkenntniß den Vorwurf macht, die rechtliche Bedeutung des im § 240 des StGB.'s aufgestellten Requisits „der Duldung" verkannt zu haben, hat nicht für begründet erachtet werden können. Im Gegensatz zu dem im § 240 cit. gedachten Requisite „der Unterlassung" bei welchem die Nöthigung sich gegen einen individualisirten, gegenwärtigen oder zukünftigen, Entschluß des Genöthigten und die actuelle Bethätigung dieses Entschlusses richtet, bezeichnet das StGB. mit dem weiter aufgeführten Requisite „der Duldung" die

Herbeiführung und den Eintritt eines Zustandes, in Ansehung dessen durch die Handlungsweise des Nöthigenden sich überhaupt die Willensfreiheit und die Selbstbestimmung des Genöthigten als eine beschränkte oder aufgehobene darstellt. Vorliegend spricht die präcisirte Feststellung der Instanzrichter ganz allgemein von „der Nöthigung zu einer Duldung"; der dieser Feststellung zu Grunde gelegte Sachverhalt aber läßt erkennen, daß die Vorderrichter die Entziehung des Gewehrs als den Zweck des aggressiven Vorgehens der Angeklagten angesehen haben. Irgend eine weitergehende Absicht der Angeklagten auf das Gewehr wird von den Instanzrichtern nicht festgestellt, und somit war es lediglich und allein in Ansehung des von V. getragenen Gewehrs der Verlust des Besitzes dieses Gegenstandes, welchen die Gewaltanwendung der Angeklagten bezweckte. Auf dieses Zustandsverhältniß des Besitzverlustes in der Person des V., auf dessen Herbeiführung die von den Angeklagten ausgegangene Nöthigung sich richtete, trifft aber die vorstehend gegebene Begriffsbestimmung des Requisits „der Duldung" im vollen Maße zu. Dieser Auffassung gegenüber entbehrt die Aufstellung der Imploranten, daß die versuchte gewaltsame Wegnahme einer Sache nur dann eine Duldung im Sinne des Gesetzes involviren könne, wenn die Sache ein besonderes Zubehör der Person sei, dagegen nicht, wenn die Sache von der betreffenden Person nur besessen oder getragen werde, jeder Bedeutung. Die an sich nicht klare Vorstellung von der Eigenschaft einer Sache als besonderes Zubehör einer Person wird unverständlich in der gegensätzlichen Gegenüberstellung dieser Sache zu einer Sache, welche von der betreffenden Person nur getragen wird. [7.—4.]

Geistliche Amtshandlung. – Aushülfe in einem vacanten Nachbarbezirke. – Guter Glaube.

Nach Art. 2 des Ges.'s v. 21. Mai 1874 muß ein in seinem Bezirk gültig angestellter Geistlicher,

der in einem vacanten Nachbarbezirk aushülfsweise eine einzelne Amtshandlung vornimmt, die vorgeschriebene Anzeige an den Oberpräsidenten auch dann machen, wenn er nicht die Absicht hat, die Verwaltung des vacanten Amts thatsächlich zu übernehmen.

Ges. v. 11. Mai 1873 § 23 und Ges. v. 21. Mai 1874 Art. 2.; Vgl. RdOTr. 16. S. 150, 267 und 460; 17. S. 399 und 746.

2. Von dieser Anzeigepflicht ist er nicht schon durch eine etwa nach kanonischem oder Kirchen-Gewohnheitsrecht jedem Geistlichen auferlegte Verpflichtung, in vacanten Amtsbezirken auszuhelfen, sondern — abgesehen von dem im § 2 des Ges.'s v. 11. Mai 1873 vorgesehenen Falle eines Nothstandes — nur dann entbunden, wenn er in Ausübung einer auf den konkreten Verhältnissen der Parochie, dem örtlichen Bedürfniß und Herkommen beruhenden mit seinem eigenen Amte verbundenen Befugniß gehandelt hat.

Vgl. RdOTr. 17. S. 205.

3. Ein in einem anderen Falle ergangenes Rescript des Kultus-Ministers, daß nichts dagegen zu erinnern sei, wenn der betreffende in seinem Bezirke gültig angestellte Pfarrer von Zeit zu Zeit den Sonntagsgottesdienst in einer benachbarten vacanten Pfarre auf Ansuchen der dortigen Gemeinde abhalte, so lange die Uebernahme des Sonntagsgottesdienstes nicht ein für alle Mal und in einem regelmäßigen Turnus geschehe, macht zwar nicht einen durch dasselbe hervorgerufenen Rechtsirrthum über die Tragweite des Art. 2 des Ges.'s v. 21. Mai 1874 als eines Strafgesetzes entschuldbar, wohl aber einen Beschuldigten dann straflos, wenn in ihm durch das Rescript der sich als ein Irrthum über die thatsächlichen Voraussetzungen des Gesetzes darstellende Glaube hervorgerufen worden ist, daß die zur Er-

hebung des Einspruchs kompetente Verwaltungsbehörde in derartigen Fällen mit Rücksicht auf deren eigenthümliche Gestaltung sich überhaupt ihres Einspruchs begeben und ihre Genehmigung stillschweigend erklärt habe.

StGB. § 59; Vgl. RdOTr. 15. S. 771; 16. S. 754; 17. S. 114, 207 und 320.

Erk. (V. II.) v. 22. Juni 1878 c. Flesch (585 II. Cr.).

Antr. d. OStA.'s: zu 1 und 2 gleichl., zu 3 entg. [19.—4.]

Firmen und Markenschutz. - Fremder Staat. - Anfangszeit des Schutzes. - Eintrag in das Firmenregister.

1. Als Angehöriger eines fremden Staates ist auch die Regierung desselben selbst anzusehen, in so weit sie Fabrik- oder Handelsgeschäfte treibt.

StGB. § 287 Abs. 2.

2. Der gesetzliche Schutz der Waarenzeichen beginnt, soweit er mit dem Eintrag in das Handelsregister zusammenhängt, schon mit der Anmeldung zum Register und nicht erst mit der Publikation des Eintrags.

Ges. v. 30. Novbr. 1874 §§ 20, 8, 9, 10.

3. Für Gewerbetreibende, welche im Inland eine Handelsniederlassung nicht besitzen, bedarf es zur Erlangung des Schutzes nach § 20 des Ges.'s vom 30. Novbr. 1874 einer Anmeldung und Eintragung in das Firmenregister nicht.

Ges. v. 30. Novbr. 1874 §§ 20, 1.

Erk. (Z. I.) v. 26. Juni 1878 c. Eckst. (505 I. Cr.).

Die in Preußen betriebene Tabaksfabrik der Brüder E. hat seit dem 27. Septbr. 1875 die Verpackung von Cigaretten wissentlich mit dem beim Handelsgerichte in Leipzig an diesem Tage zum Zeichenregister angemeldeten und eingetragenen für die Waarengattung von Cigaretten bestimmten Waarenzeichen des französischen Staates, der im Inland eine Handelsniederlassung nicht besitzt, widerrechtlich bezeichnet und wissentlich dergleichen Waaren in Verkehr gebracht und feilgehalten.

Sie hat ferner seit 1871 bis 1. Mai 1875 (an welchem Tage das Ges. v. 30. Novbr. 1874 in Kraft getreten ist) die Verpackung von Rauchtabacken fälschlich mit dem Namen und der Firma des französischen Staates bezeichnet und wissentlich solche Tabake in Verkehr gebracht; und seit dem 1. Mai 1875 die Verpackung von Rauchtabaken wissentlich mit der Bezeichnung manufactures impériales de France, dem Namen und der Firma der französischen Tabaksregie, widerrechtlich bezeichnet und wissentlich dergleichen Tabake in Verkehr gebracht und feil geboten. Deshalb aus § 287 des StGB.'s und dem Ges. v. 30. Novbr. 1874 in Verbindung mit dem Friedensvertrag mit Frankreich v. 12. Oktbr. 1871 Art. 11 und der Deklaration v. 8. Oktbr. 1873 bestraft, rügen die Inhaber der E.'schen Fabrik bezüglich des § 287 des StGB.'s daß die französische Regierung als Angehöriger eines fremden Staates nicht angesehen werden könne; überdies auch manufactures impériales de France nicht mehr existirten (die jetzige Bezeichnung ist manufactures nationales de France) und bezüglich des Ges.'s v. 30. Novbr. 1874: daß für den Beginn der Strafbarkeit nicht die Zeit des Eintrags in das Markenschutzregister entscheidend sei, sondern erst die Zeit der Bekanntmachung dieses Eintrages, die vorliegend erst am 28. März 1876 erfolgt sei, weshalb die vor dem letzteren Zeitpunkt liegenden Fälle nicht unter das Strafgesetzbuch fielen und daß außerdem die französische Regierung sich in das Firmenregister habe eintragen lassen müssen um den Strafschutz des Gesetzes für sich in Anspruch nehmen zu können. Die NB. wurde zurückgewiesen.

[Zu 1.] Den behaupteten Verstoß gegen § 287 des R.-StGB.'s anlangend, unter welchem die Instanzgerichte die That, soweit sie vor der Inkrafttretung des Markenschutzgesetzes v. 30. November 1874 liegt, beurteilt haben, so erscheint es dem Gesetze völlig entsprechend, wenn die französische Regierung im Sinne des Abs. 2 daselbst als einem fremden Staate angehöriger Fabrikunternehmer und Kaufmann erachtet worden ist. Erweist sich zwar der Wortausdruck des Gesetzes:

> „dieselbe Strafe tritt ein, wenn die Handlung gegen die Angehörigen eines fremden Staates gerichtet ist, in welchem nach veröffentlichten Staatsverträgen oder nach Gesetzen die Gegenseitigkeit verbürgt ist",

insofern als nicht völlig zutreffend, als sich bei den Angehörigen zunächst nur an physische Personen denken läßt, so ergeben der vorhergehende Absatz, welcher den inländischen

Fabrikunternehmer, Produzenten und Kaufmann, also auch den inländischen Staat und jede andere juristische Persönlichkeit oder Korporation in ihrer Handelsthätigkeit hat schützen wollen, und der Gegensatz, in welchen derselbe mit dem zweiten Absatze gestellt, daß der letztere in gleicher Weise der gesammten Industrie ausländischer Staaten ohne Rücksicht auf das Subjekt des Betreibenden hat zu Gute kommen sollen. Wenn dabei weiter hervorgehoben worden ist, daß die nachgemachte Bezeichnung „manufactures impériales de France" sich auf eine nicht mehr existirende Firma beziehe, so übersehen die Angeklagten, daß sich ihre Verurteilung nicht auf die frühere Firma oder den früheren Namen, sondern auf den Mißbrauch in der bestehenden Firma und des bestehenden Namens eines ausländischen Fabrikunternehmers und Kaufmanns bezieht, welche in der gewählten Fassung zwar nicht wörtlich mit der Wirklichkeit übereinstimmen, indessen in so geringem Maße davon abweichen, daß die Unterschiede nur durch Anwendung besonderer Aufmerksamkeit wahrgenommen werden können.

[Zu 2.] Was die Anwendung des Markenschutzgesetzes v. 30. Novbr. 1874 anbelangt, so hat der Berufungsrichter mit Recht angenommen, daß der gesetzliche Schutz der Waarenzeichen, soweit er mit dem Eintrag in das Handelsregister zusammenhängt, schon mit der Anmeldung zum Register und nicht erst mit der Publikation des Eintrages beginnt; die §§ 8, 9 und 10 des Gesetzes stellen dieses außer jeden Zweifel. Es hätte sich gegentheilig die bei jetziger Sachlage nicht mehr zu erörternde Frage aufwerfen lassen, ob, wenn das mißbrauchte Zeichen für Cigaretten in Frankreich bereits vor der Anmeldung vom 27. Septbr. 1875 gesetzlich geschützt und die Anmeldung vor dem 1. Oktober 1875 bewirkt war, nach § 9 des Gesetzes nicht auch der etwa vor dem 28. Septbr. 1875 erfolgte Gebrauch in den Bereich des Strafgesetzes hätte gezogen werden können.

[Zu 3.] Dem Berufungsrichter ist darin beizutreten, daß es für den Gewerbetreibenden, welcher im Inlande eine

Handelsniederlassung nicht besitzt, neben Wahrung der in § 20 des Gesetzes vorgeschriebenen Formalitäten, namentlich der Anmeldung bei dem Handelsgericht zu Leipzig, einer weiteren Anmeldung und Eintragung in dem Firmenregister nicht bedarf. Ist auch für im Inlande betriebene Handelsniederlassungen die Eintragung des Betreibenden mit seiner Firma in das Handelsregister nach § 1 des Gesetzes zu verlangen und hat nach Art. 19 des HGB.'s diese Eintragung bei dem Gerichte zu erfolgen, in dessen Bezirk die Handelsniederlassung sich befindet, so würde es für ausländische Etablissements an jeder Bestimmung darüber fehlen, in welches Register die Eintragung zu bewirken sei. Schon diese praktische Schwierigkeit muß mit Entschiedenheit darauf hinweisen, daß der § 20 eine Ausdehnung in der angegebenen Beziehung über seinen Wortlaut hinaus nicht gestatte.

Antr. des GStA.: gleichl. [11.—2.]

Polizeiverordnung. Gastwirthe. – Aufnahme Fremder.

Durch Polizeiverordnung kann nach der Vdn. vom 20. Septbr. 1867 den Gastwirthen eines Orts die Verpflichtung nicht bei Strafe auferlegt werden, Fremden auf Anweisung des Gemeindevorstandes stets Obdach zu gewähren.

StGB. Abschn. 29 [n. 44, 53]; Vdn. v. 20. Septbr. 1867 § 6.

Erk. (Z. I.) v. 26. Juni 1878 c. Hartmann (648 I. Cr.).

Das Amt Bl. (Provinz Hannover) hat in einer in gesetzlicher Form erlassenen Polizeiverordnung unter entsprechender Strafandrohung bestimmt: daß die Gastwirthe und andere Personen, welche sich mit der gewerbsmäßigen Aufnahme und Beherbergung von Fremden befassen, jedem Fremden auf Anweisung des Gemeindevorstandes Obdach für eine Nacht zu gewähren haben und zwar gegen eine ortsübliche Vergütung, die falls der Fremde unvermögend ist, die Gemeinde zu zahlen habe. Der Wirth H. leistete in einem vorgekommenen Fall dieser Anordnung keine Folge und wurde deshalb angeklagt, aber freigesprochen. Die NB. der StA.-schaft wurde zurückgewiesen.

Der Berufungsrichter ist bei der Annahme, daß das Amt Bl. zum Erlaß seiner Vdn. v. 10. Dezember 1875

(Amtsbl. f. Hannover S. 506) auf Grund des § 6 litt. e der Kgl. Vdn. über die Polizeiverwaltung in den neu erworbenen Landestheilen v. 20. Septbr. 1867 nicht befugt gewesen, davon ausgegangen, daß es sich bei dieser Verordnung nicht um das öffentliche Interesse in Bezug auf die Aufnahme und Beherbergung von Fremden, sondern um die den Gemeinden obliegende Verpflichtung zur Unterbringung obdachloser Personen handle, welche auf bestimmte Mitglieder der Gemeinde aus der nicht einmal überall zu treffenden Rücksicht abgewälzt werde, daß diese zur Aufnahme solcher Obdachlosen geeignete Räumlichkeiten besitzen; hierin sei ein nicht in das Bereich der Kgl. Vdn. v. 20. Septbr. 1867 fallender Eingriff in die das Eigenthum und die freie Dispositionsbefugniß des Eigenthümers schützenden Rechte und Gesetze enthalten. Die NB. der Kron-Oberanwaltschaft versteht diese Ausführung mit Recht dahin, daß der Berufungsrichter die Fürsorge für die Fremden von der Beschaffung der Mittel und Wege ihrer Bethätigung auseinander halte und für letzteren Zweck die Inanspruchnahme einzelner Mitglieder der Gemeinde zur Beschaffung eines Unterkommens der Reisenden Gegenstand der Regelung durch die Kgl. Vdn. nicht geworden, dagegen läßt sich ihr darin nicht beitreten, daß nach einer ungezwungenen Auslegung des § 6 e l. c. das Gebiet des Fremdenwesens in seiner Gesammtheit d. h. die Beziehungen aller naturgemäß dabei betheiligten Personen der polizeilichen Bestimmung hat unterworfen sein sollen. Die sich ergebende Vorfrage, ob die Gerichte rechtlich zu prüfen in der Lage sind, ob der Gegenstand einer Polizeiverordnung zu denjenigen Gebieten der gesammten Polizeiverwaltung gehört, für welche der § 6 lit. a bis i eine ortspolizeiliche Regelung gestattet, ist von der NB. nicht bestritten und genügt es für deren Bejahung auf die mehrfachen Entscheidungen zu verweisen, in welchen das Kgl. Ob.-Tr. sich hierüber ausgesprochen hat. Vergl. Oppenhoff Rechtspr. 5. S. 237; 6. S. 91; 9. S. 437; 12. S. 722. In der Sache selbst läßt sich die Ansicht des

Berufungsrichtors, daß es sich vorliegend um einen Fall des § 6 lit. e, worunter die Verordn. v. 10. Dezbr. 1875 denselben bringt, überhaupt nicht handle, als rechtsirrthümlich nicht bezeichnen. Die bezeichnete Vorschrift bezieht sich auf das öffentliche Interesse, welches die Aufnahme und Beherbergung von Fremden, die Wein-, Bier- und Kaffee-Wirthschaften und sonstige Einrichtungen zur Verabreichung von Speisen und Getränken darbieten. Schon ihrem Wortlaute nach umfaßt dieselbe daher die Thatsache der erfolgenden Aufnahme und Beherbergung von Fremden in Gasthöfen oder bei Privatpersonen, also denjenigen Zweig der sogenannten Fremdenpolizei, welcher auf das öffentliche Interesse der Verwaltung in der Art und Weise wie, dem Orte wo und der Zeit wann die Aufnahme und Beherbergung von auswärts ankommender Personen geschieht, sowie die Kenntniß der Letzteren zurückzuführen ist. Es wird dabei vorausgesetzt, daß eine Aufnahme gegenwärtig erfolgt oder künftig erfolgen werde, mag der Grund der Aufnahme auf einem Vertrage mit Gegenleistung, einem sogenannten Gastvertrage, auf bloßer Gastfreundschaft oder wie dieses unter Umständen geschehen kann, z. B. in Folge polizeilicher Aufforderung als Mittel zur Hülfeleistung bei Unglücksfällen oder gemeiner Gefahr im Fall des § 360 Ziffer 10 des StGB.'s, auf einer staatsbürgerlichen Gesetzespflicht beruhen. Für Gastwirthe insbesondere wird hierdurch zwar, wie dieses in verschiedenen Fällen von dem Kgl. Ob.-Tr. anerkannt worden ist, vgl. Oppenhoff Rechtspr. 11. S. 567; 12. S. 42, die Möglichkeit gewährt in die Art und Weise ihres Gewerbebetriebes durch polizeiliche Beschränkungen einzugreifen, aber der Gewerbebetrieb selbst, welcher reichsgesetzlich ein Recht ist und dessen Ausübung dem fakultativen Ermessen des Berechtigten unterliegt, kann dadurch nicht in der Weise zu einer Pflicht umgekehrt werden, daß der Gastwirth in Ausübung derselben zur Aufnahme Fremder gezwungen sein soll, welche er vom Standpunkte seines Gewerbeinteresses aus ablehnen würde und ohne eine bindende Norm abzulehnen berechtigt wäre. Zwar hat sich auf dem Gebiete des gemeinen Rechts in der älteren Doktrin die Ansicht geltend gemacht, daß ein Gastwirth civilrechtlich zur Aufnahme von Gästen, wenn nicht besondere Gegengründe vorliegen, verpflichtet sei, indessen, davon abgesehen ob diese Theorie mit dem heutigen Prinzip der Gewerbefreiheit in Uebereinstimmung zu bringen wäre, muß dieselbe als durch die neuere Lage der Wissenschaft verworfen anerkannt werden. Ebensowenig läßt sich, nach der Reichsgesetzgebung noch ein Recht auf ausschließlichen Betrieb der Gastwirthschaft begründen und daraus die Konsequenz auf das Bestehen einer Pflicht zur Gastaufnahme herleiten. Es wird sich daher fragen, ob, abgesehen von der Spezialbestimmung unter lit. e, mit Rücksicht auf die generelle Ermächtigung der Ortspolizeibehörden aus § 6 lit. i der Kgl. Verordn. v. 20. Septbr. 1867, ein Gegenstand vorliegt, welcher im besonderen Interesse der Gemeinden und ihrer Angehörigen polizeilich geordnet werden mußte. Auch diese Frage ist zu verneinen. Die Polizeiverordnung des Amtes Bl. verpflichtet die Gastwirthe und überhaupt solche Personen, welche sich mit der gewerbsmäßigen Aufnahme und Beherbergung von Fremden befassen, jedem Fremden auf Anweisung des Gemeindevorstehers oder dessen Stellvertreters Obdach für eine Nacht zu gewähren gegen eine ortsübliche Vergütung, welche falls der Fremde unvermögend ist, die Gemeinde zu zahlen hat. Könnte es nach dem Wortlaute scheinen als ob dadurch dem Ortsvorsteher die Befugniß habe verliehen werden sollen ohne Rücksicht auf öffentliche Interessen dem für verpflichtet Erklärten Fremde, welche sich an ihn anstatt den Gastwirth 2c. direkt wenden möchten, in beliebiger Anzahl und aus beliebiger Veranlassung zur Beherbergung zu überweisen und obschon die auf diese Weise Einquartierten in ein direktes Vertragsverhältniß zu den Quartiergebern nicht treten, dabei nicht einmal allgemein, sondern nur für den Fall der Zahlungsunfähigkeit des Fremden die Verpflichtung zur Schadloshaltung des Wirths 2c. auf die Gemeindekasse zu übernehmen, so läßt doch die im weiteren Verlaufe der Verordnung statuirte Beschränkung des zu gewährenden Obdachs auf eine aus Stroh bestehende Lagerstätte in einem umschlossenen überdeckten Raume erkennen, daß es sich dabei vorzugsweise um die nothdürftigste momentane Unterkunft für Fremde handelt, welche, sei es wegen Mittellosigkeit oder aus anderen Gründen, eine solche auf gütlichem Wege nicht finden konnten. Die vorläufige Unterbringung solcher obdachsloser Fremdlinge seien sie deutscher oder ausländischer Herkunft, liegt zufolge der §§ 2, 28 und 60 des Bundesgesetzes über den Unterstützungswohnsitz vom 6. Juni 1870 (NBGBl. S. 360) und § 1 des Preußischen Gesetzes über die Ausführung jenes Bundes- bezw. Reichsgesetzes v. 8. März 1871 (GS. S. 130) den Ortsarmenverbänden zur Last. Da aber nach § 2 des letzterwähnten Gesetzes, von den dort bestimmten besonderen Ausnahmen abgesehen, die Ortsarmenverbände mit den Gemeindeverbänden zusammen fallen und hier die Verwaltung der öffentlichen Armenpflege, in deren Gebiet der vorliegende Gegenstand einschlägt, überall den für die Verwaltung der Gemeindeangelegenheiten bestimmten Organen nach den für Gemeindeangelegenheiten geltenden Bestimmungen überwiesen ist, so gestaltet sich in Wirklichkeit die Frage dahin, ob eine der Gemeinde obliegende finanzielle Last, wie solche die Beschaffung geeigneter Räumlichkeiten und Materialien für Unterbringung Unterstützungsbedürftiger jener Gattung in sich schließt, im Wege einer Polizeiverordnung mit bindender Wirksamkeit gegen diejenigen geregelt werden kann, welchen solche dadurch direkt oder indirekt aufgebürdet wird, weil sie vielleicht thatsächlich vorzugsweise in der Lage sind derselben ohne allzugroße Unbequemlichkeit zu genügen. Es läßt sich dieses nur verneinen. Zwar bildet es die Aufgabe der Polizeigewalt die nöthigen Anstalten zur Erhaltung der öffentlichen Ruhe, Sicherheit und Ordnung sowie überhaupt zur Beförderung des öffentlichen Wohles zu treffen, jedoch soweit dieses durch polizeiliche Verordnungen geschehen soll, dürfen diese mit den allgemeinen Staatsgesetzen nicht in Widerspruch treten. Wenn deshalb, wie geschehen, die Reichs- und Staatsgesetzgebung die Obsorge der vorliegenden Art der Gemeinde auferlegt, so tritt die letztere diesen Gesetzen entgegen, wenn sie mittelst ihrer Polizeigewalt eine Einrichtung trifft, wodurch an die Stelle ihrer selbst ein dritter Privatmann als der zur Gewährung des Obdachs an Unterkunftsbedürftige unmittelbar Verpflichtete dargestellt wird und selbst die Zusicherung ausgiebigster Entschädigung aus der Gemeindekasse ändert daran nichts, da diese das an sich ungesetzliche Verlangen zu einem gesetzlichen nicht umzugestalten vermag. Will die Gemeinde anstatt besonderer Lokalitäten, sich der Unterstützung der Gastwirthe ꝛc. bei Unterbringung Obdachsloser versichern, so läßt sich dieses wie bei allen anderen Obliegenheiten, welche Dritte für die Gemeinde erfüllen sollen, nur im Wege freier Vereinbarung erreichen; zur Ordnung ihrer finanziellen Angelegenheiten aber erweist sich das ortspolizeiliche Verordnungsrecht nicht geeignet. [11.—2.]

Beleidigung. - Dolus. - Feststellung.

Auch in dem Fall des § 186 des StGB.'s bedarf es einer ausdrücklichen Feststellung des Dolus, sobald der Angeklagte den Mangel desselben behauptet hat.

StGB. § 186 [n. 20], § 185 [n. 27]; Vgl. RdOTr. 14. S. 660; 16. S. 739.

Erk. (V. I.) v. 26. Juni 1878 Löffler c. Winbeck (589 I. Cr.).

W. schrieb der L., die bei ihm gedient hatte, in das Dienstzeugniß: sie habe sich Veruntreuungen zu Schulden kommen lassen. Dies wurde nicht erwiesen, aber auch nicht, daß er dabei wider besseres Wissen gehandelt habe. Auf Klage der L. wurde W. deshalb aus § 186 des StGB.'s bestraft, ohne daß das Urteil des Einwandes der Verklagte sei in bona fide gewesen und § 193 stehe ihm zur Seite, ausdrücklich Erwähnung thut. Auf NB. des W. wurde vernichtet.

Beschuldigter beruft sich mit Recht darauf, daß das Vorhandensein seines strafrechtlichen Dolus nicht ausdrücklich geprüft, sondern dessen Vorhandensein ohne Weiteres vorausgesetzt worden ist. Bedarf es hierüber, soweit das Strafgesetz dessen nicht ausdrücklich erwähnt, eines speciellen Ausspruchs zwar alsdann nicht, wenn der Angeklagte das Nichtvorhandensein dieses subjektiven Erfordernisses einer Strafthat nicht besonders behauptet hat, so liegt doch diese Voraussetzung hier nicht vor. Beschuldigter hat in seiner Berufungsrechtfertigung ausdrücklich hervorgehoben, daß ihm der zu jeder Beleidigung erforderliche Dolus gemangelt; er hat sich ferner auf den Schutz des § 193 des R.-StGB.'s berufen, worunter nur verstanden sein kann, daß einer der Fälle vorliege, wo eine nach der objektiven Seite vorhandene Beleidigung subjektiv sich als eine solche nicht auffassen lasse. Ueber beide Schutzbehauptungen ist das Berufungsurteil hinweggegangen und einen Ausspruch darüber schuldig geblieben, ob und warum es, jenes Vorbringens ungeachtet, das Vorhandensein einer Beleidigung annehmen zu müssen glaube. Das Berufungsurteil unterliegt aus diesen Gründen der Vernichtung.

Antr. d. GStA.: gleichl. [11.—2.]

Betrug. - Gesinde. - Mehrfache Vermiethung.

Hat sich ein Dienstbote für dieselbe Zeit bei mehreren Herrschaften unter Annahme des Miethgeldes vermiethet, so kann darin, daß er bei den späteren Vermiethungen verschwiegen hat, daß er den Dienst, wozu er sich verdungen, deshalb nicht antreten könne, weil er dieselbe Verpflichtung bereits vorher anderen Personen gegenüber eingegangen habe, die Unterdrückung einer wahren Thatsache gefunden werden im Sinne des

StGB. § 263 [n. 37 und 74]; Vgl. Pr. Gesinde-Ordn. v. 8. Novbr. 1810 § 27; Rhein. Gesinde-Ordn. v. 19. August 1844 § 11.

Erk. (Z. II.) v. 27. Juni 1878 c. Göcke (634 II. Cr.).

Antr. d. GStA.: gleichl. [4.—4.]

Gewerbesteuer. – Ziegelfabrikation auf fremdem Terrain. – Ausschließlich für den Eigenthümer. – Handel?

Die Fabrikation von Ziegelsteinen aus fremdem Lehm und auf fremdem Terrain ausschließlich für dessen Eigenthümer ist, auch wenn sie pro Mille der angefertigten Steine bezahlt wird, nicht als Handel gewerbesteuerpflichtig.

Gewerbesteuergesetz v. 30. Mai 1820 § 2.

Erk. (Z. II.) v. 27. Juni 1878 c. **Lange** (325 II. Cr.).

Die Anklage beschuldigt den Angeklagten seit April 1876 in der Gemeinde B. Ziegelfabrikation in dem steuerpflichtigen Umfang vom Handel (cf. Resolut der Königl. Regierung zu Münster v. 29. Novbr. 1876 auf der Grundlage der Jahressteuer von 30 Mark) betrieben, ohne solches Behufs Entrichtnng der Gewerbesteuer angemeldet zu haben. Der Angeklagte bestritt die Anklage, weil er die Ziegeln nur für die Verwaltung der Rheinischen Eisenbahngesellschaft auf dem Terrain und aus dem Material derselben angefertigt und nur für diese gearbeitet habe. Beide Vorderrichter haben den Angeklagten unter der Feststellung: daß derselbe die fragliche Ziegelfabrikation in einem steuerpflichtigen Umfange nicht betrieben habe, von der Anklage freigesprochen. Die NB. des OStA.'s macht dem App.-Richter unrichtige Anwendung eines Rechtsgrundsatzes zum Vorwurf, weil derselbe nach den Grundlagen seiner negativen Feststellung, mit dem ersten Richter wesentlich übereinstimmend, rechtsirrthümlich, statt der Grundsätze über Verkaufs- und Kaufgeschäfte, diejenigen über Leistungen und Handlungen zur Anwendung gebracht habe. Sie beruht also auf der Behauptung einer rechtsgrundsätzlichen Verwechselung der Verkaufs- und Kauf-Geschäfte mit den Verträgen über Handlungen. Sie ist indessen unbegründet. Nach dem hier maßgebenden ALR. Th. I Tit. 11 § 1 bildet das Kauf- und Verkaufsgeschäft den Vertrag, wodurch der eine Contrahent zur Abtretung des Eigenthums einer Sache, der andere zur Erlegung einer bestimmten Geldsumme dafür sich verpflichtet. Bei diesem Vertrage besteht demnach die Verpflichtung des Verkäufers in der Eigenthums-Uebertragung einer Sache, in einem dare derselben ihrem substantiellen Inhalte nach. Zu den Verträgen über Handlungen rechnet das Land-Recht die Verträge mit Handwerkern und Künstlern über eine von ihnen zu verrichtende gewisse Arbeit, so wie Verträge über ein verdungenes Werk, §§ 920—924, 925 ff. a. a. O. Bei diesen Verträgen besteht also der Gegenstand der Leistung des zunächst Verpflichteten in einem bestimmten Thun (facere) — Verrichtung der Arbeit, resp. Herstellung des Arbeits-Produkts — gegen den andererseits zu gewährenden Lohn oder Preis. (Cf. die angeführten Gesetzesstellen.) Ein reiner Vertrag über Handlungen liegt demnach überall da vor, wo der Besteller das zur Anfertigung der Arbeit resp. des Arbeits-Produkts erforderliche Material liefert; wiewohl der Werkverdingungs-Vertrag nach § 926 a. a. O. rechtsbegrifflich noch zu den Verträgen über Handlungen gezählt wird, wenn selbst der Unternehmer die Hergabe der Materialien übernommen hat, obschon in diesem Falle das Geschäft, nach Ueberlieferung des Werkes, thatsächlich zugleich einen Kauf über das Material enthält. Im vorliegenden Falle haben die Instanzrichter nach Maßgabe der Beweis-Verhandlungen — der I. Richter auf Grund der eidlichen Aussagen der vor ihm vernommenen beiden Zeugen, der Appell.-Richter überdies mit Rücksicht auf den vor ihm verlesenen zwischen dem Angeklagten und der Rheinischen Eisenbahngesellschaft über die Ziegelfabrikation qu. abgeschlossenen Vertrag v. 10. Febr. 1876 — als thatsächlich feststehend angenommen, daß der Angeklagte nur die Fabrikation von Ziegelsteinen aus dem Lehm und auf dem Terrain der Rheinischen Eisenbahngesellschaft, und zwar ausschließlich für diese gegen eine bestimmte Vergütung pro Mille der angefertigten Steine von Anfangs 1876 bis November 1876 übernommen, darnach aber derselbe nur als Leiter der Fabrikation, nicht aber als Inhaber eines selbständigen Gewerbes erscheine, oder wie der I. Richter sagt, nicht als selbständiger Geschäftsmann, sondern nur als Arbeitsnehmer zu betrachten sei. Es bedarf bei dieser Unterlage der thatsächlichen Feststellung der Instanzrichter nur einer Verweisung auf das vorhin rechtsgrundsätzlich Ausgeführte — um ersichtlich zu machen, daß darnach von einem Verkauf der Ziegelsteine Seitens des Angeklagten an die Rheinische Eisenbahngesellschaft nicht die Rede sein kann; — da der Angeklagte die zur Sache gehörige Substanz derselben nicht übertragen hat, — daß vielmehr nur ein reines Geschäft über Handlungen, die Uebernahme von Arbeiten gegen eine bestimmte Vergütung im Sinne der §§ 863, 870, 875, 920ff. a. a. O. vorliegt, und mithin die von der NB. behauptete rechtsirrthümliche Verwechselung der Kauf- und Verkaufs-Geschäfte mit den Verträgen über Handlungen und Dienstleistungen jeder Grundlage entbehrt. Wenn die NB. auszuführen sucht, daß Kauf im gegenwärtigen Falle vorgelegen habe, weil in dem Vertrage vom 10. Febr. 1876 ausdrücklich gesagt sei, daß der Angeklagte pro Mille der angefertigten Ziegelsteine einen bestimmten Preis habe bekommen sollen, dieser Umstand aber von den Instanzrichtern nicht gewürdigt sei, so übersieht sie einmal, daß es bei der formell nicht angegriffenen Feststellung des Appell.-Richters nicht darauf ankommt, was derselbe in dem Vertrage vom 10. Februar 1876 hätte finden können, sondern allein darauf, was er im Wege der Auslegung darin gefunden hat; sodann aber ferner, daß auch bei dem Vertrage über eine verdungene Arbeit, oder ein herzustellendes Werk die Vergütung regelmäßig in Geld, resp. einem bestimmten Preise besteht, und daß es rechtlich keinen Unterschied macht, ob der Preis absolut oder relativ bestimmt ist.

Antr. d. GStA.: gleichl. [2.—4.]

Fragen an die Geschworenen. – Schreibfehler. – Berichtigung durch Vorsitzenden im Berathungszimmer.

Die Berichtigung eines Schreibfehlers oder rein

formellen Versehens bei Niederschreibung der an die Geschworenen gestellten Fragen stellt sich als eine „Aufklärung über den Sinn derselben" dar, welche der Vorsitzende im Beisein der übrigen Mitglieder des Gerichtshofes den Geschworenen im Berathungszimmer ertheilen kann, ohne daß Angeklagter und Staatsanwalt zugegen sind.

Ges. v. 3. Mai 1852 Artt. 79. 86—88 und 94.

Erk. (Z. II.) v. 27. Juni 1878 c. Paveik (607 II. Cr).

Nach der Darstellung in der NB. waren auf dem, den Geschworenen übergebenen Fragebogen die beiden Fragen, von denen die ad 1 auf vorsätzliche, die ad 2 auf fahrlässige Tödtung sich richtete, dahin gefaßt, daß die Frage ad 2 sich mit den Worten einleitete „im Fall der Bejahung der Frage ad 1"; es hat sodann in Gemäßheit des Art. 94 des Ges.'s vom 3. Mai 1852 der Vorsitzende im Beisein der übrigen Mitglieder des Gerichtshofes die begehrte Aufklärung gegeben, daß nach Intention des Gerichtshofes es heißen solle „im Fall der Verneinung der Frage ad 1", und hat derselbe dem entsprechend im Berathungszimmer das Wort „Bejahung" durchstrichen und über dasselbe das Wort „Verneinung" gesetzt. Auf diesen Sachverhalt stützt die NB. der StA.=schaft die Rüge einer Verletzung der Vorschriften der Artt. 79, 86—88 und 94 des Ges.'s vom 3. Mai 1852. Zunächst liegt eine Verletzung des Art. 94 cit. nicht vor. Ob die den Geschworenen gegebene Aufklärung die in Art. 94 gezogenen Grenzen nicht überschreitet ist, wie vielfach von dem Ober=Trib. erkannt, lediglich der gewissenhaften Erwägung der Gerichtsmitglieder bezw. der diskretionären Befugniß des Vorsitzenden überlassen und entzieht sich daher der Beurteilung des Nicht=Richters. Hiervon abgesehen würde die von dem Vorsitzenden den Geschworenen gemachte Eröffnung, da die ursprüngliche Stellung der Fragen zu einander sinnentstellend ist, wenn nicht schlechthin als die Berichtigung eines Schreibfehlers, jedenfalls als eine Aufklärung aufzufassen sein, welche nur dazu dienen sollte, einem Zweifel der Geschworenen „über den Sinn der an sie gestellten Fragen“ zu beseitigen. — Wenn aber nun diese Bedeutung der angenommenen Berichtigung beizulegen ist, so können durch die letztere weiterhin auch die Vorschriften der Artt. 79 und 86—88 cit. nicht verletzt sein. Denn das hier speciell, im Art. 87 dem Angeklagten und der StA.-schaft gewährleistete Recht, daß Abänderungen der Fragen nur in ihrer Gegenwart und unter ihrem Gehör Statt finden sollen, kann durch die gegebene Aufklärung über den Sinn einer gestellten Frage und einer nur insoweit eingetretenen formellen Berichtigung nicht alterirt werden, da hierzu das Gesetz den Vorsitzenden in Art. 94 ermächtigt und für die Gesetzmäßigkeit dieses Aktes nur das Beisein der Gerichtsmitglieder, nicht auch das der Parteien vorschreibt. Es war hiernach auf Zurückweisung der Beschwerde zu erkennen.

Antr. d. GStA.: gleichl. [7.—4.]

Beleidigung. - Wahrnehmung berechtigter Interessen. - Absicht zu beleidigen.

1. Darüber, ob bei einer Beleidigung die Voraussetzungen des § 193 vorliegen, braucht sich zwar der Instanzrichter Mangels einer ausdrücklichen Geltendmachung des Beschuldigten nicht auszusprechen. Hat er sich aber darüber ausgesprochen, so steht dem Nichtigkeitsrichter die Prüfung zu, ob dabei eine rechtsirrthümliche Auffassung über den Sinn des § 193 zu Tage tritt.

2. In den Fällen des § 193 reicht zur Begründung der Strafbarkeit des eine unwahre Thatsache Behauptenden nicht der Umstand aus, daß derselbe es schuldbarer Weise an der nöthigen Vorsicht hat fehlen lassen, um sich über die Richtigkeit der Thatsache zu vergewissern, sondern es bedarf des

Nachweises der bestimmt auf die Beleidigung des Anderen gerichteten Absicht.

StGB. § 193.

Erk. (B. II.) v. 27. Juni 1878 U. c. S. (571 II. Cr.)

Der zu D. wohnende U., der schon mehrfach durch Vermittlung eines dortigen Agenten des zu H. wohnenden S. von letzterem Gerste gekauft hatte, schrieb unter dem 30. Januar 1877, als die Gerstenpreise gestiegen waren an S., er möge ihm die neuerdings gekauften 400 Ctr. Gerste schicken. S. antwortete, daß er von seinem Agenten noch keine Mittheilung über diesen Verkauf erhalten habe. Darauf kam an S. eine die Unterschrift seines Agenten tragende Depesche an, daß es mit dem Verkauf seine Richtigkeit habe. Ehe S. die Bestellung effektuirte, erhielt er aber dann von seinem Agenten einen Brief, daß die Depesche ohne dessen Vorwissen von U. selbst abgeschickt, auch ihm von dem Verkauf nichts bekannt sei.

Auf diesen Brief hin reichte S. sofort bei dem OPr. zu D. eine Anzeige ein, worin er unter Mittheilung des ganzen Hergangs den U. einer Fälschung und eines Betrugsversuchs beschuldigte. Der OPr. ließ den Agenten vernehmen und bekundete derselbe nun, daß es, wie er nachträglich erfahren, mit dem Verkaufe, wie mit der Depesche doch seine Richtigkeit habe, daß er nämlich verreist gewesen und während dessen von seinem Commis das Geschäft mit U. abgeschlossen, auch von diesem die Depesche an S. aufgegeben worden sei. In Folge dessen lehnte der OPr. die Verfolgung des U. ab und erhob nunmehr dieser Civilklage gegen S. wegen wissentlich falscher Anschuldigung, event. verläumderischer Beleidigung durch gedachte Anzeige.

Die ZPK. sprach frei. Kläger appellirte. Die AK. erachtete eine wissentlich falsche Anschuldigung oder eine verläumderische Beleidigung im Sinne des § 187 in gleicher Weise, wie die ZPK., für nicht vorliegend, weil der Verklagte augenscheinlich in gutem Glauben gehandelt habe, sprach denselben indeß einer mehrfachen Beleidigung durch Behauptung einer nicht erweislich wahren Thatsache im Sinne des § 186 für schuldig, weil er sich nicht damit begnügt habe, in seiner Denunciation die Thatsachen, wie sie sich zugetragen, darzulegen, sondern darüber hinausgehend und ohne eine Aufklärung des etwaigen Mißverständnisses auch nur zu versuchen, es als eine uneingeschränkte und vorbehaltslose Schlußfolgerung aufgestellt habe, daß der jetzige Kläger eine Fälschung und einen Betrugsversuch begangen habe und verurteilte den Verklagten zu einer Civilentschädigung von 300 Mark. Eine Verurteilung zu Strafe war nicht möglich, da das Oe. M. nicht mit appellirt hatte.

Auf den Cass.-Rekurs des Verklagten hat das Ob.-Tr. in Uebereinstimmung mit dem Antrage der GStA.-schaft kassirt und an eine andere AK. verwiesen. Gründe:

In Erw., daß wenn der Verklagte bei dem Kgl. Ober-Prokurator als der nach Art. 22 der Crim.-Ordnung zur Verfolgung der Verbrechen und Vergehen gesetzlich berufenen Behörde eine Anzeige wegen derjenigen Thatsachen gegen den Kläger einreichte, welche ihn nach der Feststellung der Vorderrichter zu dem Schlusse berechtigte, daß es darauf abgesehen sei, ihn zu dupiren und ihm dadurch zum Vortheile des Klägers einen Vermögensnachtheil zuzufügen, Verklagter sich unverkennbar, auch nach der Auffassung des App.-Richters, an und für sich mit dieser Anzeige in Wahrnehmung berechtigter Interessen befand, da auch der App.-Richter seine Befugniß, die Thatsachen, sowie sie sich zugetragen, dem Ob.-Pr. darzulegen, vorbehaltlos anerkennt;

daß eben deshalb die Strafbarkeit des Verklagten aber nach § 193 des StGB.'s dadurch bedingt war, daß das Vorhandensein der Absicht zu beleidigen aus der Form der Aeußerung oder aus den Umständen, unter welchen sie geschah, hervorging;

daß zwar daraus allein, daß der App.-Richter, welcher von Amtswegen zu prüfen hatte, ob hier die Voraussetzungen des § 193 zutrafen und event. Verklagter mit Rücksicht auf die Schlußbestimmung dieses § für strafbar zu erachten war, sich in dieser Richtung nicht ausdrücklich ausgesprochen hat, noch nicht mit Nothwendigkeit folgt, daß er jenen § übersehen oder rechtsirrthümlich für nicht anwendbar erachtet habe;

daß indessen im vorliegenden Falle die Motivirung, mit welcher der Appell.-Richter die Annahme einer Beleidigung des Klägers begründet hat, ergiebt, daß er, wenn er eine Prüfung in der Richtung auf § 193 hat eintreten lassen, den Schlußsatz desselben rechtsirrthümlich aufgefaßt und angewendet hat, insofern nämlich, als es vom App.-Richter dem Verklagten vorgeworfen wird, daß er, ohne eine Aufklärung des etwaigen Mißverständnisses auch nur zu versuchen, es als eine uneingeschränkte und vorbehaltlose Schlußfolgerung aufstellte, daß der Kläger eine Fälschung und einen Betrugsversuch begangen habe;

daß der App.-Richter in der Aufstellung dieser Schlußfolgerung mithin eine Beleidigung wesentlich deshalb findet, weil der Verklagte es an der nöthigen Vorsicht, insbesondere an dem Versuche habe fehlen lassen, ein etwaiges Mißverständniß aufzuklären, vielmehr sofort und ohne den gebotenen Vorbehalt seine Schlußfolgerung gezogen habe;

daß er also dem Verklagten nur eine besondere Verschuldung bezüglich der zwar nicht wider besseres Wissen, aber ohne die erforderliche Vorsicht gegen den Kläger aufgestellten Behauptung der Fälschung und des Betrugsversuchs zur Last legt;

daß aber eine derartige Verschuldung in den Fällen des § 193 zur Begründung der Strafbarkeit nicht ausreicht, es hier vielmehr des Nachweises der bestimmt auf die Beleidigung eines Anderen gerichteten Absicht bedarf und der App.-Richter daher, wenn er die Feststellung der gedachten Verschuldung für ausreichend erachtete, die Strafbarkeit des Verklagten nach dem Schlußsatze des § 193 zu begründen, diesen § verletzt hat. [8.—4.]

Beweisantrag. - Angehörige. - Zeugen.

Die Vernehmung von Geschwistern Angeklagter kann nicht deshalb abgelehnt werden, weil sie keine gesetzlich vollglaubwürdige Zeugen seien.

Vdn. v. 3. Jan. 1849 § 22 [n. 28, 33, 42].

Erk. (V. I.) v. 3. Juli 1878 c. Heppner (580 I. Cr.).

Die wegen Sachbeschädigung verurteilte Ehefrau H. hatte sich in der Berufungsinstanz auf das Zeugniß ihrer Schwester, der Ehefrau K. zu ihrer Entlastung berufen. Das Appell.-Gericht lehnte deren Vernehmung ab, weil sie eine gesetzlich vollglaubwürdige Zeugin nicht sei und das belastende Zeugniß der Damnifikatin nicht zu erschüttern vermöge. Das Urteil wurde vernichtet.

Durch § 22 der Verordn. v. 3. Jan. 1849 sind die

früheren positiven Regeln über die Wirkungen der Beweise außer Anwendung gesetzt. Der erkennende Richter hat nach seiner freien, aus dem Inbegriffe der vor ihm erfolgten Verhandlungen geschöpften Ueberzeugung die Schuldfrage zu entscheiden. Darnach giebt es keine „vollglaubwürdigen" Zeugen, sondern es hängt lediglich von dem Ermessen des Richters ab, ob er einem Zeugen Glauben schenken will oder nicht. Der Appell.-Richter verstößt sonach gegen den Grundsatz der freien Beweiswürdigung, wenn er annimmt, daß das Zeugniß der Frau K. die Aussage der Frau L. deshalb nicht zu erschüttern vermöge, weil sie keine gesetzlich vollglaubwürdige Zeugin ist. [18.—2.]

Unterschlagung. – Fremde Sache. – Kommission. – Depot. – Rechtswidrige Zueignung.

1. Von einem Kommissionär für seinen Kommittenten angeschaffte Effekten gehen in das Eigenthum des Letzteren über, sobald jener sie in Depot genommen und solches dem Kommittenten angezeigt hat. Der Kommissionär kann alsdann Unterschlagung an denselben begehen.

StGB. § 246 [n. 10]; Vgl. RbOTr. 16. S. 280.

2. Rechtswidrige Zueignung setzt einen positiven Kontrektationsakt voraus. Als ein solcher ist die Nichterfüllung der vertragsmäßigen Verpflichtung die betreffende Sache aus dem Pfandbesitz eines Dritten zu befreien nicht anzusehen.

StGB. § 246 [n. 34].

3. Der Kommissionär, welcher sich beim Verzuge des Kommittenten in der Erfüllung seiner Verpflichtungen durch Verwerthung des Kommissionsgutes bezahlt macht, begeht an demselben auch dann keine Unterschlagung wenn er dies ohne Beobachtung der gesetzlich vorgeschriebenen Formen thut.

StGB. § 246 [n. 41]; HGB. Art. 375.

Erk. (B. 1) v. 3. Juli 1878 c. Litt. (601 I. Cr.).

Der Bankier L. hat mehrfach in Kommission für Andere Effekten beschafft und theils selbst für sie im Depot behalten, theils im Depot der weiteren Kommissionäre, durch deren Vermittlung er sie angeschafft hatte, belassen. Einen großen Theil dieser Effekten, darunter auch solche, die er gegen effektiv hingegebene andere Papiere angeschafft hatte, sowie eine Anzahl von seinen Kommittenten bei ihm kautionsweise hinterlegter Werthpapiere hat er sich zugeeignet und in seinem Geschäfte verwendet. Einige der in den Depots seiner weiteren Kommissionäre verbliebenen Effekten haben jedoch diese, als L. in Konkurs gerieth ohne die darauf haftenden Verpflichtungen erfüllt zu haben, vermöge des ihnen daran zustehenden Pfandrechts veräußert. In einzelnen Fällen befanden sich auch die Kommittenten des L. bezüglich der Erfüllung ihrer Verpflichtungen im Verzuge; er hat aber bei der Verwerthung der für sie angeschafften Effekten die in Artt. 375, 310 des HGB.'s vorgeschriebenen Formen nicht beobachtet. Die Instanzgerichte haben in allen erwähnten Fällen Unterschlagung angenommen. Die NB. des L. bestreitet, die Annahme der thatbestandlichen Merkmale fremder Sachen und rechtswidriger Zueignung. Sie ist vom Ob.-Tr. theilweise für begründet erachtet und die Sache zur anderweiten Entscheidung zurückverwiesen.

[Zu 1.] Dem App.-Richter ist darin beizutreten, daß die vom Angeklagten für seine Kommittenten auftragsmäßig angeschafften d. h. angekauften Effekten, mochten dieselben sich bereits in des Angeklagten eigenem oder noch im Depot der von ihm mit dem Ankaufe beauftragten Bankhäuser befinden, für den Angeklagten im Sinne des § 246 des R.-StGB.'s „fremde Sachen" waren, und daß dessen Mittheilung an seine Kommittenten: „er habe die angeschafften Effekten in's Depot genommen", einen unzweideutigen Ausdruck des Bewußtseins, die Effekten nur verwahrungsweise als fremdes Eigenthum zu besitzen, enthielt, gleichviel, ob die Effekten vom Angeklagten erst käuflich angeschafft oder als „Selbstverkäufer" geliefert wurden. Daß Angeklagter hinsichtlich der ihm in Einkaufs-Kommission gegebenen Effekten seinen sämmtlichen Kommittenten Mittheilungen der gedachten oder gleichbedeutender Art gemacht habe, ist von den Instanzrichtern thatsächlich festgestellt. Vollends unbedenklich ist ferner die instanzrichterliche Annahme, daß diejenigen 3600 Thlr. „junge Rumänier", welche der Angeklagte für den Mühlenbesitzer R. gegen ihm effektiv behändigte, „alte Rumänier" eingetauscht hat, sowie diejenigen Effekten, welche von seinen Kommittenten nur „kautionsweise" bei ihm hinterlegt wurden, für ihn „fremde Sachen" waren. Ohne Rechtsirrthum haben die Instanzrichter auch die eigenmächtige Verfügung über die bei dem Angeklagten oder seinen Kommissionären deponirten Effekten seiner Kommittenten als eine rechtswidrige Zueignung fremder, in seiner Gewahrsam befindlicher und, was die R.'schen „Rumänier" und die nur kautionsweise hinterlegten Effekten betrifft, ihm anvertrauter Sachen aufgefaßt.

[Zu 2.] Rechtsirrthümlich dagegen ist die Annahme des App.-Richters, daß Angeklagter auch an denjenigen Effekten, welche im Besitze seiner Kommissionäre verblieben, und von diesen kraft des ihnen gesetzlich daran zustehenden Pfandrechts veräußert worden sind, eine rechtswidrige Zueignung begangen habe. Denn die Nichterfüllung der ihm vertragsmäßig obliegenden Verpflichtung, diese Effekten durch Erstattung der auf deren Anschaffung verwandten Auslagen aus dem Pfandbesitze seiner Kommissionäre zu befreien, kann einer rechtswidrigen Zueignung der Effekten, welche rechtlich einen positiven Kontrektationsakt voraussetzt, nicht gleichgestellt werden.

[Zu 3.] Auf einer rechtsirrthümlichen Auffassung beruht es ferner, wenn der Appell.-Richter den vom Angeklagten gegen die Vorschrift der Artt. 375 und 310 des HGB.'s außergerichtlich bewirkten Verkauf derjenigen Effekten, bei deren Abnahme die Kommittenten sich in Erfüllung ihrer gesetzlichen Verpflichtungen säumig gezeigt haben, lediglich wegen Verabsäumung der vorgeschriebenen Form als einen Akt rechtswidriger Zueignung kennzeichnet. Denn wenn es auch thatsächlicher Beurteilung unterliegt, in wie weit etwa im konkreten Falle aus der geflissentlichen Verabsäumung der gedachten Form auf den strafrechtlichen Dolus einer Unterschlagung zurückgeschlossen werden kann, so erscheint es doch nicht gerechtfertigt, die bloße Nichtbeobachtung dieser Form ohne Weiteres mit dem gesetzlichen Thatbestande der Unterschlagung zu identifiziren, da die Absicht des Angeklagten, sich in Ausübung seines gesetzlichen Pfandrechts durch den Verkauf nicht abgenommenen Commissionsgutes wegen seiner Auslagen und sonstigen Ansprüche bezahlt zu machen, an und für sich sogar die Absicht rechtswidriger Zueignung ausschließt.

Antr. d. GStA.: gleichl. [15.—2.]

Arrestbruch. - Verstrickung. - Entziehung.

Es ist keine Beiseiteschaffung oder Entziehung aus der Verstrickung, wenn der Eigenthümer gepfändeter, von einem Dritten nebst anderen Sachen aufbewahrter Gegenstände, diesem gestattet, solche zurückzubehalten um sich daraus wegen seiner Ansprüche für Transport und Aufbewahrung zu befriedigen.

StGB. § 137 [n. 31].

Erk. (S. I.) v. 3. Juli 1878 c. Mendels. (655 I. Cr.).

In Sachen J. c M. waren dem M. neben anderen Sachen zwei Sessel gepfändet, aber in seiner Wohnung zu P. belassen. Später wurde auf Antrag seiner Vermietherin gegen ihn Exmission aus dieser Wohnung erkannt. Er war damals abwesend und übergab der Exekutor die aus der Wohnung geschafften Sachen — darunter auch die beiden Sessel — dem Exekutions-Kommissar Z. zur Aufbewahrung. M. der inzwischen seinen Wohnsitz an einen anderen Ort verlegt hatte, erschien demnächst bei Z. und bat um Herausgabe seiner Sachen, erklärte ihm dabei auch, er möge sich aus einem Theil derselben wegen seiner Mühen und Kosten befriedigt machen. Z., dem M. nichts von der Pfändung gesagt hatte, behielt nun einen Theil der Sachen, darunter auch die Sessel, zurück und sendete die übrigen dem M. an seinen neuen Wohnort, wo der dortige Exekutor als er zur Versteigerung der arrestirten Sachen erschien, die Sessel folgeweise nicht vorfand. Z. soll sie noch besitzen. Wegen Arrestbruchs angeklagt, ist M. in der App.-Instanz verurteilt, indem in seiner Handlungsweise eine vorsätzliche Entziehung aus der Verstrickung gefunden wurde. Das Ob.-Tr. hat vernichtet.

Die Annahme des App.-Richters, daß Angeklagter dem Auktions-Commissar Z. durch die demselben ertheilte Ermächtigung, von den ihm durch den Exekutor B. zur Aufbewahrung übergebenen, gerichtlich exmittirten Mobilien des Angeklagten mehrere Stücke, darunter auch die von B. am 15. Februar 1875 im Wege der Exekution mit Beschlag belegten beiden grünen Plüsch-Fauteuils zurückzubehalten, um sich daraus wegen seiner Ansprüche für den Transport, die Aufbewahrung ꝛc. des exmittirten Mobiliars zu befriedigen, den Eigenthumsbesitz an den als Objekt der Befriedigung angewiesenen Mobilien übertragen habe, kann für rechtlich zutreffend nicht erachtet werden. Denn einer Angabe an Zahlungsstatt ist diese Ermächtigung nach den Vorschriften des Abschn. 4 Tit. 16 Th. I des ALR.'s nicht gleichzustellen. In Ermangelung einer ausdrücklichen Einigung über den anzurechnenden Werth der dem Z. belassenen Mobilien verblieb vielmehr das Eigenthum derselben mit allen seinen rechtlichen Folgen nach § 238 l. c. dem Angeklagten. Auch die durch die Beschlagnahme der grünen Plüsch-Fauteuils in der Prozeßsache J. wider M. dem Exekutionssucher erwachsenen Rechte blieben, so lange Z. von der ihm durch die fragliche Ermächtigung ertheilten Veräußerungsbefugniß keinen Gebrauch machte, unverändert fortbestehen. Die aus der entgegengesetzten Annahme gezogenen Schlußfolgerungen, auf welchen die thatsächliche Feststellung und rechtliche Entscheidung des App.-Richters beruht, erscheinen demnach rechtlich unhaltbar und nicht geeignet, die Anwendung des § 137 des R.-StGB.'s zu rechtfertigen.

Bei der demnächstigen Entscheidung wird insbesondere die Anzeige des Auktions-Commissars Z. vom 17. Dezbr. 1876 (cfr. Fol. 7v. act.): „daß er sich noch im Besitze der beschlagnahmten grünen Plüsch-Fauteuils befinde", in rechtliche Erwägung zu ziehen sein.

Antr. d. GStA.: gleichl. [15.—2.]

Wechselstempel. - Hinterziehung. - Beamter.

Ein Beamter, welcher Namens einer Behörde (Reichsbankhauptstelle) an dem Umlauf eines ungestempelten Wechsels Theil nimmt, macht sich persönlich strafbar.

R.-Wechselstempel-Gesetz v. 10. Juni 1869 §§ 5, 11 und 15; Vgl. RdOTr. 14. S. 47, 269, 673 und 18. S. 448.

Erk. (Z. II.) v. 4. Juli 1878 c. Grüter (625 II. Cr.).
Antr. d. GStA.: gleichl. [19.—4.]

Widerstand. - Forstbeamte. - Rechtmäßige Amtsausübung. - Betreten eines Privatweges.

Ein Forstbeamter ist bei Verfolgung der Spuren eines Holzdiebstahls befugt, Privatwege zu betreten und sonach der ihm dabei vom Eigenthümer des Weges geleistete Widerstand strafbar aus

StGB. § 113; Vgl. RdOTr. 16. S. 769.

Erk. (Z. II.) v. 4. Juli 1878 c. Nix (661 II. Cr.).
Antr. d. GStA.: gleichl. [8.—4.]

---

1. Fragestellung. - Zeitpunkt.
2. Eventuelle Fragen. - Beantwortung. - Zeitpunkt.

1. Die Stellung besonderer Fragen ist so lange statthaft, als noch kein regelrechter die Anklage erschöpfender Wahrspruch erfolgt und von dem Vorsteher der Geschworenen verlesen worden ist.

Ges. v. 3. Mai 1852 Art. 86; Vgl. RdOTr. 8. S. 491.

2. Wenn eine Hauptfrage von den Geschworenen mit 7 gegen 5 Stimmen bejaht worden ist, sind eventuelle Fragen erst zu beantworten nachdem der Gerichtshof durch seinen Beschluß der Minorität der Geschworenen beigetreten ist.

Ges. v. 3. Mai 1852 Art. 98 [n. 2].

Erk. (Z. I.) v. 5. Juli 1878 c. Bath (798 I. Cr.).
Antr. d. GStA.: gleichl. [20.—3.]

Kind. — Strafthat. — Vater. — Aufsicht. — Strafbarkeit. — Vermuthung.

Die Strafbarkeit des Vaters, dessen Kind einen Diebstahl begangen hat, ist durch diese That allein nicht begründet, es bedarf vielmehr im einzelnen Falle der aus den Umständen zu entnehmenden Feststellung, daß es der Vater an der pflichtmäßigen Aufsicht und Vorsorge hat fehlen lassen.

StGB. § 361 Nr. 9; Vdn. v. 5. Jan. 1849 § 22.

Erk. (Z. I.) v. 5. Juli 1878 c. Finke (400 I. Cr.).

Der Angeklagte, dessen Sohn einen Felddiebstahl begangen hatte, war in den Instanzen von der aus § 361 Nr. 9 des StGB.'s erhobenen Anklage freigesprochen worden, weil nicht nachgewiesen sei, daß der Angeklagte die Aufsicht über seinen Sohn vernachlässigt habe. Die mit Genehmigung des Justizministers erhobene Beschwerde des OStA.'s wurde darauf gegründet, daß jene Vernachlässigung so lange angenommen werden müsse, bis der Angeklagte das Gegentheil nachgewiesen habe und es wurde ausgeführt, daß bei entgegenstehender Annahme der Zweck des Gesetzes unerreichbar bleibe. Das Ob.-Tr. hat die Beschwerde zurückgewiesen. Gründe:

Die Verletzung des § 361 Nr. 9 des R.-StGB.'s rügende Beschwerde gegen die den Rekurs in dieser Sache zurückweisende Verfügung des Kgl. App.-Gerichts kann für begründet nicht erachtet werden. Zur Erfüllung des Thatbestandes des allegirten § 361 Nr. 9, welcher Eltern und andere Personen, die Kinder oder andere unter ihrer Gewalt stehende, ihrer Aufsicht untergebene und zu ihrer Hausgenossenschaft gehörende Personen von Diebstählen u. s. w. abzuhalten unterlassen, genügt die Thatsache allein nicht, daß die letzteren einen Diebstahl oder eine andere der dort bezeichneten strafbaren Handlungen verübt haben. Es muß vielmehr ein Mangel an pflichtmäßiger Aufsicht oder eine Vernachlässigung der Erziehungspflichten seitens der Eltern oder derjenigen Personen, in deren Gewalt die Uebelthäter stehen, hinzukommen. Dies ergiebt sich schon aus dem Wortlaute des Gesetzes, indem darin außer dem Unterstehen unter der Gewalt des für verantwortlich zu Erklärenden erfordert wird, daß der Uebelthäter dessen Aufsicht untergeben war und zu seiner Hausgenossenschaft gehörte. Der in Rede stehende Gedanke hat auch in den Motiven zu der Novelle vom 26. Februar 1876 einen Ausdruck gefunden, indem dort zu der fraglichen Bestimmung bemerkt wird: „Hier muß sich die Ahndung folgerichtig gegen diejenigen richten, deren Schuld mehr oder weniger die strafbaren Handlungen veranlaßt hat." Bei der Verhandlung im Reichstage führte der Berichterstatter zur Rechtfertigung der in Rede stehenden Strafbestimmung aus, daß die Bedenken, die man dagegen aus der Unterstellung herleite, es werde ein direktes Abhalten von dem einzelnen bestimmten Diebstahle verlangt, oder es werde eine Strafwürdigkeit der Eltern etablirt, wo keine Verschuldung vorliege, indem die Eltern sehr oft nicht in der Lage wären, zu wissen und zu erfahren, daß die Kinder auf Diebereien ausgingen, unbegründet seien. Der einzelne Fall müsse hier die Entscheidung geben. Jedenfalls werde der Richter in der Unterlassung der pflichtmäßigen und den Umständen nach möglichen Aufsicht über das Kind u. s. w. das Kennzeichen dafür finden, daß hier die Bestimmung des Gesetzes zur Anwendung zu bringen sei. Ebenso waren die übrigen Mitglieder des Reichstages, welche sich an der Diskussion betheiligten, sowie der Regierungskommissar darüber einverstanden, daß das eigentlich strafbare Moment in der mangelhaften Beaufsichtigung der Kinder u. s. w. liege. Es wird dies auch im Eingange der Begründung der Beschwerde nicht verkannt, sodann aber weiter ausgeführt, für den Mangel an pflichtmäßiger Aufsicht und Vorsorge spreche die Vermuthung, sobald einmal die Strafthat des Kindes geschehen sei. Sache des Angeklagten sei es dann, sich jener Vermuthung gegenüber, welche das Gesetz aufgestellt und mit Strafe bedroht habe, durch den Nachweis einer regelrechten Aufsicht und Hausordnung zu exkulpiren, wobei es selbstredend Pflicht des Richters sei, alle Umstände des Einzelfalles, die zu Gunsten des Angeklagten sprechen, in Erwägung zu ziehen, wenn Angeklagter sich auch selbst nicht darauf berufe. Diese Ausführung kann indessen als zutreffend nicht anerkannt werden. Eine Vermuthung der darin behaupteten Art stellt das R.-StGB. weder an dieser Stelle auf, noch entspricht sie den demselben überhaupt zu Grunde liegenden und den sonst allgemein anerkannten strafrechtlichen Grundsätzen. Vielmehr greift auch hier der in § 22 der Vdn. v. 3. Jan. 1849 zum Ausdruck gekommene und in der neueren deutschen Kriminalrechtspflege überall zur Geltung gelangte Grundsatz der dem Richter zustehenden freien Beweiswürdigung Platz, wonach er aus der von ihm aus dem Inbegriffe der vor ihm stattgehabten Verhandlungen geschöpften Ueberzeugung über Schuld oder Unschuld des Angeklagten zu entscheiden hat. Daneben besteht der Grundsatz, daß der Richter bei Erforschung der Wahrheit nicht von den Anträgen der StA.-schaft oder des Angeklagten abhängig ist, sondern zu diesem Zwecke alle Beweismittel, die er für geeignet hält, anwenden kann. Es kann daher auch im Kriminalprozeß von einer eigentlichen Beweislast, wie sie im Civilprozeß besteht, nicht die Rede sein. Mit diesen Grundsätzen setzt sich die Annahme der Beschwerde, daß sobald die Strafthat des Kindes festgestellt sei, von den Eltern der Exkulpationsbeweis der pflichtmäßigen Aufsicht zu führen sei, in Widerspruch. Vielmehr ist es Sache des Richters, über Würdigung des Gesammtergebnisses der vor ihm gepflogenen Verhandlungen zu prüfen, ob er sich dadurch in den Stand gesetzt sieht, ein Urteil über die Schuld oder Unschuld des Angeklagten zu fällen, oder ob er zu diesem Zwecke noch eine weitere Beweisaufnahme, insbesondere über solche Thatsachen, die der Angeklagte etwa zu seiner Entlastung angeführt hat, für erforderlich erachtet. Im vorliegenden Falle sind die Vorderrichter, was nach Obigem rechtlich zutreffend ist, davon ausgegangen, daß nicht schon der Umstand, daß ein Kind entwendet habe, den Vater aus dem allegirten § 361 Nr. 9 strafbar mache, daß der Angeklagte mithin nicht blos deshalb, weil er seine Diligenz nachzuweisen unterlassen habe, verurteilt werden könne, daß vielmehr in jedem einzelnen Falle nach dem Gesammtinhalt des thatsächlichen Materials, unter Umständen auch mit Berücksichtigung des Mangels irgend welcher von Seiten des Angeklagten vorgebrachter Entlastungsmomente die Schuldfrage zu erwägen sei. Sie haben sodann die einzelnen Umstände des Falles, wie sie sich bei der Verhandlung der Sache herausgestellt hatten, ihrer Würdigung unterzogen und sind hierbei zu dem Ergebnisse gelangt, daß den Angeklagten der Vorwurf der Verabsäumung der pflichtmäßigen Aufsicht über seine minderjährigen Töchter in Beziehung auf die von diesen verübten Grasfrevel nicht treffe. Der erste Richter führt hierfür namentlich an, daß es im Gegentheil dem Angeklagten, welcher Bauer sei und selbst Weiden besitze, zu glauben sei, wenn er geltend mache, daß er bisher sich niemals veranlaßt gesehen habe, oder habe genöthigt sehen müssen, seine Kinder vor Begehung von Felddiebstählen zu warnen, weil die Annahme, daß von seinen Kindern dergleichen strafbare Handlungen überhaupt nur begangen werden könnten, niemals für ihn gegeben gewesen sei. Der Rekursrichter tritt diesen Ausführungen bei, und wenn er hinzufügt, dem Angeklagten könne der Umstand, daß er seine ferneren entlastenden Angaben nicht unter Beweis gestellt, vorliegend in Anbetracht, daß er nicht ohne Vermögen sei und daß er also darauf, daß seine Kinder Gras entwenden würden, nicht habe rechnen können, nicht zur Last gelegt werden, so kann hierin eine Verkennung der Erfordernisse zur Anwendung der fraglichen Strafbestimmung nicht gefunden werden. Die ferner von der Beschwerde gerügte Ausführung des App.-Richters, es sei Sache der Anklage, das thatsächliche Material dafür beizubringen, daß der Vater die Aufsicht über das Kind verabsäumt habe, bezieht sich, wie aus dem Zusammenhange der Erwägungen hervorgeht, auf die konkrete Sachlage des vorliegenden Falles und verstößt daher ebenfalls nicht gegen die oben entwickelten Grundsätze.

Antr. d. GStA.: entgegen. [9.—3.]

Konkurrenz, reale. – Verschiedene Erkenntnisse. – Berechnung.

Der Richter, welcher gegen einen bereits rechtskräftig verurteilten Angeklagten wegen anderweitiger vor jener Verurteilung verübter Strafthaten auf Strafe erkennt, muß die rechtskräftig erkannte Freiheitsstrafe mit in Berechnung ziehen.

StGB. §§ 79, 74—78.

Erk. (B. I.) v. 5. Juli 1878 c. Müller (781 I. Cr.).

Wie der § 79 des StGB.'s bestimmt, sollen die milderen Vorschriften der §§ 74—78 l. c., welche für die Bestrafung realkonkurrirender Verbrechen und Vergehen gelten, auch dann zur Anwendung kommen, wenn im einzelnen Falle eine getrennte Aburteilung von Strafthaten der Art stattfindet. Auch unter dieser Voraussetzung ist die Sache praktisch so zu behandeln, als wenn die sämmtlichen Straffälle, welche in Betracht kommen, in dem nämlichen Verfahren und in einem Erkenntnisse zur Erledigung gelangten. Der Richter, welcher das nachträgliche Erkenntniß abfaßt, muß sich dabei auf den Standpunkt stellen, welchen der frühere Richter eingenommen haben würde, wenn ihm zur Zeit schon auch die erst später abgeurteilten Fälle zur Entscheidung vorgelegen hätten. Hiernach mußte der Schw.-GH. bei der Strafabmessung in gegenwärtiger Sache zuvörderst für die ihm vorliegenden zehn Fälle der schweren Urkundenfälschung die entsprechenden Einzelstrafen arbitriren, und demnächst unter Zugrundelegung der Summe dieser und der in dem Erkenntnisse vom 18. Januar cr. normirten Einzelstrafen nach Vorschrift des § 74 des StGB.'s die Gesammtstrafe feststellen. Das Mehr, welches letztere gegenüber der in jenem früheren Urteile erkannten Freiheitsstrafe ergab, war dann als Zusatzstrafe zu derselben auszusprechen. Auch die Ehrenstrafe — der Verlust der bürgerlichen Ehrenrechte — mußte unter Berücksichtigung sämmtlicher Straffälle, welche den Gegenstand des einen und anderen Urteils bildeten, bestimmt werden, und war, wenn dieselbe das Maaß der früher erkannten Ehrenstrafe überstieg, eine Verlängerung der Dauer derselben auszusprechen, was füglich aber auch in Form der Verhängung einer zusätzlichen Strafe geschehen konnte. Nach diesen Grundsätzen ist nun aber vom Schw.-GH. nicht verfahren worden. Derselbe hat, obwohl er anerkennt, daß die Straffälle des Erkenntnisses vom 18. Januar cr. mit denjenigen, welche ihm zur Aburteilung vorlagen, in Realkonkurrenz begangen sind, doch bei der Strafabmessung lediglich letztere berücksichtigt, nur für diese die Gesammtstrafe ermittelt und letztere als Zusatzstrafe zu der durch das frühere Urteil erkannten Strafe ausgesprochen. Der Schw.-GH. hat also, anstatt die Fälle des einen und anderen Urteils bei der Strafabmessung einheitlich zusammen zu fassen, dieselben getrennt, und das Resultat seiner auf die Fälle des letzteren beschränkten Operation nur äußerlich mit dem früheren Urteile in Verbindung gebracht. Damit ist aber gegen die gesetzlichen Vorschriften verstoßen und war daher das angefochtene Erkenntniß unter Aufrechterhaltung des Geschworenen-Spruchs zu vernichten, und die Sache zur anderweiten Verhandlung und Entscheidung an den Stadtschwurgerichtshof zurückzuweisen.

Antr. d. GStA.: Zurückweisung. [16.—3.]

Hausfriedensbruch. - Ehemann. - Ehefrau. - Widerspruch.

Die Ehefrau kann auch Demjenigen, welcher mit Bewilligung des Ehemannes die Wohnung betreten hat, bei veränderter Sachlage das fernere Verweilen in der Wohnung untersagen und ihn zum Verlassen derselben auffordern. Das fernere Verweilen in der Wohnung erfüllt sodann den Thatbestand des Hausfriedensbruches.

StGB. § 123.

Erk. (3. II.) v. 9. Juli 1878 c. Schmiegelski & Gen. (640 II Cr.).

Die Angeklagten waren mit Bewilligung des Wohnungsinhabers

in dessen Wohnung gekommen, hatten dort aber Lärm verursacht und sich ungehörig betragen, weshalb sie von der allein anwesenden Ehefrau zum Verlassen der Wohnung aufgefordert worden waren, dieser Aufforderung aber nicht Folge geleistet hatten. Deshalb aus § 123 des StGB.'s bestraft, rügten sie in ihrer NB. Gesetzesverletzung, weil die Ehefrau nicht berechtigt gewesen sei, sich mit dem erklärten Willen ihres Ehemannes in Widerspruch zu setzen.

Zurückweisung. Gründe:

Wie in dem Erk. wider W. — Oppenhoff Rechtspr. Bd. 18. S. 687 — ausgeführt worden, steht der Ehefrau in Vertretung des abwesenden Ehemannes die Wahrung des Hausrechts in der gemeinschaftlichen Wohnung zu. Allerdings darf sie dieses Recht nicht im Widerspruche mit dem erklärten Willen des Ehemannes ausüben, und es würde daher im vorliegenden Falle die Ehefrau des H. nicht ohne Weiteres befugt gewesen sein, den Angeklagten den denselben von ihrem Ehemanne gestatteten Eintritt in die Wohnung und das Verweilen in derselben zu versagen. Allein nach der Auffassung des Appell.-Richters von der Sachlage hat sich die Ehefrau H. auch keineswegs mit den Anordnungen ihres Ehemannes in Widerspruch gesetzt, vielmehr den Angeklagten, die in der H.'schen Wohnung ruhestörenden Lärm in ungebührlicher Weise erregt haben, nur das fernere Verweilen in der Wohnung unter den veränderten Umständen untersagt. Wenn der Appell.-Richter diese Untersagung als einen Widerruf einer von dem Ehemann ertheilten Erlaubniß bezeichnet, so hat er damit nicht, wie die NB. behauptet, ausgesprochen, daß die Ehefrau direkt eine Rechtshandlung ihres Ehegatten aufgehoben habe und dazu befugt gewesen sei. Die nähere Motivirung durch den Hinweis auf die vermuthete Vollmacht der Ehefrau und das anderenfalls gar nicht zu befriedigende Bedürfniß einer Wahrung des Hausfriedens läßt vielmehr ersehen daß der App.-Richter davon ausgegangen ist, es habe sich eben um Eintreten der Ehefrau in einem Falle gehandelt, welcher von dem Ehemanne nicht vorgesehen war. Die Deduction des App.-Richters geht offenbar dahin, die in Rede stehende

Erlaubniß sei den Angeklagten von dem Ehemanne H. wenn überhaupt, doch nur unter dem selbstverständlichen Vorbehalte des jederzeitigen Widerrufs ertheilt worden; wäre der Ehemann selbst in der Wohnung anwesend gewesen, so würde er trotz der ertheilten Erlaubniß von seinem Hausrechte haben Gebrauch machen können, falls ihm das Verhalten der Angeklagten dazu Veranlassung bot; in Folge seiner Abwesenheit aber habe der Ehefrau H. als Mitinhaberin der Wohnung und Vertreterin ihres Ehemannes die Geltendmachung des Hausrechts und die Beurteilung, inwiefern dazu Veranlassung vorliege, zugestanden. Diese Deduction aber läßt keinen Rechtsirrthum erkennen.

Antr. d. GStA.: gleichl. [19.—3.]

Erkenntniß. - Ausfertigung. - Rechtskraft. - Attest.

Der Angeklagte hat nicht das Recht zu verlangen, daß das wider ihn ergangene Straferkenntniß mit einem besonderen Atteste der Rechtskraft versehen werde.

Ges. v. 3. Mai 1852 Art. 32.

Beschl. (I.) v. 10. Juli 1878 c. Litten (201 B. I. Cr.).

Der freigesprochene Angeklagte war von den Instanzgerichten mit seinem Antrage die Erkenntnißausfertigung mit dem Atteste der Rechtskraft zu versehen, abgewiesen worden. Seine mit Bezug auf die im Civilverfahren geltenden Bestimmungen erhobene Beschwerde wurde vom Ob.-Tr. zurückgewiesen. Gründe:

Da eine gesetzliche Bestimmung wonach das KG. verpflichtet wäre, auf der Ausfertigung des Erkenntnisses dessen Rechtskraft zu bescheinigen nicht besteht, so kann Ihrem Antrage, dasselbe zur Ertheilung solcher Bescheinigung anzuweisen nicht entsprochen werden. Die gesetzlichen Bestimmungen über die Ausstellung derartiger Bescheinigungen in Beziehung auf Civilurteile finden ihre Begründung in den Vorschriften über die Vollstreckung solcher Urteile und können daher auf Strafurteile nicht analog angewendet werden.

Antr. d. GStA.: gleichl. [9.—3.]

Strafantrag. – Zurücknahme. – Privatklage.

Der die Zurücknahme des Strafantrags bis zum Anfange der Vollstreckung gestattende § 506 Abs. 1 der StPO. ist durch § 64 Abs. 1 des StGB.'s außer Kraft gesetzt.

StGB. § 64 [n. 20]; StPO. § 506.

Erk. (Z. I.) v. 10. Juli 1878 c. Schütte (665 I. Cr).

S. und 2 Genossen wurden in erster Instanz auf Privatklage des K. wegen vorsätzlicher, körperlicher Mißhandlung bestraft. In der Berufungsinstanz nahm K. den Strafantrag zurück. Vertheidiger beantragte nun Einstellung des Verfahrens; das Urteil des Berufungsgerichts bestätigte aber die Verurteilung unter Zurückweisung des Antrags auf Einstellung, weil die Zurücknahme des Antrags nach § 64 des StGB.'s nicht mehr zulässig gewesen sei. Die von dem Verurteilten eingewendete NB. wurde zurückgewiesen.

Der § 64 des R.-StGB.'s gestattet nur in den gesetzlich besonders vorgesehenen Fällen und auch hier nur bis zur Verkündung eines auf Strafe lautenden Urteils die Zurücknahme eines Strafantrags und beseitigt damit, mag dabei der Strafantrag von seiner materiellen oder seiner prozessualischen Seite aufgefaßt sein, alle diejenigen landesgesetzlichen Vorschriften, welche und soweit sie etwa weitergehende Anordnungen in dieser Richtung enthalten. Zu diesen gehört auch die Vorschrift im § 506 Abs. 1 der StPO. vom 25. Juni 1867, wonach in den Fällen der Privatklage der Antrag auf Bestrafung bis zur Vollstreckung des Erkenntnisses zurückgenommen werden konnte und welche hiernach gegenwärtig nur in dem Umfange fortbesteht, als das R.-StGB. dieses zuläßt. Wenn dem gegenüber die Imploranten auf innere Gründe hinweisen, welche es gerechtfertigt erscheinen lassen in dem besonders gearteten Verfahren auf erhobene Privatklage einen größeren Spielraum für die Privatwillkühr zu gestatten, so lassen sich solche innere Gründe dafür nicht erkennen, weshalb die Frage, ob eine Strafthat gerichtlich verfolgt werden kann, für welche der Strafantrag allein Bedeutung hat, verschieden sich gestalten soll, je nachdem die Verfolgung selbst durch den Staatsanwalt oder den betheiligten Privatkläger erfolgt. Es liegt hier vielmehr anscheinend die Verwechslung mit einer anderen Frage vor, nämlich, welcher Einfluß der Zurücknahme, nicht des Strafantrags, sondern der Privatklage durch den Privatkläger auf den Fortgang des eingeleiteten Verfahrens einzuräumen sei, indem ebensowenig wie die Begriffe Antragsberechtigung und Privatklageberechtigung sich decken, die Wirkungen des zurückgenommenen Strafantrags denjenigen der zurückgenommenen Privatklage unbedingt gleich stehen. Diese Frage, obschon dazu die Erklärung des Privatklägers hätte Veranlassung geben können, ist in dem Berufungserkenntnisse, welches überall nur auf die Zurücknahme des Strafantrags Gewicht legt, überhaupt nicht erörtert und ebensowenig bildet deren Uebergehung den Gegenstand eines prozessualischen Angriffs der NB., welche allein den § 506 Abs. 1 der StPO. im Auge hat.

Antr. d. GStA.: gleichl. [11.—2.]

Polizeiverordnung. – Meldewesen. – Beschaffung eines Besteuerungsausweises. – Gültigkeit?

Eine Polizeiverordnung über das Meldewesen, welche die Beschaffung eines Besteuerungsausweises seitens der anziehenden Personen bei Strafe vorschreibt, ist ungültig.

Pol.-Vdn. über das Meldewesen im Polizeibezirk Stettin v. 26. Febr. 1877; Pol.-Gesetz v. 11. März 1850 § 6; Ges. über die Aufnahme neu anziehender Personen v. 31. Dezbr. 1842 §§ 1—6 und 8; Bundesgesetz über die Freizügigkeit vom 1. Novbr. 1867 §§ 1—4 und 10; Klassensteuer-Gesetz v. 1. Mai 1851 § 2.

Erk. (Z. II.) **v. 11. Juli 1878 c. Dahms** (425 II. Cr.)

Der Rekursrichter spricht der Polizei-Vdn. über das Meldewesen im Polizeibezirk Stettin vom 26. Febr. 1877, soweit durch dieselbe die Unterlassung der Beschaffung eines Besteuerungsausweises Seitens der anziehenden Personen mit Strafe bedroht ist, die gesetzliche Gültigkeit ab. Gegen diese Entscheidung hat der Königl. Ober-Staatsanwalt Beschwerde erhoben, die jedoch nicht für begründet erachtet werden kann. Nach § 10 des Bundesgesetzes v. 1. Novbr. 1867 über die Freizügigkeit sind die Vorschriften der Landesgesetze über die Anmeldung der neu Anziehenden in Kraft geblieben. Der § 8 des Preußischen Gesetzes v. 31. Dezbr. 1842 über die Aufnahme neu anziehender Personen dahin lautend: „wer an einem Orte seinen Aufenthalt nehmen will, muß sich bei der Polizei-Obrigkeit dieses Orts melden und über seine persönlichen Verhältnisse mit Rücksicht auf die Vorschriften der §§ 1—6 die erforderliche Auskunft geben" ist also noch gegenwärtig maßgebend und die Regelung der Anmeldungen auf Grund dieser Vorschriften bezw. derjenigen, welche an ihre Stelle getreten sind, eine Obliegenheit der Ortspolizei gemäß § 6 litt. i Gesetz v. 11. März 1850 über die Polizei-Verwaltung. Die Vorschriften in den §§ 1—6 Ges. v. 31. Dezbr. 1842 sind nun durch die §§ 1—4 des Bundesges.'s v. 1. Novbr. 1867 ersetzt, von denen sich nur der § 4 auf die Vermögensverhältnisse des neu Anziehenden bezieht, indem er verordnet: „die Gemeinde ist zur Abweisung eines neu Anziehenden nur dann befugt, wenn sie nachweisen kann, daß derselbe nicht hinreichende Kräfte besitzt, um sich und seinen nicht arbeitsfähigen Angehörigen den nothdürftigen Lebensunterhalt zu verschaffen, und wenn er solchen weder aus eigenem Vermögen bestreiten kann noch von einem dazu verpflichteten Verwandten erhält. Den Landesgesetzen ist vorbehalten, diese Befugniß der Gemeinden zu beschränken. Die Besorgniß vor künftiger Verarmung berechtigt den Gemeindevorstand nicht zur Zurückweisung". Hiernach erscheint der Anziehende allerdings auch gegenwärtig noch verpflichtet der Polizeibehörde auf Erfordern auch über seine Vermögensverhältnisse Auskunft zu geben. Bezüglich der Art und Weise, in welcher die Auskunft zu erstatten, enthält das Gesetz vom 31. Dezbr. 1842 keine speciellen Bestimmungen. Aber es ergiebt sich aus dem Zwecke der Vorschrift des § 8, die Obrigkeit zu einem Urteil darüber, ob einer von den gesetzlichen Hinderungsgründen der Niederlassung eintrete, entweder unmittelbar in den Stand zu setzen oder derselben doch die Mittel zur weiteren Nachforschung an die Hand zu geben — vgl. die Gründe des Plenarbeschlusses vom 1. Novbr. 1858, Entscheidungen Bd. 39 S. 6 — daß die Auskunft nicht in weiterem Umfange erfordert werden darf als die Rücksicht früher auf die Vorschrift des § 4 Ges. v. 31. Dezbr. 1842, gegenwärtig auf die Vorschrift des § 4 des Bundesgesetzes dies rechtfertigt; und es darf insbesondere nach § 1 des letzteren Gesetzes das jedem Bundesangehörigen zustehende Recht des Aufenthalts und der Niederlassung nicht durch lästige Bedingungen beschränkt werden. Eine solche Bedingung enthält aber die Auflage der Beibringung eines Abzugsattestes oder einer Steuerquittung, insofern diese Bescheinigungen die Zahlung der fälligen Steuern an dem früheren Wohnorte zu ihrer Voraussetzung haben, die Nichtzahlung der Steuern also ein Hinderniß oder doch eine Erschwerung für die Wahl einer neuen Niederlassung bilden würde. Aber selbst wenn angenommen werden könnte, daß die Polizeiverordnung vom 26. Februar 1877 sich auf dergleichen Fälle, in denen die Beschaffung der Bescheinigung eine Nöthigung zur Steuerzahlung enthalten würde, nicht zu beziehen sei, so geht dieselbe doch jedenfalls schon in der Forderung die Besteuerungsausweise einzureichen über den Zweck der Gesetzes v. 31. Dezbr. 1842 hinaus und findet in demselben nicht die von der Beschwerde behauptete Rechtfertigung. In Ermangelung einer solchen aber entbehrt die in Rede stehende Strafandrohung überhaupt der gesetzlichen Begründung, weil die Ordnung und Kontrole der Steuerverhältnisse der Gemeindeangehörigen nicht zu den Gegenständen gehört, auf welche sich die polizeilichen Vorschriften gemäß § 6 des Ges.'s v. 11. März 1850 über die Polizei-Verwaltung zu beschränken haben. Auch das Ges. v. 1. Mai 1851 betreffend die Einführung einer Klassen- und klassifizirten Einkommensteuer hat in dem einschlagenden § 12 die Mitwirkung der Polizeibehörde nicht in Anspruch genommen. Und wenn endlich in der Beschwerde des OStA.'s noch das allgemeine Interesse der Steuerverwaltungen an den durch die Polizeiverordnung getroffenen Einrichtungen hervorgehoben wird, so ist dieses Interesse zwar nicht zu verkennen, der Kreis der Interessen, welche durch Polizeiverordnungen geschützt werden können, ist jedoch ein begrenzter und darf ohne eine gesetzliche Ermächtigung nicht überschritten werden.

Antr. d. GStA.: gleichl. [19.—4.]

Schiff, unbewohntes. - Gebäude. - Umschlossener Raum. - Einbruch.

Ein unbewohntes Schiff ist weder als ein umschlossener Raum, noch als ein Gebäude im Sinne des Strafgesetzes anzusehen, der auf demselben mittelst Einbruches verübte Diebstahl ist daher nur als ein einfacher Diebstahl zu bestrafen.

StGB. §§ 242, 243.

Beschl. (II.) v. 11. Juli 1878 c. Krüger (1496 II. Cr.).

Der mehrfach wegen Diebstahles bestrafte Angeklagte hatte aus einem unbewohnten Schiffe mittelst Einbruches verschiedene Sachen gestohlen. Das Kreisgericht erklärte sich für inkompetent, indem es den Diebstahl für einen schweren erachtete, das App.-Gericht beschloß dagegen die Eröffnung der Untersuchung wegen einfachen Diebstahles und in diesem Sinne entschied auch das Königl. Ober-Trib. den negativen Competenzkonflikt. Gründe:

In Erw., daß der Beschluß des Anklage-Senats gerechtfertigt und der in Frage stehende, in einem Schiffe begangene Diebstahl als ein einfacher erscheint, da nur in dem hier nicht vorliegenden Falle des § 243 Nr. 7 Schiffe den Gebäuden gleich zu achten sind — vgl. die in Oppenh. Rechtspr. Bd. 12. S. 256, 13. S. 268, 14. S. 105 veröffentlichten Erkenntnisse — Schiffe aber auch nicht zu den umschlossenen Räumen gehören, für deren Begriff es vielmehr wesentlich ist, daß sie einen umschlossenen Theil des Erdbodens bilden.

Antr. d. GStA.: gleichl. [19.—3.]

Bezeichnung als Arzt. - Doktor.

1. Die Bezeichnung als Arzt oder Zahnarzt verliert den strafbaren Charakter durch Hinzufügung eines Zusatzes, welcher den Glauben nicht aufkommen läßt, daß die betreffende Person die vorgeschriebene Approbation im Inland erlangt habe.

Gew.-Ordn. v. 21. Juni 1869 §§ 69, 147 n. 3.

2. Die ordnungsmäßige Erlangung der Doktorwürde bei einer ausländischen, zu dessen Verleihung befugten Bildungsanstalt, berechtigt zur Führung des Doktortitels.

StGB. § 360 pos. 8 [n. 51]; Vgl. RdOTr. 9. S. 116.

Erk. (Z. I.) v. 15. Juli 1878 c. Dittmann (656 I. Cr.).

D. hat sich im Inland niedergelassen und an seiner Wohnung ein Schild angebracht, auf welchem sich die Worte befinden: Dr. Jul. Dittmann, amerikanischer Zahnarzt. Ebenso hat er sich in veröffentlichten Annoncen bezeichnet. Im deutschen Reich ist er nicht als Zahnarzt approbirt; wohl aber hat er in Newyork studirt und nach bestandenem Examen von dem college of dentistry die Berechtigung zur Ausübung der zahnärztlichen Praxis und zur Führung des Grades eines doctor of dental surgery erlangt. Das college hat die Befugniß den letzteren zu ertheilen. Aus § 147 der Gew.-Ordnung und § 360 pos. 8 des StGB.'s angeklagt, ist er freigesprochen. Die deshalb von der StA.-schaft ergriffene NB. hat das Ob.-Tr. zurückgewiesen.

Die NB. kann für begründet nicht erachtet werden. Wenn sie zunächst in Beziehung auf den ersten Theil der Anklage aus § 147 Nr. 3 der R.-Gew.-Ordn. v. 21. Juni 1869 auszuführen versucht, daß nach dieser Bestimmung nur diejenigen Personen befugt seien, innerhalb des deutschen Reiches sich die Bezeichnung Zahnarzt beizulegen, welche nach den in demselben geltenden Vorschriften die im § 29 ebendaselbst erforderte Approbation erlangt hätten, und daß alle anderen Personen durch Annahme jener Bezeichnung sich strafbar machten und sich hiergegen durch Hinzufügung eines Zusatzes, wie des im vorliegenden Falle angewandten „amerikanischer" nicht zu schützen vermöchten, so kann diese

Ausführung als zutreffend nicht anerkannt werden. Der Zweck der in Rede stehenden Strafbestimmung geht dahin, zu verhindern, daß Jemand, der im Inlande die vorgeschriebene Approbation als Arzt ꝛc. nicht erlangt hat, durch Beilegung dieser oder einer ähnlichen Bezeichnung beim Publikum den Glauben erwecke, als habe er jene Approbation erworben und letzteres auf diese Weise täusche. Wird aber der Bezeichnung als Arzt u. s. w. ein Zusatz hinzugefügt, welcher jenen Glauben nicht aufkommen läßt, so verliert dieselbe hierdurch den gedachten strafbaren Charakter. Im vorliegenden Falle hat der Appell.-Richter thatsächlich festgestellt, daß der Angeklagte, indem er der Bezeichnung als Zahnarzt das Wort „amerikanischer" vorausschickte, in einer Weise, die für Jedermann erkennbar sei, ausgedrückt habe, daß er keineswegs im Deutschen Reiche als solcher approbirt sei, sondern nur in Amerika nach den dort geltenden Bestimmungen, denen er auch wirklich genügt habe. Ob ferner die vom Angeklagten seinem Namen vorgesetzte Bezeichnung „Doktor" (Dr.) sei es für sich allein, sei es in Verbindung mit jener als amerikanischer Zahnarzt geeignet war, beim Publikum den Glauben zu erregen, derselbe sei ein im Inlande approbirter Zahnarzt, war eine Frage thatsächlicher Natur, die der App.-Richter nach den konkreten Umständen des Falles zu beantworten hatte, wie dies das Ob.-Trib. bereits in den von der NB. selbst allegirten Erk. (Oppenh. Rechtspr. d. Ob.-Tr.'s 15. S. 271, 16. S. 389) ausgeführt hat, und das Ergebniß der dementsprechenden Prüfung des Appell.-Richters unterliegt daher einem Angriffe mit der NB. nicht.

Antr. d. GStA.: gleichl. [9.—2.]

Betrug. – Verkauf. – Obligatorischer Anspruch eines Anderen auf die Sache.

Darin, daß ein Verkäufer dem Käufer eine rein obligatorische Verpflichtung verschweigt, wonach er die verkaufte Sache an einen Anderen eigenthüm-

lich oder als Faustpfand zu übertragen sich verpflichtet hat, kann nicht der Thatbestand eines Betruges gefunden werden.

StGB. § 263 [n. 52].

Erk. (**B. II.**) **v. 15. Juli 1878 c. Herlitz** (698 II. Cr.).

H. schloß mit den Gebrüdern S., die eine Bürgschaft für ihn übernommen hatten, einen Vertrag ab, durch welchen er denselben zur Deckung für diese Bürgschaft mehrere Stücke Vieh verkaufte. Das Vieh wurde im Besitz des H. belassen und hat derselbe dann einige Zeit darauf dieselben Stücke an einen andern Gläubiger N. zu dessen Deckung verkauft, auch letzteren in den Besitz des Viehes gesetzt, ohne dem N. dabei von dem Vertrage mit den Gebrüdern S. Kenntniß zu geben.

Hierin fand die 1. Instanz eine Unterschlagung des Viehs zum Nachtheil der Gebrüder S. und zugleich einen zu deren Nachtheil durch Täuschung des N. verübten Betrug, letzteres um deswillen weil nach ALR. der zweite Käufer ungeachtet der Tradition dem ersten Käufer dann weichen müsse, wenn ihm der erste Verkauf bekannt gewesen sei.

Die 2. Instanz erachtete die Annahme einer Unterschlagung schon deshalb für ausgeschlossen, weil das Vieh Mangels Tradition nicht in das Eigenthum der Gebrüder S. übergegangen sei, überdies aber auch von den Parteien keinen Verkauf, sondern lediglich eine Pfandbestellung zu Gunsten der Gebrüder S. für beabsichtigt, solche zwar gleichfalls Mangels der Besitzübertragung für ungültig, den Vertrag indessen doch als pactum de oppignerando wirksam und insofern mit Rücksicht auf ALR. Th. I Tit. 20 §§ 107 – 112 und 14 sowie Th. I Tit. 14 §§ 5 bis 8 den Thatbestand eines Betruges gegeben

Auf NB. des Angeklagten vernichtete das Ob.-Tr. und sprach frei. Gründe:

Die Grundlage der mit der rechtzeitig und formgerecht erhobenen NB. angegriffenen Entscheidung besteht in der Annahme, daß durch den von dem Angeklagten mit den Gebrüdern S. am 10. Dezbr. 1876 geschlossenen Vertrag zwar weder ein Kaufgeschäft noch eine rechtsgültige Pfandbestellung, wohl aber ein rechtsbeständiges pactum de oppignerando zu Stande gekommen sei. Diese Annahme ist, da sie eine auf die Resultate der Beweisaufnahme gestützte Feststellung dessen, was im Gegensatz zu dem scheinbaren Inhalt des schriftlich beurkundeten Vertrages von den

Kontrahenten wirklich vereinbart worden, darstellt, der Kritik im Wege der NB. entzogen und also der gegen sie gerichtete Angriff hinfällig. Wohl begründet dagegen erscheinen die Angriffe auf die vom App.-Richter aus seiner obigen Prämisse gezogenen rechtlichen Konsequenzen. Allerdings gewährt das unterstellte pactum de oppignerando nach den vom App.-Richter angezogenen Gesetzesstellen dem Gläubiger die Befugniß, sich, so lange die zum Pfande verschriebene Sache im Besitze des Schuldners ist, mittelst richterlicher Hülfe in den Naturalbesitz der Sache zu setzen und dadurch das verabredete Pfandrecht zu verwirklichen. Aber dieses Recht ist kein besonderes, zwischen dem wirklichen Pfandrechte, dem jus in re, und dem mit jedem an sich gültigen Vertrage gegebenen obligatorischen Anspruche auf Erfüllung des Vertrages in der Mitte stehendes Recht, sondern nur eben dieser letztere rein obligatorische Anspruch selbst, der als solcher die Sache selbst in keiner Weise dinglich affizirt. Die Existenz eines solchen Rechts ist daher auch für jede dritte Person, an welche der Schuldner die Sache zu veräußern im Begriffe steht, eine rechtlich irrelevante Thatsache; die Wissenschaft dieser dritten Person von jenem obligatorischen Verhältnisse des Schuldners ist — rechtlich genommen — kein Hinderniß für das Zustandekommen des intendirten Kaufgeschäfts; es kann daher auch das Schweigen des Schuldners von diesem Verhältnisse nicht als Fernhaltung eines dem von ihm beabsichtigten Vertrage entgegenstehenden Hindernisses, nicht als Unterdrückung einer wahren Thatsache im Sinne des § 263 des StGB.'s qualifizirt werden. Ebensowenig berechtigt aber ferner die Natur des dem Gläubiger zustehenden Rechts zu der zweiten Folgerung, daß durch die Veräußerung der zum Pfande bestimmten Sache das Vermögen des Gläubigers beschädigt werde. Was wirklich ein Vermögen desselben ist — der persönliche Anspruch auf Erfüllung des Vertrages — besteht nach wie vor der Veräußerung ganz intakt, eine reale Sicherstellung des Gläubigers aber ist durch den Umstand daß der Schuldner noch im Besitze der Sache ist, so wenig wie durch den Vertrag selbst gegeben, es ist demnach auch nicht abzusehen, wie in dieser Hinsicht durch den Uebergang der Sache aus dem Besitze des Schuldners in den einer dritten Person die Vermögenslage des Gläubigers eine Alteration sollte erlitten haben. Es beruhen hiernach die Ausführungen des Appell.-Richters: daß die Gebrüder S. durch die Veräußerung der in Frage stehenden Viehstücke an N. eine Vermögensbeschädigung erlitten, und daß diese Beschädigung durch eine Täuschung des N. bewirkt worden sei, auf einem Rechtsirrthume. Die angegriffene Entscheidung unterliegt demnach der Vernichtung. In der Sache selbst war sofort auf Freisprechung des Angeklagten auch von der Beschuldigung des Betruges zu erkennen, da, wie die obigen Ausführungen ergeben, die zum Thatbestande des Betruges geforderten Momente der Vermögensbeschädigung und der Irrthumserregung durch Unterdrückung einer wahren Thatsache als nicht vorliegend sich darstellen.

Antr. d. GStA.: gleichl. [22.—4.]

Rheinisches Verfahren. - Verweisung vor ZPG. durch Rathskammer. - Nicht gehörige Ladung. - Einlassung des Beschuldigten. - Nichtigkeit?

Soweit es sich nicht um eine direkte Vorladung zum ZPG. handelt, vielmehr das Gericht bereits durch die Verweisung der Rathskammer mit einer bestimmten Beschuldigung befaßt ist, ist eine förmliche die vollständige Beschuldigung enthaltende Vorladung des Beschuldigten zwar im Interesse der Vertheidigung zweckmäßig, aber nicht obligatorisch und jedenfalls deren Unterlassung nicht mit absoluter Nichtigkeit des Verfahrens und der Entscheidung bedroht.

Ist insbesondere eine von mehreren in dem Rathskammerbeschluß aufgestellten Beschuldigungen durch ein Versehn in der Ladung des Beschuldigten ausgelassen, so kann er zwar dieserhalb bei dem ZPG. auf Aussetzung der Sache behufs Vorbereitung seiner Vertheidigung antragen. Hat er das aber nicht gethan, sich vielmehr vorbehaltlos auch auf die in der Ladung ausgebliebene Beschuldigung eingelassen, so ist die Appell.-Kammer nicht berechtigt, das in Folge dieser Einlassung rücksichtlich der betreffenden Beschuldigung ergangene Urteil Mangels einer gehörigen Vorladung von Amtswegen als nichtig aufzuheben.

Rh. StPO. Artt. 182 und 184; Sir. Gilb. n. 39, 40 u. 42 zu Art. 182 und n. 9 zu Art. 183; Rh. Archiv 26. 2 A. 52; Volkmar S. 417; RhOTr. 2. S. 221.

Erk. (B. II.) v. 15. Juli 1878 c. Wittwe Keßler (647 II. Cr.). Antr. d. GStA.: gleichl. [8.—4.]

Gewerbesteuer. - Gastwirth. - Hôtel-Wagen. - Lohnfuhrgewerbe. - Absichtliche Verbindung.

1. Ein Gastwirth, der seine Gäste mittels eigenen für diesen Zweck gehaltenen Fuhrwerks gegen Entgelt von und nach den Bahnhöfen befördert, betreibt neben der Gastwirthschaft das Lohnfuhrgewerbe und muß von beiden Gewerben Gewerbesteuer zahlen.

2. Die Bestimmung des Gewerbesteuergesetzes, daß, wenn mehrere Gewerbe absichtlich mit einander in Verbindung gesetzt sind, die Gewerbesteuer nur ein Mal nach dem gemeinschaftlichen Umfange derselben erhoben werden soll, kann nur derjenige für sich anrufen, der seine Absicht, die beiden Gewerbe im Zusammenhang an demselben Orte zu betreiben, der Kommunalbehörde des Orts vorschriftsmäßig deklarirt hat.

Gewerbesteuerges. v. 30. Mai 1820 §§ 2, 18 und 39 b.; Gesetz vom 3. Juli 1876 § 17; Anweisung des Fin.-Min. v. 20. Mai 1876 § 76; Vgl. JMBl. 1855 S. 96; RhOTr. 13. S. 497; 14. S. 767 u. 782; und 15. S. 283.

Erk. (B. II.) v. 15. Juli 1878 c. Moormann (577 II. Cr.).

Die Gastwirthschaft und das Gewerbe der Lohnfuhrleute sind nach § 2 des Ges.'s v. 30. Mai 1820 verschiedene Gewerbe und werden auch nach verschiedenen Sätzen, in den Klassen C. und K. besteuert. Im Sinne des Gesetzes sind hiernach beide Gewerbe offenbar nicht als zusammengehörige aufzufassen, und wer beide Gewerbe treibt, ist daher der Regel nach verpflichtet die Steuern von beiden zu zahlen. Eine Ausnahme tritt nach § 18 des Gesetzes nur ein, wenn die Gewerbe absichtlich mit einander in Verbindung gesetzt sind d. i., wenn sie mit einander in einem inneren Zusammenhange stehen und die Absicht sie im Zusammenhange an demselben Orte zu betreiben der Kommunalbehörde des Orts vorschriftsmäßig deklarirt worden ist. Daß diese Ausnahme hier nicht Platz greift, erkennt der App.-Richter selbst an. Derselbe ist jedoch der Ansicht, daß im vorliegenden Falle der Fuhrwerksbetrieb deshalb nicht steuerpflichtig sei, weil das Publikum gegenwärtig an größere Gasthöfe den Anspruch stelle, daß der Gastwirth zur Beförderung seiner Gäste von und nach den Bahnhöfen Fuhrwerk halte, und weil ein derartiger Fuhrwerksbetrieb lediglich als ein Zweig und Theil der Gastwirthschaft anzusehen sei. Beide Gründe sind jedoch unzutreffend. Der erste könnte ausreichen, um die Zusammengehörigkeit beider Gewerbe und die Anwendbarkeit des ersten Satzes des § 18 a. a. O. darzuthun für den Fall, daß die erforderliche Anzeige von dem Angeklagten erstattet wäre; aber der Umstand, daß eine Verbindung mehrerer Gewerbe im Interesse des Publikums erfolgt ist, hat deshalb noch nicht die Wirkung, daß das eine dieser Gewerbe seine Selbständigkeit in steuerrechtlicher Beziehung ganz verliert und in dem anderen vollständig aufgeht. Und wenn als Grund für die letztere Annahme ferner angeführt wird, daß der Fuhrwerksbetrieb des Gastwirths ein durch die Zahl seiner Gäste beschränkter und deshalb nur als ein Theil der Gastwirthschaft anzusehen sei, so ist auch dies nicht zutreffend, weil der größere oder geringere Umfang, in welchem das Lohnfuhrgewerbe betrieben und das Publikum daran betheiligt wird, nur insoweit zu berücksichtigen ist, als die Zahl der verwendeten Pferde eine größere oder geringere ist. Es kommt also in der That nur darauf an, ob der Angeklagte das Gewerbe als Fuhrmann wirklich betrieben hat. In dieser Beziehung hat nun zwar der App.-Richter als erwiesen angenommen, daß der Angeklagte unter Benutzung von 3 resp. 4 Pferden seine Gäste mittelst eigenen für diesen Zweck gehaltenen Fuhrwerks von und nach den Bahnhöfen befördert und diesen Fuhrwerksbetrieb zur Besteuerung nicht angemeldet hat. Allein ob der Fuhrwerksbetrieb ein gewerbsmäßiger war, hängt davon ab, ob er ein gegen Entgeld geleisteter, auf Erzielung eines Erwerbs, eines Vermögensvortheils gerichteter gewesen ist, und in dieser Beziehung bedarf es noch einer thatsächlichen Feststellung. Eine solche ist auch bezüglich der Zeit des Gewerbebetriebes mit Rücksicht auf die Prüfung der Anwendbarkeit des neueren Ges.'s v. 3. Juli 1876 erforderlich.

Antr. d. OStA.: gleichl. [19.—4.]

Schwurgerichtssache. – Bekenntniss. – Verweisung vor die Strafkammer. – Uebereinstimmender Antrag des Ob.-Staats-Anw.'s.

Die Verweisung eines vor das Schwurgericht gehörenden Verbrechens vor die Strafkammer bei vollständigem Bekenntniss des Angeklagten kann von der Anklagekammer nur in Uebereinstimmung mit dem Antrage des OStA.'s beschlossen werden. Eine solche Uebereinstimmung liegt nicht vor, wenn der OStA. die That als ein anderes Verbrechen qualificirt hatte, als die Anklagekammer.

StPO. § 446.

Beschl. (I.) v. 17. Juli 1878 c. B. (874 I. Cr.).

[11.—4.]

Unterschlagung. – Zueignung.

Für den Zueignungsbegriff kommt es nur darauf an, daß die Handlung des Inhabers einer fremden Sache seine Absicht zum Ausdruck bringt, mit Ausschluß des berechtigten Eigenthümers die Herrschaft über dieselbe zu erlangen. Diese Absicht kann sich durch das Vorgeben, die fremde Sache bereits veräußert zu haben, manifestiren.

StGB. § 246 [n. 36].

Erk. (Z. I.) v. 17. Juli 1878 c. Nied. (609 I. Cr.).

N. betrieb ein Pfandleihegeschäft. Die W. erhielt von ihm gegen Verpfändung von Mobilien ein Darlehn. Außerdem hatte sie ihm aber auch Sachen lediglich zur Aufbewahrung übergeben. Auf spätere Nachfrage und Zahlungsangebote von der W. beauftragter Personen hat N. erklärt: es sei zu spät, die Sachen seien bereits verkauft, und diese Erklärung schriftlich wiederholt. Die Angabe erwies sich jedoch schließlich als unwahr, indem sämmtliche Sachen noch im Besitze des N. vorgefunden wurden. Er ist wegen Unterschlagung bestraft. Seine NB. rügt: daß in der wahrheitswidrigen Behauptung des Verkaufs der Sachen mit Unrecht eine Zueignung derselben gefunden sei. Das Ob.-Tr. wies die NB. zurück.

Die NB. des Angekl. N. bezeichnet es als rechtsirrthümlich, daß, wie von dem Berufungsrichter angenommen, in der wahrheitswidrigen Aeußerung des Besitzers einer ihm anvertrauten Sache, er habe dieselbe veräußert, sofort eine Zueignung der Sache sich finden lasse, indem eine derartige Aeußerung gegenüber dem Eigenthümer selbst oder seinem gehörig legitimirten Vertreter erfolgt sein und bei dem Eigenthümer die Ueberzeugung hervorgebracht haben müsse, daß sein Eigenthum verloren sei. Allein für den Zueignungsbegriff kommt es darauf nicht an, ob der Inhaber einer fremden Sache durch eine positive Thätigkeit Eigenthümer wirklich geworden ist, sondern daß die Handlung seine Absicht zum Ausdruck bringt, dadurch mit Ausschluß des berechtigten Eigenthümers gleich diesem darüber die Herrschaft zu erlangen und es ist rechtlich nicht ausgeschlossen, daß diese Absicht sich in der wahrheitswidrigen

Erklärung des Inhabers, die Sache veräußert zu haben, insofern manifestire, als er dadurch dem Eigenthümer, oder wie vorliegend festgestellt, dessen Beauftragten gegenüber nicht blos den Besitz der Sache ableugnet, sondern auch das Recht der Veräußerung für sich in Anspruch nimmt, welches bei in Verwahrung gegebenen Gegenständen, um welche es sich hier allein handelt, zunächst nur dem Eigenthümer zusteht, die Erklärung der Veräußerung daher zugleich die Erklärung seines erworbenen Eigenthums an dem veräußerten Gegenstande in sich schließt. Daß bei dem Eigenthümer die Ueberzeugung von dem Verluste seines Eigenthums entstanden sei, kann nicht erfordert werden, da die Voraussetzungen des Zueignungsaktes sich lediglich in der Person des Zueignenden vollziehen, die Absicht des Berechtigten über die rechtliche Bedeutung desselben daher an und für sich außer Betracht bleibt.

Antr. d. GStA.: gleichl. [11.—2.]

Viehseuchen. - Anzeigepflicht.

Die Versäumniß der dem Besitzer erkrankter Thiere obliegenden Pflicht zur Anzeige bleibt auch dann strafbar, wenn die Polizeibehörde bereits auf anderem Wege Kenntniß von dem Seuchenausbruch erlangt hatte.

Ges. v. 25. Juni 1875 §§ 9, 73; Vgl. RdOTr. 18. S. 290.

Erk. (S. I.) v. 17. Juli 1878 c. Rollwage (545 I. Cr.).

Der Kreisthierarzt D. hat die Schafheerde des R. im Auftrage des Amtes untersucht und dabei das Bestehen der Räude in geringem Umfange konstatirt, solches auch dem R. mitgetheilt Gleichwohl hat dieser beim Amte keine Anzeige gemacht und ist von der auf § 9 und 73 des Ges.'s v. 25. Juni 1875 gestützten Anklage freigesprochen, weil ihm aus dem Auftrage des Kreisthierarztes bekannt geworden, daß das Amt schon um die Sache wisse und es dem Sinn des Gesetzes gemäß nur auf die der Obrigkeit gewordene Kenntniß ankam, einerlei von wem sie dieselbe erlange. Das Ob.-Tr. vernichtete auf NB. der StA.-schaft.

Die Annahme des ersten Richters, welche der Berufungsrichter sich aneignet: daß es bei der Vorschrift in § 9 des Gesetzes, betreffend die Abwehr und Unterdrückung von Viehseuchen, vom 25. Juni 1875 (GS. S. 306) nur auf die der Obrigkeit gewordene Kenntniß ankomme, einerlei, ob solche von dem Besitzer der erkrankten Hausthiere oder von anderer Seite veranlaßt worden sei, — läßt sich als richtig nicht anerkennen und kann daher auch die daraus gezogene Konsequenz keine Billigung finden, wonach die Anzeigepflicht, welche dem Besitzer obliegt, alsdann nicht Platz greife, wenn der Ortspolizeibehörde bereits anderweite Mittheilung von dem Ausbruche einer Viehseuche im Sinne des § 10 das. zugekommen sei, wie dieses von dem Königl. Ob.-Tr. schon in einem früheren Falle des Näheren nachgewiesen worden ist. Vgl. Oppenhoff, Rechtspr. Bd. 18. S. 290 ff. Die dem Besitzer von Hausthieren und den übrigen in § 9 Abs. 1 und 2 genannten Personen auferlegte Anzeigeverbindlichkeit ist ein rein formeller Akt; sie hat zwar mit den Zweck, die Obrigkeit von dem Auftreten der Seuche in Kenntniß zu setzen; aber sie hört vom Standpunkte des Anzeigepflichtigen nicht deshalb auf, eine Anzeige zu sein, weil durch dieselbe dieser Zweck der Mittheilung nicht mehr erreicht werden kann, weil die Behörde bereits von anderer Seite die erforderliche Kenntniß erlangt hat. Daß das Gesetz hierauf keine Rücksicht hat genommen wissen wollen, ergiebt sich zunächst aus der Vorschrift sofortiger Anzeige nach erfolgtem Ausbruche, welche das Recht auf vorherige Feststellung der bereits anderweit an die Ortspolizeibehörde ergangenen Mittheilung, das entgegengesetzten Falles dem Anzeigepflichtigen zugestanden werden mußte, mit Nothwendigkeit ausschließt, sodann aber aus den im Abs. 3 dess. § den Thierärzten und sonstigen sich mit Ausübung der Thierheilkunde befassenden Personen auferlegten beschränkten Pflicht zur Anzeige. Denn wenn diese für Letztere nur eintreten soll, wenn sie von dem Ausbruche einer Seuche Kenntniß erhalten, bevor ein polizeiliches Einschreiten Statt gefunden, so wird eben nur auf das bereits erfolgte polizeiliche Einschreiten, nicht aber auch darauf Gewicht gelegt, ob die Polizeibehörde vorher bereits durch den Besitzer oder wen sonst von dem Seuchenfalle Anzeige erhalten und aus welchem Grunde sie bis dahin das Einschreiten unterlassen hat.

Antr. d. OStA.: gleichl. [11.—2.]

Branntweinsteuer. - Maische. - Ueberschöpfen. - Dolus.

Der Thatbestand einer Branntweinsteuerdefraudation wird dadurch nicht beseitigt, daß bei der Einmaischung nicht die Absicht einen höheren Spiritusertrag zu erzielen, obgewaltet hat.

AKO. v. 10. Januar 1824 ad Nr. 5.

Erk. (Z. II.) v. 3. Septbr. 1878 c. Urban & Gen. (301 II. Cr.).

Die wegen Maischsteuerdefraudation bestraften Brennerknechte rügten in der NB. Gesetzesverletzung, weil ihnen die Absicht fern gelegen, mehr Spiritus zu erzielen.

Zurückweisung. Gründe:

Die Feststellung ist nur in Beziehung auf die für erwiesen erachtete Defraudation insofern als rechtsirrthümlich angegriffen worden, als ausgeführt wird, daß den Angeklagten U. und K., weil sie kein Interesse zur Sache gehabt und keine Tantiemen bezogen hätten, die Absicht einen höheren Spiritusertrag zu erzielen und sonach die Absicht einer Verkürzung der Steuer nicht beigewohnt haben könne. Es kommt indessen für die Frage, ob eine Verkürzung der Steuergefälle erfolgt oder beabsichtigt ist, überhaupt nicht darauf an, ob mehr Maische oder mehr Spiritus zu gewinnen beabsichtigt worden ist, sondern lediglich darauf, ob, — was ausreichend festgestellt ist, — eine Einmaischung oder Zubereitung von Maische in anderen als den angesagten Gefäßen erfolgt und damit eine Verkürzung der nach dem Rauminhalt der benutzten Gefäße zu berechnenden Steuer eingetreten und beabsichtigt ist.

Antr. d. OStA.: gleichl. [10.—3.]

Inkompetenzurteil. – Konkurrenz. – Anklage.

Inkompetenzurteile müssen, wenn sie die Verweisung auf mehrere strafbare Handlungen erstrecken, erkennbar machen, ob sie die Handlungen unter dem Gesichtspunkt der idealen oder der realen Konkurrenz auffassen und dürfen im letzteren Fall sich nicht auf Handlungen erstrecken, die nicht von der Anklage umfasst waren.

StPO. § 47.

Erk. (B. I.) v. 4. Septbr. 1878 c. Bleiert (899 I. Cr.).

Die Anklage gegen B. richtete sich auf eine Reihe von Geldunterschlagungen und den Diebstahl eines Briefes in dem sich ein Wechsel befand, auf welchem der Raum für den Aussteller noch offen war. Die Strafkammer stellte unter Ziffer 1, 2, 3 diese Delikte und eine durch Unterzeichnung des Wechsels begangene Fälschung fest und verwies die Sache mit Rücksicht auf die Strafe der letzteren vor den örtlich zuständigen Schwurgerichtshof. Das Ob.-Tr. vernichtete. Gründe:

Die Strafkammer hat sich ausdrücklich darüber nicht ausgesprochen, ob sie die einzelnen unter Ziffer 2 und 3 aufgeführten Handlungen unter dem Gesichtspunkte der idealen oder der realen Konkurrenz auffaßt, was für die Ausmessung der Strafe von Erheblichkeit ist. Ließe sich diese Unklarheit unter anderen Umständen vielleicht durch ein Zurückgehen auf die Form heben, in welcher die einzelnen unter Anklage gestellten Handlungen nach Ziffern aufgeführt sind, so vermag doch bei gegenwärtiger Sachlage diese Form allein deshalb keine ausreichende Gewähr für die Intention des Erkenntnisses zu bieten, weil das angefochtene Urteil unter Ziffer 3, wie die NB. mit Recht hervorhebt, eine Handlung betrifft, welche von der Anklage nicht umfaßt und nicht einmal andeutungsweise berührt wird und daher, sofern sie nicht in idealer Konkurrenz mit den übrigen oder einer derselben begangen wurde, zum Gegenstand der Beurteilung und Verweisung überhaupt nicht gemacht werden durfte. Diese Unklarheit über den prozessualischen Gesichtspunkt unter welchen das angefochtene Erkenntniß zur Heranziehung dieser Handlung in den Verweisungsbeschluß sich befugt erachtete, muß nothwendig die Vernichtung des Letzteren und Zurückverweisung der Sache in die erste Instanz zur Folge haben. [11.—2.]

Rheinisches Verfahren. – Zuchtpolizeigericht. – Verurteilung wegen Uebertretung. – Zulässigkeit der Berufung.

Hat das Zuchtpolizeigericht einen wegen Vergehens und Uebertretung Beschuldigten von dem Vergehen freigesprochen, wegen der Uebertretung verurteilt, so steht dem Beschuldigten gegen die Verurteilung Berufung zu.

Rh. StPO. Art. 192; Contra: Sir. Gilb. Nr. 4.

Erk. (Z. II.) v. 5. Septbr. 1878 c. Grippekover & Gen. (678 II. Cr.).

Die Beschuldigten G., L. und B. wurden wegen einer gemeinschaftlichen Mißhandlung und zugleich mit dem 4. Beschuldigten J. wegen bei derselben Gelegenheit gemeinschaftlich verübten groben Unfugs vor das ZPG. gestellt. Dieses sprach in Uebereinstimmung mit dem Antrage des Oeff. Minist. von dem Vergehen frei, verurteilte aber wegen groben Unfugs zu Haft. Die Beschuldigten appellirten. Vor der App.-Kammer beantragte das Oeff. Minist. die Berufung auf Grund des Art. 192 der StPO. als unannehmbar zurückzuweisen. Die App.-Kammer verwarf diesen Antrag und sprach demnächst nach stattgehabter Verhandlung die Beschuldigten auch von der Anschuldigung des groben Unfugs frei.

Den von dem Ob.-Pr. wegen Verletzung des Art. 192 ergriffenen Cass.-Rekurs hat das Ob.-Tr. verworfen. Gründe:

In Erw., daß der Art. 192 der Crim.-Pr.-Ordn. den Fall voraussetzt, wo eine Strafthat entweder von vornherein irrthümlicher Weise als Vergehen qualificirt und deshalb vor das Zuchtpolizeigericht gebracht worden ist, oder sich erst durch die Verhandlung der rechtliche Charakter derselben als derjenige einer reinen Uebertretung herausgestellt hat;

daß in diesem Falle, sofern die Verweisung vor das einfache Polizeigericht von keiner Seite verlangt wird gegen das alsdann hinsichtlich der Uebertretung vom Zuchtpolizeigerichte zu erlassende Urteil nach der Schlußbestimmung des Art. 192 das Rechtsmittel der Berufung nicht weiter zulässig sein soll, wie dies auch rücksichtlich desjenigen Urteils gelten würde, welches andernfalls von ihm als App.-Richter in derselben Sache zu erlassen wäre;

daß die letztgedachte Bestimmung aber keine Anwendung finden kann in denjenigen Fällen, in welchen — wie im vorliegenden — eine Uebertretung wegen vorhandener Konnexität auf Grund der Artt. XXI und XXII des Einf.-Ges.'s zum Pr. StGB. gleichzeitig mit einem Vergehen vor das Zuchtpolizeigericht gebracht wird, das Letztere mithin nicht wie im Falle des § 192 als evozirender App.-Richter, sondern kraft der ihm durch die gedachten Gesetzesvorschriften beigelegten Competenz für die Entscheidung in erster Instanz berufen ist;

daß in den letztgedachten Fällen durch diese Kompetenzbestimmung auch rücksichtlich der Uebertretung die für das Verfahren in Zuchtpolizeisachen bestehenden prozessualischen Vorschriften anwendbar werden und daher auch die Berufung gegen das von dem Zuchtpolizeigericht zu erlassende Urteil insoweit für zulässig erachtet werden muß als sich dasselbe auf die Uebertretung bezieht.

Antr. d. GStA.: entgegen. Dieselbe gab zu, daß, wenn von dem Zuchtpolizeigericht auch wegen des Vergehens verurteilt worden wäre, sowohl die Verurteilung wegen der Uebertretung, als wegen des Vergehens appellabel gewesen sein würde, wie dies das Ob.-Tr. durch sein Plenar-Erkenntniß vom 13. Juli 1865 (RhOTr. 5. S. 552) ausgesprochen habe. Das Zuchtpolizeigericht würde eben in einem solchen Falle über die Uebertretung nicht auf Grund der ausnahmsweisen Ermächtigung des Art. 192, sondern auf Grund der aus der Konnexität mit dem Vergehen folgenden Zuständigkeit abgeurteilt haben. Die Frage sei nur die, ob das Zuchtpolizeigericht, auch wenn es — wie hier — von dem Vergehen frei- und damit ausspreche, daß, weil überhaupt kein Vergehen, auch keine Konnexität der Uebertretung mit einem solchen vorliege, noch seine Zuständigkeit rücksichtlich der Uebertretung aus der Konnexität, also daraus herleiten könne, daß nach der Beschuldigung ein konnexes Vergehen vorgelegen haben sollte, oder ob nicht vielmehr das Zuchtpolizeigericht darin seine Befugniß zur Aburteilung der Uebertretung auf den Art. 192 stützen müsse.

Gehe man für die Beantwortung dieser Frage auf die Bedeutung des Art. 192 zurück, so habe derselbe lediglich den Fall im Auge, daß die Thatsachen, wie sie sich laut der in der Ladung enthaltenen Beschuldigung zugetragen haben sollten, den Thatbestand eines Vergehens bildeten, daß aber demnächst bei der Verhandluug von diesen Thatsachen nur soviel erwiesen werde, daß bloß der Thatbestand einer Uebertretung übrig bleibe. Gemäß Bestimmung des Artikels habe dann nur die StA.-schaft resp. der Civilkläger das Recht, die Verweisung der Sache an das PG. zu beantragen. Liege dagegen schon nach der Ladung und bei Richtigkeit der darin behaupteten Thatsachen blos eine Uebertretung vor, so könne man doch unmöglich dem Beschuldigten das Recht versagen, die hieraus folgende Inkompetenz des Zuchtpolizeigerichts geltend zu machen, wenn man anders nicht die Kompetenzbestimmungen für den Beschuldigten illusorisch und es der StA.-schaft möglich machen wolle, ganz nach Willkür jede Polizeisache vor das Zuchtpolizeigericht zu bringen. Vergl. auch Sir. Gilb. und Supplém. n. 1 und 2.

In vorgedachter Beschränkung weise nun der Artikel darauf hin, daß grundsätzlich und als Regel sich die Kompetenz in Strafsachen nicht danoch richte, welche Thatsachen in der Beschuldigung behauptet, sondern welche demnächst erwiesen und zum Gegenstand der Strafanwendung gemacht würden. Nur auf Grund der speciellen Bestimmung dieses Artikels und mit den in demselben ausgesprochenen Folgen vermöge sonach das Zuchtpolizeigericht seine nach dem Resultat der Verhandlung nicht mehr vorhandene Zuständigkeit auf den weitergehenden Inhalt der ursprünglichen Beschuldigung zu stützen und könne es hier keinen Unterschied machen, ob nach der Beschuldigung statt der Uebertretung oder neben derselben ein Vergehen vorliegen sollte. [8.—4.]

Preßgesetz. - Druckschrift. - Angabe des Wohnorts des Druckers 2c. - Nicht identisch mit Wohnsitz.

Im § 6 des Reichspreßgesetzes, wonach auf jeder Druckschrift Name und Wohnort des Druckers und resp. des Verlegers genannt sein muß, ist der Ausdruck „Wohnort" nicht identisch mit „Wohnsitz".

Es genügt die Angabe des Orts, wo Drucker und Verleger den Pflichten obliegen, die ihre Verantwortlichkeit begründen, gleichviel ob sie dort ihr Domizil haben oder nicht.

R.-Preßgesetz § 6.

Erk. (V. II.) v. 5. Septbr. 1878 c. Huch (666 II. Cr.)

H. war angeklagt: „als Drucker und Verleger der in Frankenstein erscheinenden zur Verbreitung bestimmten Frankensteiner Zeitung auf mehreren Nummern derselben als den Wohnort des Druckers und Verlegers falsch und mit Kenntniß der Unrichtigkeit Frankenstein (statt Neiße) genannt zu haben". Nach der Feststellung der Instanzrichter hat derselbe mit seiner Familie seinen dauernden Aufenthalt und eingerichtete Wirthschaft in Neiße, betreibt dort das Buchhändlergewerbe und ist dort nicht blos zur Gewerbesteuer als Buchhändler und zur Communalsteuer, sondern auch und zwar nur dort zur Einkommensteuer herangezogen. Dagegen hat er in Frankenstein eine Druckerei und giebt daselbst die in dieser gedruckte Frankensteiner Zeitung heraus, zahlt auch in Frankenstein Communal- und Gewerbesteuer als Buchdrucker, hält sich aber dort nur vorübergehend und zu dem ausschließlichen Zwecke auf, den Betrieb der Buchdruckerei und die Ausgabe der Zeitung, was Beides durch Dritte für seine Rechnung geschieht, zu kontroliren und die damit verbundenen Geschäfte und Obliegenheiten zu regeln. Er hat zwar in Frankenstein außer den dem Betriebe der Druckerei gewidmeten Lokalitäten noch ein zur Aufbewahrung von Papier, sowie für ihn und die Redaktion bestimmtes Zimmer miethsweise inne, hat sich indeß in den letzten 6 Monaten in der Regel nur ein Mal monatlich und jedes Mal nur Tags über dort aufgehalten.

Die Instanzgerichte, welche aus § 18 Abs. 2 des R.-Preßgesetzes verurteilten, gingen davon aus, daß „Wohnort" im § 6 des R.-Preßgesetzes mit dem allgemeinen Rechtsbegriff identisch sei, und folgerten aus den §§ 9—15 Tit. 2 Th. I der AGO. nach Anleitung des Entscheid. 37 S. 356 mitgetheilten Urteils des Königl. Ober-Trib. v. 1. Oktbr. 1857, daß der Angeklagte seinen ausschließlichen Wohnsitz in Neiße und nicht etwa daneben einen zweiten Wohnsitz in Frankenstein habe.

Vernichtung und Verweisung an ein anderes App.-Gericht.

Gründe:

Der App.-Richter geht mit dem ersten Richter davon aus, daß der im § 6 des R.-Preßgesetzes v. 7. Mai 1874 gebrauchte Ausdruck „Wohnort" mit dem in den Preußischen Gesetzbüchern sich vorfindenden Rechtsbegriffe „Wohnsitz" identisch sei, und er gelangt nach Prüfung der einschlagenden thatsächlichen Verhältnisse zu der Annahme, daß der Angeklagte seinen ausschließlichen Wohnsitz und Wohnort in N., nicht in Fr. gehabt habe. Der gewählte Ausgangspunkt kann jedoch nicht als der richtige anerkannt, Wohnort und Wohnsitz nicht als identisch erachtet werden. Der Begriff des Wohnsitzes ist wesentlich ein Rechtsbegriff. Es ist darunter der örtliche Mittelpunkt der Rechtsverhältnisse einer Person zu verstehen, welcher insbesondere für deren Gerichtsstand und die Beurteilung ihrer Rechts- und Handlungsfähigkeit maßgebend ist. Dieser Mittelpunkt ist in der Regel, aber keinesweges immer durch den dauernden Aufenthalt an einem bestimmten Orte bedingt, wie denn die verschiedenen Gesetzgebungen in zahlreichen Fällen ein besonderes Recht des Aufenthaltsorts neben dem des Wohnsitzes statuiren

vgl. z. B. die Bestimmungen über den Gerichtsstand der Militärpersonen, des Gesindes u. s. w. im Preußischen Recht und in den §§ 14, 21 der Civil-Pr.-Ordn. für das deutsche Reich v. 30. Jan. 1877. Es ist daher schon aus diesem Grunde nicht angänglich die Begriffe Wohnort und Wohnsitz zu identifiziren. Ueberhaupt aber erscheint es nicht zulässig den in dem Reichsgesetze, wenngleich in Uebereinstimmung mit § 7 des Preuß. Gesetzes über die Presse v. 12. Mai 1851, gebrauchten Ausdruck Wohnort aus den Vorschriften eines Partikularrechts, und namentlich aus solchen Vorschriften zu erläutern, die zu einem ganz anderen Zwecke, Behufs der Regulirung des Gerichtsstandes in Civilprozessen, gegeben sind. Der aus dem Inhalte der §§ 6 und 7 des R.-Preßgesetzes wie aus den veröffentlichten Motiven ersichtliche Grund, aus welchem die Angabe des Wohnorts des Verlegers und Druckers für erforderlich erachtet wird, ist die Sicherung der Wirksamkeit der Strafrechtspflege. Diesem Zwecke entspricht die Angabe des Orts, wo der Verleger und Drucker den Pflichten obliegen, die ihre Verantwortlichkeit begründen, gleichviel ob diese Personen an dem angegebenen Orte ihr Domizil haben oder nicht. Ist nun der Appell.-Richter von einer irrthümlichen Rechtsanschauung ausgegangen, indem er für entscheidend erachtet, daß der Angeklagte seinen Wohnsitz ausschließlich in N. gehabt habe, so hat dieser Rechtsirrthum augenscheinlich auch seine Feststellung, daß N. zugleich der ausschließliche Wohnort des Angeklagten gewesen sei, beeinflußt. Auch kann diese Feststellung nicht durch die von dem Appell.-Richter erwähnten verschiedenen Thatsachen, die Art und Weise des Gewerbebetriebs in Fr. und das nur vorübergehende Verweilen des Angeklagten daselbst, aufrecht erhalten werden, weil diese Thatsachen immer nur verwerthet worden sind, um die Ausschließlichkeit des Wohnsitzes in N. nachzuweisen. Es war vielmehr mit Rücksicht auf den strafrechtlichen Zweck der Vorschriften des Preßgesetzes zunächst in Betracht zu ziehen, ob in der angeblichen Wohnung des Angeklagten zu Fr. der faktische Aufenthalt des Angeklagten jederzeit ohne alle Schwierigkeit zu ermitteln war, in welcher Beziehung darauf hinzuweisen ist, daß die Angabe der in das Handelsregister eingetragenen Firma nach § 6 des Gesetzes gleichfalls für genügend zu erachten ist, obschon auch diese Angabe unter Umständen weitere Ermittelungen nothwendig macht. Sodann aber war festzustellen, ob die Wohnung in Fr. und der zeitweise Aufenthalt daselbst es dem Angeklagten ermöglichten seine dort befindliche Druckerei selbst zu leiten und für deren Leitung die Verantwortlichkeit zu übernehmen. Denn nur wenn diese Voraussetzungeu zutreffen, kann von einem Wohnorte im Sinne des Preßgesetzes die Rede sein.

Antr. d. GStA.: Vernichtung. [19.—4.]

Rechtsmittel - Minderjähriger. - Vormund.

Der Vormund eines minderjährigen Angeklagten kann selbständig für sein Mündel ein Rechtsmittel einlegen, sollte auch der Angeklagte das gleiche von ihm selbst eingelegte Rechtsmittel zurückgenommen und den Akt des Vormundes erst nach Ablauf der Frist genehmigt haben.

Crim.-Ordn. § 435; Vgl. RdOTr. 7. S. 609.

Erk. (V. I.) v. 6. Septbr. 1878 c. Binkowski (1057 I. Cr.).

Der Angeklagte hatte gegen das ihn verurteilende Erkenntniß erster

Instanz die Appellation eingelegt, später jedoch auf das Rechtsmittel verzichtet. Inzwischen hatte noch innerhalb der Frist der Vormund des Angeklagten die Appellation eingelegt und der Angeklagte hatte diese Appellation nach Ablauf der Frist unter Zurücknahme seines Verzichtes genehmigt. Der App.-Richter erachtete das Rechtsmittel für nicht devolvirt. Auf die NB. des Angeklagten erfolgte Vernichtung und Zurückverweisung. Gründe:

Der App.-Richter geht mit Recht davon aus, daß der Angeklagte seine Erklärung, wonach er sich bei dem ersten Erkenntnisse beruhigen wollte, innerhalb der zehntägigen Frist zur Einlegung der Appellation widerrufen konnte. Er erwägt jedoch, daß im vorliegenden Falle die vom Angeklagten erst nach Ablauf der Frist erfolgte Zurücknahme des Verzichts ohne rechtliche Wirkung bleiben müsse. Seine Ansicht, daß die Zurücknahme des Verzichts eine verspätete sei, begründet er damit, daß der Vormund des Angeklagten nur als dessen Vertreter und aus dessen Recht, nicht aus eigenem Rechte das Rechtsmittel einlegen, mithin nur den Willen des von ihm Vertretenen zum Ausdruck bringen konnte. Er nimmt weiter an, daß der direkt ausgesprochene Wille des Angeklagten, sich bei dem ersten Erkenntnisse beruhigen zu wollen, der Einlegung des Rechtsmittels seitens des Vormundes die Wirkung nehme, und daß die nach Ablauf der Frist erfolgte Zustimmung des Angeklagten als verspätet keine Berücksichtigung finden könne. Dieser Ausführung liegt ein Rechtsirrthum zu Grunde, insofern die Wirkung der vom Vormund des Angeklagten eingelegten Appellation verkannt ist. Der Umstand, daß der 20jährige Angeklagte nach dem Gesetze strafmündig ist, schließt nicht aus, daß seine Vertretung im Strafverfahren, soweit solche überhaupt zulässig ist, durch denjenigen geübt wird, welchem das bürgerliche Recht den Schutz für seine Person anvertraut hat. Die Judikatur des Königl. Ob.-Tr.'s hat dem entsprechend dem Vater bezüglich des in seiner Gewalt befindlichen Kindes, und dem Vormund bezüglich seines Mündels die Einlegung von Rechtsmitteln gestattet, wie dies im früheren Recht nach § 435 der Crim.-Ordn. hinsichtlich naher Verwandten ausdrücklich zugelassen war. Dies Recht ist ein selbständiges, aus der väterlichen Gewalt und dem Vormundschaftsrecht entspringendes. Der Vormund handelt bei Einlegung der Appellation zwar in Vertretung des Mündels, aber kraft der ihm durch das Gesetz beigelegten Befugniß, und unabhängig vom Willen des Mündels. Daraus folgt, daß in gegenwärtiger Sache die Appellation des Vormundes, auch ohne Zustimmung des Angeklagten, als ein gültiger Rechtsakt anzusehen ist, durch welchen der frühere Verzicht des Angeklagten beseitigt wurde. Inwiefern eine Aenderung der Sachlage eintreten würde, wenn der Angeklagte der Verfolgung des Rechtsmittels seitens seines Vormundes widersprochen hätte, bedarf keiner Erörterung, denn die Annahme des App.-Richters, daß ein Widerspruch zwischen der Willenserklärung des Vormundes und des Angeklagten vorliege, kann nicht für begründet erachtet werden. Der Umstand daß der Angeklagte das von ihm selbst angemeldete Rechtsmittel zurückgenommen hat, beweist nicht, daß er der Durchführung des später von seinem Vormunde eingelegten Rechtsmittels entgegen treten wollte. Er hat einen dahin gehenden Willen, nachdem er von der Rechtshandlung des Vormundes Kenntniß erlangt hatte, nicht ausgesprochen, vielmehr sofort seine Zustimmung zu der Appellation des Vormundes ausdrücklich erklärt. — Hiernach kann es nicht für zweifelhaft erachtet werden, daß das Rechtsmittel der Appellation von einem gesetzlich befugten Vertreter des Angeklagten gültig eingelegt ist. Indem der App.-Richter dies verkennt, und das Rechtsmittel für nicht angebracht erklärt, verstößt er gegen Art. 108 Nr. 6 des Ges.'s v. 3. Mai 1852.

Antr. d. GStA.: gleichl. [18.—3.]

Angeklagter, verhafteter. - Berufungsgericht. - Vorführung. - Vertheidiger.

Dem verhafteten Angeklagten muss zur Hauptverhandlung in der Berufungsinstanz, sofern er

nicht vorgeführt wird, ein Vertheidiger bestellt werden, sollte auch das Amtsgericht vorher den Antrag auf Bestellung eines Vertheidigers für die Berufungsinstanz abgelehnt haben.

StPO. § 383 Abs. 2.

Erk. (S. I.) v. 6. Septbr. 1878 c. Dittmann (894 I. Cr.).

Durch Erkenntniß des Königl. Amtsgerichts zu W. und der Strafkammer Königl. Kreisgerichts zu A. ist der Angeklagte wegen Widerstandes gegen die Staatsgewalt verurteilt worden. In der NB. des Angeklagten ist gerügt: daß der Angeklagte zur Hauptverhandlung zweiter Instanz nicht vorgeführt worden, ihm auch, obwohl er dies beantragt, ein Vertheidiger nicht bestellt und hierdurch § 383 Abs. 2 der StPO. v. 25. Juni 1867 verletzt worden sei. Bei Einlegung der Berufung hatte der Angeklagte um Beiordnung eines Vertheidigers gebeten. Das Amtsgericht zu W. hat hierauf dem Angeklagten eröffnet, daß für dieses Gericht keine Veranlassung vorliege, in diesem Falle von der nach § 206 Abs. 2 der StPO. dem Gericht ertheilten Befugniß zur Beiordnung eines Vertheidigers Gebrauch zu machen. Die Strafkammer hat Beweiswiederholung beschlossen und ist dies dem Angeklagten bekannt gemacht, dabei aber ein Antrag auf Vorführung von ihm nicht gestellt worden. Einen Vertheidiger hat das Berufungsgericht dem Angeklagten nicht bestellt. Nach § 383 Abs. 2 der StPO. vom 25. Juni 1867 muß dem verhafteten Angeklagten, wenn seine Vorführung zur Hauptverhandlung nicht erfolgt, auf sein Verlangen ein Vertheidiger von Amtswegen zugeordnet werden. Die Erfüllung dieser wesentlichen Vorschrift des Verfahrens ist nicht davon abhängig, daß der Angeklagte seine Vorführung beantragt hat, sie ist vielmehr lediglich an die Voraussetzung geknüpft, daß seine Vorführung nicht erfolgt, also weder von Amtswegen noch auf Antrag beschlossen ist, ferner daß der Antrag auf Zuordnung eines Vertheidigers gestellt worden ist. Dieser letztere Antrag ist nach der Verhandlung vom 17. Juni 1878 von dem Angeklagten gestellt worden und hierdurch war der Fall des § 383 Abs. 2 a. a. O. gegeben. Hieran wird auch durch die Thatsache, daß das Königl. Amtsgericht zu W. den Antrag abgelehnt hat, nichts geändert, da durch diese Verfügung die dem Berufungsgericht durch § 383 Abs. 2 a. a. O. auferlegte Pflicht nicht beseitigt werden konnte.

Antr. d. GStA.: gleichl. [—3.]

Urkundenfälschung. - Vorsätzlichkeit. - Wissentlichkeit.

Ein Beamter, welcher innerhalb seiner Zuständigkeit eine rechtlich erhebliche Thatsache wissentlich falsch beurkundet, handelt nothwendig auch vorsätzlich.

StGB. § 348.

Erk. (Z. I.) v. 6. Septbr. 1878 c. Kruska (948 I. Cr.).

Gegen den Angeklagten war in verschiedenen Fällen aus §§ 348 und 349 des StGB.'s Anklage erhoben. Bei einem solchen Falle war in der im Uebrigen den Worten des § 348 entsprechenden Frage statt des Wortes „vorsätzlich" das Wort „wissentlich" gebraucht und der Angeklagte auf den die Frage bejahenden Ausspruch der Geschworenen zu Strafe verurteilt. Seine Gesetzesverletzung rügende NB. wurde zurückgewiesen. Gründe:

Die Rüge, daß die Anwendung des § 348 ungerechtfertigt sei, weil die Vorsätzlichkeit der Handlung nicht festgestellt worden ist, kann für zutreffend nicht erachtet werden, da in Bezug auf den Thatbestand des § 348 die im vorliegenden Fall festgestellte Wissentlichkeit den Begriff der Vorsätzlichkeit in sich schließt.

Antr. d. GStA.: gleichl. [12.—3.]

Appellationsrichter. - Beibehaltung. - Begründung. - Angabe der Beschwerden.

1. Es begründet Nichtigkeit des Urteils wenn der App.-Richter die Aufrechterhaltung der erstrichterlichen Feststellung durch Verweisung auf angebliches Zeugniß gar nicht vernommener Personen stützt.

Ges. v. 3. Mai 1852 Art. 101 [n. 33, 34].

2. Wenn die thatsächliche Grundlage eines prozessualischen Angriffs in der Nichtigkeitsbeschwerde hervorgehoben ist, so kommt es auf die richtige Bezeichnung der verletzten Prozeßvorschrift nicht an.

Ges. v 3. Mai 1852 Art. 111 [n. 15].

Erk. (V. I.) v. 11. Septbr. 1878 c. Herold (585 I. Cr.)

Das App.-Gericht bezog sich für die Beibehaltung der erstrichterlichen Feststellung auf das Zeugniß des S. und R., von denen der Letztere in der Sache niemals vernommen war. Die NB. stützte sich darauf, bezeichnete es aber nur als eine Aktenwidrigkeit.

Implorant rügt mit Recht, daß der App.-Richter die Aufrechthaltung der erstrichterlichen Feststellung auch durch Verweisung auf die Aussage des Cessionars R. begründet habe. — R. ist im Laufe des ganzen Verfahrens überhaupt niemals vernommen worden und die Verweisung auf sein Zeugniß ist daher unerklärlich und, insoweit dasselbe zur Unterstützung der Aufrechthaltung der Feststellung des ersten Urtels dient, hierzu nach Art. 101 des Ges.'s v. 3. Mai 1852 ganz ungeeignet. Es liegt hiernach unbedenklich eine Verletzung dieser Bestimmung vor. Dieselbe kann auch nicht aus dem Grunde unberücksichtigt bleiben, weil der Implorant seinen Angriff nicht ausdrücklich auf Art. 101 a. a. O. gegründet, sondern als einen Angriff wegen Aktenwidrigkeit bezeichnet hat; denn, da die thatsächlichen Grundlagen des Angriffs in der NB. gemäß Art. 111 des Ges.'s v. 3. Mai 1852 hervorgehoben sind, so kommt es auf die richtige Bezeichnung der verletzten Prozeßvorschrift nicht an. Hiernach unterliegt das angefochtene Urteil der Vernichtung.

Antr. d. GStA.: gleichl. [12.—2.]

Fälschung. – Urkunde. – Beweiserheblichkeit. – Fragstellung.

Die Frage der Erheblichkeit einer Privaturkunde zum Beweise von Rechten oder Rechtsverhältnissen ist als thatbestandliches Moment der Fälschung von den Geschworenen zu entscheiden.

StGB. § 267 [n. 36, 50]; Vgl. RbOTr 12. S. 303.

Erk. (V. I.) v. 11. Septbr. 1878 c. Itzig. (985 I. Cr.).

In einer auf Fälschung von Wechseln gerichteten Strafsache waren in der an die Geschworenen gerichteten und bejahten Frage statt des gesetzlichen Ausdrucks: „eine solche Privaturkunde, welche zum Beweis von Rechten oder Rechtsverhältnissen erheblich ist", die Worte gebraucht: „folgendes Schriftstück" und dann der wörtliche Inhalt des Wechsels hinzugefügt. Im Urteil hieß es: daß das erwähnte Schriftstück ein Wechsel, also eine Privaturkunde und zum Beweise von Rechten von Erheblichkeit ist, hat der Gerichtshof aus dem im Wahrspruch enthaltenen Kontexte desselben für erwiesen erklärt. Auf NB. des Angeklagten vernichtete das Ob.-Tr. Gründe:

Nach dem Erkenntnisse der vereinigten Abtheilungen des Senats für Strafsachen des Königl. Ob.-Tr.'s vom 5. Juni 1871 (Entsch. Bd. 66 S. 92; Goltd. Archiv Bd. 19 S. 522) ist die Frage, ob das den Gegenstand der Anklage bildende Schriftstück zum Beweise von Rechten oder Rechtsverhältnissen von Erheblichkeit ist, als thatbestandliches Moment der Fälschung von Privaturkunden von den Geschworenen zu entscheiden, wenn es auch nach der Preuß. Prozeßgesetzgebung zulässig ist, jenes Moment nach der konkreten Sachlage nicht mit den Worten des Gesetzes festzustellen, diese vielmehr durch allgemein verständliche Ausdrücke, welche der Besonderheit des Falles angepaßt sind, zu ersetzen. In dem vorliegenden Falle ist diesem Erfordernisse, obwohl dasselbe in dem Anklagebeschlusse Berücksichtigung gefunden hatte, bei keiner der wegen Urkundenfälschung gestellten Fragen genügt, vielmehr ist die Feststellung jenes Moments nur in den Urtelsgründen durch den Gerichtshof, nicht aber durch die Geschworenen erfolgt. Das angefochtene Urteil unterliegt daher der Vernichtung.
[12.—2.]

Appellationsrichter. - Verlesung. - Beweismittel. - Gewerbliche Anlagen. - Errichtung. - Verjährung.

1. In der Appellationsinstanz bei Erstattung des Referats bewirkte Verlesung von Schriftstücken kann

nicht durch nachträglichen Beschluß zu einem Akt der Beweisaufnahme gemacht werden.

Ges. v. 3. Mai 1852 Art. 101 [n. 95].

2. Der Appellationsrichter kann abweichende Feststellungen nicht auf Beweismittel stützen, welche nicht Gegenstand der Hauptverhandlung gewesen sind.

Ges. v. 3. Mai 1852 Art. 101 [n. 101 a.]; Vdn. v. 3. Jan. 1849 § 14 [n. 43].

3. Die Verlesung früherer Auslassungen des Angeklagten ist zulässig.

Ges. v. 3. Mai 1852 Art. 101 [n. 85].

4. Die Benutzung einer schon bestehenden Roßschlächterei zu Zwecken der Abdeckerei, kann nicht als Errichtung einer Anlage zu letzterer, sondern nur als eine Betriebsveränderung angesehen und bestraft werden.

Gew.-Ordn. v. 21. Juni 1869 §§ 16, 147 Nr. 2.

5. Ein verurteilendes Erkenntniß muß durch Angabe der Zeit der bestraften Handlung erkennbar machen, daß dieselbe noch nicht verjährt ist.

StGB. § 66 [n. 6]; Vgl. RdOTr. 11. S. 512.

Erk. (V. I.) v. 11. Septbr. 1878 c. Kühn (411 I. Cr.).

K. war aus § 16 und 147 ² der Gewerbeordnung angeklagt, im Jahre 1876 eine Abdeckerei errichtet zu haben, ohne dazu die erforderliche Genehmigung der zuständigen Behörde eingeholt zu haben. Er besaß eine genehmigte Roßschlächterei, hatte daselbst aber Handlungen vorgenommen, in welchen Betrieb einer Abdeckerei gefunden wurde. In erster Instanz freigesprochen, wurde er in zweiter nach den Worten der Anklage verurteilt. In der erneuerten Beweisverhandlung war beschlossen die bereits (wahrscheinlich im Referat) erfolgte Verlesung eines Schriftstücks als zum Zweck der Beweisaufnahme geschehen anzusehen. Bei der veränderten Beweisfeststellung war ein nur im Vorverfahren abgegebenes Zeugniß benutzt; auch die Auslassung des Angeklagten zu einer früheren gerichtlichen Verhandlung war verlesen. Das Urteil endlich gab die Zeit der errichteten Anlage so ungenau an, daß sich nicht ergab, ob die Verjährungsfrist des § 145 der Gew.-Ordnung nicht bereits abgelaufen. Das Ob.-Tr. vernichtete auf NB. des K.

[Zu 1.] Die von der erstrichterlichen Feststellung abweichende thatsächliche Feststellung des angefochtenen Urteils gründet sich zunächst auf den Inhalt der Konzessions-Urkunde v. 8. Juni 1870. Eine Beweisaufnahme durch Verlesung dieser Konzessions-Urkunde hat aber nicht stattgefunden. Das Protokoll v. 5. Dezbr. 1877 enthält in dieser Beziehung nur den Vermerk: der Gerichtshof beschließt, die bereits erfolgte Verlesung der Konzession zur Roßschlächterei als zum Zwecke der Beweisaufnahme geschehen anzusehen. Daß die Verlesung wirklich erfolgt sei, ist durch diesen Satz, wenn auch nur parenthetisch, konstatirt; eine nicht ausdrücklich zum Zwecke der Beweisaufnahme beschlossene und ausgeführte Verlesung entspricht aber nicht dem Erforderniß des Art. 101 des Ges.'s v. 3. Mai 1852: insbesondere kann die in dem Protokoll wahrscheinlich gemeinte Verlesung bei Gelegenheit der Erstattung des Referats nicht durch nachträglichen Beschluß zu einem Akte der Beweisaufnahme gemacht werden. Vielmehr muß der Beschluß der Beweisaufnahme der Ausführung derselben vorangehen und der Akt der Beweisaufnahme als solcher kenntlich gemacht werden, so daß alle Betheiligten sich der Bedeutung dieses Aktes bewußt sind.

[Zu 2.] Die abweichende Feststellung des zweiten Urteils ist ferner auf das Zeugniß des nur im Skrutinialverfahren vernommenen Gutsbesitzers R. gegründet. Auch hierin liegt eine Verletzung des Art. 101 des Ges.'s v. 3. Mai 1852 und zugleich eine Verletzung des § 14 der Vdn. vom 3. Januar 1849, da der App.-Richter zwar bei Aufrechthaltung der erstrichterlichen Feststellung auf den Inhalt der Akten zurückzugehen befugt ist, eine neue Feststellung aber auf ein Beweismittel, welches so wenig Gegenstand der Hauptverhandlung zweiter wie erster Instanz gewesen ist, nicht ohne Verletzung des Prinzips der Mündlichkeit und Unmittelbarkeit gründen darf.

[Zu 3.] Der weitere Angriff wegen vermeintlicher Unzulässigkeit der Verlesung der Auslassungen des Angeklagten zum Protokoll v. 10. Febr. 1877 ist allerdings verfehlt, da diese Verlesung eines urkundlichen Beweismittels über die früher von dem Angeklagten abgegebenen Erklärungen, die sich bei einer nochmaligen Vernehmung desselben nicht immer in gleicher Weise wieder herstellen lassen, keineswegs gegen die Grundsätze des mündlichen Verfahrens verstößt.

[Zu 4.] Dagegen ist wiederum der Angriff wegen Gesetzesverletzung in mehrfacher Beziehung begründet. Der App.-Richter hat den Thatbestand der §§ 16, 147 Nr. 2 a. a. O. für vorliegend erachtet. Die Begründung des Urteils läßt aber nicht erkennen, in welchen Thatsachen die Errichtung einer Abdeckerei-Anlage gefunden worden ist. Nach den Ausführungen der Gründe scheint es, daß die Benutzung der schon bestehenden Roßschlächterei zu Zwecken der Abdeckerei als die „Errichtung" angesehen worden ist; dies wäre aber rechtsirrthümlich, da der § 147 Nr. 2 der Vornahme „einer wesentlichen Veränderung in dem Betriebe der Anlage" besonders gedenkt, und wenn auch diese Vornahme einer Veränderung in Bezug auf die Strafbarkeit der „Errichtung" gleich gestellt ist, so berechtigt dies nicht, die begriffliche Verschiedenheit der Alternativen zu ignoriren und auf den für eine bestimmte Alternative vorausgesetzten Grundlagen nicht diese, sondern eine andere festzustellen.

[Zu 5.] Ferner ist auch der Angriff, daß die Feststellung bezüglich der Zeit der That wegen ihrer Unbestimmtheit die Anwendung des Gesetzes nicht begründe, für zutreffend zu erachten. Da die erste, auf die Strafverfolgung gerichtete richterliche Handlung (§ 68 des StGB.'s) am 6. Oktbr. 1876 stattgefunden hat, so genügt die Feststellung, daß die Errichtung der Anlage „im Jahre 1876" stattgefunden habe, nicht für die Beurteilung, ob am 6. Oktbr. 1876 nicht die Verjährung (§ 145 der Gew.-Ordn.) bereits vollendet gewesen sei. Es bedurfte daher entweder einer genaueren Feststellung der Zeit der Errichtung, oder, sofern der Lauf der Verjährung durch das Fortbestehen der Anlage für noch nicht begonnen zu erachten war, der Feststellung dieses Fortbestandes oder der Zeit der Aufhebung der Anlage.

Antr. d. GStA.: gleichl. [12.—2.]

Zeugen. - Vereidung. - Schwurgerichtssachen. - Nichtigkeitsbeschwerde. - Staatsanwalt.

1. Die Vereidung eines Zeugen kann nicht aus dem Grunde abgelehnt werden, daß der Zeuge durch seine Angaben sich eventuell selbst bezüchtigen würde.

Vdn. v. 3. Jan. 1849 § 18 [n. 3, 4], § 20 [n. 11], § 22 [n. 22].

2. Der auf Nichtschuldig lautende Theil eines Wahrspruchs bleibt aufrecht erhalten, wenn der Staatsanwalt durch Nichtigkeitsbeschwerde gegen den verurteilenden Theil des Erkenntnisses die Zurückverweisung der Sache zu anderweiter Verhandlung erwirkt.

Ges. v. 3. Mai 1852 Art. 109 [n. 12].

Erk. (V. I.) **v. 11. Septbr. 1878 c. Reuter** (974 I. Cr.).

R. glaubte von der T. bestohlen zu sein und begab sich deshalb, um das von ihr entwendete Geld wiederzuerlangen in ihre Wohnung, wo er mehrere anwesende Personen dergestalt körperlich verletzte, daß ihr Tod eintrat. In der Verhandlung war die T. als Zeugin vernommen, aber mit Bezug auf den analog anzuwendenden § 356 [8] der Crim.-Ordn. nicht beeidet, weil der von ihr selbst angeblich begangene Diebstahl mit in Frage stehe. Die auf Mord und Mordversuch lautenden Fragen 1 und 2 wurden von den Geschworenen verneint, dagegen die unter 3 auf Körperverletzung mit tödlichem Erfolg gerichtete Frage bejaht und deshalb verurteilend erkannt. Die auf den verurteilenden Theil des Urteils beschränkte NB. des StA.'s rügte die unterlassene Beeidung der T. Sie wurde für begründet erkannt.

Der Schwurgerichtshof hat die Vereidigung der Zeugin T. aus dem Grunde abgelehnt: weil die Zeugin sich eventuell durch ihre Vereidigung selbst bezüchtigen würde, und hat als die gesetzliche Bestimmung, auf welche sich der Beschluß stützt, den § 356 Nr. 8 der Crim.-Ordn., welcher analoge Anwendung finde, in Bezug genommen. Diese Motivirung ist indessen gesetzlich nicht geeignet, die Unterlassung der Vereidigung zu rechtfertigen. Der § 356 Nr. 8 der Crim.-Ordnung bezieht sich nur auf „Diejenigen, welche an dem Verbrechen, worüber ihr Zeugniß erfordert wird, oder an den daraus entstandenen Vortheilen wissentlich mittelbar oder unmittelbar Theil genommen haben". Daß dieser Fall zutreffe, ist in dem Beschlusse über die Nichtvereidung nicht festgestellt; auch hat der Schwurgerichtshof selbst nicht angenommen, daß die Voraussetzungen des § 356 Nr. 8 vorliegen; er will diese Bestimmung vielmehr nur analog zur Anwendung gebracht wissen. Wenn aber das Gesetz die Fälle in denen die Vereidung von Zeugen ausnahmsweise unterbleiben soll, bestimmt begrenzt, so ist eine Ausdehnung dieser Ausnahme auf analoge Fälle nicht zulässig. Auch die Voraussetzungen des § 313 der Crim.-Ordn. sind nicht festgestellt worden, und der Beschluß, die Zeugin T. nicht zu vereidigen, entbehrt daher der gesetzlichen Grundlage. Auf eine Prüfung, inwieweit die Vereidung, wenn sie beschlossen worden wäre, in dem von der StA.-schaft beantragten Maße einzuschränken gewesen wäre, kommt es hiernach nicht an, vielmehr unterliegt das angefochtene Urteil und das vorangegangene Verfahren der Vernichtung. Bei derselben mußten jedoch die auf Nichtschuldig lautenden Aussprüche der Geschworenen in Rücksicht auf Art. 109 des Ges.'s v. 3. Mai 1852 aufrecht erhalten werden.

[12.—2.]

Appellationsrichter. – Beweiswiederholung. – Verlesung. – Vorlegung.

1. Der Appellationsrichter muß, wenn er das erstinstanzliche Urteil vernichtet, seine anderweite Feststellung ausschließlich auf die in der neuen Beweisverhandlung erhobenen Beweise gründen.

Ges. v. 3. Mai 1852 Art. 102 [n. 11]; Vgl. RbOTr. 18. S. 613.

2. Bei einem Urkundenbeweise kann die Vor-

lesung der Urkunde nicht durch Vorlegung und Referirung des Inhalts derselben ersetzt werden.

Vdn. v. 3. Jan. 1849 § 14 [n. 45].

Erk. (V. I.) v. 11. Septbr. 1878 c. Sandmann (497 I. Cr.).

[Zu 1.] Der App.-Richter hat das Erkenntniß erster Instanz auf Grund des Art. 102 des Ges.'s v. 3. Mai 1852 vernichtet und auf Grund eines neuen Verfahrens erkannt. Er hat aber die von ihm getroffene Feststellung nicht, wie Art. 102 a. a. O. erfordert, ausschließlich auf die in dem neuen Verfahren erhobenen Beweise gegründet (Erk. des Ob.-Tr.'s v. 28. Septbr. 1877 in Goltdammer's Archiv Bd. 25 S. 623), sondern zum Theil auf solche Beweismittel, welche Gegenstand einer Beweiserhebung in zweiter Instanz nicht gewesen waren, insbesondere auf Briefe und Postkarten die nicht verlesen worden sind.

[Zu 2.] Allerdings konstatirt das Protokoll v. 21. Jan. 1878, daß diese Briefe dem Angeklagten vorgelegt worden sind und daß ihr Inhalt vorgetragen worden ist. Der Gegensatz zu dem Vermerk über die erfolgte Verlesung eines anderen Briefes (vom 22. September 1876) ergiebt aber, daß mit dem „Vortrag des Inhalts" ein Verlesen jener Schriftstücke nicht gemeint sein kann. Es ist nun aber in wiederholten Entscheidungen des unterzeichneten Gerichtshofes ausgeführt worden, daß ein Vorlegen von Schriftstücken und ein Referiren ihres Inhalts nicht als eine ordnungsmäßige Vornahme des Urkundenbeweises angesehen werden kann, vielmehr nur durch Verlesen der Urkunde ihr Inhalt zur Kenntniß der sämmtlichen Mitglieder des erkennenden Gerichts gelangt. Das Urteil und das Verfahren des App.-Richters unterliegt daher wegen Verletzung des § 14 der Verordn. v. 3. Jan. 1849 und des Art. 102 des Ges.'s v. 3. Mai 1852 der Vernichtung.

Antr. d. GStA.: gleichl. [12.—2.

Widerstand. - Administratives Exekutionsverfahren. - Pfandgeld. - Mahnung. - Nachtzeit. - Rechtmäßige Amtsausübung.

1. Die Vdn. v. 30. Juli 1853 ist auch auf die Exekution wegen der im Administrativverfahren festgesetzten Pfandgelder anwendbar.

StGB.'s § 113 [n. 4]; Vdn. v. 30. Juli 1853 § 1 n. 5.

2. Der Exekutor hat den ihm ertheilten Pfändungsauftrag in der Richtung nicht zu prüfen, ob demselben das vorgeschriebene Mahnverfahren vorausgegangen ist und wird also die Rechtmäßigkeit seiner Amtsausübung von einem deshalbigen Mangel nicht berührt.

StGB. § 113 [n. 15]; Vdn. v. 30. Juli 1853 §§ 8, 9.

3. Der Exekutor befindet sich nicht in rechtmäßiger Amtsausübung, wenn er dem Verbote des Ges.'s v. 12. Febr. 1850 zuwider, zur Nachtzeit in eine Privatwohnung dringt, um eine Pfändung vorzunehmen.

StGB. § 113 [n. 11]: Ges. v. 12. Febr. 1850 §§ 7, 8.

Erk. (V. I.) v. 11. Septbr. 1878 c. Walecki (408 I. Cr.).

Der Kommunalexekutor H. war von dem Distriktskommissar mit Einziehung einer Summe Geldes von W. beauftragt, welche jener als Ortspolizeibehörde an Pfandgeld und Kosten auf Grund des § 57 der Feld-Polizei-Ordnung v. 1. Novbr. 1847 gegen letzteren erkannt hatte. Als H. zur Pfändung schreiten wollte, fand er Widerstand bei den Familiengliedern des W. die deshalb aus § 113 des StGB.'s bestraft sind. Der Appell.-Richter hielt zwar das Ges. v. 30. Juli 1853 auf den vorliegenden Fall nicht für anwendbar, erklärt sich aber auf Grund des höheren Auftrags für berechtigte Amtsausübung des Exekutors und hielt die unter Beweis gestellten Behauptungen der Angeklagten, daß das vorgeschriebene Mahnverfahren nicht vorausgegangen und der Exekutor erst nach 6 Uhr Abends (im Monat Februar) in das Haus eingedrungen sei, für nicht erheblich. Das Ob.-Tr. vernichtete.

[Zu 1.] Zunächst ist die Annahme des App.-Richters, daß die Vdn. v. 30. Juli 1853 auch die Exekutionen wegen der im Administrativ-Verfahren rechtskräftig festgesetzten Pfandgelder nicht Anwendung finde, rechtsirrthümlich, da keinem begründeten Bedenken unterliegen kann, daß derartige Pfandgelder zu den im § 1 Nr. 5 der Vdn. v. 30. Juli 1853 bezeichneten „von den Verwaltungsbehörden innerhalb der Grenzen ihrer Amtsbefugnisse ausgesprochenen Entschädigungen gehören, wie dies § 11 der Feldpolizei-Ordn. v. 1. Novbr. 1847 klar ergiebt.

[Zu 2.] Dieser Rechtsirrthum ist aber ohne Einfluß auf die Entscheidung geblieben; denn der App.-Richter hat die Ablehnung des Beweisantrages darüber, daß die im § 8 der Vdn. v. 30. Juli 1853 vorgeschriebene Mahnung nicht erfolgt sei, auch darauf gestützt, daß der Exekutor nicht zu prüfen gehabt habe, ob die gesetzlichen Voraussetzungen des ihm von dem Königl. Distrikts-Kommissarius ertheilten Auftrages vorliegen. Dieser selbständige Entscheidungsgrund ist rechtlich zutreffend, da in der That dem Exekutor eine Prüfung des ihm ertheilten Pfändungs-Auftrages in der Richtung, ob das vorgeschriebene Mahnverfahren stattgehabt habe, nicht zusteht und daher die Rechtmäßigkeit seiner Amtsausübung durch einen in jener Beziehung etwa vorhandenen Mangel nicht berührt wird.

[Zu 3.] Dagegen beruht die Ablehnung des Beweisantrages darüber, daß der Exekutor die Vollstreckung am 17. Februar Nachmittags nach 6 Uhr, also zur Nachtzeit, begonnen habe, auf einer rechtsirrthümlichen Auffassung des § 8 des Gesetzes zum Schutze der persönlichen Freiheit vom 12. Febr. 1850. Das in demselben gegebene Verbot des Eindringens in die Wohnung während der Nachtzeit ist nicht bedingt durch einen ausdrücklichen Widerspruch gegen das Betreten der Wohnung, es kann vielmehr nur durch die erkennbar gewordene Zustimmung des Inhabers der Wohnung beseitigt werden. Wenn daher auch die Voraussetzungen vorliegen, unter denen das Eindringen in eine fremde Wohnung wider den Willen des Inhabers nach § 7 a. a. O. gestattet ist, so sind doch die besonderen Voraussetzungen, unter denen das Eindringen zur Nachtzeit vom Gesetze gestattet ist (§ 9 ff. a. a. O.) nicht festgestellt, und die Begründung, daß das Verbot des § 8 nicht wirksam sei, weil der Angeklagte nicht gegen die Exekutionsvollstreckung wegen der zu späten Stunde Widerspruch erhoben habe, ist unhaltbar. Hiernach mußte die Vernichtung des angefochtenen Urteils und die Zurückverweisung der Sache in die zweite Instanz erfolgen.

Antr. d. GStA.: gleichl. [12.—2.]

Meineid. - Eidesstattliche Versicherung. - Schriftliche. - Einreichung durch einen Dritten.

Der § 156 des StGB.'s setzt nicht voraus, daß die Versicherung mündlich vor der zuständigen Behörde abgegeben sei. Sie kann auch schriftlich eingereicht werden. Es genügt selbst die Einreichung einer solchen schriftlichen Versicherung durch einen Dritten, sofern der Betreffende die Versicherung mit dem Bewußtsein und zu dem Zwecke ertheilt hat, daß sie der Behörde eingereicht werde, wie dergleichen eidesstattliche Atteste von Zeugen unter Anderem gemäß § 74 der Dienstinstruktion für die gerichtlichen Unterbeamten v. 2. August 1850 (JMBl. S. 261) für die bei Auspfändungen sich meldenden Intervenienten von Bedeutung sind.

StGB. § 156 [n. 5]; Vgl. RdOTr. 12. S. 217; 14. S. 213; 15. S. 384 und 17. S. 128.

Erk. (B. II.) v. 12. Septbr. 1878 c. Dreyling (749 II. Cr.).
Antr. d. GStA.: gleichl. [19.—4.]

Strafantrag. - Rechtzeitigkeit. - Feststellung von Amtswegen.

Das Gericht darf die Rechtzeitigkeit eines Strafantrags nicht deshalb für unerwiesen erachten, weil die Staatsanwaltschaft einen Beweis dafür nicht angetreten habe. Vielmehr hat das Gericht den

Zeitpunkt, zu welchem der Antragsteller von der ihn verletzenden Handlung des Angeklagten Kenntniß erlangt hat, von Amtswegen und selbständig festzustellen.

StGB. § 61 [n. 35].

Erk. (B. II.) v. 12. Septbr. 1878 c. Kniebe (770 II. Cr.).
[19.—4.]

Tabaksteuer.

1. Größe der Grundfläche. – Unrichtige Angabe. – Irrthum. 2. Anmeldung durch einen Beauftragten. 3. Mitwirkung der Gemeindebehörde. 4. Differenz von mehr als $^1/_{20}$. – Berechnung nach Größe des einzelnen Grundstücks.

1. Die unrichtige Angabe der Größe eines mit Tabak bepflanzten Grundstücks ist strafbar, auch wenn sie aus Irrthum geschehen ist.

2. Ist die Anmeldung nicht durch den Steuerpflichtigen selbst, sondern in dessen Auftrage durch einen Anderen geschehen, so bleibt der Steuerpflichtige für die Richtigkeit verantwortlich.

3. Der Gemeindebehörde liegt gesetzlich eine Mitwirkung bei der Anmeldung nur insoweit ob, als sie die ihr von der Steuerbehörde zugänglich gemachten Anmeldungsformulare an die Steuerpflichtigen zu verabreichen und die durch einen Beauftragten geschehenden Anmeldungen zu beglaubigen hat. Hat eine Gemeindebehörde darüber hinausgehend zur Bequemlichkeit der örtlichen Steuerpflichtigen die Anmeldungen durch einen damit beauftragten Gemeindebeamten entgegen nehmen lassen, so handelt letzterer nicht als Vertreter der Steuerbehörde, sondern als Beauftragter der Steuerpflichtigen.

4. Die Grundstücke sind einzeln nach Lage und Größe anzugeben und kommt es daher bei Berechnung, ob mehr als $\frac{1}{20}$ der Fläche verschwiegen ist,

nicht auf die Gesammtgröße aller von dem Steuerpflichtigen angemeldeten Grundstücke, sondern auf die Größe des einzelnen besonders angemeldeten Grundstücks an.

Bund.-Tabaks-Steuer-Ges. v. 26. Mai 1868 §§ 3 und 10 Nr. 2; Anweisg. des Fin.-Min. v. 30. Juni 1869 (Centr.-Bl. 1869 S. 243) § 1; Vgl. zu 1 und 2 RdOTr. 16. S. 120.

Erk. (V. II.) v. 16. Septbr. 1878 c. Levy (673 II. Cr.).

Angeklagter hat zur Genügung der ihm nach § 53 des Gesetzes die Besteuerung des Tabaks betreffend v. 26. Mai 1868 obliegenden Verpflichtung, die in seinem Besitz befindlichen, in der Feldmark O. belegenen, im Jahre 1877 mit Tabak zu bepflanzenden Grundstücke der Steuerbehörde nach Lage und Größe anzumelden, die Deklaration dieser Grundstücke auf dem Stadtsekretariate zu O. am 20. Juli 1877 vor dem daselbst fungirenden, mit Aufnahme der Anmeldungen der steuerpflichtigen Einwohner in O. amtlich beauftragten Pol.-Sekr. C. bewirkt. — Letzterer hat die Anmeldung des Angeklagten entgegengenommen, welcher unter Bezugnahme auf die in den Vorjahren erfolgten Anmeldungen die betreffenden Grundflächen angeblich in der früher angegebenen Größe und zwar: a. das in dem sog. Hofgarten (Obervorstadt) belegene Grundstück zur Größe von 102 Ar 52 Q.-Mtr., b. das in der Fleischerhütung belegene Grundstück zur Größe von 48 Ar 25 Q.-Mtr. bezeichnet hat. Dann ist die erfolgte Anmeldung der zuständigen Steuerbehörde, dem Königl. Untersteueramt zu O. und zwar, wie Seitens des Angeklagten behauptet wird, amtlich zugänglich gemacht. Es ist sodann unstreitig, daß der Pol.-Sekr. C. die Größe des zuerst gedachten Grundstücks (Hofgarten) in der Deklaration statt mit 102 Ar 52 Q.-Mtr. irrthümlich und unter versehentlicher Fortlassung der Null mit nur 12 Ar 52 Q.-Mtr. in die Anmeldung aufgenommen hat. Die der Steuerbehörde zugegangene Anmeldung enthält in deren Eingange den Vermerk, daß dieselbe im Auftrage des Angeklagten von dem 2c. C.

erstattet sei. Die Richtigkeit des Vermerks und die Unterschrift des C. ist von dem Gemeindevorsteher bescheinigt. Bei der Seitens der Steuerbehörde nach Anleitung des § 4 des Ges.'s v. 26. Mai 1868 veranlaßten Nachmessung hat sich die Größe des Grundstücks Hofgarten auf 109 Ar 89 Q.-Mtr., diejenige des andern Grundstücks der Anmeldung entsprechend auf 48 Ar 25 Q.-Mtr. ergeben. Darauf gründet sich die gegen den Angeklagten erhobene Beschuldigung, daß er bei der Angabe der Größe des erstgedachten Grundstückes ein Flächenmaß von 97 Ar 37 Q.-Mtr. verschwiegen habe, vgl. § 10 ad 2 a. a. O. I. Angehend nun zuvörderst die durch das von dem Sekr. C. begangene Versehen entstandene Differenz von 90 Ar, so kann es, insofern der vorausgeschickte Sachverhalt zu Grunde gelegt und insbesondere nach dem Inhalte der der Steuerbehörde zugegangenen Anmeldung angenommen werden muß, daß letztere im Auftrage des Angeklagten erfolgt sei, keinem Zweifel unterworfen werden, daß unter solchen Voraussetzungen Angeklagter für das von C. begangene Versehen nach Lage der gesetzlichen Vorschriften verantwortlich gemacht werden muß. Das Gesetz v. 26. Mai 1868 verlangt im § 3 von dem Steuerpflichtigen die „genaue und wahrhafte schriftliche Angabe" der mit Tabak bepflanzten Grundstücke nach deren Lage und Größe im Landesmaße und giebt damit zu erkennen, daß einen ihrem Inhalte nach objectiv unrichtige Deklaration, die in § 10 ad 2 a. a. O. geordnete Strafe zur Folge hat. Ein Irrthum oder ein sonst entschuldbares Versehen kommt dabei nicht in Betracht. Wie bei anderen Zuwiderhandlungen auf dem Gebiete der Steuer- und Zollgesetzgebung genügt es, daß die in Rede kommende, mit Strafe bedrohte Handlung sich als eine bewußt vorgenommene darstellt. Hier muß dies um so mehr gelten, als die für die unrichtige Angabe der Größe eines mit Tabak bepflanzten Grundstücks in § 10 ad 2 a. a. O. bestimmte Strafe abweichend von der älteren Preußischen Gesetzgebung (vgl. § 7 der AKO. v. 29. März 1828 die Steuer von inländischem Tabak betreffend AKO. vom 30. Juli 1842) nicht als Defraudationsstrafe, sondern als Ordnungsstrafe charakterisirt wird. Der vorgekommene Irrthum ist also den Angeklagten von Strafe zu befreien nicht geeignet, und es wird hierin auch durch den Umstand nichts geändert, daß derselbe in erster Linie nicht dem Angeklagten, sondern dem von ihm Beauftragten zur Last fällt. — Denn, wenngleich die von dem Gesetze erforderte Anmeldung der Natur der Sache nach und ausdrücklicher gesetzlicher Bestimmung gemäß (vgl. Anweisung zur Ausführung des Gesetzes vom 26. Mai 1868 Centralbl. für Abgaben ꝛc. Gesetzgebung und Verwaltung für 1869 S. 243), auch im Auftrage des Steuerpflichtigen durch einen Andern erfolgen kann, so verbleibt doch dem Steuerpflichtigen die Verpflichtung, die Richtigkeit der gesetzlich ihm obliegenden Anzeige seinerseits zu prüfen und der Steuerbehörde gegenüber zu vertreten. Eine gleiche Auffassung liegt auch bereits dem Erkenntnisse des Ob.-Tr.'s v. 10. Febr. 1875 zu Grunde. Es bleibt übrig, die Frage zu beantworten, ob die von dem Appell.-Richter getroffene Feststellung, daß der Pol.-Sekr. C. bei Entgegennahme der von dem Angeklagten im Magistratsbureau zu O. erstatteten Anzeige nicht als Beauftragter des Angeklagten, sondern als Vertreter und mittelbar Beauftragter der Steuerbehörde funktionirt habe, geeignet erscheint, die Freisprechung des Angeklagten zu rechtfertigen. Auch diese Frage ist zu verneinen. Es ist richtig, daß unter der vom App.-Richter angenommenen Voraussetzung, nach welcher der Angeklagte der Steuerbehörde eine richtige schriftliche Anzeige erstattet hätte, welche jedoch von dem Vertreter der letzteren unrichtig verzeichnet wäre, den Angeklagten eine Strafe nicht würde treffen können. Aber der gedachten Feststellung des App.-Richters liegt eine rechtsirrthümliche Anschauung zu Grunde. Dieselbe ist auf den Inhalt der zum Gegenstande der Beweisaufnahme zweiter Instanz gemachten amtlichen Auskunft des Magistrats zu O. vom 1. März 1878 des Inhalts „daß seit alter Zeit die

Anmeldung der mit Tabak bebauten Grundflächen nach deren Lage und Größe von den Besitzern, wozu sie auch nach § 42 der Ausführungs-Ordnung zu dem Gesetze v. 8. Febr. 1819 verpflichtet gewesen, im Bureau des Magistrats erfolgt und daß diese Einrichtung auch nach dem Erscheinen des Bundesgesetzes v. 26. Mai 1868 in O. beibehalten sei" von dem Appell.-Richter gestützt worden. Aus den vom Magistrat zu O. bezeugten Thatsachen konnte aber die daraus von dem Appell.-Richter gezogene Folgerung, daß nach dem wenigstens stillschweigend eingeführten Geschäftsverkehr zwischen dem Magistrat zu O. und dem dortigen Königl. Steueramt der Magistrat die in Rede stehende Anmeldung als Vertreter der Steuerbehörde entgegengenommen habe und daß dieser Annahme der auf der Anmeldung qu. befindliche Zusatz „In dessen Auftrage angegeben von C." nicht entgegenstehe, weil derselbe auf einer unrichtigen Auffassung der Sache und Sachlage beruhe, ohne Verkennung der bestehenden gesetzlichen Vorschriften nicht hergeleitet werden. Nach § 13 des Ges.'s v. 26. Mai 1868 sollten die zur Ausführung des Gesetzes erforderlichen Anordnungen vom Bundesrath des Zollvereins festgestellt werden. In Folge dessen ist in der durch den Erlaß des Königl. Fin.-Minist. v. 30. Juni 1869 veröffentlichten Anweisung zur Ausführung des Gesetzes, die Besteuerung des Tabaks betreffend im § 1 bestimmt worden: „daß die vorschriftsmäßige Angabe des qu. Grundstücks nach Lage und Größe bei der Steuerhebestelle nach Anleitung eines der Anweisung beigefügten Musters (— welches dem zu der Anmeldung des Angeklagten benutzten Formular entspricht) zu erfolgen habe, und daß das Muster mit welchem die Obrigkeiten der tabakbauenden Orte in hinlänglicher Anzahl zeitig vorher zu versehen seien, von dem Steuerpflichtigen oder in seinem Auftrage von einem Anderen, jedoch in diesem Falle unter Beglaubigung des Gemeindevorstehers oder dessen Stellvertreter ausgefüllt werden müsse". Gleichartige Bestimmungen hatte unter Beifügung eines ähnlichen Musters aber auch schon die Anweisung für die Steuerbehörden wegen Ausführung der AKO. v. 29. März 1828 über die Tabaksteuer, — welche dem Bundesgesetze v. 26. Mai 1868 zum Vorbilde gedient hat, — vgl. Schimmelpfennig die Preuß. indirekten Steuern Bd. I S. 180, gegeben und es waren hiermit die älteren Vorschriften der Steuerordnung vom 8. Febr. 1819 § 42 ff., nach welchen die Steuerpflichtigen verbunden waren, der Gemeindebehörde die mit Tabak bepflanzten Grundstücke nach Lage und Größe genau und wahrhaft schriftlich oder mündlich anzugeben, vergl. Preuß. GS. 1819 S. 102—108, und die zu derselben erlassene Ministerialanweisung v. 30. April 1828 beseitigt worden. Die gesetzliche Mitwirkung der Gemeinde-Behörde hat sich also bereits seit Erlaß der AKO. v. 29. Mai 1828 auf die Verabreichung der von der Steuerbehörde den Ortsobrigkeiten zugänglich gemachten Muster zu den Anmeldungen an die Steuerpflichtigen und auf Ausfüllung der betreffenden Atteste, wenn die Anmeldung von einem Dritten im Auftrage der Steuerpflichtigen abgegeben wird, beschränkt. Aus dem Verfahren des Magistrats zu O., welcher im Interesse oder zur Bequemlichkeit der örtlichen Steuerpflichtigen die Anmeldungen durch einen damit beauftragten Agenten entgegen nahm, dabei aber den bestehenden Vorschriften entsprechend diesen Beamten als Beauftragten des Steuerpflichtigen auf der Anmelrung bezeichnen ließ und diese seine Qualifikation ausdrücklich bescheinigte, konnte mithin ein auch nur stillschweigend dargelegtes Einverständniß der Steuerbehörde darin, daß der betreffende Magistratsbeamte bei Entgegennahme und Aufnahme der Anmeldung die Steuerbehörde vertreten habe — eine Annahme für welche es an einem anderweitigen Nachweise in den Gründen des Appellations-Erkenntnisses gänzlich fehlt, — ohne Verkennung der gesetzlichen Vorschriften nicht, wie geschehen ist, geschlossen werden. Allerdings aber mußte sich unter den obwaltenden thatsächlichen Verhältnissen bei Prüfung der Strafbarkeit des Angeklagten die Frage aufwerfen, ob nicht der Angeklagte, wenn er die Deklaration seiner Grundstücke bei dem Magistrate zu O., vor dem zu diesem Behufe angeordneten Beamten, bewirkte, dabei sich in der Meinung befunden hat, daß der Magistrat zu O. bei Aufnahme der Anmeldung nach einem darüber mit der Steuerbehörde getroffenen Uebereinkommen im Auftrage derselben und als ihr Vertreter handle. Ein derartiger Irrthum über die thatsächlichen Voraussetzungen seiner Strafbarkeit würde die Zurechnung der That zu Gunsten des Angeklagten ausschließen und eine Prüfung des strafrechtlichen Bewußtseins des letzteren in solcher Richtung mußte um so mehr geboten erscheinen, als der Angeklagte mit seinen Erklärungen „daß es üblich gewesen sei, bei dem Magistrat zu deklariren" (Fol. 10v. act.), und „daß die Steuerbehörde die Deklarationen amtlich von dem Magistrat zugestellt erhalten habe" (Fol. 37v.) wiederholt auf das Vorhandensein eines factischen Irrthums seinerseits hingewiesen hat. Die Vernichtung des Appell.-Erk. und die Zurückweisung zur anderweitigen Verhandlung erschien schon hiernach in doppelter Richtung angezeigt. — II. Diese Entscheidung ist aber fernerhin noch aus einem anderen Grunde geboten. Das in der Anmeldung des Angeklagten zur Größe von 12 Ar 52 Q.-Mtr. bezeichnete, im sogenannten Hofgarten belegene Grundstück, hat sich bei der Vermessung durch die Steuerbehörde als 109 Ar 89 Q.-Mtr. groß ergeben. Danach beträgt das nach der Anschuldigung von dem Angeklagten verschwiegene Flächenmaß 97 Ar 37 Q.-Mtr. und in so weit von dem bei der Anmeldung begangenen Versehen in Beziehung auf ein Flächenmaß von 90 Ar abgesehen wird, immer noch 7 Ar 37 Mtr. Wenn nun der Appell.-Richter von der Erörterung dieser Differenz aus dem Grunde absehen zu dürfen geglaubt hat, weil die beiden von dem Angeklagten angemeldeten Grundflächen in dem nach der Vermessung der Steuerbehörde ermittelten Umfange von zusammen 158 Ar 14 Q.-Mtr. zu einem Grundstück im Sinne des § 10 Nr. 2 des Ges.'s v. 26. Mai 1868 gehörig seien, so daß die Minderangabe der noch nicht $^1/_{20}$ der Gesammtfläche bildenden 7 Ar 37 Q.-Mtr. der gesetzlichen Ordnungsstrafe nicht zu unterwerfen sei, so liegt dieser Auffassung ein weiterer Rechtsirrthum zu Grunde. Nach § 3 des Gesetzes sind die bepflanzten Grundstücke einzeln nach Lage und Größe anzugeben und ebenso unterliegt es nach dem Inhalte des § 10 ad 2 a. a. O. keinem Zweifel, daß der bei Feststellung der angedrohten Ordnungsstrafe nicht in Betracht zu ziehende zwanzigste Theil eines mit Tabak bepflanzten Grundstücks eben nur nach dem Umfange dieses einzelnen Grundstücks, nicht aber nach der Größe aller von dem Steuerpflichtigen angemeldeten Grundstücke bemessen werden darf. Da nun der Angeklagte unstreitig — und wie in den Erkenntnißgründen anerkannt wird — zwei verschiedene auf der Feldmark O. getrennte Anlagen, unter ihnen das in Rede stehende, abgesondert deklarirt hat, so konnte die Frage, ob das verschwiegene Flächenmaß von 7 Ar 37 Q.-Mtr. bei der zu ermessenden Ordnungsstrafe in Betracht komme, oder nicht, auch nur nach dem Umfange dieses Grundstückes beantwortet werden. Die lediglich aus dem nach der Vermessung der Steuerbehörde ermittelten Gesammtumfange beider Grundflächen hergeleitete Annahme, daß dieselben zu einem Grundstücke gehörig seien, erscheint mithin als eine rechtsirrthümliche. Der zwanzigste Theil von 109 Ar 89 Q.-Mtr. beträgt nur 5 Ar 35 Q.-Mtr. und der Betrag der 7 Ar 37 Q.-Mtr. muß also bei der Berechnung des verschwiegenen Flächenmaßes in Anschlag kommen, wenn es anders als verschwiegen zu erachten ist. — Der Angeklagte hat indessen zur mündlichen Verhandlung erster Instanz die Richtigkeit der stattgehabten Vermessung bestritten und unter Bezugnahme auf das sachverständige Gutachten des Steuer-Inspektors K. zu O. behauptet, (Fol. 11): daß die qu. Parzelle nicht 109 Ar 89 Q.-Mtr., sondern nur 102 Ar 52 Q.-Mtr. betrage, eine Behauptung, welche Seitens des Appell.-Richters aus den bereits erwähnten Gründen unerörtert geblieben ist. Es kommt sonach jedenfalls noch auf Erörterung und Feststellung des für die Strafabmessung erheblichen Umstandes an, ob der Mehrbetrag von 7 Ar 37 Q.-Mtr. verschwiegen worden ist.

Antr. d. GStA.: Vernichtung und Verweisung in die Instanz. [10.—4.]

Verführung zum Beischlaf. - Begriff der „Verführung“.

Der Begriff der „Verführung“ im Sinne des § 182 des StGB.'s verlangt nicht, daß die Verleitung zum Beischlaf mittels Erregung geschlechtlicher Begierde bei der Verführten erfolgt sei. Es genügt die Feststellung, daß Angeklagter die Verführte durch Mißbrauch seines Ansehens als Rentmeister und des Abhängigkeitsverhältnisses derselben als Arbeiterin zur Duldung des Beischlafs veranlaßt und verleitet habe.

StGB. § 182 [n. 6].

Erk. (Z. II.) v. 12. Septbr. 1878 c. Popp (718 II. Cr.).
Antr. d. GStA.: gleichl. [10.—4.]

Vereinsgesetz. - Versammlung. - Auseinandergehen ohne Constituirung.

Die Strafe des § 12 des Vereinsgesetzes trifft den Unternehmer, wie denjenigen, der den Platz zu der Versammlung eingeräumt hat, sofort mit der erzielten Vereinigung einer Anzahl Personen an dem bestimmten Orte und zu dem bestimmten Zwecke, wenn es auch dann zu einer Eröffnung und Constituirung der Versammlung gar nicht gekommen ist.

Vereins-Gesetz v. 11. März 1850 § 12.

Erk. (V. II.) v. 12. Septbr. 1878 c. Roderburg & Gen. (728 II. Cr.).

Der Beschuldigte R., Kaplan zu L., berief durch Zeitungsannonce eine Versammlung in das Wirthshaus des Mitbeschuldigten Rö. behufs Besprechung darüber, ob die Eltern ihre Kinder in die Uebungsschule des dortigen Seminars schicken sollten. An dem angesetzten Tage fanden sich denn auch in dem von Rö. hergegebenen oberen Saale seines Wirthshauses 18 bis 20 Personen und darunter auch der Beschuldigte Kaplan R. ein. Diesem scheint die Betheiligung zu gering gewesen zu sein und sind die Leute, da Niemand die Versammlung eröffnete und als Redner auftrat, nach kurzer Zeit unverrichteter Sache wieder fortgegangen.

Da die Versammlung nicht bei der Ortspolizeibehörde angezeigt worden war, wurden Kaplan R. und Wirth Rö. aus § 12 des Vereinsgesetzes verfolgt und von dem (Rh.) PG. verurteilt. Die Beschuldigten ergriffen Berufung und das ZPG. sprach frei, weil der § 12 des Vereinsgesetzes die Bestrafung davon abhängig mache, daß eine Versammlung ohne die erforderliche Anzeige stattgefunden habe, unter „Versammlung" aber nicht eine bloße formlose Zusammenkunft, sondern, diejenige Vereinigung mehrerer Personen zu verstehen sei, welche in geordneter Weise unter dem Vorsitze eines Vorstehers, Ordners und Leiters wirklich Besprechungen über eine öffentliche Angelegenheit halte.

Auf den Cass.-Rekurs des Ob.-Pr. kassirte das Ob.-Tr. und verwarf zur Sache die Berufung der Beschuldigten gegen das Urteil des ZPG. Gründe:

daß die im § 1 des Ges.'s v. 11. März 1850 über die Verhütung eines die gesetzliche Freiheit und Ordnung gefährdenden Mißbrauchs des Versammlungs- und Vereinigungsrechts vorgeschriebene Anzeige bei der Ortspolizeibehörde ohne Unterschied von allen Versammlungen erstattet werden muß, in welchen öffentliche Angelegenheiten erörtert oder berathen werden sollen und nach § 12 a. a. O. der Unternehmer und derjenige, welcher den Platz dazu einräumt, die Strafe verwirkt hat, sobald eine Versammlung zu dem bezeichneten Zwecke ohne die vorgeschriebene Anzeige stattgefunden hat;

daß es hiernach für die Strafbarkeit der genannten Personen nicht in Betracht kommt, ob in der Versammlung öffentliche Angelegenheiten erörtert worden sind oder nicht, der die Vollendung des Delikts bedingende Erfolg vielmehr bereits eingetreten ist, wenn nur die Versammlung wirklich zu Stande gekommen ist;

daß aus dem Umstande, daß im § 12 des Gesetzes die Vorsteher, Ordner, Leiter und Redner als solche Personen genannt sind, welche neben dem Unternehmer und dem Wirthe, der das Lokal hergegeben hat, eine Verantwortlichkeit trifft, nicht gefolgert werden darf, daß eine Vereinigung, obgleich sie zu dem bezeichneten Zwecke und unter der erwähnten Voraussetzung stattgefunden, so lange nicht als eine Versammlung im Sinne des Gesetzes zu erachten sei, als nicht auch die genannten Personen thätig geworden sind, und daß der Unternehmer und der Wirth straffrei ausgehen, falls eine förmliche Eröffnung und Constituirung der Versammlung aus irgend einem Grunde unterblieben ist;

daß die Thätigkeit des Unternehmers und des Wirths als solcher mit der erzielten Vereinigung einer Anzahl Personen an dem bestimmten Orte und zu dem bestimmten Zwecke abgeschlossen ist;

daß das Unzutreffende der Unterscheidung des Berufungsrichters sich auch aus dem Gebrauche des Ausdrucks „Versammlung" in den §§ 4 und 5 des Gesetzes ergiebt, deren Auslegung im Sinne des angefochtenen Urteils theils dahin führen müßte, daß der Ortspolizeibehörde weder das Recht des Zutritts noch das der Auflösung zugestanden werden könnte, so lange nicht die Versammlung unter einem Vorsteher, Ordner und Leiter sich constituirt und die Eröffnung der Debatte stattgefunden hat;

daß es endlich auch dem auf die Verhütung von Mißbräuchen gerichteten Zwecke des Gesetzes widersprechen würde, dem Umstande, daß die Versammlung nicht eröffnet worden, eine die Strafbarkeit der Unternehmer und des Wirths ausschließende Bedeutung beizulegen, da diese Personen doch jedenfalls die Möglichkeit der Berathung öffentlicher Angelegenheiten in einer Versammlung ohne Vorwissen und Betheiligung der Ortspolizeibehörde herbeigeführt haben, dieser Möglichkeit aber durch die Vorschrift des § 1 des Gesetzes hat vorgebeugt werden sollen.

Antr. d. GStA.: gleichl. [19.—4.

— ———

Untreue. – Wechsel. – Accept. – Vermögensstück.

Ein acceptirter Wechsel bildet vor der Begebung in der Hand des Acceptanten ein Vermögensstück desselben, an welchem das Vergehen der Untreue begangen werden kann.

StGB. § 266 Nr. 2 [n. 15].

Erk. (Z. l.) v. 13. Septbr. 1878 c. Lil. (217 I. Cr.).

B. übergab einen auf ihn selbst als Bezogenen lautenden und von ihm acceptirten Wechsel dem L. um ihn als Aussteller zu unterzeichnen und für eine bestimmte an B. abzuliefernde Summe zu begeben. Statt letzteren Auftrag zu erfüllen, veräußerte L. den Wechsel für eine viel geringere Summe, von der er überdies einen Theil für sich verwendete, an A., dem gegenüber B. demnächst zur Auslösung des Wechsels genöthigt war. L. wurde deshalb aus § 266 Nr. 2 des StGB.'s wegen Untreue bestraft. Seine NB. macht geltend, daß ein Wechsel für den Bezogenen und Acceptanten kein Vermögensstück bilde und daher auch kein Gegenstand der Untreue sei. Sie wurde zurückgewiesen.

Die gegen die Entscheidung gerichtete Ausführung der NB., daß der fragliche Wechsel für den Bezogenen (B.) kein Vermögensstück bildete, kann nicht für zutreffend erachtet werden. Ihr liegt die unrichtige Voraussetzung zu Grunde, daß jeder Wechsel eine Schuldverschreibung über eine bestehende Obligation sei, und deshalb zu den activis, auf welche sich die Strafvorschrift des § 266 cit. bezieht, nicht gerechnet werden könne. Von dieser Ansicht wird die rechtliche Wirkung der durch die Unterschrift oder Annahme eines Wechsels eintretenden Verbindlichkeit verkannt. Die sogenannten Ordrepapiere, zu welchen auch der Wechsel gehört, enthalten ein Schuldversprechen gegenüber einem noch nicht bekannten Gläubiger. Der Aussteller eines eignen Wechsels, oder der Acceptant einer Tratte übernehmen eine dem Inhaber, also jedem Präsentanten des Papiers gegenüber zu erfüllende Verpflichtung. Sie haften nicht auf Grund einer Obligation, welche durch den Wechsel dokumentirt wird, sondern weil sie die Urkunde unterschrieben und dadurch zu einer verpflichtenden gemacht haben. Die Formalurkunde wird zum Träger der durch die Unterschrift begründeten Verbindlichkeit. Sie bietet dadurch das Mittel, im Geschäftsverkehr ein Werthobjekt zu schaffen, welches von Hand zu Hand circulirt, und ohne anderweiten Verpflichtungsgrund, als die Unterschrift den Inhaber zum Gläubiger macht. Ein Wechsel, welcher selbst wider den Willen des Ausstellers oder Acceptanten durch Diebstahl in fremde Hände gelangt, berechtigt den redlichen Erwerber zur Geltendmachung der darin versprochenen Summe. Seiner Klage dürfen nach Art. 83 der D. Wechs.-Ordn. nur solche Einreden entgegengesetzt werden, welche aus dem Wechselrecht selbst hervorgehen, oder welche unmittelbar gegen ihn begründet sind. Der acceptirte Wechsel bildet hiernach, ähnlich, wie Inhaberpapiere, Grundschulden und andere neuere Rechtsbildungen, vor der Begebung in der Hand des Acceptanten ein Vermögensstück desselben. Die Entscheidung des App.-Richters, daß der Angeklagte über ein Vermögensstück seines Auftraggebers verfügt hat, kann deshalb nicht für rechtsirrthümlich erachtet werden. [18.—2.]

Wechsel. - Stempel. - Berechnung der Summe.

Wenn in einem Wechsel die zu zahlende Summe bestimmt angegeben ist, so bewirken die hinzugefügten Bestimmungen über die Geldsorte in welcher die Zahlung zu leisten sei, nicht eine Unbestimmtheit der Summe selbst. Von einer Berechnung des zu versteuernden Wechselbetrags kann nur die Rede sein, wenn die Wechselsumme nicht in der Markwährung ausgedrückt ist.

Wechs.-Ordn. v. 6. Jan. 1849 Art. 4; Ges. v. 10. Juni 1869 §§ 2, 3.

Erk. (V. I.) v. 13. Septbr. 1878 c. Spiro (349 I. Cr.).

S. hatte einen von R. ausgestellten Wechsel über 1092 Mark Polsch Geld (oder Guld.) durch die zur Seite geschriebenen Worte: „angenommen auf 1092 Mark Polnisch Geld (oder Guld.). S." acceptirt, über dies Accept aber eine Stempelmarke von 20 Pf. geklebt, während eine solche von 60 Pf. zu verwenden war. Deshalb angeklagt, wird er freigesprochen, weil sich nicht entziffern lasse, ob die zur Bezeichnung der Geldsorte hinzugefügten Worte Polnische Gulden oder Polnisches Geld bedeuten sollten, die Angabe der zu zahlenden Summe daher mangelhaft und diese Summe unbestimmt, das Schriftstück also Mangels eines unentbehrlichen Erfordernisses nicht als ein gezogener Wechsel anzusehen und folglich nicht stempelpflichtig sei. Die NB. des StA.'s wurde für begründet erachtet.

Der App.-Richter hat gegen Art. 4 Nr. 2 der Allg. D. Wechs.-Ordng. verstoßen, indem er die Angabe der zu zahlenden Geldsumme mit der Hinzufügung der Geldsorte, in welcher die Zahlung zu leisten sei, identifizirt. Ist in dem Wechsel die zu zahlende Summe bestimmt angegeben, so bewirken die hinzugefügten Bestimmungen über die Geldsorte, in welcher die Zahlung zu leisten sei, nicht eine Unbestimmtheit der Summe selbst. (Vergl. Erk. des Ober-Handelsgerichts v. 14. März 1871 in Stegemanns Rechtsprechung des Ob.-Handelsger. Bd. 1 S. 353). Der App.-Richter selbst hat keinen Zweifel, daß die Wechselsumme auf „1092 Mark" laute, und findet nur dunkel „ob 1092 Mark in polnischem Gelde oder in polnischen Gulden gezahlt werden sollen." Diese Dunkelheit hebt aber die Bestimmtheit der Wechselsumme nicht auf, bewirkt also nicht, daß das Erforderniß des Art. 4 Nr. 2 a. a. O. als nicht erfüllt angenommen werden kann. Das angefochtene Urteil enthält ferner auch eine Verletzung der §§ 2, 3 des Wechselstempel-Gesetzes v. 10. Juni 1869. Von einer Berechnung des zu versteuernden Wechselbetrags, für welche der App.-Richter die Grundlage vermißt, kann überhaupt nur dann die Rede sein, wenn die Wechselsumme nicht in der Thalerwährung — jetzt in der Markwährung —, sondern in einer anderen Währung ausgedrückt ist. In diesem Falle ist nach § 3 a. a. O. die Umrechnung des Betrages in die Thaler-(Mark-) Währung zu bewirken. (Vgl. Bekanntmachung v. 23. Juni 1871 (RGBl. S. 267). Ist aber die Geldsumme in der Thalerwährung ausgedrückt, so ist die Stempelsteuer lediglich nach § 2 a. a. O. zu erheben und der Fall einer Berechnung der Summe liegt dann gar nicht vor.

Wenn nun festgestellt ist, daß der Wechsel auf „1092 Mark" laute und — nach der vorhergehenden Ausführung — die etwaige Unbestimmtheit in der Bezeichnung der Geldsorte, in welcher die Zahlung zu leisten sei, nicht eine Unbestimmtheit der zu zahlenden Summe selbst herbeiführt, so kann die Grundlage für Berechnung des Stempelbetrages nicht zweifelhaft sein. [12.—2.]

Viehseuche. - Aufsichtsmaßregeln. - Militärbehörde. - Landespolizeibehörde. - Ortspolizeibehörde.

1. Die von der Militärbehörde in Betreff ihr zugehöriger kranker Thiere getroffenen Schutzmaßregeln sind auch für die Civilbevölkerung maßgebend und bindend.

StGB. § 328; Ges. v. 25. Juni 1875; Kriegsminist.-Instruktion v. 11. Novbr. 1874.

2. Der § 327 des StGB.'s ist auf Viehseuchen nicht anwendbar, sollten dieselben auch für Menschen ansteckend und gefährlich sein.

StGB. §§ 327, 328.

3. Unter „Aufsichtsmaßregeln" im Sinne des § 328 des StGB.'s sind alle Anordnungen zu verstehen, welche sich auf die Feststellung und Sicherung des Gesundheitszustandes durch Seuche gefährdeter Thiere und auf die Unterdrückung dieser Seuche beziehen.

StGB. § 328.

4. Die zuständige Behörde zur Anordnung von Aufsichtsmaßregeln, deren Verletzung die Strafe des § 328 des StGB.'s nach sich zieht, ist in Preußen die Bezirks-Regierung, nicht aber die Ortspolizeibehörde.

Ges. v. 25. Juni 1875 § 74 §§ 5—8; Vgl. RdOTr. 15. S. 273.

Erk. (Z. II.) v. 17. Septbr. 1878 c. Dönnewald & Gen. (694 II. Cr.).

Die Militärbehörde hatte rotzkranke Pferde durch die Angeklagten tödten lassen und angeordnet, daß die Cadaver an Ort und Stelle vergraben und mit Kalk begossen werden sollten. Dem entgegen hatten die Angeklagten die Pferde fortgeschafft und verwerthet. Gegen das Erkenntniß, welches die Angeklagten aus §§ 73, 74 des Ges's vom 25. Juni 1875 bestrafte, erhob der OStA. NB. und rügte darin die Nichtanwendung des § 328 des StGB.'s. Der General-Staatsanwalt trat dieser Beschwerde namentlich auch um deshalb bei, weil er von der Annahme ausging, daß zur Zeit der Obertribunals-Entscheidung vom 5. Mai 1874 in Preußen nur die Regierung, nach Erlaß des Gesetzes vom 25. Juni 1875 aber auch die Ortspolizei- und Militärbehörden als zuständige Behörden im Sinne des § 328 des StGB.'s anzusehen seien. Das Ob.-Tr. hat die NB. zurückgewiesen. Gründe:

In der Sache selbst ist zuvörderst die Behauptung zurückzuweisen, daß die von der Militärbehörde getroffene Schutzmaßregel für die Civilbevölkerung nicht bindend gewesen sei. Es handelt sich hier nicht um eine an bestimmte Formen und Voraussetzungen gebundene Polizeiverordnung, sondern um eine aus polizeilichen Rücksichten getroffene specielle Anordnung, die Tödtung rotzkranker Pferde und die unschädliche Beseitigung ihrer Cadaver. Zu einer solchen Maßregel aber war die Militärverwaltung nach §§ 8, 34, 24 des Ges.'s vom 25. Juni 1875 betreffend die Abwehr und Unterdrückung von Viehseuchen unzweifelhaft kompetent, da sie das geeignete Verfahren selbständig zu bestimmen hatte, so weit es sich nur um Eigenthum der Militärverwaltung handelte, und es im vorliegenden Falle zwei Kavalleriepferde waren, welche als der Rotzkrankheit verdächtig getödtet worden sind. Diese Maßregel würde den Charakter einer veterinärpolizeilichen Anordnung behalten haben, auch wenn nicht der Angekl. D., sondern Militärpersonen mit ihrer Ausführung beauftragt worden wären. Die im § 5 der Kriegs-Minist.-Instr. v. 11. Novbr. 1874 (Armee-Verordn.-Bl. S. 227) vorgeschriebene Mittheilung an die Ortspolizeibehörde hat nicht die Bedeutung die von der Militärverwaltung innerhalb der vorerwähnten Grenzen getroffenen Maßregeln einer Prüfung und Bestätigung Seitens der Ortsbehörde zu unterwerfen, sondern nur den

Zweck die letztere auch ihrerseits zu den erforderlichen Schutzmaßregeln zu veranlassen. Die Handlungen des Angeklagten sind also wie von dem App.-Richter mit Recht angenommen worden, mindestens nach § 74 des Ges.'s v. 25. Juni 1875 strafbar, und es fragt sich nur, ob dieselben nicht noch härter, und zwar nach §§ 327, 328 des StGB.'s zu ahnden sind, wie die NB. behauptet. In dieser Beziehung scheidet nun der § 327 des StGB.'s sofort aus, da derselbe Anordnungen zur Verhütung ansteckender Krankheiten betrifft, aus dem Gegensatze zu den im § 328 des StGB.'s erwähnten Anordnungen gegen Viehseuchen aber sich ergiebt, daß unter „Krankheiten" nur die der Menschen zu verstehen sind, uud der von dem ersten Richter für die Anwendung des § 327 angeführte Grund, daß nämlich die Rotzkrankheit der Pferde auch für Menschen ansteckend und gefährlich sei, gegenüber dem Gesetze v. 25. Juni 1875, welches den Rotz als eine Viehseuche bezeichnet, von keiner Bedeutung ist. Ob nun aber im vorliegenden Falle die Angeklagten gegen § 74 des Ges.'s v. 25. Juni 1875 oder gegen § 328 des StGB.'s verstoßen haben, hängt davon ab, welchen Thatbestand der § 328 voraussetzt. Die Motive (Nr. 56 S. 55 Bd. 1 der Drucksachen des Herrenhauses pro 1875) zu den §§ 73 und 74 des Ges.'s v. 25. Juni 1875 besagen, daß diese Strafbestimmungen sich den Vorschriften des StGB.'s anschließen und einer näheren Erläuterung nicht bedürfen würden, während es allerdings in den Motiven zum Reichsgesetze v. 25. Febr. 1876 die Beseitigung von Ansteckungsstoffen bei Viehbeförderungen auf Eisenbahnen betreffend am Schlusse heißt: „Die Strafvorschriften des § 328 erscheinen nicht ausreichend um den zutreffenden Anordnungen (es handelt sich um Maßregeln der Eisenbahnverwaltungen) den nöthigen Nachdruck zu sichern. Abgesehen davon, daß es zweifelhaft sein könnte, ob und inwiefern diese Anordnungen unter die daselbst bezeichneten Aufsichtsmaßregeln fallen, ist die Vorschrift im § 328 a. a. O. überhaupt von geringer praktischer Bedeutung, da sie die Bestrafung von dem Nachweise der wissentlichen Verletzung abhängig macht". Darüber nun, daß zum Thatbestande des § 328 die Kenntniß und das Verständniß der angeordneten Maßregel gehört, kann freilich nach dem Wortlaute des Gesetzes kein Bedenken obwalten — vgl. auch Oppenhoff Rechtspr. Bd. 18. S. 749. Dagegen können sich allerdings über den Begriff der Aufsichtsmaßregel und insbesondere darüber Zweifel erheben, ob darunter diejenigen Maßregeln fallen, welche das Viehseuchengesetz vom 25. Juni 1875 als Schutzmaßregeln gegen Seuchengefahr in den §§ 16—27 bezeichnet. Indessen ist nach dem im § 328 selbst angegebenen Zwecke dieser strafrechtlichen Vorschrift, die Einführung und Verbreitung von Viehseuchen zu verhindern, anzunehmen, daß dadurch alle unmittelbar auf diesen Zweck gerichteten Maßregeln haben geschützt werden sollen und daß daher, wenn neben den Einfuhrverboten und Absperrungsmaßregeln, welche den Verkehr nach außen und von außen abzuschneiden bestimmt sind, nur noch die Aufsichtsmaßregeln erwähnt werden, darunter alle diejenigen Anordnungen verstanden werden müssen, welche sich auf die Feststellung und Sicherung des Gesundheitszustandes der gefährdeten Thiere und die Unterdrückung der Seuche beziehen. Die Aufsichtsmaßregeln fallen also im Wesentlichen mit den Schutzmaßregeln des Gesetzes vom 25. Juni 1875 zusammen. In demselben Sinne hat auch bereits das Ob.-Trib. in dem Erk. v. 15. Juli 1874 das Tödten der von einem tollen Hunde gebissenen Thiere als eine Aufsichtsmaßregel bezeichnet. — Oppenhoff, Rechtspr. Bd. 15. S. 505. — Den Begriff einer solchen Maßregel mit dem App.-Richter auf Anordnungen bezüglich der Aufsicht über die gesperrten Reviere und die darin befindlichen kranken oder kranheitsverdächtigen Thiere zu beschränken bietet weder der Zweck noch der Wortlaut des Gesetzes genügenden Anhalt. Hiernach ist zuzugeben, daß die verbotswidrige und im vorliegenden Falle mit festgestellter Kenntniß des Verbots bewirkte Beseitigung der Pferdecadaver an sich die Verletzung einer Aufsichtsmaßregel darstellt, wie sie der

§ 328 des StGB.'s bedroht. Dieses Gesetz erfordert jedoch zu seiner Anwendung weiter, daß die Aufsichtsmaßregel von der zuständigen Behörde angeordnet worden, und als zuständige Behörde im Sinne des § 328 ist, wie dies bereits von dem Ob.-Tr. in dem Erk. v. 5. Mai 1874 — Oppenh. Rechtspr. Bd. 15. S. 273 — näher ausgeführt worden, nur die Landespolizeibehörde — die Bezirksregierung —, nicht die Ortspolizeibehörde anzusehen. In dieser Beziehung ist auch durch § 74 des Ges.'s v. 25. Juni 1875 eine Aenderung nicht eingetreten. Daß die in dem StGB. für das Deutsche Reich enthaltenen strafrechtlichen Vorschriften durch Landesgesetze nicht abgeändert werden können, darf mit Rücksicht auf Art. 2 der Reichsverfassung nicht in Zweifel gezogen werden. Wenn also jene Vorschriften einerseits Maßregeln der Landespolizeibehörde, andererseits deren wissentliche Verletzung voraussetzen, so ergiebt sich schon hieraus, daß die besonderen Strafbestimmungen, welche das Gesetz v. 25. Juni 1875 enthält, nur auf diejenigen Fälle anwendbar sind, in welchen entweder die Maßregel von einer anderen Behörde getroffen worden oder wo deren Verletzung keine wissentliche gewesen ist. In diesem Sinne ist der Zwischensatz im § 74 a. a. O. „sofern nicht eine höhere Strafe verwirkt ist" und das dabei befindliche Allegat der §§ 327, 328 des StGB.'s aufzufassen, wobei allerdings für die Anwendung der im § 74 des Gesetzes für die Zuwiderhandlungen gegen § 2 desselben angedrohte Strafe nur die letztere Alternative in Betracht kommt, da es sich dort um Maßregeln der Landespolizeibehörde handelt. Die bei weitem häufigsten Fälle, welche durch das Viehseuchengesetz getroffen werden, sind aber diejenigen, in welchen eine von der Ortspolizei angeordnete Maßregel verletzt worden ist. Und wenn es gerade deshalb für nothwendig erachtet wurde, die Maßregeln zur Ermittelung der Seuchenausbrüche und zum Schutze gegen die Seuchengefahr in die Hände der Ortspolizeibehörde zu legen, weil alle diese Maßregeln der raschesten Durchführung bedürfen

(Motive zu den §§ 5—8 des Gesetzes), so ist es auch einleuchtend, daß die Strafbestimmungen des Gesetzes sich in erster Reihe auf die Maßregeln der Ortsbehörde beziehen und erklärlich, daß eine Konkurrenz der Bestimmungen des StGB.'s nur als eine ausnahmsweise gedacht und bezeichnet worden ist. Im vorliegenden Falle findet aus den entwickelten Gründen eine solche Konkurrenz nicht Statt. Die von der Militärverwaltung getroffene Maßregel steht vielmehr nur der von der Ortspolizeibehörde getroffenen gleich und es findet deshalb auf die Zuwiderhandlung nur der § 74 des Ges.'s v. 25. Juni 1875 Anwendung.

Antr. d. GStA.: entgegen. [19.—3.]

Fahrlässigkeit. – Assertorischer Manifestationseid.– Irrthum.

1. Fahrlässige Ableistung des assertorischen Manifestationseides kann darin gefunden werden, daß der Schwörende die Aufmerksamkeit, zu der ihn die Eidesleistung verpflichtete, nicht angewendet habe.

2. Auch derjenige handelt fahrlässig, welcher sich fahrlässigerweise für berechtigt hält, einzelne Vermögensstücke bei der Manifestirung seines Vermögens zu verschweigen.

StGB. § 59, § 163 [n. 4].

Erk. (Z. I.) v. 18. Septbr. 1878 c. Prieb. (667 I. Cr.).

P. hat vor Gericht den Manifestationseid über den Bestand seines Vermögens abgeleistet; dabei aber einige Forderungen ausgelassen, die theilweis noch nicht fällig waren, theilweise von ihm für nicht exigibel gehalten sind. Wegen fahrlässigen Meineids bestraft, rügt seine NB. Verkennung des Begriffes der Fahrlässigkeit und Nichtbeachtung seines Einwands, daß er sich nicht für verpflichtet gehalten habe, auch dergleichen Forderungen anzugeben, sich also in civilrechtlichem Irrthum befunden habe.

Der App.-Richter findet die Fahrlässigkeit darin, daß Angeklagter diejenige Aufmerksamkeit bei Angabe seines Vermögensbestandes, zu welcher er durch Ableistung des Manifestationseides verpflichtet wurde, nicht angewendet hat.

Er spricht dies generell für alle 4 näher bezeichneten, vom Angeklagten verschwiegene Forderungen aus. Er widerlegt ferner die Einreden, welche Angeklagter in Betreff der einzelnen Fälle geltend gemacht hat. Dies genügt. Das Verlangen einer weiteren Spezialisirung der Begründung ist nicht gerechtfertigt. Wenn ferner der App.-Richter erwägt, daß dem Angeklagten ein Irrthum in Betreff seiner Verpflichtung zur Anzeige der noch nicht fälligen oder unsicheren Forderungen als Fahrlässigkeit zugerechnet werden kann, so liegt darin nicht die gerügte Verletzung des § 59 des StGB.'s, da auch derjenige fahrlässig handelt, welcher sich fahrlässiger Weise für berechtigt hält, einzelne Vermögensstücke bei der Manifestirung seines Vermögens zu verschweigen. Ob im gegebenen Falle die von dem Angeklagten angewendete Aufmerksamkeit eine genügende war, oder ob die am Schlusse der NB. hervorgehobenen Umstände eine Fahrlässigkeit des Angeklagten ausschlossen, entzieht sich als Beweisfrage der Beurteilung des Richters der Nichtigkeits-Instanz.

Antr. d. GStA.: gleichl. [18.—2.]

Arrestbruch. - Wiederholtes Bei-Seite-Schaffen. - Nur ein Vergehn.

Sind die in Beschlag genommenen Sachen an einen anderen Ort verbracht, so kann der damit vollendete Arrestbruch nicht durch ein weiteres Fortbringen an einen dritten Ort noch ein Mal begangen werden, sofern nicht etwa inzwischen eine neue Beschlagnahme stattgefunden hat.

StGB. § 137.

Erk. (S. II.) v. 19. Septbr. 1878 c. Niklis (712 II. Cr.).
[5.—4.]

Nichtigkeitsbeschwerde. - Verletzung. - Dienstinstruktion.

Auf Verletzung einer von dem Betriebsdirektor

einer einzelnen Eisenbahn erlassenen Dienstinstruktion kann eine Nichtigkeitsbeschwerde nicht gestützt werden.

Ges. v. 3. Mai 1852 Art. 107 [n. 19]; Vgl. RbOTr 15. S. 497.

Erk. (Z. II.) v. 19. Septbr. 1878 c. Spohr & Gen. (646 II. Cr.).

[5.—4.]

Abtreibung. – Dritter. – Gegen Entgelt. – Versuch. – Strafbestimmung.

Ein Dritter, welcher gegen Entgelt bei einer Schwangeren mit deren Einwilligung Mittel zur Abtreibung oder Tödtung der Frucht anwendet oder ihr beibringt, hat, wenn die Frucht nicht wirklich abgetrieben oder getödtet worden, es vielmehr beim Versuche geblieben ist, nicht die Versuchsstrafe aus § 219 des StGB.'s sondern aus § 218 Abs. 3 verwirkt.

StGB. § 219 [n. 31]; Vgl. Entsch. 36. S. 401 oder GA. 5. S. 210; RbOTr. 13. S. 336; 15, S. 826 und 16. S. 98

Erk. (Z. II.) v. 19. Septbr. 1878 c. Wesenberg (837 II. Cr.).

Das Verbrechen der Abtreibung der Leibesfrucht kann von der Schwangeren allein oder von ihr unter Mitwirkung eines Dritten, oder endlich von dem Dritten allein begangen werden. Den letzteren Fall hat der § 220 des StGB.'s vorgesehen. Dagegen ist durch § 218 Abs. 3 und § 219 die konkurrirende Thätigkeit des Dritten mit Strafe bedroht, und zwar ohne daß es in den hier hervorgehobenen Fällen darauf ankommt, ob diese Thätigkeit sich nach allgemeinen strafrechtlichen Grundsätzen als Beihülfe zu der That der Schwangeren oder Mitthäterschaft charakterisiren würde. Das Verbrechen des Dritten ist vielmehr als ein selbständiges aufzufassen, wie dies von dem Ob.-Tr. bereits bezüglich des § 181 des Pr. StGB.'s in dem Plenarurteile v. 9. März 1857 und bezüglich der §§ 218 Abs. 3 und 219 des R.-StGB.'s in dem Erkenntnisse v. 2. Dezbr. 1874 näher ausgeführt worden ist. Von diesem Gesichtspunkte aus betrachtet, muß aber auch der Thatbestand des Verbrechens lediglich aus dem Wortlaute der §§ 218 und 219 entnommen werden, und da hiernach der § 219 voraussetzt, daß die Thätigkeit der Schwangeren, bezw. die des Dritten, den beabsichtigten Erfolg gehabt hat, so kann von der Anwendung des § 219 nicht die Rede sein, wo, wie im gegenwärtigen Falle, der Erfolg nicht eingetreten ist. Der von der StA.-schaft hiergegen erhobene Einwurf, daß unter diesen Umständen der Versuch des Verbrechens, bezüglich des mitwirkenden Dritten straffrei sein würde, kann nicht für erheblich erachtet werden, weil, soweit die Selbständigkeit der Thätigkeit des Dritten nicht durch das Gesetz besonders anerkannt ist, der Rückgriff auf die allgemeinen Grundsätze von der Beihülfe und Mitthäterschaft nicht ausgeschlossen ist. Der auf Nichtanwendung des § 219 des StGB.'s gegründete Angriff des Staatsanwalts kann hiernach keinen Erfolg haben. Da auch im Uebrigen die Anwendung des § 218 des StGB.'s auf den von den Geschworenen festgestellten Thatbestand keinem Bedenken und es ebenso keinem Zweifel unterliegt, daß der Schw.-GH. die Imploratin W. ebenso wie die mitangeklagte H. nur wegen Versuchs gestraft hat, so war, wie geschehen, zu erkennen.

Antr. d. GStA.: gleichl. [19.—4.]

Betrug. - Auktionslokal. - Scheingebote. - Irrthum. - Vermeidlichkeit. - Kausalnexus.

In der Abgabe von Scheingeboten kann das Unterdrücken einer wahren Thatsache gefunden werden, durch welche ein Mitbieter getäuscht, zur Abgabe höherer Gebote veranlaßt und dadurch schließlich an seinem Vermögen beschädigt wird, sollten auch die Scheinbieter in Betreff des Werthes der versteigerten Gegenstände keine Sachverständigen sein.

StGB. § 263.

Erk. (3. l.) v. 20. Septbr. 1878 c. Liersch & Gen. (717 I. Cr.).

Die Angeklagten hatten gemeinschaftlich Personen in ein Auktionslokal gelockt, dort zum Schein auf Uhren geboten, bezw. sich überboten und die angelockte Person dadurch bewogen, mitzubieten und die Uhr schließlich für einen übermäßigen Preis zugeschlagen zu erhalten. Deshalb in den Instanzen wegen Betruges bestraft rügten die Angeklagten in ihrer NB. Gesetzesverletzung, weil die Abgabe eines Gebotes nur ein Versprechen, nicht aber das Vorbringen einer falschen Thatsache sei und eine Täuschung über den Werth der versteigerten Sache dadurch nicht bewirkt werden könne, sofern die Scheinbieter nicht Sachverständige seien und als solche erkennbar wären.

Zurückweisung. Gründe:

Die Instanzrichter nehmen als thatsächlich feststehend an, daß durch die Vorspiegelung der falschen Thatsache, daß die Mitangeklagten D. und F. die ausgebotene Uhr, die von ihnen abgegebenen Gebote als Kaufpreis offeriren, und durch die Unterdrückung der wahren Thatsache, daß sie nur zum Schein bieten, um den Kaufpreis zu erhöhen, in K. ein Irrthum erregt worden ist, welcher die Beschädigung seines Vermögens zur Folge gehabt hat, indem K., wie dies bei Auktionen zu geschehen pflege, geglaubt, daß die Uhr mindestens den Werth, welchen die Anderen geboten, hatte und er allein in diesem irrigen Glauben fortgesetzt um ein geringes höher und zuletzt 266 Mark bot und diese Summe als Kaufpreis zahlte, während die Uhr höchstens 150 bis 160 Mark werth war. Hiernach ist der in § 263 des StGB.'s erforderte ursächliche Zusammenhang zwischen dem Irrthum und der eingetretenen Vermögensbeschädigung festgestellt, und es kann der NB. nicht zugegeben werden, daß ein solcher ursächlicher Zusammenhang nur alsdann als vorliegend angenommen werden könnte, wenn K. Grund hatte, an die sachverständige Befähigung der mitbietenden Personen zur Abschätzung der Uhr zu glauben, seine Schlußfolgerung demnach eine sachlich berechtigte war; denn nicht davon, ob der Irrthum auch bei richtiger Schlußfolgerung entstehen oder ob er vermieden werden konnte und von Anderen vermieden worden wäre, sondern allein davon, daß der Irrthum vorhanden war und die Vermögensbeschädigung hervorrief, hängt die Kausalität zwischen dem Irrthume und der Vermögensbeschädigung ab. Sodann findet der App.-

Richter keineswegs, wie die NB. behauptet, die Strafbarkeit des Angekl. L. in dem bloßen Annehmen des das bezeichnete Minimum übersteigenden Preises; vielmehr nimmt der App.-Richter als thatsächlich vorliegend an, daß die Aufmerksamkeit des Angekl. L. als Geschäftsinhabers auf den Bieter K. gerichtet war und daß der von vornherein auf In-die-Höhe-Treiben der Gebote berechnete Schwindelapparat unter Mitwirkung des L. dem K. gegenüber in Anwendung gebracht worden ist, bis dieser den Zuschlag erhielt. Die von dem ersten Richter getroffene thatsächliche Schlußfeststellung, welche der App.-Richter beibehalten hat, ohne daß dabei ein Rechtsirrthum ersichtlich wird, enthält alle Erfordernisse zur Anwendung der §§ 263, 47 des StGB.'s.

Antr. d. GStA.: gleichl. [20.—3.]

Urkunde. - Beschädigung. - Wiederherstellung.

1. Es ist eine rein thatsächliche Frage, ob die Beeinträchtigung der Integrität einer Urkunde eine so geringfügige ist, daß sie nicht als eine „Beschädigung" angesehen werden kann.

2. Die Annahme einer solchen Beschädigung wird rechtlich nicht dadurch ausgeschlossen, daß die Wiederstellung der Urkunde möglich und auch bewirkt ist.

StGB. § 274 Nr. 1.

Erk. (Z. I.) v. 20. Septbr. 1878 c. Schmidt (523 I. Cr.).

Die Angeklagte hatte während der Verhandlung über die Rückgabe eines Wechsels dem Notar diesen ihr noch nicht gehörigen Wechsel aus den Händen und in Stücke gerissen. Deshalb aus § 274 Nr. 1 des StGB.'s bestraft, rügte Angeklagte in ihrer NB. Gesetzesverletzung, weil die Urkunde nicht wesentlich beschädigt worden sei, indem die Wiederherstellung möglich blieb und auch erfolgt sei.

Zurückweisung. Gründe:

Die Ausführung der NB., daß die in Rede stehende Urkunde nicht wesentlich beschädigt, daher § 274 Nr. 1 des StGB.'s nicht anzuwenden sei, enthält einen in dieser Instanz nicht zu berücksichtigenden Angriff gegen die thatsächliche Würdigung; denn die Prüfung, ob die Beeinträchtigung der Integrität einer Urkunde eine so geringfügige sei, daß sie als eine Beschädigung nicht angesehen werden kann, ist lediglich Beweisfrage und die Annahme einer Beschädigung wird nicht rechtlich dadurch ausgeschlossen, daß die Wiederherstellung der Urkunde möglich und wirklich erfolgt und hierdurch die Absicht der Verhinderung einer Geltendmachung des durch die Urkunde zu erweisenden Rechtes nicht erreicht worden ist.

Antr. d. GStA.: gleichl. [12.—3.]

Beamter. - Geldempfang. - Amtliche Eigenschaft. - Unterschlagung.

Ein öffentlicher Kassenbeamter nimmt an ihn eingezahlte Gelder auch dann in amtlicher Eigenschaft in Empfang, wenn er dazu als solcher zwar nicht verpflichtet, aber doch berechtigt war.

StGB. § 350 [n. 8].

Erk. (Z. I.) v. 25. Septbr. 1878 c. A. (981 I. Cr.).

Der Steuerempfänger A. hatte als solcher die Zinsen und Kapitalabträge von den in seinem Bezirk ausstehenden Kapitalien der Landeskreditkasse zu K. einzunehmen. Die Wittwe K. leistete ihm auf ein größeres derselben von ihr geschuldetes Kapital eine außerordentliche Abschlagszahlung, die er damals nicht buchte. Das Gericht stellte fest, daß er einen Theil des Geldes sich rechtswidrig zugeeignet habe und verurteilte ihn wegen Unterschlagung. Seine NB. bestritt den Empfang der Summe in amtlicher Eigenschaft, weil nach § 6 des Gesetzes vom 25. Dezbr. 1869 über die Landeskreditkasse zu K. die Wirksamkeit der Zahlung außerordentlicher Kapitalbeträge dadurch bedingt sei, daß Schuldner zuvor die Ermächtigung der Direktion zur Vereinnahmung an den Kassirer erlasse, dies aber nicht geschehen und der K. bekannt gewesen sei, daß in Folge dessen die Zahlung nicht wirksam sei. Das Ob.-Tr. wies die NB. zurück.

Die Annahme des Berufungsrichters ist nicht rechtsirrig, daß wenn auch die Wittwe K. gewußt, es könnten die ohne Ermächtigung der Landeskreditkasse eingezahlten Gelder nicht als befreiende Zahlung an diese Kasse gelten, dieses die amtliche Eigenschaft nicht in Zweifel stelle, in welcher Angeklagter die Beträge in Empfang genommen. Denn wenn auch nach § 6 des Ges.'s v. 25. Dezbr. 1869 (GS. S. 1279) jene Zahlung erst nach erfolgter Annahmeermächtigung der Landeskreditkassenverwaltung derselben gegenüber Wirksamkeit erlangt, so handelt es sich vorliegend nicht um die Wirksamkeit, sondern um die Annahme der Zahlung und ob Angeklagter hierzu in seiner amtlichen Eigenschaft, wenn auch nicht verpflichtet, so doch berechtigt war. Letzteres wurde vom Berufungsrichter bejaht, indem derselbe die Stellung des Angeklagten dahin auffaßt, daß er in diesem Falle bis zur erfolgenden förmlichen Einnahmeermächtigung und Vereinnahmung den angenommenen Betrag habe buchen, verwahren und einsenden müssen, welcher thatsächliche Entscheidungsgrund keiner Nachprüfung im Wege des gegenwärtigen Rechtsmittels unterliegt.

Antr. d. GStA.: gleichl. [11.—2.]

Konkurrenz. – Gesammtstrafe. – Feststellung.

Der § 79 des StGB.'s verpflichtet den Richter, sobald er von einer mehrfachen Strafverfolgung des Angeklagten Kunde erhält, zu prüfen, ob die Voraussetzungen vorliegen, unter welchen für die mehrfachen Strafthaten eine Gesammtstrafe festgesetzt werden soll und sich also namentlich auch Gewißheit darüber zu verschaffen, ob wegen der anderweiten Strafthaten bereits rechtskräftige Verurteilung erfolgt ist.

StGB. § 79 [n. 5, 15].

Erk. (B. I) v. 25. Septbr. 1878 c. Blaschke (654 I. Cr.).

B. hatte im Juni delinquirt, das Gericht erster Instanz aber, obwohl erst im Juli ein verurteilendes Erkenntniß wegen anderer Strafthaten gegen ihn ergangen war, den § 79 des StGB.'s nicht zur Anwendung gebracht, weil das letztere Urteil noch nicht rechtskräftig geworden sei. Zur Zeit des Appellationsurteils war dies zwar der Fall, der App.-Richter hatte aber noch keine Kenntniß davon und beließ es bei der erkannten Strafe, „weil nicht behauptet sei und sonst nicht konstire, daß inzwischen die Entscheidung in der früheren Sache rechtskräftig geworden sei. Das Ob.-Tr. vernichtete.

Der Appell.-Richter hat den Angeklagten auf Grund der §§ 164, 165, 47 des StGB.'s bestraft, aber den § 79 nicht berücksichtigt. Derselbe bestimmt, daß die Vorschriften der §§ 74—78 des StGB.'s auch dann Anwendung finden, wenn, bevor eine erkannte Strafe verbüßt, verjährt oder erlassen ist, die Verurteilung wegen einer strafbaren Handlung erfolgt, welche vor der frühern Verurteilung begangen war. Durch dieses Gesetz wird der Richter verpflichtet, sobald er von einer mehrfachen Strafverfolgung Kunde erhält, zu prüfen, ob die Voraussetzungen vorliegen, unter welchen für die mehrfachen Strafthaten eine Gesammtstrafe festgesetzt werden soll. Damit die Strafabmessung dem Gesetze gemäß erfolgen kann, muß der Richter sich Gewißheit darüber verschaffen, ob der Angeklagte wegen der anderweiten Strafthaten rechtskräftig verurteilt worden ist, und ob die erkannten Strafen verbüßt, verjährt oder erlassen sind. Rechtspr. d. Ob.-Tr. XVII. S. 581. Gegen diese Vorschrift hat der App.-Richter im vorliegenden Falle verstoßen. Er sagt, es fehle an einem die Anwendung des § 79 des StGB.'s rechtfertigenden Grunde, weil der Angeklagte nicht behauptet habe und sonst nicht konstire, daß die Entscheidung in der Untersuchungssache wider B. und Genossen rechtskräftig geworden sei. Eine Feststellung in Betreff der Rechtskraft trifft der Appell.-Richter hiermit nicht. Er spricht vielmehr nur seine Unkenntniß darüber aus, ob die Rechtskraft eingetreten ist. Bei dieser Ungewißheit durfte er sich aber nicht beruhigen. Auch der Umstand, daß der Angeklagte selbst behauptet hatte, das fragliche Erkenntniß sei noch nicht rechtskräftig, überhob den App.-Richter nicht der Pflicht, die Wahrheit der Behauptung zu prüfen. Da er dies unterlassen und die Anwendung des § 79 des StGB.'s ausgeschlossen hat, ohne bestimmt festzustellen, daß die Bedingungen für die Nichtanwendung vorliegen, so erscheint die vom Angeklagten erhobene Beschwerde der Gesetzesverletzung begründet. [18.—2.]

Unbrauchbarmachung. - Schriften, Abbildungen und Darstellungen. - Objektiv strafbarer Inhalt. - Marionettenpuppen.

1. Die Unbrauchbarmachung von Schriften, Abbildungen und Darstellungen ist auszusprechen, sobald dieselben objektiv strafbaren Inhalts sind, gleichviel ob eine strafrechtlich verantwortlich zu machende Person ermittelt ist oder überhaupt existirt.

2. Das ist nicht auf die durch die Presse erzeugten Schriften, Abbildungen und Darstellungen zu beschränken.

StGB. §§ 40 [u. 4] und 42 [u. 4]; Vgl. zu 1 RbOTr. 13. S. 192; 14. S. 487; 15. S. 252; 17. S. 573 und 18. S. 103.

Erk. (B. II.) v. 26. Septbr. 1878 c. H. (835 II. Cr.).

Wenn der Inhalt einer Schrift, Abbildung oder Darstellung strafbar ist, so soll nach § 41 des StGB.'s in dem gegen die deshalb erfolgte Person zu erlassenden Urteile ausgesprochen werden, daß alle Exemplare, sowie die zu ihrer Herstellung bestimmten Platten und Formen unbrauchbar zu machen sind. Wenn aber im Falle des § 41 — der zugleich citirte § 40 bleibt hier außer Betracht — die Verfolgung und Verurteilung einer bestimmten Person nicht ausführbar ist, so können nach § 42 ibid. die im § 41 vorgeschriebenen Maßnahmen selbständig erkannt werden. Haben diese Vorschriften auch zunächst Abbildungen und Darstellungen im Auge, welche durch die Presse erzeugt sind, so beschränken sie sich doch nicht auf solche, sie müssen daher als allgemeine Grundsätze auch zur Anwendung gebracht werden, wo es sich um in anderer Weise hergestellte Abbildungen und Darstellungen handelt. Die entgegengesetzte Annahme kann auch nicht darauf gestützt werden, daß der § 41 gleichzeitig die Unbrauchbarmachung der zur Herstellung derselben bestimmten Platten und Formen verordnet, denn hieraus folgt nicht, daß wo dergleichen bei der Herstellung nicht gebraucht sind, auch auf die Unbrauchbarmachung der Schriften, Abbildungen und Darstellungen nicht zu erkennen sei. Wenn denn im 2. Abs. des § 41 die Anwendbarkeit der Vorschrift des 1. Abs. in bestimmte Grenzen gezogen ist und hierbei zunächst die im Besitze des Verfassers, Druckers, Herausgebers, Verlegers und Buchhändlers befindlichen Exemplare als von der Maßregel berührt bezeichnet werden, so fügt das Gesetz doch die „öffentlich ausgelegten und öffentlich angebotenen Exemplare" als gleichfalls unbrauchbar zu machende hinzu, bedient sich mithin insofern einer Ausdrucksweise, welche auch solche Schriften, Abbildungen und Darstellungen umfaßt, die nicht Preßerzeugnisse sind und durch andere Personen, als die vorbezeichneten bei Preßerzeugnissen in Betracht kommenden, öffentlich ausgelegt und angeboten werden. Das Gesetz würde auch eine offenbare Lücke zeigen, wenn es rücksichtlich der die objektiven Merkmale eines Vergehens enthaltenden mit der Hand gefertigten Schriften, der Abbildungen und Darstellungen, welche mit der Hand gezeichnet oder gemalt sind, oder der auf sonstigem Wege hergestellten figürlichen Darstellungen dieser Art nicht in gleicher Weise Verfügung getroffen hätte, wie bezüglich der auf dem mechanischen Wege durch die Presse erzeugten, während doch der augenscheinliche Grund der Vorschirft des § 41 in allen solchen Fällen in gleicher Weise zutrifft, wie bei den Letzteren. Nun ist es unzweifelhaft, daß nach den §§ 41 und 42, welche dem § 50 des Pr. Preßges.'s v. 12. Mai 1851 nachgebildet sind, und die dort sanctionirten Grundsätze in das Deutsche StGB. einführen sollten, die Unbrauchbarmachung von Schriften, Abbildungen und Darstellungen, insbesondere auch dann schon ausgesprochen werden muß, wenn dieselben nur objektiv strafbaren Inhalts sind, gleichviel ob eine strafrechtlich verantwortlich zu machende Person ermittelt ist oder überhaupt existirt. Wenn der § 50 des Pr. Preßges.'s die Vernichtung auch dann ausgesprochen wissen wollte, wenn zwar der

Angeklagte freigesprochen, in der Schrift jedoch der Thatbestand einer strafbaren Handlung von dem Richter erkannt worden ist, so legt auch die Fassung des § 41 des StGB.'s das entscheidende Gewicht nur darauf, ob der Inhalt einer Schrift, Abbildung oder Darstellung strafbar ist, erachtet also die objektiven in der Schrift rc. vorhandenen Merkmale für ausreichend die fraglichen Maßnahmen zu begründen. Wenn, abgesehen von den Fällen des § 42, diese Maßnahmen in dem Urteile gegen den Angeklagten auszusprechen sind, so sagt doch das Gesetz nicht, daß dasselbe ein verurteilendes sein müsse. Auch in einem den Angeklagten freisprechenden Urteile muß deßhalb nach § 41 auf Unbrauchbarmachung erkannt werden, wenn in der Schrift die objektiven Merkmale eines Vergehens gefunden werden. Der § 42 enthält nur eine prozessualische Ausnahmebestimmung von der Regel, daß ein strafgerichtliches Verfahren die Erhebung einer Anklage gegen eine bestimmte Person voraussetze. Es soll selbständig gegen die Schrift, Abbildung oder Darstellung eingeschritten und auf Unbrauchbarmachung gemäß des § 41 erkannt werden, wenn übrigens die Voraussetzungen dieses letztgedachten § vorliegen, aber die Verfolgung und Verurteilung einer bestimmten Person unausführbar ist, also die Unbrauchbarmachung nicht, wie der § 41 will, in dem gegen einen Angeklagten zu erlassenden Urteile verordnet werden kann. Bezüglich der Gründe, aus welchen die Verfolgung und Verurteilung einer bestimmten Person unausführbar sein müsse, enthält das Gesetz keine Beschränkung. Nach den amtlichen Motiven zu § 42 S. 60 trifft der Fall des § 42 zu: wenn aus irgend einem Grunde die Verfolgung einer bestimmten Person unausführbar erscheint. Es gehört hierher also jeder Fall, in welchem die Voraussetzungen der Strafbarkeit einer bestimmten Person noch nicht eingetreten, oder aus irgend einem Grunde ausgeschlossen sind. Bei Anwendung dieser Sätze auf den vorliegenden Fall erscheint die Entscheidung des App.-Richters rechtsirrthümlich. Derselbe stellt fest, daß die Darstellung Sr. Majestät des Kaisers als Marionetten-Puppe, also in Gestalt einer lächerlichen Figur allerdings in grober und durchaus ungehöriger Weise gegen die der Person des Monarchen schuldige Ehrfurcht verstoße, und es würde, wie er ausdrücklich sagt, der Thatbestand der Majestätsbeleidigung gegen den Fabrikanten resp. den Verkäufer vorliegen, wenn ihnen solches bekannt gewesen wäre. Er verneint aber dieses Bewußtsein, hiernach das Vorhandensein der Majestätsbeleidigung und bestätigt das erste Erkenntniß, weil nicht für thatsächlich festgestellt erachtet werden könne, daß die vorliegende Darstellung zu einer strafbaren Handlung in Beziehung stehe. Nach seiner thatsächlichen Auffassung der Sache, welche der Nachprüfung des Nichtigkeitsrichters nicht unterliegt, liegt also objektiv Alles vor, was den Thatbestand der Majestätsbeleidigung begründen würde. Nur die subjektiv zur Strafbarkeit der Beschlagnahme-Interessenten erforderlichen Momente vermißt er, und lehnt deshalb die beantragte Unbrauchbarmachung ab. Dies verletzt nach Vorstehendem die §§ 41 und 42 des StGB.'s, das Erkenntniß des Appell.-Richters mußte daher vernichtet und in der Sache selbst auf Grund der von ihm getroffenen ausreichenden Feststellungen auf die beantragte Unbrauchbarmachung erkannt werden. [8.—4.]

Rheinisches Verfahren.

1. Rechtskräftig verurteilter Mitbeschuldigter. – Vernehmung als Zeuge.

2. Unter Pr. StGB. zu Zuchthaus Verurteilter. – Zeugeneidliche Vernehmung. – Ohne Widerspruch. – Keine Nichtigkeit.

1. Ein in erster Instanz rechtskräftig verurteilter Mitbeschuldigter kann in zweiter Instanz eidlich als Zeuge vernommen werden.

Rh. StPO. Art. 155 (Sir. Gilb. n. 5); Vgl. Rh. Arch. 47. 2. A. 118 und RhOTr. 10. S. 410.

2. Die zeugeneidliche Vernehmung eines unter der Herrschaft des Pr. StGB.'s zu Zuchthaus Verurteilten, der die bürgerlichen Ehrenrechte noch nicht nach der Bestimmung des Allerh. Erl. v. 28. Febr. 1872 wieder erlangt hat, begründet keine Nichtigkeit des Verfahrens, wenn weder die Staatsanwaltschaft, noch der Beschuldigte Widerspruch dagegen erhoben haben.

Rh. StPO. Art. 156 und 322 (Sir. Gilb. n. 36 und Supplém. n. 14).

Erk. (Z II.) v. 26. Septbr. 1878. c. Ehel. Wagner (788 II. Cr.).
Antr. d. GStA.: gleichl. [8.—4.]

Rheinisches Verfahren. - Negativer Kompetenzkonflikt. - Rathskammer und Zuchtpolizeigericht.

1. Hat die Rathskammer wegen Vergehens vor das Zuchtpolizeigericht verwiesen und erklärt sich nun letzteres inkompetent, weil ein Verbrechen vorliege, so besteht ein negativer Kompetenzkonflikt, den der Cassationshof lösen muß.

2. Entscheidet sich der Cassationshof dahin, daß ein Verbrechen vorliege, so verweist er unter Aufhebung sowohl des Rathskammerbeschlusses, als des zuchtpolizeigerichtlichen Urteils die Sache vor den Anklagesenat.

3. Erachtet der Cassationshof dabei eine weitere Instruktion nicht für nöthig, vielmehr die vorliegenden Indicien für hinreichend, so erklärt er den Beschuldigten schon gleich für des bestimmten Verbrechens hinreichend belastet und trägt dem Anklagesenat nur auf, gegen denselben weiter nach Maßgabe des Gesetzes zu verfahren.

Rh. StPO. Artt 525—527 (Sir. Gilb. n. 25 Supplém. n. 1);
Zu 3: vgl. F. Hélie, Pratique criminelle P. 1 Nr. 1044 u. 1045;
Sic.: Rh. Arch. 53. 2. A. 37; Contra: RbOTr. 9. S. 162 und 10. S. 623.

Erk. (II.) v. 26. Septbr. 1878 c. Weber (750 II. Cr.).
Antr. d. GStA.: gleichl. [8.—4.]

1. Oeffentlichkeit. - Protokoll. - Zeugenbeweis.
2. Ausschließung einzelner Personen. - Gerichtsbote.

1. Die Beobachtung von Förmlichkeiten des Verfahrens, insbesondere die Oeffentlichkeit der Verhandlung wird insoweit nicht allein durch das Protokoll festgestellt, als es sich um Vorgänge handelt, welche außerhalb der Verhandlung und des Sitzungssaales stattgefunden haben.

2. Die Zurückweisung einzelner Personen von dem Eintritt in den Sitzungssaal durch den aufwartenden Boten kann, auch wenn im Uebrigen Zuhörer Einlaß erhalten hätten, eine Beschränkung der Oeffentlichkeit enthalten.

Ges. v. 3. Mai 1852 Art. 78; Vdn. v. 3. Jan. 1849 § 14.

Erk. (B. I.) v. 27. Septbr. 1878 c. Kolkmann (715 I. Cr.).

Der App.-Richter hat den beantragten Zeugenbeweis darüber daß mehrere Personen während der mündlichen Verhandlung erster Instanz an dem Eintritt in den Sitzungssaal durch den aufwartenden Boten gewaltsam verhindert worden seien, aus dem Grunde abgelehnt, weil sich aus dem Protokoll ergebe, daß die Verhandlung öffentlich stattgefunden habe, das Audienz-Protokoll aber nach Art. 78 des Ges.'s v. 3. Mai 1852 den vollen Beweis für die Beobachtung der vorgeschriebenen Förmlichkeiten liefere. Diese Begründung beruht auf einer unrichtigen Auffassung des Art. 78 a. a. O., da zwar der Beweis einer Verletzung von Vorschriften des Verfahrens gegenüber dem Protokoll regelmäßig ausgeschlossen ist, diese Regel aber dann eine Ausnahme erleidet, wenn es sich um Vorgänge handelt, welche außerhalb der Verhandlung und außerhalb des Sitzungssaales stattgefunden haben. Auch der fernere Ablehnungsgrund, daß die Zurückweisung einzelner Personen durch den aufwartenden Boten die Verhandlung noch nicht zu einer nicht öffentlichen mache und die Angeklagten selbst zugegeben haben, daß etwa zehn Personen als Zuhörer anwesend gewesen seien, kann für rechtlich zutreffend nicht erachtet werden, da in jenen Umständen allerdings eine Beschränkung der Oeffentlichkeit liegen kann, und nicht nur die Ausschließung sondern auch eine gesetzwidrige Beschränkung der Oeffentlichkeit der Vorschrift des § 14 der Vdn. vom 3. Januar 1849 widerspricht.

Antrag d. GStA.: entgegen. [12.—3.]

Strafvollstreckung. - Geldstrafe. - Manifestationseid.

Behufs Beitreibung erkannter Geldstrafen ist die Abnahme des Manifestationseides auch dann zulässig, wenn die Strafe von einer zuständigen Administrativbehörde erkannt war und vollzogen wird.

Ges. v. 3. Mai 1852 Art. 132; Wechs.-Stemp.-Ges. v. 10. Juni 1869 § 18; Ges. v. 30. Juli 1853.

Beschl. (Z. I.) v. 27. Septbr. 1878 c. P. (207 B. I. Cr.).

P. war vom Hauptsteueramt zu K. in eine Wechselstempelstrafe verurteilt und ersuchte dieses, als er die Strafe nicht zahlte und Unvermögen behauptete, das dasige Stadtgericht, ihn zur Ableistung des Manifestationseides anzuhalten. Als das Stadtgericht ihn zu diesem Zwecke vorlud, führte er Beschwerde und bestritt die Zulässigkeit der Maßregel. Das App.-Gericht wies ihn zurück und das Ob.-Tr. bestätigte diese Verfügung. Gründe:

Der Bescheid des Appell.-Gerichts stützt sich auf den Beschluß des Königl. Ob.-Tr.'s v. 21. Febr. 1862 (Goltd. Arch. Bd. 10 S. 357), in welchem die Zulässigkeit der Abnahme des Manifestationseides behufs der Beitreibung erkannter Geldstrafen eingehend nachgewiesen ist. Allerdings bezieht sich dieser Beschluß nur auf gerichtlich erkannte Geldstrafen. Wenn aber das Gesetz für Stempelsteuervergehen ein administratives Strafverfahren zuläßt und die in diesem Verfahren getroffenen Entscheidungen in ihren Wirkungen den gerichtlichen Urteilen gleichstellt, so ist ein Grund nicht zu finden, in Bezug auf die Mittel zur Beitreibung der Geldstrafen zwischen beiden Arten des Verfahrens einen Unterschied zu machen, und auch der Umstand, daß in dem Gesetze v. 30. Juli 1853, dessen § 1 Nr. 5

auch die Beitreibung von Geldstrafen erwähnt, die Zulässigkeit des Manifestationseides nicht ausdrücklich festgesetzt ist, vermag einen derartigen Unterschied nicht zu begründen, da die Abnahme des Manifestationseides nicht zu den eigentlichen Akten der Vollstreckung gehört, mit denen sich jenes Gesetz beschäftigt, sondern nur ein Mittel zur Vorbereitung der Vollstreckung darstellt. Hiernach beruht die angefochtene Verfügung nicht auf einem Rechtsirrthum und die Beschwerde, deren Anlage zurückerfolgt, wird daher zurückgewiesen.

Antr. d. GStA.: gleichl. [12.—2.]

Rechtskraft, relative. – Qualificirung der Strafthat. – Freisprechung.

1. Der Instanzrichter, welcher die unter Anklage gestellte Strafthat abweichend von der Anklage strafrechtlich qualificirt, darf nicht von dem Verbrechen oder Vergehen als welches die That in der Anklage bezeichnet ist, freisprechen.

2. Eine solche incorrecte Freisprechung bewirkt zu Gunsten des Angeklagten keine relative Rechtskraft und beengt den höheren Richter nicht in der freien Beurteilung und Qualificirung der That.

Vdn. v. 3. Jan. 1849 § 1; Oppenh. Strafverf. S. 9 n. 29—31; Ges. v. 3. Mai 1852 Art. 30.

Erk. (V. I.) v. 27. Septbr. 1878 c. Thun (558 I. Cr.).

Der erste Richter hat die dem Angeklagten zur Last gelegte That nicht, wie die Anklage, als Betrug, sondern als Unterschlagung angesehen und den Angeklagten, unter Freisprechung desselben von der Anklage des Betruges, wegen Unterschlagung verurteilt. Der Appell.-Richter hält die Begriffserfordernisse der Unterschlagung nicht für vorliegend. Er hat das erste Erkenntniß, insoweit es die Unterschlagung betrifft, dahin abgeändert, daß der Angeklagte dieses Vergehens nicht schuldig und deshalb freizusprechen, und in den Gründen ausgeführt: daß das erste Erkenntniß, insoweit es den Angeklagten des Betruges nicht schuldig erklärt habe, weil dagegen seitens der Kgl. StA.-schaft nicht appellirt sei, die Rechtskraft beschritten habe und daher nicht mehr Gegenstand der Beurteilung für den App.-Richter sei. Diese Ausführung ist rechtsirrthümlich. Der erste Richter hat den Angeklagten nicht von der Strafthat, welche den Gegenstand der Anklage bildet, freigesprochen, sondern diese That nur rechtlich anders qualificirt, als in der Anklage geschehen war. Wenn er seiner rechtlichen Auffassung nicht allein in den Gründen, sondern auch im Tenor seines Urteils in der Art Ausdruck gegeben hat, daß er von der Anklage des Betruges freigesprochen und wegen Unterschlagung verurteilt hat, so ist diese Aufnahme der rechtlichen Begründung in den Tenor des Urteils nicht korrekt, weil der Richter, wenn er die zur Anklage gestellte That von irgend einem Gesichtspunkte aus für strafbar erachtet, nur die Verurteilung wegen des von ihm festgestellten Delikts auszusprechen, die anderen, von der StA.-schaft oder von dem Angeklagten behaupteten Qualificirungen aber nur in den Gründen zu erörtern, dieselben aber nicht in dem Dispositiv zu berücksichtigen hat, am wenigsten in einer Form, welche den Anschein erweckt, als ob es sich um verschiedene selbstständige Thaten handle. Eine derartige Inkorrektheit in der Tenorisirung giebt aber der StA.-schaft keine Veranlassung zur Anfechtung des Urteils, wenn die Verurteilung selbst sachgemäß ist. Für den Angeklagten aber wird ein Recht auf die vom ersten Richter angenommene Qualifikation nicht erworben und ein späteres Zurückgreifen auf die abgelehnten Qualifikationen nicht ausgeschlossen. Die Freisprechung kann in Rechtskraft nur übergehen, wenn der Angeklagte von der ihm zur Last gelegten That freigesprochen worden ist, nicht aber wenn nur eine bestimmte Qualifizirung der That nicht für vorliegend angenommen ist. Die relative Rechtskraft hat daher — wie in zahlreichen Entscheidungen des unterzeichneten Gerichtshofs nachgewiesen ist — nur die Wirkung daß der zweite Richter wegen derselben That nicht auf eine höhere Strafe erkennen darf, als der erste Richter gethan hat; sie hindert den Appell.-Richter aber nicht, diese That anders — selbst schwerer — zu qualificiren, als der erste Richter, und selbst auf die vom ersten Richter verneinte Qualifizirung der Anklage zurückzukommen. Vielmehr wird er hierzu durch die Pflicht, die Anklage nach allen Seiten hin zu erledigen genöthigt.

Antr. d. GStA.: gleichl. [12.—3.]

Unzüchtige. Schriften. - Begriff.

Der Begriff der Unzüchtigkeit einer Schrift wird dadurch nicht ausgeschlossen, daß deren unzüchtige Bedeutung sich nicht unmittelbar aus dem Inhalt derselben ergiebt.

StGB. § 184 [n. 2].

Erk. (Z. I.) v. 2. Oktbr. 1878 c. G. (1022 I. Cr.).

G. hatte in einer Zeitung eine Annonce veröffentlicht, worin er sich zur Ertheilung von Rath erbietet, um großem Kindersegen zu begegnen; auch eine Druckschrift verkauft welche sich über das hierzu anzuwendende Mittel ausspricht. Darin ist Verkauf und Verbreitung unzüchtiger Schriften gefunden. Die NB. des G. bestreitet die Anwendbarkeit des § 184 des StGB.'s weil in der Schrift objektiv nichts Unzüchtiges zum Ausdruck gekommen sei. Sie wurde zurückgewiesen

Ohne Rechtsirrthum hat der Appell.-Richter bei Feststellung des unzüchtigen Charakters der vom Angeklagten verkauften und verbreiteten Schriften, deren für erwiesen erachtete, seiner Annahme nach vom Angeklagten beabsichtigte und für den größeren Theil des Leserkreises völlig verständliche, unsittliche, das Schamgefühl gröblich verletzende Tendenz in geschlechtlicher Beziehung mit in Betracht gezogen. Denn der Begriff der Unzüchtigkeit wird bei einer Schrift dadurch nicht ausgeschlossen, daß die unzüchtige Bedeutung sich nicht unmittelbar aus deren Inhalt ergiebt, sondern durch einen anderweiten, dem Leserkreise, für den die Schrift bestimmt ist, bekannten Thatumstand vermittelt wird. Daß die fraglichen Schriften nur im wissenschaftlichen Interesse veröffentlicht worden seien, hat der Appell.-Richter aus thatsächlichen Gründen verneint.

Antr. d. GStA.: gleichl. [15.—2.]

Konkurs. - Befriedigung einzelner Gläubiger. - Nachtheil.

Die Strafbarkeit der Befriedigung einzelner Gläubiger nach erfolgter Zahlungseinstellung wird dadurch nicht berührt, daß durch spätere Accorde die Benachtheiligung der übrigen Gläubiger wieder beseitigt wird.

Konk.-Ordn. v. 8. Mai 1855 § 308.

Erk. (Z. I.) v. 2. Oktbr. 1878 c. Goßler (753 I. Cr.)

Der Kaufmann G. hatte nach erfolgter Zahlungseinstellung noch einzelne Gläubiger befriedigt und war deshalb aus § 308 der Konk.-Ordnung bestraft. Er glaubte nicht strafbar zu sein, weil die Masse nur zur Gewährung von 7 pCt. genügt haben würde, er aber den Konkurs schließlich (anscheinend durch Hülfe von Verwandten) durch Zahlung von 25 pCt. erledigt haben. Die deshalb erhobene NB. wurde zurückgewiesen.

In der vorzugsweisen Befriedigung einzelner Gläubiger nach erfolgter Zahlungseinstellung hat der App.-Richter ohne Rechtsirrthum eine den übrigen Gläubigern zum Nachtheil gereichende Verfügung des Angeklagten über die ihm verbliebenen Zahlungsmittel gefunden. Denn jede Beeinträchtigung oder Verringerung der Aktivmasse eines in Fallitzustand gerathenen Gemeinschuldners als desjenigen Objekts, aus welchem die Gläubigerschaft im Ganzen, soweit möglich, ihre Befriedigung erhalten soll, ist als eine Benachtheiligung der Gesammtheit anzusehen. Eine etwaige, — selbst mehr, als vollständige, — Ausgleichung des den übrigen Gläubigern zugefügten Nachtheils durch den später mit denselben abgeschlossenen Akkord hat der App.-Richter mit Recht für rechtlich unerheblich erachtet, weil dadurch nicht die Existenz, sondern nur die vermögensrechtlichen Folgen der einmal eingetretenen Benachtheiligung beseitigt werden konnten.

Antr. d. GStA.: gleichl. [15.—2.]

Beleidigung. – Kompensation.

In den Fällen des § 193 des StGB.'s fällt die That überhaupt nicht unter das Strafgesetz und fehlt es mithin auch an der Voraussetzung für eine Kompensation von gegenseitigen Beleidigungen.

StGB. § 199 [n. 1]; Vgl. RdOTr. 17. S. 503.

Erk. (**B. I.**) **v. 2. Oktbr.** 1878 **c. Gaub** (630 I. Cr.).

B. und G. hatten beleidigende Aeußerungen gegen einander gebraucht. B. klagte deshalb und G. erhob Widerklage. Das Gericht erklärte beide Beleidigungen für erwiesen, erkannte auch an, daß beide Theile in Wahrnehmung berechtigter Interessen sich befunden hätten, fand aber nur bei der von G. gebrauchten Rede beleidigende Absicht, nicht bei der von B. gebrauchten; gleichwohl erklärte es beide Theile auf Grund des § 199 des StGB.'s für straflos. Die NB. des B. wurde vom Ob.-Tr. für begründet erachtet und erfolgte Vernichtung.

Der Berufungsrichter nimmt an, daß eine Beleidigung Seitens des Beschuldigten gegen den Privatkläger vorliege, rücksichtlich deren der § 193 des R.-StGB.'s, soweit dadurch die Beleidigungsstrafe ausgeschlossen sei, nicht Platz greife. Er läßt jedoch Kompensation dieser Beleidigung eintreten mit Rücksicht auf eine Aeußerung des Privatklägers gegen den Beschuldigten, deren beleidigenden Charakter er zwar anerkennt die er jedoch nicht für strafbar erachtet, weil solche in Wahrung eines rechtlichen Interesses und ohne daß die Absicht zu beleidigen hervortrete, sei gemacht worden. Er geht davon aus, daß § 193 nur die Strafe ausschließe, den Beleidigungsbegriff dagegen bestehen lasse und die Compensation, da sie keine Strafe sei, in Fällen dieser Art zulässig erscheinen müsse. Diese Ansicht ist entschieden rechtsirrig. Der § 193 des R.-StGB.'s insoweit derselbe Aeußerungen, welche zur Wahrnehmung eines berechtigten Interesses gemacht werden, an sich für nicht strafbar erklärt, enthält nicht die Statuirung eines Strafbefreiungsgrundes für eine nach der subjektiven und objektiven Seite vorliegende Beleidigung, sondern er bestimmt die an und für sich selbstverständliche Verneinung der subjektiven Verschuldung in

Ansehung einer objektiv vorliegenden Beleidigung deshalb weil das Aussprechen, überhaupt die Bethätigung der Beleidigung, sich auf ein Recht oder rechtliches Interesse des Thäters zurückführen läßt. Liegt in einem Falle des § 193 nur die Absicht jenes rechtliche Interesse zu wahren und nicht die Absicht zu beleidigen vor, so fehlt es an einem wesentlichen Begriffsmerkmal der Beleidigung, dem erforderlichen Dolus; die That fällt daher überhaupt nicht unter das Strafgesetz und kann deshalb auch von einer rechtlichen Folge nicht die Rede sein, welche das Strafgesetz an das Vorhandensein einer Beleidigung knüpft. Eine solche rechtliche Folge aber enthält die Bestimmung des § 199 des R.-StGB.'s, welche den Richter ermächtigt bei Beleidigungen, welche auf der Stelle erwidert werden, beide Beleidiger für straffrei zu erklären, indem hiernach anstatt der ordnungsmäßigen Bestrafung eines jeden Beleidigers dessen Strafe darin gesetzt werden soll, daß sein Gegner unbestraft, insofern also die einem Jeden von beiden zugefügte Beleidigung ohne die regelmäßige vom Gesetz gewollte Sühne bleibt. Der Berufungsrichter war hiernach auf Grund seiner getroffenen Feststellung nicht in der Lage beide Theile für straffrei zu erklären, sondern er mußte den Privatkläger von der durch die Widerklage geltend gemachten Beleidigung freisprechen, dagegen die Verurteilung des Beschuldigten eintreten lassen.

Antr. d. GStA.: gleichl. [11.—2.]

Steuersachen. - Rechtsmittel. - Fristen.

Rechtsmittel der Staatsanwaltschaft in Steuersachen unterliegen in Beziehung auf die Fristen und Formen derselben den allgemeinen Vorschriften.

StPO. § 480; Vgl. RdOTr. 13. S. 455.

Erk. (Z. I.) v. 2. Oktbr. 1878 c. Schröder (684 I. Cr.).

Angeklagter übersieht, daß § 480 die Fristen bei Zuwiderhandlungen gegen die Vorschriften über Erhebung öffentlicher Abgaben nur für die Behörde regelt, welche zur

Verwaltung der betreffenden Abgabe bestellt ist und entweder wegen Ablehnung des Einschreitens Seitens der StA.-schaft selbständig nach § 478 daselbst den Antrag auf Eröffnung des Hauptverfahrens gestellt oder gemäß § 482 daselbst sich der von der StA.-schaft betriebenen Verfolgung angeschlossen hat, was beides hier nicht vorliegt, indem der Betrieb der Sache ausschließlich durch die StA.-schaft erfolgte, welche in Beziehung auf die Fristen und Formen der Rechtsmittel den allgemeinen Vorschriften unterliegt.

Antr. d. GStA.: gleichl. [11.—2.]

Pfandkehr. – Gemeindevorsteher. – Privatpfändung.

Privatpfändungen unterliegen nicht dem Schutze des § 137 des StGB.'s, wohl aber gebührt derselbe einer, wenngleich im Privatinteresse vorgenommenen Pfändung, wenn sie durch einen Beamten als solchen auf Grund ihm zustehender amtlicher Befugnisse vorgenommen ist.

StGB. § 137 [n. 1, 2]

Erk. (Z. I.) v. 2. Oktbr. 1878 c. Tölke (226 I. Cr.).

Die Stellenbesitzer von B. benutzen auf Grund eines Regulativs von 1808 eine Gemeinheit (das Bruch) zur Gänseweide. Dem Vorsteher der Gemeinde ist die Aufsicht darüber zugewiesen. Jeder Stellenbesitzer treibt eine gewisse Anzahl von Gänsen auf. T. trieb nun 3 Gänse über die ihm nach der Annahme des Gemeindevorstehers zustehende Zahl auf, weshalb der letztere dieselben pfändete. T. aber hat sie eigenmächtig wieder an sich genommen, weshalb er aus § 137 des StGB.'s bestraft ist. Die NB. des T. führt aus: der Gemeindevorsteher habe nur als Vertreter der Realgemeinde eine Privatpfändung vorgenommen, die nicht unter dem Schutze des § 137 cit. stehe und sei in weiterem Maße zu einer Pfändung nicht berechtigt gewesen.

Der Angriff beruht auf der Behauptung, daß der Gemeindevorsteher in der Provinz Hannover nicht als ein für vorgenommene Pfändung zuständiger Beamter angesehen werden könne und diese Behauptung wiederum stützt sich auf die Ausführung, daß der Vorsteher der politischen Gemeinde, wenn ihm auch die Aufsicht über das Bruch übertragen sei, hierbei doch nur als Vertreter der Realgemeinde das Recht der Privatpfändung, nicht eine öffentliche Funktion ausübe. Diese Ausführung ist indessen nicht zutreffend. Allerdings unterliegen Privatpfändungen, wenn sie von der beschädigten Privatperson auf Grund eines ihr gesetzlich eingeräumten Rechtes der Selbsthülfe vorgenommen werden, nicht dem Schutze des § 137 des StGB.'s. Dieser Schutz gebührt aber einer, wenngleich im Privatinteresse vorgenommenen Pfändung, sobald sie durch einen öffentlichen Beamten als solchen auf Grund der ihm ressortmäßig zustehenden amtlichen Befugniß vorgenommen ist. Nach dem Gesammtinhalte der Verordnung wegen Betreibung des in der Grafschaft D. belegenen Gemeinen-Bruchs v. 8. April 1794 und des auf Grund dieser Verordnung erlassenen Regulativs des Kgl. Regierungs-Collegiums zu Hannover vom 8. März 1808 kann nun nicht bezweifelt werden, daß die Beaufsichtigung der Gänseweide im D.-Bruch im öffentlichen Interesse geregelt und unter obrigkeitliche Aufsicht gestellt ist. Eine von den mit der Aufsicht betrauten Beamten ausgeführte Pfändung kann daher nicht als eine von dem Vertreter der Privatinteressenten ausgehende Privatpfändung angesehen werden. Ueberdies aber hat der Berufungsrichter speciell festgestellt, daß die hier in Rede stehende Pfändung zur Sicherung der wegen einer Feldpolizei-Uebertretung verwirkten Strafe gemäß § 59 der StPO. erfolgt sei, und es ist nicht bedenklich, daß eine zum Zwecke der Strafverfolgung geschehene Pfändung nicht als Privatpfändung in dem oben angegebenen Sinne behandelt werden kann. Die Ausführung des Imploranten, daß dem Gemeindevorsteher die ihm früher übertragenen polizeilichen Funktionen entzogen worden seien, ist unhaltbar und beruht auf einer unzulässigen Identifizirung der polizeirichterlichen Funktionen mit den polizeilichen. Die letzteren sind weder durch Art. XII der Vdn. v. 25. Juni 1867, noch durch § 11 der StPO. v. 25. Juni 1867 berührt, vielmehr ergiebt sich ihre Aufrechthaltung unzweifelhaft aus dem von dem Berufungsrichter in Bezug genommenen § 59 der StPO. Durch diese Bestimmung wird zugleich die Behauptung widerlegt, daß nach § 73 a. a. O. das Pfändungsrecht als „Annex der richterlichen Funktion" anzusehen sei.

Antr. d. GStA.: gleichl. [11.—2.]

Pfandkehr. - Mobiliarpfändung. - Pfändungsakt.

Eine rechtsgültige Mobiliarpfändung setzt (nach Hannoverischem Prozeßrecht) voraus, daß die zu pfändenden Mobilien bei dem Pfändungsakte zur Hand waren.

StGB. § 137 [n. 21, 22].

Erk. (Z. I.) v. 9. **Oktbr.** 1878 c. **Brennecke** (784 I. Cr.).

Der Gerichtsvogt F. begab sich zu der Wohnung des B. um dort wegen einer einem Gläubiger desselben wider ihn zustehenden exequirbaren Forderung zur Zwangsvollstreckung zu schreiten. Er fand das Haus verschlossen und begab sich nun in die Wohnung eines Nachbars. Hier nahm er ein Pfändungsprotokoll auf, indem er die zwei Pferde des B. als gepfändet bezeichnete ohne sich aber durch Augenschein überzeugt zu haben, daß B. der mit den Pferden von Haus abwesend war, sich noch im Besitz derselben befand. Von dem Inhalte des Protokolls setzte er den Nachbar in Kenntniß und dieser theilte dem B. nach dessen Heimkehr mit, daß jener die Pferde gepfändet habe und ihm eine Abschrift des Pfändungsprotokolls noch zugehen lassen werde. F. hat ihm auch eine solche zugehen lassen. Trotz des darin enthaltenen Veräußerungsverbots hat aber B. die Pferde demnächst veräußert. Auf diesen Sachverhalt ist gegen B. Anklage aus § 137 des StGB.'s gestützt, derselbe aber in der Berufungsinstanz freigesprochen, weil eine Pfändung gar nicht vorliege, eine solche vielmehr nur durch Entziehung des juristischen Besitzes erfolgen könne. Die NB. der StA.-schaft wurde vom Ob.-Tr. zurückgewiesen.

Der Berufungsrichter gelangt zu der thatsächlichen Annahme, daß der Gerichtsvogt F., als er am 19. Juli 1877 wider den Angeklagten zur Zwangsvollstreckung schritt, diesen nicht zu Hause getroffen und das Haus geschlossen gefunden, darauf in der Wohnung und unter Zuziehung eines Nachbarn die beiden einzigen schwarzen Pferde, welche Angeklagter besaß, als gepfändet bezeichnet und in das

Pfandprotokoll eingetragen habe, ohne sich weder damals, noch überhaupt durch Augenschein davon zu überzeugen, daß Angeklagter, welcher mit den Pferden gerade abwesend war, sich noch im Besitze derselben befinde. Daraus, daß die gepfändeten Pferde bei Vornahme des Pfändungsaktes nicht zur Hand waren, folgert der Berufungsrichter die Nichtigkeit des Letzteren, weil eine Pfändung von Mobilien nur durch Entziehung des juristischen Besitzes erfolgen könne, wie dieses, da die bürgerliche Prozeßordnung für Hannover v. 8. November 1850 den Begriff der Pfändung nicht definire, der hiernach entscheidenden gemeinprozessualischen Natur dieses Rechtsaktes entspreche. Die beiden Voraussetzungen dieser Argumentation, nämlich, daß die Hannoversche Civilprozeßordnung die Erfordernisse der gerichtlichen Pfändung nicht definire und daß nach gemeinem Prozesse der Verlust des juristischen Besitzes zum rechtlichen Charakter der Mobiliarpfändung gehöre, lassen sich nicht als richtig anerkennen. Wie schon nach Römischem Rechte das pignus judicati causa captum dem Gläubiger keinen juristischen Sachbesitz gewährte und die conditio usucapiendi nach wie vor bei dem Schuldner verblieb, — vergl. von Savigny, Besitz, 6. Aufl. S. 337, 325; Windscheid, Pandekten 3. Aufl. Bd. I S. 678 — so verliert auch nach gemeinem Prozesse der Schuldner den juristischen und Usukapions-Besitz der gepfändeten beweglichen Sache durch die Pfändung nicht, nur die Detention und die custodia gehen auf die pfändende Gerichtsbehörde zu dem Zwecke über, im Wege der Veräußerung als Vertreterin des Schuldners die Befriedigung des Gläubigers herbeizuführen. Der Schuldner bleibt Besitzer; er erscheint als der veräußernde das Eigenthum übertragende Theil; er hat die Gewähr zu übernehmen und den Ueberschuß des Auktionserlöses zu empfangen. Ebensowenig läßt die bürgerliche Prozeßordnung für Hannover darüber einen Zweifel, daß nach ihr das Vollstreckungsmittel der Mobiliarpfändung auf derselben principiellen Grundlage beruht. Zwar läßt sich mit der NB. nicht anerkennen, daß § 550 das. die Frage allein schon entscheide und das dort vorgeschriebene an den Schuldner zu richtende Verbot der Veräußerung oder Verschleppung die Pfändung (Beschlagnahme) für Mobilien bereits abschließe. Der § 550 stellt vielmehr nur die für bewegliche und unbewegliche Sachen gemeinschaftlichen Formvorschriften auf, fügt aber im § 552 Abs. 1—5 hinsichtlich der Mobilien noch hinzu, daß die zu pfändenden Gegenstände mittelst eines zum Pfändungsprotokoll gehörigen, vom Schuldner zu unterschreibenden Inventariums gehörig verzeichnet und sodann sicher aufbewahrt, Kostbarkeiten aber an das Gericht abgeliefert werden sollen. Diese Verzeichnung und Aufbewahrung bilden hiernach Bestandtheile des Pfändungsaktes indem das Gesetz in dem Veräußerungsverbot keine ausreichende Sicherung für die künftige Effektuirung des Auktionsgeschäfts findet, sondern noch weitere Maßregeln in dieser Richtung verlangt. In Beziehung auf Entziehung der Detention gestattet § 552 Abs. 4 eine Milderung dahin, daß sofern das Wegbringen der Sachen aus dem Gewahrsam des Schuldners wegen ihres Umfanges oder aus sonstigen Gründen unthunlich oder mit unverhältnißmäßigen Kosten verbunden ist, dem Schuldner vom Gerichtsvogt aufgegeben werden müsse, für deren unversehrte Aufbewahrung zu sorgen. Aus diesem Allen aber ergiebt sich anderer Seits, daß der Berufungsrichter für die Existenz des Pfändungsaktes mit Recht ein wesentliches Gewicht darauf legt, daß der Gerichtsvogt sich gerade durch Augenschein von dem Vorhandensein der Pfandobjekte am Orte der Pfändung und dem Besitze des Schuldners überzeugt, oder daß, wie der Berufungsrichter das Verhältniß richtig bezeichnet, die zu pfändenden Mobilien „zur Hand" sind. Denn soll der Gerichtsvogt im Namen des Gerichts die Detention der Gegenstände ergreifen, soll er dieselben inventarisiren, für deren Aufbewahrung sorgen und prüfen, ob die Uebertragung der Aufbewahrung an den Schuldner sich empfehle, so unterstellt diese Thätigkeit überall ein äußeres Verhältniß des Vollstreckungsbeamten zu den Pfandobjekten, welches denselben nicht blos in den Stand setzt, mittelst Augenscheins oder sonst unmittelbarer Erkenntnißquellen sich über deren Vorhandensein, Beschaffenheit und Identität zu vergewissern, sondern ihm gleichzeitig das Bewußtsein verschafft, daß die Objekte nunmehr der Art in die Gewahrsam des Gerichts gelangt sind, daß dasselbe aus Veranlassung der bevorstehenden Auktion dem Steigerer Namens des Schuldners deren Besitz auch reell zu überliefern sich in der Lage befindet, was überall nicht der Fall sein könnte, wenn wegen Entferntheit der Sachen die unmittelbare Erkennung derselben und die thatsächliche Verfügungsgewalt über dieselben ausgeschlossen ist. Bei der hiernach ohne Rechtsirrthum getroffenen Feststellung des Mangels eines wesentlichen Moments für das Vorhandensein einer gültigen Pfändung kann auf die Formen der Bekanntmachung einer solchen an den Schuldner nichts weiter ankommen.

Antr. d. GStA.: gleichl. [11.—2.]

Mobiliar-Feuerversicherungsgesetz. - Zuwiderhandlungen. - Polizeigerichtliche Zulässigkeit.

Zuwiderhandlungen gegen das Gesetz v. 8. Mai 1837 über das Mobiliar-Feuerversicherungswesen gehören außer in den Fällen der §§ 20, 21 u. 28 zur Zuständigkeit des Polizeigerichts.

Ges. v. 8. Mai 1837 über das Mobiliar-Feuerversicherungswesen § 34; Einf.-Ges. zum Pr. StGB. Art. XX [n. 1]; Vgl. RdOTr. 7. S. 672 und BMBl. 1877 S. 163.

Erk. (B. II.) v. 10. Oktbr. 1878 c. Achtel (284 II. Cr.).

In Erw., daß die Bestimmung des Art. 20 des Einf.-Ges.'s zum Pr. StGB. v. 14. April 1851, da sie nicht nur für das Gebiet des Rhein. Rechtsverfahrens sondern auch für das Gebiet des ALR.'s gegeben ist, in welchem bis zur Verkündung der Verordn. v. 3. Jan. 1849 keine Polizeigerichte bestanden, nur den Sinn haben kann, daß die durch besondere Gesetze mit Polizeistrafen bedrohten

Handlungen auch dann vor die Polizeigerichte gehören sollen, wenn sie die regelmäßige Kompetenz dieser Gerichte übersteigen würden;

daß nun aber die in dem für den ganzen Umfang der Monarchie erlassenen Gesetze über das Mobiliar-Feuerversicherungswesen v. 8. Mai 1837 angedrohten Strafen, abgesehen von den Fällen der §§ 20, 21, 28, ihrer Natur nach, sich als Polizeistrafen darstellen, und durch den § 34 l. c. als solche dadurch charakterisirt werden, daß ihre Anwendung im Gegensatz zu jenen Fällen, in welchen sogleich richterliche Untersuchung eintritt, den Regierungen, vorbehaltlich des Rekurses an die Ministerien des Innern und der Polizei überwiesen wird;

daß daher das angegriffene Urteil, indem es für einen Fall des § 14 l. c. die Kompetenz des Polizeigerichts verneinte, den alleg. Art. 20 des Ges.'s v. 14. April 1851 verletzt hat, und deshalb der Vernichtung unterliegt.

Antr. d. GStA.: gleichl. [2.—4.]

---

1. Unfähigkeit als Richter mitzuwirken. - Konkurs. - Kurator des Beschuldigten.

2. Schwurgerichtsverfahren. - Verlesung der Fragen durch den Vorsitzenden.

3. Vernehmung eines dem Angeklagten nicht benannten Zeugen.

1. Ein Konkurs-Kurator ist nicht unfähig, als Richter in einer Strafsache gegen den Gemeinschuldner mitzuwirken.

StPO. § 24 Nr. 1.

2. Erklärt der Schwurgerichts-Vorsitzende, dass die Fragen im engen Anschluss an den verlesenen Verweisungsbeschluss abzufassen seien, so ist es so anzusehen, als ob die Fragen selbst verlesen worden wären. Jedenfalls kann der Angeklagte aus dieser Verfahrungsweise dann keine

Nichtigkeit herleiten, wenn er vor dem Schwurgericht keinen Einwand dagegen erhoben hat.

StPO. §§ 315 Abs. 4, 328 und 390 Abs. 2.

3. Die Vernehmung eines dem Angeklagten nicht benannten Zeugen kann vom Angeklagten nicht als Nichtigkeitsgrund geltend gemacht werden, wenn er sie ohne Einwand hat geschehen lassen.

StPO. §§ 76 Abs. 2, 223 Abs. 2 und 390 Abs. 2

Erk. (Z. II.) v. 10. Oktbr. 1878 c. **Herborn** (854 II. Cr.).

1. Mit Unrecht bezeichnet die erste Beschwerde den als Mitglied des Schw.-GH. hinzugezogenen Advokaten Dr. K. als einen unfähigen Richter im Sinne des § 24 pos. 1 der StPO. v. 25. Juni 1867, weil derselbe in dem gegen den Angeklagten eingeleiteten Debitverfahren zum Kurator bestellt sei. Unfähige Richter sind nach Vorschrift des § 24 pos. 1 cit. diejenigen Personen, welche zufolge natürlicher oder civiler Verwandtschaft zu dem Beschuldigten in einem nahen persönlichen Verhältniß stehen; und wenn daher eben wegen dieses persönlichen Verhältnisses unter diesen Personen auch der Vormund und Kurator des Beschuldigten aufgeführt sind, so trifft die gleiche Voraussetzung doch nicht bei dem über die Konkursmasse des Beschuldigten bestellten Kurator zu. Erachtete Angeklagter den Advokaten K. wegen seiner Stellung als Konkurs-Kurator nicht für unbefangen — § 25 pos. 3 — so konnte dies möglicherweise einen Grund zu dessen Ablehnung abgeben, von dieser ihm zustehenden Befugniß hat indeß Angeklagter ausweislich des Aud.-Protok. keinen Gebrauch gemacht.

2. Die unterbliebene Verlesung der gestellten Fragen ist unter Bezugnahme auf § 315 Abs. 4 der StPO. zum Gegenstand der zweiten Rüge gemacht. Nach Inhalt des Aud.-Protok. ist der Beschluß der Anklagekammer verlesen worden und hat sodann nach Schluß des Beweisverfahrens — vgl. § 328 — der Vorsitzende verkündet, „daß die den Geschworenen vorzulegenden Fragen im engen Anschluß an

den verlesenen Verweisungsbeschluß der Anklagekammer abzufassen seien". Hiermit hat sich der Staatsanwalt und der Vertheidiger einverstanden erklärt, und beide haben weiterhin beantragt, zu jeder Hauptfrage wegen mildernder Umstände eine Unterfrage zu stellen, welchem Antrage gerichtsseitig Folge gegeben ist. Ueber den weitern Verlauf der Verhandlungen führt das Protokoll noch an: Hierauf setzte der Vorsitzende die gesammte Lage der Sache auseinander, „besprach darauf die von den Geschworenen zu beantwortenden Fragen, so wie solche in der Beilage verzeichnet sind, und machte die Geschworenen insbesondere darauf aufmerksam, daß die dritte Hauptfrage ꝛc.". Der hier hervorgehobene Sachverhalt läßt auch die zweite Rüge unbegründet erscheinen. Aktenmäßig steht fest, und die NB. selbst bestreitet es nicht, daß die Fragen — abgesehen von den wegen mildernder Umstände hinzugefügten Unterfragen — im unmittelbaren Anschluß an den Wortlaut des Verweisungsbeschlusses gestellt sind. Bei der Verlesung des Verweisungsbeschlusses und der Erklärung des Vorsitzenden, daß die Fragen im engen Anschluß an diesen Beschluß abzufassen seien, ist es so anzusehen als ob die den Geschworenen vorzulegenden Fragen selbst verlesen worden wären. Die Genehmigung dieses Verfahrens durch den Vertheidiger sowie die nachfolgende, ohne jeden Einwand sich vollziehende Erörterung der Fragen sowohl Seitens beider Parteien wie des Vorsitzenden ergeben die Grundlosigkeit der erst jetzt in der NB. vom Imploranten aufgestellten Behauptung, daß er durch die eingehaltene Verfahrungsweise in seiner Vertheidigung beschränkt worden sei.

3. Die dritte Beschwerde erachtet die Vorschriften des § 76 Abs. 2 und des § 223 Abs. 2 der StPO. dadurch verletzt, daß an Stelle des in der Anklageschrift benannten, durch Krankheit am Erscheinen verhinderten, Direktor Z., ein anderer Beamter der Gewerbekasse, St., zur Audienz geladen und hier vernommen ist, ohne daß die in § 223 Abs. 2 vorgeschriebene Benachrichtigung des Angeklagten Statt gefunden hat. Dies Vorgehen entspricht allerdings

nicht den angeführten Gesetzesbestimmungen, da indeß Angeklagter in der Audienz ebensowenig gegen dieses Verfahren wie gegen die Vernehmung des St. irgend welchen Einwand erhoben hat, so kann er jetzt nicht mehr im Beschwerdewege zur Geltung bringen, daß das eingehaltene Verfahren die angezogenen gesetzlichen Vorschriften unbeachtet gelassen habe.

Antr. d. GStA.: gleichl. [7.—4.]

Rheinisches Verfahren.

1. Civilklage. - Abweisung des Civilanspruchs in erster Instanz. - Relative Rechtskraft. - Cassationsrekurs des Civilklägers unstatthaft.

2. Unstatthafter Cassationsrekurs. - Sukkumbenzstrafe.

1. Ist gegen das Urteil erster Instanz, welches auf Civilklage zu Strafe verurteilt, den Civilanspruch aber als unbegründet abgewiesen hat, nur von dem Beschuldigten und nicht auch von dem Civilkläger Berufung ergriffen und dann in zweiter Instanz die strafrechtliche Verfolgung Mangels rechtzeitigen Antrags für unstatthaft erklärt, so steht gegen das Urteil zweiter Instanz nur der Staatsanwaltschaft, nicht aber dem Civilkläger Cassationsrekurs zu.

Daran ändert selbst der Umstand nichts, daß durch das Urteil zweiter Instanz sämmtliche Kosten dem Civilkläger zur Last gelegt sind; denn das ist gemäß Art. 368 der StPO. die nothwendige Folge seines Unterliegens.

Rh. StPO. Artt. 202 Nr. 2, 216, 373 Abs. 3 und 413.

2. Wird der Cassationsrekurs des Civilklägers für unstatthaft erklärt, so erfolgt keine Verurteilung in Sukkumbenzstrafe und dem Beschuldigten zu leistende Entschädigung.

Rh. StPO. Art. 436; Sic.: Rh. Arch. 17. 2. A. 20; Contra: Sir. Gilb. n. 7.

Erk. (Z. II.) v. 10. Oktbr. 1878 Unschuld c. Mürzel (679 II. Cr.).

Antr. d. GStA.: gleichl. [4.—4.]

Schankwirthschaft. – Gewerbsmäßiger Betrieb.

Weder die zum Schankbetriebe geeignete Beschaffenheit des Lokals noch die Eröffnung desselben für das gesammte Publikum, noch die Größe des Umsatzes und des Verdienstes sind Erfordernisse durch welche die Gewerbsmäßigkeit des Betriebes einer Schankwirthschaft bedingt wird.

Gew.-Ordn. v. 21. Juni 1869 §§ 33, 147; Gew.-Steuer-Gesetz vom 30. Mai 1820 § 10.

Erk. (V. I.) v. 11. Oktbr. 1878 c. Bischinski (621 I. Cr.).

Die B. war als Badefrau von einer Aktiengesellschaft für Einrichtung eines Badeplatzes an einem See angenommen und es war ihr zur Pflicht gemacht, dafür zu sorgen, daß die badenden Herren auf Verlangen einen Schnaps fänden. Sie hielt einen solchen in einer an dem Badeplatz errichteten Holzbude und setzte den Sommer hindurch eine geringe Quantität mit unbedeutendem Gewinn an badende Mitglieder der Gesellschaft, in einem Fall auch an den Sohn eines solchen und einen von ihm mitgebrachten Gast ab. Deshalb aus § 147 der Gew.-Ordn. angeklagt, wird sie freigesprochen, weil das App.-Gericht in ihrer Handlungsweise den Betrieb einer Schankwirthschaft nicht fand und sie, da sie nur an Gesellschaftsmitglieder Schnaps verabreicht, als Lagerhalterin einer geschlossenen Gesellschaft ansah. Auf NB. der StA.-schaft wurde das Urteil vernichtet.

Der App.-Richter hat für die Verneinung der Gewerbsmäßigkeit der Schankwirthschaft seitens der Angeklagten eine Reihe von Momenten in Betracht gezogen, welche für den Begriff der Gewerbemäßigkeit rechtlich bedeutungslos sind. Weder die zum Schankbetrieb geeignete Beschaffenheit des Lokals, noch die Eröffnung desselben für das gesammte Publikum, noch die Größe des Umsatzes und des Verdienstes sind Erfordernisse, durch welche die Gewerbemäßigkeit rechtlich bedingt wird. Durch die Heranziehung dieser Momente zur Begründung der Negativfeststellung ist daher der Begriff der Gewerbemäßigkeit verkannt und damit der getroffenen Entscheidung die Grundlage entzogen. Die von dem App.-Richter in Bezug genommenen Erk. des Königl. Ob.-Tr.'s sind auf den vorliegenden Fall nicht zutreffend, da die thatsächlichen und rechtlichen Voraussetzungen, unter denen die Oekonomen geschlossener Gesellschaften und die Lagerhalter von Wirthschaftsgenossenschaften von den gesetzlichen Bedingungen des Gewerbebetriebs ausgenommen sind, in keiner Weise festgestellt sind, im Gegentheil die Ausführungen des App.-Richters ergeben, daß eine Wirthschaftsgenossenschaft hier gar nicht in Frage ist und daß die Verkäufe welche den Gegenstand und die Grundlage der Anklage bilden, keineswegs an Mitglieder einer geschlossenen Gesellschaft erfolgt sind.

Antr. d. GStA.: gleichl. [12.—2.]

Stempelstrafe. - Producent.

Die ordentliche Stempelstrafe, welche von dem Producenten einer ungestempelten Urkunde eingezogen werden soll, beschränkt sich nicht auf die einmalige Strafe, wenn dieselbe wegen des Vorhandenseins mehrer ordentlicher Kontravenienten mehrmals verwirkt ist.

Vdn. v. 19. Juli 1867 § 14.

Erk. (**V. I.**) **v. 11. Oktbr.** 1878 **c. Häpke** (792 I. Cr.).

H. war Producent eines von zwei anderen Personen mit einander abgeschlossenen schriftlichen Pachtvertrages, der nicht mit dem erforderlichen Stempel versehen war. Deshalb angeklagt ist er als Vorzeiger in das einfache quadruplum des mit 5 Mk. hinterzogenen Stempels verurteilt. Die NB. der Steuerbehörde rügt, daß nicht die doppelte Strafe erkannt sei, da die ordentliche Stempelstrafe bei mehrseitigen Verträgen darin bestehe, daß jeder Theilnehmer in die ganze Strafe verfalle. Die NB. wurde für begründet erachtet.

Wie bereits wiederholt und zuletzt in dem Erk. des Königl. Ob.-Tr.'s v. 11. Juli 1877 c. Buresch — vergl. Oppenh. Rechtspr. Bd. 18 S. 518 — des Näheren nachgewiesen worden ist, trifft den Producenten einer stempelpflichtigen, jedoch nicht mit dem erforderlichen Stempel versehenen Urkunde deshalb, weil er sich vor dem Gebrauch derselben nicht der Stempelpflicht und der Erfüllung derselben Seitens des dazu nach § 12 und 14 Abs. 3 der Kgl.

Vdn. v. 19. Juli 1867 zunächst verpflichteten Ausstellers versichert, eine Verschuldungsstrafe, welche nach § 14 Abs. 1 daselbst darin bestehen soll, daß von ihm die von dem Aussteller als eigentlichen Kontravenienten verwirkte ordentliche Stempelstrafe entrichtet, oder, wie es in Abs. 2 daselbst heißt, „eingezogen" werden soll vorbehaltlich seines Regresses an denselben. Er macht sich also nicht, wie der Berufungsrichter sich ausdrückt, der ordentlichen Stempelstrafe d. h. einer Kontravention, welche mit der ordentlichen Stempelstrafe, sondern einer Kontravention schuldig, welche mit der Einziehung der ordentlichen Stempelstrafe von ihm bedroht ist und seine Haftbarkeit kann sich deshalb nicht auf die einmalige Strafe beschränken, wenn dieselbe wegen des Vorhandenseins mehrer eigentlicher Kontravenienten mehrmals verwirkt ist.

Antr. d. GStA.: gleichl. [11.—2.]

Urkunde. - Rechtlich erhebliche Thatsache. - Standesregister. - Nachtrag. - Datum.

Der § 348 des StGB.'s fordert nicht, daß die Thatsache um die es sich handelt, für den Zweck der Urkunde wesentliche Bedeutung habe, sondern nur, daß dieselbe überhaupt nach irgend einer Richtung von rechtlicher Erheblichkeit sei. Dahin gehören bei Personenstandurkunden alle die Thatsachen, deren Konstatirung durch dieselben erforderlich ist und auch das Datum einer späteren nachträglichen Ergänzung.

StGB. § 348 [n. 4]; Ges. v. 9. März 1874 §§ 11, 18, 49.

Erk. (Z. I.) **v. 11. Oktbr.** 1878 c. Schulz (780 I. Cr.).

Der Standesbeamte S. hat zu der am 10. März zum Standesregister gemachten Geburtsanzeige des F.'schen Kindes mit der Hebeamme D. eine Nachtragsverhandlung aufgenommen welche vom 18. März datirt und in der der Vorname des Kindes angegeben ist. Die Hebeamme hatte aber diese Erklärung erst am 13. Dezbr. abgegeben, an diesem Tage auch die Verhandlung unterschrieben. Sie ist also falsch datirt. Aus § 348 des StGB.'s angeklagt, ward S. in erster Instanz freigesprochen, weil die falsche Datirung nicht als falsche Beurkundung einer rechtlich erheblichen Thatsache anzusehen sei; in zweiter aber verurteilt und die gegen seine Verurteilung ergriffene NB. vom Ob.-Tr. zurückgewiesen.

Der App.-Richter hat zutreffend ausgeführt, daß das Datum der fraglichen die Geburts-Urkunde des F.'schen Kindes ergänzenden Nachtrags-Verhandlung, welche die Anzeige der Vornamen desselben enthält, nach zwei Richtungen hin, sowohl was die Beweiskraft derselben angeht, — § 11 des Ges.'s v. 9. März 1874 —, als auch strafrechtlich bezüglich der Anzeigepflicht des F. — § 18 in fin. und § 49 l. c. — von Erheblichkeit ist. Dem gegenüber sucht nun die NB. zu deduciren, daß im vorliegenden Falle, wo es sich um eine Geburtsurkunde handele, nur solche Thatsachen als rechtlich erheblich zu erachten, welche für den Zweck dieser Urkunde, die Feststellung der Identität des Kindes, von Bedeutung seien, — und diese Thatsachen enthalte der § 18 des bezogenen Gesetzes, während ein Verstoß gegen die instruktionellen Vorschriften der §§ 8—10 l. c. wenn hier z. B. die Anmeldung der Vornamen des Kindes als am 18. März 1875 statt am 13. Dezbr. ej. geschehen, beurkundet worden, für den Zweck der Feststellung des Personenstandes unerheblich sei, daher auch nicht unter die Strafbestimmung des § 348 des StGB.'s fallen könne. Diese Deduktion erscheint verfehlt. Das Preußische Gesetz v. 9. März 1874, welches auf den vorliegenden Fall Anwendung findet, ordnet die Beurkundung des Personenstandes durch eine Reihe formeller Vorschriften. Zunächst geben die §§ 8—10 allgemeine Regeln über die Führung der Register und den Inhalt der Eintragungen, für welche letztere der § 9 unter anderen die Angabe des Ortes sowie des Tages an welchem dieselben erfolgen, fordert und es finden sich sodann in den §§ 18, 37 und 42 die speciellen Bestimmungen, welche für die Eintragung von Geburts- und Sterbefällen, ferner von Eheschließungen gelten. Nach § 11 haben die ordnungsmäßig geführten Standesregister bis zum Nachweise der Fälschung oder der Unrichtigkeit der Grundlagen, auf welchen die Eintragungen beruhten, volle Beweiskraft und es ist nach richterlichem Ermessen zu beurteilen, inwiefern dieselbe durch Verstöße gegen die vorgeschriebene Art und Form der Eintragungen aufgehoben oder geschwächt wird. Der § 49 l. c. endlich droht denjenigen, welche der ihnen durch das Gesetz auferlegten Anzeigepflicht nicht nachkommen, Geld- und Haftstrafen an. Alle die Thatsachen nun, deren Constatirung für die Voll-Inhaltlichkeit einer Personenstands-Urkunde, und die dadurch bedingte Vollwirksamkeit derselben gesetzlich erforderlich ist, sind als rechtlich erheblich im Sinne des § 348 des StGB.'s zu erachten, und es erscheint von vornherein willkührlich, wenn die NB. zwischen den allgemeinen Vorschriften, welche für alle Eintragungen in die Standesregister gelten, und den besonderen Bestimmungen für den Inhalt der einzelnen Arten dieser Register, einen grundsätzlichen Unterschied machen und die Thatsachen, deren Beurkundung jene ersteren zum Gegenstande haben, als für den Zweck der Eintragung unwichtig aus dem Schutzbereiche des § 348 des StGB.'s ausschließen will. Daß aber nach diesem letzteren Gesichtspunkte die Frage der Erheblichkeit im einzelnen Falle zu beurteilen, ist eine irrige Annahme des Imploranten, denn der § 348 cit. setzt nicht voraus, daß die Thatsache, von der es sich handelt, für den Zweck der Urkunde wesentliche Bedeutung habe, fordert vielmehr nur, wie sein Wortlaut ergiebt, daß dieselbe überhaupt nach irgend einer Richtung von rechtlicher Erheblichkeit sei, — und hierbei kommt denn auch die strafrechtliche Folge einer verspäteten Anzeige in Betracht, wie der App.-Richter zutreffend annimmt. Wenn die Vertheidigung sodann noch bei der mündlichen Verhandlung der Sache Verletzung der §§ 18 in fine und 23 des Ges.'s v. 9. März 1874 gerügt hat, so ist es allerdings richtig, daß die letztgenannte Bestimmung auf den Fall des § 18 in fine, der hier vorliegt, keine Anwendung finden kann, da beide wesentlich verschiedene Voraussetzungen haben, dort die Aufnahme einer über die gesetzliche Frist hinaus verzögerten Anzeige eines Geburtsfalles, hier dagegen die nachträgliche Ergänzung einer rite eingetragenen Geburtsurkunde in Frage steht. Die Folgerungen aber, welche der App.-Richter aus dem § 23 cit. herleitet, daß die fragliche Eintragung als eine ordnungsmäßige nicht habe gelten können, und der Angeklagte verpflichtet gewesen sei, dieselbe als verspätet nachgesucht, nicht zu bewirken, bevor ihn das vorgeschriebene Verfahren dazu ermächtigt, sind anderweit im Gesetze wohl begründet. Der § 18 in fine l. c. gestattet die nachträgliche Anzeige der Vornamen eines Kindes längstens binnen 2 Monaten nach der Geburt; der Standesbeamte hat also keinerlei Befugniß, nach Ablauf dieser Frist eine derartige Anzeige aufzunehmen, und kann folgeweise, wenn es dennoch geschehen, die Eintragung als eine ordnungsmäßige und beweiskräftige nicht angesehen werden. Eine solche Eintragung war vielmehr nur in Folge eines auf Grund des § 48 l. c. eingeleiteten Berichtigungsverfahrens zulässig, ein Verfahren, welches, wie es der Absicht des Gesetzes entspricht und die Sicherung seines Zweckes erfordert, nicht allein im Falle einer Rektifikation von Irrthümern — Berichtigung im engeren Sinne — Platz greift, sondern auch überall da, wo es sich um eine nachträgliche Ergänzung oder Vervollständigung einer einmal abgeschlossenen Standesurkunde handelt, eintreten muß, insofern nicht das Gesetz selbst, sei es für eine bestimmte Frist, wie im § 18 in fine, sei es ohne Zeitbestimmung, — §§ 22 und 38 —, eine Ausnahme zuläßt. Begründetermaßen erscheint daher auch in der angegebenen Richtung das Datum der fraglichen Nachtragsverhandlung rechtlich erheblich.

Antr. d. OStA.: gleichl. [16.—2.]

Strafantrag. - Gericht. - Vorstand.

Der Vorstand eines Gerichts ist befugt den Strafantrag wegen Beleidigung des ganzen Gerichts oder einzelner Abtheilungen desselben zu stellen.

StGB. § 194 [n. 4], § 65 [n. 5a.].

Erk. (Z. I.) v. 11. Oktbr. 1878 c. Struck (659 I. Cr.).

St. hatte die Exekutionskommission eines Stadtgerichts in Beziehung auf ihren Beruf beleidigt. Der Strafantrag war von dem „Stadtgericht Abtheilung für Generalien" gestellt und von dem Stellvertreter des Präsidenten unterzeichnet. Der bestrafte St. hielt ihn nicht für genügend um die Strafverfolgung zu rechtfertigen. Seine NB. wurde zurückgewiesen.

Die NB. welche Verletzung des § 196 des R.-StGB.'s rügt, weil die Abtheilung des Königl. Stadtgerichts zu B. für Generalsachen, welche den Strafantrag gestellt habe, nicht die vorgesetzte Behörde der beleidigten Exekutions-Kommission, sondern eine derselben koordinirte Abtheilung desselben Gerichts sei, kann für begründet nicht erachtet werden. Denn der Strafantrag ist nicht von der gedachten Abtheilung als vorgesetzten Behörde der beleidigten Exekutions-Kommission, sondern von dem Stadtger.-Direktor R. in Vertretung des Stadtger.-Präsid. K., welcher geschäftsordnungsmäßig das ganze Stadtgericht und alle Abtheilungen desselben als Vorstand nach außen vertritt und als solcher auch den Vorsitz in den Abtheilungen für Generalsachen führt, rechtzeitig bei der zuständigen Behörde gestellt worden.

Antr. d. GStA.: gleichl. [15.—2.]

Betrug. - Täuschung. - Prozeßrichter.

Ein Betrug zum Nachtheil eines Dritten kann in der Weise verübt werden, daß zwei Prozeßgegner durch ihr Zusammenwirken den Richter täuschen und so ein materiell unrichtiges Urteil erschleichen.

StGB. § 263 [n. 63]; Vgl. RdOTr. 1. S. 506.

Erk. (Z. I.) v. 11. Oktbr. 1878 c. Ung. (634 I. Cr.).

S. lebte mit seiner Frau in gütergemeinschaftlicher Ehe. Die letztere klagte gegen ihn auf Ehescheidung und erlangte obsiegliches Erkenntniß. Ehe jedoch dieses in zweiter Instanz bestätigt war, stellte S. dem U. einen Wechsel über 5400 Mk. aus, wobei verabredet wurde, daß U. am Fälligkeitstage den Wechsel einklagen, S. sich contumaciren lassen und dann die Eintragung auf die von der Ehefrau S. in die Ehe gebrachten Grundstücke erwirkt werdeu solle. Dies alles geschah:

S. erwirkte im Wege der Exekution die Eintragung, beantragte dann Subhastation der Grundstücke und liquidirte bei der Kaufgelderbelegung die eingetragene Hypothekforderung. Die nunmehr geschiedene S. widersprach und es kam schließlich zu einem Vergleich, wonach die S. 360 Mk. erhielt. S. und U. sind wegen Betrugs bestraft. Die NB. des U. ist zurückgewiesen.

Ein Rechtsirrthum ist in der Begründung des angefochtenen Urteils nicht zu finden, und es ist bereits in einem dem vorliegenden ganz gleichen Falle durch Erk. des Königl. Ob.-Trib.'s v. 5. Juli 1861 (Goltd. Arch. Bd. 9 S. 710) nachgewiesen, daß der Thatbestand des Betruges mit Recht angenommen werde, wenn das ganze Prozeß- und Exekutionsverfahren auf Grund eines simulirten Geschäfts lediglich in der gewinnsüchtigen Absicht veranstaltet worden ist, das Vermögen eines Anderen, nicht im Prozesse Befangenen, zu beschädigen. Auch ist der Kausalnexus zwischen der Irrthumserregung und der Vermögensbeschädigung, sowie die Rechtswidrigkeit des Vermögensvortheils ohne Rechtsirrthum festgestellt.

Antr. d. GStA.: gleichl. [12.—2.]

Hausirsteuer. - Umherziehende Schauspieler. - Höheres Kunstinteresse.

Schauspieler, welche außerhalb ihres Wohnorts und ohne Begründung einer gewerblichen Niederlassung ihre Vorstellungen geben, sind der Regel nach der Steuer vom Gewerbebetriebe im Umherziehen unterworfen. Damit ausnahmsweise Steuerfreiheit eintrete, bedarf es des besonderen Nachweises, daß bei den künstlerischen Leistungen ein höheres Kunstinteresse obwalte. Zur Erbringung dieses Nachweises genügt es nicht, daß mehraktige Schau-, Trauer- und Lustspiele zur Aufführung gebracht worden sind uud daß in dem Stadttheater einer größeren Stadt gespielt worden ist.

Ges. v. 3. Juli 1876 § 1 Nr. 4.

Erk. (B. II.) v. 15. Oktbr. 1878 c. Fueser & Gen. (871 II. Cr.).

Der App.-Richter ist der thatsächlichen Feststellung des ersten Richters dahin beigetreten, daß es nicht als thatsächlich festgestellt betrachtet werden könne, daß die in der Zeit vom 5.—23. November 1876 zu M. erfolgten schauspielerischen Vorstellungen der Angeklagten ein höheres künstlerisches Interesse nicht gehabt hätten, und hat deshalb mit ihm die Angeklagten freigesprochen. Der erste Richter gründet diese Feststellung im Wesentlichen darauf, daß die E.'sche Gesellschaft, zu welcher die Angeklagten damals gehört haben, sich von vornherein als eine solche repräsentirte, welche den künstlerischen Bedürfnissen der höheren Stände zu genügen wenigstens beabsichtigte, wie solches ohne Weiteres schon aus der Wahl des nur für bessere Produktionen bestimmten städtischen Theaters und aus dem Inhalte der gegebenen Stücke hervorgehe. Auch der zweite Richter legt besonderen Werth darauf, daß der E.'schen Truppe vom Magistrat zu M. das dortige Stadttheater eingeräumt sei. Diese thatsächliche Begründung läßt aber genugsam erkennen, daß die Vorderrichter bei ihrer Feststellung von einer rechtsirrthümlichen Auslegung des Gesetzes ausgegangen sind. Das Gesetz v. 3. Juli 1876 erachtet das Gewerbe der herumziehenden d. h. der außerhalb ihres Wohnorts und ohne Begründung einer gewerblichen Niederlassung ihre Vorstellungen gebenden Schauspieler der Regel nach für gewerbesteuerpflichtig, und begreift diese Schauspieler unter die in § 1 Nr. 4 als die gewöhnlichen und regelmäßigen gedachten Fälle. Es ergiebt sich dies klar aus dem § 10, nach welchem den Mitgliedern von Schauspielergesellschaften, welche aus mindestens 4 Personen bestehen und unter einem Vorsteher das Gewerbe treiben, ermäßigte Steuersätze bewilligt werden können, und aus § 9 Nr. 2, wonach für Gewerbebetriebe von bedeutendem Umfange, wie diejenigen der Vorsteher großer Schauspieler-, Musiker-, Kunstreiter- und ähnlicher Gesellschaften 2c. erhöhte Steuersätze festzusetzen sind. Es folgt schon hieraus, daß es dem

Willen des Gesetzes nicht entsprechen kann, wenn nach der Meinung des ersten Richters blos solche Gesellschaften von Schauspielern die Steuer vom Gewerbebetriebe im Umherziehen zu entrichten haben würden, welche nach seiner Ausdrucksweise von vornherein durch ihre Persönlichkeit, die Wahl des Orts der Darstellung, niedriges Entree rc. die Absicht zu erkennen geben, das ungebildete Publikum durch Aufführungen zu ergötzen, wie sie dem Geschmack desselben entsprechen; daß namentlich auch die oben gedachten vom ersten Richter hervorgehobenen, bei der E.'schen Truppe zutreffenden positiven Momente nicht ausreichen können, einen solchen Fall zu konstatiren, in welchem nach der im § 1 Nr. 4 vorbehaltenen Ausnahme Steuerpflicht nicht besteht. Denn alsdann würde eine Menge von Fällen für steuerfrei erachtet werden müssen, welche ohne Zweifel noch unter die Regel fallen, und nur etwa jene niedrigste Kategorie herumziehender Schauspieler, welche lediglich für die unteren Volksklassen auf dem Lande in Scheunen, oder auch in Wirthshäusern letzten Ranges ihre Vorstellungen geben, der Steuer vom Gewerbebetriebe im Umherziehen unterliegen. Alle anderen Schauspielergesellschaften wollen wenigstens gleichzeitig mit den übrigen Klassen der Bevölkerung auch die gebildeteren Stände zu ihren Vorstellungen heranziehen, und selbst jene Schauspielergesellschaften niedrigster Kategorie scheuen sich nicht immer, selbst die klassischen Stücke in ihr Repertoire aufzunehmen. Am wenigsten kann es aber entscheiden, ob die städtische Behörde einer solchen Gesellschaft das am Orte vorfindliche städtische Schauspielhaus eingeräumt hat. Daß die Leistungen der Gesellschaft immerhin „künstlerische" sind, kann auch nicht ausreichen, den Ausnahmefall der Steuerfreiheit zu begründen. Gerade bei künstlerischen Leistungen und Schaustellungen muß nach § 1 Nr. 4 noch etwas Weiteres hinzukommen; es muß auch noch festgestellt werden können, daß bei diesen künstlerischen Leistungen ein h ö h e r e s w i s s e n s c h a f t l i c h e s o d e r K u n s t i n t e r e s s e obwaltet. Während der erste Richter sich sogar mit der jedenfalls verfehlten negativen Feststellung begnügt, wonach es nicht für thatsächlich festgestellt zu erachten ist, daß die schauspielerischen Vorstellungen der Angeklagten ein höheres künstlerisches Interesse nicht gehabt haben, erachtet es der App.-Richter zwar für unzweifelhaft, daß diesen Vorstellungen ein höheres wissenschaftliches Interesse zu vindiciren sei. Allein die Begründung dieses Ausspruchs: die Bezugnahme darauf, daß mehraktige Schau-, Trauer- und Lustspiele zur Aufführung gebracht worden sind, und auf die Thatsache, daß in dem vom Magistrat zu M. eingeräumten Stadttheater gespielt worden ist, zeigt unverkennbar, daß auch der Appell.-Richter bei Auslegung des § 1 Nr. 4 auf einem unrichtigen Standpunkte sich befunden, und den Begriff der dort vom Gesetze gemachten Ausnahme viel zu weit aufgefaßt hat. Da die Steuerpflichtigkeit, wie oben gezeigt, die Regel bildet, ist es, um die Steuerfreiheit zu begründen, erforderlich das Vorhandensein eines aus besonderen Gründen anzunehmenden Ausnahmefalles jedesmal nachzuweisen und positiv festzustellen. Von einer solchen Feststellung besonderer, die Ausnahme begründender Umstände ist aber in dem angegriffenen Urteile nicht die Rede. Die Entscheidung des App.-Richters mußte daher vernichtet, und die Sache zur anderweiten Verhandlung und Entscheidung vom richtigen Standpunkte aus in die Instanz zurückgewiesen werden.

[8.—4.]

Stempel. – Unbefugte Anfertigung. – Frachtbrief. – Privateisenbahn.

Die unbefugte Bezeichnung von Frachtbriefformularen mit dem Stempel einer — wenn auch privaten — Eisenbahn ist strafbar aus

StGB. § 360 Nr. 4 und 5.

Erk. (S. II.) v. 15. **Oktbr.** 1878 c. **Wolf** (920 II. Cr.).

Der Angeklagte ist beschuldigt: in letzterer Zeit zu M. Frachtbrief-Formulare mit dem Stempel „Braunschweigische Eisenbahn" ohne Auftrag der Braunschweigischen Eisenbahn-

Gesellschaft angefertigt und verkauft zu haben, vom Polizeirichter des Königl. Stadt- und Kreisgerichts zu M. vom 26. April 1878 von der dieserhalb ihm zur Last gelegten Uebertretung des § 360 Nr. 4 und 5 des StGB.'s freigesprochen, der gegen diese Entscheidung eingelegte Rekurs des Polizeianwaltes vom Königl. App.-Gericht zu M. am 23. Mai d. J. für unbegründet erklärt, und gegenwärtig von OStA. mit Genehmigung des Herrn Justiz-Ministers die NB. eingelegt worden. Der § 50 Nr. 7 Abs. 2 des in Ausführung des Art. 45 der Reichsverfassung vom Bundesrath erlassenen Betriebs-Reglements für die Eisenbahnen Deutschlands vom 1. Juli 1874 — Centralblatt für das Deutsche Reich, pro 1874 Nr. 21 (vgl. auch Bekanntmachung des Reichskanzlers vom 11. Mai 1874 — RGBl. S. 84) lautet: „Frachtbriefe welche nicht für Rechnung der Eisenbahnverwaltungen gedruckt sind, unterliegen behufs Feststellung ihrer Uebereinstimmung mit dem vorgeschriebenen Formular der zuvorigen Stempelung Seitens einer der Verwaltungen, in deren Bereich sie in den Gebrauch genommen werden sollen, gegen eine im Tarif festgesetzte Gebühr. Diese Stempelung kann verweigert werden, sofern nicht gleichzeitig 100 Frachtbriefe zu diesem Zwecke vorgelegt werden". Der Angeklagte soll Frachtbrief-Formulare, wie sie von der Braunschweigischen Eisenbahn-Gesellschaft versehen mit den Stempel derselben, welcher als Umschrift eines Pferdes die Worte: „Braunschweigische Eisenbahn" trägt, verkauft werden, unter Nachahmung des Stempels haben anfertigen lassen und verkauft haben. Die NB. des OStA.'s erscheint begründet. Nach dem citirten § 50 Nr. 7 Abs. 2 des Betriebs-Reglements hat die Aufdrückung des Stempels der Eisenbahn-Gesellschaft auf die zu Frachtbriefen bestimmten, nicht von der Gesellschaft selbst gedruckten Formulare den Zweck deren Uebereinstimmung mit den vorgeschriebenen Formularen festzustellen. Es handelt sich darum zu verhindern, daß nicht durch Abweichungen von den Letzteren dem Betriebsreglement zuwiderlaufende Bedingungen und

Verabredungen in den zwischen der Eisenbahngesellschaft und den Absendern zu Stande kommenden Vertrag aufgenommen werden. Wenn nun die Reichsverfassung es für erforderlich erachtet hat, dem Reiche vorzubehalten dahin zu wirken, daß baldigst auf den Eisenbahnen im Gebiete des Deutschen Reichs übereinstimmende Betriebsreglements eingeführt werden, und in Ausführung der betreffenden Verfassungsbestimmung — Art. 45 Nr. 1 — vom Bundesrathe ein solches Betriebsreglement für alle Eisenbahnen erlassen worden ist, so kann es nicht zweifelhaft sein, daß die gleichmäßige Regelung des Eisenbahnbetriebs von der Reichsgesetzgebung als eine nicht nur das privatrechtliche Verhältniß zwischen den Bahnen und dem dieselben benutzenden Publikum berührende, sondern als eine zugleich im öffentlichen Interesse liegende Angelegenheit anerkannt ist, folgeweise auch die Beobachtung des Betriebsreglements als durch das öffentliche Interesse geboten betrachtet werden muß. Deshalb werden aber auch die Eisenbahnverwaltungen, auch diejenigen von Privateisenbahnen, durch den ihnen vom Bundesrathe im § 50 cit. des Reglements behufs Sicherstellung der gleichmäßigen Durchführung des Letzteren ertheilten Auftrag zur Abstempelung der Frachtbriefformulare unter der öffentlichen Autorität des Bundesrathes berufen für die Herbeiführung eines im öffentlichen Interesse liegenden Zweckes thätig zu sein. Sie werden bezüglich dieser Thätigkeit zu Organen der Reichsregierung. Die von ihnen den Frachtbriefformularen zur Beglaubigung ihrer Uebereinstimmung mit den vorgeschriebenen Formularen beigedruckten Stempel müssen mithin allerdings als öffentliche Beglaubigungen im Sinne des § 360 Nr. 4 und 5 betrachtet werden, und fällt deshalb die Anfertigung und der Abdruck eines Stempels, welcher zu solchen Beglaubigungen dienen kann, soweit er ohne schriftlichen Auftrag einer Behörde stattfindet, unter den § 360 Nr. 4 resp. 5. Der den Rekurs zurückweisende Beschluß des App.-Gerichts mußte daher vernichtet, die Sache selbst aber, da bisher eine thatsächliche Feststellung weder in der ersten noch in der Rekursinstanz getroffen ist, in die Letztere an ein anderes App.-Gericht zur kontradiktorischen Verhandlung und anderweitigen Entscheidung zurückgewiesen werden.

[8.—4.]

Torfgraben. – Aneignung.

Das Torfgraben aus einem fremden Grundstück ist nur dann aus § 370 Nr. 2 des StGB.'s strafbar, wenn darin zugleich eine Aneignung des fremden Torfes liegt.

StGB. § 370 Nr. 2 [n. 5].

Erk. (Z. I.) v. 16. Oktbr. 1878 c. Sprunk (788 I. Cr.).

S. hatte bei Gelegenheit der Grabenräumung auf einem vom Fiskus gepachteten Grundstück Torf in Ziegelform gestochen und aufgesetzt, bislang aber noch nicht in seine Wohnung genommen. Zur Torfgewinnung auf dem Pachtgrundstück war er nicht befugt. Von der auf § 370 Nr. 2 gestützten Anklage wurde er freigesprochen, weil nicht feststehe, daß er sich den Torf widerrechtlich zugeeignet habe. Die NB. der StA.-schaft wurde zurückgewiesen.

Implorant behauptet Verletzung des § 370 Nr. 2 des R.-StGB.'s, weil die Entscheidung des Rekursrichters auf der rechtsirrthümlichen Ansicht beruhe, daß zur Anwendung der allegirten Strafbestimmung das Graben von Torf aus einem fremden Grundstücke in der Absicht rechtswidriger Zueignung nicht genüge, daß dazu vielmehr noch ein besonderer Besitzergreifungs-Akt durch Wegnahme resp. Wegschaffung des gegrabenen Torfs von dem Grundstücke erforderlich sei. Einen derartigen Rechtsgrundsatz, welcher allerdings mit den Worten und der Absicht des Gesetzes nicht vereinbar sein würde, stellt aber die angefochtene Rekursverfügung keineswegs auf. Sie spricht sich vielmehr im Anschlusse an die Entsch. des Königl. Ob.-Tr.'s vom 9. Septbr. 1863 wider L. und W. (Oppenh. Rechtspr. &c. Bd. IV S. 25) welche zu dem mit § 370 Nr. 2 des Reichs-StGB.'s wörtlich übereinstimmenden § 349 Nr. 2 des Pr. StGB.'s ergangen ist, rechtsgrundsätzlich nur dahin aus, daß das bloße Torfgraben auf resp. aus einem fremden Grundstücke zur Anwendung der in Rede stehenden Strafbestimmung nicht genüge, daß dieselbe vielmehr eine Entwendung durch Aneignung also ein Wegnehmen in der Absicht rechtswidriger Zueignung erfordere. Eine rechtsirrthümliche Auffassung des Gesetzes liegt dieser Ausführung nicht zum Grunde. Wenn der Rekursrichter aber sodann weiter fortfährt: „Eine solche Wegnahme kann in den Handlungen der Angeklagten nicht gefunden werden," so bewegt er sich auf dem Gebiete rein thatsächlicher Beurteilung des konkreten Falles, welche nach Art. 107 des Ges.'s v. 3. Mai 1852 einer Anfechtung mittelst des durch den Art. 129 l. c. gestatteten Rechtsmittels nicht unterliegt.

[15.—2.]

Widerstand. - Administrative Exekution. - Mangelnder schriftlicher Pfändungsbefehl. - Unrechtmäßige Amtsausübung.

Bei Beitreibung der Steuern im administrativen Exekutionsverfahren bedarf der Exekutor zur Pfändung eines schriftlichen Pfändungsbefehls der das Zwangsverfahren leitenden Behörde. Ohne einen solchen ist die Exekutionsvollstreckung eine unrechtmäßige und folgeweise der dabei von dem Exequenden geleistete Widerstand nicht strafbar.

StGB. § 113; Vdn. v. 30. Juli 1853 § 11; Vgl. RbOTr. 19. S. 97.

Erk. (B. II.) v. 17. Oktbr. 1878 c. Bremer (944 II. Cr.).

[19.—4.]

Anstiftung. - Genereller Auftrag.

Die Anstiftung muß an eine individuelle bestimmte Person gerichtet sein und die von dieser Person in Folge dessen verübte That der Art nach mit derjenigen übereinstimmen, die sie nach dem Willen des Anstifters hat verüben sollen. Dagegen ist es nicht erforderlich, daß der Anstifter auch die näheren Um-

stände, unter welchen die That auszuführen sei, insbesondere die Person desjenigen vorgeschrieben habe, gegen welche dieselbe gerichtet werden solle.

StGB. § 48.

Erk. (Z. II.) v. 17. Oktbr. 1878 c. Heinrich (825 II. Cr.).

H. hatte einen neuen Gasbrenner konstruirt, der eine bedeutende Ersparniß an Gas erzielen sollte und den Mitangeklagten P. als Reisenden für diesen Artikel engagirt. Dabei hatte er den P. instruirt, daß er, wenn er zu Leuten komme, die Brennersche Gasbrenner in Gebrauch hätten, vor der zum Nachweis der Gasersparung anzustellenden vergleichsweisen Brennprobe mit einer eigens dazu hergerichteten Gaszange die Specksteinhülse aus deren Brennerschen Brennern ausstoßen solle, worauf dann die neuen Brenner des H. auch solchen Brennern gegenüber eine große Gasersparniß nachwiesen. P. wandte dann auf seiner Geschäftsreise diese Manipulation bei L., dem er Brenner von H. zum Kauf angeboten und der eine Brennprobe verlangt hatte, an, wurde aber darüber ertappt und in Folge dessen wegen Betrugsversuch gegen L., H. aber wegen Anstiftung des P. zu diesem Betrugsversuche bestraft.

H. ergriff NB., weil die Anstiftung eine Verleitnng zu der bestimmten einzelnen That erfordere, er aber den P. nicht angewiesen habe, speciell bei L. die Manipulation vorzunehmen oder auch nur speciell dem L. die Brenner zum Kauf anzubieten.

Das Ob.-Tr. wies zurück, indem es obigen Satz aussprach.

Antr. d. GStA.: gleichl. [7.—4.]

Branntweinsteuer. - Einmaischung. - Aufsatz auf den Maischbottich. - Zugießen von Glattwasser.

1. Bei der Branntweinsteuer stellt, da der Rauminhalt der zur Einmaischung bestimmten Gefäße die Norm für die Versteuerung abgiebt, die Vergrößerung des Rauminhaltes eines zur Bemaischung deklarirten Bottichs durch einen die übergährende Maische zurückhaltenden Aufsatz eine strafbare Einmaischung dar.

2. Darin, daß einem in abnehmender Gährung befindlichen Bottich sogenanntes Glattwasser, ein aus den Abfällen gewonnener Extrakt, zugegossen wird, kann ohne Rechtsirrthum eine strafbare Einmaischung

gefunden und, falls die Absicht der Steuerverkürzung festgestellt ist, neben der Contraventions- auch die Defraudationsstrafe verhängt werden.

AKO. v. 10. Januar 1824 Nr. 5; Vgl. zu 1: RdOTr. 3. S. 204 und 14. S. 375; zu 2: RdOTr. 2. S. 344.

Erk. (Z. II.) v. 17. Oktbr. 1878 c. Kemper (774 II. Cr.).

Antr. d. GStA.-schaft zu 1: gleichl.; zu 2: entgegengesetzt. Dieselbe erachtete schon für Verhängung der Contraventions- jedenfalls der Defraudationsstrafe die — im vorliegenden Falle nicht getroffene — Feststellung für erforderlich, daß dies Zugießen des Glattwassers geeignet gewesen sei, ein größeres Quantum Maische zu erzielen. [10.—4.]

Zeugenvernehmung, kommissarische. - Vernehmung eines anderen Zeugen. - Nichtigkeit. - Gedeckt Mangels Rüge?

1. Der gemäß § 21 der Verordn. v. 3. Jan. 1849 mit der kommissarischen Vernehmung eines Zeugen beauftragte Richter darf nicht ohne Weiteres, wenn der Zeuge verstorben ist, statt desselben einen anderen Zeugen über das nämliche Faktum vernehmen und das erkennende Gericht darf das über diese Vernehmung aufgenommene Protokoll nicht demnächst bei der Schlußverhandlung verlesen.

2. Die Nichtigkeit eines derartigen Verfahrens wird dadurch, daß der bei der Schlußverhandlung für die Angeklagten erschienenen Vertheidiger nicht gegen die Vorlesung protestirt hat, wenn überhaupt, jedenfalls nicht rücksichtlich desjenigen Angeklagten gedeckt, der bei der kommissarischen Vernehmung nicht zugegen gewesen ist und erfolgt die Vernichtung dann, falls es sich um eine gemeinschaftliche Strafthat handelt, zugleich zu Gunsten des bei der kommissarischen Vernehmung anwesend gewesenen Mitangeklagten.

Vdn. v. 3. Jan. 1849 § 21.

Erk. (V. II.) v. 17. Oktbr. 1878 c. Ehel. Kletzke (786 II. Cr.). [7.—4.]

Impfgesetz. – Frühere landesgesetzliche Vorschriften.

Die Unterlassung des in älteren landesgesetzlichen Bestimmungen erforderten Nachweises der Impfung solcher Kinder, welche vor Geltung des Reichsimpfgesetzes der landesgesetzlich vorgeschriebenen Impfung zu unterziehen gewesen wären, ist nicht nach der Strafbestimmung in § 14 des Impfgesetzes zu ahnden.

Reichs-Impfgesetz v. 8. April 1874 §§ 14, 12, 10.

Erk. (Z. I.) v. 23. Oktbr. 1878 c. Firin (838 I. Cr.).

Gegen F. und Genossen wurde Strafverfahren eingeleitet, weil sie trotz amtlich erfolgter Aufforderung den Nachweis nicht geführt hätten, daß ihre schulpflichtigen (in 1870 und 71 gebornen) Kinder geimpft seien oder die Impfung aus einem gesetzlichen Grunde unterblieben sei. Sie wurden freigesprochen, weil das Gesetz nur für Kinder im ersten und zweiten Jahre und für Schüler im zwölften den Impfzwang und Impfscheine in bestimmter Form (§§ 1 und 10) einführe und in §§ 12, 14 nur Eltern die mittels der vorgeschriebenen Bescheinigung (§ 10) den Nachweis der Impfung zu führen unterlassen, mit Strafe bedrohe; die hier in Frage stehenden Kinder aber nicht zu den in § 1 Nr. 1 bezeichneten gehören und auch nicht im zwölften Lebensjahre ständen, hinsichtlich ihrer daher ein Impfschein nach § 10 nicht verlangt werden könne und auf andere, insbesondere ältere Impfscheine der § 12 sich nicht beziehe. Die NB. der StA.-schaft wurde zurückgewiesen.

Die NB. behauptet Verletzung der §§ 12, 14 des Impfgesetzes v. 8. April 1874 und der Vdn. der Königl. Regierung zu D. v. 5. Oktbr. 1872 (Amtsblatt S. 185), und führt zur Begründung der Beschwerde aus: Allerdings könne ein Impfschein nach § 10 des Impfgesetzes in Betreff der in den Jahren 1870 und 1871 geborenen Kinder nicht verlangt werden. Dies schließe jedoch nicht aus, daß die Eltern u. s. w. der vor dem Inkrafttreten des Impfgesetzes geborenen Kinder auf amtliches Erfordern den im § 12 dieses Gesetzes erwähnten Nachweis durch die nach den älteren Vorschriften ausgestellten Impfscheine da zu führen verpflichtet sind, wo schon früher ein Impfzwang bestand und Impfscheine ausgestellt wurden. Nachdem nun die

Impfung bereits durch das mittelst Kab.-Ordre v. 8. Aug. 1835 genehmigte Regulativ einen obligatorischen Charakter erhalten hatte, sei speciell für den Regierungsbezirk D. durch die Verordn. der Kgl. Regierung v. 5. Oktober 1872 der Impfzwang schon vor dem Inkrafttreten des Reichsgesetzes eingeführt worden. Im § 5 dieser Verordnung sei allen Eltern, Vormündern u. s. w. bei Strafe die Verpflichtung auferlegt, dafür Sorge zu tragen, daß ihre ungeimpften oder erfolglos geimpften Kinder u. s. w. der Impfung bezw. der Revaccination unterworfen würden. Im § 17 sei die Ausstellung amtlicher Impfscheine angeordnet und im § 27 weitere Bestimmung über die Einrichtung von Zwangsimpfungen und die auszustellenden Atteste getroffen. Das Reichsimpfgesetz habe im Wesentlichen diese landesgesetzlichen Vorschriften auf das Gesammtgebiet des Deutschen Reichs ausgedehnt, und wenn auch eine ausdrückliche Bestimmung über die Führung des Nachweises der Impfung bezüglich der früher geborenen Kinder in dem Gesetze nicht enthalten sei, so habe dasselbe doch keinesfalls die Eltern u. s. w. jener Kinder von der ihnen landesgesetzlich auferlegten Pflicht befreien wollen, auf amtliches Erfordern den Nachweis der Impfung mittelst der früher vorgeschriebenen Bescheinigungen zu führen. Die im § 12 des Impfgesetzes bei dem Worte „Bescheinigung" enthaltene Hinweisung auf § 10 könne die Annahme des Gegentheils nicht rechtfertigen.

Die Beschwerde kann indessen nicht für begründet erachtet werden. Das Reichs-Impfgesetz v. 8. April 1874 (RGBl. S. 31) hat nicht, wie in der Beschwerde vorausgesetzt ist, die Bestimmungen einzelner Landesgesetze über den Impfzwang auf das Gebiet des Reichs ausgedehnt, sondern die in ihm behandelte Materie selbständig geregelt und, ohne im Uebrigen auf die Landesgesetze Bezug zu nehmen, nur im § 18 verordnet, daß die in den einzelnen Bundesstaaten bestehenden Bestimmungen über Zwangsimpfungen bei dem Ausbruch einer Pocken-Epidemie durch dieses Gesetz nicht berührt werden. Es kommt indessen auf eine Beurteilung, ob ältere landesgesetzliche Bestimmungen über die Zwangsimpfung, welche weitergehende Pflichten auferlegen, als das Reichs-Impfgesetz, noch gegenwärtig in Kraft bestehen, für die Beurteilung des vorliegenden Falles nicht an; vielmehr ist hier nur die Frage zu entscheiden, ob die Unterlassung des in älteren landesgesetzlichen Bestimmungen erforderten Nachweises der Impfung solcher Kinder, welche vor Geltung des Impfgesetzes der landesgesetzlich vorgeschriebenen Impfung zu unterziehen gewesen wären, nach der Strafbestimmung des § 14 des Impfgesetzes v. 8. April 1874 zu ahnden sei? Diese Frage muß verneint werden. Der § 10 a. a. O. ordnet die Ausstellung von Impfscheinen an; der § 12 erklärt die Eltern, Pflegeeltern und Vormünder für gehalten, auf amtliches Erfordern mittelst der vorgeschriebenen Bescheinigungen (§ 10) den Nachweis zu führen, daß die Impfung ihrer Kinder und Pflegebefohlenen erfolgt oder aus einem gesetzlichen Grunde unterblieben sei, und der § 14 bedroht Eltern, Pflegeeltern und Vormünder, welche den nach § 12 ihnen obliegenden Nachweis zu führen unterlassen, mit Strafe. Die Norm für die im § 14 bedrohte Uebertretung ist hiernach im § 12 in Verbindung mit § 10 gegeben. Der § 10 aber bezieht sich nur auf die in dem Gesetze v. 8. April 1874 selbst vorgeschriebenen Impfungen, nicht auf solche Zwangs-Impfungen, welche nach älteren landesgesetzlichen Vorschriften geboten waren und über welche ebenfalls ein Impfschein auszustellen war. Dies ist nach dem ganzen Zusammenhange des Gesetzes, sowie mit Rücksicht auf die im § 10 enthaltene Bezugnahme auf die Vorschriften der §§ 5, 1 und 2 des Gesetzes nicht bedenklich. Die Norm, auf welche die Strafbestimmung des § 14 sich bezieht, dahin zu erweitern, daß diese Bestimmung auf die Unterlassung des in älteren Landesgesetzen erforderten Nachweises der Impfung ausgedehnt werde, dazu fehlt dem Strafrichter die Berechtigung. Eine Verletzung der §§ 12 und 14 a. a. O. liegt daher nicht vor. Auch anderweitig ist eine Gesetzesverletzung nicht erfindlich; eine landesherrliche Strafbestimmung, von welcher die festgestellte Unterlassung betroffen würde, ist nicht vorhanden und auch in der Beschwerde eine hierauf bezügliche Behauptung nicht enthalten. Die Bezugnahme auf die Verordn. der Königl. Regierung zu D. v. 5. Oktbr. 1872, auf welche die Anklage nicht gegründet und welche in den Instanzen niemals angezogen worden, ist bedeutungslos, da diese Verordnung eine Strafbestimmung nicht enthält.

Antr. d. GStA.: gleichl. [12.—2.]

Strafantrag. - Prüfung. - Form.

1. Dem Nichtigkeitsrichter steht die Prüfung zu, ob in einer Kundgebung ein Strafantrag zu finden sei.

StGB. § 61 [n. 35]; Vgl. RdOTr. 14. S. 114.

2. Der Verfolgungsantrag braucht nicht ausdrücklich die Bestrafung zu verlangen und nicht direkt an die zuständige StA.-schaft abgegeben zu werden.

StGB. § 61 [n. 16, 19].

Erk. (V. I.) v. 23. Oktbr. 1878 c. Hardt (1046 I. Cr.).

Die Ehefrau D. war durch Bisse eines Hundes des H. verletzt, den deshalb eine Fahrlässigkeit traf. Sie hatte rechtzeitig eine schriftliche Eingabe bei dem Gericht eingereicht, worin sie unter Erzählung des Sachverhalts bittet, den H. zur Verantwortung zu ziehen und sich ihrer anzunehmen, damit sie zur Entschädigung ihrer Schmerzen gelange. Das Appell.-Gericht fand hierin keinen genügenden Strafantrag und stellte das Verfahren ein. Das Ob.-Tr. vernichtete auf NB. der StA.-schaft.

Die Annahme des App.-Richters, daß von der Verletzten, weil sie nicht ausdrücklich die Bestrafung des Angeklagten verlangt und sich nicht direkt an die zuständige StA.-schaft, sondern vielmehr an das Kgl. Kreisgericht zu E. gewandt habe, nur die Geltendmachung eines Civil-Anspruchs beabsichtigt sein könne, erscheint nach Inhalt der Anzeige keineswegs gerechtfertigt. Denn eine genaue Kenntniß der Kompetenzverhältnisse ist bei der Verletzten nach ihrem Bildungsgrade nicht vorauszusetzen. Ein Entschädigungsanspruch aber konnte von ihr nach § 231 des StGB.'s in Form der ausdrücklich verlangten Buße auch im Strafverfahren geltend gemacht werden und die Bitte: „den H. wegen seiner unerlaubten Handlung zur Verantwortung zu ziehen", schließt nach dem gewöhnlichen Sprachgebrauche den gesetzlich erforderlichen, an keine bestimmte Form gebundenen, Strafantrag in sich.

Antr. d. GStA: gleichl. [15.—2.]

Hannover. - Schulvorstand. - Beamte.

Mitglieder des Schulvorstandes sind auch in der Provinz Hannover mittelbare Staatsbeamte und befinden sich in Ausübung ihres Berufs, wenn sie im Auftrag des Schulvorstandes Funktionen desselben vollziehen.

StGB. § 359 [n. 32, 35].

Erk. (B. I.) v. 23. Oktbr. 1878 c. Reue (785 I. Cr.).

M. war Mitglied des Schulvorstandes einer in der Provinz Hannover belegenen Gemeinde und wurde im Vollziehen eines ihm von dem Schulvorstand zuständigerweise ertheilten Auftrags von R. beleidigt. Den deshalbigen Strafantrag stellte gemäß § 196 des StGB.'s die Kirchenkommission des betreffenden Orts. Das Berufungsgericht erkannte zwar diese als amtliche Vorgesetzte des Schulvorstehers M. an, bestritt aber dem letzteren sowohl als dem gesammten Schulvorstande die Eigenschaft eines Beamten bezw. einer Behörde, da es ihnen an einem imperium und namentlich an der Exekutive fehle. Das Verfahren wurde deshalb wegen mangelnden Strafantrags eingestellt. Auf NB. der StA.-schaft erfolgte Vernichtung.

Auch in der Provinz Hannover ist das Elementarschulwesen Staatssache, indem den staatlichen Behörden und Beamten gegenwärtig ein unmittelbares Aufsichtsrecht über die Thätigkeit der Schulgemeinden und ihrer Organe zusteht. Rücksichtlich der technischen sowohl wie der vermögensrechtlichen Seite wird dieses durch § 1 des Gesetzes betreffend die Beaufsichtigung des Unterrichtswesens vom 11. März 1872 (GS. S. 183) in Verbindung mit Artt. 1 und 27 der Bekanntmachung des Hannoverschen Ministeriums der geistlichen Angelegenheiten zur Ausführung des Gesetzes über Kirchen- und Schulvorstände v. 14. Oktbr. 1848 (Hannov. GS. S. 307) außer Zweifel gestellt. Die Schulgemeinden insbesondere sofern ihnen in erster Linie die Verwaltung und Verwendung ihres Vermögens zu Zwecken der Volksschulen ihres Bezirks unter staatlicher Aufsicht obliegt, verfolgen hiernach mittelbar zugleich die Interessen des Staats an einem geordneten öffentlichen Unterrichtswesen und gehören zu den Gemeinden, welche vermöge dieser ihrer rechtlichen Stellung dem Staate untergeordnet sind. Deren Beamte aber sind gemäß Theil II Tit. 10 § 69 des Allg. Pr. Landrechts, welcher mittelst der Königl. Verordn. vom 23. Septbr. 1867 § 1 Ziff. 1 (GS. S. 1619) in Hannover zur Geltung gelangt ist, sogenannte mittelbare Staatsbeamte. Daß die Vorstände der Schulgemeinden Beamte der Letzteren sind, ergiebt der Zweck ihrer Anstellung, welcher nach § 26 des gedachten Gesetzes v. 14. Oktbr. 1848 (Hannov. GS. S. 301) in der Vertretung der Schulgemeinden, der Verwaltung des Vermögens der Volksschulen und einer Mitwirkung bei der Schulaufsicht also der Ausübung der wesentlichsten Funktionen besteht, welche den Gemeinden als solchen überhaupt zustehen; sie sind die eigentlichen Organe der Letzteren mittelst welcher diese ihren Willen kundgeben. Es unterliegt hiernach nicht dem geringsten Bedenken, daß auch das einzelne Mitglied des Schulvorstandes, wenn dasselbe im gemeindeverfassungsmäßigen Auftrage des Letzteren Funktionen desselben vollzieht, dabei in der Ausübung seines Berufes als Beamter begriffen ist und daß jede darauf bezügliche Beleidigung sich als eine solche darstellt, welche in Beziehung auf seinen Beruf als Beamter begangen worden ist. Die zu weit gehende Unterscheidung des zweiten, Richters je nachdem ein Beamter welcher unter Auktorität der Staatsgewalt berufen ist in dem ihm angewiesenen Amtskreise für die Zwecke des Staats thätig zu sein, das Recht der Exekutive besitzt oder nicht, läßt sich als berechtigt nicht anerkennen, würde vorliegend übrigens auch nicht einmal völlig zutreffen, da in Art. 38 der Min.-Bekanntmachung v. 14. Oktbr. 1848 den Schulvorständen die Ausführung dessen, was sie bei Ausübung ihrer Mitaufsicht der Förderung des Schulwesens als dienlich erkennen, bis zu einem gewissen Maße selbst überlassen ist.

Antr. d. GStA.: gleichl. [11.—2.]

Mitthäter. - Diebstahl. - Erschwerender Umstand. - Dolus.

Hat Jemand einem von Anderen auf der Eisenbahn mittelst gewaltsamer Eröffnung eines Beförderungsstücks verübten Diebstahl zugesehn und dann seinerseits gleichfalls Gegenstände aus dem geöffneten Behältniß weggenommen, so ist dieser Diebstahl nicht ohne Weiteres als gemeinschaftlich mit den Anderen und demgemäß unter dem erschwerenden Umstand des § 243 Nr. 4 des StGB.'s verübt anzusehn. Vielmehr bedarf es zu dem Ende noch der Feststellung, daß er bereits bei der durch die Andern bewirkten gewaltsamen Eröffnung den Willen gehabt und erkennbar gemacht hat, sich dieser Handlung derselben als Mittel zur Ausführung des Diebstahls zu bedienen resp. sich denselben in dieser Absicht anzuschließen.

StGB. § 47 [n. 10].

Erk. (S. II.) v. 24. Oktbr. 1878 c. Thauer & Gen. (760 II. Cr.).

Der Implorant ist in beiden Vorinstanzen aus § 243 Nr. 4 des StGB.'s wegen eines gemeinschaftlich mit zwei Mitthätern auf einer Eisenbahn mittelst gewaltsamer Eröffnung eines verschlossenen Beförderungsstückes verübten Diebstahls bestraft. Der Angeklagte hatte in II. Instanz geltend gemacht, daß ihm der erschwerende Umstand des Diebstahls nicht zugerechnet werden könne, weil er sich an der Erbrechung des Behältnisses, worin sich das Diebstahlsobjekt befunden, nicht betheiligt, vielmehr erst nach dieser Eröffnung sich einen Theil von dem im Behältnisse befindlichen Gegenständen angeeignet habe. Der Appell.-Richter hat auf diesen Einwand angenommen, daß der Angeklagte, jetzige Implorant, sich allerdings durch positive Handlungen an der gewaltsamen Eröffnung des Behältnisses — einer mit Kerzen gefüllten Kiste — nicht betheiligt habe; er hat dann aber erwogen: Der Angeklagte habe in I. Instanz selbst zugestanden, er sei dabei gewesen, wie von den beiden andern Angeklagten die Kiste durch Herausziehen der Nägel und Abbrechung eines Brettes geöffnet worden sei. Die bestimmte Art, wie die That selbst ausgeführt worden, lasse indessen erkennen, daß Angekl. M., möge er nun im Waggon, — worin die Kiste sich befand — oder außerhalb desselben gestanden haben, doch entweder gesehen, oder gehört habe, daß die Kiste gewaltsam erbrochen worden sei, daß er mithin, als er die Kerzen aus der Kiste herausgenommen, jedenfalls genau Kenntniß von der gewaltsamen Eröffnung derselben seitens der Complicen gehabt habe und daß er mit dieser Kenntniß die That der Complicen benutzt, um auch seinerseits bei Vollendung des Diebstahls mitzuwirken. Dies genüge aber, um die Gemeinschaftlichkeit der That im Sinne des § 47 des StGB.'s, wie sie der Vorderrichter für erwiesen erachtet habe, zu begründen. Die NB. des Imploranten macht nun dem Appell.-Richter den Vorwurf der Verletzung von Gesetzen, indem sie behauptet, daß die Feststellung des App.-Richters, der Implorant habe, als er die Kerzen aus der Kiste weggenommen, bereits von der gewaltsamen Eröffnung derselben Kenntniß gehabt, nicht genüge, um ihn der Strafe des schweren Diebstahls auszusetzen. Denn die Mitthäterschaft an dem Verbrechen gehe nicht weiter als der Dolus des einzelnen Theilnehmers; die Qualifikation des Diebstahls könnte daher dem Imploranten nur dann zugerechnet werden, wenn seine Absicht auch auf die gewaltsame Eröffnung der Kiste mit gerichtet gewesen wäre. Die NB. mußte für begründet erachtet werden. Die Mitthäterschaft im Sinne des § 47 des StGB.'s setzt das gewollte Zusammenwirken der einzelnen Thäter als solcher zur Ausführung der konkreten strafbaren Handlung voraus. Sie erfordert also, daß die Bethätigung an der Ausführung der strafbaren Handlung von dem Willen geleitet sei, die Strafthat als eigene, jedoch gemeinsam mit Andern — mit gegenseitigem Bewußtsein und Willen, durch vereinte Thätigkeit hervorzubringen, so daß sich danach die ganze That als das von Allen gewollte Produkt des von dem Einzelnen bethätigten Antheils darstellt. Bei dem zusammengesetzten Verbrechen eines Diebstahls mittelst gewaltsamer Eröffnung eines Verschlußes, wie es hier in Frage steht, bildet der erschwerende Umstand einen Bestandtheil des qualifizirten Diebstahls. Soll der volle Thatbestand des schweren Diebstahls vorliegen, so muß daher, wie beim Einzelthäter, so auch bei der Mitthäterschaft, Bewußtsein und Wille des einzelnen Theilnehmers den erschwerenden Umstand der Art umfassen, daß er den erschwerenden Umstand der gewaltsamen Eröffnung mit wollte, um mittelst desselben den Diebstahl mit zu verüben. Diesen vor der Mitbegehung des Diebstahls bereits vorhandenen Dolus bezüglich des erschwerenden Umstandes hat der App.-Richter im gegenwärtigen Falle nicht festgestellt; seine Feststellung in der fraglichen Beziehung beruht vielmehr nur darauf, daß der Angeklagte, zufällig am Ort der That anwesend, zur Zeit, als er die Kerzen aus der Kiste weggenommen, jedenfalls genaue Kenntniß von der gewaltsamen Eröffnung derselben seitens seiner Complicen gehabt habe. Diese Kenntniß reicht aber, wie die NB. mit Recht behauptet, nicht hin, um den erforderlichen Dolus des Angeklagten zu erfüllen. Der App.-Richter sagt zwar, daß der Angeklagte unter jener Kenntniß die That seiner Complicen dazu benutzt habe, um auch seinerseits bei Vollendung des Diebstahls mitzuwirken. Allein nicht Jeder, und das ist selbstredend, welcher der gewaltsamen Eröffnung einer Einfriedigung oder eines Verschlußes durch Andere zugesehen und dadurch Kenntniß von diesem Ereigniß erlangt hat, betheiligt durch seine bloße Kenntniß sich schon an diesem Gewaltakte, selbst wenn derselbe von den Andern zur Begehung eines Diebstahls geschehen ist. Möglicher Weise hat er den Zweck des fraglichen Unternehmens gar nicht gekannt, und selbst wenn dies der Fall gewesen wäre, so hat er ebenso möglicher Weise trotz seiner Kenntniß weder den Entschluß gefaßt, noch den Willen gehabt, resp. erkennbar gemacht, an dem in Aussicht stehenden Diebstahl selbst Theil zu nehmen. Der in Folge eines neuen Entschlußes eingetretene Wille, den durch die That der Mitangeklagten geschaffenen Zustand zu benutzen, um auch seinerseits Kerzen aus der Kiste zu stehlen, würde an und für sich nicht dazu angethan sein, den erforderlichen mitthäterschaftlichen Willen in Bezug auf die Qualifikation des Diebstahls zu begründen. Mit Unrecht hat daher der App.-Richter bezüglich des Angekl. M. angenommen, daß die auf dessen alleinige Kenntniß gestützte Benutzung der That seiner Complicen — das heißt doch nur der Thäter, mit welchen er durch die Anklage verbunden wurde — genüge, auch ihm gegenüber die volle Gemeinschaftlichkeit der That im Sinne des § 47 des StGB.'s herzustellen. Das angegriffene Urteil unterlag daher wegen unrichtiger Anwendung dieses Paragraphen der Vernichtung. Die Sache selbst mußte dagegen in die zweite Instanz, wie geschehen, zurückgewiesen werden, um dieselbe einer nähern Prüfung mit Rücksicht auf die oben aufgestellten rechtlichen Gesichtspunkte zu unterwerfen, und insbesondere dabei in Beurteilung zu ziehen, ob und in wieweit nach den vorliegenden Umständen des Falls, namentlich aus dem Verhalten des Angeklagten — obschon er sich an der gewaltsamen Eröffnung der Kiste nicht betheiligt hat — ausreichende Anhaltspunkte dafür zu entnehmen seien, daß er bereits bei der durch die andern Angeklagten bewirkten gewaltsamen Eröffnung der Kiste den Willen gehabt und erkennbar gemacht habe, sich selbst der desfallsigen Handlungen der Mitangekagten als Mittel zur Ausführung des Diebstahls zu bedienen resp. sich denselben in dieser Absicht anzuschließen.

Antr. d. GStA.: gleichl. [2.—4.]

Offizialvertheidiger. - Verhafteter Angeklagter. - Rechtzeitige Bestellung.

Die auf den Antrag eines verhafteten Angeklagten unerläßliche Zuordnung eines Offizialvertheidigers, wie die Mittheilung davon an den Angeklagten muß so zeitig erfolgen, daß derselbe in der Lage ist, den ihm bestellten Vertheidiger mit den ihm nöthig erscheinenden Informationen zu versehen.

Vdn. v. 3. Jan. 1849 § 134.

Erk. (B. II.) v. 24. Oktbr. 1878 c. Meincke (942 II. Cr.).

Die Beschwerde des Angeklagten stützt unter Anderm sich darauf, daß ihm von der Zuordnung des in Gemäßheit des § 134 der Vdn. v. 3. Jan. 1849 zu bestellenden und bestellten Offizialvertheidigers so späte Mittheilung gemacht worden, daß er demselben keine Information mehr habe ertheilen können. Diese Rüge muß als begründet erachtet werden. Der in Strafarrest detinirte Angeklagte hat gleich bei der am 24. Juni erfolgten Insinuation der Vorladung zum Audienztermine vom 6. Juli seinen Wunsch, zur Wahrung seiner Interessen im Termine selbst zu erscheinen, zu erkennen gegeben und zu dem Ende um eine Beurlaubung aus der Strafhaft oder aber um Vorführung zum Gerichtssitze gebeten. Diesem Gesuche konnte nicht entsprochen werden und wurde ihm deshalb die Zuordnung eines Vertheidigers auf seinen desfalls zu stellenden Antrag zugesagt. Ohne Zeitverlust, nämlich bei Insinuation dieses Dekretes hat der Angeklagte den betreffenden Antrag gestellt mit dem Zusatze, daß, falls die von ihm benannten Entlastungszeugen noch nicht vorgeladen seien, er um Vertagung des Termines bitte. Erst am 5. Juli, Tags vor dem Termine erhielt er das Rescript vom 4. Juli, wodurch er von der geschehenen Zuordnung des Vertheidigers unter Angabe der Person desselben in Kenntniß gesetzt, sein Antrag auf Vertagung des Termines aber mit dem Bemerken abgewiesen wurde, daß in letzterem über Vernehmung der vorgeschlagenen

Zeugen werde befunden werden. Nach diesen thatsächlichen Momenten erscheint das Recht der Vertheidigung als verkümmert. Das dem verhafteten Angeklagten durch den § 134 cit. verliehene Recht im Audienztermine durch einen auf seinen Antrag von Amtswegen zu bestellenden Vertheidiger vertreten zu werden, wäre ganz illusorisch, wenn in der daselbst ausgesprochenen Verpflichtung des Gerichts nicht auch die enthalten wäre, die Zuordnung des Vertheidigers resp. die Mittheilung davon an den Angeklagten so zeitig zu bewirken, daß sie den von Letzterem beabsichtigten Zweck erfüllt, d. h. ihn in die Lage setzt, seinen amtlich bestellten Vertreter mit den ihm nöthig erscheinenden Informationen zu versehen. Im vorliegenden Falle war dem Angeklagten diese Möglichkeit abgeschnitten. Allerdings kann nach den hervorgehobenen Datis der auf einander gefolgten Anträge und Bescheide von einer Säumigkeit des Gerichts in der Beantwortung der Anträge des Angeklagten keine Rede sein. Ebensowenig trifft aber auch den Angeklagten eine Schuld der Säumigkeit in Stellung seiner dem Zwecke entsprechenden Anträge. Vielmehr ist die Vereitelung des Zweckes der Zuordnung des Vertheidigers lediglich eine Folge der zu knappen Bemessung der Frist zwischen der Vorladung und dem Audienztermine resp. der Festhaltung dieses Termins gegenüber dem Antrage des Angeklagten auf Vertagung. Aber nicht diese Festhaltung des einmal angesetzten Termins war das gesetzlich Nothwendige, sondern die Beachtung des dem Angeklagten zustehenden formellen Rechtes war es. Daß für die Frage: ob dieses formelle Recht verletzt sei, die materielle Lage der Sache ohne alle Erheblichkeit ist, ist selbstverständlich. [22.—4.]

Betrug. – Geltendmachung einer begründeten Forderung. – Rechtswidriger Vermögensvortheil. – Vermögensbeschädigung.

Wer Jemanden, an den er eine begründete Forderung hat, durch Vorspiegelung eines angeblich

in seinen Händen befindlichen Beweismittels für seine Forderung zu deren Tilgung bestimmt, begeht keinen Betrug, auch wenn die Forderung noch nicht durch richterliches Erkenntniß festgestellt ist. Es fehlt in einem solchen Falle sowohl an einem von dem Täuschenden erstrebten rechtswidrigen Vermögensvortheil, als an einer Vermögensbeschädigung des Getäuschten.

StGB. § 263 [n. 6 und 27]; Vgl. Entscheid. 44. 2. 93.

Erk. (B. II.) v. 24. Oktbr. 1878 c. Moschek (727 II. Cr.).

Der Angeklagte hat den K., von dem er ein Pferd gekauft hat, durch Vorlegung eines angeblich von einem Thierarzt ausgestellten Attestes, daß das Pferd dummkollerig sei, zur Rückgabe von 51 Mk. des Kaufpreises bestimmt. Gedachtes Attest rührte in Wirklichkeit nicht von einem Thierarzte her und war das dem Angeklagten auch bekannt, wenn sich auch nicht feststellen ließ, daß der Angeklagte selbst das Attest ausgestellt hatte.

Dieserhalb wegen Betruges (und nicht was wohl richtiger gewesen wäre, wegen Urkundenfälschung) verfolgt, behauptete der Angeklagte, daß das Pferd wirklich dummkollerig gewesen sei, sonach die 51 Mk, welche K. zurückgegeben habe, weder eine Vermögensbeschädigung auf dessen, noch einen Vermögensvortheil auf seiner Seite darstellten.

Die Instanzgerichte verurteilten wegen Betruges, ohne den von dem Angeklagten noch ausdrücklich erbotenen Beweis, daß das Pferd wirklich dummkollerig und dieserhalb 51 Mk. weniger werth gewesen sei, aufzunehmen. Denselben erklärten sie um deswillen für unerheblich, weil der Angeklagte in jedem Falle so lange keinen rechtlichen Anspruch auf die 51 Mk. gehabt habe, als die Ersatzverbindlichkeit des K. nicht durch richterliches Erkenntniß festgestellt gewesen sei.

Auf NB. des Angeklagten hat das Ob.-Tr. vernichtet und in die Instanz zurückgewiesen behufs Feststellung ob das Pferd wirklich dummkollerig und deshalb 51 Mk. weniger werth war.

Antr. d. GStA.: gleichl. [22.—4.]

Majestätsbeleidigung. – Absicht.

Zur Strafbarkeit einer Beleidigung des Landesherrn ist die Feststellung einer beleidigenden Absicht nicht erforderlich, es genügt vielmehr die Annahme,

daß dem Thäter das Bewußtsein von dem der Aeußerung beiwohnenden ehrenkränkenden Charakter beigewohnt hat.

StGB. § 95 [n. 5]; Vgl. RbOTr. 17. S. 598.

Erk. (B. I.) v. 25. Oktbr. 1878 c. Müller (1041 I. Cr.).
Antr. d. GStA.: gleichl. [12.—3.]

Geistliche Amtshandlung. – Berufung. – Ermächtigung.

Die Vornahme geistlicher Amtshandlungen ist strafbar, sofern die Ermächtigung zur Vornahme der konkreten Handlung fehlt, sollte auch der Angeklagte zu einem geistlichen Amte im Allgemeinen berufen sein.

Ges. v. 21. Mai 1874 Art. 2.

Erk. (Z. I.) v. 25. Oktbr. 1878 c. Pohlmann & Gen. (702 I. Cr.).

Es ist keineswegs rechtsirrthümlich, vielmehr der Fassung im Sinne des Art. 2 des Ges.'s v. 21. Mai 1874 durchaus entsprechend, wenn der App.-Richter den Nachweis erfordert, daß die Angeklagten zu einem Amte berufen seien, welches sie zu den in concreto vorgenommenen Amtshandlungen ermächtigt. Könnte die Berufung zu einem geistlichen Amte in abstracto für genügend erachtet werden, so wäre die Bestimmung des Art. 2 a. a. O. zwecklos.

Antr. d. GStA.: gleichl. [12.—3.]

---

1. Ordensgeistlicher. – Seelsorgeamt.
2. Amt. – Amtsausübung.

1. Die Mitglieder aufgelöster mit der Seelsorge befaßter Orden haben die Befugniß zur Seelsorge verloren, sollte ihnen auch vor Publikation des Gesetzes vom 31. Mai 1875 ein geistliches Amt verliehen sein.

Ges. v. 31. Mai 1875; Ges. v. 11. Mai 1873 § 23; Ges. v. 21. Mai 1874 Art. 2.

2. Die Berufung zu einem geistlichen Amte schließt die Strafbarkeit geistlicher Amtshandlungen nicht aus, wenn dem Berufenen die Berechtigung

fehlt, die in Rede stehenden geistlichen Amtshandlungen vorzunehmen.

Ges. v. 21. Mai 1874 Art. 2.

Erk. (B. I) v. 25. Oktbr. 1878 c. Robiano (700 I. Cr.).

Die Bestimmungen des Ges.'s v. 31. Mai 1875 ergeben — wie in dem Erk. des Kgl. Ob.-Tr.'s v. 11. Oktbr. 1877 (RdOTr. Bd. 18. S. 639) eingehend nachgewiesen ist — daß die Mitglieder aufgelöster, mit der Seelsorge befaßter Orden, so lange sie Mitglieder des Ordens verbleiben, mit der Auflösung ihres Ordens die Befugniß verlieren, in Preußen Handlungen der Seelsorge auszuüben, und es dabei gleichgültig ist, ob Ordensmitglieder diese Thätigkeit auf Grund eines vor Publikation jenes Gesetzes rite erworbenen Amtes ausüben. Der App.-Richter welcher festgestellt hat, daß dem Angeklagten als Ordensmitglied ein geistliches Amt übertragen worden sei, hat diese Bedeutung des Ges.'s v. 31. Mai 1875 auch nicht verkannt, die Freisprechung des Angeklagten vielmehr darauf gestützt, daß der Angeklagte die Berechtigung zur Ausübung des ihm vor dem Gesetze vom 11. Mai 1873 übertragenen Amtes durch das Gesetz vom 31. Mai 1875 zwar verloren habe, gleichwohl aber nicht gestraft werden könne, weil das Gesetz vom 31. Mai 1875 keine Strafandrohung enthalte, die Strafen des § 23 des Ges.'s v. 11. Mai 1873 und der Art. 2 des Ges.'s v. 21. Mai 1874 aber nicht verhängt werden könnten, weil der Angeklagte das ihm übertragene Amt nicht verloren habe, ihm vielmehr nur die Ausübung untersagt sei. Diese Ausführung ist rechtsirrthümlich. Die von dem Appell.-Richter gemachte Unterscheidung zwischen Amt und Amtsausübung beruht auf einer Verkennung des Art. 2 des Ges.'s v. 21. Mai 1874. Diese Bestimmung schließt die Bestrafung wegen Vornahme geistlicher Amtshandlungen nicht, wie der Appell.-Richter annimmt, schon dann aus, wenn der Angeklagte den Nachweis führt, daß ihm ein geistliches Amt übertragen worden sei, sondern nur wenn er den Nachweis führt, daß er zu einem, „hierzu (nämlich zu den vorgenommenen Amtshandluugen) ermächtigenden Amte — — berufen sei". Bedingung der Straffreiheit ist hiernach nicht die Berufung zum Amte, sondern die Berechtigung zur Vornahme der in Rede stehenden Amtshandlungeu auf Grund dieser Berufung. Ist diese Berechtigung auf Grund eines Aktes der Gesetzgebung weggefallen, so hört das Amt, zu welchem die Berufung erfolgt ist, auf, ein zu jenen Amtshandlungen ermächtigendes zu sein, und die Berufung zu demselben ist nicht mehr eine solche, wie sie Art. 2 a. a. O. voraussetzt. Der Nachweis der Thatsache der erfolgten Berufung kann in solchem Falle ebensowenig schützen, wie wenn der Berufene auf Grund eines Strafverfahrens seine Befugnisse verloren hat, in welchem Falle ebenfalls die Thatsache der erfolgten Berufung, aber auch die Aufhebung der durch dieselbe erlangten Rechte feststeht.

Antr. d. GStA.: gleichl. [12.—3.]

Bisthum. - Verwaltung. - Kommissarius. - Exekutivstrafen. - Strafantrag.

Der zur Verwaltung eines erledigten Bisthums bestellte Königliche Kommissarius war auch vor Erlaß des Gesetzes v. 13. Februar 1878 zur Festsetzung von Exekutivstrafen und Stellung von Strafanträgen berechtigt.

Ges. v. 20. Mai 1874; Ges. v. 13. Febr. 1878.

Erk. (Z. I.) v. 25. Oktbr. 1878 c. Zientkiewicz (652 I. Cr.).

Der zur Verwaltung eines Bisthums bestellte Kgl. Kommissarius hatte den Angeklagten unter Androhung von Ordnungsstrafen zur Einreichung von Rentenbriefen aufgefordert, bei der Erfolglosigkeit der Aufforderung die Strafen festgesetzt und deren Einziehung verfügt. Nach der Feststellung der Instanzrichter hatte der Angeklagte im Jahre 1875 um die Zwangsvollstreckung in ihm zustehende Pachtgelder erfolglos zu machen, diese Pachtgelder cedirt und war deshalb auf Antrag des Kommissarius auf Grund des § 288 des StGB.'s zu Strafe verurteilt. Seine NB. rügte, daß der Kommissarius weder zur Festsetzung von Exekutivstrafen noch zur Stellung eines Strafantrages vor dem Gesetze vom 13. Februar 1878 berechtigt gewesen sei.

Zurückweisung. Gründe:

Was den prozessualischen Angriff wegen Mangels des erforderlichen Antrags betrifft, so ist derselbe erfolglos, da der auf Grund des Gesetzes vom 20. Mai 1874 bestellte Kgl. Kommissarius, welchem die Vermögensverwaltung des erledigten Bisthums obliegt, alle in dieser Richtung erforderlichen Funktionen auszuüben hat, daher auch als Vertreter des Staats in Bezug auf die demselben als Fiskus zufließenden Strafen, also als Vertreter des im vorliegenden Falle antragsberechtigten Gläubigers anzusehen ist. Auch der Angriff wegen Gesetzesverletzung ist unbegründet. Die Behauptung, daß der Königl. Kommissarius vor Erlaß des Ges.'s v. 13. Febr. 1878 GS. S. 87 zur Festsetzung von Exekutivstrafen nicht befugt gewesen sei, kann für gerechtfertigt nicht erachtet werden. Wenn dieses Recht der Kommissarien durch das Gesetz vom 13. Februar 1878 geregelt worden ist, so folgt hieraus nicht, daß es früher nicht bestanden hat, und die in dem angefochtenen Erkenntnisse enthaltene Begründung widerlegt die in dieser Beziehung erhobenen Bedenken. Einzelne Aeußerungen, welche bei Berathung jenes Gesetzes gemacht worden sind, haben für die entgegengesetzte Auffassung nicht eine maßgebende Bedeutung.

Antr. d. GStA.: gleichl. [12.—3.]

Handelsvertrag. - Zollkartel. - Oesterreich. - Preußen.

Die Wirksamkeit der Vdn. v. 6. Januar 1866, durch welche die Vorschriften des Gesetzes vom 22. August 1853 über die Bestrafung der Zollvergehen gegen fremde Staaten nach Maßgabe des Zollkartels zwischen Preußen und Oesterreich von 1865 § 12 folg. auf die Uebertretung der Oesterreichischen Ein-, Aus- und Durchgangsabgabengesetze für anwendbar erklärt sind, hat durch Abschluß des

neuen Handels- und Zollvertrages vom 9. März 1868 nicht aufgehört.

Ges. v. 22. August 1853 Artt. I, III; Vdn. v. 6. Jan. 1866 (GS. S. 25); Zollkartel von 1865 (GS. S. 619); Handels und Zollvertrag v. 9. März 1868.

Erk. (V. II.) v. 29. Oktbr. 1878 c. Pawellek (1013 II. Cr.).
Erk. (V. II.) v. 26. Novbr. 1878. c. Nickel (961 II. Cr.).

Der App.-Richter erachtet die Bestimmungen des Ges.'s v. 22. August 1853 über die Bestrafung der Zollvergehen gegen fremde Staaten, in denen durch Handelsverträge die Gegenseitigkeit verbürgt ist, (GS. S. 926) auf den vorliegenden Fall deshalb nicht für anwendbar, weil die Wirksamkeit der Vdn. v. 6. Jan. 1866 der zufolge die Vorschriften jenes Gesetzes nach Maßgabe der Verabredungen in den §§ 12 seq. des Zollkartels mit Oesterreich (GS. von 1865 S. 619) für die Dauer dieses Zollkartels auf die Uebertretungen der Oesterreichischen Ein-, Aus- und Durchgangsabgabengesetze Anwendung finden sollten, nach Abschluß des neuen Handels- und Zollvertrages zwischen dem Zollvereine und Oesterreich v. 9. März 1868 aufgehört habe und eine anderweite Verordnung, wie sie im Art. III des Ges.'s v. 22. August 1853 vorbehalten worden, nicht ergangen sei. Diese Begründung ist jedoch keine zutreffende. Der Art. III, welcher lautet: „Die Maßgaben, unter welchen dieses Gesetz zu Gunsten eines fremden Staats zur Anwendung kommen soll, werden nach jedesmaligem Abschluß eines Handelsvertrages von Uns im Wege der Verordnung besonders bestimmt werden", kann nur in Zusammenhange mit dem Eingange des vorangehenden Art. I und bei gleichzeitiger Berücksichtigung des dort erwähnten völkerrechtlichen Verhältnisses richtig verstanden werden. Nach dem angeführten Art. I bildet die Voraussetzung der Anwendung des Gesetzes einmal die Existenz eines Zollkartels, durch welches die vertragenden Theile zur Verhinderung, Entdeckung und Bestrafung von Uebertretungen der Zollgesetze des anderen Staats mitzuwirken verpflichtet sind, und zweitens die Erfüllung dieser Verpflichtung Seitens des fremden Staats. Das Gesetz selbst stellt sich als die von diesen Voraussetzungen abhängig erklärte Erfüllung der vertragsmäßigen Verpflichtung zur Mitwirkung bei der Bestrafung des Schleichhandels Seitens des Preußischen Staats dar. Ob nun die Voraussetzungen eingetreten sind und inwieweit die Verpflichtung der Gegenseitigkeit anerkannt wird, kann nur durch einen öffentlichen Akt des Souveräns konstatirt werden. Als ein solcher Akt ist die im Art. III des Gesetzes vorgesehene Königl. Verordn. aufzufassen. Durch dieselbe wird das Gesetz dem fremden Staate gegenüber in Wirksamkeit gesetzt, nicht weil mit diesem Staate ein Handelsvertrag, sondern weil mit demselben ein Zollkartel abgeschlossen worden ist. Der Handelsvertrag kommt nur soweit in Betracht, als das Zollkartel die Existenz eines Handelsvertrages voraussetzt. Der Inhalt dieses Vertrages aber, soweit er das Kartel nicht berührt, ist an sich von keiner Erheblichkeit, und eben so wenig sind es die Modifikationen, die sein sonstiger Inhalt im Laufe der Zeit, namentlich bei den regelmäßig wiederkehrenden Verlängerungen und Erneuerungen erfährt. Es genügt, daß das durch die Königl. Verordn., konstatirte vertragsmäßige Kartelverhältniß fortdauert, um dem Gesetze vom 22. August 1853 seine fortdauernde Wirksamkeit zu sichern. Dies verkennt der App.-Richter, wenn er dem Umstande, daß der Handels- und Zollvertrag zwischen dem deutschen Zollverein und Oesterreich v. 11. April 1865 durch den Vertrag vom 9. März 1868 (BGBl. S. 239) ersetzt worden ist, die Bedeutung beimißt, daß dadurch das Gesetz v. 22. August 1853 in den Beziehungen zu Oesterrerich bis zur Publikation einer neuen Königl. Verordn. außer Kraft getreten sei. Die Dauer des Handels- und Zollvertrages zwischen den Staaten des Deutschen Zoll- und Handelsvereins und Oesterreich vom 11. April 1865 war nach Art. 25 auf die Zeit v. 1. Juli 1865 bis zum 31. Dezember 1877 festgestellt. Dieser Vertrag ist durch den Handels- und Zollvertrag vom 9. März

1868 nicht aufgehoben, sondern wie sich aus dem Eingange desselben ergiebt, nur zu dem Zwecke den Handel und Verkehr zwischen den beiderseitigen Gebieten in umfassender Weise zu fördern, abgeändert und erweitert, die Dauer des letzteren Vertrages aber gleichfalls bis zum 31. Dezember 1877 festgestellt worden. Nach Art. 10 des Vertrages vom 9. März 1868 haben sich die vertragenden Theile ausdrücklich verpflichtet auch ferner zur Verhütung und Bestrafung des Schleichhandels nach oder aus ihren Gebieten durch angemessene Mittel mitzuwirken und die zu diesem Zwecke erlassenen Strafgesetze aufrecht zu erhalten, die Rechtshülfe zu gewähren u. s. w. Das nach Maßgabe dieser Bestimmungen abgeschlossene und als Anlage des Vertrages publicirte Zollkartel stimmt denn auch — wie bei den Verhandlungen im Zollparlament Seitens des Bundeskanzleramts besonders hervorgehoben wurde — wörtlich überein mit demjenigen Zollkartel, welches dem Vertrage von 1865 beigefügt war. Es ist also keineswegs zutreffend, wenn der App.-Richter annimmt, das frühere Zollkartel sei aufgehoben und an die Stelle desselben ein neues getreten, vielmehr ist gerade das frühere Zollkartel für die Zeit bis zum Ablaufe des modificirten Vertrages bestätigt worden. War dies aber der Fall, so ist auch für dieselbe Zeit dem Gesetze v. 22. August 1853 seine Anwendung auf Grund der Verordn. v. 6. Januar 1866 gesichert; und die Nothwendigkeit einer neuen Kgl. Verordn. zu diesem Zwecke war nicht gegeben.

Antr. d. OStA.: gleichl. [19.—3.]

Schankwirthschaft. - Getränke. - Spirituosa. - Selterswasser.

Der Begriff einer Schankwirthschaft ist nicht auf geistige Getränke beschränkt, sondern umfaßt alle Getränke die auf der Stelle genossen werden und Gegenstände eines gewerbsmäßigen Verkaufes sind, wie Kaffee, Thee, Milch und Mineralwasser.

Gew.-Ordn. v. 21. Juni 1869 §§ 147 Nr. 1 und 33.

Erk. (V. II.) v. 29. Oktbr. 1878 c. Tegtmeier (1019 II. Cr.).

Der Angeklagte, welcher nur die Concession als Speisewirth, nicht aber auch zum Ausschanke von Getränken besitzt, hat im März 1878 zu wiederholten Malen an seine Gäste Selterswasser zum Genuß auf der Stelle gegen Bezahlung verabreicht, ist jedoch von der wider ihn aus den §§ 33, 147 Nr. 1 der Bundes-Gew.-Ordn. v. 21. Juni 1869 erhobenen Anklage durch die gleichlautenden Erkenntnisse der Vorderrichter freigesprochen worden, weil der Begriff des Ausschanks nach der ihm im gemeinen Leben gegebenen Bedeutung, sich auf geistige Getränke, die eine berauschende Wirkung üben können, beschränke. Die vom OStA. wider das Appell.-Erk. wegen rechtsirrthümlicher Auslegung des Gesetzes eingelegte NB. mußte für begründet erachtet werden. Denn mag immerhin im gemeinen Leben unter einer Schankwirthschaft eine solche verstanden werden, in der vorzugsweise geistige Getränke zum Genuß auf der Stelle gewerbsmäßig verkauft werden, so ist der Begriff derselben doch keinesweges auf diese Art von Getränken beschränkt, umfaßt vielmehr alle Getränke, die auf der Stelle genossen werden und Gegenstand eines gewerbsmäßigen Verkaufes sind, wie Kaffee, Thee, Milch, insbesondere auch Mineralwasser aller Art, insofern die letzteren nicht bloß als Heilmittel, sondern, wie Selterswasser, des Wohlgeschmacks wegen oder zur Löschung des Durstes getrunken werden, wie solches in Betreff des Selterswassers schon in dem Erk. des Ob.-Trib. v. 16. Juni 1874 wider Wachsmann (RdOTr. Bd. 15. S. 403) ausgesprochen worden ist. Dem steht nicht entgegen, daß der § 33 der Gew.-Ordnung vom 21. Juni 1869 „Gastwirthschaft", „Schankwirthschaft" und „Kleinhandel mit Branntwein oder Spiritus" neben einanderstellt und es für zulässig erklärt, die Concession zu dem letzteren, sowie den Ausschank von Branntwein noch von einer Prüfung der Bedürfnißfrage abhängig zu machen. Es folgt daraus insbesondere nicht, daß die Schankwirthschaft sich auf solche berauschende Getränke beschränkt, die nicht

Branntwein oder Spiritus sind, und daß es daher zum gewerbsmäßigen Verkauf nicht berauschender Getränke zum Genusse auf der Stelle gar keiner Concession bedürfte; vielmehr beruht die Nothwendigkeit einer solchen auch bei diesen auf denselben Gründen, aus welchen der Verkauf zubereiteter Speisen (Speisewirthschaft als einer Species der Gastwirthschaft) der Einholung einer Concession unterliegt. Diese Gründe sind augenscheinlich gesundheitspolizeilicher Natur. Es wäre daher vollkommen abnorm, wenn man zwar die gewerbsmäßige Verabreichung zubereiteter Speisen, nicht aber auch die von Getränken aller Art einer polizeilichen Kontrole hätte unterwerfen wollen. —

Antr. d. GStA.: entgegen. [5.—3.]

Stempel. - Quittung. - Notarielle Beglaubigung.

Die amtliche und notarielle Beglaubigung der Unterschrift einer Quittung ist stempelpflichtig.

Ges. v. 24. Febr. 1869 Tarif Nr. 89; Fin.-Min.-Bekanntmachung v. 27. Febr. 1869; Ges. v. 26. März 1873 § 2.

Erk. (V. I.) v. 30. Oktbr. 1878 c. Matth. (942 I. Cr.).

Der in der Provinz Hannover angesessene Notar M. hat als solcher die Unterschrift des A. unter einer Urkunde beglaubigt, welche die Quittung über den Rückempfang eines Darlehns und die Einwilligung in die Löschung einer deshalb eingetragenen Hypothek enthält. Diese Beglaubigung ist nicht mit Stempel versehen und stützt sich darauf die Anklage gegen M. Er wird freigesprochen, weil die Fin.-Min.-Bekanntm. v. 27. Febr. 1869 bestimme, daß amtliche Atteste stempelfrei seien, wenn sie zu stempelfreien Verhandlungen erfordert werden; dazu aber nach dem Gesetz vom 26. März 1873 Nr. 7 die Quittungen gehörten, da es sie allgemein vom Stempel befreie und in Folge dieser Befreiung auch die den Quittungen hinzuzufügenden amtlichen und notariellen Atteste der Stempelfreiheit zu genießen hätten. Auf NB. der StA.-schaft vernichtete das Ob.-Tr.

Die NB. ist begründet. Es muß anerkannt werden, daß wenn der Berufungsrichter die Befreiung amtlicher und notarieller Atteste in Privatangelegenheiten, welche zu stempelfreien Verhandlungen erfordert werden, aus der Bekanntmachung des Königl. Finanzministers, v. 27. Febr. 1869 (Amtsbl. f. Hannover S. 157), betreffend Vorschriften über Befreiungen von der Stempelsteuer rc., auch in dem Falle herleitet, wo das Attest sich auf eine Quittung bezieht, deren Befreiung von der Stempelpflicht durch § 2 Ziffer 7 des Ges.'s vom 26. März 1873 (GS. S. 131) allgemein ausgesprochen ist, dieser Auffassung der Wortlaut der gedachten Bekanntmachung zur Seite stehen würde, sofern es sich um die vulgäre Bedeutung der gebrauchten Ausdrücke und nicht nm einen speziellen technisch juristischen Sinn derselben handelte. Dieses Letztere aber ist der Fall. Die Stempelgesetzgebung für Hannover, wie solche durch die Königl. Vdn. v. 19. Juli 1867 (GS. S. 1191) und das Gesetz v. 24. Febr. 1869 (GS. S. 366), anschließend an den Rechtszustand in den alten Landestheilen, geordnet ist, unterwirft der Stempelpflicht nicht schriftliche Verhandlungen jeder Art, sondern beschränkt dieselbe auf bestimmte in den Tarifen bezeichnete Verhandlungen, indem sie dabei theils den Inhalt des Schriftstücks, theils die Person oder Behörde, welche dasselbe ausstellt, zum Ausgangspunkt nimmt. Auf diese Weise scheiden eine Reihe von Schriftstücken, auch wenn sie, wie solches bei vielen einseitigen Rechtsgeschäften der Fall, an sich den Charakter von Urkunden tragen, aus dem Kreise der objektiven Stempelpflicht überhaupt aus. Mit diesen objektiv bei der Stempelsteuer nicht in Betracht kommenden schriftlichen Verhandlungen beschäftigt sich das Gesetz nicht und hat keine Veranlassung sich damit zu beschäftigen, so daß, wenn in jenen gesetzgeberischen Erlassen von „stempelfreien" oder „nicht stempelpflichtigen" Verhandlungen die Rede ist, die Vermuthung nahe liegt, daß darunter andere an sich innerhalb des gesetzlichen Rahmens fallende Verhandlungen gemeint sein müssen. — Dieses wird durch den Inhalt jener Gesetze vollkommen bestätigt. Dieselben statuiren nämlich eine Reihe von Exemtionen von der an und für sich begründeten Stempelpflicht, welche theils allgemein, wie diejenigen des § 3 der Kgl. Vdn. v. 19. Juli

1867 und des § 6 des Ges.'s v. 24. Februar 1869, nach gewissen sachlichen Gesichtspunkten verliehen sind, theils sich auf bestimmte im Tarif vorgesehene Verhandlungen beziehen und daselbst unter der betreffenden Position aufgeführt werden. Hierher gehören z. B. auch die zur Tarifposition 61 des Ges.'s v. 24. Februar 1869 in Abs. 1—4 enthaltenen Ausnahmen von der Stempelpflicht amtlicher und, zufolge der Nr. 89 daselbst, auch notarieller Atteste. — Ueberall aber in den zahlreichen Fällen, wo jene gesetzlichen Erlasse von „Stempelbefreiungen", „nicht stempelpflichtigen", oder „stempelfreien Verhandlungen", reden — vergl. Vdn. v. 19. Juli 1867 § 3 lit. f., § 4 letzter Abs., Tarif Nr. 4, 7, 12, 24 rc., und Gesetz v. 24. Februar 1869 § 6, und Tarif Nr. 59, 61, 62 rc. — werden darunter derartige konkrete Stempel-Exemtionen verstanden. Daß aber der Königliche Finanzminister in seiner Bekanntmachung vom 27. Febr. 1869 von der Sprache des Gesetzes nicht hat abweichen wollen, ergiebt die Betrachtung, daß bei einer Auslegung, wie sie die Instanzgerichte seinen Worten beilegen, eine Ueberschreitung seiner Zuständigkeit vorliegen würde. Denn durch § 3 lit. f. der Kgl. Vdn. v. 19. Juli 1867 und § 6 des Ges.'s v. 24. Febr. 1869 ist dem Kgl. Finanzminister nur gestattet, über Einführung noch weiterer Befreiungen von der Stempelpflicht in den Landestheilen, wofür diese Gesetzeserlasse bestimmt waren, insoweit zu befinden, als dieselben in den Landestheilen, wo das Gesetz wegen der Stempelsteuer v. 7. März 1822 gilt, zu Recht bestanden. Das Rescript des Königl. Finanzministers vom 22. Oktbr. 1827 III 16037 aber, welches die Grundlage für die Befreiung solcher amtlicher Atteste in den alten Landestheilen bildet, — vergl. Hoyer: Preuß. Stempelgesetzgebung II. Aufl. S. 333 Ziffer 3 —, hat nur eine konkret stempelpflichtige Verhandlung zum Gegenstande gehabt. Es ist auch nur konsequent, daß wenn der Gesetzgeber Veranlassung gefunden hat einer Verhandlung wegen ihres Zweckes und Gegenstandes die Stempelbefreiung zu bewilligen, welche ihr an und für sich nicht zustehen würde, auch diejenigen Atteste eximirt sein müssen, welche sich auf die Verhandlung beziehen, also dieselbe vorzubereiten, zu vervollständigen, zu erläutern oder zu bekräftigen bestimmt sind, überhaupt in einem sachlichen Zusammenhange damit stehen. Dagegen bleibt ein derartiges Attest ungeachtet seines materiellen Konnexes mit einer anderen Verhandlung formell vom Standpunkte des Stempelgesetzes aus eine selbständige, eine bestimmte Thatsache bekundende Verhandlung und die Voraussetzung für deren Befreiung trifft nicht zu, wenn die Verhandlung, womit sie in Beziehung steht, kein gesetzlich beabsichtigtes Privilegium genießt, sondern nur thatsächlich in den von der Stempelsteuer ergriffenen Gegenständen überhaupt nicht einbegriffen ist. Zu den konkret stempelfreien Verhandlungen aber, wovon diesen Ausführungen zufolge die Begünstigung amtlicher und notarieller Atteste abhängt, gehören die Quittungen seit Erlassung des Gesetzes vom 26. März 1873 (GS. S. 131) nicht mehr. Diese sind, soweit sie bis dahin überhaupt noch stempelpflichtig waren, dadurch ausnahmslos stempelfrei geworden, derart, daß sie von da an rechtlich den objektiv von der Stempelpflicht gar nicht betroffenen und niemals betroffen gewesenen Verhandlungen gleichstehen, worauf die Befreiungsvorschrift des Erlasses vom 27. Febr. 1869 überhaupt sich nicht bezieht. Aber selbst wenn den Quittungen die Qualität einer konkret stempelfreien Verhandlung einzuräumen wäre, würde daraus nicht folgen, daß einer unter einer solchen befindlichen Beglaubigung der Namensunterschrift des Ausstellers die Bedeutung eines Attestes beizulegen wäre, welches zu einer stempelfreien Verhandlung erfordert wird. Denn die Verhandlung, auf welche das Attest in einem solchen Falle sich bezieht, und zu welchem dasselbe erfordert wird, ist nicht die Quittung sondern die Namensunterschrift durch welche der Unterschreibende bekundet, daß das darüber bereits Geschriebene, oder, wie bei Blanketten, künftig noch darüber zu Schreibende, der Ausdruck seiner Willensmeinung sei.

deren Echtheit allein ist Gegenstand der Bescheinigung, nicht der Inhalt der darüber befindlichen Schrift, welchen die Behörde nicht zu kennen braucht und welcher ein ganz anderer sein und selbst ganz fehlen könnte, ohne daß dadurch der Inhalt des Attestes und dessen Beziehungslosigkeit zu dem sonstigen Schriftstück irgend welche Aenderungen erlitte.

Antr. d. GStA.: gleichl. [11.—2.]

Maaß- und Gewichts-Ordnung. Gewerbtreibende. – Ungestempelte Maaße oder Gewichte.

Im § 369 Nr. 2 des StGB.'s, welcher diejenigen Gewerbtreibenden mit Strafe bedroht, bei denen zum Gebrauche in ihrem Gewerbe geeignete Maaße oder Gewichte ohne Eichungsstempel vorgefunden werden, ist nicht jeder mit dem Gewerbe in irgend welcher Beziehung stehende Gebrauch, sondern nur der Gebrauch zum Zumessen und Zuwägen in dem mit dem betreffenden Gewerbe verbundenen öffentlichen Verkehr gemeint. Darunter fällt aber auch in einer Fabrik der Gebrauch beim Zuwägen der anzukaufenden Materialien.

StGB. § 369 Nr. 2 [n. 12]; Maaß- und Gewichts-Ordnung vom 17. August 1868 Art. 10; Vgl. RdOTr. 14. S. 370.

Erk. (B. II.) v. 31. Oktbr. 1878 c. Delhez (1030 II. Cr.).

In Erw., daß der § 369 Nr. 2 des StGB.'s insofern weiter greift, als der Art. 10 der Maaß- und Gewichts-Ordnung v. 17. August 1868, als er nicht erst das Zumessen und Zuwägen mit dem ungestempelten Maaße und Gewichte, also erst den Gebrauch derselben im öffentlichen Verkehre, sondern bei Gewerbetreibenden unter gewissen Voraussetzungen bereits den Besitz eines solchen Werkzeugs unter Strafe stellt;

daß gleichwohl im § 369 Nr. 2 cit. keine Aufhebung oder Modifikation des Art. 10 cit. erblickt werden kann, der erstere sich vielmehr lediglich als eine durch die Schwierigkeit des Nachweises des stattgehabten Gebrauchs zur Sicherung der Beobachtung des Art. 10 für geboten erachtete Präventivvorschrift darstellt;

daß daher als geeignet zum Gebrauche im Gewerbe im Sinne des § 369 Nr. 2 nicht schon jeder mit dem Gewerbe in irgend welcher Beziehung stehende Gebrauch eines ungestempelten Maaßes oder Gewichts verstanden werden, es sich vielmehr nur darum handeln kann, ob nach der Natur und dem Geschäftsgebrauch des im speziellen Falle vorliegenden Gewerbes das ungestempelte Werkzeug geeignet erscheint, in dem damit verbundenen öffentlichen Verkehr unter Verletzung des Art. 10 zum Zumessen und zum Zuwägen gebraucht zu werden;

daß der Beschuldigte nun eingewendet hat, daß er das in seiner Spinnerei, in welcher das ungestempelte Gewicht gefunden worden, gesponnene Garn nicht verkaufe, sondern zur eigenen Tuchfabrikation benutze, daß er überhaupt Nichts nach dem Gewichte verkaufe;

daß der Polizeirichter aber in seinen Gründen eine entsprechende Feststellung nicht getroffen, vielmehr die Auslassung des Beschuldigten nur dahin konstatirt hat, daß er das in seiner Spinnerei gesponnene Garn nicht verkaufe, sondern zur eigenen Tuchfabrikation benutze, sowie aus der Aussage des protokollirenden Gensd'armen nur soviel, daß er nicht zu bekunden vermöge, daß der Beschuldigte in seinem Etablissement den Verkauf seines Fabrikats betreibe, worunter nach der Verbindung dieses Satzes mit dem Vorhergehenden vom Polizeirichter umsomehr nur der etwaige Verkauf des in der Spinnerei fabrizirten Garnes gemeint sein kann, als der Gensd'arm unmöglich die Thatsache des Verkaufs der Produkte der Tuchfabrik hat in Zweifel ziehen können;

daß der Polizeirichter demnächst auch nur für nicht festgestellt erklärt, daß der Beschuldigte mit dem in seiner Spinnerei hergestellten Fabrikate überhaupt Handel treibe;

daß diese negative Feststellung aber nach dem oben Ausgeführten zur Ausschließung des Thatbestandes des

§ 369 Nr. 2 für ausreichend nicht erachtet werden kann, es vielmehr darauf ankam, ob das vorgefundene ungestempelte Gewicht zum Gebrauche in dem Gewerbebetrieb des Beschuldigten überhaupt geeignet war;

daß also, abgesehen davon, daß die Feststellung des Polizeirichters nur die Seite des Verkaufs der Fabrikate, nicht den Ankauf der Rohmaterialien in's Auge faßt, welcher unzweifelhaft einen Theil des Gewerbebetriebs im Sinne des § 369 Nr. 2 bildet, die Frage auch insofern weiter zu fassen war als erörtert werden mußte, ob nicht der Betrieb der Tuchfabrik und der Spinnerei als ein einziges zusammenhängendes Gewerbe des Beschuldigten zu betrachten war, und ob nicht eventuell, wenn nach der Natur und dem Geschäftsgebrauche bei dem Verkaufe der Produkte der Tuchfabrik ein Zuwägen auch nicht stattfinden sollte, in dem öffentlichen Verkehr der Tuchfabrik überhaupt, insbesondere beim Zuwägen der anzukaufenden Materialien, in der Spinnerei oder in irgend einem anderen Raume der zum Gewerbebetriebe dienenden Lokalitäten, das fragliche Gewicht gebraucht zu werden geeignet war.

Antr. d. GStA.: gleichl. [8.—4.]

Katholische Kirchenvorstände. - Staatlich verwaltetes Bisthum. - Aufforderung, die Correspondenz mit dem Staatskommissar zu verweigern.

1. Die Aufsichtsrechte des Bischofs über die Vermögensverwaltung der katholischen Kirchengemeinden stehen in einem Bisthum, das staatlich verwaltet wird, dem für diese Bisthumsverwaltung bestellten Staatskommissar und nicht der staatlichen Aufsichtsbehörde zu. Eine Aufforderung an die Kirchenvorstände, die Correspondenz mit dem Staatskommissar zu verweigern, stellt daher eine Aufforderung zum Ungehorsam gegen die Gesetze dar.

2. Die Bestrafung dieser Aufforderung aus § 110 des StGB.'s wird dadurch daß der Auffordernde

über die Auslegung der Gesetze nach der zu 1 gedachten Richtung zweifelhaft war, nicht ausgeschlossen.

StGB. § 110; Ges. v. 20. Mai 1874 § 9; Ges. v. 20. Juni 1875 § 58; Vgl. RdOTr. 18. S. 698.

Erk. (B. II.) v. 31. Oktbr. 1878 c. Demme (951 II. Cr.).

Daß unter der Staatsbehörde, auf welche die der bischöflichen Behörde in Bezug auf die Vermögensverwaltung der katholischen Kirchengemeinden gesetzlich zustehenden Befugnisse übergehen, in denjenigen Fällen, in welchen ein erledigtes Bisthum in Gemäßheit der §§ 6—9 des Ges.'s v. 20. Mai 1874 durch einen staatlichen Kommissar verwaltet wird, dieser Kommissar zu verstehen und derselbe daher auch zuständig ist die erforderliche schriftliche Auskunft über Vermögensangelegenheiten der Gemeinden von den Kirchenvorständen zu verlangen, ist von dem Ob.-Trib. bereits in dem Erkenntnisse v. 3. Novbr. 1877 wider v. Wilczek ausführlich dargethan. Die von den Instanzrichtern festgestellte Aufforderung des Angeklagten die Korrespondenz mit dem staatlichen Kommissar für die Vermögensverwaltung zu verweigern oder nur unter Protest zu führen, stellt daher objektiv eine Aufforderung zum Ungehorsam gegen die Gesetze v. 20. Mai 1874 und vom 20. Juni 1875 beziehungsweise gegen die auf Grund dieser Gesetze von der Obrigkeit innerhalb ihrer Zuständigkeit getroffenen Anordnungen, also eine nach § 110 des StGB.'s mit Strafe bedrohte Handlung dar. In subjektiver Beziehung genügt das Bewußtsein, daß die Aufforderung gegen Anordnungen der Behörde gerichtet ist, welche auf diesen Gesetzen beruhen. Daß die Interpretation des Gesetzes eine bestrittene war, ist dabei an sich von keiner Erheblichkeit, und der Appell.-Richter irrt rechtlich, wenn er lediglich aus diesem Grunde den Thatbestand des § 110 nicht für vorliegend erachtet. Es könnte in Frage kommen, ob die Entscheidung darüber, was Gesetz ist und was durch ein Gesetz geboten oder verboten wird, nicht ebenso dem subjektiven Ermessen entzogen ist wie die Entscheidung darüber, ob eine Verordnung rechtsgültig, eine Behörde zuständig, die Ausübung eines Amts (im Falle des § 113 des StGB.'s) rechtmäßig ist. Allein selbst in dem Falle, wenn der Dolus des Angeklagten auch das Bewußtsein ent- halten müßte, daß die Anordnung der Behörde eine dem Gesetze entsprechende sei, würde die Zweifelhaftigkeit der Auslegung des Gesetzes, auf welcher die Anordnung beruht, dem Angeklagten nicht zur Entschuldigung gereichen, vorausgesetzt nur, daß er sich dieser Zweifelhaftigkeit bewußt war. Denn wenn derselbe sich aller Zweifel ungeachtet zu der ihm zur Last gelegten Handlung entschlossen hat, so ist diese eine von ihm auch für den Fall, daß seine Auslegung des Gesetzes die unrichtige sei, gewollte und deshalb eine strafbare. So liegt aber hier die Sache. Der Angeklagte macht der erstrichterlichen Feststellung gegenüber in der Appellationsschrift nur geltend, daß das Gesetz zweifelhaft gewesen sei und es ihm daher freigestanden habe sich für diejenige Ansicht zu entscheiden, welche die Aufsichtsrechte des Bischofs nicht dem staatlichen Kommissar, sondern der staatlichen Aufsichtsbehörde beilege. Dies ist aber der Fall des dolus eventualis, welcher die Strafbarkeit der Handlung selbst nicht aufhebt, sondern nur bei Abmessung der Strafe in Betracht gezogen werden kann.

Antr. d. GStA.: gleichl. [19.—4.]

Konkurs. – Besonderer Vertrag. – Hingabe an Zahlungsstatt.

Die Hingabe an Zahlungsstatt bildet einen besonderen Vertrag im Sinne des

§ 309 der Konk.-Ordn. v. 8. Mai 1855; Vgl RdOTr. 12. S. 351; 17. S. 656 und 18. S. 491.

Erk. (Z. II.) v. 31. Oktbr. 1878 c. **Engelhardt** (908 II. Cr.).

Die NB. des Angeklagten, welche Verletzung des § 309 der Konkurs-Ordn. rügt, fußt auf der Annahme, daß die Hingabe an Zahlungsstatt nicht den in § 309 cit. gedachten Verträgen zuzuzählen sei. Die Beschwerde ist nicht begründet. Schon wiederholt ist der hier aufgestellten irrthümlichen

Annahme in der Rechtsprechung des Ob.-Tr. mit der Ausführung begegnet worden, daß ein jedes Rechtsgeschäft, durch welches die Befriedigung in einer nicht schon durch das ursprüngliche Forderungsverhältniß festgestellten Weise vermittelt wird, als ein besonderer Vertrag im Sinne des § 309 sich darstellt, und daß insbesondere auch die Hingabe an Zahlungsstatt, welche an die Stelle der Baarzahlung die Befriedigung durch Uebergabe einer Sache setzt, hierher gehört. Die Richtigkeit dieser Ausführung unterliegt keinem Zweifel und findet namentlich ihre Widerlegung auch nicht in dem imploratorischen Hinweis auf die Bestimmungen des § 1 Tit. 5 und § 235 Tit. 16 Th. I des ALR.'s. Die Offerte des Schuldners an den Gläubiger, das bestehende Schuldverhältniß an Stelle der ursprünglich vorgesehenen Baarzahlung durch Hingabe einer Sache als gelöst zu betrachten, und die Annahme dieser Offerte Seitens des Gläubigers, enthält eine die Existenz eines Rechtsverhältnisses bestimmende Willenseinigung, welche das eigentliche Wesen des Vertrags ausmacht.

Antr. d. GStA.: gleichl. [7.—4.]

Hohenzollern-Sigmaringen. – Geschwister eines Mitbeschuldigten. – Eidliche Vernehmung als Zeuge?

1. In Hohenzollern-Sigmaringen gelten darüber, welche Personen als Zeugen vernommen und vereidet werden dürfen, die Bestimmungen der Badischen Strafprozeßordnung vom 6. März 1845.

2. Nach denselben können die Geschwister auch eines Mitbeschuldigten nur uneidlich vernommen werden.

Bad. Strafprozeßordnnng v. 6. März 1845 § 149; Hohenzollern-Sigmaringsches Gesetz v. 18. Oktbr. 1848 § 1; Ges. über die Gerichtsorganisation 2c. in den Fürstenthümern Hohenzollern vom 30. April 1851 § 2 Nr. 3; Vdn. v. 3. Jan. 1849 § 22 Abs. 1

Erk. (Z. II.) **v. 31. Oktbr. 1878 c. Flöß** (926 II. Cr.).

In der ersten Beschwerde rügt Implorant, daß, des

gestellten Antrages ungeachtet, eine Beeidigung des Entlastungszeugen C. Sp., eines Bruders des Mitangeklagten C. Sp., nicht Statt gefunden habe. Diese Beeidigung sei nach § 149 der Bad. StPO. vom Jahre 1845 insoweit, als sich die Aussage des Zeugen auf ihn, den Mitangekl. F., beziehe, in welcher Beschränkung sie auch nur beantragt worden, zulässig gewesen. Die Beschwerde ist unbegründet. § 1 des Hohenz.-Sigmaringschen Ges.'s v. 18. Oktbr. 1845 hat die Badische StPO. in dem Fürstenthum Hohenzollern-Sigmaringen eingeführt, und dieselbe galt daselbst als bestehendes Recht zur Zeit, als die Vdn. v. 30. April 1851 bestimmte, daß die Vdn. v. 3. Jan. 1849 mit dem 1. Jan. 1852 in den Hohenzollernschen Landen in Kraft trete. Wenn nun § 22 der Vdn. v. 3. Jan. 1849 festsetzt, daß die bestehenden gesetzlichen Vorschriften darüber, welche Personen als Zeugen vernommen und vereidet werden dürfen, ferner maßgebend bleiben, so kann für die Hohenzollernschen Lande unter den vorstehend gedachten gesetzlichen Vorschriften nur die Badische StPO. verstanden werden. Eine gleiche Auslegung hat § 22 Abs. 1 cit. für Neu-Vorpommern und Rügen rücksichtlich des dort gelteuden gemeinrechtlichen Strafprozesses wiederholt in der Rechtsprechung des Ob.-Tr.'s gefunden. Die sonach in der hier fraglichen Beziehung maßgebende Badische StPO. bestimmt aber im § 149 ausdrücklich, daß Geschwister eines Angeschuldigten „oder eines Mitangeschuldigten", wenn sie sich wollen vernehmen lassen, nur unvereidigt vernommen werden sollen.

Antr. d. GStA.: gleichl. [7.—4.]

---

1. Beleidigung. - Zwischen Ehegatten.
2. Oeffentliche Beleidigung. - Postkarte.

1. Beleidigungen zwischen Ehegatten sind nicht straflos.

StGB. § 185 [n. 8]; Vgl. Goltd. Arch. 4. S. 393 und Strieth. Arch. 37. S. 42.

2. Eine in einer Postkarte enthaltene Beleidigung ist „öffentlich" zugefügt.

StGB. § 200 [n. 4]; Vgl. RdOTr. 13. S. 549; 16. S. 77 und 18. S. 136.

Erk. (Z. II.) v. 31. Okt. 1878 Meißner c. Meißner (1026 II. Cr.).

Die erste NB. bestreitet, daß unter Ehegatten eine Strafklage aus § 185 des StGB.'s statthaft sei. Die Beschwerde ist nicht begründet.

1. Es rechtfertigt sich die Annahme, daß das StGB. die Strafverfolgung aus § 185 unter Ehegatten nicht für ausgeschlossen betrachtet wissen wollte, direkt aus dem Umstande, daß dasselbe eine gleiche Bestimmung, wie sie § 247 Abs. 2 aufweist, bezüglich der Ehrverletzungen nicht getroffen hat.

2. Ueberdies treffen die von dem Imploranten für seine Annahme geltend gemachten Bestimmungen des römischen Rechtes, wonach die actio injuriarum als eine actio famosa betrachtet wurde — l. 1 (3. 2.) — derartige Klagen aber unter Eheleuten während bestehender Ehe nicht zulässig waren — c. 2. (5. 21.) — heutigen Tages, wo an die Injurienklage die Folge der Infamie sich nicht knüpft, nicht mehr zu.

Unbegründet ist auch die zweite Beschwerde. Da eine der Post offen übergebene Correspondenzkarte der unbehinderten Kenntnißnahme des bei der Expedition und Beförderung thätigen Postpersonals, sowie namentlich auch der Hausgenossen des Adressaten sich unterbreitet, so bedarf es bei der aus dieser Beförderungsweise sich ergebenden Wahrscheinlichkeit, daß die in der Postkarte enthaltene Beleidigung in weiteren Kreisen Verbreitung finde, nicht noch einer speciellen Feststellung dahin, daß die Postkarte in Wirklichkeit auch von Dritten gelesen worden sei. Auch ohne diese ausdrückliche Feststellung ist vielmehr eine, in einer offen zur Post gegebenen Postkarte enthaltene Beleidigung als eine „öffentlich" zugefügte zu betrachten.

Antr. d. GStA.: gleichl. [7.—4.]

Polizeiverordnung. – Hunde. – Gestempelte Maulkörbe.

Im Sinne der Polizeiverordnung der Regierung zu Düsseldorf v. 13. Juli 1870, welche vorschreibt, daß jeder zum Anspannen benutzte Hund mit einem durch die Ortspolizeibehörde des Eigenthümers gestempelten Maulkorb versehen sein muß und hinzufügt, daß die Maulkörbe von Blech oder Eisendraht verfertigt und in einer näher angegebenen Weise eingerichtet sein müssen, hat die letztgedachte Bestimmung über die Maulkörbe nur die Bedeutung einer Instruktion für die zur Abstempelung berufene Polizeibehörde und kommt es für die Strafbarkeit lediglich darauf an, ob der Maulkorb gestempelt ist oder nicht.

Pol.-Vdn. d. Regier. zu Düsseldorf v. 13. Juli 1870 (A. B. Düsseldorf 1870 S. 247).

Erk. (V II.) v. 31. Oktbr. 1878 c. Ortmann (855 II. Cr.).
Antr. d. GStA.: gleichl. [8.—4.]

Branntweinsteuer. – Verantwortlichkeit. – Brennereitreibender. – Verwalter?

1. Bei Zuwiderhandlungen gegen die Branntweinsteuergesetze ist, wenn nicht ein unabwendbarer Zufall oder die Schuld eines Anderen ausgemittelt ist, der Brennereitreibende verantwortlich.

2. Das ist derjenige, der die Brennerei selbständig betreibt. Insbesondere fällt darunter nicht der von dem eigentlichen Gewerbtreibenden bestellte Verwalter, selbst wenn derselbe die Betriebspläne unterschreibt.

Steuer-Ordn. v. 8. Febr. 1819 §§ 60 und 83; Regul. v. 1. Dezbr. 1820 §§ 3 und 5; AKO. v. 10. Januar 1824; Ges. v. 21. Septbr. 1860 § 2; Reichsges. v. 8. Juli 1868 § 1; Vgl. RbOTr. 15. S. 165 und 345; 17. S. 195 und 18. S. 405.

Erk. (Z. II.) v. 31. Oktbr. 1878 c. Schnorrenpfeil (1022 II. Cr.).

Es handelt sich nach den Entscheidungen der Vorderrichter um einen Fall, wo der Thäter der in der Brennerei auf der Domaine P. vorgekommenen, und eine Defraudation darstellenden Zuwiderhandlung gegen die Steuergesetze, nicht ermittelt ist. Nach der feststehenden Jurisprudenz des Kgl. Ob.-Tr. ist die Verantwortlichkeit des Brennereitreibenden nicht schon deshalb ausgeschlossen, weil er die Handlung oder Unterlassung, welche eine Uebertretung der Vorschriften jener Gesetze enthält, nicht selbst begangen oder veranlaßt hat. Straflosigkeit tritt vielmehr nur ein, wenn die Ordnungswidrigkeit durch einen nicht vorherzusehenden und nicht abzuwendenden Zufall veranlaßt worden ist, sowie nach den Bestimmungen des Bundesgesetzes vom 8. Juli 1868, wenn der eigentlich Schuldige ein Verwalter oder Gewerbsgehülfe ist, bei dessen Anstellung und Beaufsichtigung, oder ein auf den Gewerbebetrieb Einfluß übender Hausgenosse, bei dessen Beaufsichtigung der Brennereitreibende nicht fahrlässig gewesen ist. Wird diesem eine solche Fahrlässigkeit nachgewiesen, so haftet derselbe auch in diesem Falle allerdings nur subsidiarisch für die von dem eigentlich Schuldigen wegen Unvermögens nicht beizutreibende Geldstrafe. Nach der Judikatur des Obertribunals bildet hiernach die prinzipale Verantwortlichkeit des Brennereitreibenden die Regel und soll überall Platz greifen, wo nicht ein unabwendbarer Zufall, oder die Schuld eines Anderen ausgemittelt ist. Allein der App.-Richter hat unter den von ihm festgestellten Umständen mit Recht angenommen, daß der Angeklagte diejenige Person **nicht** sei, welcher nach den obwaltenden Verhältnissen jene prinzipale Verantwortlichkeit zur Last fällt. Wenn es richtig sein mag, daß wie der Appell.-Richter annimmt, unter allen Umständen eine Persönlichkeit vorhanden sein muß, welche für die Zuwiderhandlungen gegen die Steuergesetze verantwortlich ist, so kann diese Nothwendigkeit doch den Angeklagten mit dieser Verantwortlichkeit nicht belasten, wenn dieselbe gegen ihn aus den Gesetzen nicht begründet zu werden vermag. Nach der Steuerordnung v. 8. Febr. 1819 § 60 und § 83, ist der Branntweinbrenner, resp. derjenige die verantwortliche Person, welcher die Brennerei als Gewerbe betreibt. Das interimistische Regulativ v. 1. Dezbr. 1820, welchem durch die AKO. v. 22. Juni 1822 Gesetzeskraft beigelegt worden, spricht nur von dem Brennerei-Inhaber — cf. §§ 3 u. 5 —. Auch die AKO. v. 10. Jan. 1824 wegen definitiver Einführung der Maischsteuer hat nur den gewerbsmäßigen Branntweinbrenner im Auge. Das Gesetz wegen Abänderung des § 83 der Steuerordnung v. 8. Febr. 1819 und der Deklarationen v. 6. Oktbr. 1821, v. 21. Septbr. 1860 legt die subsidiarische Verantwortlichkeit für Gesinde, Diener, Gewerbegehülfen, im § 2 demjenigen auf, der Brauerei als Gewerbe, Branntweinbrennerei 2c. betreibt. Alle diese Bezeichnungen setzen einen selbständigen Gewerbebetrieb voraus. Unter keine derselben fällt der Angeklagte, welcher nach den Feststellungen des App.-Richters nur zum Administrator, Verwalter der Domaine P. bestellt ist, während an der Spitze der Gutsverwaltung der Direktor der landwirthschaftlichen Akademie, als unmittelbarer Vorgesetzter des Administrators steht, und Letzterer von dem Direktor nicht nur seine Instruktionen über die Wirthschaftsführung im Allgemeinen zu empfangen hat, sondern auch verpflichtet ist, dessen Anordnungen hinsichtlich der Ausführung des Wirthschaftsplanes zu befolgen. Daß der Umstand, daß der Angeklagte den Betriebsplan für die P.'r Brennerei pro Monat November 1876 durch seine Unterschrift vollzogen hat, mit Rücksicht darauf, daß er hierbei nicht als der eigentliche Gewerbetreibende und nicht in seinem eigenen Namen gehandelt hat, seine Verantwortlichkeit nicht begründen könne, hat bereits der Appell.-Richter zutreffeud ausgeführt. Auch das Reichsgesetz vom 8. Juli 1868, betreffend die subsidiäre Haftung des Brennerei Unternehmers für Zuwiderhandlungen gegen die Branntweinsteuergesetze durch Verwalter, Gewerbsgehülfen und Hausgenossen stellt im § 1 den Brennereibetreibenden außer den Gewerbegehülfen, namentlich auch die Verwalter als diejenigen gegenüber, für deren Uebertretungen der Branntweinsteuergesetze der Erstere unter den, im Gesetze näher bestimmten Umständen subsidiarisch haften müsse. Hiernach kann also der Verwalter gleich den übrigen Gewerbegehülfen immer nur dann in Anspruch genommen werden, wenn er der „eigentlich Schuldige" im Sinne des § 1c. ist, nicht auch subsidiarisch für das übrige Brennereipersonal, also auch, unter Verhältnissen, wie die hier festgestellten, um so weniger selbstverständlich als Vertreter des Branntweinbrenners principaliter.

Antr. d. GStA.: gleichl. [8.—4.]

Unterschlagung. - Fremde Sache? - Beendigung der Pachtzeit. - Hängende Früchte. - Eigenthum des Verpächters.

Nach Allgem. Landrecht gehören die bei Beendigung der Pachtzeit hängenden noch nicht reifen Früchte dem Verpächter und begeht derselbe sonach durch deren Aneignung keine Unterschlagung.

StGB. § 246; ALR. Th. I Tit. 9 § 221 und Tit. 21 § 259; Vgl. Entscheid. 39. S. 153.

Erk. (B. II.) v. 31. Oktbr. 1878 c. Starkloff (930 II. Cr.).

Der Angeklagte hat gegen seinen Pächter wegen Nichtzahlung der Pacht auf Grund desfallsiger Bestimmung des Pachtvertrages Urteil auf Räumung erwirkt und demnächst, nachdem er sich inzwischen für seine Pachtforderung anderweitig bezahlt gemacht hatte, aus dem betreffenden Grundstück die von dem Pächter während der Pachtzeit gesetzten, bei Erlaß des Räumungsurteils noch nicht reifen, Kartoffeln ausgemacht und für sich verkauft.

Die Instanzgerichte verurteilten auf Grund dessen, daß nach § 221 Th. I Tit. 9 ALR. die Früchte gleich bei ihrem Entstehen Eigenthum desjenigen sind, welcher das Nutzungsrecht an der fruchttragenden Sache hat, wegen Unterschlagung.

Auf NB. des Angeklagten hat das Ob.-Trib. vernichtet und freigesprochen. Gründe:

Die Instanzrichter haben auf Grund des § 221 Tit. 9 Th. I des ALR.'s angenommen, daß die Kartoffeln, welche sich der Angeklagte zugeeignet, Eigenthum des Pächters gewesen seien. Sie haben dabei indessen übersehen, daß die Auseinandersetzung zwischen dem Verpächter und dem Pächter bei Beendigung der Pacht sich nicht nach diesem Gesetze sondern nach den Bestimmungen des Tit. 21 Th. I des ALR.'s richtet, und daß danach der Pächter, dem nach § 259 d. T. die Nutzung des gepachteten Grundstücks nur für die Dauer der Pachtzeit zusteht, die bei deren Beendigung noch nicht zur Reife gediehenen Früchte dem Verpächter zu überlassen hat, wie umgekehrt der Pächter Eigenthümer der bei Beginn der Pacht bereits entstandenen, aber noch nicht reifen Früchte geworden ist. Da nun der Pächter nach der Feststellung der Instanzrichter durch Erkenntniß vom 9. August 1877 zur sofortigen Räumung des Pachtackers und zur Einwilligung in die anderweite Verpachtung desselben verurteilt, damit aber die Beendigung des bestehenden Pachtverhältnisses ausgesprochen worden, so sind mit diesem Zeitpunkte auch die weiteren Nutzungen des verpachteten Ackers an den Angeklagten als den Verpächter zurückgefallen. Allerdings sind damit die Ansprüche des Pächters auf die ihm etwa zustehenden Vergütungen — § 597 seq. Th. I Tit. 21 des ALR.'s — nicht erledigt; aber jedenfalls waren die in dem verpachteten, von dem Angeklagten wieder in Besitz genommenen, Acker noch befindlichen, zur Zeit noch unreifen Kartoffeln nach dem ergangenen Erkenntnisse für den Angeklagten keine fremde Sache mehr.

Antr. d. GStA.: gleichl. [19.—4.]

Gewerbepolizeiübertretung. - Gewerbesteuervergehen. - Konkurrenz. - Relative Rechtskraft.

Bei Aburteilung einer Gewerbepolizei-Uebertretung ist der App.-Richter nicht behindert ein damit konkurrirendes Steuerdelikt in Betracht zu ziehen, sollte auch der erste Richter ein solches Steuervergehen nicht angenommen und seiner Entscheidung zu Grunde gelegt haben.

Allg. R.-Gew.-Ordn. v. 21. Juni 1869 § 147.

Erk. (V. I.) v. 1. Novbr. 1878 c. Brand (761 I. Cr.).

Der erste Richter hat keineswegs wie ihm der App.-Richter unterlegt, die von ihm nicht festgestellte Zuwiderhandlung gegen die Steuergesetze ungeachtet der Negativ-Feststellung insoweit zur Geltung gebracht, daß er dieselbe bei Abmessung der Strafe als Strafschärfungsgrund herangezogen hätte. Er hat vielmehr für die von ihm festgestellte Gewerbepolizei-Kontravention als solche die Strafe innerhalb der Grenzen des § 147 der Gew.-Ordn. v. 21. Juni 1869 ohne Rücksicht auf ein konkurrirendes Steuerdelikt, abgemessen, und war befugt, innerhalb jener Grenzen selbst ein Strafmaß zu wählen, welches höher ist als die Steuerstrafe, wenn eine solche als verwirkt angenommen werde. Dagegen hat der App.-Richter die erkannte Herabsetzung der Strafe rechtsirrthümlich begründet, da er zu dieser Herabsetzung nach seiner Ausführung nicht gelangt wäre, wenn schon der erste Richter die Konkurrenz des nach der Annahme des App.-Richters vorliegenden Steuervergehens festgestellt und wegen desselben verurteilt hätte, sich jedoch, da dies nicht der Fall, durch die relative Rechtskraft verhindert glaubt, die Konkurrenz des Steuerdelikts zu berücksichtigen. Es liegt hierin eine Verkennung des Begriffes der relativen Rechtskraft. Diese hat, wie bereits in zahlreichen Entscheidungen des Königl. Ob.-Tr.'s nachgewiesen ist, nur die Wirkung, daß der zweite Richter gehindert wird, auf eine höhere Strafe zu erkennen, als in erster Instanz geschehen ist. Sie steht aber einer anderweiten, selbst schwereren Qualifikation der zur Beurteilung stehenden Strafthat nicht entgegen und hat ebensowenig die Wirkung, daß der App.-Richter verhindert würde, Strafzumessungsgründe, welche der erste Richter nicht für festgestellt erachtet hat, seinerseits für die Beurteilung des Strafmaßes in Betracht zu ziehen. In den Fällen des § 147 der Gew.-Ordn. aber hat die Konkurrenz eines mit der Polizei-Kontravention gleichzeitig zur Aburteilung gelangenden Steuervergehens nur die Bedeutung eines gesetzlichen Strafzumessungsgrundes und die relative Rechtskraft des ersten Urteils konnte daher den App.-Richter nicht hindern, die Begriffserfordernisse des Steuervergehens zu prüfen und eventuell festzustellen.

Antr. d. GStA.: gleichl. [12.—3.]

Diebstahl. - Erbrechen. - Behältniß.

Unter einem Behältnisse im Sinne des § 243 Nr. 2 des StGB.'s ist jede verschließbare Räumlichkeit zu verstehen, welche entweder eine selbständige bewegliche Sache darstellt oder einen abgesonderten Theil eines Gebäudes bildet.

StGB. § 243 Nr. 2.

Erk. (Z. I.) v. 1. Novbr. 1878 c. Manitzki (877 I. Cr.).

Der Angeklagte hatte Gegenstände aus der verschlossenen Hinterstube eines Hauses gestohlen und war unter der Feststellung, daß er den Diebstahl mittelst Erbrechens eines Behältnisses verübt habe aus § 243 Nr. 2 des StGB.'s zu Strafe verurteilt. Seine NB. rügte Gesetzesverletzung, weil ein verschlossenes Zimmer der Theil eines Gebäudes, aber kein Behältniß im Sinne des § 243 Nr. 2 des StGB.'s sei. — Zurückweisung. Gründe:

Daß der Appell.-Richter hierbei die festgestelltermaßen erbrochene Hinterstube der K.'schen Wohnung unter den Begriff der im § 243 Nr. 2 cit. erwähnten „Behältnisse" subsumirt hat, kann für rechtsirrthümlich nicht erachtet werden. Denn unter „Behältniß" im Sinne dieses Gesetzes ist jede verschließbare Räumlichkeit zu verstehen, welche entweder eine selbständige bewegliche Sache darstellt, oder einen abgesonderten Theil eines Gebäudes bildet.

Antr. d. GStA.: gleichl. [15.—3.]

---

1. Nachdruck. - Specialgesetz. - Strafgesetzbuch. - Allgemeine Bestimmungen. - Antragsfrist.
2. Antrag. - Strafverfolgung. - Einziehung.

1. Die im allgemeinen Theile des Strafgesetzbuches enthaltenen Bestimmungen finden auch auf die in Kraft erhaltenen Specialgesetze Anwendung, in-

soweit diese nicht besondere Bestimmungen enthalten. Die im Strafgesetzbuche bestimmte Antragsfrist greift daher auch bei solchen Specialgesetzen Platz, die zur Strafverfolgung einen Antrag erfordern ohne eine Frist dafür zu bestimmen.

StGB. § 61; Einf.-Ges. § 2.

2. Die Einziehung der durch strafbare Nachbildung geschaffenen Werke ist durch einen Strafantrag des Berechtigten bedingt.

Ges. v. 11. Juni 1837 §§ 12, 16, 10, 13, 30; StGB. §§ 40, 41, 42.

Erk. (B. I.) v. 1. Novbr. 1878 c. Schulze (772 I. Cr.).

Der Angeklagte hatte ein fremdes Kunstwerk durch Xylographie vervielfältigt, war in erster Instanz wegen fehlenden Strafantrages außer Verfolgung gesetzt, dieses Erkenntniß aber auf Appellation der StA. insoweit abgeändert, als auf Einziehung der gefertigten Exemplare, Platten und Formen erkannt wurde. Auf die NB. des Angeklagten hat das Ob.-Trib. das erste Erkenntniß wieder hergestellt. Gründe:

Der App.-Richter hat die Annahme des ersten Richters, daß der Strafantrag nicht rechtzeitig gestellt und deshalb die Strafverfolgung unzulässig sei, bezüglich der Frage nach der Entscheidung über die Konfiskation (Einziehung) des nachgebildeten Kunstwerks aus zwei selbständigen Gründen reprobirt: 1. weil eine Antragsfrist (nicht, wie sie der App.-Richter unrichtig bezeichnet, eine „Verjährungsfrist") für die nach dem Ges. v. 11. Juni 1837 zu beurteilenden Nachbildungen überhaupt nicht bestehe, insbesondere die Anwendung der §§ 61 bis 65 des StGB.'s auf diese Fälle ausgeschlossen sei, 2. weil die Frage der Konfiskation, ohne Rücksicht auf den Ablauf der Antragsfrist, selbständig nach §§ 40—42 des StGB.'s beurteilt werden müsse. Diese Gründe stehen mit einander in Widerspruch und jeder derselben ist auch an und für sich rechtsirrthümlich. Der Widerspruch zeigt sich darin, daß die Bestimmungen des allgemeinen Theils des StGB.'s bei dem ersten Grunde für ausgeschlossen, bei dem zweiten für anwendbar erklärt werden, während die rechtliche Beurteilung in Betreff der §§ 61ff. einerseits, der §§ 40ff. andererseits nothwendig auf derselben Grundlage beruhen muß. Wäre die Ansicht begründet, daß die §§ 61ff. unanwendbar seien, weil die Materie des Nachdrucks in dem StGB. nicht behandelt ist und das Gesetz vom 11. Juni 1837 eine selbständige Bestimmung über den Antrag enthält, eine Frist für denselben aber nicht festsetzt, so würde dieselbe Argumentation auch für die Anwendbarkeit der §§ 40ff. zutreffen, da das Ges. v. 11. Juni 1837 auch über die Konfiskation (Einziehung) Bestimmungen enthält — §§ 10, 12, 13, 30 a. a. O. — und daher auch in dieser Beziehung die allgemeinen Bestimmungen des StGB.'s ausgeschlossen sein würden. Jene beiden Gründe sind aber auch an und für sich rechtlich unhaltbar. Die im allgemeinen Theile des StGB.'s enthaltenen Bestimmungen finden auch anf die nach § 2 des Einführungsgesetzes in Kraft gebliebenen Specialgesetze Anwendung, insoweit diese nicht besondere Bestimmungen enthalten. Die im § 61 des StGB.'s ausgesprochene Beschränkung des Antragsrechts auf eine bestimmte Frist ist daher auch für solche Spezialgesetze maßgebend, welche ein Antragsrecht für die in ihnen vorgesehenen Delikte zwar eingeführt, die Ausübung desselben aber an eine Frist nicht gebunden haben. Er ist daher auch in den Fällen des Ges.'s v. 11. Juni 1837 anzuwenden. Was sodann die §§ 40—42 des StGB.'s anlangt, so hat der Implorant mit Recht hervorgehoben, daß der Thatbestand eines vorsätzlichen Vergehens vorliegend nicht festgestellt sei und daher schon aus diesem Grunde die Voraussetzung des § 40 a. a. O. fehle. Es kommt aber hinzu, daß die Bezugnahme auf § 42 a. a. O. die auf Einziehung gerichteten Maßregeln ohne Stellung eines rechtzeitigen Antrags dann nicht begründen kann, wenn im Gesetze nicht nur die Strafverfolgung einer Person, sondern die Maßregel der Einziehung selbst von einem Antrage abhängig gemacht ist, wie dies (vgl. §§ 12, 16) des Ges.'s v. 11. Juni 1837) bei dem

Vergehen des Nachdrucks unter der Herrschaft des Gesetzes von 1837 der Fall ist. Hiernach unterliegt das angefochtene Urteil der Vernichtung. In der Sache selbst ist zu prüfen, ob der Antrag von dem Berechtigten und ob er rechtzeitig gestellt ist. Was die erste Frage anlangt, so ist die Berechtigung des von W. zur Stellung des Antrags nicht bedenklich. Die Ausführung des Imploranten, daß es sich nicht um Nachbildung der von dem von W. herrührenden Zeichnung, sondern um die Nachbildung einer Photographie derselben handele, steht mit den Feststellungen der Instanzrichter, in denen ein Rechtsirrthum nicht zu finden ist, im Widerspruch. Das Urheberrecht aber hatte von W. nur in Bezug auf photographische Nachbildungen abgetreten, nicht in Bezug auf eine Nachbildung durch das Mittel der Xylographie, die hier in Frage ist. Dagegen ist nicht anzunehmen, daß der Antrag rechtzeitig gestellt sei. Aus den in dem ersten Urtel hervorgehobenen thatsächlichen Umständen ist als unbedenklich festgestellt anzunehmen, daß von W. bereits am 13. Januar 1876 von der Handlung und von der Person des Thäters Kenntniß gehabt hat. Da nun der Antrag erst am 31. Mai 1876 bei der Kgl. StA.-schaft eingegangen ist, so war die Strafverfolgung wegen Versäumung der Antragsfrist unzulässig, und dies gilt, wie vorher bereits nachgewiesen ist, nicht nur von der Strafverfolgung gegen die Personen der Thäter, sondern auch von der Frage der Einziehung.

Antr. d. OStA.: Vernichtung. [12.—3.]

Viehseuche. - Aufsichtsmaßregel. - Viehkontrole.

Damit eine von der Bezirksregierung erlassene Anordnung — in specie eine Viehkontrole — als Aufsichtsmaßregel zur Verhütung des Einführens oder Verbreitens einer Viehseuche anzusehen sei, genügt es, daß sie sich selbst als zu diesem Zweck erlassen bezeichnet.

StGB. § 328 [n. 3].

Erk. (Z. II.) v. 7. Novbr. 1878 c. Bawah & Gen. (1020 II. Cr.).

Unrichtig angewendet soll § 328 cit. aus dem Grunde sein, weil die angeordnete Hornvieh-Kontrole sich nicht als eine Aufsichtsmaßregel im gesetzlichen Sinne darstelle. Als eine solche betrachten Imploranten nur diejenige Anordnung, welche unmittelbar die Uebertragung des Krankheitsstoffes von den inficirten Gegenständen auf gesunde zu verhindern bezweckt. Für diese engere Deutung findet sich in dem Gesetz kein Anhaltspunkt, vielmehr schließt die gesetzliche Umschreibung des Begriffs von „Aufsichtsmaßregel", welche als solche allgemein jede Maßnahme bezeichnet, die „zur Verhütung des Einführens oder Verbreitens von Viehseuchen angeordnet worden ist," diese Begriffseinschränkung geradezu aus. Demnach und da weiterhin selbstverständlich das Gericht nicht auf die Frage eingehen kann: ob die angeordnete Maßnahme sich zur Verhütung der Verbreitung einer Viehseuche dienlich erweist, ist nur der Inhalt der ergangenen Regierungs-Verordn. als entscheidend zu betrachten, und diese bestimmt ausdrücklich, daß die Hornvieh-Kontrole als eine Maßregel angeordnet werde „zur Unterdrückung der im diesseitigen Bezirke ausgebrochenen Rinderpest", und hebt schließlich noch hervor, daß ein Zuwiderhandeln gegen diese Anordnung unter die Strafbestimmung des § 328 des StGB.'s falle.

Antr. d. GStA.: gleichl. [7.—4.]

Contrebande. – Einfuhrverbot zur Abwehr von Viehseuchen. – Strafen – Rechtsmittel der Zollbehörde.

1. Wer ein zur Abwehr von Viehseuchen erlassenes Einfuhrverbot übertritt, ist aus dem § 328 des StGB.'s mit Gefängniß und daneben aus dem § 134 des Vereinszollgesetzes mit Konfiskation des eingeführten Viehs zu bestrafen.

StGB. § 328; V.-Zollges. v. 1. Juli 1869 § 134; Sic.: Vgl. RbOTr. 3. S. 549; 4. S. 358; 8. S. 631 und 15. S. 856.

2. Ist in einem solchen Falle auf Anklage der Staatsanwaltschaft in erster Instanz freigesprochen worden, so kann von der Zollbehörde Appellation ergriffen und dann in zweiter Instanz der Angeklagte neben der Konfiskation zu Geldstrafe aus § 134 des Vereinszollgesetzes verurteilt werden.

Ges. v 3. Mai 1852 Art. 135ff.; Contra für einen ähnlichen Fall: RbOTr. 15. S. 47.

Erk. (Z. II.) v. 7. **Novbr.** 1878 c. **Weczerek** (902 II. Cr.).

Durch die Verordnungen der Kgl. Regierung zu O. vom 31. Juli 1876 und vom 3. Mai 1877 ist zur Verhütung der Rinderpest für den ganzen Umfang des dortigen Regierungsbezirks die Einfuhr von Rindvieh jeder Art über die Landesgrenze nach Preußen unter Androhung der Strafe des § 328 des StGB.'s untersagt. Der Theilnahme an einer Zuwiderhandlung gegen dieses Verbot angeklagt, war der Ueberfährer Joseph W. vom ersten Richter, dem Kgl. Kreisgerichte zu R., in dessen Sitzung v. 20. Febr. 1878 wegen unzureichenden Beweises freigesprochen worden. Auf die vom Kgl. Provinzial-Steuer-Direktor zu B. eingelegte Appellation ist dieses Erkenntniß jedoch vom zweiten Richter, dem Krim.-Senat des Kgl. App.-Gerichts zu R., in dessen Sitzung v. 13. Juni 1878 eines Formfehlers wegen aufgehoben, und demnächst nach erfolgter Wiederholung des in erster Instanz aufgenommenen Beweises in der Sache selbst vom App.-Richter dahin erkannt worden: daß der Angeklagte der Theilnahme an einer Contrebande schuldig und deshalb mit Konfiskation der contrebandirten beiden Kühe und mit einer Geldstrafe von 300 Mark, im Unvermögensfalle mit 30 Tagen Gefängniß zu bestrafen, auch gehalten die Kosten beider Instanzen zu tragen. Den zur Anwendung gebrachten Vorschriften im § 134 des Vereins-Zollges.'s vom 1. Juli 1869 und im § 49 des StGB.'s entsprechend, ist die thatsächliche Schlußfeststellung des App.-Richters dahin präcisirt worden, daß der Angeklagte am 29. Mai 1877 im Kreise R. demjenigen seiner Persönlichkeit nach nicht näher ermittelten jungen Menschen, welcher an demselben Tage es unternommen, Gegenstände, deren Einfuhr aus Oesterreich nach Preußen durch die Vdn. der Kgl. Regierung zu O. vom 3. Mai 1877 verboten gewesen, nämlich zwei Kühe, diesem Verbote zuwider aus Oesterreich über die Landesgrenze bei Deutsch-Crawarn nach Preußen einzuführen, zur Begehung dieses Vergehens durch That wissentlich Hülfe geleistet habe. Die gegen dieses Erkenntniß vom Angeklagten eingelegte NB. ist unbegründet. Der § 134 des jetzt geltenden Vereins-Zollges.'s v. 1. Juli 1869 bestimmt in wesentlicher Uebereinstimmung mit dem § 1 des früheren Zollstrafges.'s v. 23. Januar 1838: „Wer es unternimmt, Gegenstände deren Ein-, Aus- oder Durchfuhr verboten ist, diesem Verbote zuwider ein-, aus- oder durchzuführen, macht sich einer Contrebande schuldig und hat die Konfiskation der Gegenstände, in Bezug auf welche das Vergehen verübt worden ist, und *insofern nicht in besonderen Gesetzen eine höhere Strafe festgesetzt ist*, zugleich eine Geldbuße verwirkt, welche dem doppelten Werthe jener Gegenstände und, wenn jener nicht zehn Thaler beträgt, dieser Summe gleich kommen soll". *Als ein besonderes, eine härtere Strafe androhendes* Gesetz wurde, so lange das Zollstrafgesetz vom 23. Januar 1838 und das Preuß. StGB. in Kraft waren, der § 307 des letzteren angesehen, der ebenfalls in wesentlicher Uebereinstimmung mit dem § 328 des jetzt geltenden D. StGB.'s (auf den in diesem befindlichen Zusatz „*wissentlich*" kommt es gegenwärtig nicht an) auf Verletzung von Einfuhrverboten zur Verhütung von Viehseuchen eine Gefängnißstrafe bis *zu zwei Jahren* androhte. Daraus folgte, wie in den Erkenntnissen des Ob.-Tr.'s v. 8. Juli 1863, v. 10. Februar 1864 und v. 23. Oktober 1867 umständlicher ausgeführt worden, daß wer ein zur Abwehr von Viehseuchen erlassenes Einfuhrverbot übertreten hatte, nach beiden Gesetzen, d. h. also mit Konfiskation der eingeführten (contrebandirten) Viehstücke und einer aus § 307 des Preuß. StGB.'s zu bemessenden

Gefängnißstrafe zu beahnden war. Ganz in derselben Weise sind gegenwärtig die Strafbestimmungen im § 134 des Vereins-Zollges.'s vom 1. Juli 1869 und im § 328 des D. StGB.'s mit einander zu verbinden, da beide Gesetze, wie schon gesagt, von den früheren, an deren Stelle sie getreten sind, rücksichtlich der hier in Betracht kommenden Bestimmungen nicht abweichen. Und daraus folgt im Hinblick auf die Art. 135 ff. des Ges.'s v. 3. Mai 1852, daß der Kgl. Prov.-Steuer-Direktor zu B. wider die in erster Instanz erkannte Freisprechung des Angeklagten jedenfalls, wie der App.-Richter zutreffend ausführt, insoweit als es sich um die Anwendung des § 134 des Vereins-Zollges.'s v. 1. Juli 1869 handelte, die Appellation einzulegen befugt war. Ob auch in Bezug auf die Anwendung des § 328 des D. StGB.'s, kann bei der gegenwärtigen Lage der Sache dahingestellt bleiben. Denn wäre die nach § 328 a. a. O. eintretende Freiheitsstrafe härter als die nach § 134 des Vereins-Zollgesetzes principaliter erkannte Geldstrafe, so hätte der Implorant keinen Grund, sich darüber zu beschweren, daß gegen ihn eine mildere Strafe erkannt ist; wäre sie aber (etwa mit Rücksicht darauf, daß das geringste Maß derselben bis auf einen Tag Gefängniß herabsinken kann) im vorliegenden Falle als die mildere anzusehen, so hätte eben deshalb auf die Geldstrafe aus § 134 des Vereins-Zollgesetzes erkannt werden müssen.

Antr. d. OStA. zu 1 gleichl., zu 2 entgegengesetzt. Dieselbe erachtete zu 2, wenn eine und dieselbe Handlung den Thatbestand eines Vergehens nach dem StGB. und einer Zuwiderhandlung gegen die Zollgesetze erfülle, die Zollbehörde zur Verfolgung und folgeweise auch zur Einlegung eines Rechtsmittels bei Verfolgung durch die StA.-schaft nur soweit befugt, als die Handlung aus dem Zollgesetze zu bestrafen sei, sonach hier nur in Betreff der auf Grund des § 134 des Vereins-Zollgesetzes auszusprechenden Konfiskation. [5.—4.]

Real-Konkurrenz. – Feststellung.

Bei örtlichem und zeitlichem Zusammentreffen mehrerer strafbarer Handlungen muß die Feststellung

realer Konkurrenz derselben ergeben, aus welchen Gründen die Selbständigkeit der verschiedenen Handlungen angenommen ist.

StGB. § 74 [n. 18].

Erk. (B. I.) v. 8. Novbr. 1878 c. Buck (902 I. Cr.).

B. war schuldig erkannt gegen R. Hausfriedensbruch verübt und ihn bei diesem Vorfall beleidigt zu haben und war dann Bestrafung nach den Grundsätzen realer Konkurrenz wegen beider strafbarer Handlungen erfolgt. Die auf Anwendung des § 74 des StGB.'s gestützte NB. des B. wurde für begründet erachtet.

Die Instanzrichter sind bei ihrer Straffestsetzung davon ausgegangen, daß die mehreren festgestellten Handlungen des Angeklagten sämmtlich im Verhältniß der Realkonkurrenz stehen. In der NB. ist nun mit Recht gerügt, daß in Bezug auf das Verhältniß des zu 1 der Feststellung angenommenen Hausfriedensbruchs zu der weiterhin festgestellten Beleidigung eine Grundlage für die Anwendung des § 74 des StGB.'s fehle, da nur festgestellt sei, daß der Angeklagte, bei dem Vorfall sub 1 am 1. Dezember 1877 den R. beleidigt habe." Dieser Angriff ist begründet, da der § 74 erfordert, daß der Thäter durch mehrere selbständige Handlungen mehrere Verbrechen oder Vergehen — — begangen habe", die erwähnte Feststellung aber nicht ergiebt, daß und aus welchen thatsächlichen und rechtlichen Gründen die Instanzrichter die Selbständigkeit der Beleidigung bei dem örtlichen und zeitlichen Zusammentreffen derselben mit dem Hausfriedensbruch angenommen haben. Hiernach entbehrt die Anwendung des § 74 auf dieses Zusammentreffen der ausreichenden Begründung und das angefochtene Urteil unterliegt der Vernichtung. Die Annahme des Imploranten aber, daß in dieser Instanz die nach seiner Ausführung unrichtige Anwendung des § 74 durch sofortige anderweitige Entscheidung in der Sache selbst beseitigt und an Stelle des § 74 die Bestimmung des § 73 zur Anwendung gebracht werden könnte, ist unzutreffend, da die Frage nach dem Vorhandensein der Voraussetzungen der realen Konkurrenz im einzelnen Falle zunächst Gegenstand der den Instanzrichtern obliegenden Beweisprüfung ist, und die Nichtigkeits-Instanz nur dann mit jener Frage befaßt werden kann, wenn sich ergiebt, daß die Beweisprüfung auf rechtlich unhaltbaren Grundlagen beruht. [12.—2.]

Ehrverletzung. - Konkurrenz. - Bekanntmachung.

Wenn der Instanzrichter wegen öffentlicher Beleidigung und anderer real konkurrirender Strafthaten eine Gesammtstrafe erkennt, so erstreckt sich die dem Beleidigten zu ertheileude Befugniß zur Veröffentlichung zwar auf die erkannte Gesammtstrafe, nicht aber auf andere Strafthaten betreffende Theile des Urteils.

StGB. § 200 [n. 8]; Vgl. RbOTr. 7. S. 195.

Erk. (S. I.) v. 8. Novbr. 1878 c. Löff. (866 I. Cr.).

Das Urteil gegen L. erkannte wegen wiederholter zum Theil öffentlicher Beleidigung des M. und Beleidigung anderer Personen auf eine Gesammtstrafe von 3 Monat Gefängniß, außerdem wegen Uebertretung aus § 360 Nr. 8 des StGB.'s auf eine Haft- resp. Geldstrafe und behielt dem M. das Recht vor, den Tenor des Erkenntnisses im Amtsblatt zu veröffentlichen. Das Ob.-Tr. vernichtete und ertheilte dem M. nur die Befugniß bekannt zu macheu, daß L. wegen mehrfacher zum Theil öffentlicher Beleidigungen des M. und wegen anderer Beleidigungen mit einer Gesammtstrafe von 3 Monaten bestraft sei.

Der Angriff wegen Verletzung des § 200 des StGB.'s erscheint wenigstens theilweise begründet. Nach diesem Gesetze soll bei öffentlichen Beleidigungen dem Beleidigten die Befugniß zugesprochen werden, die Verurteilung auf Kosten des Schuldigen öffentlich bekannt zu machen. In vorliegender Sache hat der I. Richter dem rc. M. die Befugniß ertheilt, den Tenor des Erkenntnisses, also des ganzen Erkenntnisses zu veröffentlichen, und der App.-Richter diese Entscheidung des I. Richters auf die Appellation des Angeklagten bestätigt. Mit Recht macht der Angeklagte hiergegen geltend, daß seine Verurteilung nicht blos wegen Beleidigungen, sondern auch wegen Uebertretung des § 360

Nr. 8 des StGB.'s erfolgt ist. Eine Veröffentlichung der auf Grund des letzteren Gesetzes besonders erkannten Strafe ist durch § 200 des StGB.'s nicht vorgeschrieben, und es hat deshalb unter Anwendung der Artt. 115, 116 des Ges.'s v. 3. Mai 1852 das II. Urteil vernichtet, und auf die Appellation des Angeklagten die Befugniß des zc. M. zur Veröffentlichung des Tenors des Erkenntnisses, insofern er sich auf die gedachten Uebertretungen bezieht, in Wegfall gebracht werden müssen. Dagegen ist die Beschwerde des Angeklagten wegen Ertheilung der Befugniß zur Veröffentlichung der Gesammtstrafe für die mit der öffentlichen Beleidigung des M. in realer Konkurrenz stehenden weiteren Beleidigungen unbegründet. Nach § 74 des StGB.'s soll gegen denjenigen, welcher durch mehrere selbständige Handlungen mehrere Vergehen, oder dasselbe Vergehen mehrmals begangen hat, auf eine Gesammtstrafe erkannt werden, welche in einer Erhöhung der verwirkten schwersten Strafe besteht. Aus dieser Vorschrift folgt, daß das Gesetz die für die mehreren Strafthaten festzusetzende Gesammtstrafe als eine einheitliche ansieht, und daß die Einzelstrafen für die mehreren Vergehen keine selbständige Bedeutung haben, vielmehr nur Behufs Berechnung der Gesammtstrafe in Betracht kommen. Es muß deshalb beim Zusammentreffen mehrerer Delikte, wenn das Gesetz die Veröffentlichung der Strafe für das eine derselben anordnet, nicht die für dieses arbitrirte Einzelstrafe, sondern die Gesammtstrafe für alle realiter konkurrirenden Vergehen veröffentlicht werden. Die in dieser Beziehung erhobene Beschwerde des Angeklagten muß deshalb als unbegründet zurückgewiesen werden.

[18.—2.]

Preßgesetz. – Bezeichnung des Redakteurs. – Pflichtexemplar.

1. Die regelmäßige Beilage einer periodischen Zeitschrift, die unter Benennung des Redakteurs erschienen ist, zu einer an einem anderen Ort er-

scheinenden Zeitung verpflichtet nicht zu anderweiter Bezeichnung des Redakteurs.

Preß-Ges. v. 7. Mai 1874 § 7.

2. Die Vorlegung eines Exemplars an die Polizeibehörde des Orts der Ausgabe der Zeitung muß aber auch die beigelegte Zeitschrift umfassen.

R.-Preßgesetz v. 7. Mai 1874 §§ 9, 19.

Erk. (B. I.) v. 8. Novbr. 1878 c. Rackow (845 I. Cr.).

R. war Redakteur einer in B. erscheinenden Zeitung, welche Sonntags ihrem Blatte als Gratisbeilage ein Exemplar eines in L. unter Redaktion des G. erscheinenden illustrirten Unterhaltungsblattes beifügte. Auf dem beigefügten Blatte war ebenso wie auf der Zeitung der Redakteur G., bezw. R. benannt. Dem an die Polizeibehörde des Orts der Ausgabe der Zeitung abgegebenen Pflichtexemplar derselben war aber die Zeitschrift nicht beigefügt. Deshalb aus §§ 7, 9, 18 und 19 des Preßges.'s angeklagt wurde R. freigesprochen. Auf NB. der StA.-schaft erfolgte theilweise Zurückweisung, theilweise Vernichtung.

[Zu 1.] Nach der Feststellung der Instanzrichter wird die in L. erscheinende „Neue Welt" von B. G. in L. redigirt und enthält auf jeder Nummer Namen und Wohnort dieses Redakteurs. Diese Bezeichnung entspricht dem § 7 des Preßgesetzes. Ist aber B. G. in L. in der That Redakteur der „Neuen Welt", so müssen nothwendig auch die in B. ausgegebenen Exemplare seiner periodischen Druckschrift jene Bezeichnung als die allein richtige tragen, und es kann nicht für diejenigen Exemplare, welche als Beilagen einer anderen, in B. redigirten periodischen Druckschrift zur Ausgabe gelangen, eine andere Person als Redakteur genannt werden, da diese Angabe eine falsche, nach § 18 Nr. 2 a. a. O. strafbare sein würde. Der § 7 a. a. O. nöthigt auch nicht dazu, daß der Redakteur des in L. ausgegebenen Blattes auf dem in B. ausgegebenen, welchem das L.'r Blatt als Beilage beigefügt wird, als Mitredakteur genannt werde; vielmehr genügt es, wenn jeder Theil der ausgegebenen periodischen Druckschrift die Benennung derjenigen Person als verantwortlichen Redakteurs enthält, welche grade diesen Theil redigirt. Dies ergiebt § 7 Abs. 2 des Preßgesetzes, nach welchem mehrere Personen als verantwortliche Redakteure benannt werden dürfen, wenn aus Form und Inhalt der Benennung mit Bestimmtheit zu ersehen ist, für welchen Theil der Druckschrift jede der benannten Personen die Redaktion besorgt. Wenn daher festgestellt ist, daß B. G. nicht die Berliner Freie Presse, wohl aber die als Beilage derselben ausgegebene „Neue Welt" redigirt, so ist die Benennung der Redakteure dem § 7 Abs. 2 des Preßgesetzes gemäß geordnet.

]Zu 2.] Dagegen ist der Angriff wegen Verletzung des § 9 a. a. O. begründet. Dieser schreibt vor, daß von jeder Nummer (Heft, Stück) einer periodischen Druckschrift der Verleger, sobald die Austheilung oder Versendung beginnt, ein Exemplar gegen Bescheinigung an die Polizeibehörde des Ausgabeortes unentgeltlich abliefern muß. Es kann einem begründeten Bedenken nicht unterliegen, daß diese Vorschrift den Verleger nöthigt, die auszugebende Nummer seiner periodischen Druckschrift der Polizeibehörde ganz in demselben Umfange abzuliefern, in welchem sie zur Austheilung oder Versendung gelangt und daß daher die Pflicht der Ablieferung sich auf alle Beilagen der auszugebenden Nummer erstreckt, mögen dieselben bereits anderweitig ausgegeben sein oder nicht, mögen sie von dem Redakteur des Hauptblattes redigirt sein oder nicht. Die Unterscheidung, welche der Appell.-Richter nach solchen Kriterien macht, hat weder in dem Wortlaut, noch in dem Sinn und Zweck des Gesetzes die geringste Berechtigung und die Hinweisung darauf, daß durch die gemeinschaftliche Verpackung zwei verschiedene Blätter nicht zu einem Blatte werden könnten, widerspricht den Feststellungen der Instanzrichter, nach denen es sich keineswegs nur um eine gemeinschaftliche Verpackung, sondern um die beabsichtigte beständige Benutzung eines Blattes als Beilage eines anderen handelt und gerade auf dieser Eigenschaft des einen als Beilage des andern Blattes die gemeinschaftliche Versendung beruht. Es kommt aber nach dem Vorstehenden auf die fortgesetzte Beilegung gar nicht an; vielmehr ist jede Beilage, welche auch nur einer Nummer einer periodischen Druckschrift beigelegt wird, als Theil dieser Nummer nach Vorschrift des § 9 a. a. O. der Polizeibehörde abzuliefern.

Antr. d. GStA.: gleichl. [12.—2.]

Stromordnung. – Anlegung von Stapelplätzen. – Ufer.

Die Ostpreußische Stromordnung v. 14. April 1806 verbietet die eigenmächtige Errichtung von Stapelplätzen von Holz 2c. an den Ufern der Ströme. Für Begrenzung des Ufers ist der höchste Wasserstand mit Ausschluß des Falles der Ueberschwemmung maßgebend.

Ostpr. Str.-Ordn. v 14. April 1806 § 73 Str.-Verz. n. 36.

Erk. (Z. I.) v. 3. Novbr. 1878 c. Wieblowski (1016 I. Cr.).

W. hatte einen Holzstapelplatz in einer Entfernung von etwa 95 Fuß von dem gewöhnlichen Wassersaum des Memelstromes auf einem Dorfanger ohne Gestattung errichtet. Von der deshalb gegen ihn erhobenen Anklage ist er freigesprochen. Die NB. der StA.-schaft stützt sich vorzugsweise darauf, daß die Stelle des Stapelplatzes im Inundationsgebiet liege. Sie wurde zurückgewiesen.

Der erste Richter, dessen Begründung in dem angefochtenen Rekursbescheid gebilligt ist, hat auf Freisprechung erkannt, weil festgestellt sei, daß der hier in Rede stehende Dorfanger mindestens 95 Fuß von dem Wassersaum der Memel bei deren gewöhnlichem Wasserstand liege, also in einer solchen Entfernung, daß er als zum Ufer gehörig nicht zu betrachten sei. Hiergegen ist in der Beschwerde des Kgl. OStA.'s ausgeführt, daß von den Instanzrichtern der Begriff des „Ufers" im § 73 der Strom-, Deich- und Ufer-Ordnung für Ostpreußen und Litthauen vom 14. April 1806 (GS. 1806—1810 S. 1) rechtsirrthümlich aufgefaßt worden sei. Diese Ausführung kann indessen als begründet nicht anerkannt werden. Der § 73 der Strom-, Deich- und Ufer-Ordnung für Ostpreußen und Litthauen vom

14. April 1806 bestimmt: „Desgleichen wird es hierdurch verboten, Stapelplätze von Holz und anderen Materialien an den Ufern eigenmächtig zu errichten, am wenigsten darf dies aber auf bewachsenen Vorländern an Dämmen, Faschinenwerken u. s. w. geschehen", und in dem jenem Gesetze beigegebenen „Verzeichniß der Strafen" ist unter Nr. 36 verordnet: „Wer eigenmächtig auf einem Vorlande, Damm, Faschinenwerke rc. Stapelplätze von Holz und dergleichen anlegt, verfällt in 5 bis 20 Thaler Strafe, nach Maßgabe der Menge von aufgestapelten Materialien (§ 73)". Mit Recht bezieht der erste Richter diese Strafbestimmung auch auf die Anlegung von Stapelplätzen „an den Ufern", da die Bezugnahme auf § 73 und die Hinzufügung des „rc." hinter dem Worte „Faschinenwerke" unbedenklich macht, daß auch die Anlegung von Stapelplätzen an den Ufern von der Strafbestimmung betroffen wird. Auch eine rechtsirrthümliche Auffassung des Begriffs der Ufer liegt der Entscheiduug nicht zum Grunde. Es kann der Beschwerde nicht dahin beigetreten werden, daß unter den Worten „an den Ufern" das ganze Inundationsgebiet verstanden sei, da die Fassung des Gesetzes eine solche Ausdehnung nicht gestattet und es daher — wie dies beispielsweise in dem § 1 des Ges.'s v. 28. Jan. 1848 (GS. S. 54) geschehen ist — einer ausdrücklichen Bestimmung bedurft hätte, wenn das Inundationsgebiet hätte mitumfaßt werden sollen. Allerdings würde eine Beschränkung des Begriffs der Ufer durch die in dem gewöhnlichen Wasserstand gegebene Grenze nicht für gerechtfertigt erachtet werden können, vielmehr als eine dem Begriffe nicht entsprechende Beschränkung anzusehen sein. Eine gesetzliche Definition jenes Begriffes ist weder in der Strom-, Deich- und Ufer-Ordnung selbst, noch anderweitig in den Gesetzen gegeben; es kommen daher die allgemeinen Auslegungsregeln zur Anwendung, nach denen der Begriff aus dem Zusammenhange des Gesetzes, aus der Beziehung auf den Gegenstand und den Zweck des Gesetzes zu finden ist. Die Regel der l. 3

§ 1 D. de fluminibus (43, 12): ripa ea putatur esse, quae plenissimum flumen continet, welche auch durch C 1 § 5 ibid. nicht beschränkt, sondern nur durch das gegensätzlich hervorgehobene Beispiel der Ueberschwemmungen näher erläutert ist, trifft den Sinn, in welchem der Begriff der Ufer regelmäßig verstanden wird, und der Hinblick auf die einzelnen Bestimmungen der Strom-, Deich- und Ufer-Ordnung vom 14. April 1806, z. B. auf § 47 Nr. 3 und § 61, ergiebt, daß auch in diesem Gesetze derselbe Begriff mit jenem Worte verbunden ist. Es bedarf hiernach nicht der Ausführung, daß die Erreichung der Zwecke des Gesetzes, insbesondere die Sicherung der Schifffahrt vereitelt werden würde, wenn jene beschränkende Auslegung der Entscheidung zum Grunde gelegt wäre, daß vielmehr für die Begrenzung des Ufers im gesetzlichen Sinne nicht der gewöhnliche, sondern der höchste Wasserstand mit Ausschluß des außergewöhnlichen Falles der Ueberschwemmungen maßgebend und hiernach im konkreten Falle zu prüfen ist, wie weit der gewöhnliche höchste Wasserstand reiche. Die angefochtene Verfügung hat diese Grundsätze aber auch nicht verkannt. Sie beruht auf der Annahme, daß der hier in Rede stehende Stapelplatz außerhalb des Gebietes des höchsten gewöhnlichen Wasserstandes liege. Dies ergiebt sich aus der in dem ersten Urteil enthaltenen Hervorhebung der Aussage des Gensd'armes K., nach welcher der Dorfanger, auf welchem der Stapelplatz des Angeklagten liegt, selbst im Frühjahr 1877 bei der durch das Austreten der Memel verursachten großen Ueberschwemmung von dem Wasser nicht erreicht worden sei. Wenn daher auch an einer Stelle des Urteils von dem „gewöhnlichen Wasserstande" als der Grenze des Ufers gesprochen ist, so ergiebt doch der Zusammenhang der Begründung, daß hierunter der höchste gewöhnliche Wasserstand gemeint sei, und der in dieser Instanz unanfechtbaren thatsächlichen Prüfung liegt ein Rechtsirrthum hiernach nicht zum Grunde.

Antr. d. OStA.: gleichl. [12.—2.]

Umschlossener Raum. - Fluß.

Ein Flußlauf, auch wenn dessen zeitweilige Tiefe ein Durchwaten gestattet, kann den von ihm theilweise begrenzten, im Uebrigen eingefriedigten Raum zu einem umschlossenen gestalten.

StGB. § 243 [2].

Erk. (Z. II.) v. 12. Novbr. 1878 c. Dietrich (1077 II. Cr.).

Das R.-StGB. hat abweichend von anderen Gesetzgebungen sich enthalten, den Begriff des „umschlossenen Raumes von dessen Vorhandensein im § 243 ad 2 des StGB.'s der Thatbestand eines schweren Diebstahls abhängig gemacht wird, näher zu definiren, indem — wie auch aus den Motiven zu §§ 237—243 des Entwurfs S. 120 hervorgeht, — davon ausgegangen ist, daß derselbe dem gemeinen Leben angehöre und daher bei der Rechtsübung auch ohne besondere gesetzgeberische Erklärung richtig werde aufgefaßt und gehandhabt werden können. Das Ob.-Tr., der Bedeutung folgend, welche der Ausdruck „umschlossener Raum" an die Hand giebt und der gemeine Sprachgebrauch mit demselben verbindet, hat bereits in früheren Entscheidungen den Begriff des umschlossenen Raumes nur davon abhängig gemacht, daß einmal nach der Beschaffenheit der Umschließung die Absicht des Eigenthümers, sein Besitzthum gegen das Eindringen von Unberechtigten zu schützen, erkennbar geworden und daß andererseits dieser durch die Umschließung beabsichtigte Zweck in genügender Weise erreicht ist. — Vgl. u. a. Erk. v. 23. Septbr. 1875 Oppenhoff, Rechtspr. Bd. 16 S. 609. — Eine gleiche Auffassung liegt auch der Ausführung des Appell.-Richters zu Grunde, mittelst welcher die erstrichterliche Feststellung in Betreff des von dem Imploranten im Januar 1878 bei den R.'schen Eheleuten zu E. verübten Diebstahls, daß derselbe bewegliche Sachen aus einem umschlossenen Raume mittelst Einsteigens weggenommen habe, näher begründet worden ist. Wenn danach der App.-Richter erwogen hat, daß der Garten, in welchem der Diebstahl verübt worden ist, zur Zeit der Verübung desselben ringsum theils von Baulichkeiten, theils auf der östlichen Seite durch den Gerafluß begrenzt gewesen sei, daß der Besitzer, wie aus den Umständen hervorgehe, beabsichtigt habe, das gedachte Grundstück in wirksamer Weise zu umfrieden und es auf solche Weise zu einem umschlossenen Raume zu machen, daß er zu diesem Behufe das durch den Gerafluß gegebene natürliche Hinderniß des ungehemmten Zutritts benutzt, und daß der Flußlauf der Gera zur Zeit des Diebstahls auch in der That ein wirksames Hinderniß für den Eintritt geboten habe, wonach das Grundstück als ein umschlossener Raum im Sinne des Gesetzes erachtet werden müsse, so lassen diese Ausführungen einen Rechtsirrthum nirgends erkennen. Insbesondere kann nicht bezweifelt werden, daß unter den von dem App.-Richter angenommenen Voraussetzungen ein Flußlauf als eine ausreichende Umschließung zur Herstellung eines umschlossenen Raumes selbst dann angesehen werden kann, wenn die Tiefe des Flusses ein Durchwaten desselben und in solcher Weise den Eintritt in das Grundstück gestattet. Was aber die Behauptungen der NB. betrifft, daß es nur weniger Schritte zur Ueberschreitung der Gera bedurft habe und daß der Wasserstand derselben zur Zeit ein äußerst geringer, das Flußbett zumeist trocken gewesen sei, so kommen dieselben, als rein thatsächlicher Natur, den entgegengesetzten Feststellungen der Vorderrichter gegenüber, für die Nichtigkeitsinstanz, welche thatsächlichen Erörterungen in Betreff der Schuldfrage verschlossen ist, in keinen Betracht.

Antr. d. GStA.: gleichl. [2.—3.]

Pferdekauf. - Legitimationsschein.

Die in § 4 der Vdn. v. 12. Febr. 1843 bestimmte Strafe ist für jedes erworbene Pferd ihrem

vollen Betrage nach gegen den Erwerber zur Anwendung zu bringen.

Vdn. v. 12. Febr. 1843 § 4.

Erk. (S. I.) v. 13. Novbr. 1878 c. **Arnaschus** (720 I. Cr.).

A. hat von einem Unbekannten auf dem Markt zu Memel zwei Pferde gekauft und über diesen Kauf einen Legitimationsschein erhalten, welcher jedoch den gesetzlichen Erfordernissen nicht entsprach. Deshalb angeklagt wird er zu einer Geldstrafe von 15 Mk. verurteilt. Die Beschwerde rügt daß dieses Strafmaß nur einmal und nicht bezüglich jedes Pferdes erkannt sei. Das Ob.-Tr. erachtete sie für begründet.

Der § 4 der Vdn. vom 12. Febr. 1843 bedroht den Erwerb eines Pferdes von einer dem Erwerber unbekannten Person, wenn diese sich nicht durch ein der Vorschrift des § 5 l. c. entsprechendes Legitimations-Attest über ihre Befugniß zur Veräußerung des Pferdes ausgewiesen hat, mit einer Polizeistrafe von 5 Thalern oder 8 Tagen Gefängniß. Diese Veräußerungsbefugniß muß § 5 cit. in Betreff jedes zu veräußernden Pferdes besonders nachgewiesen werden. Jedes einzelne Pferd bildet mithin im Sinne der Verordnung ein besonderes, hinsichtlich seiner Unverdächtigkeit speciell zu prüfendes Veräußerungs-Objekt. Der Erwerb eines jeden einzelnen Pferdes ohne das vorschriftsmäßige Legitimations-Attest ist daher als ein besonders zu ahndender Verstoß gegen den § 4 der Verordnung aufzufassen und die dort angedrohte Strafe mithin für jedes erworbene Pferd ihrem vollen Betrage nach gegen den Erwerber zur Anwendung zu bringen. Die Entscheidung des ersten Richters, welcher den Angeschuldigten wegen des Erwerbs zweier ohne vorschriftsmäßige Legitimations-Atteste veräußerter Pferde nur mit der einmaligen Strafe des § 4 l. c. belegt hat, erscheint deshalb rechtverletzend und der von der Königl. Polizei-Anwaltschaft dagegen eingelegte Rekurs begründet.

Antr. d. OStA.: gleichl. [15.—2.]

Schankwirthschaft. - Betrieb. - Vergehen. - Steuerstrafe.

1. Strafthaten aus § 147 Abs. 1 der Gewerbeordnung sind Vergehen, nicht Uebertretungen.

StGB. § 1 [n. 5]; Gew.-Ordn. v. 21. Juni 1869 § 147 Abs. 1.

2. Gewerbsmäßiger Betrieb der Schankwirthschaft mit Branntwein kann auch dann angenommen werden, wenn derselbe ohne Vergütung verabfolgt wird, um Gäste für eine Restauration anzulocken oder festzuhalten.

Gew.-Ordn. v. 21. Juni 1869 § 147 Abs. 1.

3. Bei Konkurrenz einer Gewerbe-Polizei-Kontravention mit einem Steuervergehen muß innerhalb der zulässigen Strafgrenzen mindestens auf das Maaß der bewirkten Steuerstrafe erkannt werden.

Gew.-Ordn. v. 21. Juni 1869 § 147 Abs. 2; RdOTr. 17. S. 847.

Erk. (Z. I.) v. 13. Novbr. 1878 c. Gräfen (1035 I. Cr.).

G., der Konzession zur Schankwirthschaft mit Branntwein nicht besaß, hat in seinem Restaurationslokal gleichwohl solchen ausgeschenkt. Es ist zwar nicht festgestellt, daß er dafür direkte Bezahlung angenommen, die Gewerbsmäßigkeit seines Handelns aber daraus gefolgert, daß er jedenfalls in gewinnsüchtiger, nämlich in der Absicht den Branntwein ausgeschänkt habe, Gäste für seine Restauration herbeizulocken, bezw. festzuhalten. Er ist aus § 33 und 147 der Gew.-Ordn. und § 17 des Ges.'s vom 3. Juli 1876 bestraft. Seine NB. ist vom Ob.-Tr. zwar für zulässig erklärt, aber zurückgewiesen.

[Zu 1.] Was das Bedenken der Kgl. Kronanwaltschaft gegen die Zulässigkeit des vorliegenden Rechtsmittels betrifft, so beruht dasselbe auf der unrichtigen Unterstellung, daß die Strafthat aus § 147 Ziff. 1 der Reichs-Gew.-Ordn. eine Uebertretung sei, während dieselbe neben der eventuell zu erkennenden Haft mit Geldstrafe bis zu 300 Mk. bedroht ist, also nach § 1 des R.-StGB.'s ein Vergehen bildet und § 391 der StPO. nicht Platz greift.

[Zu 2.] In der Sache selbst erweist sich die NB. als unbegründet. Der Berufungsrichter nimmt an, daß Angeklagter in gewinnsüchtiger Absicht, nämlich um Gäste für seine Restauration herbeizulocken oder festzuhalten, Branntwein ausgeschenkt habe; er findet also in der Vergütung, welche die herbeizulockenden Gäste für das von ihnen Genossene leisten, zugleich die Vergütung für den früher an Andere wenn auch ohne Vergütung von deren Seite verabreichten Branntwein. Diese thatsächlichen Annahmen rechtfertigen vollständig die auf Betrieb der Schankwirthschaft mit Branntwein gerichtete Schlußfeststellung, indem es nicht darauf ankommt, ob die Vergütung für die genossenen Spirituosen direkt von Seiten des Konsumirenden oder indirekt durch die Zahlungen Dritter in das Vermögen des Wirthes gelangt.

[Zu 3.] Auch die Bezugnahme des Berufungsrichters auf § 17 des Gesetzes v. 3. Juli 1876 (GS. S. 283) bei Ausmessung der Strafe enthält keine Gesetzesverletzung. Nach Abs. 2 des § 147 der R.-Gew.-Ordn. soll bei dem Zusammentreffen eines Gewerbepolizeidelikts der daselbst bezeichneten Art mit einem Gewerbesteuerdelikt auf das Letztere bei Zumessung der Strafe Rücksicht genommen werden, was nach der in zahlreichen Fällen bereits zur Geltung gelangten Rechtsansicht des Kgl. Ob.-Tr. nur in der Weise geschehen kann, daß die Gewerbepolizeistrafe, soweit dieses innerhalb des zulässigen Strafverfahrens möglich ist, der Gewerbesteuerstrafe mindestens gleichkommt. Vgl. Oppenhoff Rechtspr. XI. S. 471; XIII. S. 384; XVIII. S. 847.

[11.—2.]

Urkundenfälschung. - Machtgeber. - Bevollmächtigter. - Gebrauch.

Eine Personeneinheit zwischen Machtgeber und Bevollmächtigtem kennt das Strafrecht nicht. Die Präsumtion, daß alle Erklärungen des Prozeßbevollmächtigten bis zum Gegenbeweise auf die Urheberschaft des Mandanten zurückzuführen seien, gilt nur für den Civilprozeß.

StGB. § 267 [n. 24, 25].

Erk. (B. I.) v. 13. Novbr. 1878 c. Horn (842 I. Cr.).

In der Prozeßsache S. w. H. war zur Klagebeantragung Termin auf den 3. Jan. bezielt. Im Termin erschien H. nicht und wurde kontumacirt. Später suchte sein Anwalt Restitution nach und reichte dabei die ihm von H. übergebene Vorladung mit der Behauptung zurück, daß sie auf den 31. Jan. gelautet habe. H. hatte hinter die Datumszahl 3 noch eine 1 gesetzt. Er wurde der Fälschung schuldig erkannt, indem der Gebrauch der verfälschten Vorladung darin gefunden wurde, daß er sie beim Gericht zum Zweck einer Täuschung eingereicht habe, gleichviel ob er dadurch sein Restitutionsgesuch besser habe begründen oder den Prozeßrichter nur zu einer Rüge der vorgespiegelten unrichtigen Expedition der Vorladung habe veranlassen wollen. H. machte geltend, daß er gegen seinen Mandatar von der Urkunde keinen Gebrauch habe machen können, da Mandatar und Partei identisch seien; dem Richter aber sei sie nur vom Mandatar mit dem Restitutionsgesuch, ohne Rechte daraus abzuleiten vorgelegt; denn dem Gesuch habe nach gesetzlicher Vorschrift (Vdn. v. 21. Juli 1846 § 31) unbedingt entsprochen werden müssen. Hiergegen führte das App.-Gericht aus: H. gebe selbst zu, daß er für den Prozeß mit seinem Mandatar identisch sei und demgemäß müßten auch alle Erklärungen des letzteren in diesem Prozeß auf seine Urheberschaft zurückgeführt werden, so lange er nicht den Nachweis führe, daß derselbe gegen die ihm ertheilte Instruktion gehandelt habe. Ein solcher Nachweis sei aber nicht angetreten. Das Ob.-Tr. vernichtete auf NB. des H.

Die Rüge: daß diese Feststellung auf einer rechtsirrthümlichen Auffassung des Mandatsverhältnisses beruhe, mußte für begründet erachtet werden. Eine Personen-Einheit zwischen Machtgeber und Bevollmächtigtem, wie solche der Appell.-Richter zu unterstellen scheint, kennt das Strafrecht nicht. Der von ihm in Bezug genommene § 85 Tit. 13 Th. I des ALR.'s normirt nur die civilrechtliche Haftbarkeit des Mandanten für die von dem Bevollmächtigten zufolge des erhaltenen Auftrags mit Dritten gepflogenen Verhandlungen. Auch die vom App.-Richter aufgestellte Präsumtion: daß alle Erklärungen des Prozeßbevollmächtigten bis zum Gegenbeweise auf die Urheberschaft des Prozeß-Mandanten zurückzuführen seien, gilt nur für den Civil-Prozeß. Im Untersuchungsverfahren dagegen unterliegt die Frage: ob und inwieweit der Machtgeber für die Handlungen und Erklärungen des Bevollmächtigten verantwortlich zu machen sei, nach § 22 der Verordn. vom 3. Jan. 1849 der selbständigen, nicht auf Präsumtionen zu stützenden, sondern lediglich aus dem Inbegriffe der stattgehabten Verhandlungen zu schöpfenden, Beurteilung des erkennenden Richters. Der App.-Richter mußte sich deshalb ein bestimmtes Urteil darüber bilden, zu welchem Zwecke von der verfälschten Urkunde Gebrauch gemacht worden sei, und sodann ohne Rücksicht auf civilrechtliche Präsumtionen, und ohne von dem Angeklagten einen dieselben entkräftenden Gegenbeweis zu erfordern, auf Grund der stattgehabten Verhandlungen selbständig prüfen, ob Angeklagter den von seinem Prozeßbevollmächtigten verfolgten Zweck auch seiner Seits gewollt habe. [15.—2.]

Mitthäterschaft. – Erschwerende Umstände. – Fragestellung.

Das Verhältniß der Mitthäterschaft hat nicht zur nothwendigen Folge daß jeder der Thäter auch für den von ihm nicht gewollten Exceß der Anderen haftbar sei.

StGB. § 47 [n. 15]; Vgl. RbOTr. 8. S. 555.

Erk. (B. I.) v. 13. Novbr. 1878 c. Pätz (1233 I. Cr.).

P. und B. hatten einen Diebstahl dergestalt gemeinschaftlich begangen, daß P. Wache stand, während B. ein in einem Zimmer stehendes Behältniß mit einem falschen Schlüssel öffnete. Bei der Verhandlung vor dem Schwurgericht stellte P. seine Wissenschaft um die Benutzung des falschen Schlüssels in Abrede und beantragte der Frage nach der gemeinschaftlichen Begehung des schweren Diebstahls eine Nebenfrage aus § 59 Abs. 1 des StGB.'s hinzuzufügen. Der entscheidende Grund für die Ablehnung dieses Antrags wurde darin gefunden, daß es sich nicht um eine dem P. zur Last gelegte Beihülfe, sondern um eine Mitthäterschaft handle und der Mitthäter für dasjenige, was sein Genosse behufs Ausführung der verabredeten Entwendung gethan habe, resp. für die Art in welcher er dieselbe unternommen habe, mit verantwortlich sei. Auf NB. des P. vernichtete das Ob.-Tr.

Der Schw.-GH. geht von der Auffassung aus, daß in Bezug auf den Mitthäter die Unkenntniß der erschwerenden

Umstände der Verübung kein Strafminderungsgrund sei und daher die Bestimmung des Art. 84 Abs. 3 (resp. des Art. 81 Abs. 3 des Ges.'s v. 3. Mai 1852) nicht Anwendung finde. Diese Annahme ist rechtsirrthümlich, da das Verhältniß der Mitthäterschaft nicht zur rechtlich nothwendigen Folge hat, daß Jeder der Thäter auch für den von ihm nicht gewollten Exceß der Anderen haftbar sei, und daher, soweit nicht die Gemeinschaftlichkeit der auf die erschwerenden Umstände gerichteten Absicht konstatirt ist, (vgl. Erkenntniß des Ob.-Tr. v. 2. Oktober 1867 in Goltd. Arch. Bd. 15 S. 825—827), der Fall sehr wohl eintreten kann, daß Einer der Mitthäter durch Feststellung der Unkenntniß von den erschwerenden Umständen auf Anwendung eines milderen Strafgesetzes rechtlichen Anspruch hat. Die Annahme daß wegen des vorausgesetzten Verhältnisses der Mitthäterschaft die Stellung der Frage unzulässig sei, beruht daher auf rechtlich unhaltbaren Gründen und es liegt demnach der im Art. 84 Abs. 3 des Ges.'s vom 3. Mai 1852 vorgesehene Fall der Nichtigkeit vor.

Antr. d. GStA.: gleichl. [12.—2.]

Rheinisches Verfahren. - Assisen. - Vertagung in die nächste Session.

1. Die Befreiung von Hinterlegung der Sukkumbenzgelder erstreckt sich auch auf die in einem Kriminalverfahren ergehenden Zwischenurteile.

Rh. StPO. Art. 420; Vgl. Sir. Gilb. n. 28.

2. Ein Urteil, durch welches der Assisenhof eine Untersuchung nach Beginn der Verhandlung in die nächste Session vertagt, ist ein definitives und demgemäß der Cassationsrekurs gegen dasselbe zulässig.

ibid. Art. 416; Sic.: Supplém. n. 9; Contra: Volkmar S. 397.

3. Den Assisenhöfen steht auch außer den Fällen der Artt. 306, 330 und 354 der StPO. die diskretionaire Befugniß zu, in jedem Stadium der

Verhandlung, insbesondere auch nach dem Beginn derselben, die Vertagung einer Sache in die folgende Session auszusprechen.

ibid. Art. 406; Vgl. Sir. Gilb. und Supplém. n. 1 ff.

Erk. (Z. II.) v. 14. Novbr. 1878 c. Feeger (1063 II. Cr.).

Nachdem bereits die Liste der geladenen Zeugen verlesen war, sprach der Assisenhof auf Antrag des Oeff. Ministeriums die Vertagung der Sache in die nächste Session aus, weil gegen denselben Angeklagten noch eine zweite Untersuchung wegen eines ähnlichen Verbrechens schwebe, in dieser eine für die gegenwärtige Sache als Entlastungszeuge geladene Person als Mitbeschuldigter verwickelt sei und im Interesse der Wahrheit die Aussetzung der gegenwärtigen Verhandlung geboten erscheine, um eintretenden Falles eine Verbindung beider Sachen zu ermöglichen.

Den von dem Angeklagten gegen dieses Vertagungsurteil ohne Hinterlegung von Sukkumbenzgeldern ergriffenen Cass.-Rekurs hat das Ob.-Tr. als unbegründet verworfen. Dabei sind die Sätze zu 1 und 3 ausdrücklich ausgesprochen und der Satz zu 2 stillschweigend angenommen.

Antr. d. GStA.: gleichl. [4.—4.]

---

1. Rheinisches Verfahren. - Landgerichte. - Bildung von Hülfskammern. 2. Aktiengesellschaft. - Unwahre Darstellungen. - Aufsichtsrathsmitglied. - Stillschweigende Zustimmung. 3. Untreue. - Eingehen von Wechselverbindlichkeiten. - Verfügung über Vermögensstücke?

1. Bei den rheinischen Landgerichten können mit Genehmigung des Justizministers Hülfskammern gebildet werden.

Ges. v. 20. April 1810 Art. 39 (Vorm. u. Dan. 5. S. 494); Vdn. über die veränderte Verfassung aller obersten Staatsbehörden vom 27. Oktober 1810.

2. Zur Bestrafung eines Aufsichtsrathsmitgliedes aus Art. 249 Nr. 3 des D. HGB.'s genügt die stillschweigende Zustimmung desselben zu den ihm bekannten Unrichtigkeiten der von einem anderen Mitgliede des Aufsichtsraths oder Vorstandes in seiner Gegenwart vorgetragenen Darstellung.

D. HGB. Art. 249 Nr. 3.

3. Das Eingehen von Wechselverbindlichkeiten zum Nachtheil des Auftraggebers ist keine Verfügung über Vermögensstücke desselben im Sinne des § 266 Nr. 2 des StGB.'s; Contra: RbOTr. 19. S. 414.

Erk. (Z. II.) v. 14. Novbr. 1878 c. Klein & Gen. (616 II. Cr.).

1. In einer General-Versammlung der Aktionäre der „Crefeld-Kreis-Kempener-Industrie-Eisenbahn-Gesellschaft", in welcher B. als Mitglied des Aufsichtsraths den Vorsitz führte, ist von K. als Vorstandsmitglied eine Bilanz vorgelegt und mündlich erörtert worden, die verschiedene unwahre Angaben über den Stand der Verhältnisse enthielt. Die (Rh.) App.-Kammer hat K. und B. unter der Feststellung, daß denselben die Unrichtigkeit der betreffenden Angaben bekannt gewesen sei, aus Art. 249 Nr. 3 des D. HGB.'s verurteilt, ohne daß sie in Betreff des B. eine Mitwirkung bei Aufstellung der Bilanz annimmt.

2. Der Vorstand genannter Eisenbahngesellschaft, der zugleich Vorstand der „Niederrheinischen Industrie- und Handels-Gesellschaft" war, hat der Industrie- und Handels-Gesellschaft, während dieselbe, wie sie wußten, schon ganz mittellos war, die der Eisenbahngesellschaft aus einer Prioritäten-Emission zugehenden Gelder darlehnsweise auszahlen lassen und zu Gunsten derselben Namens der Eisenbahngesellschaft, ohne Deckung zu erhalten, Wechselaccepte ausgestellt, so daß, als demnächst beide Gesellschaften fallirten, die Eisenbahngesellschaft für etwa 400,000 Thlr. Gläubigerin der Industrie- und Handels-Gesellschaft war. Der Ob.-Pr. erhob gegen die Mitglieder des Vorstandes Beschuldigung wegen Untreue aus § 266 Nr. 2 des StGB.'s dahin:

> als Bevollmächtigte der „Crefeld-Kreis-Kempener-Industrie-Eisenbahn-Gesellschaft" durch Baarzahlungen und durch Uebernahme von Zahlungsverbindlichkeiten über Vermögensstücke ihrer Auftraggeber absichtlich zu deren Nachtheile verfügt zu haben, um der „Niederrheinischen-Industrie- und Handels-Gesellschaft" einen Vermögensvortheil zu verschaffen.

Die App.-Kammer hat nur wegen Untreue durch die Baarzahlungen, nicht aber auch durch die Uebernahme der Wechselverbindlichkeiten verurteilt.

Gegen die theilweise Freisprechung zum Punkt 2 wurde von dem Ob.-Pr., gegen die Verurteilung zu beiden Punkten von den Beschuldigten Cass.-Rekurs ergriffen. Letztere machten geltend, daß nicht die ordentliche Appell-Kammer, sondern eine besonders und noch dazu ohne Innehaltung der Anciennetät gebildete Abtheilung des Gerichts erkannt habe und B. überdies zum Punkte 1, daß eine rein passive Konkurrenz nicht als Mitthäterschaft angesehen werden könne.

Das Ob.-Tr. hat den Cass.-Rekurs beider Seiten verworfen. Gründe:

In Erw., auf das erste Kassationsmittel, betreffend die Bildung und Zusammensetzung des Richterkollegiums, von welchem das angegriffene Urteil erlassen worden ist,

daß sich aus dem auf Grund des Rathskammerbeschlusses hiesiger Stelle vom 4. Juli 1878 eingegangenen Berichte des Präsidenten und des Ob.-Pr. des Königl. Landgerichts zu D. ergiebt, daß der Landgerichts-Präsident am 13. Juli 1877 bei dem Königl. Justiz-Ministerium eine dauernde, jedenfalls eine zeitweilige Vermehrung des Richterpersonals unter der Ausführung beantragt hat, daß bei der korrektionellen App.-Kammer 3 Strafprozeduren zur Verhandlung kommen sollen, die so viel Zeit erfordern, daß wenn nicht eine Vermehrung des Richterpersonals zur zeitweiligen Bildung einer Abtheilung der I. Civil- und korrektionellen App.-Kammer stattfinde, die regelmäßigen Sitzungen dieser Kammer zur Erledigung der laufenden Sachen ausfallen müßten;

daß hierauf durch Rescript des Kgl. Justiz-Ministers v. 26. Febr. 1877 von der Ueberweisung eines Hilfsrichters dem Landgerichts-Präsidenten Kenntniß gegeben ward, und Letzterer demnächst eine besondere Abtheilung der korrektionellen App.-Kammer gebildet hat, durch welche die Aburteilung der vorliegenden und zweier anderen Strafsachen erfolgt ist;

In Erw., daß in der vorbezeichneten Ueberweisung des Hilfsrichters seitens des Kgl. Justiz-Ministers eine Genehmigung der als erforderlich bezeichneten Bildung einer II. Abtheilung der korrektionellen App.-Kammer zu finden ist;

daß diese Genehmigung zwar nicht der Bestimmung des Art. 39 des Ges.'s v. 20. April 1810 entspricht, wonach im Falle des Bedürfnisses die Bildung von Hülfskammern durch ein nach Anhörung des Staatsraths vom

Landesherrn zu erlassendes réglement d'administration publique angeordnet werden soll;

daß aber diese dem französischen Staatsrecht angehörende Bestimmung innerhalb der Preußischen Monarchie nicht mehr Anwendung findet, vielmehr die Attributionen der Behörden nach den Grundsätzen des Preußischen Staatsrechts zu beurteilen sind;

daß durch die Verordnung über die veränderte Verfassung aller obersten Staatsbehörden v. 27. Oktbr. 1810 den einzelnen Departements-Ministern das Recht der Verfügung hinsichtlich der gesammten Verwaltung ihres Departements mit bestimmten, hier nicht zutreffenden Beschränkungen zugewiesen worden ist, mithin für die oben bezeichnete ministerielle Genehmigung der Bildung einer Hülfskammer deren Legalität begründet;

daß auch nicht den Artt. 7 und 89 der Verfassungs-Urkunde zuwider gehandelt worden ist, da nicht eine außerordentliche Kommission oder ein Ausnahmegericht, sondern eine Hülfskammer beim Landgerichte zu D. gebildet worden ist;

daß die besonderen Vorschriften der Artt. 10 und 12 des Dekrets v. 6. Juli 1810 nur die Appellhöfe betreffen, und nach Art. 49 des Dekrets v. 30. März 1808 bei der Ergänzung der nothwendigen Richterzahl einer Kammer zwar die Reihenfolge der Ernennungen, soweit dies geschehen kann zu beobachten, hiernach aber die Verhinderung der übergangenen Richter zu präsumiren ist;

[2.] In Erw. zur Sache, daß in Betreff des zc. B. auf Grund der Beweisverhandlungen in unanfechtbarer Weise thatsächlich angenommen worden ist, daß ihm die Unrichtigkeit der in der Vermögensbilanz enthaltenen inkriminirten Angaben bekannt gewesen sei, und daß in dem Verhalten desselben in der Generalversammlung, zumal er den Vorsitz führte, eine Zustimmung zu den ihm bekannten Unrichtigkeiten und somit eine Konkurrenz bei der unwahren Darstellung gefunden werden müsse;

daß diese Auffassung nicht auf Rechtsirrthum beruht,

indem der Gesetzgeber bei Aufhebung der früheren staatlichen Kontrole die Einführung einer besonderen Garantie für den wahrheitsgemäßen Inhalt der in der Generalversammlung gehaltenen Vorträge für nothwendig erkannt und zu diesem Ende durch Art. 249 Nr. 3 des HGB.'s die Mitglieder des Aufsichtsraths und des Vorstandes für die Richtigkeit dieser in ihrem Namen und unter ihrer Autorität gemachten Angaben strafrechtlich verantwortlich gemacht hat, — die stillschweigende Zustimmung jener Mitglieder zu den ihnen bekannten Unrichtigkeiten der Darstellung sonach deren Mitthäterschaft bei dem bezeichneten Vergehen konstituirt;

daß daher weder der Art. 249 Nr. 3 l. c., noch die §§ 1—3 und 47—49 des StGB.'s verletzt worden sind.

[3.] In Erw., auf den seitens des Ob.-Pr. eingelegten Kassations-Rekurs, daß in demselben Verletzung des § 266 Nr. 2 des StGB.'s behauptet wird, weil in dem angegriffenen Urteile angenommen worden, daß durch Eingehung von Wechselverbindlichkeiten zum Nachtheile der Gesellschaft nicht im Sinne jenes Paragraphen über Forderungen oder andere Vermögensstücke der Gesellschaft verfügt worden sei;

In Erw. hierauf, daß die wesentlich verschiedene Wortfassung der 3 Nummern des § 266 den Beweis liefert, daß die Strafbestimmung in Nr. 2 auf die hier nicht vorliegende Verfügung über Forderungen oder andere Vermögensstücke des Auftraggebers beschränkt worden ist, während in Nr. 1 ibid. wegen des besonderen Charakters der davon betroffenen Bevollmächtigten jedes absichtliche Handeln zum Nachtheil der ihrer Aufsicht anvertrauten Personen und Sachen, wozu auch die Eingehung von Schuldverbindlichkeiten gehören kann, mit Strafe bedroht und in Nr. 3 ibid. eine entsprechend allgemeine Strafandrohung enthalten ist;

daß vorliegend auch nicht festgestellt worden ist, daß die seitens der Beschuldigten erfolgte Unterzeichnung von Wechseln nach dem Bewußtsein der Beschuldigten endgültig und ohne die Möglichkeit einer event. Wiedererlangung der etwa zu leistenden Wechselbeträge die Gesellschaft belasten solle, und werde, — eine desfallsige Feststellung im positiven oder negativen Sinne aber auch durch den Inhalt der Beschuldigung nicht geboten war;

daß sonach der § 266 Nr. 2 des StGB.'s vorliegend durch Nichtanwendung nicht verletzt worden ist.

Antr. d. OStA.: gleichl. [4.—4.]

Hausrechtsverletzung. - Dolus. - Vermutheter Wille.

Ein widerrechtliches Eindringen in eine fremde Wohnung kann auch darin gefunden werden, wenn der Eintretende wider den vermutheten oder zu vermuthenden Willen des Wohnungsinhabers die Wohnung betritt.

StGB. § 123.

Erk. (3. I.) v. 15. Novbr. 1878 c. Schulz (956 I. Cr.).

Wenn der App.-Richter dem Angeklagten ein widerrechtliches Eindringen in die P.'sche Wohnung um deswillen zur Last legt, weil er als Vermiether nur eine beschränkte Befugniß zum Betreten dieser Wohnung gehabt und dieselbe bewußt zu einem anderen, als dem erlaubten Zwecke und mit dem Bewußtsein betreten habe, daß die Inhaberin damit nicht einverstanden sei, daß er also gegen den muthmaßlichen, d. h. den Umständen nach zu vermuthenden Willen der P. handele, so geht er nicht von einer rechtsirrthümlichen Auffassung des zum Hausfriedensbruche gesetzlich erforderlichen Dolus aus. Denn ein widerrechtliches Eindringen in eine fremde Wohnung liegt nicht nur vor, wenn Jemand gegen den ausdrücklich oder durch konkludente Handlungen erklärten Widerspruch des Bewohners die fremde Wohnung betritt, sondern auch dann, wenn der Eintritt in dieselbe wider den wirklichen, vom Eindringenden auch nur vermutheten oder zu vermuthenden Willen des Bewohners erfolgt.

Antr. d. OStA.: gleichl. [15.—3.]

Nothwehr. – Flucht. – Gegenwärtiger Angriff.

1. Das Gesetz bestimmt nicht, daß der rechtswidrig Angegriffene entfliehen müsse und nur dann dem Angreifer Gewalt entgegenstellen dürfe, wenn die Flucht nicht möglich ist.

StGB. § 53 [n. 2].

2. Die Anwendung des § 53 des StGB.'s erfordert nicht, daß schon eine Verletzung des Angegriffenen stattgefunden habe, oder daß derselbe bereits von dem Angreifer erreicht sei. Der Angriff ist ein gegenwärtiger, sobald eine Verletzung unmittelbar bevorsteht.

StGB. § 53 [n. 5].

Erk. (B. I.) v. 20. Novbr. 1878 c. Hartwich (976 I. Cr.).

H. war mit B. in Streit gerathen. B. schnitt sich einen Knittel im Walde, worauf sich H. entfernte, wurde aber nun von B. mit dem Knittel verfolgt. Als B. bis an ihn herangekommen war, hat er sich umgedreht und dem B. ein Beil, welches er in der Hand hatte, in's Gesicht geworfen, ihn dadurch auch verletzt. Er ist wegen Körperverletzung bestraft und rügt seine NB., daß nicht Nothwehr oder wenigstens strafloser Exceß derselben angenommen sei. Sie wurde vom Ob.-Tr. für begründet erachtet.

Der Appell.-Richter nimmt an, daß ein rechtswidriger Angriff des Arbeiters B. gegen den Angeklagten vorliegt, weil ersterer den letzteren 150 Schritte weit mit erhobenem Knüppel verfolgte. Die Begründung der Feststellung läßt auch darüber keinen Zweifel, daß der App.-Richter in der Strafthat eine Vertheidigung des Angeklagten gegen den Angriff gefunden hat. Der App.-Richter lehnt jedoch die Anwendung des § 53 des StGB.'s ab, weil der Beilwurf zur Abwehr des Angriffes nicht erforderlich war. Die Entscheidung darüber, ob im gegebenen Falle die angewendete Gewalt erforderlich war, liegt auf thatsächlichem Gebiete. Die Begründung der in gegenwärtiger Sache vom App.-Richter getroffenen Entscheidung ist jedoch in sich widersprechend, und läßt Zweifel darüber aufkommen, ob der

Appell.-Richter sich nicht in einem Rechtsirrthum über den Thatbestand des § 53 des StGB.'s befindet. Der Widerspruch liegt darin, daß der Appell.-Richter, obwohl er für bewiesen erachtet, daß B. den Angeklagten 150 Schritt weit verfolgt und sich ihm bis auf 10 Schritte genähert hatte, dennoch die Gewalt als nicht erforderlich bezeichnet, weil Angeklagter nicht gehindert war, zu entfliehen. Mit Recht hebt die NB. hervor, daß nach der Feststellung der Angeklagte die Flucht ergriffen hat, jedoch vergeblich, weil er von dem schneller laufenden B. eingeholt ist. Für rechtsirrthümlich ist aber die Annahme zu erachten, daß der Angeklagte verpflichtet war, zu fliehen. Das Gesetz bestimmt nicht, daß der rechtswidrig Angegriffene entfliehen müsse, und nur dann dem Angreifer Gewalt entgegenstellen dürfe, wenn die Flucht nicht möglich ist. Unverständlich ist ferner die Aeußerung des App.-Richters, daß der Angeklagte den Angriff des B. „auf andere Weise" abwenden konnte. Es fehlt jeder Anhalt, welche Möglichkeit der Appell.-Richter hierbei unter den obwaltenden Umständen im Auge gehabt hat. Unklar sind endlich die am Schlusse des zweiten Urteils hinzugefügten Erwägungen, um die negative Feststellung bezüglich des Abs. 3 des § 53 cit. zu rechtfertigen. Der App.-Richter sagt, daß eine Ueberschreitung der Nothwehr nicht festgestellt werden könne, weil B. den Angeklagten nicht geschlagen habe, und ihm zur Zeit des Beilwurfs nicht so nahe gewesen sei, um ihn mit dem Pfahle oder Knittel erreichen zu können. Diese Erwägungen lassen nicht erkennen, ob der App.-Richter das Thatbestandsmoment des gegenwärtigen Angriffs richtig aufgefaßt hat. Die Anwendung des § 53 cit. erfordert nicht, daß bereits eine Verletzung des Angegriffenen Statt gefunden hat, sondern nur, daß eine solche unmittelbar bevorsteht. Darnach ist der erste Entscheidungsgrund des App.-Richters, daß B. den Angeklagten nicht geschlagen hatte, zum Ausschluß des § 53 nicht geeignet. Ebensowenig wird aber die Annahme eines gegenwärtigen Angriffs dadurch gehindert, daß B. den Angeklagten mit dem Knittel noch nicht erreichen konnte. Da diese Gründe die Entscheidung nicht tragen und weitere nicht angeführt sind, läßt sich nicht absehen, ob der App.-Richter ohne Rechtsirrthum festgestellt hat, daß der Thatbestand des § 53 Abs. 3 nicht vorliegt.

Antr. des GStA.: gleichl. [18.—2.]

Beschlagnahme. - Subhastation. - Observation. - Früchte.

1. Die Subhastation eines Grundstücks wirkt auch hinsichtlich der Zubehörungen und der einen Theil der Substanz bildenden noch nicht getrennten Früchte eine Beschlagnahme.

StGB. § 137 [n. 14]; Vgl. RbOTr. 18. S. 565.

2. Zu diesem Zwecke bedarf es einer vorherigen Eintragung der Einleitung der Subhastation im Grundbuche nicht.

StGB. § 137 [u. 9]; Vgl. RbOTr. 12. S. 22.

3. Auch eine Observation wirkt Beschlagnahme der Erndte, wenn dem Eigenthümer die Verfügung über die letztere untersagt ist.

StGB. § 137 [n. 10]; Vgl. RbOTr. 10. S. 771.

Erk. (Z. I.) v. 20. Novbr. 1878 c. Kobiela (780 I. Cr).

Auf Antrag eines Gläubigers war die Observation der Grnndstücke des Müllers Z. gerichtlich erkannt und ihm bei Ausführung dieser Maßregel durch den beauftragten Kommissar auch die Verfügung über die Roggenernte untersagt. Später war über die Grundstücke auch Subhastation eingeleitet, ein deshalbiger Eintrag in dem Grundbuche aber nicht erfolgt. K., dem dieses bekannt war, hatte gleichwohl die Roggenernte der Grundstücke bei Seite geschafft. Er war deshalb aus § 137 des StGB.'s bestraft und seine NB. ist zurückgewiesen.

[Zu 1.] Der App.-Richter hat festgestellt, daß der Angeklagte den fraglichen Roggenaufwuchs erst abgeerntet hat, nachdem betreffs des Grundstücks, auf welchem derselbe stand, das Subhastationsverfahren eingeleitet und dies dem Angeklagten bekannt geworden war. Daß aber die

Einleitung der Subhastation zum Zwecke der Zwangsvollstreckung hinsichtlich der Zubehörungen des Grundstücks, und der davon noch nicht getrennten Früchte, welche einen Theil der Substanz desselben bilden, die Wirkung einer Beschlagnahme hat, hat das Ob.-Tr. in zahlreichen Entscheidungen ausgeführt, z. B. in dem Erk. v. 14. Septbr. 1877, RdOTr. Bd. 18. S. 565.

[Zu 2.] Sobald der Angeklagte daher von der Einleitung der Subhastation Kenntniß erlangt hatte, was vom App.-Richter gleichfalls festgestellt ist, machte er sich durch die Beiseiteschaffung der in Beschlag genommenen Roggenernte aus § 137 des R.-StGB.'s strafbar, ohne daß es zu diesem Zwecke einer vorherigen Eintragung jener Einleitung im Grundbuche bedurfte, § 9 der Subh.-Ordn. v. 15. März 1869.

[Zu 3.] Der Appell.-Richter hat aber außerdem angenommen, daß der Beamte, welcher von dem zuständigen Kreisgericht mit der Einleitung der Observation der fraglichen Grundstücke beauftragt war, indem er dem Eigenthümer derselben die Verfügung über die Roggenernte untersagte, von welchem Verbote auch der Angekl. K. in Kenntniß gesetzt wurde, dem ihm von dem Kreisgerichte ertheilten Auftrage gemäß handelte, und hat unter diesen Umständen auch schon der eingeleiteten Observation mit Recht die Wirkung einer Beschlagnahme beigelegt.

Antr. d. GStA.: gleichl. [12.—2.]

Jagdvergehen. - Fallwild.

Die Aneignung von Fallwild fällt unter die Strafvorschrift des § 292 des StGB.'s.

StGB. § 292 [n. 9]; Vgl. RdOTr. 10. S. 375; 11. S. 227.

Erk. (Z. I.) v. 20. Novbr. 1878 c. Reich (1095 I. Cr.).

Gegen R. ist festgestellt, daß er auf einem Felde, wo er zum Jagen nicht berechtigt war, ein todtes Reh, was noch in keines Anderen Besitz gewesen, gefunden, in seine Wohnung getragen und in der Absicht rechtswidriger Zueignung an sich genommen habe. Es ist deshalb

Strafe aus § 292 gegen ihn erkannt. Die NB. des R. findet in seinem Handeln nicht den Thatbestand eines Jagdvergehens. Sie ist zurückgewiesen.

Zum Begriffe der Jagdausübung im Sinne der §§ 292 und 293 des R.-StGB.'s gehört nicht ausschließlich, daß der Angeklagte in Jagdausübung auf fremdem Jagdgebiete betroffen worden sei, oder mit Schießgewehr und sonstigen Jagdutensilien die Jagd ausgeübt, oder endlich, daß er ein Wild wirklich erlegt habe, sondern es fällt darunter auch jede Zueignung eines jagdbaren wilden Thieres, welche nicht auf vorausgegangener förmlicher Verfolgung und Erlegung beruht, wozu namentlich die Okkupation von Fallwild gehört. Die vorliegende That als Funddiebstahl oder als Unterschlagung zu behandeln erweist sich schon deshalb als unzulässig, weil beide Strafthaten die bereits erfolgte Okkupation des gefallenen Thieres voraussetzen.

Antr. d. GStA.: gleichl. [11.—2.]

Mündlichkeit. - Schließliche Entscheidung. - Richter, der nicht bei Hauptverhandlung zugegen. - Nichtigkeit.

Die Mitwirkung eines Richters bei der schließlichen Entscheidung, der nicht der ganzen Hauptverhandlung beigewohnt hat, macht das Verfahren nichtig.

Vdn. v. 3. Jan. 1849 § 14 [u. 16].

Erk. (**V. II.**) **v. 21. Novbr.** 1878 c. **Horn** (1043 II. Cr.).

Ausweislich der Akten haben von den 4 bei dem App.-Gericht anstehenden Hauptterminen in dem letzten Termin, in welchem eine vollständige Verhandlung der Sache nicht Statt gefunden hat, zwei Richter mitgewirkt, welche an den vorhergehenden Terminen nicht Theil genommen haben; weiterhin steht fest, daß in der zweiten Hauptverhandlung der Belastungszeuge W. und die Entlastungszeugen J. und K. vernommen sind, und endlich weist das angefochtene Erkenntniß aus, daß die Aussagen dieser Zeugen bei Fällung des Urteils zu dessen Motivirung in Berücksichtigung gezogen sind. Daß diese Zeugen nach Annahme des angefochtenen Erkenntnisses Nichts zur Sache Erhebliches auszusagen vermocht haben, ist irrelevant, da jeder der erkennenden Richter zu dem Urteil darüber, ob und inwieweit diese Aussagen für die aufgestellte Defensionalbehauptung von Erheblichkeit waren oder nicht, nur durch Anhörung der mündlichen Aussage selbst gelangen konnte. [7.—4.]

Widerstand. - Rechtmäßige Amtsausübung. - Rheinischer Gerichtsvollzieher. - Vollstreckung trotz Opposition des Schuldners.

1. Nach Rheinischem Civilprozeß wird die Vollstreckung eines exekutorischen Notariatsakt durch die Opposition des Schuldners nicht gehemmt.

2. Ebensowenig durch ein die Opposition annehmendes und die Vollstreckung aufhebendes Urteil, so lange solches der vollstreckenden Partei noch nicht zugestellt ist.

BGBl. Art. 1319; BPO. Artt. 147 und 607; Notar.-Ordnung vom 25. April 1822 Art. 38; Vgl. Volkmar S. 68 und Sir. 51. 2. 567.

Erk. (V. II.) v. 21. Novbr. 1878 c. Hoymann (1055 II. Cr.).
Antr. d. GStA.: gleichl. [8.—4.

Ideale Konkurrenz. - Anklage wegen beider Vergehen. - Bestrafung wegen des schwereren. - Entscheidung auch über das leichtere.

Ist Anklage wegen zweier Vergehen in idealer Konkurrenz erhoben, so darf das Gericht nicht, indem es wegen des schwereren Vergehens bestraft, die Frage, ob der Angeklagte sich zugleich auch des leichteren schuldig gemacht habe, unentschieden lassen, sondern muß sich auch darüber aussprechen. Der Angeklagte hat ein Recht darauf, daß die Anklage wie sie erhoben ist, vom Richter erschöpft werde.

StGB. § 73 [v. 13].

Erk. (V. II.) v. 21. Novbr. 1878. c. Rubel (1094 II. Cr).
Antr. d. GStA.: gleichl. [10.—4.]

Körperverletzung. – Buße. – Erhebliche Kompensation.

1. In Fällen der Körperverletzung ist die Zulässigkeit einer Buße nicht durch den Nachweis eines erlittenen Schadens bedingt.

StGB. § 231 [n. 3];

2. Bei Körperverletzung mittels Fußtritten kann ein Stiefel nicht ohne Weiteres als gefährliches Werkzeug angesehen werden.

StGB. § 223a [n. 3].

3. In den Fällen des § 223a des SGB.'s ist Kompensation der Körperverletzungen ausgeschlossen.

StGB. § 233 [n. 1].

Erk. (Z. l.) v. 27. Novbr. 1878 c. Engh. (963 I. Cr.).

E. und B. waren wegen Körperverletzung des D. verurteilt, letzterem war ohne Nachweis eines erlittenen besonderen Nachtheils eine Buße zuerkannt. B. hatte ihn mit Füßen getreten und wären die Stiefel, die derselbe dabei getragen hatte, ohne Erweis einer besonderen Beschaffenheit als gefährliches Werkzeug angesehen. Die in Anspruch genommene Kompensation war als unzulässig abgelehnt.

[Zu 1.] Der § 231 des StGB.'s giebt „in allen Fällen" der Körperverletzung dem Verletzten Anspruch auf Zuerkennung einer „Buße". Dieser gesetzlichen Bestimmung liegt der Gedanke zu Grunde, daß schon durch die Verletzung ein Nachtheil begründet wird, und es ist deshalb auch ein Beweis, wie ihn der § 188 l. c. bei der Beleidigung voraussetzt, nicht erfordert. Hiernach entspricht es vollständig dem Gesetze, wenn der Appell.-Richter die Beweisanträge des Imploranten, die dahin gerichtet waren, daß dem Zeugen D. durch die Mißhandlung ein Schaden nicht entstanden sei, als unerheblich zurückgewiesen hat.

[Zu 2.] Rechtsirrthümlich erscheint allerdings die Ausführung des Appell.-Richters, daß ein Stiefel, auch wenn es nur ein leichter Tanzstiefel ist, bei der Anwendung von Fußtritten als ein gefährliches Werkzeug angesehen werden müsse, da hiermit nicht, wie es das Gesetz erfordert, objektiv der gefährliche Charakter des benutzten Werkzeugs festgestellt worden. — Durch diesen Verstoß ist aber der Implorant materiell nicht beschwert. Die Annahme einer gemeinschaftlichen Mißhandlung begründet ohnehin die Anwendung des § 223a l. c. und es hat der App.-Richter auf das niedrigste hiernach zu verhängende Strafmaß erkannt, die Zulassung mildernder Umstände aber aus Gründen, welche der Wegfall des fraglichen Moments nicht berührt, abgelehnt.

[Zu 3.] Endlich steht es auch völlig mit dem Gesetze im Einklange, wenn der Appell.-Richter in den Fällen des § 223a des StGB.'s die Compensation ausgeschlossen erachtet. Der § 233 des StGB.'s gestattet letztere nur bei leichten Körperverletzungen — § 223 l. c. — und auf letzteren weist auch der § 232 das., der jene als Antragsvergehen qualifizirt, hin. In dem § 223a cit. hat nun die Novelle v. 26. Febr. 1876 eine zwischen den leichten — § 223 — und den schweren — § 224 — Mißhandlungen in der Mitte stehende Klasse geschaffen, die der sogenannten „gefährlichen" Mißhandlungen, bei welchen nicht die Erheblichkeit der Folgen, sondern die Art der Begehung das charakteristische Merkmal darstellt und die Androhung einer schwereren Strafe rechtfertigt. Diese Mittel-Klasse bildet nun aber, wie sich das aus den Reichstags-Verhandlungen unzweideutig ergiebt, nicht eine Unterabtheilung der leichten Körperverletzungen, sondern eine besondere für sich bestehende Klasse, und um das auch äußerlich klar hervortreten zu lassen, sind die bezüglichen Bestimmungen, welche nach der Regierungs-Vorlage als Zusatz zu § 223 ihren Platz hatten, in einen besonderen §, den § 223a, aufgenommen worden.

Antr. d. GStA.: gleichl. [16.—2.]

Untreue. - Aktiengesellschaft. - Vorstand.

1. Der Vorstand einer Aktiengesellschaft ist Bevollmächtigter derselben im Sinne des § 266 Nr. 2 des StGB.'s.

StGB. § 266 Nr. 2 [n. 14]; Vgl. RdOTr. 16. S. 762.

2. Bewußte Hingabe von Sachen der Gesellschaft gegen werthlose Wechselaccepte ist — ohne Rücksicht auf spätere Deckung des Schadens — Untreue.

StGB. § 266 Nr. 2 [n. 15].

Erk. (Z. I.) v. 27. Novbr. 1878 c. Görk. (968 I. Cr.).

G. war Direktor einer Ziegelei-Aktien-Gesellschaft und lieferte als solcher verschiedenen Unternehmern von Bauten eine bedeutende Quantität Steine. Für den größten Theil des Preises nahm er Wechselaccepte des völlig vermögenslosen Z. mit dem Bewußtsein ihrer Werthlosigkeit in Zahlung an. Sie wurden nicht bezahlt. Später will G. Veranstaltungen zur Deckung des Schadens der Gesellschaft getroffen haben. Er wurde wegen Untreue bestraft und seine NB. zurückgewiesen.

]Zu 1.] Was die materiellen Angriffe anlangt, so hat der App.-Richter mit Recht und in Uebereinstimmung mit der Judikatur des Königl. Ob.-Tr. angenommen, daß der Direktor (Vorstand) einer Aktiengesellschaft im Sinne des § 266 Nr. 2 des StGB.'s Bevollmächtigter derselben ist, weil nach Art. 227 ff. des HGB.'s dem Verhältnisse des Vorstandes einer Aktien-Gesellschaft zu dieser das Mandat zum Grunde liegt. Auch im Uebrigen ist nicht ersichtlich, daß der thasächlichen Feststellung der Instanzrichter, welche die Erfordernisse des § 266 Nr. 2 und Schlußabsatz des StGB.'s enthält, ein Rechtsirrthum des App.-Richters unterliegt.

[Zu 2.] Der Angeklagte hat, wie der App.-Richter annimmt, dadurch, daß er mit vollem Bewußtsein der Werthlosigkeit der Z.'schen Accepte und des Umstandes, daß Z. bei der ganzen Lieferung gar nicht interessirt war, die Steine auf dessen alleinigen Namen hergegeben, über Vermögensstücke der Gesellschaft zu deren Nachtheil verfügt mit der auf Zufügung des Nachtheils gerichteten Absicht. Wenn der App.-Richter hiernach und in der ferneren Erwägung, daß die Handlung die Benachtheiligung seiner Auftraggeberin augenfällig schon als vollendet in sich schloß, die Annahme des Dolus des Angeklagten dadurch nicht für ausgeschlossen erachtet hat, daß dieser — immerhin von Zufälligkeiten und dem guten Willen Anderer abhängende Veranstaltungen zur späteren Deckung des Schadens getroffen hatte und daß Deckung nachträglich erfolgt ist, so kann darin eine rechtsirrthümliche Auffassung nicht gefunden werden.

Antr. d. GStA.: gleichl. [20.—2.]

Schwurgericht. - Wahrspruch. - Undeutlichkeit.

Die dem Angeklagten günstige Beantwortung einer Frage durch die Geschworenen, kann nicht unberücksichtigt bleiben. Ist dem Gerichtshof ihr Sinn nicht deutlich, so muß er Verbesserung dieses Mangels herbeiführen.

Ges. v. 3. Mai 1852 Art. 97 [n. 3].

Erk. (B. I.) v. 27. Novbr. 1878 c. Piotr. (1305 I. Cr.).

R. und die P. waren der Brandstiftung beschuldigt. Bezüglich der P. wurde den Geschworenen zu 1 a die Frage vorgelegt, ob sie der gemeinschaftlichen Brandstiftung, zu 4 ob sie der Beihülfe dazu schuldig sei und zu 6: ob ihr zu 1 a mildernde Umstände zu Statten kämen. Die Geschworenen verneinten die Frage 1 a, bejahten aber die Fragen 4 und 6, worauf der Gerichtshof die P. aus § 308 zu Zuchthausstrafe verurteilt, während nach dem Gesetz im Fall mildernder Umstände nur Gefängnißstrafe eintreten soll. Das Urteil erwähnte die Antwort der Geschworenen zu Frage 6 — die sich allerdings nach ihrem buchstäblichen Wortlaut nur auf die verneinte Frage 1 a, nicht auf die bejahte Frage 4 bezog — gar nicht. Das Ob.-Tr. vernichtete.

Die NB. muß, insofern sie Verletzung des § 308 des StGB.'s durch unrichtige Anwendung behauptet, für begründet erachtet werden. Der Schw.-GH. hat seiner Entscheidung gegen die Angekl. P. wegen Theilnahme an der nach dem Wahrspruche der Geschworenen zu Frage II a von dem Mitangekl. R. verübten vorsätzlichen Brandstiftung lediglich die Antwort der Geschworenen auf die Frage IV zum Grunde gelegt, ohne zu prüfen, welche Bedeutung der zu Gunsten der Angeklagten erfolgten Bejahung der Frage VI zu Frage I a beizulegen sei. Durch die Verneinung der Frage I a ist zwar die Bejahung der Frage VI, soweit sie die Mitthäterschaft der Angekl. P. an der zu Frage II a gegen den Mitangekl. N. festgestellten vorsätzlichen Brandstiftung betraf, gegenstandslos geworden. Dieselbe läßt jedoch keinen Zweifel darüber, daß die Geschworenen der P. bezüglich der fraglichen Brandstiftung selbst im Falle ihrer Mitthäterschaft mildernde Umstände haben zubilligen wollen. Es würde deshalb wohl die Schlußfolgerung gewesen sein, daß nach dem unzweideutig erklärten Willen der Geschworenen dieselbe Vergünstigung der Angekl. P. auch bei dem minus, nämlich bei der durch die Bejahung der Frage IV gegen sie festgestellten Theilnahme an der gedachten Brandstiftung durch Beihülfe zu Statten kommen solle. Erschien dies aber dem Gerichtshofe zweifelhaft, so hätte er nach Art. 97 des Ges.'s v. 3. Mai 1852 eine deutlichere Erklärung der Geschworenen erfordern müssen, zumal da nach Inhalt des Sitzungs-Protokolls vom 17. Oktbr. 1878 von der Vertheidigung auch für den Fall der Beihülfe eine Unterfrage nach mildernden Umständen ausdrücklich beantragt worden war. Keinenfalls durfte der Gerichtshof die bezüglich der Frage Ia der Angeklagten günstige Beantwortung der Frage VI bei Anwendung des Strafgesetzes völlig unberücksichtigt lassen. Dadurch, daß er dies gleichwohl gethan, hat er den § 308 des StGB.'s, welcher beim Vorhandensein mildernder Umstände eine mildere Strafart androht, durch unrichtige Anwendung verletzt.

Antr. d. GStA's: gleichl. [12.—2.]

Körperverletzung. – Gemeinschaftlichkeit.

Der Begriff der Gemeinschaftlichkeit setzt keine vorherige Verabredung voraus, sondern wird auch durch ein augenblickliches und stillschweigendes Zusammenwirken Mehrer zur Verwirklichung des auf Verübung derselben That gerichteten gemeinsamen Willens erschöpft.

StGB. § 223a [n. 5].

Erk. (Z. I.) v. 27. Novbr. 1878 c. Schuppert & Gen. (995 I. Cr.).

S. und Gen. waren wegen gemeinschaftlicher Körperverletzung bestraft. Ihre NB. rügte ungenügende Feststellung des Requisits der Gemeinschaftlichkeit. Sie wurde zurückgewiesen.

Die gemeinschaftliche Verübung der fraglichen Körperverletzung, d. h. ein bewußtes und gewolltes Zusammenwirken zur Vollbringung der gedachten Strafthat ist von den Instanzrichtern auf Grund der mitgetheilten Zeugenaussagen gegen sämmtliche Imploranten thatsächlich festgestellt. Eine weitere Begründung der Gemeinschaftlichkeit erfordert der § 22 der Vdn. v. 3. Jan. 1849 nicht. Insbesondere bedurfte es zur Begründung derselben nicht, wie die NB. vermeint, der Feststellung eines Complotts, d. h. einer der gemeinschaftlichen Ausführung der Strafthat vorangegangenen Verabredung der Imploranten, da auch ein augenblickliches und stillschweigendes Zusammenwirken Mehrerer zur Verwirklichung des auf Begehung derselben That gerichteten gemeinsamen Willens den Begriff der Gemeinschaftlichkeit erschöpft.

Antr. d. GStA.'s: gleichl. [15.—2]

Körperverletzung. - Gemeinschaftlichkeit. - Mehre.

Für den Begriff der gemeinschaftlich von Mehreren begangenen Körperverletzung genügt das Zusammenwirken von zwei Personen.

StGB. § 223a [n. 5].

Erk. (Z. I.) v. 27. Novbr. 1878 c. Schwarz (1099 II. Cr.).

Insbesondere kann der Ansicht des Angeklagten nicht beigestimmt werden, daß eine von Mehreren gemeinschaftlich verübte Körperverletzung nothwendig voraussetzt, daß mehr als zwei Personen gehandelt haben. Das StGB. erwähnt eine Mehrheit von Handelnden an verschiedenen Stellen (cf. §§ 47, 83, 119, 123, 243 Nr. 6, 250 Nr. 2, 293 des StGB.'s u. A.) jedoch, wie die Judikatur des Kgl. Ob.-Tr. konstant angenommen hat, überall in dem Sinne, daß schon zwei Personen eine Mehrheit bilden. Rechtspr. d. Ob.-Tr. XIII S. 344; XIV S. 142. Daß bei Erlaß der Novelle zum StGB. v. 26. Febr. 1876 von diesem Sprachgebrauch hat abgewichen werden sollen, läßt die Entstehungsgeschichte des Gesetzes nicht erkennen.

Antr. d. OStA.'s: gleichl. [18.—2.]

Vereinsgesetz. - Vereine. - Einwirkung auf öffentliche Angelegenheiten.

Bei einem Verein genügt zur Freisprechung wegen einer aus § 2 erhobenen Beschuldigung nicht, wie bei Versammlungen nach § 1, die Feststellung, daß der Zweck des Vereins nicht auf Erörterung oder Berathung öffentlicher Angelegenheiten gerichtet sei, sondern es muß festgestellt werden, daß der Verein eine Einwirkung auf öffentliche Angelegenheiten nicht bezwecke. Die Erörterung und Berathung öffentlicher Angelegenheiten, welche nur in Versammlungen zu geschehen pflegt, deckt nicht vollständig den Begriff der Einwirkung auf öffentliche Angelegenheiten, da diese auch ohne Versammlungen durch schriftliche Mittheilungen erfolgen kann.

Vdn. über das Versammlungs- und Vereinsrecht v. 11. März 1850 §§ 1 und 2; Vgl. Kommissionsbericht II. K. bei Thilo, Preußisches Vereins- und Versammlungs-Recht S. 59.

Erk. (V. II.) v. 28. Novbr. 1878 c. Engels & Gen. (1024 II. Cr.).
Antr. d. OStA.: gleichl. [21.—4.]

Beleidigung, öffentliche. - Bekanntmachung des Urteils. - Mitwirkung des Gerichts.

Bei den nicht in einer Zeitung oder Zeitschrift erfolgten öffentlichen Beleidigungen hat der Beleidigte die Bekanntmachung des Urteils zunächst selbst zu veranlassen und kann nur, wenn er dabei auf Schwierigkeiten stößt, die Mitwirkung des Ge-

richts beanspruchen. Das gilt auch bei Beleidigungen eines Beamten.

StGB. § 200.

Beschl. (Z. II.) v. 28. Novbr. 1878 c. **Woitacha** (204 B. II. Cr.).

Durch Urteil des KG. zu B. ist W. wegen öffentlich durch Worte begangener Beleidigung des Reichskanzlers Fürst Bismarck zu Strafe verurteilt und zugleich dem Beleidigten die Befugniß zugesprochen worden, den Tenor des Erkenntnisses auf Kosten des Angeklagten in dem zu B. erscheinenden Kreisblatt veröffentlichen zu lassen. Nachdem das Urteil rechtskräftig geworden war, ersuchte der StA. auf Grund eines Antrages des Reichskanzlers das KG., die Publikation im Kreisblatt zu veranlassen. Das KG. lehnte dieses Ersuchen ab, weil es sich um eine öffentliche wörtliche Beleidigung handele. Bei einer solchen sei es Sache des Beleidigten, die Bekanntmachung selbst zu veranlassen und erst, wenn derselbe dabei auf Schwierigkeiten stoße, die zur Vollstreckung erkannter Strafen berufene Behörde verpflichtet, ihm auf Ersuchen Hülfe zu leisten.

Die hiergegen von dem StA. ergriffene Beschwerde hat das AG. mit der Erwägung zurückgewiesen, daß die Publikation der Verurteilung nicht als eine im öffentlichen Interesse erkannte Strafe anzusehen sei und folgeweise die Verpflichtung zu deren Vollstreckung auch nicht zu der von Amtswegen zu bewirkenden Vollziehung des Urteilsgehöre.

Der OStA. ergriff Beschwerde an das Ob.-Tr. Die GStA.-schaft schloß sich derselben an.

Das Ob.-Tr. hat die Beschwerde des OStA.'s zurückgewiesen.
Gründe:

Das rechtskräftige Urteil vom 28. Juni 1878 lautet zwar dahin, daß dem Beleidigten, Reichskanzler Fürsten Bismarck die Befugniß zuzusprechen, den Tenor des Erkenntnisses binnen sechs Wochen einmal im B. Kreisblatt auf Kosten des Angeklagten veröffentlichen zu lassen. Da aber die Verurteilung wegen einer öffentlich durch Worte begangenen Beleidigung erfolgt, der § 200 Abs. I des StGB.'s daher anwendbar ist, so kann in Ermangelung eines jeden auf eine andere Absicht des Gerichts hindeutenden Erwägungsgrundes nur angenommen werden, daß nichts anderes hat ausgesprochen werden sollen, als was jener Abs. I bestimmt. Nach diesem Gesetze ist dem Beleidigten die Befugniß zuzusprechen, auf die Art und in der Frist, welche das Urteil bestimmt, die Verurteilung auf Kosten des Schuldigen öffentlich bekannt zu machen. Das Gesetz giebt demnach dem Beleidigten das Recht, die Veröffentlichung selbst vorzunehmen. In Folge hiervon ist auf der einen Seite der Beleidigte nicht verpflichtet, sich der gerichtlichen Hülfe zu bedienen; auf der anderen aber kann er auch nicht berechtigt sein, Rechtshülfe da in Anspruch zu nehmen, wo er derselben nicht bedarf, wo und so lange vielmehr das, worauf er ein Recht hat, ohne Mitwirkung der Gerichte durch seine eigene Thätigkeit ins Werk gesetzt werden kann. Eine Bestätigung findet diese Auslegung des Abs. I des § 200 in der Bestimmung des Abs. II l. c., nach welcher für den Fall einer in einer Zeitung oder Zeitschrift erfolgten Beleidigung der verfügende Theil des Urteils auf Antrag des Beleidigten durch die öffentlichen Blätter bekannt zu machen ist, und zwar wenn möglich durch dieselbe Zeitung oder Zeitschrift und in demselben Theile und mit derselben Schrift, wo der Abdruck der Beleidigung geschehen. Denn offenbar hat diese Bestimmung den Zweck, den in dem vorausgesetzten Falle leicht eintretenden Schwierigkeiten von vorne herein durch die Mitwirkung des Gerichts zu begegnen. Allerdings würde die Frage erhoben werden können, ob nicht in den durch § 196 des StGB.'s vorgesehenen Fällen, wenn nämlich eine Behörde, ein Beamter, ein Religionsdiener oder ein Mitglied der bewaffneten Macht in Ausübung des Berufs oder in Beziehung auf den Beruf beleidigt ist, die öffentliche Bekanntmachung der Verurteilung als zu der im öffentlichen Interesse vorzunehmenden Vollstreckung des Urteils gehörend anzusehen sei. Allein der § 200 macht eine solche Unterscheidung nicht, und es fehlt an jedem Anhaltspunkte, welcher dazu berechtigte, in Ansehung jener Beleidigungen, für die das StGB. und zwar im § 196 die einzige besondere Bestimmung enthält, daß der Strafantrag auch von dem amtlichen Vorgesetzten des Beleidigten gestellt werden kann, eine Ausnahme von der im Allgemeinen der Natur der Sache entsprechenden Regel zu machen, daß der Beleidigte die in seine Befugniß gestellte und durch seine eigene Thätigkeit mögliche Veröffentlichung selbst vorzunehmen habe.

[8.—4.]

Schulpflicht. - Rheinprovinz. - Dauer. - Kein bestimmtes Alter. - Regierungs-Instruktion.

In der Rheinprovinz dauert gemäß Nr. 2 der AKO. v. 14. Mai 1825 die Schulpflicht nicht bis zu einem bestimmten Lebensalter des Kindes, sondern bis dahin, daß dasselbe nach dem Befunde seines Seelsorgers — resp. seit dem Schulaufsichtsgesetz des Lokalschulinspektors — die für seinen Stand nothwendigen Kenntnisse erlangt hat.

Eine Verfügung der Bezirks-Regierung, daß die Kinder nur in einem bestimmten Alter zur Prüfung zugelassen und entlassen werden sollen, hat lediglich die Bedeutung einer für die Lokalschulinspektoren und die sonstigen zur Mitwirkung bei der Schulaufsicht berufenen Beamten bindenden Instruktion. Hat der Lokalschulinspektor bei Entlassung eines Kindes dieser Verfügung zuwider gehandelt, so macht er sich dadurch der Regierung verantwortlich; die Schulpflicht des Kindes aber und die Strafbarkeit der Eltern wegen Schulversäumniß hat mit der Entlassung durch den dazu nach Maßgabe des Gesetzes berufenen Beamten ihr Ende erreicht.

AKO. v. 14. Mai 1825 Nr. 2 und v. 20. Mai 1835 Nr. 2; Vgl. RbOTr. 8. S. 767; 9. S. 129 und 10. S. 673.

Erk. (3. II.) v. 28. Novbr. 1878 c. Zurmahr & Gen. (1120 II. Cr.).

Die Regierung zu A. hat durch Cirkularverfügung v. 18. Juli 1877 bestimmt, daß in der Elementarschule zu der Prüfung, auf Grund deren die Entlassung erfolgt, seitens des Lokalschulinspektors in der Regel nur diejenigen Kinder zuzulassen sind, welche bis zum Schluß des Schulsemesters das 14. Lebensjahr vollenden. Unter bestimmten Bedingungen kann der Lokalschulinspektor auch Kinder zur Prüfung zulassen und aus der Schule entlassen, welche bei Schluß des Semesters erst 13 Jahre 9 Monate alt sind und hat er am Schluß jedes Semesters ein Verzeichniß solcher vorzeitig geprüften und aus der Schule entlassenen Kinder durch Vermittlung des Kreisschulinspektors der Regierung einzureichen. Endlich soll ganz ausnahmsweise auch eine Entlassung von Kindern geschehen können, welche am Schluß des Semesters erst 13 Jahre 6 Monate alt werden, aber dies nur unter Genehmigung der Regierung.

Die Kinder der Beschuldigten sind von dem Lokalschulinspektor in einem Alter zur Prüfung zugelassen und demnächst aus der Schule entlassen worden, daß sie bei Schluß des Semesters erst 13 Jahre 6 Monate alt waren, ohne daß der Lokalschulinspektor die hierzu gemäß der Cirk.-Verfügg. erforderliche Genehmigung der Regierung eingeholt hatte. Der Kreisschulinspektor ersah das aus der von dem Lokalschulinspektor eingereichten Liste der vorzeitig entlassenen Kinder und ließ auf seinen Antrag der Landrath die Kinder durch den Bürgermeister wieder zur Schule beordern.

Dieser Aufforderung haben die beschuldigten Väter keine Folge geleistet. Aus Nr. 2 der AKO. v. 20. Mai 1835 verfolgt, wurden sie von dem PG. freigesprochen. Den hiergegen von dem PA. ergriffenen Cass.-Rekurs hat das Ob.-Tr. verworfen. Gründe:

In Erw., daß nach § 2 der AKO. vom 14. Mai 1825 die Schulpflichtigkeit eines Kindes nicht mit einem bestimmten Lebensalter desselben aufhört, vielmehr so lange fortdauert, bis dasselbe nach dem Befunde seines Seelsorgers die für seinen Stand nothwendigen Kenntnisse erlangt hat;

daß sonach die Entlassung eines Kindes ohne Zuwiderhandlung gegen das Gesetz auch vor dem zurückgelegten 14. Lebensjahre Seitens des Seelsorgers erfolgen konnte, sobald nach seinem Befunde die Voraussetzung der Nr. 2 cit. bei dem Kinde zutraf, mit dieser Entlassung sodann aber die Schulpflicht des Kindes aufhörte und folgeweise auch gegen die Eltern, wenn sie das Kind nicht weiter zur Schule schickten, die in Nr. 3 der Allerh. Kab.-Ordre vom 20. Juni 1835 angedrohte Strafe nicht mehr verhängt werden konnte;

daß in den vorliegenden Fällen nach den Feststellungen des Polizeigerichts die betreffenden Kinder sämmtlich bereits aus der Schule entlassen waren, und ihnen ein von dem Bürgermeister, dem Lokalschulinspektor und dem Lehrer unterschriebenes Entlassungszeugniß ertheilt worden war, als die hier fraglichen Schulversäumnisse stattgefunden haben sollen;

daß nach § 1 des Ges.'s v. 11. März 1872, betreffend die Beaufsichtigung des Unterrichts und Erziehungswesens — GS. S. 183 — unter Aufhebung aller in den einzelnen Landestheilen entgegenstehenden Bestimmungen die Aufsicht über alle öffentlichen und Privat-Unterrichts- und Erziehungs-anstalten dem Staate vindizirt und ausgesprochen ist, daß alle mit dieser Aufsicht betrauten Behörden und Beamten im Auftrage des Staates handeln, welchem nach § 2 ibid. die Ernennung der Lokal- und Kreis-Schulinspektoren allein gebührt;

daß folglich auch die in Nr. 2 der AKO. dem Seel-sorger übertragene Entscheidung über die Entlassung eines Kindes aus der Schule von ihm lediglich kraft des dem Staate vorbehaltenen Aufsichtsrechts über die Volksschule und in der Eigenschaft eines mit der Ausübung dieses Auf-sichtsrechts vom Staate beauftragten Beamten getroffen werden kann;

daß abgesehen davon, daß eine Feststellung in der Richtung nicht vorliegt, ob in den vorliegenden Fällen der Lokal-Schulinspektor mit dem Pfarrer (Seelsorger) der Gemeinde eine und dieselbe Person ist, unter der Herrschaft des Ges.'s v. 11. März 1872 darüber kein Zweifel erhoben werden kann, daß wie auch die Regierungsverfügung vom 18. Juli 1877 voraussetzt, indem sie dessen Befugnisse regelt, nur durch den vom Staate ernannten Lokal-Schul-inspektor — er sei nun Seelsorger oder nicht — allein oder unter Konkurrenz anderer Organe, die Entlassung im Sinne der AKO. v. 14. Mai 1825 erfolgen kann;

daß wenn nun die Königl. Regierung zu A. in der Circularverfügung v. 18. Juli 1877 nähere Bestimmungen darüber getroffen hat, welches Alter die Kinder mindestens erreicht haben müssen, ehe sie mittelst eines vom Lokal-Schulinspektor und Bürgermeister zu unterzeichnenden, auf

Grund einer vorgenommenen Prüfung auszustellenden Entlassungszeugnisses aus der Schule entlassen werden können, und wenn diese Cirkularverfügung für gewisse Fälle der Regierung selbst die Entscheidung vorbehalten hat, dieser Verfügung nach Form und Inhalt nur die Bedeutung einer bindenden Instruktion für die Lokal-Schulinspektoren und sonstigen zur Mitwirkung bei der Schulaufsicht berufenen Beamten beigemessen werden kann, nach welcher sich dieselben bei ferneren Entlassungen aus der Schule zu richten haben;

daß sie aber, so viel den Umfang der Schulpflicht und die gesetzlichen Voraussetzungen der Strafbarkeit solcher Eltern anlangt, welche ihre Kinder nicht zur Schule schicken, an der insofern in Verbindung mit der AKO. v. 20. Juni 1835 allein maßgebenden AKO. v. 14. Mai 1825 Nichts zu ändern vermag, und die Eltern deshalb auch nicht weiter zur Bestrafung wegen Schulversäumniß ihrer Kinder herangezogen werden können, wenn den letztern einmal die in Nr. 2 der letztgedachten AKO. vorgesehene, ihrer Schulpflicht ein Ende machende Entlassung aus der Schule von dem dazu nach Maßgabe des Gesetzes berufenen Beamten ertheilt worden ist;

daß vielmehr für eine bei einer solchen Entlassung stattgehabte Zuwiderhandlung dieser Beamten gegen die ihnen ertheilte Instruktion, nur sie selbst als Organe der Staatsregierung von dieser verantwortlich gemacht werden können, und dies namentlich auch alsdann gelten muß, wenn nach den im konkreten Falle vorliegenden Umständen die Entscheidung über die Zulässigkeit der Entlassung nach Maßgabe jener Instruktion der Regierung selbst hätte anheimgegeben werden müssen.

Antr. d. GStA.: gleichl. [8.—4.]

Abtreibung der Leibesfrucht. - Dritter. - Mittel. - Vorsatz der Schwangeren.

Derjenige, welcher die Mittel zu einer Abtreibung der Leibesfrucht verschafft, anwendet oder beibringt,

kann aus dem § 218 Abs. 3 des StGB.'s nur dann gestraft werden, wenn festgestellt wird, daß die Schwangere die Frucht vorsätzlich abgetrieben hat.

StGB. § 218 Abs. 3 [n. 6], 219, 220; Vgl. RbOTr. 15. S. 826; 13. S. 336; 16. S. 78; JMBl. pro 1857 S. 170.

Erk. (B. I.) v. 29. Novbr. 1878 c. Horn (1304 I. Cr.).

Bei dem aus den Gründen der Entscheidung ersichtlichen Sachverhalte hatte die GStA.-schaft die Zurückweisung der NB. aus dem Grunde beantragt, weil die Strafbarkeit der vorsätzlich in Uebereinstimmung mit der Schwangeren handelnden Hebeamme von der subjektiven Schuld der Mutter nicht abhängig zu machen sei. Die Schwangere war trotz ihres anfänglichen Schuldbekenntnisses von den Geschworenen für nicht schuldig erklärt. Das Ob.-Tr. hat das verurteilende Erkenntniß vernichtet und die angeklagte Hebeamme freigesprochen. Gründe:

Der Schw.-GH. hat an die Geschworenen die Frage gestellt: ob die Angeklagte H. schuldig ist im Juni 1878 zu N. bei einer Schwangeren, welche ihre Frucht abgetrieben hat, die Mittel hierzu angewendet zu haben, und zwar gegen Entgelt? Von den Geschworenen ist die Frage bejaht, jedoch nicht für erwiesen erachtet, daß die Angeklagte die That gegen Entgelt verübt hat. Die Frage enthält, entsprechend der Anklage, den Thatbestand des § 219 des StGB.'s. Der Schw.-GH. führt in seinem Urteil aus, daß nach der Verneinung des Handelns gegen Entgelt die Angeklagte zwar nicht aus § 219 cit. gestraft werden könne, daß jedoch der bejahend beantwortete Theil der Frage die Anwendung des § 218 Abs. 3 des StGB.'s rechtfertige. Die gegen diese Entscheidung von der Angeklagten erhobene NB. muß für begründet erachtet werden. Durch die §§ 218—220 des StGB.'s ist jede Thätigkeit, durch welche die rechtswidrige Abtreibung der Frucht einer Schwangeren herbeigeführt wird, mit Strafe bedroht. In Betreff der Strafbarkeit desjenigen, welcher die Mittel zur Abtreibung anwendet, unterscheidet das Gesetz zwischen den beiden Fällen, daß 1. die Schwangere die Frucht vorsätzlich abtreibt und der ihr Helfende mit ihrer Einwilligung handelt — §§ 218,

219, und 2. daß die That ohne Wissen oder Willen der Schwangeren verübt wird — § 220. In ersterem Falle tritt eine erhöhte Strafe für denjenigen ein, welcher der Schwangeren gegen Entgelt die Mittel zur Abtreibung verschafft-, bei ihr anwendet oder beibringt (§ 219). Wie das Kgl. Ob.-Tr. bereits mehrfach ausgeführt hat, cf. Plenar-Entscheidung zu den wesentlich übereinstimmenden §§ 181, 182 des Pr. Strafges. v. 14. April 1851, Arch. 5 S. 201 und Rechtspr. d. Ob.-Tr. XV S. 826 zwingt die Fassung der §§ 218, 219 zwar zu der Annahme, daß das Gesetz nicht blos die der Schwangern geleistete Beihülfe mit einer strengeren Strafe, als die Anwendung der §§ 49 Abs. 2, 44 des StGB.'s gestattet, hat ahnden wollen, sondern daß selbständige, von den im Gesetze angegebenen Merkmalen abhängige Verbrechen gebildet sind. Immerhin bleibt aber die nothwendige Voraussetzung für die Strafthat desjenigen, welcher die Mittel verschafft, anwendet oder beibringt, daß die Schwangere selbst vorsätzlich die Frucht abgetrieben und in die Handlung des Andern eingewilligt hat. Der Thatbestand des dritten Absatzes des § 218 cit. ist aus dem ersten Absatze zu ergänzen, und der § 219 verbindet mit demselben Thatbestand eine höhere Strafe, wenn die Handlung gegen Entgelt verübt wird. Die Ausführung des Schw.-GH., der § 219 cit. setze nur die Thatsache, daß eine Schwangere ihre Frucht abgetrieben hat, voraus, während § 218 Abs. 1 außerdem das Erforderniß des Vorsatzes enthalte, ist nicht klar. Wenn damit gemeint ist, daß § 219 nur die Thatsache der Abtreibung ohne vorsätzliches Handeln der Schwangern erfordert, so würde diese Ansicht rechtsirrthümlich sein, da die Abtreibung ohne Wissen oder Willen der Schwangeren unter die Strafvorschrift des § 220 fällt. In der vorliegenden Sache haben, wie oben erwähnt ist, die Geschworenen die Angeklagte H. zwar für schuldig erachtet, bei einer Schwangeren, welche ihre Frucht abgetrieben hat, die Mittel hierzu angewendet zu haben, jedoch verneint, daß es gegen Entgelt geschehen ist. Durch diesen Wahrspruch wird, wie der Schw.-GH. mit Recht annimmt, die Anwendung des § 219 des StGB.'s ausgeschlossen. Da die den Geschworenen gestellte Frage die Anklage erschöpft, so kommt nur in Betracht, ob der bejahte Theil der Frage die wesentlichen Merkmale eines anderen, als des im § 219 cit. vorgesehenen Delikts enthält. Dies muß verneint werden. Insbesondere kann der Ausführung des Schw.-GH., daß die zur Anwendung des § 218 Abs. 3 des StGB.'s erforderlichen Thatbestandsmomente bejaht sind, nicht beigetreten werden. Die den Geschworenen gestellte Frage enthält nichts darüber, ob die Angeklagte mit Einwilligung der Schwangeren die Mittel zur Abtreibung angewendet hat. In derselben ist ferner das nach obiger Erörterung erforderliche Thatbestandsmoment, daß die Schwangere bei Abtreibung der Frucht vorsätzlich gehandelt, nicht zum Ausdruck gebracht. Zu einer Ergänzung des Thatbestandes in diesen Beziehungen war der Schw.-GH. nicht befugt. Die Beschwerde der Angeklagten über unrichtige Anwendung des § 218 des StGB.'s muß deshalb für begründet erachtet, und das ergangene Urteil nach Art. 115 des Ges.'s vom 3. Mai 1852 vernichtet werden. Da kein unter das Strafgesetz zu subsumirender Thatbestand gegen die Angeklagte festgestellt ist, so rechtfertigt sich dadurch gemäß Art. 116 des gedachten Gesetzes die Freisprechung derselben.

Antrag d. GStA.: entgegen. [18.—3.]

Meineid. - Ablehnungsbefugniß. - Milderung. - Verdict.

Die thatsächlichen Umstände, welche beim Meineide die Anwendung einer milderen Strafe gesetzlich bedingen, sind durch einen Ausspruch der Geschworenen festzustellen und ohne solchen nicht zu berücksichtigen.

StGB. §§ 157 Nr. 2 [n. 14], 154; Vgl. RdOTr. 15. S. 167; 14. S. 133.

Erk. (V. I.) v. 29. Novbr. 1878 c. Ochocki (1003 I. Cr.).

Durch den Wahrspruch der Geschworenen ist die Angeklagte O. für schuldig erklärt: am 26. Januar 1875 zu

L. vor der dortigen Gerichtstags-Kommission in der Prozeßsache ihres Ehemannes wider S. wissentlich ein falsches Zeugniß mit einem Eide bekräftigt zu haben. — Dieser Wahrspruch, welcher die Erfordernisse zur Anwendung des § 154 des StGB.'s enthält, erschöpfte die That- und Schuldfrage nach allen in Betracht tretenden Richtungen und insbesondere in Beziehung auf das in dem Gesetze vorgesehene Maaß der Strafe. Da nach Art. 80 Abs. 4 und Art. 84 des Ges.'s v. 3. Mai 1852 über das Vorhandensein des im § 157 Nr. 2 angegebenen Strafmilderungsgrundes die Geschworenen zu entscheiden hatten, die Stellung einer bezüglichen Frage aber weder beantragt noch geschehen war, so durfte der Schw.-GH. nicht das Vorhandensein dieses Strafmilderungsgrundes bei der Strafausmessung zum Grunde legen, mußte vielmehr ohne Rücksicht auf den § 157 Nr. 2 die Strafe lediglich aus dem § 154 bemessen. Ebenso entspricht es nicht der neben dem § 154 anzuwendenden Vorschrift des § 161 daselbst, wenn der Angeklagten außer dem Verluste der bürgerlichen Ehrenrechte auf drei Jahre nur die Fähigkeit abgesprochen worden ist, als Zeuge eidlich vernommen zu werden, da nach dem § 161 auf die dauernde Unfähigkeit der Angeklagten als Zeugin oder Sachverständige eidlich vernommen zu werden, zu erkennen war.

Antr. d. GStA.: gleichl. [20.—3.]

Kirchengesetze. - Bisthumsverweser. - Geistliche Handlungen.

Der auf gesetzliche Weise bestellte Verweser eines Bisthums ist alle bischöflichen Rechte, mit Ausnahme derjenigen auszuüben befugt, welche nur durch die Konsekration erworben werden. Zu jenen bischöflichen Rechten gehört die Ausübung gottesdienstlicher Handlungen in der gesammten Diöcese.

Ges. v. 21. Mai 1874 Art. 2; Ges. v. 11. Mai 1873.

Erk. (Z. I.) v. 4. Dezbr. 1878 c. Hahne (1143 I. Cr.).

H. ist Bisthumsverweser in F. Er hat in U., einem zu diesem

Bisthum gehörigen Orte, wo die Pfarre seit einigen Monaten erledigt war, in der Pfarrkirche geistliche Amtshandlungen vorgenommen. Aus Art. 2 des Ges.'s v. 21. Mai 1874 angeklagt, ist er freigesprochen, weil er als Bisthumsverweser zu jenen Handlungen berechtigt und das Vakanzjahr des § 18 des Ges.'s v. 11. Mai 1873 noch nicht abgelaufen gewesen sei. Die NB. der StA.-schaft führt aus, daß der Bisthumsverweser nur die Jurisdiktionsrechte nicht die jura ordinis des Bischofs auszuüben berechtigt sei. Sie ist zurückgewiesen.

Der Berufungsrichter verneint das Vorhandensein der Thatbestandsmerkmale aus Art. 2 des Deklarations- und Ergänzungsgesetzes vom 21. Mai 1874 (GS. S. 139) in Beziehung auf die zur Anklage verstellte Handlung, weil kein Beweis dafür vorliege, daß Angeklagter beabsichtigt habe die Ausführung der Bestimmungen des Gesetzes vom 11. Mai 1873 über Vorbildung und Anstellung der Geistlichen (GS. S. 191) §§ 1, 2, 3 und 18 — insoweit als er verpflichtet war innerhalb eines Jahres vom Tage der Erledigung der Vakanz zur Wiederbesetzung zu schreiten, dadurch, daß er selbst jene geistlichen Handlungen vornahm, zu welchen er als Bisthumsverweser in seiner Diözese kanonisch berechtigt gewesen, — zu vereiteln oder zu verzögern. Die Berechtigung des Angeklagten selbst wird daraus hergeleitet, daß der auf gesetzliche Weise bestellte Verweser eines Bisthums alle bischöflichen Rechte mit Ausnahme derjenigen auszuüben befugt erscheine, welche nur durch die Konsekration erworben werden können. Die rechtliche Voraussetzung, worauf diese Argumentation beruht, erweist sich zwar, jedoch weniger vom Standpunkte der Anklage, als demjenigen des Angeklagten, als verletzend, und würde, wenn dieselbe zur Verurteilung des Letzteren geführt hätte, nothwendig die Vernichtung des Berufungsurteils begründen müssen. Denn war Angeklagter zur Vornahme der ihm zur Last gelegten gottesdienstlichen Handlungen vermöge seines Amtes befugt, dessen Uebertragung an ihn, als den kanonischen und weltlichen Gesetzen entsprechend, anerkannt wird, so kann darin kein Verstoß gegen Art. 2 des Ges.'s v. 21. Mai 1874 gefunden werden, weil er damit die Vereitelung oder Verzögerung derjenigen Vorschriften des Ges.'s v. 11. Mai 1873 beabsichtigte, welche es ihm zur Pflicht machten, innerhalb eines Jahres nach Erledigung des Pfarramts oder der Pfründe, die erforderlichen Schritte zur Wiederbesetzung des Pfarramts zu thun. Versäumt er diese Frist, so unterliegt er den Exekutivmaßregeln des § 18 Abs. 2 u. 3 daselbst, jedoch an sich unbeschadet seines kirchlichen Amtes und seiner sich daraus ergebenden hierarchischen Stellung; seine auf Verzögerung oder Vereitelung der Wiederbesetzung gerichtete Thätigkeit aber läßt sich nicht unter Art. 2 des Ges.'s v. 21. Mai 1874 bringen, weil derselbe voraussetzt, daß die geistliche Amtshandlung objektiv ohne ein dazu ermächtigendes Amt und ohne die legal übertragene Stellvertretung oder Hülfeleistung in einem solchen vorgenommen wurde. Am wenigsten aber würde dieser Gesichtspunkt alsdann zutreffen, wenn, wie der Berufungsrichter ferner annimmt, zur Zeit der That die dem Angeklagten laufende Jahresfrist überhaupt noch nicht verstrichen gewesen ist. Dagegen erscheint es nicht als rechtsirrthümlich, wenn der Berufungsrichter aus den angegebenen Gründen die Rechtmäßigkeit der vollzogenen Amtshandlungen anerkennt, und muß dieses zur Zurückweisung des Rechtsmittels führen. Wenn die NB. dagegen ausführt: es stehe kirchenrechtlich fest,

> daß der Kapitelsvikar während dauernder Sedisvakanz nur die bischöfliche Jurisdiktion, nicht aber diejenigen Funktionen des Bischofs auszuüben habe, welche auf dem ordo beruhen, die auf die Seelsorge gerichtete Thätigkeit aber, wie die Abhaltung des Gottesdienstes, Spendung der Sakramente 2c., keine Ausflüsse der jurisdictio, sondern des ordo und der Lehrgewalt seien, so wird dabei dem Begriffe der Jurisdiktion eine zu enge, demjenigen des ordo aber eine zu weit gehende Bedeutung beigelegt.

Die Befugnisse desjenigen, welchem an Stelle des gesetzlich ernannten Bischofes die Verwaltung des bischöflichen Stuhles übertragen ist, mithin auch die Rechtssphäre des wegen Erledigung des bischöflichen Amtes vom Kapitel ernannten

Vikars, werden im Cap. 42 VI de electione 1, 6 dahin bestimmt:

> Is, cui procuratio seu administratio cathedralis ecclesiae plena et libera in spiritualibus et temporalibus etc. est commissa, potest, alienatione bonorum immobilium duntaxat excepta, omnia, quae jurisdictionis episcopalis existunt et quae potest electus exequi confirmatus, libere exercere.
>
> Illa quippe, quae ministerium consecrationis exposcunt, nisi fuerit episcopus, per alios faciat episcopos.

Es wird hier unter der jurisdictio episcopalis nicht blos die eigentliche sog. Regierungsgewalt, sondern der Inbegriff der gesammten bischöflichen Rechtsbefugnisse verstanden, welche mit Ausnahme der Immobiliarveräußerungen, dem Vertreter zustehen soll. Es ergiebt sich dies aus dem Gegensatz, in welchen der Jurisdiktionsbegriff zu den Rechten aus dem ministerium consecrationis gebracht ist, indem die in dem ordo enthaltenen Rechte, welche nicht erst durch die Konsekration erworben werden, in der Jurisdiktion als enthalten gedacht werden. Dieser weitere Begriff findet sich in Abs. 6 der Bulle ad Dominici gregis custodiam, dessen die Vorverhandlungen erwähnen verb:

> „et episcopi in propria quisque dioecesi pleno jure episcopalem jurisdictionem exercebunt, quae juxta canones nunc vigentes et praesentem ecclesiae disciplinam eisdem competit“

ebenfalls wieder. Es setzt aber jene kanonische Vorschrift voraus, daß der Vertreter bereits in den Besitz derjenigen Fakultäten gelangt sei, welche erst durch die bischöfliche Weihe ertheilt werden. Im entgegengesetzten Falle sollen die an die Weihe geknüpften Attribute durch einen andereu geweihten Bischof wahrgenommen werden. Es sind dieses die besonderen, auf die Administration gewisser Sakramente, sowie die Vornahme sonstiger gottesdienstlicher und liturgischer Handlungen bezüglichen Vorrechte, die sog. pontificalia, jura ordinis reservata, (die Priesterweihe, Firmung, Einweihung von Kirchen ꝛc.), welche nur durch den Bischof ausgeübt werden können. Nicht dahin gehören dagegen die sog. jura ordinis communia, insbesondere die Verwaltung des Lehramtes und der nicht reservirten Sakramente. Die Befähigung hierzu ist bereits durch die Weihe als Presbyter erworben und kann durch die Konsekration als Bischof nicht nochmals übertragen werden. Zum bischöflichen Berufe gehört aber die Ausübung jener gottesdienstlichen Handlungen in seiner gesammten Diözese; er ist der summus sacerdos, der Spender der Sakramente und Träger des Lehramtes in derselben, und die Pfarrer erscheinen dabei nur als seine Gehülfen und Stellvertreter. Ein Weiteres als die Vornahme solcher Handlungen des gewöhnlichen Gottesdienstes ist gegen den Angeklagten nicht festgestellt und hat hiernach wie geschehen erkannt werden müssen. [11.—2.]

Aufforderung zum Ungehorsam gegen Gesetze. – Kirchengesetze.

Unter den Begriff der Gesetze fallen auch die vom Landesherrn in seiner Eigenschaft als oberstem Inhaber der Kirchengewalt in der evangelischen Kirche ausgegangenen Kirchengesetze.

StGB. § 110 Nr. 2.

Erk. (Z. I.) v. 4. Dezbr. 1878 c. Hodenb. (1023 I. Cr.).

H. hatte einen in einer Zeitung veröffentlichten Artikel verfaßt, in welchem die Gerichte Aufforderung zum Ungehorsam gegen das Kirchengesetz vom 6. Juli 1876 über die kirchliche Trauung in der evangelisch-lutherischen Kirche der Provinz Hannover und die darin vorgeschriebenen Trauungsliturgie fanden. Er wurde deshalb aus § 110 des StGB.'s bestraft und seine NB. vom Ob.-Tr. zurückgewiesen.

Wenn in § 110 des R.-StGB.'s die durch Verbreitung von Schriften erfolgende Aufforderung zum Ungehorsam gegen Gesetze unter Strafe gestellt ist, so muß allerdings, wie dieses die NB. auch an sich nicht verkennt, nach der systematischen Stellung, welche das Delikt in dem Abschnitte über den „Widerstand gegen die Staatsgewalt" einnimmt, mit Rücksicht auf die dadurch begründete Gefahr für die staatliche Ordnung und Sicherheit, darunter ein solcher Widerstand gedacht werden, welcher sich mittelbar zugleich gegen die Staatsgewalt oder ein Organ derselben richtet, wovon der betreffende gesetzgeberische Erlaß ausging. Daraus aber folgt nicht, daß nur rein politische d. h. solche Gesetze Gegenstände des Delikts sein können, welche von den legislativen Faktoren des Staates innerhalb und zur Wahrung des Staatszweckes herrühren, also Kirchengesetze ausgeschlossen sind, weil sie zwar von dem Landesherrn, aber nur in seiner Eigenschaft als oberstem Inhaber der Kirchengewalt in der evangelischen Kirche ausgegangen seien. Die Instanzgerichte stehen vielmehr auf dem vollkommen richtigen Standpunkte, wenn sie annehmen, daß § 110 unter den Gesetzen hinsichtlich der Person, welche sie erläßt, und des Gegenstandes, über welchen sie erlassen worden, keine Unterscheidung trifft, sondern alle Gesetze umfaßt, bei deren Promulgirung die Staatsgewalt mitwirkt und an deren Aufrechthaltung sie daher ein Interesse haben muß. Denn auch bei Gesetzen, welche von der Staatsgewalt als Kirchengewalt ausgehen, wird durch die Aufforderung zum Ungehorsam der Träger der Staatsgewalt in seiner Auktorität verletzt, der Sinn für Achtung und Gehorsam gegen gesetzliche Anordnungen überhaupt untergraben und demnach Ordnung und Sicherheit des Staates mittelbar oder unmittelbar in Gefahr gebracht. Es wird sich mit Fug nicht behaupten lassen, der Staat könne der Thatsache gleichgültig gegenüberstehen, daß Jeder, welcher sich durch ein derartiges Gesetz aus Rechts- oder Gewissensgründen beschwert erachtet, anstatt im geordneten Wege Abhülfe zu versuchen, mittelst Verbreitung von Druckschriften oder mittelst einer der sonstigen wegen ihrer Intensivität gefährlichen Formen sich an die Menge der Betheiligten wendet und zum Massenungehorsam auffordernd dadurch neben der unmittelbaren Gefährdung des gesetzgeberischen Ansehens, möglicherweise zugleich strafbare Handlungen anderer Art hervorruft, welche vielleicht außerhalb des Bereichs seines Willens gelegen haben. In der evang.

Kirche, namentlich auch der hier in Betracht kommenden evangelisch-lutherischen in Hannover, besitzt der Landesherr das oberste Kirchenregiment, wobei es für die Sache unerheblich erscheint, ob dasselbe als wesentliches oder accidentielles Majestätsrecht aufzufassen und auf den Gesichtspunkt des Summepiskopats, wie dieses, ungeachtet des Bestreitens von Seiten des Imploranten, dem klaren Wortlaute der Hannoverschen Verordnung über Errichtung eines evangelisch-lutherischen Landes-Consistoriums v. 17. April 1866 § 6 (Hann. GS. S. 107) entsprechen würde, oder auf welches der verschiedenen sonstigen darüber aufgestellten Systeme zurückzuführen sein möchte. Der Landesherr besitzt diese seine Gewalt nur in seiner Eigenschaft als Inhaber der höchsten Staatsgewalt und alle Kirchengesetze, welche von ihm ausgehen, wurzeln daher ihrem letzten Kompetenzgrunde nach in seinen staatlichen Machtbefugnissen. Es ist ferner die evangelische Kirche zur Zeit noch nicht vollständig zur äußern Selbständigkeit insofern gelangt, als sie in ihrer hierarchischen Gliederung mit dem Staatsorganismus noch theilweise zusammenhängt, die zur Mitausübung der kirchlichen Regierungsrechte bestellten oberen Behörden sind Staatsbehörden oder wenigstens höheren Staatsbehörden untergeordnet. So bestimmt auch § 7 des Hannoverschen Gesetzes vom 17. April 1866, daß das Landeskonsistorium dem Kultus-Ministerium unterstehe. Endlich aber wird bei kirchlichen Gesetzen der Landesherr in einer doppelten Stellung thätig. Als oberster Kirchenherr hat er die Interessen der betreffenden Kirchengemeinschaft zu wahren. Aber er ist zugleich Inhaber der staatlichen Kirchenhoheit und von diesem Standpunkte aus muß er die Rechte und Interessen der übrigen Glaubensangehörigen, die Vereinbarkeit mit den Gesetzen und Einrichtungen des Staats, sowie überhaupt das Wohl des Letzteren in Betracht ziehen. Es sind also nicht rein kirchliche, sondern auch politische Erwägungen, welche den Landesherrn leiten und indem er durch die Publikation mittelbar ausspricht, daß er ein derartiges

Gesetz dem staatlichen Wohle angemessen erachte, verleiht er demselben zugleich einen politischen Charakter. Wenn die NB. aus der Rechtsanschauung der Instanzgerichte die Konsequenz zieht, daß auch solchen Erlassen, die von der höchsten katholischen Kirchengewalt ausgehen, die Eigenschaft von Gesetzen zukommen müßte, welche den Schutz des § 110 des R.-StGB.'s genießen, so übersieht sie, daß dem Landesherrn gegenüber der katholischen Kirche eine Mitwirkung bei der kirchlichen Gesetzgebung, welche ihn äußerlich als den Gesetzgeber erscheinen ließe, überhaupt nicht zusteht und das staatliche Hoheitsrecht der Oberaufsicht sich nicht in einer positiven Mitwirkung bei dem Zustandekommen kirchlicher Gesetze, sondern nur in der Abwendung ihrer für das Staatswohl nachtheiligen Wirkungen äußert.

Antr. d. GStA.: gleichl. [11.—2.]

Urkundenfälschung. - Privaturkunden. - Zum Beweise von Rechten oder Rechtsverhältnissen erheblich. - Eidesstattliche Atteste im Interventionsprozeß.

Eidesstattliche Atteste dritter Privatpersonen, welche im Preußischen Interventionsprozeß von den Intervenienten behufs Sistirung des Zwangsverkaufs beigebracht werden, sind zum Beweise von Rechten oder Rechtsverhältnissen erhebliche Privaturkunden im Sinne des

§ 267 des StGB.'s [n. 142].

Erk. (Z. II.) v. 7. Dezbr. 1878 c. Ofner (1089 II. Cr.).

O. ist Namens seiner Ehefrau in die gegen ihn eingeleitete Mobiliar-Pfändung intervenirt. Er hat ein eidesstattliches Attest einer Frau von S. vorgelegt, worin bescheinigt ist, daß die gegen ihn gepfändeten Mobilien Eigenthum seiner Frau seien und auf Grund dieses Attestes die einstweilige Sistirung des Zwangsverkaufs beantragt. Das Attest erwies sich als von O. fälschlich angefertigt.

Wegen Urkundenfälschung aus § 267 des StGB.'s bestraft, ergriff O. NB., weil das Attest keine Urkunde, jedenfalls nicht zum Beweise von Rechten oder Rechtsverhältnissen von Erheblichkeit sei. In ersterer Beziehung berief er sich auf § 158a. Th. I Tit. 10 der AGO., wonach eine Urkunde zu dem Zwecke errichtet sein müsse, um zwischen Aussteller und Empfänger Rechtsverhältnisse zu beweisen, wie auf die §§ 294 und 298 ibid., welche solche eidesstattliche Atteste neben den Urkunden aufführten.

Zurückweisung. Gründe:

Der Begriff der im § 267 des StGB.'s erwähnten Privaturkunden kann nicht aus der AGO., die nur in einem beschränkten Rechtsgebiete Geltung hat, erläutert werden; auch enthalten die von dem Angeklagten angeführten Stellen der AGO. keine Definition. Eine solche findet sich allerdings auch in dem D. StGB. nicht. Dasselbe gebraucht indeß, wie sich aus dem Abschn. 23 so wie aus den §§ 299 u. 263 ergiebt, den Ausdruck Urkunde nicht in dem engeren, sondern in dem weiteren Sinne. So viel aber ist aus dem Inhalte des § 267 selbst zu entnehmen, daß die dort erwähnten Privaturkunden wegen ihrer Qualität als Beweismittel für rechtlich erhebliche Thatsachen geschützt werden sollen. Es fragt sich daher nur, ob das von dem Angeklagten angefertigte Schriftstück geeignet und bestimmt gewesen ist zum Beweise von Rechten oder Rechtsverhältnissen zu dienen. Diese Frage haben die Instanzrichter bejaht, und ihre Motivirung läßt einen Rechtsirrthum nicht erkennen. Nach der thatsächlichen Annahme der Instanzrichter ist das Schriftstück angefertigt und zu den Interventionsprozeß-Akten überreicht werden, um ein von dem Angeklagten in Anspruch genommenes Recht auf Sistirung des Verkaufs der Pfandstücke zu beweisen. Ein solches Recht ist allerdings nicht ein unmittelbares Vermögensrecht; es ist nur der Anspruch auf einen prozessualischen Vortheil, auf die Herstellung einer prozessualischen Sachlage, durch welche gefährdetes Vermögensrecht vorläufig gesichert, der Prozeßgegner in Durchführung der Exekution gehindert wird, zunächst also nur ein formales Recht. Allein der § 267 des StGB.'s erfordert auch zu seinem Thatbestande keineswegs, daß das Recht, zu dessen Beweise die Urkunde dienen soll, ein materielles Vermögensrecht sei; er unterscheidet im

Gegentheil nicht zwischen den verschiedenen Arten von Rechten und macht die Strafbarkeit nur davon abhängig, ob die beurkundete Thatsache für das beanspruchte Recht von rechtlicher Erheblichkeit ist. In dieser Beziehung aber ist für den Preußischen Interventionsprozeß, um den es sich hier handelt, bereits von den Instanzrichtern mit Recht auf den § 77 Tit. 24 Th. I der AGO. und die gleichmäßige Auslegung, welche demselben von den Gerichten gegeben wird, verwiesen worden, eine Auslegung, welche übrigens auch in der von dem Justizminister den Unterbeamten ertheilten Dienst-Instruktion vom 2. August 1850 (JMBl. S. 261) als die richtige anerkannt worden ist, insofern durch § 74 a. a. O. den Exekutoren zur Pflicht gemacht ist, die sich bei Auspfändungen meldenden Intervenienten anzuweisen, ihr behauptetes Eigenthum schleunigst bei den Gerichten durch Urkunden oder an Eidesstatt ausgestellte Atteste von Zeugen zu bescheinigen. Unerheblich ist es hierbei, daß in dieser Instruktion wie in den § 294 und 298 Th. I Tit. 10 der AGO. die eidesstattlichen Atteste der Zeugen *neben* den Urkunden erwähnt werden, letzterer Begriff hier also in einem engeren Sinne genommen ist; denn der Sprachgebrauch der AGO. ist kein gleichmäßiger, auch ist derselbe, wie bereits bemerkt, für die Interpretation des StGB.'s nicht maßgebend.

Antr. d. GStA.: entgegen. [21.—4.]

Jagdschein. – Gemeinde-Jagdbezirk. – Befugniß des Königlichen Forstaufsehers.

1. Gemäß dem Publikandum des Ministers des Innern vom 13. März 1850 sollen sämmtliche Forstbediente auch die *außerhalb* ihres eigentlichen Schutzbezirks, sonach die *Königl.* Forstaufseher auch die im *Gemeinde*-Jagdbezirke vorkommenden Uebertretungen der jagdpolizeilichen Vorschriften überwachen und daher auch die in diesem jagenden Personen nach dem Jagdschein zu fragen befugt sein.

2. Soweit es dazu noch einer besonderen Anweisung seitens einer Lokalbehörde bedarf, ist solche den Königl. Forstaufsehern nicht durch die Gemeindebehörde, sondern durch ihre vorgesetzte Behörde zu ertheilen, da ein Königl. Forstaufseher, zumal wo es sich um seine Mitwirkung zur Aufrechthaltung einer im Interesse der öffentlichen Ordnung gegebenen Bestimmung handelt, keinerlei Anweisungen von einer Gemeindebehörde zu empfangen hat, vielmehr die auf die Jagdscheine bezüglichen gesetzlichen Vorschriften in der Gemeindejagd auch ohne und selbst gegen den Willen der Gemeindebehörde von Amtswegen gewahrt werden müssen.

Jagdpolizeiges. v. 7. März 1850 § 16; Publikand. d. Min. d. Inn. v. 13. März 1850 (BMBl. S. 107); Vgl. RbOTr. 8. S. 73 und 13. S. 249.

Erk. (**B. II.**) **v. 7. Dezbr.** 1878 c. **Ritz** (1125 II. Cr.).

Im Bezirke der Regierung zu Aachen, welche durch Verfügung vom 6. April 1850 (A. B. S. 129) die Lokalbehörden beauftragt hat, den in dem vorbezogenen Publikandum des Min. des Innern genannten Personen die entsprechende Anweisung zu ertheilen, ist R. von dem Königl. Forstaufseher K. in der Gemeindejagd zu H. jagend betroffen, dessen Aufforderung, den Jagdschein vorzuzeigen, nicht nachgekommen. Dieserhalb, da er einen Jagdschein wirklich gelöst hatte, wegen Nicht bei sich Führens desselben aus Abs. 2 des § 16 des Jagdpolizeigesetzes verfolgt, wurde er von dem PG. freigesprochen, weil nicht erwiesen sei, daß dem K. nach Maßgabe der Verfügungen des Ministers und der Regierung seitens der Gemeindebehörde zu H. als der zuständigen Lokalbehörde auch der Schutz der dortigen Gemeindejagd überwiesen worden und weil Mangels dessen dem K. die Befugniß gefehlt habe, die angebliche Kontravention gegen § 16 des Jagdpolizeigesetzes im Gemeinde-Jagdbezirk durch Abforderung des Jagdscheins zu konstatiren.

Auf den Cass.-Rekurs des PA. cassirte das Ob.-Tr. und verwies an ein anderes PG., indem es obige Sätze aussprach.

Antr. d. GStA.: gleichl. [8.—4.]

Vereitelung der Zwangsvollstreckung. – Befriedigung eines anderen Gläubigers. – Beihülfe seitens des befriedigten Gläubigers.

1. Bei dem Vergehen des § 288 des StGB.'s wird die Absicht, durch das bei Seite Schaffen der Vermögensbestandtheile die Befriedigung desjenigen Gläubigers zu vereiteln, von dessen Seite die Zwangsvollstreckung droht, nicht dadurch ausgeschlossen, daß der Thäter mit den Gegenständen einen anderen Gläubiger befriedigen oder sicherstellen will.

2. Der Gläubiger, welcher mittels der Gegenstände befriedigt oder sicher gestellt werden soll, kann wegen Beihülfe bestraft werden.

StGB. § 288; Vgl. zu 1 RbOTr. 14. S. 83 und 15. S. 184.

Erk. (Z. II.) v. 7. Dez. 1878 c. Weihrauch & Gen. (1106 II. Cr.).

[1.] Es enthält keinen Rechtsirrthum, wenn der App.-Richter die Behauptung des Angeklagten, daß er mit den zu seinem Oheim geschafften Gegenständen diesem zur Sicherheit für verschiedene ihm von demselben gemachten Vorschüsse ein Faustpfand habe gewähren wollen, als unerheblich zurückweist. Denn es liegt zu Tage, daß die etwaige Absicht des Angeklagten Wilh. W. mit den weggebrachten Gegenständen seinem Oheim ein Faustpfand zu verschaffen, die anderweite Absicht desselben, die nämlichen Gegenstände seinem Hypothekengläubiger, der darauf das nächste Anrecht hatte, zu entziehen, nicht ausschließt, sondern im Gegentheile die letztere in sich schließt, ja zur nothwendigen Voraussetzung hat.

[2.] Dem Mitangekl. C. G. W. gegenüber nimmt der App.-Richter für erwiesen an, daß derselbe, obgleich ihm die seinem Neffen wegen der Forderungen des Kaufmanns L. drohende Zwangsvollstreckung sehr wohl bekannt gewesen, nicht nur die Fortschaffung der oben erwähnten Gegenstände nach seiner Wohnung gestattet, sondern auch durch Hergabe seines Gespannes dazu Hülfe geleistet habe. Hierin konnte ohne Rechtsirrthum eine nach § 49 des StGB.'s zu beahndende Beihülfe zu dem im § 288 des StGB.'s vorgesehenen Vergehen gefunden werden, da der Einwend des Angeklagten, daß er sich mit den fraglichen Gegenständen nur ein Faustpfand für die seinem Neffen gewährten Vorschüsse habe bestellen lassen wollen, die anderweit festgestellte Absicht desselben, seinen Neffen in der Benachtheiligung des L. zu unterstützen, nicht ausschließt.

Antr. d. GStA.-schaft zu 1 gleichl., zu 2 entgegen. Dieselbe erachtete die Bestrafung eines Gläubigers, welcher dazu mitwirke, daß der Schuldner unter Vereitelung der Befriedigung eines anderen Gläubigers ihn befriedige, um deswillen für ausgeschlossen, weil es ein Recht jedes Gläubigers sei, dafür zu sorgen, daß der Schuldner ihn befriedige, auch wo dadurch die Befriedigung eines anderen Gläubigers vereitelt werde und nahm hierfür auf die in Betreff des § 308 der Konk.-Ordn. ergangenen Entscheidungen GA. 14. S. 538 und RdOTr. 18. S. 666 Bezug. [5.—4.]

Hausfriedensbruch. - Schullokal. - Eindringen. - Zweck.

Für zum öffentlichen Dienst bestimmte abgeschlossene Räume sind die von den staatlichen Aufsichtsbehörden getroffenen Anordnungen entscheidend. Eindringen in ein Schullokal um die von der Behörde daselbst getroffenen Einrichtungen eigenmächtig zu beseitigen unterliegt daher der Bestrafung wegen Hausfriedensbruchs bei bewußt widerrechtlichem Zweck.

StGB. § 123 [n. 6, 8, 9].

Erk. (B. I.) v. 11. Dez. 1878 c. Bergmann & Gen. (998 I. Cr.).

Die früher konfessionell getrennten Schulen zu N. waren auf Anordnung der Regierung in eine Simultanschule umgewandelt und in Folge dessen war auf Anordnung des Kreisschulinspektors eine Anzahl von Bänken aus der früher katholischen Schule in ein anderes Zimmer transferirt. Eine größere Anzahl von Ortsbewohnern, darunter auch Schulvorsteher, begaben sich nun eines Tages in das Schulhaus und versetzten die Bänke eigenmächtig wieder an ihren früheren Ort. Das Verhalten der anwesenden Lehrer dabei war ein passives. Wegen Hausfriedensbruchs angeklagt wurden die Eingedrungenen freigesprochen.

Das App.-Gericht läßt es dahin gestellt sein, ob der Zweck des Eindringens ein bewußt widerrechtlicher gewesen sei, verneint aber die Frage, daß die Angeklagten in dem Bewußtsein, gegen den präsumtiven Willen der Lehrer oder der Schulbehörde zu handeln, in das Schullokal eingetreten seien. Das Urteil wird auf NB. der StA.-schaft vernichtet.

Es handelt sich vorliegend um widerrechtliches Eindringen in die Schulzimmer einer öffentlichen Schule, also in abgeschlossene Räume, welche zum öffentlichen Dienste bestimmt sind. Für solche Räume sind weder allein noch in erster Stelle der Wille und die Beurteilung der mit der Handhabung der Ordnung und der Wahrung des Hausrechts zunächst betrauten Angestellten, sondern vornehmlich die von der staatlichen Aufsichtsbehörde getroffenen Anordnungen entscheidend. Ob der App.-Richter aus dem Verhalten der Lehrer M. und H. ein stillschweigendes Zulassen des Vorgehens der Angeklagten hat entnehmen können, ist, als auf dem Gebiete der Beweiswürdigung liegend, einer Nachprüfung in der gegenwärtigen Instanz entzogen. Wenn der App.-Richter aber verneint, daß die Angeklagten in dem Bewußtsein, gegen den präsumtiven Willen der Schulbehörde zu handeln, in das Schullokal eingetreten seien, so gelangt derselbe hierzu auf Grund der von ihm vorangeschickten Erwägungen, welche für rechtlich zutreffend nicht erachtet werden können. Denn die Frage ob ein widerrechtliches Eindringen Statt gefunden hat, hängt wesentlich davon ab, ob der Zweck, welcher die Angeklagten in die Schullokale führte, ein bewußt widerrechtlicher gewesen. Allerdings würde die Widerrechtlichkeit dieses Zweckes — nur objektiv aufgefaßt — das Betreten des Schullokals nicht zu einem widerrechtlichen im Sinne des gedachten § 123 machen. Dagegen kann neben der bewußten Widerrechtlichkeit dieses Zwecks, welcher mit der eigenmächtigen Beseitigung der von dem Kreis-Schulinspektor S., als Vertreter der Kgl. Regierung zu K. hinsichtlich der Schulbänke getroffenen Einrichtung erreicht worden ist, die Annahme nicht bestehen, daß die Angeklagten nicht in dem Bewußtsein, gegen den präsumtiven Willen der Schulbehörde zu handeln, in das Schullokal eingetreten sind. Deshalb durfte der Appell.-Richter die Frage nach dem bewußt widerrechtlichen Zwecke des Eintretens nicht dahin gestellt sein lassen, mußte sich vielmehr thatsächlich für die Bejahung oder die Verneinung entscheiden und konnte nur in letzterem Falle das Bewußtsein der Angeklagten gegen den präsumtiven Willen der Schulbehörde zu handeln, negiren. Der Umstand, daß einzelne der Angeklagten Schulvorsteher waren und die übrigen in deren Begleitung sich befanden, ist an sich ohne Bedeutung, da auch jenen das Betreten der Schulzimmer zu Zwecken welche auf eigenmächtige Beseitigung der von der höheren Schulbehörde oder deren Vertreter getroffenen Einrichtungen gehen, nicht zustand.

Antr. d. GStA.: gleichl. [20.—2.]

Zwangsvollstreckung, drohende. – Verurteilung.

Ein Schuldner kann sich der Vereitelung einer drohenden Zwangsvollstreckung schuldig machen, auch wenn der Gläubiger noch kein verurteilendes Erkenntniß erstritten hat.

StGB. § 288 [n. 4]; Vgl. RdOTr. 13. S. 555; 16. S. 692.

Erk. (Z. I.) v. 11. Dezbr. 1878 c. Schlunk (1125 I. Cr.).

Die Ehefrau S. schuldete dem M. ein Darlehn, worüber ihr Ehemann einen Wechsel acceptirt hatte. M. stellte Klage gegen beide Ehegatten an, die der S. am 30. Mai insinuirt wurde. Am 5. Juni erfolgte verurteilendes Erkenntniß. Schon am 1. Juni hatte aber die S. ihr Waarenlager und Mobiliar an die K. verkauft. Sie wurde aus § 288 des StGB.'s bestraft. Ihre NB. rügt, daß noch keine Zwangsvollstreckung gedroht habe, da das verurteilende Erkenntniß erst nach dem Verkauf ergangen sei. Dieselbe wurde zurückgewiesen.

Insbesondere konnte der App.-Richter, ohne rechtlich zu irren, das Requisit einer drohenden Zwangsvollstreckung für vorliegend erachten, nachdem der Gläubiger M. die Wechselklage erhoben hatte, und diese am 30. Mai 1877, also 2 Tage vor dem Verkaufe der, der Angeklagten verehel. Sch. gehörigen Sachen derselben zugestellt worden war.

Antr. d. GStA.: gleichl. [20.—2.]

Stempelgesetz. - Verschiedene Geschäfte. - Theilcession.

Wird durch eine einzige Verhandlung eine Forderung antheilsweise verschiedenen Personen cedirt, so liegen so viele besonders zu verstempelnde Geschäfte vor, als Theilcessionen stattgefunden haben. Der Umstand, daß der Cedent eine und dieselbe Person ist, hat so wenig Erheblichkeit, als der andere, daß die cedirten Beträge Theile einer und derselben Forderung gewesen sind; denn weder der eine, noch der andere beeinträchtigt die Selbständigkeit der Rechte der Cessionarien, die unter einander in gar keiner rechtlichen Verbindung stehen.

Stempeltarif, Allgemeine Vorschriften Nr. 1.

Erk. (Z. II.) v. 12. Dezbr. 1878 c. Adami (1060 II. Cr.).
Antr. d. GStA: gleichl. [21.—4.]

Bankerutt, betrüglicher. - Einzelhandlungen. - Einheitliche Strafthat. - Frage nach mildernden Umständen. - Bejahung bei der einen Handlung. - Verneinung bei der anderen.

Haben die Geschworenen einen Angeklagten des betrügerischen Bankerutts durch Verheimlichung von Vermögensstücken und zugleich durch unübersichtliche Buchführung schuldig erklärt und dann das Vorhandensein mildernder Umstände rücksichtlich der Verheimlichung von Vermögensstücken bejaht, rücksichtlich der Buchführung aber verneint, so ist auf die im Abs. 1 des § 281 des StGB.'s für den Fall des Nichtvorhandenseins mildernder Umstände vorgesehene Zuchthausstrafe zu erkennen.

StGB. § 281.

Erk. (Z II.) v. 12. Dezbr. 1878 c. Blumenthal (1152 II. Cr.).

Der Schw.-GH. hat dem Antrage des Angekl. B. entsprechend in Beziehung auf das demselben zur Last gelegte Verbrechen des betrüglichen Bankerutts eine Weiterfrage in Betreff des Vorhandenseins von mildernden Umständen gestellt, vgl. § 281 Abs. 2 des StGB.'s, welche jedoch von den Geschworenen nur in Betreff der den Angeklagten vorgeworfenen Verheimlichung oder Bei-Seiteschaffung von Vermögensstücken bejaht, in Betreff der unübersichtlichen Führung und Veränderung seiner Handlungsbücher aber ausdrücklich verneint worden ist. Die Vorschrift des § 281 Abs. 2 des StGB.'s wonach bei dem Vorhandensein mildernder Umstände Gefängnißstrafe eintritt, geht selbstverständlich von der Voraussetzung aus, daß mildernde Umstände in Beziehung auf die Strafthat des Angeklagten überhaupt, also in Beziehung auf den Inbegriff sämmtlicher Thatbestandsmomente vorliegen, welche die Strafthat als solche charakterisiren. Da nun aber die von dem Imploranten B. begangenen, den Voraussetzungen des § 281 ad 1 und 4 des StGB.'s entsprechenden Einzelhandlungen, — wie in den Gründen des Erkenntnisses zutreffend ausgeführt wird, — nur verschiedene Thatbestandsmerkmale der Strafthat, mithin in ihrer Gesammtheit eine Strafthat darstellen, in Betreff deren das Vorhandensein mildernder Umstände durch das Verdikt der Geschworenen nicht anerkannt ist, so konnte die Vorschrift des § 281 Abs. 2 auf diese Strafthat keine Anwendung finden. Der Vorwurf der NB., daß auf Gefängnißstrafe zu erkennen gewesen sei, ist also nicht gerechtfertigt.

Antr. d. GStA.-schaft: Vernichtung einschließlich des Wahrspruchs und Verweisung vor ein anderes Schwurgericht. Dieselbe erachtete, da es sich um eine einheitliche Strafthat handele, es für einen Widerspruch im Sinne des Art. 97 des Ges.'s v. 3. Mai 1852, wenn die Geschworenen bei einer und derselben That das Vorhandensein von mildernden Umständen zugleich bejahten und verneinten. [10.—4.]

Aktiengesellschaft. - Ueberschuldung. - Verpflichtung des Vorstandes zur Konkurs-Anmeldung.

Die Artt. 240 Abs. 2 u. 249 a des D. HGB.'s, wonach der Vorstand einer Aktiengesellschaft bei Strafe zur Anmeldung des Konkurses verpflichtet ist, sobald sich ergiebt, daß das Vermögen der Ge-

sellschaft nicht mehr die Schulden deckt, setzen eine dies ergebende **Bilanz** voraus, und selbst eine zuvorige Prüfung der Bilanz durch den Aufsichtsrath.

War eine Bilanz noch nicht aufgestellt, braucht auch statutgemäß noch nicht aufgestellt zu werden, so verpflichtet die anderweit gewonnene Kenntniß von der Ueberschuldung der Gesellschaft den Vorstand **nicht** zur Konkurs-Anmeldung.

Allg. D. HGB. Artt. 240 Abs. 2 und 249a.

Erk. (B. II.) v. 12. Dezbr. 1878 c. Herz & Gen. (618 II. Cr.).

In Erw., daß in dem angegriffenen Urteile als erwiesen angenommen worden ist, daß zur Zeit der Fallimentserklärung der Gesellschaft eine Bilanz noch nicht aufgestellt werden mußte, — die Verurteilung der Kassationskläger aus Art. 240 und 249a. des HGB.'s aber auf Grund der Annahme erfolgt ist, daß die nach Art. 240 l. c. erforderliche Kenntniß von der Ueberschuldung nicht nothwendig aus einer Bilanzaufstellung hervorgehen müsse, sondern auch ohne eine solche erlangt werden könne und thatsächlich vorhanden gewesen sei;

daß diese Auffassung der Bestimmung des Gesetzes nicht entspricht, indem zwar nur im ersten, nicht auch im zweiten Absatze des Art. 240 l. c. die Worte: „ergiebt sich" durch die Worte: „aus der Bilanz" näher begrenzt werden, nach dem Zusammenhange der ganzen Gesetzesstelle aber und nach den auf dieselbe Erkenntnißquelle hindeutenden, im 2. Abs. wiederholten Worten „ergiebt sich" angenommen werden muß, daß die Mitglieder des Vorstandes nur dann zur Anmeldung des Konkurses verbunden sein sollen, wenn aus der aufgestellten Bilanz sich ergiebt, daß das Vermögen der Gesellschaft die Schulden nicht mehr deckt;

daß dieser Art. 240 sich auch unmittelbar an die in den Artt. 239 und 239a. ibid. enthaltenen Bestimmungen über die Verpflichtung des Vorstandes zur Aufstellung einer Bilanz und die dafür maßgebenden Grundsätze anschließt, hiernach aber nicht anzunehmen ist, daß im Abs. 2 des Art. 240 eine Bestimmung gegeben worden sei, welche mit der hier behandelten Materie der Bilanzaufstellung und den daran sich knüpfenden Folgen in keinem wesentlichen Zusammenhang stände;

daß zwar in dem HGB. von 1861 diese beiden Sätze durch einen Zwischensatz getrennt waren, welcher durch die Novelle v. 11. Juni 1870 nach Beseitigung der Staatsaufsicht in Wegfall gekommen ist;

daß aber dieser frühere Zwischensatz nur noch bestimmter ergiebt, daß der Art. 240 in seiner Totalität das Vorhandensein einer von der Regierungsbehörde geprüften Bilanz vorausgesetzt hat;

daß nach § 225a. l. c. an die Stelle jener amtlichen Prüfung der Bilanz die des Aufsichtsraths getreten ist, mithin die im Abs. 1 des Art. 240 vorgeschriebene Berufung der Generalversammlung nur auf Grund einer so geprüften Bilanz zu erfolgen hat, hiernach aber nicht zweifelhaft sein kann, daß die im 2. Absatz angeordnete, weit folgereichere Maßregel der Konkursanzeige nur unter derselben Garantie der Vorprüfung seitens des Aufsichtsraths Platz greifen solle, und nicht von dem subjektiven Urteile des Vorstandes oder gar eines einzelnen Mitgliedes desselben abhängig gemacht worden sei;

daß auch die der Novelle von 1870 vorhergehenden und ihr zu Grunde liegenden Gesetzesbestimmungen denselben Standpunkt einnehmen, indem nach Art. XII § 8 des Pr. Einf.-Ges.'s zum HGB. von 1861 die Regierungsbehörde dem betreffenden Gerichte Anzeige machen muß, sobald sie durch Einreichung der Bilanz erfährt, daß das Vermögen der Gesellschaft nicht mehr die Schulden deckt;

daß in den Motiven zu diesem Gesetze gesagt ist, daß der § 8 die Vorschrift des § 26 des Ges.'s v. 9. Novbr. 1843 in das Einführungsgesetz übertrage, und daß diese wegen § 281 der Konk.-Ordn. v. 8. Mai 1855 erhebliche Anzeige auch nicht durch die dem Vorstande selbst nach § 9 des Art. XII obliegende Verpflichtung zur Anzeige entbehrlich werde, da diese Anzeige absichtlich oder unabsichtlich versäumt werden könne, — aus dieser Nebeneinanderstellung aber sich ergiebt, daß in beiden Fällen das Vorhandensein einer Bilanz vorausgesetzt wird;

daß der oben angezogene Art. 26 des Ges.'s v. 9. November 1843 über die Aktiengesellschaften ebenwohl nur ausspricht, daß der Konkurs zu eröffnen sei, wenn nach der vorgelegten Bilanz das Vermögen der Gesellschaft nicht mehr die Schulden deckt;

daß endlich dieselbe Bestimmung im § 281 Nr. 1 der Konk.-Ordnung v. 8. Mai 1855 wiederholt wird und bei dieser Uebereinstimmung der einschlagenden Gesetze nicht bezweifelt werden kann, daß dasselbe Prinzip dem Art. 240 des HGB.'s zu Grunde liegt, mithin auch im Abs. 2 desselben das Vorhandensein einer Bilanz vorausgesetzt wird;

daß hiernach das angegriffene Urteil zu vernichten und zur Sache selbst ꝛc. H. und ꝛc. B. freizusprechen sind, da die gegen sie aus Art. 240 und 249a. des HGB.'s erhobene Beschuldigung durch die Feststellung, daß eine Bilanz weder aufgestellt war, noch zur Zeit habe aufgestellt werden müssen, ihre Erledigung gefunden hat, auch ein anderweiter strafrechtlicher Thatbestand nach den Gründen des Urteils nicht ermittelt worden ist;

Antr. d. GStA.: gleichl. [4.—4.]

Stempel. - Stempelmarke. - Wechsel. - Rückseite. - Obere Rand.

Es hängt von den jedesmal obwaltenden Umständen ab, welcher Rand auf der Rückseite eines Wechsels als der obere anzusehen und deshalb mit der Stempelmarke zu bekleben ist.

Wechselstempelges. v. 10. Juni 1869 §§ 13, 14; Bekanntmachung des Reichskanzlers v. 11. Juli 1873.

Erk. (V. I.) v. 13. Dez. 1878 c. Lubiczewski & Gen. (1013 I. Cr.).

Die Angeklagten waren bestraft, weil sie an dem Umlauf eines

Wechsels Theil genommen hatten, bei welchem die Stempelmarke auf demjenigen schmalen Rande eines Wechselformulares aufgeklebt war, welcher auf der Vorderseite nicht der Aufschrift „Prima-Wechsel" entsprach. Das Ob.-Tr. hat das Erkenntniß auf NB. der Angeklagten vernichtet. Gründe:

Die gemeinsame NB. der Angeklagten muß, insofern sie Verletzung der §§ 13 und 14 des Wechselstempelges.'s v. 10. Juni 1869 in Verbindung mit der Bekanntmachung des Fürsten Reichskanzlers v. 11. Juli 1873 behauptet, für begründet erachtet werden. Das Wechselstempelgesetz verordnet im § 13 Nr. 2 „Die Verpflichtung zur Entrichtung der Stempelabgabe wird erfüllt 2. durch Verwendung der erforderlichen Bundesstempelmarke auf dem Wechsel, wenn hierbei die von dem Bundesrathe erlassenen und bekannt gemachten Vorschriften über die Art und Weise der Verwendung beobachtet worden sind;" ferner im § 14: „Stempelmarken, welche nicht in der vorgeschriebenen Weise verwendet worden sind, werden als nicht verwendet angesehen". Der durch die Bekanntmachung des Fürsten Reichskanzlers v. 11. Juli 1873 publizirte Beschluß des Bundesraths schreibt nun über die Art und Weise der Verwendung der Bundesstempelmarken zu Wechseln unter Nr. 1 insbesondere vor: „Die den erforderlichen Steuerbetrag darstellenden Marken sind auf der Rückseite der Urkunde, und zwar, wenn die Rückseite noch unbeschrieben ist, am oberen Rande derselben dergestalt aufzukleben, daß oberhalb der Marke kein zur Niederschreibung eines Vermerkes (Indossaments, Blanko-Indossaments u. s. w.) hinreichender Raum übrig bleibt". Was aber unter dem „oberen Rande" der Rückseite des Wechsels zu verstehen sei, darüber spricht sich die Bekanntmachung nicht näher aus. Auch eine feststehende kaufmännische Usance, welche übrigens nicht einmal entscheidend sein würde, existirt in dieser Beziehung nicht. Es kann deshalb nicht für gerechtfertigt erachtet werden, wenn der Appell.-Richter grundsätzlich nur den der Wechselschrift auf der Vorderseite, oder bei gedruckten Wechselblanketts den

Ueberschrift „Wechsel", „Primawechsel" entsprechenden Rand als den „oberen" Rand der Rückseite des Wechsels gelten lassen will. Was als „oberer Rand der Rückseite" anzusehen, ist vielmehr, wie bereits in dem Erkenntnisse des Kgl. Ob.-Tr. c. Plonus v. 17. Dezbr. 1873 (Oppenhoffs Rechtspr. ꝛc. Bd. 14 S. 541) näher ausgeführt worden, nach den jedesmal obwaltenden Umständen zu bemessen; besondere Umstände des vorliegenden Falls stehen aber nicht entgegen, den von dem Angekl. M. zur Aufklebung der Stempelmarke benutzten, wenn auch der Ueberschrift „Prima-Wechsel" nicht entsprechenden Rand der schmalen Querseite des Wechsels als „oberen Rand der Rückseite" anzusehen. Die Entscheidung des App.-Richters, welche von dem entgegengesetzten Grundsatze ausgeht, war daher nach Art. 107 Nr. 1 und 115 des Ges.'s v. 3. Mai 1852 zu vernichten, und da es noch an einer thatsächlichen Feststellung darüber fehlt, ob die gerügte Verwendungsart der fraglichen Stempelmarke im Uebrigen den Vorschriften der Bekanntmachung vom 11. Juli 1873 vollständig entspricht, die Sache zur anderweiten Verhandlung und Entscheidung in die zweite Instanz zurückzuverweisen.

Antr. d. GStA.: gleichl. [15.—3.]

---

1. Schankwirthschaft. - Branntwein. - Künstlicher Wein. 2. Gewerbepolizeivergehen. - Dolus.

1. Als Branntwein ist nicht blos diejenige Mischung von Alkohol und Wasser anzusehen, welche einen bestimmten Spiritusgehalt (35—36 pCt.) enthält, sondern es kann auch eine solche Mischung von geringerem Spiritusgehalt als Branntwein erachtet werden.

2. Ein Gewerbepolizei-Vergehen liegt vor ohne daß der Nachweis eines Dolus erforderlich ist.

Gew.-Ordn. v. 21. Juni 1869 §§ 147 Ab. 1.

Erk. (B. I.) v. 13. Dezbr. 1878 c. Slawinska (639 I. Cr).

Die Angeklagte hatte gewerbsmäßig ohne Concession sog. Façonwein, der nur 15 bis 16 pCt. Spiritus enthielt und aus einer Mischung von Wasser, Alkohol und einigen Essenzen bestand verkauft, war deshalb in erster Instanz bestraft, in zweiter Instanz aber freigesprochen, weil eine Mischung solcher Art, welche nicht mindestens 30—36 pCt. Alkohol enthalte, kein Branntwein sei, Angeklagte auch jedenfalls nicht das Bewußtsein gehabt habe, daß die als Wein verkaufte Flüssigkeit Branntwein sei.

Vernichtung. Gründe:

Die NB. muß für begründet erachtet werden. Zunächst ist von dem App.-Richter der Begriff des Branntweins verkannt, da als charakteristisches Merkmal des Branntweins — wie dies bereits in dem Erk. des Ob.-Tr. v. 30. Novbr. 1876 (Oppenh. RdOTr. Bd. 17 S. 778) näher ausgeführt ist, — das Vorhandensein einer Mischung von Alkohol und Wasser anzusehen ist, der Appell.-Richter aber das willkürliche Erforderniß aufstellt, daß mindestens ein Zusatz von 35—36 pCt. Spiritus nothwendig sei und hierdurch den Begriff des Branntweins wesentlich beschränkt. Ferner ist auch die Annahme, daß der Nachweis des Dolus bei dem der Angeklagten zur Last gelegten Gewerbepolizeivergehen nothwendig sei, und ihr daher das Bewußtsein, daß sie nicht Wein, sondern Branntwein verkauft habe, nachgewiesen werden müsse, rechtsirrthümlich, da ein derartiger Nachweis bei Gewerbepolizeivergehen keineswegesVoraussetzung der Bestrafung ist.

Antr. d. GStA.: gleichl. [12.—3.]

Fragestellung. - Zeitpunkt. - Schlussvortrag des Vorsitzenden. - Verspätung.

Ein erst nach dem Schlussvortrage des Vorsitzenden gestellter Antrag auf Stellung einer Zusatzfrage ist als verspätet nicht annehmbar.

StPO. §§ 321 Abs. 2, 326 327.

Erk. (Z. I.) v. 13. Dezbr. 1878 c. Stoll (1355 I. Cr.).

Der Angeklagte beschwert sich über die Beschränkung der Vertheidigung, weil sein Antrag auf Stellung einer

Frage wegen mildernder Umstände als verspätet zurückgewiesen worden sei. Diese Zurückweisung war aber gesetzlich geboten. Nach § 327 der StPO. v. 25. Juni 1867 sind Anträge in Bezug auf die Fragestellung (§ 326) bei Gelegenheit der Ausführungen über das Ergebniß des Beweisverfahrens zu begründen und zur gegenseitigen Erörterung zu bringen. Dies gilt insbesondere auch von dem Antrage auf Hinzufügung von Zusatzfragen, zu denen nach § 321 Abs. 2 a. a. O. die Frage wegen mildernder Umstände gehört. Der auf Stellung einer solchen Frage gerichtete Antrag muß daher in demjenigen Stadium der Verhandlung angebracht und erörtert werden, welches im § 315 Abs. 3 a. a. O. bestimmt ist. In jedem späteren Stadium ist der Antrag verspätet. Da nun im vorliegenden Falle die Fragestellung wegen mildernder Umstände nicht bei den Ausführungen über das Beweisverfahren, sondern erst nach dem Schlußvortrage des Vorsitzenden beantragt worden ist, so ist dieser Antrag mit Recht als verspätet zurückgewiesen worden.

Antr. d. GStA.: entgegen. [12.—3.]

Beleidigung. - Redakteur. - Interessenwahrung.

Auch der Redakteur einer Zeitung kann unter Umständen den Schutz des § 193 des StGB.'s für in derselben bewirkte Veröffentlichungen in Anspruch nehmen.

StGB. § 193 [n. 16].

Erk. (Z. I.) v. 18. Dezbr. 1878 c. Diekmann (1164 I. Cr.).

D. hatte in einer von ihm redigirten Zeitung einen Artikel veröffentlicht, welcher für L. beleidigend war. Seine Berufung auf § 193 des StGB.'s wurde abgewiesen, weil die Interessenwahrung straflos nur vor berechtigter Instanz erfolgen könne, als welche die Leser einer Zeitung nicht anzusehen seien. Zugleich war aber auch die Absicht zu beleidigen unterstellt. Aus letzterem Grunde wurde die NB. zurückgewiesen.

Zwar geht der Berufungsrichter zu weit, wenn er anscheinend in abstrakter und rechtsgrundsätzlicher Weise ausspricht, daß der Redakteur einer Zeitung sich niemals auf das berechtigte Interesse aus § 193 des R.-StGB.'s berufen könne, weil das lesende Publikum, an welches er sich wendet, keine berechtigte Instanz für die Geltendmachung dieses Interesses sei, indem vielmehr, wie dieses in dem Erkenntnisse des Königl. Ob.-Tr. v. 2. Mai 1877 wider Hinze (Oppenh. Rechtspr. XVIII S. 307, 308) bereits anerkannt worden ist, ein berechtigtes Interesse des Redakteurs einer periodischen Druckschrift an der Mittheilung wahrer Thatsachen in einer nicht durch die Form oder den sonstigen Umständen nach beleidigenden Weise wenn auch nicht schlechthin und unter allen Umständen, so doch nach der konkreten Beschaffenheit des Falles sehr wohl bestehen kann. Dagegen muß der vorliegende Rechtsirrthum für den Bestand des angefochtenen Erkenntnisses außer Betracht bleiben, weil das Letztere darin seine selbständige und ausschließliche Begründung nicht findet. Denn der Berufungsrichter geht in erster Linie davon aus, daß, auch abgesehen von den behaupteten wahren Thatsachen, aus der Form deren Mittheilung die Absicht zu beleidigen hervorgehe, indem die dieselben begleitenden Aeußerungen darauf hingezielt, den E. C. lächerlich zu machen sowie dessen Charakter und sittlichen Werth in der Oeffentlichkeit zu verdächtigen und herabzusetzen. Diese Qualifikation der Handlung, deren Berechtigung nach den konkreten Umständen kein Gegenstand der Nachprüfung mit dem gegenwärtigen Rechtsmittel sein kann, läßt die Frage, ob ein berechtigtes Interesse auf Seiten des Angeklagten überhaupt vorliege, überflüssig erscheinen, indem auch im Falle der Bejahung der Schutz des § 193 für wahre Thatsachen ausgeschlossen sein würde.

Antr. d. GStA.: gleichl. [11.—2.]

Geschworener. - Konkurs.

Die Mitwirkung eines in Konkurs gerathenen Kaufmanns als Geschworener wirkt Nichtigkeit des

Verfahrens, so lange er nicht Wiedereinsetzung in den vorigen Stand erlangt hat.

Vdn. v. 3. Jan. 1849 § 62 [n. 8]; Vgl. RdOTr. 11. S. 260.

Erk. (V. I.) v. 18. Dezbr. 1878 c. Einsporn (1226 I. Cr.).

In der schwurgerichtlich verhandelten Sache wider E. hat der Buchdruckereibesitzer D. als Geschworener mitgewirkt, über dessen Vermögen im Jahr 1858 Konkurs eröffnet war, der zwar durch den bestätigten Akkord beendigt ist, gegen dessen Folgen er aber die im Jahr 1876 beantragte Wiedereinsetzung in den vorigen Stand nicht erlangt hat. Die deshalb von E. erhobene NB. wurde für begründet erachtet.

Daß ein in Konkurs gerathener Kaufmann, selbst wenn der Konkurs durch bestätigten Akkord beendigt worden, nur durch Wiedereinsetzung in den vorigen Stand den Vollgenuß der bürgerlichen Ehrenrechte und somit die Fähigkeit zum Geschworenendienste wieder erlangen kann, ist bereits in dem Erk. des Kgl. Ob.-Tr. wider B. v. 22. April 1870 (O. R. Bd. 11. S. 260) näher ausgeführt worden. Wegen Verletzung einer wesentlichen Vorschrift des Verfahrens war daher das angefochtene Erkenntniß nebst dem vorausgegangenen Verfahren zu vernichten.

Antr. d. GStA.: gleichl. [15.—2.]

Stempel. - Punktation. - Nebenabreden.

Auch bei schriftlichen Vertragspunktationen bestimmt sich die Stempelpflicht lediglich nach dem Inhalt der Urkunde, ohne Rücksicht auf etwaige die Klagbarkeit ausschließende mündliche Nebenabreden.

Vdn. v. 19. Juli 1867, Tarif Nr. 47.

Erk. (Z. I.) v. 18. Dezbr. 1878 c. Lütge (1162 I. Cr.).

M. und L. schlossen eine schriftliche Punktation über einen Hauskauf ab, die von beiden unterzeichnet, deren Stempelpflichtigkeit aber von ihnen bestritten ist, weil nach dem mündlich erklärten Willen der Parteien gar nicht beabsichtigt sei, daß sie rechtliche Gültigkeit haben solle. Die gegen die Bestrafung eingelegte NB. wurde zurückgewiesen.

Die Ansicht der Instanzgerichte, daß es bei Beurteilung der Stempelpflicht einer Schrift nur auf deren Inhalt, wie derselbe vorliegt, ankomme und deshalb bei Urkunden über abgeschlossene Verträge die Verwendung des tarifmäßigen Stempels nur dann hinwegfalle, wenn aus der Schrift selbst die Unverbindlichkeit des Vertrages hervorgehe, erscheint nicht rechtsirrthümlich, sondern entspricht der Natur des Stempels als einer auf der Urkunde selbst ruhenden Steuer, welche es ausschließt, daß die Frage ob das Schriftstück sich als Vertragsurkunde darstelle, aus anderen außerhalb derselben liegenden Umständen beantwortet werde. Auch für schriftliche Vertragspunktationen kann nicht mit der NB. etwas Abweichendes anerkannt werden. Denn wenn pos. 47 des Tarifs zur Königl. Verordn. v. 19. Juli 1867 (GS. S. 1191) derartige Punktationen, welche die Kraft eines Vertrages haben und demnach eine Klage auf Erfüllung begründen, für stempelpflichtig erklärt, so ist dabei ebenfalls unterstellt, daß die Urkunde die Klagbarkeit ergebe, auch wenn dieselbe durch Nebenabredungen, soweit solche überhaupt zulässig, von den Kontrahenten beschränkt oder ausgeschlossen sein sollte. Die daraus von der NB. gezogene Consequenz wonach ein Schriftstück, welches ohne die Absicht der Fälschung und ohne die Absicht davon Gebrauch zu machen, in Vertragsform entworfen und mit zwei willkürlichen Namen unterzeichnet worden sei, der Verstempelung unterliegen müsse, trifft schon deshalb nicht zu, weil es einem solchen Schriftstück an dem ersten Requisite einer Vertragsurkunde, der Ersichtlichkeit der Kontrahenten und folgeweise der zur Stempelverwendung verpflichteteten Personen gebrechen würde.

Antr. d. GStA.: gleichl. [11.—2.]

Strafbare Schrift. – Unbrauchbarmachung. – Strafbarkeit nur eines Theils. – Möglichkeit der Ausscheidung.

Ob bei einer nur theilweise strafbaren Schrift die Möglichkeit einer Ausscheidung der strafbaren Stellen und damit die Anwendung der in § 41 Abs. 3 des StGB.'s gegebenen Vorschrift vorliegt

ist von dem zur Entscheidung der Thatfrage berufenen Instanzrichter nach freiem Ermessen zu prüfen; es ist sonach Sache des Beschuldigten, in den Instanzen einer Erörterung und Entscheidung darüber herbeizuführen; vor dem Nichtigkeitsrichter ist eine derartige Erörterung nicht mehr zulässig.

StGB. § 41 Abs. 3.

Erk. (Z. II.) v. 19. Dezbr. 1878 c. Baad (1158 II. Cr.).
[10.—4.]

Gewerbeordnung. - Stellvertreter.

Unter gewerblichen „Stellvertretern" im Sinne des § 151 der Reichs-Gewerbeordnung sind nicht diejenigen zu verstehen, denen bei großen Fabriketablissements von dem Fabrikherrn irgend welche einzelne Geschäftszweige zu einer mehr oder weniger selbständigen Verwaltung übertragen sind, sondern nur solche Personen, die das ganze Geschäft im Namen und für Rechnung des Eigenthümers verwalten, sei es nun, daß der Eigenthümer des Geschäfts persönlich nicht verfügungsfähig z. B. noch minderjährig (§ 46), eine moralische Person oder in Konkurs versunken ist, sei es, daß er für seine Person zwar verfügungsfähig, aber aus einem sonstigen Grunde z. B. wegen Entfernung seines Wohnorts nicht im Stande ist, sich der Leitung des Geschäfts selbst zu unterziehen.

R.-Gew.-Ordn. v. 21. Juni 1869 § 151; Vgl. GA. 3. S. 127; 7. S. 88 und 8. S. 140.

Erk. (Z. II.) v. 19. Dezbr. 1878 c. Henze (1123 II. Cr.).
Antr. d. GStA.: gleichl. [5.—4.]

Schwurgericht. - Auslosung eines Ersatzgeschworenen. - Anordnung nach Ziehung der Hauptgeschworenen. - Nichtigkeit?

Hat der Vorsitzende des Schwurgerichts einen

Ersatzgeschworenen ausloosen lassen, dies aber statt, wie vorgeschrieben, bei Beginn der Ziehung, erst am Ende erklärt und demgemäß auch dem Staatsanwalt eine Ablehnung mehr zugestanden, als demselben bei Ziehung eines Ersatzgeschworenen zukam, so begründet ein solches Versehen jedenfalls dann eine Nichtigkeit, wenn der Staatsanwalt die ihm zuviel zugestandene Ablehnung wirklich ausgeübt hat und dadurch möglicher Weise die Zusammensetzung der Geschworenenbank eine andere geworden ist, als bei rechtzeitiger Erklärung.

Vdn. v. 3. Jan. 1849 §§ 90 und 91 [n. 4]; Ges. v. 3. Mai 1852 Art. 71 [n. 3].

Erk. (V. II.) v. 19. Dezbr. 1878 c. Beit (1/79 II. Cr.).

Wie das Sitzungsprotokoll ergiebt, hatte der Vorsitzende außer den gesetzlich erforderlichen 12 Geschwornen noch einen dreizehnten als Ersatzgeschworenen ausloosen lassen, der Vorschrift im Art. 71 des Ges.'s v. 3. Mai 1852 entgegen dieses aber nicht beim Beginne der Ziehung, sondern erst am Ende derselben erklärt. Ob ein solches Versehen unter allen Umständen eine Vernichtung des Verfahrens nach sich ziehen müsse, kann dahin gestellt bleiben, weil es jedenfalls im vorliegenden Falle von erheblichen Folgen gewesen ist. Zum Dienste als Geschworener hatten sich nämlich beim Beginn der Sache 26 Personen gemeldet und der Vorsitzende hatte erklärt, daß von diesen so viel, als über 12 anwesend seien, also 14, abgelehnt werden könnten, imgleichen, daß von diesen Ablehnungen 7 dem Staatsanwalt und 7 den beiden Angeklagten zuständen. Darauf hatte der Staatsanwalt wirklich sieben Ablehnungen ausgesprochen, während von Seiten der beiden Angeklagten deren nur sechs erfolgt waren. Hätte nun der Vorsitzende, wie ihm oblag, gleich Anfangs erklärt, daß er dreizehn Geschworene ausloosen wolle, so wären nur dreizehn Ablehnungen möglich gewesen, von denen nach § 91 der Vdn. v. 3. Jan. 1849 dem Staatsanwalte nur sechs zugestanden hätten. Danach hat also der Staatsanwalt die siebente Ablehnung zur Ungebühr eintreten lassen. Wäre dieses nicht geschehen, so hätte der siebente der von ihm abgelehnten Geschworenen von den Angeklagten angenommen werden und dann statt eines anderen in die Zahl der in Dienst getretenen 12 Geschworenen einrücken, das Schwurgericht mithin anders, als geschehen, zusammengesetzt werden können. Da hiernach das begangene Versehen als Verletzung einer wesentlichen Prozeßvorschrift anzusehen ist, so mußte das angefochtene Erkenntniß vernichtet und die Sache zur anderweiten Verhandlung und Entscheidung an das Schwurgericht zurückverwiesen werden.

Antr. d. GStA.-schaft entgegenges. Dieselbe gab zu, daß der Vorsitzende, nachdem die 12 Haupt-Geschworenen gezogen waren, nicht noch nachträglich die Ziehung eines Ersatzgeschworenen habe anordnen dürfen, erachtete aber diese ungültige Ziehung eines Ersatzgeschworenen auf die Gültigkeit des schwurgerichtlichen Verfahrens um deswillen für ohne Einfluß, weil der Ersatzgeschworene nicht in Funktion getreten, sonach die Geschworenenbank thatsächlich ebenso zusammengesetzt war, als es der Fall gewesen sein würde, wenn die nachträgliche Ziehung eines Ersatzgeschworenen unterblieben wäre. Das Versehen des Vorsitzenden habe nicht darin bestanden, daß er die rechtzeitige Ziehung eines Ersatzgeschworenen unterlassen, sondern daß er solche noch nachträglich angeordnet habe und komme es also nicht darauf an, wie die Zusammensetzung der Geschworenenbank gewesen sein würde, wenn der Vorsitzende die Ziehung eines Ersatzgeschworenen rechtzeitig angeordnet hätte, sondern wie sie gewesen sein würde, wenn er sie nicht angeordnet hätte. [5.—4.]

Schwurgericht. – Abstimmung der Geschworenen. – Unterbliebene Berathung. – Nichtigkeitsbeschwerde?

Da der Wahrspruch der Geschworenen zwar nach Form und Inhalt einer Prüfung des Gerichts unterliegt, nicht aber auch die Art, wie er innerhalb des Berathungszimmers zu Stande gekommen ist, so kann eine Nichtigkeitsbeschwerde nicht darauf gestützt werden, daß im Berathungszimmer der erwählte Vorsteher eine Berathung nicht für erforder-

lich erachtet habe, vielmehr sogleich zur Abstimmung geschritten sei.

Ges. v. 3. Mai 1852 Art 89 und 91 [n. 7].

Erk. (Z. und V. II.) v. 19. Dezbr. 1878 c. Wischkong & Gen. (1154 II. Cr.).

Antr. d. GStA.: gleichl. [5:—4.]

Sozialistengesetz. - Oeffentliche Verbreitung von Druckschriften. - Befugniß entzogen. - Versuch der Verbreitung strafbar?

Personen, welchen durch Verfügung der Landespolizeibehörde auf Grund des § 24 des Sozialistengesetzes die Befugniß zur öffentlichen Verbreitung von Druckschriften entzogen worden ist, machen sich einer aus § 25 genannten Gesetzes strafbaren Zuwiderhandlung gegen diese Verfügung nur erst durch die wirklich begonnene Verbreitung schuldig. Der Versuch der Verbreitung ist Mangels einer desfallsigen Bestimmung des Gesetzes nicht strafbar.

Reichs-Gesetz gegen die gemeingefährlichen Bestrebungen der Sozialdemokratie v. 21. Oktbr. 1878 §§ 24 und 25; StGB. § 43 Abs. 2.

Beschl. (Z. I.) v. 20. Dezbr. 1878 c. Hasselmann (59/79 I. Cr.).

H. hatte, nachdem ihm durch Verfügung der preuß. Landespolizeibehörde die Befugniß zur gewerbsmäßigen oder nicht gewerbsmäßigen öffentlichen Verbreitung von Druckschriften, wie zum Handel mit Druckschriften im Umherziehen entzogen worden war, mit einem Druckereibesitzer zu A wegen Drucks einer von ihm herauszugebenden Zeitung kontrahirt, letzterer auch bereits eine Nummer zu drucken begonnen. In diesem Augenblick beantragte die StA.-schaft gegen denselben gerichtlichen Haftbefehl auf Grund des § 25 des Sozialistengesetzes. Die Instanzrichter lehnten den Erlaß eines Haftbefehls ab, weil bis jetzt höchstens nur ein Versuch der Verbreitung einer Druckschrift vorliege. Die hiergegen von dem OStA. ergriffene NB. hat das Ober-Tribunal zurückgewiesen.

Antr. d GStA.: gleichl. [11.—4]

Register.

Die mit lateinischen Schriftzeichen gesetzten Worte verweisen auf Rechtssätze, welche dem durch die Straf-Prozess-Ordnung vom 25. Juni 1867 geregelten Verfahren angehören. — Die rheinischen Rechtssätze sind unter Rhein. Verfahren aufgeführt. — Die Nummern bezeichnen die Seiten.

I. Sach-Register.

II. Quellen-Verzeichniß.

A. Strafgesetzbuch für das Deutsche Reich.

Einführungsgesetz.

Strafgesetzbuch.

B. Preußisches Strafgesetz-Buch.

Einführungs-Gesetz.

C. Verordnung vom 3. Januar 1849.

D. Gesetz vom 3. Mai 1852.

E. Kriminalordnung.

F. Rheinische Straf-Prozeß-Ordnung.

G. Straf-Prozess-Ordnung vom 25. Juni 1867.

Einführungsverordnung.

H. Allgemeine Gerichts-Ordnung.

I. Allgemeines Landrecht.

K. Einzelne Gesetze, Verordnungen rc.

H. Allgemeine Gerichts-Ordnung.

I. Allgemeines Landrecht.

K. Einzelne Gesetze, Verordnungen ꝛc.

Druckfehler.

S. 37 Zeile 2 v. u. lies „3. Mai 1872“ statt „3. Mai 1852“.
= 195 = 8 = o. = „die“ statt „diese“.
= 12 = u. = „150“ statt „50“.
= 212 = 4 = o. ist zwischen „Urkunde“ und „nur“ einzuschieben: „zu verwendenden Stempel anzurechnen und die Urkunde“.
= 233 = 7 = o. lies „5. Juli 1875“ statt „5. Juli 1873“
= 383 = 2 = u. = „dann“ statt „darin“.
= 531 = 2 = o. = „Klagebeantwortung“ statt „Klagebeantragung“.

Kolibri 360 GmbH
Ferdinand-Jühlke-Straße 7
99095 Erfurt, Deutschland
produktsicherheit@kolibri360.de